MÉMORIAL
DE SAINTE-HÉLÈNE

1

Emmanuel de Las Cases

MÉMORIAL DE SAINTE-HÉLÈNE

1

Préface de Jean Tulard
Directeur d'études à l'École pratique
des hautes études

Présentation et notes
de Joël Schmidt

Éditions du Seuil

Cet ouvrage est initialement paru en un seul volume,
en 1968, dans la collection « L'Intégrale »
dirigée par Luc Estang.

TEXTE INTÉGRAL

ISBN 2-02-038635-6, éd. complète

ISBN 2-02-035797-6, volume 1
(ISBN 2-02-000724-X, 1ʳᵉ publication)

© Éditions du Seuil, 1968,
pour la préface, la présentation, les notes
et la présente édition

PRÉFACE
DE JEAN TULARD

Le Mémorial,
chef-d'œuvre de propagande

En 1830, au moment des Trois Glorieuses, Stendhal, installé rue de Richelieu, notait les principaux événements qui se déroulaient dans Paris, en marge d'un exemplaire fatigué du *Mémorial de Sainte-Hélène* dont il venait de faire le livre de chevet de Julien Sorel. Sans doute a-t-il entendu se mêler dans les rangs des insurgés les cris de Vive Napoléon ! et de Vive la liberté !

Quinze ans après la chute de l'Empire, la légende de l'Ogre s'était en effet effacée devant l'image du nouveau Prométhée, enchaîné sur le rocher de Sainte-Hélène. A la colère et à l'indignation qui avaient suivi l'effondrement du régime impérial s'était substitué un sentiment de compassion pour l'exilé dont on évoquait avec nostalgie les victoires. Dans ce renversement de l'opinion, un livre a joué un rôle décisif : le *Mémorial de Sainte-Hélène*, publié avec un énorme retentissement en 1823, et plusieurs fois réédité avant même la chute des Bourbons. Traduit dans toutes les langues de l'Europe, ce fut le plus grand succès de librairie du début du siècle.

Lorsque tombe l'Empire, royalistes et libéraux s'accordent pour accabler Napoléon. Dans le féroce pamphlet de Chateaubriand, *De Buonaparte et des Bourbons*, comme dans les attaques plus voilées de Benjamin Constant méditant sur l'*Esprit de conquête et de l'usurpation dans leurs rapports avec la civilisation européenne*, seront désormais puisés les arguments d'une légende noire qui relègue l'Empereur déchu au rang d'un Attila moderne. En 1815, on a pu croire que l'image laissée par Napoléon à la postérité serait celle d'un général ambitieux et sans scrupules, d'un despote cruel et sanguinaire, d'un tyran assoiffé de conquêtes. A parcourir les innombrables pamphlets parus alors, dont les titres traduisent l'inspiration (*le Néron corse, les Crimes secrets de Buonaparte...*), on reste confondu devant tant de violence, tant d'acharnement, tant de haine pour le régime déchu. En fait cette légende noire n'était pas seulement l'œuvre d'émigrés fraîchement rentrés ou soucieux de faire oublier leur ralliement à Napoléon ; elle n'était pas uniquement imaginée par quelques idéologues désireux de se venger des sarcasmes dont les avait accablés l'Empereur ; elle correspondait au sentiment populaire : le poids de la conscription rendu plus lourd par les désastres de Russie et les défaites d'Allemagne, le fardeau des Droits réunis, la crise économique née du Blocus continental, l'invasion du territoire par les troupes étrangères, tout avait contribué à détacher la nation de l'Empereur. La légende de l'Ogre n'est pas née dans les salons du faubourg Saint-Germain, elle fut suscitée par une explosion générale de mécontentement, à laquelle succédèrent bien vite, après l'abdication de 1815, l'indifférence et l'oubli. Vers 1820, seuls quelques demi-solde maintiennent, dans les campagnes où les avait renvoyés la Restauration, le souvenir des fastes militaires de l'Empire ; mais leur auditoire, tout à la fois admiratif et sceptique, se compose surtout d'enfants, les futurs électeurs de Napoléon III.

Le 7 juillet 1821, le *Journal des débats* informe ses lecteurs du décès de Napoléon. Et Talleyrand de commenter : « Ce n'est plus un événement, c'est une nouvelle. » Pour la première fois peut-être, il fait erreur. Cette mort solitaire dans l'atmosphère étouffante d'un îlot rocheux de l'Atlantique fit impression par le contraste qu'elle offrait entre une fin aussi misérable et l'éclat d'un passé prestigieux.

> Plaignez, Français, le géant des combats.
> Sur son destin, venez verser des larmes,
> Car il eût dû rencontrer le trépas
> Au champ d'honneur, au milieu des alarmes.

Ces vers maladroits, choisis parmi tant d'autres, traduisent bien le sentiment populaire : pitié et admiration s'y mêlent. De son côté, le jeune Edgar Quinet observe : « Lorsqu'en 1821 éclata aux quatre vents la formidable nouvelle de la mort de Napoléon, il fit de nouveau irruption dans mon esprit. Il revint hanter mon intelligence, non plus comme mon empereur et mon maître absolu, mais comme un spectre que la mort a entièrement changé. »

Par cette fin lointaine, Napoléon, dont six années d'absence et de silence avaient presque effacé le souvenir, occupait à nouveau la scène du monde. Il n'allait plus la quitter.

Sa mort émut le peuple et désarma ses adversaires, mais les détails en demeuraient mal connus. Peu de renseignements étaient parvenus de Sainte-Hélène : on ignorait la géographie de l'île, les conditions de la captivité de l'Empereur, sa vie quotidienne et ses propos. Une brochure parue à Londres et à Bruxelles, le 12 avril 1817, sous le titre accrocheur de *Manuscrit venu de Sainte-Hélène d'une manière inconnue*, avait quelque peu piqué la curiosité ; la police en avait interdit la diffusion. En 1822, le médecin irlandais O'Meara, qui avait accompagné Napoléon sur le *Northumberland* puis à Sainte-Hélène, lançait de Londres un *Napoléon en exil* qui révélait certains aspects de la vie à Longwood. Confus et maladroit, l'ouvrage n'en eut pas moins du retentissement. Mais c'est à Las Cases, un an plus tard, qu'allait appartenir le soin de livrer au monde l'ultime image de l'Empereur, prisonnier des Anglais à Sainte-Hélène.

Rien ne destinait Emmanuel de Las Cases à devenir le compagnon d'infortune de Napoléon et son porte-parole après sa mort. Ce marquis d'Ancien Régime, qui avait participé à plusieurs batailles navales pendant la guerre d'Amérique, ne s'était à aucun moment illustré dans l'épopée impériale. Rentré d'émigration lorsque Napoléon rouvrit les frontières de la France aux nobles fugitifs, il avait mené une vie difficile dans un petit entresol du 6 de la rue Saint-Florentin. C'est de là qu'il avait adressé à l'Empereur, dans l'espoir d'en obtenir « quelque marque de bienveillance », son *Atlas historique et géographique* publié sous le pseudonyme de Le Sage. La faveur impériale tardant à se manifester, Las Cases écrivit à Joséphine pour lui exposer son ardent désir de « servir Leurs Majestés ». Il avait connu la future impératrice en 1788 à la Martinique ; Joséphine se souvint de celui qui était alors l'un des plus jeunes lieutenants de vaisseau de la marine royale ; Las Cases devint chambellan puis comte de l'Empire. Des fastes de la période, il ne connut en définitive que « la vie étriquée d'une cour de parvenus » où la bourgeoisie donnait le ton. Un bref passage au Conseil d'État ne lui permit pas d'être associé à l'œuvre civile de Napoléon : à cette époque, le Conseil avait perdu toute importance.

Après Waterloo, resté fidèle à l'Empereur vaincu, il décide de l'accompagner dans l'exil. D'emblée, il s'impose comme l'un des confidents de Napoléon. Ses notes commencent dans les jours sombres qui suivent l'abdication et précèdent l'embarquement. Il ne cessera d'en prendre de Rochefort à Plymouth et de Jamestown à Longwood, jusqu'à son expulsion de Sainte-Hélène, à la fin de 1816. Son journal lui fut alors confisqué et les autorités anglaises ne le lui restituèrent qu'en 1821.

Le rôle effacé qu'il avait joué sous l'Empire a servi Las Cases. Au moment où tant de personnages importants, de Fouché à Bourrienne, de Savary à Marmont, écriront ou feront écrire des mémoires qui seront autant de plaidoyers, l'absence de passé politique ou militaire de l'auteur donnera au *Mémorial* une apparence d'objectivité. Mais il ne fallait ni un comparse ni un étranger. L'ouvrage d'O'Meara péchait par son ignorance de la vie politique française ; même défaut dans le témoignage d'Antommarchi qui suivra le *Mémorial*. Ayant connu la cour impériale et le Conseil d'État, érudit et homme de lettres de surcroît, Las Cases était particulièrement apte à saisir dans le « rabâchage » de Napoléon – selon l'expression employée par l'Empereur lui-même – les portraits, jugements et anecdotes d'une réelle importance historique. Il pouvait « récrire » les longues conversations de Longwood, sans déformer les propos de son interlocuteur. Son livre y gagnait en chaleur et en vie, sans perdre en exactitude. Certes, la méthode n'est pas toujours sans reproche : quand il juge sa documentation insuffisante, il n'hésite pas à multiplier les emprunts. Ainsi va-t-il puiser dans la *Bibliothèque historique* la pseudo-lettre impériale à Murat du 29 mars 1808 où Napoléon prédit la catastrophe d'Espagne ; il s'agit en réalité d'un texte forgé sous la Restauration par un journaliste libéral. Le personnage lui-même paraît avoir suscité les réserves de la poignée de généraux qui entouraient Napoléon à Longwood : son *Atlas*, plusieurs fois réédité, ne l'avait-il pas fait connaître comme un auteur habile dans l'art d'attirer les succès de librairie ? Et l'on savait qu'il prenait des notes dans la solitude de sa chambre après ses entretiens avec l'Empereur ; ces griffonnages étaient ensuite recopiés par son fils ou le valet de chambre Ali. Le témoignage de Las Cases ne s'en est-il pas ressenti ? S'il ne peut y avoir de doute sur l'authenticité des dictées napoléoniennes, toutes les raisons énoncées plus haut nous conduiraient davantage à suspecter le mémorialiste lorsqu'il rapporte conversations, monologues ou commentaires du captif de Sainte-Hélène. Après avoir comparé le *Mémorial* aux *Récits de la captivité* de Montholon, publiés en 1847, au *Journal* de Gourgaud paru en 1899, aux *Cahiers de Sainte-Hélène* de Bertrand révélés en 1949 ou aux *Mémoires* de Marchand sortis de l'ombre en 1952, on ne peut toutefois douter de l'exactitude des paroles prêtées par Las Cases à Napoléon : les mêmes entretiens se retrouvent – avec des variantes, des oublis ou des compléments – chez Montholon et Gourgaud. Mais Las Cases surclasse ses compagnons par son habileté à reconstituer les longs monologues de l'Empereur que résument en deux lignes maladroites Gourgaud ou Montholon.

Le Napoléon que nous révèle le *Mémorial* n'est plus, rappelle à juste titre Marcel Dunan dans son admirable édition critique, « le bourreau de travail des Tuileries, l'infatigable stratège des bivouacs d'Autriche ou de Pologne, le souverain altier des entrevues impériales de Tilsit ou d'Erfurt mais pas davantage l'obèse croqué par les dessins caricaturaux d'officiers anglais, le planteur au chapeau de paille de bureaucrate retraité, que l'iconographie tendancieuse, soi-disant d'après nature, d'amateurs hostiles, oppose dans nos esprits aux gravures de légende des Raffet et des Charlet ». C'est un quadragénaire encore en pleine possession de ses moyens jugeant les hommes et les peuples de son temps avec une lucidité dégagée des entraves du pouvoir ; rien de comparable au Napoléon intellectuellement et physiquement déchu que nous découvrent en 1821 les *Cahiers* du maréchal Bertrand. Dans le *Mémorial*, « les propos de l'Empereur respirent la sérénité du proscrit instruit de la fragilité des choses humaines. L'effondrement de son système politique et de sa domination territoriale, le spectacle des rois s'en disputant les débris sans comprendre quelles espérances la Révolution française avait inspirées aux peuples même quand ils se dressèrent contre ses conquêtes, lui ont donné la lucidité exceptionnelle des aperçus d'ensemble ou des conclusions lapidaires, joyaux du *Mémorial* ».

Ce Napoléon ne correspond en rien à l'image du despote guerrier qu'avaient conservée de lui ses contemporains. C'est au contraire un souverain libéral gagné aux courants nouveaux du XIXᵉ siècle. Le même homme qui attaquait avec vigueur les idéologues sous le Consulat affirme à Sainte-Hélène « l'ascendant irrésistible des idées libérales » : « Rien ne saurait désormais détruire ou effacer les grands principes de notre Révolution. Ces grandes et belles vérités doivent demeurer à jamais, tant nous les avons entrelacées de lustre, de monuments, de prodiges... Voilà le trépied d'où jaillira la lumière du monde. Elles le régiront ; elles seront la foi, la religion, la morale de tous les peuples, et cette ère mémorable se rattachera, quoi qu'on ait voulu dire, à ma personne, parce qu'après tout j'ai fait briller le flambeau, consacré les principes, et qu'aujourd'hui la persécution achève de m'en rendre le Messie ! »

Dans les propos qu'il tient à Las Cases, Napoléon se présente comme le champion de la Révolution française et le libérateur des peuples de l'Europe. Les pamphlets royalistes avaient fait de lui l'héritier de la Terreur et le disciple de Robespierre ; loin de repousser un tel héritage, il l'accepte. « L'Empereur disait que la Révolution, en dépit de toutes ses horreurs, n'en avait pas moins été la vraie cause de la régénération de nos mœurs », note Las Cases. Napoléon ne va-t-il jusqu'à prédire l'effondrement de la domination européenne dans les colonies ? « Le système colonial que nous avons connu est fini pour tous. »

Libérateur des peuples, Napoléon en aurait également été l'unificateur. N'avait-il pas parachevé l'union des Français et des Espagnols, et engagé les Italiens dans la voie de la fusion ? « L'agglomération des Allemands demandait plus de lenteur, aussi n'avais-je fait que simplifier leur monstrueuse complication... Quoi qu'il en soit, cette agglomération arrivera tôt ou tard par la force des choses : l'impulsion est donnée, et je ne pense pas qu'après ma chute et la disparition de mon système, il y ait en Europe d'autre grand équilibre possible que l'agglomération et la confédération des grands peuples. »

La défense des conquêtes révolutionnaires et l'unification des peuples de l'Europe, voilà les causes essentielles de ces longues guerres napoléoniennes que l'Empereur n'a jamais entreprises, comme l'ont prétendu ses adversaires, dans un but d'hégémonie, mais contraint et forcé par les monarques absolus.

Pourquoi, objectera-t-on, Napoléon, lorsqu'il était sur le trône, n'a-t-il pas laissé « transpirer » de pareilles idées ; elles lui auraient assuré l'appui des peuples contre les souverains. Et l'Empereur de répondre : « Livrer de si hauts objets à la discussion publique, c'était les livrer à l'esprit de coterie, aux passions, à l'intrigue, au commérage, et n'obtenir pour résultat infaillible que discrédit et opposition. »

Qu'espérait Napoléon de telles déclarations ? Dans l'immédiat – et peut-être n'a-t-il pas vu au-delà – séduire les whigs anglais aux idées généreuses et éclairées, pour obtenir une amélioration de son sort. Il plaçait également ses espoirs dans la princesse Charlotte, héritière présomptive du trône britannique, que l'on disait portée vers le libéralisme. De là, dans le *Mémorial*, les ménagements à l'égard de l'Angleterre – seuls, Hudson Lowe et l'administration sont attaqués – et le choix comme porte-parole de Las Cases, qui, ayant vécu à Londres pendant l'émigration, était censé prévoir les réactions anglaises.

Mais le *Mémorial* s'adressait aussi à l'opinion internationale. Par ses déclarations, Napoléon confisquait à son profit les deux forces montantes du XIXᵉ siècle, le nationalisme et le libéralisme, qu'il avait en réalité combattues.

Remarquablement informé par les journaux anglais sur les événements d'Europe, il n'ignorait pas que ses anciens vainqueurs regroupés dans la Sainte-Alliance devaient affronter non seulement un courant libéral hostile au droit divin restauré, mais des mouvements nationaux qui soulevaient les peuples divisés ou soumis à l'étranger contre les traités de 1815. Dès lors, prisonnier de la Sainte-Alliance, Napoléon pouvait devenir sans difficulté le porte-parole des nations opprimées et réussir le tour de force de faire oublier, par ses affirmations du *Mémorial*, le César antilibéral contre lequel s'étaient soulevées l'Espagne et l'Allemagne, et léguer à la postérité l'image d'un Napoléon démocrate, soldat de la Révolution et libérateur des peuples.

L'opération eût été difficile sans l'émotion suscitée par le martyre de l'Empereur à Sainte-Hélène. « Il ne nous restait, avoue Las Cases, que des armes morales ; pour en faire l'usage le plus avantageux, il fallait réduire en système notre attitude, nos paroles, nos sentiments, nos privations même, afin qu'une nombreuse population en Europe prît un tendre intérêt à nous. » Dans un orgueilleux parallèle, Napoléon affirmait : « Si Jésus-Christ n'était pas mort sur la croix, il ne serait pas Dieu. »

Cette fin misérable et solitaire frappa l'imagination des romantiques. Elle a peut-être inspiré à Vigny son *Moïse* ; Victor Hugo y songe à Guernesey. Écoutons Henri Heine : « L'Empereur est mort ! Sur une petite île de la mer des Indes est sa tombe et LUI pour qui la terre était trop étroite, il repose sous un chétif monticule... Et Sainte-Hélène sera le Saint-Sépulcre où les peuples de l'Orient et de l'Occident viendront en pèlerinage sur des vaisseaux pavoisés, et leur cœur se fortifiera par le grand souvenir du Christ temporel qui a souffert sous Hudson Lowe, ainsi qu'il est écrit dans les évangiles de Las Cases, O'Meara et Antommarchi. »

Toute une génération, celle des « enfants du siècle », nourrie des bulletins de la Grande Armée, retrouvait dans le *Mémorial* ce bruit des armes dont la privait la monarchie restaurée. Le *Mémorial* évoquait non sans complaisance les victoires militaires de Napoléon que devaient populariser par la gravure Charlet et Deveria.

En 1815, sur la route de l'exil qui conduisait Louis XVIII à Gand, chevauchaient derrière la voiture royale Alfred de Vigny et Alphonse de Lamartine ; Chateaubriand suivait avec plusieurs heures de retard. Le romantisme affichait alors son royalisme. Après 1823, il abandonne, non sans nuances d'ailleurs, la monarchie pour Napoléon. « J'appartiens, écrit Vigny, à cette génération née avec le siècle, qui, nourrie de bulletins par l'Empereur, avait toujours devant les yeux une épée nue, et vint la prendre au moment même où la France la remettait dans le fourreau des Bourbons. » L'*Ode à la colonne de la place Vendôme*, qu'écrit Victor Hugo en 1827, consacre ce glissement. A la recherche d'un idéal que ne leur offrent ni la sagesse de Louis XVIII ni l'intransigeance de Charles X, les romantiques s'emparent de Napoléon ; ils deviennent les principaux desservants du culte impérial, rejoints par les libéraux qu'éblouissent les professions de foi révolutionnaires du *Mémorial*. Paul-Louis Courier ne voyait-il pas en Napoléon le soldat de la liberté et de l'égalité ? « Lorsque je serai mort, il y aura partout réaction en ma faveur », prophétisait Napoléon. 1830 confirma sa prédiction. A cet égard, le *Mémorial*

demeure le chef-d'œuvre de la propagande napoléonienne.

Est-il nécessaire d'ajouter qu'il devint le bréviaire du
bonapartisme ? Louis-Napoléon y puise les éléments de
son programme avant le coup d'État et le principe de son
action après la conquête du pouvoir. On trouve déjà dans
le *Mémorial* ce refus des étiquettes, ce souci d'éviter toute
classification politique qui formeront l'essence du bonapartisme. Un seul objectif : supprimer les partis qui divisent les Français et refaire l'unité de la nation. L'argument,
qui justifie dans le *Mémorial* le renversement du Directoire
en brumaire, sera repris le 2 décembre.

Au *Mémorial*, Napoléon III empruntera la référence au
principe de la souveraineté nationale et l'acceptation de
l'héritage de 89. La proclamation du 2 décembre 1851
est comme l'écho des paroles de Sainte-Hélène : « Mon
nom est le gage du pouvoir fort et stable, de la bonne
administration. »

Paradoxalement, la lecture trop assidue du *Mémorial* a
finalement perdu Napoléon III ; il y a puisé deux idées
qui lui seront funestes. Et tout d'abord ce goût du secret,
tentation fatale des régimes plébiscitaires. Ce goût, Napoléon III ne le doit pas seulement à son passé de conspi-
rateur ; il a souhaité emprunter à son prédécesseur « ce
vague qui enchaîne la multitude et lui plaît ; ces spéculations mystérieuses qui occupent, remplissent tous les
esprits ; enfin, ces dénouements subtils et brillants reçus
avec tant d'applaudissements, et qui créent tant d'empire ». Il lui manqua en contrepartie la gloire militaire.

Napoléon III a cru aux déclarations du *Mémorial* en
faveur de ce principe des nationalités qui devait se révéler

si funeste pour la France en 1870. Plus réaliste, Napoléon Ier n'avait jamais songé à faire l'unité allemande ou
italienne, en dépit de ses déclarations à Las Cases. Bien
au contraire, il avait installé en Allemagne un tripartisme,
déjà rêvé par les diplomates de l'Ancien Régime et opposant la Confédération du Rhin, morcelée en dynasties
rivales, à l'Autriche et à la Prusse ; en Italie, il avait favorisé
l'opposition entre le Nord et le Sud. Seul le souci de se
concilier les nationalismes contre la Sainte-Alliance l'a
conduit à modifier sa position à Sainte-Hélène.

Napoléon III n'a pas compris la leçon d'opportunisme
politique que lui léguait son prédécesseur. Sans doute
eût-il fallu prendre à l'égard du *Mémorial* l'attitude dis-
tante de Frédéric II vis-à-vis de Machiavel.

Tous les contemporains ne furent pas dupes des professions de foi de Sainte-Hélène. « Le *Mémorial*, écrit Wal-
ter Scott, présente le meilleur recueil, non seulement des
pensées véritables de Bonaparte, mais encore des opinions
qu'il voulait faire passer pour telles. » Voix isolée. En
réalité, tombant dans une France engourdie par les travaux
pacifiques et dans une Europe soumise à la Sainte-
Alliance, l'*Évangile de Sainte-Hélène* réveillait les vieux
enthousiasmes guerriers tout en annonçant la conquête
des libertés et l'émancipation des nationalités. Avec l'aide
de Las Cases, Napoléon inventait dans le *Mémorial* les
principes de la propagande moderne.

Chronologie [1]

L'ANCIEN RÉGIME.

1766. 21 JUIN : *naissance au château de Las Cases sur la route de Castres à Revel (Haute-Garonne) de Marie-Joseph Emmanuel, Auguste, Dieudonné de Las Cases, fils de messire, marquis de Las Cases, seigneur de la Caussade, Lamerie et autres lieux, capitaine aux grenadiers royaux, chevalier de Saint-Louis, commandant de Revel et Sorrèze et pays dépendants, et de dame Jeanne Naves de Ranchin. Les Las Cases appartiennent à une noblesse originaire d'Andalousie. Un de leurs ancêtres, Charles de Las Cases, accompagna Blanche, fille du roi de Castille, qui vint en France en 1200 pour épouser Louis VIII. Charles de Las Cases obtint par la suite la permission de rester en France et il s'y fixa.*

1768. Les Génois cèdent la Corse à la France.

1769. 15 AOÛT : naissance à Ajaccio de Napoléon Bonaparte, fils de Letizia Ramolino et de Charles Bonaparte.

1771. Attestation de noblesse à la famille Bonaparte. Baptême de Napoléon.

1772. *Le jeune Las Cases est placé comme interne à Sorrèze.*

---

1. Cette *Chronologie* comprend les principaux faits de la vie de Napoléon et de celle de Las Cases entre 1766 et 1842, ainsi que les événements essentiels de la politique intérieure et extérieure de la France entre 1789 et 1815. Lorsqu'au cours du *Mémorial* ces événements sont évoqués d'une manière trop vague, nous les avons précisés par une date afin que le lecteur puisse se reporter plus facilement à cette *Chronologie*. Mais il est bien évident qu'une lecture préalable de celle-ci est indispensable pour une claire compréhension du texte du *Mémorial*.

Il y apprend l'art de devenir un gentilhomme accompli : on lui enseigne les finesses de la conversation et les multiples subtilités des bonnes manières.

1774. *Las Cases arrive à Paris en compagnie de son père et réside chez sa tante.* – Avènement de Louis XVI.

1776. *Las Cases est atteint d'une fièvre putride : il restera d'une santé fragile toute sa vie.*

1777. *Las Cases est placé comme pensionnaire au collège des oratoriens de Vendôme. Il s'y distingue en prenant très rapidement la tête de sa classe.* – 8 JUIN : Charles Bonaparte est élu député de la noblesse, délégué des états corses à Versailles.

1778. Guerre d'indépendance américaine ; hostilités franco-anglaises. 1er JANVIER : Bonaparte est envoyé, avec son frère Joseph, au collège d'Autun en qualité de pensionnaire. 15 MAI : il entre à l'école militaire de Brienne.

1780. *Las Cases entre à l'École royale militaire de Paris.*

1782. *Guerre d'Amérique : les Français étant les alliés des Américains contre l'Angleterre, Las Cases s'embarque sur « l'Actif » en qualité d'aspirant de marine. Sous les ordres de La Motte-Picquet, il participe, entre autres actions, au blocus de Gibraltar.*

1783. En cette année est signé le traité de Versailles consacrant l'indépendance de l'Amérique. – *Las Cases regagne Toulon, après un bref séjour dans sa famille ; c'est alors que commencent ses premières amours avec Henriette de Kergariou. A la fin de l'année, Las Cases embarque pour Saint-Domingue et la Martinique.*

1784. 22 OCTOBRE : Bonaparte quitte l'école militaire de Brienne pour l'École royale militaire de Paris au Champ-de-Mars.

1785. Charles Bonaparte, père de Napoléon, meurt au cours de l'année. 3 NOVEMBRE : Bonaparte est affecté à Valence dans un régiment d'artillerie.

1786. Bonaparte est nommé officier d'artillerie. 1er SEPTEMBRE : il prend un congé en Corse. HIVER : *Las Cases hiverne à Boston, fréquente des marins anglais et apprend leur langue, puis il part pour la Martinique. Il y fait la connaissance de Joséphine de Beauharnais, celle qui devait devenir, après la mort de son premier mari guillotiné sous la Révolution, la première épouse de Bonaparte et la future impératrice des Français.*

1787. Au cours de son séjour en Corse, Bonaparte met à profit ses heures de loisir pour travailler la littérature et l'histoire. A la fin de l'année, Bonaparte se trouve à Paris. – *Las Cases est nommé lieutenant de vaisseau, à son retour en France.*

1788. Bonaparte retourne en Corse.

1789. 10 AVRIL : *Las Cases part retrouver sa mère à Sorrèze. C'est dans son pays natal qu'il apprend les premiers événements de la Révolution française.*

LA RÉVOLUTION.

5 MAI : ouverture des États généraux. 17 JUIN : proclamation d'une Assemblée nationale constituante. 20 JUIN : serment du Jeu de paume. 27 JUIN : le clergé et la noblesse se joignent au tiers état. 11 JUILLET : Louis XVI renvoie Necker, contrôleur général des Finances extrêmement populaire. 14 JUILLET : prise de la Bastille ; début de l'émigration de la noblesse. 20 JUILLET : en garnison à Auxonne, Bonaparte doit, avec la troupe, réprimer des émeutes populaires. 4 AOÛT : abolition des droits féodaux et ecclésiastiques. 26 AOÛT : Déclaration des droits de l'homme et du citoyen. SEPTEMBRE : Bonaparte rejoint une nouvelle fois la Corse et restera dans l'île jusqu'en 1791. 5 et 6 OCTOBRE : marche des Parisiens sur Versailles ; le roi Louis XVI et toute sa famille sont contraints à s'installer à Paris.

1790. PRINTEMPS : *Las Cases est présenté au roi Louis XVI et à la reine Marie-Antoinette.* 14 JUILLET : *il assiste au Champ-de-Mars à la fête anniversaire pour célébrer la prise de la Bastille et la réconciliation apparente du roi et de son peuple.* – Abandonnant avec sa famille l'option politique en faveur de l'indépendance de la Corse qui longtemps fut la

sienne, Bonaparte se désolidarise de Paoli qui se proclame
le chef du mouvement révolutionnaire pour l'indépendance
de la Corse.

1791. *Las Cases décide de rejoindre les émigrés à Worms
en Allemagne. Il s'enrôle peu après dans l'armée du prince
de Condé.* – 21 JUIN : fuite du roi Louis XVI qui est arrêté à
Varennes en Argonne. 17 JUILLET : contre ceux qui réclament
la déchéance du roi, La Fayette fait donner la troupe. Pendant
ce temps, Bonaparte, de retour en France, assiste à Auxonne
puis à Valence aux séances des clubs révolutionnaires. – SEP-
TEMBRE : *Las Cases, toujours émigré, fréquente les salons de
la princesse de Lamballe, confidente de la reine Marie-Antoinette et qui s'apprête à revenir en France. Elle périra tragi-
quement en* SEPTEMBRE 1792. – Pour la quatrième fois, Bonaparte retourne en Corse. Louis XVI accepte de se soumettre
aux modalités de la nouvelle Constitution qui établit en
France une monarchie parlementaire.

L'ASSEMBLÉE NATIONALE LÉGISLATIVE.

1792. 1ᵉʳ AVRIL : Bonaparte est nommé second colonel du
deuxième bataillon des volontaires corses. – 20 AVRIL : *la
France déclare la guerre à l'Autriche, coupable d'entretenir
sur ses terres une armée d'émigrés au nombre desquels se
trouve Las Cases.* – 28 MAI : Bonaparte regagne Paris. 10 JUIL-
LET : Bonaparte est nommé capitaine. 11 JUILLET : devant le
succès des armées autrichiennes, proclamation de la patrie
en danger. 10 AOÛT : sac du palais des Tuileries par les insurgés. Louis XVI est déchu. Bonaparte est le témoin de cette
journée révolutionnaire capitale. 5 SEPTEMBRE : massacre des
suspects dans les prisons. – 20 SEPTEMBRE : *victoire des
armées de la Révolution à Valmy. Las Cases et le corps des
émigrés qui soutenaient les armées autrichiennes sont obligés de battre en retraite. Las Cases gagne Aix-la-Chapelle.*

LA CONVENTION. LES GIRONDINS AU POUVOIR.

21 SEPTEMBRE : abolition de la royauté ; proclamation de la
république. OCTOBRE : pour la cinquième fois, Bonaparte fait

un séjour en Corse : il a une entrevue avec Paoli et tente de l'amener à la raison. A cette époque Bonaparte a pris fait et cause pour la Révolution. 6 NOVEMBRE : victoire de Jemmapes remportée par Dumouriez ; Nice et la Savoie reviennent à la France. – À LA FIN DE L'AUTOMNE : *Las Cases et un de ses amis, de Volude, quittent le territoire allemand et s'exilent en Angleterre. Tous les deux y font l'apprentissage de la misère et trouvent finalement de modestes et ingrats emplois de répétiteurs.*

1793. 21 JANVIER : Louis XVI est guillotiné. – *A la fin de l'hiver, Las Cases gagne la Hollande et y fait un court séjour.* – FÉVRIER : soulèvement royaliste en Vendée. 18 MARS : défaite des armées françaises commandées par le girondin Dumouriez à Neerwinden. Dumouriez passe à l'ennemi. AVRIL : création d'un Comité de salut public pour sauver la République. 27 MAI : Paoli chasse Bonaparte et sa famille qui quittent définitivement la Corse et débarquent à Toulon en juin. Également EN JUIN, arrestation des chefs girondins. Bonaparte, toujours capitaine, rejoint son régiment à Nice.

LA CONVENTION. LES MONTAGNARDS AU POUVOIR.

ÉTÉ : guerre d'extermination menée par Kléber contre les Vendéens. – *De retour en Angleterre, Las Cases et de Volude publient « le Voyage d'un inconnu en France » sous le pseudonyme de Curville.* – AUTOMNE : grâce à Carnot la France remporte trois victoires sur les armées coalisées : Honschoote, Wattignies, Wissembourg. A Toulon, Bonaparte, chef de bataillon, participe à la lutte contre les Anglais qui tentent d'investir la ville. Le plan de Bonaparte pour prendre Toulon est adopté par les représentants de la Convention, notamment par le frère de Robespierre et par le général Dugommier. 17 DÉCEMBRE : prise de Toulon. 22 DÉCEMBRE : Bonaparte, en raison de ses brillants et récents services, est promu général de brigade.

LA CONVENTION. LA DICTATURE DE ROBESPIERRE.

1794. *A Londres, Las Cases continue de mener une difficile existence.* – MARS : Robespierre élimine à la fois les modérés et les fanatiques, Danton et Hébert. 24 MARS : Bonaparte prend, dans l'armée d'Italie établie à Nice, un commandement d'artillerie. JUIN : Robespierre organise le culte révolutionnaire et panthéiste de l'Être suprême. 10 JUIN (22 prairial) : il accélère la procédure du tribunal révolutionnaire. 27 JUILLET (9 thermidor) : Robespierre est exécuté. AOÛT : Bonaparte, suspect de complicité avec les deux frères Robespierre, est arrêté à Nice, mais bientôt relâché.

LA CONVENTION THERMIDORIENNE.

ÉTÉ : séparation de l'Église et de l'État et politique d'apaisement, tels sont les deux buts que se proposent d'atteindre les thermidoriens. – *Las Cases, sous-lieutenant dans un régiment d'émigrés, s'entraîne à Jersey en vue d'un éventuel débarquement des troupes d'émigrés royalistes sur les côtes normandes.*

1795. 29 MARS : Bonaparte est nommé commandant de l'artillerie de l'armée de l'Ouest chargée de réprimer les derniers sursauts de la révolte vendéenne. 1er AVRIL (12 germinal) : une émeute populaire éclate à Paris ; elle est réprimée. 5 AVRIL : la France et la Prusse signent un traité à Bâle. 21 AVRIL : Bonaparte se fiance avec Désirée Clary qu'il a connue dans le Midi, mais ses fiançailles seront vite rompues. 16 MAI : sous la direction de Cadoudal, l'insurrection reprend en Vendée. 13 JUIN : Bonaparte refuse le grade de général d'infanterie de l'armée de l'Ouest et se fait mettre en congé. – JUILLET : *au cours d'une tentative de débarquement des émigrés à Quiberon soutenue par les Anglais, de Volude, l'ami de Las Cases, est pris et fusillé.* – 18 AOÛT : Bonaparte se fait attacher au bureau topographique du ministère de la Guerre. 15 SEPTEMBRE : refusant toujours énergiquement de rejoindre l'armée de l'Ouest, Bonaparte est momentanément destitué de tout commandement. Il reprend cependant assez rapidement du service. 1er OCTOBRE : la Belgique est annexée à la République française. 5 OCTOBRE (13 vendémiaire) : chargé par Barras de commander l'armée de Paris, Bonaparte écrase près de l'église Saint-Roch une insurrection royaliste. 16 OCTOBRE : Bonaparte est nommé général de division ; il a vingt-six ans.

26 OCTOBRE : Bonaparte est promu général en chef de l'armée de l'Intérieur. Au cours de ce mois, il fait la connaissance de Joséphine de Beauharnais qui tient un salon à Paris et mène une vie dissipée. – *A Londres, Las Cases a trouvé un emploi plus stable en qualité de répétiteur dans une famille anglaise. Il vient de commencer la rédaction d'un « Atlas historique, chronologique et géographique ». Il mettra quatre années à composer cet ouvrage.*

1796. 2 MARS : le général Bonaparte est nommé commandant en chef de l'armée d'Italie. 9 MARS : Joséphine de Beauharnais épouse Bonaparte. De son premier mariage, elle a eu deux enfants : Eugène et Hortense. AVRIL : Bonaparte remporte contre la coalition austro-sarde d'éclatants succès à Montenotte, Dego, Millesimo, Mondovi. 10 MAI : victoire de Lodi. 15 MAI : Milan tombe aux mains des troupes françaises. AOÛT : Bonaparte poursuit son avance en Italie ; il remporte des victoires à Castiglione, à Bassano en SEPTEMBRE et à Arcole en NOVEMBRE.

1797. JANVIER : grâce à la décisive victoire de Rivoli, les armées françaises peuvent progresser vers Vienne. 18 AVRIL : les Autrichiens signent un armistice à Leoben. 4 SEPTEMBRE (18 fructidor) : un coup d'État royaliste qui met en péril le régime du Directoire éclate à Paris ; il échoue. 17 OCTOBRE : sans prendre l'avis du Directoire auquel il est pourtant théoriquement soumis, Bonaparte signe avec l'Autriche le traité de Campoformio ; l'Autriche abandonne le Milanais et la Belgique et reçoit la Vénétie. 25 DÉCEMBRE : Bonaparte est élu membre de l'Institut, section des arts mécaniques.

1798. PRINTEMPS : les pays conquis durant la période révolutionnaire deviennent des républiques (romaine, batave, cisalpine, parthénopéenne, etc.) ; ce sont les « républiques sœurs ». MARS-MAI : Bonaparte organise une campagne en Égypte afin de gêner l'accès de l'Angleterre aux Indes. 11 MAI (22 floréal) : après les élections, des élus jacobins révolutionnaires sont invalidés arbitrairement. 21 JUILLET : en Égypte, Bonaparte est vainqueur des Turcs, alliés des Anglais, aux Pyramides. 1er AOÛT : à Aboukir, la flotte française est détruite par la flotte anglaise commandée par Nelson.

1799. 3 MARS : Jaffa est prise par le corps expéditionnaire français qui, par la suite, est à moitié décimé par la peste et le choléra. 18 JUIN (30 prairial) : les Jacobins sortent à nouveau vainqueurs des élections. ÉTÉ : une nouvelle coalition, Angleterre, Russie, Autriche, est formée contre la France. Après une période difficile, les armées françaises conduites par Masséna remportent des victoires à Zurich et au Saint-Gothard. – AOÛT : *Las Cases apprend, en exil, que Henriette de Kergariou, son premier amour, se trouve en Bretagne. Il débarque clandestinement, l'épouse secrètement, puis retourne en Angleterre, laissant sa jeune femme enceinte.* – Bonaparte quitte l'Égypte et rentre à Paris. 9 NOVEMBRE (18 brumaire) : grâce à de multiples complicités, Bonaparte prend la tête d'un coup d'État qui renverse le régime du Directoire. Une nouvelle Constitution est préparée et mise en vigueur, celle du Consulat.

LE CONSULAT.

1800. JANVIER : création de la Banque de France. FÉVRIER : réorganisation de l'administration ; création des préfectures et des sous-préfectures. MARS : réorganisation de la justice. MAI : nouvelle campagne d'Italie contre l'Autriche. 14 JUIN : victoire de Marengo. – JUIN : *Las Cases apprend en Angleterre qu'il est père d'un fils, Emmanuel, né le 8 du même mois. Ce fils devait devenir en 1815 page et secrétaire de l'Empereur à Sainte-Hélène. Il mourut à Passy en 1854, sans laisser de postérité.* – 15 DÉCEMBRE : attentat de la rue Saint-Nicaise contre le Premier consul Bonaparte.

1801. 9 FÉVRIER : par la paix de Lunéville, l'Autriche se soumet aux stipulations du traité de Campoformio (1797). 16 JUILLET : un concordat mettant fin à la querelle entre l'Église catholique et la Révolution est signé par le Premier consul et un envoyé du pape Pie VII.

1802. 25 MARS : par la paix d'Amiens, la France et l'Angleterre renoncent à leur hostilité séculaire. 26 AVRIL : les émigrés sont, en grande partie, amnistiés. *Las Cases peut enfin regagner la France, avec le titre officiel de précepteur des enfants de lady Clavering qui viennent séjourner à Paris.* 1er MAI : création des lycées. 2 AOÛT : Bonaparte est nommé consul à vie. NOVEMBRE : *un certificat officiel d'amnistie est accordé à Las Cases.*

1803. *Sous le pseudonyme de Le Sage paraît à Paris « l'Atlas historique, géographique et chronologique » de Las Cases.*

1804. Le Code civil est mis en application. FÉVRIER : un nouveau complot est découvert contre Bonaparte ; deux royalistes, Pichegru et Cadoudal, sont arrêtés. 20 et 21 MARS : le duc d'Enghien est enlevé en pays de Bade, conduit à Paris, et exécuté dans les fossés de Vincennes.

L'EMPIRE.

18 MAI : l'empire est proclamé. 2 DÉCEMBRE : Napoléon est sacré empereur par le pape Pie VII à Notre-Dame de Paris.

1805. PRINTEMPS : Napoléon projette un débarquement en Angleterre. 26 MAI : il est sacré roi d'Italie à Milan. ÉTÉ : troisième coalition contre la France. 14 OCTOBRE : victoire d'Elchingen. 17 OCTOBRE : capitulation d'Ulm. 21 OCTOBRE : défaite de la flotte française à Trafalgar ; l'Angleterre reste maîtresse des mers. 13 NOVEMBRE : entrée des Français à Vienne. 2 DÉCEMBRE : victoire d'Austerlitz. 26 DÉCEMBRE : l'Autriche signe avec Napoléon le traité de Presbourg ; la Bavière et le Wurtemberg deviennent alliés de la France au sein de la Confédération du Rhin.

1806. 21 JUIN : *sur sa demande, Las Cases est admis à la cour impériale.* – SEPTEMBRE : quatrième coalition contre la France. 14 OCTOBRE : la Prusse est battue à Iéna et à Auerstaedt. 27 OCTOBRE : Napoléon entre solennellement dans Berlin. 21 NOVEMBRE : Napoléon décide des mesures de blocus contre l'Angleterre qui poursuit toujours la guerre contre la France.

1807. 8 FÉVRIER : continuant la guerre contre la Russie, Napoléon obtient sur elle la difficile victoire d'Eylau. 6 JUIN : victoire décisive de Friedland. 8 JUILLET : par le traité de Tilsit, la France et la Russie s'engagent à faire régner la paix en Europe. – ÉTÉ : *Las Cases revoit enfin son épouse qu'il avait quittée en 1799.* – OCTOBRE : alliance franco-danoise pour consolider le blocus contre l'Angleterre. 17 OCTOBRE : l'armée française franchit les Pyrénées. 30 NOVEMBRE : les Français entrent à Lisbonne. 17 DÉCEMBRE : par le décret de Milan, Napoléon ordonne aux navires neutres de ne pas toucher les ports anglais.

1808. 4 FÉVRIER : les troupes françaises entrent en Espagne. 23 MARS : les Français occupent Madrid. 5 MAI : Charles IV et son fils (le futur Ferdinand VII) abdiquent à Bayonne. 6 JUIN : Joseph Bonaparte est nommé roi d'Espagne par son frère Napoléon. – OCTOBRE : *Las Cases se marie officiellement avec Henriette de Kergariou.* – 12 OCTOBRE : la convention d'Erfurt renouvelle le traité de Tilsit.

1809. 28 JANVIER : *par lettres patentes Las Cases est nommé baron d'Empire.* – AVRIL : cinquième coalition. 22 AVRIL : bataille d'Eckmühl. 13 MAI : les Français s'emparent de Vienne. 5-7 JUILLET : victoire de Wagram. 2 SEPTEMBRE : *les Anglais ayant débarqué à Flessingue dans les Pays-Bas, Las Cases s'enrôle comme volontaire pour les repousser.* – 16 OCTOBRE : traité de Vienne ; l'Autriche perd des territoires au profit de la Bavière, du grand-duché de Varsovie et de la France. 16 DÉCEMBRE : divorce officiel entre Napoléon et Joséphine. – 21 DÉCEMBRE : *Las Cases est nommé chambellan de Napoléon. Cette fonction est en partie honorifique. Elle est partagée par un certain nombre de personnages issus de la noblesse d'Ancien Régime ou d'Empire.*

1810. 2 AVRIL : mariage de Napoléon et de Marie-Louise d'Autriche. – 27 JUIN : *Las Cases entre au Conseil d'État en tant que maître des requêtes.* 10 JUILLET : *Las Cases est chargé de faire un rapport sur l'état de la marine hollandaise.* 16 DÉCEMBRE : *par lettres patentes, Las Cases reçoit le titre de comte d'Empire. Ses armes : d'or à bande d'azur et à la bordure de gueules ; au franc quartier des comtes officiers de la maison de l'Empereur.*

1811. 20 MARS : à la cour impériale, naissance d'un héritier, le roi de Rome. – 15 AVRIL : *Las Cases est chargé, avec deux auditeurs au Conseil d'État, d'une mission en Illyrie pour dresser le tableau de la dette publique et procéder à sa liquidation.* 1ᵉʳ AOÛT : *naissance d'un deuxième fils dans la famille Las Cases, Barthélemy. Barthélemy de Las Cases deviendra, par la suite, maire de Chalonnes, député du Maine-et-Loire, et chambellan honoraire de Napoléon III. Il aura deux fils et trois filles. Il mourra à Paris en 1877.*

1812. PRINTEMPS : *Las Cases regagne Paris pour présenter le rapport de sa mission en Illyrie.* 1ᵉʳ MAI : *Las Cases accomplit un voyage d'inspection en France à travers les régions du Centre et du Midi ; il visite des maisons de détention et des dépôts de mendicité. Il s'arrête dans soixante-cinq villes et parcourt plus de cinq mille kilomètres.* – 24 JUIN : Napoléon envahit la Russie. 7 SEPTEMBRE : victoire de Borodino. 14 SEPTEMBRE : prise de Moscou et commencement de la retraite de la Grande Armée. 24 OCTOBRE : à Paris, le général Malet tente un coup d'État en faisant croire à la mort de Napoléon : il échoue : il est fusillé. 27 NOVEMBRE : les débris de la Grande Armée passent la Berezina. 18 DÉCEMBRE : Napoléon regagne Paris.

1813. AVRIL : la Prusse entre en guerre au côté de la Russie. – 11 AVRIL : *Las Cases est nommé chevalier de l'ordre impérial de la Réunion.* – 2 MAI : victoire française au cours de la campagne d'Allemagne à Lützen ; 20 MAI : à Bautzen. AOÛT : l'Autriche, un moment médiatrice au congrès de Prague, entre en guerre contre Napoléon. – 21 SEPTEMBRE : *naissance d'une fille de Las Cases : Marie Louise Napoléone Ofrésie. Elle devait mourir à Paris en 1865.* 16-19 OCTOBRE : désastre de Leipzig. DÉCEMBRE : congrès des coalisés à Francfort. – *Malgré ses titres, ses fonctions administratives, ses missions en France et à l'étranger, Las Cases, par timidité et par discrétion, n'est pas parvenu à cette époque à se faire connaître de Napoléon. « Vous étiez pour moi dans la masse, lui dira l'Empereur, vous étiez placé dans mon esprit d'une façon banale. Vous m'approchiez et vous n'avez pas su en tirer parti ; vous aviez eu des missions, vous n'avez pas su les faire valoir en retour. »*

1814. FÉVRIER : Champaubert, Montmirail, Montereau, trois victoires françaises sur le sol national, mais la poussée des armées coalisées est irrésistible. – 30 MARS : *les armées coalisées étant aux portes de Paris, Las Cases, chef de bataillon*

*de la dixième légion, est chargé d'appuyer la garde natio-
nale pour défendre la capitale.* 31 MARS : *Paris capitule. Las
Cases ne peut gagner Fontainebleau pour rejoindre l'Empereur. Talleyrand demande à Las Cases de demeurer au
Conseil d'État ; Las Cases, par fidélité à l'Empereur, refuse.*
– 11 AVRIL : par le traité de Fontainebleau, Napoléon est fait
souverain de l'île d'Elbe. 2 MAI : Louis XVIII, par la déclaration de Saint-Ouen, promet une charte constitutionnelle aux
Français.

LA PREMIÈRE RESTAURATION.

29 MAI : Joséphine de Beauharnais meurt au château de la
Malmaison où elle s'est retirée après son divorce avec Napoléon. – ÉTÉ : *Las Cases gagne l'Angleterre afin d'y prendre
des « vacances ».*

1815. 1er MARS : Napoléon ayant quitté l'île d'Elbe débarque
au golfe Juan près de Cannes. 20 MARS : il arrive à Paris et
s'installe au palais des Tuileries que Louis XVIII vient de
quitter précipitamment.

LES CENT-JOURS.

24 MARS : *Las Cases est confirmé par Napoléon dans ses
titres de conseiller d'État et de chambellan.* – AVRIL : Napoléon remanie la Constitution de l'Empire pour en faire une
Constitution plus libérale. Les armées européennes s'allient
à nouveau contre la France. 18 JUIN : l'armée française est
battue à Waterloo. 3 JUILLET : pour la seconde fois, Napoléon
abdique. (De SEPTEMBRE 1814 à JUIN 1815 se tient le congrès
de Vienne entre les diverses puissances européennes ; la
France y participe. Le 9 JUIN 1815 est signé l'acte final qui
met fin à l'Europe napoléonienne.)

LA SECONDE RESTAURATION.

16 JUILLET : *avec son fils Emmanuel, Las Cases quitte la
France pour accompagner Napoléon à Sainte-Hélène.* OCTO-
BRE : *Napoléon et ses fidèles, parmi lesquels Gourgaud, Ber-*

trand, Montholon, débarquent à Sainte-Hélène. Durant la traversée, Las Cases a commencé à prendre des notes pour son projet d'un Mémorial. L'Empereur lui dicte ses souvenirs ou lui confie des textes qu'il a écrits lui-même. A Sainte-Hélène, le travail se poursuit tout au long de mornes journées et trompe ainsi l'ennui des exilés qui tous rédigent des « journaux ».

1816. DÉCEMBRE : *pour avoir protesté, par une lettre écrite à Lucien Bonaparte, contre les mauvais traitements infligés à Napoléon, Las Cases est chassé par Hudson Lowe, gouverneur anglais de l'île de Sainte-Hélène ; il est transféré au cap de Bonne-Espérance ; il ne reverra plus jamais l'Empereur.*

1817. *Les notes du « Mémorial » et des papiers personnels de Las Cases sont confisqués par les autorités anglaises. Le comte de Las Cases peut regagner l'Europe, mais il est interdit de séjour en France. Il passe quelques années en Allemagne, à Francfort et en Belgique.*

1818-1820. *Las Cases tente d'apitoyer les chefs d'État européens sur le sort misérable de Napoléon : mais ces démarches, dont il nous entretient minutieusement dans la dernière partie de son « Mémorial », devaient rester vaines.*

1821. 5 MAI : Napoléon meurt à Sainte-Hélène sans doute d'un cancer de l'estomac. *Las Cases obtient alors la permission de revenir en France. On apprend que le testament de l'Empereur fait de Las Cases son premier légataire.* SEPTEMBRE : *Las Cases s'installe rue de la Pompe, au village de Passy. Ses papiers et le texte du « Mémorial » lui sont restitués. Il prépare alors la première édition du « Mémorial ». Il fréquente les milieux bonapartistes qui lui donnent des renseignements nouveaux ; il étaye son texte d'extraits ou de résumés d'ouvrages contemporains.*

1822. *A Londres, Emmanuel, fils de Las Cases, provoque Hudson Lowe en duel. Il est expulsé d'Angleterre.*

1823. *Publication de la première édition du « Mémorial ».*

1825. NOVEMBRE : *à Passy, Emmanuel est attaqué et grièvement blessé par des inconnus. On soupçonne Hudson Lowe qui se trouve justement à Paris d'avoir inspiré cette agression.*

1830. 29 JUILLET : *au moment de la Révolution, Las Cases est commandant en chef de la garde nationale de sa commune de Passy.*

LA MONARCHIE DE JUILLET.

7 AOÛT : Louis-Philippe est proclamé roi des Français.

1831. *Las Cases est élu député de Saint-Denis ; il siège à la gauche de la Chambre. Il est promu officier de la Légion d'honneur.*

1832. EN MARS, *la comtesse de Las Cases meurt, âgée de soixante-deux ans. Sur sa tombe, le comte de Las Cases fait graver : « J'attends ici celui dont je fis le bonheur et je suis sûre qu'il lui tarde d'arriver. »*

1835. DÉCEMBRE : *atteint d'un commencement de cécité, Las Cases démissionne de son mandat de député pour raison de santé.*

1839. *Pour les élections de l'année, Odilon Barrot, un des chefs du parti libéral très proche des idées de Las Cases, sollicite l'auteur du « Mémorial » pour qu'il soit candidat à la députation. Las Cases accepte ; il est élu. Il rejoint à l'Assemblée son fils Emmanuel, député du Finistère depuis 1831.*

1840. *Le fils de Las Cases fait partie de la mission conduite par le prince de Joinville et chargée de ramener en France les cendres de Napoléon* (15 DÉCEMBRE).

1842. 14 MAI : *atteint d'une complète cécité, Las Cases meurt à Passy, laissant dans ses derniers écrits une lettre ainsi rédigée : « A présent me voilà attendant sans crainte, non même sans quelque espèce de satisfaction, qu'il plaise au dispensateur de toutes choses de m'appeler à Lui... Là je retrouverai avec délices ceux que j'ai aimés... »*

Mémorial de Sainte-Hélène
par Las Cases

Avertissement

Il n'est sans doute pas inutile de tracer un bref historique des premières éditions du Mémorial de Sainte-Hélène. Outre l'intérêt bibliographique, il nous permettra de mettre en lumière la difficulté d'un choix entre cinq éditions qui présentent toutes un intérêt spécifique, et les raisons qui nous ont conduits à préférer la présente édition (1830-1832) aux autres. Ces dernières sont au nombre de quatre : elles sont toutes parues du vivant du comte de Las Cases qui les a corrigées en fonction de l'évolution ou de la succession des régimes politiques en France entre 1823 et 1842.

L'édition princeps porte, en effet, la date de 1823 ; elle fut suivie d'une seconde en 1824. Toutes deux constituent certes un document inestimable de première main, à peine remanié, qui, pour les puristes, fait ressortir au mieux la présence la plus directe possible de Napoléon. Toutefois leur publication, au cours de la Restauration et sous un régime qui se montrait hostile à tout ce qui pouvait rappeler l'Empire, présentait de nombreux inconvénients. Las Cases, en vérité, avait dû pratiquer une sorte d'autocensure, taisant certains noms, passant volontairement sous silence certains faits, recourant à l'allusion. Las Cases s'était fait, en outre, un devoir de ménager les susceptibilités, et la fidélité à l'Empereur et à sa mémoire n'excluait pas, chez cet honnête homme, un sens inné des nuances et de la courtoisie.

En revanche les éditions de 1835 et de 1840 ont été profondément modifiées par Las Cases, tenant compte avant tout de la naissance d'une légende napoléonienne et d'un culte pour l'Empereur que le gouvernement de Louis-Philippe favorisait à des fins de popularité. Le retour des cendres de Napoléon en 1840 marqua l'apothéose posthume du grand disparu et fut l'occasion d'une nouvelle édition du Mémorial. Député entre 1831 et 1835, influencé par les milieux bonapartistes, Las Cases a entrevu l'importance politique et même électorale de son Mémorial ; il a compris qu'il pouvait servir les intérêts de son parti. Pour ce faire, il convenait de présenter Napoléon sous les traits d'un génie surhumain. Las Cases a donc supprimé certains détails pittoresques, des anecdotes, des souvenirs personnels. Par ces transformations, l'ouvrage a gagné sans doute en relief et en grandeur, mais il a perdu sa saveur de « choses vues », de reportage direct sur la vie quotidienne de Napoléon à Sainte-Hélène.

En définitive, nous avons opté pour l'édition de 1830-1832. Elle présente trois avantages essentiels.

D'abord, elle demeure encore fidèle à l'esprit de la première édition comme le souligne avec franchise le prospectus qui, en 1830, était chargé de la lancer :

« Les défauts de l'ouvrage viennent d'une rédaction trop rapide et on ne pouvait les faire disparaître sans affaiblir la simplicité et l'émotion du style. Ce livre a été improvisé à Sainte-Hélène ; il était écrit dans la nuit, à quelques pas du lit de Napoléon. Ainsi, toutes réflexions faites, on a dû lui laisser des défauts qui ajoutent à la fidélité des récits et des tableaux. »

Ensuite, la révolution de Juillet et l'avènement de Louis-Philippe viennent de balayer le régime issu de l'abdication de Napoléon. Nombre de compagnons, d'hommes d'État, fidèles à l'Empereur, exilés ou placés en résidence surveillée sous Louis XVIII puis sous Charles X, ont recouvré leurs anciens titres et l'estime d'une nouvelle monarchie qui leur fait confiance. Dès lors Las Cases a eu la possibilité de compléter les deux premières éditions, d'être moins allusif, plus incisif, plus direct et souvent plus sévère pour ceux qui, ayant trahi l'Empereur, n'ont pas hésité à servir la Restauration.

Enfin le prospectus signale que cette édition est destinée à un large public populaire et répond au désir de répandre au meilleur prix l'ouvrage de Las Cases :

« Jusqu'à présent on n'avait pas songé à une édition économique de cet ouvrage, qui rendît son acquisition facile à toutes les classes de la société. Maintenant elle existera. Dès que la possibilité de l'exécuter telle que nous la donnons au *public a été démontrée à M. de Las Cases, il a consenti avec le plus généreux empressement à notre projet, et il a mis une copie corrigée et augmentée de son livre à notre disposition. »*

On peut donc affirmer que l'édition de 1830-1832 possède une valeur historique de première importance. Elle concilie les intérêts des publications antérieures et postérieures. Ainsi, elle a permis, d'une façon décisive, aux nouvelles générations de se pénétrer de l'image d'un Napoléon glorieux et martyr, et d'entretenir une légende qui n'est pas près de s'éteindre.

Préface
de la première édition

Les circonstances les plus extraordinaires m'ont tenu longtemps auprès de l'homme le plus extraordinaire que présentent les siècles.

L'admiration me le fit suivre sans le connaître ; l'amour m'eût fixé pour jamais près de lui dès que je l'eus connu.

L'univers est plein de sa gloire, de ses actes, de ses monuments ; mais personne ne connaît les nuances véritables de son caractère, ses qualités privées, les dispositions naturelles de son âme : or, c'est ce grand vide que j'entreprends de remplir ici, et cela avec un avantage peut-être unique dans l'histoire.

J'ai recueilli, consigné, jour par jour, tout ce que j'ai vu de Napoléon, tout ce que je lui ai entendu dire, durant les dix-huit mois que j'ai été auprès de sa personne. Or, dans ces conversations du dernier abandon, et qui se passaient comme étant déjà de l'autre monde, il devra s'être peint lui-même comme dans un miroir, et dans toutes les positions et sous toutes les faces : libre à chacun désormais de l'étudier, les erreurs ne seront plus dans les matériaux.

Tout ce que je donne ici est bien en désordre, bien confus, et demeure à peu près dans l'état où je l'écrivis sur les lieux mêmes. En le retrouvant il y a peu de temps, lorsque le gouvernement anglais me l'a enfin rendu, j'ai voulu d'abord essayer de le refondre, de lui donner une forme et un ensemble quelconques ; mais j'ai dû y renoncer ; d'un côté l'état de ma santé m'interdisait tout travail ; de l'autre, je me sentais gouverné par le temps, je considérais la prompte publication de mon recueil comme un devoir sacré envers la mémoire de celui que je pleure, et je me suis mis à courir pour être plus sûr d'arriver. Puis ce sont mes contemporains

aussi qui ont causé ma précipitation : j'avais à cœur de procurer quelques jouissances à ceux qui ont aimé, de forcer à
l'estime ceux qui sont demeurés ennemis. Enfin un troisième
but encore, qui ne m'importait pas moins, c'est que si
quelqu'un s'y trouve maltraité, il aura l'occasion de pouvoir
se défendre, le public sera juge, et l'histoire consacrera avec
plus de certitude.

Passy, le 15 août 1822.

LE COMTE DE LAS CASES.

N. B. des réimpressions. J'avais eu d'abord l'intention de
retrancher, dans cette nouvelle édition, un bon nombre de
choses de la première que je jugeais, les unes peut-être puériles, d'autres devenues depuis d'un médiocre intérêt, et
j'eusse ainsi réduit l'ouvrage ; mais une si grande quantité
de personnes ont insisté tellement pour m'en dissuader que
j'ai fini par tout conserver. J'allais dénaturer par là, assurait-
on, cette physionomie primitive qui avait été un des grands
titres à la confiance, une des plus fortes garanties du succès.
De mon côté, je craignais que quelques-uns, venant à s'imaginer que j'avais fait deux ouvrages, ne se trouvassent induits
en erreur en cherchant à se procurer le second, et c'est surtout
ce que j'avais à cœur d'éviter. Ces considérations m'ont
décidé pour une réimpression pure et simple, me bornant
uniquement à revoir avec attention les négligences si justement reprochées, à faire exécuter avec le plus grand soin la
partie typographique, enfin à insérer de temps à autre quelques légères additions ou réclamations qui ne seront pas sans
intérêt.

Préambule

J'entreprends d'inscrire ici, jour par jour, tout ce qu'a dit et fait l'empereur Napoléon, durant le temps où je me suis trouvé près de lui. Mais, avant de commencer, qu'on me pardonne un préambule qui ne me semble pas inutile.

Jamais je ne me suis attaché à aucune lecture historique, sans avoir voulu connaître le caractère de l'auteur, sa situation dans le monde, ses relations politiques et domestiques, en un mot, les grandes circonstances de sa vie : je pensais que là seulement devaient se trouver la clef de ses écrits, la mesure certaine de ma confiance. Aujourd'hui, je me hâte de fournir à mon tour, pour moi-même, ce que j'ai toujours recherché dans les autres.

Je vais donc, avant de présenter mes récits, mettre au fait de ce qui me concerne.

Je n'avais guère que vingt et un ans au moment de la Révolution ; je venais d'être fait lieutenant de vaisseau, ce qui correspondait au grade d'officier supérieur dans la ligne ; ma famille était à la cour, je venais d'y être présenté moi-même. J'avais peu de fortune ; mais mon nom, mon rang dans le monde, la perspective de ma carrière, devaient, d'après l'esprit et les calculs du temps, me faire trouver, par mariage, celle que je pouvais désirer. Alors éclatèrent nos troubles politiques.

Un des vices éminents de notre système d'admission au service était de nous priver d'une éducation forte et finie.

Sortis de nos écoles à quatorze ans, abandonnés dès cet instant à nous-mêmes, et comme lancés dans un grand vide, où aurions-nous pris la plus légère idée de l'organisation sociale, du droit public et des obligations civiles.

Aussi, conduit par de nobles préjugés, bien plus que par

des devoirs réfléchis, entraîné surtout par un penchant naturel aux résolutions généreuses, je fus des premiers à courir au-dehors près de nos princes, pour sauver, disait-on, le monarque des excès de la révolte, et défendre nos droits héréditaires que nous ne pouvions, disait-on encore, abandonner sans honte. Avec la manière dont nous avions été élevés, il fallait une tête bien forte ou un esprit bien faible pour résister au torrent.

Bientôt l'émigration devint générale. L'Europe ne connaît que trop cette funeste mesure, dont la gaucherie politique et le tort national ne sauraient trouver d'excuse aujourd'hui que dans le manque de lumières et la droiture du cœur de la plupart de ceux qui l'entreprirent.

Défaits sur nos frontières ; licenciés, dissous par l'étranger ; repoussés, proscrits par les lois de la patrie, grand nombre de nous gagnèrent l'Angleterre qui ne tarda pas à nous jeter sur les plages de Quiberon. Assez heureux pour ne pas y avoir débarqué, je pus réfléchir, au retour, sur l'horrible situation de combattre sa patrie sous des bannières étrangères ; et dès cet instant mes idées, mes principes, mes projets, furent ébranlés, altérés ou changés.

Désespérant des événements, abandonnant le monde et ma sphère naturelle, je me livrai à l'étude, et sous un nom emprunté je refis mon éducation, en essayant de travailler à celle d'autrui.

Cependant, au bout de quelques années, le traité d'Amiens et l'amnistie du Premier consul [1] nous rouvrirent les portes de la France. Je n'y possédais plus rien, la loi avait disposé de mon patrimoine ; mais est-il rien qui puisse faire oublier le sol natal ou détruire le charme de respirer l'air de la patrie ?

J'accourus ; je remerciai d'un pardon qui m'était d'autant plus cher, que je pus dire avec fierté que je le recevais sans avoir à me repentir.

Bientôt après, la monarchie fut proclamée de nouveau : alors ma situation, mes sentiments, furent des plus étranges ; je me trouvais soldat puni d'une cause qui triomphait. Chaque jour on en revenait à nos anciennes idées ; tout ce qui avait été cher à nos principes, à nos préjugés, se rétablissait, et

1. Amnistie aux émigrés (1802) et traité d'Amiens avec l'Angleterre.

pourtant la délicatesse et l'honneur nous faisaient une espèce de devoir d'en demeurer éloignés.

En vain le nouveau gouvernement avait-il proclamé hautement la fusion de tous les partis ; en vain son chef avait-il consacré ne vouloir plus connaître en France que des Français ; en vain d'anciens amis, d'anciens camarades m'offraient-ils les avantages d'une nouvelle carrière à mon choix ; ne pouvant venir à bout de vaincre la discordance intérieure dont je me sentais tourmenté, je me condamnai obstinément à l'abnégation, je me réfugiai dans le travail, je composai, et toujours sous mon nom emprunté, un ouvrage historique qui refit ma fortune, et alors s'écoulèrent les cinq ou six années les plus heureuses de ma vie.

Cependant des événements sans exemple se succédaient autour de nous, avec une rapidité inouïe ; ils étaient d'une telle nature, et portaient un tel caractère, qu'il devenait impossible à quiconque avait dans le cœur l'amour du grand, du noble et du beau, d'y demeurer insensible.

Le lustre de la patrie s'élevait à une hauteur inconnue dans l'histoire d'aucun peuple : c'était une administration sans exemple par son énergie et par ses heureux résultats, un élan simultané qui, imprimé tout à coup à tous les genres d'industrie, excitait toutes les émulations à la fois ; c'était une armée sans égale et sans modèle, frappant de terreur au-dehors et créant un juste orgueil au-dedans.

A chaque instant, notre pays se remplissait de trophées ; de nombreux monuments proclamaient nos exploits ; les victoires d'Austerlitz, d'Iéna, de Friedland, les traités de Presbourg, de Tilsitt, constituaient la France la première des nations et l'arbitre des destinées universelles : c'était vraiment un honneur insigne que de se trouver Français ! Et pourtant tous ces actes, tous ces travaux, tous ces prodiges, étaient l'ouvrage d'un seul homme.

Pour mon compte, quels qu'eussent été mes préjugés, mes préventions antérieures, j'étais plein d'admiration ; et il n'est, comme on sait, qu'un pas de l'admiration à l'amour.

Or, précisément dans ce temps, l'Empereur appela quelques-unes des premières familles autour de son trône et fit circuler, parmi le reste, qu'il regarderait comme mauvais Français ceux qui s'obstineraient à demeurer à l'écart. Je n'hésitai pas un instant ; j'avais, me disais-je, épuisé mon serment naturel, celui de ma naissance et de mon éducation ; j'y avais été fidèle jusqu'à extinction ; il n'était plus question de nos princes, nous en étions même à douter de leur existence. Les solennités de la religion, l'alliance des rois, l'Europe entière, la splendeur de la France, m'apprenaient désormais que j'avais un nouveau souverain. Ceux qui nous avaient précédés avaient-ils résisté aussi longtemps à d'aussi puissants efforts, avant de se rallier au premier des Capets ? Je répondis donc, pour mon compte, qu'heureux par cet appel de sortir avec honneur de la position délicate où je me trouvais, je transportais désormais librement, entièrement et de bon cœur, au nouveau souverain, tout le zèle, le dévouement, l'amour, que j'avais constamment nourris pour mes anciens maîtres ; et le résultat de ma démarche fut mon admission immédiate à la cour.

Cependant je désirais ardemment à mes paroles joindre quelques actions. Les Anglais envahirent Flessingue et menacèrent Anvers ; je courus, comme volontaire, à la défense de cette place ; Flessingue fut évacuée, et ma nomination de chambellan me rappela auprès du prince. A ce poste honorifique j'avais besoin, dans mes idées, de joindre quelque occupation utile ; je demandai et j'obtins d'être membre du Conseil d'État. Alors se succédèrent des missions de confiance : je fus envoyé en Hollande, au moment de sa réunion, pour y recevoir les objets relatifs à la marine ; en Illyrie, pour y liquider la dette publique, et dans la moitié de l'Empire pour inspecter les établissements publics de bienfaisance. Dans nos derniers malheurs, j'ai reçu de douces preuves qu'après moi j'avais laissé quelque estime dans les pays où j'avais été envoyé.

Cependant la Providence avait posé un terme à nos prospérités : on connaît la catastrophe de Moscou, les malheurs de Leipsick, le siège de Paris. Je commandais dans cette cité une de ses légions qui s'honora le 31 mars de la perte d'un assez grand nombre de citoyens. Au moment de la capitulation, je remis mon commandement entre les mains de celui qui venait après moi ; je me croyais, à d'autres titres, d'autres devoirs encore auprès de la personne du prince ; mais je ne pus gagner Fontainebleau à temps : l'Empereur abdiqua, et le roi vint régner.

Alors ma situation devint bien plus étrange encore qu'elle

ne l'avait été douze ans auparavant. Elle triomphait enfin
cette cause à laquelle j'avais sacrifié ma fortune, pour
laquelle j'étais demeuré douze ans en exil au-dehors, et six
ans dans l'abnégation au-dedans ; elle triomphait enfin, et
pourtant le point d'honneur et d'autres doctrines allaient
m'empêcher d'en recueillir aucun bien !

Quelle marche aurait été plus bizarre que la mienne ? Deux
révolutions s'étaient accomplies en opposition l'une de
l'autre : la première m'avait coûté mon patrimoine, la
seconde aurait pu me coûter la vie ; aucune des deux ne me
procurait d'avantageux résultats. Le vulgaire ne verra là-
dedans qu'une tergiversation fâcheuse d'opinions, les intrigants diront que j'ai été deux fois dupe, le petit nombre
seulement comprendra que j'ai deux fois rempli de grands
et d'honorables devoirs.

Quoi qu'il en soit, mes anciens amis, dont la marche que
j'avais suivie n'avait pu m'enlever ni l'affection ni l'estime,
devenus aujourd'hui tout-puissants, m'appelaient à eux. Il
me fut impossible d'écouter leur bienveillance ; j'étais
dégoûté, abattu ; je résolus que ma vie publique avait fini.
Devais-je m'exposer au faux jugement de ceux qui m'observaient ? Chacun pouvait-il lire dans mon cœur ?

Devenu Français jusqu'au fanatisme, ne pouvant supporter
la dégradation nationale dont, au milieu des baïonnettes ennemies, j'étais chaque jour le témoin, j'essayai d'aller me distraire, au loin, des malheurs de la patrie ; j'allai passer quelques mois en Angleterre. Comme tout m'y parut changé !
C'est que je l'étais beaucoup moi-même !

J'étais à peine de retour que Napoléon reparut sur nos
côtes. En un clin d'œil il se trouva transporté dans la capitale,
sans combats, sans excès, sans effusion de sang. Je tressail-
lis ; je crus voir la souillure étrangère effacée et toute notre
gloire revenue. Les destins en avaient ordonné autrement !

A peine sus-je l'Empereur arrivé de Waterloo, que j'allai
spontanément me placer de service auprès de sa personne.
Je m'y trouvai au moment de son abdication ; et, quand il
fut question de son éloignement, je lui demandai à partager
ses destinées.

Tels avaient été jusque-là le désintéressement, la simplicité, quelques-uns diront la niaiserie de ma conduite, que,
malgré mes relations journalières comme officier de sa mai-

son et membre de son Conseil, il me connaissait à peine.
« Mais savez-vous jusqu'où votre offre peut vous conduire ?
me dit-il dans son étonnement. – Je ne l'ai point calculé »,
répondis-je. Il m'accepta, et je suis à Sainte-Hélène.

A présent, je me suis fait connaître ; le lecteur a mes lettres
de créance en ses mains : une foule de mes contemporains
sont vivants, on verra s'il s'en lève un seul pour les infirmer.
Je commence.

Abdication de l'Empereur et son départ de France

Depuis le 20 juin 1815, veille de l'abdication de l'empereur Napoléon, jusqu'au 15 octobre, jour de l'arrivée à Sainte-Hélène.

Espace de près de quatre mois.

MARDI 20 JUIN 1815.

Retour de l'Empereur à l'Élysée, après Waterloo.

J'apprends le retour de l'Empereur à l'Élysée, et je vais m'y placer spontanément de service. Je m'y trouve avec MM. de Montalembert et de Montholon, amenés par le même sentiment.

L'Empereur venait de perdre une grande bataille ; le salut de la France était désormais dans la Chambre des représentants, dans leur confiance et leur zèle. L'Empereur accourait avec l'idée de se rendre, encore tout couvert de la poussière de la bataille, au milieu d'eux ; là, d'exposer nos dangers, nos ressources ; de protester que ses intérêts personnels ne seraient jamais un obstacle au bonheur de la France, et repartir aussitôt. On assure que plusieurs personnes l'en ont dissuadé, en lui faisant craindre une fermentation naissante parmi les députés.

---

1. Le *Mémorial* (édition de 1832) ne connaît pas de division en chapitres. Celle-ci n'apparaît que dans la plupart des réimpressions ultérieures. Nous-mêmes, pour la commodité de la lecture, avons regroupé le texte en douze chapitres, les fragments de la campagne d'Italie, qui sont de la plume même de Napoléon, formant trois chapitres distincts. – L'abréviation entre parenthèses : *(Las Cases)* signifie : *Note de Las Cases.*

Du reste, on ne saurait comprendre encore tout ce qui se répand sur cette malheureuse bataille : les uns disent qu'il y a eu trahison manifeste ; d'autres, fatalité sans exemple. Trente mille hommes, commandés par Grouchy, ont manqué l'heure et le chemin ; ils ne se sont pas trouvés à la bataille ; l'armée, victorieuse jusqu'au soir, a été, dit-on, prise subitement, vers les huit heures, d'une terreur panique ; elle s'est fondue en un instant. C'est Crécy, Azincourt, etc. [1]. Chacun tremble, on croit tout perdu !

MERCREDI 21.

Abdication.

Tout hier au soir et durant la nuit, la représentation nationale, ses membres les mieux intentionnés, les plus influents, sont travaillés par certaines personnes qui produisent, à les en croire, des documents authentiques, des pièces à peu près officielles, garantissant le salut de la France, par la *seule abdication de l'Empereur*, disent-ils.

Ce matin, cette opinion était devenue tellement forte, qu'elle semblait irrésistible. Le président de l'assemblée, les premiers de l'État, les meilleurs amis de l'Empereur, viennent le supplier de sauver la France en abdiquant. L'Empereur, peu convaincu, répond avec magnanimité : il abdique !

Cette circonstance occasionne le plus grand mouvement autour de l'Élysée ; la multitude s'y presse, et témoigne le plus vif intérêt ; nombre d'individus y pénètrent, quelques-

---

1. Il y avait au texte : *une véritable journée des Éperons.* Je ne dois pas passer ici sous silence ce qui en a amené la radiation.

L'Empereur, à Sainte-Hélène, qui seul savait que je tenais un journal, voulut un jour que je lui en lusse quelques pages. A cette expression de journée des *Éperons*, jetée par négligence, il s'écria avec chaleur : « Ah ! malheureux ! qu'avez-vous écrit là ! Effacez, monsieur, effacez bien vite !... Une journée des Éperons !... Quelle erreur ! quelle calomnie !... Une journée des Éperons ! répétait-il. Ah ! pauvre armée ! braves soldats ! vous ne vous étiez jamais mieux battus ! » Et après une pause de quelques instants, il reprit avec un accent dont l'expression venait de loin : « Nous avons eu de grands misérables parmi nous ! Que le ciel le leur pardonne ! Mais pour la France, s'en relèvera-t-elle jamais ! » (*Las Cases*) — Crécy et Azincourt, deux défaites françaises devant les armées anglaises, la première en 1346, la seconde en 1415. La journée des Éperons : défaite de Louis XII à Guinegatte en 1513.

uns même de la classe du peuple en escaladant les murs ; les uns en pleurs, d'autres avec les accents de la démence, viennent faire à l'Empereur, qui se promène tranquillement dans le jardin, des offres de toute espèce. L'Empereur seul reste calme, et répond toujours de porter désormais ce zèle et cette tendresse au salut de la patrie.

Dans ce jour, je lui ai présenté la députation des représentants : elle venait le remercier de son dévouement à la chose nationale.

Les pièces et les documents qui ont produit une si grande sensation, et amené le grand événement d'aujourd'hui, sont, dit-on, des communications régulières de MM. Fouché et Metternich, dans lesquelles ce dernier garantit Napoléon II et la régence, si l'Empereur veut abdiquer. Ces communications se seraient entretenues depuis longtemps à l'insu de Napoléon.

Il faut que M. Fouché ait un furieux penchant aux opérations clandestines. On sait que sa première disgrâce, il y a quelques années, vint d'avoir entamé de son chef des négociations avec l'Angleterre, sans que l'Empereur en sût rien. Dans les grandes circonstances, il a toujours eu quelque chose d'oblique.

Dieu veuille que ses actes ténébreux d'aujourd'hui ne deviennent pas funestes à la patrie !

JEUDI 22.

Députation de la Chambre des pairs.
Caulaincourt. Fouché.

Je reviens passer quelques jours chez moi. Dans ce jour on a présenté la députation de la Chambre des pairs.

Le soir on avait déjà nommé une portion du gouvernement provisoire ; MM. de Caulaincourt et Fouché, qui étaient du nombre, se trouvaient au milieu de nous, au salon de service. Nous en faisions compliment au premier, ce qui n'était au vrai que nous féliciter pour la chose publique ; il ne nous a répondu que par de l'effroi. Nous applaudissions, disions-nous, aux choix déjà connus. « Il est sûr, a dit Fouché, d'un ton léger, que moi je ne suis pas suspect. – Si vous l'aviez été, repartit assez brutalement le représentant Boulay de la Meurthe, qui se trouvait là, croyez que nous ne vous aurions pas nommé. »

VENDREDI 23, SAMEDI 24.

Gouvernement provisoire présenté à l'Empereur.

Les acclamations et l'intérêt du dehors continuent à l'Élysée. Je présente le gouvernement provisoire à l'Empereur, qui, en le congédiant, le fait reconduire par le duc Decrès. Les frères de l'Empereur, Joseph, Lucien et Jérôme, sont introduits plusieurs fois dans le jour, et s'entretiennent longtemps avec lui.

Cependant une nombreuse population s'agglomérait tous les soirs autour de l'Élysée ; elle allait toujours croissant. Ses acclamations, son intérêt pour l'Empereur donnaient des inquiétudes aux factions opposées. La fermentation de la capitale était extrême ; l'Empereur résolut de s'éloigner le lendemain.

DIMANCHE 25.

L'Empereur quitte l'Élysée.

J'accompagne l'Empereur, qui se rend à la Malmaison[1], et lui demande à ne pas le quitter dans ses destinées nouvelles. Ma proposition semble l'étonner, je ne lui étais encore connu que par mes emplois ; il l'agrée.

LUNDI 26.

Ma femme vient me trouver ; elle a pénétré mes intentions ; il devient délicat de les lui avouer, et difficile de la convaincre. « Chère amie, lui dis-je, en m'abandonnant au devoir dont mon cœur se trouve plein, j'ai la consolation de ne pas heurter tes intérêts : si Napoléon II doit nous gouverner, je te laisse de grands titres auprès de lui ; si le ciel en ordonne autrement, je t'aurai ménagé un asile bien glo-

---

1. Château dépendant de la commune de Rueil qui fut acquis par Bonaparte en 1802. Après avoir divorcé, l'impératrice Joséphine de Beauharnais s'y retira et y mourut en 1814.

rieux, un nom honoré de quelque estime ; dans tous les cas, nous nous retrouverons, ne fût-ce que dans un meilleur monde. »

Après des pleurs et des reproches même qui ne devaient que m'être doux, elle se rend, me fait promettre qu'elle pourra venir me rejoindre bientôt ; et, dès cet instant, je ne trouve plus en elle que l'exaltation, le courage qu'il m'eût fallu, si j'en eusse eu besoin.

MARDI 27.

Le ministre de la Marine vient à la Malmaison.

Je vais un moment à Paris avec le ministre de la Marine, venu à la Malmaison au sujet des frégates destinées à l'Empereur. Il me lit les instructions qu'il leur envoie, me dit que l'Empereur comptait sur moi, qu'il m'emmène ; il me promet de soigner ma femme dans la crise qui se prépare.

Napoléon II est proclamé par la législature.

J'envoie chercher mon fils [1] à son lycée, résolu de l'emmener avec moi. Nous faisons un très petit paquet de linge et de vêtements, et retournons à la Malmaison ; ma femme nous y accompagne, et revient le soir même. La route commençait à être difficile et inquiétante ; l'ennemi approchait.

MERCREDI 28.

Je voulais revoir ma femme encore quelques instants ; la duchesse de Rovigo me conduisit, ainsi que mon fils, à Paris. Je trouvai chez moi MM. de Vertillac et de Quitry : ce sont les derniers amis que j'ai embrassés ; ils étaient terrifiés. L'agitation, l'incertitude, devenaient extrêmes dans Paris, l'ennemi était aux portes. En arrivant à la Malmaison, nous vîmes le pont de Chatou en flammes ; on plaçait des postes autour de nous ; il devenait prudent de se garder. J'entrai chez l'Empereur, je lui peignis ce que m'avait paru la capitale, je lui rendis l'opinion générale que Fouché trahissait effrontément la cause nationale ; que l'espoir des bons Français était

1. Emmanuel de Las Cases.

que lui, Napoléon, se jetterait cette nuit même dans l'armée qui le demandait. L'Empereur m'écouta d'un air pensif, et me congédia sans rien dire.

JEUDI 29, VENDREDI 30.

> *Le gouvernement provisoire met l'Empereur*
> *sous la garde du général Becker. Napoléon*
> *quitte la Malmaison. Il part pour Rochefort.*

Toute la matinée le grand chemin de Saint-Germain n'a cessé de retentir au loin des cris de vive l'Empereur : c'étaient des troupes qui passaient sous les murailles de la Malmaison.

Vers le milieu du jour le général Becker, envoyé par le gouvernement provisoire, est arrivé ; il nous a dit, avec une espèce d'indignation, avoir reçu la commission de garder Napoléon, et de le surveiller [1].

---

1. A mon retour en Europe, le hasard a mis en mes mains les pièces suivantes, relatives à cette circonstance ; je les transcris ici, parce que je les crois inconnues du public. Elles ont été copiées sur les originaux mêmes. Elles n'ont pas besoin de commentaires. (*Las Cases.*)

> *Copie de la lettre de la Commission du gouvernement*
> *à M. le maréchal prince d'Eckmühl, ministre de la Guerre.*

Paris, ce 27 juin 1815.

« Monsieur le maréchal,

« Les circonstances sont telles, qu'il est indispensable que Napoléon se décide à partir pour se rendre à l'île d'Aix. S'il ne s'y résout pas, à la notification que vous lui ferez faire de l'arrêté ci-joint, vous devez le faire surveiller à la Malmaison, de manière à ce qu'il ne puisse s'en évader. En conséquence, vous mettrez à la disposition du général Becker la gendarmerie et les troupes nécessaires pour garder les avenues qui aboutissent de toutes parts vers la Malmaison. Vous donnerez à cet effet des ordres au premier inspecteur général de la gendarmerie. Ces mesures doivent demeurer secrètes autant qu'il sera possible.

« Cette lettre, monsieur le maréchal, est pour vous ; mais le général Becker, qui sera chargé de remettre l'arrêté à Napoléon, recevra de Votre Excellence des instructions particulières : elle lui fera sentir qu'il a été pris dans l'intérêt de l'État et pour la sûreté de sa personne ; que sa prompte exécution est indispensable ; enfin que l'intérêt de Napoléon pour son sort futur le commande impérieusement.

« *Signé* : DUC D'OTRANTE, etc. »

Le sentiment le plus bas avait dicté ce choix ; Fouché savait que le général Becker avait personnellement à se plaindre de l'Empereur, et il ne doutait pas de trouver en lui un cœur aigri et disposé à la vengeance ; on ne pouvait se tromper plus grossièrement : ce général ne cessa de montrer un respect et un dévouement qui honorent son caractère.

Cependant les moments devenaient pressants ; l'Empereur, sur le point de partir, envoie offrir, par le général Becker lui-même, au gouvernement provisoire, de marcher comme simple citoyen à la tête des troupes. Il promettait de repousser Blücher et de continuer aussitôt sa route. Sur le refus du gouvernement provisoire, nous quittons la Malmaison : l'Empereur et une partie de sa suite prennent la route de Rochefort, par Tours ; moi, mon fils, MM. de Montholon,

---

Copie de l'arrêté de la Commission du gouvernement.
Extrait des minutes de la secrétairerie d'État.

Paris, ce 26 juin 1815.

« La Commission du gouvernement arrête ce qui suit :

« Art. Ier. Le ministre de la Marine donnera des ordres pour que deux frégates, du port de Rochefort, soient armées, pour transporter Napoléon Bonaparte aux États-Unis.

« Art. II. Il lui sera fourni jusqu'au point de l'embarquement, s'il le désire, une escorte suffisante, sous les ordres du lieutenant général Becker, qui sera chargé de pourvoir à sa sûreté.

« Art. III. Le directeur général des postes donnera, de son côté, tous les ordres relatifs aux relais.

« Art. IV. Le ministre de la Marine donnera des ordres nécessaires pour assurer le retour immédiat des frégates, aussitôt après le débarquement.

« Art. V. Les frégates ne quitteront pas la rade de Rochefort avant que les sauf-conduits demandés ne soient arrivés.

« Art. VI. Les ministres de la Marine, de la Guerre et des Finances sont chargés, chacun en ce qui le concerne, de l'exécution du présent arrêté.

« *Signé* : DUC D'OTRANTE. »

« Par la Commission du gouvernement, le secrétaire adjoint au ministre d'État.

« *Signé* : COMTE BERLIER. »

Copie de la lettre du duc d'Otrante
au ministre de la Guerre.

Paris, le 27 juin 1815, à midi.

« Monsieur le maréchal,

« Je vous transmets copie de la lettre que je viens d'écrire au ministre de la Marine, relativement à Napoléon. La lecture que vous en prendrez

Planat, Résigny, nous prenons par Orléans, ainsi que deux ou trois autres voitures de suite.

Nous arrivons à Orléans le 30 au matin, et vers minuit à Châtellerault.

SAMEDI 1er JUILLET, DIMANCHE 2.

Notre route d'Orléans à Jarnac.

Nous traversons Limoges le 1er juillet vers quatre heures du soir.

Nous dînons à La Rochefoucauld le 2 et arrivons à sept heures à Jarnac, où nous couchons, la mauvaise volonté du maître de poste nous forçant d'y passer la nuit.

---

vous fera sentir la nécessité de donner des ordres au général Becker, pour qu'il ne se sépare pas de la personne de Napoléon, tant que celui-ci *restera en rade.*

« Agréez, etc.

« *Signé* : DUC D'OTRANTE. »

*Copie de la lettre du duc d'Otrante
au ministre de la Marine.*

Paris, le 27 juin 1815, à midi.

« Monsieur le duc,

« La Commission vous rappelle les instructions qu'elle vous a transmises, il y a une heure. Il faut faire exécuter l'arrêté tel que la Commission l'avait prescrit hier, et d'après lequel Napoléon Bonaparte restera en rade de l'île d'Aix jusqu'à l'arrivée des passeports.

« Il importe au bien de l'État, qui ne saurait lui être indifférent, qu'il y reste jusqu'à ce que son sort et celui de sa famille aient été réglés d'une manière définitive. Tous les moyens seront employés pour que la négociation tourne à sa satisfaction ; l'honneur français y est intéressé ; mais, en attendant, on doit prendre toutes les précautions possibles pour la sûreté personnelle de Napoléon et pour qu'il ne quitte point le séjour qui lui est momentanément assigné.

« Agréez, etc.

« Le président de la Commission du gouvernement,
« *Signé* : DUC D'OTRANTE. »

*Le ministre de la Guerre
à M. le général Becker.*

« J'ai l'honneur de vous transmettre ci-joint un arrêté que la Commission du gouvernement vous charge de notifier à l'empereur Napoléon, en faisant

LUNDI 3.

Aventure à Saintes.

Nous ne pouvons nous remettre en route qu'à cinq heures du matin. La méchanceté du maître de poste, qui, non content de nous avoir retenus la nuit, employa des moyens secrets pour nous retenir encore, fait que nous sommes contraints de gagner presque au pas le relais de Cognac, où le maître de poste et les spectateurs nous témoignent des sentiments bien différents. Il nous était aisé de juger que notre passage causait beaucoup d'agitation en sens divers. En atteignant Saintes vers les onze heures du matin, nous avons failli tomber victimes d'une insurrection populaire : un des zélés de l'endroit, nous a-t-on dit, avait dressé cette embûche et organisé notre massacre. Nous sommes arrêtés par la populace, garantis par la garde nationale ; mais menés prisonniers dans une auberge. Nous emportions, disait-on, les trésors de l'État ; nous étions des scélérats dont la mort seule pouvait faire justice.

Ceux qui se prétendaient la classe distinguée de la ville, les femmes surtout, se montraient les plus ardentes pour notre supplice.

Elles venaient défiler successivement à des croisées voisines pour insulter de plus près à notre malheur. Elles por-

---

observer à Sa Majesté que les circonstances sont tellement impérieuses, qu'il devient indispensable qu'elle se décide à partir pour se rendre à l'île d'Aix. Cet arrêté, fait observer la Commission, a été pris autant pour la sûreté de sa personne que dans l'intérêt de l'État, qui doit toujours lui être cher.

« Si Sa Majesté ne prenait pas une résolution à la notification de cet arrêté, l'intention de la Commission du gouvernement est que la surveillance nécessaire soit exercée pour empêcher l'évasion de Sa Majesté et prévenir toute tentative contre sa personne.

« Je vous réitère, monsieur le général, que cet arrêté est pris dans l'intérêt de l'État et pour la sûreté personnelle de l'Empereur et que la Commission du gouvernement considère sa prompte exécution comme indispensable pour le sort futur de Sa Majesté et de sa famille.

« J'ai l'honneur, etc. »

N. B. Cette lettre est demeurée sans signature, le prince d'Eckmühl, au moment de l'expédier, ayant dit à son secrétaire : « Je ne signerai jamais cette lettre ; signez-la, ce sera assez. » Ce que le secrétaire, à son tour, ne se sentit plus la force de faire. A-t-elle été envoyée ou non ? c'est ce que je ne saurais dire. *(Las Cases.)*

taient la rage, le croira-t-on, jusqu'à grincer des dents à l'aspect de notre calme, et c'était pourtant là la première société, les femmes *comme il faut* de la ville !... Réal aurait-il donc eu raison, quand il disait si plaisamment dans les Cent-Jours à l'Empereur, qu'en fait de Jacobins, il avait bien le droit de s'y connaître, et qu'il protestait que toute la différence qu'il y avait entre les *noirs* et les *blancs*[1], était que les uns avaient porté des sabots, et que les autres allaient en bas de soie.

Le prince Joseph, qui, à notre insu, traversait la ville, vint compliquer encore notre aventure ; il fut arrêté, mené à la préfecture, mais fort respecté.

Notre auberge donnait sur une place qui demeurait couverte d'une multitude fort agitée et très hostile ; elle nous accablait de menaces et d'injures. Je me trouvai connu du sous-préfet, ce qui lui servit à garantir qui nous étions ; on visita notre voiture et l'on nous tint à une espèce de secret. Vers quatre heures, j'obtins de me rendre auprès du prince Joseph.

Dans ma route à la préfecture, et bien que sous la garde d'un sous-officier, plusieurs individus m'abordèrent, les uns me remettant des billets en secret, d'autres me disant quelques mots à l'oreille ; tous se réunissaient pour m'assurer que nous devions être bien tranquilles, que les vrais Français veillaient pour nous.

Vers le soir, on nous laissa partir ; mais alors tout avait bien changé ; nous quittâmes notre auberge au milieu des plus vives acclamations ; des femmes du peuple, en pleurs, prenaient nos mains et les baisaient ; de tous côtés chacun s'offrait à nous suivre pour éviter, nous disaient-ils, un guet-apens, que les ennemis de l'Empereur nous avaient dressé à quelque distance de la ville. Ce singulier changement des esprits venait de ce que beaucoup de gens des campagnes et grand nombre de fédérés étaient entrés dans la ville et gouvernaient désormais l'opinion.

---

1. Les premiers représentent le peuple ; les seconds la noblesse.

MARDI 4.

Arrivée à Rochefort.

A peu de distance de Rochefort, nous rencontrâmes de la gendarmerie, qui, sur le bruit de notre mésaventure, avait été expédiée au-devant de nous. Nous arrivâmes à deux heures du matin à Rochefort ; l'Empereur y était depuis la veille [1]. Le prince Joseph y arriva le soir même : je le conduisis à l'Empereur.

Je profitai du premier instant de loisir pour donner avis au président du Conseil d'État des motifs qui m'en avaient fait absenter : « Des événements grands et rapides, lui écrivais-je, m'ont mis dans le cas de m'éloigner de Paris sans le congé nécessaire.

« La nature et la gravité des circonstances ont amené cette irrégularité : j'étais de service auprès de l'Empereur au moment de son départ ; je n'ai pu voir s'éloigner le grand homme qui nous a gouvernés avec tant de splendeur, qui se bannit pour faciliter les destinées de la patrie, auquel il ne reste aujourd'hui de la toute-puissance, que sa gloire et son nom ; je n'ai pu, dis-je, le voir s'éloigner sans céder au besoin de le suivre. Au temps de la prospérité, il daigna verser sur moi quelques faveurs ; aujourd'hui, je lui dois tous les sentiments et toutes les actions qui m'appartiennent, etc. »

MERCREDI 5 AU VENDREDI 7.

Calme de l'Empereur.

A Rochefort, l'Empereur ne portait plus l'habit militaire. Il était logé à la préfecture ; beaucoup de monde demeurait constamment groupé autour de la maison ; de temps à autre des acclamations se faisaient entendre ; l'Empereur se montra deux ou trois fois au balcon de la préfecture. Beaucoup de propositions lui sont faites par des généraux qui viennent en personne ou envoient des émissaires particuliers.

Du reste, pendant tout le séjour à Rochefort, l'Empereur y

---

1. Itinéraire de l'Empereur : Parti le 29 juin et couché à Rambouillet ; le 30, couché à Tours ; le 1er juillet, couché à Niort ; le 2, il part de Niort et arrive le 3 à Rochefort ; séjourne jusqu'au 8 ; se rend à bord du *Bellérophon* le 15. (*Las Cases.*)

est constamment comme aux Tuileries ; nous ne l'approchons pas davantage ; il ne reçoit guère que Bertrand et Savary, et nous en sommes réduits aux bruits et aux conjectures sur ce qui le concerne. Toutefois il paraît que l'Empereur, au milieu de l'agitation des hommes et des choses, demeure calme, impassible, se montre très indifférent et surtout très peu pressé.

Un lieutenant de vaisseau de notre marine, commandant un bâtiment de commerce danois, vient s'offrir généreusement pour le sauver.

Il propose de le prendre seul de sa personne, garantit de le cacher si bien qu'il échappera à toute recherche, et offre de faire voile immédiatement pour les États-Unis. Il ne demande qu'une légère somme pour indemniser ses propriétaires des torts possibles de son entreprise. Bertrand l'accorde, sous certaines conditions, qu'il rédige en mon nom, et je signe ce marché fictif, en présence et sous les yeux du préfet maritime.

SAMEDI 8.

Embarquement de l'Empereur.

L'Empereur gagne Fouras, vers le soir, aux acclamations de la ville et de la campagne ; il couche à bord de la *Saale*, qu'il atteignit sur les huit heures ; j'y arrivai beaucoup plus tard ; j'avais conduit Mme Bertrand dans un canot parti d'un autre endroit.

DIMANCHE 9.

L'Empereur visite les fortifications de l'île d'Aix.

J'accompagne l'Empereur qui débarque à l'île d'Aix d'assez bon matin ; il visite toutes les fortifications et revient déjeuner à bord.

LUNDI 10.

Première entrevue à bord du Bellérophon.

Dans la nuit du dimanche au lundi, je suis expédié, avec le duc de Rovigo, vers le commandant de la croisière anglaise, pour savoir si on y avait reçu les sauf-conduits qui nous avaient été promis par le gouvernement provisoire, pour nous rendre aux États-Unis. Il fut répondu que non ; mais qu'on allait en référer immédiatement à l'amiral commandant. Nous posâmes la supposition que l'Empereur sortît sur les frégates avec pavillon parlementaire ; il fut répondu qu'elles seraient attaquées. Nous parlâmes de son passage sur vaisseau neutre ; il fut dit que tout bâtiment neutre serait strictement visité, et peut-être même conduit aux ports anglais ; mais il nous fut suggéré de nous rendre en Angleterre, et affirmé qu'on ne pouvait y craindre aucun mauvais traitement. Nous étions de retour à deux heures après midi.

Le vaisseau anglais le *Bellérophon*, à bord duquel nous avions été, nous suivit et vint mouiller dans la rade des Basques, pour se trouver plus à portée de nous. Les bâtiments des deux nations demeuraient en vue et très proches les uns des autres.

En arrivant sur le *Bellérophon*, le capitaine anglais nous avait adressé la parole en français : je ne me hâtai point de lui dire que je pouvais, tant bien que mal, entendre et parler un peu sa langue. Quelques expressions entre lui et d'autres officiers anglais, devant le duc de Rovigo et moi, eussent pu nuire à la négociation, si je fusse convenu que je les avais comprises. Lors donc que, quelque temps plus tard, on nous demanda si nous entendions l'anglais, je laissai le duc de Rovigo répondre que non. Notre situation politique suffisait d'ailleurs pour me débarrasser de tout scrupule, et rendait ma petite supercherie fort simple ; aussi je n'en parle que parce qu'étant demeuré depuis une quinzaine de jours avec toutes ces personnes, j'ai été contraint de me gêner beaucoup pour ne pas découvrir ce que j'avais caché d'abord, et que plus tard, dans la traversée pour Sainte-Hélène [1], quelques-uns des officiers anglais ne furent pas sans observer que je faisais des progrès bien rapides dans leur langue. Au fait, je lisais l'anglais ; mais j'avais la plus grande difficulté à l'entendre : il y avait plus de treize ans que je ne l'avais pratiqué.

1. Île anglaise, non loin du Cap ; très rocheuse, elle comporte peu de plaines, la principale étant celle de Longwood dans la partie orientale de l'île, où se trouvait la résidence de Napoléon.

MARDI 11.

L'Empereur incertain sur le parti
qu'il doit prendre.

Toutes les passes étaient bloquées par des voiles anglaises. L'Empereur semblait encore incertain sur le parti qu'il prendrait ; il était question de bâtiments neutres, de chasse-marée montés par de jeunes aspirants ; on continuait des propositions du côté de la terre, etc.

MERCREDI 12.

L'Empereur à l'île d'Aix.

L'Empereur débarque à l'île d'Aix au milieu des cris et de l'exaltation de tous. Il quittait les frégates ; elles avaient refusé de sortir, soit faiblesse de caractère de la part du commandant, soit qu'il eût reçu de nouveaux ordres de la part du gouvernement provisoire. Plusieurs pensaient que l'entreprise pouvait être tentée avec quelques probabilités de succès ; cependant il faut convenir que les vents furent constamment défavorables.

JEUDI 13.

Appareillage des chasse-marée.

Le prince Joseph est venu dans le jour voir son frère à l'île d'Aix. L'Empereur, vers onze heures du soir, est à l'instant de se jeter dans les chasse-marée ; deux appareillent avec plusieurs de ses paquets et de ses gens : M. de Planat était sur l'un d'eux.

VENDREDI 14.

Seconde entrevue à bord du Bellérophon.
Lettre de Napoléon au prince régent.

Je retourne à quatre heures du matin avec le général Lallemand, à bord du *Bellérophon*, pour savoir s'il n'était arrivé aucune réponse. Le capitaine anglais nous dit qu'il l'attendait à chaque minute, et il ajouta que, si l'Empereur voulait dès cet instant s'embarquer pour l'Angleterre, il avait autorité de le recevoir pour l'y conduire. Il ajouta encore que, d'après son opinion privée, et plusieurs autres capitaines présents se joignirent à lui, il n'y avait nul doute que Napoléon ne trouvât en Angleterre tous les égards et les traitements auxquels il pouvait prétendre ; que dans ce pays le prince et les ministres n'exerçaient pas l'autorité arbitraire du continent ; que le peuple anglais avait une générosité de sentiment et une libéralité d'opinion supérieure à la souveraineté même. Je répondis que j'allais faire part à l'Empereur de l'offre du capitaine anglais et de toute sa conversation ; j'ajoutai que je croyais assez connaître l'empereur Napoléon pour penser qu'il ne serait pas éloigné de se rendre de confiance en Angleterre même, dans la vue d'y trouver des facilités de continuer sa route vers les États-Unis. Je peignis la France, au midi de la Loire, toute en feu ; les espérances des peuples se tournant toujours vers Napoléon, tant qu'il serait présent ; les propositions qui lui étaient faites de tous côtés, à chaque instant ; sa détermination absolue de ne servir ni de cause ni de prétexte à la guerre civile ; la générosité qu'il avait eue d'abdiquer, pour rendre la paix plus facile ; la ferme résolution où il était de se bannir, pour la rendre plus prompte et plus entière.

Le général Lallemand, qui, condamné à mort, était intéressé pour son propre compte dans la résolution que l'on pouvait prendre, demanda au capitaine Maitland, avec qui il avait été jadis de connaissance en Égypte, dont il avait même été, je crois, le prisonnier, si quelqu'un tel que lui, compromis dans les troubles civils de son pays, pouvait avoir jamais à craindre d'être livré à la France, venant ainsi volontairement en Angleterre. Le capitaine Maitland affirma que non, et repoussa le doute comme une injure. Avant de nous quitter, nous nous résumâmes ; je répétai qu'il serait possible que, vu les circonstances et les intentions arrêtées de l'Empereur, il se rendît, d'après l'offre du capitaine Maitland, pour y prendre ses sauf-conduits pour l'Amérique. Le capitaine Maitland désira qu'il fût bien compris qu'il ne garantissait pas qu'on les accorderait ; et nous nous séparâmes. Au fond du cœur, je ne pensais pas non plus qu'on nous les accordât ; mais l'Empereur ne voulait plus que vivre tranquille ; il était résolu de demeurer désormais personnellement étranger aux

événements politiques ; nous voyions donc sans beaucoup
d'inquiétude la probabilité qu'on nous empêchât de sortir
d'Angleterre ; mais là se bornaient toutes nos craintes et nos
suppositions ; là se fixait aussi sans doute la croyance de
Maitland ; je lui rends la justice de croire qu'il était sincère
et de bonne foi, ainsi que les autres officiers, dans la peinture
qu'ils nous avaient faite des sentiments de l'Angleterre.

Nous étions de retour à onze heures ; cependant l'orage
s'approchait, les moments devenaient précieux, il fallait prendre un parti. L'Empereur nous réunit en une espèce de
conseil ; on débattit toutes les chances : le bâtiment danois
parut impraticable ; il n'était plus question des chasse-marée,
la croisière anglaise était inforçable ; il ne restait plus que
de revenir à terre entreprendre la guerre civile, ou d'accepter
les offres présentées par le capitaine Maitland. On s'arrêta à
ce dernier parti : en abordant le *Bellérophon*, disait-on, on
serait déjà sur le sol britannique ; les Anglais se trouveraient
liés dès cet instant par les droits sacrés de l'hospitalité, estimés sacrés chez les peuples les plus barbares ; on se trouverait, dès ce moment, sous les droits civils du pays ; les
Anglais ne seraient pas assez insensibles à leur gloire pour
ne pas saisir cette belle circonstance avec avidité : alors
Napoléon écrivit au prince régent :

« Altesse Royale,
« En butte aux factions qui divisent mon pays et à l'inimitié
des plus grandes puissances de l'Europe, j'ai consommé ma
carrière politique. Je viens, comme Thémistocle, m'asseoir
sur le foyer du peuple britannique ; je me mets sous la protection de ses lois, que je réclame de Votre Altesse Royale,
comme celle du plus puissant, du plus constant, du plus
généreux de mes ennemis. »

Je repartis vers les quatre heures avec mon fils et le général
Gourgaud, pour retourner à bord du *Bellérophon*, où je devais
demeurer. Ma mission était d'annoncer la venue de Sa
Majesté, le lendemain matin, et de remettre au capitaine
Maitland la copie de la lettre de l'Empereur au prince régent.

La mission du général Gourgaud était de porter immédiatement la lettre autographe de l'Empereur au prince régent
d'Angleterre, et de la remettre à sa personne. Le capitaine

Maitland lut cette lettre de Napoléon, qu'il admira beaucoup, en laissa prendre copie à deux autres capitaines, sous secret, jusqu'à ce qu'elle devînt publique, et s'occupa d'expédier, sans délai, le général Gourgaud sur la corvette le *Slany*.

Il n'y avait encore que peu d'instants que ce dernier bâtiment avait quitté le *Bellérophon* : je me trouvai seul avec mon fils dans la chambre du capitaine ; M. Maitland avait été donner des ordres, lorsqu'il rentra précipitamment, le visage et la voix altérés : « Comte de Las Cases, je suis trompé ! Quand je traite avec vous, que je me démunis d'un bâtiment, on m'annonce que Napoléon vient de m'échapper ; cela me mettrait dans une situation affreuse vis-à-vis de mon gouvernement ! » Ces paroles me firent tressaillir ; j'aurais voulu pour tout au monde la nouvelle vraie. L'Empereur n'avait pris aucun engagement, j'avais été de la meilleure foi du monde, je me fusse volontiers rendu victime d'une circonstance dans laquelle j'étais parfaitement innocent. Je demandai, avec le plus grand calme, au capitaine Maitland, à quelle heure on avait dit que l'Empereur était parti ; Maitland avait été si frappé qu'il ne s'était pas donné le temps de le demander ; il recourut sur le pont et vint me dire : « A midi. – S'il en était ainsi, lui dis-je, le départ du *Slany*, que vous ne faites que d'expédier, ne vous ferait aucun tort. Mais rassurez-vous, j'ai quitté l'Empereur à l'île d'Aix, à quatre heures. – Me l'affirmez-vous ? » me dit-il. Je lui en donnai ma parole ; il se retourna vers quelques officiers qu'il avait avec lui, et leur dit en anglais que la nouvelle devait être fausse, que j'étais trop calme, que j'avais l'air de trop bonne foi, et que d'ailleurs je venais de lui en donner ma parole.

La croisière anglaise avait de nombreuses intelligences sur nos côtes ; j'ai pu vérifier depuis qu'elle était instruite à point nommé de toutes nos démarches[1].

---

1. A bord du *Northumberland*, dans notre traversée pour Sainte-Hélène, l'amiral Cockburn avait mis sa bibliothèque à notre disposition ; il arriva à l'un de nous, feuilletant un volume de l'*Encyclopédie britannique*, d'y trouver une lettre de La Rochelle, adressée au chef de la croisière anglaise ; elle contenait, mot pour mot, toute notre affaire du bâtiment danois, le moment de son appareillage projeté, son intention, etc. Nous nous passâmes cette lettre de main en main et la replaçâmes soigneusement. Elle nous apprit peu de chose, nous savions combien il existait d'intelligences du dedans au-dehors ; mais nous trouvions curieux d'en lire une preuve de la sorte. Com-

On ne s'occupa plus que du lendemain. Le capitaine Maitland me demanda si je voulais que ses embarcations allassent chercher l'Empereur ; je lui répondis que la séparation était trop douloureuse pour les marins français, qu'il fallait leur laisser la satisfaction de garder l'Empereur jusqu'au dernier instant.

SAMEDI 15.

L'Empereur à bord du Bellérophon.

Au jour on aperçut en effet notre brick l'*Épervier* qui, sous pavillon parlementaire, manœuvrait sur le *Bellérophon*. Le vent et la marée étant contraires, le capitaine Maitland envoya son canot au-devant. Le voyant revenir, c'était un grand sujet d'anxiété pour le capitaine Maitland de découvrir, avec sa lunette, si l'Empereur y était descendu ; il me priait à chaque instant d'examiner moi-même et je ne pouvais lui répondre. Enfin, il n'y eut plus de doute, l'Empereur, entouré de ses officiers, aborda le *Bellérophon* ; je me trouvai à l'échelle du vaisseau pour lui nommer le capitaine Maitland, auquel il dit : « Je viens à votre bord me mettre sous la protection des lois d'Angleterre. » Le capitaine Maitland le conduisit dans sa chambre, et l'en mit en possession. Bientôt après, le capitaine présenta tous ses officiers à l'Empereur, qui vint ensuite sur le pont et visita, dans la matinée, toutes les parties du vaisseau. Je lui racontais la frayeur qu'avait eue la veille le capitaine Maitland, touchant son évasion supposée ; l'Empereur ne jugea pas comme je l'avais fait : « Qu'avait-il donc à craindre, dit-il avec force et dignité, ne vous avait-il pas avec lui ? »

Vers les trois heures, nous vîmes arriver au mouillage le *Superbe*, de soixante-quatorze, amiral Hotham commandant la station. Cet amiral vint rendre visite à l'Empereur, demeura à dîner et, sur les questions que lui fit l'Empereur sur son vaisseau, il demanda s'il daignerait y venir le lendemain ; l'Empereur s'y invita à déjeuner avec nous tous.

---

ment cette lettre se trouvait-elle à bord du *Northumberland* ? C'est que sans doute le capitaine Maitland, en nous déposant à bord de ce vaisseau, avait remis aussi les pièces qui nous concernaient ; et il est à croire que c'est cette même lettre qui causa tant d'effroi au capitaine Maitland, sur l'évasion de l'Empereur lorsque je me trouvais déjà à bord. *(Las Cases.)*

DIMANCHE 16.

> *L'Empereur à bord de l'amiral Hotham.*
> *Appareillage pour l'Angleterre. L'Empereur*
> *commande l'exercice aux soldats anglais.*

L'Empereur se rend à bord de l'amiral Hotham ; je l'y accompagne. Tous les honneurs, à l'exception du canon, lui sont prodigués. Nous parcourons, jusque dans les plus petits détails, toutes les parties du vaisseau, que nous trouvons d'un ordre et d'une tenue admirables. L'amiral Hotham déploie toute la grâce et toute la recherche qui caractérisent l'homme d'un rang et d'une éducation distingués. Nous retournons vers une heure à bord du *Bellérophon*, et nous mettons sous voile pour l'Angleterre, douze jours après notre départ de Paris. Il faisait presque calme.

Le matin, l'Empereur, en sortant pour aller à bord de l'amiral Hotham, s'était arrêté court, sur le pont du *Bellérophon*, devant les soldats rangés pour lui faire honneur ; il leur commanda plusieurs temps d'exercice, leur fit croiser la baïonnette ; et comme ce dernier mouvement ne s'exécutait pas tout à fait à la française, il s'avança vivement au milieu des soldats, écartant les baïonnettes de ses deux mains, et alla saisir un des fusils du dernier rang, avec lequel il figura lui-même à notre façon. Alors il se fit un mouvement subit et extrême sur le visage des soldats, des officiers, de tous les spectateurs ; il peignait l'étonnement de voir l'Empereur se mettre ainsi au milieu des baïonnettes anglaises, dont certaines lui touchaient la poitrine. Cette circonstance frappa vivement ; à notre retour du *Superbe* on nous questionnait indirectement à cet égard ; on nous demandait s'il en agissait souvent ainsi avec ses soldats, et l'on n'hésita pas à frémir de sa confiance. Aucun d'eux n'était fait à l'idée de souverains qui ordonnassent de la sorte, expliquassent et exécutassent eux-mêmes. Il nous fut aisé de reconnaître alors qu'aucun d'eux n'avait une idée juste sur celui qu'ils voyaient en ce moment, bien que depuis vingt années il eût été l'objet constant de toute leur attention, de tous leurs efforts, de toutes leurs paroles.

LUNDI 17, MARDI 18.

Le calme continue, nous avançons lentement ; cependant nous perdons la terre de vue.

MERCREDI 19.

Le vent devient très fort, sans être favorable ; nous filons neuf nœuds au plus près.

JEUDI 20 AU SAMEDI 22.

> *Influence de l'Empereur sur les Anglais du* Bellérophon. *Résumé de l'Empereur.*

Nous continuons notre route avec des vents peu favorables.

L'Empereur ne fut pas longtemps au milieu de ses plus cruels ennemis, de ceux que l'on avait constamment nourris des bruits les plus absurdes et les plus irritants, sans exercer sur eux toute l'influence de la gloire. Le capitaine, les officiers, l'équipage eurent bientôt adopté les mœurs de sa suite ; ce furent les mêmes égards, le même langage, le même respect. Le capitaine ne l'appelait que Sire et Votre Majesté ; s'il paraissait sur le pont, chacun avait le chapeau bas, et demeurait ainsi tant qu'il était présent, ce qui n'avait pas eu lieu dans les premiers instants ; on ne pénétrait dans sa chambre qu'à travers ses officiers ; il ne paraissait à sa table que ceux du vaisseau qu'il y avait invités ; enfin, Napoléon, à bord du *Bellérophon*, y était empereur. Il paraissait souvent sur le pont, et conversait avec quelques-uns de nous ou avec des personnes du vaisseau.

De tous ceux qui l'avaient suivi, j'étais peut-être celui qu'il connaissait le moins : on a vu précédemment que, malgré mes emplois auprès de sa personne, j'avais eu peu de relations directes avec lui. Depuis mon départ de Paris, il m'avait à peine encore adressé la parole ; mais, durant notre navigation, il a commencé à s'entretenir fort souvent avec moi.

Les occasions et les circonstances m'étaient des plus favorables : je savais assez d'anglais pour être à même de lui donner bien des éclaircissements sur ce qui se disait autour de nous.

J'avais été marin : et je donnais à l'Empereur toutes les explications qu'il désirait sur les manœuvres du vaisseau, l'état des vents et de la mer.

J'avais été dix ans en Angleterre ; j'y avais pris des idées arrêtées sur les lois, les mœurs, les usages du pays ; je pouvais répondre pertinemment à toutes les questions que l'Empereur daignait m'adresser sur ces objets.

Enfin, mon *Atlas historique*[1] me laissait une foule d'époques, de dates et de rapprochements sur lesquels il me trouvait toujours prêt.

En même temps j'employai les loisirs de notre navigation au résumé qui suit, touchant notre situation à Rochefort, et les motifs qui avaient dicté la détermination de l'Empereur. J'obtenais désormais des données exactes et authentiques. Les voici :

RÉSUMÉ[2] : La croisière anglaise n'était pas forte : deux corvettes étaient devant Bordeaux, elles y bloquaient une corvette française, et donnaient la chasse à des Américains qui sortaient tous les jours en grand nombre. A l'île d'Aix nous avions deux frégates bien armées, la corvette le *Vulcain*, de premier échantillon, était au fond de la rade ; enfin, un gros brick ; tout cela était bloqué par un vaisseau de soixante-quatorze, des plus petits de la marine anglaise, et par une ou deux mauvaises corvettes. Il est hors de doute qu'en courant risque de sacrifier un ou deux bâtiments, on serait passé ; mais le capitaine commandant était faible, il refusa de sortir ; le second, tout à fait déterminé, l'eût tenté : probablement le commandant avait reçu des instructions de Fouché, qui déjà trahissait ouvertement et voulait livrer l'Empereur. Quoi qu'il en soit, il n'y avait rien à attendre du côté de la mer ; l'Empereur alors débarqua à l'île d'Aix.

Si cette mission eût été confiée à l'amiral Verhuell, disait l'Empereur, ainsi qu'on le lui avait promis lors de son départ de Paris, il est probable qu'il eût passé. Les équipages des deux frégates étaient pleins d'attachement et d'enthousiasme.

La garnison de l'île d'Aix était composée de quinze cents marins, formant un très beau régiment ; les officiers, indignés de ce que les frégates ne voulaient pas sortir, proposèrent d'armer deux chasse-marée du port de quinze tonneaux chacun ; les jeunes aspirants voulurent en être les matelots ; mais

---

1. Ouvrage de Las Cases, écrit en Angleterre et paru en France sous le pseudonyme de Le Sage en 1803 (voir la *Chronologie*, p. 29).
2. Ce résumé est la dictée même de Napoléon. *(Las Cases.)*

au moment de l'exécution ils déclarèrent qu'il était difficile de gagner l'Amérique, sans toucher sur quelque point de la côte d'Espagne ou de Portugal.

Dans ces circonstances, l'Empereur composa une espèce de conseil des personnes de sa suite. On y représenta qu'il ne fallait plus compter sur les frégates ni sur les bâtiments armés ; que les chasse-marée n'offraient aucun résultat probable de succès, qu'ils ne pouvaient guère conduire qu'à être pris en pleine mer par les Anglais ou à tomber entre les mains des Alliés. Il ne restait plus dès lors que deux partis : celui de rentrer dans l'intérieur, pour y tenter le sort des armes, ou celui d'aller prendre un asile en Angleterre. Pour suivre le premier, on se trouvait à la tête de quinze cents marins pleins de zèle et de bonne volonté ; le commandant de l'île était un ancien officier de l'armée d'Égypte, tout dévoué à Napoléon ; il eût débarqué avec ces quinze cents hommes à Rochefort ; on s'y fût grossi de la garnison de cette ville dont l'esprit était excellent ; on eût appelé la garnison de La Rochelle, composée de quatre bataillons de fédérés, qui offraient leurs services, et l'on se trouvait en mesure de joindre le général Clausel, si ferme à la tête de l'armée de Bordeaux ; ou le général Lamarque, qui avait fait des prodiges avec celle de la Vendée : tous les deux attendaient, désiraient Napoléon ; on eût nourri facilement la guerre civile dans l'intérieur de la France. Mais Paris était pris, les Chambres étaient dissoutes ; cinq à six cent mille ennemis étaient dans l'intérieur de l'Empire ; la guerre civile ne pouvait avoir d'autre résultat que de faire périr tout ce que la France avait d'hommes généreux et attachés à Napoléon. Cette perte eût été sensible, irréparable ; elle eût détruit les espérances des destinées futures de la France, sans produire d'autre avantage que de mettre l'Empereur dans le cas de traiter et d'obtenir des arrangements favorables à ses intérêts. Mais Napoléon avait renoncé à être souverain, il ne demandait qu'un asile tranquille ; il répugnait, pour un si mince résultat, à faire périr tous ses amis, à devenir le prétexte du ravage de nos provinces, et enfin, pour tout dire, à priver le parti national de ses plus vrais appuis, lesquels, tôt ou tard, pourraient rétablir l'honneur et l'indépendance de la France. Il ne voulait plus vivre qu'en homme privé ; l'Amérique était le lieu le plus convenable, le lieu de son choix ; mais enfin l'Angleterre même, avec ses lois positives, pouvait lui convenir encore ; et il paraissait, d'après ma première entrevue avec le capitaine Maitland, que celui-ci pourrait le conduire en Angleterre, avec toute sa suite, pour y être traité convenablement. Dès ce moment, l'Empereur et sa suite se trouvaient sous la protection des lois britanniques ; et le peuple de ce pays aimait trop la gloire pour manquer une occasion qui se présentait naturellement, et devait former les plus belles pages de son histoire. On résolut donc de se rendre à la croisière anglaise sitôt que Maitland aurait exprimé positivement l'ordre de nous recevoir. On retourna vers lui ; le capitaine Maitland exprima littéralement qu'il avait autorité de son gouvernement de recevoir l'Empereur, s'il voulait venir à bord du *Bellérophon*, et de le conduire, ainsi que sa suite, en Angleterre [1]. Alors l'Empereur s'y rendit, non qu'il y fût contraint par les événements, puisqu'il pouvait rester en France ; mais parce qu'il voulait vivre en simple particulier ; qu'il ne voulait plus se mêler des affaires, et surtout ne pas compliquer celles de la France. Certes, il n'eût pas pris ce parti s'il eût pu soupçonner l'indigne traitement qu'on lui ménageait ; chacun en demeura facilement convaincu. Sa lettre au prince régent publie assez hautement sa confiance et sa persuasion ; le capitaine Maitland, à qui elle a été officiellement communiquée, avant que l'Empereur se rendît à son bord, n'y ayant fait aucune observation, a, par cette seule circonstance, reconnu et consacré les sentiments qu'elle renfermait.

DIMANCHE 23.

Ouessant. Côtes d'Angleterre.

A quatre heures du matin, nous vîmes Ouessant, que nous avions dépassé dans la nuit. Depuis que nous approchions de la Manche, nous apercevions à chaque instant des vaisseaux

---

1. Quatre ans après la publication du *Mémorial* et dix ans après l'événement, le capitaine Maitland a publié la relation de l'embarquement et du séjour de Napoléon à bord de son vaisseau. Parfaitement d'accord avec le *Mémorial* sur presque tous les points, le capitaine Maitland a différé sur un seul, de manière à en rendre la réfutation indispensable.

On la trouvera à la fin de l'ouvrage. Elle est de la plume de Me Barthe, devenu garde des Sceaux par la révolution de 1830. *(Las Cases.)*

anglais ou des frégates allant ou venant dans toutes les directions. A la nuit, nous étions en vue des côtes d'Angleterre.

LUNDI 24.

Mouillage à Torbay.

Vers les huit heures du matin, nous jetâmes l'ancre dans la rade de Torbay. L'Empereur, levé dès six heures du matin, monté sur la dunette, observait les côtes et les préparatifs du mouillage. Je ne le quittais pas, pour lui fournir toutes les explications relatives.

Le capitaine Maitland expédia aussitôt un courrier à lord Keith, son amiral général qui était à Plymouth. Le général Gourgaud, qui était parti sur le *Slany*, vint nous rejoindre ; il avait dû se dessaisir de la lettre au prince régent ; on ne lui avait pas permis le débarquement, on lui avait même interdit toute communication quelconque. Ce nous fut d'un mauvais augure, et le premier indice des nombreuses tribulations qui vont suivre.

Dès qu'il transpira que l'Empereur était à bord du *Bellérophon*, la rade fut couverte d'embarcations et de curieux. Le propriétaire d'une belle maison de campagne qui était en vue lui envoya un présent de fruits.

MARDI 25.

Affluence de bateaux pour apercevoir l'Empereur.

Même concours de bateaux, même affluence de spectateurs. L'Empereur les considérait de sa chambre et se laissait voir parfois sur le pont. Le capitaine Maitland, revenant de terre, me remit une lettre de lady C...[1], qui en contenait une de ma femme. Ma surprise fut grande d'abord, et égale à ma satisfaction ; mais cette surprise cessa quand je considérai que la longueur de la traversée avait permis aux journaux de France de publier et de transmettre au loin notre destinée ; ainsi, tout ce qui était relatif à l'Empereur et à sa suite était déjà connu en Angleterre, et nous y étions attendus cinq à six jours avant d'y arriver. Ma femme s'était empressée

1. Lady Clavering.

d'écrire à ce sujet à lady C., et celle-ci avait eu l'adresse d'écrire au capitaine Maitland, sans le connaître, et de lui envoyer mes deux lettres.

La lettre de ma femme respirait une douce affliction ; mais celle de lady C., qui savait déjà à Londres notre destinée future, était pleine des plus vifs reproches. « Je ne m'appartenais pas pour disposer ainsi de moi ; c'était un crime d'abandonner ma femme et mes enfants. » Triste résultat de nos éducations modernes, qui relèvent nos âmes assez peu pour qu'on ne conçoive ni le mérite, ni le charme des grandes résolutions et des grands sacrifices ! On croit avoir tout dit, on a tout justifié, sitôt qu'on a mis en avant le danger des intérêts privés et des jouissances domestiques ; on ne soupçonne pas que le premier devoir envers sa femme est de lui ménager une situation honorée, et que le plus riche héritage à laisser à ses enfants est l'exemple de quelques vertus et un nom qui se rattache à un peu de gloire.

MERCREDI 26.

Mouillage à Plymouth. Séjour, etc.

Des ordres étaient venus dans la nuit de nous rendre immédiatement à Plymouth ; nous avons appareillé de bon matin ; nous sommes arrivés à notre nouvelle destination vers quatre heures de l'après-midi, dix jours après notre appareillage de Rochefort ; vingt-sept après notre départ de Paris, et trente-cinq après l'abdication de l'Empereur. Notre horizon s'est rembruni dès lors singulièrement ; des canots armés ont entouré le vaisseau : ils ramaient au loin, écartant les curieux, même à coups de fusil. L'amiral Keith, qui était en rade, ne vint point à notre bord. Deux frégates firent le signal d'un départ immédiat ; on nous dit qu'un courrier extraordinaire leur avait apporté, le matin, une mission lointaine. On distribua quelques-uns de nous sur d'autres bâtiments. Toutes les figures semblaient nous considérer avec un morne intérêt ; les bruits les plus sinistres avaient gagné le vaisseau ; il circulait pour nous le chuchotage de plusieurs destinations, toutes plus affreuses les unes que les autres.

L'emprisonnement à la Tour paraissait la plus douce, et quelques-uns parlaient de Sainte-Hélène. Sur ces entrefaites,

les deux frégates sur lesquelles on m'avait fort éveillé appa-
reillèrent, bien que le vent leur fût contraire pour sortir, et,
arrivées par notre travers, elles laissèrent retomber l'ancre à
droite et à gauche de nous, presque à nous toucher ; alors
quelqu'un me dit à l'oreille qu'elles devaient nous enlever la
nuit et faire voile pour Sainte-Hélène.

Non, jamais je ne rendrai l'effet de ces terribles paroles !
Une sueur froide parcourut tout mon corps : c'était un arrêt
de mort inattendu ! Des bourreaux impitoyables me saisis-
saient pour le supplice ; on m'arrachait violemment à tout ce
qui m'attachait à la vie ; je tendais douloureusement les bras
vers ce qui m'était si cher ; c'était en vain, il fallait périr !
Cette pensée, une foule d'autres en désordre excitèrent en
moi une véritable tempête : c'était le déchirement d'une âme
qui cherche à se dégager de ses amalgames terrestres ! Mes
cheveux en ont blanchi !... Heureusement la crise fut courte,
et mon moral en sortit vainqueur, si pleinement vainqueur,
qu'à compter de cet instant je me trouvai au-dessus de toutes
les atteintes des hommes. Je sentis que je pouvais désormais
défier l'injustice, les mauvais traitements, les supplices. Je
jurai surtout, dès lors, qu'on n'entendrait jamais de moi ni
plaintes, ni demandes. Mais que ceux d'entre nous auxquels
j'ai dû paraître si tranquille dans ces fatales circonstances ne
m'accusent point de ne pas sentir ! Ils ont prolongé leur
agonie en détail ; la mienne s'était opérée en masse.

Un des rapprochements, qui ne sera pas le moins bizarre
de ma vie, revint peu après à mon souvenir ; vingt ans auparavant, durant mon émigration en Angleterre, ne possédant
rien au monde, j'avais refusé d'aller chercher une fortune
assurée dans l'Inde, parce que c'était trop loin, me disais-je,
et que je me trouvais trop âgé. Aujourd'hui, avec vingt ans
de plus, j'allais quitter ma famille, mes amis, ma fortune,
mes plus douces jouissances, pour aller à deux mille lieues
me reléguer volontairement sur un rocher au milieu de
l'Océan, *pour rien*. Mais *non*, je me trompe ! le sentiment
qui m'y conduisait était bien supérieur aux richesses que je
dédaignai d'aller chercher alors ; je suivais, j'accompagnais
celui qui gouverna le monde et remplira la postérité !

L'Empereur parut sur le pont à son ordinaire. Je le vis
quelque temps dans sa chambre, sans lui communiquer ce
que j'avais appris ; je voulais être son consolateur et non

contribuer à le tourmenter. Cependant, tous ces bruits étaient arrivés jusqu'à lui : mais il était venu si librement et de si bonne foi à bord du *Bellérophon*, et s'y était trouvé si fort attiré par les Anglais eux-mêmes ; il regardait tellement sa lettre au prince régent, communiquée d'avance au capitaine Maitland, comme des conditions tacites ; enfin il avait mis tant de magnanimité dans sa démarche, qu'il repoussait avec indignation toutes les craintes qu'on voulait lui donner, et ne permettait pas que nous puissions avoir des doutes.

JEUDI 27, VENDREDI 28.

Amiral Keith. Acclamations des Anglais
dans la rade de Plymouth, à la vue de l'Empereur.

On peindrait difficilement notre anxiété et nos tourments : la plupart d'entre nous ne vivaient plus ; la moindre circonstance venue de terre, l'opinion la plus vulgaire de qui que ce fût à bord, l'article du journal le moins authentique étaient le sujet de nos arguments les plus graves et la cause de nos perpétuelles oscillations d'espérance et de crainte. Nous allions à la recherche des plus petits bruits ; nous provoquions, du premier venu, des versions favorables, des espérances trompeuses ; tant l'expansion et la mobilité de notre caractère national nous rendent peu propres à cette résignation stoïque, à cette concentration impassible, qui ne dérivent que d'idées arrêtées et de doctrines positives, puisées dès l'enfance.

Les papiers publics, les ministériels surtout, étaient déchaînés contre nous, c'était le cri des ministres préparant au coup qu'ils allaient frapper. On se figurerait difficilement les horreurs, les mensonges, les imprécations qu'ils accumulaient contre nous ; et l'on sait qu'il en reste toujours quelque chose sur la multitude, quelque bien disposée qu'elle soit. Aussi les manières autour de nous étaient devenues moins aisées ; les politesses embarrassées, les figures incertaines.

L'amiral Keith, après s'être fait annoncer maintes fois, ne fit qu'apparaître : il nous était visible qu'on redoutait notre situation, qu'on évitait nos paroles. Les papiers contenaient les mesures qu'on allait prendre ; mais comme il n'y avait rien d'officiel encore, et qu'ils se contredisaient dans quelques petits détails, nous aimions à nous flatter et demeurions encore dans ce vague, cette incertitude pire néanmoins que tous les résultats.

Cependant, d'un autre côté, notre apparition en Angleterre y avait produit un étrange mouvement ; l'arrivée de l'Empereur y avait créé une curiosité qui tenait de la fureur ; c'étaient les papiers publics eux-mêmes qui nous apprenaient cette circonstance en la condamnant. Toute l'Angleterre se précipitait vers Plymouth. Une personne partie de Londres aussitôt mon arrivée, pour venir me voir, fut contrainte de s'arrêter bientôt par le manque absolu de chevaux et de logement dans la route. La mer se couvrait d'une multitude de bateaux autour de nous ; on nous a dit depuis qu'il y en avait eu de payés jusqu'à soixante napoléons.

L'Empereur, à qui je lisais tous les papiers, n'en avait pas moins, en public, le même calme, le même langage, les mêmes habitudes. On savait qu'il paraissait toujours vers les cinq heures sur le pont ; quelque temps avant, tous les bateaux se groupaient à côté les uns des autres, il y en avait des milliers ; leur réunion serrée ne laissait plus soupçonner la mer, on eût cru bien plutôt cette foule de spectateurs rassemblés sur une place publique. A l'apparition de l'Empereur, le bruit, le mouvement, les gestes de tant de monde présentaient un singulier spectacle ; en même temps, il était aisé de juger qu'il n'y avait rien d'hostile dans tout cela, et que si la curiosité les avait amenés, ils y puisaient de l'intérêt. On pouvait s'apercevoir même que ce sentiment allait visiblement en croissant : on s'était contenté de regarder d'abord, on avait salué ensuite, quelques-uns demeuraient découverts et l'on fut parfois jusqu'à pousser des acclamations ; nos symboles même commençaient à se montrer parmi eux ; des femmes, des jeunes gens arrivaient parés d'œillets rouges ; mais toutes ces circonstances même tournaient à notre détriment aux yeux des ministres et de leurs partisans, et ne faisaient que rendre plus poignante notre perpétuelle agonie.

Ce fut dans ce moment que l'Empereur, frappé de tout ce qu'il entendait, me dicta une pièce propre à servir de base aux légistes pour discuter et défendre sa véritable situation politique. Nous trouvâmes le moyen de la faire passer à terre. Je n'en ai point conservé de copie.

SAMEDI 29, DIMANCHE 30.

> *Décision ministérielle à notre égard.*
> *Anxiétés, etc.*

Depuis vingt-quatre heures, ou deux jours, le bruit était qu'un sous-secrétaire d'État venait de Londres pour notifier officiellement à l'Empereur les résolutions des ministres à son égard. Il parut en effet : c'était le chevalier Banbury, qui vint avec lord Keith, et remit une pièce ministérielle, qui contenait la déportation de l'Empereur, et limitait à trois le nombre des personnes qui devaient l'accompagner, en excluant toutefois le duc de Rovigo et le général Lallemand, compris dans une liste de proscription en France.

Je ne fus point appelé auprès de l'Empereur ; les deux Anglais parlaient et entendaient le français ; l'Empereur les admit seuls. J'ai su qu'il avait combattu et repoussé, avec beaucoup d'énergie et de logique, la violence qu'on exerçait sur sa personne : « Il était l'hôte de l'Angleterre, avait-il dit, il n'était point son prisonnier ; il était venu librement se placer sous la protection de ses lois ; on violait sur lui les droits sacrés de l'hospitalité ; il n'accéderait jamais volontairement à l'outrage qu'on lui ménageait, la violence seule pourrait l'y contraindre, etc., etc. »

L'Empereur me donna la pièce ministérielle pour sa traduction, la voici :

COMMUNICATION
FAITE PAR LORD KEITH AU NOM
DES MINISTRES ANGLAIS

« Comme il peut être convenable au général Bonaparte d'apprendre, sans un plus long délai, les intentions du gouvernement britannique à son égard, Votre Seigneurie lui communiquera l'information suivante :

« Il serait peu consistant avec nos devoirs envers notre pays et les alliés de Sa Majesté, si le général Bonaparte conservait le moyen ou l'occasion de troubler de nouveau la paix de l'Europe ; c'est pourquoi il devient absolument nécessaire qu'il soit restreint dans sa liberté personnelle, autant que peut l'exiger ce premier et important objet.

« L'île de Sainte-Hélène a été choisie pour sa future résidence ; son climat est sain et sa situation locale permettra qu'on l'y traite avec plus d'indulgence qu'on ne le pourrait faire ailleurs, vu les précautions indispensables qu'on serait obligé d'employer pour s'assurer de sa personne.

« On permet au général Bonaparte de choisir parmi les personnes qui l'ont accompagné en Angleterre, à l'exception des généraux Savary et Lallemand, trois officiers, lesquels, avec son chirurgien, auront la permission de l'accompagner à Sainte-Hélène, et ne pourront point quitter l'île sans la sanction du gouvernement britannique.

« Le contre-amiral sir George Cockburn, qui est nommé commandant en chef du cap de Bonne-Espérance et des mers adjacentes, conduira le général Bonaparte et sa suite à Sainte-Hélène et recevra des instructions détaillées touchant l'exécution de ce service.

« Sir G. Cockburn sera probablement prêt à partir dans peu de jours ; c'est pourquoi il est désirable que le général Bonaparte fasse, sans délai, le choix des personnes qui doivent l'accompagner. »

Bien que nous nous fussions attendus à notre déportation à Sainte-Hélène, nous en demeurâmes affectés, elle nous consterna tous. Toutefois l'Empereur n'en vint pas moins sur le pont, comme de coutume, avec le même visage et de la même manière, considérer la foule affamée de le voir.

LUNDI 31.

> *Les généraux Savary et Lallemand*
> *ne peuvent suivre l'Empereur.*

Notre situation était affreuse ; nos peines au-delà de toute expression ; nous allions cesser de vivre pour l'Europe, pour notre patrie, pour nos familles, pour nos amis, nos jouissances, nos habitudes : on nous laissait, à la vérité, le choix de ne pas suivre l'Empereur ; mais ce choix était celui des martyrs ; il s'agissait de renoncer à sa religion, à son culte, ou de périr. Une circonstance venait compliquer encore nos tourments ; c'était l'exclusion spéciale des généraux Savary et Lallemand, qui en étaient frappés de terreur ; ils ne voyaient plus que l'échafaud ; ils étaient persuadés que l'Angleterre, ne distinguant point les actes politiques, dans une révolution, des crimes civils dans un état tranquille, les livrerait à leurs ennemis pour subir leur supplice. C'eût été un tel outrage à toutes les lois, un tel opprobre pour l'Angleterre elle-même, qu'on eût été tenté de l'en défier ; mais on ne pouvait parler ainsi qu'en se trouvant proscrit avec eux. Du reste, nous ne balançâmes pas à vouloir demeurer tous du nombre de ceux que l'Empereur pouvait choisir ; nous n'avions qu'une crainte, celle de nous trouver exclus.

MARDI 1er AOÛT.

> *L'Empereur me demande*
> *si je le suivrai à Sainte-Hélène.*

Nous restions toujours dans le même état. Je reçus dans la matinée une lettre de Londres, dans laquelle on exprimait, avec beaucoup de force, que j'aurais tort, que ce serait même un crime que de m'expatrier. La personne qui me l'adressait écrivit au capitaine Maitland de joindre ses efforts et ses avis pour m'empêcher de prendre un parti aussi extrême. J'arrêtai les premières paroles du capitaine Maitland, en lui faisant observer qu'à mon âge on agissait avec réflexion.

Je lisais chaque jour à l'Empereur les divers papiers-nouvelles. Aujourd'hui il s'en trouva deux dans le nombre, soit que la bienveillance nous les eût fait adresser, soit que les opinions commençassent à se diviser, qui plaidaient notre cause avec beaucoup de chaleur et nous dédommageaient des grossières injures dont les autres étaient remplis. Nous nous livrâmes à l'espoir qu'à la haine qu'avait inspirée un ennemi, succéderait bientôt l'intérêt que doivent exciter les grandes actions et nous nous dîmes que l'Angleterre avait une foule de cœurs nobles et d'âmes élevées qui deviendraient indubitablement d'ardents avocats, etc.

La foule des bateaux croissait chaque jour ; l'Empereur se montrait en public à son heure ordinaire et l'accueil était de plus en plus favorable.

Quant à son particulier l'Empereur demeurait encore pour la plupart de nous toujours comme aux Tuileries ; nous l'avions suivi en grand nombre, de tous rangs, de tous gra-

des ; le grand-maréchal[1] et le duc de Rovigo seuls le
voyaient habituellement ; tel, depuis notre départ, ne l'avait
guère plus approché et ne lui avait pas parlé davantage qu'il
ne l'eût fait à Paris. Moi, j'étais appelé, dans la journée,
toutes les fois qu'il y avait des papiers à traduire et insensiblement l'Empereur prit l'habitude régulière de me faire
appeler tous les soirs, vers huit heures, pour causer quelque
temps.

Aujourd'hui, dans le cours de la conversation et à la suite
de divers sujets, il m'a demandé si je le suivrais à Sainte-
Hélène ; j'ai répondu avec la dernière franchise, mes sentiments me le rendaient facile. Je lui ai dit qu'en quittant Paris
pour le suivre, j'avais sauté à pieds joints sur toutes les
chances, celle de Sainte-Hélène n'avait rien qui dût la faire
excepter ; mais que nous étions en grand nombre autour de
lui ; qu'on ne lui permettrait d'emmener que trois d'entre
nous ; que bien des personnes me faisaient un crime d'abandonner ma famille ; que j'avais donc besoin, vis-à-vis d'elles
et vis-à-vis de ma propre conscience, de savoir que je lui
serais utile et agréable ; qu'en un mot j'avais besoin qu'il
me choisît ; que cette observation, du reste, ne renfermait
aucune arrière-pensée, car je lui avais donné désormais ma
vie sans restriction.

Sur ces entrefaites, Mme Bertrand, sans avoir été demandée, sans s'être fait annoncer, s'est précipitée tout à coup
dans la chambre de l'Empereur ; elle était hors d'elle-
même ; elle s'écriait qu'il n'allât pas à Sainte-Hélène, qu'il
n'emmenât pas son mari. Sur l'étonnement, le visage et la
réponse calme de l'Empereur, elle ressortit aussi précipitamment qu'elle était entrée. L'Empereur, toujours étonné,
me disait : « Concevez-vous rien à cela ? » quand nous
entendîmes de grands cris et le mouvement de tout l'équipage qui accourait en tumulte vers l'arrière du vaisseau.
L'Empereur m'ordonna de sonner pour en connaître la
cause ; c'était Mme Bertrand qui, après être sortie de chez
l'Empereur, avait voulu se jeter à l'eau et qu'on avait eu
toutes les peines du monde à retenir. Qu'on juge, par cette
scène, de tout ce qui se passait en nous.

1. Le maréchal Bertrand.

MERCREDI 2, JEUDI 3.

Paroles remarquables de l'Empereur.

Au matin, le duc de Rovigo m'apprend que je suis décidément du voyage de Sainte-Hélène ; l'Empereur, en causant, lui avait dit que, si nous devions n'être que deux à le suivre, il comptait encore que je serais du nombre ; qu'il attendait de moi de l'utilité et de la consolation. Je dois à la bienveillance du duc de Rovigo la douceur de connaître ces paroles de l'Empereur : j'en suis reconnaissant ; sans lui, elles me seraient toujours demeurées inconnues. A moi, l'Empereur n'avait rien répondu quand nous avions traité ce sujet ; c'est sa manière : j'aurai plus d'une fois l'occasion de le montrer.

Je ne me trouvais de véritable connaissance avec aucun de ceux qui avaient suivi l'Empereur, si j'en excepte toutefois le général Bertrand et sa femme, dont j'avais été comblé dans ma mission en Illyrie, où il commandait en qualité de gouverneur général.

Jusqu'alors je n'avais jamais parlé au duc de Rovigo ; certaines préventions m'en avaient toujours tenu au loin ; à peine nous fûmes-nous vus, qu'elles furent détruites.

Savary aimait sincèrement l'Empereur ; je lui ai connu de l'âme, du cœur, de la droiture, de la reconnaissance ; il m'a semblé susceptible d'une véritable amitié : nous nous serions sans doute intimement liés. Puisse-t-il lire jamais les sentiments et les regrets qu'il m'a laissés !

L'Empereur m'ayant fait venir ce soir comme de coutume pour causer, à la suite de beaucoup d'objets divers, il s'est arrêté sur Sainte-Hélène, me demandant ce que ce pouvait être, s'il serait possible d'y supporter la vie, etc. « Mais après tout, m'a-t-il dit, est-il bien sûr que j'y aille ? Un homme est-il donc dépendant de son semblable, quand il veut cesser de l'être ? »

Nous nous promenions dans sa chambre ; il était calme, mais affecté, et en quelque façon distrait.

« Mon cher, a-t-il continué, j'ai parfois l'envie de vous quitter et cela n'est pas bien difficile ; il ne s'agit que de se monter un tant soit peu la tête, et je vous aurai bientôt échappé, tout sera fini, et vous irez rejoindre vos familles... D'autant plus que mes principes intérieurs ne me gênent nullement ; je suis de ceux qui croient que les peines de l'autre monde n'ont été imaginées que comme supplément aux attraits insuffisants qu'on nous y présente. Dieu ne saurait avoir voulu un tel contrepoids à sa bonté infinie, surtout pour des actes tels que celui-ci. Et qu'est-ce après tout ? Vouloir lui revenir un peu plus vite. »

Je me récriai sur de pareilles pensées. Le poète, le philosophe avaient dit que c'était un spectacle digne des dieux que de voir l'homme aux prises avec l'infortune ; les revers et la constance avaient aussi leur gloire ; un aussi noble et aussi grand caractère ne pouvait pas s'abaisser au niveau des âmes les plus vulgaires ; celui qui nous avait gouvernés avec tant de gloire, qui avait fait et l'admiration et les destinées du monde, ne pouvait finir comme un joueur au désespoir ou un amant trompé. Que deviendraient donc tous ceux qui croyaient, qui espéraient en lui ? Abandonnerait-il donc sans retour un champ libre à ses ennemis ? L'extrême désir que ceux-ci en font éclater ne suffisait-il pas pour le décider à la résistance ? D'ailleurs, qui connaissait les secrets du temps ? Qui oserait affirmer l'avenir ? Que ne pourrait pas amener le simple changement d'un ministère, la mort d'un prince ; celle d'un de ses confidents, la plus légère passion, la plus petite querelle ?... etc.

« Quelques-unes de ces paroles ont leur intérêt, disait l'Empereur ; mais que pourrons-nous faire dans ce lieu perdu ? – Sire, nous vivrons du passé ; il a de quoi nous satisfaire. Ne jouissons-nous pas de la vie de César, de celle d'Alexandre ? Nous posséderons mieux, vous vous relirez, sire ! – Eh bien ! dit-il, nous écrirons nos *Mémoires*. Oui, il faudra travailler ; le travail aussi est la faux du temps. Après tout, on doit remplir ses destinées ; c'est aussi ma grande doctrine [1]. Eh bien ! que les miennes s'accomplissent ! » Et

---

1. Voici un ancien document que la circonstance ci-dessus contribue à rendre précieux : c'est un ordre du jour du Premier consul à sa garde, contre le suicide.

Ordre du 22 floréal an X

« Le grenadier Gobain s'est suicidé par amour ; c'était d'ailleurs un très bon sujet. C'est le second événement de cette nature qui arrive au corps depuis un mois.

« Le Premier consul ordonne qu'il soit mis à l'ordre de la garde :

« Qu'un soldat doit savoir vaincre la douleur et la mélancolie des passions ; qu'il y a autant de vrai courage à souffrir avec constance les peines de l'âme qu'à rester fixé sur la muraille d'une batterie.

« S'abandonner au chagrin sans résister, se tuer pour s'y soustraire, c'est abandonner le champ de bataille avant d'avoir vaincu. » (*Las Cases.*)

reprenant dès cet instant un air aisé et même gai, il passa à des objets tout à fait étrangers à notre situation.

VENDREDI 4.

> *Appareillage de Plymouth.*
> *Croisière dans la Manche, etc. Protestation.*

L'ordre était venu dans la nuit d'appareiller de bon matin. Nous mîmes sous voiles ; cela nous intrigua fort. Tous les papiers, les communications officielles, les conversations particulières nous avaient appris que nous devions être menés à Sainte-Hélène par le *Northumberland* ; nous savions que ce vaisseau était encore à Chatam ou à Portsmouth en armement ; nous devions donc compter sur huit ou dix jours au moins de relâche. Le *Bellérophon* était trop vieux pour ce voyage, il n'avait point les vivres nécessaires ; de plus les vents étaient contraires en ce moment pour cingler vers Sainte-Hélène. Aussi quand nous vîmes remonter la Manche vers l'est, nos incertitudes, nos conjectures recommencèrent ; et quelles qu'elles fussent, toutes devenaient un adoucissement à la déportation à Sainte-Hélène.

Cependant nous pensions que l'Empereur, en ce moment décisif, devait montrer une opposition officielle à cette violence. Pour lui, il y attachait peu de prix et ne s'en occupait pas. Toutefois c'était préparer, disions-nous, des armes à ceux qui s'intéressaient à nous et laisser dans le public des causes de souvenir et des motifs de défense. Je hasardai de lui lire une rédaction que j'avais essayée ; le sens lui plut, il en supprima quelques phrases, corrigea quelques mots, la signa et l'envoya à lord Keith ; la voici :

PROTESTATION

« Je proteste solennellement ici, à la face du ciel et des hommes, contre la violence qui m'est faite, contre la violation de mes droits les plus sacrés, en disposant, par la force, de ma personne et de ma liberté. Je suis venu librement à bord du *Bellérophon* ; je ne suis pas prisonnier, je suis l'hôte de l'Angleterre. J'y suis venu à l'instigation même du capitaine, qui a dit avoir des ordres du gouvernement de me recevoir et de me conduire en Angleterre avec ma suite, si cela m'était agréable. Je me suis présenté de bonne foi, pour venir me mettre sous la protection des lois d'Angleterre. Aussitôt assis à bord du *Bellérophon*, je fus sur le foyer du peuple britannique. Si le gouvernement, en donnant des ordres au capitaine du *Bellérophon* de me recevoir ainsi que ma suite, n'a voulu que tendre une embûche, il a forfait à l'honneur et flétri son pavillon.

« Si cet acte se consommait, ce serait en vain que les Anglais voudraient parler désormais de leur loyauté, de leurs lois et de leur liberté ; la foi britannique se trouvera perdue dans l'hospitalité du *Bellérophon*.

« J'en appelle à l'histoire : elle dira qu'un ennemi, qui fit vingt ans la guerre au peuple anglais, vint librement, dans son infortune, chercher un asile sous ses lois ; quelle plus éclatante preuve pouvait-il lui donner de son estime et de sa confiance ? Mais comment répondit-on, en Angleterre, à une telle magnanimité ? On feignit de tendre une main hospitalière à cet ennemi ; et quand il se fut livré de bonne foi, on l'immola.

« A bord du *Bellérophon*, à la mer.

« *Signé* : Napoléon. »

Le duc de Rovigo m'apprend que l'Empereur a demandé à m'envoyer à Londres, vers le prince régent mais qu'on s'y est obstinément refusé.

La mer était grosse, le vent violent, nous étions en grande partie malades de la mer. Et que ne peut pas la préoccupation du moral sur les infirmités physiques ! C'est la seule fois de ma vie, peut-être, que je n'aie pas été atteint du mal de mer par un temps pareil.

En sortant de Plymouth, nous avions d'abord gouverné à l'est, vent arrière ; mais bientôt nous vînmes au plus près, nous courions des bords, nous croisions et nous ne pouvions rien comprendre à cette nouvelle espèce de supplice.

SAMEDI 5.

Marques de confiance que me donne l'Empereur.

Toute la journée du 5 se passa de la même manière. L'Empereur, à sa conversation habituelle du soir, me donna deux grandes marques de confiance ; je ne puis les livrer au papier [1].

DIMANCHE 6.

Mouillage à Start-Point.
Personnes qui accompagnent l'Empereur.

Nous mouillâmes, vers le milieu du jour, à Start-Point, où un vaisseau n'est pas en sûreté, et nous n'avions pourtant que deux pas à faire pour être fort bien dans Torbay ; cette circonstance nous étonnait. Toutefois nous avions appris que notre but était d'aller au-devant du *Northumber-*

---

1. Il en est une que je puis raconter aujourd'hui. A son heure accoutumée, l'Empereur, se promenant avec moi dans la galerie du vaisseau, tire de dessous sa veste, tout en traitant un objet étranger à ce qu'il faisait, une espèce de ceinture qu'il me passe en disant : « Gardez-moi cela. » Sans l'interrompre davantage, je la replace de la même manière sous mon gilet. Il m'apprit plus tard que c'était un collier de deux cent mille francs que la reine Hortense l'avait forcé de prendre à son départ de la Malmaison. Arrivé à Sainte-Hélène, je parlai plusieurs fois de rendre le collier, sans obtenir un mot de réponse ; m'y étant hasardé de nouveau à Longwood, il me dit assez sèchement : « Vous gêne-t-il ? – Non, sire. – Eh bien ? gardez-le. » Avec le temps, ce collier, toujours sur moi, ne me quittant jamais, s'identifia en quelque sorte avec ma personne, je n'y songeais plus tellement que, arraché de Longwood, ce ne fut qu'au bout de plusieurs jours, et par le plus grand hasard qu'il me revint à la pensée, et alors j'en frémis. Quitter l'Empereur et le priver d'une telle ressource ! Car, comment le lui rendre désormais ; j'étais tenu au secret le plus rigoureux, entouré de geôliers et de sentinelles, nulles communications n'étaient praticables. Je m'évertuais en vain ; le temps courait ; il ne me restait que peu de jours, et rien n'eût égalé mon désespoir de partir de la sorte. Dans cette situation, je risquai le tout pour le tout : un Anglais, à qui j'avais parlé souvent, vint par circonstance particulière, et ce fut sous les yeux mêmes du gouverneur, ou d'un de ses plus intimes affidés qu'il avait amené, que je me hasardai.

« Je vous crois une belle âme, lui dis-je à la dérobée, je vais la mettre à l'épreuve... Rien du reste de nuisible ou de contraire à votre honneur... Seulement un riche dépôt à restituer à Napoléon... Si vous l'acceptez, mon fils va le mettre dans votre poche... »

Pour toute réponse, il ralentit son pas ; mon fils nous suivait, je l'avais préparé, et le collier fut glissé presque à la vue des factionnaires. J'ai eu l'inexprimable satisfaction, avant de quitter l'île, de savoir qu'il avait atteint les mains de l'Empereur. De quelles douces sensations le cœur n'est-il pas remué par le souvenir et le récit d'un pareil trait, de la part d'un ennemi et dans de telles circonstances ! (*Las Cases.*)

land, dont on avait pressé la sortie de Portsmouth en toute hâte. Ce vaisseau parut en effet, avec deux frégates chargées de troupes qui devaient composer la garnison de Sainte-Hélène. Tout cela vint mouiller près de nous, et les communications entre eux devinrent fort actives ; les précautions, pour qu'on ne nous abordât pas, continuèrent toujours. Cependant le mystère de notre appareillage précipité de Plymouth et de toutes les manœuvres qui avaient suivi perça tant bien que mal. L'amiral Keith avait été averti, nous dit-on, par le télégraphe, qu'un officier public venait de partir de Londres, avec un ordre d'*Habeas corpus* [1], pour réclamer la personne de l'Empereur, au nom des lois ou d'un tribunal. Nous n'avons pu vérifier ni les motifs ni les détails. Lord Keith, ajoutait-on, avait à peine eu le temps d'échapper à cet embarras ; il avait dû se transporter précipitamment de son vaisseau sur un brick, et disparaître au jour de la rade de Plymouth : c'était le même motif qui nous tenait hors de Torbay.

Les amiraux Keith et Cockburn sont venus à bord du *Bellérophon* ; le dernier commande le *Northumberland* : ils ont conféré avec l'Empereur, et lui ont remis un extrait des instructions relatives à notre déportation et à notre séjour à Sainte-Hélène. Elles portaient qu'on devait le lendemain visiter tous nos effets, pour nous prendre en garde, disait-on, l'argent, les billets, les diamants, appartenant à l'Empereur ainsi qu'à nous. Nous apprîmes aussi que le lendemain on nous ôterait nos armes, et qu'on nous transporterait à bord du *Northumberland*. Voici ces pièces :

ORDRE DE L'AMIRAL KEITH
AU CAPITAINE MAITLAND,
DU *BELLÉROPHON*

« Toutes les armes quelconques seront prises des Français de tous rangs, qui sont à bord du vaisseau que vous commandez, seront soigneusement ramassées, et demeureront à votre charge tant qu'ils resteront à bord du *Bellérophon* ;

---

1. Institution anglo-saxonne qui a pour objet de garantir la liberté individuelle en remédiant au danger des arrestations et des détentions arbitraires.

elles seront ensuite à la charge du capitaine du vaisseau à bord duquel ils seront transportés. »

Start-Bay, 6 août 1815.

INSTRUCTIONS DES MINISTRES
À L'AMIRAL COCKBURN

« Lorsque le général Bonaparte sera conduit du *Belléro-phon* à bord du *Northumberland*, ce sera un moment conve-nable pour l'amiral sir G. Cockburn de diriger la visite des effets que le général portera avec lui.

« L'amiral sir G. Cockburn laissera passer les articles de meubles, les livres, *les vins*, que le général pourrait avoir avec lui. *(Les vins ! observation bien digne des ministres anglais.)*

« Sous l'article des meubles, on comprendra l'argenterie, pourvu qu'elle ne soit pas en si grande quantité qu'on pût la regarder moins comme un usage domestique, que comme une propriété convertible en espèces.

« Il devra abandonner son argent, ses diamants, et tous ses billets négociables, de quelque nature qu'ils soient.

« Le gouverneur lui expliquera que le gouvernement bri-tannique n'a nullement l'intention de confisquer sa pro-priété ; mais seulement d'en saisir l'administration, afin de l'empêcher d'en faire un instrument d'évasion.

« L'examen doit être fait en présence de quelques per-sonnes, nommées par le général Bonaparte, et un inven-taire de ces effets devra demeurer signé de ces personnes, aussi bien que par le contre-amiral, ou tout autre individu désigné par lui pour assister à cet inventaire. L'intérêt ou le principal, suivant le montant de la somme, sera applica-ble à ses besoins, et la disposition en demeurera principa-lement à son choix. A ce sujet, il communiquera de temps en temps ses désirs, d'abord à l'amiral, et ensuite au gou-verneur, quand celui-ci sera arrivé ; et à moins qu'il n'y ait lieu à s'y opposer, ils donneront les ordres nécessaires, et paieront les dépenses par des billets tirés sur le trésor de Sa Majesté.

« En cas de mort *(quelle prévoyance !!!)*, la disposition des biens du général sera déterminée par son testament. Les contenus duquel, il peut en être assuré, seront strictement observés. Comme il pourrait se faire qu'une partie de sa propriété vînt à être dite celle des personnes de sa suite, celles-ci seront soumises aux mêmes règles.

« L'amiral ne prendra à bord personne de la suite du général Bonaparte, pour Sainte-Hélène, que ce ne soit du propre consentement de cette personne, et après qu'il lui aura été expliqué qu'elle devra être soumise à toutes les règles qu'on jugera convenable d'établir pour s'assurer de la personne du général. On laissera savoir au général que, s'il essayait de s'échapper, il s'exposera à être mis en prison *(en prison !!!)*, ainsi que quiconque de sa suite qui serait découvert cherchant à favoriser son évasion. *(Plus tard le bill[1] du parlement soumet ces derniers à la peine de mort.)*

« Toutes les lettres qui lui seront adressées, ainsi qu'à ceux de sa suite, seront données d'abord à l'amiral ou au gouverneur, qui les lira avant de les rendre ; il en sera de même des lettres écrites par le général ou ceux de sa suite.

« Le général doit savoir que le gouverneur ou l'amiral ont reçu l'ordre positif d'adresser au gouvernement de Sa Majesté tout désir ou représentation qu'il jugera devoir faire : rien là-dessus n'est laissé à leur discrétion ; mais le papier sur lequel les représentations seraient faites doit demeurer ouvert, pour qu'ils puissent y joindre les observations qu'ils jugeront convenables. »

On se peindrait difficilement la masse et la nature de nos sentiments, dans ce moment décisif où s'accumulaient en foule tant de violences, d'injustices et d'outrages !

L'Empereur, contraint de réduire sa suite à trois personnes, arrêta son choix sur le grand-maréchal, moi, MM. de Montholon et Gourgaud. Les instructions ne permettant à l'Empereur que d'emmener trois officiers, il fut convenu de me considérer comme purement civil, et d'admettre un quatrième à l'aide de cette interprétation.

---

1. Projet de loi.

LUNDI 7.

> *Conversation avec lord Keith. Visite des effets*
> *de l'Empereur. L'Empereur quitte le* Bellérophon.
> *Séparation. Appareillage pour Sainte-Hélène.*

L'Empereur adresse à lord Keith une espèce de protestation nouvelle, sur la violence qu'on faisait à sa personne en l'arrachant du *Bellérophon* : je vais la porter à bord du *Tonnant*. L'amiral Keith, très beau vieillard et de manières parfaites, m'y reçut avec une extrême politesse, mais il évita soigneusement de traiter le sujet, disant qu'il ferait réponse par écrit.

Cela ne m'arrêta pas : j'exposai l'état actuel de l'Empereur, il était très souffrant, ses jambes enflaient, et je témoignai à lord Keith qu'il serait désirable pour l'Empereur de ne pas appareiller immédiatement. Il me répondit que j'avais été marin, et que je devais voir que son mouillage était critique ; ce qui était vrai.

Je lui exprimai la répugnance de l'Empereur de savoir ses effets fouillés et visités, ainsi que cela venait d'être déclaré, l'assurant qu'il les verrait sans regret jeter préférablement à la mer. Il me répondit que c'était un ordre qui lui était prescrit et qu'il ne pouvait enfreindre.

Enfin, je lui demandai s'il serait bien possible qu'on pût en venir au point d'arracher à l'Empereur son épée. Il répondit qu'on la respecterait ; mais que Napoléon serait le seul, et que tout le reste serait désarmé. Je lui montrai que déjà je l'étais : on m'avait ôté mon épée pour me rendre à son bord.

Un secrétaire, qui travaillait à l'écart, fit observer à lord Keith, en anglais, que l'ordre portait que Napoléon lui-même serait désarmé ; sur quoi l'amiral lui répliqua sèchement, en anglais aussi, et autant que j'ai pu en saisir : « Monsieur, occupez-vous de votre travail, laissez-nous à nos affaires. »

Continuant toujours, je passai en revue tout ce qui nous était arrivé. J'avais été le négociateur, disais-je, je devais être le plus peiné ; j'avais le plus de droit d'être entendu. Lord Keith m'écoutait avec une impatience marquée ; nous étions debout, et à chaque instant ses saluts cherchaient à me congédier. Lorsque j'en fus à lui dire que le capitaine Maitland s'était dit autorisé à nous conduire en Angleterre, sans nous

laisser soupçonner qu'il nous faisait prisonniers de guerre ;
que ce capitaine ne saurait nier sans doute que nous étions
venus librement et de bonne foi ; que la lettre de l'Empereur
au prince de Galles, dont j'avais préalablement donné
connaissance au capitaine Maitland, avait dû nécessairement
créer des conditions tacites, dès qu'il n'y avait fait aucune
observation ; alors la mauvaise humeur de l'amiral, sa colère
même percèrent tout à fait ; il me dit avec vivacité que dans
ce cas le capitaine Maitland aurait été une bête ; car ses
instructions n'étaient rien de tout cela, et qu'il en était bien
sûr, puisque c'était de lui qu'il les tenait. « Mais, milord,
observai-je, en défense du capitaine Maitland, V. S.[1] s'exprime ici avec une sévérité dont peut-être elle pourrait elle-
même être responsable ; car, non seulement le capitaine Maitland, mais encore l'amiral Hotham et tous les officiers que
nous vîmes alors, se sont conduits, exprimés de la même
manière vis-à-vis de nous : aurait-il pu en être ainsi si leurs
instructions avaient été si claires et si positives ? » Et je le
délivrai de moi ; aussi bien il ne tenait plus à voir se prolonger
un sujet qui, probablement, dans son for intérieur, n'était pas
sans quelque délicatesse pour lui.

Un officier des douanes et l'amiral Cockburn firent la visite
des effets de l'Empereur : ils saisirent quatre mille napoléons,
et en laissèrent quinze cents pour payer les gens : c'était là
tout le trésor de l'Empereur.

L'amiral parut singulièrement mortifié du refus de chacun
de nous de l'assister contradictoirement dans son opération,
bien que nous en fussions requis. Ce qui lui démontrait suffisamment combien cette mesure nous paraissait outrageante
pour l'Empereur, et peu honorable pour celui qui l'exécutait.
Cependant le moment de quitter le *Bellérophon* était arrivé.
L'Empereur était enfermé depuis longtemps avec le grand-
maréchal ; nous étions dans la pièce qui précédait ; la porte
s'ouvre ; le duc de Rovigo, fondant en larmes, sanglotant, se
précipite aux pieds de l'Empereur ; il lui baisait les mains.
L'Empereur, calme, impassible, l'embrassa, et se mit en route
pour gagner le canot. Chemin faisant, il saluait gracieusement
de la tête ceux qui étaient sur son passage. Tous ceux des
nôtres que nous laissions en arrière étaient en pleurs ; je ne

1. Votre Seigneurie.

pus m'empêcher de dire à lord Keith, avec qui je causais en ce moment : « Vous observerez, milord, qu'ici ceux qui pleurent sont ceux qui restent. »

Nous gagnâmes le *Northumberland* ; il était une ou deux heures. L'Empereur resta sur le pont, et causa volontiers et familièrement avec les Anglais qui s'en approchèrent.

Lord Lowther et un M. Littleton eurent avec lui une conversation longue et suivie sur la politique et la haute administration. Je n'en ai rien entendu, l'Empereur semblant avoir désiré que nous le laissassions à lui-même, mais il s'est plaint plus tard, à la lecture des journaux anglais qui rendaient compte de cette conversation, que ses paroles avaient été étrangement défigurées.

Au moment d'appareiller, un cutter, qui rôdait autour du vaisseau, pour en éloigner les curieux, coula, très près de nous, un bateau rempli de spectateurs. La fatalité les avait amenés de fort loin pour être victimes ; deux femmes, m'a-t-on dit, y ont péri. Enfin nous mettons sous voiles pour Sainte-Hélène, treize jours après notre arrivée à Plymouth, et quarante après notre départ de Paris.

Ceux des nôtres que l'Empereur n'avait pu emmener sont les derniers à quitter le vaisseau, emportant des témoignages de sa satisfaction et de ses regrets. Ce furent encore bien des pleurs, et une dernière scène fort touchante. L'Empereur s'est retiré, vers sept heures, dans la chambre qui lui avait été destinée.

Les ministres anglais avaient fort blâmé le respect qu'on avait témoigné à l'Empereur à bord du *Bellérophon* ; ils avaient donné des ordres en conséquence ; aussi affectait-on, à bord du *Northumberland*, des expressions et des manières toutes différentes : on s'empressait ridiculement surtout de se recouvrir devant lui ; il avait été sévèrement enjoint de ne lui donner d'autre qualification que celle de *général*, et de ne le traiter qu'à l'avenant. Tel fut l'ingénieux biais, l'heureuse conception qu'enfanta la diplomatie des ministres d'Angleterre, tel fut le titre qu'ils imaginèrent de donner à celui qu'ils avaient reconnu comme Premier consul, qu'ils avaient si souvent qualifié de chef du gouvernement français ; avec lequel ils avaient traité comme empereur à Paris, lors de lord Lauderdale, et peut-être même signé des articles à Châtillon. Aussi, dans un moment d'humeur, échappa-t-il à l'Empereur de dire en expressions fort énergiques : « Qu'ils m'appellent comme ils voudront, ils ne m'empêcheront pas d'être *moi*. » Il était en effet bizarre et surtout ridicule de voir les ministres anglais mettre une haute importance à ne donner que le titre de général à celui qui avait gouverné l'Europe ; y avait fait sept à huit rois, dont plusieurs retenaient encore ce titre de sa création ; qui avait été plus de dix ans empereur des Français, avait été oint et sacré en cette qualité par le chef suprême de l'Église ; qui comptait deux ou trois élections du peuple français à la souveraineté ; qui avait été reconnu empereur par tout le continent de l'Europe, avait traité comme tel avec tous les souverains, et conclu avec eux tous des alliances de sang et d'intérêt : il réunissait donc sur sa personne la totalité des titres religieux, civils et politiques qui existent parmi les hommes, et que, par une singularité bizarre, mais vraie, aucun des princes régnant en Europe n'eût pu montrer accumulée de la sorte sur le premier, le chef, le fondateur de sa dynastie. Toutefois l'Empereur, qui avait eu l'intention de prendre un nom d'incognito en débarquant en Angleterre, celui de colonel *Duroc* ou *Muiron*, n'y songea plus dès qu'on s'obstina à lui disputer ses vrais titres.

MARDI 8, MERCREDI 9.

Description minutieuse du logement de l'Empereur
à bord du Northumberland.

Le vaisseau était dans la plus grande confusion, il était encombré d'hommes et d'objets ; nous étions partis dans une si grande hâte, que presque rien à bord n'était à sa place, et que, sous voiles, on travaillait sans relâche à l'armement du vaisseau.

Voici la description minutieuse de la partie du vaisseau que nous avons occupée. L'espace en arrière du mât d'artimon renfermait deux pièces en commun et deux chambres particulières ; la première était la salle à manger, d'environ dix pieds de large, ayant de long toute la largeur du vaisseau, éclairée par un sabord aux deux extrémités, et par un vitrage supérieur ; le salon était composé de tout le reste, diminué de deux chambres symétriques, à droite et à gauche, chacune ayant une entrée sur la salle à manger et une autre sur le salon. L'Empereur occupait celle de gauche, où on avait dressé son lit de campagne ; l'amiral avait celle de droite. Il avait été strictement recommandé surtout que le salon demeurât en commun, qu'il ne fût pas abandonné à l'Empereur en propre, les ministres avaient poussé la sollicitude jusqu'à s'alarmer d'une si triviale déférence.

La table à manger suivait la forme de la salle. L'Empereur s'y trouvait adossé au salon, regardant dans le sens du vaisseau ; à sa gauche était Mme Bertrand ; à sa droite l'amiral ; à la droite de celui-ci, Mme de Montholon ; la table tournait alors : sur le petit côté était le commandant du vaisseau (capitaine Ross) ; en face de lui, sur le côté correspondant, était M. de Montholon, à côté de Mme Bertrand, puis le secrétaire du vaisseau ; restait le côté opposé à l'Empereur, qui, à partir du commandant du bâtiment, était rempli par le grand-maréchal, le général, colonel du 53ᵉ, moi et le baron Gourgaud. L'amiral priait tous les jours un ou deux officiers, qui s'intercalaient au milieu de nous. J'étais presque en face de l'Empereur. La musique du 53ᵉ, recrutée depuis peu, s'exerçait durant tout le dîner à nos dépens. Nous avions deux services, mais on manquait de provisions ; d'ailleurs nos goûts étaient si différents de celui de nos hôtes ! Ils faisaient, il est vrai, ce qu'ils pouvaient ; mais encore ne devions-nous pas être difficiles. Je fus logé avec mon fils à tribord, par le travers du grand mât, dans une petite chambre tracée en toile, et renfermant un canon.

Nous faisions voile, autant que le vent nous le permettait, pour sortir de la Manche, longeant les côtes de l'Angleterre, où l'on envoyait à chaque port chercher des provisions et compléter les besoins du vaisseau. Il nous vint beaucoup d'objets de Plymouth, d'où plusieurs bâtiments nous rejoignirent ; il en fut de même de Falmouth.

JEUDI 10.

> *Nous perdons la terre de vue. Réflexions.*
> *Plaidoyer contre les ministres anglais.*

Le 10, nous fûmes tout à fait hors de la Manche et nous perdîmes la terre de vue. Alors commencèrent à s'accomplir nos nouvelles destinées ! Ce moment vint remuer encore une fois le fond de mon cœur ; certains objets y retrouvèrent tout leur empire : je mettais une satisfaction amère à me déchirer de mes propres mains ! « O vous que j'aimais ! qui m'attachiez à la vie ! mes vrais amis, mes plus chères affections, je me suis montré digne de vous ! soyez-le de moi, ne m'oubliez jamais ! »   •

Cependant nous faisions route, et bientôt nous allions être hors de l'Europe. Ainsi, en moins de six semaines, l'Empereur avait abdiqué son trône, il s'était remis entre les mains des Anglais, il se trouvait condamné sur un roc au milieu du vaste Océan. Certes, c'est une échelle peu commune pour mesurer les chances de la fortune et les forces de l'âme ! Toutefois l'histoire jugera, avec plus d'avantage que nous, ces trois grandes circonstances : elle aura à prononcer sur un horizon entièrement dégagé ; nous, nous n'aurons été que dans les nuages.

A peine Napoléon avait-il abdiqué que, voyant se dérouler les malheurs de la patrie, on lui a fait une faute de ce grand sacrifice. Dès qu'on l'a su prisonnier à Plymouth, on l'a blâmé de sa noble magnanimité ; il n'est pas jusqu'à s'être laissé mettre en route pour Sainte-Hélène dont on n'ait osé lui faire reproche : tel est le vulgaire ! ne prononçant jamais que sur ce qu'il voit à l'instant même. Mais, à côté des maux qu'une résolution n'a pu prévenir, il faudrait savoir mettre tous ceux que la résolution contraire aurait amenés.

Napoléon, en abdiquant, a réuni tous les amis de la patrie vers un seul et même point : son salut ! Il a laissé la France ne réclamant plus, devant toutes les nations, que les droits sacrés de l'indépendance des peuples ; il a ôté tout prétexte aux Alliés de ravager et morceler notre territoire ; il a détruit toute idée de son ambition personnelle : il est sorti le héros d'une cause dont il demeure le messie. Si l'on n'a pas retiré de son génie et de ses forces ce qu'on pouvait en attendre comme citoyen, la faute en est seule à l'impéritie ou à la trahison du gouvernement transitoire qui lui a succédé. Rendu à Rochefort, et le capitaine des frégates refusant de sortir, devait-il perdre le fruit de son abdication ? Devait-il rentrer dans l'intérieur, se mettre à la tête de simples bandes, quand il avait renoncé à des armées ? Nourrir en désespéré une guerre civile sans résultat, qui ne pouvait servir qu'à perdre les derniers soutiens, les futures espérances de la patrie ? Dans cet état de choses, il prit la résolution la plus magnanime : elle est digne de sa vie, et répond à vingt ans de calomnies ridiculement accumulées sur son caractère. Mais que dira l'histoire, de ces ministres d'une nation libérale, gardiens et dépositaires des droits du peuple, toujours ardents à recueillir des Coriolans [1], n'ayant que des chaînes pour un Camille [2] ?

Quant au reproche de s'être laissé déporter à Sainte-Hélène, il serait honteux d'y répondre. Se défendre corps à corps dans une chambre de vaisseau, tuer quelqu'un de sa propre main, essayer de mettre le feu aux poudres, est tout au plus d'un flibustier. La dignité dans le malheur, la soumission à la nécessité, ont aussi leur gloire ; c'est celle des grands hommes que l'infortune terrasse.

Quand les ministres anglais se trouvèrent maîtres de la personne de Napoléon, la passion les gouverna beaucoup plus que la justice et la politique. Ils négligèrent le triomphe de leurs lois, méconnurent les droits de l'hospitalité, oublièrent leur honneur, compromirent celui de leur pays. Ils arrêtèrent de reléguer leur hôte au milieu de l'Océan, de le retenir captif sur un rocher, à deux mille lieues de l'Europe, loin de la vue et de la communication des hommes : on eût dit qu'ils eussent voulu confier aux angoisses de l'exil, aux fatigues du voyage, aux privations de toute espèce, à l'influence mortelle d'un ciel brûlant, une destruction dont ils n'osaient pas se charger eux-mêmes. Toutefois, pour s'associer en quelque sorte le vœu de la nation et la nécessité des circonstances, les papiers publics, à leur instigation, aiguillonnèrent les passions de la multitude, en remuant la fange des calomnies et des mensonges passés, tandis que, de leur côté, les ministres déclarèrent que leur détermination n'était qu'un engagement pris avec les Alliés. Or, nous nous présentâmes au moment même de l'effervescence, au moment où l'on réveillait ainsi tout ce qui pouvait rendre odieux : les feuilles étaient pleines des déclamations les plus virulentes ; on y reproduisait avec fiel

---

1. Général romain légendaire du Vᵉ siècle av. J.-C. Il fut condamné à l'exil.

2. Général romain, également légendaire, du IIIᵉ siècle av. J.-C. Il triompha dans toutes les guerres entreprises par Rome.

tous les actes, les expressions même qui, durant cette lutte de vingt ans, pouvaient blesser l'orgueil national et ranimer la haine. Cependant, durant le séjour que nous fîmes à Plymouth, le mouvement de toute l'Angleterre qui se précipitait vers le sud pour nous apercevoir, l'attitude et les sentiments de ceux qui y parvinrent, purent nous convaincre que cette irritation factice tomberait d'elle-même, nous pûmes espérer, en partant, que le peuple anglais se désintéressant chaque jour davantage dans une cause qui cesse d'être la sienne, l'opinion finirait par se tourner, avec le temps, contre les ministres, et que nous leur préparions, dans l'avenir, de redoutables attaques et une grande responsabilité.

Et que répondrait-on au membre du sénat britannique qui, se levant dans les circonstances présentes, dirait :

« Nous venons d'être comblés d'un succès sans exemple ! la fortune nous a livré à discrétion notre implacable ennemi. Nous nous sommes vu tout à coup dans les mains les destinées du souverain et du peuple français. Nous avons pu disposer de l'avenir, ou en enchaîner, du moins pour longtemps, les chances défavorables. Nos ministres ont sans doute profité de tant d'avantages ? Ils auront assuré nos intérêts, notre bonheur, notre gloire ? Ils nous auront garanti une paix durable, le premier de nos vœux, comme le premier de nos besoins ? Ils auront éteint en Europe cette agitation turbulente, ce sentiment de guerre qui tient toutes les nations en armes ? Ils auront consacré cet heureux équilibre politique qui prévient les révolutions et réduit les guerres à peu de chose ? Ils auront affermi, propagé nos principes nationaux ? Ils auront ménagé la bienveillance et l'affection des peuples européens pour prix de nos efforts en leur faveur ? Ils auront fait ressortir l'excellence et la supériorité de nos institutions et de nos lois ? Mais, hélas ! à toutes ces questions, je n'entends que : Non ! non ! non ! Bien au contraire, me dit-on, l'Europe ne fut jamais plus enflammée ; sa situation n'est tout au plus qu'une trêve en armes ; chaque puissance accroît le nombre de ses soldats ; l'équilibre politique est tout à fait détruit et rompu ; nous avons anéanti chez nos voisins les principes qui sont la base sacrée de notre doctrine politique ; une jalousie universelle anime tout le continent contre nous ; et nos lois civiles ont reçu un outrage qui tend à laisser une tache indélébile sur le pays.

« Nos ministres se seraient-ils flattés de répondre à tout, en nous faisant contempler la destruction de notre rivale ! Mais où est donc là notre grand intérêt ? Son existence, convenablement calculée, n'est-elle pas nécessaire à notre gloire et à notre durée ? Car je suis de ceux qui craindraient nos propres excès, si nous demeurions sans contrôle au sein d'une trop grande prospérité. Que dis-je ! cette rivale peut même nous être essentiellement nécessaire, comme alliée ou comme contrepoids. Ce serait une insigne folie que d'imaginer que, la grande lutte finie, les puissances du continent ne reprendront pas leur jalousie naturelle contre notre puissance maritime, si préjudiciable à leurs intérêts. En s'unissant à nous de bonne foi, elles ne firent que parer au danger le plus pressant. Bientôt les affaires se compliqueront de nouveau infailliblement ; et si cette monarchie universelle, qui nous a fait courir tant de dangers, et que nous avons abattue lorsqu'elle s'élevait du midi vers le nord, venait à nous menacer de nouveau, en se précipitant du nord vers le midi, où serait notre ressource ? Quel est donc notre aveuglement d'avoir ainsi annihilé la France, en lui imposant un gouvernement que nos armées sont obligées de défendre et de garder ? Pourquoi surtout nous être attiré l'animosité individuelle de son immense population ? Si l'affaiblissement ou même la destruction de la France était dans notre véritable intérêt, il fallait l'effectuer : ce que la morale eût pu condamner, la politique l'eût absous ; mais il fallait l'avouer franchement : les nations, aussi bien que les individus, savent se soumettre à la nécessité. En disant nettement aux vaincus qu'on use des droits de la victoire, leur orgueil se réfugie dans les vicissitudes de la fortune ; mais leur cœur se remplit de fiel et de rage, si on les dépouille avec le langage de la fausseté, de l'hypocrisie et de la mauvaise foi : c'est alors joindre à l'outrage la violence. Ainsi, pourquoi dire qu'on n'a cherché que le bonheur des Français et les accabler de contributions ? Pourquoi prétendre n'avoir voulu que les délivrer de la tyrannie et leur faire souffrir des maux intolérables ? N'avoir fait la guerre qu'à un seul homme, et fouler aux pieds toute une nation, saisir ses forteresses, et la dépouiller des trophées que lui valurent ses victoires, non parce qu'on l'a vaincue à son tour, ce qui serait tout simple et très légitime, mais parce qu'ils ne furent, lui dit-on, que

le résultat du vol et du brigandage ? Pourquoi tant de contradictions entre les actions et les paroles ? C'est qu'au travers
de tout cela on marche à un but qu'on n'oserait avouer ; on
est guidé par une doctrine trop impopulaire ; on cherche à
servir un parti en Europe, et non des principes éternels. Loin
de moi l'idée d'aucune application personnelle ; je veux être
ici sans préjugés, sans passions ; je ne connais en cet instant
que les intérêts de mon pays. Puissent nos ministres ne
connaître que de pareils sentiments ! Mais comment ont-ils
pu placer la Grande-Bretagne au rang ou à la tête des puissances qui ont anéanti, sans pudeur, à la face des nations, le
droit sacré de l'indépendance des peuples ? De quel front
ont-ils pu sanctionner de pareilles maximes ? Leur séjour au
congrès de Vienne les aurait-il donc enivrés à la coupe des
vieilles doctrines continentales ? ou la venue des souverains
étrangers en ce pays y aurait-elle inoculé les sentiments du
pouvoir absolu et détruit la maxime nationale des droits du
peuple ? Qui a pu les conduire à renverser le choix solennel
d'une nation ?...

« A son retour, Napoléon avait consacré les institutions
publiques, les lois fondamentales qui sont les nôtres ; à ces
actes il devait toute sa popularité et toute sa force ; s'il les
eût enfreints, il n'était plus rien, et il était trop habile et trop
fort pour qu'on pût lui en supposer la pensée. Alors les
institutions des deux peuples se fussent correspondues, en
dépit de toute chose : alors arrivait peut-être ce moment d'un
système nouveau, inconnu ; et deux peuples qui jusqu'ici
n'ont senti que de l'éloignement et de la haine, eussent pu
en venir à ne cimenter qu'une union naturelle et des intérêts
inséparables et communs. Au lieu de cela, des vues étroites
et immorales nous ont placés dans une attitude forcée et
contre nature ; elles mettent la Grande-Bretagne en opposition directe avec ses mœurs, ses lois, sa doctrine, sa religion.
Nous, peuple libre, nous imposons des chaînes à nos voisins !
Nous, peuple souverain, nous détruisons à côté de nous la
souveraineté du peuple ! Nous, les gardiens des idées libérales, nous employons nos forces à les éteindre ! Nous, les
protecteurs et la tête de la religion protestante, nous laissons
massacrer nos frères de France en présence de nos bannières
nationales ! Que les ministres ne viennent pas faire valoir
comme un avantage pour nous d'entretenir par là sur le conti-

nent une armée considérable qui ne nous coûtera rien ! Je redoute cet avantage bien plus que certains revers : sur un sol étranger, nos soldats nous deviennent étrangers ; ils finissent par n'avoir de patrie que le champ de bataille ; les mœurs, les maximes de nos jeunes gens se corrompent au milieu des mœurs et des maximes des étrangers. Si les ministres, gardiens de notre Constitution, avaient hérité de l'esprit de nos pères, au lieu de mettre un prix à conserver une grosse armée, ils s'empresseraient bien plutôt de la réduire. Les ministres se rejetteraient-ils sur ce que les Alliés ont voulu, une fois pour toutes, détruire dans son principe l'esprit révolutionnaire ? Mais, dans ce sens, la Révolution était finie ; les Alliés la recommencent.

« Les souverains, en exaltant leurs prérogatives, en favorisant à l'excès la faction de l'aristocratie, ont réveillé la jalousie et les passions des peuples. L'Europe sera bientôt divisée partout, dans les deux partis extrêmes de Marius et de Sylla. La cause des rois et celle de leurs cours étaient gagnées : ils les remettent en question. Où cela ne peut-il pas nous mener ! Il n'est point de pays en Europe qui gémisse plus des excès de la Révolution française, que la France même ; ce malheureux pays serait-il destiné à donner le spectacle des excès contraires ? Une erreur vulgaire, propagée par nos mesures, et qu'on ne saurait s'empêcher de relever en passant, c'est que celui qu'on anathématise aujourd'hui comme l'homme de la Révolution est précisément celui qui l'a merveilleusement arrêtée dans son cours, avec la force et l'énergie de l'athlète qui arrêterait un char lancé dans la carrière ; c'est lui qui a remis la France dans la société de l'Europe ; c'est lui qui a rétabli les mœurs, les principes, le langage de notre civilisation moderne ; c'est lui qui a fait disparaître les taches de cette Révolution devant le plus bel éclat de la gloire. Les Alliés, en entrant en France, n'ont pu s'empêcher de rendre hommage à ses monuments, à ses institutions, à son administration, la plus vigoureuse et la plus éclairée que l'on ait connue. Que seraient devenus les souverains de Vienne et de Berlin, si, en entrant dans leurs capitales, il se fût laissé aller à révolutionner leurs peuples ? On sait, au contraire, qu'il y contint les germes qu'il y trouva : ce fut au point que les révolutionnaires le regardèrent alors comme un apostat de la Révolution. Comment se fait-il

que les circonstances et notre maladresse l'en déclarent
aujourd'hui, aux yeux de ces mêmes peuples, le martyr et le
messie ? Il fallait le combattre, quand il était à craindre pour
nous, et nous associer son génie sitôt que notre premier but
a été rempli. Que nos ministres ne viennent pas davantage,
pour justifier leur conduite et leurs mesures, nous dire qu'ils
y étaient forcément obligés par le grand principe de la légitimité ; qu'entendraient-ils donc par là ?

« Serait-ce l'empêchement absolu de l'élévation de toute
dynastie nouvelle ? Ignore-t-on que ces principes, vrais en
théorie, ne se décident que par des faits dans le monde politique ? Ne sait-on pas bien que les couronnes sont dans la
main de Dieu et dans le gain des batailles ? Si celle de
Waterloo eût tourné autrement, que serait devenu, pour eux,
ce grand principe de leur légitimité ? Auraient-ils refusé de
traiter *sine qua non* ; et pense-t-on, sérieusement et de bonne
foi, nous faire croire que l'Europe n'eût pu exister avec
l'apparition d'une dynastie nouvelle ? Oserait-on soutenir
que le bien-être des peuples tient à consacrer que la faveur
du ciel s'est épuisée tout à fait sur les familles qui règnent
aujourd'hui ? Mais depuis quand cette religion nouvelle dans
nos ministres ? Comment sont-ils devenus si difficiles, si
scrupuleux sur ce principe ? Les communications intimes de
Vienne, ses nombreux rapports secrets, auraient-ils établi,
non seulement une coalition de rois, mais encore une coalition de doctrines et de ministres, une conjuration contre les
jeux de la fortune et l'empire irrésistible des choses ? Nous
fûmes donc bien peu délicats lorsque nous reconnûmes le
Premier consul et reçûmes ses ambassadeurs ; lorsque, plus
tard, en guerre avec lui, nous le reconnaissions comme chef
du gouvernement français ; lorsque nous envoyions lord Lauderdale traiter à Paris avec l'empereur des Français ; lorsque
ces mêmes ministres traitaient sur le même pied à Châtillon,
et signaient peut-être même des articles ; s'ils eussent été
ratifiés, que serait alors devenue la sainteté de leur nouveau
principe ? Pourquoi sont-ils en ce moment si indifférents sur
les événements de l'Espagne, où un fils a détrôné son père ?
Comment sont-ils les alliés de la Suède, où l'on a chassé le
souverain légitime, pour appeler un étranger ? Mais bien
plus, comment ont-ils osé adopter cette nouvelle doctrine,
sans songer à la famille qui nous gouverne, à la glorieuse

révolution qui nous l'a donnée, aux belles lois qui l'ont consacrée, et qui nous ont régis avec tant de lustre jusqu'à aujourd'hui.

« Mais c'est assez parler des fautes de nos ministres à l'extérieur, j'arrive à un de leurs actes domestiques qui outrage nos lois et blesse leur honneur : la déportation de Napoléon.

« Ce noble ennemi, par une magnanimité digne de sa vie, dédaignant de s'adresser à l'empereur de Russie, qui s'est dit son ami ; dédaignant de s'adresser à l'empereur d'Autriche, dont il est devenu le fils, avait choisi son refuge dans notre île, au sein de notre nation, qu'il avait combattue vingt ans : c'est qu'en butte à toute l'Europe, il prétendait encore, dans ses infortunes, conserver son indépendance, et la trouver dans la fixité, l'empire de nos lois. Quel plus beau triomphe pour elles ? quel plus éclatant hommage pour nos institutions ? Les ministres lui ont tendu un piège ; ils ont encouragé ce sentiment ; et quand il s'est remis en leur pouvoir, ils l'ont chargé de chaînes : car c'est un fait que personne ne saurait nier, que Napoléon est venu librement et de bonne foi à bord du *Bellérophon*. On lui a dit que l'on avait autorité de le recevoir pour le conduire en Angleterre ; il a pris ces paroles pour un engagement de l'hospitalité ; sa lettre au prince régent en fait foi, et cet engagement a dû devenir réel pour lui, quand cette lettre, communiquée avant qu'il parût, est demeurée sans observation. Vainement nos ministres nous diront qu'ils ont été forcés de le livrer à l'ostracisme des rois ; qu'ils en avaient pris l'engagement. On leur répondra toujours par ce dilemme accablant : ou vous aviez pris cet engagement avant sa venue, et en l'attirant à vous, vous avez forfait à l'honneur : ou vous avez pris cet engagement depuis sa venue, et vous avez forfait à vos devoirs, en soumettant nos lois et notre dignité à des convenances étrangères. Je demande donc que Napoléon soit ramené ; qu'il soit débarqué dans notre pays, qu'il s'était choisi pour asile ; je demande ce retour comme une réparation solennelle à l'outrage fait à nos lois, qui, par ce triomphe, s'accroîtront encore même de leur violation momentanée, etc. »

VENDREDI 11 AU LUNDI 14.

Détails et habitudes de l'Empereur à bord.

Nous faisions route pour traverser le golfe de Gascogne et doubler le cap Finistère. Le vent était favorable, mais faible ; la saison fort chaude ; nos journées des plus monotones. L'Empereur déjeunait dans sa chambre, à des heures irrégulières. Nous, les Français, déjeunions à dix heures, à notre manière ; les Anglais avaient déjeuné à huit heures, à la leur.

L'Empereur, dans la matinée, appelait quelqu'un de nous tour à tour, pour connaître le journal du vaisseau, les lieues faites, l'état du vent, les nouvelles, etc. Il lisait beaucoup, s'habillait vers quatre heures, et passait alors dans la salle commune, où il jouait aux échecs avec un de nous ; à cinq heures, l'amiral, venu de sa chambre quelques instants auparavant, lui disait qu'on était servi.

Tout le monde sait que l'Empereur n'était guère plus d'un quart d'heure à dîner : ici, les deux services seulement tenaient d'une heure à une heure et demie ; c'était pour lui une des contrariétés les plus pénibles, bien qu'il n'en témoignât jamais rien ; sa figure, ses gestes, toute sa personne étaient constamment impassibles. Cette cuisine nouvelle, la différence des mets, leur qualité n'ont jamais obtenu de lui ni approbation, ni rebut ; jamais il n'a exprimé ni désir, ni contrariété ; il était servi par ses deux valets de chambre, placés derrière lui. Dans le principe, l'amiral voulait lui offrir de toutes choses ; mais il suffit du simple remerciement de l'Empereur, et de la manière dont il fut exprimé, pour qu'il n'y revînt pas. Néanmoins l'amiral continua toujours à être très attentif ; seulement ce n'était plus qu'aux valets de chambre qu'il indiquait ce qu'il pouvait y avoir de préférable ; ceux-ci s'en occupaient seuls ; l'Empereur y demeurait tout à fait étranger, ne voyant, ne recherchant, n'apercevant rien ; généralement gardant le silence, et demeurant au milieu de la conversation (bien que toujours en français, mais très réservée) comme s'il ne l'eût pas entendue. S'il lui arrivait de rompre le silence, c'était pour faire quelques questions scientifiques ou techniques, ou pour adresser quelques paroles à ceux que l'amiral invitait occasionnellement à dîner. J'étais alors, la plupart du temps, celui à qui l'Empereur adressait les questions pour que je les traduisisse.

On sait que les Anglais ont l'habitude de rester fort long-temps à table, après le dessert, pour boire et causer ; l'Empe-reur, déjà très fatigué par la longueur des services, n'eût pu supporter cet usage ; aussi, et dès le premier jour, immédia-tement après le café, il se leva et alla sur le pont ; le grand-maréchal et moi nous le suivîmes. L'amiral en fut décon-certé ; il se permit de s'en exprimer légèrement avec les siens ; mais la comtesse Bertrand, dont l'anglais est la langue maternelle, reprit avec chaleur : « N'oubliez pas, monsieur l'amiral, que vous avez affaire à celui qui a été le maître du monde, et que les rois briguaient l'honneur d'être admis à sa table. – Cela est vrai », répondit l'amiral.

Et cet officier, qui du reste a de la justesse dans l'esprit, une certaine convenance de manières, et parfois beaucoup de grâce, s'empressa de faciliter, dès ce moment, cet usage de l'Empereur : il hâta les services, et demandait, avant le temps, le café pour l'Empereur et ceux qui devaient sortir avec lui. Dès que l'Empereur avait achevé, il partait ; tout le monde se levait jusqu'à ce qu'il fût hors de la chambre ; le reste demeurait à boire plus d'une heure encore.

L'Empereur se promenait alors sur le pont, jusqu'à la nuit, avec le grand-maréchal et moi ; ce qui devint une chose de tous les jours et consacrée.

L'Empereur rentrait ensuite dans le salon, et nous nous mettions à jouer au *vingt et un* [1]. Il se retirait d'ordinaire au bout d'une demi-heure.

MARDI 15 AOÛT.

Faveur bizarre de la fortune.

Dans la matinée, nous avons demandé à être admis près de l'Empereur ; nous sommes entrés tous à la fois chez lui ; il n'en devinait pas la cause : c'était sa fête ; il n'y avait pas pensé. Nous avions l'habitude de le voir ce jour-là dans des lieux plus vastes et tout remplis de sa puissance ; mais nous n'avions jamais apporté de vœux plus sincères et des cœurs plus pleins de lui.

Nos journées se ressemblaient toutes : le soir nous jouions

1. Jeu de cartes.

constamment au *vingt et un* ; l'amiral et quelques Anglais étaient parfois de la partie. L'Empereur se retirait après avoir perdu d'habitude ses dix ou douze napoléons ; cela lui était arrivé tous les jours parce qu'il s'obstinait à laisser son napoléon jusqu'à ce qu'il en eût produit un grand nombre. Aujourd'hui il en avait produit jusqu'à quatre-vingts ou cent ; l'amiral tenait la main, l'Empereur voulait laisser encore, pour connaître jusqu'à quel point il pourrait atteindre ; mais il crut voir qu'il serait tout aussi agréable à l'amiral qu'il n'en fît rien : il eût gagné seize fois, et eût pu atteindre au-delà de soixante mille napoléons. Comme on s'extasiait sur cette faveur singulière de la fortune en faveur de l'Empereur, un des Anglais fit la remarque qu'aujourd'hui était le 15 d'août, jour de sa naissance et de sa fête.

MERCREDI 16 AU LUNDI 21.

Navigation. Uniformité. Occupations.
Sur la famille de l'Empereur. Son origine. Anecdotes.

Nous doublâmes le cap Finistère le 16, le cap Saint-Vincent le 18 ; nous étions par le travers du détroit de Gibraltar le 19, et nous continuâmes, les jours suivants, à faire voile le long de l'Afrique, vers Madère. Notre navigation n'offrait rien de remarquable, et toutes nos journées se ressemblaient dans nos habitudes et l'emploi de nos heures ; le sujet de la conversation seul pouvait offrir quelque différence.

L'Empereur restait toute la matinée dans sa chambre : la chaleur était grande ; il ne s'habillait pas, et il demeurait à peine vêtu. Il n'avait point de sommeil, et se levait plusieurs fois dans la nuit. La lecture était son grand passe-temps. Il me faisait venir presque tous les matins ; je lui traduisais ce que l'*Encyclopédie britannique* ou tous les livres que nous avions pu trouver à bord contenaient sur Sainte-Hélène ou sur les pays dans le voisinage desquels nous naviguions. Cela ramena naturellement sous les yeux mon *Atlas historique* ; il n'avait fait que l'entrevoir à bord du *Bellérophon*, et auparavant il n'en avait qu'une très fausse idée. Il s'en occupa trois ou quatre jours de suite : il s'en disait enchanté ; il ne revenait pas de la quantité de choses qu'il y trouvait, de l'ordre et de l'à-propos dans lequel elles se présentaient ; il n'avait eu jusque-là, disait-il, nulle idée de cet ouvrage. C'étaient les cartes géographiques seules qu'il parcourait, passant toutes les autres ; la mappemonde surtout fixait particulièrement son attention et son suffrage. Je n'osais lui dire et lui prouver que la géographie était néanmoins la partie faible ; qu'elle présentait beaucoup moins de travail et de fond ; que les tableaux généraux et les tableaux généalogiques étaient bien supérieurs : les tableaux généraux pouvant être difficilement surpassés par leur méthode, leur symétrie, leur clarté et la facilité de leur usage ; et les tableaux généalogiques présentant, chacun isolément, une petite histoire entière du pays qu'ils concernent : ils en étaient tout à la fois, et sous tous les rapports, l'analyse la plus complète et les matériaux les plus élémentaires.

L'Empereur me demandait si cet ouvrage n'était pas employé dans toutes les éducations. S'il l'eût connu, disait-il, il en eût rempli les lycées et les écoles. Il me demandait aussi pourquoi je l'avais publié sous le nom emprunté de *Le Sage*. Je répondais que j'en avais publié l'esquisse très informe en Angleterre, au moment de mon émigration, dans un temps où nous exposions nos parents en dedans par nos seuls noms au-dehors ; et puis encore l'avais-je fait peut-être aussi, lui disais-je en riant, dans mes préjugés d'enfance, à la façon des nobles bretons, qui, pour ne pas déroger, déposaient leur épée au greffe, durant le temps de leur négoce, etc.

Tous les jours après son dîner, l'Empereur, comme je l'ai déjà dit, se levait fort longtemps avant tout le monde, et le grand-maréchal et moi ne manquions pas de le suivre sur le pont ; j'y demeurais même souvent seul, parce que le grand-maréchal descendait alors auprès de sa femme, habituellement souffrante.

L'Empereur, après les premières observations sur le temps, le sillage du vaisseau, le vent, prenait un sujet de conversation, ou revenait même à celui de la veille ou des jours précédents, et après dix ou douze tours de promenade sur la longueur du pont, il allait s'appuyer de coutume sur l'avant-dernier canon de la gauche du vaisseau, près du passavant. Les *midshipmen* (jeunes aspirants) eurent bientôt remarqué cette prédilection d'habitude, et ce canon ne fut plus appelé dans le vaisseau que *le canon de l'Empereur*.

C'est là que l'Empereur causait souvent des heures entières, et que j'ai entendu, pour la première fois, une partie de ce que je vais raconter, avertissant du reste que je transporte ici en même temps ce que j'ai recueilli plus tard dans la foule des conversations éparses qui ont suivi, me proposant en cela de présenter de suite et réunir tout ce que j'ai noté de remarquable sur ce sujet. C'est peut-être ici le lieu de dire ou de répéter une fois pour toutes que si dans ce journal on trouve peu d'ordre, aucune méthode, c'est que le temps me presse ; que mes contemporains attendent, désirent, et que mon état de santé m'interdit toute application : je crains de n'avoir pas le temps de finir. Voilà mes trop bonnes excuses, mes vrais titres à l'indulgence sur le style de la narration et l'ordonnance des objets : je reproduis à la hâte ce que je retrouve ; j'en demeure à peu près au premier jet.

Le nom de Bonaparte s'écrit indistinctement *Bonaparte* ou *Buonaparte*, ainsi que le savent tous les Italiens. Le père de Napoléon écrivait Buonaparte ; un oncle de celui-ci, l'archidiacre Lucien, qui lui a survécu et a servi de père à Napoléon et à tous ses frères, écrivait, sous le même toit et dans le même temps, Bonaparte. Napoléon, durant toute sa jeunesse, a signé Buonaparte, comme son père. Arrivé au commandement de l'armée d'Italie, il se donna bien de garde d'altérer cette orthographe, qui était plus spécialement la nuance italienne ; mais plus tard, et au milieu des Français, il voulut la franciser, et ne signa plus que Bonaparte.

Cette famille a joué longtemps un rôle distingué dans la moyenne Italie ; elle a été puissante à Trévise ; on la trouve inscrite sur le livre d'or de Bologne et parmi les patrices florentins.

Lorsque Napoléon, alors général de l'armée d'Italie, entra vainqueur dans Trévise, les chefs de la ville vinrent joyeusement au-devant de lui et lui présentèrent les titres et les actes qui prouvaient que sa famille y avait joué un grand rôle.

A l'entrevue de Dresde, avant la campagne de Russie, l'empereur François apprit un jour à l'empereur Napoléon, son gendre, que sa famille avait été souveraine à Trévise ; qu'il en était bien sûr, parce qu'il s'en était fait représenter tous les documents. Napoléon lui répondit en riant qu'il n'en voulait rien savoir, qu'il préférait bien plutôt être le Rodolphe de Habsbourg de sa famille. François y attachait plus d'importance ; il lui disait qu'il était bien indifférent d'avoir été riche et de devenir pauvre ; mais qu'il était sans prix d'avoir été souverain, et qu'il fallait le dire à Marie-Louise à qui cela ferait grand plaisir.

Lorsque Napoléon, dans la campagne d'Italie, entra dans Bologne, Marescalchi, Caprara et Aldini, depuis si connus en France, et alors députés du sénat de leur ville, vinrent lui présenter, avec complaisance, leur livre d'or, où se trouvaient inscrits le nom et les armoiries de sa famille.

Plusieurs maisons ou édifices attestent encore dans Florence l'existence dont y avait jadis joui la famille Bonaparte ; plusieurs demeurent encore chargés de ses écussons.

Un Corse ou un Bolonais, Cesari, je crois, choqué à Londres de la manière dont le gouvernement avait reçu la lettre pacifique du général Bonaparte entrant au consulat, publia alors des renseignements généalogiques qui établissaient ses alliances avec l'antique maison d'Este, Welf ou Guelf, supposée être la tige des présents rois d'Angleterre [1].

Le duc de Feltre, ministre de France en Toscane, a rapporté à Paris, de la galerie de Médicis, le portrait d'une Buonaparte mariée à un des princes de cette famille. La mère du pape Nicolas V ou de Paul V de Sarzane était une Bonaparte.

C'est un Bonaparte qui a été chargé du traité par lequel s'est fait l'échange de Livourne contre Sarzane. C'est un Bonaparte auquel, à la renaissance des lettres, on est redevable d'une des plus anciennes comédies, celle de *la Veuve*, qui est à la bibliothèque publique à Paris [2].

Lorsque Napoléon, à la tête de l'armée d'Italie, marchait sur Rome, et recevait à Tolentino les propositions du pape, un des négociateurs ennemis observa qu'il était le seul Français qui, depuis le connétable de Bourbon, eût marché sur

1. Ce paragraphe s'est trouvé au manuscrit dans un état à me laisser des doutes, et j'ai été sur le point de le supprimer. Toutefois voici ce qui me l'a fait conserver. Que prétends-je ? Principalement laisser des matériaux. Or, indiquer comment je les ai recueillis, dire que je les tiens d'une simple conversation courante, que je puis les avoir défigurés en les saisissant au vol, en laisser entrevoir les vices possibles et mettre sur la voie pour y remédier, n'ai-je pas assez rempli mon objet ? D'ailleurs, je fais faire en cet instant plusieurs de ces vérifications, et si les résultats m'arrivent à temps, on les trouvera à la fin de l'ouvrage, en forme d'*errata* ou comme appendice. (*Las Cases.*)

2. Vérifié à la Bibliothèque royale ; ce manuscrit s'y trouve en effet, et l'ouvrage est même imprimé. (*Las Cases.*)

Rome ; mais que ce qui ajoutait, disait-il, à cette circonstance quelque chose de bien bizarre, c'est que l'histoire de la première expédition se trouvait écrite précisément par un des parents de celui qui exécutait la seconde, par monsignor Nicolas Buonaparte, qui a laissé en effet *le Sac de Rome par le connétable de Bourbon* [1]. De là peut-être, ou du pape mentionné plus haut, le nom de *Nicolas*, qu'on a voulu, dans certains pamphlets, être celui de l'Empereur au lieu de Napoléon. Cet ouvrage se trouve dans toutes les bibliothèques ; il est précédé d'une histoire de la maison Buonaparte, imprimée il y a quarante ou cinquante ans, et rédigée par un professeur de l'université de Pise, le docteur Vaccha.

M. de Cetto, ambassadeur de Bavière, m'a répété souvent que les archives de Munich renfermaient un grand nombre de pièces italiennes qui témoignent l'illustration de cette maison.

Napoléon, au temps de sa puissance, s'est constamment refusé à toute espèce de travail ou même de conversation sur cet objet. Sous son consulat, il découragea trop bien la première tentative de ce genre, pour que personne essayât d'y revenir. Quelqu'un publia une généalogie dans laquelle on rattachait sa famille à d'anciens rois du Nord ; Napoléon fit persifler cet essai de la flatterie dans un papier public, où l'on finissait par conclure que la noblesse du Premier consul ne datait que de Montenotte ou du 18 brumaire.

Cette famille fut, comme tant d'autres, victime des nom-

---

1. Vérifié à la Bibliothèque où se trouve en effet cette relation du sac de Rome ; mais par *Jacques Buonaparte*, et non par *Nicolas*. Jacques était contemporain du sac de Rome et témoin oculaire ; son manuscrit a été imprimé, pour la première fois, à Cologne, en 1756, et le volume renferme une généalogie des Bonaparte, que l'on fait remonter très haut et que l'on qualifie d'une des plus illustres maisons de la Toscane.

Elle présente quelque chose de bien bizarre sans doute, c'est que le premier Bonaparte mentionné dans cette généalogie est dit avoir été exilé de sa patrie comme *gibelin*. Était-il donc du destin de cette famille, dans tous les temps, à toutes les époques, de devoir succomber sous la maligne influence des *guelfes* ?

L'éditeur de Cologne écrit tantôt *Buonaparte* et tantôt *Bonaparte*.

Ce monsignor Nicolas Bonaparte, donné ci-dessus au texte comme l'historien, n'en est que l'oncle ; il est mentionné du reste dans la généalogie comme un savant très distingué et comme ayant fondé la classe de jurisprudence à l'université de Pise. *(Las Cases.)*

breuses révolutions qui désolèrent les villes d'Italie ; les troubles de Florence mirent les Bonaparte au nombre des *fuorusciti* (émigrés). Un d'eux se retira d'abord à Sarzane, et de là passa en Corse, d'où ses descendants ont toujours continué d'envoyer leurs enfants en Toscane, à la branche qui y était demeurée à San-Miniato.

Depuis plusieurs générations, le second des enfants de cette famille a constamment porté le nom de *Napoléon*, qu'elle tenait, dans l'origine, d'un Napoléon des Ursins, célèbre dans les fastes militaires d'Italie.

Napoléon, après son expédition de Livourne, se rendant à Florence, coucha à San-Miniato chez un vieil abbé Buonaparte, qui traita magnifiquement tout son état-major. Après avoir épuisé tous les souvenirs de famille, il dit au jeune général qu'il allait lui chercher la pièce la plus précieuse. Napoléon crut qu'il allait lui montrer quelque bel arbre généalogique, fort propre à gratifier sa vanité, disait-il en riant ; mais c'était un mémoire fort en règle, en faveur d'un père Bonaventure Buonaparte, capucin de Bologne, béatifié depuis longtemps, et qu'on n'avait pu faire canoniser à cause des frais énormes que cela eût nécessités. « Le pape ne vous refusera pas, disait le bon abbé, si vous le demandez, et s'il faut payer, aujourd'hui ce doit être peu de chose pour vous. »

Napoléon rit beaucoup de la bonhomie du vieux parent qui était si peu en harmonie avec les mœurs du jour, et qui ne se doutait nullement que les saints ne fussent plus de saison.

Arrivé à Florence, Napoléon crut lui être fort agréable en lui procurant le cordon de l'ordre de Saint-Étienne, dont il n'était que simple chevalier ; mais le pieux abbé était moins touché des faveurs de ce monde que de l'attribution céleste qu'il réclamait, et elle n'était pas, au demeurant, sans des fondements réels ; le pape, venu à Paris pour couronner l'empereur Napoléon, mit à son tour sur le tapis les titres du père Bonaventure ; c'était lui sans doute, disait-il, qui, du séjour des bienheureux, avait conduit son parent, comme par la main, dans la belle carrière terrestre qu'il venait de parcourir ; c'était ce saint personnage, sans doute, qui l'avait préservé de tout danger dans ses nombreuses batailles, etc. L'Empereur fit constamment la sourde oreille et laissa à la bienveillance personnelle du pape à faire, de lui-même, quelque chose pour le bienheureux Bonaventure.

Le vieil abbé, dans la suite, laissa son héritage à Napoléon, qui, étant empereur, en a fait présent à un établissement public de Toscane.

Du reste, il serait difficile de lier ici aucun ensemble généalogique sur de seules conversations, l'Empereur n'ayant jamais regardé, disait-il en riant, un seul de ses parchemins. Ils sont toujours demeurés dans les mains de son frère Joseph, qu'il appelait gaiement le *généalogiste de la famille*. Et, dans la crainte de l'oublier, je consignerai ici, à ce sujet, que l'Empereur lui a remis, à l'île d'Aix, au moment de son départ, un volume contenant les lettres autographes que lui ont adressées tous les souverains de l'Europe. J'ai montré plus d'une fois mon chagrin à l'Empereur de s'être dessaisi d'un manuscrit historique si précieux [1].

Charles Bonaparte, père de Napoléon, était fort grand de

---

1. A mon retour en Europe, je n'ai pas manqué de m'informer de cet important dépôt, et je me suis empressé de suggérer au prince Joseph de le faire recopier pour assurer davantage son existence. Quel a été mon chagrin d'apprendre que ce monument historique était égaré ; qu'on ne savait ce qu'il était devenu ! Dans quelles mains pourrait-il être tombé ? Puissent-elles apprécier une telle collection et la conserver à l'histoire !

Depuis la première publication de mon *Mémorial*, voici ce que je trouve à ce sujet dans M. O'Méara, édition de Londres, 1822, page 416 :

« Le prince Joseph, avant de quitter Rochefort pour l'Amérique, crut prudent de déposer ces papiers précieux entre les mains d'une personne sur l'intégrité de laquelle il avait le droit de compter ; mais il paraît qu'il en a été bassement trahi ; car il y a peu de mois, ces lettres originales ont été apportées à Londres dans l'intention d'en trafiquer pour la somme de trente mille livres sterling, ce qui a été immédiatement communiqué aux ministres de Sa Majesté et aux ambassadeurs étrangers. Je tiens de bonne source que l'ambassadeur de Russie a payé dix mille livres sterling pour racheter les seules lettres de son maître. Parmi divers passages qui m'ont été répétés par ceux qui ont eu la faveur de parcourir les pièces autographes, j'en remarque une du roi de Prusse, écrivant *qu'il s'était toujours senti un sentiment paternel pour le Hanovre*. En tout, il paraît, par ces papiers, que les souverains en général faisaient de vives supplications pour obtenir du territoire. »

Si l'on m'a dit vrai, il se pourrait qu'en dépit de l'infidélité que nous dévoile M. O'Méara, nous ne demeurassions pourtant pas entièrement privés de la connaissance de ce précieux recueil ; le dépositaire, m'a-t-on assuré, s'étant, par une double vilenie, précautionné d'une copie à l'insu de ceux auxquels il avait vendu les originaux, et s'en étant arrangé depuis avec un éditeur qui s'occuperait de sa prochaine publication. *(Las Cases.)*

taille, beau, bien fait ; son éducation avait été soignée à Rome et à Pise, où il avait étudié la loi ; il avait de la chaleur et de l'énergie. C'est lui qui, à la consulte extraordinaire de Corse, où l'on proposait de se soumettre à la France, prononça un discours qui enflamma tous les esprits ; il n'avait alors que vingt ans. « Si, pour être libre, il ne s'agissait que de le vouloir, disait-il, tous les peuples le seraient : l'histoire nous apprend cependant que peu sont arrivés au bienfait de la liberté parce que peu ont eu l'énergie, le courage et les vertus nécessaires. »

Lorsque l'île se trouva conquise, il voulut accompagner Paoli dans son émigration ; un vieil oncle, l'archidiacre Lucien, qui exerçait l'autorité d'un père sur le reste de sa famille, le força de revenir.

Charles Bonaparte, en 1779, fut député, pour la noblesse des états de Corse, à Paris, et mena avec lui le jeune Napoléon, alors âgé de dix ans. Il avait passé par Florence, et y avait obtenu une lettre de recommandation du grand-duc Léopold, pour la reine de France Marie-Antoinette, sa sœur. Il dut cette lettre au rang et à la considération que la notoriété publique, à Florence, assignait à son nom et à son origine toscane.

A cette époque, deux généraux français se trouvaient en Corse, fort divisés entre eux ; leurs querelles y formaient deux partis : c'étaient M. de Marbeuf, doux et populaire ; et M. de Narbonne Pelet, haut et violent. Ce dernier, d'une naissance et d'un crédit supérieurs, devait être naturellement dangereux pour son rival ; heureusement pour M. de Marbeuf, beaucoup plus aimé en Corse, la députation de cette province arriva à Versailles. Charles Bonaparte la conduisait ; il fut consulté, et la chaleur de ses témoignages fit donner raison à M. de Marbeuf. Le neveu de ce dernier, archevêque de Lyon et ministre de la feuille des bénéfices, crut devoir venir en faire des remerciements à Charles Bonaparte, et quand celui-ci conduisit son fils à l'école de Brienne, l'archevêque lui donna une recommandation spéciale pour la famille de Brienne qui y demeurait la plus grande partie de l'année : de là l'intérêt et les rapports de bienveillance des Marbeuf et des Brienne envers les enfants Bonaparte. La malignité s'est égayée à créer une autre cause ; la simple vérification des dates suffit pour la rendre absurde.

Le vieux M. de Marbeuf, commandant dans l'île, demeurait à Ajaccio ; la famille Bonaparte y était une des premières ; Mme Bonaparte était la plus agréable, la plus belle
de la ville ; rien de plus naturel que le commandant y fixât
ses habitudes et lui prodiguât ses préférences.

Charles Bonaparte mourut à trente-huit ans, d'un squirrhe [1]
à l'estomac. Il avait éprouvé une espèce de guérison dans un
voyage à Paris ; mais il succomba dans une seconde attaque
à Montpellier, où il fut enterré dans un des couvents de cette
ville.

Sous le Consulat, les notables de Montpellier, par l'organe
de leur compatriote Chaptal, ministre de l'Intérieur, firent
prier le Premier consul de permettre qu'ils élevassent un
monument à la mémoire de son père. Napoléon les remercia
de leurs bonnes intentions et les refusa. « Ne troublons point
le repos des morts, dit-il, laissons leurs cendres tranquilles.
J'ai perdu aussi mon grand-père, mon arrière-grand-père,
pourquoi ne ferait-on rien pour eux ? Cela mène loin. Si
c'était hier que j'eusse perdu mon père, il serait convenable
et naturel que j'accompagnasse mes regrets de quelque haute
marque de respect ; mais il y a vingt ans ; cet événement est
étranger au public, n'en parlons point. »

Depuis, Louis Bonaparte, à l'insu de Napoléon, fit exhu-
mer le corps de son père et le fit transporter à Saint-Leu, où
il lui consacra un monument.

Charles Bonaparte n'avait été rien moins que dévot ; il
s'était même permis quelques poésies antireligieuses, et
cependant, à sa mort, il ne se trouvait pas assez de prêtres
pour lui à Montpellier, disait l'Empereur ; bien différent en
cela de son oncle, l'archidiacre Lucien, homme d'Église, très
pieux et vrai croyant, mort longtemps après dans un âge fort
avancé. Au moment de s'éteindre, il se fâcha vivement contre
Fesch, qui, déjà prêtre, était accouru en étole et en surplis
pour l'assister dans ses derniers moments ; il le pria de le
laisser mourir tranquille, et il finit entouré de tous les siens,
leur donnant les instructions du sage et la bénédiction des
patriarches [2].

---

1. Tumeur cancéreuse.
2. J'ai reçu prière du cardinal Fesch de vouloir bien appliquer ici quelques
redressements qui, bien que légers, lui semblaient essentiels, et je n'ai pas

L'Empereur revenait souvent sur ce vieil oncle qui lui avait servi de second père, et qui était demeuré longtemps le chef de la famille. Il était l'archidiacre d'Ajaccio, l'une des premières dignités de l'île. Ses soins et ses économies avaient rétabli les affaires de la famille, que les dépenses et le luxe de Charles avaient fort dérangées. Le vieil archidiacre jouissait d'une grande vénération et d'une véritable autorité morale dans le canton : il n'était point de querelle que les paysans et les bergers ne vinssent soumettre à sa décision ; et il les renvoyait avec ses jugements et ses bénédictions.

Charles Bonaparte avait épousé Mlle Letizia Ramolino, dont la mère, devenue veuve, s'était mariée à M. Fesch, capitaine dans un des régiments suisses que Gênes entretenait d'habitude dans l'île. De ce second mariage vint le cardinal Fesch, qui se trouvait ainsi demi-frère de Madame, et oncle de l'Empereur.

Madame [1] était une des plus belles femmes de son temps, sa beauté était connue dans l'île : Paoli, au temps de sa puissance, ayant reçu une ambassade d'Alger ou de Tunis, voulut donner aux Barbaresques une idée des attraits de ses compatriotes : il rassembla toutes les beautés de l'île : Madame y tenait le premier rang. Plus tard, dans un voyage

---

cru pouvoir mieux faire à cet égard que de transcrire précisément l'article de sa lettre relatif à cet objet.

« Si vous veniez à faire une autre édition, marque-t-il, je désirerais que vous missiez à l'article où vous parlez de l'archidiacre, quelques mots qui rendraient la scène de ses derniers instants. Je lui demandai s'il ne voulait pas faire entrer son confesseur ; il me répondit qu'il n'avait rien à lui dire : or, dans ce moment-là, il avait déjà reçu tous les sacrements de l'Église. Un scrupule ou un zèle excessif de ma part ne pouvait pas donner occasion de faire soupçonner que l'archidiacre ne se souciait pas de remplir tous ses devoirs religieux. Il est vrai que l'Empereur n'a dû se souvenir que d'une partie de la chose, puisqu'il ne put pas entendre ce que je disais en mourant ; et en effet, l'Empereur m'a dit la même chose à moi-même, dans des conversations particulières et ne voulut jamais entendre mon explication. Cependant je puis attester devant Dieu qu'il avait mal saisi ma demande et la réponse de son oncle, si toutefois il put entendre quelque chose. Au demeurant cela ne fait rien, le défunt archidiacre n'en recevra aucun tort ; on ne doit pas attendre que l'Empereur fasse pour lui une profession de foi. » *(Las Cases.)*

1. Abréviation du titre : Madame Mère de Sa Majesté (Letizia Bonaparte).

pour voir son fils à Brienne, elle fut remarquée, même dans Paris.

Madame, lors de la guerre de la liberté en Corse [1], partagea souvent les périls de son mari, qui s'y montra fort chaud. Elle le suivit parfois à cheval dans ses expéditions, spécialement durant sa grossesse de Napoléon. Madame avait un grand caractère, de la force d'âme, beaucoup d'élévation et de fierté. Elle a eu treize enfants, et eût pu facilement en avoir beaucoup d'autres, étant devenue veuve à environ trente ans, et ayant prolongé au-delà de cinquante la faculté d'en avoir. De ces treize enfants, cinq garçons seulement et trois filles ont vécu, et tous ont joué un grand rôle sous le règne de Napoléon.

Joseph, l'aîné de tous, qu'on voulut mettre d'abord dans l'Église, à cause de l'archevêque de Lyon, Marbeuf, qui tenait la feuille des bénéfices, fit ses études en conséquence ; mais il s'y refusa absolument lorsque le moment arriva de s'engager. Il a été successivement roi de Naples et d'Espagne.

Louis a été roi de Hollande, et Jérôme roi de Westphalie ; Élisa, grande-duchesse de Toscane, Caroline, reine de Naples ; Pauline, princesse Borghèse. Lucien [2], que son second mariage et une fausse direction de caractère privèrent sans doute d'une couronne, ennoblit du moins son opposition et ses différends avec son frère, en venant, au retour de l'île d'Elbe [3], se jeter dans ses bras, et cela lorsqu'il était loin de regarder ses affaires comme assurées. Lucien, disait l'Empereur, eut une jeunesse orageuse ; dès l'âge de quinze ans il fut mené en France par M. de Sémonville, qui en fit de bonne heure un révolutionnaire zélé et un clubiste ardent. Et à ce sujet, Napoléon disait qu'on trouvait dans les nombreux libelles publiés contre lui quelques adresses ou lettres signées Brutus Bonaparte, ou autrement, qu'on lui attribuait ; il n'affirmerait pas, continuait-il, que ces adresses ne fussent de quelqu'un de la famille, tout ce qu'il pouvait assurer, c'est qu'elles n'étaient pas de lui, Napoléon.

1. Révolte des Corses pour réclamer l'indépendance de leur île, lorsque celle-ci fut cédée à la France par les Génois en 1768.

2. Pour tous ces prénoms, voir l'*Index* à Bonaparte.

3. Ile de la Méditerranée occidentale située entre la Corse et l'Italie. Napoléon, après sa première abdication, en fut le souverain du 4 mai 1814 au 26 février 1815.

J'ai vu le prince Lucien de fort près au retour de l'île d'Elbe ; il eût été difficile de montrer des idées politiques plus saines, mieux arrêtées, ainsi qu'un dévouement plus absolu et mieux intentionné.

MARDI 22 AU SAMEDI 26.

Madère, etc. Vent très fort. Jeu d'échecs.

Le 22 nous eûmes connaissance de Madère ; à la nuit nous arrivâmes devant le port ; deux bâtiments seuls furent envoyés au mouillage pour les besoins de l'escadre. Le vent était très fort, la mer très grosse ; l'Empereur s'en trouva gêné, et j'en fus fort malade. Il ventait coups de vent ; l'air était excessivement chaud et comme chargé de sable extrêmement fin : c'étaient ces vents terribles du désert d'Afrique qui en transportaient jusqu'à nous les émanations. Ce temps dura toute la journée du lendemain, la communication avec la terre devint très difficile ; cependant le consul anglais vint à bord : il nous dit que depuis nombre d'années l'on n'avait eu un temps pareil ; toutes les vitres de la ville étaient brisées, on respirait à peine dans les rues, et la récolte de vin était perdue. Durant ce temps nous courions des bordées devant la ville ; nous continuâmes ainsi toute la nuit suivante et la journée du 24, où nous embarquâmes quelques bœufs et d'autres provisions, des oranges non mûres, de mauvaises pêches, des poires sans goût, mais des figues et du raisin excellents. Le soir nous fîmes route avec une grande rapidité, le vent étant demeuré toujours très fort. Le 25 et le 26 on mit en panne une partie de la journée, pour distribuer les approvisionnements dans l'escadre ; le reste du temps on fit bonne et grande route.

Rien n'interrompait l'uniformité de nos moments ; chaque jour passait lentement en détail, et grossissait un passé qui, en masse, nous semblait court, parce qu'il était sans couleur, et que rien ne le caractérisait.

L'Empereur avait accru le cercle de ses diversions d'une partie de piquet, qu'il faisait assez régulièrement vers les trois heures. A ce piquet succédaient quelques parties d'échecs avec le grand-maréchal, M. de Montholon ou quelque autre, ce qui conduisait au dîner. Il n'y avait personne de très fort aux échecs sur le vaisseau ; l'Empereur l'était infiniment peu ; il gagnait avec les uns et perdait avec les autres, ce qui le conduisit un soir à dire : « Comment se fait-il que je perde très souvent avec ceux qui n'ont jamais gagné celui que je gagne presque toujours ? cela n'implique-t-il pas contradiction ? Comment résoudre ce problème ? » dit-il en clignant de l'œil, pour faire voir qu'il n'était pas la dupe de la galanterie habituelle de celui qui en effet était le plus fort.

Le soir nous ne jouions plus au *vingt et un* ; nous l'interrompîmes pour l'avoir porté trop haut, ce qui avait paru déplaire à l'Empereur, fort ennemi du jeu. Au retour de sa promenade sur le pont, après le dîner, Napoléon faisait encore deux ou trois parties d'échecs, et se retirait de très bonne heure.

DIMANCHE 27 AU LUNDI 31.

> *Canaries. Passage du Tropique. Un homme à la mer.*
> *Enfance de l'Empereur. Détails. Napoléon à Brienne.*
> *Pichegru. Napoléon à l'École militaire de Paris. Dans*
> *l'artillerie. Ses sociétés. Napoléon au commencement*
> *de la Révolution.*

Le dimanche 27, nous nous trouvâmes, au jour, au milieu des Canaries, que nous traversâmes dans la journée, faisant dix ou douze nœuds (trois ou quatre lieues), sans avoir aperçu le fameux pic de Ténériffe : circonstance d'autant plus rare, qu'on le voit, dans des temps plus favorables, à la distance de plus de soixante lieues.

Le 29 nous traversâmes le Tropique ; nous apercevions beaucoup de poissons volants autour du vaisseau. Le 31, à onze heures du soir, un homme tomba à la mer : c'était un nègre qui s'était enivré ; il redoutait les coups de fouet qui devaient être le châtiment de sa faute ; il avait essayé plusieurs fois, dans la soirée, de se jeter à la mer ; dans une dernière tentative il réussit à s'y précipiter ; mais il s'en repentit aussitôt, car il poussait de grands cris ; il nageait très bien ; cependant un canot le chercha vainement longtemps : il fut perdu.

Le cri d'un homme à la mer a toujours, à bord d'un vaisseau, quelque chose qui saisit ; tout l'équipage ému se transporte et s'agite en tout sens ; le bruit est grand, le mouvement universel. Comme dans cette circonstance, je me rendais de dessus le pont à la chambre commune, par la porte qui conduisait vers l'Empereur, un *midshipman* (aspirant) de dix ou douze ans, d'une figure tout à fait intéressante, qui croyait que j'allais trouver l'Empereur, m'arrêta par l'habit, et avec l'accent du plus tendre intérêt : « Ah ! monsieur, me dit-il, n'allez pas l'effrayer ! Dites-lui bien au moins que tout ce bruit n'est rien ; que ce n'est qu'un homme à la mer. » Bon et innocent enfant qui rendait bien plus ses sentiments que sa pensée.

En général tous ces jeunes gens, qui étaient en assez grand nombre à bord, portaient à l'Empereur un respect et une attention tout à fait marqués. Ils répétaient tous les soirs une scène qui imprimait chaque fois quelque chose de touchant : tous les matelots, de grand matin, portent leurs hamacs dans de grands filets sur les côtés du vaisseau ; le soir, vers les six heures, ils les enlèvent à un coup de sifflet ; les plus lents sont punis ; il y a donc une véritable précipitation : or, il y avait plaisir, en cet instant, à voir cinq ou six de ces enfants faire cercle autour de l'Empereur, soit qu'il fût au milieu du pont, ou sur son canon de prédilection ; d'un côté, ils suivaient d'un œil inquiet ses mouvements ; de l'autre, ils arrêtaient, dirigeaient ou repoussaient du geste et de la voix les matelots empressés. Toutes les fois que l'Empereur me voyait considérer ce mouvement, il observait avec complaisance que le cœur des enfants était toujours le plus disposé à l'enthousiasme.

Je vais continuer ce que divers moments m'ont fourni sur les premières années de l'Empereur.

Napoléon est né le 15 août 1769 [1], jour de l'Assomption, vers midi. Sa mère, femme forte au moral et au physique, qui avait fait la guerre grosse de lui, voulut aller à la messe à cause de la solennité du jour ; elle fut obligée de revenir en toute hâte, ne put atteindre sa chambre à coucher, et déposa son enfant sur un de ces vieux tapis antiques à grandes figu-

---

1. *Extrait du registre des baptêmes de la paroisse et cathédrale de Notre-Dame d'Ajaccio, coté et paraphé le 27 avril 1771 par M. François Cunéo, conseiller du roi, juge royal de la province d'Ajaccio (5ᵉ feuillet, verso).*

« L'anno mille settenento settant' uno a vent'uno juglio, si sono adoprata

res, de ces héros de la fable ou de *l'Iliade* [1] peut-être : c'était Napoléon.

Napoléon, dans sa toute petite enfance, était turbulent, adroit, vif, preste à l'extrême ; il avait, dit-il, sur Joseph, son aîné, un ascendant des plus complets. Celui-ci était battu, mordu ; des plaintes étaient déjà portées à la mère, la mère grondait, que le pauvre Joseph n'avait pas encore eu le temps d'ouvrir la bouche.

Napoléon arriva à l'école militaire de Brienne à l'âge d'environ dix ans. Son nom, que son accent corse lui faisait prononcer à peu près Napoilloné, lui valut des camarades le sobriquet de *la paille au nez*. Cette époque fut pour Napoléon celle d'un changement dans son caractère. Au rebours de toutes les histoires apocryphes, qui ont donné les anecdotes de sa vie, Napoléon fut, à Brienne, doux, tranquille, appliqué et d'une grande sensibilité. Un jour le maître de quartier,

---

le sacre ceremonie e preci sopra di Napoleone figlio nato di legitimo matrimonio dal signor Carlo del fu Giuseppe Bonaparte, e dalla signora Maria Letizia, sua moglie, al quale gli fu data l'acqua in casa con licenza, etc., dal maèstro reverentissimo Luciano Bonaparte, nato li quindici agosto del mille settecento sessanta nove, ed hanno assistito alle sacre ceremonie per perdrone, l'illustrissimo Lorenzo Giubica di Calvi, procuratore del Re, e per madrina la signora Gertruda, moglie del signor Nicolo Paravicini, presente il padre, quali unitamentè a me si sono sottoscritti.

« *Signés* : GIO BALTA DIAMANTE, economo ; LORENZO GIUBECA ; GERTRUDA PARAVICINI ; et CARLO BUONAPARTE. »

Traduction de l'acte.

« L'an mil sept cent soixante et onze, le vingt-un juillet, ont été faites les saintes cérémonies et les prières sur Napoléon, fils né du légitime mariage de M. Charles (fils de Joseph Bonaparte), et de la dame Marie Lætitia, son épouse, lequel avait été ondoyé à la maison, avec la permission du très révérend Lucien Bonaparte, étant né le 15 août mil sept cent soixante neuf. Ont assisté aux saintes cérémonies, pour parrain, l'illustrissime Laurent Giubeca de Calvi, procureur du roi, et pour marraine, la dame Gertrude, épouse du sieur Nicolas Paravicini ; présent le père ; lesquels ont signé avec moi.

« *Nota*. Baptisé le même jour que sa sœur Marie-Anne, née le 14 juillet 1771, laquelle est morte enfant, et dont l'acte de baptême est à la suite du sien. »

Cet extrait a été pris à Ajaccio, en 1822, par Édouard Favand d'Alais, et offert à M. le comte de Las Cases, le 6 septembre 1824, par son oncle, le colonel Boyer Peyreleau. *(Las Cases.)*

1. Poème épique d'Homère. Il retrace l'histoire légendaire de la guerre de Troie.

brutal de sa nature, sans consulter, disait Napoléon, les nuances physiques et morales de l'enfant, le condamna à porter l'habit de bure, et à dîner à genoux à la porte du réfectoire : c'était une espèce de déshonneur. Napoléon avait beaucoup d'amour-propre, une grande fierté intérieure ; le moment de l'exécution fut celui d'un vomissement subit et d'une violente attaque de nerfs. Le supérieur, qui passait par hasard, l'arracha au supplice, en grondant le maître de son peu de discernement, et le père Patrault, son professeur de mathématiques, accourut, se plaignant que, sans nul égard, on dégradât ainsi son premier mathématicien.

A l'âge de puberté [1], Napoléon devint morose, sombre ; la lecture fut pour lui une espèce de passion poussée jusqu'à la rage ; il dévorait tous les livres. Pichegru fut son maître de quartier et son répétiteur sur les quatre règles de l'arithmétique.

« Pichegru était de la Franche-Comté, et d'une famille de cultivateurs. Les minimes de Champagne avaient été chargés de l'école militaire de Brienne ; leur pauvreté et leur peu de ressources attirant peu de sujets parmi eux, faisaient qu'ils n'y pouvaient suffire ; ils eurent recours aux minimes de Franche-Comté ; le père Patrault fut un de ceux-ci. Une tante de Pichegru, sœur de la charité, le suivit pour avoir soin de l'infirmerie, amenant avec elle son neveu, jeune enfant auquel on donna gratuitement l'éducation des élèves. Pichegru, doué d'une grande intelligence, devint, aussitôt que son âge le permit, maître de quartier, et répétiteur du père Patrault, qui lui avait enseigné les mathématiques. Il songeait à se faire minime : c'était là toute son ambition et les idées de sa tante ; mais le père Patrault l'en dissuada, en lui disant que leur profession n'était plus du siècle, et que Pichegru devait songer à quelque chose de mieux ; il le porta à s'enrôler dans l'artillerie, où la Révolution le prit sous-officier. On connaît sa fortune militaire : c'est le conquérant de la Hollande. Ainsi le père Patrault a la gloire de compter parmi ses élèves les deux plus grands généraux de la France moderne.

« Plus tard, ce père Patrault fut sécularisé par M. de Brienne, archevêque de Sens et cardinal de Loménie, qui en

---

1. Propre dictée de l'Empereur : on verra plus tard quand et comment. (*Las Cases.*)

fit un de ses grands vicaires, et lui confia la gestion de ses nombreux bénéfices.

« Lors de la Révolution, le père Patrault, d'une opinion politique bien opposée à son archevêque, n'en fit pas moins les plus grands efforts pour le sauver, et s'entremit à ce sujet avec Danton, qui était du voisinage ; mais ce fut inutilement, et l'on croit qu'il rendit au cardinal le service, à la manière des Anciens, de lui procurer le poison dont il se donna la mort pour éviter l'échafaud.

« Napoléon ne conservait qu'une idée confuse de Pichegru ; il lui restait qu'il était grand, et avait quelque chose de rouge dans la figure. Il n'en était pas ainsi, à ce qu'il paraît, de Pichegru, qui semblait avoir conservé des souvenirs frappants du jeune Napoléon. Quand Pichegru se fut livré au parti royaliste, consulté si l'on ne pourrait pas aller jusqu'au général en chef de l'armée d'Italie : "N'y perdez pas votre temps, dit-il ; je l'ai connu dans son enfance ; ce doit être un caractère inflexible : il a pris un parti, il n'en changera pas." »

L'Empereur rit beaucoup de tous les contes et de toutes les anecdotes dont on charge sa jeunesse, dans la foule des petits ouvrages qu'il a fait éclore ; il n'en avoue presque aucune. En voici pourtant une qu'il reconnaît au sujet de sa confirmation, à l'École militaire de Paris. Au nom de *Napoléon*, l'archevêque qui le confirmait, ayant témoigné son étonnement, disait qu'il ne connaissait pas ce saint, qu'il n'était pas dans le calendrier ; l'enfant répondit, avec vivacité, que ce ne saurait être une raison, puisqu'il y avait une foule de saints et seulement trois cent soixante-cinq jours.

Napoléon n'avait jamais connu de jour de fête avant le Concordat : son patron était en effet étranger au calendrier français, sa date même partout incertaine ; ce fut la galanterie du pape qui la fixa au 15 d'août, tout à la fois jour de la naissance de l'Empereur et de la signature du Concordat.

« En 1784[1], Napoléon fut un de ceux que le concours d'usage désigna à Brienne pour aller achever son éducation à l'École militaire de Paris. Le choix était fait annuellement par un inspecteur, qui parcourait les douze écoles militaires ; cet emploi était rempli par le chevalier de Keralio, officier général, auteur d'une tactique, et qui avait été le précepteur

1. Dictée de Napoléon. *(Las Cases.)*

du présent roi de Bavière, dans son enfance duc des Deux-Ponts : c'était un vieillard aimable, des plus propres à cette fonction ; il aimait les enfants, jouait avec eux après les avoir examinés et retenait avec lui, à la table des minimes, ceux qui lui avaient plu davantage. Il avait pris une affection toute particulière pour le jeune Napoléon, qu'il se plaisait à exciter de toutes manières ; il le nomma pour se rendre à Paris, bien qu'il n'eût peut-être pas l'âge requis. L'enfant n'était fort que sur les mathématiques et les moines représentèrent qu'il serait mieux d'attendre à l'année suivante, qu'il aurait ainsi le temps de se fortifier sur tout le reste, ce que ne voulut pas écouter le chevalier de Keralio, disant : "Je sais ce que je fais ; si je passe par-dessus la règle, ce n'est point ici une faveur de famille, je ne connais pas celle de cet enfant ; c'est tout à cause de lui-même : j'aperçois ici une étincelle qu'on ne saurait trop cultiver." Le bon chevalier mourut presque aussitôt ; mais celui qui vint après, M. de Régnaud, qui n'aurait peut-être pas eu sa perspicacité, exécuta néanmoins les notes qu'il trouva, et le jeune Napoléon fut envoyé à Paris.

« Tout annonçait en lui, dès lors, des qualités supérieures, un caractère prononcé, des méditations profondes, des conceptions fortes. Il paraît que, dès sa plus tendre jeunesse, ses parents avaient fondé sur lui toutes leurs espérances : son père expirant à Montpellier, bien que Joseph fût auprès de lui, ne rêvait dans son délire qu'après Napoléon, qui était au loin à son école : il l'appelait sans cesse pour qu'il vînt à son secours avec *sa grande épée*. Plus tard le vieil oncle Lucien, au lit de mort, entouré d'eux tous, disait à Joseph :

« – Tu es l'aîné de la famille, mais en voilà le chef, montrant Napoléon, ne l'oublie jamais.

« C'était, disait gaiement l'Empereur, un vrai déshéritage ; la scène de Jacob et d'Ésaü. »

Élevé moi-même à l'École militaire de Paris, mais un an plus tôt que Napoléon, j'ai pu en causer dans la suite, à mon retour de l'émigration, avec les maîtres qui nous avaient été communs.

M. de l'Éguille, notre maître d'histoire, se vantait que si l'on voulait aller rechercher dans les archives de l'École militaire, on y trouverait qu'il avait prédit une grande carrière à son élève, en exaltant dans ses notes la profondeur de ses réflexions et la sagacité de son jugement. Il me disait que le

Premier consul le faisait venir souvent à la Malmaison et lui parlait toujours de ses anciennes leçons : « Celle qui m'a laissé le plus d'impressions, lui disait-il une fois, était la révolte du connétable de Bourbon, bien que vous ne la présentassiez pas avec toute la justesse possible : à vous entendre, son grand crime était d'avoir combattu son roi ; ce qui en était assurément un bien léger, dans ces temps de seigneuries et de souverainetés partagées, vu surtout la scandaleuse injustice dont il avait été victime. Son unique, son grand, son véritable crime, sur lequel vous n'insistiez pas assez, c'était d'être venu avec les étrangers attaquer son sol natal. »

M. Domairon, notre professeur de belles-lettres, me disait qu'il avait toujours été frappé de la bizarrerie des amplifications de Napoléon ; il les avait appelées dès lors du *granit chauffé au volcan.*

Un seul s'y trompa, ce fut M. Bauer, le gros et lourd maître d'allemand. Le jeune Napoléon ne faisait rien dans cette langue, ce qui avait inspiré à M. Bauer, qui ne supposait rien au-dessus, le plus profond mépris. Un jour que l'écolier ne se trouvait pas à sa place, M. Bauer s'informa où il pouvait être, on répondit qu'il subissait en ce moment son examen pour l'artillerie.

« – Mais est-ce qu'il sait quelque chose ? disait ironiquement l'épais M. Bauer.

« – Comment, monsieur, mais c'est le plus fort mathématicien de l'École, lui répondit-on.

« – Eh bien ! je l'ai toujours entendu dire et je l'avais toujours pensé, que les mathématiques n'allaient qu'aux bêtes.

« Il serait curieux, me disait l'Empereur, de savoir si M. Bauer a vécu assez longtemps pour jouir de son jugement. »

Il avait à peine dix-huit ans, que l'abbé Raynal, frappé de l'étendue de ses connaissances, l'appréciait assez pour en faire un des ornements de ses déjeuners scientifiques. Enfin, le célèbre Paoli, qui, après lui avoir inspiré longtemps une espèce de culte, le trouva tout à coup à la tête d'un parti contre lui, dès qu'il voulut favoriser les Anglais au détriment de la France, avait coutume de dire *que ce jeune homme était taillé à l'antique, que c'était un homme de Plutarque.*

En 1787, Napoléon, reçu à la fois élève et officier d'artillerie, sortit de l'École militaire pour entrer dans le régiment de La Fère, en qualité de lieutenant en second ; d'où il passa, dans la suite, lieutenant en premier dans le régiment de Grenoble.

Napoléon, en sortant de l'École militaire, alla rejoindre son régiment à Valence. Le premier hiver qu'il y passa, il avait pour compagnons de table Lariboisière, qu'il créa depuis, étant empereur, inspecteur général de l'artillerie ; Sorbier, qui a succédé dans ce titre à Lariboisière ; d'Hédouville cadet, ministre plénipotentiaire à Francfort ; Malet, le frère de celui qui conduisit l'échauffourée de Paris, en 1813 ; un nommé Mabille, qu'au retour de son émigration l'Empereur plaça, avec le temps, dans l'administration des postes ; Rolland de Villarceaux, depuis préfet de Nîmes ; Desmazis cadet, son camarade d'École militaire, et le compagnon de ses premières années, auquel il a confié, devenu empereur, le garde-meuble de la couronne.

Il y avait dans le corps des officiers plus ou moins aisés ; Napoléon était au nombre des premiers : il recevait douze cents francs de sa famille, c'était alors la grosse pension des officiers. Deux seulement, dans le régiment, avaient cabriolet ou voiture, et c'étaient de grands seigneurs. Sorbier était l'un de ces deux ; il était fils d'un médecin de Moulins [1].

Napoléon, à Valence, fut admis de bonne heure chez Mme du Colombier ; c'était une femme de cinquante ans, du plus rare mérite ; elle gouvernait la ville et s'engoua fort, dès l'instant, du jeune officier d'artillerie : elle le faisait inviter à toutes les parties de la ville et de la campagne, elle l'introduisit dans l'intimité d'un abbé de Saint-Rufe, riche et d'un certain âge, qui réunissait souvent ce qu'il y avait de plus distingué dans le pays. Napoléon devait sa faveur et la prédilection de Mme du Colombier à son extrême instruction, à la facilité, à la force, à la clarté avec laquelle il en faisait usage ; cette dame lui prédisait souvent un grand avenir. A sa mort, la Révolution était commencée ; elle y avait pris beaucoup d'intérêt ; et, dans un de ses derniers moments, on

---

1. Son père avait été médecin en chef de la gendarmerie : c'était un homme très distingué par sa conscience et les qualités aimables de son caractère, ce qui lui attira la bienveillance particulière de Louis XV, dont il reçut le cordon de Saint-Michel et des lettres de noblesse. (*Las Cases.*)

lui a entendu dire que, s'il n'arrivait pas malheur au jeune Napoléon, il y jouerait infailliblement un grand rôle. L'Empereur n'en parle qu'avec une tendre reconnaissance, n'hésitant pas à croire que les relations distinguées, la situation supérieure dans laquelle cette dame le plaça si jeune dans la société, peuvent avoir grandement influé sur les destinées de sa vie.

L'existence privilégiée de Napoléon lui attira une extrême jalousie de la part de ses camarades : ils le voyaient avec peine s'absenter si souvent d'au milieu d'eux, bien que ce ne fût nullement à leur détriment sous aucun rapport. Heureusement, le commandant, M. d'Urtubie, vieillard respectable, l'avait parfaitement jugé ; il ne cessa de lui être favorable et de lui faciliter tous les moyens d'allier les biens du service avec les agréments de la société.

Napoléon prit du goût pour Mlle du Colombier, qui n'y fut pas insensible : c'était leur première inclination à tous deux, et telle qu'elle pouvait être à leur âge, avec leur éducation. « On n'eût pas pu être plus innocent que nous, disait l'Empereur ; nous nous ménagions de petits rendez-vous ; je me souviens encore d'un, au milieu de l'été, au point du jour ; on le croira avec peine, tout notre bonheur se réduisit à manger des cerises ensemble. »

Il est faux, du reste, ainsi que je l'avais entendu dire dans le monde, que la mère ait voulu ce mariage, et que le père s'y soit opposé, alléguant qu'ils nuiraient l'un à l'autre en s'unissant, tandis qu'ils étaient faits pour faire fortune chacun de leur côté. L'anecdote qu'on raconte au sujet d'un pareil mariage avec Mlle Clary, depuis Mme Bernadotte, aujourd'hui reine de Suède, n'est pas plus exacte.

L'Empereur, en 1805, allant se faire couronner roi d'Italie, retrouva à Lyon Mlle du Colombier devenue Mme de Bressieux. Elle pénétra à lui avec cette difficulté qui entoure les souverains. Il la revit avec grand plaisir ; mais il la trouva furieusement changée. Il fit pour son mari ce qu'elle désirait, et la plaça, elle-même, dame chez une de ses sœurs.

Mlles de Laurencin et Saint-Germain faisaient dans ce temps-là les beaux jours de Valence, et s'y partageaient tous les cœurs ; la dernière est devenue Mme de Montalivet, dont le mari fut alors aussi fort connu de l'Empereur, qui l'a fait depuis son ministre de l'Intérieur. « Honnête homme, qui m'est demeuré, je crois, disait Napoléon, toujours tendrement attaché. »

L'Empereur, à dix-huit et vingt ans, était des plus instruits, pensant fortement, et de la logique la plus serrée. Il avait immensément lu, profondément médité, et a peut-être perdu depuis, dit-il. Son esprit était vif, prompt ; sa parole énergique ; partout il était aussitôt remarqué, et obtenait beaucoup de succès auprès des deux sexes, surtout auprès de celui qu'on préfère à cet âge ; et il devait lui plaire par des idées neuves et fines, par des raisonnements audacieux. Les hommes devaient redouter sa logique et sa discussion, auxquelles la connaissance de sa propre force l'entraînait naturellement.

Beaucoup de ceux qui l'ont connu dans ses premières années lui ont prédit une carrière extraordinaire ; aucun d'eux n'a été surpris de celle qu'il a remplie. Vers ce temps, il remporta, sous l'anonyme, un prix à l'Académie de Lyon, sur la question posée par Raynal : *« Quels sont les principes et les institutions à inculquer aux hommes, pour les rendre les plus heureux possible ? »* Le mémoire anonyme fut fort remarqué ; il était, du reste, tout à fait dans les idées du temps ; il commençait par demander ce qu'était le bonheur, et répondait de jouir complètement de la vie, de la manière la plus conforme à notre organisation morale et physique. Devenu empereur, il causait un jour de cette circonstance avec M. de Talleyrand ; celui-ci, en courtisan délicat, lui rapporta, au bout de huit jours, ce fameux mémoire, qu'il avait fait déterrer des archives de l'Académie de Lyon. C'était en hiver, l'Empereur le prit, en lut quelques pages, et jeta au feu cette première production de sa jeunesse. « Comme on ne s'avise jamais de tout, disait Napoléon, M. de Talleyrand ne s'était pas donné la peine d'en faire prendre copie. »

Le prince de Condé s'annonça un jour à l'école d'artillerie d'Auxonne : c'était un grand honneur et une grande affaire que de se trouver inspecté par ce prince militaire. Le commandant, en dépit de la hiérarchie, mit le jeune Napoléon à la tête du polygone, de préférence à d'autres d'un rang supérieur. Or il arriva que la veille de l'inspection tous les canons du polygone furent encloués ; mais Napoléon était trop alerte, avait l'œil trop vif, pour se laisser prendre à ce mauvais tour de ses camarades ou peut-être même au piège de l'illustre voyageur.

On croit généralement, dans le monde, que les premières années de l'Empereur ont été taciturnes, sombres, moroses ; mais au contraire, en débutant au service, il était fort gai. Il n'a pas de plus grand plaisir ici que de nous raconter les espiègleries de son école d'artillerie ; il semble oublier alors momentanément les malheurs qui nous enchaînent, quand il s'abandonne aux détails de ces temps heureux de sa première jeunesse.

C'était un vieux commandant de plus de quatre-vingts ans, qu'ils vénéraient fort du reste, lequel venant un jour leur faire faire l'exercice du canon, suivait chaque coup avec sa lorgnette, assurait qu'on devait avoir été bien loin du but ; s'inquiétait, s'informait à ses voisins si quelqu'un avait vu porter le coup ; personne n'avait garde, les jeunes gens escamotant le boulet toutes les fois qu'ils chargeaient. Le vieux général avait de l'esprit ; au bout de cinq à six coups il lui prit fantaisie de faire compter les boulets, il n'y eut pas moyen de s'en dédire ; il trouva le tour fort gai, et n'en ordonna pas moins les arrêts à tous.

Une autre fois, c'étaient quelques-uns de leurs capitaines qu'ils prenaient en grippe, ou bien desquels ils avaient quelque vengeance à tirer ; ils arrêtaient alors de les bannir de la société, de les réduire à s'imposer eux-mêmes des espèces d'arrêts. Quatre à cinq jeunes gens se partageaient les rôles, et s'attachaient aux pas du malheureux proscrit ; ils se trouvaient partout où celui-ci paraissait en société, et il n'ouvrait pas la bouche qu'il ne fût aussitôt méthodiquement contredit dans les formes les plus polies, avec esprit et logique ; le malheureux n'avait plus qu'à déguerpir.

« Une autre fois encore, c'était un camarade, disait Napoléon, logeant au-dessus de moi, qui avait pris le goût funeste de sonner du cor ; il assourdissait de manière à distraire de toute espèce de travail. On se rencontre dans l'escalier.

« – Mon cher, vous devez bien vous fatiguer avec votre cor ?

« – Mais non, pas du tout.

« – Eh bien, vous fatiguez beaucoup les autres !

« – J'en suis fâché.

« – Mais vous feriez mieux d'aller sonner de votre cor plus loin.

« – Je suis maître dans ma chambre.

« – On pourrait vous donner quelque doute là-dessus ?

« – Je ne pense pas que personne fût assez osé. »

Duel arrêté ; le conseil des camarades examine, avant de le permettre, et il prononce qu'à l'avenir l'un ira donner du cor plus loin, et que l'autre sera plus endurant.

L'Empereur, dans la campagne de 1814, retrouva son donneur de cor dans le voisinage de Soissons ou de Laon : il vivait sur sa terre, et venait donner des renseignements importants sur la position de l'ennemi. L'Empereur le retint et le fit aide de camp, c'était le colonel Bussy.

Napoléon, dans son régiment d'artillerie, suivait beaucoup la société partout où il se trouvait, et toujours avec beaucoup de succès. Les femmes, dans ce temps, accordaient beaucoup à l'esprit : c'était alors auprès d'elles le grand moyen de séduction. Il fit, à cette époque, ce qu'il appelle son *Voyage sentimental* de Valence au Mont-Cenis, en Bourgogne, et fut au moment de l'écrire à la façon de Sterne. Le fidèle Desmazis était de la partie, il ne le quittait jamais ; et ses récits, sur la vie privée de Napoléon, venant à se rattacher à sa vie publique, pourraient donner la vie entière de l'Empereur. On verrait que, bien qu'elle soit extraordinaire dans les événements, il n'en est pas de plus simple ni de plus naturelle dans sa course.

Les circonstances et la réflexion ont beaucoup modifié son caractère. Il n'est pas jusqu'à son style, aujourd'hui si serré, si laconique, qui ne fût alors emphatique et abondant. Dès l'Assemblée législative, Napoléon devint grave, sévère dans sa tenue et peu communicatif. L'armée d'Italie fut encore une époque pour son caractère. Son extrême jeunesse, quand il vint en prendre le commandement, demandait une grande réserve et la dernière sévérité de mœurs : « C'était nécessaire, indispensable, disait-il, pour pouvoir commander à des hommes tellement au-dessus de moi par leur âge. Aussi ma conduite y fut-elle irréprochable, exemplaire ; je me montrais une espèce de Caton, je le dus paraître à tous les yeux, et j'étais en effet un philosophe, un sage. » C'est avec ce caractère qu'il s'est présenté sur la scène du monde.

Napoléon se trouvait en garnison à Valence au moment où commença la Révolution ; et bientôt on attacha une importance spéciale à faire émigrer les officiers d'artillerie ; ceux-ci, de leur côté, étaient fort divisés d'opinions. Napoléon, tout aux idées du jour, avec l'instinct des grandes choses et la passion de la gloire nationale, prit le parti de la Révolution, et son exemple influa sur la grande majorité du régiment. Il fut très chaud patriote sous l'Assemblée constituante ; mais la Législative devint une époque nouvelle pour ses idées et ses opinions.

Il se trouvait à Paris le 21 juin 1792, et fut témoin, sur la terrasse de l'eau, des rassemblements tumultueux des faubourgs qui, traversant le jardin des Tuileries, forcèrent le palais. Il n'y avait que six mille hommes ; c'était une foule sans ordre, dénotant, par les propos et les vêtements, tout ce que la populace a de plus commun et de plus abject. Il fut aussi témoin du 10 août, où les assaillants n'étaient ni plus relevés ni plus redoutables.

En 1793, Napoléon était en Corse, et y avait un commandement de gardes nationales. Il combattit Paoli dès qu'il put soupçonner que ce vieillard, qui lui avait été jusque-là si cher, avait le projet de livrer l'île aux Anglais. Aussi, rien de plus faux que Napoléon, ou aucun des siens, ait jamais été en Angleterre, ainsi que cela y a été généralement répandu, offrir de lever un régiment corse à son service.

Les Anglais et Paoli l'emportèrent sur les patriotes corses ; ils brûlèrent Ajaccio. La maison des Bonaparte fut incendiée, et toute la famille se trouva dans l'obligation de gagner le continent. Elle se fixa à Marseille, d'où Napoléon se rendit à Paris : il y arriva au moment où les fédéralistes de Marseille venaient de livrer Toulon aux Anglais.

VENDREDI 1ᵉʳ SEPTEMBRE AU MERCREDI 6.

> *Iles du Cap-Vert. Navigation. Détails, etc. Napoléon au siège de Toulon. Commencements de Duroc, de Junot. Querelles avec des représentants du peuple. Querelles avec Aubry. Anecdotes sur vendémiaire. Napoléon général de l'armée d'Italie. Pureté d'administration. Désintéressement. Pourquoi* Petit Caporal *? Différence du système du Directoire d'avec celui du général de l'armée d'Italie.*

Le 1ᵉʳ septembre, notre latitude nous annonçait que nous verrions les îles du Cap-Vert dans la journée. L'horizon était couvert ; à la nuit nous n'apercevions encore rien. L'amiral, convaincu que nous avions de l'erreur en longitude, allait prendre sur la droite à l'ouest, pour rencontrer ces îles, lorsqu'un brick, qui était de l'avant, fit signal qu'il les découvrait à gauche. Il s'éleva dans la nuit une espèce de tempête du sud-est ; et, si l'erreur eût été en sens opposé, et que l'amiral eût pris en effet sur la droite, nous aurions pu nous trouver en perdition. Ce qui prouve que, malgré les grands progrès de l'art, les chances demeurent encore fort dangereuses. Le vent, toujours très fort, et la mer très grosse, l'amiral préféra continuer sa route plutôt que de s'obstiner à faire de l'eau : il espérait, d'ailleurs, en avoir assez. Tout nous annonçait un passage prospère ; nous étions déjà fort avancés ; les circonstances continuaient d'être favorables, la température était douce, notre navigation était heureuse : elle eût pu même nous paraître agréable, si elle s'était faite dans nos projets et d'après notre volonté ; mais comment oublier nos maux, et se distraire de notre avenir !

Le travail seul pouvait nous faire supporter la longueur et l'ennui de nos journées. J'avais imaginé d'apprendre l'anglais à mon fils ; l'Empereur, à qui je parlais de ses progrès, voulut l'apprendre aussi. Je m'étudiai à lui composer une méthode et un tableau très simples qui devaient lui en éviter tout l'ennui. Cela fut très bien deux ou trois jours ; mais l'ennui de cette étude était au moins égal à celui qu'il s'agissait de combattre ; l'anglais fut laissé de côté. L'Empereur me reprocha bien quelquefois de ne plus continuer mes leçons ; je répondais que j'avais la médecine toute prête, s'il avait le courage de l'avaler. Du reste, vis-à-vis des Anglais surtout, sa manière d'être et de vivre, toutes ses habitudes, continuaient à être les mêmes : jamais une plainte, un désir, toujours impassible, toujours égal, toujours sans humeur.

L'amiral, qui, je crois, sur notre réputation, s'était fort cuirassé au départ, se désarmait insensiblement, et prenait chaque jour plus d'intérêt à son captif. Il venait, au sortir du dîner, représenter que le serein et l'humidité pouvaient être dangereux ; alors l'Empereur prenait quelquefois son bras, et prolongeait avec lui la conversation, ce qui semblait remplir sir George Cockburn de satisfaction ; il s'en montrait heureux. On m'a assuré qu'il écrivait avec soin tout ce qu'il pouvait recueillir. S'il en est ainsi, ce que l'Empereur a dit un de ces jours, à dîner, sur la marine, nos ressources navales dans le Midi, celles qu'il avait déjà créées, celles qu'il projetait encore sur les ports, les mouillages de la Méditerranée, ce que l'amiral écoutait avec cette anxiété qui redoute l'interruption, tout cela composera pour un marin un chapitre vraiment précieux.

Je reviens aux détails recueillis des conversations habituelles ; en voici sur le siège de Toulon.

En septembre 1793, Napoléon Bonaparte, âgé de vingt-quatre ans, était encore inconnu du monde qu'il devait remplir de son nom ; il était lieutenant-colonel d'artillerie, et se trouvait depuis peu de semaines à Paris, venant de Corse, où les circonstances politiques l'avaient fait succomber sous la faction de Paoli. Les Anglais venaient de se saisir de Toulon, on avait besoin d'un officier d'artillerie distingué pour diriger les opérations du siège, Napoléon y fut envoyé. Là, le prendra l'histoire, pour ne plus le quitter ; là, commence son immortalité.

Je renvoie aux mémoires de la campagne d'Italie ; on y lira le plan d'attaque qu'il fit adopter, la manière dont il l'exécuta ; on y verra que c'est lui précisément, et lui seul, qui prit la place. Ce dut être un bien grand triomphe sans doute ; mais, pour l'apprécier plus dignement encore, il faudrait surtout comparer le procès-verbal du plan d'attaque avec le procès-verbal de l'évacuation : l'un est la prédiction littérale, l'autre est l'accomplissement mot à mot. Dès cet instant, la réputation du jeune commandant d'artillerie fut extrême ; l'Empereur n'en parle pas sans complaisance ; c'est une des époques de sa vie où il a éprouvé, dit-il, le plus de satisfaction, c'était son premier succès : on sait que c'est celui qui imprime les plus doux souvenirs. La relation de la campagne d'Italie peindra suffisamment les trois généraux en chef qui se sont succédé durant le siège : l'inconcevable ignorance de Carteaux, la sombre brutalité de Doppet, et la bravoure bonhommière de Dugommier ; je n'en dirai rien ici.

Dans ces premiers moments de la Révolution, ce n'était que désordre dans le matériel, ignorance dans le personnel, tant à cause de l'irrégularité des temps, que de la rapidité et de la confusion qui avaient présidé aux avancements. Voici qui peut donner une idée des choses et des mœurs de cette époque.

Napoléon arrive au quartier général. Il aborde le général Carteaux, homme superbe, doré, dit-il, depuis les pieds jusqu'à la tête, qui lui demande ce qu'il y a pour son service. Le jeune officier présente modestement sa lettre qui le chargeait de venir, sous ses ordres, diriger les opérations de l'artillerie. « C'était bien inutile, dit le bel homme, en caressant sa moustache ; nous n'avons plus besoin de rien pour reprendre Toulon. Cependant, soyez le bienvenu, vous partagerez la gloire de le brûler demain, sans en avoir pris la fatigue. » Et il le fit rester à souper.

On s'assied trente à table, le général seul est servi en prince, tout le reste meurt de faim ; ce qui, dans ces temps d'égalité, choqua étrangement le nouveau venu. Au point du jour, le général le prend dans son cabriolet, pour aller admirer, disait-il, les dispositions offensives. A peine a-t-on dépassé la hauteur et découvert la rade, qu'on descend de voiture, et qu'on se jette sur les côtés, dans des vignes. Le commandant d'artillerie aperçoit alors quelques pièces de canon, quelque remuement de terre, auxquels, à la lettre, il lui est impossible de rien conjecturer.

– D... [1], dit fièrement le général, qui parlait à son aide de camp, à son homme de confiance, sont-ce là nos batteries ?

– Oui, général.

– Et notre parc ?

– Là, à quatre pas.

– Et nos boulets rouges ?

– Dans les bastides voisines, où deux compagnies les chauffent depuis ce matin.

– Mais comment porterons-nous ces boulets tout rouges ?

Et ici les deux hommes de s'embarrasser, et de demander à l'officier d'artillerie si, par ses principes, il ne saurait pas quelque remède à cela. Celui-ci, qui eût été tenté de prendre le tout pour une mystification, si les deux interlocuteurs y eussent mis moins de naturel (car on était au moins à une lieue et demie de l'objet à attaquer), employa toute la réserve, le ménagement, la gravité possibles, pour leur persuader, avant de s'embarrasser de boulets rouges, d'essayer à froid, pour bien s'assurer de la portée. Il eut bien de la peine à y réussir, et encore ne fut-ce que pour avoir très heureusement

1. Dupas.

employé l'expression technique de *coup d'épreuve*, qui
frappa beaucoup, et les ramena à son avis. On tira donc ce
coup d'épreuve ; mais il n'atteignit pas au tiers de la distance,
et le général et son aide de camp de vociférer contre les
Marseillais et les aristocrates, qui auront malicieusement,
sans doute, gâté les poudres. Cependant arrive à cheval le
représentant du peuple : c'était Gasparin, homme de sens,
qui avait servi. Napoléon, jugeant dès cet instant toutes les
circonstances environnantes, et prenant audacieusement son
parti, se rehausse tout à coup de six pieds, interpelle le représentant, le somme de lui faire donner la direction absolue de
sa besogne ; démontre, sans ménagement, l'ignorance inouïe
de tout ce qui l'entoure, et saisit, dès cet instant, la direction
du siège, où dès lors il commanda en maître.

Carteaux était si borné, qu'il était impossible de lui faire
comprendre que, pour avoir Toulon plus facilement, il fallait
aller l'attaquer à l'issue de la rade ; et comme il était arrivé
au commandant d'artillerie de dire parfois, en montrant cette
issue sur sa carte, que c'était là qu'était Toulon, Carteaux le
soupçonnait de n'être pas fort en géographie ; et quand enfin,
malgré sa résistance, l'autorité des représentants eut décidé
cette attaque éloignée, ce général n'était pas sans défiance
sur quelque trahison ; il observait souvent avec inquiétude
que Toulon n'était pourtant pas de ce côté.

Carteaux voulut un jour forcer le commandant de placer
une batterie adossée le long d'une maison qui n'admettait
aucun recul ; une autre fois, revenant de la promenade du
matin, il mande le même commandant pour lui dire qu'il vient
de découvrir une position d'où une batterie de six ou douze
pièces doit infailliblement procurer Toulon sous peu de jours :
c'était un petit tertre d'où l'on pouvait battre à la fois, prou-
vait-il, trois ou quatre forts et plusieurs points de la ville. Il
s'emporte sur le refus du commandant de l'artillerie, qui fait
observer que si la batterie battait tous les points, elle en était
battue ; que les douze pièces auraient affaire à cent cinquante ;
qu'une simple soustraction devait lui suffire pour lui faire
connaître son désavantage. Le commandant du génie fut
appelé en conciliation, et comme il fut tout d'abord de l'avis
du commandant de l'artillerie, Carteaux disait qu'il n'y avait
pas moyen de rien tirer de ces corps savants, parce qu'ils se
tenaient tous par la main. Pour prévenir des difficultés tou-

jours renaissantes, le représentant décida que Carteaux ferait connaître en grand son plan d'attaque au commandant d'artillerie, qui en exécuterait les détails d'après les règles de son arme. Voici quel fut le plan mémorable de Carteaux :

« Le général d'artillerie foudroiera Toulon pendant trois jours, au bout desquels je l'attaquerai sur trois colonnes, et l'enlèverai. »

Mais, à Paris, le comité du génie trouva cette mesure expéditive beaucoup plus gaie que savante, et c'est ce qui contribua à faire rappeler Carteaux. Les projets, du reste, ne manquaient pas ; comme la reprise de Toulon avait été donnée au concours des sociétés populaires, ils abondaient de toutes parts ; Napoléon dit qu'il en a bien reçu six cents durant le siège. Quoi qu'il en soit, c'est au représentant Gasparin que Napoléon dut de voir son plan, celui qui donna Toulon, triompher des objections des comités de la Convention ; il en conservait un souvenir reconnaissant : « *C'était Gasparin*, disait-il, *qui avait ouvert sa carrière* [1]. »

Dans tous les différends que Carteaux avait avec le commandant d'artillerie, lesquels se passaient la plupart du temps devant sa femme, celle-ci prenait toujours le parti de l'officier d'artillerie, disant naïvement à son mari : « Mais laisse donc faire ce jeune homme ; il en sait plus que toi ; il ne te demande rien ; ne rends-tu pas compte ? la gloire te reste. »

Cette femme n'était pas sans beaucoup de bon sens. Retournant à Paris, après le rappel de son mari, les Jacobins de Marseille donnèrent au ménage disgracié une fête superbe ; pendant le repas, comme il y était question du commandant d'artillerie qu'on élevait aux nues : « Ne vous y fiez pas, dit-elle, ce jeune homme a trop d'esprit pour être longtemps un *sans-culotte*. » Sur quoi le général de s'écrier gravement, et d'une voix de stentor : « Femme Carteaux, nous sommes donc des bêtes, nous ! – Non, je ne dis pas cela, mon ami ; mais... tiens, il n'est pas de ton espèce, il faut que je te le dise. »

---

1. Aussi l'Empereur, dans son testament, a-t-il consacré un souvenir au représentant Gasparin, pour la protection spéciale, dit-il, qu'il en avait reçue.

Il a honoré d'un pareil souvenir le chef de son école d'artillerie, le général Duteil, ainsi que son général en chef à Toulon, Dugommier, pour l'intérêt et la bienveillance qu'il avait éprouvés d'eux. *(Las Cases.)*

Un jour, au quartier général, on vit déboucher, par le chemin de Paris, une superbe voiture ; elle était suivie d'une deuxième, troisième, d'une dixième, d'une quinzième, etc. Qu'on juge, dans ces temps de simplicité républicaine, de l'étonnement et de la curiosité de chacun ; le Grand Roi n'eût pas voyagé avec plus de pompe. Tout cela avait été requis dans la capitale ; plusieurs étaient des voitures de la cour ; il en sort une soixantaine de militaires, d'une belle tenue, qui demandent le général en chef ; ils marchent à lui avec l'importance d'ambassadeurs : « Citoyen général, dit l'orateur de la bande, nous arrivons de Paris, les patriotes sont indignés de ton inaction et de ta lenteur. Depuis longtemps le sol de la République est violé ; elle frémit de n'être pas encore vengée ; elle se demande pourquoi Toulon n'est pas encore repris ; pourquoi la flotte anglaise n'est pas encore brûlée. Dans son indignation, elle a fait un appel aux braves ; nous nous sommes présentés, et nous voilà brûlant d'impatience de remplir son attente. Nous sommes canonniers volontaires de Paris ; fais-nous donner des canons, demain nous marchons à l'ennemi. » Le général, déconcerté de cette incartade, se retourne vers le commandant d'artillerie, qui lui promet tout bas de le délivrer le lendemain de ces fiers-à-bras. On les comble d'éloges, et, au point du jour, le commandant d'artillerie les conduit sur la place, et met quelques pièces à leur disposition. Étonnés de se trouver à découvert, depuis les pieds jusqu'à la tête, ils demandent s'il n'y aura pas quelque abri, quelque bout d'épaulement. On leur répond que c'était bon autrefois, que ce n'est plus la mode, que le patriotisme a rayé tout cela. Mais, pendant le colloque, une frégate anglaise vient à lâcher une bordée, et tous les bravaches de s'enfuir. Alors ce ne fut plus qu'un cri dans le camp ; les uns disparurent, le reste se fondit modestement dans les derniers rangs.

Tout alors n'était que désordre, anarchie. « Le faiseur du général en chef, qui avait trouvé le secret de nous déplaire extrêmement, disait Napoléon, faisait fort l'entendu, et tracassait sans cesse les artilleurs dans leurs parcs et leurs batteries. On imagine gaiement de s'en délivrer ; on le tourne en ridicule, on s'excite, on se monte la tête ; tout à coup il paraît avec sa confiance ordinaire, tranchant, ordonnant, furetant ; on lui répond mal, on lui tend quelque piège, on se prend de bec ; l'orage se grossit, la tempête éclate ; de toutes parts on crie à l'aristocrate, on le menace de la lanterne, et mon homme de piquer des deux ; il ne reparut oncques depuis. »

Le commandant d'artillerie était à tout et partout. Son activité, son caractère, lui avaient créé une influence positive sur le reste de l'armée. Toutes les fois que l'ennemi tentait quelques sorties, ou forçait les assiégeants à quelques mouvements rapides et inopinés, les chefs des colonnes et des détachements n'avaient tous qu'une même parole : « Courez au commandant de l'artillerie, disait-on, demandez-lui ce qu'il faut faire ; il connaît mieux les localités que personne. » Et cela s'exécutait sans qu'aucun s'en plaignît. Du reste, il ne s'épargnait point ; il eut plusieurs chevaux tués sous lui, et reçut d'un Anglais un coup de baïonnette à la cuisse gauche ; blessure grave qui le menaça quelques instants de l'amputation.

Étant un jour dans une batterie, où un des chargeurs est tué, il prend le refouloir, et charge lui-même dix à douze coups. A quelques jours de là, il se trouve couvert d'une gale très maligne ; on cherche où elle peut avoir été attrapée ; Muiron, son adjudant, découvre que le canonnier mort en était infecté. L'ardeur de la jeunesse, l'activité du service, font que le commandant d'artillerie se contente d'un léger traitement, et le mal disparut ; mais le poison n'était que rentré, il affecta longtemps sa santé et faillit lui coûter la vie. De là, la maigreur, l'état chétif et débile, le teint maladif du général en chef de l'armée d'Italie et de l'armée d'Égypte.

Ce ne fut que beaucoup plus tard, aux Tuileries, après de nombreux vésicatoires sur la poitrine, que Corvisart le rendit tout à fait à la santé ; alors aussi commença cet embonpoint qu'on lui a connu depuis.

Napoléon, de simple commandant de l'artillerie de Toulon, eût pu en devenir le général en chef avant la fin du siège. Le jour même de l'attaque du Petit-Gibraltar, le général Dugommier, qui la retardait depuis quelques jours, voulait la retarder encore ; sur les trois ou quatre heures après midi, les représentants envoyèrent chercher Napoléon ; ils étaient mécontents de Dugommier, surtout à cause de son nouveau délai, et, voulant le destituer, ils offrirent le commandement au chef de l'artillerie, qui s'y refusa, et alla trouver son général, qu'il estimait, et aimait, lui fit connaître ce dont il s'agissait, et le décida à l'attaque. Sur les huit ou neuf heures du soir, quand tout était en marche, au moment de l'exécution, les choses changèrent, les représentants interdisaient alors l'attaque ; mais Dugommier, toujours poussé par le commandant d'artillerie, y persista : s'il n'eût pas réussi, il était perdu, sa tête tombait ; tel était le train des affaires et la justice du temps.

Ce furent les notes que les comités de Paris trouvèrent au bureau de l'artillerie sur le compte de Napoléon qui firent jeter les yeux sur lui pour le siège de Toulon. On vient de voir que dès qu'il y parut, malgré son âge et l'infériorité de son grade, il y gouverna : ce fut le résultat naturel de l'ascendant, du savoir, de l'activité, de l'énergie sur l'ignorance et la confusion du moment. Ce fut réellement lui qui prit Toulon et pourtant il est à peine nommé dans les relations. Il tenait déjà cette ville, que dans l'armée on ne s'en doutait point encore : après avoir enlevé le Petit-Gibraltar qui, pour lui, avait toujours été la clé et le terme de toute l'entreprise, il dit au vieux Dugommier, qui était accablé de fatigue : « Allez vous reposer, nous venons de prendre Toulon, vous pourrez y coucher après-demain. » Quand Dugommier vit la chose en effet accomplie, quand il récapitula que le jeune commandant d'artillerie lui avait toujours dit d'avance, à point nommé, ce qui arriverait, ce fut alors tout à fait de sa part de l'admiration et de l'enthousiasme ; il ne pouvait tarir sur son compte. Il est vrai, ainsi qu'on le trouve dans quelques pièces du temps, qu'il instruisit les comités de Paris qu'il avait avec lui un jeune homme auquel on devait une véritable attention, parce que, quelque côté qu'il adoptât, il était sûrement destiné à mettre un grand poids dans la balance. Dugommier, envoyé à l'armée des Pyrénées orientales, voulut avoir avec lui le jeune commandant d'artillerie ; mais il ne put l'obtenir ; toutefois, il en parlait sans cesse, et depuis, quand cette même armée, après la paix avec l'Espagne, fut envoyée pour renfort à celle d'Italie, qui reçut bientôt après Napoléon pour général en chef, celui-ci se trouva arriver au milieu d'officiers qui, d'après tout ce qu'ils avaient entendu dire par Dugommier, n'avaient plus assez d'yeux pour le considérer.

Quant à Napoléon, son succès de Toulon ne l'étonna pas trop ; il en jouit, disait-il, avec une vive satisfaction, mais sans s'en émerveiller. Il en fut de même l'année suivante à Saorgio, où ses opérations furent admirables : il y accomplit en peu de jours ce qu'on tentait vainement depuis deux ans. « Vendémiaire et même Montenotte, disait l'Empereur, ne me portèrent pas encore à me croire un homme supérieur ; ce n'est qu'après Lodi qu'il me vint dans l'idée que je pourrais bien devenir, après tout, un acteur décisif sur notre scène politique. Alors naquit, continuait-il, la première étincelle de la haute ambition. » Toutefois il se rappelait qu'après vendémiaire, commandant l'armée de l'intérieur, il donna, dès ce temps-là, un plan de campagne qui se terminait par la pacification sur la côte du Simmering, ce qu'il exécuta peu de temps après lui-même, à Léoben. Cette pièce pourrait se trouver peut-être encore dans les archives des bureaux.

On sait quelle était la férocité du temps ; elle s'était encore accrue sous les murs de Toulon, par l'agglomération de plus de deux cents députés des associations populaires voisines, qui y étaient accourus, et poussaient aux mesures les plus atroces ; ce sont eux qu'il faut accuser des excès sanguinaires dont tous les militaires gémirent alors. Quand Napoléon fut devenu un grand personnage, la calomnie essaya d'en diriger l'odieux sur sa personne : « Ce serait se dégrader que de chercher à y répondre », disait l'Empereur. Et bien au contraire, l'ascendant que ses services lui avaient acquis dans l'armée, ainsi que dans le port et dans l'arsenal de Toulon, lui servirent, à quelque temps de là, à sauver des infortunés émigrés du nombre desquels était la famille Chabrillant, émigrés que la tempête ou les chances de la guerre avaient jetés sur la plage française ; on voulait les mettre à mort sur ce que la loi était positive contre tout émigré qui reparaissait en France. Vainement disaient-ils, pour leur défense, qu'ils y étaient venus par accident, contre leur gré, qu'ils demandaient, pour toute grâce, qu'on les laissât s'en retourner ; ils eussent péri, si, à ses risques et périls, le général de l'artillerie n'eût osé les sauver, en leur procurant des caissons ou un bateau couvert qu'il expédia au-dehors, sous prétexte d'objets relatifs à son département. Plus tard, sous son règne, ces personnes ont eu la douceur de lui parler de leur reconnaissance, et de lui dire qu'elles conservaient précieusement l'ordre qui leur avait sauvé la vie [1].

Dès que Napoléon se trouva à la tête de l'artillerie, à Toulon, il profita de la nécessité des circonstances pour faire rentrer au service un grand nombre de ses camarades, que leur naissance ou leurs opinions politiques avaient d'abord éloignés. Il fit placer le colonel Gassendi à la tête de l'arsenal de Marseille ; on connaît l'entêtement et la sévérité de celui-ci ; ils le mirent souvent en péril, et il fallut plus d'une fois toute la célérité et les soins de Napoléon pour l'arracher à la rage des séditieux.

Napoléon, plus d'une fois, courut aussi lui-même des dangers de la part des bourreaux révolutionnaires. A chaque nouvelle batterie qu'il établissait, les nombreuses députations de patriotes qui se trouvaient au camp sollicitaient l'honneur de lui donner leur nom ; Napoléon en nomma une des *Patriotes du Midi*, c'en fut assez pour être dénoncé, accusé de fédéralisme, et, s'il eût été moins nécessaire, il aurait été arrêté, c'est-à-dire perdu. Du reste, les expressions manquent pour peindre le délire et les horreurs du temps : l'Empereur nous disait, par exemple, avoir été témoin alors, pendant son armement des côtes, à Marseille, de l'horrible condamnation du négociant Hugues, âgé de quatre-vingt-quatre ans, sourd et presque aveugle ; il fut néanmoins accusé et trouvé coupable de conspiration par ses atroces bourreaux : son vrai crime était d'être riche de dix-huit millions ; il le laissa lui-même entrevoir au tribunal, et offrit de les donner, pourvu qu'on lui laissât cinq cent mille francs dont il ne jouirait pas, disait-il, longtemps ; ce fut inutile, sa tête fut abattue. « *Alors, vraiment, à un tel spectacle*, disait l'Empereur, *je me crus à la fin du monde !* » Expression qui lui est familière pour des choses révoltantes, inconcevables, atroces ; les représentants du peuple étaient les auteurs de ces atrocités.

L'Empereur rendait à Robespierre la justice de dire qu'il avait vu de longues lettres de lui à son frère, Robespierre jeune, alors représentant à l'armée du Midi, où il combattait

---

1. Ce fait, vérifié auprès des personnes mêmes qui en avaient été l'objet, s'est trouvé non seulement de la dernière exactitude, mais a fourni encore des détails infiniment touchants que Napoléon semblait avoir oubliés, les ayant négligés dans ses conversations. *(Las Cases.)*

et désavouait avec chaleur ces excès, disant qu'ils déshonoraient la Révolution et la tueraient.

Napoléon, au siège de Toulon, s'attacha quelques personnes dont on a beaucoup parlé depuis. Il distingua, dans les derniers rangs de l'artillerie, un jeune officier qu'il eut d'abord beaucoup de peine à former, mais dont depuis il a tiré les plus grands services : c'était Duroc, qui, sous un extérieur peu brillant, possédait les qualités les plus solides et les plus utiles ; aimant l'Empereur pour lui-même, dévoué pour le bien, sachant dire la vérité à propos. Il a été depuis duc de Frioul et grand-maréchal. Il avait mis le palais sur un pied admirable et dans l'ordre le plus parfait. A sa mort, l'Empereur pensa qu'il avait fait une perte irréparable, et une foule de personnes l'ont pensé comme lui. L'Empereur me disait que Duroc seul avait eu son intimité et possédé son entière confiance.

Lors de la construction d'une des premières batteries que Napoléon, à son arrivée à Toulon, ordonna contre les Anglais, il demanda sur le terrain un sergent ou un caporal qui sût écrire. Quelqu'un sortit des rangs, et écrivit sous sa dictée, sur l'épaulement même. La lettre à peine finie, un boulet la couvre de terre. « Bien, dit l'écrivain, je n'aurai pas besoin de sable. » Cette plaisanterie, le calme avec lequel elle fut dite, fixa l'attention de Napoléon, et fit la fortune du sergent ; c'était Junot, depuis duc d'Abrantès, colonel général des hussards, commandant en Portugal, gouverneur général en Illyrie, où il donna des signes d'une démence qui ne fit que s'accroître pendant son retour en France, durant lequel, s'étant lui-même mutilé d'une manière horrible, il périt bientôt victime d'excès qui avaient altéré sa santé et sa raison.

Napoléon, devenu général d'artillerie, commandant cette arme à l'armée d'Italie, y porta la supériorité et l'influence qu'il avait acquises si rapidement devant Toulon ; toutefois, ce ne fut pas sans quelques traverses, ni même sans quelques dangers. Il fut mis en arrestation à Nice, quelques instants, par le représentant Laporte, devant lequel il ne voulait pas plier. Un autre représentant, dans une autre circonstance, le mit hors la loi, parce qu'il ne voulait pas le laisser disposer de tous ses chevaux d'artillerie pour courir la poste. Enfin un décret, non exécuté, le manda à la barre de la Convention,

pour avoir proposé quelques mesures militaires relatives aux
fortifications à Marseille.

Dans cette armée de Nice ou d'Italie, il enthousiasma fort
le représentant Robespierre le jeune, auquel il donne des
qualités bien différentes de celles de son frère, qu'il n'a du
reste jamais vu. Ce Robespierre jeune, rappelé à Paris, quelque temps avant le 9 thermidor, par son frère, fit tout au
monde pour décider Napoléon à le suivre. « Si je n'eusse
inflexiblement refusé, observait-il, sait-on où pouvait me
conduire un premier pas, et quelles autres destinées m'attendaient ? »

Il y avait aussi à l'armée de Nice un autre représentant
assez insignifiant. Sa femme, extrêmement jolie, fort aimable, partageait, et parfois dirigeait sa mission ; elle était de
Versailles. Le ménage faisait le plus grand cas du général
d'artillerie ; il s'en était tout à fait engoué, et le traitait au
mieux sous tous les rapports. « Ce qui était un avantage
immense, observait Napoléon ; car, dans ce temps de
l'absence des lois, ou de leur improvisation, disait-il, un
représentant du peuple était une véritable puissance. »
Celui-ci fut un de ceux qui, dans la Convention, contribuèrent
le plus à faire jeter les yeux sur Napoléon, lors de la crise
de vendémiaire ; ce qui n'était qu'une suite naturelle des
hautes impressions que lui avaient laissées le caractère et la
capacité du jeune général.

L'Empereur racontait que, devenu souverain, il revit un
jour la belle représentante de Nice, d'ancienne et douce
connaissance. Elle était bien changée, à peine reconnaissable,
veuve, et tombée dans une extrême misère. L'Empereur se
plut à faire tout ce qu'elle demanda ; il réalisa, dit-il, tous
ses rêves, et même au-delà. Bien qu'elle vécût à Versailles,
elle avait été nombre d'années avant de pouvoir pénétrer
jusqu'à lui. Lettres, pétitions, sollicitations de tout genre, tout
avait été inutile ; tant, disait l'Empereur, il est difficile d'arriver au souverain, lors même qu'il ne s'y refuse pas. Encore
était-ce lui qui, un jour de chasse à Versailles, était venu à
la mentionner par hasard ; et Berthier, de cette même ville,
ami d'enfance de cette dame, lequel jusque-là n'avait jamais
daigné parler d'elle, encore moins de ses sollicitations, fut
le lendemain son introducteur. « Mais comment ne vous êtes-
vous pas servie de nos connaissances communes de l'armée

de Nice pour arriver jusqu'à moi ? lui demandait l'Empereur. Il en est plusieurs qui sont des personnages, et en perpétuel rapport avec moi.

« – Hélas ! sire, répondit-elle, nous ne nous sommes plus connus dès qu'ils ont été grands, et que je suis devenue malheureuse. »

L'Empereur, entrant un jour avec moi dans les plus petits détails sur cette ancienne connaissance, me disait : « J'étais bien jeune alors, j'étais heureux et fier de mon petit succès ; aussi cherchai-je à le reconnaître par toutes les attentions en mon pouvoir ; et vous allez voir quel peut être l'abus de l'autorité, à quoi peut tenir le sort des hommes : car je ne suis pas pire qu'un autre. La promenant un jour au milieu de nos positions, dans les environs du col de Tende, à titre de reconnaissance comme chef de l'artillerie, il me vint subitement à l'idée de lui donner le spectacle d'une petite guerre, et j'ordonnai une attaque d'avant-poste. Nous fûmes vainqueurs, il est vrai ; mais évidemment il ne pouvait y avoir de résultat ; l'attaque était une pure fantaisie, et pourtant quelques hommes y restèrent. Aussi, plus tard, toutes les fois que le souvenir m'en est venu à l'esprit, je me le suis fort reproché. »

Les événements de thermidor[1] ayant amené un changement dans les comités de la Convention, Aubry, ancien capitaine d'artillerie, se trouva diriger celui de la guerre, et fit un nouveau tableau de l'armée ; il ne s'y oublia pas, il se fit général d'artillerie, et favorisa plusieurs de ses anciens camarades, au détriment de la queue du corps, qu'il réforma. Napoléon, qui avait à peine vingt-cinq ans, devint alors général d'infanterie, et fut désigné pour le service de la Vendée. Cette circonstance lui fit quitter l'armée d'Italie pour aller réclamer avec chaleur contre un pareil changement, qui ne lui convenait sous aucun rapport. Trouvant Aubry inflexible, et qui s'irritait de ses justes réclamations, il donna sa démission. On verra, dans la relation des campagnes d'Italie, comment il fut presque immédiatement employé, lors de l'échec de Kellerman, au comité des opérations militaires, où se préparaient le mouvement des armées et les plans de campagne ; c'est là que vint le prendre le 13 vendémiaire.

1. La chute de Robespierre le 9 thermidor (1794).

Les réclamations auprès d'Aubry furent une véritable scène ; il insistait avec force, parce qu'il avait des faits par-devers lui ; Aubry s'obstinait avec aigreur, parce qu'il avait la puissance : celui-ci disait à Napoléon qu'il était trop jeune, et qu'il fallait laisser passer les anciens ; Napoléon répondait qu'on vieillissait vite sur le champ de bataille, et qu'il en arrivait : Aubry n'avait jamais vu le feu ; les paroles furent très vives.

Je disais à l'Empereur qu'au retour de mon émigration, j'avais occupé longtemps, dans la rue Saint-Florentin, le salon même dans lequel s'était passée cette scène ; je l'y avais entendu raconter plus de mille fois ; et bien qu'elle fût rendue par des bouches ennemies, chacun n'en mettait pas moins un grand intérêt à en retracer les détails, et à se figurer la partie du salon, la feuille du parquet où avait dû s'exprimer tel geste et se prononcer telle parole.

On trouvera, dans la relation de la fameuse journée de vendémiaire, si importante dans les destinées de la Révolution et dans celles de Napoléon, qu'il balança quelque temps à se charger de la défense de la Convention[1].

La nuit qui suivit cette journée, Napoléon se présenta au comité des quarante, qui était en permanence aux Tuileries. Il avait besoin de tirer des mortiers et des munitions de Meudon ; la circonspection du président (Cambacérès) était telle que, malgré·les dangers qui avaient signalé la journée, il n'en voulut jamais signer l'ordre ; mais seulement, et par accommodement, il invita à mettre ces objets à la disposition du général.

Pendant son commandement de Paris, qui suivit la journée du 13 vendémiaire, Napoléon eut à lutter surtout contre une grande disette, qui donna lieu à plusieurs scènes populaires. Un jour entre autres que la distribution avait manqué, et qu'il s'était formé des attroupements nombreux à la porte des boulangers, Napoléon passait, avec une partie de son état-major, pour veiller à la tranquillité publique, un gros de la populace, des femmes surtout, l'entourent, le pressent, demandant du pain à grands cris ; la foule s'augmente, les menaces s'accroissent, et la situation devient des plus critiques. Une femme monstrueusement grosse et grasse se fait

1. Voyez le chapitre du 13 vendémiaire. *(Las Cases.)*

particulièrement remarquer par ses gestes et par ses paroles :
« Tout ce tas d'épauletiers, crie-t-elle en apostrophant ce
groupe d'officiers, se moquent de nous ; pourvu qu'ils man-
gent et qu'ils s'engraissent bien, il leur est fort égal que le
pauvre peuple meure de faim. » Napoléon l'interpelle : « La
bonne, regarde-moi bien, quel est le plus gras de nous
deux ? » Or Napoléon était alors extrêmement maigre.
« J'étais un vrai parchemin », disait-il. Un rire universel
désarme la populace, et l'état-major continue sa route.

On verra, dans les mémoires de la campagne d'Italie, comment Napoléon vint à connaître Mme de Beauharnais [1], et
comment se fit son mariage, si faussement dépeint dans les
récits du temps. A peine l'eut-il connue, qu'il passait chez
elle presque toutes les soirées : c'était la réunion la plus
agréable de Paris. Lorsque la société courante se retirait,
restaient alors d'ordinaire M. de Montesquiou, le père du
grand-chambellan, le duc de Nivernais, si connu par les grâces de son esprit, et quelques autres. On regardait si les portes
étaient bien fermées, et l'on se disait : « Causons de
l'ancienne cour, faisons un tour à Versailles. »

Le dénuement du Trésor et la rareté du numéraire étaient
tels dans la République, qu'au départ du général Bonaparte
pour l'armée d'Italie, tous ses efforts et ceux du Directoire
ne purent composer que deux mille louis qu'il emporta dans
sa voiture. C'est avec cela qu'il part pour aller conquérir
l'Italie et marcher à l'empire du monde. Et voici un détail
curieux : il doit exister un ordre du jour signé Berthier, où
le général en chef, à son arrivée au quartier général à Nice,
fait distribuer aux généraux, pour les aider à entrer en campagne, la somme de quatre louis en espèces ; et c'était une
grande somme : depuis bien du temps personne ne connaissait plus le numéraire. Ce simple ordre du jour peint les
circonstances du temps avec plus de force et de vérité que
ne saurait le faire un gros volume.

Dès que Napoléon se montre à l'armée d'Italie, on voit
tout aussitôt l'homme fait pour commander aux autres ; il
remplit dès cet instant la grande scène du monde ; il occupe
toute l'Europe : c'est un météore qui envahit le firmament.
Il concentre dès lors tous les regards, toutes les pensées ;

---

1. Voyez le chapitre de vendémiaire. (*Las Cases.*)

compose toutes les conversations. A compter de cet instant, toutes les gazettes, tous les ouvrages, tous les monuments sont toujours lui [1]. On rencontre son nom dans toutes les pages, à toutes les lignes, dans toutes les bouches, partout.

Son apparition fut une véritable révolution dans les mœurs, les manières, la conduite, le langage. Decrès m'a souvent répété que ce fut à Toulon qu'il apprit la nomination de Napoléon au commandement de l'armée d'Italie : il l'avait beaucoup connu à Paris, il se croyait en toute familiarité avec lui. « Aussi, quand nous apprenons, disait-il, que le nouveau général va traverser la ville, je m'offre aussitôt à tous les camarades pour les présenter, en me faisant valoir de mes liaisons. Je cours plein d'empressement, de joie, le salon s'ouvre, je vais m'élancer, quand l'attitude, le regard, le son de voix, suffisent pour m'arrêter : il n'y avait pourtant en lui rien d'injurieux ; mais c'en fut assez, à partir de là je n'ai jamais été tenté de franchir la distance qui m'avait été imposée. »

Un autre signe caractéristique du généralat de Napoléon, c'est l'habileté, l'énergie, la pureté de son administration ; sa haine constante pour les dilapidations, le mépris absolu de ses propres intérêts. « Je revins de la campagne d'Italie, nous disait-il un jour, n'ayant pas trois cent mille francs en

---

1. Récapitulation chronologique :

L'Empereur est né le	15 août 1769
Entré à l'école de Brienne en	1779
Passé à celle de Paris en	1785
Lieutenant dans le premier régiment d'artillerie de La Fère, le	1er sept. 1787
Capitaine le	6 fév. 1792
Chef de bataillon le	19 oct. 1793
Général de brigade le	6 fév. 1794
Général de division le	16 oct. 1795
Général en chef de l'armée de l'intérieur le	26 oct. 1795
Général en chef de l'armée d'Italie le . .	23 fév. 1796
Premier consul le	13 déc. 1799
Consul à vie le	2 août 1802
Empereur le	18 mai 1804
Couronné le	2 déc. 1804
Première abdication, à Fontainebleau, le	11 avril 1814
Reprend les rênes le	20 mars 1815
Deuxième abdication, à l'Élysée, le	21 juin 1815

(*Las Cases.*)

propre ; j'eusse pu facilement en rapporter dix ou douze millions, ils eussent bien été les miens ; je n'ai jamais rendu de comptes, on ne m'en demanda jamais. Je m'attendais, au retour, à quelque grande récompense nationale : il fut question, dans le public, de me doter de Chambord ; j'eusse été très avide de cette espèce de fortune ; mais le Directoire fit écarter la chose. Cependant j'avais envoyé en France cinquante millions au moins pour le service de l'État. C'est la première fois, dans l'histoire moderne, qu'une armée fournit aux besoins de la patrie, au lieu de lui être à charge. »

Lorsque Napoléon traita avec le duc de Modène, Salicetti, commissaire du gouvernement auprès de l'armée, avec lequel il avait été assez mal jusque-là, vint le trouver dans son cabinet. « Le commandeur d'Este, lui dit-il, frère du duc, est là avec quatre millions en or dans quatre caisses : il vient, au nom de son frère, vous prier de les accepter, et moi je viens vous en donner le conseil ; je suis de votre pays, je connais vos affaires de famille ; le Directoire et le Corps législatif ne reconnaîtront jamais vos services ; ceci est bien à vous, acceptez-le sans scrupule et sans publicité ; la contribution du duc sera diminuée d'autant et il sera bien aise d'avoir acquis un protecteur.

– Je vous remercie, répondit froidement Napoléon, je n'irai pas, pour cette somme, me mettre à la disposition du duc de Modène, je veux demeurer libre. »

Un administrateur en chef de cette même armée répétait souvent qu'il avait vu Napoléon recevoir pareillement et refuser de même l'offre de sept millions en or, faite par le gouvernement de Venise, pour conjurer sa destruction.

L'Empereur riait de l'exaltation de ce financier, auquel le refus de son général paraissait surhumain, plus difficile, plus grand que de gagner des batailles. L'Empereur s'arrêtait avec une certaine complaisance sur ces détails de désintéressement, concluant néanmoins qu'il avait eu tort, et avait manqué de prévoyance, soit qu'il eût voulu songer à se faire chef de parti, et à remuer les hommes ; soit qu'il eût voulu ne demeurer que simple particulier dans la foule ; car au retour, disait-il, on l'avait laissé à peu près dans la misère ; et il eût pu continuer une carrière de véritable pauvreté, lorsque le dernier de ses généraux ou de ses administrateurs rapportait de grosses fortunes. « Mais aussi, ajoutait-il, si mon admi-

nistrateur m'eût vu accepter, que n'eût-il pas fait ? mon refus
l'a contenu.

« Arrivé à la tête des affaires comme consul, mon propre
désintéressement et toute ma sévérité ont pu seuls changer
les mœurs de l'administration, et empêcher le spectacle
effroyable des dilapidations directoriales. J'ai eu beaucoup
de peine à vaincre les penchants des premières personnes de
l'État, que l'on a vues depuis, près de moi, strictes et sans
reproches. Il m'a fallu les effrayer souvent. Combien n'ai-je
pas dû répéter de fois, dans mes conseils, que si je trouvais
en faute mon propre frère, je n'hésiterais pas à le chasser. »

Jamais personne sur la terre ne disposa de plus de richesses, et ne s'en appropria moins. Napoléon a eu, dit-il, jusqu'à
quatre cents millions d'espèces dans les caves des Tuileries.
Son domaine de l'extraordinaire s'élevait à plus de sept cents
millions. Il a dit avoir distribué plus de cinq cents millions
de dotation à l'armée. Et, chose bien remarquable, celui qui
répandit autant de trésors n'eut jamais de propriété particulière ! il avait rassemblé au Musée des valeurs qu'on ne
saurait estimer, et il n'eut jamais un tableau, une rareté à lui.

Au retour d'Italie, et partant pour l'Égypte, il acquit la
Malmaison ; il y mit à peu près tout ce qu'il possédait. Il
l'acheta au nom de sa femme, qui était plus âgée que lui ;
en lui survivant il pouvait se trouver n'avoir plus rien ; c'est,
disait-il lui-même, qu'il n'avait jamais eu le goût ni le sentiment de la propriété, il n'avait jamais eu, ni songé à avoir.

« Si peut-être j'ai quelque chose aujourd'hui [1], continuait-
il, cela dépend de la manière dont on s'y sera pris au loin
depuis mon départ ; mais, dans ce cas encore, il aura tenu à
la lame d'un couteau que je n'eusse rien au monde. Du reste,
chacun a ses idées relatives ; j'avais le goût de la fondation,
et non celui de la propriété. Ma propriété à moi était dans la

1. Le dépôt chez la maison Laffitte. L'Empereur ayant abdiqué pour la
seconde fois, quelqu'un, qui l'aimait pour lui-même, et connaissait son
imprévoyance, accourut pour connaître si l'on avait pris des mesures pour
son avenir. On n'y avait pas songé, et Napoléon demeurait absolument sans
rien. Pour pouvoir y remédier, il fallut que bien des gens s'y prêtassent de
tout leur cœur ; et l'on vint à bout, de la sorte, de lui composer les quatre
ou cinq millions dont M. Laffitte s'est trouvé le dépositaire.

Au moment de quitter la Malmaison, la sollicitude des vrais amis de
Napoléon ne lui fut pas moins utile. Quelqu'un, qui se défiait du désordre

gloire et la célébrité : le Simplon [1], pour les peuples, le Louvre, pour les étrangers, m'étaient plus à moi une propriété que des domaines privés. J'achetais des diamants à la couronne ; je réparais les palais du souverain, je les encombrais de mobilier ; et je me surprenais parfois à trouver que les dépenses de Joséphine, dans ses serres ou sa galerie, étaient un véritable tort pour mon Jardin des Plantes ou mon Musée de Paris, etc. »

En prenant le commandement de l'armée d'Italie, Napoléon, malgré son extrême jeunesse, y imprima tout d'abord la subordination, la confiance et le dévouement le plus absolu. Il subjugua l'armée par son génie, bien plus qu'il ne la séduisit par sa popularité : il était en général très sévère et peu communicatif. Il a constamment dédaigné dans le cours de sa vie les moyens secondaires qui peuvent gagner les faveurs de la multitude ; peut-être même y a-t-il mis une répugnance qui peut lui avoir été nuisible.

Son extrême jeunesse, lorsqu'il prit le commandement de l'armée d'Italie, ou toute autre cause, y avait établi un singulier usage ; c'est qu'après chaque bataille, les plus vieux soldats se réunissaient en conseil, et donnaient un nouveau grade à leur jeune général : quand celui-ci rentrait au camp, il y était reçu par les vieilles moustaches, qui le saluaient de

et de la confusion inséparables de notre situation, voulut vérifier par lui-même si l'on avait bien pourvu à tout ; quel fut son étonnement d'apprendre que le chariot chargé des ressources futures demeurait oublié sous une remise, à la Malmaison même ; et quand on voulut y remédier, la clef ne se trouva plus. Cet embarras demanda beaucoup de temps ; notre départ en fut même retardé de quelques instants.

Cependant M. Laffitte était accouru pour donner à l'Empereur un récépissé de la somme ; mais Napoléon n'en voulait point, lui disant : « Je vous connais, monsieur Laffitte, je sais que vous n'aimiez point mon gouvernement ; mais je vous tiens pour un honnête homme. »

Du reste, M. Laffitte semble avoir été destiné à se trouver le dépositaire des monarques malheureux. Louis XVIII, en partant pour Gand, lui avait fait remettre pareillement une somme considérable. A l'arrivée de Napoléon, le 20 mars, M. Laffitte fut mandé par l'Empereur et questionné sur ce dépôt, qu'il ne nia pas. Et comme il exprimait la crainte qu'un reproche se trouvât renfermé dans les questions qui venaient de lui être faites : « Aucun, répondit l'Empereur : cet argent était personnellement au roi, et les affaires domestiques ne sont pas de la politique. » *(Las Cases.)*

1. Bonaparte y remporta une victoire sur les armées autrichiennes en 1799.

son nouveau titre. Il fut fait caporal à Lodi, sergent à Castiglione ; et de là ce surnom de *Petit Caporal* resté longtemps à Napoléon parmi les soldats. Et qui peut dire la chaîne qui unit la plus petite cause aux plus grands événements ! peut-être ce sobriquet a-t-il contribué au prodige de son retour en 1815 ; lorsqu'il harangua le premier bataillon qu'il rencontra, avec lequel il fallut parlementer, une voix s'écria : « *Vive notre petit caporal ! nous ne le combattrons jamais !* »

L'administration du Directoire et celle du général en chef de l'armée d'Italie semblaient deux gouvernements tout différents.

Le Directoire, en France, mettait à mort les émigrés ; jamais l'armée d'Italie n'en fit périr aucun. Le Directoire alla même jusqu'à écrire à Napoléon, lorsqu'il sut Wurmser assiégé dans Mantoue, de se rappeler qu'il était émigré ; mais Napoléon, en le faisant prisonnier, s'empressa de rendre à sa vieillesse un hommage des plus touchants.

Le Directoire employait vis-à-vis du pape des mesures outrageantes ; le général de l'armée de l'Italie ne l'appelait que Très Saint Père, et lui écrivait avec respect.

Le Directoire voulait renverser le pape ; Napoléon le conserva.

Le Directoire déportait les prêtres et les proscrivait ; Napoléon disait à son armée, quand elle les rencontrait, de se rappeler que c'étaient des Français et leurs frères.

Le Directoire eût voulu exterminer partout jusqu'aux vestiges de l'aristocratie ; Napoléon écrivait aux démocrates de Gênes, pour blâmer leur excès à cet égard, et n'hésitait pas à leur mander que, s'ils voulaient conserver son estime, ils devaient respecter la statue de Doria et les institutions qui avaient fait la gloire de leur république.

JEUDI 7 AU SAMEDI 9.

Uniformité. Ennui.
L'Empereur se décide à écrire ses Mémoires.

Nous continuions toujours notre navigation, sans que rien vînt interrompre l'uniformité qui nous entourait. Tous nos jours se ressemblaient ; l'exactitude de mon journal pouvait seule me laisser savoir où nous en étions du mois et de la semaine. Heureusement le travail remplissait tous mes moments, et la journée coulait avec une certaine facilité. Les matériaux que j'amassais dans la conversation de l'après-dîner ne me laissaient pas de temps perdu jusqu'à celle du lendemain.

Cependant l'Empereur savait que je travaillais beaucoup ; il soupçonnait même l'objet de mon occupation ; il voulut s'en assurer, et prit connaissance de quelques pages ; il n'en fut pas mécontent. Mais, revenant plusieurs fois sur le même sujet, il trouvait qu'un tel journal serait plus intéressant qu'utile ; que les événements militaires, par exemple, tirés ainsi de seules conversations courantes, seraient toujours maigres, incomplets, sans objet et sans résultats, de pures anecdotes souvent puériles, au lieu d'opérations et de résultats classiques. Je saisis avidement l'occasion favorable, j'abondai dans son sens, j'osai suggérer l'idée qu'il me dictât les campagnes d'Italie : « Ce serait un bienfait pour la patrie, un vrai monument de la gloire nationale. Nos moments étaient bien oisifs, nos heures bien longues, le travail les tromperait ; quelques instants pourraient n'être pas sans charmes. » Ce devint alors le sujet de conversations prises et reprises plusieurs fois.

Enfin l'Empereur se décida, et le samedi 9 septembre 1815, me faisant venir dans sa chambre, il me dicta, pour la première fois, quelque chose sur le siège de Toulon : on le trouvera aux campagnes d'Italie, qui formeront un ouvrage séparé, sans que cela intervienne en rien dans les anecdotes que je continuerai de consigner ici, quand l'occasion s'en présentera.

DIMANCHE 10 AU MERCREDI 13.

Vents alizés. La Ligne.

Lorsqu'on approche des tropiques, on rencontre ce qu'on appelle les vents alizés, vents éternellement de la partie de l'est. La science explique ce phénomène d'une manière satisfaisante. Lorsque venant d'Europe on commence à atteindre ces vents, ils soufflent du nord-est ; à mesure qu'on s'avance vers la Ligne, ils se rapprochent de l'est ; on a généralement à craindre les calmes sous la Ligne. Lorsqu'elle est dépassée,

les vents gagnent graduellement vers le sud jusqu'au sud-est ;
et, quand enfin on dépasse les tropiques, on perd les vents
alizés, et l'on rentre dans les vents variables, comme dans
nos parages européens. Le bâtiment qui, venant d'Europe, se
dirige sur Sainte-Hélène, est toujours poussé vers l'ouest par
ces vents constants de l'est. Il serait bien difficile qu'il pût
atteindre cette île par une route directe : il n'en a pas même
la prétention, il pousse sa pointe jusque dans les parages
variables du midi, et gouverne alors vers le cap de Bonne-
Espérance, de manière à rencontrer les vents alizés du sud-
est, qui le ramènent vent arrière sur Sainte-Hélène.

Or, il y a deux systèmes pour aller trouver les vents variables du sud : c'est de couper la Ligne du vingt au vingt-
quatrième degré de longitude, méridien de Londres ; les partisans de cette route disent qu'on y est moins exposé au calme
de la Ligne, et que, si elle vous présente le désavantage de
vous porter souvent jusqu'à la vue du Brésil, elle vous fait
alors franchir cet espace en beaucoup moins de temps. L'amiral Cockburn, qui penchait à croire cette route un préjugé et
une routine, se décida pour le second système, qui consistait
à prendre beaucoup plus à l'est ; et d'après des exemples
particuliers, qui lui étaient connus, il chercha à couper la
Ligne vers les deuxième ou troisième degrés de longitude. Il
ne doutait pas, dans sa route vers les vents variables, de passer
assez près sous le vent de Sainte-Hélène pour raccourcir de
beaucoup son chemin, si même il ne parvenait à l'atteindre,
en courant des bords, sans sortir des vents alizés.

Les vents, qui, à notre grand étonnement, passèrent à
l'ouest, circonstance que l'amiral nous dit être plus commune
que nous ne pensions, vinrent encore favoriser son opinion ;
il abandonna les mauvais marcheurs de son escadre, à mesure
qu'ils restèrent de l'arrière, et ne songea plus lui-même qu'à
gagner sa destination avec le plus de célérité possible.

JEUDI 14 AU LUNDI 18.

> *Orage. Libelles contre l'Empereur. Leur examen.*
> *Considérations générales.*

Après de petits vents et quelques calmes, le seize nous
eûmes un orage de pluie très considérable ; il fut la joie de

l'équipage. Les chaleurs étaient extrêmement modérées ; on eût pu même dire qu'à l'exception de Madère, nous avions constamment joui d'une température fort douce. Mais l'eau était fort rare à bord, par motif d'économie précautionnelle ; on s'empressa de profiter de cet orage pour en recueillir autant qu'on put ; chaque matelot chercha à s'en faire une petite provision. Le fort de l'orage tomba au moment où l'Empereur, après son dîner, venait de faire sa promenade habituelle sur le pont ; cela ne l'arrêta pas, seulement il fit apporter la fameuse *redingote grise* que les Anglais ne considéraient pas sans un vif intérêt. Le grand-maréchal et moi ne quittâmes pas l'Empereur. L'orage dura plus d'une heure dans toute sa force ; quand l'Empereur rentra, j'eus toutes les peines du monde à me dépouiller de mes vêtements ; presque tout ce que je portais se trouva perdu.

Les jours suivants le temps fut pluvieux ; mes travaux en souffraient tant soit peu ; tout était humide et mouillé dans notre mauvaise petite chambre : d'un autre côté, on se promenait difficilement sur le pont ; c'étaient les premiers temps de la sorte que nous eussions eus depuis notre départ ; ils nous déconcertaient. Je remplis le vide du travail par la conversation avec les officiers du vaisseau ; je n'avais d'intimité avec aucun ; mais j'entretenais avec tous des relations journalières de politesse et de prévenance. Ils aimaient à nous faire causer des affaires de France ; car on aurait de la peine à croire jusqu'à quel point la France et les Français leur étaient étrangers. Nous nous étonnions fort, réciproquement : eux, nous étonnaient par leurs principes dégénérés ; et nous, nous les étonnions par nos idées et nos mœurs nouvelles, dont ils ne se doutaient nullement : la France leur était certainement bien plus étrangère que la Chine.

Un des premiers du vaisseau, dans une conversation familière, fut conduit à dire : « Je crois que vous seriez tous bien effrayés, si nous allions vous jeter sur les côtes de France. – Pourquoi donc ? – Parce que, répondit-il, le roi pourrait vous faire payer cher d'avoir quitté votre pays pour suivre un autre souverain ; et puis, parce que vous portez une cocarde qu'il a défendue. – Mais est-ce bien à un Anglais à parler de la sorte ? Il faut que vous soyez bien déchus ! Assurément vous voilà bien loin de votre révolution, si justement qualifiée parmi vous de *glorieuse*. Mais nous qui nous en rapprochons fort, et qui avons beaucoup gagné, nous vous répondrons qu'il n'y a pas une de vos paroles qui ne soit une hérésie : d'abord notre châtiment ne tient plus au bon plaisir du roi, nous ne dépendons à cet égard que de la loi ; or il n'en existe aucune contre nous, et si l'on venait à la violer sur ce point, ce serait à vous autres à nous garantir ; car votre général s'y est engagé par la capitulation de Paris, et ce serait une honte éternelle à votre administration, s'il tombait des têtes que votre foi publique aurait solennellement garanties.

« Ensuite, nous ne suivons pas un autre souverain : l'empereur Napoléon a été le nôtre, c'est incontestable ; mais il a abdiqué, et il ne l'est plus. Vous confondez ici des actes privés avec des mesures de parti ; de l'affection, du dévouement, de la tendresse, avec de la politique. Enfin, pour ce qui est de nos couleurs, lesquelles semblent vous offusquer, ce n'est qu'un reste de notre vieille toilette ; nous ne les portons encore aujourd'hui que parce que nous les portions hier ; on ne se sépare pas indifféremment de ce que l'on aime, il y faut un peu de contrainte et de nécessité ; pourquoi ne nous les avez-vous pas ôtées quand vous nous avez privés de nos armes ? l'un n'eût pas été plus inconvenable que l'autre. Nous ne sommes plus ici que des hommes privés ; nous ne prêchons pas la sédition ; ces couleurs nous sont chères, nous ne saurions les nier ; elles le sont, parce qu'elles nous ont vus vainqueurs de tous nos ennemis ; parce que nous les avons promenées en triomphe dans toutes les capitales de l'Europe ; parce que nous les portions tant que nous avons été le premier peuple de l'univers. Aussi on a bien pu les arracher du chapeau des Français ; mais elles se sont réfugiées dans leurs cœurs, elles n'en sortiront jamais. »

Dans une autre circonstance, un des mêmes officiers, après avoir parcouru avec moi la grande vicissitude des événements, me disait : « Que sait-on ! peut-être sommes-nous destinés à réparer les maux que nous vous avons faits ! Vous seriez donc bien étonné si un jour lord Wellington venait à reconduire Napoléon dans Paris ?

– Ah ! oui, disais-je, je serais fort étonné, et d'abord, je n'aurais pas l'honneur d'être de la partie ; à ce prix, j'abandonnerais même Napoléon ! Mais je puis être tranquille, je vous jure que Napoléon ne me soumettra pas à cette épreuve ; c'est de lui que je tiens ces sentiments ; c'est lui qui m'a guéri de la doctrine contraire, qui fut ce que j'appelle l'erreur de mon enfance. »

Les Anglais se montraient aussi très avides de nous questionner sur l'Empereur, dont le caractère et les dispositions leur avaient été peints, à ce qu'ils avouaient maintenant, de la manière la plus fausse. Ce n'était pas leur faute, observaient-ils, ils ne le connaissaient que par les ouvrages publiés chez eux ; tous très exagérés contre lui ; ils en avaient plusieurs à bord. Un jour, comme je voulais regarder ce que lisait un des officiers, il ferma son livre avec embarras, me disant qu'il était si fort· contre l'Empereur, qu'il se ferait conscience de me le laisser voir. Une autre fois l'amiral me questionna longuement sur certaines imputations consignées dans divers ouvrages de sa bibliothèque, dont quelques-uns, me disait-il, jouissaient d'une certaine considération, et dont tous, convenait-il, avaient produit un grand effet, en Angleterre, contre le caractère de Napoléon. Ces circonstances me donnèrent l'idée de passer en revue successivement tous les ouvrages de ce genre qui se trouveraient à bord, et d'en consigner mon opinion dans mon journal, ne devant jamais se rencontrer de situation aussi favorable que la mienne pour obtenir, au besoin, quelque éclaircissement sur les points qui pouvaient en valoir la peine. Mais avant d'entamer aucun de ces extraits, il faut qu'on me passe quelques considérations générales : elles suffiront pour répondre d'avance à la plus grande partie des inculpations sans nombre que je rencontrerai.

La calomnie et le mensonge sont les armes de l'ennemi civil ou politique, étranger ou domestique ; c'est la ressource du vaincu, du faible, de celui qui hait ou qui craint ; c'est l'aliment des salons, la pâture de la place publique. Ils s'acharnent d'autant plus que l'objet est plus grand : il n'est rien alors qu'ils ne hasardent et ne propagent. Plus ces calomnies, ces mensonges, sont absurdes, ridicules, incroyables, plus ils sont recueillis, répétés de bouche en bouche. Les triomphes, les succès, ne feront que les irriter davantage ; ils s'amoncelleront toujours en véritable orage moral, qui, venant à crever au moment du revers, précipitera la chute, la complétera, deviendra l'opinion et son immense levier.

Or, jamais on n'en fut autant assailli, ni plus défiguré que Napoléon ; jamais on n'accumula sur personne autant de pamphlets et de libelles, d'absurdes atrocités, de contes ridicules, de fausses assertions ; et cela devait être : Napoléon, sorti de la foule pour monter au rang suprême, marchant à la tête d'une Révolution qu'il avait tout à fait civilisée, entraîné par ces deux circonstances dans une lutte à mort contre le reste de l'Europe, lutte dans laquelle il n'a succombé que pour avoir voulu la terminer trop promptement ; Napoléon, à lui seul le génie, la force, le destin de sa propre puissance, vainqueur de ses voisins, en quelque façon monarque universel ; *Marius*, pour les aristocrates ; *Sylla*, pour les démocrates ; *César*, pour les républicains, devait, au-dedans et au-dehors, réunir contre lui un ouragan de passions.

Le désespoir, la politique et la rage durent le peindre dans tous les pays, comme un objet d'horreur et d'effroi. Qu'on ne s'étonne donc plus de tout ce qui a été dit contre lui. S'il y avait à s'étonner, ce serait qu'on n'ait pas dit davantage, ou que l'effet n'ait pas été encore plus grand. Jamais il ne voulut permettre, au temps de sa puissance, qu'on s'occupât de répondre. « Les soins qu'on prendrait, disait-il, ne donneraient que plus de poids aux inculpations qu'on voudrait combattre. On ne manquerait pas de dire que tout ce qui serait écrit dans ma défense aurait été commandé et payé. Déjà les louanges maladroites de ceux qui m'entouraient m'avaient été parfois plus préjudiciables que toutes ces injures. Ce n'était que par des faits qu'il me convenait d'y répondre : un beau monument, une bonne loi de plus, un triomphe nouveau, devaient détruire des milliers de ces mensonges : les déclamations passent, disait-il, les actions restent ! »

C'est indubitablement vrai pour la postérité : les grands hommes d'autrefois nous sont parvenus dégagés des inculpations éphémères et passionnées de leurs contemporains ; mais il n'en est pas ainsi durant la vie, et Napoléon a fait la cruelle épreuve, en 1814, que les déclamations peuvent étouffer jusqu'aux actions mêmes. Au moment de sa chute, ce fut un vrai débordement, il en fut comme couvert. Toutefois, il n'appartenait qu'à lui, dont la vie est si féconde en prodiges, de surmonter cette épreuve, et de reparaître, presque aussitôt, tout resplendissant, du sein de ses propres ruines. Son merveilleux retour est assurément sans exemple, soit dans l'exécution, soit dans les résultats. Les transports qu'il fit naître se glissèrent jusque chez les voisins, ils y créèrent des vœux publics ou secrets : et celui qu'en 1814 on avait poursuivi, abattu, comme le fléau des peuples, reparut tout à coup, en 1815, leur espérance.

Le mensonge et la calomnie aussi virent alors échapper leur proie, tant ils avaient abusé de leurs excès. Le bon sens des peuples en fit en grande partie justice, et ils ne les croiraient plus aujourd'hui. « Le poison ne pouvait plus rien sur Mithridate [1], me disait l'Empereur, il y a peu de jours, en parcourant de nouveaux articles contre lui ; eh bien ! la calomnie, depuis 1814, ne pourrait pas davantage aujourd'hui contre moi. »

Quoi qu'il en soit, dans cette clameur universelle dirigée contre lui au temps de sa puissance, l'Angleterre tint toujours le premier rang.

Il y eut constamment chez elle deux grandes fabriques en toute activité : celle des émigrés, à qui tout était bon ; et celle des ministres anglais qui avaient établi cette diffamation en système : ils en avaient organisé régulièrement l'action et les effets ; ils entretenaient à leur solde des folliculaires et des libellistes dans tous les coins de l'Europe ; on leur prescrivait leur tâche ; on liait, on combinait leurs attaques, etc.

Mais c'était en Angleterre surtout que le ministère anglais multipliait l'emploi de ses armes puissantes. Les Anglais, plus libres, plus éclairés, avaient d'autant plus besoin d'être remués. Les ministres trouvaient dans ce système le double avantage de monter l'opinion contre l'ennemi commun, et de la détourner de leur propre conduite, en dirigeant les clameurs, l'indignation publique sur le caractère et les actes d'autrui ; par là, ils sauvaient à leur propre caractère, à leurs propres actes un examen et des récriminations qui eussent pu les embarrasser. Ainsi, l'assassinat de Paul [2] à Pétersbourg, celui de nos envoyés en Perse, l'enlèvement de Napper Tandy dans la ville libre de Hambourg, la prise en pleine paix de deux riches frégates espagnoles, l'acquisition de toute l'Inde ; Malte, le cap de Bonne-Espérance, gardés contre la foi des traités ; la machiavélique rupture du traité d'Amiens, l'injuste saisie de nos bâtiments sans déclaration de guerre,

---

1. Pour éviter de mourir empoisonné, Mithridate se « vaccina » en quelque sorte, en avalant progressivement du poison.
2. Paul Ier, empereur de Russie, assassiné en 1801.

la flotte danoise enlevée avec une si froide et si ironique perfidie, etc., sont autant d'attentats qui ont été se perdre dans l'agitation universelle qu'on avait eu l'art d'exciter contre un autre.

Pour être juste sur les inculpations accumulées sur Napoléon par la foule d'ouvrages dirigés contre lui, il faudrait donc faire la part aux passions, aux circonstances, rejeter avec mépris tout ce qui est apocryphe, anonyme et de pure déclamation ; s'en tenir aux seuls faits, aux preuves surtout, que n'auront pas manqué de publier ceux qui, l'ayant renversé, sont demeurés maîtres des pièces authentiques, des archives des ministères, de celles des tribunaux, en un mot, de toutes les sources de la vérité en usage parmi les hommes ; mais ils n'ont rien publié, rien produit ; et dès lors, que de pièces s'écroulent d'elles-mêmes de ce monstrueux échafaudage ! Et pour être plus régulièrement équitable encore, si on ne veut juger Napoléon qu'à côté de ses analogues et de ses pairs, c'est-à-dire à côté des fondateurs de dynasties, ou de ceux qui sont parvenus au trône à la faveur des troubles ; alors, nous ne craignons pas de le dire, il se montre sans égal, il brille pur au milieu de tout ce qu'on lui oppose. Ce serait perdre son temps que de passer en revue les citations sans nombre de l'histoire ancienne et moderne : elles sont à la portée de chacun ; ne considérons que les deux pays qui nous touchent et nous intéressent le plus.

Napoléon a-t-il, comme Hugues Capet, combattu son souverain ? l'a-t-il fait mourir prisonnier dans une tour ?

Napoléon en a-t-il agi comme les princes de la maison actuelle d'Angleterre, qui deux fois couvrirent, en 1715 et 1745, les échafauds de victimes : victimes auxquelles l'inconséquente politique des ministres anglais d'aujourd'hui ne laisse, d'après leurs propres principes actuels, d'autre qualification que celle de sujets fidèles mourant pour leur souverain légitime, d'autre titre que celui de martyrs !!!

Napoléon a-t-il, comme les princes qui viennent de le remplacer en France, suscité contre eux des machines infernales, organisé leur assassinat, soldé leur meurtre, mis leur vie à prix de mille manières, et dans mille occasions ; car la contre-révolution avait tenu jusqu'ici tout cela dans une ténébreuse incertitude ; mais les coupables, les complices qui avaient jadis nié ces forfaits devant les tribunaux, sont venus aujourd'hui s'en vanter aux pieds du trône, en recevoir le prix, et le roi de France, sortant des belles maximes de Louis XII, n'a pas craint de récompenser les crimes qu'avait conseillés le comte de Lille.

La marche de Napoléon au rang suprême est au contraire toute simple, toute naturelle, toute innocente ; elle est unique dans l'histoire ; et il est vrai de dire que les circonstances de son élévation la rendent sans égale. « Je n'ai point usurpé la couronne, disait-il un jour au Conseil d'État, je l'ai relevée dans le ruisseau ; le peuple l'a mise sur ma tête : qu'on respecte ses actes ! »

Et en la relevant ainsi, Napoléon a remis la France dans la société de l'Europe, a terminé nos horreurs et ressuscité notre caractère ; il nous a purgés de tous les maux de notre crise funeste, et nous en a conservé tous les biens. « Je suis monté sur le trône, vierge de tous les crimes de ma position, disait-il dans une autre circonstance. Est-il bien des chefs de dynastie qui pussent en dire autant ? »

Jamais, à aucune époque de l'histoire, on ne vit la faveur distribuée avec autant d'égalité, le mérite plus indistinctement recherché et récompensé, l'argent public plus utilement employé, les arts, les sciences plus encouragés ; jamais la gloire ni le lustre de la patrie ne furent élevés si haut : « Je veux, nous disait-il un jour au Conseil d'État, que le titre de Français soit le plus beau, le plus désirable sur la terre ; que tout Français, voyageant en Europe, se croie, se trouve toujours chez lui. »

Si la liberté sembla souffrir quelque atteinte, si l'autorité sembla parfois dépasser les bornes, les circonstances le rendaient nécessaire, inévitable. Les malheurs d'aujourd'hui nous éclairent trop tard sur cette vérité ; nous rendons justice, quand il n'est plus temps, au courage, au jugement, à la prévoyance qui dictaient alors ces efforts et ces mesures. C'est si vrai que, sous ce rapport, la chute politique de Napoléon a accru de beaucoup sa domination morale. Qui doute aujourd'hui que sa gloire, l'illustration de son caractère, ne gagnent infiniment par ses malheurs !!!

A présent, si les ouvrages que je viens de parcourir me fournissent des circonstances qui sortent de ces considérations générales, elles deviendront l'objet de mon examen particulier. Du reste, ce que j'écrirai ne sera pas une controverse politique ; je ne m'adresserai point à l'homme de parti, dont l'opinion est d'avance toute dans ses intérêts et sa passion, je ne veux parler qu'à l'homme froid, ami de la vérité, désireux de la connaître ; ou bien encore à l'écrivain sans passions, qui, dans les temps à venir, cherchera des matériaux avec impartialité : c'est à eux seuls que je m'adresse. Mon témoignage, à leurs yeux, doit être bien supérieur à tous les témoignages anonymes, et demeurer l'égal de ceux qui portent un caractère.

Le premier de ces ouvrages qui me tomba sous la main fut l'*Anti-Gallican*[1], dont je parlerai plus loin.

MARDI 19 AU VENDREDI 22.

Emploi de nos journées.

Nous avancions toujours avec le même vent, le même ciel et la même température. Notre navigation, des plus monotones, demeurait fort douce ; nos journées étaient longues, mais le travail les faisait passer. L'Empereur me dictait régulièrement ses campagnes d'Italie ; je tenais déjà plusieurs chapitres. Les jours qui avaient suivi la première dictée avaient été marqués par peu de ferveur ; mais la régularité et la promptitude avec lesquelles je lui portais mon travail chaque matin, ses progrès, l'attachèrent tout à fait, et le charme des heures qu'il y employait le lui eurent bientôt rendu comme nécessaire : aussi j'étais sûr que tous les jours, vers onze heures, il me faisait appeler ; il semblait attendre lui-même ce moment avec impatience. Je lui lisais ce qu'il avait dicté la veille ; il faisait des corrections, et me dictait la suite : cela le conduisait en un clin d'œil jusqu'à quatre heures ; il demandait alors son valet de chambre, passait bientôt après dans le salon, où une partie de piquet ou d'échecs le conduisait jusqu'au dîner.

L'Empereur dicte très vite, il faut le suivre presque aussi vite que la parole ; j'ai dû me créer une espèce d'écriture hiéroglyphique. Je courais, à mon tour, dicter à mon fils ; j'étais assez heureux et assez prompt pour recueillir, à peu près littéralement, toutes les expressions de l'Empereur. Je

---

1. Journal de propagande antinapoléonienne de Goldsmith.

n'avais plus de moments perdus : tous les jours on venait m'avertir qu'on était déjà à table ; heureusement que je pouvais m'y glisser sans être aperçu, ma place étant à côté de la porte, qui demeurait toujours ouverte ; j'en avais changé depuis longtemps, à la prière du capitaine Ross, commandant du vaisseau, qui, ne parlant qu'anglais, était bien aise de pouvoir se faire expliquer ou apprendre quelques mots de français : j'étais venu me mettre entre lui et le grand-maréchal. Le capitaine Ross est bon, doux, plein d'attentions ; j'avais créé l'habitude, suivant leur usage de s'offrir un verre de vin, d'adresser le mien à la santé de sa femme ; il me rendait le sien à la santé de la mienne : ce fut depuis notre coutume journalière.

Après le dîner, l'Empereur ne manquait jamais de revenir sur la dictée du matin, comme jouissant de l'occupation et du plaisir qu'elle lui avait causés. Cela me valait en cet instant, comme aussi toutes les fois que je l'abordais dans le jour, certaines interpellations de plaisanteries qu'il avait consacrées par leurs répétitions nombreuses : « *Ah ! le sage Las Cases !...* à cause de mon *Atlas* de Le Sage, *M. l'illustre mémorialiste ! le Sully de Sainte-Hélène !* » et plusieurs autres mots de la sorte. Puis il ajoutait maintes fois : « Après tout, mon cher, ces Mémoires seront aussi connus que tous ceux qui les ont devancés ; vous vivrez autant que tous leurs auteurs ; on ne pourra jamais s'arrêter sur nos grands événements, écrire sur ma personne, sans avoir recours à vous. » Et, reprenant la plaisanterie, il continuait avec gaieté : « On dira : Après tout, il devait bien le savoir ; c'était son conseiller d'État, son chambellan, son compagnon fidèle. On dira : Il faut bien le croire, il ne ment pas, c'était un honnête homme, etc. », et mille autres choses semblables.

SAMEDI 23 AU LUNDI 25.

Phénomène du hasard. Passage de la Ligne. Baptême.

Le vent d'ouest continuait toujours, à notre grand étonnement ; c'était une espèce de phénomène dans ces parages ; il nous avait très favorisés jusque-là. Mais, en fait de phénomènes, le hasard en combina, le 23, un bien plus extraordinaire encore : ce jour-là nous traversâmes la Ligne, par zéro de latitude, zéro de longitude, et zéro de déclinaison ; circonstance que le seul hasard ne renouvellera peut-être pas dans un siècle, puisqu'il faut arriver au premier méridien précisément vers midi, passer la Ligne à cette même heure, et y arriver en même temps que le soleil, le jour de l'équinoxe.

Ce fut un jour de grosse joie et de grand désordre dans tout l'équipage : c'était la cérémonie que nos marins appellent le baptême, et que les Anglais nomment le jour de *grande barbe*. Les matelots, dans l'appareil le plus burlesque, conduisent en cérémonie, aux pieds de l'un d'eux, transformé en Neptune [1], tous ceux qui n'ont point encore traversé la Ligne ; là un immense rasoir vous parcourt la barbe, préparée avec du goudron ; des seaux d'eau dont on vous inonde aussitôt de toutes parts, les gros éclats de rire dont l'équipage accompagne votre fuite, complètent l'initiation des grands mystères ; personne n'est épargné : les officiers mêmes sont, en quelque façon, plus maltraités en cette circonstance que les derniers des matelots. Nous seuls, par une grâce parfaite de l'amiral, qui jusque-là s'était plu à nous effrayer de cette terrible cérémonie, échappâmes à ses inconvénients et à ses ridicules : nous fûmes conduits, avec toutes sortes d'attentions et de respects, aux pieds du dieu grossier, dont chacun de nous reçut un compliment de sa façon. Là se bornèrent toutes nos épreuves.

L'Empereur fut scrupuleusement respecté pendant toute cette saturnale [2], qui d'ordinaire ne respecte jamais rien. Ayant appris l'usage, et le ménagement dont on usait à son égard, il ordonna qu'on distribuât cent napoléons au grotesque Neptune et à sa bande, ce à quoi l'amiral s'opposa, autant par prudence peut-être que par politesse.

MARDI 26 AU SAMEDI 30.

    *Prise d'un requin. Examen de l'*Anti-Gallican. *Ouvrages du général Wilson. Pestiférés de Jaffa. Traits de*

---

1. Dieu romain de la mer.
2. Fête de l'Antiquité romaine en l'honneur de Saturne, dieu de l'agriculture et du temps. Ici le mot est naturellement pris dans un sens très large de grande fête.

Le temps continuait toujours de nous être favorable. La
Ligne passée, nous devions nous attendre à chaque instant
au vent d'est, ou de sud-est ; la continuation du vent d'ouest
était extraordinaire, et ne pouvait durer longtemps. Le parti
qu'avait pris l'amiral, de se porter beaucoup dans l'est, rendait notre position des plus avantageuses, et nous flattait d'un
très court passage.

Un de ces jours, dans l'après-midi, les matelots prirent un
énorme requin ; l'Empereur voulut savoir la cause du grand
bruit et de la confusion arrivés subitement au-dessus de sa
tête, et, sur ce qu'il apprit, il eut la fantaisie d'aller voir le
monstre marin : il monta sur la dunette, et s'en étant approché
de trop près, un effort de l'animal, qui renversa quatre ou
cinq matelots, faillit lui casser les jambes ; il descendit, le
bras gauche tout couvert de sang ; nous le crûmes blessé, ce
n'était que le sang du requin.

Mes occupations et mes travaux continuaient de la manière
la plus uniforme.

L'*Anti-Gallican*, le premier des ouvrages dont j'avais
entrepris la lecture, était un volume de cinq cents pages, où
l'on avait recueilli tout ce qui avait été composé en Angleterre, au moment où l'on s'y trouvait menacé de l'invasion
des Français. Il s'agissait alors de nationaliser cet événement,
d'exciter tous les esprits, de soulever la nation entière contre
sa dangereuse ennemie : ce sont donc des discours publics,
des exhortations, des appels de citoyens zélés : des chansons
satiriques, des pièces mordantes, des articles exagérés de
journaux, versant à pleines mains l'odieux ou le ridicule sur
les Français et leur Premier consul, dont l'audace, le génie
et le pouvoir inspiraient de vives alarmes. Rien d'ailleurs de
plus naturel, de plus légitime : toutes ces productions ne sont
autre chose que la nuée de traits qu'on se lançait avant de

combattre corps à corps ; autant en emportait le vent, si l'on n'en était pas atteint, aussi aucune de ces pièces ne pouvait former un témoignage pour l'homme sensé, et ne mérite de contradiction.

On fait peu d'attention aux pamphlétaires parce que leur caractère est le contrepoison de leurs paroles ; il ne devrait pas en être de même d'un historien : toutefois, celui-ci s'en rapproche, si, s'écartant du calme et de l'impartialité obligés de son ministère, il s'abandonne à la déclamation, et laisse percer le fiel.

Tel est le sentiment que me laissèrent diverses productions du général Wilson, que je lus après l'*Anti-Gallican*. Cet auteur nous était d'autant plus préjudiciable, que ses talents, sa bravoure, ses nombreux et brillants services, lui donnaient plus de poids aux yeux de ses concitoyens. Une circonstance concourait à rendre ses œuvres plus particulièrement connues à bord du vaisseau, et faisait qu'on nous en parlait davantage : il avait un de ses enfants au nombre des jeunes aspirants du vaisseau ; et, à ce sujet, mon fils, que la similitude d'âge tenait la plupart du temps au milieu d'eux, put voir à son aise le changement qui s'opéra dans ces jeunes têtes à notre égard. Tous ces enfants nous étaient naturellement très défavorables : ils croyaient, en recevant l'Empereur, n'avoir embarqué rien moins que l'ogre capable de les dévorer ; mais bientôt le voisinage et la vérité exercèrent sur eux la même influence que sur le reste du vaisseau ; et ce fut aux dépens du petit Wilson, à qui ses camarades donnaient la chasse, en expiation, disaient-ils, de toutes les histoires de son père.

...

Ici, dans mon manuscrit, commençait le bâtonnage d'un très grand nombre de feuillets ; le motif en était exprimé en marge, ainsi qu'il suit :

« J'avais recueilli un grand nombre de griefs dans l'ouvrage du général Wilson, auxquels je répondais, peut-être, à mon tour, avec un peu d'amertume ; une circonstance récente me les fait supprimer.

« M. Wilson vient de paraître avec éclat dans une cause touchante, qui honore le cœur de ceux qu'elle a compromis : le salut de Lavalette. Interpellé devant un tribunal français s'il n'avait pas jadis publié des ouvrages sur nos affaires, il a répondu que oui, et qu'il y avait exprimé ce qu'il croyait *vrai alors*. Ce mot en dit plus que tout ce que j'aurais pu faire, et je me suis hâté d'effacer ce que j'avais écrit ; heureux de devenir juste moi-même envers M. Wilson, dont j'accusais, dans ma colère, les intentions et la bonne foi [1]. »

Je laisse donc de côté les ouvrages de M. Wilson, et les diverses inculpations qu'ils renferment ; je supprime aussi les nombreuses réfutations que j'avais amassées ; je ne m'arrêterai que sur un seul point, parce qu'il a été reproduit en cent ouvrages divers ; qu'il a rempli l'Europe, et a été propagé même en France avec une grande faveur, je veux dire l'empoisonnement des pestiférés de Jaffa.

Rien assurément ne saurait mieux prouver combien la calomnie peut tout entreprendre avec succès ; seulement qu'elle soit audacieuse, impudente, qu'elle ait de nombreux échos, qu'elle soit puissante, qu'elle veuille, et peu importe

---

1. Après mon enlèvement de Longwood, sir Hudson Lowe, saisi de mes papiers, parcourait, avec mon agrément, ce journal. Il y trouvait des choses fort désagréables pour lui ; et un moment il me dit : « Monsieur le comte, quel héritage vous préparez à mes enfants ! – Ce n'est pas ma faute, répondis-je ; il ne tient qu'à vous qu'il en soit autrement ; vous me rendrez heureux de me mettre à même d'effacer, ainsi que je l'ai fait, il y a peu de jours, pour le général Wilson. » Sur quoi de demander ce qu'il y avait donc sur celui-ci, et nous y passons. Après avoir lu tout ce qui le concernait, et le motif de mon effaçure, il dit d'un air piteux, pensif et chagrin : « Oui, je le vois bien ; mais je ne comprends pas... ; car je connais beaucoup Wilson, et il s'était pourtant bien chaudement montré pour les Bourbons. »

Quand nous apprîmes la délivrance de Lavalette, nous en tressaillîmes de joie sur notre rocher. Quelqu'un observant que son libérateur Wilson n'était apparemment pas le même que celui qui avait écrit tant de mauvaises choses sur l'Empereur : « Et pourquoi pas ? dit Napoléon. Que vous connaissez peu les hommes et les passions ! Qui vous dit que celui-ci ne serait pas un de ces esprits ardents, passionnés, qui aura écrit ce qu'il croyait alors ? Et puis nous étions ennemis, nous combattions. Aujourd'hui que nous sommes abattus, il sait mieux ; il peut se trouver abusé, trompé, en être mécontent, et peut-être nous souhaiter à présent autant de bien qu'il a cherché à nous faire de mal. »

La sagacité de Napoléon était telle, ou le hasard ici le conduisait si justement, qu'on pourrait dire qu'il ne faisait que lire de loin. Ce Robert Wilson était en effet l'écrivain même ; heurté de voir un grand peuple privé de ses premiers droits, il se récriait désormais contre les Alliés, comme s'ils lui eussent imposé des chaînes à lui-même, et personne n'a montré une plus vive indignation sur les traitements faits à Napoléon, ni témoigné un plus ardent désir de les voir cesser. *(Las Cases.)*

du reste qu'elle blesse les probabilités, la raison, le bon sens, la vérité ; elle est sûre de ses effets.

Un général, un héros, un grand homme, jusque-là respecté de la fortune autant que des hommes, fixant en ce moment les regards des trois parties du monde, imposant l'admiration à ses ennemis mêmes, est tout à coup accusé d'un crime réputé inouï, sans exemple, d'un acte dit inhumain, atroce, cruel, et ce qui est surtout bien remarquable, tout à fait inutile.

Les détails les plus absurdes, les circonstances les moins probables, les accessoires les plus ridicules, s'accumulent autour de ce premier mensonge ; on le répand dans toute l'Europe, la malveillance s'en saisit et l'accroît, on le lit dans toutes les gazettes ; il se consigne dans tous les livres ; et dès lors il devient pour tous un fait avéré ; l'indignation est au comble, la clameur universelle. Vainement voudrait-on raisonner contre le torrent, oser essayer de le combattre ; démontrer qu'on ne fournit aucune preuve, qu'on se contredit soi-même ; présenter des témoignages opposés, irrécusables, les témoignages de ceux de la profession même, qu'on dit avoir administré le poison ou s'y être refusés ; soutenir qu'on ne saurait accuser d'inhumanité celui-là même qui, peu de temps auparavant, immortalisa ces mêmes hôpitaux de Jaffa par l'acte le plus sublime, le plus héroïque, en se dévouant à toucher solennellement les pestiférés, pour tromper et vaincre les imaginations malades ; qu'on ne saurait prêter une pareille idée à celui qui, consulté par les officiers de santé, pour savoir si l'on devait brûler ou seulement laver les vêtements de ces malades, faisant valoir la perte considérable qu'amènerait la première mesure, leur répond : « *Messieurs, je suis venu ici pour fixer l'attention et reporter l'intérêt de l'Europe sur le centre de l'ancien monde, et non pour entasser des richesses.* » Vainement voudrait-on faire voir que ce crime supposé eût été sans but, sans motif quelconque : le général français avait-il à craindre qu'on lui débauchât ses malades, qu'on s'en renforçât contre lui ? voulait-il par là se délivrer tout à fait de la peste ? Mais il y réussissait également en laissant ses malades au milieu de ses ennemis, et de plus il la leur procurait. Vainement voudrait-on démontrer qu'un chef insensible, égoïste, se fût au contraire délivré de tout embarras, en laissant simplement ces malheureux après lui : ils eussent été mutilés, massacrés, il est vrai ; mais il ne fût venu dans l'idée de personne de lui en adresser aucun reproche.

Tous ces raisonnements, quelque inattaquables qu'ils fussent, seraient vains, inutiles, tant sont grands et infaillibles les effets du mensonge et de la déclamation que souffle le vent des circonstances passionnées. Le crime imaginaire restera dans toutes les bouches, il se gravera dans toutes les imaginations, et pour le vulgaire et sa masse il est désormais et à jamais un fait constant et prouvé.

Ce qui surprendra ceux qui ne savent pas combien il faut se défier des rumeurs publiques, et ce que je me plais à consigner ici, pour montrer une fois de plus de quelle manière peut s'écrire l'histoire, c'est que le grand-maréchal Bertrand, qui était lui-même de l'armée d'Égypte, à la vérité dans un grade inférieur qui n'admettait aucun contact direct avec le général en chef, avait cru lui-même, jusqu'à Sainte-Hélène, l'histoire de l'empoisonnement exercé sur une soixantaine de malades ; le bruit en était répandu, accrédité dans l'armée même. Or, que répondre à ceux qui vous disaient victorieusement : « C'est bien vrai, je le tiens précisément des officiers qui s'y trouvaient. » Et pourtant il n'en était rien.

Voici ce que j'ai recueilli de la source la plus élevée, de la bouche de Napoléon même :

1° Que le nombre des pestiférés dont il s'agit, n'était, selon le rapport fait au général en chef, que de *sept* ;

2° Que ce n'est pas le général en chef, mais un homme de la profession même, qui, au moment de la crise, proposa d'administrer l'opium ;

3° Que cet opium n'a été administré à aucun ;

4° Que la retraite s'étant faite avec lenteur, une arrière-garde a été laissée trois jours dans Jaffa ;

5° Qu'à son départ, les pestiférés avaient expiré, à l'exception d'un ou de deux que les Anglais ont dû trouver vivants.

N. B. Depuis mon retour à Paris, ayant eu la facilité de causer avec ceux-là mêmes que leur état ou leur profession rendaient naturellement les premiers acteurs de cette scène, ceux dont la déposition avait le droit de passer pour officielle ou authentique, j'ai eu la curiosité de descendre aux plus petits détails, et voici ce que j'en ai recueilli :

Les malades dépendant du chirurgien en chef, c'est-à-dire les blessés, ont tous été évacués sans exception, à l'aide des chevaux de tout l'état-major, sans en excepter même ceux du général en chef, qui marcha longtemps à pied comme tout le reste de l'armée ; ceux-là demeurent donc hors de la question.

Le reste, dépendant du médecin en chef, et au nombre de vingt environ, se trouvant dans un état absolument désespéré, tout à fait intransportables, et l'ennemi approchant, il est très vrai que Napoléon demanda au médecin en chef si ce ne serait pas un acte d'humanité que de leur donner de l'opium ; il est très vrai encore qu'il lui fut répondu alors par ce médecin : que son état était de guérir, et non de tuer ; réponse qui, semblant plutôt s'adapter à un ordre qu'à un objet en discussion, a servi de base peut-être à la malveillance et à la mauvaise foi, pour créer et répandre la fable qui a couru depuis partout à ce sujet.

Du reste, tous les détails obtenus par moi m'ont donné pour résultat incontestable :

1° Que l'ordre n'a pas été donné d'administrer de l'opium aux malades ;

2° Qu'il n'existait même pas, en cet instant, dans la pharmacie de l'armée, un seul grain d'opium pour le service des malades ;

3° Que l'ordre eût-il été donné, et eût-il existé de l'opium, les circonstances du moment et les situations locales, qu'il serait trop long de déduire ici, eussent rendu l'exécution impossible.

A présent, voici peut-être ce qui a pu aider à établir, et peut, en quelque sorte, excuser l'erreur de ceux qui se sont obstinés à soutenir avec acharnement des faits contraires.

Quelques-uns de nos blessés, qui avaient été embarqués, tombèrent entre les mains des Anglais ; or on manquait de tous médicaments dans le camp, et on y avait pourvu par des compositions extraites d'arbres ou de végétaux indigènes ; les tisanes et autres médicaments y étaient d'un goût et d'une apparence horribles. Ces prisonniers, soit pour se faire plaindre davantage, soit qu'ils eussent eu vent de l'opium projeté, soit enfin qu'ils le crussent, à cause de la nature des médicaments qu'on leur avait administrés, dirent aux Anglais qu'ils venaient d'échapper, comme par miracle, à la mort, ayant été empoisonnés par leurs officiers de santé : voilà pour la colonne du chirurgien en chef.

Voici pour les autres. L'armée avait eu le malheur d'avoir

pour pharmacien en chef un misérable auquel on avait accordé cinq chameaux pour apporter du Caire la masse des médicaments nécessaires pour l'expédition. Il eut l'infamie d'y substituer, pour son propre compte, du sucre, du café, du vin et autres comestibles, qu'il vendit ensuite avec un bénéfice énorme. Quand la fraude vint à être découverte, la colère du général en chef fut sans bornes, et ce misérable fut condamné à être fusillé ; mais tous les officiers de santé, si distingués par leur courage, et si chers à l'armée par leurs soins, accoururent implorer le général, lui témoignant que l'honneur de leur corps en demeurerait flétri ; le coupable échappa donc. Et plus tard, quand les Anglais s'emparèrent du Caire, il les joignit, et fit cause commune avec eux ; mais ayant renouvelé quelque brigandage de sa façon, il fut condamné par eux à être pendu, et il n'échappa que par ses imprécations contre le général en chef Bonaparte, qu'en débitant mille horreurs sur son compte, et en se proclamant authentiquement lui-même comme ayant été celui qui, par ses ordres, avait administré l'opium aux pestiférés : son pardon fut la condition et devint le prix de ses calomnies. Voilà, sans doute, les premières sources où puisèrent ceux qui n'ont pas été mus par la mauvaise foi.

Du reste, le temps a déjà fait pleine justice de cette absurde calomnie, comme de tant d'autres qu'on avait entassées sur le même caractère, et il l'a fait avec une telle rapidité, qu'en relisant mon manuscrit, je me suis trouvé embarrassé de l'importance que j'avais mise à combattre un fait qu'on n'oserait plus soutenir aujourd'hui. Toutefois, j'ai voulu conserver ce que j'écrivais alors, comme un témoignage de l'impression du moment, et si aujourd'hui j'y ai ajouté de nouveaux détails, c'est que je me les suis trouvés sous la main, et que j'ai pensé qu'il était précieux de les consigner comme historiques.

M. le général Wilson, dans son erreur, s'est vanté avec complaisance d'avoir été le premier à faire connaître et à propager en Europe ces odieuses atrocités. Il est à croire que sir Sidney-Smith, son compatriote, lui disputera cet honneur ; d'autant plus qu'en grande partie il pourrait réclamer avec justice celui de leur invention. C'est dans sa fabrique, et dans le système de corruption qu'il avait importé dans ces parages, qu'ont pris naissance tous ces bruits mensongers qui ont inondé l'Europe au détriment de notre brave armée d'Égypte.

On sait que sir Sidney-Smith ne s'occupait qu'à débaucher notre armée : les fausses nouvelles d'Europe, la diffamation du général en chef, les offres les plus séduisantes aux officiers et aux soldats, tout lui était bon : les pièces sont publiques, on connaît ses proclamations. Un moment elles inquiétèrent même assez le général français pour qu'il s'occupât d'y remédier ; ce qu'il fit en interdisant toute communication avec les Anglais, et mettant à l'ordre du jour que leur commodore était devenu fou ; ce qui fut cru dans l'armée et désespéra sir Sidney-Smith, qui, dans sa fureur, envoya un cartel à Napoléon. Celui-ci fit répondre qu'il avait de trop grandes affaires en tête pour s'occuper de si peu de chose ; que si c'était le grand Marlborough, encore passe, il verrait ; mais que si le marin anglais avait absolument besoin de bretailler, il allait neutraliser quelques toises sur la plage, et y envoyer un des bravaches de l'armée ; que là, le fou de commodore pourrait débarquer, et s'en donner à cœur joie.

Mais, puisque me voilà sur l'Égypte, je vais réunir ici ce que mes conversations éparses m'ont fourni, et qui pourrait ne pas se trouver dans les Mémoires de la campagne d'Égypte, dictés par Napoléon au grand-maréchal.

La campagne d'Italie montre tout ce que le génie et les conceptions militaires peuvent enfanter de plus brillant et de plus positif ; les vues diplomatiques, les talents administratifs, les mesures législatives, y sont constamment en harmonie avec les prodiges de guerre ; ce qui frappe encore et complète le tableau, c'est l'ascendant subit et irrésistible du jeune général ; l'anarchie de l'égalité, la jalousie républicaine, tout disparaît devant lui ; il n'est pas jusqu'à la ridicule souveraineté du Directoire qui ne semble aussitôt suspendue : le Directoire ne demande pas de comptes au général en chef de l'armée d'Italie, il les attend ; il ne lui prescrit point de plan, ne lui ordonne point de système ; mais il reçoit de lui des relations de victoires, des conclusions d'armistice, des renversements d'États anciens, des créations d'États nouveaux, etc.

Eh bien ! tout ce qu'on admire dans la campagne d'Italie se retrouve dans l'expédition d'Égypte. Celui qui observe et qui réfléchit trouve même que tout cela s'y élève encore plus haut, par les difficultés de tout genre qui donnent à cette expédition une physionomie particulière, et requièrent de son chef plus de ressources et de créations ; car ici tout est différent ; le climat, le terrain, les habitants, leur religion, leurs mœurs, la manière de combattre [1], etc.

Les Mémoires de la campagne d'Égypte fixeront les idées qui ne furent, dans le temps, que des conjectures et des discussions pour une partie de la société.

1° L'expédition d'Égypte fut entreprise au grand désir mutuel du Directoire et du général en chef ;

2° La prise de Malte ne fut point due à des intelligences particulières, mais à la sagacité du général en chef : « C'est dans Mantoue que j'ai pris Malte, nous disait un jour l'Empereur, c'est le généreux traitement employé à l'égard de Wurmser qui me valut la soumission du grand-maître [2] et de ses chevaliers » ;

3° L'acquisition de l'Égypte fut calculée avec autant de jugement qu'exécutée avec habileté. Si Saint-Jean-d'Acre eût cédé à l'armée française, une grande révolution s'accomplissait dans l'Orient, le général en chef y fondait un empire, et les destinées de la France se trouvaient livrées à d'autres combinaisons ;

4° Au retour de la campagne de Syrie, l'armée française n'avait presque pas fait de pertes ; elle était dans l'état le plus formidable et le plus prospère ;

5° Le départ du général en chef pour la France fut le résultat du plan le plus magnanime, le plus grand. On doit

1. Les données les plus précieuses sur ces deux immortelles campagnes seront, sans contredit, le recueil des ordres du jour et la correspondance journalière du général en chef avec les généraux et les administrateurs de son armée. On en a publié plusieurs volumes sous le titre de : *Correspondance inédite, officielle et confidentielle de Napoléon Bonaparte, etc.* Paris, chez Panckoucke. Leur ensemble formera sans doute longtemps l'école où tous les gens du métier iront puiser leurs plus heureuses et plus utiles leçons.

N. B. Il s'en est fait depuis, à Stuttgard, 1822, une édition beaucoup plus complète, enrichie d'un grand nombre de pièces inédites et de notes intéressantes dues aux soins de deux savants professeurs allemands, MM. Linder et Le Bret, qui se montrent, bien qu'étrangers, infatigables dans la recherche et la publication de tout ce qui peut faire rendre justice au caractère méconnu de Napoléon. *(Las Cases.)*

2. Homesch, dernier grand-maître de l'ordre de Saint-Jean de Jérusalem.

rire de l'imbécillité de ceux qui considérèrent ce départ comme une évasion ou une désertion ;

6º Kléber tomba victime du fanatisme musulman ; rien ne peut autoriser, en quoi que ce soit, l'absurde calomnie qui essaya d'attribuer cette catastrophe à la politique de son prédécesseur, ou aux intrigues de celui qui lui succéda ;

7º Enfin, il demeure à peu près prouvé que l'Égypte fût restée à jamais une province française, s'il y eût eu, pour la défendre, tout autre que Menou : rien que les fautes grossières de ce dernier ont pu amener sa perte, etc.

L'Empereur disait qu'aucune armée dans le monde n'était moins propre à l'expédition d'Égypte que celle qu'il y conduisit ; c'était celle d'Italie : il serait difficile de rendre le dégoût, le mécontentement, la mélancolie, le désespoir de cette armée, lors de ses premiers moments en Égypte. L'Empereur avait vu deux dragons sortir des rangs, et courir à toute course se précipiter dans le Nil. Bertrand avait vu les généraux les plus distingués, Lannes, Murat, jeter, dans des moments de rage, leurs chapeaux bordés sur le sable et les fouler aux pieds en présence des soldats. L'Empereur expliquait ces sentiments à merveille. « Cette armée avait rempli sa carrière, disait-il ; tous les individus en étaient gorgés de richesses, de grades, de jouissances et de considération ; ils n'étaient plus propres aux déserts ni aux fatigues de l'Égypte ; aussi, continuait-il, si elle se fût trouvée en d'autres mains que les miennes, il serait difficile de déterminer les excès dont elle se fût rendue coupable. »

On y complota plus d'une fois d'enlever les drapeaux, de les ramener à Alexandrie, et plusieurs autres choses semblables. L'influence, le caractère, la gloire de leur chef, purent seuls les retenir. Un jour, Napoléon, gagné par l'humeur à son tour, se précipita dans un groupe de généraux mécontents, et s'adressant à l'un d'eux, de la plus haute stature : « Vous avez tenu des propos séditieux, lui dit-il avec véhémence ; prenez garde que je ne remplisse mon devoir ; vos cinq pieds dix pouces ne vous empêcheraient pas d'être fusillé dans deux heures. »

Cependant, quant à la conduite vis-à-vis de l'ennemi, l'Empereur disait que cette armée ne cessa jamais d'être l'armée d'Italie, qu'elle fut toujours admirable. Ceux surtout que l'Empereur appelait la faction des amoureux à grands sentiments ne pouvaient être conduits ni gouvernés ; leur esprit était malade ; ils passaient les nuits à chercher dans la lune l'image réfléchie des idoles qu'ils avaient laissées au-delà de la mer. A la tête de ceux-ci se trouvait Berthier, faible et sans esprit, qui, lorsque le général en chef fut sur le point d'appareiller de Toulon, accourut de Paris, en poste jour et nuit, pour lui dire qu'il était malade, et qu'il ne pouvait pas le suivre, bien qu'il fût son chef d'état-major. Le général en chef n'y fit seulement pas attention. Berthier n'était plus aux pieds de celle qui l'avait dépêché pour s'excuser ; aussi s'embarqua-t-il ; mais arrivé en Égypte, l'ennui le saisit, il ne put résister à ses souvenirs, il demanda et obtint de retourner en France. Il prit congé de Napoléon, lui fit ses adieux ; mais revint bientôt après, fondant en larmes, disant qu'il ne voulait pas, après tout, se déshonorer, qu'il ne pouvait pas non plus séparer sa vie de celle de son général.

Berthier portait une espèce de culte à ses amours : à côté de sa tente il en avait toujours une autre aussi magnifiquement soignée que le boudoir le plus élégant ; elle était consacrée au portrait de sa maîtresse, auquel il allait jusqu'à brûler parfois des encens. Cette tente s'est dressée même dans les déserts de Syrie. Napoléon disait en souriant qu'il est arrivé néanmoins qu'on a profané plus d'une fois son temple par un culte moins pur, en y introduisant furtivement des divinités étrangères.

Berthier a constamment persisté dans son amour, qui l'a conduit plus d'une fois jusqu'au voisinage de l'idiotisme. Dans sa première rédaction de la bataille de Marengo, le jeune V..., simple capitaine au plus, et son aide de camp, s'y trouvait nommé cinq ou six fois en souvenir de sa mère : c'était lui, disait l'Empereur, qui avait gagné la bataille ; il fallut que le général en chef jetât le papier au nez du rédacteur.

L'Empereur croyait bien avoir donné à Berthier quarante millions dans sa vie ; mais il pensait que la faiblesse de son esprit, son peu d'ordre, sa ridicule passion, en auraient gaspillé une grande partie.

L'humeur des soldats en Égypte s'exhalait heureusement en mauvaises plaisanteries : c'est ce qui sauve toujours les Français. Ils en voulaient beaucoup au général Caffarelli, qu'ils croyaient un des auteurs de l'expédition ; il avait une jambe de bois, ayant perdu la sienne sur les bords du Rhin. Quand, dans leurs murmures, ils le voyaient passer en boitant, ils disaient à ses oreilles : « Celui-là se moque bien de ce qui arrivera ; il est toujours bien sûr d'avoir un pied en France. »

Les savants étaient aussi l'objet de leurs brocards. Les ânes étaient fort communs dans le pays ; il était peu de soldats qui n'en eussent à leur disposition, et ils ne les nommèrent jamais que leurs demi-savants.

Le général en chef, en partant de France, avait fait une proclamation dans laquelle il leur disait qu'il allait les mener dans un pays où il les enrichirait tous ; qu'il voulait les y rendre possesseurs chacun de sept arpents de terre. Les soldats, quand ils se trouvèrent dans le désert, au milieu de cette mer de sable sans limites, ne manquèrent pas de mettre en question la générosité de leur général : ils le trouvaient bien retenu de n'avoir promis que sept arpents. « Le gaillard, disaient-ils, peut bien assurément en donner à discrétion, nous n'en abuserons pas. »

Quand l'armée traversait la Syrie, il n'est pas un des soldats qui n'eût à la bouche ces vers de *Zaïre* [1] :

> Les Français sont lassés de chercher désormais
> Des climats que pour eux le destin n'a point faits.
> Ils n'abandonnent point leur fertile patrie,
> Pour languir aux déserts de l'aride Arabie.

Dans un moment de loisir et d'inspection du pays, le général en chef, profitant de la marée basse, traversa la mer Rouge à pied sec, et gagna la rive opposée. Au retour, il fut surpris par la nuit, et s'égara au milieu de la mer montante ; il courut le plus grand danger et faillit périr précisément de la même manière que Pharaon : « Ce qui n'eût pas manqué, disait gaiement Napoléon, de fournir à tous les prédicateurs de la chrétienté un texte magnifique contre moi. »

Ce fut à son arrivée sur la rive arabique qu'il reçut une députation des cénobites du mont Sinaï [2], qui venaient implorer sa protection et le supplier de vouloir bien s'inscrire sur

---

1. Tragédie de Voltaire.
2. Moines du mont Sinaï, entre les golfes de Suez et d'Aqaba, où selon la tradition biblique Dieu dicta ses lois à Moïse.

l'antique registre de leurs garanties. Napoléon se trouva inscrire son nom à la suite d'Ali, de Saladin, d'Ibrahim et de quelques autres !...

C'est à ce sujet, ou touchant quelque chose de cette nature, que l'Empereur observait que, dans la même année, il avait reçu des lettres de Rome et de La Mecque ; le pape l'appelant son très cher fils, et le chérif, le protecteur de la sainte Kaaba [1].

Ce rapprochement extraordinaire doit être, du reste, à peine surprenant dans celui qu'on a vu conduire des armées, et sur les sables brûlants du Tropique, et dans les steppes glacées du Nord ; qui a failli être englouti par les vagues de la mer Rouge, et a couru des périls dans les flammes de Moscou, menaçant les Indes de ces deux points extrêmes.

Le général en chef partageait la fatigue des soldats ; les besoins étaient quelquefois si grands, qu'on était réduit à se disputer les petites choses, sans distinction de rang ; ainsi, il était telle circonstance, dans le désert, où les soldats auraient à peine cédé leur place à leur général, pour qu'il vînt tremper ses mains dans une source fangeuse. Passant sous les ruines de Péluse, et suffoqué par la chaleur, on lui céda un débris de porte où il put, quelques instants, mettre sa tête à l'ombre. « Et on me faisait là, disait Napoléon, une immense concession. » C'est précisément là qu'en remuant quelques pierres à ses pieds, un hasard bien singulier lui présenta une superbe antique connue parmi les savants [2].

Quand les Français voulurent se rendre en Asie, ils eurent à traverser le désert qui la sépare de l'Afrique. Kléber, qui commandait l'avant-garde, manqua sa route et s'égara dans le désert. Napoléon, qui le suivait à une demi-journée, vint donner, à la nuit tombante, avec une légère escorte, dans le milieu du camp des Turcs ; il fut vivement poursuivi, et

1. Petit sanctuaire de la mosquée de La Mecque, qui abrite la fameuse pierre noire et vers lequel se tournent les musulmans pour la prière.
2. C'était un camée d'Auguste, seulement ébauché ; mais une superbe ébauche. Napoléon le donna au général Andréossy, qui recherchait beaucoup les antiquités ; M. Denon, alors absent, ayant vu plus tard ce camée, fut frappé de sa ressemblance avec Napoléon qui alors reprit le camée pour lui-même. Depuis il était passé à Joséphine, et M. Denon ne sait plus ce qu'il est devenu. (Détails fournis par M. Denon depuis mon retour en France.) *(Las Cases.)*

n'échappa que parce que, la nuit venue, les Turcs prirent cette circonstance pour une embûche. Mais qu'était devenu le corps de Kléber ? La plus grande partie de la nuit se passa dans une anxiété cruelle. On reçut enfin des indices par quelques Arabes du désert, et le général en chef courut, sur son dromadaire, à la recherche de ses soldats. Il les trouva dans le plus profond désespoir, à la veille de périr de soif et de fatigue, de jeunes soldats avaient même brisé leurs fusils ; la vue du général sembla les rappeler à la vie en leur rendant l'espérance. Napoléon leur annonça en effet des vivres et de l'eau qui le suivaient. « Mais quand tout cela eût tardé encore davantage, leur disait-il, serait-ce une raison de murmurer et de manquer de courage ? Non, soldats, apprenez à mourir avec honneur. »

Napoléon voyageait la plupart du temps, dans le désert, sur un dromadaire. La dureté physique de cet animal fait qu'on ne s'occupe nullement de ses besoins, il mange et boit à peine ; mais sa délicatesse morale est extrême, il se bute et devient furieux contre les mauvais traitements. L'Empereur disait que la dureté de son trot donnait des nausées, comme le roulis d'un vaisseau ; cet animal fait vingt lieues dans la journée. L'Empereur en créa des régiments, et l'emploi militaire qu'il leur donna fut bientôt la désolation des Arabes. Le cavalier s'accroupit sur le dos de l'animal ; un anneau, passé dans les narines de celui-ci, sert à le conduire : il est très obéissant ; à un certain bruit du cavalier, l'animal s'agenouille, pour lui donner la facilité de descendre. Le dromadaire porte des fardeaux très lourds ; on ne le décharge jamais pendant tout le voyage ; arrivé le soir à la station, on place des étais sous le fardeau, l'animal s'accroupit et sommeille ; au jour il se relève, la charge est à sa place, il continue sa route. Le dromadaire n'est qu'une bête de somme, un animal purement de fardeau et nullement de trait. Toutefois, en Syrie, on était venu à bout de les atteler à des pièces d'artillerie et de leur faire rendre des services assez essentiels.

Napoléon, que les habitants d'Égypte n'appelaient que le *sultan Kébir* (père du feu), s'y était rendu très populaire. Il avait inspiré un respect spécial pour sa personne ; partout où il paraissait, on se levait en sa présence ; on n'avait cette déférence que pour lui seul. Les égards constants qu'il eut pour les scheiks, l'adresse avec laquelle il sut les gagner, en avaient fait le véritable souverain de l'Égypte, et lui sauvèrent plus d'une fois la vie ; sans leurs révélations, il eût été victime du combat sacré comme Kléber ; celui-ci au contraire s'aliéna les scheiks en en faisant bâtonner un, et il périt. Bertrand se trouva un des juges qui condamnèrent l'assassin, et il nous le faisait observer un jour à dîner, ce qui fit dire à l'Empereur : « Si les libellistes qui veulent que ce soit moi qui aie fait périr Kléber le savaient, ils ne manqueraient pas de vous dire l'assassin ou le complice, et concluraient que votre titre de grand-maréchal et votre séjour à Sainte-Hélène en ont été la récompense et le châtiment. »

Napoléon causait volontiers avec les gens du pays, et leur montrait toujours des sentiments de justice qui les frappaient. Revenant de Syrie, une tribu arabe vint au-devant de lui, tout à la fois pour lui faire honneur et vendre ses services de transports. « Le chef était malade ; il s'était fait remplacer par son fils, de l'âge et de la taille du vôtre que voilà, me disait l'Empereur ; il était sur son dromadaire, marchant à côté du général en chef, le serrant de très près, et causant avec beaucoup de babil et de familiarité.

« – Sultan Kébir, lui disait-il, j'aurais un bon conseil à vous donner, à présent que vous revenez au Caire.

« – Eh bien ! parle, mon ami ; je le suivrai, s'il est bon.

« – Voici ce que je ferais, si j'étais de vous : en arrivant au Caire, je ferais venir sur la place le plus riche marchand d'esclaves, et je choisirais pour moi les vingt plus jolies femmes ; je ferais venir ensuite les plus riches marchands de pierreries, et je me ferais donner une bonne part ; je ferais de même de tous les autres ; car à quoi bon régner ou être le plus fort, si ce n'est pour acquérir des richesses !

« – Mais, mon ami, s'il était plus beau de les conserver aux autres ?

« Cette maxime sembla le faire penser, mais non pas le convaincre. Le jeune homme promettait beaucoup, comme on voit, pour un Arabe ; il était vif, intrépide, conduisait sa troupe avec ordre et hauteur. Peut-être est-il appelé à choisir un jour dans la place du Caire tout ce qu'il conseillait d'y prendre. »

Une autre fois des Arabes, avec lesquels on était en inimitié, pénétrèrent dans un village de la frontière, et un malheureux *fellah* (paysan) fut tué. Le sultan Kébir entra dans une grande colère, et donna l'ordre de poursuivre la tribu dans le désert jusqu'à extinction, jurant d'en obtenir vengeance. Cela se passait devant les grands scheiks ; l'un d'eux se prit à rire de sa colère et de sa détermination : « Sultan Kébir, lui dit-il, vous jouez là un mauvais jeu : ne vous brouillez pas avec ces gens-là, ils peuvent vous rendre dix fois plus de mal que vous ne pourriez leur en faire. Et puis pourquoi tant de bruit ? Parce qu'ils ont tué un misérable ? Est-ce qu'il était votre cousin (expression proverbiale chez eux) ?

« – Il est bien mieux que cela, reprit vivement Napoléon, tous ceux que je gouverne sont mes enfants ; la puissance ne m'a été donnée que pour garantir leur sûreté. » Tous les scheiks s'inclinant à ces paroles dirent :

« – Oh ! c'est beau ! Tu as parlé comme le Prophète. »

La décision de la grande mosquée du Caire, en faveur de l'armée française, fut un chef-d'œuvre d'habileté de la part du général en chef : il amena le synode des grands scheiks à déclarer, par un acte public, que les musulmans pouvaient obéir et payer tribut au général français. C'est le premier et seul exemple de la sorte, depuis l'établissement du Coran, qui défend de se soumettre aux infidèles : les détails en sont précieux ; on les trouvera dans les campagnes d'Égypte.

Il est bizarre sans doute de voir, à Saint-Jean-d'Acre, des Européens venir se battre dans une bicoque d'Asie, pour s'assurer la possession d'une partie de l'Afrique ; mais il l'est bien davantage que ceux qui dirigeaient les efforts opposés fussent de la même nation, du même âge, de la même classe, de la même arme, de la même école.

Philippeaux, aux talents duquel les Anglais et les Turcs durent le salut de Saint-Jean-d'Acre, avait été camarade de Napoléon à l'École militaire de Paris, ils y avaient été examinés ensemble avant d'être envoyés dans leurs corps respectifs. « Il était de votre taille », me disait un jour l'Empereur, qui venait d'en dicter l'éloge dans un des chapitres de la campagne d'Égypte, après y avoir mentionné tout le mal qu'il en avait reçu. « Sire, répondais-je, il y avait bien plus d'affinité encore ; nous avions été intimes et inséparables à l'École militaire. En passant par Londres, avec sir Sidney-Smith, dont il venait de procurer l'évasion du Temple, il me fit chercher partout ; je ne le manquai à son logement que d'une demi-heure ; je l'eusse probablement suivi, je ne faisais rien alors, des aventures m'eussent paru séduisantes, et pourtant quelle combinaison nouvelle dans mes destinées !!! »

« C'est parce que je sais toute la part que le hasard a sur nos déterminations politiques, disait à ce sujet l'Empereur, que j'ai toujours été sans préjugés, et fort indulgent sur le parti que l'on avait suivi dans nos convulsions : être bon Français, ou vouloir le devenir, était tout ce qu'il me fallait. » Et l'Empereur comparait la confusion de nos troubles à des combats de nuit, où souvent l'on frappe sur le voisin au lieu de frapper sur l'ennemi, et où tout se pardonne au jour, quand l'ordre s'est rétabli, et que tout s'est éclairci. « Et moi-même, puis-je affirmer, disait-il, malgré mes opinions naturelles, qu'il n'y eût pas eu telles circonstances qui eussent pu me faire émigrer ? le voisinage de la frontière, une liaison d'amitié, l'influence d'un chef, etc. En révolution, on ne peut affirmer que ce qu'on a fait : il ne serait pas sage d'affirmer qu'on n'aurait pas pu faire autre chose. » Et il citait à ce sujet un exemple bien singulier du hasard sur les destinées : Sérurier et Hédouville cadet marchent de compagnie pour émigrer en Espagne ; une patrouille les rencontre : Hédouville, plus jeune, plus leste, franchit la frontière, se croit très heureux, et va végéter misérablement en Espagne. Sérurier, obligé de rebrousser dans l'intérieur, et s'en désolant, devient maréchal : voilà pourtant ce qu'il en est des hommes, de leurs calculs et de leur sagesse !

A Saint-Jean-d'Acre, le général en chef perdit Caffarelli, qu'il aimait extrêmement et dont il faisait le plus grand cas ; celui-ci portait une espèce de culte à son général en chef ; l'influence était telle qu'ayant eu plusieurs jours de délire avant de mourir, lorsqu'on lui annonçait Napoléon, ce nom semblait le rappeler à la vie ; il se recueillait, reprenait ses esprits, causait avec suite, et retombait aussitôt après son départ : cette espèce de phénomène se renouvela toutes les fois que le général en chef vint auprès de lui.

Napoléon reçut, durant le siège de Saint-Jean-d'Acre, une preuve de dévouement héroïque et bien touchante : étant dans la tranchée, une bombe tomba à ses pieds ; deux grenadiers se jetèrent aussitôt sur lui, le placèrent entre eux deux ; et élevant les bras au-dessus de sa tête, le couvrirent de toutes parts. Par bonheur, la bombe respecta tout le groupe ; nul ne fut touché.

Un de ces braves grenadiers a été depuis le général Daumesnil, demeuré si populaire parmi les soldats sous le nom de la Jambe de bois. Il perdit une jambe dans la campagne de Moscou, et commandait la place de Vincennes lors de l'invasion de 1814[1].

La capitale était occupée depuis plusieurs semaines par les Alliés, que Daumesnil tenait encore. Il n'était alors question, dans tout Paris, que de son obstination à se défendre, et de la gaieté de sa réponse aux sommations russes : « Quand vous me rendrez ma jambe, je vous rendrai ma place. »

Mais à côté de la plaisanterie, voici du sublime : l'ennemi convoitait fort l'immense matériel renfermé dans la place, dont la valeur dépassait cent millions. N'obtenant rien de la menace, il eut recours à la séduction ; un million fut offert à Daumesnil qui répondit froidement : « Vous ne serez pas plus heureux contre ma pauvreté, je ne veux rien, et mon refus *sera la richesse de mes enfants.* »

Qui croirait qu'un tel acte, dont on devrait être si fier d'embellir notre histoire, et qu'on devrait être si empressé de présenter à l'imitation, viendrait échouer deux fois contre la proposition d'une récompense et d'une consécration nationales ! Comment expliquer un pareil refus, que de meilleurs temps tiendront pour incroyable ! Mais ce que n'ont pas voulu faire les organes de la représentation nationale, le peuple le fera pour lui-même ; des souscriptions particulières acquitteront la dette du Trésor public, et la mémoire de Daumesnil n'y aura rien perdu.

L'armée française s'était acquis en Égypte une réputation sans égale, et elle la méritait ; elle avait dispersé et frappé de terreur les célèbres Mamelouks[2], la milice la plus redoutable de l'Orient. Après la retraite de Syrie, une armée turque vint débarquer à Aboukir ; Mourad-Bey, le plus brave et le plus capable des Mamelouks, sortit de la Haute-Égypte où il s'était réfugié, et gagna, par des chemins détournés, le camp

---

1. L'autre était Souchon qui, trois fois, reçut des armes d'honneur. *(Las Cases.)*
2. Milice égyptienne que Bonaparte vainquit à la bataille des Pyramides le 21 juillet 1798.

des Turcs. Au débarquement de ceux-ci, les détachements français s'étaient repliés pour se concentrer : fier de cette apparence de crainte, le pacha qui commandait dit avec emphase, en apercevant Mourad-Bey : « Eh bien ! ces Français tant redoutés, dont tu n'as pu soutenir la présence, je me montre, les voilà qui fuient devant moi ! » Mourad-Bey, vivement blessé, lui répondit avec une espèce de fureur : « Pacha, rends grâce au Prophète qu'il convienne à ces Français de se retirer, car s'ils se retournaient, tu disparaîtrais devant eux comme la poussière devant l'aquilon. »

Il prophétisait : à quelques jours de là, les Français vinrent fondre sur cette armée ; elle disparut, et Mourad-Bey, qui eut des entrevues avec plusieurs de nos généraux, ne revenait pas de la petitesse de leur taille, et de l'état chétif de leur personne : les Orientaux attachent une haute importance aux formes de la nature ; ils ne concevaient pas comment tant de génie pouvait se trouver sous une si mince enveloppe. La vue seule de Kléber satisfit leur pensée : c'était un homme superbe, mais de manières très dures. La sagacité des Égyptiens leur avait fait deviner qu'il n'était pas Français ; en effet, bien qu'Alsacien, il avait passé ses premières années dans l'année prussienne et pouvait passer pour un pur Allemand. L'un de nous prétendit alors qu'il avait été janissaire [1] dans sa jeunesse, ce qui fit rire beaucoup l'Empereur, qui lui dit qu'on s'était moqué de lui.

Le grand-maréchal disait à l'Empereur qu'à la bataille d'Aboukir il se trouvait pour la première fois dans son armée et près de sa personne : il était si peu fait, continuait-il, à l'audace de ses manœuvres, qu'il comprit à peine aucun des ordres qu'il entendit donner. « Surtout, sire, disait-il, quand je vous entendis crier à un officier de vos guides : *Allons, mon cher Hercule* [2], *prenez vingt-cinq hommes, et chargez-moi cette canaille.* Vraiment, je me crus hors de mes sens : Votre Majesté montrait de la main peut-être mille chevaux turcs. »

Du reste, les pertes de l'armée d'Égypte sont loin d'être aussi considérables que pourraient le faire présumer un sol

1. Membre d'une milice turque qui se recrutait parmi les chrétiens prisonniers convertis à l'islam.
2. Surnom de Domingue.

aussi étranger, l'insalubrité du climat, l'éloignement de toutes les ressources de la patrie, les ravages de la peste, et surtout les nombreux combats qui ont immortalisé cette armée. Elle était, au débarquement, de trente mille hommes ; elle s'accrut de tous les débris de la bataille navale d'Aboukir, et peut-être encore de quelque arrivage partiel de France ; et cependant la perte totale [1], depuis l'entrée en campagne jusqu'à deux mois après le départ du général en chef pour l'Europe, c'est-à-dire dans l'espace de vingt-sept à vingt-huit mois, ne s'élève qu'à huit mille neuf cent quinze, ainsi que le prouve le document officiel de l'ordonnateur en chef de cette armée.

Assurément, il faut bien que la vie d'un homme soit pleine de prodiges pour qu'on s'arrête à peine sur un des actes dont on ne trouve pas d'exemple dans l'histoire. Quand César passa le Rubicon et que la souveraineté en fut le résultat, César avait une armée et marchait à son corps défendant. Quand Alexandre, poussé par l'ardeur de la jeunesse et par le feu de son génie, alla débarquer en Asie pour faire la guerre au grand roi, Alexandre était le fils d'un roi, roi lui-même, et il courait aux chances de l'ambition et de la gloire à la tête des forces de son royaume. Mais qu'un simple particulier, dont le nom trois ans auparavant était inconnu à tous, qui n'avait eu en cet instant d'autre auxiliaire que quelques victoires, son nom et la conscience de son génie, ait osé concevoir de saisir à lui seul les destinées de trente millions d'hommes, de les sauver des défaites du dehors et des dissensions du dedans ; qu'ému, à la lecture des troubles qu'on lui peignait, à l'idée des désastres qu'il prévoyait, il se soit écrié : « De beaux parleurs, des bavards perdent la France ! Il est temps de la sauver ! » Qu'il ait abandonné son armée, traversé les mers, au péril de sa liberté, de sa réputation ; atteint le sol français, volé dans la capitale ; qu'il y

---

1. Tués dans les combats 3 614
Morts de leurs blessures 854
Morts par accidents 290
Morts par maladies ordinaires 2 468
Morts de la fièvre pestilentielle 1 689

Total . . 8 915

Au Caire, le 10 frimaire an IX.

(Note de Las Cases.)

L'ordonnateur en chef,
Signé : Sartelon.

ait saisi en effet le timon, arrêté court une nation ivre de tous les excès ; qu'il l'ait replacée subitement dans les vrais sentiers de la raison et des principes ; qu'il lui ait préparé, dès cet instant, un jet de puissance et de gloire inconnu jusque-là, et que le tout se soit accompli sans qu'il en coûtât une larme ou une goutte de sang à personne, c'est ce que l'on peut appeler une des plus gigantesques et des plus sublimes entreprises dont on ait jamais entendu parler ; c'est ce qui saisira d'étonnement et d'admiration une postérité calme, sans passions ; et c'est pourtant ce que des gens du temps qualifièrent d'évasion désespérée, d'infâme désertion. Toutefois l'armée qu'il laissa après lui occupa l'Égypte deux ans encore. L'opinion de l'Empereur était qu'elle ne devait même jamais y être forcée ; le grand-maréchal, qui y est resté jusqu'au dernier instant, en convenait aussi.

Après le départ du général en chef pour la France, Kléber, qui lui succéda, circonvenu et séduit par des faiseurs, traita de l'évacuation de l'Égypte ; mais quand le refus des ennemis l'eut contraint de s'acquérir une nouvelle gloire et de mieux connaître ses forces, il changea tout à fait de pensée, et devint lui-même partisan de l'occupation de l'Égypte ; ce devint aussi le sentiment général de l'armée. Kléber alors ne s'occupa plus qu'à s'y maintenir ; il éloigna de lui les meneurs qui avaient dirigé sa première intention, et ne s'entoura plus que de l'opinion contraire. L'Égypte n'eût jamais couru de dangers s'il eût vécu ; sa mort seule en amena la perte. Alors l'armée se partagea entre Menou et Reynier ; ce ne fut plus qu'un champ d'intrigues ; la force et le courage des Français restèrent les mêmes ; mais l'emploi ou la destination qu'en fit le général ne ressemblèrent plus à rien.

Menou était tout à fait incapable. Les Anglais vinrent l'attaquer avec vingt mille hommes ; il avait des forces beaucoup plus nombreuses, et le moral des deux armées ne pouvait pas se comparer. Par un aveuglement inconcevable, Menou se hâta de disperser toutes ses troupes, dès qu'il apprit que les Anglais paraissaient ; ceux-ci se présentèrent en masse, et ne furent attaqués qu'en détail. Ici l'Empereur disait : « Comme la fortune est aveugle ! Avec des mesures inverses, les Anglais eussent été infailliblement détruits, et que de nouvelles chances pouvait amener un tel échec ! »

Leur débarquement, du reste, fut admirable, disait le grand-maréchal ; en moins de cinq à six minutes, ils présentèrent cinq mille cinq cents hommes en bataille, c'était un mouvement d'opéra ; ils en firent trois pareils. Douze cents hommes seuls s'opposèrent à ce débarquement, et causèrent beaucoup de dommages. A très peu de temps de là, cette masse de treize à quatorze mille hommes fut intrépidement attaquée par le général Lanusse, qui n'en avait que trois mille, et qui, brûlant d'ambition et ne désespérant pas d'en venir à bout à lui tout seul, ne voulut attendre personne ; il renversa tout d'abord, fit un carnage immense, et succomba. S'il eût eu seulement deux à trois mille hommes de plus, il remplissait son projet.

Les Anglais furent bien surpris quand ils jugèrent par eux-mêmes de notre situation en Égypte, et s'estimèrent bien heureux de la tournure qu'avaient prise les affaires.

Le général Hutchinson, qui recueillit la conquête, disait plus tard en Europe que s'ils avaient connu le véritable état des choses, ils n'auraient certainement jamais tenté le débarquement ; mais on était persuadé en Angleterre qu'il n'y avait pas six mille Français en Égypte. Cette erreur venait des lettres interceptées et des intelligences dans le pays même. « Tant il est dans le caractère français, disait l'Empereur, d'exagérer, de se plaindre et de tout défigurer dès qu'on est mécontent. La foule de ces rapports pourtant n'était que le résultat de la mauvaise humeur ou des imaginations malades : il n'y avait rien à manger en Égypte, écrivait-on ; toute l'armée avait péri à chaque nouvelle bataille ; les maladies avaient tout emporté, il ne restait plus personne, etc. »

La continuité de ces rapports avait fini par persuader Pitt ; et comment ne l'eût-il pas été ? Par une bizarrerie des circonstances, les premières dépêches de Kléber adressées au Directoire et les lettres de l'armée furent reçues à Paris précisément par l'ancien général d'Égypte, qui venait d'exécuter le dix-huit brumaire ; et qu'on explique, si l'on peut, les contradictions qu'elles renfermaient ; qu'on se serve, si l'on veut ensuite, d'autorités individuelles pour soutenir son opinion. Kléber, général en chef, mandait au Directoire qu'il n'avait que six mille hommes ; et, dans le même paquet, les états de l'inspecteur aux revues en montraient au-delà de vingt mille. Il disait qu'il était sans argent et les comptes du

Trésor montraient de grandes sommes. Il disait que l'artillerie n'était plus qu'un parc retranché, vide de toutes munitions, et les états de cette arme constataient des approvisionnements pour plusieurs campagnes. « Aussi, disait Napoléon, si Kléber, en vertu du traité qu'il avait commencé, avait évacué l'Égypte, je n'eusse pas manqué de le mettre en jugement à son arrivée en France. Toutes ces pièces contradictoires avaient été déjà soumises à l'examen et à l'opinion du Conseil d'État. »

Qu'on juge, d'après les lettres de Kléber, le général en chef, ce que pouvaient être celles d'un rang inférieur, celles des simples soldats. Voilà cependant ce que les Anglais interceptaient tous les jours ; ce qu'ils ont imprimé, ce qui a dirigé leurs opérations, ce qui aurait dû leur coûter bien cher. L'Empereur, dans toutes ses campagnes, disait-il, a toujours vu le même effet des lettres interceptées, et quelquefois il en a recueilli de grands fruits.

Dans les lettres qui lui tombèrent alors dans les mains, il trouva des horreurs contre sa personne ; elles durent lui être d'autant plus sensibles que plusieurs venaient de gens qu'il avait comblés, auxquels il avait donné sa confiance, et qu'il croyait lui être fort attachés. Un d'eux, dont il avait fait la fortune, et sur lequel il devait compter le plus, mandait que le général en chef venait de s'évader, volant deux millions au Trésor. Heureusement, dans ces mêmes dépêches, les comptes du payeur témoignaient que le général n'avait pas même pris la totalité de son traitement. « A cette lecture, disait l'Empereur, j'éprouvai un vrai dégoût des hommes : ce fut le premier découragement moral que j'aie senti et, s'il n'a pas été le seul, du moins il a été peut-être le plus vif. Chacun, dans l'armée, me croyait perdu, et l'on s'empressait déjà de faire sa cour à mes dépens. » Du reste, cette même personne tenta depuis de rentrer en faveur : l'Empereur dit qu'il n'empêcha point qu'on ne l'employât subalternement, mais il ne voulut jamais le revoir. Il répondit constamment qu'il ne le connaissait pas ; ce fut là toute sa vengeance.

L'Empereur répétait jusqu'à satiété que l'Égypte devait demeurer à la France et qu'elle y fût infailliblement demeurée si elle eût été défendue par Kléber ou Desaix. C'étaient ses deux lieutenants les plus distingués, disait-il ; tous deux d'un grand et rare mérite, quoique d'un caractère et de dispositions

bien différentes. On en trouvera les portraits dans les Mémoires de la campagne d'Égypte.

Kléber était le talent de la nature : celui de Desaix était
entièrement celui de l'éducation et du travail. Le génie de
Kléber ne jaillissait que par moments, quand il était réveillé
par l'importance de l'occasion, et il se rendormait aussitôt
après au sein de la mollesse et des plaisirs. Le talent de
Desaix était de tous les instants ; il ne vivait, ne respirait que
l'ambition noble et la véritable gloire : c'était un caractère
tout à fait antique. L'Empereur dit que sa mort a été la plus
grande perte qu'il ait pu faire ; leur conformité d'éducation
et de principes eussent fait qu'ils se seraient toujours entendus ; Desaix se serait contenté du second rang, et fût toujours
demeuré dévoué et fidèle. S'il n'eût pas été tué à Marengo,
le Premier consul lui eût donné l'armée d'Allemagne, au lieu
de la continuer à Moreau. Du reste, une circonstance bien
extraordinaire dans la destinée de ces deux lieutenants de
Napoléon, c'est que le même jour et à la même heure où
Desaix tombait à Marengo d'un coup de canon, Kléber périssait assassiné au Caire.

DIMANCHE 1er, LUNDI 2 OCTOBRE.

Nature des dictées de l'Empereur.

Le vent, la mer, la température restaient toujours les
mêmes. Ce vent d'ouest, qui nous avait été d'abord si favorable, commençait à nous devenir contraire : nous nous étions
jetés à l'est, dans l'espoir des vents alizés ; mais à présent
nous nous trouvions sous le vent de notre destination, par la
continuité de ces vents d'ouest dont la constance surprenait
tout le monde, et faisait la désolation de tout l'équipage.

Pour l'Empereur, il continuait régulièrement chaque matin
ses dictées auxquelles il s'attachait chaque jour davantage ;
aussi les heures lui semblaient-elles désormais moins lourdes.

Le vaisseau avait été poussé tellement vite hors du port, que
tout y était resté à faire en pleine mer. Il n'y avait pas longtemps
qu'on venait de le peindre : l'Empereur a l'odorat extrêmement délicat ; cette odeur de peinture l'affecta spécialement,
il en fut très incommodé, et garda la chambre deux jours.

Chaque soir c'était un plaisir pour lui, en se promenant sur le pont, de revenir sur le travail du matin. Il ne s'était trouvé d'abord d'autre document qu'un mauvais ouvrage, sous le titre de *Guerre des Français en Italie* [1], sans motif, sans but, sans chronologie suivie : l'Empereur le parcourait, sa mémoire faisait le reste ; je la trouvais d'autant plus admirable, qu'elle semblait arriver au besoin et comme de commande.

L'Empereur se plaignait chaque jour, en commençant, que ces objets lui étaient devenus étrangers ; il semblait se défier de lui, disant qu'il ne pourrait jamais arriver au résultat ; il rêvait alors pendant quelques minutes, puis se levait, se mettait à marcher et commençait à dicter. Dès cet instant, c'était un tout autre homme ; tout coulait de source, il parlait comme par inspiration ; les expressions, les lieux, les dates, rien ne l'arrêtait plus.

Le lendemain, je lui rapportais au net ce qu'il avait dicté. A la première correction qu'il indiquait, il continuait à dicter le même sujet, comme s'il n'eût rien dit la veille ; la différence de cette seconde version à la première était fort grande ; celle-ci était plus positive, plus abondante, mieux ordonnée, elle présentait même parfois des différences matérielles avec la première.

Le surlendemain, à la première correction, encore même opération et troisième dictée, qui tenait des deux premières, et les mettait d'accord. Mais à partir de là, eût-il dicté une quatrième, une septième, une dixième fois, ce qui n'a pas été sans exemple, c'était désormais toujours précisément les mêmes idées, la même contexture, presque les mêmes expressions ; aussi n'avait-on plus besoin de prendre la peine d'écrire, bien que sous ses yeux, il n'y faisait pas d'attention et continuait jusqu'au bout. Si l'on n'avait pas entendu, c'eût été vainement qu'on eût essayé de le faire répéter, il allait toujours, et comme c'était extrêmement vite, on ne s'y hasardait pas, dans la crainte de perdre encore davantage, et de ne plus s'y retrouver.

MARDI 3 AU SAMEDI 7.

Singulière bizarrerie du hasard.

Les vents constants du sud-ouest étaient devenus une véritable calamité ; nous reculions désormais au lieu d'avancer ;

1. Ouvrage de Servan (1805).

nous nous enfoncions tout à fait dans le golfe de Guinée.
Nous y aperçûmes un bâtiment qu'on fit reconnaître : l'on
fit signal que c'était un Français égaré comme nous, et hors
de sa route, qui, parti d'un port de Bretagne, se rendait à l'île
Bourbon. L'Empereur s'occupait beaucoup de son manque
de livres ; je lui dis en riant que j'en avais peut-être une caisse
à bord de ce bâtiment ; car j'en avais expédié une à cette
destination, il y avait peu de mois. Ce que peut la bizarrerie
du hasard, je disais vrai ! Si j'avais cherché ce bâtiment,
j'aurais inutilement, sans doute, parcouru toutes les mers :
c'était lui ; je l'appris le lendemain, quand je connus son
nom par l'officier qui en avait fait la visite. Celui-ci avait
étrangement surpris le capitaine, vieux Français, en lui disant
que l'empereur Napoléon était à bord du vaisseau qu'il
voyait, faisant route pour Sainte-Hélène. Le bonhomme,
secouant la tête avec douleur, lui avait dit : « Vous nous privez
de notre trésor, vous nous enlevez celui qui pouvait nous
gouverner suivant nos mœurs et nos goûts. »

DIMANCHE 8 AU MERCREDI 11.

> *Murmures contre l'amiral. Examen d'un nouvel*
> *ouvrage. Réfutations. Réflexions.*

Le temps était d'une obstination sans exemple. Chaque
soir on se consolait de la contrariété du jour, dans l'espoir
d'une crise heureuse de la nuit ; mais chaque matin on se
réveillait avec le même chagrin. Nous avions été presque à
la vue du Congo, nous courions pour nous en éloigner. Le
temps semblait pris de manière à ne changer jamais. Le
découragement était extrême, l'ennui au dernier degré. Les
Anglais s'en prenaient à leur amiral : s'il avait pris la route
de tout le monde, disait-on, on serait arrivé depuis longtemps ; ses caprices l'avaient porté, contre toute raison, à une
expérience dont on ne verrait pas la fin. Les murmures cependant n'étaient pas aussi violents que contre Christophe
Colomb ; nous eussions trop ri, pour notre compte, de le voir
réduit à trouver un Saint-Salvador pour se dérober à la crise.
Pour moi, que le travail employait en entier, je m'occupais
à peine de ce contretemps : et qu'importait après tout une
prison ou une autre ! Quant à l'Empereur, il y semblait plus

insensible encore, il ne voyait dans tout cela que des jours écoulés.

Les Mémoires de Napoléon Bonaparte, par quelqu'un qui ne l'a jamais quitté pendant quinze ans, tel fut l'ouvrage qui, dans mon examen, succéda à celui de M. Wilson ; volume anonyme, ce qui devait suffire déjà pour inspirer à tous une première défiance ; mais sa contexture et son style imposent bientôt des doutes plus positifs encore à tout lecteur qui a de la réflexion et l'habitude des ouvrages ; enfin, celui qui a vu et qui connaît tant soit peu l'Empereur n'hésite pas, dès les premières pages, à affirmer que cet écrit est un véritable roman fait à plaisir ; que son auteur n'a jamais connu, ni approché l'Empereur : il est à cent lieues de son langage, de ses habitudes et de tout ce qui le concerne. L'Empereur n'a jamais dit à un ministre : « Comte, faites ceci, comte, exécutez cela » ; les ambassadeurs ne venaient point à son lever ; Napoléon ne pouvait faire, à quatorze ans, à une dame, en compagnie, la réponse qu'on lui prête au sujet du vicomte de Turenne, parce que de dix ans à dix-huit, il était aux écoles militaires, et qu'on n'y recevait pas la compagnie des dames ; ce n'est pas Pérignon, qui ne le connaissait pas, mais Dugommier, qui avait été son général, qui le recommandait d'une manière si distinguée au Directoire ; c'est une lettre pour rétablir la démocratie, et non les Bourbons, qu'un militaire adressa dans le temps au Premier consul, etc. Jamais l'Empereur, auquel on accorda assez généralement en Europe d'avoir été impénétrable dans ses projets et ses vues, n'a eu l'habitude des gestes qui eussent pu le trahir, encore moins celle des monologues qu'on eût pu entendre ; sa colère ne le jeta jamais dans des accès d'insanité [1] ou d'épilepsie, fable ridicule qui a fait longtemps la nourriture de certains salons de Paris, et qu'ils avaient fini par abandonner eux-mêmes, quand ils eurent vu que ces accidents n'arrivaient jamais dans les occasions importantes. Cette production est indubitablement un ouvrage de commande, une spéculation de libraire, lequel aura fourni le titre. Quoi qu'il en soit, on eût pensé qu'avec une carrière aussi publique que celle de l'Empereur et de ceux qui l'entouraient, l'auteur eût pu montrer plus de connaissance et de vérité : il sent son insuffisance à cet égard,

1. De folie.

et cherche à s'en défendre en disant qu'il a dû altérer les noms, et n'a pas voulu faire certains portraits trop ressemblants ; mais il pousse cette circonspection jusqu'aux faits mêmes ; on ne saurait les reconnaître, la plupart sont entièrement de son imagination ; ainsi ce papier d'Égypte, dont la perte cause tant d'anxiété au général en chef ; cette recommandation du jeune Anglais, qui transporte Bonaparte de joie, en lui ouvrant une si brillante perspective de fortune à Constantinople ; ce vrai mélodrame de la Malmaison, où l'héroïsme de Mme Bonaparte, dont il fait une amazone, pourvoit avec tant de courage, d'activité, au salut de son mari, sont autant de fables, dont la dernière, pour le dire en passant, nous montre que le caractère et les dispositions de l'impératrice Joséphine n'étaient pas plus familiers à l'auteur que ceux de l'Empereur. Toutefois, l'écrivain en vantant de temps à autre certains traits, relevant certaines actions, combattant certaines impostures, se donne un air d'impartialité qui, aux yeux du vulgaire, joint à sa prétendue situation auprès de l'Empereur durant quinze ans, produit un merveilleux effet. La plupart des Anglais du vaisseau s'étaient attachés à cet ouvrage comme à une espèce d'oracle. Ils ne revenaient pas de voir l'Empereur si différent du caractère que lui prête ce roman ; ils étaient plus naturellement portés à penser que l'adversité ou la contrainte changeait l'Empereur, que d'imaginer que ces choses imprimées étaient tout bonnement des mensonges ; à mes observations, ils répondaient toujours :

– C'est pourtant d'un homme impartial, et qui ne l'a pas quitté depuis quinze ans !

– Mais, leur disais-je, quel est le nom de cet homme ? S'il vous avait injurié personnellement dans son livre, comment le traîneriez-vous devant un tribunal, pour en avoir justice ? Le premier d'entre nous ne pourrait-il pas en être l'auteur ?

Ces arguments étaient sans réplique sans doute ; mais il leur en coûtait beaucoup pour détruire eux-mêmes la première impression qu'ils avaient reçue : tel est le vulgaire, et l'effet inévitable que produisent toujours sur lui les mensonges imprimés !

Quoi qu'il en soit, je n'irai pas plus loin sur un ouvrage qui ne vaut pas qu'on s'en inquiète davantage ; je fais grâce de ce qui suivait, je le supprime. En relisant mon manuscrit, en Europe, je trouve que l'opinion a fait de tels progrès, que j'aurais honte aujourd'hui de combattre des allégations et des faits que l'esprit et le bon goût ont repoussés depuis longtemps, et qu'on ne retrouve plus que dans la bouche des sots.

Toutefois, en détruisant les idées imaginaires que notre anonyme s'est plu à donner du caractère de Napoléon, on pensera peut-être que j'aurais dû y substituer les miennes ; je m'en donnerai bien de garde ; je me contenterai d'inscrire ce que j'ai vu, ce que j'ai entendu ; je rendrai ses conversations, et l'on ne demandera plus rien.

JEUDI 12, VENDREDI 13.

Cependant, à force de patience et à l'aide de quelques légères variations, nous approchions du but ; et, bien que privés de la mousson naturelle, nous portions désormais sur notre destination ou très près. A mesure que nous avancions, le temps nous favorisait davantage ; enfin le vent devint bon tout à fait ; mais ce ne fut guère qu'à vingt-quatre heures de notre destination.

SAMEDI 14.

Vue de Sainte-Hélène.

On s'attendait à voir Sainte-Hélène ce jour-là même ; l'amiral nous l'avait annoncé. A peine étions-nous sortis de table, qu'on cria : Terre ! C'était à un quart d'heure près de l'instant qu'on avait fixé. Rien ne peut montrer davantage les progrès de la navigation, que cette espèce de merveille, par laquelle on vient de si loin, attaquer et rencontrer, à heure fixe, un seul point dans l'espace ; phénomène qui résulte de l'observation rigoureuse de points fixes ou de mouvements constants dans l'univers.

L'Empereur gagna l'avant du vaisseau pour voir la terre, et crut l'apercevoir ; moi, je ne vis rien. Nous restâmes en panne toute la nuit.

DIMANCHE 15.

Arrivée à Sainte-Hélène.

Au jour, j'ai vu l'île à mon aise et de fort près : sa forme m'a paru d'abord assez considérable, mais elle rapetissait beaucoup à mesure que nous approchions. Enfin, soixante-dix jours après avoir quitté l'Angleterre, et cent dix après avoir quitté Paris, nous jetons l'ancre vers midi ; elle touche le fond, et c'est là le premier anneau de la chaîne qui va clouer le moderne Prométhée[1] sur son roc.

Nous trouvâmes au mouillage une grande partie des bâtiments de notre escadre qui s'étaient séparés de nous, ou que nous avions laissés en arrière comme trop mauvais marcheurs ; ils étaient pourtant arrivés il y avait déjà quelques jours : preuve de plus de l'extrême incertitude dans tous les calculs de la mer, dès qu'ils reposent sur les caprices des calmes, la force et les variations du vent.

L'Empereur, contre son habitude, s'est habillé de bonne heure et a paru sur le pont ; il s'est avancé sur le passavant pour considérer le rivage plus à son aise. On voyait une espèce de village encaissé parmi d'énormes rochers arides et pelés qui s'élevaient jusqu'aux nues. Chaque plate-forme, chaque ouverture, toutes les crêtes se trouvaient hérissées de canons. L'Empereur parcourait le tout avec sa lunette ; j'étais à côté de lui ; mes yeux fixaient constamment son visage, je n'ai pu surprendre la plus légère impression, et pourtant c'était là désormais peut-être sa prison perpétuelle ! Peut-être son tombeau !... Que me restait-il donc à moi, à sentir ou à témoigner ?

L'Empereur est rentré bientôt après ; il m'a fait appeler, et nous avons travaillé comme de coutume.

L'amiral, qui était descendu de bonne heure à terre, est revenu sur les six heures extrêmement fatigué ; il avait parcouru toutes les localités, et croyait avoir trouvé quelque chose de convenable ; mais il fallait des réparations, elles pouvaient tenir deux mois ; il y en avait déjà près de trois que nous occupions notre cachot de bois, et les instructions

---

1. Titan de la mythologie grecque. Jupiter, en colère, le fit attacher à un rocher où un vautour venait lui ronger le foie qui renaissait sans cesse. La métaphore est très claire.

précises des ministres étaient de nous y retenir jusqu'à ce que notre prison de terre fût prête. L'amiral, il faut lui rendre justice, ne se trouva pas capable d'une telle barbarie ; il nous annonça, en laissant percer une espèce de jouissance intérieure, qu'il prenait sur lui de nous débarquer dès le lendemain.

CHAPITRE SECOND

Séjour à Briars

Depuis le 16 octobre 1815, jour du débarquement à Sainte-Hélène, jusqu'au 9 décembre, veille de la translation à Longwood.

Espace d'un mois et vingt-quatre jours.

LUNDI 16 OCTOBRE 1815.

Débarquement de l'Empereur à Sainte-Hélène.

L'Empereur, après son dîner, s'est embarqué, avec l'amiral et le grand-maréchal, pour se rendre à terre. Un mouvement très remarquable avait réuni tous les officiers sur la dunette, et une grande partie de l'équipage sur les passavants ; ce mouvement n'était plus celui de la curiosité, on se connaissait depuis trois mois ; l'intérêt le plus vif avait succédé.

Avant de descendre dans le canot, l'Empereur fit appeler le capitaine commandant le vaisseau, prit congé de lui, et le chargea de transmettre ses remerciements aux officiers et à l'équipage. Ces paroles ne furent pas sans produire une grande émotion sur ceux qui les entendirent ou se les firent expliquer.

Le reste de la suite de l'Empereur débarqua sur les huit heures. Nous fûmes accompagnés par plusieurs des officiers. Tout le monde, au demeurant, lorsque nous quittâmes le vaisseau, a semblé nous témoigner une véritable sympathie.

Nous trouvâmes l'Empereur dans le salon qu'on lui avait destiné. Il monta peu d'instants après dans sa chambre, où nous fûmes appelés. Il n'était guère mieux qu'à bord du

vaisseau ; nous nous trouvions placés dans une espèce
d'auberge ou d'hôtel garni.

La ville de Sainte-Hélène n'est autre chose qu'une très
courte rue, ou prolongement de maisons, le long d'une vallée
étroite, resserrée entre deux montagnes à pic d'un roc tout à
fait nu et stérile.

MARDI 17.

> *L'Empereur se fixe à Briars. Description.*
> *Situation misérable.*

A six heures du matin, l'Empereur, le grand-maréchal et
l'amiral allèrent à cheval visiter Longwood (long bois), maison qui avait été arrêtée pour sa résidence, et située à deux
ou trois lieues de la ville. A leur retour ils virent une petite
maison de campagne dans le prolongement de la vallée, à
deux milles au-dessus de la ville. L'Empereur répugnait
extrêmement à retourner où il avait couché ; il s'y fût trouvé
dans une réclusion plus complète encore qu'à bord du vaisseau ; des sentinelles gardaient les portes, des curieux se
groupaient sous ses fenêtres ; il eût donc été réduit strictement à sa chambre. Un petit pavillon dépendant de cette
petite maison de campagne lui plut, et l'amiral convint qu'il
y serait mieux qu'à la ville. L'Empereur s'y fixa et m'envoya
chercher ; il s'était tellement attaché à son travail des campagnes d'Italie, qu'il ne pouvait plus s'en passer ; je me mis
aussitôt en route pour le joindre.

La petite vallée où s'élève le hameau de Sainte-Hélène se
prolonge dans l'île longtemps encore en serpentant au milieu
de deux chaînes de montagnes arides qui la bordent et la
resserrent. Il y règne constamment un beau chemin de voitures très bien entretenu ; au bout de deux milles environ, ce
chemin n'est plus tracé que sur le flanc de la montagne
même, sur lequel il s'appuie à gauche, ne montrant plus que
des précipices et des abîmes sur son bord de la droite. Mais
bientôt le terrain s'élargit en face, et présente un petit plateau
où se trouvent quelques bâtisses, de la végétation et plusieurs
arbres : c'est une espèce de petite oasis au milieu des rochers.
Là était la demeure modeste d'un négociant de l'île (M. Balcombe). A trente ou quarante pas, à droite de la maison

principale, et sur un tertre à pic, se voit une espèce de guinguette ou petit pavillon servant à la famille, dans les beaux
jours, pour aller prendre le thé et respirer plus à l'aise : c'était
là le réduit loué par l'amiral pour la demeure temporaire de
l'Empereur, qui l'occupait depuis le matin. Tout en gravissant
les contours du monticule, qui sont très rapides, je l'aperçus
en effet de loin, et le contemplai. C'était bien lui, un peu
courbé, les mains derrière le dos ; cet uniforme si leste et
si simple, ce petit chapeau si renommé ! Il était debout sur
le seuil de la porte, sifflant un air de vaudeville, quand je
l'abordai.

— Ah ! vous voilà ! me dit-il, pourquoi n'avez-vous pas
amené votre fils ?

— Sire, répondis-je, le respect, la discrétion m'en ont empêché.

— Vous ne sauriez vous en passer, continua-t-il, faites-le
venir.

Jamais l'Empereur, dans aucune de ses campagnes, peut-
être dans aucune des situations de sa vie, n'eut sans doute
de logement plus exigu, ni autant de privations. Le tout ici
consistait en une seule pièce au rez-de-chaussée, de forme à
peu près carrée ; une porte sur chacun des deux côtés opposés, et deux fenêtres sur chacun des deux côtés perpendicu-
laires ; du reste, sans rideaux, sans volets, à peine un siège.
L'Empereur en ce moment se trouvait seul, ses deux valets
de chambre étaient à courir pour lui composer un lit. Il lui
prit fantaisie de marcher un peu, or le monticule n'offrait pas
de terre-plein sur aucune des faces de la petite guinguette ;
ce n'était tout autour que grosses pierres et débris de rochers.
Il prit mon bras et se mit à causer gaiement. Cependant la
nuit se faisait, le calme était profond, la solitude entière ;
quelle foule de sensations et de sentiments vinrent m'assaillir
en cet instant ! Je me trouvais donc seul, tête à tête dans le
désert, presque en familiarité avec celui qui avait gouverné
le monde ! avec Napoléon enfin !!! Tout ce qui se passait en
moi !... tout ce que j'éprouvais !... Mais, pour le bien comprendre, il faudrait peut-être se reporter au temps de sa toute-
puissance, au temps où il suffisait d'un seul de ses décrets
pour renverser des trônes ou créer des rois ! Il faudrait se
mettre bien dans l'esprit ce qu'il faisait éprouver, aux Tuileries, à tout ce qui l'entourait : l'embarras timide, le respect

profond avec lequel l'abordaient ses ministres, ses officiers ;
l'anxiété, la crainte des ambassadeurs, celle des princes et
même des rois ! Or, rien de tout cela n'était encore altéré en
moi !...

Lorsque l'Empereur voulut se coucher, il se trouva qu'une
fenêtre donnait à nu sur le côté de son lit, presque à la hauteur
de son visage ; nous la barricadâmes du mieux que nous
pûmes pour le préserver de l'air, auquel il est très sensible,
le plus léger courant suffisant pour l'enrhumer ou lui causer
des maux de dents. Quant à moi, je gagnai le comble, précisément au-dessus de l'Empereur ; espace de sept pieds carrés, où il n'y avait qu'un lit, sans un seul siège ; c'est là que
fut mon gîte et celui de mon fils, pour lequel il fallut placer
un matelas par terre. Pouvions-nous nous plaindre ? Nous
étions si près de l'Empereur : de là nous entendions le son
de sa voix, même ses paroles !!!...

Ses valets de chambre se couchèrent par terre, en travers
de la porte, enveloppés dans leurs manteaux.

Voilà la description littérale de la première nuit de Napoléon à Briars (aux Ronces) : c'était le nom de l'endroit.

MERCREDI 18.

Description de Briars. Son jardin.
Rencontre des petites demoiselles de la maison.

J'ai déjeuné avec l'Empereur : il n'avait ni nappe ni ser-
viettes, son déjeuner était le reste du dîner de la veille.

Un officier anglais avait été logé dans la maison voisine,
pour notre garde, et deux sous-officiers allaient et venaient
militairement sous nos yeux pour surveiller nos mouvements.
Le déjeuner fini, l'Empereur s'est mis au travail, qui a duré
quelques heures ; après le travail, il lui a pris fantaisie
d'explorer notre nouveau domaine, de découvrir le terrain
environnant, d'en prendre possession.

En descendant de notre tertre, par le côté opposé à la
maison principale, nous trouvâmes un sentier bordé d'une
haie de raquettes [1], et longeant des précipices, lequel nous
conduisit, au bout de deux cents pas, à un petit jardin dont

1. Il s'agit de la plante cactée.

la porte se trouvait ouverte. Ce jardin est tout en longueur, et d'un terrain très inégal ; une allée assez plénière en parcourt l'étendue ; à l'entrée une espèce de berceau forme l'une des extrémités ; à l'autre bout sont deux cahutes où logent les nègres chargés du soin du jardin. Il s'y trouvait des arbres fruitiers et quelques fleurs. A peine y étions-nous entrés que nous y fûmes joints par les deux filles du maître de la maison, âgées de quatorze à quinze ans : l'une vive, étourdie, ne respectant rien ; l'autre plus posée, mais d'une grande naïveté ; toutes deux parlant un peu le français. Elles eurent bientôt parcouru le jardin, et mis tout à contribution pour l'offrir à l'Empereur, qu'elles accablèrent de questions les plus bizarres et les plus ridicules. L'Empereur s'amusa beaucoup de cette familiarité si nouvelle pour lui. « Nous sortons du bal masqué », me dit-il quand nous les eûmes quittées.

JEUDI 19, VENDREDI 20.

*Sur la jeunesse française. L'Empereur visite
la maison voisine. Naïvetés.*

L'Empereur fait appeler mon fils pour déjeuner ; qu'on juge de toute sa joie à une telle faveur ! C'était la première fois qu'il allait le voir d'aussi près, l'entendre, peut-être lui parler ! Son saisissement était extrême.

Du reste, la table demeurait encore sans nappe, le repas continuait de s'apporter de la ville, et ne présentait que deux ou trois mauvais plats. Aujourd'hui il s'y trouvait un poulet, l'Empereur l'a voulu couper lui-même, et nous l'a distribué ; il s'étonnait d'y réussir aussi bien ; il y avait si longtemps, disait-il, qu'il n'en avait fait autant ; car toute sa galanterie, ajoutait-il, avait été se perdre pour toujours dans les affaires et les soucis de son généralat d'Italie.

Le café, qui est un besoin pour l'Empereur, s'est trouvé si mauvais, qu'il s'est cru empoisonné ; il l'a jeté, et m'a fait renvoyer le mien.

L'Empereur se servait en ce moment d'une tabatière où se trouvaient enchâssées plusieurs médailles antiques ; des inscriptions grecques étaient autour ; l'Empereur, doutant d'un des noms de ces portraits, m'a dit de les lui traduire ; et comme je lui répondais que c'était au-dessus de mes forces, il s'est mis à rire, disant : « Vous n'êtes donc pas plus fort que moi » ; alors mon fils s'est offert en tremblant, et a lu Mithridate, Démétrius Poliorcète et quelques autres. L'extrême jeunesse de mon fils et cette circonstance ont alors attiré l'attention de l'Empereur. « Quoi ! votre fils en est déjà là ? a-t-il dit. C'est bien ! » Et il s'est mis à le questionner longuement sur son lycée, ses maîtres, leurs leçons ; puis revenant à moi : « Quelle jeunesse, a-t-il dit, je laisse après moi ! C'est pourtant mon ouvrage ! Elle me vengera suffisamment par tout ce qu'elle vaudra. A l'œuvre il faudra bien après tout qu'on rende justice à l'ouvrier ! et le travers d'esprit ou la mauvaise foi des déclamateurs tombera devant mes résultats. Si je n'eusse songé qu'à moi, à mon pouvoir, ainsi qu'ils l'ont dit et le répètent sans cesse, si j'eusse réellement eu un autre but que le règne de la raison, j'aurais cherché à étouffer les lumières sous le boisseau ; au lieu de cela, on ne m'a vu occupé que de les produire au grand jour. Et encore n'a-t-on pas fait pour ces enfants tout ce dont j'avais eu la pensée. Mon université, telle que je l'avais conçue, était un chef-d'œuvre dans ses combinaisons, et devait en être un dans ses résultats nationaux. Un méchant homme [1] m'a tout gâté, et cela avec mauvaise intention, et par calcul sans doute, etc. »

Le soir venu, l'Empereur a voulu entrer chez les voisins. Le maître, pris par la goutte, était en robe de chambre, étendu sur son canapé ; sa femme et nos deux petites demoiselles du matin étaient autour de lui. Le bal masqué a repris de plus belle ; on a fait échange de tout ce qu'on savait. On a parlé de romans ; l'une des petites avait lu *Mathilde*, de Mme Cottin : ce fut une très grande joie de voir que l'Empereur la connaissait. Un gros Anglais, à face carrée, vrai *vacuum plenum* à ce qu'il paraît, qui écoutait gravement de toutes ses oreilles pour tâcher de mettre à profit son peu de français, se hasarda de demander, avec réserve, à l'Empereur si la princesse, amie de Mathilde, dont il admirait particulièrement l'excellent caractère, vivait toujours ; l'Empereur lui répondit avec solennité : « Non, monsieur, elle est morte et enterrée. » Et il allait se croire mystifié, disait-il, quand il vit, à cette malheureuse nouvelle, les larmes prêtes à rouler dans les grands et gros yeux de la grosse face.

1. Fontanes, grand maître de l'Université en 1808.

Une des petites filles ne fut pas moins naïve, c'était plus pardonnable ; toutefois, j'en dus conclure qu'on n'était pas fort ici en chronologie. Parcourant *Estelle*, de Florian, pour montrer qu'elle lisait le français, elle tomba sur Gaston de Foix et, le voyant qualifié de général, elle demanda à l'Empereur s'il avait été bien content de lui dans ses armées, s'il avait échappé à toutes les batailles, et s'il vivait encore.

SAMEDI 21.

L'amiral vient voir l'Empereur.

L'amiral, dans la matinée, est venu rendre visite à l'Empereur ; il a frappé à sa porte ; si je ne m'y fusse pas trouvé, l'Empereur eût été dans la nécessité d'aller ouvrir lui-même, ou l'amiral y serait encore.

Tous les membres épars de notre petite colonie sont aussi venus de la ville, et nous nous sommes trouvés un instant tous réunis. Chacun a raconté ses nombreuses misères, et l'Empereur les a ressenties d'autant plus vivement.

DIMANCHE 22 AU MARDI 24.

Horreurs et misères de notre exil.
Indignation de l'Empereur.
Note envoyée au gouvernement anglais.

Les ministres anglais, en violant les droits de l'hospitalité auxquels nous nous étions abandonnés avec tant de confiance, semblaient n'avoir rien épargné pour rendre cette violation plus amère et plus sensible. En nous reléguant au bout de la terre, au milieu des privations, des mauvais traitements, des besoins de toute espèce, ils avaient voulu nous faire boire le calice jusqu'à la lie. Sainte-Hélène est une véritable Sibérie ; la différence n'en est que du froid au chaud, et dans son peu d'étendue.

L'empereur Napoléon, qui possédait tant de puissance et disposa de tant de couronnes, s'y trouve réduit à une méchante petite cahute de quelques pieds en carré, perchée sur un roc stérile ; sans rideaux, ni volets, ni meubles. Là, il doit se coucher, s'habiller, manger, travailler, demeurer ; il faut qu'il sorte s'il veut qu'on la nettoie. Pour sa nourriture on lui apporte de loin quelques mauvais plats, comme à un criminel dans son cachot. Il manque réellement des premiers besoins de la vie : le pain, le vin ne sont point les nôtres, ils nous répugnent ; l'eau, le café, le beurre, l'huile et les autres nécessités y sont rares et à peine supportables ; un bain, si nécessaire à sa santé, ne se trouve pas ; il ne peut prendre l'exercice du cheval.

Ses compagnons, ses serviteurs sont à deux milles de lui ; ils ne peuvent parvenir auprès de sa personne qu'accompagnés d'un soldat ; ils demeurent privés de leurs armes, sont condamnés à passer la nuit au corps de garde, s'ils reviennent trop tard ou s'il y a quelque méprise de consigne, ce qui arrive presque chaque jour. Ainsi se réunissent pour nous, sur la cime de cet affreux rocher, la dureté des hommes et les rigueurs de la nature ! Et pourtant il eût été facile de nous procurer une demeure plus convenable et des traitements plus doux.

Certes, si les souverains de l'Europe ont arrêté cet exil, une haine secrète en a dirigé l'exécution. Si la politique seule a dicté cette mesure comme nécessaire, n'eût-elle pas dû, pour en convaincre le monde, entourer d'égards, de respects, de dédommagements de toute espèce, l'illustre victime vis-à-vis de laquelle elle se dit forcée de violer les principes et les lois ?

Nous nous trouvions tous auprès de l'Empereur ; il récapitulait avec chaleur tous ces faits : « A quel infâme traitement ils nous ont réservés ! s'écriait-il. Ce sont les angoisses de la mort ! A l'injustice, à la violence, ils joignent l'outrage, les supplices prolongés ! Si je leur étais si nuisible, que ne se défaisaient-ils de moi ? Quelques balles dans le cœur ou dans la tête eussent suffi ; il y eût eu du moins quelque énergie dans ce crime ! Si ce n'était vous autres, et vos femmes surtout, je ne voudrais recevoir ici que la ration du simple soldat. Comment les souverains de l'Europe peuvent-ils laisser polluer en moi ce caractère sacré de la souveraineté ! ne voient-ils pas qu'ils se tuent de leurs propres mains à Sainte-Hélène ! Je suis entré vainqueur dans leurs capitales ; si j'y eusse apporté les mêmes sentiments, que seraient-ils devenus ? Ils m'ont tous appelé leur frère, et je l'étais devenu par le choix des peuples, la sanction de la victoire, le caractère de la religion, les alliances de leur politique et de leur sang. Croient-ils donc le bon sens des peuples insensible à leur morale, et qu'en attendent-ils ? Toutefois, faites vos plaintes, messieurs, que l'Europe les connaisse et s'en indigne ! Les miennes sont au-dessous de ma dignité et de mon caractère : *j'ordonne* ou *je me tais.* »

Le lendemain un officier ouvrit tout bonnement la porte, et s'introduisit lui-même, sans plus de façon, dans la chambre de l'Empereur, où j'étais à travailler avec lui. Ses intentions, du reste, étaient bonnes : c'était le capitaine d'un des petits bâtiments venus avec nous, qui repartait pour l'Europe et avait voulu venir prendre les ordres de l'Empereur. Napoléon revint sur le sujet de la veille, et, s'animant par degrés, lui exprima, pour son gouvernement, les pensées les plus élevées, les plus fortes, les plus remarquables. Je les traduisais à mesure et rapidement. L'officier semblait frappé de chaque phrase, et nous quitta, promettant d'accomplir fidèlement sa mission. Mais rendra-t-il les expressions, l'accent surtout, dont je fus témoin ? L'Empereur en fit rédiger une espèce de note, que l'officier aura trouvée bien faible auprès de ce qu'il avait entendu d'abondance. La voici :

NOTE. « L'Empereur désire, par le retour du prochain vaisseau, avoir des nouvelles de sa femme et de son fils, et savoir si celui-ci vit encore. Il profite de cette occasion pour réitérer et faire parvenir au gouvernement britannique les protestations qu'il a déjà faites contre les étranges mesures adoptées contre lui.

« 1. Le gouvernement l'a déclaré prisonnier de guerre. L'Empereur n'est point prisonnier de guerre : sa lettre au régent, écrite et communiquée au capitaine Maitland, avant de se rendre à bord du *Bellérophon*, prouve assez, au monde entier, les dispositions et la confiance qui l'ont conduit librement sous le pavillon anglais.

« L'Empereur eût pu ne sortir de France que par des stipulations qui eussent prononcé sur ce qui était relatif à sa personne ; mais il a dédaigné de mêler des intérêts personnels avec les grands intérêts dont il avait constamment l'esprit occupé. Il eût pu se mettre à la disposition de l'empereur Alexandre, qui avait été son ami, ou de l'empereur François, qui était son beau-père ; mais dans la confiance qu'il avait dans la nation anglaise, il n'a voulu d'autre protection que les lois ; et renonçant aux affaires publiques, il n'a cherché d'autres pays que les lieux qui étaient gouvernés par des lois fixes, indépendantes des volontés particulières.

« 2. Si l'Empereur eût été prisonnier de guerre, les droits des nations civilisées, sur un prisonnier de guerre, sont bornés par le droit des gens, et finissent d'ailleurs avec la guerre même.

« 3. Le gouvernement anglais considérant l'Empereur, même arbitrairement, comme prisonnier de guerre, son droit se trouvait alors borné par le droit public, ou bien il pouvait, comme il n'y avait point de cartel entre les deux nations dans la guerre actuelle, adopter vis-à-vis de lui les principes des sauvages qui donnent la mort à leurs prisonniers. Ce droit eût été plus humain, plus conforme à la justice, que celui de le porter sur cet affreux rocher : la mort qui lui eût été donnée à bord du *Bellérophon*, en rade de Plymouth, eût été un bienfait en comparaison.

« Nous avons parcouru les contrées les plus infortunées de l'Europe, aucune ne saurait être comparée à cet aride rocher : privé de tout ce qui peut rendre la vie supportable, il est propre à renouveler à chaque instant les angoisses de la mort. Les premiers principes de la morale chrétienne, et ce grand devoir imposé à l'homme de suivre sa destinée, quelle qu'elle soit, peuvent seuls l'empêcher de mettre lui-même un terme à une si horrible existence ; l'Empereur met de la gloire à demeurer au-dessus d'elle. Mais si le gouvernement britannique devait persister dans ses injustices et ses violences envers lui, il regarde comme un bienfait qu'il lui fasse donner la mort. »

Le bâtiment partant pour l'Europe, chargé de cette note, était le *Redpol*, capitaine Desmont.

Qu'on nous passe l'insipide monotonie de nos plaintes : on les trouvera toujours les mêmes, sans doute ; mais qu'on se dise bien qu'elles ont dû nous causer beaucoup plus d'ennui à répéter qu'on n'en aura à les lire.

MERCREDI 25 AU VENDREDI 27.

> *Vie de Briars, etc. Nécessaire d'Austerlitz.*
> *Grand nécessaire de l'Empereur. Son contenu.*
> *Objets, libelles contre Napoléon, etc.,*
> *abandonnés aux Tuileries.*

L'Empereur s'habillait de fort bonne heure ; il faisait dehors quelques tours ; nous déjeunions vers les dix heures, il se promenait encore, et nous nous mettions ensuite au travail. Je lui lisais ce qu'il m'avait dicté la veille, que mon fils avait recopié le matin ; il le corrigeait, et me dictait pour le lendemain. Nous ressortions sur les cinq heures, et revenions dîner à six heures, si toutefois le dîner était arrivé de la ville. La journée était bien longue, les soirées l'étaient bien plus encore. Malheureusement je ne connaissais pas les échecs, j'eus un moment envie de les apprendre la nuit ; mais comment, et de qui ? Je me donnai pour savoir un peu le piquet[1], l'Empereur s'aperçut bientôt de mon ignorance, il tint compte de mon intention, mais cessa. Quelquefois le désœuvrement le conduisait dans la maison voisine, où les petites demoiselles le faisaient jouer au whist[2]. Plus souvent encore il restait à table après le dîner, et causait assis ; car la chambre était trop petite pour s'y promener.

Un de ces soirs, il se fit apporter un petit nécessaire de campagne, en examina minutieusement toutes les parties, et me le donna, disant : « Il y a bien longtemps que je l'ai, je m'en suis servi le matin de la bataille d'Austerlitz. Il passera au petit Emmanuel, continua-t-il, en regardant mon fils. Quand il aura trente ou quarante ans, nous ne serons plus, mon cher ; l'objet n'en sera que plus curieux, il le fera voir et dira : c'est l'empereur Napoléon qui l'a donné à mon père à Sainte-Hélène. » Je me saisis du don précieux, et je lui porte une espèce de culte ; je le vénère comme une sorte de relique.

Passant de là à l'examen d'un grand nécessaire, il parcourut des portraits de sa propre famille, et des présents qui lui avaient été faits à lui-même : c'étaient les portraits de Madame, de la reine de Naples, des filles de Joseph, de ses frères, du roi de Rome, etc. Un Auguste et une Livie[3] des plus rares ; une Continence de Scipion et une autre antique du plus grand prix donnée par le pape ; un Pierre le Grand, sur boîte, une autre boîte avec un Charles Quint, une autre encore avec un Turenne ; d'autres enfin, dont il se sert journellement, couvertes de médaillons rassemblés de César,

---

1. Jeu de cartes qui se joue à deux, trois ou quatre.
2. Jeu de cartes d'origine anglaise qui se joue à deux contre deux et qui peut être considéré comme l'ancêtre du bridge.
3. Épouse d'Auguste.

d'Alexandre, de Sylla, de Mithridate, etc. Venaient ensuite quelques tabatières où était son portrait enrichi de diamants. Il en chercha alors tout à coup un sans diamants ; ne le trouvant pas, il appela son valet de chambre pour qu'on le lui donnât ; malheureusement ce portrait se trouvait encore à la ville avec le gros des effets : j'en fus fâché, je pouvais croire que j'y perdais quelque chose.

L'Empereur alors passa en revue plusieurs tabatières de Louis XVIII qui avaient été laissées sur sa table aux Tuileries, lors de son départ précipité. L'une présentait sur un fond noir, en pâte imitant l'ivoire, et dans une contexture bizarre, le portrait de Louis XVI, de la reine et de Madame Élisabeth : ils formaient trois croissants adossés l'un à l'autre en forme de triangle équilatéral ; une quantité de chérubins fort serrés formaient la bordure extérieure. Une autre boîte représentait une chasse au lavis et croquée, et qui ne pouvait avoir d'autre mérite que la main qui l'avait faite, on la croyait de Mme la duchesse d'Angoulême. Une troisième enfin présentait un portrait qui devait être, selon les apparences, celui de la comtesse de Provence. Ces trois objets étaient simples et même communs, et ne pouvaient avoir de précieux que leur historique.

En arrivant à Paris, le 20 mars au soir, l'Empereur trouva le cabinet du roi dans le même état où il avait été occupé ; tous les papiers demeuraient encore sur les tables. L'Empereur fit pousser ces tables dans les angles de l'appartement, et en fit apporter de nouvelles ; il voulut qu'on ne touchât à rien, se réservant d'examiner ces papiers dans ses moments perdus. Et comme l'Empereur a quitté lui-même la France sans rentrer aux Tuileries, le roi aura trouvé sa chambre et ses papiers à peu près comme il les avait laissés.

L'Empereur jeta les yeux sur quelques-uns de ces papiers. Il y trouva des lettres du roi à M. d'Avaray, à Madère, où il est mort : elles étaient de sa main, et lui avaient sans doute été renvoyées. Il y trouva aussi d'autres lettres très confidentielles du roi, pareillement de sa main. Mais comment se trouvaient-elles là ? Comment lui étaient-elles revenues ? Cela était plus difficile à expliquer. Elles étaient de cinq à six pages, fort purement écrites, de beaucoup d'esprit, disait l'Empereur, mais très abstraites et fort métaphysiques. Dans l'une, le prince disait à la personne à laquelle il s'adressait :

Jugez, madame, si je vous aime, vous m'avez fait quitter le deuil. Et ce deuil, disait l'Empereur, amenait de longs paragraphes d'un style tout à fait académique. L'Empereur ne devinait pas à qui cela pouvait s'adresser, ni ce que ce deuil pouvait signifier ; j'étais hors d'état de pouvoir lui donner aucun renseignement.

C'est sur une de ces tables que, deux ou trois jours après avoir reconfirmé quelqu'un à la tête d'une institution célèbre, l'Empereur trouva un mémoire de cette personne, qui assurément l'eût empêché de la nommer de nouveau, par la manière dont elle s'y exprimait à l'égard de lui et de toute sa famille.

Il y avait encore beaucoup d'autres pièces de cette nature ; mais les véritables archives de la bassesse, du mensonge et de la vilenie se trouvaient dans les appartements de M. de Blacas, grand-maître de la garde-robe, ministre de la maison : ils étaient pleins de projets, de rapports et de pétitions de toute espèce. Il était peu de ces pièces où l'on ne se fît valoir aux dépens de Napoléon, qu'on était assurément bien loin d'attendre. Le tout était si volumineux, que l'Empereur fut obligé de nommer une commission de quatre membres pour en faire le dépouillement ; il regarde comme une faute de n'avoir pas confié ce dépouillement à une seule personne, et tellement à lui qu'il fût sûr qu'on n'y aurait rien soustrait. Il a eu des raisons de croire qu'il eût trouvé déjà des indices salutaires sur les perfidies dont il s'est vu entouré à son retour de Waterloo.

On trouva, entre autres, une longue lettre d'une des femmes de la princesse Pauline. Cette volumineuse lettre s'exprimait fort mal sur la princesse et ses sœurs, et ne parlait de *cet homme* (c'était l'Empereur) que sous les plus mauvaises couleurs. On n'avait pas cru que ce fût assez, on en avait raturé une partie, et interligné d'une main étrangère, pour y faire arriver Napoléon lui-même de la manière la plus scandaleuse ; et à la marge et de la main de l'interligneur, il y avait : *Bon à imprimer.* Quelques jours de plus, probablement ce petit libelle allait voir le jour.

Une parvenue, tenant un rang distingué dans l'État, courbée sous les bienfaits de l'Empereur, écrivait en toute hâte à sa camarade de même espèce, pour lui apprendre la fameuse décision du Sénat touchant la déchéance et la proscription de Napoléon : « Ma chère amie, mon mari rentre, il est mort de fatigue ; mais ses efforts l'ont emporté, nous sommes délivrés de cet homme, et nous aurons les Bourbons. Dieu soit loué, nous serons donc de vraies comtesses ! etc. »

Parmi ces pièces, Napoléon eut la mortification d'en rencontrer de très inconvenantes sur sa personne, et cela de la main même de certains qui la veille étaient accourus près de lui, et tenaient déjà de ses faveurs. Dans son indignation, sa première pensée fut d'imprimer ces pièces, et de retirer ses bienfaits ; un second mouvement l'arrêta. « Nous sommes si volatils, si inconséquents, si faciles à enlever, disait-il, qu'il ne me demeurait pas prouvé, après tout, que ces mêmes gens ne fussent pas revenus réellement de bon cœur à moi ; et j'allais peut-être les punir, quand ils recommençaient à bien faire ; il valait mieux ne pas savoir, et je fis tout brûler. »

SAMEDI 28 AU MARDI 31.

> *L'Empereur commence la campagne d'Égypte avec*
> *le grand-maréchal. Anecdotes sur brumaire, etc.*
> *Lettre du comte de Lille. La belle duchesse de Guiche.*

Nous travaillions, mon fils et moi, avec la plus grande constance. Il commençait à être malade, la poitrine lui faisait mal ; mes yeux se perdaient ; nous souffrions réellement de notre grande occupation : il est vrai que nous avions fait un travail étonnant ; nous étions déjà presque à la fin des campagnes d'Italie[1].

---

1. Je conserve encore quelques-unes de ces premières dictées de l'Empereur. Bien qu'elles aient éprouvé depuis des variations, et reçu un plus grand développement, ce premier jet n'en est pas moins précieux, ne fût-ce même que par sa comparaison avec les idées arrêtées plus tard. Aussi je ne résisterai pas à les reproduire. On les trouvera jetées pêle-mêle dans ce journal ; malheureusement je n'en ai qu'un fort petit nombre ; lors de mon enlèvement de Longwood et de la saisie de mes papiers, l'Empereur fit réclamer ce que je pouvais avoir des campagnes d'Italie, pour les soustraire à sir Hudson Lowe ; j'en renvoyai ce qui tomba sous mes mains. En ayant retrouvé plus tard quelques autres cahiers, je fis demander à l'Empereur, au moment de mon départ, qu'il me permît de les garder en souvenir de lui. Il me fit répondre qu'il y consentait avec plaisir, sachant que ce qui demeurait entre mes mains était encore comme si cela n'était pas sorti des siennes. Aussi aucune de ces feuilles ne m'a-t-elle quitté, tant que j'ai eu le bonheur de

Cependant l'Empereur ne se trouvait pas encore assez occupé, le travail était sa seule ressource, et ce qu'il avait déjà dicté avait pris assez de couleur pour l'y attacher encore davantage. Il allait atteindre bientôt l'époque de son expédition d'Égypte, il avait souvent parlé d'y employer le grand-maréchal ; d'un autre côté, ceux d'entre nous qui demeuraient à la ville y étaient mal, et s'y trouvaient malheureux d'être éloignés de l'Empereur. Leur caractère s'aigrissait par cette circonstance, et des contrariétés de toute espèce venaient ajouter à leur chagrin. Je suggérai à l'Empereur de nous employer tous ensemble à son travail, et d'attaquer ainsi tout à la fois les campagnes d'Italie, celles d'Égypte, le Consulat, le retour de l'île d'Elbe. Les heures lui deviendraient plus courtes ; ce bel ouvrage, la gloire de la France, marcherait plus vite, et ces messieurs seraient beaucoup moins malheureux. Cette idée lui sourit et, à compter de cet instant, un ou deux de ces messieurs venaient régulièrement recevoir la dictée de l'Empereur : ils la lui rapportaient le lendemain, restaient à dîner, et lui procuraient ainsi un peu plus de diversion.

Nous nous étions arrangés aussi de manière à ce qu'insensiblement l'Empereur se trouvât un peu mieux, sous bien des rapports. En prolongement de la chambre qu'il occupait, on dressa une assez grande tente que m'avait fait offrir le général colonel du 53e. Le cuisinier de l'Empereur vint s'établir à Briars ; on tira du linge des malles, on sortit l'argenterie, et le premier dîner de la sorte se trouva être une petite fête. Mais les soirées demeuraient toujours aussi difficiles à passer ; l'Empereur retournait quelquefois dans la maison voisine ; quelquefois il essayait de marcher hors de sa chambre ; plus souvent encore il y demeurait à causer, cherchant à atteindre dix ou onze heures. Il redoutait de se coucher trop tôt : il s'éveillait alors au milieu de la nuit et, cherchant à fuir ses réflexions, il était obligé de se relever pour lire.

Un de ces jours, à dîner, l'Empereur trouva sous ses yeux une de ses propres assiettes de campagne aux armes royales. « Comme ils m'ont gâté tout cela ! » dit-il en expressions bien autrement énergiques ; et il ne put s'empêcher d'obser-

---

pouvoir espérer qu'il aurait quelque instruction à me faire parvenir relativement aux campagnes d'Italie. *(Las Cases.)*

ver que le roi s'était bien pressé de prendre possession de
ces objets ; qu'à coup sûr il ne pouvait réclamer cette argenterie comme lui ayant été enlevée, qu'elle était bien incontestablement à lui, Napoléon ; car, quand il monta sur le
trône, il ne s'était trouvé nul vestige de propriété royale ; en
le quittant, il avait laissé à la couronne cinq millions d'argenterie, et peut-être quarante ou cinquante millions de meubles ;
le tout de ses propres deniers, provenant de sa liste civile.

L'Empereur, dans la conversation d'une de ces soirées, a
raconté l'événement de brumaire. J'en supprime ici les
détails, parce qu'ils ont été dictés plus tard au général Gourgaud, et qu'on retrouvera l'ensemble de ce grand événement
dans la publication des dictées de Napoléon.

Sieyès, qui était un des consuls provisoires avec Napoléon,
et qui, à la première conférence, le vit discuter tout à la fois
les finances, l'administration, l'armée, la politique, les lois,
sortit déconcerté et courut dire à ses intimes, en parlant de
lui : « Messieurs, vous avez un maître ! Cet homme sait tout,
veut tout et peut tout. »

J'étais à Londres à cette époque, et je disais à l'Empereur
que nous y avions conçu de grandes espérances, et que nous
avions beaucoup compté sur le 18 brumaire et sur son consulat. Plusieurs de nous, qui avaient connu jadis Mme de Beauharnais, partirent aussitôt pour Paris, dans l'espoir de parvenir, par elle, à exercer quelque influence, ou imprimer
quelque direction aux affaires qui se présentaient sous une
face nouvelle.

Nous pensâmes généralement, dans le temps, que le Premier consul avait attendu des propositions de nos princes ;
nous nous appuyions sur ce qu'il avait été assez longtemps
sans se prononcer à leur égard, ce qu'il avait fait plus tard,
dans une proclamation, d'une manière accablante. Nous attri-
buions ce résultat à la gaucherie et à la brutalité de l'évêque
d'Arras [1], le conseiller, le directeur suprême de nos affaires,
qui, du reste, de son propre aveu, opérait les yeux fermés, se
vantant de n'avoir pas lu, disait-il, une seule gazette depuis
le temps qu'elles ne contenaient que les succès ou les mensonges de ces misérables.

Au moment du Consulat, quelqu'un ayant voulu lui donner

---

1. Monseigneur de Conzié.

l'idée de tenter quelques négociations auprès du consul, par l'intermédiaire de Mme Bonaparte, il repoussa la chose avec indignation et dans les termes les plus sales et les plus orduriers ; ce qui força l'auteur de la proposition de lui dire que de telles expressions n'étaient guère épiscopales, et qu'il ne les avait certainement pas lues dans son bréviaire.

Dans le même temps, il apostropha grossièrement le duc de Choiseul, à la table même du prince, et en fut tancé tout aussi vertement ; le tout parce que le duc de Choiseul, sortant des prisons de Calais, et échappant à la mort par le bienfait du consul, terminait les renseignements que lui demandait le prince sur Bonaparte, en protestant que pour lui désormais il ne pourrait plus désavouer une reconnaissance personnelle.

L'Empereur disait à tout cela qu'il n'avait jamais songé aux princes, que les phrases auxquelles je faisais allusion étaient d'un des autres consuls, et sans motif particulier. Que nous semblions, au-dehors, ne nous être jamais doutés de l'opinion du dedans ; que s'il eût eu pour les princes des dispositions favorables, il n'eût pas été en son pouvoir de les accomplir. Toutefois, il avait reçu vers ce temps-là des ouvertures de Mittau et de Londres.

Le roi lui écrivit, disait-il, une lettre qui lui fut remise par Lebrun, lequel la tenait de l'abbé de Montesquiou, agent secret de ce prince à Paris. Cette lettre, extrêmement soignée, disait : « Vous tardez beaucoup à me rendre mon trône. Il est à craindre que vous ne laissiez écouler des moments bien favorables. Vous ne pouvez pas faire le bonheur de la France sans moi, et moi je ne puis rien pour la France sans vous. Hâtez-vous donc, et désignez vous-même toutes les places qui vous plairont pour vos amis. »

Le Premier consul répondit : « J'ai reçu la lettre de Votre Altesse Royale ; j'ai toujours pris un vif intérêt à ses malheurs et à ceux de sa famille. Elle ne doit pas songer à se présenter en France ; elle n'y parviendrait que sur cent mille cadavres. Du reste, je m'empresserai toujours à faire tout ce qui pourrait adoucir ses destinées et lui faire oublier ses malheurs. »

L'ouverture de M. le comte d'Artois eut plus d'élégance et de recherche encore. Il dépêcha la duchesse de Guiche, femme charmante, très propre, par les grâces de sa figure, à mêler beaucoup d'attraits à l'importance de sa négociation.

Elle pénétra facilement auprès de Mme Bonaparte, avec laquelle toutes les personnes de l'ancienne cour avaient des contacts naturels : elle en reçut un déjeuner à la Malmaison ; et durant le repas, parlant de Londres, de l'émigration et de nos princes, Mme de Guiche raconta qu'il y avait peu de jours, étant chez M. le comte d'Artois, quelqu'un, parlant des affaires, avait demandé au prince ce qu'on ferait pour le Premier consul, s'il rétablissait les Bourbons ; ce prince avait répondu : « D'abord connétable et tout ce qui s'ensuit, si cela lui plaisait. Mais nous ne croirions pas que cela fût encore assez ; nous élèverions sur le Carrousel une haute et magnifique colonne sur laquelle serait la statue de Bonaparte couronnant les Bourbons. »

Le Premier consul arrivant quelque temps après le déjeuner, Joséphine n'eut rien de plus pressé que de lui rendre cette circonstance. « Et as-tu répondu, lui dit son mari, que cette colonne aurait pour piédestal le cadavre du Premier consul [1] ? »

La jolie duchesse était encore là ; les charmes de sa figure, ses yeux, ses paroles, étaient dirigés au succès de sa mission. Elle était heureuse, disait-elle, elle ne saurait jamais assez reconnaître la faveur que lui procurait en ce moment Mme Bonaparte de voir et d'entendre un grand homme, un héros. Mais tout fut en vain ; la duchesse de Guiche reçut dans la nuit l'ordre de quitter Paris, et les charmes de l'émissaire étaient trop propres à alarmer Joséphine, pour qu'elle insistât ardemment en sa faveur : le lendemain, la duchesse de Guiche était en route pour la frontière.

« Du reste, le bruit courut plus tard, disait Napoléon, que j'avais fait, à mon tour, aux princes français des propositions touchant la cession de leurs droits ou leur renonciation à la couronne, ainsi qu'on s'est complu à le consacrer dans des déclarations pompeuses, répandues en Europe avec profusion : il n'en était rien. Et comment cela aurait-il pu être ? moi qui ne pouvais régner précisément que par le principe

---

1. Quelques personnes se sont scandalisées mal à propos de cette réponse, pensant qu'elle faisait allusion à la bonne foi des négociateurs ; mais le Premier consul n'avait en vue que l'esprit du temps et la force des choses, idée d'ailleurs que l'on trouve reproduite plus d'une fois, sous d'autres expressions, dans le cours de ce recueil. *(Las Cases.)*

qui les faisait exclure, celui de la souveraineté du peuple. Comment aurais-je cherché à tenir d'eux des droits que l'on proscrivait dans leurs personnes ? C'eût été trop lourd, l'absurdité trop criante, elle m'eût noyé pour toujours dans l'opinion. Aussi, directement ni indirectement, de près ni de loin, je n'ai rien fait qui pût se rapporter à cela : c'est ce qu'auront pensé sans doute, dans le temps, les gens réfléchis qui m'accordaient de n'être ni fou ni imbécile.

« Toutefois, la rumeur causée par cette circonstance me porta à faire rechercher ce qui pouvait y avoir donné lieu ; et voici ce que j'ai pu recueillir.

« Au temps de notre intelligence avec la Prusse, et lorsqu'elle s'occupait de nous être agréable, elle fit demander si de souffrir des princes français sur son territoire nous causerait de l'ombrage, et on répondit que non. Enhardie, elle demanda si on aurait une trop grande répugnance à la mettre à même de leur procurer des secours annuels ; on lui répondit encore que non, pourvu qu'elle garantît qu'ils demeureraient tranquilles, et s'abstiendraient de toute intrigue.

« Cette affaire se traitant entre eux, et la négociation une fois en train, Dieu sait ce que le zèle de quelque agent, ou même les doctrines du cabinet de Berlin, qui n'étaient pas les nôtres, peuvent avoir proposé ! Voilà sans doute le motif et le prétexte qui donnèrent lieu à cette belle lettre de Louis XVIII, qui fut fort admirée, et à laquelle adhérèrent avec éclat tous les membres de sa famille. Ces princes saisirent avidement cette occasion pour réveiller en leur faveur l'intérêt et l'attention de l'Europe qui, distraite par les grands événements du temps, ne s'en occupait plus. »

MERCREDI 1er AU SAMEDI 4 NOVEMBRE.

Emploi des journées. Conseil d'État ; scène grave ;
dissolution du Corps législatif en 1813. Sénat.

Nos journées avaient déjà toute l'uniformité de celles que nous passions à bord du vaisseau. L'Empereur me faisait appeler pour déjeuner avec lui : c'était de dix à onze heures. Le déjeuner fini, après une demi-heure de conversation, je lui lisais ce qu'il avait dicté la veille, et il me dictait de

nouveau pour le lendemain. L'Empereur ne s'habillait plus
dès le matin ; il ne sortait plus avant le déjeuner, cela lui
avait rendu la journée trop décousue et trop longue. Il ne
s'habillait plus à présent que sur les quatre heures. Il sortait
alors, pour qu'on pût faire son lit et nettoyer sa chambre.
Nous allions nous promener dans le jardin. Il affectionnait
cette solitude ; je fis couvrir d'une toile l'espèce de berceau
qui s'y trouve : on y apporta une table, des chaises, et dès
ce moment ce fut là que l'Empereur dictait à celui de ces
messieurs qui arrivait de la ville pour le travail.

En face de la maison du propriétaire, au-dessous de nous,
se trouvait une allée bordée de quelques arbres, c'était là que
les deux soldats anglais avaient pris postes pour nous surveiller ; mais ils en furent retirés avec le temps, à la demande
de notre hôte, qui s'en trouvait choqué pour son propre
compte. Néanmoins ils avaient continué de rôder à vue de
l'Empereur, attirés par la curiosité, ou conduits par la nature
de leurs ordres. Ils finirent par disparaître tout à fait, et
l'Empereur prit insensiblement possession de cette allée inférieure. Ce fut pour lui une véritable augmentation de
domaine ; il s'y rendait chaque jour après son travail, en
sortant du jardin, pour y attendre l'heure de son dîner. Les
deux petites demoiselles et leur mère venaient l'y joindre, et
lui raconter les nouvelles. Il y retournait aussi parfois après
son dîner, quand le temps le permettait : il passait alors la
soirée sans qu'il eût besoin d'entrer chez les voisins, ce qu'il
ne faisait qu'à la dernière extrémité, et quand il savait surtout
qu'il n'y avait pas d'étranger ; ce que j'allais préalablement
vérifier au travers des croisées.

Dans une de ces promenades, l'Empereur s'étendit beaucoup sur le Sénat, le Corps législatif, et le Conseil d'État
surtout. Il avait, disait-il, tiré vraiment un grand parti de
celui-ci, dans tout le cours de son administration. Je vais
tracer ici quelques détails sur ce Conseil d'État, d'autant plus
volontiers qu'on en avait fort peu d'idées dans les salons ; et
comme il ne subsiste plus aujourd'hui sur le même pied,
j'intercalerai ici, chemin faisant, quelques lignes sur son
mécanisme et ses attributions.

« Le Conseil d'État était généralement composé, disait
l'Empereur, de gens instruits, bons travailleurs, et de bonne
réputation : Fermont, et Boulay, par exemple, sont certaine-

ment de braves et honnêtes gens. Malgré les immenses affaires litigieuses qu'ils ont gérées, et les gros émoluments dont ils jouissaient, on ne me surprendrait pas du tout si l'on m'apprenait qu'aujourd'hui ils sont tout au plus au-dessus de l'aisance. »

L'Empereur employait individuellement les conseillers d'État à tout, disait-il, et avec avantage. En masse, c'était son véritable Conseil, sa pensée en délibération, comme les ministres étaient sa pensée en exécution.

Au Conseil d'État se préparaient les lois que l'Empereur présentait au Corps législatif, ce qui le rendait tout à fait un des éléments de la puissance législative ; là se rédigeaient les décrets de l'Empereur, ses règlements d'administration publique ; là s'examinaient, se discutaient et se corrigeaient les projets de ses ministres, etc.

Le Conseil d'État recevait l'appel, et prononçait en dernier ressort sur tous les jugements administratifs ; accidentellement, sur tous les autres tribunaux, même sur la Cour de cassation. Là s'examinaient aussi les plaintes contre les ministres ; les appels même de l'Empereur à l'Empereur mieux informé. Ainsi le Conseil d'État, constamment présidé par l'Empereur, et souvent en opposition directe avec les ministres, ou en réformation de leurs actes et de leurs écarts, se trouvait donc naturellement le refuge des intérêts, ou des personnes lésées par quelque autorité que ce fût ; et quiconque y a assisté sait avec quelle chaleur la cause des citoyens s'y trouvait défendue. Une commission de ce Conseil recevait toutes les pétitions de l'Empire et mettait sous les yeux du souverain celles qui méritaient son attention.

Il est étonnant combien, à l'exception des gens de lois et des employés de l'administration, le reste, parmi nous, et surtout ce qu'on appelle la société, était dans l'ignorance de notre propre législation politique ; on n'avait point du tout d'idées justes du Conseil d'État, du Corps législatif, du Sénat. C'était un adage reçu, par exemple, que le Corps législatif, réunion de muets, adoptait passivement, sans opposition, toutes les lois qu'on lui présentait : on attribuait à la complaisance et à la servilité ce qui ne tenait qu'à la nature et à la bonté de l'institution.

Les lois préparées dans le Conseil d'État étaient présentées par des commissaires tirés de son sein à une commission du

Corps législatif chargée de les recevoir : ils les discutaient ensemble à l'amiable, ce qui les faisait souvent reporter sans bruit au Conseil d'État pour y être modifiées. Quand les deux députations ne pouvaient pas s'entendre, elles allaient tenir des conférences régulières sous la présidence de l'archichancelier ou de l'architrésorier ; de sorte que, quand ces lois arrivaient au Corps législatif, elles avaient déjà l'assentiment des deux partis opposés. S'il existait encore quelque différence, elle était discutée contradictoirement par les deux commissions, en présence de la totalité du Corps législatif, faisant les fonctions de jury ; lequel, quand il se trouvait suffisamment éclairé, prononçait au scrutin secret, ayant ainsi la facilité d'émettre en toute liberté son opinion, puisque personne ne pouvait voir si l'on mettait une boule noire ou une boule blanche. « Aucun mode, assurément, disait l'Empereur, ne pouvait être plus convenable contre notre effervescence nationale et notre jeunesse en matière de liberté politique. »

L'Empereur me demandait si la discussion était bien libre au Conseil d'État, si sa présence n'en gênait pas les délibérations. Je lui citai une séance fort longue où il était demeuré constamment seul de son avis, et avait en conséquence succombé. Je fus assez heureux pour lui en rappeler, tant bien que mal, le sujet. Il y fut aussitôt. « Oui, dit-il, ce doit être une femme d'Amsterdam, sous la peine de mort, trois fois acquittée par les cours impériales, et dont la Cour de cassation réclamait encore la mise en jugement. »

L'Empereur voulait que cet heureux concours de la loi eût épuisé sa sévérité à l'égard de l'accusée ; que cette heureuse fatalité des circonstances tournât à son profit. On lui répondait qu'il possédait la bienfaisante ressource de faire grâce ; mais que la loi était inflexible, et qu'il fallait qu'elle eût son cours. La discussion fut fort longue. M. Muraire parla beaucoup et très bien ; il entraîna tout le monde. L'Empereur, qui était constamment demeuré seul, se rendit en prononçant ces paroles remarquables : « Messieurs, on prononce ici par la majorité, je demeure seul, je dois céder ; mais je déclare que, dans ma conscience, je ne cède qu'aux formes. Vous m'avez réduit au silence ; mais nullement convaincu. »

Dans le monde, où l'on ne se doutait même pas de ce qu'était le Conseil d'État, on était persuadé que personne n'osait y prononcer une parole en sens différent de l'Empereur ; et je surprenais fort dans nos salons, lorsque je racontais qu'un jour, dans une discussion assez animée, interrompu trois fois dans son opinion, l'Empereur, s'adressant à celui qui venait de lui couper assez impoliment la parole, lui dit avec vivacité : « Monsieur, je n'ai point encore fini, je vous prie de me laisser continuer. Après tout, il me semble qu'ici chacun a bien le droit de dire son opinion. » Sortie, qui, malgré le lieu et le respect, fit rire tout le monde et l'Empereur lui-même.

« Toutefois, lui disais-je, on pouvait s'apercevoir que les orateurs cherchaient à deviner quelle serait l'opinion de Votre Majesté ; on se voyait heureux d'avoir rencontré juste, embarrassé de se trouver dans un sens opposé ; on vous accusait de nous tendre des pièges, pour mieux connaître notre pensée. » Néanmoins la question une fois lancée, l'amour-propre et la chaleur faisaient qu'on soutenait généralement sa véritable opinion, d'autant plus que l'Empereur excitait à la plus grande liberté. « Je ne me fâche point qu'on me contredise, disait-il, je cherche qu'on m'éclaire. Parlez hardiment, répétait-il souvent, quand on se rendait obscur ou que l'objet était délicat ; dites toute votre pensée : nous sommes ici entre nous, nous sommes en famille. »

On m'a raconté que, sous le Consulat ou au commencement de l'Empire, l'Empereur eut à combattre, dans un des membres, une différence d'opinion qui devint, par la chaleur et l'obstination de celui-ci, une véritable affaire personnelle et des plus vives. Napoléon se contint et se réduisit au silence ; mais à quelques jours de là, à une de ses audiences publiques, arrivé à son antagoniste : « Vous êtes bien entêté, lui dit-il à demi sérieusement, et si je l'étais autant que vous !... Toutefois vous avez tort de mettre la puissance à l'épreuve ! Vous ne devriez pas méconnaître les infirmités humaines ! »

Une autre fois il disait en particulier à un autre membre qui l'avait également poussé à bout : « Ayez donc l'attention de ménager un peu mon humeur. Dernièrement vous avez été bien loin ; vous m'avez réduit à me gratter la tempe : c'est un grand signe chez moi ; dorénavant évitez de me pousser jusque-là. »

Rien n'égalait l'intérêt que la présence et les paroles de

l'Empereur répandaient sur les séances du Conseil d'État. Il le présidait régulièrement deux fois par semaine, tant qu'il se trouvait dans la capitale, et alors aucun de nous n'y eût manqué pour tout au monde.

Deux séances, disais-je à l'Empereur, m'avaient surtout laissé les plus vives impressions : l'une de police intérieure, toute de sentiment, lorsqu'il en avait expulsé un membre ; l'autre de décision constitutionnelle, lorsqu'il avait dissous le Corps législatif.

Un parti religieux soufflait les discordes civiles, on colportait en secret et on faisait circuler des bulles [1] et des lettres du pape. Elles furent montrées à un conseiller d'État chargé du culte, qui, s'il ne les propagea pas lui-même, du moins n'en arrêta ni n'en dénonça la circulation. Cela se découvrit, et l'Empereur l'interpella subitement en plein Conseil. « Quel a pu être votre motif, lui dit-il, monsieur ? Seraient-ce vos principes religieux ? Mais alors, pourquoi vous trouvez-vous ici ? Je ne violente la conscience de personne. Vous ai-je pris au collet pour vous faire mon conseiller d'État ? C'est une faveur insigne que vous avez sollicitée. Vous êtes ici le plus jeune et le seul peut-être qui y soyez sans des titres personnels ; je n'ai vu en vous que l'héritier des services de votre père. Vous m'avez fait un serment personnel ; comment vos sentiments religieux peuvent-ils s'arranger avec la violation manifeste que vous venez d'en faire ? Toutefois, parlez : vous êtes ici en famille, vos camarades vous jugeront. Votre faute est grande, monsieur ! Une conspiration matérielle est arrêtée dès qu'on saisit le bras qui tient le poignard ; mais une conspiration morale n'a point de terme : c'est une traînée de poudre. Peut-être qu'à l'heure qu'il est des villes entières s'égorgent par votre faute. » L'accusé, confus, ne répondait rien ; dès la première interpellation il était convenu du fait. La presque totalité du Conseil, pour laquelle cet événement était inattendu, gardait, dans son étonnement, le silence le plus profond.

– Pourquoi, continuait l'Empereur, dans l'obligation de votre serment, n'êtes-vous pas venu me découvrir le coupable et sa machination ? Ne suis-je pas abordable à chaque instant pour chacun de vous ?

1. Décrets du pape.

– Sire, se hasarda de répondre l'interpellé, c'était mon cousin.

– Votre faute n'en est que plus grande, monsieur, répliqua vivement l'Empereur. Votre parent n'a pu être placé qu'à votre sollicitation ; dès lors, vous avez pris toute la responsabilité. Quand je regarde que quelqu'un est tout à fait à moi, comme vous l'êtes ici, ceux qui leur appartiennent, ceux dont ils répondent sont, dès cet instant, hors de toute police. Voilà quelles sont mes maximes.

Et comme le coupable continuait à ne rien dire.

– Les devoirs d'un conseiller d'État envers moi sont immenses, conclut l'Empereur, vous les avez violés, monsieur, vous ne l'êtes plus. Sortez, ne reparaissez plus ici !

En sortant, comme il passait assez près de la personne de l'Empereur, l'Empereur lui dit en jetant les yeux sur lui : « J'en suis navré, monsieur ; car j'ai présents la mémoire et les services de votre père. » Et quand il fut sorti, l'Empereur ajouta : « J'espère qu'une pareille scène ne se renouvellera jamais ; elle m'a fait trop de mal. Je ne suis pas défiant, je pourrais le devenir ! Je me suis entouré de tous les partis ; j'ai mis auprès de ma personne jusqu'à des émigrés, des soldats de l'armée de Condé ; bien qu'on voulût qu'ils m'eussent assassiné, je dois être juste, tous m'ont été fidèles. Depuis que je suis au gouvernement voilà le premier individu, auprès de moi, qui m'ait trahi. » Et se tournant vers M. Locré, qui rédigeait les séances du Conseil d'État : « Vous écrirez *trahi*, entendez-vous ? »

Quel recueil que ces procès-verbaux de M. Locré ! Que sont-ils devenus ? On y trouverait mot pour mot tout ce que je raconte.

Quant à la dissolution du Corps législatif, le Conseil d'État fut convoqué le dernier ou l'avant-dernier jour de décembre 1813. Nous savions que la séance devait être importante, sans pourtant en connaître l'objet : la crise était des plus graves, l'ennemi entrait sur le territoire français.

« Messieurs, dit l'Empereur, vous connaissez la situation des choses et les dangers de la patrie. J'ai cru, sans y être obligé, devoir en donner une communication intime aux députés du Corps législatif. J'ai voulu les associer ainsi à leurs intérêts les plus chers ; mais ils ont fait de cet acte de ma confiance une arme contre moi, c'est-à-dire contre la patrie. Au lieu de me seconder de leurs efforts, ils gênent les miens. Notre attitude seule pouvait arrêter l'ennemi, leur conduite l'appelle ; au lieu de lui montrer un front d'airain, ils lui découvrent nos blessures. Ils me demandent la paix à grands cris, lorsque le seul moyen pour l'obtenir était de me recommander la guerre ; ils se plaignent de moi, ils parlent de leurs griefs ; mais quel temps, quel lieu prennent-ils ? N'était-ce pas en famille, et non en présence de l'ennemi, qu'ils devaient traiter de pareils objets ? Étais-je donc inabordable pour eux ? Me suis-je jamais montré incapable de discuter la raison ? Toutefois il faut prendre un parti : le Corps législatif, au lieu d'aider à sauver la France, concourt à précipiter sa ruine, il trahit ses devoirs ; je remplis les miens, je le dissous !... »

Alors il nous fit faire lecture d'un décret qui portait que deux cinquièmes du Corps législatif avaient déjà épuisé leurs pouvoirs ; qu'au 1er janvier, un autre cinquième allait se trouver dans le même cas ; qu'alors la majorité du Corps législatif serait réellement composée de gens n'y ayant plus de droit ; que, vu ces circonstances, le Corps législatif était, dès cet instant, prorogé et ajourné, jusqu'à ce que de nouvelles élections l'eussent complété.

Après la lecture, l'Empereur reprit : « Tel est le décret que je rends ; et si l'on m'assurait qu'il doit, dans la journée, porter le peuple de Paris à venir en masse me massacrer ici aux Tuileries, je le rendrais encore, car tel est mon devoir. Quand le peuple français me confia ses destinées, je considérai les lois qu'il me donnait pour le régir ; si je les eusse crues insuffisantes, je n'aurais pas accepté. Qu'on ne pense pas que je suis un Louis XVI ! Qu'on n'attende pas de moi des oscillations journalières ! Pour être devenu empereur, je n'ai pas cessé d'être citoyen. Si l'anarchie devait être consacrée de nouveau, j'abdiquerais pour aller dans la foule jouir de ma part de la souveraineté, plutôt que de rester à la tête d'un ordre de choses où je ne pourrais que compromettre chacun, sans pouvoir protéger personne. Du reste, conclut-il, ma détermination est conforme à la loi ; et si tous veulent aujourd'hui faire leur devoir, je dois être invincible derrière elle, comme devant l'ennemi. » On ne fit pas son devoir !...

L'Empereur, contre l'opinion commune, était si peu absolu et tellement facile avec son Conseil d'État, qu'il lui est arrivé plus d'une fois de remettre en discussion ou même d'annuler une décision prise, parce qu'un des membres lui avait donné depuis, en particulier, des raisons nouvelles, ou s'était appuyé sur ce que son opinion personnelle, à lui Empereur, avait influé sur la majorité. Qu'on demande aux chefs de sections surtout.

De même que l'Empereur avait coutume de livrer à des membres de l'Institut toute idée scientifique qui lui venait en tête, de même il livrait toutes ses idées politiques à des conseillers d'État ; souvent même ce n'était pas sans des vues particulières et quelquefois secrètes. C'était un moyen sûr, disait-il, de faire creuser une question, de connaître la force d'un homme, ses penchants politiques, d'essayer sa discrétion, etc. J'ai la certitude qu'en l'an XII, il a été confié à trois conseillers d'État l'examen d'une question bien extraordinaire : celle de la suppression du Corps législatif. La majorité fut pour l'approbation, un seul s'éleva contre avec force, et parla longtemps et fort bien. L'Empereur, qui avait présidé avec beaucoup d'attention et de gravité, sans laisser échapper aucune parole, ni indice d'opinion, termina la séance en disant : « Une question aussi grave mérite bien qu'on y pense ; nous y reviendrons. » Mais elle n'a jamais reparu.

Il eût été heureux qu'on eût agi de même lors de la suppression du Tribunat ; car elle a été, dans le temps, et est demeurée un grand sujet de déclamation et de reproche. Pour l'Empereur, il n'y vit que la suppression d'un abus coûteux, une économie importante.

« Il est certain, prononçait-il, que le Tribunat était absolument inutile et coûtait près d'un demi-million ; je le supprimai. Je savais bien qu'on crierait à la violation de la loi ; mais j'étais fort, j'avais la confiance entière du peuple, je me considérais comme réformateur. Ce qu'il y a de sûr, c'est que je le fis pour le bien. J'eusse dû le créer au contraire, si j'eusse été hypocrite ou mal intentionné ; car, qui doute qu'il n'eût adopté, sanctionné, au besoin, mes vues et mes intentions ; mais c'est ce que je n'ai jamais recherché dans tout le cours de mon administration ; jamais on ne m'a vu acheter aucune voix, ni aucun parti par des promesses, de l'argent ou des places ; non, jamais ! et si j'en ai donné à des ministres, à des conseillers d'État, à des législateurs, c'est que ces choses étaient à donner, et qu'il était tout naturel et même juste qu'elles fussent distribuées à ceux qui travaillaient près de moi.

« De mon temps, tous les corps constitués ont été purs, irréprochables, je le prononce ; ils agissaient par conviction : la malveillance et la sottise pouvaient dire le contraire ; elles avaient tort. Et si on les a condamnés, c'est parce qu'on n'a pas su ou qu'on n'a pas voulu savoir ; et puis aussi à cause du mécontentement et de l'opposition du temps, et par-dessus tout encore à cause de cet esprit d'envie, de détraction et de moquerie qui nous est si particulièrement naturel.

« On a beaucoup accusé le Sénat ; on a beaucoup crié au *servilisme*, à la bassesse ; mais des déclamations ne sont pas des preuves. Qu'eût-on donc voulu du Sénat ? Qu'il eût refusé des conscrits ? Que les commissions de la liberté individuelle et de la presse eussent fait esclandre contre le gouvernement ? Qu'il eût fait ce que plus tard, en 1813, a fait une commission du Corps législatif ? Mais voyez où celle-ci nous a menés. Je doute qu'aujourd'hui les Français lui portent une grande reconnaissance. Le vrai est que toutes nos circonstances étaient forcées ; les gens sages le sentaient et savaient s'y plier. Ce qu'on ignore, c'est que, dans presque toutes les grandes mesures, des sénateurs venaient, avant de voter, me produire à l'écart, et quelquefois très chaudement, leurs objections ou même leurs refus, et qu'ils s'en retournaient convaincus ou par mes raisonnements ou par la force et l'imminence des choses.

« Si je ne faisais pas bruit de tout cela, c'est que je gouvernais en conscience, et que je dédaignais la charlatanerie ou tout ce qui pouvait être pris pour elle.

« Les votes du Sénat étaient à peu près constamment unanimes, parce que la conviction y était universelle. On a essayé de rehausser beaucoup, dans le temps, une imperceptible minorité, que les louanges hypocrites de la malveillance, leur pure vanité ou tout autre travers de caractère, poussaient à une opposition sans danger. Mais ceux qui la composaient ont-ils tous montré, dans nos dernières crises, une tête bien saine ou un cœur bien droit ? Je le répète, la carrière du Sénat a été irréprochable : l'instant seul de sa chute a été honteux et coupable. Sans titre, sans pouvoir, et en violation de tous les principes, il a livré la patrie et consommé sa ruine. Il a été le jouet de hauts intrigants qui avaient besoin de discréditer, d'avilir, de perdre une des grandes bases du système moderne. Et il est vrai de dire qu'ils ont complètement réussi ; car je ne sache pas de corps qui doive s'inscrire dans l'histoire avec plus d'ignominie que le Sénat. Toutefois il est juste encore d'observer que cette tache n'est pas celle de la majorité, et que parmi les délinquants se sont trouvés une foule d'étrangers, au moins indifférents désormais à notre honneur et à nos intérêts. »

Le Conseil d'État, lors de l'arrivée de M. le comte d'Artois, s'agita comme il put pour s'attirer son attention et capter sa bienveillance. Il lui fut présenté deux fois, et sollicita d'envoyer une députation à Compiègne au-devant du roi. Le lieutenant général du royaume [1] répondit à cette dernière demande que le roi en recevrait volontiers les membres individuellement ; mais qu'on ne devait pas songer à lui envoyer une députation. Il est vrai de dire que les gros bonnets, c'est-à-dire les chefs de sections, étaient absents. Tout ce mouvement d'ailleurs n'avait d'autre but que de tâcher de ne pas perdre le traitement, peut-être même d'être conservé. Ainsi le Conseil d'État fit tout aussitôt son adhésion aux résolutions du Sénat, évitant à la vérité toute expression qui eût pu être injurieuse pour l'Empereur.

– Et vous l'avez signée ? me dit l'Empereur.

– Non, sire, je refusai ma signature à cette adhésion, soutenant que c'était une insigne folie que de prétendre demeurer successivement le conseiller et l'homme de confiance de deux antagonistes ; et que d'ailleurs si le vainqueur s'y entendait bien, le meilleur gage à présenter à son attention devait être la fidélité et le respect envers le vaincu.

– Et vous raisonniez juste, observa Napoléon.

DIMANCHE 5.

Paroles vives. Circonstances caractéristiques.

Nous nous trouvions à peu près tous réunis auprès de l'Empereur dans le jardin. Ceux de la ville se plaignaient fort de la manière dont ils y étaient, ainsi que des vexations

---

1. Le futur Charles X. Lors d'une crise ou d'une vacance du pouvoir royal, le lieutenant général était revêtu de l'autorité royale.

toujours renouvelées dont ils étaient l'objet. L'Empereur, qui depuis près de quinze jours avait vainement établi le système de ne rien traiter sur cet article que par écrit, comme la manière la plus digne, la plus convenable et la plus propre à amener des résultats ; qui avait même arrêté une note à ce sujet, laquelle avait dû être remise depuis longtemps, et ne l'avait jamais été, y revint plusieurs fois sous différentes formes, et quelques-unes assez piquantes. Tous les raisonnements et toutes les observations indirectes s'appliquaient au grand-maréchal. Celui-ci finit par s'en fâcher ; car, quel bon naturel n'aigrissent pas les infortunes ! Il s'exprima très vivement ; sa femme très près de la porte, désespérant de neutraliser l'orage, s'esquiva. Je pus observer alors combien toutes les impressions que pouvait créer cette circonstance se succédaient avec rapidité chez l'Empereur. La raison, la logique, on pourrait même dire le sentiment, dominèrent toujours.

– Que vous n'ayez point remis cette lettre, si vous la croyiez nuisible, disait-il, c'est un devoir de l'amitié que vous me portez ; mais cela demandait-il un retard de plus de vingt-quatre heures ? Voilà quinze jours que vous ne m'en parlez pas. Si ce plan était jugé mauvais, si la rédaction en avait été défectueuse, pourquoi ne pas me le dire ? je vous aurais réunis tous pour la discuter avec moi.

Nous demeurions tous arrêtés près du berceau, à l'extrémité de l'allée que l'Empereur parcourait seul devant nous, allant et venant. Dans un des moments où l'Empereur était le plus éloigné, le grand-maréchal me dit :

– Je crains de m'être exprimé inconvenablement, et j'en suis bien fâché.

– Nous allons vous laisser avec l'Empereur, lui dis-je, vous le lui aurez bientôt fait oublier, dès que vous serez seuls.

Et j'entraînai hors du jardin tout ce qui était là.

Effectivement, le soir, l'Empereur, causant avec moi de sa matinée, disait :

– C'était après nous être raccommodés avec le grand-maréchal..., c'était avant l'algarade du grand-maréchal.

Et autres choses pareilles qui prouvaient tout à fait que cette circonstance n'avait rien laissé sur son cœur.

LUNDI 6.

> *Sur les généraux de l'armée d'Italie.*
> *Armées des Anciens, Gengis Khan, etc.*
> *Invasions modernes. Caractère des conquérants.*

L'Empereur a été souffrant, et a travaillé beaucoup dans sa chambre. Il m'a dicté les portraits des généraux de l'armée d'Italie : Masséna, d'un rare courage et d'une ténacité si remarquable, dont le talent croissait par l'excès du péril ; qui, vaincu, était toujours prêt à recommencer comme s'il eût été vainqueur.

Augereau, qui, tout au rebours, en avait toujours assez, était fatigué et comme découragé par la victoire même ; toutefois Napoléon dit dans sa dictée que c'est Augereau surtout qui décida de la journée de Castiglione, et que, quelques torts que l'Empereur eût à lui reprocher par la suite, le souvenir de ce grand service national lui demeura constamment présent et triompha de tout.

Sérurier, qui avait conservé toutes les formes de la sévérité d'un ancien major d'infanterie, honnête homme, probe, sûr, mais général malheureux.

Stengel, qui possédait si éminemment toutes les qualités d'un général d'avant-garde.

La Harpe, grenadier par le cœur comme par la taille, qui périt si malheureusement.

Vaubois, etc., etc. On trouvera le développement de tout cela aux divers chapitres de la campagne d'Italie.

Dans divers objets de la conversation du jour, je note ce que l'Empereur disait sur les armées des Anciens. Il se demandait si l'on devait croire aux grandes armées dont il est question dans l'histoire. Il pensait que la plus grande partie des citations était fausse et ridicule. Ainsi, il ne croyait pas aux innombrables armées des Carthaginois en Sicile.

« Tant de troupes, observait-il, eussent été inutiles dans une aussi petite entreprise ; et si Carthage eût pu en réunir autant, on en eût vu davantage dans l'expédition d'Annibal, qui était d'une bien autre importance, et qui pourtant n'avait pas au-delà de quarante à cinquante mille hommes. »

Ainsi il ne croyait point aux millions d'hommes de Darius et de Xerxès, qui eussent couvert toute la Grèce, et se seraient sans doute subdivisés en une multitude d'armées partielles.

Il doutait même de toute cette partie brillante de l'histoire de la Grèce ; il ne voyait dans le résultat de cette fameuse guerre persique que de ces actions indécises où chacun s'attribue la victoire : Xerxès s'en retourna triomphant d'avoir pris, brûlé, détruit Athènes ; et les Grecs exaltèrent leur victoire de n'avoir pas succombé à Salamine.

« Quant aux détails pompeux des victoires des Grecs et des défaites de leurs innombrables ennemis, qu'on n'oublie pas, observait l'Empereur, que ce sont les Grecs qui le disent, qu'ils étaient vains, hyperboliques, et qu'aucune chronique de Perse n'a jamais été produite pour assurer notre jugement par un débat contradictoire. »

Mais l'Empereur croyait à l'histoire romaine sinon dans tous ses détails, du moins dans ses résultats, parce qu'ils étaient des faits aussi patents que le soleil. Il croyait encore aux armées de Gengis Khan et de Tamerlan, quelque nombreuses qu'on les ait prétendues, parce qu'ils traînaient à leur suite des peuples nomades entiers qui se grossissaient encore d'autres peuples dans leur route ; et il ne serait pas impossible, disait l'Empereur, que l'Europe finît un jour de cette manière. La révolution opérée par les Huns, et dont on ignore la cause, parce que la trace s'en perd dans le désert, peut se renouveler.

La Russie est admirablement bien située pour amener une telle catastrophe : elle peut aller puiser à son gré d'innombrables auxiliaires et les déverser sur nous ; elle trouvera tous ces peuples errants d'autant mieux disposés, d'autant plus impatients, que le récit et les succès de ceux des leurs qui dernièrement ont exécuté chez nous des courses si heureuses et si productives auront frappé leur imagination et excité leur avidité.

De là, la conversation a conduit aux conquêtes et aux conquérants ; et l'Empereur concluait que pour être conquérant avec succès il fallait nécessairement être féroce, et que, s'il eût voulu être féroce, il eût conquis le monde. J'ai osé me permettre de combattre ces dernières paroles échappées sans doute à l'humeur du moment ; j'ai osé représenter que lui, Napoléon, était précisément la preuve du contraire ; qu'il n'avait point été féroce, et pourtant avait conquis le monde ; qu'avec de la férocité et nos mœurs modernes, il n'eût certainement jamais été jusque-là. En effet, la terreur n'est plus aujourd'hui ce qui peut nous soumettre à un homme ; mais seulement de bonnes lois et la persuasion du grand caractère, la connaissance d'une énergie à toute épreuve dans celui chargé de les faire exécuter. Or, telles avaient été précisément, disais-je, la cause des succès de Napoléon, celle de la soumission et de l'obéissance des peuples.

La Convention fut féroce et inspira la terreur : on plia ; mais on ne put la supporter. Si elle eût été un seul homme, on s'en fût bientôt défait ; mais c'était une hydre ; et encore, que de tentatives ne hasarda-t-on pas ? que de dangers auxquels elle n'échappa que par miracle ! Elle fut obligée de s'ensevelir elle-même au milieu de ses triomphes.

Pour qu'un conquérant pût être féroce avec succès, il faudrait qu'il commandât à des soldats féroces eux-mêmes, et qu'il régnât sur des peuples sans lumières : or, sous ce rapport, la Russie encore possède un avantage immense sur le reste de l'Europe ; elle a le rare avantage d'avoir un gouvernement civilisé et des peuples barbares : chez eux les lumières dirigent et commandent ; l'ignorance exécute et dévaste. Un sultan turc ne saurait aujourd'hui gouverner longtemps aucune des nations éclairées de l'Europe ; l'empire des lumières serait plus fort que sa puissance.

Sur un autre sujet, l'Empereur observait que nous autres Français, si nous avions moins d'énergie que les Romains, nous avions plus de bienséance ; nous ne nous serions pas donné la mort comme eux sous les premiers empereurs, mais aussi nous n'aurions pas montré toutes les turpitudes, toute la servilité qu'on rencontre sous les derniers.

– Même dans nos moments les plus corrompus, disait-il, notre bassesse n'était pas sans de certaines restrictions : tels des courtisans à qui le prince eût pu tout faire faire chez lui, lui eussent refusé de s'agenouiller à son lever, etc.

J'ai déjà dit que nous n'avions avec nous presque aucun des documents sur les affaires de nos jours. Le peu de livres qui avaient suivi l'Empereur n'étaient guère que des classiques qui l'accompagnaient dans toutes ses campagnes. Je reçus du major Hodson, habitant de l'île, une collection politique depuis 1793 jusqu'à 1807, qui, sous le titre d'*Annual register* (registre annuel), donne la suite, assez bien rédigée, des événements de chaque année, ainsi que quelques pièces

officielles des plus importantes. Dans notre disette, ce fut
une riche acquisition.

MARDI 7.

> *Idées, projets, insinuations politiques, etc.*

L'Empereur a déjeuné seul, et a travaillé beaucoup dans
la journée avec le grand-maréchal et M. de Montholon.

Le soir, n'étant que nous deux, nous promenant seuls,
assez tard, dans l'allée inférieure, devenue le lieu favori, je
lui dis qu'une personne importante dont les idées, les récits
pouvaient être notre intermédiaire avec le monde régulateur,
et influer sur notre destinée future, avait, avec des formes et
des préalables assez significatifs, interpellé l'un de nous de
lui dire en conscience ce qu'il croyait de l'Empereur, touchant certains objets politiques : s'il avait donné sa dernière
Constitution avec la véritable intention de la maintenir ; s'il
avait renoncé de bonne foi à ses anciens projets du Grand
Empire ; s'il consentirait à laisser l'Angleterre jouir de la
suprématie maritime ; s'il ne lui envierait pas la tranquille
possession de l'Inde ; s'il ne se prêterait pas à renoncer aux
colonies, et à acheter des Anglais seuls les denrées coloniales
au véritable prix du commerce ; s'il ne s'unirait pas aux
Américains, dans le cas de leur rupture avec l'Angleterre ;
s'il ne consentirait pas à l'existence d'un grand royaume en
Allemagne, pour la maison d'Angleterre, qui va perdre incessamment celui de la Grande-Bretagne, lors de l'accession au
trône de la jeune princesse de Galles, ou, au défaut de l'Allemagne, s'il ne consentirait pas à laisser établir cette domination en Portugal, au cas que l'Angleterre s'en arrangeât
avec la cour du Brésil, etc.

Ces questions ne reposaient pas sur des idées vagues ou
des opinions oiseuses ; le personnage les appuyait sur des
faits positifs :

« Nous avons besoin, disait-il, d'une paix longue et durable
sur le continent ; d'une jouissance paisible de nos avantages
actuels pour sortir de la crise financière où nous sommes, et
alléger la dette incommensurable sous laquelle nous cour-
bons : or, l'état présent de la France, ajoutait-il, celui de

l'Europe ne saurait, avec les éléments actuels, nous procurer ce résultat. »

« Notre victoire de Waterloo vous a perdus ; mais elle est loin de nous avoir sauvés ; tous les hommes de bon sens, chez nous, tous ceux qui peuvent échapper à l'influence momentanée des passions, le pensent ou le penseront ainsi, etc. »

L'Empereur doutait d'une partie de ce récit, et traitait le reste de rêverie ; puis se ravisant, il me dit :

– Eh bien, votre opinion ? Allons, monsieur, vous voilà au Conseil d'État ?

– Sire, disais-je, on se permet souvent de rêver sur les matières les plus graves, et, pour être emprisonné à Sainte-Hélène, il n'est pas défendu de composer des romans ; j'en vais donc faire un. Pourquoi pas un mariage politique des deux peuples, où l'un porterait l'armée en dot et l'autre la flotte ; idée folle sans doute, aux yeux du vulgaire ; trop hardie peut-être aux yeux des gens plus exercés, et cela parce qu'elle est tout à fait neuve et hors de toute routine ; mais pourtant dans le genre de ces créations imprévues, lumineuses, utiles, qui caractérisent Votre Majesté, qu'elle seule peut faire écouter et savoir accomplir.

« Comment, disais-je, allant sans doute au-delà des idées de l'interlocuteur anglais lui-même, Votre Majesté ne donnerait pas demain, si c'était en son pouvoir, tous les vaisseaux français pour racheter à la France la Belgique et la rive du Rhin ? Elle ne donnerait pas cent cinquante millions pour recevoir des dizaines de milliards ? Et quel marché du reste que celui qui procurerait aux deux peuples à la fois l'objet pour lequel l'un et l'autre se ruinent et s'entr'égorgent sans cesse depuis tant d'années ! Marché qui réduirait ces deux peuples à avoir réellement besoin l'un de l'autre, au lieu d'être entretenus en une perpétuelle inimitié ? Ne serait-ce donc rien pour la France, reçue désormais dans toutes les colonies anglaises sur le pied des Anglais mêmes, que d'avoir ainsi sans coup férir la jouissance du commerce de toute la terre ? Ne serait-ce pas tout pour l'Angleterre que de s'assurer, de son côté, la souveraineté des mers, l'universalité du commerce, pour l'obtention et la conservation desquels elle se met sans cesse en péril, en attachant désormais, pour

toujours, à ce système, la France, devenue le régulateur,
l'arbitre même du continent.

« A l'abri désormais de toute crainte, et forte de toutes les
forces de sa compagne, l'Angleterre licencierait son armée
pour prix du sacrifice que la France ferait de sa flotte ; elle
pourrait même aussi réduire de beaucoup le nombre de ses
vaisseaux ; alors elle paierait sa dette, allégerait ses peuples ;
elle prospérerait ; et loin de jalouser la France à l'avenir, on
la verrait, une fois que le système serait compris, et que les
passions auraient fait place aux vrais intérêts, on la verrait
travailler elle-même à son agrandissement continental, puisque la France ne serait plus alors que l'avant-garde dont elle,
l'Angleterre, demeurerait les ressources et la réserve.

« L'unité de législation politique des deux peuples, leurs
intérêts communs, des résultats si visiblement avantageux,
achèveraient de suppléer, dans ce plan, à ce que les passions
des gouvernants pourraient présenter d'obstacles ou de difficultés, etc. »

L'Empereur m'écouta, mais ne répondit rien : rarement il
se laisse pénétrer, ou se prête à des conversations politiques.
Dans la crainte de ne m'être pas assez clairement exprimé,
je lui demandai de me permettre d'exposer ces idées sur le
papier ; il y consentit, et ne s'en expliqua pas davantage. Il
était fort tard, il se retira.

MERCREDI 8.

Contrariétés. Réflexions morales.

L'Empereur a dicté, dans le jardin, successivement à
MM. de Montholon et Gourgaud, et de là a gagné l'allée
favorite.

Il se trouvait fatigué, malade ; on a voulu gauchement lui
présenter des femmes qui étaient venues se placer dans son
chemin avec intention, ce qui l'a contrarié : il les a évitées.

Je lui ai parlé d'aller à cheval pour essayer de se distraire
un peu ; nous avions trois chevaux à notre disposition depuis
quelques jours ; l'Empereur m'a répondu qu'il ne pouvait
se faire à l'idée d'avoir constamment un officier anglais à
ses côtés ; qu'il renonçait décidément au cheval à ce prix,
ajoutant que tout devait être calcul dans la vie, et que si

le mal d'apercevoir son geôlier était plus grand que le bien que procurerait l'exercice, c'était un gain tout clair que d'y renoncer.

L'Empereur a peu dîné. Il s'est amusé au dessert à passer en revue les peintures de quelques assiettes de très belle porcelaine de Sèvres : ce sont des chefs-d'œuvre en ce genre, elles sont de trente napoléons pièce, et toutes relatives à des vues ou à des objets d'Égypte.

L'Empereur a fini par se rendre à son allée d'affection. Il s'était fort ennuyé tout le jour, disait-il. Après plusieurs conversations brisées et sans suite, il a regardé sa montre, et s'est trouvé tout joyeux de voir qu'il avait atteint dix heures et demie.

La température était délicieuse ; insensiblement l'Empereur s'était remis tout à fait. Il se plaignait de sa constitution, qui, bien que forte, le soumettait parfois au plus léger dérangement physique. Il se félicitait du reste que ses opinions morales fussent de nature à ne pas l'arrêter, quand, à l'imitation des Anciens, il voudrait se soustraire aux dégoûts et aux traverses de la vie. Il disait qu'il n'entrevoyait pas parfois sans horreur le grand nombre d'années qu'il pouvait encore avoir à courir, ainsi que l'inutilité d'une longue vieillesse ; que s'il pouvait se dire que la France était heureuse, tranquille et sans besoin de lui, il aurait assez vécu.

Nous remontâmes, il était plus de minuit ; c'était une véritable victoire que d'avoir atteint cette heure tardive.

JEUDI 9.

L'Empereur fait renvoyer les chevaux.

Je suis allé d'assez bonne heure chez M. Balcombe lui porter mes lettres pour l'Europe ; un bâtiment allait partir. J'y rencontrai l'officier chargé de notre garde. Frappé de l'état d'affaiblissement où j'avais vu l'Empereur la veille, et du besoin extrême qu'il avait de prendre quelque exercice, je dis à cet officier que je soupçonnais le motif qui empêchait l'Empereur de sortir à cheval, que j'allais lui parler avec franchise, et avec d'autant plus de facilité que j'appréciais tout à fait la manière délicate dont il remplissait son office auprès de nous. Je lui demandai donc quelles étaient ses instructions, et ce qu'il ferait si l'Empereur venait à se promener à cheval autour de la maison, lui faisant sentir la répugnance qu'il devait naturellement avoir pour tout ce qui était propre à lui rappeler, à chaque instant, la réclusion où il se trouvait ; l'assurant du reste qu'il n'y avait rien qui lui fût personnel, et que si l'Empereur avait envie d'entreprendre de longues courses, j'étais persuadé qu'il le ferait demander de préférence pour en être accompagné. L'officier me répondit que ses instructions étaient de suivre l'Empereur ; mais que se faisant une loi de lui être le moins désagréable possible, il prenait sur lui de ne pas l'accompagner.

A déjeuner, je fis part à l'Empereur de ma conversation avec le capitaine. Il me répondit que c'était bien à lui sans doute ; mais qu'il n'en profiterait pas, n'étant pas dans ses principes de jouir d'un avantage qui pourrait compromettre un officier.

Cette détermination fut trop heureuse : entrés le soir chez nos hôtes, le capitaine me prit à part, pour me dire qu'ayant été à la ville dans la journée parler à l'amiral de notre conversation du matin, il lui avait enjoint de se conformer à ses instructions. Je ne pus m'empêcher de répondre avec vivacité que l'Empereur allait ordonner le renvoi immédiat des trois chevaux qu'on avait mis à notre disposition. L'officier, auquel je fis connaître, du reste, la réponse que l'Empereur m'avait faite le matin à son sujet, me dit qu'il pensait aussi que c'était très bien de renvoyer les chevaux, qu'il n'y avait rien de mieux à faire ; réponse que je crus dictée par l'humeur qu'il éprouvait lui-même du rôle qu'on lui imposait.

En sortant de chez nos hôtes, l'Empereur continua de se promener dans l'allée. Je lui appris ce que venait de me dire l'officier anglais. On eût dit qu'il s'y attendait ; mais je ne m'étais pas trompé, il m'ordonna de faire renvoyer les chevaux. Comme ce contretemps m'avait été fort sensible, je lui dis, avec un peu de vivacité peut-être, que s'il me le permettait j'allais rentrer auprès de l'officier pour qu'il eût à remplir sa volonté sur-le-champ. A quoi il répondit, avec une gravité et un son de voix tout particuliers :

– Non, monsieur, point d'humeur ; rarement on fait bien dans cette situation : il faut toujours laisser s'écouler la nuit sur l'injure de la veille.

Nous continuâmes jusqu'à près de minuit : la température était délicieuse.

Respect au fardeau.

Aujourd'hui, après nos travaux ordinaires, l'Empereur, prenant une direction nouvelle, est allé sur la route de la ville jusqu'au point d'où l'on aperçoit la rade et les vaisseaux. Au retour, il a été rencontré dans le chemin par Mme Balcombe, la maîtresse de notre maison, et une Mme Stuart, jeune femme de vingt ans, fort jolie, retournant de Bombay en Angleterre. L'Empereur a causé avec elle des mœurs, des usages de l'Inde ; des désagréments de la mer, surtout pour les femmes ; de l'Écosse, patrie de Mme Stuart, beaucoup d'Ossian [1], et l'a félicitée de ce que le climat de l'Inde avait respecté son teint d'Écosse.

Des esclaves chargés de lourdes caisses ont croisé notre route ; Mme Balcombe leur ayant dit fort rudement de s'éloigner, l'Empereur s'y est opposé, disant : « *Respect au fardeau*, madame ! » A ces mots, Mme Stuart, qui n'avait cessé de chercher avidement à la dérobée les traits et la physionomie de l'Empereur, laissa échapper tout bas à sa voisine : « Mon Dieu, que voilà une figure et un caractère bien différents de ce qu'on m'avait dit ! »

Conversations de minuit, au clair de lune, etc. Les deux impératrices. Mariage de Marie-Louise. Sa maison. Duchesse de Montebello. Mme de Montesquiou. Institut de Meudon. Sentiments de la maison d'Autriche pour Napoléon. Anecdotes recueillies en Allemagne depuis le retour en Europe.

Notre vie continuait d'être des plus régulières à Briars : tous les jours, après m'avoir dicté, l'Empereur sortait entre

---

1. Poète écossais légendaire, sous le nom duquel l'écrivain anglais Macpherson publia, à la fin du XVIIIe siècle, une série de poèmes qui eurent une immense influence sur la sensibilité romantique européenne.

trois et quatre heures, il se rendait au jardin ; là, en se promenant, il dictait à celui qui était venu de la ville pour le travail, lequel écrivait sous la petite tonnelle. Vers les cinq heures et demie, il se rendait, en tournant la maison de nos voisins, dans l'allée inférieure à laquelle il s'attachait chaque jour davantage ; ceux-ci alors se trouvaient à leur dîner, ce qui assurait entièrement notre repos et la liberté de cette promenade. J'y venais joindre l'Empereur, il y attendait qu'on l'avertît qu'il était servi.

L'Empereur y descendait encore après son dîner ; quelquefois même on y apportait son café. Mon fils se rendait chez nos voisins, et nous restions à continuer la promenade. Nous marchions alors des heures entières ; ce qui se prolongeait parfois fort avant dans la nuit quand la lune nous éclairait. C'est là qu'à sa lueur et à la douce température du moment, nous oubliions la chaleur brûlante du jour. Jamais l'Empereur n'était plus causant, ni ne se trouvait de distraction plus complète. C'est dans la longueur et l'abandon de ces conversations qu'il se plaisait à raconter son enfance, les premières années de sa jeunesse, les sentiments et les illusions qui d'ordinaire les embellissent ; enfin les détails de sa vie privée depuis qu'il avait joué un rôle sur la grande scène du monde. J'ai reporté ailleurs ce que j'ai cru pouvoir en répéter. Il semblait parfois embarrassé d'avoir parlé trop longuement, et d'avoir exprimé des choses trop minutieuses, et me disait alors : « Mais à votre tour, à présent, un peu de vos histoires aussi ? vous n'êtes pas conteur. » Je n'avais garde, j'eusse trop craint de perdre quelque chose de ce qui m'attachait si vivement.

C'est dans une de ces promenades nocturnes que l'Empereur disait qu'il avait été fort occupé dans sa vie de deux femmes très différentes : l'une était l'art et les grâces, l'autre l'innocence et la simple nature ; et chacune, observait-il, avait bien son prix.

Dans aucun moment de la vie la première n'avait de positions ou d'attitudes qui ne fussent agréables ou séduisantes ; il lui eût été impossible de lui surprendre ou d'en éprouver jamais aucun inconvénient ; tout ce que l'art peut imaginer en faveur des attraits était employé par elle, mais avec un tel mystère qu'on n'en apercevait jamais rien. L'autre, au contraire, ne soupçonnait même pas qu'il pût y avoir rien à gagner dans d'innocents artifices. L'une était toujours à côté de la vérité, son premier mouvement était la négative ; la seconde ignorait la dissimulation, tout détour lui était étranger. La première ne demandait jamais rien à son mari, mais elle devait partout ; la seconde n'hésitait pas à demander quand elle n'avait plus, ce qui était fort rare : elle n'aurait pas cru pouvoir jamais rien prendre sans payer aussitôt. Du reste, toutes les deux étaient bonnes, douces, fort attachées à leur mari. Mais on les a déjà devinées sans doute, et quiconque les a vues, reconnaît les deux impératrices.

L'Empereur disait qu'il les avait constamment trouvées de l'humeur la plus égale, et d'une complaisance absolue.

Le mariage de Marie-Louise s'accomplit à Compiègne immédiatement après son arrivée. L'Empereur, déroutant toute l'étiquette convenue, alla au-devant d'elle, et monta déguisé dans sa voiture. Elle fut agréablement surprise quand elle vint à le connaître ; on lui avait toujours dit que Berthier, qui était venu l'épouser par procuration à Vienne, était, pour la figure et l'âge, l'exacte ressemblance de l'Empereur : elle laissa échapper qu'elle y trouvait une heureuse différence.

L'Empereur voulut lui épargner tous les détails de l'étiquette domestique en usage dans pareille circonstance ; on l'en avait du reste soigneusement instruite à Vienne. L'Empereur, pour ce qui le regardait personnellement, lui demanda quelles instructions elle avait reçues de ses grands-parents. D'être à lui tout à fait, et de lui obéir en toutes choses, fut sa réponse ; et ce fut aussi, pour l'Empereur, la solution de tous cas de conscience, et non les décisions de certains cardinaux ou évêques, comme on l'a dit dans le temps ; d'ailleurs, dans la même circonstance, Henri IV en avait agi de la sorte.

Le mariage avec Marie-Louise, disait l'Empereur, se proposa et se conclut dans le même jour, et sous les mêmes formes et conditions que celui de Marie-Antoinette, dont le contrat fut adopté pour modèle. Depuis la séparation avec Joséphine, on traitait avec l'empereur de Russie pour une de ses sœurs ; les difficultés ne reposaient guère que sur des arrangements religieux. Le prince Eugène causant avec M. de Schwartzenberg, apprit de lui que l'empereur d'Autriche ne serait pas éloigné de donner sa fille ; il en fit part à l'Empereur. Un conseil fut convoqué pour décider quelle alliance,

de la Russie ou de l'Autriche, serait la plus avantageuse :
Eugène et Talleyrand furent pour l'Autriche, Cambacérès
parla contre ; la majorité fut en faveur d'une archiduchesse.
Eugène fut chargé d'en faire l'ouverture officieuse, et le
ministre des Relations extérieures reçut des pouvoirs de
signer dans le jour même, si l'occasion s'en présentait ; ce
qui en effet arriva ainsi.

La Russie en prit beaucoup d'humeur, et se regarda comme
jouée ; elle ne l'était pas ; il n'y avait rien d'obligatoire
encore vis-à-vis d'elle ; les deux parties demeuraient tout à
fait libres. Les intérêts de la politique firent passer sur tout
le reste.

L'Empereur donna pour dame d'honneur à l'impératrice
Marie-Louise la duchesse de Montebello ; le comte de Beauharnais pour chevalier d'honneur et le prince Aldobrandini
pour écuyer. Lors des malheurs de 1814, ils ne répondirent
pas, disait l'Empereur, au dévouement que l'Impératrice avait
droit d'en attendre : son écuyer la déserta sans prendre
congé ; son chevalier d'honneur ne voulut pas la suivre ; et
la dame d'honneur, malgré l'extrême affection que lui portait
l'Impératrice, crut, disait Napoléon, tous ses devoirs accomplis lorsqu'elle l'eut déposée à Vienne.

La duchesse de Montebello fut dans le temps un de ces
choix heureux qui emportèrent l'approbation universelle. Elle
était jeune, belle, d'une conduite parfaite, et veuve d'un général dit le *Roland*[1] *de l'armée*, qui venait d'expirer tout récem-
ment sur le champ de bataille. Ce choix fut très agréable à
l'armée, et rassura le parti national qui s'effrayait de ce
mariage, du nombre et de la qualité des chambellans dont on
l'entourait, comme d'un pas vers ce que plusieurs appelaient
la contre-révolution, et cherchaient à faire considérer comme
telle. Pour l'Empereur, il avait été principalement déterminé
par l'ignorance où il était du caractère de Marie-Louise, et
la crainte qu'elle n'apportât des préjugés de naissance qui
eussent été nuisibles à la cour de l'Empereur. Quand il l'eut
connue, quand il sut qu'elle était tout à fait dans les idées du
jour, l'Empereur regretta de n'avoir pas fait un autre choix,
de ne s'être pas arrêté sur la comtesse de Beauveau, qui,

---

1. En souvenir de Roland, fidèle compagnon de l'empereur Charlemagne
(IXᵉ siècle).

bonne, douce, inoffensive, n'aurait agi que par les conseils de famille de ses nombreux parents, et eût pu introduire ainsi une sorte de traditions utiles, et une grande quantité de subalternes bien recommandés ; elle eût pu rallier encore beaucoup de personnes qui demeuraient éloignées, et tout cela eût été sans nul inconvénient, parce que cela ne fût arrivé que par les combinaisons de l'Empereur même, qui n'était pas homme à se laisser abuser.

L'Impératrice prit une affection des plus tendres pour la duchesse de Montebello. Celle-ci a pu être reine d'Espagne. Ferdinand VII, à Valençay, demanda à l'Empereur d'épouser Mlle de Tascher, cousine germaine de Joséphine et de son propre nom, à l'exemple du prince de Bade qui avait épousé Mlle de Beauharnais. L'Empereur, qui pensait déjà à se séparer de l'impératrice Joséphine, s'y refusa, ne voulant pas, par ce nouveau lien, compliquer encore davantage les difficultés. Plus tard, Ferdinand demanda la duchesse de Montebello ou toute autre Française que l'Empereur voudrait adopter. Cette demoiselle de Tascher est celle que l'Empereur maria plus tard au duc d'Arenberg, avec l'intention de la faire gouvernante des Pays-Bas ; voulant par la suite du temps dédommager Bruxelles de la perte de son ancienne cour. L'Empereur voulut mettre le comte de Narbonne, qui n'avait pas été étranger au mariage de l'Impératrice, à la place du comte de Beauharnais ; l'extrême chagrin qu'en fit paraître Marie-Louise retint l'Empereur : l'éloignement de l'Impératrice n'avait du reste d'autre cause que les intrigues de son entourage qui n'avait rien à craindre de M. de Beauharnais, mais qui redoutait fort l'influence de M. de Narbonne.

En général, quand l'Empereur avait à nommer, nous disait-il, à des places délicates, il demandait d'ordinaire des candidats à ceux qui l'entouraient ; et c'est sur ces listes et les renseignements qu'il se procurait, qu'il méditait son choix en secret. Il nous a nommé quelques-unes des personnes qu'on lui avait proposées pour dames d'honneur : la princesse de Vaudémont ; une Mme de La Rochefoucauld, devenue Mme de Castellane, et plusieurs autres ; puis il nous a demandé de dire nous-mêmes qui nous eussions proposé ; ce qui nous a fait passer en revue une bonne partie de la cour. Au nom de Mme de Montesquiou, indiqué par l'un de nous : « Je le crois bien, a-t-il répondu ; mais elle était plus avan-

tageusement placée encore. C'est une femme d'un rare
mérite : sa piété est sincère, ses principes excellents ; elle
s'est acquis de grands titres à mon estime et à mon affection.
Il m'en eût fallu deux comme elle, une demi-douzaine ; je
les eusse toutes placées dignement, et j'en eusse demandé
encore : elle a été parfaite à Vienne auprès de mon fils. »

Voici, du reste, qui donnera une idée juste de la manière
dont elle élevait le roi de Rome. Ce jeune prince occupait le
rez-de-chaussée donnant sur la cour des Tuileries ; il était
peu d'heures de la journée où un grand nombre de spectateurs
ne regardassent par la fenêtre, dans l'espérance de l'apercevoir. Un jour qu'il était dans un violent accès de colère et
qu'il se montrait rebelle à tous les efforts de Mme de Montesquiou, elle ordonna de fermer à l'instant tous les contrevents ; l'enfant, étourdi de cette obscurité subite, demanda
aussitôt à *Maman Quiou* pourquoi tout cela. « C'est que je
vous aime trop, lui dit-elle, pour ne pas cacher votre colère
à tout le monde. Que diraient toutes ces personnes que vous
gouvernerez peut-être un jour, si elles vous avaient vu dans
cet état ! croyez-vous qu'elles voulussent vous obéir, si elles
vous savaient aussi méchant ? » Et l'enfant de demander pardon aussitôt, et de bien promettre que cela ne lui arriverait
plus.

« Voilà, au fait, observait l'Empereur, des manières différentes de celle de M. de Villeroi à Louis XV : *Regardez tout
ce peuple, mon maître, il vous appartient ; tous ces hommes
que vous voyez là sont les vôtres.* »

Mme de Montesquiou était adorée de cet enfant ; quand
on voulut la renvoyer de Vienne, il fallut employer la ruse et
le tromper ; ce fut jusqu'à craindre pour sa santé.

L'Empereur avait beaucoup d'idées nouvelles touchant
l'éducation du roi de Rome : il comptait sur l'Institut de
Meudon, dont il avait déjà décrété les principes, attendant
quelques loisirs pour leurs développements. Il voulait y rassembler tous les princes de la maison impériale, surtout ceux
de toutes les branches qu'il avait élevées sur des trônes étrangers. C'était là joindre, prétendait-il, aux soins de l'éducation
particulière, tous les avantages de l'éducation en commun.
« Destinés, disait-il, à occuper divers trônes et à régir diverses
nations, ces enfants auraient puisé là des principes communs,
des mœurs pareilles, des idées semblables. Pour mieux faci-

liter la fusion et l'uniformité des parties fédératives de l'Empire, chacun de ces princes eût amené du dehors, avec lui, dix ou douze enfants, plus ou moins de son âge et des premières familles de son pays ; quelle influence n'eussent-ils pas exercée chez eux au retour ! Je ne doutais pas, continuait l'Empereur, que les princes des autres dynasties étrangères à ma famille n'eussent bientôt sollicité de moi, comme une grande faveur, d'y voir admettre leurs enfants. Et quel avantage n'en serait-il pas résulté pour le bien-être des peuples composant l'association européenne ! Tous ces jeunes princes, observait Napoléon, eussent été réunis d'assez bonne heure pour contracter les liens si chers et si puissants de la première enfance, et séparés néanmoins assez tôt pour prévenir les funestes effets des passions naissantes : l'ardeur des préférences, l'ambition du succès, la jalousie de l'amour, etc. »

L'Empereur eût voulu que toute l'éducation de ces princes-rois se fût fondée sur des connaissances générales, de grandes vues, des sommaires, des résultats ; il eût voulu des connaissances plutôt que de la science, du jugement plutôt que de l'acquis ; l'application des détails plutôt que l'étude des théories ; surtout point de parties spéciales trop poursuivies ; car il estimait que la perfection ou le trop de succès, dans certaines parties, soit des arts, soit des sciences, était un inconvénient dans le prince. Les peuples, disait-il, n'avaient qu'à perdre d'avoir un poète pour roi, un virtuose, un naturaliste, un chimiste, un tourneur, un serrurier, etc.

Marie-Louise avouait à l'Empereur que dans les premiers moments qu'il fut question de mariage, elle ne pouvait se défendre d'une certaine frayeur, à cause de tout le mal qu'elle avait entendu dire de Napoléon parmi les siens ; sur quoi, quand elle rappelait tout cela, ses oncles, les archiducs, qui la poussaient fort à cette union, lui répondaient : « Tout cela n'était vrai que quand il était notre ennemi ; il ne l'est plus aujourd'hui. »

« Du reste, voici, disait l'Empereur, qui donnera une idée de la bienveillance qu'on nous portait dans cette famille. Un de ces jeunes archiducs brûlait souvent de ses poupées, disant qu'il rôtissait Napoléon. Il est vrai que depuis il disait qu'il ne le rôtirait plus, qu'il l'aimait beaucoup à présent, parce

qu'il donnait beaucoup d'argent à sa sœur Louise pour lui
envoyer force joujoux. »

Depuis mon retour en Europe, j'ai eu plus d'une occasion
de me convaincre des sentiments que cette maison a professés
plus tard pour Napoléon. Je tiens de la bouche du témoin
même, personnage distingué, qui me le racontait en Allemagne, qu'ayant eu une audience particulière de l'empereur
François, dans le voyage qu'il a fait en Italie en 1816, il y
fut question de Napoléon. François n'en parla jamais que
dans les meilleurs termes. On eût pu penser, me disait le
narrateur, qu'il le croyait encore régnant en France, et qu'il
ignorait qu'il fût en cet instant à Sainte-Hélène : il ne lui
donna jamais d'autre qualification que celle de l'empereur
Napoléon.

La même personne me racontait que l'archiduc Jean visitant, en Italie, une rotonde, au plafond de laquelle on voyait
une action célèbre dont Napoléon était le héros, en levant
la tête son chapeau tomba par terre ; sa suite se précipita
pour le lui rendre. « Laissez, laissez, dit-il ; c'est dans cette
attitude qu'on doit considérer l'homme qui se trouve là-
haut. »

Puisque j'en suis là, je vais consigner ici quelques circonstances que j'ai recueillies en Allemagne, à mon retour en
Europe ; et pour leur assigner tout le prix qu'elles méritent,
je dirai que je les tiens de personnes de la haute diplomatie.
On sait que tous ses membres composent entre eux une
espèce de famille, une sorte de maçonnerie, et que leurs
sources sont les plus authentiques.

– L'impératrice Marie-Louise se plaint qu'en quittant la
France, M. Talleyrand s'était réservé l'honneur de venir lui
demander la restitution des diamants de l'État, et vérifier si
elle s'était faite avec exactitude.

En 1814, lors des désastres de la France, le prince Eugène
fut l'objet de beaucoup de séductions et d'un grand nombre
de propositions fort brillantes : un général autrichien lui offrit
la couronne d'Italie, au nom des Alliés, s'il voulait se joindre
à eux. Cette offre lui vint de plus haut encore et à diverses
reprises. Déjà il avait été question de lui, sous l'Empereur,
pour les trônes de Portugal, de Naples, de Pologne.

En 1815, des hommes importants dans la diplomatie européenne le sondèrent pour savoir si, dans le cas où Napoléon

serait contraint d'abdiquer de nouveau, et le choix du peuple se tournant vers lui, il accepterait. Dans ces circonstances, comme dans tant d'autres, ce prince fut inébranlable dans une ligne de devoir et d'honneur qui le rend immortel : *honneur et fidélité* fut sa constante réponse, et la postérité en fera sa devise.

Lors de la distribution des États en 1814, l'empereur Alexandre, qui allait très souvent à la Malmaison chez l'impératrice Joséphine, voulait procurer à son fils la souveraineté de Gênes. Celle-ci refusa, à l'instigation d'un des diplomates dirigeants qui la flattait faussement de quelque chose de mieux.

Au congrès de Vienne, le même empereur Alexandre, qui honorait le prince Eugène d'une bienveillance toute particulière, exigeait pour lui au moins trois cent mille sujets. Il lui témoignait alors une très vive amitié, et se promenait régulièrement chaque jour bras à bras avec lui. Le débarquement de Cannes vint mettre un terme, sinon au sentiment, du moins aux démonstrations et à l'intérêt politique de l'empereur de Russie. Il fut même question alors, de la part de l'Autriche, de se saisir de la personne d'Eugène, et de l'envoyer prisonnier dans une forteresse de Hongrie ; mais le roi de Bavière, son beau-père, courut avec indignation chez l'empereur d'Autriche lui présenter qu'Eugène était venu à Vienne sous sa protection et sa garantie, et que sa confiance ne serait point trompée ; aussi Eugène demeura-t-il libre sur sa parole et celle du roi son beau-père.

– Aussi tard que 1818, les pièces d'or de vingt francs et de quarante francs se frappaient à Milan encore à l'effigie de Napoléon, et avec le millésime de 1814. Soit par voie d'économie ou tout autre motif, on n'avait point encore gravé le nouveau coin.

– Alexandre, depuis la chute de Napoléon, a montré dans plusieurs circonstances particulières un éloignement vif et décidé contre lui. C'est Alexandre qui, en 1815, a été l'âme et le promoteur ardent de la seconde croisade contre Napoléon : il a tout dirigé avec la dernière chaleur, semblant en faire une affaire personnelle, et faisant reposer son aversion sur ce qu'il en avait été, disait-il, trompé et joué. Si ce ressentiment tardif n'était pas affecté, on a des raisons de croire qu'il était dû à un ancien ministre et confident[1] de Napoléon qui, dans des conversations particulières, avait eu l'art, durant le congrès de Vienne, de blesser l'amour-propre d'Alexandre par des récits vrais ou faux sur l'opinion et les confidences de Napoléon, à l'égard de son illustre ami.

En 1814, Alexandre a laissé croire qu'il ne se fût pas opposé à voir régner le jeune Napoléon. Depuis la seconde abdication, on est porté à penser qu'il a eu beaucoup moins de bienveillance.

L'empereur Alexandre a marché, dans la seconde croisade, avec des masses immenses. On l'a entendu estimer, à cette époque, que la guerre pourrait bien durer trois ans ; mais que Napoléon n'en succomberait pas moins.

A la première nouvelle de la bataille de Fleurus[2], les têtes de toutes les colonnes russes eurent ordre de s'arrêter sur-le-champ, tandis que toute la masse autrichienne et bavaroise, de son côté, obliqua à l'instant pour s'en séparer, et faire bande à part.

Si le congrès de Vienne eût été rompu lors du 20 mars, il est à peu près certain qu'on n'eût pu renouveler la croisade ; et si Napoléon eût été victorieux à Waterloo, il est à peu près certain aussi qu'elle allait se trouver dissoute.

La nouvelle du débarquement de Napoléon à Cannes fut un coup de foudre pour notre plénipotentiaire à Vienne. Il est vrai qu'il fut le rédacteur de la fameuse déclaration du 13 mars ; et, toute violente qu'elle est, le projet l'était encore bien davantage ; il fut amendé par les autres ministres. La figure et la contenance de ce plénipotentiaire, à mesure qu'on apprenait les progrès de Napoléon, furent un thermomètre qui fit la risée des membres du congrès.

– L'Autriche sut de très bonne heure à quoi s'en tenir, ses courriers l'instruisaient à merveille. La légation française seule entretenait des doutes ; elle distribuait encore une lettre magnanime du roi à tous les souverains pour leur faire connaître qu'il était déterminé à mourir aux Tuileries, qu'on savait déjà que ce prince avait quitté la capitale pour gagner la frontière.

Un membre du congrès et lord Wellington s'entretenant

1. Talleyrand.
2. 16 juin 1815.

confidentiellement avec la légation française, et la carte à la main, assignèrent du 20 au 21 l'entrée de Napoléon dans Paris.

L'empereur François, à mesure qu'il reçut les publications officielles de Grenoble et de Lyon, les envoya immédiatement, à Schœnbrunn, à Marie-Louise, qui s'y livra à une joie extrême. Et il est très vrai que plus tard il a été question d'un enlèvement du jeune Napoléon pour le conduire en France.

Le plénipotentiaire français finit par quitter Vienne, et se transporta à Francfort et à Wisbad pour être en meilleure situation de négocier à la fois soit à Gand, soit à Paris. Jamais courtisan des événements n'eut plus d'embarras ni d'anxiétés. L'ardeur que lui avait imprimée la nouvelle du débarquement à Cannes s'était fort calmée par celle de l'entrée de Napoléon à Paris, et il s'entendit avec Fouché pour que celui-ci le garantît auprès de Napoléon ; s'engageant, de son côté, à garantir Fouché auprès des Bourbons. On a le droit de croire que les offres de ce plénipotentiaire envers le souverain revenu allèrent bien plus haut et bien plus loin encore ; mais que Napoléon indigné les repoussa pour ne pas trop dégrader sa politique, a-t-il dit.

En 1814, M. de Talleyrand, avant de se déclarer pour les Bourbons, fut d'abord pour la régence ; mais il voulait y jouer le principal rôle. Des fatalités malheureuses pour la dynastie de Napoléon empêchèrent de mettre à profit ce moment d'incertitude. Tout semble prouver d'ailleurs que le résultat qui prévalut alors était loin d'être dans les intentions de l'Autriche ; qu'elle y a été probablement jouée, trahie, ou du moins enlevée d'assaut.

La fatalité des mouvements militaires a fait que les Alliés sont entrés dans Paris, sans que le cabinet autrichien y ait concouru. La fameuse déclaration d'Alexandre contre Napoléon Bonaparte et sa famille a été faite sans que cette même puissance d'Autriche fût consultée ; et M. le comte d'Artois n'a pénétré en France qu'en s'y glissant, en dépit du quartier général autrichien, qui même lui avait refusé des passeports.

Il paraît que l'Autriche, au retour de Moscou, s'employa de bonne foi à Londres pour y négocier la paix avec Napoléon ; mais le cabinet russe y était tout-puissant, et ne voulut entendre à rien. Arriva l'armistice de Dresde, et l'Autriche alors prit le parti de la guerre.

Le négociateur autrichien à Londres, durant tout cet intervalle, ne put jamais être écouté. Il y resta néanmoins fort longtemps encore, et ne quitta que lorsque les Alliés étaient au cœur de la France, et au moment où lord Castlereagh fit pressentir, un instant, que les succès héroïques de Napoléon à Champaubert, à Montereau, son entrée victorieuse à Troyes, pouvaient rendre les négociations indispensables.

Si dans le principe ce négociateur n'eût pas été envoyé à Londres, il eût été destiné pour Paris, et peut-être eût-il influé alors de manière à amener une tournure différente de celle qui eut lieu, durant son absence, entre les Tuileries et Vienne. Dans le plus fort de la crise, il se trouva retenu en Angleterre comme par force.

Dans son impatience de rejoindre le centre des grandes négociations, il quitta son poste et gagna la Hollande, en bravant une grande tempête. A peine arrivait-il sur le théâtre des affaires, qu'il tomba entre les mains de Napoléon à Saint-Dizier ; mais le sort de la France était alors décidé, bien qu'on ne le sût pas encore au quartier général français : Alexandre entrait dans Paris.

Le négociateur autrichien avait vainement employé tous les moyens pour se procurer à Londres un passeport qui lui permît de rejoindre son maître, en passant par Calais et Paris. Ce contretemps accidentel, ou médité, fut une fatalité de plus ; il eût gagné Paris avant les Alliés, se fût trouvé auprès de Marie-Louise, eût déjoué les derniers projets de M. de Talleyrand, et produit des combinaisons nouvelles.

Il existait deux opinions dans le cabinet autrichien : l'une pour l'union avec la France ; l'autre pour l'alliance avec la Russie. Soit intrigues, soit fatalité, le parti russe l'emporta tout à fait et l'Autriche ne fut plus qu'entraînée.

MARDI 14.

Petits détails intérieurs, etc. Réflexions.

Ce matin on a servi à déjeuner du café plus supportable ; il était même bon ; l'Empereur a manifesté un vrai plaisir en le goûtant. Quelques moments plus tard il disait, en frottant son estomac de la main, qu'il en sentait le bien là. Il serait difficile de rendre mes sentiments à ces simples paroles :

l'Empereur en appréciant ainsi, contre son usage, une si légère jouissance, me découvrait sans le savoir les progrès de toutes les privations qu'on lui impose, et dont il ne se plaint pas.

Le soir, en remontant de notre promenade de l'après-dîner, l'Empereur, dans sa chambre, m'a lu le chapitre des *Consuls provisoires*, dicté à M. de Montholon. La lecture finie, l'Empereur a pris un ruban, et s'est mis à attacher lui-même les feuilles éparses. Il était tard : le silence de la nuit régnait autour de nous ; je contemplais l'Empereur dans son travail qui se prolongeait.

Mes réflexions étaient, ce jour-là, tournées vers la mélancolie ; je regardais ces mains qui ont régi tant de sceptres ; elles étaient en cet instant occupées tranquillement, peut-être même non sans quelque charme, à rattacher de simples feuilles de papier, auxquelles il imprime il est vrai des traits qui ne se perdront jamais ; les portraits qu'il y sème demeureront des jugements pour la postérité : c'est le livre de vie ou de mort pour beaucoup de ceux qui en sont l'objet. Je me disais silencieusement toutes ces choses, d'autres encore.

Et l'Empereur me lit tout cela ! pensais-je, il me parle familièrement, il me demande parfois ce que j'en pense ; j'ose hasarder mon avis ! Ah ! je ne suis point à plaindre d'être venu à Sainte-Hélène !...

MERCREDI 15.

> *Détails très privés, etc.*
> *Rapprochements bien bizarres.*

Aussitôt après son dîner, l'Empereur est descendu dans son allée inférieure ; il s'y est fait apporter son café, qu'il a pris en se promenant : la conversation est tombée sur l'amour. J'ai dû dire de fort belles choses et très délicates sur ce grand sujet, et me montrer fort sentimental ; car l'Empereur, se mettant à rire de ce qu'il appelait mon gazouillement, m'a dit ne rien comprendre à mon verbiage de roman ; et parlant à son tour très légèrement, il a affecté de vouloir paraître beaucoup plus familier avec les sensations qu'avec les sentiments. Je me suis permis d'observer qu'il s'efforçait de se rendre plus mauvais que ne le portaient les relations du palais, relations très authentiques, bien que fort secrètes.

– Et qu'ont-elles dit ? reprenait-il en me fixant gaiement.

– Sire, on veut qu'au sommet de votre toute-puissance, vous vous soyez laissé imposer de douces chaînes ; que vous vous soyez trouvé le héros d'un roman ; que, dans une résistance qui vous surprenait, vous vous soyez attaché à une simple dame ; que vous lui ayez bien écrit une douzaine de lettres ; qu'elle vous ait amené et contraint à vous soumettre au travestissement, à vous rendre seul, nuitamment, chez elle, dans sa propre demeure, au milieu de Paris.

– Mais comment l'aurait-on su ? a-t-il dit, en souriant ; ce qui ne voulait pas dire non. Et on a ajouté sans doute, a-t-il continué, que c'était la plus grande imprudence de ma vie ; car si elle n'eût pas été honnête femme, que ne pouvait-il pas m'arriver, seul et déguisé, dans les circonstances où je me trouvais, au milieu des embûches dont j'étais entouré. Mais que disait-on encore ?

– Sire, on voulait que la postérité de Votre Majesté ne se bornât pas au roi de Rome ; la chronique secrète lui donnait deux aînés : l'un venu d'une belle étrangère que vous auriez fort aimée en pays lointain [1] ; l'autre, fruit d'une occupation plus voisine au sein même de votre capitale [2]. On voulait que tous deux fussent venus à la Malmaison avant notre départ ; l'un amené par sa mère, l'autre introduit par son tuteur ; tous deux les portraits vivants de leur père [3].

L'Empereur riait beaucoup de tant de science, disait-il ; et une fois en gaieté, il s'est mis à repasser franchement et dans un entier abandon ses premières années, et m'a raconté force aventures de cœur et d'esprit. Je passe la première moitié. Dans la seconde, je citerai un souper, au commencement de la Révolution, dans le voisinage de la Saône et en compagnie du fidèle Desmazis, que l'Empereur racontait de la manière la plus plaisante. Véritable guêpier, disait-il, où son éloquence patriotique avait eu fort à faire contre la doctrine

1. Marie Walewska.
2. Éléonore Denuelle de la Plaigne.
3. Un codicille de conscience, dans le testament de l'Empereur, et qui doit demeurer secret, est venu donner une complète réalité, dit-on, à ces conjectures. *(Las Cases.)*

opposée du reste des convives, et l'avait même presque mis en danger.

– Nous étions alors sans doute vous et moi bien loin l'un de l'autre ? a-t-il observé.

– Mais pas tant pour la distance, sire, ai-je répondu ; quoique beaucoup assurément pour les doctrines. J'étais alors aussi, moi, dans le voisinage de la Saône, sur un des quais de Lyon, où des patriotes attroupés, déclamant contre des canons qu'ils venaient de découvrir dans des barques, et qu'ils appelaient une contre-révolution, je me permis d'ouvrir, fort mal à propos, l'avis de s'assurer de ces canons en leur faisant prêter le *serment civique*. Mon impertinence faillit me faire pendre. Vous voyez, sire, que j'aurais pu au besoin, et dans cet instant-là même, balancer votre compte, s'il vous fût arrivé malheur parmi vos aristocrates.

Ce rapprochement bizarre ne fut pas le seul de la soirée ; l'Empereur, m'ayant raconté une anecdote intéressante de 1788, me dit :

– Vous, où pouviez-vous être alors ?

– Sire, répondis-je après quelques secondes de recherches, à la Martinique, soupant tous les soirs à côté de la future impératrice Joséphine.

La pluie vint, il a fallu quitter cette allée, « qui peut-être un jour, disait l'Empereur, ne reviendra pas sans charmes dans notre souvenir ».

– Cela peut être, observais-je, mais assurément ce ne sera pas sans l'avoir quittée ; en attendant, contentons-nous de l'appeler l'allée de la philosophie, puisqu'elle ne peut être celle du Léthé [1].

JEUDI 16.

> *Sur le faubourg Saint-Germain, etc. L'Empereur sans*
> *préjugés, sans fiel, etc. Paroles caractéristiques.*

Aujourd'hui l'Empereur s'informait du faubourg Saint-Germain ; il me questionnait sur ce dernier boulevard, disait-il, de la vieille aristocratie, ce refuge encroûté des vieux préjugés ; *la ligue germanique*, ainsi qu'il l'appelait. Je lui

---

1. Fleuve des Enfers dans la mythologie grecque.

disais qu'avant les derniers revers, son pouvoir y avait pénétré
de toutes parts ; il se trouvait envahi, il n'en restait plus que
le nom ; il avait été ébranlé, vaincu par la gloire ; les victoires
d'Austerlitz et d'Iéna, le triomphe de Tilsitt, l'avaient
conquis. Les jeunes gens, tous les cœurs généreux, n'avaient
pu être insensibles au lustre de la patrie. Son mariage avec
Marie-Louise avait porté le dernier coup ; il n'y avait plus
eu d'autres mécontents que ceux dont l'ambition était non
satisfaite, ce qui se retrouve dans toutes les classes et dans
tous les temps ; ou bien encore quelques vieillards intraitables ou de vieilles femmes pleurant leur influence passée.
Tous les gens raisonnables et sensés avaient plié sous les
talents supérieurs du chef de l'État, et cherchaient à se consoler de leurs pertes, dans l'espoir d'un meilleur avenir pour
leurs enfants ; vers ce point se tournaient désormais toutes
leurs illusions. Ils savaient gré à l'Empereur de sa partialité
pour les anciens noms ; tout autre, convenaient-ils, eût achevé
de les anéantir. Ils mettaient du prix à la confiance avec
laquelle l'Empereur s'était entouré d'eux ; ils lui tenaient
compte d'avoir dit, en se saisissant de leurs enfants pour
l'armée : « Ces noms appartiennent à la France, à l'histoire ;
je suis le tuteur de leur gloire, je ne les laisserai pas périr. »
Ces mots et d'autres semblables lui avaient fait un grand
nombre de prosélytes.

L'Empereur disait en ce moment que ce parti n'avait peut-
être pas été assez caressé. « Mon système de fusion le demandait et je l'avais voulu, ordonné même ; mais les ministres,
les grands intermédiaires n'ont jamais bien rempli mes véritables intentions à cet égard, soit qu'ils n'y vissent pas plus
loin, soit qu'ils craignissent d'amener ainsi des rivaux de
faveur, et de diminuer leurs chances. M. de Talleyrand surtout
s'y était toujours montré contraire et n'avait jamais cessé de
combattre l'ancienne noblesse dans ma bienveillance et ma
pensée. » Je lui faisais observer pourtant que le grand nombre
de ceux qu'il avait appelés s'étaient bientôt montrés attachés
à sa personne ; qu'ils l'avaient servi de bonne foi, et étaient
en général demeurés fidèles au moment de la crise. L'Empereur n'en disconvenait pas, et allait même jusqu'à dire que
le roi revenu, et lui ayant abdiqué, cette double circonstance
avait dû beaucoup influer sur certaines doctrines ; qu'aussi

dans son jugement, il mettait une grande différence dans la même conduite tenue en 1814 ou en 1815.

Et ici je dois dire que depuis que j'apprends à connaître l'Empereur, je ne lui ai jamais vu encore un seul moment de colère ou d'animosité contre aucun de ceux qui se sont le plus mal conduits à son égard. Il ne s'exalte pas sur ceux dont on lui vante la belle conduite : ils avaient fait leur devoir. Il ne s'emporte pas contre ceux qui se sont rendus si coupables ; il les avait en partie devinés ; ils avaient cédé à leur nature ; il les peignait froidement, sans fiel ; attribuait une partie de leur conduite aux circonstances, qu'il confessait avoir été bien difficiles ; rejetait le reste sur les faiblesses humaines. « La vanité avait perdu M*** [1] ; la postérité flétrira justement sa vie, disait-il ; pourtant son cœur vaudra mieux que sa mémoire. Augereau devait sa conduite à son peu de lumières et à son mauvais entourage ; Berthier à son manque d'esprit et à sa nullité, etc. »

Je faisais observer que ce dernier avait laissé échapper la plus belle occasion, la plus facile de s'illustrer à jamais, celle d'aller présenter de bonne foi ses soumissions au roi, et de le supplier de trouver bon qu'il allât dans la solitude pleurer celui qui l'avait honoré du titre de son compagnon d'armes, et l'avait appelé son ami. « Eh bien ! quelque simple que fût cette marche, disait l'Empereur, elle était encore au-dessus de ses forces. – Ses moyens, sa capacité avaient toujours été un objet de discussion parmi nous, disais-je alors ; le choix de Votre Majesté, votre confiance, votre grand attachement nous étonnaient beaucoup. – C'est que Berthier, après tout, n'était pas sans talents, disait à cela l'Empereur ; et je suis loin de renier sa personne et mes sentiments ; mais ses talents, son mérite, étaient spéciaux et techniques, et hors de là sans nul esprit quelconque, et puis si faible !... » J'observais que pourtant il était plein de prétentions et de morgue avec nous. « Et le titre de favori, disait l'Empereur, le comptez-vous pour rien ? » J'ajoutais qu'il était très dur, fort absolu. « Mais rien de plus impérieux, mon cher, disait alors l'Empereur, que la faiblesse qui se sent étayée de la force ; voyez les femmes. »

L'Empereur dans ses campagnes avait Berthier dans sa

1. Marmont.

voiture. C'était pendant sa route et sur les grands chemins que l'Empereur, parcourant les livres d'ordre et les états de situation, prenait ses décisions, arrêtait ses plans et ordonnait les mouvements. Berthier en prenait note, et à la première station ou au premier moment de repos, soit de jour soit de nuit, il expédiait à son tour tous les ordres et les différents détails particuliers avec une régularité, une précision et une promptitude admirables, disait l'Empereur ; c'était un travail pour lequel il était toujours prêt et infatigable. « Voilà quel était le mérite spécial de Berthier ; il était des plus grands et des plus précieux pour moi, observait l'Empereur ; nul autre n'eût pu le remplacer. »

Je reviens encore à quelques touches caractéristiques sur l'Empereur. Il est sûr qu'il parle froidement, sans passions, sans préjugés, sans ressentiment, des circonstances et des personnes qui remplissent sa vie. On sent qu'il pourrait devenir l'allié de ses plus cruels ennemis, comme vivre avec l'homme qui lui a fait le plus de mal. Il parle de son histoire passée comme si elle avait déjà trois cents ans de date ; ses récits et ses observations ont le langage des siècles ; c'est une ombre conversant aux Champs-Élysées [1], de vrais dialogues des morts. Il s'exprime souvent sur lui-même comme sur une tierce personne ; parlant des actes de l'Empereur, indiquant les faits que l'histoire pourrait lui reprocher, analysant les raisons et les motifs qu'on pourrait alléguer pour sa justification.

Il n'aurait pas, disait-il, à s'excuser d'aucune faute sur autrui, n'ayant jamais suivi que sa propre décision ; il aurait à se plaindre, tout au plus, de fausses informations ; mais jamais de mauvais conseils. Il s'était entouré du plus de lumières possible, mais s'en était toujours tenu à son propre jugement ; il était loin de s'en repentir. « C'est, disait-il, l'indécision et l'anarchie dans les moteurs, qui amènent l'anarchie et la faiblesse dans les résultats. Pour être équitable sur les fautes produites par la seule décision personnelle de l'Empereur, continuait-il, il faudrait mettre en balance les grandes actions dont on l'aurait privé [2], et les autres fautes

---

1. Dans la mythologie grecque, séjour des héros morts.
2. Dans une circonstance importante on vint à bout de pousser un des membres de sa famille à oser venir lui faire des représentations contre une

que lui auraient fait commettre les conseils auxquels on lui reproche de ne pas s'être abandonné, etc. »

Dans la complication des circonstances de sa chute, il voit les choses tellement en masse et de si haut, que les hommes lui échappent. Jamais on ne l'a surpris animé contre aucun de ceux dont on croirait qu'il a le plus à se plaindre. Sa plus grande marque de réprobation, et je m'en suis convaincu bien souvent, est de garder le silence sur leur compte, quand on les mentionne devant lui. Mais combien de fois on l'a vu arrêter les expressions violentes et moins retenues de nous qui l'entourions ! « Vous ne connaissez pas les hommes, nous disait-il alors, ils sont difficiles à saisir quand on veut être juste. Se connaissent-ils, s'expliquent-ils bien eux-mêmes ? La plupart de ceux qui m'ont abandonné, si j'avais continué d'être heureux, n'eussent peut-être jamais soupçonné leur propre défection. Il est des vices et des vertus de circonstance. Nos dernières épreuves sont au-dessus de toutes les forces humaines ! Et puis j'ai plutôt été abandonné que trahi ; il y a eu plus de faiblesse autour de moi que de perfidie ; c'est le reniement de saint Pierre [1], le repentir et les larmes peuvent être à la porte. A côté de cela, qui, dans l'histoire, eut plus de partisans et d'amis ? Qui fut plus populaire et plus aimé ? Qui jamais laissa des regrets plus ardents et plus vifs ?... Voyez la France ; d'ici sur mon roc, ne serait-on pas tenté de dire que j'y règne encore ? Les rois et les princes, mes alliés, m'ont été fidèles jusqu'à extinction, ils ont été enlevés par les peuples en masse ; et ceux des miens qui étaient autour de moi, se sont trouvés enveloppés, tout étourdis, dans un tourbillon irrésistible... Non, la nature humaine pouvait se montrer plus laide, et moi plus à plaindre ! »

---

de ses grandes entreprises. Ils se trouvaient dans une embrasure de fenêtre. L'Empereur, après avoir écouté assez longtemps et avec plus de patience qu'on aurait pu le croire, interrompant tout à coup l'interlocuteur et fixant le ciel : « Voyez-vous cette étoile ? lui dit-il (or on était au milieu du jour). – Non. – Eh bien, moi je la vois, et très distinctement. Sur ce, mon cher, bonjour ! Retournez à vos affaires, et surtout fiez-vous-en à ceux qui voient un peu plus loin que vous... » *(Las Cases.)*

1. Saint Pierre, en effet, renia trois fois le Christ avant de pleurer sur son reniement et de devenir le premier des apôtres de la foi nouvelle.

VENDREDI 17.

> *Sur les officiers de sa maison, en 1814, etc.*
> *Projet d'adresse.*

Aujourd'hui l'Empereur me questionnait sur les officiers de sa maison. A l'exception de deux ou trois, au plus, qui avaient excité les mépris du parti même vers lequel ils avaient été transfuges, il n'y avait guère rien à dire sur le reste ; la très grande majorité avait même montré un dévouement actif. L'Empereur alors s'est enquis particulièrement de quelques-uns en les citant par leurs noms, et je n'avais qu'à applaudir à tous. « Que me dites-vous là ? a-t-il dit au sujet de l'un d'eux, en m'interrompant vivement. Et moi qui l'ai si mal reçu aux Tuileries à mon retour. Ah ! que je crains d'avoir fait des injustices involontaires ! Ce que c'est lorsqu'on est obligé de s'en rapporter au premier mot, et qu'on n'a pas un seul instant pour la vérification ! Que je crains aussi d'avoir laissé bien des dettes de reconnaissance en arrière ! Qu'on est malheureux quand on ne peut pas tout faire soi-même ! » Je repris : « Sire, il est vrai de dire que s'il y eut faute parmi les officiers de votre maison, elle ne fut pas autre que celle de toute la masse ; faute, du reste, qui a dû nous ravaler étrangement aux yeux des autres nations. Sitôt que le roi a paru, on s'est précipité vers lui, non pas comme vers le souverain que nous laissait votre abdication, mais comme vers celui qui n'avait jamais cessé de l'être. Non pas avec cette dignité de l'homme fier d'avoir constamment rempli tous ses devoirs, mais avec l'embarras équivoque du courtisan qui a été maladroit. Chacun n'a cherché qu'à se justifier ; Votre Majesté se trouva dès cet instant désavouée, reniée ; la qualification d'Empereur disparut. Les ministres, les grands, les plus intimes de Votre Majesté, ne rougirent pas pour eux, pour leur nation, de ne plus dire que *Bonaparte*. On avait été contraint de servir, disait-on ; on n'avait pas pu faire autrement ; on eût eu trop de mauvais traitements à redouter, etc. » L'Empereur trouvait bien là notre caractère national, nous étions les Gaulois d'autrefois : la légèreté, la même inconstance et surtout la même vanité. « Quand pourrons-nous enfin, disait-il, échanger celle-ci contre un peu d'orgueil ?... »

« Toutefois, disais-je, les officiers de la maison de Votre Majesté ont laissé échapper une belle occasion de s'honorer tout en se rendant populaires : il y avait au-delà de cent cinquante officiers de la maison ; un très grand nombre étaient des premiers noms, tous avaient une fortune indépendante ; c'était à eux qu'il convenait de présenter un exemple qui, suivi par d'autres, eût pu donner une tout autre impulsion à l'attitude nationale, et nous créer des droits à l'estime publique [1]. – Eh bien, dit l'Empereur, il est sûr que si toutes les premières classes eussent agi de la sorte, les affaires eussent tourné bien différemment. Les vieux réacteurs n'eussent point rêvé leur chimère du bon vieux temps ; on ne serait pas venu vous parler de la ligne droite ni de la ligne courbe ; le roi se serait attaché tout bonnement à sa charte ; moi, je n'eusse pas songé à quitter l'île d'Elbe ; la tête de la nation se serait inscrite dans l'histoire avec plus d'honneur et de dignité : nous y aurions tous gagné. »

[1]. C'est dans cet esprit que fut rédigé, à l'exemple des autres corps, un projet d'adresse au roi, au nom des officiers de la maison de l'Empereur. En voici la substance :

« Sire,

« Les soussignés, qui firent partie de la maison de l'empereur Napoléon, sollicitent de Votre Majesté le bienfait d'un regard particulier.

« Héritiers des obligations de leurs pères, ils furent dans les temps fidèles défenseurs du trône ; plusieurs ont suivi Votre Majesté, durant de longues années, en terre étrangère, et scellé leur dévouement de la privation de leur patrimoine.

« Ce furent précisément ces principes connus et cette conduite avouée qui devinrent leur titre, et firent jeter les yeux sur eux quand il s'agit de relever un trône et de l'entourer.

« L'attente de celui qui s'environna de nous ne fut point trompée, elle ne pouvait l'être ; nous avons rempli ces nouvelles obligations avec *honneur et fidélité*. Ces sentiments, sire, gages certains de tous les autres, nous suffiraient pour notre propre estime, si nous croyions pouvoir demeurer oisivement à l'écart ; mais doit-il être un repos absolu pour de loyaux et bons Français ? Et pourtant si quelques-uns d'entre nous se croyaient réduits par délicatesse à attendre en silence de nouveaux devoirs, leur motif ne pourrait-il pas être méconnu ? D'un autre côté, ne pourrait-on pas se méprendre également sur ceux qui, ne cédant qu'à leur cœur, se précipiteraient au-devant des faveurs de Votre Majesté ?

« Telle est, sire, la position particulière et si délicate dans laquelle nous nous trouvons ; mais elle a déjà cessé, si Votre Majesté a daigné l'entendre ; son âme royale comprendra le mouvement délicat qui nous guide en cet instant, et accueillera nos vœux sincères de la servir, ainsi que la patrie, avec notre zèle et notre fidélité accoutumés. »

Il devint difficile de trouver des signatures à un acte aussi mesuré. On aurait de la peine à croire que cet aveu authentique et non réprouvé de nos

SAMEDI 18.

> *Idée de l'Empereur de se réserver la Corse.*
> *Opinion sur Robespierre. Idées sur l'opinion*
> *publique. Intention expiatoire de l'Empereur*
> *sur les victimes de la Révolution.*

Après le travail accoutumé, l'Empereur m'a amené au jardin vers les quatre heures. Il venait de finir la dictée sur la Corse, ayant épuisé le sujet sur cette île, celui de Paoli, et parlé de l'influence que lui-même s'y était créée si jeune encore, lors de sa séparation politique d'avec Paoli. Il a ajouté que dernièrement il eût été bien sûr d'y réunir tous les vœux, toutes les opinions, tous les efforts ; que s'il s'y était retiré en quittant Paris, il eût été à l'abri contre toute puissance étrangère ; il en avait eu la pensée. En abdiquant pour son fils, il avait été sur le point de se réserver la jouissance de la Corse durant sa vie ; aucun obstacle de mer ne l'eût empêché d'y arriver. Il ne le voulut point, pour rendre, disait-il, son abdication plus franche, plus fructueuse pour la France. Son séjour au centre de la Méditerranée, au sein de l'Europe, si près de la France et de l'Italie, pouvait demeurer un prétexte durable pour les Alliés. Il préféra même l'Amérique à l'Angleterre, par le même motif et dans la même pensée : il est vrai qu'il n'avait pas prévu, disait-il, et ne pouvait prévoir, d'après la confiance de ses démarches, l'injuste et violente déportation à Sainte-Hélène.

Plus tard l'Empereur, parcourant divers points de la Révolution, s'est arrêté sur Robespierre, qu'il n'a pas connu il est vrai, mais auquel il ne croyait ni talent, ni force, ni système. Il le pensait néanmoins le vrai bouc émissaire de la Révolution, immolé dès qu'il avait voulu entreprendre de l'arrêter dans sa course ; destinée commune, du reste, observait-il, à tous ceux qui, jusqu'à lui Napoléon, avaient osé l'essayer.

---

fonctions, les mots d'empereur Napoléon surtout, furent de grandes objections ! Chacun y trouva la sienne, suivant son caractère ; telles furent les mœurs du jour. On ne put réunir que dix-sept signatures, dix-huit ou vingt promirent de s'y joindre quand il y en aurait vingt-cinq ; mais aucun ne voulait aider à compléter ce nombre. Deux même, croyant avoir commis une crânerie qu'ils n'avaient pas bien comprise, leur intention n'ayant été que de solliciter la confirmation de leurs places, recoururent après leur signature et la raturèrent. L'original de cette pièce doit être demeuré entre les mains d'un des signataires à Paris ou à Versailles. (*Las Cases.*)

Les terroristes et leur doctrine ont survécu à Robespierre ; et si leurs excès ne se sont pas continués, c'est qu'il leur a fallu plier devant l'opinion publique. Ils ont tout jeté sur Robespierre ; mais celui-ci leur répondait, avant de périr, qu'il était étranger aux dernières exécutions ; que, depuis six semaines, il n'avait pas paru aux comités. Napoléon confessait qu'à l'armée de Nice il avait vu de longues lettres de lui à son frère, blâmant les horreurs des commissaires conventionnels, qui perdaient, disait-il, la Révolution par leur tyrannie et leurs atrocités, etc. Cambacérès, qui doit être une autorité sur cette époque, observait l'Empereur, a répondu à l'interpellation qu'il lui adressait un jour sur la condamnation de Robespierre, par ces paroles remarquables : « Sire, cela a été un procès jugé, mais non plaidé. » Ajoutant que Robespierre avait plus de suite et de conception qu'on ne pensait ; qu'après avoir renversé les factions effrénées qu'il avait eues à combattre, son intention avait été le retour à l'ordre et à la modération. « Quelque temps avant sa chute, ajoutait Cambacérès, il prononça un discours à ce sujet, plein des plus grandes beautés : on ne l'a point laissé insérer au *Moniteur* [1], et toutes les traces nous en ont été enlevées. »

Ce n'est pas la première fois que j'ai entendu parler d'une lacune d'exactitude dans le *Moniteur*. Il doit y avoir, vers ce temps-là, dans les transactions de l'Assemblée, une époque tout à fait infidèle, les procès-verbaux ayant été arbitrairement rédigés par l'un des comités.

Ceux qui sont portés à croire que Robespierre, étant lassé, gorgé, effrayé de la Révolution, avait résolu de l'arrêter, disent qu'il ne voulut agir qu'après avoir lu son fameux discours : il le trouvait si beau, qu'il ne doutait pas de son effet sur l'Assemblée. S'il en est ainsi, son erreur ou sa vanité lui coûtèrent cher.

Ceux qui pensent différemment objectent que Danton et Camille Desmoulins avaient précisément la même pensée, et que pourtant Robespierre les immola. Les premiers répondent que ce ne serait pas une raison ; que Robespierre les immola pour conserver sa popularité, quand il jugea que le moment n'était pas encore venu ; ou bien encore pour ne pas leur laisser la gloire de l'entreprise.

1. Journal officiel de la Révolution et de l'Empire fondé en 1789.

Quoi qu'il en soit, plus on s'est rapproché des instruments et des acteurs de cette catastrophe, et plus on y a trouvé d'obscurité et de mystère : cela ne fera que s'accroître encore avec le temps ; aussi la vérité de l'histoire, sur ce point comme sur tant d'autres, ne sera probablement pas ce qui a eu lieu, mais seulement ce qui sera raconté.

Au sujet de ce même Robespierre, l'Empereur disait qu'il avait beaucoup connu son frère, représentant à l'armée d'Italie. Il n'en disait point de mal ; il l'avait conduit au feu, lui avait inspiré beaucoup de confiance et un grand enthousiasme pour sa personne ; si bien que, rappelé par son frère, quelque temps avant le 9 thermidor, qui se préparait sourdement, Robespierre le jeune voulait absolument mener Napoléon à Paris. Celui-ci eut toutes les peines du monde à s'en défendre, et ne parvint à lui échapper qu'en faisant intervenir le général en chef Dumerbion, dont il avait toute la confiance, et auquel il se montra comme absolument nécessaire. « Si je l'eusse suivi, disait l'Empereur, quelle pouvait être la différence de ma destinée ? A quoi tient après tout une carrière ? On eût sans doute voulu m'employer ; je pouvais donc être destiné, dès cet instant, à tenter une espèce de vendémiaire. Mais j'étais bien jeune encore, je n'avais point alors mes idées arrêtées comme je les ai eues depuis ; je crois bien que je n'eusse pas voulu l'accepter. Mais, dans le cas contraire, et même victorieux, quels résultats eussé-je pu espérer ? En vendémiaire, la fièvre de la Révolution était tout à fait affaissée ; en thermidor elle était encore dans toute sa force, dans la rage de son ascension et de ses excès, etc.

« L'opinion publique, disait-il dans un autre moment et sur un autre sujet, est une puissance invisible, mystérieuse, à laquelle rien ne résiste ; rien n'est plus mobile, plus vague et plus fort ; et toute capricieuse qu'elle est, elle est cependant vraie, raisonnable, juste, beaucoup plus souvent qu'on ne pense.

« Étant consul provisoire, un des premiers actes de mon administration fut la déportation d'une cinquantaine d'anarchistes. L'opinion publique, à laquelle ils étaient en horreur, tourna subitement pour eux, disait l'Empereur, et me força de reculer. Mais quelque temps après, ces mêmes anarchistes ayant voulu comploter, ils furent terrassés de nouveau par cette même opinion qui me revint aussitôt. C'est ainsi qu'à la Restauration, en s'y prenant mal, on était venu à bout de rendre les régicides populaires, eux que la masse de la nation proscrivait un instant auparavant.

« Il n'appartenait qu'à moi, disait-il, de pouvoir relever en France la mémoire de Louis XVI, et laver la nation des crimes dont l'avaient souillée quelques forcenés et des fatalités malheureuses. Les Bourbons, étant de la famille et venant du dehors, ne faisaient que venger leur cause particulière et accroître l'opprobre national. Moi, au contraire, partie du peuple, je soignais sa gloire, en faisant, en son nom, sortir des rangs ceux qui l'avaient souillée, et c'était bien mon intention ; mais j'y procédais avec sagesse : les trois autels expiatoires à Saint-Denis n'avaient été qu'un prélude ; le temple de la Gloire sur les fondements de la Madeleine devait y être consacré avec un bien plus grand éclat : c'était là, près de leur tombeau, sur leurs ossements même, que les monuments des hommes et les cérémonies de la religion eussent relevé, au nom du peuple français, la mémoire des victimes politiques de notre Révolution. C'était un secret qui n'a pas été connu de plus de dix personnes ; mais encore avait-il fallu en laisser percer quelque chose à ceux qui dirigeaient l'ordonnance de cet édifice. Du reste, je ne l'aurais pas fait avant dix ans, et encore eût-il fallu voir les précautions que j'y aurais employées, comme tout y eût été arrondi, les aspérités soigneusement écartées. Tous eussent pu y applaudir, aucun n'en eût souffert. Tout consiste tellement dans les circonstances et dans les formes, continuait-il, que Carnot n'aurait pas osé écrire un mémoire sous mon règne pour se vanter de la mort du roi, et il l'a fait sous les Bourbons. C'est que j'eusse marché avec l'opinion publique pour l'en punir, tandis que l'opinion publique marchait avec lui pour le rendre inattaquable. »

DIMANCHE 19.

Cascade de Briars.

Mon fils et moi nous trouvions levés de bon matin, notre tâche avait été finie dès la veille ; et l'Empereur ne devant pas me faire demander de longtemps encore, nous avons profité de la fraîcheur du moment pour explorer notre voisinage.

En remontant la vallée de James-Town, il se trouve sur la droite de notre petit plateau de Briars un ravin très profond, coupé de nombreuses crevasses à pic ; nous y sommes descendus, non sans beaucoup de peine et sommes arrivés sur les bords d'un petit ruisseau limpide, présentant une grande abondance de cresson. Nous nous sommes amusés, et comme en herborisant, à remonter le vallon et le ruisseau, et, après quelques sinuosités, nous avons bientôt atteint leur extrémité ou leur origine, formée par un énorme mur de rocher à pic qui les barre transversalement, et du haut duquel tombait, en forme de gouttière avancée, une fort jolie cascade composée des eaux supérieures environnantes, dont la chute, dans le vallon, dessinait le ruisseau que nous avions remonté, et qui roule parfois en torrent jusqu'à la mer. Cette cascade, en ce moment, se dissipait au-dessus de nos têtes en pluie fine ou vapeur légère ; mais dans les moments d'orage, elle doit verser à torrents et fournir des flots qui sillonnent avec fracas le ravin jusqu'à la mer. L'ensemble formait pour nous un spectacle sombre, solitaire, mélancolique, tout à fait attachant dont nous ne nous sommes arrachés qu'avec peine.

Aujourd'hui, qui était dimanche, nous nous sommes trouvés tous réunis à dîner auprès de l'Empereur : il observa gaiement que nous formions le grand couvert. Après le dîner, le cercle de nos diversions n'étant pas grand, il demanda si nous irions ce soir à la comédie, à l'opéra ou à la tragédie ; on s'est décidé pour la comédie, et il a lu lui-même une partie de *l'Avare*[1], qui a été continué par d'autres. L'Empereur était enrhumé, il avait un peu de fièvre ; il est rentré de bonne heure chez lui, en me recommandant de le voir plus tard, s'il ne dormait pas. J'ai accompagné les nôtres avec mon fils, dans leur retour à la ville ; en rentrant, l'Empereur était couché.

LUNDI 20.

Première et seule excursion durant le séjour à Briars.
Bal de l'amiral.

L'Empereur, après son travail accoutumé avec l'un de ces messieurs, m'a fait appeler vers les cinq heures. Il se trouvait

---

1. Comédie de Molière.

déjà seul ; ces messieurs et mon fils étaient partis de bonne heure pour la ville, où l'amiral donnait un bal. Nous nous sommes promenés sur le grand chemin vers James-Town, jusqu'au point d'où l'on découvre, en face, la rade et les vaisseaux, et sur la gauche, dans le fond de la vallée, une jolie petite habitation. L'Empereur l'a considérée longtemps, parcourant avec sa lunette le jardin qui semblait très soigné, et où l'on voyait courir de fort jolis petits enfants, surveillés par leur mère. On nous avait dit que cette habitation appartenait au major Hodson, habitant de l'île, celui-là même qui m'avait prêté l'*Annual register*. Elle était située au fond du ravin qui prenait naissance dans notre voisinage de Briars, au pied de la cascade dont j'ai parlé plus haut. Il a pris fantaisie à l'Empereur d'y descendre, il était pourtant près de six heures. La route est extrêmement rapide, nous l'avons trouvée plus longue et plus difficile que nous ne l'avions pensé ; nous sommes arrivés tout haletants. Après avoir parcouru la petite demeure, qu'on voyait bien être appropriée par une main qui comptait l'habiter, et non par celle d'un passager en terre étrangère ; après avoir reçu les politesses du maître, fait quelques compliments à la maîtresse, l'Empereur songea à quitter ce bon ménage ; mais la nuit était venue, nous étions fatigués, nous avons accepté des chevaux qui nous ont fait regagner promptement notre cahute et notre dîner. Cette petite excursion et l'exercice du cheval, délaissé depuis si longtemps, ont semblé faire du bien à l'Empereur.

Il m'avait commandé d'aller au bal, en dépit de ma répugnance. A huit heures et demie, il eut la bonté d'observer que la nuit était fort obscure, le chemin mauvais, qu'il était temps que je le quittasse, qu'il le voulait, et a gagné sa chambre où je l'ai vu se déshabiller et se mettre au lit. Il m'a commandé de nouveau de partir ; je le faisais avec un vrai regret ; je le laissais seul, je brisais une habitude qui m'était devenue bien douce.

Je me suis rendu à la ville à pied. L'amiral avait donné beaucoup d'éclat à son bal ; depuis longtemps on ne cessait d'en parler ; il semblait vouloir persuader qu'il n'était que pour nous ; il nous y avait solennellement invités. Convenait-il d'accepter ou de ne pas s'y rendre ? L'un et l'autre pouvaient également se soutenir : les infortunes politiques n'imposent pas l'attitude du deuil domestique ; il n'y a nulle inconvenance, il peut même être utile de se mouvoir au milieu de ses geôliers ; on pouvait donc prendre indifféremment l'un ou l'autre parti. On se décida à y aller ; mais alors quel rôle y tenir, celui de la fierté ou celui de l'adresse ? Le premier parti avait des inconvénients ; dans notre position toute prétention blessée devenait une injure. Le second n'en présentait aucun ; recevoir en homme de bonne compagnie, à qui elles sont dues et qui y est accoutumé, les moindres politesses ; ne pas s'apercevoir de celles qu'on n'obtiendrait pas, c'était sans doute le mieux. Je suis arrivé très tard au bal, et en suis sorti de bonne heure, très satisfait sous tous les rapports.

MARDI 21, MERCREDI 22.

Ma conduite durant l'île d'Elbe.

L'Empereur, aux questions duquel j'avais répondu souvent sur la ligne de conduite d'un grand nombre de ses ministres, des membres de son conseil, des officiers de sa maison, durant son éloignement à l'île d'Elbe, m'a entrepris à mon tour à ce sujet, me disant : « Mais vous-même, mon cher, qu'avez-vous fait sous le roi ? Que vous est-il arrivé durant ce temps ? Allons, un rapport là-dessus, vous savez que c'est ma manière ; c'est la seule pour bien classer ce que l'on dit et ce que l'on veut apprendre, et puis ce sera un article de plus pour votre journal. Eh ! ne voyez-vous pas, ajouta-t-il en riant, que vos biographes n'auront qu'à prendre, ils trouveront tout fait.

– Sire, le voici mot à mot ; j'ai bien peu à dire. Je commandais, au 31 mars [1], la dixième légion de Paris, celle du Corps législatif. Nous perdîmes, dans la journée, un assez bon nombre d'hommes. Dans la nuit, j'appris la capitulation ; j'écrivis à celui qui me suivait que je lui remettais ma légion ; qu'à titre de membre du Conseil d'État, j'avais antérieurement eu ordre de me rendre ailleurs ; mais que je n'avais pas voulu quitter ma légion au moment du danger ; que ce qui venait d'arriver changeant les circonstances, j'allais courir à de nouveaux devoirs.

« Au point du jour, je me jetai sur la route de Fontaine-

1. 31 mars 1814.

bleau, au milieu des débris de Marmont et de Mortier. J'étais à pied ; mais je comptais acheter facilement un cheval. J'éprouvai bientôt que des soldats en retraite ne sont ni justes ni aimables ; mon uniforme de garde national, dans ce moment de désastre, était honni, ma personne maltraitée. Au bout d'une heure de marche, harassé de fatigue et de deux ou trois nuits blanches, n'apercevant autour de moi aucune figure de connaissance, sans apparence de pouvoir me procurer un cheval, je pris le parti de rentrer tristement dans la capitale.

« La garde nationale fut commandée pour orner l'entrée triomphale des ennemis ; elle était menacée de fournir un service d'honneur auprès des souverains qui nous avaient vaincus. Je résolus d'être absent de ma demeure ; j'avais mis ma femme et mes enfants en sûreté hors de Paris, une ou deux semaines auparavant, et j'allai demander l'hospitalité pour quelques jours à un ami. Je ne sortis plus que sous une mauvaise redingote, courant les rues, les cafés, les places publiques, les groupes ; j'avais à cœur d'observer les hommes et les choses, et surtout de connaître le véritable esprit du peuple. Que de choses dans cette situation, dont je fus le témoin !

« Je vis, autour du logement de l'empereur de Russie, des hommes distingués par leur rang, et se disant français, s'évertuer en cent façons au milieu de la multitude, pour l'amener à crier : *Vive Alexandre, notre libérateur !*

« Je vis, sire, votre statue de la place Vendôme fatiguer, épuiser tous les efforts de quelques misérables de la lie du peuple, soldés par des gens d'un grand nom.

« Enfin, je vis, à l'un des coins de cette même place Vendôme, devant l'hôtel du commandant de la place, un officier de votre maison, le soir même du premier jour, vouloir débaucher de jeunes conscrits pour un tout autre service que le vôtre, et recevoir d'eux des leçons qui eussent dû le faire rougir, s'il en eût été susceptible.

« Nul doute que ceux dont je parle ici ne prononçassent que je me trouvais en ce moment au milieu de la canaille ; et pourtant je dois à la vérité de dire que du moins ce n'était pas du tout de ce côté que partaient les turpitudes du jour. Leurs actes étaient loin d'y obtenir l'approbation ; ils s'y trouvaient censurés, au contraire, par la droiture, la générosité, les sentiments nobles, descendus sur la place publique. Quels reproches je pourrais faire entendre, si je répétais tout ce qui fut dit à cet égard.

« Votre Majesté abdiqua ; j'avais refusé ma signature à l'adhésion du Conseil d'État, je crus alors, je ne sais trop pourquoi, devoir y suppléer par une adhésion additionnelle. Le *Moniteur* était plein chaque jour de pareilles pièces ; mais la mienne ne mérita pas les honneurs de l'impression.

« Enfin le roi arriva, c'était désormais notre souverain. Un jour fut indiqué par lui pour recevoir ceux qui avaient eu l'honneur d'être présentés à Louis XVI ; j'allai aux Tuileries jouir de cette prérogative. Que ne me dirent-ils pas ces murs, naguère encore si pleins de votre gloire et de votre puissance ! Et pourtant je me présentais sincèrement et de bonne foi ; je n'y voyais pas assez loin pour penser que vous dussiez jamais y reparaître.

« Les députations au roi se multiplièrent à l'infini : une réunion de toute l'ancienne marine eut son jour. Je répondis à celui qui me la transmettait qu'aucun n'avait plus à cœur de se réunir à ses anciens camarades, qu'il ne serait pas parmi eux des vœux plus sincères que les miens ; mais que les emplois que j'avais remplis me plaçaient dans une situation particulière et délicate, qui m'imposait la prudence de ne pas me trouver où le zèle d'un président pourrait employer des expressions que je ne pouvais, ni ne devais, ni ne voulais approuver de ma pensée, ni de ma présence.

« Plus tard, en dépit de mon chagrin et de mon dégoût, je voulus pourtant, à la sollicitation d'anciens amis, songer à faire quelque chose : on recomposait le Conseil d'État, beaucoup de membres du dernier me dirent qu'en dépit de mes conjectures récentes sur ce point, rien pourtant n'était plus facile que de s'y faire conserver ; qu'ils y avaient réussi seulement en allant trouver le chancelier de France. Je ne me sentis pas le courage de dérober à sa grandeur un seul de ses moments, et je me contentai de lui écrire que j'avais été maître des requêtes au dernier Conseil d'État ; que si ce n'était pas un motif d'exclusion pour faire partie du nouveau, je le priais de me placer sous les yeux du roi comme conseiller d'État. Je ne me ferais pas, disais-je, un titre à ses yeux de onze ans d'émigration, ni de la perte de mon patrimoine dans la cause du roi ; je n'avais fait, dans ce temps, que ce que j'avais alors cru mon devoir, et que toutes les fois que je m'en étais connu je les avais remplis fidèlement *jusqu'à leur extinction*. Cette phrase me priva, comme on le pense, même de l'honneur d'une réponse.

« Cependant la nouvelle situation de Paris, la vue des étrangers, les acclamations de tous genres me rendaient trop malheureux, et je suivis, comme un trait de lumière, la pensée d'aller à Londres passer quelque temps auprès d'anciens amis capables de me procurer toutes les consolations dont je pouvais être susceptible ; mais il me sembla que je retrouvais à Londres le même spectacle et les mêmes acclamations qui m'avaient mis en fuite de Paris, et c'était vrai. Tout y était fête, réjouissances, spectacles, au sujet de leur triomphe et de notre abaissement.

« Pendant que je m'y trouvais encore, on fit à Paris la nouvelle organisation de la marine ; un de mes anciens camarades, que j'avais perdu de vue depuis longtemps, le chevalier de Grimaldy, se trouvait membre du comité de l'organisation nouvelle ; il passa chez moi, dit à ma femme qu'il y était conduit par la surprise de n'avoir pas trouvé mes réclamations ; que la loi me donnait le droit de rentrer dans le corps, ou d'avoir ma retraite avec pension, déjà fixée ; qu'elle devait me décider là-dessus, et s'en reposer sur son amitié, bien que le terme touchât à sa fin. Je fus plus sensible à cette marque d'affection qu'à la faveur qu'elle cherchait à me procurer. Toutefois j'écrivis au comité qu'ayant à cœur de pouvoir porter un habit qui m'était cher, je le priais de me faire accorder le titre de capitaine de vaisseau honoraire ; que quant à la pension, j'y renonçais, ne m'y croyant aucun droit.

« Je revins à Paris ; la divergence des opinions, l'irritation des esprits m'y parurent extrêmes. Depuis longtemps je m'étais fort retiré du monde ; je me confinai en ce moment uniquement dans mon ménage, au milieu de ma femme et de mes enfants : jamais je n'avais été meilleur mari ni meilleur père, et peut-être aussi ne fus-je jamais aussi heureux.

« Un jour je lus, au *Journal des débats*, dans l'extrait d'un ouvrage de M. Alphonse Beauchamp, le nom de quelques gentilshommes réunis le 31 mars sur la place Louis-XV, pour provoquer à la royauté ; le mien s'y trouvait : il était en bonne compagnie ; sans doute ; mais enfin je ne méritais rien de pareil, et j'avais beaucoup à perdre dans l'estime d'une foule de gens, s'ils avaient pu le croire. J'écrivis donc pour prier de relever cette erreur qui m'attirait des félicitations qui ne m'étaient pas dues. Je m'étais rendu cette démarche impossible, disais-je, quelque attrait d'ailleurs qu'elle eût pu me présenter. Commandant d'une légion de la garde nationale, j'avais contracté des engagements dont aucune affection sur la terre n'aurait pu me dégager, etc., etc. J'envoyai ma lettre au député Chabaud-Latour, que j'aimais beaucoup ; c'était l'un des propriétaires du journal, il ne voulut pas se prêter à sa publication par pure bienveillance ; je l'adressai au rédacteur : il ne l'inséra pas par différence d'opinion.

« Cependant la position des esprits annonçait une catastrophe inévitable et prochaine ; tout faisait présager aux Bourbons le sort des Stuarts. Ma femme et moi nous lisions chaque soir cette époque fameuse, décrite par Hume ; nous l'avions commencée à Charles Ier, et Votre Majesté parut avant que nous eussions pu atteindre Jacques II. » (Ici l'Empereur ne put s'empêcher de rire.)

« Ce fut pour nous, continuai-je, un grand sujet de saisissement et d'anxiété que votre marche et votre arrivée. J'étais loin de prévoir l'honorable exil volontaire qu'elle devait me valoir par la suite, d'autant plus que j'étais alors peu connu de Votre Majesté, et que les circonstances, nées de l'événement même, m'y ont seules conduit. Si j'avais occupé le moindre emploi sous le roi, si même l'on m'eût vu souvent aux Tuileries, ce qui eût été très simple et fort légitime, je n'eusse pas paru de longtemps devant Votre Majesté ; non que je me fusse rien reproché, ou que mes vœux pour vous n'eussent été bien tendres ; mais parce que je n'eusse pas voulu passer pour un meuble de cour, ou sembler toujours prêt à encenser le pouvoir partout où il se présente : j'eusse attendu de l'emploi, au lieu de me précipiter pour en obtenir. Mais ici je me trouvais tellement libre, tout en moi était en si parfaite harmonie, qu'il me semblait que je faisais partie de ce grand événement. Je courus donc avec ardeur vers le premier regard de Votre Majesté, je me trouvais des droits à toute sa bienveillance et à toutes ses faveurs. Au retour de Waterloo, les mêmes sentiments et le même zèle m'ont porté, aussitôt, et spontanément, auprès de votre personne ; je ne l'ai plus quittée. Et si je ne suivis alors que sa gloire publique, je suivrais aujourd'hui ses qualités personnelles ; et s'il est vrai qu'il m'en a coûté alors quelque sacrifice, je m'en trouve aujourd'hui payé au centuple par le bonheur de pouvoir vous le dire.

« Du reste, il serait difficile de peindre mon extrême dégoût de toutes choses, durant les dix mois de votre absence : le mépris absolu des hommes et des vanités de ce monde, toutes les illusions détruites ; chaque chose me semblait sans couleur ; tout me paraissait fini, ou mériter à peine qu'on y attachât le moindre prix. J'avais reçu la croix de Saint-Louis dans l'émigration ; une ordonnance voulait qu'on la légitimât par un brevet nouveau. Je ne me sentis pas la force d'en faire la demande. Une autre ordonnait qu'on se fît confirmer les titres donnés par Votre Majesté : il me demeura indifférent de compromettre ceux que j'avais reçus sous l'Empire. Enfin l'on m'écrivit du ministère de la Marine que mon brevet de capitaine de vaisseau venait d'y arriver, et il y est encore.

« L'absence de Votre Majesté fut pour moi un veuvage dont je n'avais dissimulé à personne ni les regrets ni la douleur ; aussi j'en recueillis le fruit à votre retour, dans le témoignage de ceux qui vous entouraient, et de qui j'étais à peine connu auparavant. Au premier lever de Votre Majesté, celui qui dirigeait par intérim les relations extérieures, sortant d'auprès de vous, me prit dans une embrasure de fenêtre pour me dire de graisser mes bottes, qu'on allait peut-être me faire faire un voyage ; il venait de me proposer, disait-il, à Votre Majesté, ajoutant qu'il m'avait présenté comme fou, mais fou d'elle. Je désirai savoir de quel lieu il s'agissait ; c'était ce qu'il ne voulait ni ne pouvait me dire. Je n'en ai jamais su davantage.

« M. Regnault de Saint-Jean-d'Angély me mit sur la liste des commissaires impériaux que Votre Majesté envoyait dans les départements. Je l'assurai que j'étais prêt à tout ; j'observai seulement que *noble* et *émigré*, il suffisait de ces deux mots prononcés par le premier venu pour m'annuler au besoin en tout temps et en tout lieu. Il trouva mon observation juste, et n'y pensa plus.

« Un sénateur me demanda à Votre Majesté pour la préfecture de Metz, sa ville natale, sollicitant même de moi ce sacrifice, pour trois mois seulement, disait-il, afin de concilier les esprits et mettre les choses en bon train. Enfin Decrès et le duc de Bassano me proposèrent pour conseiller d'État, et le troisième jour de son arrivée Votre Majesté en avait déjà signé le décret. »

JEUDI 23.

L'Empereur a été fort souffrant ; il est demeuré enfermé chez lui, et n'a voulu recevoir personne. Il m'a fait demander sur les neuf heures du soir ; je l'ai trouvé très abattu, fort triste ; il m'a à peine dit quelques mots, et moi je n'ai rien osé lui dire. Si sa souffrance était physique, j'avais une vive inquiétude ; si elle était morale, mon chagrin était grand de ne pouvoir employer vis-à-vis de lui toutes les ressources dont le cœur abonde pour celui qu'on aime véritablement. Il m'a renvoyé au bout d'une demi-heure.

VENDREDI 24.

L'Empereur a continué d'être fort souffrant, et n'a voulu encore voir personne. Assez tard, il m'avait fait venir pour dîner avec lui. On a servi sur une très petite table, à côté de son canapé sur lequel il est resté ; il a mangé assez bien. Il sentait le besoin d'une secousse, qui arriverait bientôt, disait-il, tant il connaissait sa constitution. Après dîner, l'Empereur a pris les Mémoires du maréchal de Villars, qui l'amusaient. Il a lu tout haut plusieurs articles qui ont amené des ressouvenirs et plusieurs citations d'anecdotes.

SAMEDI 25.

Tempérament de l'Empereur. Courses.
Système de médecine.

Napoléon était encore souffrant ; il avait passé une mauvaise nuit. Il m'a fait venir dîner près de son canapé, dont il ne sortait pas ; mais il était évidemment mieux. Après dîner il a voulu lire ; il se trouvait sur son sofa au milieu d'un grand nombre de livres ; la rapidité de son imagination, la fatigue du même sujet, ou le dégoût de relire sans cesse ce qu'il sait déjà, lui faisaient prendre, jeter et reprendre encore tous ces livres les uns après les autres ; il finit par s'arrêter sur l'*Iphigénie* de Racine, faisant ressortir les perfections, indiquant et discutant le peu de défauts qu'on lui trouve, et il m'a renvoyé d'assez bonne heure.

L'Empereur, contre l'opinion commune, celle que j'avais entretenue moi-même, est loin d'avoir une forte constitution ; ses membres sont gros, mais sa fibre est très molle ; avec une poitrine fort large, il est toujours enrhumé ; son corps est soumis aux plus légères influences ; l'odeur de peinture suffit pour le rendre malade ; certains mets, la plus petite humidité, agissent immédiatement sur lui ; son corps est bien loin d'être de fer, ainsi qu'on l'a cru, c'est seulement son moral. On connaît ses prodigieuses fatigues au-dehors, ses perpétuels travaux au-dedans ; jamais aucun souverain n'a égalé ses fatigues corporelles. Ce qu'on cite de plus fort est la course de Valladolid à Burgos, à franc étrier (trente-cinq lieues d'Espagne en cinq heures et demie, plus de sept lieues à l'heure[1]). Napoléon était parti avec une nombreuse suite, à cause du danger des guérillas : à chaque pas, il resta du monde en route ; Napoléon arriva presque seul. On cite aussi la course de Vienne au Simmering (dix-huit ou vingt lieues), où il se rendit à cheval, déjeuna et revint aussitôt après. On lui a vu faire souvent des chasses de trente-huit lieues, les moindres étaient de quinze. Un jour, un officier russe, arrivant en courrier de Pétersbourg, en douze ou treize jours, joignit Napoléon à Fontainebleau, au départ de la chasse ; pour délassement il eut la faveur d'être invité à suivre : il n'eut garde de refuser ; mais il tomba dans la forêt et ce ne fut pas sans peine qu'on le retrouva.

J'ai vu l'Empereur au Conseil d'État, traiter les affaires huit ou neuf heures de suite, et lever la séance avec les idées aussi nettes, la tête aussi fraîche qu'au commencement. Je l'ai vu lire, à Sainte-Hélène, dix ou douze heures de suite, des sujets abstraits, sans en paraître nullement fatigué.

Il a supporté sans ébranlement les plus fortes secousses qu'un homme puisse éprouver ici-bas. A son retour de Mos-

1. Ceci paraîtra incroyable ; moi-même, en relisant aujourd'hui mon manuscrit, je doute ; mais je ne peux oublier cependant que lorsqu'il en fut question à Longwood, c'était à dîner, ce devint l'objet d'une discussion assez longue, et je n'ai bien certainement écrit alors que ce qui demeura convenu. D'ailleurs, il existe encore plusieurs de ceux qui l'accompagnaient ; on pourra vérifier. *(Las Cases.)*

cou ou de Leipsick, après l'exposé du désastre au Conseil d'État, il dit : « On a répandu dans Paris que les cheveux m'avaient blanchi ; mais vous voyez qu'il n'en est rien (montrant son front de la main), et j'espère que j'en saurais supporter bien d'autres. » Mais toutes ces prodigieuses épreuves ne se sont accomplies, pour ainsi dire, qu'en déception de son physique, qui ne se montre jamais moins susceptible que quand l'activité de l'esprit est plus grande.

Napoléon mange très irrégulièrement et en général fort peu. Il répète souvent qu'on peut souffrir de trop manger, jamais d'avoir mangé trop peu. Il est homme à rester vingt-quatre heures sans manger, seulement pour se donner de l'appétit le lendemain. Il boit moins encore ; un seul verre de vin de Madère ou de Champagne suffit pour réveiller ses forces ou lui donner de la gaieté. Il dort fort peu, et à des heures très irrégulières ; se relevant au premier réveil pour lire ou pour travailler, et se recouchant pour redormir encore.

L'Empereur ne croit pas à la médecine, il ne prend jamais aucun remède. Il s'est créé un traitement particulier : son grand secret avait été depuis longtemps, disait-il, de commettre un excès en sens opposé à son habitude présente ; c'est ce qu'il appelle rappeler l'équilibre de la nature : s'il était depuis quelque temps au repos, il faisait subitement une course de soixante milles, une chasse de tout un jour.

S'il se trouvait au contraire surpris au milieu de très grandes fatigues, il se condamnait à vingt-quatre heures de repos absolu. Cette secousse imprévue lui causait infailliblement une crise intérieure qui amenait aussitôt le résultat désiré ; cela, disait-il, ne lui avait jamais manqué.

L'Empereur a la lymphe trop épaisse, son sang circule difficilement. La nature l'a doué de deux avantages bien précieux, dit-il : l'un est de s'endormir dès qu'il a besoin de repos, à quelque heure et en quelque lieu que ce soit ; l'autre de ne pouvoir commettre d'excès nuisibles dans son boire ou dans son manger : « Si je dépassais le moindrement mon tirant d'eau, disait-il, mon estomac rendrait aussitôt le surplus. » Il vomit très facilement, une simple toux d'irritation suffit pour lui faire rendre son dîner.

DIMANCHE 26 AU MARDI 28.

> *Vie de Briars, etc. Ma première visite à Longwood.*
> *Machine infernale, son historique.*

Le 26, l'Empereur s'est habillé de très bonne heure, il était tout à fait bien. Il avait voulu sortir ; le temps était charmant, et d'ailleurs sa chambre n'avait pas été faite depuis trois jours. Nous avons été dans le jardin, où il a voulu déjeuner sous le berceau ; il se trouvait fort gai, et sa conversation a parcouru beaucoup d'objets et de personnes.

L'Empereur, tout à fait rétabli, reprit ses occupations ordinaires : elles étaient sa seule ressource ; sa chambre, la lecture, la dictée, le jardin, devaient remplir toute sa journée ; quelquefois encore l'allée inférieure, dont une nouvelle saison ou l'état de la lunaison nous bannissait insensiblement. Les nombreuses visites que la curiosité attirait chez notre hôte pour y rencontrer l'Empereur l'avaient gêné, et l'en avaient tout à fait éloigné. Nous demeurions claquemurés dans notre petite enceinte. Nous n'avions dû y rester que quelques jours, six semaines étaient écoulées, et il n'était pas encore question de notre changement. Durant tout ce temps, l'Empereur s'était trouvé aussi resserré que s'il fût demeuré à bord du vaisseau. Il ne s'était encore permis qu'une seule excursion chez le major Hodson, et nous apprîmes plus tard qu'elle avait même causé une extrême inquiétude : elle était parvenue au milieu du bal de l'amiral, aux oreilles des autorités et les avait mises tout en émoi.

On travaillait toujours à Longwood, qui devait être notre nouvelle demeure. Les troupes que nous avions amenées d'Angleterre étaient campées aux environs. Le colonel donnait un bal, nous y étions invités ; l'Empereur voulut que j'y allasse et que j'examinasse l'endroit. Je m'y rendis avec Mme Bertrand, dans une voiture attelée de six bœufs ; c'est dans cet équipage mérovingien que nous escaladâmes la distance qui nous séparait de Longwood. C'était la première fois que je voyais de nouvelles parties de l'île ; toute la route ne me montra qu'une constante répétition des grandes convulsions de la nature : toujours d'énormes rochers hideux et nus, entièrement privés de végétation. Si, à chaque changement d'horizon, on apercevait au loin quelque verdure, quelques bouquets de bois, tout cela disparaissait en appro-

chant, comme les ombres des poètes ; ce n'était plus que
quelques plantes marines, quelques arbrisseaux sauvages, ou
bien encore quelques tristes arbres à gomme, ceux-ci sont
toute la parure de Longwood. Je revins à cheval vers les six
heures, pour me retrouver à temps auprès de l'Empereur. Il
me questionna beaucoup sur notre nouvelle demeure. Il ne
m'en trouva nullement enthousiasmé. Il me demandait, en
résumé, s'il y avait à gagner ou à perdre. Je pus lui rendre
toute ma pensée en deux mots : « Sire, nous sommes ici en
cage ; là, nous serons parqués. »

Le 28, l'Empereur quitta son habit militaire, qu'il avait
repris pour se rendre à bord du *Bellérophon*, et mit un frac
de fantaisie.

Dans diverses conversations de ce jour, il a touché un grand
nombre de conspirations dirigées contre lui. La machine
infernale a eu son tour : cette invention diabolique, qui causa
tant de rumeur et fit tant de victimes, fut exécutée par les
royalistes, qui en reçurent l'idée des Jacobins.

Une centaine de Jacobins forcenés, disait l'Empereur, les
vrais exécuteurs de septembre, du 10 août [1], etc., etc., avaient
résolu de se défaire du Premier consul ; ils avaient imaginé,
à cet effet, une espèce d'obus de quinze ou seize livres qui,
jeté dans la voiture, eût éclaté par son propre choc, et anéanti
tout ce qui l'eût entouré ; se proposant, pour être plus sûrs
de leur coup, de semer une certaine partie de la route de
chausse-trapes qui, arrêtant subitement les chevaux, devaient
amener l'immobilité de la voiture. L'ouvrier auquel on proposa l'exécution de ces chausse-trapes, prenant des soupçons
sur ce qu'on lui demandait, aussi bien que sur la moralité de
ceux qui l'ordonnaient, en prévint la police. On eut bientôt
tracé ces gens-là, si bien qu'on les prit sur le fait essayant
hors de Paris, près du Jardin des Plantes, l'effet de cette
machine qui fit une explosion terrible. Le Premier consul,
qui avait pour système de ne point divulguer les nombreuses
conspirations dont il était l'objet, ne voulut pas qu'on donnât
de suite à celle-ci ; on se contenta d'emprisonner les coupables. Bientôt on se lassa de les tenir au secret, et ils eurent
une certaine liberté. Or, dans la même prison se trouvaient
des royalistes, enfermés pour avoir voulu tuer le Premier

1. Ces deux événements en 1792.

consul à l'aide de fusils à vent : ces deux bandes fraternisè-
rent, et ceux-ci transmirent à leurs amis du dehors l'idée de
la machine infernale, comme de beaucoup préférable à tout
autre moyen.

Il est très remarquable que, pendant la soirée de la catastrophe [1], le Premier consul montra une répugnance extrême
pour sortir : on donnait un oratorio, Mme Bonaparte et quelques intimes du Premier consul voulaient absolument l'y
faire aller ; celui-ci était tout endormi sur un canapé, et il
fallut qu'on l'en arrachât, que l'un lui apportât son épée,
l'autre son chapeau. Dans la voiture même, il sommeillait de
nouveau, quand il ouvrit subitement les yeux, rêvant, dit-il,
qu'il se noyait dans le Tagliamento. Pour comprendre ceci,
il faut savoir que quelques années auparavant, étant général
de l'armée d'Italie, il avait passé la nuit, en voiture, le Tagliamento, contre l'opinion de tout ce qui l'entourait. Dans le
feu de la jeunesse, et ne connaissant aucun obstacle, il avait
tenté ce passage entouré d'une centaine d'hommes armés de
perches et de flambeaux. Toutefois la voiture se mit à la nage,
il courut le plus grand danger, et se crut réellement perdu.
Or, en cet instant, il s'éveillait au milieu d'une conflagration,
la voiture était soulevée, il retrouvait en lui toutes les impressions du Tagliamento [2], lesquelles, du reste, n'eurent que la
durée d'une seconde, car une effroyable détonation se fit
aussitôt entendre. « Nous sommes minés ! » furent les paroles qu'il adressa à Lannes et à Bessières qui se trouvaient
avec lui. Ceux-ci voulaient arrêter à toute force ; mais il leur
dit de s'en bien donner de garde. Le Premier consul arriva
et parut à l'Opéra, comme si de rien n'était. Il fut sauvé par
l'audace et la dextérité de son cocher César, à qui cette
circonstance non moins que son dévouement et sa fidélité
imprimèrent une sorte de célébrité.

La machine n'atteignit qu'un ou deux hommes de la queue
de l'escorte.

Aussitôt après l'événement, on s'en prit aux Jacobins
qu'on avait jadis convaincus de la préméditation de cet attentat ; et on en déporta un bon nombre, ils n'étaient pourtant

1. Attentat de la rue Saint-Nicaise (15 décembre 1800).
2. Rivière d'Italie près de laquelle Bonaparte remporta une victoire sur
l'archiduc Charles d'Autriche.

pas les vrais coupables ; un autre hasard bien bizarre fit découvrir ceux-ci.

Trois ou quatre cents cochers de fiacre donnèrent un repas de corps à un louis ou douze francs par tête, au cocher du Premier consul, devenu pour eux le héros du jour et du métier. Dans la chaleur du repas, un des convives, buvant à son habileté, lui dit qu'il savait qui lui avait joué ce tour-là. On s'en saisit aussitôt, et il se trouva que le jour même, ou la veille de la fatale explosion, ce cocher s'était arrêté avec son fiacre devant une porte cochère pour laisser passer la petite charrette qui avait fait tout le mal. On courut à cet endroit, où l'on louait en effet des voitures de toute espèce ; les propriétaires ne la renièrent pas ; ils montrèrent le hangar où elle avait été raccommodée ; des traces de poudre y étaient encore. Ils croyaient, dirent-ils, l'avoir louée à des contre-bandiers bretons. On retraça facilement tous ceux qui y avaient travaillé, celui qui avait vendu le cheval, etc., etc. ; et l'on acquit des indices que ce complot partait des royalistes chouans. On dépêcha quelques gens intelligents à leur quartier général dans le Morbihan : ils ne s'en cachaient pas, ne se plaignant que de n'avoir pas réussi ; quelques coupables, par là, furent saisis et punis. On assure que le chef a depuis cherché dans les austérités de la religion l'expiation de son crime, qu'il s'est fait trappiste.

MERCREDI 29, JEUDI 30.

> *Conspiration de Georges, Pichegru, etc.*
> *Affaire du duc d'Enghien. Esclave Tobie.*
> *Réflexions caractéristiques de Napoléon.*

Je trouve ici, dans mon manuscrit, des détails précieux sur la conspiration de Georges [1], de Pichegru, de Moreau et sur le procès du duc d'Enghien ; mais comme il en est question à différentes reprises dans mon journal, je renvoie plus loin ce qui se trouve ici, afin d'en présenter ailleurs l'ensemble complet.

Le petit jardin de M. Balcombe, où nous nous promenions souvent, se trouvait cultivé par un vieux nègre. La première

1. Georges Cadoudal. Février-mars 1804.

fois que nous le rencontrâmes, l'Empereur, suivant sa coutume, me le fit questionner, et son récit nous intéressa fort. C'était un Indien-Malais qui avait été frauduleusement enlevé de chez lui, il y avait nombre d'années, par un équipage anglais, transporté à bord et vendu à Sainte-Hélène, où il demeurait depuis dans l'esclavage. Sa narration portait tout le caractère de la sincérité ; sa figure était franche et bonne, ses yeux spirituels encore vifs ; tout son maintien nullement avili, mais tout à fait attachant.

Nous fûmes indignés au récit d'un tel forfait ; et à peu de jours de là l'Empereur pensa à l'acheter pour le faire reconduire dans son pays. Il en parla à l'amiral, dont le premier mot, en défense des siens, fut de prétendre que le vieux Tobie, c'était le nom du malheureux esclave, ne devait être qu'un imposteur, et que la chose était impossible. Toutefois il fit une enquête à ce sujet, et la chose ne se trouva que trop vraie ; alors il partagea notre indignation, et promit d'en faire son affaire. Nous avons quitté Briars, nous avons été transportés à Longwood, et le pauvre Tobie, partageant le sort commun de toutes choses ici-bas, a été bientôt oublié ; je ne sais pas ce que tout le reste est devenu.

Quoi qu'il en soit, lorsque nous venions dans le jardin, l'Empereur s'arrêtait la plupart du temps près de Tobie, et me le faisait questionner sur son pays, sa jeunesse, sa famille, sa situation actuelle ; on eût dit qu'il cherchait à étudier ses sensations. L'Empereur terminait toujours la conversation en me chargeant de lui donner un napoléon.

Tobie s'était fort attaché à nous ; notre venue semblait être sa joie ; interrompant aussitôt son travail, et appuyé sur sa bêche, il contemplait d'un air satisfait nos deux figures, n'entendant pas un mot de notre langage entre nous, mais souriant d'avance aux premières paroles que je lui traduirais. Il n'appelait l'Empereur que le bon monsieur *(the good gentleman)* : c'était le seul nom qu'il lui donnait ; il n'en savait pas davantage.

Je me suis arrêté sur ces détails, parce que les rencontres de Tobie étaient suivies, de la part de l'Empereur, de réflexions toujours neuves, piquantes et surtout caractéristiques. On connaît la mobilité de son esprit ; aussi la chose était-elle traitée chaque fois sous une face nouvelle. Je me suis contenté de consigner ici les suivantes :

« Ce pauvre Tobie, que voilà, disait-il une fois, est un homme volé à sa famille, à son sol, à lui-même, et vendu : peut-il être de plus grand tourment pour lui ! de plus grand crime dans d'autres ! Si ce crime est l'acte du capitaine anglais tout seul, c'est à coup sûr un des hommes les plus méchants ; mais s'il a été commis par la masse de l'équipage, ce forfait peut avoir été accompli, après tout, par des hommes peut-être pas si méchants que l'on croirait ; car la perversité est toujours individuelle, presque jamais collective. Les frères de Joseph [1] ne peuvent se résoudre à le tuer ; Judas, froidement, hypocritement, avec un lâche calcul, livre son maître au supplice. Un philosophe a prétendu que les hommes naissaient méchants : ce serait une grande affaire et fort oiseuse que d'aller rechercher s'il a dit vrai. Ce qu'il y a de certain, c'est que la masse de la société n'est point méchante ; car si la très grande majorité voulait être criminelle, et méconnaître les lois, qui est-ce qui aurait la force de l'arrêter ou de la contraindre ? Et c'est là précisément le triomphe de la civilisation, parce que cet heureux résultat sort de son sein, naît de sa propre nature. La plupart des sentiments sont des traditions ; nous les éprouvons parce qu'ils nous ont précédés : aussi la raison humaine, son développement, celui de nos facultés, voilà toute la clef sociale, tout le secret du législateur. Il n'y a que ceux qui veulent tromper les peuples, et gouverner à leur profit, qui peuvent vouloir les retenir dans l'ignorance ; car plus ils sont éclairés, plus il y aura de gens convaincus de la nécessité des lois, du besoin de les défendre, et plus la société sera assise, heureuse, prospère. Et s'il peut arriver jamais que les lumières soient nuisibles dans la multitude, ce ne sera que quand le gouvernement, en hostilité avec les intérêts du peuple, l'acculera dans une position forcée, ou réduira la dernière classe à mourir de misère ; car alors il se trouvera plus d'esprit pour se défendre ou devenir criminel.

« Mon seul Code, par sa simplicité, a fait plus de bien en France que la masse de toutes les lois qui m'ont précédé. Mes écoles, mon enseignement mutuel, préparent des générations inconnues. Aussi, sous mon règne, les crimes allèrent-ils en décroissant avec rapidité, tandis que chez nos

---

1. Personnage biblique qui fut vendu par ses frères.

voisins, en Angleterre, ils allaient au contraire croissant d'une manière effrayante. Et c'en est assez pour pouvoir prononcer hardiment sur les deux administrations respectives [1] !

« Et voyez comme aux États-Unis, sans efforts aucuns, tout y prospère ; combien on y est heureux et tranquille : c'est qu'en réalité c'est la volonté, ce sont les intérêts publics qui y gouvernent. Mettez le même gouvernement en guerre avec la volonté, les intérêts de tous, et vous verrez aussitôt quel tapage, combien de tiraillements, de troubles, de confusion et surtout quel accroissement de crimes.

« Arrivé au pouvoir, on eût voulu que j'eusse été un Washington : les mots ne coûtent rien, et bien sûrement ceux qui l'ont dit avec autant de facilité le faisaient sans connaissance des temps, des lieux, des hommes et des choses. Si j'eusse été en Amérique, volontiers j'eusse été un Washington, et j'y eusse eu peu de mérite ; car je ne vois pas comment il eût été raisonnablement possible de faire autrement. Mais si lui se fût trouvé en France, sous la dissolution du dedans et sous l'invasion du dehors, je lui eusse défié d'être lui-même, ou s'il eût

---

1. Cette vérité se trouve développée par des documents authentiques qui présentent des résultats bien plus grands, sans doute, qu'on ne saurait se l'imaginer. (Voyez *Situation de l'Angleterre*, par M. de Montvéran.)

	FRANCE		ANGLETERRE	
ANNÉES	HABITANTS	C. À MORT	HABITANTS	C. À MORT
1801	34 000 000	882	16 000 000	3 400
1811	42 000 000	392	17 000 000	6 400

D'où l'on voit qu'en 1801, en France, il y avait vingt-six condamnations à mort par million d'habitants, et qu'en 1811, dix ans après, elles avaient déjà diminué de deux tiers ; n'y en ayant plus que neuf par million d'habitants.

En Angleterre, au contraire, où les condamnations étaient de deux cent douze par million en 1801, elles s'étaient accrues de plus de moitié, étant, en 1811, de trois cent soixante-seize par million d'habitants.

On peut observer aussi, en passant, que ces condamnations en Angleterre se trouvaient alors à celles de France, comme 9 est à 376, ou comme 1 à 42.

Le rapport de la mendicité en France aux pauvres à la charge des paroisses en Angleterre est bien autrement prodigieux : la France ne présentant en 1812 guère que trente mille individus sur quarante-trois millions d'habitants, tandis qu'en Angleterre, même année, le quart de la population, ou quatre millions deux cent cinquante mille pauvres, se trouvait à la charge des paroisses (Montvéran). *(Las Cases.)*

voulu l'être, il n'eût été qu'un niais, et n'eût fait que continuer de grands malheurs. Pour moi, je ne pouvais être qu'*un Washington couronné*. Ce n'était que dans un congrès de rois, au milieu des rois convaincus ou maîtrisés, que je pouvais le devenir. Alors, et là seulement, je pouvais montrer avec fruit sa modération, son désintéressement, sa sagesse : je n'y pouvais raisonnablement parvenir qu'au travers *de la dictature universelle* : j'y ai prétendu. M'en ferait-on un crime ? Penserait-on qu'il fût au-dessous des forces humaines de s'en démettre ? Sylla, gorgé de crimes, a bien osé abdiquer, poursuivi par l'exécration publique. Quel motif eût pu m'arrêter, moi qui n'aurais eu que des bénédictions à recueillir !... Il me fallait vaincre à Moscou !... Combien, avec le temps, regretteront mes désastres et ma chute !... Mais demander de moi avant le temps ce qui n'était pas de saison, était d'une bêtise vulgaire ; moi l'annoncer, le promettre eût été pris pour du verbiage, du charlatanisme ; ce n'était point mon genre... Je le répète, il me fallait vaincre à Moscou !... »

Une autre fois arrêté devant Tobie, il disait : « Ce que c'est pourtant que cette pauvre machine humaine ! pas une enveloppe qui se ressemble ; pas un intérieur qui ne diffère ! et c'est pour se refuser à cette vérité qu'on commet tant de fautes ! Faites de Tobie un Brutus, il se serait donné la mort ; un Ésope, il serait peut-être aujourd'hui le conseiller du gouverneur ; un chrétien ardent et zélé, il porterait ses chaînes en vue de Dieu et les bénirait. Pour le pauvre Tobie, il n'y regarde pas de si près, il se courbe et travaille innocemment ! » Et après l'avoir considéré quelques instants en silence, il dit en s'éloignant : « Il est sûr qu'il y a loin du pauvre Tobie à un roi Richard !... Et toutefois, continuait-il en marchant, le forfait n'en est pas moins atroce ; car cet homme, après tout, avait sa famille, ses jouissances, sa propre vie. Et l'on a commis un horrible forfait en venant le faire mourir ici sous le poids de l'esclavage. » Et s'arrêtant tout à coup, il me dit : « Mais je lis dans vos yeux ; vous pensez qu'il n'est pas le seul exemple de la sorte à Sainte-Hélène ! » Et soit qu'il fût heurté de se voir en parallèle avec Tobie, soit qu'il crût que mon courage eût besoin d'être relevé, soit enfin toute autre chose, il poursuivit avec feu et majesté : « Mon cher, il ne saurait y avoir ici le moindre rapport ; si l'attentat est plus relevé, les victimes aussi offrent bien d'autres res-

sources. On ne nous a point soumis à des souffrances corporelles, et, l'eût-on tenté, nous avons une âme à tromper
nos tyrans !... Notre situation peut même avoir des attraits !
L'univers nous contemple !... Nous demeurons les martyrs
d'une cause immortelle !... Des millions d'hommes nous
pleurent, la patrie soupire, et la gloire est en deuil !... Nous
luttons ici contre l'oppression des dieux, et les vœux des
nations sont pour nous !... » Et après une pause de quelques
secondes, il reprit : « Mes véritables souffrances ne sont point
ici... ! Si je ne considérais que moi, peut-être aurais-je à me
réjouir !... Les malheurs ont aussi leur héroïsme et leur
gloire !... L'adversité manquait à ma carrière !... Si je fusse
mort sur le trône, dans les nuages de ma toute-puissance, je
serais demeuré un problème pour bien des gens ; aujourd'hui,
grâce au malheur, on pourra me juger à nu ! »

VENDREDI 1er DÉCEMBRE AU DIMANCHE 3.

> *Origine des guides. Autre danger de Napoléon.*
> *Un gros officier allemand. Un chien.*

Un grand nombre d'objets remplissent ces journées, j'en
élague une partie comme inutile, et j'en tais une autre par
convenance ; je ne retranscris ici que quelques traits nouveaux relatifs au général en chef de l'armée d'Italie [1].

Napoléon, après le passage du Mincio, toutes les mesures
ordonnées et l'ennemi poursuivi dans toutes les directions,
s'arrêta dans un château sur la rive gauche. Il souffrait de la
tête et prit un bain de pieds. Un gros détachement ennemi,
égaré et perdu, arrive, en remontant le fleuve, jusqu'à ce
château. Napoléon y était presque seul ; la sentinelle en faction à la porte n'a que le temps de la pousser, en criant aux
armes, et le général de l'armée d'Italie, au sein de sa victoire,
est réduit à s'évader par les derrières du jardin, avec une
seule botte, l'autre jambe nue. S'il eût été pris avant que sa
réputation ne l'eût consacré, les actes de génie par lesquels
il venait de débuter n'eussent peut-être jamais été pour le
vulgaire que des échauffourées heureuses et blâmables.

Le danger auquel venait d'échapper le général français,

---

1. En 1796-1797.

circonstance qui, dans sa manière d'opérer, pouvait se renouveler souvent, devint l'origine des guides chargés de garder sa personne. Ils ont été imités depuis par les autres armées.

Napoléon, dans la même campagne, courut encore un aussi pressant danger ; Wurmser, réduit à se jeter dans Mantoue, et débouchant subitement dans une plaine, apprit d'une vieille femme qu'il n'y avait qu'un instant que le général français, presque seul de sa personne, se trouvait arrêté devant sa porte, et qu'il avait pris la fuite à la vue même des Autrichiens. Wurmser expédia aussitôt un bon nombre de cavaliers dans toutes les directions, ne doutant pas de la précieuse capture. « Mais il recommandait surtout, il faut lui rendre cette justice, disait l'Empereur, de ne pas me tuer, ni de me faire aucun mal. » Heureusement la vitesse de son cheval et son heureuse étoile sauvèrent le jeune général.

On va voir que la nouvelle manière de faire la guerre, pratiquée par Napoléon, déconcertait tout le monde. A peine la campagne était ouverte, que toute la Lombardie était inondée dans toutes les directions, et qu'on faisait déjà les approches de Mantoue, pêle-mêle au milieu des ennemis. Le général en chef, se trouvant dans les environs de Pizzighitone, rencontra un gros capitaine ou colonel allemand qu'on venait de faire prisonnier. Napoléon eut la fantaisie de le questionner, sans en être connu, et lui demanda comment allaient les affaires. « Oh ! très mal, lui dit l'autre, je ne sais pas comment cela finira ; mais on n'y comprend plus rien. On nous a envoyé, pour nous combattre, un jeune étourneau qui vous attaque à droite, à gauche, par-devant, par-derrière ; on ne sait plus que faire. Cette manière est insupportable ; aussi, pour ma part, je suis tout consolé d'avoir fini. »

Napoléon disait qu'à la suite d'une de ses grandes affaires d'Italie, il traversa, lui troisième ou quatrième, le champ de bataille dont on n'avait pu encore enlever les morts : « C'était par un beau clair de lune et dans la solitude profonde de la nuit, disait l'Empereur ; tout à coup un chien, sortant de dessous les vêtements d'un cadavre, s'élança sur nous et retourna presque aussitôt à son gîte, en poussant des cris douloureux ; il léchait tour à tour le visage de son maître, et se lançait de nouveau sur nous ; c'était tout à la fois demander du secours et rechercher la vengeance. Soit disposition du moment, continuait l'Empereur, soit le lieu, l'heure, le temps, l'acte en lui-même, ou je ne sais quoi, toujours est-il vrai que jamais rien, sur aucun de mes champs de bataille, ne me causa une impression pareille. Je m'arrêtai involontairement à contempler ce spectacle. Cet homme, me disais-je, a peut-être des amis ; il en a peut-être dans le camp, dans sa compagnie, et il gît ici abandonné de tous excepté de son chien ! Quelle leçon la nature nous donnait par l'intermédiaire d'un animal !...

« Ce qu'est l'homme ! et quel n'est pas le mystère de ses impressions ! J'avais sans émotion ordonné des batailles qui devaient décider du sort de l'armée ; j'avais vu d'un œil sec exécuter des mouvements qui amenaient la perte d'un grand nombre d'entre nous ; et ici je me sentais ému, j'étais remué par les cris et la douleur d'un chien !... Ce qu'il y a de bien certain, c'est qu'en ce moment j'eusse été plus traitable pour un ennemi suppliant : je concevais mieux Achille rendant le corps d'Hector aux larmes de Priam [1]. »

LUNDI 4, MARDI 5.

Guerre. Principes. Application.
Paroles sur divers généraux.

Mes yeux étaient devenus fort malades ; j'ai été obligé d'interrompre mon travail : ils s'en vont tout a fait, je les aurais perdus sur la campagne d'Italie.

Depuis quelque temps, la température éprouvait une variation sensible ; au demeurant, nous n'entendions plus rien aux saisons : le soleil passant dans l'année deux fois sur nos têtes, nous devions avoir, disions-nous, du moins deux étés ou, pour mieux dire, le tout, dans nos idées accoutumées, ne ressemblait plus à rien ; car, pour achever la confusion, nous devions faire tous nos calculs désormais au rebours de l'Europe, puisque nous nous trouvions dans l'hémisphère méridional. Quoi qu'il en fût, il pleuvait souvent, l'atmosphère était très humide, il faisait plus froid. L'Empereur ne sortait plus le soir ; il s'enrhumait à chaque instant, il ne reposait pas bien. Il fut obligé de cesser de manger sous la

---

1. Scène de la guerre de Troie rapportée par Homère dans *l'Iliade*. Priam, roi de Troie, supplie Achille, héros grec victorieux, de lui rendre le corps de son fils Hector.

tente, et de faire servir de nouveau dans sa chambre : il s'y trouvait mieux ; mais il ne pouvait y bouger. La conversation continuait à table après qu'on avait desservi. Aujourd'hui il entreprit le général Gourgaud, qui était resté pour dîner, sur les éléments et sur les premiers exercices de l'artillerie. Celui-ci sortait de cette arme, était encore tout frais émoulu. L'examen fut très curieux et fort gai. L'Empereur ne fut jamais le plus faible : on eût dit qu'il venait de passer lui-même son examen à l'école.

On parla ensuite de guerre, de grands capitaines. « Le sort d'une bataille, disait l'Empereur, est le résultat d'un instant, d'une pensée : on s'approche avec des combinaisons diverses, on se mêle, on se bat un certain temps, le moment décisif se présente, une étincelle morale prononce, et la plus petite réserve accomplit. » Il a été parlé de Lutzen et de Bautzen, etc.

Plus tard l'Empereur a dit qu'à la campagne de Waterloo, s'il avait suivi la pensée de tourner la droite ennemie, il y eût réussi facilement ; il avait préféré de percer le centre et séparer les deux armées. Mais tout a été fatal dans cette affaire, qu'il dit avoir pris la teinte d'une absurdité, et pourtant il devait obtenir la victoire. Jamais aucune de ses batailles n'avait présenté moins de doute à ses yeux ; il est encore à concevoir ce qui est arrivé.

« Grouchy s'est égaré, a-t-il dit.

« Ney était tout hors de lui.

« Derlon[1] s'est rendu inutile.

« Personne n'a été soi-même, etc. »

Si le soir il eût connu la position de Grouchy, continuait-il, et qu'il eût pu s'y jeter, il lui eût été possible au jour, avec cette magnifique réserve, de rétablir les affaires, et peut-être même de détruire les Alliés par un de ces prodiges, de ces retours de fortune qui lui étaient familiers et qui n'eussent surpris personne ; mais il n'avait nulle connaissance de Grouchy, et puis il n'était pas facile de se gouverner au milieu des débris de cette armée. « On se la peindrait difficilement dans cette nuit de douleur, disait-il ; c'était un torrent hors de son lit, elle entraînait tout. »

Laissant ensuite cela, il disait que les périls des généraux de nos jours ne pouvaient se comparer à ceux des temps

1. Drouet d'Erlon.

anciens ; il n'y avait pas de position aujourd'hui où un général ne pût être atteint par l'artillerie. Jadis les généraux ne couraient de risque que quand ils chargeaient eux-mêmes ; ce qui n'était arrivé à César que deux ou trois fois.

Il était rare et difficile, disait-il dans un autre moment, de réunir toutes les qualités nécessaires à un grand général. Ce qui était le plus désirable et tirait aussitôt quelqu'un hors de ligne, c'est que chez lui l'esprit ou le talent fût en équilibre avec le caractère ou le courage : c'est ce qu'il appelait être *carré* autant de base que de hauteur. Si le courage, continuait-il, était de beaucoup supérieur, le général entreprenait victorieusement au-delà de ses conceptions ; et, au contraire, il n'osait pas les accomplir, si son caractère ou son courage demeurait au-dessous de son esprit. Il citait alors le vice-roi[1], chez lequel cet équilibre était le seul mérite, et suffisait néanmoins pour en faire un homme très distingué.

De là on a beaucoup parlé du courage physique et du courage moral ; et l'Empereur disait, au sujet du courage physique, qu'il était impossible à Murat et à Ney de n'être pas braves ; mais qu'on n'avait pas moins de tête qu'eux, le premier surtout.

Quant au courage moral, il avait trouvé fort rare, disait-il, celui de deux heures après minuit ; c'est-à-dire le courage de l'improviste qui, en dépit des événements les plus soudains, laisse néanmoins la même liberté d'esprit, de jugement et de décision. Il n'hésitait pas à prononcer qu'il était celui qui s'était trouvé avoir le plus de ce courage de deux heures après minuit, et qu'il avait vu fort peu de personnes qui ne fussent demeurées de beaucoup en arrière.

Il disait à la suite de cela qu'on se faisait une idée peu juste de la force d'âme nécessaire pour livrer, avec une pleine méditation de ses conséquences, une de ces grandes batailles d'où vont dépendre le sort d'une armée, d'un pays, la possession d'un trône. Aussi observait-il qu'on trouvait rarement des généraux empressés à donner bataille : « Ils prenaient bien leur position, s'établissaient, méditaient leurs combinaisons ; mais là commençaient leurs indécisions ; et rien de plus difficile et pourtant de plus précieux que de savoir se décider. »

Passant à un grand nombre de généraux, et daignant répon-

---

1. Eugène de Beauharnais, vice-roi d'Italie.

dre à quelques questions : « Kléber, disait-il, était doué du plus grand talent ; mais il n'était que l'homme du moment : il cherchait la gloire comme la seule route aux jouissances ; d'ailleurs nullement national, il eût pu, sans effort, servir l'étranger : il avait commencé dans sa jeunesse sous les Prussiens, dont il demeurait fort engoué.

« Desaix possédait à un degré très supérieur cet équilibre précieux défini plus haut.

« Moreau était peu de chose dans la première ligne des généraux : la nature, en lui, n'avait pas fini sa création ; il avait plus d'instinct que de génie.

« Chez Lannes le courage l'emportait d'abord sur l'esprit ; mais chez lui l'esprit montait chaque jour pour se mettre en équilibre. Il était devenu très supérieur quand il a péri : je l'avais pris *pygmée*, je l'ai perdu *géant*. »

Chez tel autre qu'il nommait, l'esprit, au contraire, surpassait le caractère : on ne pouvait lui refuser de la bravoure assurément ; mais enfin il calculait le boulet, ainsi que beaucoup d'autres.

Parlant d'ardeur et de courage, l'Empereur disait : « Il n'est aucun de mes généraux dont je ne connaisse ce que j'appelle son *tirant d'eau*. Les uns, disait-il en s'accompagnant du geste, en prennent jusqu'à la ceinture, d'autres jusqu'au menton, enfin d'autres jusque par-dessus la tête, et le nombre de ceux-ci est bien petit, je vous assure. »

Suchet était quelqu'un chez qui le caractère et l'esprit s'étaient accrus à surprendre.

Masséna avait été un homme très supérieur qui, par un privilège très particulier, ne possédait l'équilibre tant désiré qu'au milieu du feu : il lui naissait au milieu du danger.

« Les généraux qui semblaient devoir s'élever, les destinées de l'avenir, terminait-il, étaient Gérard, Clausel, Foy, Lamarque, etc. : c'étaient mes nouveaux maréchaux. »

MERCREDI 6.

> *Situation des princes d'Espagne à Valençay.*
> *Le pape à Fontainebleau. Réflexions, etc.*

L'Empereur, après m'avoir dicté ce matin, a travaillé successivement avec ces messieurs, et a prolongé quelque temps sa promenade avec eux. A leur départ, je l'ai suivi dans l'allée inférieure : il était triste, silencieux ; sa physionomie avait quelque chose de contrarié et de sévère. « Eh bien ! m'a-t-il dit en remontant pour dîner, nous aurons à Longwood des sentinelles sous nos fenêtres ; on voudrait me forcer d'avoir un officier étranger à ma table, dans mon salon ; je ne saurais monter à cheval sans en être accompagné ; en un mot, nous ne saurions faire un pas, un mouvement, sous peine d'un outrage !... »

Je lui ai dit que c'était une goutte d'absinthe de plus dans le calice amer que nous devions boire à sa gloire et à sa toute-puissance passée ; que son stoïcisme d'ailleurs suffisait pour défier ses ennemis, et les ferait rougir de leur brutalité à la face des nations. Je me suis hasardé de dire que les princes d'Espagne à Valençay, le pape à Fontainebleau, n'avaient sans doute jamais rien éprouvé de pareil. « Je le crois bien, a-t-il repris ; les princes chassaient à Valençay, ils y donnaient des bals, sans soupçonner physiquement leurs chaînes ; le respect, les égards les entouraient de toutes parts. Le vieux roi Charles IV avait été transféré de Compiègne à Marseille et de Marseille à Rome, quand il l'avait voulu. Et cependant quelle différence de ces localités à celles d'ici ! Le pape, à Fontainebleau, bien qu'on en ait osé dire dans le monde, avait été traité de même ; et encore ne sait-on point le nombre des personnes qui, malgré tous ces adoucissements, avaient refusé, dans ces circonstances, d'en être les gardiens ; refus qui ne m'avaient point offensé, parce qu'ils m'avaient paru simples : ces emplois étaient du domaine de la délicatesse intérieure, et nos mœurs européennes veulent que le pouvoir se trouve limité par l'honneur. » Il ajoutait que, quant à lui, comme homme et comme officier, il n'eût pas hésité à refuser de garder le pape, dont il n'avait jamais ordonné d'ailleurs la translation en France.

Ma figure exprimait une grande surprise : « Ceci vous étonne ? a-t-il repris, vous ne le saviez pas ? Cela est pourtant vrai, ainsi que beaucoup d'autres choses semblables que vous apprendrez avec le temps. D'ailleurs, faudrait-il encore distinguer les actes du souverain qui agit collectivement, de ceux de l'homme privé que rien ne gêne dans son sentiment : la politique admet, ordonne même à l'un ce qui demeurerait souvent sans excuse dans l'autre. »

Le moment du dîner amena d'autres conversations et trompa son chagrin ; la gaieté prit le dessus.

Cependant l'Empereur songeait sérieusement à quitter sa mauvaise cabane, quelque inconvénient d'ailleurs que fît pressentir la nouvelle demeure. Il m'a chargé, en allant finir ma soirée chez notre hôte, de lui porter une boîte avec son chiffre, et de lui dire qu'il était fâché de tout l'embarras qu'il devait lui avoir causé.

JEUDI 7.

> *Sur* la Nouvelle Héloïse *et sur l'amour. Contrariétés.*

L'Empereur m'a fait descendre de bonne heure chez lui. Il s'est mis à lire *la Nouvelle Héloïse* [1], s'arrêtant souvent sur l'art et la force des raisonnements, le charme du style et des expressions ; il a lu plus de deux heures. Cette lecture produisit sur moi une grande impression, une forte mélancolie mêlée de douceur et de peine. Cette production m'avait toujours fort attaché, elle réveillait d'heureux souvenirs, créait de tristes regrets ; l'Empereur en sourit plus d'une fois. Durant le déjeuner, l'ouvrage demeura le sujet de la conversation.

Jean-Jacques [2] avait chargé son sujet, disait l'Empereur, il avait peint la frénésie ; l'amour devait être un plaisir, et non pas un tourment. Moi j'affirmais qu'il n'y avait rien dans Jean-Jacques qu'un homme n'ait pu sentir, et que le tourment même dont parlait l'Empereur était un bonheur. « Je vois, me disait-il en riant, que vous avez donné dans le *romanesque* : cela vous a-t-il rendu heureux ? – Je ne me plains pas de ma destinée, sire, répondais-je ; si j'avais à recommencer, je n'y voudrais rien changer. »

L'Empereur a repris la lecture après le déjeuner. Cependant, à mesure que nous avancions, il s'arrêtait de temps à autre ; la magie l'atteignait à son tour. Il finit par laisser le livre, et nous avons pris la route du jardin. « En effet, disait-il chemin faisant, cet ouvrage a du feu, il remue, il inquiète. »

Le sujet a été traité à fond ; nous avons débité beaucoup

---

1. Roman épistolaire de Jean-Jacques Rousseau.
2. Jean-Jacques Rousseau.

de verbiage, à la suite duquel il a été conclu que l'amour parfait était le bonheur idéal ; que tous deux étaient aussi aériens l'un que l'autre, aussi fugitifs, aussi mystérieux, aussi inexplicables, et que l'amour, du reste, devait être l'*occupation* de l'homme oisif, la *distraction* du guerrier, l'*écueil* du souverain.

Le grand-maréchal et M. Gourgaud nous ont rejoints, ils arrivaient de Longwood. L'amiral, depuis quelques jours, était fort pressé de nous y envoyer ; l'Empereur n'était pas moins désireux de s'y rendre ; il était si mal à Briars ! Toutefois il fallut que l'odeur de la peinture le lui permît ; il était impossible à son organisation particulière de la supporter ; jamais, dans les palais impériaux, il n'était arrivé de l'y exposer. Souvent, dans ses voyages, on avait été obligé de changer à la hâte les logements qu'on lui avait préparés. A bord du *Northumberland*, il avait été malade de la seule peinture du vaisseau. Ici on lui avait dit la veille que tout était prêt, qu'il n'y avait plus d'odeur. Il avait, dès lors, résolu de partir pour Longwood le surlendemain samedi, afin de jouir de l'absence des ouvriers le dimanche ; mais le grand-maréchal et M. Gourgaud lui ont déclaré en cet instant qu'ils venaient de vérifier la place, qu'elle ne serait pas tenable : ils se sont étendus longuement sur cet objet. L'Empereur a pris beaucoup d'humeur du premier rapport qu'on lui avait fait, et de la résolution qu'il lui avait fait prendre. Ces deux messieurs s'en sont retournés ; nous avons gagné l'allée inférieure, l'Empereur toujours assez mal disposé. M. de Montholon est arrivé de Longwood fort mal à propos ; il a répété que tout était préparé, que l'Empereur pouvait y aller quand il voudrait ; la contrariété et l'humeur ont éclaté à ces deux rapports aussi voisins et aussi contradictoires. Heureusement l'instant du dîner est venu faire diversion ; on avait mis le couvert dans la chambre à coucher, l'Empereur était assez enrhumé pour ne plus pouvoir supporter la tente. Après le dîner, il a repris sa lecture ; il a fini la journée comme il l'avait commencée, avec *la Nouvelle Héloïse*.

VENDREDI 8, SAMEDI 9.

Lieutenant anglais. Singularité.
Départ pour Longwood arrêté. Politique.
État de la France. Mémoire justificatif de Ney.

Le doute élevé hier sur l'odeur de la peinture à Longwood m'ayant donné l'idée d'aller le vérifier moi-même, et désirant pouvoir en rendre compte à l'Empereur à son déjeuner, je suis parti de très grand matin, faisant les trois quarts de la route à pied, parce que personne n'était encore levé aux écuries ; j'étais de retour avant neuf heures. Il était très vrai que les appartements sentaient peu ; mais c'était encore trop pour l'Empereur.

Le 9, l'Empereur a reçu, au jardin, la présentation du capitaine du *Minden*, de soixante-quatorze, venant du Cap, et repartant sous peu de jours pour l'Europe. Ce capitaine avait déjà eu l'honneur de lui être présenté à Paris sous le Consulat, douze ans auparavant. Il a demandé la permission de présenter à l'Empereur un de ses lieutenants, à cause de quelques circonstances personnelles qui nous ont paru bien singulières. Ce jeune homme était né à Bologne, précisément lors de la première entrée de l'armée française dans cette ville. Le général français, lui Napoléon, était même intervenu pour quelque chose, que le jeune homme ne sut pas expliquer, dans la cérémonie de son baptême ; et le général français avait fait présent, à cette occasion, d'une cocarde tricolore, conservée précieusement depuis dans la famille.

Après le départ de ces personnes, le grand-maréchal arriva de Longwood ; il trouvait que l'odeur était réellement peu de chose. L'Empereur était si mal ! une portion de ses effets était déjà partie, il arrêta de se rendre à Longwood le lendemain. J'en fus bien aise pour mon compte ; depuis quelques jours, j'avais pu me convaincre du parti pris d'obliger l'Empereur à déguerpir. J'avais gardé pour moi les communications publiques ou secrètes qu'on m'en avait faites ; je me faisais une loi de lui épargner autant de contrariétés que possible, me contentant d'agir en conséquence. Il y avait deux jours qu'on était venu enlever la tente sans que nous l'eussions désiré ; l'officier qui en était chargé avait aussi ordre d'enlever en même temps les contrevents de la demeure de l'Empereur. Je pris sur moi de m'y opposer : cela ne se pouvait pas, lui dis-je, l'Empereur dormait encore ; et je le renvoyai. D'un autre côté, afin de m'effrayer, on me dit, on me confia avec mystère et sous le secret que si l'Empereur demeurait plus longtemps, il était question d'envoyer cent soldats camper aux portes de l'enclos. Je répondis que c'était très bien, et n'en tins nul compte, etc.

Quel pouvait être le motif de cette presse nouvelle ? Je soupçonnai que le caprice de nos geôliers et l'exercice de l'autorité y avaient beaucoup plus de part que toute autre chose.

Nous avions reçu des papiers jusqu'au 15 septembre ; ils devinrent le sujet de la conversation ; l'Empereur les analysa : l'avenir demeurait enveloppé des nuages les plus sinistres. Toutefois trois grands résultats seulement s'offraient à la pensée, disait l'Empereur : le partage de la France, le règne des Bourbons, ou une dynastie nouvelle avec des institutions nationales. Louis XVIII, observait-il, avait pu régner facilement en 1814, en se faisant national ; aujourd'hui, il ne lui restait plus que la chance, fort odieuse et très incertaine, d'une excessive sévérité, celle de la terreur ; sa dynastie pouvait demeurer, ou celle qui lui succéderait n'être encore que dans le secret du temps. Un de nous ayant observé qu'il pourrait se faire que ce fût le duc d'Orléans [1], l'Empereur a, par un mouvement fort serré, fort éloquent, prouvé qu'à moins que le duc d'Orléans n'arrivât au trône par son tour de succession, il eût été dans l'intérêt bien entendu de tous les souverains de l'Europe de le préférer, lui Napoléon, au duc d'Orléans arrivant par un crime ; « car, que prétend aujourd'hui la doctrine des rois contre les événements du jour ? Empêcher le renouvellement de l'exemple que j'ai fourni contre ce qu'ils appellent la légitimité. Or, l'exemple que j'ai fourni ne se renouvelle pas dans des siècles : celui que donnerait le duc d'Orléans, proche parent du monarque sur le trône, peut se renouveler chaque jour, à chaque instant, dans chaque pays. Il n'est pas de souverain qui n'ait à quelques pas de lui, dans son propre palais, des cousins, des neveux, des frères, quelques parents, propres à imiter facilement celui qui une fois les aurait remplacés. »

Nous lûmes dans les mêmes papiers l'extrait du mémoire

1. Il s'agit du futur Louis-Philippe Iᵉʳ.

justificatif du maréchal Ney. L'Empereur le trouvait des plus pitoyables ; il n'était pas propre à lui sauver la vie, il ne relevait nullement son honneur. Ses moyens étaient pâles, sans couleur, pour ne pas dire plus. Avec ce qu'il avait fait, il protestait encore de son dévouement au roi, et surtout de son éloignement pour l'Empereur. « Système absurde, disait Napoléon, que semblent avoir généralement adopté ceux qui ont paru dans ces moments mémorables, sans faire attention que je suis tellement identifié avec nos prodiges, nos monuments, nos institutions, tous nos actes nationaux, qu'on ne saurait plus m'en séparer sans faire injure à la France : sa gloire est à m'avouer ! et quelque subtilité, quelque détour, quelque mensonge qu'on emploie pour essayer de prouver le contraire, je n'en demeurerai pas moins encore tout cela aux yeux de cette nation.

« La défense politique de Ney, continuait l'Empereur, semblait toute tracée ; il avait été entraîné par un mouvement général qui lui avait paru la volonté et le bien de la patrie ; il y avait obéi sans préméditation, sans trahison. Les revers avaient suivi, il se trouvait traduit devant un tribunal ; il ne lui restait plus rien à répondre sur ce grand événement. Quant à la défense de sa vie, il n'avait rien à répondre encore, si ce n'est qu'il était à l'abri derrière une capitulation sacrée qui garantissait à chacun le silence et l'oubli sur tous les actes, sur toutes les opinions politiques. Si, dans ce système, il succombait, ce serait du moins à la face des peuples, en violation des lois les plus saintes, laissant le souvenir d'un grand caractère ; emportant l'intérêt des âmes généreuses, et couvrant de réprobation et d'infamie ceux qui, au mépris d'un traité solennel, l'abandonnaient sans pudeur. Mais ce rôle est peut-être au-dessus de ses forces morales, disait l'Empereur, Ney est le plus brave des hommes : là se bornent toutes ses facultés. »

Il est certain que Ney quitta Paris tout au roi ; qu'il n'a tourné qu'entraîné par ses soldats. Si alors il s'est montré ardent en sens contraire, c'est qu'il sentait qu'il avait beaucoup à se faire pardonner. Du reste, il est juste de dire qu'après son fameux ordre du jour, il écrivit à l'Empereur que ce qu'il venait de faire était principalement dans l'intérêt de la patrie, et que ne devant pas lui être agréable, il le priait de trouver bon qu'il se retirât. L'Empereur lui fit répondre de venir, qu'il le recevrait comme le lendemain de la bataille de la Moskowa. Ney, rendu près de Napoléon, lui disait encore que, d'après ce qui était arrivé à Fontainebleau, il devait lui rester sans doute des préventions sur son attachement et sa fidélité ; qu'en conséquence il ne lui demandait d'autre poste que celui de grenadier dans sa garde. L'Empereur, pour réponse, lui tendit la main en l'appelant le brave des braves, comme il faisait souvent. Plus tard il disait à l'Empereur . . . .

L'Empereur comparait la situation de Ney à celle de Turenne. Ney pouvait être défendu. Turenne était injustifiable, et pourtant Turenne fut pardonné, honoré, et Ney allait probablement périr.

« En 1649, Turenne, disait-il, commandait l'armée du roi ; ce commandement lui avait été conféré par Anne d'Autriche, régente du royaume. Quoiqu'il eût prêté serment de fidélité, il corrompit son armée, se déclara pour la Fronde, et marcha sur Paris. Mais, dès qu'il fut reconnu coupable de haute trahison, son armée repentante l'abandonna, et Turenne, poursuivi, se réfugia auprès du prince de Hesse pour échapper à la justice.

« Ney, au contraire, fut entraîné par le vœu, par les clameurs unanimes de son armée. Il n'y avait que neuf mois seulement qu'il reconnaissait un monarque qu'avaient précédé six cent mille baïonnettes étrangères ; monarque qui n'avait pas accepté la Constitution à lui présentée par le Sénat, comme condition formelle et nécessaire de son retour, et qui, déclarant qu'il régnait depuis dix-neuf ans, manifestait par là qu'il regardait tous les gouvernements précédents comme des usurpations. Ney, élevé dans la souveraineté nationale, avait combattu pendant vingt-cinq ans pour soutenir cette cause, et de simple soldat s'était élevé au rang de maréchal. Si sa conduite du 20 mars n'est pas honorable, elle est au moins mieux explicable, et sous quelques rapports excusable ; mais celle de Turenne était véritablement criminelle, parce que la Fronde était un parti allié à l'Espagne, lequel faisait alors la guerre à son roi ; enfin parce qu'il était poussé par son propre intérêt et celui de sa famille, espérant obtenir une souveraineté aux dépens de la France, et par conséquent au préjudice de sa patrie. »

CHAPITRE TROISIÈME

Établissement à Longwood

DIMANCHE 10 DÉCEMBRE 1815.

Translation à Longwood. Description de la route.
Prise de possession. Premier bain, etc.

L'Empereur m'a fait appeler vers les neuf heures pour le suivre dans le jardin ; il était contraint de sortir de bonne heure de sa chambre, tout devant en être enlevé le matin pour être transporté à Longwood. Arrivé au jardin, l'Empereur y a fait appeler notre hôte, M. Balcombe, et a demandé son déjeuner ; il a voulu que M. Balcombe déjeunât avec lui. Il était à merveille ; sa conversation a été fort gaie.

Vers les deux heures on a annoncé l'amiral ; il s'avançait avec un certain embarras : la manière dont l'Empereur s'était vu traiter à Briars, les gênes imposées à ceux des siens demeurés à la ville, avaient créé de l'éloignement ; l'Empereur avait cessé de recevoir l'amiral : toutefois il l'a traité en ce moment comme s'ils s'étaient vus la veille.

Enfin on a quitté Briars, on s'est mis en route pour Longwood. L'Empereur a monté le cheval qu'on lui avait fait venir du Cap. Il le voyait pour la première fois ; il était petit, vif, assez gentil. L'Empereur avait repris son uniforme des chasseurs de la garde ; sa grâce et sa bonne mine étaient particulièrement remarquables ce jour-là ; tout le monde en faisait l'observation autour de nous, et je me complaisais à l'entendre dire. L'amiral lui prodiguait ses soins. Beaucoup de monde s'était réuni sur la route pour le voir passer, et plusieurs officiers anglais, joints à nous, grossissaient sa suite.

Pour se rendre de Briars à Longwood on revient pendant quelque temps vers la ville, puis tournant tout à coup à droite, on franchit, à l'aide de trois ou quatre sinuosités, la chaîne qui forme un des côtés de la vallée ; alors on se trouve sur un plateau un tant soit peu ascendant, et l'on découvre un nouvel horizon, de nouveaux sites. On laisse derrière soi la chaîne des montagnes pelées et des rocs stériles qui caractérisent le côté du débarquement ; on a en front une nouvelle chaîne transversale, dont le pic de Diane est le sommet le plus élevé, en même temps qu'il semble être la clef et le noyau de tout le système environnant ; sur la gauche, qui est la partie orientale de l'île ou le côté de Longwood, l'horizon est fermé par la chaîne crevassée de rochers nus qui forment le contour et la barrière de l'île ; le sol se montre entièrement en désordre, inculte et désert : mais sur la droite l'œil plonge sur le terrain assez étendu, fort tourmenté il est vrai, mais du moins montrant de la verdure, un assez grand nombre d'habitations et toutes les traces de la culture ; de ce côté, le tableau, il faut l'avouer, est tout à fait romantique et même agréable.

A mesure qu'on avance sur une route en fort bon état, se creuse sur la gauche une vallée profonde. Au bout de deux milles, la route fait brusquement un coude à gauche ; à ce coude, se trouve *Hut's gate*, mauvaise petite maison choisie pour la demeure du grand-maréchal et de sa famille. A quelques pas de là, la vallée de gauche, qui va toujours en se creusant, forme alors un gouffre circulaire, auquel son étendue, sa profondeur et son ensemble gigantesque ont fait donner le nom de *Bol-de-Punch-du-Diable* : la route étant fort rétrécie en cet endroit par une éminence à droite, on se trouve obligé de prolonger à gauche et de très près ce précipice jusqu'à ce qu'elle s'en détache pour atteindre Longwood, qu'on rencontre bientôt sur la droite.

A la porte de Longwood s'est trouvée une garde sous les armes, rendant les honneurs prescrits à l'auguste captif. Son cheval, vif et indocile, peu accoutumé à tout ce spectacle et effrayé par le tambour, se refusait obstinément à franchir le seuil, et ce n'est que par la force de l'éperon que le cavalier est venu à bout de l'y lancer ; et alors aussi des regards significatifs se sont échangés involontairement entre ceux qui formaient son escorte et nous nous sommes trouvés enfin dans notre nouvelle demeure.

L'amiral s'est empressé de tout montrer dans les plus petits détails ; il avait constamment tout dirigé, certains ouvrages étaient même de ses mains. L'Empereur a trouvé le tout très bien ; l'amiral s'en est montré des plus heureux : on voyait qu'il avait redouté la mauvaise humeur et le dédain ; mais l'Empereur au contraire témoignait une bonté parfaite.

Il s'est retiré vers les six heures, et m'a fait signe de le suivre dans sa chambre. Il a parcouru alors divers petits meubles qui s'y trouvaient, s'informant si j'en avais autant ; sur la négative, il me les a fait emporter avec une grâce charmante, disant : « Prenez toujours ; pour moi je ne manquerai de rien, on me soignera plus que vous. » Il se trouvait très fatigué ; il m'a demandé s'il n'en portait pas les traces. C'était le résultat de cinq mois d'un repos absolu : il avait beaucoup marché le matin, et venait de faire quelques milles à cheval.

Cette nouvelle demeure se trouvait garnie d'une baignoire que l'amiral était venu à bout de faire exécuter, tant bien que mal, par ses charpentiers. L'Empereur, qui avait été privé de bains depuis la Malmaison, et pour qui ils étaient devenus une des nécessités de la vie, a voulu en prendre un dès l'instant même. Il m'a dit de lui tenir compagnie durant ce temps, et là il traçait les petits détails de notre établissement nouveau ; et comme le local qu'on m'avait assigné était des plus mauvais, il a voulu que je m'établisse, durant le jour, dans ce qu'il a appelé son cabinet topographique, attenant à son propre cabinet. Le tout, disait-il, afin que je me trouvasse moins éloigné de lui. Tout cela était dit avec une bonté qui me pénétrait. Il l'a poussée même jusqu'à me dire, à plusieurs reprises, qu'il fallait que je vinsse le lendemain prendre aussi un bain dans sa baignoire ; et sur ce que mon attitude s'en excusait par un respect profond et une retenue indispensable : « Mon cher, a-t-il dit, en prison il faut savoir s'entraider. Je ne saurais après tout occuper cette machine tout le jour, et ce bain vous ferait autant de bien qu'à moi. » On eût dit qu'il cherchait à me dédommager de ce que j'allais le perdre, de ce que je ne serais plus le seul auprès de lui. En effet, tant de bonté me donnait du bonheur, il est vrai ; mais ce n'était pas sans quelque tristesse. Tout ce que faisait là l'Empereur était le prix de mes assiduités de Briars, sans doute ; mais cela m'annonçait aussi peut-être la fin de cette habitude journalière que j'avais due à notre solitude profonde.

Après son bain, l'Empereur, ne voulant pas se rhabiller, a dîné dans sa chambre et m'a retenu avec lui : nous étions seuls ; la conversation a conduit à une circonstance toute particulière, dont le résultat pouvait être d'une *grande importance*. Il m'en a demandé mon avis et m'a chargé de lui présenter le lendemain mes idées...

LUNDI 11 AU JEUDI 14.

Description de Longwood, etc.
Détail des appartements.

Enfin se déroulait pour nous une portion nouvelle de notre existence, sur le malheureux rocher de Sainte-Hélène. On venait de nous établir dans nos futures demeures, et de nous assigner les limites de notre sauvage prison.

Longwood, dans le principe simple ferme de la compagnie, abandonnée au sous-gouverneur pour lui tenir lieu de maison de campagne, se trouve dans une des parties les plus élevées de l'île. Le thermomètre anglais marque dix degrés de différence en moins avec la vallée où nous avions débarqué. C'est un plateau assez étendu sur la côte orientale, et assez près du rivage. Des vents éternels, parfois violents et toujours de la même partie, en balayent constamment la surface ; des nuages le couvrent presque toujours ; le soleil, qui y paraît rarement, n'en a pourtant pas moins d'influence sur l'atmosphère ; il attaque le foie, si on ne s'en préserve avec soin [1] : des pluies abondantes et soudaines achèvent d'empêcher qu'on ne distingue ici aucune saison régulière ; il n'en est point à Longwood, ce n'est qu'une continuité de vents, de nuages, d'humidité, toujours une température modérée et monotone qui présente du reste peut-être plus d'ennui que d'insalubrité. L'herbe, en dépit des fortes pluies, disparaît rongée par le vent ou flétrie par la chaleur ; l'eau y est amenée par un conduit et se trouve si malsaine que le sous-gouverneur, que nous avons remplacé, n'en faisait aucun usage, pour lui ou pour ses gens, qu'après l'avoir fait bouillir : nous avons été contraints d'en faire autant nous-mêmes. Les arbres qu'on y voit, et qui de loin lui prêtent un aspect riant, ne

1. Voyez l'ouvrage du docteur O'Méara. (*Las Cases.*)

sont que des arbres à gomme, arbuste chétif et bâtard qui ne donne point d'ombre. Une partie de l'horizon présente au loin l'immense mer ; le reste n'offre plus que d'énormes rochers stériles, des abîmes profonds, des vallées déchirées, et au loin la chaîne nuageuse et verdie du pic de Diane. En résumé, l'aspect de Longwood ne saurait être agréable qu'au voyageur fatigué d'une longue navigation, pour qui toute terre a des charmes. S'il s'y trouve transporté par un beau jour, frappé des objets bizarres qui s'offrent soudainement à sa vue, il peut s'écrier même : Que c'est beau ! Mais cet homme n'y est que pour un instant ; et quel supplice sa fausse admiration ne fait-elle pas éprouver alors aux captifs condamnés à y demeurer toujours !

Depuis deux mois on n'avait pas cessé de travailler pour mettre Longwood en état de nous recevoir ; toutefois les résultats étaient bien peu de chose.

On entre à Longwood par une pièce qui venait d'être bâtie, destinée à servir tout à la fois d'antichambre et de salle à manger ; de là on passe dans une pièce attenante, dont on avait fait le salon ; on entre ensuite dans une troisième fort obscure, en travers sur celles-ci ; on l'avait désignée pour recevoir les cartes et les livres de l'Empereur : elle est devenue plus tard la salle à manger. En tournant à droite, dans cette chambre, on trouvait la porte de l'appartement de l'Empereur ; cet appartement consistait en deux très petites pièces égales, à la suite l'une de l'autre, formant son cabinet et sa chambre à coucher ; un petit corridor extérieur, en retour de ces deux pièces, lui servait de salle de bains. A l'opposite de l'appartement de l'Empereur, à l'autre extrémité du bâtiment, était le logement de Mme de Montholon, de son mari et de son fils, local qui a formé depuis la bibliothèque de l'Empereur. En dehors de tout cela, et au travers d'issues informes, une petite pièce carrée, au rez-de-chaussée, contiguë à la cuisine, fut ma demeure. Au travers d'une trappe pratiquée au plancher, et à l'aide d'une échelle de vaisseau, on arrivait au gîte de mon fils, véritable grenier qui ne renfermait guère que la place de son lit. Nos fenêtres et nos lits demeuraient sans rideaux, le peu de meubles de nos chambres provenait évidemment de ce dont les habitants s'étaient défaits dans cette circonstance ; heureux, sans doute, de trouver cette occasion de les placer à profit pour les renouveler ensuite avec avantage.

Le grand-maréchal, sa femme et ses enfants avaient été laissés à deux milles en arrière de nous, dans un abri tel que dans le pays même il porte le nom de *Hutte (Hut's gate)*.

Le général Gourgaud fut mis sous une tente, ainsi que le médecin [1] et l'officier préposé à notre garde, en attendant que l'on eût achevé leurs chambres, que construisaient à la hâte les matelots du *Northumberland*.

Une espèce de jardin régnait autour de nous ; mais le défaut d'eau, la nature du climat, le peu de soin que nous pouvions lui donner, faisaient qu'il n'en avait réellement que le nom. En face de nous, et séparé par un ravin assez profond, était campé, à une assez petite distance, le 53e, dont divers postes couronnaient les sommités voisines : tel était notre nouveau séjour.

Le 12, je rendis compte à l'Empereur de l'objet particulier sur lequel il m'avait dit, deux jours auparavant, de lui représenter mes idées ; il ne décida rien, croyant la chose tout à fait inutile. J'avais osé insister parce que, dans le doute même, il n'y avait du moins rien à risquer ni à perdre : c'était se donner la chance de la loterie sans la dépense de la mise. L'événement a prouvé du reste qu'il avait bien jugé ; la chose eût été parfaitement inutile ; elle n'eût pu amener aucun résultat...

Le même jour le colonel Wilks, ancien gouverneur pour la compagnie, que l'amiral était venu déplacer, vint faire sa visite à l'Empereur ; je servis d'interprète. Le lendemain ou le surlendemain, le *Minden* fit voile pour l'Europe ; j'en profitai pour écrire à Londres et à Paris.

VENDREDI 15, SAMEDI 16.

> *Régularisation de la maison de l'Empereur. Situation morale des captifs entre eux, etc. Quelques nuances du*

---

1. Ce médecin était le docteur O'Méara, du *Northumberland*, qui, voyant Napoléon partir pour Sainte-Hélène sans médecin, s'offrit généreusement, aux grands applaudissements de tous les siens et à la vive reconnaissance de nous tous. Les ministres anglais seuls semblent s'en être irrités : tout le monde sait les outrages, les injustices révoltantes, les persécutions que leur froide et barbare furie ont accumulés plus tard sur la tête de ce digne Anglais qui n'avait fait pourtant qu'honorer l'humanité, son pays et son cœur. *(Las Cases.)*

*caractère de l'Empereur. Portrait de Napoléon, par
M. de Pradt, traduit d'une gazette anglaise. Réfutation.*

La maison domestique de l'Empereur, au départ de Plymouth, se trouva composée encore de onze personnes. Je me fais un plaisir de consacrer ici leurs noms ; je le dois à leur dévouement.

PERSONNES COMPOSANT LE SERVICE
DE L'EMPEREUR

CHAMBRE : Marchand, Parisien, premier valet de chambre. Saint-Denis, dit Ali, de Versailles, valet de chambre. Noverraz, Suisse, valet de chambre. Santini, Corse, huissier.

LIVRÉE : Archambault aîné, de Fontainebleau, piqueur. Archambault cadet, de Fontainebleau, piqueur. Gentilini, Elbois, valets de pied.

BOUCHE : Cipriani, Corse, mort à Sainte-Hélène, maître d'hôtel. Pierron, Parisien, officier. Lepage, cuisinier. Rousseau, de Fontainebleau, argentier.

Quelque nombreuse que se trouvât cette maison de l'Empereur, on pourrait dire cependant que, depuis notre départ d'Angleterre, durant notre traversée, et depuis notre débarquement à Sainte-Hélène, elle avait cessé d'exister pour lui. Notre dispersion, les incertitudes de notre établissement, nos besoins, l'irrégularité avec laquelle ils étaient satisfaits, avaient nécessairement créé le désordre.

Dès que nous nous trouvâmes tous réunis à Longwood, l'Empereur voulut régulariser tout ce qui était autour de lui, et chercha à employer chacun de nous suivant la pente de son esprit. Conservant au grand-maréchal le commandement et la surveillance de tout en grand, il confia à M. de Montholon tous les détails domestiques ; il donna au général Gourgaud la direction de l'écurie, et me réserva le détail des meubles avec l'administration intérieure de ce qui nous serait fourni. Cette dernière partie me semblait tellement en contact avec les détails domestiques, et je trouvais que l'unité sur ce point devait être si avantageuse au bien commun, que je me prêtai le plus que je pus à m'en faire dépouiller ; ce qui ne fut ni difficile ni long.

Ces nouvelles dispositions de l'Empereur arrêtées, tout

commença à marcher tant bien que mal, et nous en fûmes
certainement beaucoup mieux. Toutefois ces dispositions,
quelque raisonnables qu'elles fussent, ne laissèrent pas de
semer parmi nous des germes d'éloignement qui poussèrent
de légères racines et reparurent parfois à la surface : l'un
trouvait qu'il avait perdu, l'autre voulait donner trop de lustre
à sa partie, un autre se trouvait lésé dans le partage. Nous
n'étions pas les membres d'une même famille qui, s'employant chacun selon ses moyens, ne songent qu'à faire pros-
pérer la masse commune. Ce que la nécessité eût dû nous
contraindre de faire, nous étions loin de le mettre en pratique ;
nous nous débattions encore sur les débris de quelque luxe
et les restes de quelque ambition.

Quand l'attachement à la personne de l'Empereur nous
réunit autour de lui, le hasard seul, et non pas les sympathies,
présida à notre agglomération ; ce fut un ensemble purement
fortuit et non le résultat des affinités. Aussi formions-nous
masse à Longwood, plutôt par encerclure que par cohésion.
Et comment en eût-il été autrement ? Nous étions presque
tous étrangers les uns aux autres, et malheureusement les
circonstances, l'âge, le caractère, étaient en nous autant de
dispositions à le demeurer.

Ces circonstances, bien que légères, ont eu pourtant la
conséquence fâcheuse de nous priver, en grande partie, de
nos plus douces ressources. Elles ont empêché parmi nous
cette confiance, cet épanchement, cette union intime, qui
peuvent répandre quelques charmes, même au sein des plus
cruelles infortunes. Mais aussi, par contre, ces mêmes circonstances m'ont bien souvent rendu témoin des dispositions
privées du cœur de l'Empereur : ses invitations indirectes à
nous unir et à confondre nos sentiments ; son soin constant
à nous épargner tout juste motif de jalousie ; cette distraction
calculée qui lui dérobait ce dont il ne voulait pas s'apercevoir ; enfin, jusqu'aux gronderies même si paternelles dont
nous nous rendions quelquefois l'objet, et qui, pour le dire
en passant à l'honneur de chacun de nous, étaient évitées
avec autant de zèle, reçues avec autant de respect que si elles
fussent émanées du trône des Tuileries.

Qui aujourd'hui sur la terre pourrait se flatter de connaître
dans l'Empereur l'homme privé plus que moi ? Qui a possédé
les deux mois de solitude au désert de Briars ? Qui a joui de

ces longues promenades au clair de lune, de ces heures nombreuses écoulées avec lui ? Qui a eu comme moi l'instant, le lieu, le sujet des conversations ? Qui a reçu le ressouvenir des charmes de l'enfance, le récit des plaisirs de la jeunesse, l'amertume des douleurs modernes ? Aussi crois-je connaître à fond son caractère, aussi puis-je m'expliquer à présent bien des circonstances qui semblaient, dans le temps, à plusieurs, difficiles à entendre. Je comprends bien, surtout aujourd'hui, ce qui nous frappait si fort et le caractérisait particulièrement aux jours de sa puissance, savoir : Qu'on n'était jamais complètement perdu avec lui ; que quelque éclatante qu'eût été la disgrâce, quelque profond qu'eût été l'abîme où l'on avait été jeté, on devait toujours espérer d'en revenir ; qu'une fois auprès de lui, quelque faute que l'on fît, quelque déplaisir que l'on causât, il était bien rare de s'en voir éloigné tout à fait. C'est qu'il est dans l'Empereur, à un degré éminent, deux qualités bien précieuses : un grand fonds de justice et une disposition naturelle à s'attacher. Quels que soient les contrariétés et les mouvements de colère qu'il vient à éprouver, il est encore un sentiment de justice qui reste tout-puissant sur lui ; on est toujours sûr de le rendre attentif à de bonnes raisons ; on est même sûr, si l'on garde le silence, de les lui voir produire lui-même, s'il s'en présente à son esprit. D'un autre côté, il n'oublie jamais les services une fois rendus ; pas davantage les habitudes prises ; tôt ou tard le ressouvenir lui en vient à l'esprit ; il se dit tout ce que l'on a dû souffrir, trouve que le châtiment a été assez long et fait alors chercher au loin celui que le monde même avait oublié ; celui-ci reparaît au grand étonnement de tous, à l'étonnement de lui-même. On en connaît une foule d'exemples.

L'Empereur, sans être démonstratif, s'attache sincèrement. Une fois qu'il a pris l'habitude de quelqu'un, il ne pense pas qu'il puisse s'en séparer ; il en aperçoit les fautes, il les condamne, il blâme son propre choix, il gronde même avec force ; mais on n'a rien à craindre, ce sont comme autant de nouveaux liens.

On sera surpris sans doute de me voir esquisser ces traits du caractère de Napoléon avec autant de simplicité. Tout ce qu'on en écrit ordinairement est si recherché ; on se croit obligé à tant d'antithèses, à tant de brillant : c'est qu'en général les autres cherchent l'effet, ils se torturent l'esprit ; moi j'écris ici ce que je vois, j'exprime ce que je sens.

Cette réflexion du reste ne saurait venir plus à propos.

L'Empereur parcourait aujourd'hui avec moi, dans les papiers anglais, un portrait de lui par l'archevêque de Malines, hérissé d'antithèses et d'afféterie : il a voulu que le grand-maréchal le lui transcrivît mot à mot ; en voici les principaux traits :

« ... L'esprit de Napoléon (dit l'abbé de Pradt dans son *Ambassade de Varsovie*[1], en 1812) était vaste ; mais à la manière des Orientaux, et, par une disposition contradictoire, il retombait, comme de son propre poids, dans des détails qu'on pourrait dire ignobles. Le premier jet était toujours grand, et le second petit et vil. Il en était de son esprit comme de sa bourse, dont la munificence et la lésine tenaient chacune un cordon. Son génie, fait à la fois pour la scène du monde et pour les tréteaux, représentait un manteau royal joint à un habit d'arlequin. C'était l'homme des deux extrêmes ; l'homme qui, ayant commandé aux Alpes de s'abaisser, au Simplon de s'aplanir, à la mer de s'approcher ou s'éloigner de ses rivages, a fini par se livrer lui-même à une croisière anglaise.

« Doué d'une sagacité merveilleuse, infinie ; étincelant d'esprit ; saisissant, créant, dans toute question, des rapports inaperçus et nouveaux ; abondant en images vives, pittoresques, en expressions animées, et pour ainsi dire dardées, plus pénétrantes par l'incorrection même de son langage toujours un peu empreint d'*étrangeté* ; sophiste et subtil, mobile à l'excès, il s'était fait d'autres règles d'optique que les autres hommes. Joignez à ces dispositions l'ivresse du succès, l'habitude de boire dans la coupe enchantée, de s'enivrer de tout l'encens de l'univers, et vous serez sur la voie de l'homme qui, unissant dans ses bizarreries tout ce qu'il y a de plus élevé et de plus vil parmi les mortels, de plus majestueux dans l'éclat de la souveraineté, de plus péremptoire dans le commandement, avec ce qu'il y a de plus ignoble et de plus lâche jusque dans ses plus grands attentats ; joignant les guet-apens aux détrônements, présente une espèce de *Jupiter Scapin*, qui n'avait pas encore paru sur la scène du monde. »

Certes, voilà de l'esprit, et du plus recherché. Je passerai sur

---

1. Titre d'un ouvrage de l'abbé de Pradt.

l'inconvenance, le scandale du caractère grave d'un prêtre, d'un archevêque comblé des bienfaits de son souverain, auquel, durant sa prospérité, il fit la cour la plus assidue ; qu'il entoura des plus grandes flatteries, et qui se permit, au jour de l'infortune, des expressions aussi triviales, aussi grotesques, aussi injurieuses que celles qu'on vient de lire plus haut... *(Napoléon en habit d'arlequin !... Un Jupiter Scapin*[1]*...)*

Je ne m'arrêterai que sur le mérite du jugement de M. l'abbé de Pradt quand il dit que : « Le premier jet de l'Empereur était toujours grand, le second petit ; que c'était l'homme des extrêmes ; l'homme qui, ayant commandé aux Alpes de s'abaisser, au Simplon[2] de s'aplanir, a fini par se livrer lui-même à une croisière anglaise. »

M. l'abbé de Pradt a donc bien peu senti l'élévation, la grandeur, la magnanimité d'une si noble démarche. Se séparer d'un peuple qu'égarent des meneurs infidèles, afin de lui faciliter ses destinées ; sacrifier ses intérêts personnels aux maux d'une guerre civile, sans résultats nationaux ; dédaigner des asiles honorables, assurés, mais dépendants ; préférer le refuge chez un peuple dont on fut pendant vingt ans le constant ennemi ; lui supposer une magnanimité égale à la sienne ; honorer assez ses lois pour s'y croire à l'abri de l'ostracisme de l'Europe. Certes, de telles pensées, de telles déterminations, ne sauraient être l'opposé du gigantesque, du noble et du grand.

N. B. Ici venaient dans mon journal plusieurs pages pleines de très mauvais détails sur M. l'archevêque de Malines, tous sortis de la bouche de l'Empereur, ou produits par nous-mêmes ; je les passe aujourd'hui, je crois le devoir à la satisfaction que l'on m'a dit avoir été éprouvée plus tard par l'Empereur à la lecture des *Concordats*, autre ouvrage subséquent de M. de Pradt ; je cède, pour mon compte, à celle que m'ont causée depuis cent autres témoignages de même nature et de la même source.

---

1. Ironie évidente qui consiste à comparer Jupiter-Napoléon aux personnages de la comédie italienne.
2. Allusion au passage des Alpes par l'armée française au Grand-Saint-Bernard en mai 1800, lors de la seconde campagne d'Italie contre les Autrichiens.

L'amende honorable spontanée est de mille fois supérieure à toutes les rétorsions qu'on pourrait accumuler contre eux. Et puis, il est des personnes pour qui un retour n'est pas sans mérite, et qui se plaisent à en tenir compte : je suis de ce nombre.

Au moment où j'écrivais ceci, on m'a fait lire, de M. l'abbé de Pradt, des lignes nouvelles qui sont certainement très belles dans leur diction ; mais qui sont bien plus belles encore par leur justesse et leur vérité. Je ne puis me refuser à les transcrire ici ; elles seront une compensation de celles qui précèdent.

Une déclaration des souverains, émanée de Laybach, qualifiant avec réprobation Napoléon de représentant de la Révolution, M. l'archevêque de Malines s'exprime ainsi :

« Il est trop tard pour insulter Napoléon quand il est sans armes, lorsque pendant tant d'années on a fléchi devant lui, quand à son tour il en avait... Des mains armées doivent respecter les mains désarmées, et la gloire du vainqueur se compose en partie d'égards pour les captifs, surtout quand ce n'est pas sous le génie, mais sous le nombre, qu'on a succombé. Il est trop tard d'appeler Napoléon révolutionnaire, après l'avoir appelé longtemps restaurateur de l'ordre en France, et par elle en Europe ; il est trop tard pour lui lancer un trait flétrissant, après lui avoir tendu la main comme ami, donné sa foi comme allié, et cherché des appuis pour un trône ébranlé, en mêlant son sang avec le sien. »

Plus loin, il dit :

« *Lui, représentant de la Révolution ?*

« Elle rompt les liens de la France avec Rome, il les renoue.

« Elle a abattu et fermé les temples, il les relève.

« Elle a fait deux clergés ennemis, il les rappelle à l'amitié.

« Elle a profané Saint-Denis, il le purifie et offre des expiations aux cendres des rois.

« Elle a abattu le trône, il le relève et le rehausse.

« Elle a éloigné de leur patrie les hautes classes de la France ; il leur en ouvre les portes avec celles de son palais, quoiqu'il les connaisse pour ses irréconciliables ennemies, et pour la plupart ennemies des services publics ; il les incorpore de nouveau avec la société dont elles avaient été si violemment séparées.

« C'est le *représentant d'une révolution* à laquelle on attache la note d'antisociale, qui a fait venir de Rome le chef de l'Église pour verser sur son front l'huile qui consacre les diadèmes ?

« C'est le *représentant d'une révolution* qu'on déclare ennemie des rois, celui qui en a rempli l'Allemagne, qui a fait passer les princes à des rangs supérieurs à ceux qu'ils occupaient, qui a refait la haute royauté, et recréé un modèle effacé.

« C'est le *représentant d'une révolution* qu'on veut faire passer pour un principe d'anarchie, celui qui, nouveau Justinien, a fait rédiger, au milieu du tumulte des armes, des embûches de la politique extérieure, tous ces codes qui sont ce qu'il y a encore de moins défectueux dans la législation humaine, et de la main duquel est sortie cette machine de gouvernement, la plus vigoureuse qui existe sur la terre.

« C'est le *représentant d'une révolution* accusée vulgairement d'avoir tout détruit, celui qui a refait les universités, les écoles, qui a couvert son empire des chefs-d'œuvre des arts ; c'est l'auteur des travaux les plus vastes, les plus hardis, qui aient étonné et honoré l'esprit humain ; c'est en présence des Alpes aplanies à sa voix ; des mers domptées à Cherbourg, à Flessingue, au Helder, à Anvers ; des fleuves docilement courbés sous le poids des ponts d'Iéna, de Sèvres, de Bordeaux, de Turin ; des canaux liant les mers entre elles, dans un cours indomptable pour le souverain des mers ; enfin, c'est en présence de Paris, métamorphosé par lui, qu'on le dit un agent général de destruction ! Celui qui a tout refait représente ce qui a tout détruit ! Encore une fois, à quels hommes privés de discernement croit-on donc parler ? etc. »

DIMANCHE 17.

> *Ma situation matérielle adoucie.*
> *Mon lit changé, etc.*

L'Empereur m'a fait demander à deux heures ; il commençait sa toilette. En me voyant il m'a trouvé pâle ; je lui ai dit que cela pouvait venir de l'atmosphère de ma chambre, dont le voisinage de la cuisine faisait une véritable étuve, souvent remplie de fumée. Il a voulu alors que je m'emparasse tout à fait du cabinet topographique pour y travailler le jour et y coucher la nuit, dans le lit même que l'amiral lui avait fait préparer, et dont il n'a pas voulu faire usage, préférant son lit de campagne habituel. En finissant sa toilette et choisissant parmi deux ou trois tabatières qu'il avait sous la main, il en a donné une assez brusquement à son valet de chambre (Marchand) : « Serrez cela, a-t-il dit, je la retrouve toujours sous mes yeux ; elle me fait mal. » Je ne saurais dire ce que c'était ; je présume toutefois qu'il s'agissait d'un portrait du roi de Rome.

L'Empereur est sorti, je l'ai suivi ; il a fait le tour de la maison et a voulu entrer dans ma chambre. Touchant un miroir de toilette, il m'a demandé si c'était celui qu'il m'avait donné. Puis, portant la main à la muraille que chauffe la cuisine, il m'a répété que je ne pouvais demeurer là ; qu'il voulait absolument que je couchasse désormais dans son lit du cabinet topographique, ajoutant la parole charmante que c'était le *lit d'un ami*.

Nous nous sommes dirigés ensuite vers une mauvaise ferme qui était en vue. Sur notre chemin se trouvait le casernement des Chinois : ce sont des hommes de main-d'œuvre, des laboureurs, etc., que les bâtiments anglais enrôlent à Macao, qui restent dans l'île au service de la compagnie un certain nombre d'années, et s'en retournent après avoir recueilli un petit pécule, à la manière de nos Auvergnats. L'Empereur a voulu leur faire beaucoup de questions, mais nous n'avons jamais pu nous entendre.

Nous avons voulu ensuite entrer dans ce qu'on appelle la ferme de Longwood. L'expression avait séduit l'Empereur ; il croyait trouver ces belles fermes de Flandre ou d'Angleterre ; ce n'était que la fange de nos plus sales métairies. De là nous sommes descendus au jardin de la compagnie formé dans la rigole des deux ravins opposés. L'Empereur a fait venir le jardinier et celui qui surveille le bétail de la compagnie et commande les Chinois, il leur a fait, à chacun, une foule de questions relatives à leurs emplois. Il est rentré très fatigué de sa course à pied : nous avions pourtant à peine fait un mille : mais c'était sa première excursion.

Avant dîner, l'Empereur m'a fait appeler, ainsi que mon fils, pour notre travail accoutumé. Il m'appelait paresseux, et me faisait observer que mon fils en riait sous cape. Il m'en a demandé la raison ; j'ai répondu que c'était sans doute parce que Sa Majesté le vengeait : « Ah ! j'entends, a-t-il dit en riant, je suis ici le grand-père. »

LUNDI 18, MARDI 19.

> *Habitudes et heures de l'Empereur. Son style avec les deux impératrices. Détails. Maximes de l'Empereur sur la police. Police secrète des lettres. Détails curieux. L'Empereur pour un gouvernement fixe et modéré.*

Peu à peu nos heures et nos habitudes se régularisèrent et s'établirent. L'Empereur déjeunait vers les dix heures dans sa chambre, sur un guéridon, parfois il appelait l'un de nous. A la table de service nous déjeunions à peu près à la même heure ; l'Empereur, pour notre agrément particulier, nous avait laissés libres d'en faire les honneurs et d'y inviter qui bon nous semblerait.

Il n'y avait pas encore d'heures fixes pour la promenade ; la chaleur était très forte dans le jour, l'humidité prompte et grande vers le soir. On annonçait depuis longtemps des chevaux de selle et de voiture venant du cap de Bonne-Espérance ; mais ils n'arrivaient point. L'Empereur travaillait dans la journée avec plusieurs de nous ; il me réservait d'ordinaire pour le temps qui précédait le dîner, lequel n'était guère servi que sur les huit ou neuf heures. Il me faisait donc venir sur les cinq ou six heures avec mon fils ; je n'écrivais ni ne lisais plus, à cause de l'état de mes yeux ; mon fils était venu à bout de me remplacer ; c'était lui qui écrivait ce que l'Empereur dictait ; je n'étais plus là que pour l'aider à se retrouver plus tard dans son griffonnage, ce à quoi je m'étais habitué de manière à pouvoir reproduire, presque littéralement et dans leur entier, toutes les paroles de l'Empereur.

La campagne d'Italie était finie, nous la repassions en entier ; l'Empereur corrigeait ou dictait de nouveau. On dînait, ainsi que je viens de le dire, de huit à neuf heures ; la table était mise dans la première pièce en entrant ; Mme de Montholon était à la droite de l'Empereur, j'étais à gauche ; MM. de Montholon, Gourgaud et mon fils étaient dans les parties opposées. La salle avait encore de l'odeur, surtout quand le temps était humide ; et quelque peu qu'il y en eût, c'était encore assez pour incommoder l'Empereur ; aussi nous n'étions pas dix minutes à table. On préparait le dessert dans la pièce voisine qui était le salon ; nous allions nous y remettre à table, on y servait le café ; la conversation se prolongeait, on lisait quelques scènes de Molière, de Racine, de Voltaire ; nous regrettions chaque fois de n'avoir pas Corneille. De là on passait à une table de reversi[1] ; c'était le jeu de l'Empereur au temps de sa jeunesse, disait-il. Ce ressouvenir lui était agréable ; il pensait qu'il pouvait s'en amuser longtemps ; il ne tarda pas à se détromper ; du reste, nous le jouions avec toutes ses variantes, ce qui amenait beaucoup de mouvement ; j'ai vu jusqu'à 15 ou 18 000 fiches de remises. L'Empereur essayait presque à chaque coup de faire le reversi, c'est-à-dire de faire toutes les levées, ce qui est assez difficile, et cela lui réussissait néanmoins souvent : le caractère perce toujours et partout ! On se retirait de dix à onze heures.

Aujourd'hui 19, quand j'aborde l'Empereur, il me donne à lui traduire un libelle qui lui était tombé sous la main. A travers mille inepties, nous arrivons à des lettres privées qu'il adressait à l'impératrice Joséphine, sous la formule solennelle de *Madame et chère épouse*. Ensuite c'était une combinaison d'espions et d'agents, à l'aide desquels l'Empereur lisait dans l'intérieur de toutes les familles en France, et perçait dans l'obscurité de tous les cabinets de l'Europe. L'Empereur n'a pas voulu aller plus loin, et m'a fait jeter le livre en me disant : « C'est par trop bête ! »

Le fait est que Napoléon, dans ses relations privées, n'a jamais cessé d'écrire très bourgeoisement *tu* à l'impératrice Joséphine, et *ma bonne petite Louise* à Marie-Louise.

La première fois que j'ai vu de l'écriture suivie de l'Empereur, c'est à Saint-Cloud, après la bataille de Friedland, entre les mains de l'impératrice Joséphine, qui se plaisait à nous la faire déchiffrer comme des espèces d'hiéroglyphes. Elle portait : « Mes enfants viennent d'illustrer encore une fois ma carrière ; la journée de Friedland s'inscrira dans l'histoire à côté de celles de Marengo, d'Austerlitz et d'Iéna. *Tu* feras

---

1. Jeu de cartes d'origine espagnole qui se joue à quatre personnes et où celui qui fait le moins de points et le moins de levées gagne la partie.

tirer le canon ; Cambacérès fera publier le bulletin... » Plus tard la même faveur me procura la vue de la même écriture, lors du traité de Tilsitt. Elle disait : « La reine de Prusse est réellement charmante ; elle est pleine de coquetterie pour moi ; mais n'en sois pas jalouse ; je suis une toile cirée sur laquelle tout cela ne fait que glisser. Il m'en coûterait trop cher pour faire le galant. »

A ce sujet on racontait alors parmi nous, dans le salon de Joséphine, que la reine de Prusse tenant à sa main une fort belle rose, l'Empereur la lui avait demandée, la reine avait d'abord hésité quelques instants, disait-on, puis elle l'avait donnée en disant : « Pourquoi faut-il que je vous donne si facilement, vous qui demeurez inflexible sur tout ce que je vous demande ? » faisant allusion à la place de Magdebourg, qu'elle avait ardemment sollicitée. Circonstance du reste tant soit peu variée, ainsi qu'on pourra s'en convaincre plus tard par le récit même de Napoléon qu'on trouvera par la suite.

Telle était pourtant la nature des rapports privés que des ouvrages anglais d'un certain mérite ont défigurés au point de montrer l'Empereur comme un tyran farouche, insolent et brutal, prêt à faire violence, à l'aide de ses mamelouks, à cette belle reine, sous les yeux mêmes de son mari malheureux.

Mais voici précisément, sur le même sujet et à la même époque, une lettre authentique, dont je n'ai eu connaissance que depuis peu, et qui achèvera de donner une idée juste du style de Napoléon vis-à-vis de Joséphine, en même temps qu'elle fera connaître des formes aimables, et surtout une sensibilité et une galanterie domestique qu'amis et ennemis étaient assurément bien loin de soupçonner alors en celui que, par toute l'Europe, la calomnie et le mensonge étaient venus à bout de faire passer pour le plus dur, le plus brutal, le plus insensible des hommes. Cette lettre de Napoléon est une réponse à des observations que lui adressait Joséphine sur le bulletin de la Grande Armée, qui s'exprimait avec trop peu de ménagement sur la reine de Prusse.

« J'ai reçu la lettre où tu me parais fâchée du mal que je dis des femmes. Il est vrai que je hais les femmes intrigantes au-delà de tout ; je suis accoutumé à des femmes bonnes, douces et conciliantes : ce sont celles que j'aime. Si elles m'ont gâté, ce n'est pas ma faute, mais la tienne. Au reste, tu verras que j'ai été fort bon pour une qui s'est montrée sensible et bonne, Mme d'Hatzfeld. Lorsque je lui montrai la lettre de son mari, elle me dit en sanglotant avec une profonde sensibilité et naïvement : c'est bien là son écriture. Son accent allait à l'âme, elle me fit peine, je lui dis : *Eh bien ! Madame, jetez cette lettre au feu, je ne serais plus assez puissant pour faire condamner votre mari.* Elle brûla la lettre, et me parut bien heureuse, son mari est depuis tranquille, deux heures plus tard il était perdu. Tu vois donc que j'aime les femmes bonnes, naïves et douces ; mais c'est que celles-là seules te ressemblent.

« 6 novembre 1806, à neuf heures du soir. »

Quant à ce grand échafaudage de police et d'espionnage dont parlait le mauvais livre que nous venons de parcourir, échafaudage qui a fait tant de bruit dans le monde à la même époque, quel État du continent peut se vanter d'en avoir eu moins que le gouvernement français ? Et cependant quel terrain pouvait en demander plus que la France ! Quelles circonstances le commandaient plus impérieusement ! Tous les pamphlets de l'Europe se sont dirigés sur ce point, pour rendre odieux chez autrui ce qu'ils cherchaient par là à cacher d'autant plus chez eux. Toutefois, ces mesures, si nécessaires en principe, avilissantes sans doute dans leurs détails, n'ont jamais été traitées que fort en grand par l'Empereur, et toujours d'après sa maxime constante, qu'il n'y a que ce qui est indispensable qui doive être fait. Je l'ai souvent entendu, au Conseil d'État, se faire rendre compte de ces objets, les traiter avec une sollicitude particulière, les corriger, chercher à en prévenir les inconvénients, créer des commissions de son conseil pour aller visiter les prisons, et lui faire des rapports directs. Employé moi-même dans une mission de cette nature, j'ai pu me convaincre, en effet, de tous les abus, de toutes les vexations des subalternes, mais aussi de toute l'inclination et de l'extrême désir du souverain de les réprimer.

L'Empereur voulut même, disait-il, chercher à relever, aux yeux des peuples, cette branche d'administration que flétrissaient en quelque sorte les préjugés et l'opinion, en la confiant à quelqu'un dont le caractère et la moralité seraient sans reproches. Il fit appeler, en 1810, à Fontainebleau, un de ses conseillers d'État. Celui-ci avait été émigré, ou à peu près. Sa famille, sa première éducation, ses premières opinions, tout eût pu le rendre suspect à quelqu'un de plus défiant que l'Empereur. Dans le cours de la conversation, il lui demanda : « Si le comte de Lille se découvrait maintenant à Paris, et que vous fussiez chargé de la police, le feriez-vous arrêter ? – Oui, sans doute, répondit le conseiller d'État, parce qu'il aurait rompu son ban, et qu'il y serait en opposition à toutes les lois existantes. » Et l'Empereur continuant à poser des questions auxquelles il fut répondu à sa satisfaction, il termina en disant : « Eh bien, retournez à Paris, je vous y fais mon préfet de police. »

Quant au secret des lettres sous le gouvernement de Napoléon, quoi qu'on en ait dit dans le public, on en lisait très peu à la poste, assurait l'Empereur : celles qu'on rendait aux particuliers, ouvertes ou recachetées, n'avaient pas été lues la plupart du temps ; jamais on n'en eût fini. Ce moyen était employé bien plus pour prévenir les correspondances dangereuses que pour les découvrir. Les lettres réellement lues n'en conservaient aucune trace ; les précautions étaient des plus complètes. Il existait depuis Louis XIV, disait l'Empereur, un bureau de *police politique* pour découvrir les relations avec l'étranger. Depuis ce souverain, les mêmes familles en étaient demeurées en possession ; les individus et leurs fonctions étaient inconnus ; c'était un véritable emploi. Leur éducation s'était achevée à grand frais dans les diverses capitales de l'Europe ; ils avaient leur morale particulière, et se prêtaient avec répugnance à l'examen des lettres de l'intérieur : c'était pourtant eux qui l'exerçaient. Dès que quelqu'un se trouvait couché sur la liste de cette importante surveillance, ses armes, son cachet étaient aussitôt gravés par le bureau, si bien que ses lettres, après avoir été lues, parvenaient néanmoins intactes, et sans aucun indice de soupçon, à leur adresse. Ces circonstances, les graves inconvénients qu'elles pouvaient amener, les grands résultats qu'elles pouvaient produire, faisaient la principale importance du directeur général des postes, et commandaient dans sa personne beaucoup de prudence, de sagesse et de sagacité.

L'Empereur a donné à ce sujet de grandes louanges à M. Lavalette ; il n'était nullement partisan, du reste, de cette mesure, disait-il ; car, quant aux lumières diplomatiques qu'elle pouvait procurer, il ne pensait pas qu'elles pussent répondre aux dépenses qu'elles occasionnaient : ce bureau coûtait six cent mille francs. Et quant à la surveillance exercée sur les lettres des citoyens, il croyait qu'elle pouvait causer plus de mal que de bien. « Rarement, disait-il, les conspirations se traitent par cette voie ; et quant aux opinions individuelles obtenues par les correspondances épistolaires, elles peuvent devenir plus funestes qu'utiles au prince, surtout avec notre caractère. De qui ne nous plaignons-nous pas avec notre expansion et notre mobilité nationales ? Tel que j'aurai maltraité à mon lever, observait-il, écrira dans le jour que je suis un tyran : il m'aura comblé de louanges la veille, et le lendemain, peut-être, il sera prêt à donner sa vie pour moi. La violation du secret des lettres peut donc faire perdre au prince ses meilleurs amis, en lui inspirant à tort de la méfiance et des préventions ; d'autant plus que les ennemis capables d'être dangereux sont toujours assez rusés pour ne pas s'exposer à ce danger. Il est tel de mes ministres dont je n'ai jamais pu surprendre une lettre. »

Je crois avoir déjà dit qu'au retour de l'île d'Elbe, on a trouvé aux Tuileries une foule de pétitions et de pièces où Napoléon se trouvait fort indécemment mentionné : il les fit brûler. « Elles eussent formé un recueil bien abject, disait l'Empereur. J'eus un moment l'idée d'en insérer quelques-unes dans le *Moniteur* ; elles auraient dégradé quelques individus, mais n'eussent rien appris sur le cœur humain : les hommes sont toujours les mêmes ! »

L'Empereur, du reste, était loin de connaître tout ce que la police exécutait en son nom sur les écrits et sur les individus : il n'en avait ni le temps ni les moyens. Aussi tous les jours apprend-il de nous, ou par des pamphlets qui lui tombent sous la main, des arrestations d'individus ou des suppressions d'ouvrages qui sont tout à fait neuves pour lui.

En parlant des ouvrages cartonnés ou défendus par la police, sous son règne, l'Empereur disait que n'ayant rien à faire à l'île d'Elbe, il s'y était amusé à parcourir quelques-uns de ces ouvrages, et souvent il ne concevait pas les motifs que la police avait eus dans la plupart des prohibitions qu'elle avait ordonnées.

De là il est passé à discuter la liberté ou la limitation de la presse. C'est, selon lui, une question interminable et qui n'admet point de demi-mesure. Ce n'est pas le principe en lui-même, dit-il, qui apporte la grande difficulté, mais bien les circonstances sur lesquelles on aura à faire l'application de ce principe pris dans le sens abstrait. L'Empereur serait même par nature, disait-il, pour la liberté illimitée.

C'est sous ce même point de vue, et avec les mêmes raisonnements, que je l'ai vu constamment traiter ici toutes les grandes questions ; aussi Napoléon a-t-il vraiment été et doit-il demeurer, avec le temps, le type, l'étendard et le prince des idées libérales : elles sont dans son cœur, dans ses principes, dans sa logique. Si parfois ses actions semblent s'en être écartées, c'est que les circonstances l'ont impérieusement maîtrisé. En voici une preuve que j'acquis dans le temps, et que je n'appréciais pas alors autant qu'aujourd'hui.

Causant à l'écart dans un de ces cercles du soir aux Tuileries, avec trois ou quatre personnes de la cour groupées autour de lui, ainsi que cela arrivait souvent, il termina une grande question politique par ces paroles remarquables : « Car, moi aussi, je suis foncièrement et naturellement pour un gouvernement fixe et *modéré*. » Et comme la figure d'un des interlocuteurs lui exprimait quelque surprise : « Vous ne le croyez pas, continua-t-il ; pourquoi ? Est-ce parce que ma marche ne semble point d'accord avec mes paroles ? Mais, mon cher, que vous connaîtriez peu les choses et les hommes ! la nécessité du moment n'est-elle donc rien à vos yeux ? Je n'aurais qu'à relâcher les rênes, et vous verriez un beau tapage ; ni vous ni moi ne coucherions peut-être pas après-demain aux Tuileries. »

MERCREDI 20 AU SAMEDI 23.

> *Première tournée de l'Empereur à cheval.*
> *Dureté des instructions ministérielles à son égard.*
> *Nos peines, nos plaintes. Paroles de l'Empereur.*
> *Réponses brutales.*

L'Empereur est monté à cheval après déjeuner. Nous avons pris le chemin de la ferme ; nous avons rencontré le fermier dans le jardin de la compagnie ; nous nous en sommes fait suivre. Nous avons parcouru tout le terrain avec lui ; l'Empereur lui faisant une foule de questions sur tous les détails de sa ferme, ainsi qu'il le faisait, me disait-il, dans ses chasses aux environs de Versailles, où il discutait avec les fermiers les idées du Conseil d'État, pour venir reproduire ensuite à ce même Conseil d'État les objections des fermiers. Nous avons longé le terrain de Longwood le long de la vallée, jusqu'à ce que les chevaux n'ayant plus de passage, nous nous sommes vus contraints de rétrograder. Nous avons alors traversé le vallon, gagné le plateau du camp, couru jusqu'à la montagne des Signaux, et prolongeant sa crête, nous sommes venus, en dehors du camp, par la maison des Signaux, jusqu'au chemin qui conduit de Longwood chez Mme Bertrand. L'Empereur voulait d'abord aller jusque chez elle, mais à mi-chemin il s'est ravisé, et nous sommes rentrés à Longwood.

Les instructions des ministres anglais, à l'égard de l'Empereur à Sainte-Hélène, avaient été dictées avec cette dureté et ce scandale qui ont présidé en Europe à leur violation solennelle du droit des gens. Un officier anglais devait être constamment à la table de l'Empereur ; mesure barbare qui nous eût privés de la douceur de nous trouver en famille : on ne s'en abstint que parce que l'Empereur n'eût jamais mangé que dans sa chambre. Peut-être se repentait-il, et j'ai de bonnes raisons de le croire, de n'en avoir pas agi ainsi à bord du *Northumberland*.

Un officier anglais devait sans cesse accompagner l'Empereur à cheval ; gêne cruelle qui tendait à ne pas lui permettre un moment de distraction dans sa malheureuse situation. On y renonça, du moins pour l'intérieur de certaines limites qu'on nous fixa à cet effet, parce que l'Empereur avait déclaré qu'autrement il ne monterait jamais à cheval.

Dans notre triste situation, chaque jour venait ajouter quelque chose à nos contrariétés ; c'était sans cesse une piqûre nouvelle, d'autant plus cruelle que le mal s'établissait pour un long avenir.

Ulcérés comme il était permis de l'être, nous étions sensibles à tout ; et trop souvent les motifs qu'on nous donnait prenaient encore les couleurs de l'ironie. Ainsi des sentinelles étaient mises, à la nuit, sous les fenêtres de l'Empereur et jusqu'à nos portes ; c'était, nous disait-on, pour notre propre sûreté. On gênait la libre communication avec les habitants,

on nous mettait au secret, et l'on répondait que c'était pour
que l'Empereur ne fût point importuné. Les consignes, les
ordres, variaient sans cesse ; nous vivions dans la perplexité,
dans l'hésitation, dans la crainte d'être exposés à chaque pas
à quelque affront imprévu. L'Empereur, qui ressentait vivement toutes ces choses, prit le parti d'en faire écrire à l'amiral
par M. de Montholon. Il parlait avec chaleur, et accompagnait
ses paroles d'observations dignes de remarque. « Que l'amiral ne s'attende pas, disait-il, que je traite aucun de ces objets
avec lui. S'il venait demain, malgré mon juste ressentiment,
il me trouverait le visage aussi riant et la conversation aussi
insignifiante que de coutume ; non qu'il y eût de la dissimulation de ma part, ce ne serait que le fruit de mon expérience.
Je me souviens encore de lord Whitworth qui remplit
l'Europe d'une longue conversation avec moi dont à peine
quelques mots étaient vrais. Toutefois ce fut alors ma faute :
elle fut assez forte pour m'apprendre à n'y plus revenir.
Aujourd'hui l'Empereur a gouverné trop longtemps pour ne
pas savoir qu'il ne doit point se commettre à la discrétion de
quelqu'un, auquel il donnerait le droit de dire à faux : *l'Empereur m'a dit cela* ; car l'Empereur n'aurait pas même la ressource d'affirmer que non. Un témoignage en vaut un autre ;
il faut donc de nécessité qu'il emploie quelqu'un qui puisse
dire au narrateur qu'il ment dans ce qu'il lui fait dire, et qu'il
est prêt à lui rendre raison de son expression, ce que l'Empereur ne saurait faire. »

La lettre de M. de Montholon était vive, la réponse fut
injurieuse et brutale : *On ne connaissait pas telle chose à
Sainte-Hélène qu'un Empereur ; la justice et la modération
du gouvernement anglais à notre égard seraient l'admiration
des âges futurs*, etc., etc. Le docteur O'Méara fut chargé
d'accompagner cette réponse écrite d'additions verbales les
plus révoltantes ; de demander, par exemple, si l'Empereur
désirait que l'amiral lui envoyât des libelles et des lettres
anonymes, atroces, qu'il avait reçus à son adresse, etc.

Je travaillais avec l'Empereur quand on lui rendit compte
de cette réponse. Je ne pus cacher l'étonnement et l'indignation que me causaient certaines expressions. Toutefois la philosophie seule devait nous tenir lieu de ressentiment : il fallait
bien se dire que toute satisfaction était hors de notre pouvoir ;
car, adresser une plainte directe au prince régent, c'eût été

ménager peut-être une jouissance à ce prince, et à celui qui nous offensait un titre méritoire ; et puis d'ailleurs il ne pouvait exister de plaintes de l'Empereur adressées à qui que ce fût sur la terre ; il n'était plus pour lui, à cet égard, d'autre tribunal que Dieu, les nations et la postérité.

Le 23, la frégate la *Doris* est arrivée du Cap : elle apportait sept chevaux qui y avaient été achetés pour l'Empereur.

DIMANCHE 24.

> *Mépris de l'Empereur pour la popularité ; ses motifs,*
> *ses arguments, etc. Sur ma femme. La mère et la sœur*
> *du général Gourgaud.*

L'Empereur lisait quelque chose où on le faisait parler avec trop de bonté ; il s'est récrié sur l'erreur de l'écrivain : « Comment a-t-on pu me faire dire cela ? C'est trop tendre, trop doucereux pour moi ; on sait bien que je ne le suis pas. – Sire, disais-je, on a eu une bonne intention ; la chose est innocente en elle-même, et a pu produire un bon résultat au-dehors. Cette réputation de bonté, que vous semblez vouloir dédaigner, eût pu avoir un poids immense sur l'opinion ; elle eût prévenu du moins les couleurs dont un système en Europe a faussement peint Votre Majesté aux yeux des peuples. Votre cœur, que je connais à présent, est certainement aussi bon que celui de Henri IV, que je n'ai pas connu ; eh bien ! sa bonté est encore proverbiale ; il est demeuré une idole, et je soupçonne que Henri IV était un tant soit peu charlatan ; pourquoi Votre Majesté a-t-elle dédaigné de l'être ? Elle montre trop d'horreur pour cette espèce de moyen. Après tout, c'est le charlatanisme qui gouverne le monde ; heureux toutefois quand il n'est qu'innocent ! »

L'Empereur s'est mis à rire de ce qu'il appelait mon verbiage. « Mon cher, qu'est-ce que la popularité, la débonnaireté ? disait-il. Qui fut plus populaire, plus débonnaire que le malheureux Louis XVI ? Pourtant quelle a été sa destinée ? Il a péri ! C'est qu'il faut servir dignement le peuple, et ne pas s'occuper de lui plaire : la belle manière de le gagner, c'est de lui faire du bien ; rien n'est plus dangereux que de le flatter : s'il n'a pas ensuite tout ce qu'il veut, il s'irrite et pense qu'on lui a manqué de parole ; et si alors on lui résiste, il hait d'autant plus qu'il se dit trompé. Le premier devoir du prince, sans doute, est de faire ce que veut le peuple ; mais ce que veut le peuple n'est presque jamais ce qu'il dit : sa volonté, ses besoins, doivent se trouver moins dans sa bouche que dans le cœur du prince.

« Tout système peut sans doute se soutenir ; celui de la débonnaireté comme celui de la sévérité ; chacun a ses avantages et ses inconvénients : tout se balance dans ce bas monde. Que si vous me demandez à quoi ont pu me servir mes expressions et mes formes sévères, je répondrai : "A m'épargner de faire ce dont je menaçais." Quel mal après tout, ai-je fait ? Quel sang ai-je versé ? Qui peut se vanter, dans les circonstances où je me suis trouvé, qu'il eût fait mieux ? Quelle époque de l'histoire, semblable à mes difficultés, offre mes innocents résultats ? Car, que me reproche-t-on ? On a saisi les archives de mon administration, on est demeuré maître de mes papiers, qu'a-t-on eu à mettre au grand jour ? Tous les souverains, dans ma position, au milieu des factions, des troubles, des conspirations, ne sont-ils pas entourés de meurtres et d'exécutions ? Voyez pourtant quel a été avec moi le calme subit de la France ! Cette marche vous étonne, continua-t-il en riant, vous qui parfois montrez la douceur et la *naïveté* d'un enfant ? »

Et me voilà, dans ma propre défense, soutenant vivement à mon tour que tous les systèmes pouvaient avoir leur avantage. « Tout homme, convenais-je, doit se créer sans doute un caractère par l'éducation ; mais il faut qu'il en pose les bases sur celui que lui a donné la nature ; autrement il court le risque de perdre les avantages de celui-ci, sans obtenir ceux du caractère qu'il voudrait se donner ; ce pourrait n'être plus qu'un instrument qui fausserait sans cesse. Le cours de la vie de chacun doit être, après tout, le résultat évident, le vrai jugement de son caractère. Or, de quoi pourrais-je avoir à me plaindre ? Du dernier degré de la misère ? Je me suis relevé seul à une assez belle aisance, et du pavé de Londres, je suis parvenu aux marches de votre trône, aux sièges de votre conseil ; le tout sans que j'aie à être embarrassé, devant qui que ce soit, d'aucune parole, d'aucun écrit, d'aucune démarche. N'est-ce pas aussi avoir produit en petit mes petites merveilles ? Et qu'aurais-je donc pu faire de mieux avec un autre tour donné à mon caractère ? »

On est venu interrompre la conversation, pour dire à l'Empereur que l'amiral et des dames venues par la *Doris* sollicitaient la faveur d'être présentés. L'Empereur a répondu sèchement qu'il ne voyait personne, qu'on le laissât tranquille.

Au point où nous en étions, la politesse personnelle de l'amiral était une injure de plus, et quant à ceux qui le suivaient, comme on ne pouvait venir à nous qu'avec la permission de l'amiral, l'Empereur ne pouvait accorder qu'on fît ainsi les honneurs de sa personne : s'il était au secret, il fallait qu'on le signifiât ; s'il n'y était pas, il devait voir qui bon lui semblait sans l'intervention de personne. Il ne fallait pas surtout qu'on se targuât en Europe de l'entourer de toutes sortes d'égards et de respects, quand on ne l'abreuvait que d'inconvenances et de caprices.

L'Empereur est sorti à cinq heures et s'est promené dans le jardin. Le général-colonel du 53ᵉ régiment est venu l'y trouver, et lui a demandé la permission de lui présenter, le lendemain, son corps d'officiers ; l'Empereur l'a accepté pour trois heures.

Demeurés seuls nous deux, l'Empereur a prolongé sa promenade ; il s'est arrêté devant une des plates-bandes à considérer une fleur, et m'a demandé si ce n'était pas là un lis ; c'en était un magnifique . . . .

Après le dîner, durant notre reversi accoutumé, dont l'Empereur commençait du reste à se fatiguer :

– Où croyez-vous, m'a-t-il dit tout à coup, que soit en ce moment Mme de Las Cases ?

– Hélas ! sire, lui ai-je répondu, Dieu le sait !

– Elle est à Paris, a-t-il continué, c'est aujourd'hui mardi, il est neuf heures, elle est à l'Opéra.

– Non, sire, elle est trop bonne femme pour être au spectacle quand je suis ici.

– Voilà bien les maris, disait l'Empereur en riant, toujours confiants et crédules !

Puis passant au général Gourgaud, il l'a plaisanté de même sur sa mère et sa sœur [1]. Celui-ci, s'en attristant beaucoup,

---

1. Le général Gourgaud avait pour sa mère et sa sœur une tendresse extrême ; il en était aimé de même. Ses soins pour elles allaient au point de leur peindre, dans ses lettres, Sainte-Hélène comme un lieu de délices, afin

et ses yeux se mouillant, l'Empereur le regardant de côté, disait d'une manière charmante : « N'est-ce pas bien méchant à moi, bien barbare, bien tyran, de toucher ainsi des cordes si tendres ? »

L'Empereur me demandait ensuite combien j'avais d'enfants ; quand et comment j'avais connu Mme de Las Cases. Je lui répondais que Mme de Las Cases était ma première connaissance dans la vie ; que notre mariage était un nœud que nous avions lié nous-mêmes dans notre enfance, et que pourtant il avait fallu la plupart des événements de la Révolution pour pouvoir l'accomplir, etc.

LUNDI 25.

> *L'Empereur souvent blessé dans ses campagnes.*
> *Cosaques.* Jérusalem délivrée.

L'Empereur, qui n'avait pas été bien la veille, a continué d'être indisposé, et a fait prévenir qu'il ne pourrait pas recevoir les officiers du 53e ainsi qu'il l'avait fixé. Vers le milieu du jour il m'a fait appeler, et nous avons relu quelques chapitres de la campagne d'Italie. Je comparais celui de la bataille d'Arcole à un chant de *l'Iliade*.

Quelque temps avant l'heure du dîner, nous nous trouvions réunis autour de lui dans sa chambre ; on est venu nous dire que nous étions servis ; il nous a renvoyés ; je sortais le dernier, il m'a retenu. « Restez, m'a-t-il dit, nous dînerons ensemble ; nous sommes les vieux, laissons aller les jeunes ; nous nous tiendrons compagnie. » Puis il a voulu s'habiller, « ayant l'intention, disait-il, de passer dans le salon après son dîner ».

En faisant sa toilette, il passait sa main sur sa cuisse gauche, où se voyait un trou considérable ; il y enfonçait le doigt en me le montrant significativement, et voyant que j'ignorais ce que ce pouvait être, il m'a dit que c'était le coup de baïonnette qui avait failli lui coûter la cuisse au siège de Toulon. Marchand, qui l'habillait, s'est permis d'observer

---

de les tranquilliser sur son compte : c'étaient des forêts d'orangers, de citronniers, un printemps perpétuel, en un mot tout à fait du roman. Et les ministres anglais n'ont pas rougi, plus tard, de faire tourner contre lui ces innocentes supercheries de sa sollicitude filiale !!! *(Las Cases.)*

qu'on le savait bien à bord du *Northumberland* ; qu'un des hommes de l'équipage lui avait dit, lorsqu'on y arriva, que c'était un Anglais qui, le premier, avait blessé notre Empereur.

L'Empereur, prenant alors ce sujet, disait qu'on avait généralement admiré et prôné le rare bonheur qui le tenait comme invulnérable au milieu de tant de batailles. « Et l'on était dans l'erreur, ajoutait-il, seulement j'avais toujours fait mystère de tous mes dangers. » Et il a raconté qu'il avait eu trois chevaux tués sous lui au siège de Toulon ; qu'il en avait eu plusieurs tués ou blessés dans ses campagnes d'Italie, trois ou quatre au siège de Saint-Jean-d'Acre. Qu'il avait été blessé maintes fois : qu'à la bataille de Ratisbonne, une balle lui avait frappé le talon ; qu'à celle d'Essling ou de Wagram, je ne saurais dire laquelle, un autre coup de feu lui avait déchiré la botte, le bas et la peau de la jambe gauche ; en 1814, il avait perdu un cheval et son chapeau à Arcis-sur-Aube, ou dans son voisinage ; et après le combat de Brienne, en rentrant le soir à son quartier général, triste et méditatif, il se trouva chargé inopinément par des Cosaques qui avaient passé sur les derrières de l'armée ; il en repoussa un de la main, et se vit contraint de tirer son épée pour sa défense personnelle ; plusieurs de ces Cosaques furent tués à ses côtés. « Mais ce qui donne un prix bien extraordinaire à cette circonstance, disait-il, c'est qu'elle se passa auprès d'un arbre que je considérais en cet instant, et que je reconnaissais pour être celui au pied duquel durant nos récréations, à l'âge de douze ans, je venais lire *la Jérusalem délivrée*[1]. » C'était donc là que Napoléon avait éprouvé sans doute les premières émotions de la gloire !

L'Empereur répétait qu'il avait été très souvent exposé dans ses batailles ; mais on le taisait toujours avec le plus grand soin. Il avait recommandé, une fois pour toutes, le silence le plus absolu sur toutes les circonstances de cette nature. « Quelle confusion, quel désordre n'eussent pas résulté du plus léger bruit, du plus petit doute touchant mon existence ! disait-il. A ma vie se rattachait le sort d'un grand empire, toute la politique et les destinées de l'Europe ! »

---

1. Poème épique du Tasse qui raconte la première croisade conduite par Godefroy de Bouillon en 1095.

Cette habitude, du reste, de tenir ces circonstances secrètes, faisait, ajoutait-il en ce moment, qu'il n'avait pas songé à les relater dans ses campagnes ; et puis elles étaient aujourd'hui presque hors de sa mémoire ; ce n'était plus guère, disait-il, que par hasard et dans le cours de ses conversations qu'elles pouvaient lui revenir, etc.

MARDI 26.

Ma conversation avec un Anglais.

L'Empereur a continué d'être indisposé.

Un des Anglais, dont la femme avait été refusée hier à la suite de l'amiral, est venu me rendre visite ce matin, dans l'intention d'essayer une nouvelle et dernière tentative pour parvenir à Napoléon. Cet Anglais parlait très bien le français, ayant demeuré en France pendant toute la guerre. C'était un de ceux connus dans le temps sous le nom de *détenus* ; un de ceux qui, venus en France comme voyageurs, s'y trouvèrent arrêtés par le Premier consul, lors de la rupture du traité d'Amiens, en représailles de ce que le gouvernement anglais avait, suivant sa coutume, saisi nos bâtiments marchands avant de nous déclarer la guerre. Cette circonstance causa une longue et vive discussion entre les deux gouvernements, et empêcha même, durant toute la guerre, un cartel d'échange. Les ministres anglais s'obstinèrent à ne vouloir pas regarder leurs compatriotes arrêtés comme des prisonniers, dans la crainte que ce ne fût une renonciation implicite à leur espèce de *droit de piraterie*. Toutefois, cette obstination de leur part valut une longue captivité à leurs compatriotes ; ils ont été retenus en France plus de dix ans : c'est l'absence du siège de Troie, aussi longue, aussi pénible, mais moins glorieuse.

Cet Anglais était beau-frère de l'amiral Burlton, qui venait de mourir, commandant la station de l'Inde. Cette circonstance pouvait lui donner quelques rapports directs avec les ministres, à son arrivée en Angleterre ; il pouvait avoir été choisi par l'amiral pour y rendre bien des choses qui nous concernent ; je n'ai donc pas refusé la conversation, je l'ai même prolongée. Elle a duré plus de deux heures, toute calculée de ma part sur ce qu'il pouvait redire à l'amiral, répéter au gouvernement ou dans les cercles en Angleterre. J'en fais grâce ; on n'y retrouverait que l'éternelle récapitulation de nos reproches et de nos griefs, la fastidieuse répétition de nos plaintes et de nos douleurs ; ce serait encore et toujours la violation des droits estimés les plus sacrés ; l'outrage fait à notre bonne foi ; l'arrogance, l'impudeur, les plus basses insultes du pouvoir, etc. J'ai particulièrement appuyé sur les mauvais traitements qu'on nous faisait éprouver ici ; sur le travers d'esprit de celui qui tenait ici nos chaînes. « Sa gloire, disais-je, n'est pas de nous soumettre, mais bien plutôt de nous satisfaire. Il devrait nous faire oublier à force d'égards toute la rigueur et les injustices de la politique. Recherche-rait-il la réprobation des hommes, lorsque sa bonne fortune le conduisait à mêler noblement son nom à celui de l'homme du temps, du héros de l'histoire ? Objecterait-il ses instructions ? Mais encore, dans nos mœurs européennes, l'honneur est là pour les interpréter convenablement, etc. »

Mon Anglais m'a écouté avec beaucoup d'attention ; il a montré même parfois un intérêt marqué, approuvant fort plu-sieurs de mes observations ; mais aura-t-il été sincère, et ne tiendra-t-il pas à Londres un langage tout à fait différent ?

Chaque fois qu'un bâtiment arrive de Sainte-Hélène en Angleterre, les papiers publics présentent aussitôt sur les cap-tifs de Longwood des relations infidèles, absurdes, qui doi-vent nécessairement les rendre ridicules à la masse du public. Comme nous nous en exprimions ici avec amertume, des Anglais honnêtes et distingués nous dirent : « Ne vous y méprenez pas, ces injures ne viennent pas sans doute de nos compatriotes qui vous visitent ici ; mais bien de nos ministres à Londres ; car aux excès et à la violence du pouvoir, l'admi-nistration qui nous gouverne aujourd'hui joint toute la peti-tesse des intrigues les plus basses et les plus viles. »

MERCREDI 27.

Sur l'émigration. Bienfaisance des Anglais.
Ressources des émigrés, etc.

L'Empereur se trouvant mieux est monté à cheval vers une heure, et au retour a reçu les officiers du 53e. Il a été pour eux tout à fait aimable et gracieux.

Après cette visite, l'Empereur, qui m'avait dit de demeurer

avec lui, s'est promené dans le jardin ; je lui ai rendu compte de ma conversation de la veille avec l'Anglais qui était venu me faire visite. De là ses questions se sont portées sur l'émigration, Londres et les Anglais.

Je lui disais que l'émigration n'aimait pas les Anglais, mais qu'il y avait peu d'émigrés qui ne se fussent attachés à quelque Anglais : que les Anglais n'aimaient point l'émigration, mais qu'il y avait peu de familles anglaises qui n'eussent adopté quelque Français. Ce devait être là toute la clef des sentiments et des rapports, souvent contradictoires, qu'on rencontre d'ordinaire sur cet objet. Quant au bien qu'ils nous avaient fait, surtout la classe moyenne, qui est celle qui caractérise toujours un peuple, il était au-delà de toute expression, et nous endette envers elle d'une véritable reconnaissance. Il est difficile d'énumérer les bienfaits particuliers, les institutions bienveillantes, les mesures charitables employées vis-à-vis de nous ; ce sont les particuliers qui, par leur exemple, ont amené le gouvernement à des secours réguliers ; et quand ceux-ci ont été établis, les autres n'ont point cessé.

L'Empereur me demandait si j'avais participé à ces secours. J'avais trouvé plus doux de ne rien devoir qu'à mon travail, et l'organisation sociale et industrielle de l'Angleterre était telle, qu'avec ce sentiment on était sûr de réussir.

« Mais n'avez-vous jamais aperçu l'occasion de faire fortune ? – Deux fois. Un évêque de Rodez, Colbert, Écossais de naissance, qui m'aimait beaucoup, me proposa de suivre son frère à la Jamaïque : il y allait chef du pouvoir exécutif, était un des planteurs les plus considérables ; il m'eût confié la gestion de ses biens, et m'eût fait avoir celle de ses amis ; l'évêque me garantissait en trois ans une véritable fortune. Je ne pus m'y résoudre, je préférai continuer une vie misérable, à m'éloigner des côtes de France.

« Une autre fois, des amis voulaient m'envoyer dans l'Inde ; j'y eusse été employé, protégé ; on me garantissait encore, en très peu de temps, une fortune considérable. Je ne voulus pas ; je me trouvais trop âgé, c'était trop loin, disais-je. Il y a vingt ans de cela, et je suis à Sainte-Hélène.

« Cependant il en était peu dont l'émigration, dans le principe, eût été plus dure, bien qu'il n'en fût pas de plus brillante vers sa fin. Je m'étais vu plus d'une fois à la veille de manquer littéralement de tout : pourtant je n'avais jamais été découragé ni même malheureux. J'avais trouvé le vrai trésor de la philosophie en me comparant au grand nombre de ceux qui, autour de moi, étaient plus malheureux encore, aux vieillards, aux femmes, à ceux qui, dépourvus d'une certaine instruction, de certaines facultés, n'apprendraient jamais une langue étrangère, ne sauraient jamais se créer aucun moyen. Moi, j'avais de la jeunesse, de l'ardeur, je me sentais capable de quelque chose, j'étais plein d'espérance ; je montrais ce que je ne savais pas, tout ce qu'on voulait ; j'apprenais la veille ce qu'on me demandait pour le lendemain. Plus tard, mon *Atlas historique* fut une idée heureuse qui m'ouvrit une mine d'or ; ce n'était pourtant alors qu'une véritable esquisse, mais, à Londres, tout s'encourage, tout se vend ; et puis le ciel bénit mes efforts ; débarqué à l'entrée de la Tamise, j'avais gagné Londres à pied, n'ayant que sept louis dans ma poche, sans connaissances, sans recommandations sur ces rives étrangères ; j'en sortis en poste, possédant deux mille cinq cents guinées, ayant fait des amis tendres pour lesquels j'aurais donné ma vie. »

« Mais moi, si j'avais émigré, disait l'Empereur, quel eût été mon sort, mon lot ? » Il parcourait alors inutilement diverses directions, et s'arrêtait constamment sur le militaire. « J'y aurais toujours bien fourni ma carrière, après tout, disait-il. – Cela n'est pas sûr, répondais-je, sire ; vous vous fussiez trouvé étouffé dans la foule. Arrivé à Coblentz ou dans tout corps français, vous eussiez été classé d'après le rang du tableau ; rien n'eût pu vous le faire franchir ; car nous étions stricts observateurs des formes, etc. »

L'Empereur me demandait ensuite quand et comment j'étais rentré.

« Après la paix d'Amiens, par le bienfait de votre amnistie ; encore m'étais-je glissé par contrebande dans une famille anglaise, pour atteindre Paris plus tôt. Dès que j'y fus arrivé, de peur de compromettre cette famille, j'allai moi-même faire ma déclaration à la police, qui me donna une carte que je devais faire viser toutes les semaines ou tous les mois ; je n'en fis rien, et il ne m'en arriva rien. J'étais décidé à me conduire sagement ; qu'avais-je à craindre ? disais-je. Cependant, une fois, je vis qu'il eût pu m'en coûter cher : c'était le moment le plus violent de la crise de Georges et Pichegru ; d'ordinaire je passais mes soirées dans des sociétés intimes dans ma propre maison, je ne sortais presque jamais ; mais ici, conduit par la fatalité, peut-être par le vif intérêt que je prenais à la chose du jour, je m'égarai un soir assez tard dans le faubourg Saint-Germain ; je manquai le passage du pont Louis-XVI, que je connaissais si bien, et allai déboucher sur le boulevard des Invalides, sans plus savoir où je me trouvais. Les postes étaient doublés partout et multipliés ; je demandai ma route à une sentinelle ; j'entendis distinctement son camarade, à quelques pas de là, lui demander pourquoi il ne m'arrêtait pas ; celui-ci répondit que je ne faisais aucun mal. Je gagnai mon gîte à pas redoublés, frémissant sur le danger que je venais de courir ; j'étais en contravention formelle vis-à-vis de la police ; mon émigration, mon nom, mes habitudes, mes opinions me classaient parmi les mécontents ; tous les renseignements qu'on eût pris m'eussent été défavorables, je n'aurais pu me réclamer de personne ; on eût trouvé dans ma poche, et c'est ce qui me frappait davantage, cinq guinées : bien que je fusse en France depuis plus de deux ans, c'étaient les dernières que m'avait values mon travail ; je les portais toujours, je les ai ici ; leur vue était pour moi une espèce de bonheur, elles me rappelaient un temps pénible qui n'était plus. Or, que ne pouvait-il, que ne devait-il pas arriver par le concours de toutes ces circonstances ? J'aurais eu beau nier, affirmer, personne ne m'eût cru ; j'eusse beaucoup souffert sans doute, et pourtant je n'étais nullement coupable. Voilà cependant la justice des hommes ! Toutefois, je ne me mis pas plus en règle vis-à-vis de la police, et il ne m'arriva jamais rien.

« Lorsque je fus présenté à la cour de Votre Majesté, les émigrés, qui étaient dans le même cas que moi, firent lever leur surveillance, qui était de dix ans ; moi, je me promis bien de laisser finir la mienne de sa belle mort. Invité, au nom de Votre Majesté, à une fête qu'elle donnait à Fontainebleau, je trouvai plaisant d'aller à la police demander un passeport. On convint qu'il m'était régulièrement nécessaire ; mais on me le refusa, pour ne pas rendre, dit-on, l'administration ridicule. Plus tard, devenu chambellan de Votre Majesté, j'eus à faire un voyage privé ; et pour cette fois ils m'affranchirent pour toujours et en riant de toute formalité future.

« Au retour de Votre Majesté, en 1815, voulant rendre

service à quelques émigrés qui étaient revenus avec le roi, j'allai pour eux à la police. J'étais un conseiller d'État, tous les registres me furent ouverts. Après l'article de mes amis, je fus curieux de connaître le mien ; j'appris que j'y étais noté comme grand courtisan de M. le comte d'Artois, à Londres. Je ne pus m'empêcher de réfléchir sur ce que pouvaient amener la différence des temps et la bizarrerie des révolutions. Du reste, ma note était tout à fait inexacte ; j'allais bien, il est vrai, chez M. le comte d'Artois, mais de mois en mois tout au plus, peut-être ; pour en être courtisan, avec la meilleure volonté, je ne l'aurais pas pu ; j'avais à pourvoir à ma subsistance de chaque jour ; j'avais la fierté de vouloir vivre de mes occupations, le temps m'était précieux. » J'amusais beaucoup l'Empereur par mon récit, et je trouvais un grand charme à le lui faire.

Aujourd'hui, la frégate la *Doris* a fait voile pour l'Europe.

JEUDI 28.

La famille de Briars est venue dans l'espoir de voir l'Empereur ; mais il s'est trouvé incommodé de nouveau. Sa santé s'altère ; cet endroit lui est visiblement contraire. Il m'a fait appeler à trois heures ; il avait eu un léger accès de fièvre, il se trouvait mieux. Il m'a beaucoup parlé de ses dispositions domestiques intérieures, qui parfois laissaient venir jusqu'à lui quelques tracasseries. Ensuite il a fait sa toilette pour essayer de se promener. Je l'ai décidé à remettre son gilet de flanelle, que, dans ce lieu de température humide et inconstante, il avait imprudemment mis de côté.

Nous sommes allés nous promener au jardin ; la conversation continuait toujours sur le même sujet que ci-dessus. L'Empereur, marchant à l'aventure, a gagné les arbres à gomme qui prolongent le parc, causant de notre situation locale, de nos rapports avec les autorités, formant des conjectures sur les événements politiques de l'Europe, etc. La pluie est venue nous surprendre, et nous a forcés à nous abriter sous un arbre. Le grand-maréchal et M. de Montholon sont venus nous rejoindre. Au retour, l'Empereur m'a dit de le suivre, et s'est mis à jouer au piquet dans le salon avec Mme de Montholon. Il faisait fort humide, l'Empereur a désiré du feu ; à peine allumé, la fumée nous a chassés, il a fallu nous réfugier dans la chambre même de l'Empereur, où la partie a continué. Bientôt il n'a plus fait que tenir les cartes ; sa conversation était devenue tout à fait des plus intéressantes : il nous racontait des anecdotes de son plus petit intérieur, confirmant, redressant ou détruisant celles que Mme de Montholon ou moi lui disions avoir circulé dans le monde ; rien n'était plus piquant, c'était une conversation toute confidentielle ; aussi fut-ce un vrai chagrin pour nous d'entendre annoncer à l'Empereur qu'il était servi.

VENDREDI 29.

> *Excursion difficile. Premier essai de notre vallée.*
> *Marais perfide. Moments caractéristiques.*
> *Anglais désabusés. Poison de Mithridate.*

Il est un endroit de notre enclos d'où l'on voit au loin la partie de la mer où apparaissent les vaisseaux qui arrivent ; là est un arbre au pied duquel on peut la considérer à son aise. J'étais dans l'habitude, depuis quelques jours, d'y aller dans mes moments d'oisiveté pour voir arriver, me disais-je, le vaisseau qui doit terminer notre exil. Le célèbre Munich est demeuré vingt ans au fond de la Sibérie, buvant chaque jour à son retour à Saint-Pétersbourg, avant de voir arriver cet instant désiré. J'aurai son courage ; mais j'espère n'avoir pas besoin de sa patience.

Depuis quelques jours des bâtiments se succédaient ; de très bon matin on en avait aperçu trois, dont j'en jugeai deux bâtiments de guerre. En revenant on me dit que l'Empereur était déjà levé ; j'allai le trouver dans le jardin pour lui faire part de ma découverte. Il voulut déjeuner, il me dit de le suivre à cheval. Nous longeâmes, en dehors de Longwood, tous les arbres à gomme, et essayâmes, à l'extrémité, de descendre dans une vallée très rapide et profondément sillonnée : c'étaient des sables, des cailloux, presque mouvants, parsemés de ronces marines ; nous fûmes obligés de descendre de cheval. L'Empereur ordonna au général Gourgaud de prendre par un autre côté avec les chevaux et les deux piqueurs qui formaient notre suite ; il s'obstina à continuer, de sa personne, au milieu des difficultés où nous nous trouvions. Je lui donnais le bras ; nous descendions et regrimpions avec peine tous les ravins ; il regrettait la légèreté de sa jeunesse ; me reprochait d'être plus leste que lui : il y trouvait plus de différence que le peu d'âge qui nous sépare. C'est, disais-je, que je rajeunissais pour le servir. Chemin faisant, il remarquait que ceux qui pourraient nous considérer en ce moment reconnaîtraient sans peine l'inquiétude et l'impatience françaises. « Au fait, disait-il, il n'y a que des Français auxquels il puisse venir dans l'idée de faire ce que nous faisons en cet instant. » Nous arrivâmes enfin tout haletants au bas de la vallée. Ce que nous avions pris de loin pour un chemin tracé n'était qu'un petit ruisseau d'un pied et demi de large. Nous voulûmes le traverser en attendant nos chevaux ; mais les bords de ce petit ruisseau étaient perfides, ils semblaient d'une terre sèche qui nous supporta d'abord ; mais bientôt nous nous sentîmes enfoncer subitement, comme si nous eussions été sur de la glace qui se fût brisée, nous étions menacés de disparaître. J'en avais déjà presque au-dessus du genou, quand un effort m'en a fait sortir ; je me suis retourné pour donner la main à l'Empereur, il était enfoncé des deux jambes, ses mains à terre, s'efforçant de se dégager. Ce n'est pas sans peine ni sans boue que nous avons retrouvé la terre ferme ; moi ne pouvant m'empêcher de m'écrier : *Marais d'Arcole ! Marais d'Arcole !* Nous les avions travaillés quelques jours auparavant ; Napoléon avait failli y demeurer. Pour lui, il répétait en considérant ses vêtements : « Mon cher, voici une sale aventure. » Et puis il disait : « Si nous avions disparu ici, qu'eût-on dit en Europe ? Les cafards prouveraient, sans nul doute, que nous avons été engloutis pour tous nos crimes. »

Les chevaux nous ayant enfin rejoints, nous avons continué, forçant des haies, escaladant des murs, et avons remonté à grande peine toute la vallée qui sépare Longwood du pic de Diane. Nous sommes rentrés par le côté de Mme Bertrand ; il était trois heures. On est venu nous dire que les bâtiments aperçus ce matin étaient un brick et un transport venus d'Angleterre, et un Américain.

Sur les sept heures, l'Empereur m'a fait demander ; il était avec le grand-maréchal, qui lui lisait les papiers-nouvelles depuis le 9 jusqu'au 16 octobre ; cela ne finissait pas ; il était neuf heures. L'Empereur, étonné qu'il fût si tard, s'est levé brusquement, et impatienté qu'on ne lui donnât pas son dîner, a marché droit à la table, se plaignant qu'on l'eût fait attendre. On a eu la gaucherie de lui donner une raison fort ridicule ; cette inconvenance domestique l'a vivement choqué, puis il s'est choqué intérieurement encore de s'être montré si choqué ; aussi le dîner a-t-il été sombre et silencieux.

Revenu dans le salon pour le dessert, l'Empereur a cependant pris la parole sur les nouvelles que nous avaient apportées les gazettes ; les conditions de la paix, les forteresses livrées aux étrangers, la fermentation des grandes villes. Il a traité ces sujets en maître ; mais il s'est retiré de bonne heure, l'instant qui avait précédé le dîner lui demeurait visiblement sur le cœur.

Peu de temps après, il m'a fait demander, voulant continuer les papiers. Comme je me mettais en devoir de lire, il s'est rappelé l'état de mes yeux, et ne l'a plus voulu. J'insistai, disant que je parcourais vite, et que ce ne serait pas long ; mais il les a éloignés lui-même, ajoutant : « La nature ne se commande pas ; je vous le défends ; j'attendrai demain. » Il s'est mis à marcher, et bientôt ce qu'il avait dans le cœur en est sorti. Qu'il me semblait aimable dans ses reproches et ses plaintes ! Qu'il était homme et bon ; car ce qu'il disait était juste et vrai ! Mais c'étaient de ces moments précieux où la nature, prise sur le fait, montre à nu le fond du cœur et du caractère. Et je me disais en le quittant, ce que j'ai d'ailleurs si souvent l'occasion de me redire : « Bon Dieu, que l'Empereur a été mal connu dans le monde ! »

Au demeurant, on lui rend déjà ici plus de justice. Ces Anglais si acharnés, si excusables d'ailleurs par les fausses peintures dont on les a si constamment nourris, commencent à prendre une idée plus juste de son caractère ; ils avouent qu'ils sont étrangement détrompés chaque jour, et que Napoléon est bien différent de ce Bonaparte que les intérêts politiques et le mensonge leur avaient tracé sous des aspects si odieux. Tous ceux qui ont pu le voir, l'entendre et avoir affaire à lui, n'ont plus qu'une voix là-dessus ; il est échappé plus d'une fois à l'amiral, au travers de nos querelles avec lui, de se récrier que l'Empereur était sans contredit le meilleur naturel de toute la bande, le plus raisonnable, le plus juste, le plus facile ; et il disait vrai.

Une autre fois, un honnête Anglais, que nous voyions souvent, confessait à Napoléon, dans toute l'humilité de son âme, et en forme d'expiation, qu'il avait à se reprocher et qu'il était honteux d'avouer qu'il avait cru fermement toutes les abominations débitées sur son compte : ses étranglements, ses massacres, ses fureurs, ses brutalités ; enfin jusqu'aux difformités de sa personne et aux traits hideux de sa figure. « Après tout, ajoutait-il candidement, comment ne l'aurais-je pas cru ? Tous nos livres en étaient pleins, c'était dans toutes nos bouches ; pas une voix ne s'élevait pour le contredire. – Eh bien ! dit Napoléon en souriant, c'est à vos ministres pourtant que j'ai l'obligation de toutes ces gentillesses : ils ont inondé l'Europe de pamphlets et de libelles contre moi. Peut-être auraient-ils à dire pour excuse qu'ils ne faisaient que répondre à ce qu'ils recevaient de France même ; et ici, il faut être juste, ceux d'entre nous qu'on a vus danser sur les ruines de leur patrie ne s'en faisaient pas faute, et les tenaient abondamment pourvus.

« Quoi qu'il en soit, on me tourmenta souvent, au temps de ma puissance, pour que je fisse contrebattre ces menées ; je m'y refusai toujours. A quoi m'eût servi qu'on m'eût défendu ? On eût dit que j'avais payé, et cela ne m'eût que discrédité un peu davantage. Une victoire, un monument de plus ; voilà la meilleure, la véritable réponse, disais-je constamment. Le mensonge passe, la vérité reste. Les gens sages, la postérité surtout, ne jugent que sur des faits. Aussi qu'est-il arrivé ? Déjà le nuage se dissipe, la lumière perce, je gagne tous les jours ; bientôt il n'y aura rien de plus piquant en Europe que de me rendre justice. Ceux qui m'ont succédé tiennent les archives de mon administration, les archives de la police, les greffes des tribunaux ; ils ont à leur disposition, à leur solde, ceux qui eussent été les exécuteurs, les complices de mes atrocités et de mes crimes ; eh bien ! qu'ont-ils publié ? qu'ont-ils fait connaître ?

« Aussi, la première fureur passée, les gens d'esprit et de jugement me reviendront ; je ne conserverai pour ennemis que des sots ou des méchants. Je puis demeurer tranquille, je n'ai qu'à laisser faire, et la suite des événements, les débats des partis opposés, leurs productions adverses, feront luire chaque jour les matériaux les plus sûrs, les plus glorieux de mon histoire. Et à quoi ont abouti, après tout, les immenses sommes dépensées en libelles contre moi ? Bientôt il n'y en

aura plus de traces ; tandis que mes monuments et mes institutions me recommanderont à la postérité la plus reculée.

« Aujourd'hui, du reste, on ne saurait plus recommencer
ces torts envers moi ; la calomnie a épuisé tous ses venins
sur ma personne ; elle ne saurait plus me heurter ; elle n'est
plus pour moi que *le poison de Mithridate*[1]. »

SAMEDI 30.

> *L'Empereur laboure un sillon. Denier de la veuve.*
> *Entrevue avec l'amiral. Nouveaux arrangements.*
> *Le Polonais Piontkowski.*

L'Empereur m'avait fait appeler avant huit heures. Pendant
qu'il faisait sa toilette, je lui ai achevé les papiers commencés
la veille. Une fois habillé, il est sorti, a marché vers les
écuries, a demandé son cheval et est parti seul avec moi,
tandis qu'on préparait encore ceux de la suite. Nous nous
sommes promenés à l'aventure ; arrivés dans un champ qu'on
labourait, l'Empereur est descendu de son cheval, dont je me
suis emparé, a saisi la charrue, au grand étonnement de celui
qui la conduisait, et a tracé lui-même un sillon d'une longue
étendue ; le tout avec une rapidité singulière, et sans autres
paroles entre nous que de me dire en quittant de donner un
napoléon. Remonté à cheval, il a continué sans intention dans
le voisinage. Les piqueurs ont rejoint successivement.

Au retour, l'Empereur a voulu déjeuner sous un arbre dans
le jardin, et nous a retenus. Il nous avait dit durant sa course
qu'il venait de nous faire un petit cadeau, bien léger à la vérité,
disait-il, mais tout se mesure aux circonstances, et dans
celle-ci c'était pour lui, ajoutait-il, le *denier de la veuve*.
C'était un traitement mensuel qu'il venait d'arrêter pour chacun de nous. Or, ce traitement devait être prélevé sur une
somme assez peu forte que nous avions dérobée à la vigilance
anglaise, et cette somme demeurait ici l'unique et seule ressource de Napoléon. On sent combien elle devenait précieuse ;
aussi j'ai employé le premier instant où je me suis trouvé seul
avec lui, pour lui exprimer ma pensée à cet égard, et ma résolu-

---

1. Voir note 1, p. 155. Autrement dit : les injures et les calomnies ne me
touchent plus.

tion personnelle de ne pas profiter de son bienfait. Il en a beaucoup ri, et comme j'insistais toujours : « Eh bien ! m'a-t-il dit en me saisissant l'oreille, si vous n'en avez pas besoin, gardez-le-moi, je saurai où le retrouver quand il me le faudra. »

Après son déjeuner, l'Empereur est rentré dans son intérieur, et je l'ai suivi pour finir les papiers-nouvelles. Il y avait longtemps que je lisais ; M. de Montholon a fait demander à être introduit ; il venait de causer longuement avec l'amiral, qui désirait beaucoup voir l'Empereur. L'Empereur a interrompu ma traduction, s'est promené quelque temps comme s'il eût hésité ; puis, prenant son chapeau, il a gagné le salon pour y recevoir l'amiral. J'en ai eu une vive joie ; s'il était possible que notre état d'hostilité cessât, j'étais sûr que deux minutes de lui aplaniraient plus de difficultés que deux journées entières d'aucun de nous. En effet, j'ai compris que ses arguments, sa logique, sa bonhomie avaient tout entraîné. On m'a assuré que l'amiral était sorti enchanté. Pour l'Empereur, il était fort content ; il est loin de haïr l'amiral, il a même peut-être un faible pour lui. « Vous pouvez être un très habile homme de mer, doit-il lui avoir dit, mais vous n'entendez rien à notre situation. Nous ne vous demandons rien ; nous pouvons nous nourrir à l'écart de nos peines et de nos privations, nous suffire à nous-mêmes ; mais notre estime vaut bien qu'on s'en mette en peine. » L'amiral s'est rejeté sur ses instructions. « Mais ne sait-on pas, répliquait l'Empereur, l'espace immense qui existe entre la dictée des instructions et leur exécution ? Tel les ordonne de loin, qui s'y opposerait lui-même s'il devait les voir exécuter. Qui ne sait encore, continuait-il, qu'au moindre différend, à la moindre contrariété, au premier cri de l'opinion, les ministres désavouent des instructions, ou blâment vivement de ne les avoir pas mieux interprétées ? »

L'amiral a été à merveille ; l'Empereur n'a eu qu'à se louer de lui ; toutes les aspérités se sont émoussées, on s'est entendu sur tout. Ainsi il a été convenu que l'Empereur pourrait aller désormais dans l'île ; que l'officier que les instructions attachaient à sa personne n'exercerait qu'une surveillance lointaine, qui ne pourrait blesser les regards de l'Empereur ; que les visitants arriveraient à l'Empereur, non par la permission de l'amiral, qui était le surveillant de Longwood, mais par celle du grand-maréchal, qui en faisait les honneurs.

Ce jour, notre petite colonie s'est accrue d'un Polonais, le capitaine Piontkowski. Il était du nombre de ceux que nous avions laissés à Plymouth. Son dévouement pour l'Empereur, sa douleur d'en être séparé, avaient vaincu les Anglais et leur avaient arraché la permission de venir le rejoindre.

DIMANCHE 31.

Sous-gouverneur Skelton.

Le sous-gouverneur, colonel Skelton, et sa femme, qui s'étaient toujours montrés fort prévenants pour nous, sont venus présenter leurs hommages à l'Empereur, qui, après une bonne heure de conversation dont j'étais l'interprète, m'a fait traduire au colonel Skelton l'invitation de le suivre dans sa promenade à cheval ; le colonel a accepté avec joie. Nous nous sommes mis en route et avons parcouru la vallée qui nous sépare du pic de Diane, au grand étonnement du colonel, pour qui cette course était tout à fait nouvelle ; il la trouvait fatigante, et même en certains endroits n'hésitait pas à la prononcer dangereuse. L'Empereur l'a retenu à dîner ainsi que sa femme, et s'est montré fort aimable pour eux.

LUNDI 1er JANVIER 1816 AU MERCREDI 3.

Premier de l'an. Fusils de chasse, etc.
Famille du gouverneur Wilks.

Le premier jour de l'an, nous nous sommes tous réunis vers les dix heures du matin pour présenter nos hommages à l'Empereur, au sujet de la nouvelle année ; il nous a reçus quelques instants après ; nous avions bien plutôt à lui offrir des vœux que des félicitations. L'Empereur a voulu que nous déjeunassions et passassions tout ce jour ensemble en véritable famille, a-t-il dit, et il s'est arrêté sur notre situation ici. « Vous ne composez plus qu'une poignée au bout du monde, observait-il, et votre consolation doit être au moins de vous y aimer. » Nous l'avons tous accompagné dans le jardin, où il a été se promener pendant qu'on préparait le déjeuner. En cet instant on lui a apporté ses fusils de chasse, qui avaient été jusque-là retenus par l'amiral. Cet envoi n'était, du reste, de la part de l'amiral, qu'un procédé qui témoignait ses dispositions nouvelles ; ces fusils ne pouvaient être d'aucun autre agrément pour l'Empereur, la nature du terrain et le défaut de gibier ne lui permettant aucune illusion sur le divertissement de la chasse : il ne se trouvait parmi nos arbres à gomme que des tourterelles, que quelques coups de fusil de la part du général Gourgaud et de mon fils eurent bientôt détruites ou forcées à l'émigration.

Mais il était dit que les meilleures intentions de l'amiral, les plus bienveillantes, porteraient toujours quelques restrictions, quelques teintes de caprice propres à en détruire l'effet : avec les deux ou trois fusils de l'Empereur, il s'en trouvait deux ou trois autres à nous ; ils nous furent délivrés, mais avec la condition qu'ils seraient remis chaque soir dans la tente de l'officier de garde. On s'imagine bien qu'une pareille sujétion fit remercier sans hésitation l'offre d'une telle faveur, et ces fusils ne nous restèrent sans conditions qu'après quelques pourparlers. Cependant, qui étions-nous ? quelques malheureux isolés du reste de l'univers, entourés de sentinelles, gardés par tout un camp ! Et de quoi s'agissait-il ? de deux fusils de chasse. Je cite cette circonstance : elle est bien petite en elle-même ; mais elle est caractéristique, et peindra mieux que beaucoup d'autres choses la vérité de notre situation et la nature de nos peines.

Le 3, j'ai été déjeuner chez Mme Bertrand avec laquelle je devais aller dîner chez le gouverneur. La distance de *Plantation-House*, sa demeure, demande une heure et demie de voyage avec six bœufs ; un attelage de chevaux serait dangereux. On traverse ou on tourne cinq ou six gorges bordées de précipices de plusieurs centaines de pieds de profondeur ; on ôte quatre bœufs aux descentes trop rapides, et on les remet aux montées. Nous nous sommes arrêtés aux trois quarts de la route pour visiter une vieille bonne dame de quatre-vingt-trois ans, qui avait fait beaucoup de prévenances aux enfants de Mme Bertrand. Sa demeure était agréable ; il y avait seize ans qu'elle n'en était sortie, lorsque, apprenant l'arrivée de l'Empereur, elle se mit en route pour la ville, disant que, dût-il lui en coûter la vie, elle serait heureuse si elle parvenait à l'apercevoir ; elle avait eu le bonheur de réussir.

Plantation-House est le lieu le mieux situé et le plus agréable de l'île ; le château, le jardin et les dépendances rappellent les demeures, dans nos provinces, des familles de vingt-cinq à trente mille livres de rente. Cet endroit est bien soigné et tenu avec goût : enfermé dans l'enceinte de *Plantation-House*, on pourrait se croire en Europe, et ne pas soupçonner les lieux de désolation qui composent la plus grande partie du reste de l'île. Le maître de la maison, en ce moment le colonel Wilks, le gouverneur pour la compagnie que l'amiral était venu déplacer, est un homme du meilleur ton, fort agréable ; sa femme est bonne et aimable ; sa fille charmante.

Le gouverneur avait réuni une trentaine de personnes ; les manières, les expressions, les formes, tout y était européen. Nous y avons passé quelques heures qui ont été les seules d'oubli et de distraction que j'aie éprouvées depuis notre sortie de France. Le colonel Wilks me montrait une partialité et une bienveillance toutes particulières, nous en étions aux compliments et à la sympathie de deux auteurs qui s'encensent réciproquement. Nous avons fait échange de nos productions : il comblait M. Le Sage de choses flatteuses, et celles que je lui rendais étaient des plus sincères ; car son ouvrage renferme des points intéressants et nouveaux sur l'Hindoustan, qu'il a habité longtemps en mission diplomatique ; une douce philosophie, beaucoup d'instruction et un style fort pur, concourent à en faire un livre distingué. M. Wilks, dans ses opinions politiques, est, du reste, un homme très froid, qui juge avec calme et sans passion des affaires du moment, qui conserve les idées saines, les principes libéraux d'un Anglais sage et indépendant.

Au moment de nous mettre à table, à notre grande surprise, on nous a annoncé que l'Empereur venait de passer avec l'amiral presque à la porte de *Plantation-House*, et un des convives (M. Doveton de Sandy-Bay) nous dit alors avoir eu la bonne fortune de le posséder ce matin même chez lui pendant trois quarts d'heure.

JEUDI 4 AU LUNDI 8.

> *Vie de Longwood. Course à cheval de l'Empereur. Notre Nymphe. Sobriquets. Des îles, de leur défense. Grandes forteresses, Gibraltar. Culture et lois de l'île. Enthousiasme, etc.*

Quand je suis entré chez l'Empereur pour lui rendre compte de notre excursion de la veille, il m'a dit en me

saisissant l'oreille : « Eh bien ! vous m'avez abandonné hier ;
j'ai pourtant bien fini ma soirée. N'allez pas croire que je ne
saurais me passer de vous. » Paroles charmantes, que le ton
qui les accompagnait et la connaissance que j'avais de lui
désormais me rendaient délicieuses.

Tous les jours le temps a été beau, la température sèche,
la chaleur forte, mais tombant subitement, ainsi que de coutume, vers les cinq ou six heures du soir.

L'Empereur, depuis son arrivée à Longwood, avait interrompu ses dictées ordinaires : il passait son temps à lire dans
son intérieur, faisait sa toilette de trois à quatre heures et
sortait ensuite à cheval avec deux ou trois de nous autres.
Les matinées devaient lui paraître plus longues ; mais sa santé
s'en trouvait mieux. Nos courses étaient toujours dirigées
vers la vallée voisine, dont j'ai déjà parlé ; soit que nous la
remontassions en la prenant dans la partie inférieure et revenant par la maison du grand-maréchal ; soit au contraire que
nous commençassions par ce dernier côté, pour la parcourir
en descendant. Une fois même ou deux, nous la franchîmes
en écharpe, et traversâmes de la sorte d'autres vallées pareilles. Nous explorâmes ainsi le voisinage, et visitâmes le peu
d'habitations qui s'y trouvaient : toutes étaient pauvres et
misérables. Les chemins étaient parfois impraticables, il nous
fallait même de temps en temps descendre de cheval ; nous
avions à franchir des haies, à escalader des murs de pierre
qu'on rencontre fort souvent, mais rien ne nous arrêtait.

Dans ces courses habituelles, nous avions adopté depuis
quelques jours une station régulière dans le milieu de la
vallée ; là, entourée de roches sauvages, s'était montrée une
fleur inattendue : sous un humble toit nous avait apparu un
visage charmant de quinze à seize ans [1]. Nous l'avions surprise le premier jour dans son costume journalier ; il n'annonçait rien moins que l'aisance ; le lendemain nous retrouvâmes
la jeune personne avec une toilette fort soignée ; mais alors
notre jolie fleur des champs ne nous parut plus qu'une fleur
de parterre assez ordinaire. Toutefois, nous nous y arrêtions
chaque jour quelques minutes ; elle s'avançait alors pour
entendre les deux ou trois phrases que l'Empereur lui adressait ou lui faisait traduire en passant, et nous continuions

---

1. La fille du fermier Robinson.

notre route tout en devisant sur ses attraits. Dès cet instant elle augmenta la nomenclature spéciale de Longwood ; elle ne fut plus que *notre Nymphe*.

L'Empereur, dans son intimité, avait la coutume de baptiser insensiblement tout ce qui l'entourait : ainsi la vallée que nous parcourions d'habitude en cet instant n'avait plus d'autre nom que la *Vallée du silence* ; notre hôte de Briars n'était que notre *Amphitryon*[1] ; son voisin, le major aux six pieds de haut, notre *Hercule*[2] ; sir George Cockburn, *monseigneur l'amiral* tant qu'on était en gaieté ; dès que l'humeur arrivait, ce n'était plus que le *requin*, etc.

Notre nymphe est précisément l'héroïne de la petite pastorale dont il a plu au docteur Warden d'embellir ses lettres ; bien que j'eusse redressé son erreur lorsqu'il m'en donna lecture avant son départ pour l'Europe, lui disant : « Si vous avez le projet de créer un conte, c'est bien ; mais si vous avez voulu peindre la vérité, vous avez tout à changer. » Apparemment qu'il aura pensé que son conte avait beaucoup plus d'intérêt, et il l'a conservé.

Du reste, on m'a appris que Napoléon avait porté bonheur à notre nymphe : la petite célébrité qu'elle en avait acquise a attiré la curiosité des voyageurs ; ses attraits ont fait le reste : elle est devenue la femme d'un très riche négociant ou capitaine de la compagnie des Indes.

Au retour de nos courses, nous trouvions déjà rendues les personnes que l'Empereur invitait à dîner. Il eut successivement le général-colonel du 53ᵉ, plusieurs de ses officiers et leurs femmes, l'amiral, la bonne, belle et douce Mme Hodson, la femme de notre Hercule, que l'Empereur avait été visiter un jour dans le fond de Briars, et dont il avait tant caressé les enfants, etc.

Après le dîner, l'Empereur faisait une partie, et le reste de la compagnie une autre.

Le jour où y dîna l'amiral, l'Empereur, en prenant son café, a causé quelques instants sur la position de l'île. L'amiral a dit que le 66ᵉ venait renforcer le 53ᵉ ; l'Empereur en a ri, et lui a demandé s'il ne se croyait pas déjà assez fort. Puis, passant à des observations générales, il a dit qu'un

1. Personnage de la mythologie grecque, surnom de Balcombe.
2. Il symbolise la force dans la mythologie grecque.

soixante-quatorze de plus valait mieux qu'un régiment ; que la sûreté d'une île c'était des vaisseaux ; que des fortifications n'étaient qu'un retard ; qu'un débarquement, fait en forces supérieures, était un résultat tout obtenu, au temps près, si la distance n'admettait point un secours.

L'amiral lui ayant demandé quelle était dans son opinion la place la plus forte du monde, l'Empereur a répondu qu'il était impossible de l'assigner, parce que la force d'une place se compose de ses moyens propres, et de circonstances étrangères indéterminées. Pourtant il a nommé Strasbourg, Lille, Metz, Mantoue, Anvers, Malte, Gibraltar. L'amiral ayant dit qu'en Angleterre on lui avait supposé, pendant quelque temps, le dessein d'attaquer Gibraltar : « Nous nous en serions bien donné de garde, a dit l'Empereur ; cela nous servait trop bien. Cette place ne vous est d'aucune utilité ; elle ne défend, n'intercepte rien ; ce n'est qu'un objet d'amour-propre national qui coûte fort cher à l'Angleterre, et blesse singulièrement la nation espagnole. Nous aurions été bien maladroits de détruire une pareille combinaison. »

Le 6 j'ai été invité, avec Mme Bertrand et mon fils, à dîner à Briars, où notre ancien hôte avait réuni beaucoup de monde. Nous en sommes revenus fort tard, et non sans quelque danger, par les difficultés de la route et l'obscurité de la nuit, qui nous a forcés de faire une partie du chemin à pied, par égard pour la prudence de Mme Bertrand.

Le 7, l'Empereur a reçu la visite du secrétaire du gouvernement et d'un des membres du Conseil de l'île. Il les a beaucoup questionnés, suivant sa coutume, sur la culture, la prospérité et les améliorations susceptibles de leur colonie. Ils répondaient qu'en 1772 on avait adopté le système de fournir, des magasins de la compagnie, de la viande à moitié prix aux habitants ; il en était résulté une grande paresse dans l'industrie, et l'abandon de l'agriculture. Depuis cinq ans on avait changé ce système ; ce qui, joint à d'autres circonstances, avait ramené l'émulation, et porté l'île à un état supérieur à ce qu'elle avait jamais été. Il est à craindre que notre venue ne soit un coup mortel pour cette prospérité croissante.

Sainte-Hélène, de sept à huit lieues de tour, environ la grandeur de Paris, obéit aux lois générales d'Angleterre et à des lois locales de l'île ; ces lois locales se font ici par le Conseil, et se sanctionnent en Angleterre par la Cour de la compagnie des Indes. Le Conseil se compose du gouverneur, de deux membres civils et d'un secrétaire qui tient les registres ; tous sont nommés par la compagnie et sont révocables à volonté. Les membres du Conseil sont législateurs, administrateurs et magistrats ; ils décident sans appel, à l'aide du jury, au civil et au criminel. Il n'y a ni procureur, ni avocat dans l'île ; le secrétaire du Conseil légitime tous les actes, et se trouve une espèce de notaire unique. La population de l'île est en ce moment de cinq à six mille âmes environ, y compris les Noirs et la garnison.

Je me promenais seul, un de ces après-midi, dans le jardin avec l'Empereur ; un matelot de vingt-deux à vingt-trois ans, d'une figure franche et ouverte, nous a abordés avec l'émotion de l'empressement et de la joie, et l'inquiétude d'être aperçu du dehors. Il ne parlait qu'anglais et me disait, avec précipitation, avoir bravé deux fois l'obstacle des sentinelles et tous les dangers d'une défense sévère pour voir de près l'Empereur ; qu'il obtenait ce bonheur, disait-il tout en le considérant, qu'il mourrait content ; qu'il faisait des vœux au ciel pour que Napoléon se portât bien, et qu'il fût un jour plus heureux. Je l'ai congédié, et en nous abandonnant, il se cachait encore derrière les arbres, les haies, afin de nous apercevoir plus longtemps. Nous recevions souvent ainsi des preuves non équivoques du sentiment bienveillant de ces marins. Ceux du *Northumberland* surtout se croyaient désormais des rapports établis avec l'Empereur : lors de notre séjour à Briars, où notre réclusion était moins complète, ils venaient souvent rôder le dimanche autour de nous, disant qu'ils venaient revoir leur compagnon de vaisseau *(ship's mate)*. Le jour où nous quittâmes cet endroit, étant seul avec l'Empereur dans le jardin, il s'en était présenté un à la porte, me demandant s'il pouvait y faire un pas sans offenser. Je lui demandai son pays et sa religion ; sa réponse fut plusieurs signes de croix rapides en signe d'intelligence et de fraternité ; puis, fixant l'Empereur, devant lequel il se trouvait, et levant les yeux au ciel, il commença, avec lui-même, une conversation de gestes, que sa grosse figure réjouie rendait partie grotesque, partie sentimentale. Cependant il était difficile d'exprimer avec plus de vérité l'admiration, le respect, les vœux et la sympathie ; de grosses larmes commençaient à rouler dans ses yeux. « Dites à ce cher homme que je ne lui veux pas de mal, me disait-il, que je lui souhaite bien du bonheur. Nous sommes beaucoup comme cela : il faut qu'il se porte bien et longtemps. » Il avait à la main un bouquet de fleurs champêtres ; il indiquait la pensée de vouloir les offrir ; mais distrait ou retenu par ce qu'il voyait ou ce qu'il éprouvait, chancelant et comme combattu en lui-même, il nous fit subitement un salut brusque et disparut.

L'Empereur ne put s'empêcher de se montrer sensible à ces deux circonstances, tant la figure, l'accent, le geste de ces hommes portaient le caractère de la vérité. Il disait alors : « Ce que c'est pourtant que le pouvoir de l'imagination ! Tout ce qu'elle peut sur les hommes ! Voilà des gens qui ne me connaissaient point, qui ne m'avaient jamais vu, seulement ils avaient entendu parler de moi ; et que ne sentent-ils pas, que ne feraient-ils pas en ma faveur ! et la même bizarrerie se renouvelle dans tous les pays, dans tous les âges, dans tous les sexes ! Voilà le fanatisme ! Oui, l'imagination gouverne le monde ! »

MARDI 9.

> *L'Empereur vivement contrarié.*
> *Nouvelles brouilleries avec l'amiral.*

L'enceinte tracée autour de Longwood, où nous avons la liberté de nous promener, ne permet guère qu'une demi-heure de course à cheval ; ce qui a porté l'Empereur, pour agrandir l'espace ou gagner du temps, à descendre dans le fond des ravins par des chemins très mauvais et parfois dangereux.

L'île n'ayant pas trente milles de tour, il eût été désirable que l'enceinte eût été portée à un mille des bords de la mer ; alors on eût pu se promener et varier même ses courses sur des espaces de quinze à dix-huit milles ; la surveillance n'eût été ni plus pénible ni moins effective en la plaçant sur les rives de la mer et les débouchés des vallées, en traçant même par des signaux tous les pas de l'Empereur. On nous avait fait observer, il est vrai, que l'Empereur était le maître de parcourir toute l'île sous l'escorte d'un officier anglais ; mais l'Empereur était décidé à ne sortir jamais, s'il devait se priver, durant sa promenade, d'être absolument à lui-même ou à l'intimité des siens. L'amiral, dans sa dernière entrevue avec l'Empereur, avait très délicatement arrêté et promis que lorsque l'Empereur voudrait sortir des limites, il en ferait prévenir le capitaine anglais de service à Longwood ; que celui-ci se rendrait au poste pour ouvrir le passage à l'Empereur, et qu'ensuite la surveillance serait faite, s'il en existait, de manière que l'Empereur, durant le reste de sa promenade, soit qu'il entrât dans quelques maisons ou profitât de quelque beau site pour travailler, n'aperçût rien qui pût le distraire d'un moment de rêverie.

D'après cela, l'Empereur se proposait ce matin de monter à cheval à sept heures ; il avait fait préparer un petit déjeuner et comptait aller dans la direction de Sandy-Bay, chercher une source d'eau, et profiter de quelques belles végétations, dont on est privé à Longwood, pour y passer la matinée et y travailler quelques heures.

Nos chevaux étaient prêts ; au moment de monter j'ai été prévenir le capitaine anglais, qui, à mon grand étonnement, a déclaré que son projet était de se mêler avec nous, que l'Empereur ne pouvait trouver mauvais, après tout, qu'un officier ne jouât pas le rôle d'un domestique, en restant seul de l'arrière. J'ai répondu que l'Empereur approuverait sans doute ce sentiment, mais qu'il renoncerait dès l'instant à sa partie : « Vous devez trouver simple et sans vous en croire offensé, lui ai-je dit, qu'il répugne à la présence de celui qui le garde. » L'officier se montrait fort peiné et me disait que sa situation était des plus embarrassantes. « Nullement, lui ai-je observé, si vous n'exécutez que vos ordres. Nous ne vous demandons rien ; vous n'avez à vous justifier de rien ; il doit vous être aussi désirable qu'à nous de voir les limites poussées vers les bords de la mer ; vous seriez délivré d'un service pénible et peu digne ; le but qu'on se propose n'en serait pas moins bien rempli ; j'oserais vous dire qu'il le serait davantage : quand on veut garder quelqu'un, il faut garder la porte de sa chambre ou celle de son enceinte ; les portes intermédiaires ne sont plus que des peines sans efficacité : vous perdez de vue l'Empereur, tous les jours, quand il descend dans les ravins de l'enceinte, vous ne connaissez son existence que par son retour ; eh bien, faites-vous un mérite de cette concession qu'amène la force des choses, étendez-la jusqu'à un mille du rivage ; aussi bien vous pouvez le tracer sans cesse à l'aide de vos signaux, du haut de vos sommités. »

Mais l'officier en revenait toujours à dire qu'il ne demandait ni regard ni parole de l'Empereur, qu'il serait avec nous comme s'il n'y était pas. Il ne pouvait comprendre et ne comprenait pas en effet que sa vue seule pût faire du mal à l'Empereur. Je lui ai dit qu'il était une échelle pour la manière de sentir, et que la même mesure n'était pas celle de tout le monde. Il semblait croire que nous interprétions les sentiments de l'Empereur, et que, si les raisons qu'il me donnait lui étaient expliquées, il se rendrait ; il était tenté de lui écrire. Je l'assurai que pour ce qui lui était personnel, il n'en dirait jamais autant à l'Empereur que j'en pourrais dire moi-même ; que, du reste, j'allais de ce pas lui rendre mot à mot notre conversation. Je suis revenu bientôt lui confirmer ce que je lui avais dit d'avance : l'Empereur avait dès l'instant renoncé à sa partie.

Voulant toutefois, pour mon compte, éviter tout malentendu qui aurait pu accroître les discussions toujours fâcheuses, je lui ai demandé s'il aurait quelque objection à me montrer le compte qu'il rendait à l'amiral. Il m'a dit qu'il n'en aurait aucune ; mais qu'il ne le lui rendrait que de vive voix. Résumant alors notre longue conversation en deux mots, je l'ai réduite à deux points bien positifs : lui, à m'avoir dit vouloir se joindre au groupe de l'Empereur ; moi, à lui avoir répondu que l'Empereur dès lors renonçait à sa partie, et ne sortirait pas des limites ; ce qui a été parfaitement agréé de nous deux.

L'Empereur m'a fait appeler dans sa chambre ; dévorant en silence le contretemps qu'il venait d'éprouver, il se trouvait déjà déshabillé et en robe de chambre. Il m'a retenu à déjeuner, et a fait observer que le temps tournait à la pluie, que nous aurions eu un mauvais jour pour notre excursion ; mais c'était un faible adoucissement à la contrainte aiguë qui venait de troubler un plaisir innocent.

Le fait est que l'officier avait reçu de nouveaux ordres ; mais l'Empereur n'avait eu l'idée de sa petite excursion que sur les promesses antérieures de l'amiral ; promesses pour lesquelles l'Empereur s'était plu à lui témoigner de la satisfaction. Ce changement, survenu sans en avoir rien fait dire, devait nécessairement être très sensible à l'Empereur : on lui manquait de parole ou l'on avait voulu le rendre dupe. Ce tort de l'amiral est un de ceux qui ont le plus pesé sur le cœur de l'Empereur.

L'Empereur a pris un bain et n'a point dîné avec nous. A neuf heures, il m'a fait appeler dans sa chambre ; il lisait *Don Quichotte*[1], ce qui nous a amenés à causer de la littérature espagnole, des traductions de Lesage, etc., etc. Il était fort triste et causait peu ; il m'a renvoyé au bout de trois quarts d'heure.

MERCREDI 10.

> *Chambre de Marchand. Linge, vêtements*
> *de l'Empereur, manteau de Marengo.*
> *Éperons de Champaubert, etc.*

Vers les quatre heures, l'Empereur m'a fait appeler dans sa chambre : il était habillé et en bottes ; il comptait monter à cheval ou se promener dans le jardin ; mais il pleuvait un peu. Nous avons marché et causé en attendant que le temps s'éclaircît. Il a ouvert la porte de sa chambre sur le cabinet topographique, afin d'allonger sa promenade de toute l'étendue de ce cabinet. En approchant du lit qui s'y trouve, il m'a demandé si j'y couchais toujours ; je lui ai répondu que j'avais cessé dès l'instant où j'avais su qu'il voulait sortir de bon matin. « Qu'importe, m'a-t-il dit, revenez-y ; je sortirai au besoin par ma porte de derrière. » Le salon s'est entr'ouvert, il y est entré ; MM. de Montholon et Gourgaud s'y trouvaient. On travaillait à établir un petit lustre assez joli et une petite glace sur la cheminée ; l'Empereur a fait redresser cette dernière qui penchait de quelques lignes sur un côté. Il s'est réjoui de cette amélioration dans l'ameublement du salon ; ce qui prouve combien tout est relatif ! Qu'eussent été ces objets à ses yeux, il y a si peu de temps encore, lui qui avait pour quarante millions de mobilier dans ses palais !

Nous sommes rentrés dans le cabinet topographique, et la pluie continuant, il a renoncé à la promenade ; mais il regrettait que le grand-maréchal ne fût pas arrivé ; il se sentait aujourd'hui disposé au travail ; depuis quinze jours il l'avait

---

1. Œuvre de Cervantès (1605).

interrompu. En attendant Bertrand, il cherchait à tuer le temps. « Allons chez Mme de Montholon », m'a-t-il dit. Je l'y ai annoncé ; il s'y est assis, et nous avons causé d'ameublement et de ménage. Il s'est mis alors à faire l'inventaire de l'appartement pièce à pièce, et l'on est demeuré d'accord que le mobilier ne s'élevait guère au-delà de trente napoléons. Sortant de chez Mme de Montholon, il a couru de chambre en chambre, et s'est arrêté devant l'escalier qui, dans le corridor, conduit en haut chez les gens : c'est une espèce d'échelle de vaisseau fort rapide. « Voyons, dit-il, l'appartement de Marchand : on dit qu'il est comme une petite-maîtresse. » Nous avons grimpé ; Marchand s'y trouvait ; sa petite chambre est propre, il y a collé du papier qu'il a peint lui-même. Son lit n'était point garni ; Marchand ne couche point si loin de la porte de son maître ; à Briars, lui et les deux autres valets de chambre ont constamment couché par terre en travers de la porte de l'Empereur ; si bien que, quand j'en sortais tard, il me fallait leur marcher sur le corps. L'Empereur s'est fait ouvrir les armoires, elles n'ont présenté que son linge et ses habits ; le tout était fort peu considérable, et pourtant il s'étonnait encore d'être si riche.

On y voyait son habit de Premier consul, en velours rouge, brodé soie et or ; il lui avait été présenté par la ville de Lyon ; circonstance qui faisait sans doute qu'il se trouvait ici, son valet de chambre sachant qu'il l'affectionnait beaucoup, parce qu'il lui venait, disait-il, de sa chère ville de Lyon.

On y voyait aussi le manteau de Marengo, manteau glorieux sur lequel ont été plus tard exposés religieusement les restes mortels de l'immortel vainqueur ; manteau qui figure aujourd'hui dans les objets spécialement légués par Napoléon à son fils [1].

Après un léger inventaire, qui n'était pas sans prix pour moi : « Combien ai-je d'éperons ? a-t-il dit en se saisissant d'une paire. – Quatre paires, a répondu Marchand. – Y en a-t-il de plus distingués les uns que les autres ? – Non, sire.

---

1. O bizarre succession des événements, des personnes et des choses ! Ainsi donc ce manteau de Marengo se verra dans les palais autrichiens, au sein des princes d'Autriche et précisément comme monument de famille, tandis que l'événement qui le rendit si célèbre avait semblé dans le temps les menacer de la destruction, eux et leur monarchie. (*Las Cases.*)

– Eh bien, j'en veux donner une à Las Cases. Ceux-ci sont-ils vieux ? – Oui, sire, ils sont presque usés, ils ont servi à Votre Majesté dans la campagne de Dresde et dans celle de Paris. – Tenez, mon cher, m'a-t-il dit en me les donnant, voilà pour vous. » J'aurais voulu qu'il me fût permis de les recevoir à genoux. Je recevais là quelque chose qui tenait réellement aux belles journées de Champaubert, Montmirail, Nangis, Montereau ! Au temps des Amadis, fut-il jamais de plus digne monument de chevalerie ! « Votre Majesté me fait chevalier, lui ai-je dit ; mais comment gagner ces éperons ? Je ne puis plus prétendre à aucun fait d'armes ; et quant à l'amour, au dévouement, à la fidélité, depuis longtemps, sire, je n'ai plus rien à vous donner. »

Cependant le grand-maréchal ne venait pas, et l'Empereur voulait travailler. « Vous ne pouvez donc plus écrire, m'a-t-il dit, vos yeux sont tout à fait perdus ? » Depuis que nous étions ici j'avais interrompu tout travail, ma vue disparaissait, et j'en éprouvais une tristesse mortelle. « Oui, sire, lui ai-je répondu, ils le sont tout à fait, et ma douleur est de les avoir perdus sur la campagne d'Italie, sans avoir eu le bonheur et la gloire de l'avoir faite. » Il a cherché à me consoler, en me disant qu'avec du repos ma vue se réparerait sans doute, ajoutant : « Ah ! que ne nous ont-ils laissé Planat ; ce bon jeune homme me serait aujourd'hui d'un grand service. » Et il a fait venir le général Gourgaud pour lui dicter.

JEUDI 11.

Amiral Taylor, etc.

Après le déjeuner, vers midi et demi, me promenant devant la porte, j'ai vu arriver une nombreuse cavalcade, précédée du général-colonel du 53e ; c'était l'amiral Taylor, arrivé la veille du Cap avec son escadre, et repartant le surlendemain pour l'Europe. Parmi ses capitaines était son fils, ayant un bras de moins ; il l'avait perdu à Trafalgar, où son père commandait le *Tonnant*.

L'amiral Taylor était venu payer ses respects, me dit-il, à l'Empereur ; mais on venait de lui répondre qu'il était malade, et il en était cruellement désappointé. Je lui fis observer que le climat de Longwood était très défavorable à Napoléon. Je choisissais mal mon temps ; le ciel était très beau et le lieu déployait en ce moment toute l'illusion dont il pouvait être susceptible ; aussi l'amiral remarqua-t-il que le site était charmant ; mais à peine lui eus-je répondu d'un air triste et vrai : « Oui, monsieur l'amiral, *aujourd'hui, et pour vous qui n'y resterez qu'un quart d'heure* », qu'il se confondit en excuses, me priant de lui pardonner son impertinente expression, disait-il. Je dois cette justice à toute la grâce qu'il témoigna en cet instant.

VENDREDI 12 AU DIMANCHE 14.

> *L'Empereur couché en joue. Nos passe-temps du soir.*
> *Romans. Sortie politique.*

L'Empereur, depuis plusieurs jours, avait entièrement interrompu ses promenades à cheval. La reprise qu'il voulut en faire le 12 ne fut pas propre à lui en redonner le goût ni l'habitude : nous avions franchi notre vallée ordinaire, nous la remontions sur le revers opposé à Longwood, lorsque d'une des crêtes où jusque-là il n'y avait eu aucun poste, un soldat nous fit beaucoup de cris et de gestes. Comme nous étions dans le bassin de notre enceinte, nous n'en tînmes aucun compte ; alors cet homme descendit hors d'haleine, chargeant son arme en courant. Le général Gourgaud resta de l'arrière pour voir ce qu'il voulait, tandis que nous continuâmes notre route. Je pus le voir, à l'aide de plusieurs tournants, colleter le soldat et le contenir ; puis il le fit suivre de force jusqu'au poste voisin du grand-maréchal, où le général Gourgaud voulait le faire entrer ; mais il lui échappa. Il se trouva que c'était un caporal ivre qui avait mal entendu sa consigne ; il nous avait plusieurs fois couchés en joue. Cette circonstance, qui pouvait se répéter si facilement, nous fit frémir pour l'existence de l'Empereur ; lui n'y vit qu'un affront moral, un nouvel obstacle à son exercice du cheval.

L'Empereur avait interrompu ses invitations à dîner ; l'heure, la distance, la toilette étaient pénibles pour les convives ; quant à nous, nous en éprouvions de la gêne dans nos habitudes, sans en recueillir aucun agrément. L'Empereur était moins avec nous, sa conversation n'avait plus le même abandon.

L'Empereur avait insensiblement repris son travail régulier : il dictait journellement au grand-maréchal sur l'expédition d'Égypte ; quelque temps avant le dîner, il me faisait venir avec mon fils, pour relire et couper en paragraphes les divers chapitres des campagnes d'Italie. Le reversi était tout à fait passé de mode, l'Empereur y avait renoncé ; l'après-midi était désormais consacré à la lecture de quelque ouvrage ; l'Empereur lisait lui-même tout haut ; quand il était fatigué, il passait le livre à quelqu'un ; mais alors il n'en supportait jamais la lecture plus d'un quart d'heure, il s'endormait. Nous en étions en ce moment à des romans ; nous en entamions beaucoup que nous ne finissions pas. C'était *Manon Lescaut*[1], que nous rejetâmes bientôt comme roman d'antichambre ; les *Mémoires de Grammont*[2], si pleins d'esprit, mais qui ne font point d'honneur aux hautes mœurs du temps ; *le Chevalier de Faublas*[3], qui n'est supportable qu'à vingt ans, etc. Quand ces lectures pouvaient nous conduire jusqu'à onze heures ou minuit, l'Empereur en témoignait une véritable joie : il appelait cela des conquêtes sur le temps, et il trouvait qu'elles n'étaient pas les plus faciles.

La politique aussi avait son tour. Environ toutes les trois ou quatre semaines, nous recevions un gros paquet de journaux d'Europe : c'était un coup de fouet qui nous ravivait et nous agitait fort durant quelques jours, pendant lesquels nous discutions, classions et résumions les nouvelles ; après quoi nous retombions insensiblement dans le marasme. Les derniers journaux nous avaient été apportés par la corvette la *Levrette*, arrivée depuis quelques jours ; ils remplirent une de nos soirées, et firent éclater dans l'Empereur un de ces moments de chaleur et de verve dont j'ai été parfois le témoin au Conseil d'État, et qui lui échappent de temps à autre ici.

Il marchait à grands pas au milieu de nous, s'animant par degrés et ne s'interrompant que par quelques instants de méditation.

« Pauvre France, disait-il, quelles seront tes destinées ?

---

1. Roman de l'abbé Prévost (1731).
2. Gramont, diplomate et maréchal de France sous Louis XIV.
3. Les *Amours du chevalier de Faublas*, de Louvet de Couvray (1787-1790).

Surtout qu'est devenue ta gloire ? Quelles sont tes espérances, tes ressources ? Un roi sans système, incertain, à demi-mesures, quand elles devraient être positives et extrêmes. Une ombre de ministère, quand il lui faudrait tant de force et de talent ! Division dans la maison royale, quand il n'y faudrait qu'une volonté ! Un prince du sang à la tête d'une opposition toute nationale ! Que de sujets de troubles, que de combinaisons pour l'avenir ! Qui pourrait assigner le dénouement ? Quelles adresses que celles de ces deux Chambres ? On les a lues tout à l'heure, à qui de nous en reste-t-il quelque chose ? Elles sont sans couleur, sans but, sans résultats ; propres à tous les temps, à toutes les circonstances ; de mauvais oripeaux de souveraineté, guenilles de trônes, lieux communs ; flagorneries abjectes et stupides qui nous dégradent et nous avilissent aux yeux des étrangers ! Y a-t-il rien dans tout cela de national, je le demande ? Aperçoit-on une lueur de cette opposition utile à la dignité et à la force du souverain ? Comment osent-ils parler de son chagrin, pleurer avec lui, c'est lui qui cause leurs maux ; il était de la coalition, il est l'allié de leurs bourreaux !... Ils disent qu'il n'a qu'à parler, que tous les sacrifices qu'il demandera ils sont prêts à les faire... Ils appuient surtout sur le système de la légitimité auquel ne croit aucun de ceux qui parlent... Mais c'est là le discours de Metternich, de Nesselrode, de Castlereagh, et non celui de Français !... A quoi bon des assemblées sous le roi ! C'est de sa part une faute de plus, elles ne feront qu'éveiller et il fallait endormir. Elles ne sont composées que de ses affidés, dit-on, soit ; mais qu'en peut-il attendre ? Croit-il qu'elles lui donneront du crédit dans la nation ? Elles sont antinationales si elles marchent avec lui ; furieuses dans leurs réactions, elles le porteront plus loin qu'il ne voudra ; si au contraire elles témoignent la moindre opposition, elles le gêneront dans sa marche. Jamais les Assemblées n'ont réuni prudence et énergie, sagesse et vigueur, et c'est pourtant aujourd'hui ce qu'il faut au roi.

« Louis XVIII, l'année dernière, pouvait s'identifier avec la nation ; aujourd'hui il n'a plus de choix. Il faut qu'il pèse avec les principes de son parti ; il ne peut plus essayer que le régime de ses pères... D'un autre côté les Alliés n'ont pas mieux entendu leurs intérêts. Il fallait affaiblir la France et non la désespérer, il fallait lui enlever du territoire et non lui imposer des contributions. Ce n'est pas ainsi qu'on traite vingt-huit millions d'hommes. Les Français devaient au moins racheter la perte de leur gloire par du repos et du bonheur. En imposant des humiliations, il fallait donner du pain, il fallait essayer de réduire ce grand corps à la stagnation. »

L'Empereur a terminé en disant qu'il était bien sinistre sans doute ; mais qu'il avait beau faire, qu'il ne pouvait voir que des catastrophes, des massacres, du sang.

LUNDI 15.

> *Sur l'*Histoire secrète du cabinet de Bonaparte,
> *par Goldsmith. Détails, etc.*

J'avais entendu parler, à bord du vaisseau, de l'*Histoire secrète du cabinet de Bonaparte*, par Goldsmith, et au premier moment de loisir ici j'avais eu la fantaisie de le parcourir ; mais j'ai eu beaucoup de peine à me le procurer, les Anglais s'en défendirent longtemps ; ils disaient que c'était un si abominable libelle, qu'ils n'osaient me le mettre dans les mains : ils en avaient honte eux-mêmes, disaient-ils. Il me fallut insister longtemps ; leur répéter maintes fois que nous étions tous cuirassés sur de pareilles gentillesses ; que celui-là même qui en était l'objet ne faisait qu'en rire quand le hasard les lui plaçait sous la main ; et puis si cet ouvrage était si mauvais qu'on le disait, il manquait son but, il cessait de l'être. Je demandais ce que c'était que ce Goldsmith, son auteur. C'était un Anglais, me disait-on, qui avait longtemps desservi son pays à Paris pour de l'argent, et qui, de retour en Angleterre, cherchait à échapper au châtiment et à gagner encore quelque argent, en accablant d'injures et d'imprécations l'idole qu'il avait longtemps encensée. J'obtins enfin cet ouvrage. Il faut en convenir, il est difficile d'amasser de plus horribles et de plus ridicules vilenies que n'en présentent ses premières pages : le viol, l'empoisonnement, l'inceste, l'assassinat et tout ce qui s'ensuit sont accumulés par l'auteur sur son héros, et cela dès la plus tendre enfance. Il est vrai qu'il importe peu à l'auteur, à ce qu'il semble, de les rendre croyables, et qu'il les détruit par les anachronismes, les alibis, les contradictions de toute espèce ; les méprises des noms, des personnes, des faits les plus authentiques, etc. Ainsi, lorsque Napoléon n'avait encore que dix à douze ans, et se trouvait sous les barreaux de son école militaire, il lui fait commettre des attentats qui demanderaient du moins l'âge viril et une certaine liberté. L'auteur lui fait entreprendre ce qu'il appelle ses brigandages d'Italie à la tête de huit mille galériens échappés des bagnes de Toulon. Plus tard, il fait abandonner les rangs autrichiens à vingt mille Polonais, qui passent sous les drapeaux du général français, etc. Le même auteur fait venir Napoléon en fructidor à Paris, quand tout le monde sait qu'il ne quitta jamais son armée. Il le fait traiter avec le prince de Condé, et demander Madame Royale [1] en mariage, pour prix de sa trahison. Je passe une foule de choses d'une aussi absurde impudence. Il est évident que pour la partie surtout des anecdotes sales ou ridicules, il n'a fait qu'entasser tout ce qu'il a entendu ; mais encore, à quelle source a-t-il été puiser ? La plupart de ces traits ont pris certainement naissance dans certains cercles fort malveillants de Paris ; mais encore sur ce terrain, avaient-ils un certain esprit, du sel, du mordant, certaines couleurs dans l'apparence, certaines grâces dans la diction ; ici ces traits sont déjà descendus des salons dans la rue ; ils n'ont été recueillis qu'après avoir roulé dans le ruisseau. Les Anglais convenaient que c'était si fort, qu'à l'exception des classes les plus vulgaires, cet ouvrage avait été un poison qui portait son antidote avec lui.

A présent, on s'étonnera peut-être que, dès les premières pages, je n'aie pas repoussé une pareille production. Mais c'est si grossièrement méchant que cela ne saurait exciter la colère ; d'un autre côté, il n'est point de dégoût que ne fasse surmonter l'oisiveté de Sainte-Hélène ; on est heureux d'y avoir quelque chose à parcourir. *Nous n'avons de trop ici que du temps*, disait très plaisamment l'Empereur il y a peu de jours : j'ai donc continué ; et puis, le dirai-je, ce n'est pas sans quelque plaisir que je lis désormais les contes absurdes, les mensonges, les calomnies qu'un auteur tient toujours, comme de coutume, de la meilleure autorité, sur des objets que je connais aujourd'hui si parfaitement moi-même, qui me sont devenus aussi familiers que les détails de ma propre

1. La duchesse d'Angoulême.

vie. Comme aussi je trouve quelque charme à laisser des
pages remplies des couleurs les plus fausses, un portrait purement fantastique, pour venir étudier la vérité aux côtés du
personnage réel, dans sa propre conversation pleine de choses
toujours neuves, toujours grandes.

Ce matin, l'Empereur m'ayant fait venir après son déjeuner, je l'ai trouvé en robe de chambre, étendu sur son canapé.
La conversation l'a conduit à me demander quelle était ma
lecture du moment. J'ai répondu que c'était un des plus
fameux, des plus sales libelles publiés contre lui, et je lui ai
cité à l'instant quelques-uns des traits les plus abominables.
Il en riait beaucoup et a voulu voir l'ouvrage ; je l'ai fait
venir ; nous l'avons parcouru ensemble. En tombant d'horreurs en horreurs, il s'écriait : *Jésus !... Jésus !...* se signait ;
geste que je me suis aperçu lui être familier dans sa petite
intimité, lorsqu'il rencontre des assertions monstrueuses,
impudentes, cyniques, qui excitent son indignation ou sa surprise, sans le porter à la colère. Chemin faisant l'Empereur
analysait certains faits, redressait des points dont l'auteur
avait su quelque chose. Parfois il haussait les épaules de pitié,
parfois il riait de bon cœur ; jamais il ne montra le moindre
signe d'humeur. Quand il lut l'article de ses nombreuses
débauches, les violences, les outrages qu'on lui faisait commettre, il observa que l'auteur avait voulu sans doute en faire
un héros sous tous les rapports ; qu'il le livrait du reste à
ceux qui voulaient le faire impuissant ; que c'était à ces
messieurs à s'accorder ensemble, ajoutant gaiement que tout
le monde n'était pas aussi malheureux que le plaideur de
Toulouse. Toutefois, on avait tort, disait-il, de l'attaquer sur
ses mœurs, lui que tout le monde savait les avoir singulièrement améliorées partout où il avait gouverné ; on ne pouvait
ignorer que son naturel ne le portait pas à la débauche ; la
multitude de ses affaires ne lui aurait pas d'ailleurs *laissé le
temps*. Arrivé aux pages où sa mère était peinte à Marseille
sous le rôle le plus dégoûtant et le plus abject, il s'est arrêté,
répétant plusieurs fois, avec l'accent de l'indignation et d'une
demi-douleur : « Ah ! Madame !... Pauvre Madame !... Avec
toute sa fierté !... Si elle lisait ceci !... Grand Dieu !... »

Nous avons passé ainsi plus de deux heures, au bout desquelles il s'est mis à sa toilette ; on a introduit le docteur
O'Méara, c'était l'heure à laquelle d'ordinaire il était admis.

« *Dottore*, lui dit-il, en italien, tout en faisant sa barbe, je viens de lire une de vos belles productions de Londres contre moi. » La figure du docteur demandait ce que c'était ; je lui fis voir le livre de loin ; c'était précisément lui qui me l'avait prêté ; il était déconcerté. « On a bien raison de dire, continuait l'Empereur, qu'il n'y a que la vérité qui offense ; je n'ai pas été fâché un instant ; mais j'ai ri souvent. » Le docteur cherchait à répondre et s'entortillait dans de grandes phrases : c'était un libelle infâme, dégoûtant, tout le monde le savait, personne n'en faisait de cas ; toutefois, quelques-uns pouvaient le croire, faute d'y avoir répondu. « Mais que faire à cela ? disait l'Empereur. S'il entrait aujourd'hui dans la tête de quelqu'un d'imprimer qu'il m'est venu du poil, et que je marche ici à quatre pattes, il est des gens qui le croiraient, et diraient que c'est Dieu qui m'a puni comme Nabuchodonosor. Et que pourrais-je faire ? Il n'y a aucun remède à cela. » Le docteur sortit, concevant à peine la gaieté, l'indifférence, le naturel dont il venait d'être témoin ; pour nous, nous y étions désormais accoutumés.

MARDI 16.

L'Empereur se décide à apprendre l'anglais.

Sur les trois heures, l'Empereur m'a fait venir pour causer pendant qu'il faisait sa toilette ; nous avons été ensuite faire quelques tours dans le jardin. Il est venu à remarquer qu'il était honteux qu'il ne sût pas encore lire l'anglais. Je l'ai assuré que, s'il avait continué, après les deux leçons que je lui avais données aux environs de Madère, il lirait aujourd'hui toute espèce de livre anglais. Il en demeurait convaincu, et m'a commandé alors de le forcer chaque jour à prendre une leçon. De là la conversation a conduit à faire savoir que je venais de donner à mon fils sa première leçon de mathématiques : c'est une partie que l'Empereur aime beaucoup, dans laquelle il est très fort. Il s'est étonné que je montrasse à mon fils d'abondance, sans livre et sans cahier ; il ne me savait pas de cette force, disait-il, et m'a menacé alors de le voir parfois, à l'improviste, examiner le maître et l'écolier. A dîner, il a entrepris ce qu'il a appelé M. le professeur de mathématiques, et bien lui en a pris d'être ferré ; une question n'attendait pas l'autre ; souvent elles étaient fort subtiles. Il ne revenait pas, du reste, que dans les lycées on ne montrât pas de très bonne heure les mathématiques ; il disait qu'on avait gâté toutes ses intentions touchant les universités, se plaignant fort de M. de Fontanes, se récriant sur ce qu'on lui gâchait tout chez lui pendant qu'il était contraint d'aller faire la guerre au loin, etc.

MERCREDI 17.

Première leçon d'anglais, etc.

Aujourd'hui l'Empereur a pris sa première leçon d'anglais ; et comme mon grand but était de le mettre à même de lire promptement les papiers-nouvelles, cette première leçon n'a consisté qu'à faire connaissance avec une gazette anglaise, à en étudier les formes et le plan, à connaître le placement toujours uniforme des divers objets qu'elle renferme, à séparer les annonces et les commérages de ville d'avec la politique, et dans celle-ci apprendre à discerner ce qui est authentique d'avec ce qui n'est qu'un bruit hasardé.

Je me suis engagé, si l'Empereur avait la constance de s'ennuyer tous les jours de pareilles leçons, à ce que dans un mois il pût lire les journaux sans le secours d'aucun de nous. L'Empereur ensuite a voulu faire quelques thèmes : il écrivait des phrases dictées, et les traduisait en anglais, à l'aide d'un petit tableau que je lui ai fait pour les verbes auxiliaires et les articles, et à l'aide du dictionnaire pour les autres mots, que je lui faisais chercher lui-même. Je lui expliquais les règles de la syntaxe et de la grammaire, à mesure qu'elles se présentaient : il a fait de la sorte quelques phrases qui l'ont plus amusé que les versions que nous avions aussi essayées. Après la leçon, sur les deux heures, nous sommes passés dans le jardin ; on a tiré plusieurs coups de fusil ; ils étaient si près, qu'il semblait que ce fût dans le jardin même. L'Empereur a fait l'observation que mon fils (nous croyions que c'était lui) semblait faire une bonne chasse ; j'ai ajouté que ce serait la dernière fois qu'il la ferait aussi près de l'Empereur. « Effectivement, a-t-il repris, allez dire qu'il ne nous approche qu'à la portée du canon. » J'y ai couru ; nous l'accusions à tort ; tout ce bruit se faisait pour les chevaux de l'Empereur, que l'on s'occupait à dresser.

Après le dîner, pendant le café, l'Empereur, m'acculant à la cheminée, m'appuyait la main sur la tête comme pour me mesurer la taille, et me disait : « Je suis un géant pour vous. — Votre Majesté l'est pour tant d'autres, lui ai-je répondu, que cela ne saurait m'affecter. » Il a parlé aussitôt d'autre chose, car il ne s'arrête pas volontiers sur les phrases de cette nature.

JEUDI 18 AU SAMEDI 20.

> *Nos habitudes journalières. Conversation avec le gouverneur Wilks. Armées. Chimie. Politique. Détails sur l'Inde.* Delphine, *de Mme de Staël. MM. Necker, Calonne.*

Notre vie se passait dans une grande uniformité. L'Empereur ne sortait pas de tout le matin ; vers les deux heures, la leçon d'anglais était devenue très régulière ; venait ensuite la promenade du jardin ou quelques présentations qui étaient fort rares ; puis une petite course en calèche, car les chevaux étaient enfin arrivés ; avant le dîner, la révision des campagnes d'Italie ou d'Égypte, après le dîner, la lecture de nos romans.

Le 20, l'Empereur reçut le gouverneur Wilks, avec lequel il eut une conversation à fond sur l'armée, les sciences, l'administration et les Indes. Parlant de l'organisation de l'armée anglaise, il s'est arrêté sur son mode d'avancement, s'étonnant que chez un peuple où existait l'égalité des droits, les soldats devinssent si rarement officiers. Le colonel Wilks avouait que leurs soldats n'étaient pas faits pour le devenir, et que les Anglais s'étonnaient à leur tour de l'immense différence, à cet égard, qu'ils avaient remarquée dans l'armée française, où presque chaque soldat leur avait montré les germes d'un officier. « C'est une des grandes conséquences de la conscription, faisait observer l'Empereur : elle avait rendu l'armée française la mieux composée qui fût jamais. C'était, continuait-il, une institution éminemment nationale et déjà fort avancée dans nos mœurs : il n'y avait plus que les mères qui s'en affligeassent encore ; et le temps serait venu où une fille n'eût pas voulu d'un garçon qui n'aurait pas acquitté sa dette envers la patrie. Et c'est dans cet état seulement, ajoutait-il, que la conscription aurait acquis la dernière mesure de ses avantages : quand elle ne se présente plus comme un supplice ou comme une corvée, mais qu'elle est devenue un point d'honneur dont chacun demeure jaloux, alors seulement la nation est grande, glorieuse, forte ; c'est alors que son existence peut défier les revers, les invasions, les siècles.

« Du reste, continuait-il, il est vrai de dire encore qu'il n'est rien qu'on n'obtienne des Français par l'appât du danger ; il semble leur donner de l'esprit ; c'est leur héritage gaulois... La vaillance, l'amour de la gloire sont chez les Français un instinct, une espèce de sixième sens. Combien de fois, dans la chaleur des batailles, je me suis arrêté à contempler mes jeunes conscrits se jetant dans la mêlée pour la première fois : *L'honneur et le courage leur sortaient par tous les pores !* »

De là, l'Empereur, sachant que le gouverneur Wilks était très fort sur la chimie, l'a attaqué sur cet objet. Il lui a parlé des immenses progrès que cette science avait fait faire à toutes nos manufactures. Il lui a dit que l'Angleterre et la France avaient sans doute également de grands chimistes ; mais que la chimie était bien plus généralement répandue en France, et surtout beaucoup plus dirigée vers des résultats utiles ; qu'en Angleterre elle demeurait une science ; qu'en France elle commençait à n'être plus qu'une pratique. Le gouverneur convenait de la vérité littérale de ces assertions, et ajoutait, avec grâce de son côté, que c'était à lui, empereur, que ces avantages étaient dus, et que toutes les fois que la science serait conduite par la main du pouvoir, elle aurait de grands et d'heureux résultats pour le bien-être de la société. L'Empereur disait que dans les derniers temps, la France avait conquis le sucre de betterave, de même qualité et de même prix que le sucre de canne. Le gouverneur en a été fort étonné ; il ne le soupçonnait pas. L'Empereur lui a affirmé que c'était un fait des plus avérés, bien qu'en opposition directe aux préjugés encore existants de l'Europe, et même de la France. Il a ajouté, de plus, qu'il en était de même du pastel, substitut de l'indigo, et ainsi de presque tous les objets coloniaux, à l'exception du bois de teinture. Ce qui le portait à conclure que, si la découverte de la boussole avait produit une révolution dans le commerce, les progrès de la chimie étaient appelés à en produire la contre-révolution.

On a parlé ensuite des émigrations nombreuses actuelles des ouvriers de France et d'Angleterre en Amérique. L'Empereur remarquait que ce pays privilégié s'enrichissait de nos folies. Le gouverneur a souri, disant que celles de l'Angleterre se trouvaient en tête du catalogue, par les nombreuses fautes ministérielles qui avaient amené la révolte de ces colonies et leur émancipation. A cela l'Empereur faisait observer que cette émancipation, au surplus, avait dû être inévitable ; que quand les enfants sont devenus plus grands que leurs pères, il est difficile qu'ils obéissent longtemps.

Alors la conversation a conduit naturellement aux Indes ; le gouverneur y a demeuré nombre d'années, il y occupait de hauts emplois, il y a fait de grandes recherches, il a pu répondre à une foule de questions de l'Empereur sur les lois, les mœurs, les usages des Indous, l'administration des Anglais, la nature et la confection des lois actuelles, etc.

Les Anglais, aux Indes, sont régis par les lois d'Angleterre ; les indigènes, par les lois locales faites par les divers conseils, agents de la compagnie qui ont pour règle fondamentale de se rapprocher le plus possible des lois mêmes de ces peuples.

Hyder Ali était un homme de génie, Tippoo, son fils, n'était qu'un présomptueux, fort ignorant et très inconsidéré. Hyder Ali avait jusqu'au-delà de cent mille hommes ; Tippoo n'en avait guère jamais eu que cinquante mille. Ces peuples ne manquent pas de courage ; mais ils n'ont pas nos forces physiques ; ils sont sans discipline et sans tactique. Dix-sept mille hommes de troupes anglaises, dont quatre mille Européens seulement, avaient suffi pour détruire cet empire de Misoor. Cependant il était à croire que tôt ou tard l'esprit national affranchirait ces contrées du joug britannique : le mélange du sang européen avec celui des indigènes créait une race mixte, dont le nombre et la nature préparaient certainement, de loin, une grande révolution. Toutefois, aujourd'hui, ces peuples étaient certainement plus heureux qu'avant la domination anglaise : l'administration d'une exacte justice et la douceur du gouvernement étaient, quant à présent, les plus fortes garanties de la métropole. On avait cru devoir y joindre aussi la défense aux Anglais et aux Européens d'y acheter des terres ou d'y former des établissements héréditaires, etc., etc. Voilà ce que j'ai recueilli de plus marquant dans l'intéressante conversation de M. Wilks.

Delphine[1], de Mme de Staël, occupait en ce moment nos soirées. L'Empereur l'analysait : peu de choses trouvaient grâce devant lui. Le désordre d'esprit et d'imagination qui y règne animait sa critique : c'était toujours, disait-il, les mêmes défauts qui l'avaient jadis éloigné de son auteur, en dépit des avances et des cajoleries les plus vives de celle-ci.

Dès que la victoire eut consacré le jeune général de l'armée d'Italie, Mme de Staël, sans le connaître, et par la seule sympathie de la gloire, professa dès cet instant pour lui des sentiments d'enthousiasme dignes de sa *Corinne*[2] ; elle lui écrivait, disait Napoléon, de longues et nombreuses épîtres pleines d'esprit, de feu, de métaphysique : c'était une erreur des institutions humaines, lui mandait-elle, qui avait pu lui donner pour femme la douce et tranquille Mme Bonaparte : c'était une âme de feu, comme la sienne, que la nature avait sans doute destinée à celle d'un héros tel que lui, etc.

Je renvoie aux campagnes d'Italie pour faire voir que l'ardeur de Mme de Staël ne s'était pas ralentie pour n'avoir pas été partagée. Opiniâtre à ne pas se décourager, elle était parvenue plus tard à lier connaissance, même à se faire admettre ; et elle usait de ce privilège, disait l'Empereur, jusqu'à l'importunité. Il est très vrai, ainsi qu'on l'a dit dans le monde, que le général, voulant le lui faire sentir, s'excusait un jour d'être à peine vêtu, et qu'elle avait répondu, avec sentiment et vivacité, que cela importait peu, que le génie n'avait point de sexe.

Mme de Staël nous a transportés naturellement à son père, M. Necker. L'Empereur racontait qu'en allant à Marengo, il avait reçu sa visite à Genève ; que là il avait assez lourdement montré le désir de rentrer au ministère, désir du reste que M. de Calonne, son rival, vint aussi témoigner plus tard à Paris, avec une inconcevable légèreté. M. Necker avait ensuite écrit un ouvrage dangereux sur la politique de la

---

1. Roman de Mme de Staël (1802).
2. Roman publié en 1807.

France, pays qu'il essayait de prouver ne pouvoir plus être ni monarchie ni république, et dans lequel il appelait le Premier consul l'*homme nécessaire*.

Le Premier consul proscrivit l'ouvrage, qui dans ce moment pouvait lui être fort nuisible ; il en livra la réfutation au consul Lebrun, qui, avec sa belle prose, disait l'Empereur, en fit pleine et prompte justice. La coterie Necker s'en aigrit, Mme de Staël intrigua et reçut l'ordre de sortir de France ; depuis elle demeura toujours une ardente et fort active ennemie. Toutefois, au retour de l'île d'Elbe, Mme de Staël écrivit ou fit dire à l'Empereur, lui exprimant à sa manière tout l'enthousiasme que venait de lui causer ce merveilleux événement, qu'elle était vaincue, que ce dernier acte n'était pas d'un homme, qu'il plaçait dès cet instant son auteur dans le ciel. Puis, en se résumant, elle finissait par insinuer que si l'Empereur daignait laisser payer les deux millions déjà ordonnancés par le roi en sa faveur, elle lui consacrerait à jamais sa plume et ses principes. L'Empereur lui fit répondre que rien ne le flatterait plus que son suffrage, car il appréciait tout son talent ; mais qu'en vérité, il n'était pas assez riche pour le payer tout ce prix.

DIMANCHE 21.

> *Mon nouveau logement, etc. Description.*
> *Visite matinale, etc.*

J'étais enfin venu dans le logement qu'on avait bâti pour me tirer de mon étuve. Sur un terrain constamment humide, on avait posé un plancher de dix-huit pieds de long sur onze de large ; on l'avait environné d'un mur d'un pied d'épaisseur, formé d'une espèce de pisé ou de torchis qu'on eût pu abattre d'un coup de pied ; à la hauteur de sept pieds, on l'avait abrité d'une toiture en planches recouvertes de papier goudronné : tel était l'ensemble et le contour de mon nouveau palais, partagé en deux pièces, dont l'une renfermait juste deux lits séparés par une commode, et ne pouvait admettre qu'un seul siège ; l'autre, tout à la fois mon salon et mon cabinet, avait une seule fenêtre scellée à demeure, à cause de la violence des vents et de la pluie ; à droite et à gauche d'elle deux tables à écrire pour moi et mon fils, un canapé en face et deux sièges ; voilà tout l'emménagement et le mobilier. Qu'on ajoute que l'exposition des deux fenêtres était tournée vers un vent constamment de la même direction, et la plupart du temps au degré de tempête, et vers des pluies très communes et fort souvent battantes, qui pénétraient déjà par les ouvertures, ou filtraient par le toit et les murs avant que nous fussions venus nous y établir, et l'on aura la description complète de ma demeure.

Je venais de passer ma première nuit dans ce lieu nouveau ; je ne me portais pas bien et le changement de lit m'avait privé de tout sommeil ; on vint me prévenir, sur les sept heures, que l'Empereur allait monter à cheval ; je répondis que, me sentant incommodé, j'allais essayer de reposer ; mais peu de minutes s'étaient écoulées que quelqu'un entrant brusquement dans ma chambre vint ouvrir mes rideaux avec autorité, trouva mauvais que je fusse aussi paresseux, décida qu'on devait secouer ses incommodités ; puis, frappé de l'odeur de la peinture, de l'extrême petitesse du lieu, du voisinage des deux lits, prononça qu'il ne pouvait être toléré de dormir ainsi l'un sur l'autre, que cela devait être trop malsain, que je devais retourner au lit du cabinet topographique, qu'une fausse délicatesse ne devait pas me le faire abandonner, que si j'y gênais, on saurait bien me le dire. Ce quelqu'un, on l'a deviné, c'était l'Empereur.

Je fus bientôt, comme on le juge, en bas de mon lit, réveillé, guéri et vêtu. Toutefois il était déjà bien loin, et il me fallut le chercher dans la campagne. Après l'avoir rejoint, la conversation tomba sur la longue audience accordée la veille au gouverneur Wilks. Il s'arrêta avec beaucoup de gaieté sur la grande importance que mon ouvrage[1] semblait m'avoir donnée à ses yeux, l'extrême bienveillance qu'il semblait lui avoir inspirée. « Du reste, continuait l'Empereur, à charge de revanche sans doute ; tendresse et fraternité usuelle d'auteurs, tant qu'ils ne se critiquent pas. Et sait-il votre parenté avec le vénérable Las Cases ? » J'ai répondu que je n'en savais rien ; mais le général Gourgaud, qui se trouvait à l'autre côté de l'Empereur, lui a dit que oui. « Et comment le savez-vous vous-même ? me dit alors l'Empereur. Ne vous faites-vous pas une histoire ? – Sire, voici mes

1. L'*Atlas historique* de Las Cases.

preuves : il y avait plus de deux cents ans que nous étions
déjà en France, quand Barthélemi de Las Casas florissait en
Espagne ; mais les historiens espagnols le disent tous de la
ville dont nous sortons nous-mêmes, de Séville ; tous se
réunissent à lui donner une ancienne naissance d'origine française, et font venir les siens en Espagne, précisément au
moment où nous y avons été nous-mêmes. – Quoi donc, vous
n'êtes pas Espagnol ? Vous et lui vous étiez Français ? – Oui,
sire. – Racontez-nous donc cela ; allons, monsieur le don-
jonnier, monsieur le détrousseur, monsieur le paladin ; allons,
rendez-vous heureux, déroulez-nous vos vieux parchemins ;
jouissez un peu. – Sire, un des miens suivait Henri, comte
de Bourgogne, qui, à la tête de quelques croisés, alla faire la
conquête du Portugal, vers l'an 1100... Il en était porte-gui-
don à la fameuse bataille d'Ourique [1], qui fonda la monarchie
portugaise. Depuis, nous sommes revenus en France avec la
reine Blanche, lorsqu'elle vint épouser le père de Saint Louis.
Sire, voilà tout, etc. »

LUNDI 22 AU VENDREDI 26.

Lectures de l'Empereur. Mme de Sévigné. Charles XII.
Paul et Virginie. Vertot. Rollin. Velly. Garnier.

Tous ces jours ont été gâtés par des pluies presque conti-
nuelles. L'Empereur n'a pu monter à cheval qu'une fois le
matin dans le parc, et tenter une seule fois après midi de
franchir notre vallée accoutumée, que le temps avait rendue
presque impraticable. Il n'a pas été plus possible de faire
usage de la calèche ; il a donc fallu se réduire à quelques
tours de jardin, et partager la tristesse du temps. Nous en
avons travaillé davantage ; l'Empereur a pris régulièrement
d'excellentes et fortes leçons d'anglais. Il passe de coutume
toute la matinée à lire ; il lit de suite des ouvrages entiers
fort considérables, sans s'en trouver nullement fatigué ; il
m'en lisait toujours quelque peu avant que de se mettre à
l'anglais.

C'étaient les *Lettres de Mme de Sévigné*, dont le style est

---

1. Alphonse Henriquez la remporta en 1139 sur les Maures. Après la
victoire, il se fit proclamer roi du Portugal.

si coulant, et peint si bien les mœurs du moment. Lisant la mort de Turenne et le procès de Fouquet, il remarquait, pour celui-ci, que l'intérêt de Mme de Sévigné était bien chaud, bien vif, bien tendre pour de la simple amitié.

C'était *Charles XII*[1], dont il lisait la défense contre les Turcs, dans sa maison de Bender ; il ne pouvait s'empêcher de rire et de répéter avec eux : *Tête de fer ! Tête de fer !* Il me demandait si on était bien d'accord sur la nature de sa mort. Je lui disais tenir de la propre bouche de Gustave III, qu'il avait été assassiné par les siens : Gustave l'avait visité dans son caveau ; la balle était d'un pistolet, elle avait été tirée de près et par-derrière, etc., etc. Au commencement de la Révolution, j'avais connu beaucoup Gustave III aux eaux d'Aix-la-Chapelle, et quoique je fusse bien jeune alors, j'avais eu plus d'une fois l'honneur de sa conversation ; il m'avait même promis de me placer dans sa marine, si nos affaires de France tournaient mal.

Un autre jour, c'était *Paul et Virginie*[2] que lisait l'Empereur ; il en faisait ressortir les endroits touchants, ceux-là étaient toujours simples et naturels ; ceux où abondaient le pathos, les idées abstraites et fausses, tant à la mode lorsque l'ouvrage fut publié, étaient tous froids, mauvais, manqués. L'Empereur disait avoir été fort engoué de cet ouvrage dans sa jeunesse.

Mais si l'Empereur aimait *Paul et Virginie*, il riait de pitié, disait-il, des *Études de la Nature* du même auteur. Bernardin, disait-il, bon littérateur, était à peine géomètre ; ce dernier ouvrage était si mauvais que les gens de l'art dédaignaient d'y répondre ; Bernardin en jetait les hauts cris. Le célèbre mathématicien Lagrange répondait toujours à ce sujet, en parlant à l'Institut : « Si Bernardin était de notre classe, s'il parlait notre langue, nous le rappellerions à l'ordre ; mais il est de l'Académie, et son style n'est pas de notre ressort. » Bernardin se plaignant un jour, comme de coutume, au Premier consul du silence des savants à son égard, celui-ci lui dit : « Savez-vous le calcul différentiel, monsieur Bernardin ? – Non. – Eh bien ! allez l'apprendre, et vous vous répondrez à vous-même. » Plus tard, étant empereur, toutes les fois qu'il

1. Roi de Suède de 1697 à 1718, dont Voltaire écrivit la vie.
2. Roman de Bernardin de Saint-Pierre.

l'apercevait, il avait coutume de lui dire : « Monsieur Bernardin, quand nous donnerez-vous des *Paul et Virginie* ou des *Chaumière indienne* ? Vous devriez nous en fournir tous les six mois. »

En lisant les *Révolutions romaines* de Vertot, que l'Empereur estimait fort d'ailleurs, il en trouvait les harangues délayées. C'est la plainte constante de l'Empereur contre tous les ouvrages qu'il rencontre ; cela avait été aussi, disait-il, son défaut à lui-même dans sa jeunesse ; assurément il s'en est bien corrigé depuis. L'Empereur s'est amusé à rayer au crayon les phrases parasites qu'il condamnait dans Vertot : il est sûr qu'avec ces suppressions, l'ouvrage présentait, en effet, bien autrement de la force, de l'énergie et de la chaleur. « Ce serait un travail bien précieux et bien goûté sans doute, disait-il, que de se dévouer à réduire ainsi, avec goût et discernement, les principaux ouvrages de notre langue. Je ne connais guère que Montesquieu, disait-il, qui pût échapper à ces réductions. » Il parcourait souvent Rollin, et le trouvait diffus et trop bonhomme. Crévier [1], son continuateur, lui semblait détestable. Il se plaignait de nos matériaux classiques et du temps que de si mauvais livres faisaient perdre à la jeunesse. C'est qu'ils étaient composés par des rhéteurs, de simples professeurs, et que ces sujets immortels, la base de nos connaissances dans la vie, eussent dû être, disait-il, présentés, écrits et rédigés par des hommes d'État et des hommes du monde. Napoléon avait, à ce sujet, des idées très heureuses ; le temps seul lui avait manqué pour les faire exécuter.

L'Empereur était encore moins satisfait de nos histoires de France ; il n'en pouvait lire aucune : Velly était plein de mots, et vide de choses ; ses continuateurs étaient encore pires. « Notre histoire, disait-il, devait être en quatre ou cinq volumes ou en cent. » Il avait connu Garnier, le continuateur de Velly et de Villaret ; il demeurait tout près de la Malmaison. C'était un bon vieillard octogénaire qui occupait un entresol sur le chemin, avec une petite galerie. Frappé de l'empressement affectueux que témoignait ce bon vieillard toutes les fois que passait le Premier consul, celui-ci s'informa qui ce pouvait être. Apprenant que c'était Garnier, il expliqua son empressement. « Il pensait, sans doute, disait

1. Tous les deux historiens de l'Antiquité romaine (voir *Index*).

gaiement Napoléon, qu'à titre d'historien, le Premier consul était de son domaine ; seulement il devait s'étonner de retrouver des consuls où il était habitué à voir des rois. » Et c'est ce que lui dit en riant le Premier consul, qui le fit appeler un jour, et lui donna une forte pension. « Le bonhomme, ajoutait l'Empereur, dans sa reconnaissance, eût écrit depuis cet instant volontiers et du fond de son cœur tout ce qu'on eût voulu. »

SAMEDI 27.

> *Difficulté vaincue. Dangers personnels de l'Empereur*
> *à Eylau, à Iéna, etc. Troupes russes, autrichiennes,*
> *prussiennes. Le jeune Guibert. Corbineau.*
> *Maréchal Lannes. Bessières. Duroc.*

Sur les cinq heures, l'Empereur est sorti en calèche ; la soirée était fort belle, nous allions fort vite, et l'espace à parcourir est fort court. L'Empereur a fait ralentir dans l'intention de l'allonger. Comme nous rentrions, jetant les yeux sur le camp, dont nous n'étions séparés que par le ravin, il a demandé pourquoi on ne franchirait pas cet espace, qui doublerait notre promenade. On a répondu que c'était impossible, et nous continuions de rentrer ; mais comme réveillé tout à coup par ce mot *impossible*, qu'il a si souvent dit n'être pas français, il a ordonné d'aller reconnaître le terrain ; nous avons tous mis pied à terre ; la calèche seule a continué vers le point difficile ; nous l'avons vue franchir les obstacles, et nous sommes rentrés triomphants, comme si nous venions de doubler nos possessions.

Pendant le dîner et après, on a parlé de divers faits d'armes. Le grand-maréchal disait que ce qui l'avait le plus frappé dans la vie de l'Empereur, était le moment, à Eylau, où, seul avec quelques officiers de son état-major, il se trouva presque heurté par une colonne de quatre à cinq mille Russes : l'Empereur était à pied, le prince de Neuchâtel fit aussitôt avancer les chevaux ; l'Empereur lui lance un regard de reproche, donne l'ordre de faire avancer un bataillon de sa garde, qui était assez loin en arrière, et demeure immobile, répétant plusieurs fois, à mesure que les Russes approchaient : *Quelle audace ! quelle audace !* A la vue des gre-

nadiers de la garde, les Russes s'arrêtèrent net. « Il était plus
que temps, disait Bertrand ; l'Empereur n'avait pas bougé ;
tout ce qui l'entourait avait frémi. »

L'Empereur avait écouté ce récit sans aucune observation ;
mais il a ensuite ajouté qu'une des plus belles manœuvres
qu'il se rappelait était celle qu'il avait exécutée à Eckmühl.
Malheureusement il n'en a point dit davantage, et n'a rien
détaillé. « Le succès à la guerre, a-t-il continué, tient tellement au coup d'œil et au moment que la bataille d'Austerlitz,
gagnée si complètement, eût été perdue si j'eusse attaqué six
heures plus tôt. Les Russes s'y montrèrent des troupes excellentes qu'on n'a jamais retrouvées depuis : l'armée russe
d'Austerlitz n'aurait pas perdu la bataille de la Moskowa.

« Marengo, continuait Napoléon, était la bataille où les
Autrichiens s'étaient le mieux battus ; leurs troupes s'y
étaient montrées admirables ; mais leur valeur s'y enterra :
on ne les a plus retrouvés depuis.

« Les Prussiens n'ont pas fait à Iéna la résistance qu'on
attendait de leur réputation. Du reste, les multitudes de 1814
et de 1815 n'étaient que de la canaille auprès des vrais soldats
de Marengo, d'Austerlitz et d'Iéna. »

L'Empereur disait avoir couru le plus grand danger la
veille d'Iéna, il eût pu disparaître pour ainsi dire sans qu'on
connût bien sa destinée : il s'était approché, durant l'obscurité, des bivouacs ennemis pour les reconnaître ; il n'avait
avec lui que quelques officiers. L'idée qu'on se faisait de
l'armée prussienne tenait chez nous tout le monde en alerte ;
on croyait les Prussiens disposés surtout aux attaques de nuit.
L'Empereur, en revenant, reçut le feu de la première sentinelle de son camp ; ce fut un signal pour toute la ligne ; si
bien que Napoléon n'eut d'autre ressource que de se jeter à
plat ventre, jusqu'à ce que la méprise fût reconnue ; encore
toute sa crainte était-elle que la ligne prussienne, dont il était
fort près, n'en fît alors autant.

A Marengo, les soldats autrichiens avaient bien conservé
le souvenir du vainqueur de Castiglione, d'Arcole et de
Rivoli ; son nom était bien quelque chose sur leur esprit ;
mais ils étaient loin de le croire présent ; ils le croyaient
mort ; on avait pris soin de leur persuader qu'il avait péri en
Égypte ; que ce Premier consul dont on leur parlait n'était
que son frère. Ce bruit s'était tellement accrédité partout, que

Napoléon fut dans l'obligation de se montrer publiquement à Milan pour le détruire.

L'Empereur, passant ensuite à un grand nombre d'officiers et de ses aides de camp, leur distribuait couramment le blâme et la louange ; il les connaissait tous à fond. Deux des circonstances, disait-il, qui l'avaient le plus affecté sur les champs de bataille, avaient été la mort du jeune Guibert et celle du général Corbineau ; un boulet, à Aboukir, avait percé la poitrine du premier, de part en part, sans l'achever ; l'Empereur, après lui avoir adressé quelques paroles, s'était vu contraint, par la force de ses propres sensations, de s'éloigner. L'autre avait été enlevé, roulé, réduit à rien par un boulet, à Eylau, sous les yeux de l'Empereur, comme il achevait de lui donner des ordres.

L'Empereur citait aussi les derniers moments du maréchal Lannes, ce valeureux duc de Montebello, si justement appelé le *Roland de l'armée* [1], qui, visité par l'Empereur, sur son lit de mort, semblait oublier sa situation pour ne s'occuper que de celui qu'il aimait par-dessus tout. L'Empereur en faisait le plus grand cas. « Il n'avait été longtemps qu'un sabreur, disait-il ; mais il était devenu du premier talent. » Quelqu'un a dit alors qu'il serait curieux de connaître quelle conduite il eût tenue dans ces derniers temps. « Nous avons appris à ne jurer de rien, disait l'Empereur. Toutefois je ne pense pas qu'il eût été possible de le voir manquer à l'honneur et au devoir. D'ailleurs il est à croire qu'il n'aurait pas existé ; brave comme il l'était, il est indubitable qu'il se fût fait tuer dans les derniers temps, ou du moins qu'il eût été assez blessé pour se trouver à l'écart, hors du centre et de l'influence des affaires. Enfin, s'il eût été disponible, il était de ces hommes à changer la face des affaires par son propre poids et sa propre influence. »

L'Empereur vint ensuite à Duroc, sur le caractère et la vie privée duquel il s'arrêta longtemps. « Duroc, concluait-il, avait des passions vives, tendres et secrètes qui répondaient peu à sa froideur extérieure. J'ai été longtemps avant de le savoir, tant son service était exact et régulier ; ce n'était que quand ma journée était entièrement close et finie, quand je reposais déjà, que la sienne commençait. Le hasard seul ou

1. Voir note, p. 234.

quelque accident ont pu me le faire connaître. Duroc était
pur et moral, tout à fait désintéressé pour recevoir, extrêmement généreux pour donner. »

L'Empereur disait qu'en ouvrant la campagne de Dresde,
il avait perdu deux hommes bien précieux, et cela, remarquait-il, le plus bêtement du monde : c'étaient Bessières et
Duroc. Il affectait en ce moment d'en parler avec un stoïcisme qu'on s'apercevait bien n'être pas naturel. Quand il
alla voir Duroc, après son coup mortel, il essaya de lui donner
quelques espérances ; mais Duroc, qui ne s'abusait pas, ne
lui répondit qu'en le suppliant de lui faire donner de l'opium.
L'Empereur, trop affecté, ne put prendre sur lui de rester
longtemps et se déroba à ce déchirant spectacle. Alors l'un
de nous lui a rappelé que revenu d'auprès de Duroc, il se mit
à se promener seul devant sa tente ; personne n'osait l'aborder. Cependant on avait des mesures essentielles à prendre
pour le lendemain ; on se hasarda donc à venir lui demander
où il fallait placer la batterie de la garde. *A demain tout*, fut
la réponse de l'Empereur.

A ce ressouvenir, l'Empereur, avec affectation, a parlé
brusquement d'autre chose.

Duroc fut une de ces personnes dont on ne connaît le prix
qu'après l'avoir perdue : telle a été, après sa mort, la phrase
de la cour et de la ville, tel a été le sentiment unanime partout.

Duroc était natif de Nancy, département de la Meurthe.
On doit avoir lu plus haut l'origine de sa fortune : Napoléon
l'avait trouvé au siège de Toulon, et s'y intéressa tout
d'abord. Depuis il s'y était attaché chaque jour davantage, et
l'on pourrait même dire qu'ils ne s'étaient plus quittés. J'ai
dit ailleurs avoir entendu de l'Empereur que, dans toute sa
carrière, Duroc seul avait possédé sa confiance aveugle et
reçu tous ses épanchements. Duroc n'était pas brillant ; mais
il avait un excellent jugement, et rendait des services essentiels que sa modestie et leur nature laissaient peu connaître.

Duroc aimait l'Empereur pour lui-même ; c'était à
l'homme privé surtout qu'il portait son dévouement, bien
plus qu'au monarque. En recevant et accueillant les sensations intimes du prince, il avait acquis le secret, peut-être le
droit de les adoucir et de les diriger : combien de fois n'a-t-il
pas dit à l'oreille de gens consternés par la colère de l'Empereur : « Laissez-le aller : il dit ce qu'il sent, non ce qu'il

pense, ni ce qu'il fera demain. » Quel serviteur ! quel ami ! quel trésor que celui-là ! Que d'éclats il a arrêtés ! que d'ordres reçus dans le premier mouvement qu'il n'a pas exécutés, sachant qu'on lui en saurait gré le lendemain ! L'Empereur s'était fait à cette espèce d'arrangement tacite, et ne s'en abandonnait que davantage à cette explosion qu'arrache parfois la nature, et qui soulage par son épanchement.

Duroc périt de la manière la plus malheureuse, dans un moment bien critique, et sa mort fut encore une des fatalités de la carrière de Napoléon.

Le lendemain de la bataille de Wurchen, sur le soir, le léger combat de Reichenbach venait de finir ; tous les coups avaient cessé. Duroc, d'une éminence, et causant avec le général Kirchner, observait à l'écart la retraite des derniers rangs ennemis ! Une pièce fut ajustée sur ce groupe doré, et le fatal boulet fit périr les deux généraux [1].

Duroc influait plus qu'on ne pense sur les déterminations de l'Empereur ; sa mort a peut-être été, sous ce rapport, une calamité nationale. On a des raisons de croire que, s'il eût vécu, l'armistice de Dresde, qui nous a perdus, n'aurait pas eu lieu ; on eût poussé jusqu'à l'Oder et au-delà, alors les ennemis eussent accédé dès cet instant à la paix, et nous eussions échappé à leurs machinations, à leurs intrigues et surtout à la longue, basse et atroce perfidie du cabinet autrichien qui nous a perdus.

Plus tard, Duroc eût encore influé sur d'autres grands événements, et fait prendre sans doute une autre face aux affaires. Enfin, plus tard encore, lors de la chute de Napoléon, Duroc n'eût certainement pas séparé ses destinées de celles de l'Empereur. Duroc se fût trouvé avec nous à Sainte-Hélène ; et ce seul secours eût suffi peut-être pour contrebalancer en Napoléon tous les horribles tourments dont on prétendit l'abreuver.

Bessières, du département du Lot, fut jeté par la Révolution dans la carrière des armes : il débuta par être simple soldat dans la garde constitutionnelle de Louis XVI. Devenu

---

1. Le général Kirchner [Kirgener] était un officier du génie, très distingué, beau-frère du maréchal Lannes, qui l'avait choisi sur son courage et sa capacité. *(Las Cases.)*

plus tard officier de chasseurs, des actes d'une bravoure personnelle extraordinaire attirèrent l'attention du général en chef de l'armée d'Italie, qui, lorsqu'il créa ses guides, choisit Bessières pour les commander. Voilà les commencements de Bessières et l'origine de sa fortune. A compter de cet instant, on le retrouve toujours, à la tête de la garde du consul ou de la garde impériale, dans des charges de réserve décidant la victoire ou recueillant ses fruits. Son nom se rattache noblement à toutes nos belles batailles.

Bessières grandit avec l'homme qui l'avait distingué, et reçut une part abondante des faveurs que répandit l'Empereur : il fut fait maréchal d'Empire, duc d'Istrie, colonel de la cavalerie de la garde, etc.

Ses qualités se développant avec les circonstances, le montrèrent toujours à la hauteur de sa fortune : on vit Bessières constamment bon, humain, généreux ; d'une loyauté, d'une droiture antiques ; soldat, homme de bien et citoyen honnête homme. Il employa souvent sa haute faveur à des services et à des obligeances spéciales, même en dépit d'opinions contraires. Je connais des gens qui, s'ils veulent être reconnaissants, le répéteront avec moi, et pourront certifier en lui des sentiments bien noblement hauts.

Bessières était adoré de la garde, au milieu de laquelle il passait sa vie. A la bataille de Wagram, un boulet le renversa de son cheval, sans lui causer d'autre dommage. Ce fut un cri de douleur dans toute la garde ; aussi Napoléon lui dit-il en le retrouvant : « Bessières, le boulet qui vous a frappé a fait pleurer toute ma garde ; remerciez-le, il doit vous être bien cher. »

Moins heureux à l'ouverture de la campagne de Saxe, la veille même de la bataille de Lutzen, dans une circonstance assez insignifiante, s'étant porté en avant au milieu des tirailleurs, il y fut frappé dans la poitrine d'un boulet qui le renversa mort. Il avait vécu comme Bayard, il mourut comme Turenne.

J'avais conversé avec lui bien peu de temps avant ce funeste événement. Le hasard nous avait réunis tête à tête en loge particulière au théâtre, où, après avoir causé des affaires qui l'affectaient fort, car il idolâtrait la patrie, son dernier mot, en me quittant, fut qu'il partait pour l'armée dans la nuit, et qu'il désirait que nous pussions nous revoir. « Car, ajoutait-il, dans la crise des circonstances, et avec nos jeunes soldats, c'est à nous autres chefs à ne pas nous épargner. » Hélas ! il ne devait plus revenir !

Bessières aimait sincèrement l'Empereur et lui portait une espèce de culte ; il n'eût certainement pas, plus que Duroc, abandonné ni sa personne, ni sa destinée. Et il semble que le sort, si décidément prononcé contre Napoléon, dans ses derniers moments, en lui enlevant deux amis aussi vrais, se soit plu à lui ôter la plus douce jouissance, et à priver deux de ses plus fidèles serviteurs de leur plus beau titre de gloire : celui de la reconnaissance envers le malheur.

L'Empereur avait fait transporter aux Invalides, à Paris, les restes de deux hommes qu'il aimait et dont il se savait tant aimé. Il leur réservait des honneurs extraordinaires, les événements qui ont suivi les en ont privés ; mais l'histoire, dont les pages sont plus impérissables encore que le marbre et le bronze, les a consacrés à jamais, et les sauve pour toujours de l'oubli des hommes.

Voici ce que l'on trouve dans *la Campagne de Saxe* de 1813, par le baron d'Odeleben, témoin oculaire, sous la date du 10 août, au moment de la reprise d'armes, deux ou trois mois après la mort de Duroc.

« Pendant la marche de Reichenbach à Gorlitz, Napoléon s'arrêta à Makersdorf, et montra au roi de Naples l'endroit où Duroc était tombé ; il manda le propriétaire de la petite ferme où le grand-maréchal était mort, et lui assigna la somme de vingt mille francs, dont quatre mille francs pour un monument en l'honneur de Duroc, et seize mille francs pour les propriétaires de la maison, mari et femme. La donation fut accomplie dans la soirée, en présence du curé et du juge de Makersdorf, l'argent fut compté devant eux, et ils furent chargés de faire ériger ce monument. »

DIMANCHE 28.

> *Étude de l'anglais, etc. Détails. Réflexions, etc.*
> *Promenades à cheval. Cheval embourbé, autres*
> *traits caractéristiques.*

Nos jours se passaient, comme chacun le soupçonne, dans une grande et insipide monotonie. L'ennui, les souvenirs, la mélancolie, étaient nos dangereux ennemis ; le travail notre grand, notre unique refuge. L'Empereur suivait très régulièrement ses occupations, l'anglais était devenu pour lui une affaire importante. Il y avait près de quinze jours qu'il avait pris sa première leçon, et, à compter de cet instant, quelques heures tous les jours, depuis midi, avaient été employées à cette étude, tantôt avec une ardeur vraiment admirable, tantôt avec un dégoût visible ; alternative qui m'entretenait moi-même dans une véritable anxiété. J'attachais le plus grand prix aux succès et je craignais chaque jour de voir abandonner les efforts de la veille ; d'en être pour l'ennui mortel que j'aurais causé, sans le résultat précieux que je m'étais promis. D'un autre côté, chaque jour aussi j'étais aiguillonné davantage, en me voyant approcher du but auquel je tendais. L'acquisition de l'anglais pour l'Empereur était une véritable et sérieuse conquête. Jadis il lui en coûtait, disait-il, annuellement, pour de simples traductions cent mille écus, et encore les avait-il bien à point nommé ? ajoutait-il ; étaient-elles fidèles ? Aujourd'hui nous nous trouvions emprisonnés au milieu de cette langue, entourés de ses productions ; tous les grands changements, toutes les grandes questions que l'Empereur avait créés sur le continent, avaient été traités par les Anglais en sens opposé : c'étaient autant de faces nouvelles pour l'Empereur, auquel elles étaient jusque-là demeurées étrangères.

Qu'on ajoute que les livres français étaient rares parmi nous, que l'Empereur les connaissait tous et les avait relus jusqu'à satiété, tandis que nous pouvions nous en procurer une foule d'anglais tout à fait neufs pour lui. Enfin l'acquisition de la langue d'un étranger devient un titre à ses yeux, c'est un agrément pour soi, un véritable avantage ; c'est une facilité de pourparler, et en quelque sorte un commencement de liaison pour tous deux. Quoi qu'il en soit, j'apercevais déjà le terme de nos difficultés ; j'entrevoyais le moment où l'Empereur aurait traversé tous les dégoûts inévitables du commencement. Mais qu'on se figure si l'on peut tout ce que devait être pour lui l'étude scolastique des conjugaisons, des déclinaisons, des articles, etc. On ne pouvait y être parvenu qu'avec un grand courage de la part de l'écolier, un véritable artifice de la part du maître. Il me demandait souvent s'il ne méritait pas des férules, il devinait leur heureuse influence dans les écoles ; il eût avancé davantage, disait-il gaiement, s'il eût eu à les craindre. Il se plaignait de n'avoir pas fait de progrès, et ils auraient été immenses pour qui que ce fût.

Plus l'esprit est grand, rapide, étendu, moins il peut s'arrêter sur des détails réguliers et minutieux. L'Empereur, qui saisissait avec une merveilleuse facilité tout ce qui regardait le raisonnement de la langue, en avait fort peu dès qu'il s'agissait de son mécanisme matériel. C'étaient une vive intelligence et une fort mauvaise mémoire ; cette dernière circonstance surtout le désolait ; il trouvait qu'il n'avançait pas. Dès que je pouvais soumettre les objets en question à quelque loi ou analogie régulière, c'était classé, saisi à l'instant ; l'écolier devançait même alors le maître dans les applications et les conséquences ; mais fallait-il retenir par cœur et répéter les éléments bruts, c'était une grande affaire ; on prenait sans cesse les mots les uns pour les autres, et il serait devenu trop fastidieux d'exiger d'abord une trop scrupuleuse régularité. Une autre difficulté, c'est qu'avec les mêmes lettres, les mêmes voyelles, ces mots nous demandaient une tout autre prononciation ; l'écolier ne voulait reconnaître que la nôtre ; et le maître eût décuplé les difficultés de l'ennui, s'il eût voulu exiger mieux.

Enfin l'écolier, même dans sa propre langue, avait la manie d'estropier les noms propres ; les mots étrangers, il les prononçait tout à fait à son gré ; et une fois sortis de sa bouche, quoi qu'on fît, ils demeuraient toujours les mêmes, parce qu'il les avait, une fois pour toutes, logés de la sorte dans sa tête. C'est ce qui ne manqua pas d'arriver pour la plupart de nos mots anglais, et le maître dut avoir la sagesse et l'indulgence de s'en contenter, laissant au temps à rectifier peu à peu, s'il était jamais possible, toutes ces incorrections. De ce concours de circonstances il naquit véritablement une nouvelle langue qui n'était entendue que de moi, il est vrai ; mais elle procurait à l'Empereur la lecture de l'anglais ; et il eût pu, à toute rigueur, se faire entendre par écrit : c'était déjà beaucoup, c'était tout.

Cependant l'Empereur continuait régulièrement sa campagne d'Égypte avec le grand-maréchal ; celle d'Italie était finie depuis longtemps : nous la touchions et retouchions sans cesse, quant à sa forme typographique, à la contexture des chapitres et à la coupe des paragraphes, etc. On en verra, dans le courant de cet ouvrage, le peu qui m'en est resté dans les mains.

De temps à autre il dictait de fantaisie des objets séparés à MM. Gourgaud et Montholon. A tout ce travail il joignait fort peu d'exercice : quelques promenades à pied, parfois la calèche, presque plus de cheval.

Le 30, il voulut cependant revenir à notre vallée du Silence, abandonnée depuis longtemps. Nous étions vers son milieu ; le passage était bouché par des broussailles mortes et une espèce de barrière faite pour arrêter le bétail. Le chasseur (le fidèle Ali) descendit comme de coutume, pour nous ouvrir la porte. Nous passâmes, mais le cheval du chasseur, pendant son opération, s'était éloigné de lui ; quand il voulut le reprendre, il s'enfuit. Il avait beaucoup plu, il alla s'embourber dans un marécage pareil à celui où l'Empereur, peu de jours après notre arrivée à Longwood, s'était vu enfoncer de manière à craindre d'y demeurer. Le chasseur courut après nous, pour nous dire qu'il demeurait pour débarrasser son cheval. Nous étions dans un chemin très difficile, fort étroit, à la file les uns des autres ; ce ne fut que quelque temps après que l'Empereur nous entendit redire entre nous l'accident du chasseur. Il gronda de ce que nous n'avions point attendu, et voulut que le grand-maréchal et le général Gourgaud retournassent vers lui. L'Empereur mit pied à terre pour les attendre, et marcha vers une petite élévation d'où il paraissait comme sur un piédestal, au milieu des ruines. Il avait la bride de son cheval passée autour de son bras, et s'est mis à siffler un air ; il avait pour écho une nature muette, et pour tout entourage la nudité du désert. « Et pourtant, me suis-je dit involontairement, naguère encore que de sceptres dans ses mains ! Que de couronnes sur sa tête ! Que de rois à ses pieds !... Il est vrai, continuai-je à part moi, qu'aux yeux de tous ceux qui l'approchent, le voient, l'entendent chaque jour, il demeure plus grand qu'il ne le fut jamais ! C'est le sentiment, l'opinion de tout ce qui l'entoure. Nous le servons avec autant d'ardeur ; nous l'aimons avec plus de tendresse !... »

Sur ces entrefaites arrivèrent le grand-maréchal et Gourgaud : ils aidèrent l'Empereur à remonter à cheval, et nous continuâmes. Ces messieurs avouaient du reste que, sans leur secours, le cheval n'eût jamais pu s'en retirer ; les efforts

réunis de tous les trois avaient à peine suffi. Assez longtemps
après, au tournant d'un coude, l'Empereur observa que le
chasseur n'avait pas suivi, et dit qu'il eût fallu attendre de le
savoir en état de continuer ; ces messieurs pensaient qu'il
était demeuré pour nettoyer tant soit peu son cheval. Dans le
cours de notre promenade, à plusieurs autres tournants,
l'Empereur répéta la même observation. Nous entrâmes chez
le grand-maréchal, où nous nous reposâmes quelques instants ; l'Empereur, en sortant, demanda si le chasseur était
passé, on ne l'avait pas vu. Enfin, arrivant à Longwood, sa
première parole fut encore de demander si le chasseur était
arrivé ; il l'était depuis longtemps, étant revenu par une route
différente.

Je viens d'appuyer peut-être beaucoup sur cette minutieuse
circonstance ; mais c'est qu'elle m'a paru tout à fait caractéristique. Dans cette sollicitude domestique le lecteur aura
de la peine à retrouver le monstre insensible, dur, méchant,
cruel, en un mot le tyran dont on l'a si souvent, si longtemps
entretenu.

La lecture d'O'Méara, depuis la première publication du
Mémorial, m'a fait connaître deux autres circonstances qui
coïncident si bien avec mon observation ci-dessus, et confir-
ment si complètement l'idée que je m'étais faite du cœur et
de la sensibilité réelle de Napoléon, que je ne puis résister à
les transcrire ici.

O'Méara se trouvait chez l'Empereur en conversation tête
à tête avec lui.

« Tandis que Napoléon parlait, dit-il, ma vue s'est obscur-
cie ; tous les objets m'ont paru tourner autour de moi, et je
suis tombé sans connaissance sur le plancher. Revenu à moi,
non, je n'oublierai jamais la sensation que m'a fait éprouver
le premier objet offert à ma vue : Napoléon, la figure penchée
sur mon visage, me considérant avec l'expression du plus
grand intérêt, de la plus vive anxiété ; d'une main il ouvrait
mon col de chemise et de l'autre me faisait respirer du vinai-
gre des Quatre-Voleurs. – Lorsque vous êtes tombé, m'a-t-il
dit, j'ai d'abord cru que votre pied avait glissé ; mais vous
voyant demeurer sans mouvement, j'ai craint que ce fût une
attaque d'apoplexie. Marchand est entré à ce moment, et
Napoléon lui a commandé de m'apporter de l'eau de fleur
d'oranger, un de ses remèdes favoris. En me voyant tomber,

son empressement avait été tel qu'il avait arraché le cordon de sa sonnette. Il me dit m'avoir relevé, placé sur une chaise, arraché ma cravate, inondé d'eau de Cologne, et me demandait si c'était bien cela qu'il avait dû faire ; et quand je l'ai quitté, il a dit à Marchand, et tout bas pour que je n'entendisse pas, de me suivre, dans la crainte d'un nouvel accident en regagnant ma demeure.

« Cipriani, le maître d'hôtel de Longwood, dit ailleurs M. O'Méara, touchait à son dernier moment ; Napoléon, qui l'aimait comme son compatriote et comme lui étant entièrement dévoué, se montrait fort inquiet, et demandait souvent de ses nouvelles. On ne désespérait pas tout à fait ; mais il était d'une faiblesse extrême. La veille de sa mort, Napoléon m'envoya chercher à minuit ; et comme je lui peignais l'état d'immobilité du malade : Mais, me dit-il, si j'allais me montrer au pauvre Cipriani, ma présence ne pourrait-elle pas stimuler en lui la nature qui dort, et l'aider à vaincre la maladie ? Et il tâcha de rendre son opinion plausible en décrivant les effets électriques qu'il avait plus d'une fois produits de la sorte. Je répondis que Cipriani avait encore sa connaissance, et que j'étais persuadé que l'amour et la vénération qu'il avait pour son maître le porteraient, en le voyant, à faire un effort pour se lever sur son séant, et qu'il était à craindre qu'il ne passât dans ce mouvement. – Alors, conclut-il après quelques observations encore, j'y dois renoncer : c'est aux gens de l'art à prononcer là-dessus. »

CHAPITRE QUATRIÈME

Fragments de la campagne d'Italie

J'ai dit plus haut quelque part dans ce recueil que je donnerais des fragments de la campagne d'Italie demeurés en mes mains. Me voilà à la fin d'un mois, j'en vais placer quelques chapitres.

A mon retour en France, par la funeste circonstance qui m'a rendu à moi-même, les motifs de garder pour moi seul les fragments de la campagne d'Italie que je possédais du consentement de l'Empereur n'existant plus, et la privation de mes papiers par le ministère anglais ne me laissant pas l'occasion de rien publier sur Sainte-Hélène, je distribuai quelques-uns de ces fragments, ne mettant d'autre condition à leur publicité que de bien spécifier qu'ils étaient de simples brouillons de premières dictées qui auront reçu sans doute, par la suite, de grandes altérations. Aujourd'hui que la restitution de mes papiers m'a mis à même de publier le *Mémorial de Sainte-Hélène*, j'ai eu la pensée d'y réunir tous ces fragments de la campagne d'Italie, imaginant qu'ils ne seront pas sans intérêt pour ceux qui aimeront à comparer ce premier jet avec les idées arrêtées : d'autant plus que tenant des dépositaires mêmes du manuscrit de ces campagnes que la volonté de l'Empereur a été que le tout fût publié avec luxe, cartes, plans, etc., et dédié à son fils, j'ai tout lieu de croire qu'on sera longtemps encore avant de jouir de cette publication [1]. J'insérerai donc le peu que je possède, sept chapitres

---

1. Les chapitres de la campagne d'Italie étaient particulièrement ce que je me proposais de supprimer dans cette réimpression, pensant d'abord que, puisqu'en ce moment on les publiait dans toute leur étendue, mes fragments isolés devenaient dès lors inutiles. Toutefois, j'ai été conduit à changer de détermination par le sentiment que j'ai éprouvé moi-même en comparant les deux versions ; sentiment, ai-je pensé, que beaucoup d'autres pourront

sur vingt-deux, soit à la fin des mois, soit dans le cours même du journal quand il viendra à languir.

Voici pour le présent les premiers de ces fragments : Vendémiaire, la bataille de Montenotte, et partie du chapitre III sur la topographie d'Italie.

TREIZE VENDÉMIAIRE [1]

1. *Constitution de l'an III*. La chute [2] de la municipalité du 31 mai et du parti de Danton, de Robespierre, amena la chute des Jacobins et la fin du gouvernement révolutionnaire. *Depuis*, la Convention fut successivement gouvernée par des factions qui ne surent acquérir aucune prépondérance : ses principes variaient chaque mois. Une épouvantable réaction *affligea* l'intérieur de la république ; les domaines cessèrent de se vendre, et le discrédit des assignats croissant chaque jour, les armées se trouvaient sans solde, les réquisitions et le maximum y avaient seuls maintenu l'abondance ; les magasins se vidèrent ; le pain même du soldat ne fut plus assuré. Le recrutement, dont les lois avaient été exécutées avec la plus grande rigueur, sous le gouvernement révolu-

-----

partager avec moi. Des pages entières restent littéralement les mêmes, il est vrai ; mais, tout à coup, des mots se trouvent changés, des épithètes altérées, des phrases ou même des paragraphes entiers supprimés, non pour la seule amélioration du style, mais pour la modification évidente du sens. Or, il n'est pas sans un grand intérêt, pour un grand nombre, de pouvoir connaître les motifs intérieurs qui ont amené ces variantes ; suivre la disposition d'esprit qui a dû les dicter ; assister, pour ainsi dire, au développement de la pensée du moment, la saisir tout entière dans ses rapports avec les conséquences qu'elle a pour objet de consacrer.

Dans le chapitre actuel, par exemple, les variantes montrent une légère suppression sur Pichegru, quelques additions lors du choix du général pour la journée de vendémiaire ; mais surtout la suppression entière du monologue, d'ailleurs si remarquable ; et pourquoi cette dernière détermination ; car ce monologue avait déjà assez arrêté l'attention du narrateur, pour avoir reçu des corrections de sa propre main, ainsi que le démontre la version du *Mémorial* ; mais en voilà assez, je pense, pour me justifier d'avoir tout conservé. *(Las Cases.)*

1. Tous les mots en caractère italique sont des corrections faites au manuscrit original, de la main de Napoléon même. *(Las Cases.)*

– Il s'agit du 13 vendémiaire (4 octobre) 1795.

2. Le 2 mai 1793 qui vit la chute des Girondins.

tionnaire, cessa. Les armées continuèrent d'obtenir de grands succès, parce que jamais elles n'avaient été plus nombreuses ; mais les armées éprouvaient des pertes journalières, il n'y *avait* plus de moyens pour les réparer.

Le parti de l'étranger, qui s'étayait du prétexte du rétablissement des Bourbons, acquérait chaque jour de nouvelles forces. Les salons étaient ouverts, on y discourait sans crainte ; les communications étaient devenues plus faciles avec l'extérieur ; la perte de la république se tramait publiquement.

La Révolution était vieille, elle avait froissé bien des intérêts : une main de fer avait pesé sur les individus. Bien des crimes avaient été commis : ils furent tous relevés avec acharnement, et chaque jour davantage on excita l'animadversion publique contre tous ceux qui avaient gouverné, administré ou participé, d'une manière quelconque, aux succès de la Révolution.

Pichegru avait été gagné : c'était le premier général de la république, fils d'un laboureur de Franche-Comté, et frère minime, dans sa jeunesse, au collège de Brienne ; il se vendit au parti royal et lui livra le succès des opérations de son armée.

Les prosélytes des ennemis de la république ne furent pas nombreux dans l'armée ; elle resta fidèle aux principes de la Révolution pour lesquels elle avait versé tant de sang, et remporté tant de victoires.

Tous les partis étaient fatigués de la Convention : elle l'était d'elle-même. Sa mission avait été l'établissement de la Constitution ; elle vit enfin que le salut de la patrie, le sien propre, exigeaient que, sans délai, *elle remplît sa principale mission*. Elle adopta, le 21 juin 1795, la Constitution connue sous le titre de Constitution de l'an III. Le gouvernement était confié à cinq personnes, sous le nom de Directoire ; la législature à deux conseils, dits des Cinq-Cents et des Anciens. Cette Constitution fut soumise à l'acceptation du peuple, réuni en assemblée primaire.

2. *Lois additionnelles à la Constitution*. L'opinion était généralement répandue qu'il fallait attribuer la chute de la Constitution de 91 à la loi de la Constituante, *qui excluait ses membres de la législature*. La Convention ne *tomba pas*

dans la même faute ; elle joignit à la Constitution deux lois additionnelles, par lesquelles elle prescrivit que les deux tiers de la législature nouvelle seraient composés des membres de la Convention, et que les assemblées électorales de départements n'auraient à nommer, *pour cette fois*, qu'un tiers seulement des deux conseils. La Convention prescrivit de plus que ces deux lois additionnelles seraient soumises à l'acceptation du peuple, comme parties inséparables de la Constitution.

Le mécontentement fut, dès lors, général. Le parti de l'étranger surtout voyait tous ses projets déjoués par ces dispositions. Il s'était flatté que les deux conseils auraient été entièrement composés d'hommes neufs et étrangers à la Révolution, ou même en partie de ceux qui en avaient été victimes ; et dès lors il *espérait* d'arriver à la contre-révolution par l'influence même de la législature.

Ce parti ne manquait pas de très bonnes raisons pour cacher les véritables motifs de son mécontentement ; il alléguait que les droits du peuple étaient méconnus, puisque la Convention, qui n'avait eu de mission que pour établir une Constitution, usurpait les pouvoirs d'un corps électoral en donnant elle-même à ses membres les pouvoirs d'un corps législatif ; que la preuve que la Convention savait qu'elle agissait contre l'intention du peuple, c'est qu'elle imposait aux assemblées primaires la condition *arbitraire* de voter à la fois sur l'ensemble de la Constitution et ses lois additionnelles. La Convention ne devait vouloir que ce que voulait le peuple. Pourquoi ne laissait-elle pas voter séparément sur la Constitution et les lois additionnelles ? C'est qu'elle savait que les lois additionnelles seraient unanimement rejetées. Quant à la Constitution en elle-même, elle était préférable sans doute à ce qui existait, et, sur ce point, tous les partis étaient d'accord. Les uns, il est vrai, eussent voulu un président, au lieu de cinq directeurs, les autres auraient désiré un conseil plus populaire ; mais en général on vit cette nouvelle Constitution avec plaisir. Quant au parti de l'étranger, qui était dirigé par des comités secrets, il n'attachait aucune importance à des formes de gouvernement qu'il ne voulait pas maintenir ; il n'étudiait dans la Constitution que le moyen d'en profiter pour opérer la contre-révolution ; et tout ce qui tendait à ôter l'autorité des mains de la Convention et des conventionnels lui était agréable.

3. *Les lois additionnelles sont rejetées par les sections de Paris*. Les quarante-huit sections de Paris se réunirent ; ce furent quarante-huit tribunes dans lesquelles *accoururent* les orateurs les plus virulents : La Harpe, Sérizi, Lacretelle jeune, Vaublanc, Régnault, etc. *Il fallait* peu de talent pour exciter tous les esprits contre la Convention ; et *plusieurs* de ces orateurs en montrèrent beaucoup.

La capitale fut ainsi mise en fermentation. *Après le 9 thermidor, on avait organisé* la garde nationale. On avait eu *en vue d'en éloigner* les Jacobins ; mais on était tombé dans l'excès contraire, et les contre-révolutionnaires s'y trouvaient en assez grand nombre.

Cette garde nationale était de plus de quarante mille hommes, armée et habillée. Elle partagea toute l'exaspération des sectionnaires contre la Convention ; et les lois additionnelles furent rejetées dans Paris. Les sections se succédèrent à la barre de la Convention, et y manifestaient hautement leur opinion. La Convention cependant croyait encore que toute cette agitation se calmerait aussitôt que les provinces auraient manifesté leur opinion par l'acceptation de la Constitution et des lois additionnelles. Elle croyait pouvoir comparer cette agitation de la capitale à ces commotions si communes à Londres, et dont Rome avait si souvent donné l'exemple au temps des comices. Elle proclama le 23 septembre l'acceptation de la Constitution et des lois additionnelles, par la majorité des assemblées primaires ; mais dès le lendemain, les sections de Paris nommèrent des députés pour former une assemblée centrale d'électeurs qui se réunirent à l'Odéon.

4. *Résistance armée des sections de Paris*. Les sections avaient mesuré leurs forces, évalué la faiblesse de la Convention : cette assemblée d'électeurs fut une assemblée d'insurgés.

La *Convention* annula l'assemblée de l'Odéon, la déclara illégale, et ordonna à ses comités de la dissoudre par la force. Le 10 vendémiaire, la force armée se porta à l'Odéon et exécuta cet ordre. Le peuple, rassemblé sur la place de l'Odéon, fit entendre quelques murmures, se permit quelques injures, mais n'opposa aucune résistance.

Le décret de la Convention qui fermait l'Odéon excita l'indignation de toutes les sections. Celle Lepelletier, dont le chef-lieu était au couvent des Filles-Saint-Thomas, paraissait être à la tête de ce mouvement. Un décret de la Convention ordonna que le lieu de ses séances fût fermé, l'assemblée dissoute et la section désarmée.

Le 12 vendémiaire (3 octobre), à sept ou huit heures du soir, le général Menou, accompagné des représentants du peuple, commissaires près de l'armée de l'intérieur, se rendit, avec un corps nombreux de troupes, au lieu des séances de la section Lepelletier, pour y faire exécuter le décret de la Convention. Infanterie, cavalerie, artillerie, tout fut entassé dans la rue Vivienne, à l'extrémité de laquelle était le couvent des Filles-Saint-Thomas. Les sectionnaires occupaient *les fenêtres des* maisons de cette rue ; plusieurs de leurs bataillons *se rangèrent* en bataille dans la cour du couvent, et la force militaire que commandait le général Menou *se trouva compromise*.

Le comité de la section s'était déclaré représentant du peuple souverain, dans l'exercice de ses fonctions ; il refusa d'obéir aux ordres de la Convention ; et après une heure d'inutiles pourparlers, le général Menou et les commissaires de la Convention se retirèrent, par une espèce de capitulation, sans avoir désarmé ni dissous ce rassemblement.

5. *Menou est destitué du commandement de l'armée de l'intérieur*. La section, demeurée victorieuse, se constitua en permanence, envoya des députations à toutes les autres sections, vanta ses succès et pressa l'organisation qui pouvait assurer sa résistance. *On* se prépara à la journée du 13 vendémiaire.

Le général Bonaparte, attaché depuis quelques mois à la direction du mouvement des armées de la république, était dans une loge à Feydeau, lorsque de ses amis le prévinrent de la scène singulière qui se passait. Il fut curieux d'observer les détails d'un grand spectacle. Voyant les troupes conventionnelles repoussées, il courut aux tribunes de l'assemblée pour y juger de l'effet de cette nouvelle, et suivre les développements et la couleur qu'on y donnerait.

La Convention était dans la plus grande agitation. Les représentants auprès de l'armée, pour se disculper, se hâtèrent d'accuser Menou. On attribua à la trahison ce qui n'était dû qu'à la malhabileté. Il fut mis en arrestation.

Alors différents représentants se montrèrent successivement à la tribune ; ils peignirent l'étendue du danger. Les nouvelles qui, à chaque instant, arrivaient des sections ne faisaient voir que trop combien il était grand. Chacun des membres proposa le général qui avait sa confiance. Ceux qui avaient été à Toulon, à l'armée d'Italie, et les membres du Comité de salut public, qui avaient des relations journalières avec Napoléon, le proposèrent comme plus capable que personne de les tirer de ce pas dangereux, par la promptitude de son coup d'œil et l'énergie de son caractère. On l'envoya chercher dans la ville.

Napoléon, qui avait tout entendu, et savait ce dont il était question, délibéra près d'une demi-heure avec lui-même sur ce qu'il avait à faire. « Une guerre à mort éclatait entre la Convention et Paris. *Était-il sage de se déclarer*, de parler au nom de toute la France ? Qui oserait descendre seul dans l'arène pour se faire le champion de la Convention ? La victoire même aurait quelque chose d'odieux ; tandis que la défaite vouerait pour jamais à l'exécration des races futures.

« Comment se dévouer ainsi à être le bouc émissaire de tant de crimes auxquels on fut étranger ? Pourquoi s'exposer bénévolement à aller grossir en peu d'heures le nombre de ces noms qu'on ne prononce qu'avec horreur ?

« Mais, d'un autre côté, si la Convention succombe, que deviennent les grandes vérités de notre Révolution ? Nos nombreuses victoires, notre sang si souvent versé ne sont plus que des actions honteuses. L'étranger, que nous avons tant vaincu, triomphe et nous accable de son mépris... un entourage insolent et dénaturé reparaissent triomphants, nous reprochent nos crimes, exercent leurs vengeances et nous gouvernent en ilotes par la main de l'étranger.

« Ainsi la défaite de la Convention ceindrait le front de l'étranger, et scellerait la honte et l'esclavage de la patrie.

« Ce sentiment, vingt-cinq ans, la confiance en ses forces, sa destinée !... » *Il se décida, et se rendit au Comité*, auquel il peignit vivement l'impossibilité de pouvoir diriger une opération aussi importante avec trois représentants qui, dans le fait, exerçaient tous les pouvoirs, et gênaient toutes les opérations du général ; il ajouta qu'il avait été témoin de l'événement de la rue Vivienne, que les commissaires avaient été les plus coupables, et s'étaient pourtant trouvés au sein de l'assemblée des accusateurs triomphants.

Frappé de ces raisons, mais dans l'impossibilité de destituer les commissaires, sans une longue discussion dans l'assemblée, le Comité, pour tout concilier, *car on n'avait pas de temps à perdre*, détermina de prendre le général dans l'assemblée même. Dans cette vue, il proposa Barras à la Convention comme général en chef, et donna le commandement à Napoléon, qui, par là, se trouvait débarrassé des trois commissaires, sans qu'ils eussent à se plaindre.

Aussitôt que Napoléon se trouva chargé du commandement des forces qui devaient protéger l'assemblée, il se transporta dans un des cabinets des Tuileries où était Menou, afin d'obtenir de lui les renseignements nécessaires sur les forces et la position des troupes et celle de l'artillerie. L'armée n'était que de cinq mille hommes de toutes armes, avec quarante pièces de canon, alors aux Sablons, sous la garde de quinze hommes, il était une heure après minuit. Napoléon expédia aussitôt un chef d'escadron du 21e de chasseurs (Murat), avec trois cents chevaux pour se rendre, en toute diligence, aux Sablons, et ramener l'artillerie au jardin des Tuileries. Un moment plus tard, il n'était plus temps. Cet officier, arrivant à deux heures aux Sablons, s'y trouva avec la tête d'une colonne de la section Lepelletier qui venait saisir le parc ; mais il était à cheval ; on était en plaine : la section se retira, et à six heures du matin les quarante pièces entrèrent aux Tuileries.

6. *Dispositions d'attaque et de défense des Tuileries.* Depuis six heures jusqu'à neuf, Napoléon courut tous les postes, et plaça cette artillerie à la tête du pont Louis-XVI, du Pont-Royal, de la rue de Rohan, au cul-de-sac Dauphin, dans la rue Saint-Honoré, au Pont-Tournant, etc. ; il en confia la garde à des officiers sûrs. La mèche était allumée partout, et la petite armée distribuée aux différents postes, ou en réserve au jardin et au Carrousel.

La générale battait par tout Paris, et les gardes nationales se formaient à tous les débouchés, cernant ainsi le palais et les jardins. Leurs tambours portaient l'audace jusqu'à venir battre la générale sur le Carrousel et sur la place Louis-XV.

Le danger était imminent, quarante mille gardes nationaux bien armés, organisés depuis longtemps, se présentaient animés contre la Convention ; les troupes de ligne, chargées de la défendre, étaient peu nombreuses, et pouvaient être facilement entraînées par le sentiment de la population qui les environnait. La Convention, pour accroître ses forces, donna des armes à quinze cents individus dits les patriotes de 89. C'étaient des hommes qui, depuis le 9 thermidor, avaient perdu leurs emplois, et quitté leurs départements où ils étaient poursuivis par l'opinion. On en forma trois bataillons, *que l'on* confia au général Berruyer. Ces hommes se battirent avec la plus grande valeur. Ils entraînèrent la troupe de ligne, et furent pour beaucoup dans le succès de la journée.

Un comité de quarante membres, sous la présidence de Cambacérès, et composé du Comité de salut public et de sûreté générale, dirigeait toutes les affaires. On discutait beaucoup, on ne décidait rien, et le danger devenait à chaque instant plus pressant.

Les uns voulaient qu'on posât les armes, et qu'on reçût les sectionnaires comme les sénateurs romains avaient reçu les Gaulois [1]. D'autres voulaient qu'on se retirât sur les hauteurs de Saint-Cloud, au camp de César, pour y être joint par l'armée des côtes de l'océan. D'autres voulaient qu'on envoyât des députations aux quarante-huit sections *pour leur faire diverses propositions*. Pendant ces vaines discussions, et à deux heures après midi, un nommé Lafond déboucha sur le Pont-Neuf, venant de la section Lepelletier, à la tête de trois ou quatre bataillons, dans le temps qu'une autre colonne de même force venait de l'Odéon à sa rencontre : *ils se réunirent sur* la place Dauphine.

Le général Carteaux, qui avait été placé au Pont-Neuf avec quatre cents hommes et quatre pièces de canon, ayant l'ordre de défendre les côtés du pont, quitta son poste, et se replia sous les guichets. En même temps un bataillon de gardes nationaux venait occuper le jardin de l'Infante : il se disait affectionné à la Convention, et pourtant saisissait ce poste

1. En 390 av. J.-C. lorsque les Gaulois pénétrèrent dans Rome, ils y furent reçus par les sénateurs impassibles.

sans ordres. D'un autre côté, Saint-Roch, le Théâtre-Français et l'hôtel de Noailles étaient occupés en force par la garde nationale. Les postes opposés n'étaient séparés que de douze à quinze pas. Les sectionnaires envoyaient des femmes à chaque instant, ou se présentaient eux-mêmes, sans armes et les chapeaux en l'air pour fraterniser avec la ligne.

7. *Combat du 13 vendémiaire*. A chaque instant les affaires empiraient. A trois heures, Danican envoya un parlementaire sommer la Convention d'éloigner les troupes qui menaçaient le peuple, et de désarmer les terroristes. Ce parlementaire traversa les postes les yeux bandés, avec toutes les formes de la guerre. Il fut introduit ainsi au milieu *du Comité* des quarante, qu'il émut beaucoup par ses menaces : on le renvoya vers les quatre heures. La nuit approchait, il n'était pas douteux qu'elle ne dût être favorable aux sectionnaires, vu le grand nombre. *Ils pouvaient* se faufiler de maison en maison, dans toutes les avenues des Tuileries déjà étroitement bloquées. A peu près à la même heure, on apporta dans la salle de la Convention sept cents fusils, des gibernes *et des cartouches* pour armer les conventionnels eux-mêmes comme corps de réserve ; ce qui en alarma plusieurs, qui ne comprirent qu'alors la *grandeur* du danger où ils étaient.

Enfin, à quatre heures un quart, des coups de fusil furent tirés de l'hôtel de Noailles, où s'étaient introduits les sectionnaires ; les balles arrivaient jusqu'au perron des Tuileries. Au même moment la colonne Lafond déboucha par le quai Voltaire, marchant sur le Pont-Royal. Alors on donna l'ordre aux batteries de tirer. Une pièce de huit, au cul-de-sac Dauphin, commença le feu, et servit de signal pour tous les postes. Après plusieurs décharges, Saint-Roch fut enlevé. La colonne Lafond, prise en tête et en écharpe par l'artillerie placée sur le quai, à la hauteur du guichet du Louvre, et à la tête du Pont-Royal, fut mise en déroute. La rue Saint-Honoré, la rue Saint-Florentin et les lieux adjacents furent balayés. Une centaine d'hommes essayèrent de résister, au théâtre de la République ; quelques obus les délogèrent en un instant : à six heures tout était fini.

Si l'on entendait *dans la nuit*, de loin en loin, quelques coups de canon, c'était pour empêcher les barricades que quelques habitants avaient cherché à établir avec des tonneaux.

Il y eut environ deux cents tués ou blessés du côté des sectionnaires, et presque autant du côté des conventionnels ; la plus grande partie de *ceux-ci*, aux portes de Saint-Roch.

Trois représentants, Fréron, Louvet et Sieyès, montrèrent *de la résolution*.

La section des Quinze-Vingts, faubourg Saint-Antoine, est la seule qui ait fourni deux cent cinquante hommes à la Convention ; tant ces dernières oscillations politiques lui avaient *indisposé toutes les classes* ; toutefois, si les faubourgs ne se levèrent point en sa faveur, du moins ils *n'agirent* pas non plus contre elle. Il est faux qu'on ait fait tirer à poudre au commencement de l'action ; cela n'eût servi qu'à enhardir les sectionnaires et à compromettre les troupes ; mais il est vrai que le combat une fois engagé, le succès n'étant plus douteux, alors on ne tira plus qu'à poudre.

8. *Le 14 vendémiaire*. Il existait encore des rassemblements dans la section Lepelletier.

Le 14, au matin, des colonnes débouchèrent contre eux, par les boulevards, la rue de Richelieu et le Palais-Royal. Des canons avaient été placés aux principales avenues. Les sectionnaires furent promptement délogés, et le reste de la journée fut employé à parcourir la ville, à visiter les chefs-lieux des sections, à ramasser les armes et à lire des proclamations. Le soir, tout était rentré dans l'ordre, et Paris se trouvait parfaitement tranquille.

Lorsque, après ce grand événement, les officiers de l'armée de l'intérieur furent présentés en corps à la Convention, celle-ci, par acclamation, nomma Napoléon général en chef de cette armée, Barras ne pouvant cumuler le titre de représentant avec des fonctions militaires.

Le général Menou fut traduit à un conseil de guerre ; on voulait sa mort. Le général en chef le sauva en disant aux juges que si Menou méritait la mort, les trois représentants qui avaient dirigé les opérations et parlementé avec les sectionnaires la méritaient aussi ; que la Convention n'avait qu'à mettre en jugement les trois membres, et qu'alors on jugerait Menou. L'esprit de corps fut plus puissant que la voix des ennemis de Menou.

La même commission condamna plusieurs individus *à mort* par contumace, *entre autres Vaublanc*. Le nommé Lafond fut le seul exécuté. Ce jeune homme avait montré beaucoup de courage dans l'action ; la tête de sa colonne, sur le Pont-Royal, se reforma trois fois sous la mitraille avant de se disperser tout à fait. C'était un émigré ; il n'y eut pas moyen de le sauver, quelque désir que l'on eût : l'imprudence de ses réponses déjoua constamment les bonnes intentions de ses juges.

9. *Napoléon commande en chef l'armée de l'intérieur.* Après le 13 vendémiaire, Napoléon eut à organiser la garde nationale, qui était un objet de la plus haute importance, comptant alors jusqu'à cent quatre bataillons.

Il forma en même temps la garde du Directoire, et *réorganisa* celle du Corps législatif. Ces mêmes éléments se trouvèrent précisément dans la suite une des causes de son succès à la fameuse journée du 18 brumaire. Il avait laissé de tels souvenirs parmi ces corps, qu'à son retour d'Égypte, bien que le Directoire eût recommandé à ses soldats de ne point lui rendre d'honneurs militaires qu'il ne fût en grand uniforme, rien ne put les empêcher de battre aux champs, de quelque manière qu'il parût.

Le peu de mois que Napoléon commanda l'armée de l'intérieur se trouvèrent remplis de difficultés et d'embarras. Ce furent l'installation d'un gouvernement nouveau, dont les membres étaient divisés entre eux et souvent en opposition avec les conseils ; une fermentation sourde parmi les anciens sectionnaires qui composaient la majorité de Paris ; la turbulence active des Jacobins, qui se reformaient sous le nom de société du Panthéon ; les agents des étrangers et ceux du royalisme, *qui* formaient un parti puissant ; le discrédit des finances et du papier-monnaie, qui mécontentait les troupes à l'extrême ; mais, plus que tout cela encore, l'horrible famine qui, à cette époque, désola la capitale.

Dix ou douze fois les subsistances manquèrent, et les faibles distributions journalières que le gouvernement avait été contraint d'établir furent interrompues. Il fallait une activité, une dextérité peu communes pour surmonter tant d'obstacles et maintenir le calme dans la capitale, en dépit de circonstances si fâcheuses et si graves.

La société du Panthéon donnait chaque jour plus d'inquiétudes au Directoire. La police n'osait aborder cette société de front. *Le général en chef* fit mettre le scellé sur le lieu de ses assemblées, et les membres ne bougèrent plus tant qu'il demeura présent. Ce ne fut qu'après son départ qu'ils parurent de nouveau, sous l'influence de Babeuf, Antonelle et autres, et éclatèrent au camp de Grenelle.

Il eut souvent à haranguer à la halle, dans les rues, aux sections et dans les faubourgs ; et une remarque singulière à ce sujet, c'est que, de toutes les parties de la capitale, le faubourg Saint-Antoine est celui qu'il a toujours trouvé le plus facile à entendre raison, et à recevoir des impulsions généreuses.

Ce fut pendant le commandement de Paris que Napoléon fit la connaissance de Mme de Beauharnais.

On avait exécuté le désarmement général des sections. Il se présenta à l'*État-Major* un jeune homme de dix à douze ans, qui vint supplier le général en chef de lui faire rendre l'épée de son père, qui avait été général de la république. Ce jeune homme était Eugène de Beauharnais, depuis vice-roi d'Italie. Napoléon, touché de la nature de sa demande et des grâces de son âge, lui accorda ce qu'il demandait : Eugène se mit à pleurer en voyant l'épée de son père. Le général en fut touché, et lui témoigna tant de bienveillance que Mme de Beauharnais se crut obligée de venir, le lendemain, lui en faire des remerciements : Napoléon s'empressa à lui rendre sa visite.

Chacun connaît la grâce extrême de l'impératrice Joséphine, ses manières douces et attrayantes. La connaissance devint bientôt intime et tendre, et *ils* ne tardèrent pas à se marier.

10. *Napoléon est nommé général en chef de l'armée d'Italie*. On reprochait à Schérer, commandant de l'armée d'Italie, de ne pas avoir su profiter de sa bataille de Loano ; depuis, on était peu satisfait de sa conduite. On voyait à son quartier général de Nice beaucoup plus d'employés que de militaires. Ce général demandait de l'argent pour solder ses troupes et réorganiser les différents services ; il demandait des chevaux pour remplacer les siens qu'on avait laissés périr faute de subsistances : le gouvernement ne pouvait donner ni l'un ni

l'autre ; on lui fit des réponses dilatoires ; on l'amusa par de vaines promesses. Il fit connaître alors que si l'on tardait davantage, il serait obligé d'évacuer la rivière de Gênes, de revenir sur la Roya, et peut-être même de repasser le Var. Le Directoire résolut de le remplacer.

Un jeune général de vingt-cinq ans ne pouvait rester plus longtemps à la tête de l'armée de l'intérieur. Le sentiment de ses talents et la confiance que l'armée d'Italie avait en lui *le désignaient* comme seul capable de la tirer de la fâcheuse situation où elle se trouvait. Les conférences qu'il eut avec le Directoire à ce sujet, et les projets qu'il lui présenta, ne laissèrent plus aucun doute. Il partit pour Nice, et le général Hatry, âgé de soixante ans, vint de l'armée de Sambre-et-Meuse le remplacer à l'armée de l'intérieur, laquelle avait perdu son importance, depuis que la crise des subsistances était passée, et que le gouvernement se trouvait assis.

BATAILLE DE MONTENOTTE
DEPUIS L'ARRIVÉE DU GÉNÉRAL EN CHEF, À NICE,
LE 28 MARS 1796, JUSQU'À L'ARMISTICE DE CHERASQUE,
LE 28 AVRIL SUIVANT : ESPACE D'UN MOIS.

1. *Plan de campagne pour entrer en Italie en tournant les Alpes.* Le roi de Sardaigne, que sa position géographique et militaire a fait appeler le portier des Alpes, avait, en 1796, des forteresses à l'issue de toutes les gorges qui conduisent en Piémont. Si l'on eût voulu pénétrer en Italie en forçant les Alpes, il eût fallu s'emparer de ces forteresses ; or les routes ne permettaient pas le transport de l'artillerie de siège : d'ailleurs les montagnes sont couvertes de neige les trois quarts de l'année, ce qui ne laisse que très peu de temps pour le siège de ces places. On conçut l'idée de tourner les Alpes, et d'entrer en Italie précisément au point où cessent ces hautes montagnes et où les Apennins commencent. Le Saint-Gothard est le col le plus élevé des Alpes. A partir de ce col, les autres vont toujours en baissant. Ainsi le Saint-Gothard est plus haut que le Brenner ; celui-ci, que les montagnes de Cadore ; les montagnes de Cadore, que le col de Tarvis et les montagnes de la Carniole. De l'autre côté, le Saint-Gothard est plus haut que le Simplon ; le Simplon plus haut

que le Saint-Bernard ; le Saint-Bernard plus haut que le Mont-Cenis ; le Mont-Cenis plus haut que le col de Tende. Depuis celui-ci, les Alpes continuent de baisser toujours, et finissent enfin aux montagnes Saint-Jacques, près Savone, où commencent les Apennins. Alors la chaîne de l'Apennin se relève, et va toujours en augmentant par un mouvement inverse ; de sorte que la Bochetta, les cols voisins, ceux qui séparent la Ligurie des États de Parme, la Toscane du Modenais, du Bolonais, vont toujours en s'élevant. La vallée de la Madone de Savone et les mamelons de Saint-Jacques et de Montenotte sont donc tout à la fois les points les plus abaissés des Alpes et des Apennins ; celui où finissent les unes et où les autres commencent.

Savone, port de mer et place forte, se trouvait placée pour servir tout à la fois de magasin et de point d'appui. De cette ville à la Madone, le chemin est une chaussée ferrée de trois milles, et de la Madone à la Carcari il y a quatre ou cinq autres milles. Ce dernier intervalle pourrait être rendu praticable à l'artillerie en peu de jours. A Carcari l'on trouve des chemins de voiture qui conduisent dans l'intérieur du Piémont et du Montferrat.

Ce point était le seul par où l'on pût entrer en Italie sans trouver de montagnes ; les élévations du terrain y sont si peu de chose, qu'on a conçu plus tard, sous l'Empire, le projet d'un canal qui aurait joint l'Adriatique à la Méditerranée, à l'aide du Pô et d'une branche de la Bormida, dont la source part des hauteurs qui avoisinent Savone.

En pénétrant en Italie par les sources de la Bormida, on pouvait se flatter de séparer et de désunir les armées sardes et autrichiennes, puisque de là on menaçait également la Lombardie et le Piémont. On pouvait marcher sur Milan comme sur Turin. Les Piémontais avaient intérêt à couvrir Turin, et les Autrichiens à couvrir Milan.

2. *État des deux armées*. L'armée ennemie était commandée par le général Beaulieu, officier distingué, qui avait acquis de la réputation dans les campagnes du Nord. Cette armée se trouvait munie de tout ce qui pouvait la rendre redoutable. L'armée française, au contraire, manquait de tout, et son gouvernement ne pouvait rien lui donner. L'armée des alliés se composait d'Autrichiens, de Sardes, de Napolitains :

ils se trouvaient déjà triples de l'armée française, et devaient s'accroître encore successivement des forces du pape, de Naples, de celles de Modène et de Parme.

Cette armée se divisait en deux grands corps : l'armée active autrichienne, composée de quatre divisions, d'une forte artillerie et d'une nombreuse cavalerie, accrue d'une division napolitaine, formant un total de soixante mille hommes sous les armes. L'armée active de Sardaigne, composée de trois divisions piémontaises, d'une division autrichienne ayant quatre mille chevaux, était commandée par le général autrichien Colli, qui lui-même était aux ordres du général Beaulieu. Le reste des forces sardes tenait garnison dans les places, ou défendait les cols opposés à l'armée française des Alpes : elles étaient commandées par le duc d'Aoste. L'armée française était composée de quatre divisions actives, sous les généraux Masséna, Augereau, La Harpe et Sérurier : chacune de ces divisions pouvait, l'une portant l'autre, présenter six à sept mille hommes sous les armes [1]. La cavalerie, de trois mille chevaux, était dans le plus mauvais état, quoiqu'elle eût été longtemps sur le Rhône pour se refaire ; mais elle y avait manqué de subsistances. L'arsenal d'Antibes et celui de Nice étaient bien pourvus ; mais on manquait de moyens de transports : tous les chevaux de trait avaient péri de misère. La pénurie des finances était telle en France, que, malgré tous les efforts du gouvernement, on ne put donner que deux mille louis en espèces au trésor de l'armée pour l'ouverture de la campagne ; il n'y avait donc rien à espérer de la France. Toutes les ressources désormais ne pouvaient s'attendre que de la victoire. Ce n'était que dans les plaines

---

1. On trouve dans le chapitre correspondant à celui-ci, dans les *Campagnes d'Italie*, qui viennent d'être publiées, l'addition curieuse suivante. Le total présentait trente mille hommes sous les armes ; il est vrai que l'effectif de l'armée se montait, sur les états du ministère, à cent six mille hommes ; mais trente-six mille étaient prisonniers, morts ou désertés ; depuis longtemps on attendait à passer une revue régulière pour les effacer des états de situation ; vingt mille étaient dans la huitième division militaire à Toulon, Marseille, Avignon ; ils ne pouvaient être employés qu'à la défense de la Provence : sur les cinquante mille hommes effectifs, restant sur la rive gauche du Var, cinq mille étaient aux hôpitaux ; sept mille formaient les dépôts ; huit mille étaient employés aux garnisons de Nice, Villa-Franca, Monaco, Saorgio, etc. ; restait trente mille hommes prêts à entrer en campagne. *(Las Cases.)*

d'Italie que l'on pouvait organiser les transports, atteler l'artillerie, habiller les soldats, monter la cavalerie. On conquérait tout cela si l'on forçait l'entrée de l'Italie. L'armée française n'avait guère à la vérité que trente mille hommes, et on lui en présentait plus de quatre-vingt-dix mille. Si ces deux armées eussent eu à lutter dans une bataille générale, sans doute l'infériorité du nombre de l'armée française, et son infériorité en artillerie et cavalerie, ne lui eussent pas permis de résister ; mais ici on pouvait suppléer au nombre par la rapidité des marches ; à l'artillerie, par la nature des positions ; et le moral de nos troupes était excellent : tous les soldats avaient fait les autres campagnes d'Italie ou celles des Pyrénées.

3. *Napoléon arrive à Nice.* Napoléon arriva à Nice du 26 au 29 mars. Le tableau de l'armée, qui lui fut présenté par Schérer, se trouva pire encore que tout ce qu'il avait pu s'imaginer. Le pain était mal assuré, depuis longtemps il ne se faisait plus de distribution de viandes ; il ne fallait compter que sur deux cents mulets pour les transports, et l'on ne devait pas songer à conduire plus de douze pièces de canon : chaque jour la position empirait. Il ne fallait pas perdre un instant, l'armée ne pouvait plus vivre où elle était, il fallait avancer ou reculer.

Le général français donna des ordres pour que son armée se mît en mouvement. Il voulait surprendre l'ennemi dès le début de la campagne, et l'étourdir par des succès éclatants et décisifs.

Le quartier général n'avait jamais quitté Nice depuis le commencement de la guerre ; il reçut l'ordre de se rendre à Albenga. Depuis longtemps toutes les administrations se regardaient comme à poste fixe, et s'occupaient bien plus des commodités de la vie que des besoins de l'armée. Le général français passa la revue des troupes et leur dit : « Soldats ! vous êtes nus, mal nourris ; on nous doit beaucoup, on ne peut rien nous donner. Votre patience, le courage que vous montrez au milieu de ces rochers, sont admirables ; mais ils ne vous procurent aucune gloire. Je viens vous conduire dans les plus fertiles plaines du monde. De riches provinces, de grandes villes, seront en notre pouvoir, et là, vous aurez richesses, honneurs et gloire. Soldats d'Italie, manqueriez-vous de courage ! »

Ces discours, un jeune général de vingt-cinq ans, en qui la confiance était déjà grande par les opérations brillantes de Toulon, de Saorgio, de Savone, dirigées par lui les années précédentes, étaient accueillis par de vives acclamations.

En voulant tourner toutes les Alpes et entrer en Italie par le col de Cadibone, il fallait que toute l'armée se rassemblât sur son extrême droite : opération dangereuse, si les neiges n'eussent pas alors couvert les débouchés des Alpes. Le passage de l'ordre défensif à l'ordre offensif est une des opérations les plus délicates. Sérurier fut placé à Garezzio, avec sa division, pour observer les camps que Colli avait sur Ceva. Masséna et Augereau furent placés en réserve à Loano, Finale et jusqu'à Savone. La Harpe marcha pour menacer Gênes ; son avant-garde, commandée par Cervoni, occupa Voltri. Au même moment le général en chef fit demander au sénat de Gênes le passage de la Bochetta et les clefs de Gavi, annonçant qu'il voulait pénétrer en Lombardie, et appuyer ses opérations sur la ville de Gênes. La rumeur fut extrême à Gênes ; les conseils se mirent en permanence.

4. *Bataille de Montenotte, 11 avril.* Beaulieu, alarmé, court en toute hâte de Milan au secours de Gênes. Il porte son quartier général à Novi, partage son armée en trois corps : la droite, sous les ordres de Colli, composée de Piémontais, eut son quartier général à Ceva ; elle fut chargée de la défense de la Stura et du Tanaro. Le centre, sous les ordres de d'Argenteau, marche sur Montenotte, pour couper l'armée française en tombant sur son flanc gauche, et lui intercepter, à Savone, la route de la Corniche. De sa personne, Beaulieu, avec sa gauche, couvre Gênes et marche sur Voltri. Au premier aspect, ces dispositions paraissaient bien entendues ; mais en étudiant mieux les circonstances du pays, on découvre que Beaulieu divisait ses forces, puisque toute communication directe était impraticable entre son centre et sa gauche, autrement que par-derrière les montagnes ; tandis que l'armée française, au contraire, était placée de manière à se réunir en peu d'heures, et tomber en masse sur l'un ou l'autre des corps ennemis ; et l'un d'eux fortement battu, l'autre était dans l'absolue nécessité de se retirer.

Le général d'Argenteau, commandant le centre de l'armée ennemie, vint camper à Montenotte-Inférieure, le 9 avril. Le 10, il marcha sur Monte-Legino, pour déboucher par la Madone. Le colonel Rampon, qui avait été chargé de la garde des trois redoutes de Monte-Legino, ayant eu avis de la marche de l'ennemi, poussa une forte reconnaissance à sa rencontre. Sa reconnaissance fut ramenée depuis midi jusqu'à deux heures, qu'elle rentra dans les redoutes. D'Argenteau essaya de les enlever d'emblée ; il fut repoussé dans trois attaques consécutives : il y renonça. Comme ses troupes étaient fatiguées, il prit position, et remit au lendemain à tourner ces redoutes pour les faire tomber. Beaulieu, de son côté, déboucha le 9 sur Gênes. Toute la journée du 10, La Harpe se trouva engagé avec ses avant-gardes en avant de Voltri, pour lui disputer les gorges et le contenir. Mais le 10 au soir, il se replia sur Savone, et le 11, à la pointe du jour, il se trouvait, avec toute sa division, derrière Rampon et les redoutes de Monte-Legino. Dans cette même nuit du 10 au 11, le général en chef marcha avec les divisions Masséna et Augereau, par le col Cadibonne, et déboucha derrière Montenotte. A la pointe du jour, d'Argenteau, enveloppé de tous côtés, fut attaqué en tête par Rampon et La Harpe, en queue et en flanc par le général en chef. La déroute fut complète ; tout le corps de d'Argenteau fut écrasé, dans le même temps que Beaulieu se présentait à Voltri, où il ne trouvait plus personne. Ce ne fut que dans la journée du 11 que le général apprit la défaite de Montenotte, et l'entrée des Français dans le Piémont. Il lui fallut alors replier en toute hâte ses troupes sur elles-mêmes, et repasser les mauvais chemins où les dispositions de son plan l'avaient forcé de se jeter. Il s'ensuivit que, trois jours après la bataille de Millésimo, une partie seule de ses troupes put arriver à temps.

5. *Bataille de Millésimo, 14 avril.* Le 12, le quartier général de l'armée française était à Carcari ; l'armée battue s'était retirée : les Piémontais sur Millésimo, et les Autrichiens sur Dégo.

Ces deux positions étaient liées par une division piémontaise qui devait occuper les hauteurs de Biestro.

A Millésimo, les Piémontais se trouvaient à cheval sur le

chemin qui couvre le Piémont : ils furent rejoints par Colli
avec tout ce qu'il put tirer de la droite.

A Dégo, les Autrichiens occupaient la position qui défend
le chemin d'Acqui, route directe du Milanais ; ils furent successivement rejoints par tout ce que Beaulieu put ramener de
Voltri : ils se trouvaient là en position de recevoir tous les
renforts que pourrait leur fournir la Lombardie. Ainsi les
deux grands débouchés du Piémont et du Milanais étaient
couverts : l'ennemi se flattait d'avoir le temps de s'y établir
et de s'y retrancher.

Quelque avantageuse que nous ait été la bataille de Montenotte, l'ennemi avait trouvé dans la supériorité du nombre
de quoi réparer ses pertes ; mais le surlendemain 14, la
bataille de Millésimo nous ouvrit les deux routes de Turin et
de Milan.

Augereau, formant la gauche de l'armée française, marcha
sur Millésimo ; Masséna, avec le centre, se porta sur Dégo,
et La Harpe, commandant la droite, cheminait sur les hauteurs de Cairo. L'ennemi avait appuyé sa droite, en faisant
occuper le mamelon de Cosseria qui domine les deux branches de la Bormida ; mais dès le 13, le général Augereau,
qui n'avait pas donné à la bataille de Montenotte, poussa la
droite de l'ennemi avec tant d'impétuosité, qu'il lui enleva
les gorges de Millésimo et cerna le mamelon de Cosseria.
Provera, avec son arrière-garde, forte de deux mille hommes,
fut coupé. Dans une position aussi désespérée, il paya
d'audace ; ce général se réfugia dans un vieux castel ruiné
et s'y barricada. De cette hauteur il voyait la droite de l'armée
sarde qui faisait des dispositions pour la bataille du lendemain, où il espérait être dégagé. Toutes les troupes de Colli,
du camp de Ceva, devaient être arrivées dans la nuit. On
sentait donc l'importance de s'emparer, dans la journée, du
château de Cosseria ; mais ce poste était très fort ; on y
échoua. Le lendemain les deux armées en vinrent aux mains.
Masséna et La Harpe enlevèrent Dégo après un combat opiniâtre ; Ménars et Joubert, les hauteurs de Biestro. Toutes les
attaques de Colli pour dégager Cosseria furent vaines ; il fut
battu et poursuivi l'épée dans les reins : alors Provera dut
poser les armes. L'ennemi, vivement poursuivi dans les gorges de Spigno, y laissa une partie de son artillerie, beaucoup
de *drapeaux et de prisonniers*. La séparation des deux armées

autrichienne et sarde fut dès lors bien marquée. Beaulieu porta son quartier général à Acqui, *route du Milanais*, et Colli se porta à Ceva, pour s'opposer à la jonction de Sérurier, et couvrir Turin.

6. *Combat de Dégo, 15 avril.* Cependant, une division de grenadiers autrichiens, qui avait été dirigée de Voltri par Sassello, arriva à trois heures du matin à Dégo. La position n'était plus occupée que par des avant-gardes. Ces grenadiers enlevèrent donc facilement le village, et l'alarme fut grande au quartier général français, où l'on avait peine à comprendre comment les ennemis pouvaient être à Dégo, lorsque nous avions des avant-postes sur la route d'Acqui. Après deux heures d'un combat très chaud, Dégo fut repris et la division ennemie presque entièrement prisonnière.

Nous perdîmes dans ces affaires le général Bonel à Millésimo, et le général Causse à Dégo. Ces deux officiers étaient de la bravoure la plus brillante ; ils venaient tous les deux de l'armée des Pyrénées-Orientales, et il était à remarquer que les officiers qui arrivaient de cette armée montraient une impétuosité et un courage des plus distingués. C'est dans le village de Dégo que Napoléon distingua, pour la première fois, un chef de bataillon qu'il fit colonel ; c'était Lannes qui, depuis, fut maréchal de l'Empire, duc de Montebello, et déploya les plus grands talents. On le verra constamment dans la suite prendre la plus grande part à tous les événements militaires.

Le général français dirigea alors ses opérations sur Colli et le roi de Sardaigne, et se contenta de tenir les Autrichiens en échec. La Harpe fut placé en observation près de Dégo, pour garantir nos derrières et tenir en respect Beaulieu, qui, très affaibli, ne s'occupait plus qu'à rallier et réorganiser les débris de son armée. La division La Harpe, obligée de demeurer plusieurs jours dans cette position, s'y trouva vivement tourmentée par le défaut de subsistances, vu le manque de transports, et l'épuisement du pays où avaient séjourné tant de troupes ; ce qui donna lieu à quelques désordres.

Sérurier, instruit à Garessio des batailles de Montenotte et de Millésimo, se mit en mouvement, s'empara de la hauteur de Saint-Jean, et entra dans Ceva le même jour qu'Augereau arrivait sur les hauteurs de Montezemoto. Le 17, après quelques légères affaires, Colli évacua le camp retranché de Ceva, les hauteurs de Montezemoto, et se retira derrière la Cursaglia. Le même jour le général en chef porta son quartier général à Ceva. L'ennemi y avait laissé toute son artillerie qu'il n'avait pas eu le temps d'emmener, et s'était contenté de laisser garnison dans le château.

Ce fut un spectacle sublime que l'arrivée de l'armée sur les hauteurs de Montezemoto ; de là se découvraient les immenses et fertiles plaines du Piémont. Le Pô, le Tanaro et une foule d'autres rivières serpentaient au loin ; une ceinture blanche de neige et de glace, d'une prodigieuse élévation, cernait à l'horizon ce riche bassin de la terre promise. Ces gigantesques barrières, qui paraissent les limites d'un autre monde, que la nature s'était plu à rendre si formidables, auxquelles l'art n'avait rien épargné, venaient de tomber comme par enchantement. « Annibal a forcé les Alpes, dit le général français en fixant ses regards sur ces montagnes ; nous, nous les aurons tournées. » Phrase heureuse qui exprimait en deux mots la pensée et le résultat de la campagne.

L'armée passa le Tanaro. Pour la première fois, nous nous trouvions absolument en plaine, et la cavalerie put alors nous être de quelque secours. Le général Stengel, qui la commandait, passa la Cursaglia à Lezegno, et battit la plaine. Le quartier général fut porté au château de Lezegno, sur la droite de la Cursaglia, près de l'endroit où elle se jette dans le Tanaro.

7. *Combat de Saint-Michel, bataille de Mondovi, 20 et 22 avril.* Le général Sérurier réunit ses forces à Saint-Michel. Le 20, il passa le pont de Saint-Michel, en même temps que Masséna passait le Tanaro, pour attaquer les Piémontais. Mais Colli, jugeant le danger de sa position, abandonna le confluent des deux rivières, marcha lui-même pour prendre position à Mondovi. Il se trouva, par une circonstance fortuite, avec ses forces, précisément devant Saint-Michel, comme le général Sérurier débouchait du pont. Il fit halte, lui opposa des forces supérieures et le força de se replier. Sérurier se fût pourtant maintenu dans Saint-Michel, si un de ses régiments d'infanterie légère ne se fût livré au pillage. Le général français déboucha, le 22, par le pont de Torre et se porta sur Mondovi. Colli y avait déjà élevé quelques redou-

tes, et s'y est trouvé en position ; sa droite à Notre-Dame-de-Vico, et son centre à la Bicoque. Dans la journée même, Sérurier enleva la redoute de la Bicoque, et décida de la bataille, qui a pris le nom de Mondovi. Cette ville et tous ses magasins tombèrent au pouvoir du vainqueur.

Le général Stengel, qui s'était trop éloigné en plaine avec un millier de chevaux, fut attaqué par les Piémontais, doubles en force. Il fit toutes les dispositions qu'on devait attendre d'un général consommé, et opérait sa retraite sur ses renforts, lorsque, dans une charge, il tomba blessé à mort d'un coup de pointe. Le général Murat, à la tête de la cavalerie, repoussa les Piémontais et les poursuivit à son tour pendant quelques heures. Le général Stengel, Alsacien, était un excellent officier de hussards : il avait servi sous Dumouriez aux campagnes du Nord, était adroit, intelligent, alerte ; il réunissait les qualités de la jeunesse à celles de l'âge avancé ; c'était un vrai général d'avant-postes. Deux ou trois jours avant sa mort, il était entré le premier dans Lezegno. Le général français y arriva quelques heures après, et, quelque chose dont il eût besoin, tout était prêt. Les défilés, les gués avaient été reconnus ; des guides étaient assurés ; le curé, le maître de poste avaient été interrogés ; des intelligences étaient déjà liées avec les habitants ; des espions étaient envoyés dans plusieurs directions ; les lettres de la poste saisies, et celles qui pouvaient donner des renseignements militaires, traduites et analysées ; toutes les mesures étaient prises pour former des magasins de subsistances, pour rafraîchir la troupe. Malheureusement Stengel avait la vue basse, défaut essentiel dans sa profession, qui lui devint funeste et contribua à sa mort.

Après la bataille de Mondovi, le général en chef marcha sur Cherasque ; Sérurier se porta sur Fossano et Augereau sur Alba.

8. *Prise de Cherasque, 25 avril*. Ces trois colonnes entrèrent à la fois le 25 avril, dans Cherasque, Fossano et Alba. Le quartier général de Colli était à Fossano, le jour même que Sérurier l'en délogea. Cherasque, à l'embouchure de la Stura et du Tanaro, était forte, mais mal armée et point approvisionnée, parce qu'elle n'était pas frontière. Le général français attachait une grande importance à sa possession. Il y trouva du canon, et fit travailler à force à la mettre en état

de défense. L'avant-garde passa la Stura et se porta au-delà de la petite ville de Bra.

Cependant la jonction de Sérurier nous avait permis de communiquer avec Nice, par Ponte-di-Nava ; nous en reçûmes des renforts d'artillerie, et tout ce que l'on avait pu préparer. On avait pris dans tous les différents combats beaucoup d'artillerie et de chevaux ; on en leva de tous côtés dans la plaine de Mondovi. Peu de jours après l'entrée à Cherasque, l'armée eut soixante bouches à feu approvisionnées ; la cavalerie fit des remontes de chevaux. Les soldats, qui avaient été sans distributions durant les huit ou dix jours de cette campagne, commencèrent à en recevoir de régulières. Le pillage et le désordre, suite ordinaire de la rapidité des mouvements, cessèrent ; on rétablit la discipline, et chaque jour l'armée changea de face, au milieu de l'abondance et des ressources qu'offrait ce beau pays. Les pertes se réparèrent. La rapidité des mouvements, l'impétuosité des troupes, et surtout l'art de les opposer toujours à l'ennemi, au moins en nombre égal, et souvent en nombre supérieur, joint aux succès constants qu'on avait obtenus, avaient épargné bien des hommes ; d'ailleurs les soldats arrivaient par tous les débouchés, de tous les dépôts, de tous les hôpitaux, au seul bruit de la victoire et de l'abondance qui régnait dans l'armée. On trouva en Piémont de tous les vins : ceux du Montferrat ressemblaient aux vins de France. La misère avait été telle jusque-là dans l'armée française, qu'on oserait à peine la décrire. Les officiers, depuis plusieurs années, ne recevaient que 8 francs par mois, et l'état-major était entièrement à pied. Le maréchal Berthier a conservé dans ses papiers un ordre du jour d'Albenga, qui accordait une gratification de trois louis à chaque général.

9. *Armistice de Cherasque, le 28 avril.* L'armée n'était plus éloignée que de dix lieues de Turin.

La cour de Sardaigne ne savait plus à quoi se résoudre, son armée était découragée et en partie détruite. L'armée autrichienne, réduite à plus de moitié, semblait n'avoir d'autre pensée que de couvrir Milan. Les esprits étaient fort agités dans tout le Piémont, et la cour ne jouissait nullement de la confiance publique. Elle se mit à la discrétion du général français, et sollicita un armistice ; celui-ci y accéda. Bien des personnes eussent préféré que l'armée eût marché et se fût emparée de Turin. Mais Turin est une place forte ; si l'on voulait en fermer ses portes, on avait besoin d'un train d'artillerie qu'on n'avait pas pour les faire ouvrir. Le roi avait encore un grand nombre de forteresses, et, malgré les victoires qu'on venait de remporter, le moindre échec, le plus léger caprice de la fortune pouvait tout renverser. Les deux armées ennemies, malgré leurs nombreux revers, étaient encore égales à l'armée française : elles avaient une artillerie considérable, et surtout une cavalerie qui n'avait pas souffert. Dans l'armée française, malgré ses victoires, il y avait de l'étonnement : on demeurait frappé de la grandeur de l'entreprise ; l'on doutait de la possibilité du succès, quand on considérait la faiblesse des moyens. Le moindre événement douteux eût donc rencontré beaucoup d'esprits disposés à l'exagération. Des officiers, même des généraux, ne concevaient pas qu'on osât songer à la conquête de l'Italie avec aussi peu d'artillerie, sans presque de cavalerie et avec une armée aussi faible, que les maladies et l'éloignement de la patrie allaient affaiblir chaque jour. On trouve des traces de ces sentiments de l'armée, dans la proclamation suivante du général en chef, qu'il adressa à ses soldats à Cherasque.

« Soldats ! vous avez en quinze jours remporté six victoires, pris vingt et un drapeaux, cinquante-cinq pièces de canon, plusieurs places fortes, et conquis la partie la plus riche du Piémont. Vous avez fait quinze mille prisonniers, tué ou blessé plus de dix mille hommes.

« Vous vous étiez jusqu'ici battus pour des rochers stériles, illustrés par votre courage, mais inutiles à la patrie. Vous égalez aujourd'hui par vos services l'armée conquérante de la Hollande et du Rhin. Dénués de tout, vous avez suppléé à tout. Vous avez gagné des batailles sans canon, passé des rivières sans ponts, fait des marches forcées sans souliers, bivouaqué sans eau-de-vie et souvent sans pain. Les phalanges républicaines, les soldats de la liberté étaient seuls capables de souffrir ce que vous avez souffert ! Grâces vous soient rendues, soldats ! la patrie reconnaissante vous devra en partie sa prospérité ; et si, vainqueurs de Toulon, vous présageâtes l'immortelle campagne de 1793, vos victoires actuelles en présagent une plus belle encore.

« Les deux armées, qui naguère vous attaquaient avec

audace, fuient épouvantées devant vous. Les hommes pervers
qui riaient de votre misère et se réjouissaient, dans leurs
pensées, des triomphes de nos ennemis, sont confondus et
tremblants. Mais, soldats ! il ne faut pas vous le dissimuler,
vous n'avez rien fait puisqu'il vous reste encore à faire. Ni
Turin, ni Milan ne sont à vous ! Les cendres du vainqueur
de Tarquin [1] sont encore foulées par les assassins de Basse-
ville. Vous étiez dénués de tout au commencement de la
campagne ; vous êtes aujourd'hui abondamment pourvus.
Les magasins pris à vos ennemis sont nombreux, l'artillerie
de siège et de campagne est arrivée. Soldats ! la patrie est en
droit d'attendre de vous de grandes choses ! Justifierez-vous
son attente ? Les plus grands obstacles sont franchis sans
doute ; mais vous avez encore des combats à livrer, des villes
à prendre, des rivières à passer. *En est-il entre nous dont le
courage s'amollisse ? En est-il qui préféraient retourner
sur les sommets de l'Apennin et des Alpes, essuyer patiem-
ment les injures de cette soldatesque esclave ?* Non, il n'en
est pas parmi les vainqueurs de Montenotte, de Millésimo,
de Dégo, de Mondovi. Tous brûlent de porter au loin la gloire
du peuple français. Tous veulent humilier ces rois orgueilleux, qui osaient méditer de nous donner des fers. Tous veulent dicter une paix glorieuse et qui indemnise la patrie des
sacrifices immenses qu'elle a faits. Amis, je vous la promets
cette conquête ; mais il est une condition qu'il faut que vous
juriez de remplir, c'est de respecter les peuples que vous
délivrez. C'est de réprimer les pillages horribles auxquels se
portent des scélérats suscités par vos ennemis. Sans cela vous
ne seriez point les libérateurs des peuples, vous en seriez les
fléaux. Vous ne seriez pas l'honneur du peuple français, il
vous désavouerait. Vos victoires, votre courage, vos succès,
le sang de nos frères morts aux combats, tout serait perdu,
même l'honneur et la gloire. Quant à moi et aux généraux
qui ont votre confiance, nous rougirions de commander à une
armée sans discipline, sans frein, qui ne connaîtrait de loi
que la force. Mais investi de l'autorité nationale, fort de la
justice et par la loi, je saurai faire respecter à ce petit nombre
d'hommes sans courage, sans cœur, les lois de l'humanité et

---

1. Brutus l'Ancien, fondateur de la République romaine, qui vainquit
Tarquin, dernier roi étrusque (vers 500 av. J.-C.).

de l'honneur, qu'ils foulent aux pieds. Je ne souffrirai pas que des brigands souillent vos lauriers, je ferai exécuter à la rigueur le règlement que j'ai fait mettre à l'ordre. Les pillards seront impitoyablement fusillés ; déjà plusieurs l'ont été. J'ai eu lieu de remarquer avec plaisir l'empressement avec lequel les bons soldats de l'armée se sont portés à faire exécuter les ordres.

« Peuples d'Italie ! l'armée française vient pour rompre vos chaînes : le peuple français est l'ami de tous les peuples ; venez avec confiance au-devant d'elle. Vos propriétés, votre religion et vos usages seront respectés. Nous ferons la guerre en ennemis généreux, et nous n'en voulons qu'aux tyrans qui vous asservissent. »

Les conférences pour la suspension d'armes eurent lieu au quartier général, chez Salmatoris, alors maître d'hôtel du roi, et qui depuis a été préfet du palais de l'Empereur. Le général piémontais Latour et le colonel Lacoste, chargés des pouvoirs du roi, se rendirent à Cherasque. Le comte de Latour était un vieux soldat ; lieutenant général au service de Sardaigne, très opposé à toutes les nouvelles idées, de peu d'instruction et d'une capacité médiocre. Le colonel Lacoste, natif de Savoie, était dans la force de l'âge ; il s'exprimait avec facilité, avec beaucoup d'esprit, et se montrait sous des rapports avantageux. Les conditions furent que le roi quitterait la coalition et enverrait un plénipotentiaire à Paris, pour y traiter de la paix définitive ; que jusque-là il y aurait armistice ; que jusqu'à la paix ou à la rupture des négociations, Ceva, Coni, Tortone, ou à son défaut Alexandrie, seraient remises sur-le-champ à l'armée française, avec toute l'artillerie et les magasins ; qu'elle continuerait d'occuper tout le terrain qui se trouvait en ce moment dans sa possession ; que les routes militaires, dans toutes les directions, permettraient la libre communication de l'armée avec la France, et de la France avec l'armée ; que Valence serait immédiatement évacuée par les Napolitains, et remise au général français, jusqu'à ce qu'il eût effectué le passage du Pô. Enfin, que les milices du pays seraient licenciées, et que les troupes régulières seraient disséminées dans les garnisons, de manière à ne pouvoir donner aucun ombrage à l'armée française. Désormais, les Autrichiens, isolés, pouvaient être poursuivis jusque dans l'intérieur de la Lombardie. Toutes les troupes de l'armée des

Alpes et du voisinage de Lyon, devenues disponibles, allaient rejoindre. Notre ligne de communication avec Paris serait raccourcie de moitié ; enfin, on avait des points d'appui et de grands dépôts d'artillerie pour former des équipages de siège, et pour assiéger Turin même, si le Directoire ne concluait pas la paix.

10. *Le colonel aide de camp Murat traverse le Piémont et porte à Paris la nouvelle des victoires de l'armée.* Le général Murat, premier aide de camp du général en chef, fut expédié pour Paris avec vingt et un drapeaux et la copie de l'armistice. Napoléon avait pris cet officier au 13 vendémiaire ; il était alors chef d'escadron du 21ᵉ de chasseurs. Il a été marié depuis à la sœur de l'Empereur, est devenu maréchal d'Empire, grand-amiral, grand-duc de Berg et roi de Naples. Il a eu une grande part dans toutes les opérations militaires du temps ; il a toujours déployé un grand courage, et surtout une singulière hardiesse dans les mouvements de la cavalerie.

La province d'Alba, que les Français traversèrent, était de tout le Piémont le pays le plus opposé à l'autorité royale, celui qui contenait le plus de germes révolutionnaires : il y avait déjà éclaté des troubles ; plus tard encore il en éclata de nouveaux. Si, au lieu de négocier, Napoléon eût voulu continuer la guerre avec le roi de Sardaigne, c'est là qu'il eût trouvé le plus de secours et le plus de disposition à l'insurrection. Ainsi, au bout de quinze jours, le premier point du plan de campagne était atteint, les plus grands résultats obtenus ; les forteresses piémontaises des Alpes étaient en notre pouvoir ; la coalition se trouvait affaiblie d'une puissance qui avait cinquante mille hommes sur pied, et qui était plus imposante encore par sa position. La législature nationale avait décrété cinq fois que l'armée d'Italie avait bien mérité de la patrie, dans les séances des 21, 22, 24, 25 et 26 avril.

En conformité aux conditions de l'armistice de Cherasque, le roi de Sardaigne envoya à Paris le comte de Revel, pour traiter de la paix définitive. Elle y fut conclue et signée le 15 mai. Par ce traité, la place d'Alexandrie resta à demeure aux armées françaises. Suze, Labrunette, Exil, furent démolies. Les Alpes se trouvèrent ouvertes, et le roi demeura à la disposition de la République, n'ayant plus d'autre point fortifié que Turin et le fort de Bard.

N. B. Nous avertissons ici, une fois pour toutes, qu'il se trouvera des différences inévitables entre les rapports officiels et les chapitres. Elles sont fondées sur la précipitation des rapports, le désir du général en chef de déguiser alors ses plans, le besoin de tromper l'ennemi sur ses véritables forces, etc., etc. Par exemple, il est dit, au rapport, que Beaulieu attaqua en personne Montenotte. On le crut alors ainsi. Plus loin il est dit que l'attaque sur Voltri ne fut faite que par dix mille Autrichiens ; mais ils avaient en arrière deux colonnes de même force, qui devaient donner le lendemain, Beaulieu ayant jugé qu'il aurait affaire sur ce point à toute l'armée française. L'on dit aussi que Montenotte ne fut attaquée que par quinze mille hommes, parce que dix mille hommes de ce corps étaient demeurés en arrière, et formaient les communications avec la droite à Ceva. Ce fut sur ces troupes que Masséna, débouchant au point du jour par Cadibonne, tira le premier coup de canon.

S'il n'y est point question des projets du général en chef, ni des négociations avec Gênes, c'est que le rapport publié n'est qu'un extrait de la correspondance officielle, et que d'ailleurs, comme nous l'avons déjà observé, il entrait dans les vues du général en chef de dérober à l'ennemi la connaissance de ses plans et de sa manière de faire.

En voilà assez pour expliquer désormais les différences qu'on pourra remarquer. Nous répétons que notre observation actuelle doit être entendue une fois pour toutes.

FRAGMENTS DU CHAPITRE III

1. *Raisons pour rester sur la ligne du Tessin.* L'armistice conclu, et les places de Coni, Tortone et Ceva en notre pouvoir, on se demanda s'il était convenable de passer le Tessin. On concevait que l'armistice, qui avait mis des places fortes en notre pouvoir, et séparé l'armée piémontaise de l'armée autrichienne, était utile ; mais on se demandait s'il ne serait pas désormais plus avantageux de profiter des moyens acquis, pour révolutionner entièrement le Piémont et Gênes, avant d'aller plus loin. Le Directoire avait le droit de refuser les

négociations proposées, et de déclarer sa volonté par un ultimatum. Ne serait-il pas impolitique, disait-on, de s'éloigner de France, de passer le Tessin sans être certain de ses derrières ? Les rois de Sardaigne, qui nous ont été si utiles tant qu'ils ont combattu pour nous, ont le plus contribué à nos revers dès qu'ils ont changé de politique. Aujourd'hui la disposition des esprits ne saurait nous permettre la moindre illusion : les nobles et les prêtres dominent cette cour, et se trouvent les ennemis irréconciliables de la république. Si l'on éprouvait une défaite en avançant, que n'aurait-on pas à redouter de leur haine et de leur vengeance ! Gênes même doit nous donner de grandes inquiétudes. Le système de l'oligarchie y domine toujours, et quelque nombreux que puissent s'y trouver nos partisans, ils demeurent sans influence dans les décisions politiques. Les bourgeois de Gênes peuvent bien déclamer ; mais là se borne tout leur pouvoir. Les oligarques gouvernent, ils commandent aux troupes, et disposent de huit à dix mille paysans des vallées de Fontana-Bona et autres, qu'ils appellent à leur défense dans les moments de crise. Enfin, demandait-on, où doit-on s'arrêter ? Doit-on passer le Tessin, l'Adda, l'Oglio, le Mincio, l'Adige, la Brenta, la Piave, le Tagliamento pour se porter sur le Lisonzo ? Est-il sage de laisser derrière soi de si nombreuses populations, si mal disposées ? Le moyen d'aller vite n'est-il pas d'aller sagement ; de se faire des appuis de tous les pays où l'on passe, en changeant le gouvernement, et confiant l'administration à des personnes de mêmes principes et de mêmes intérêts que nous ? Si l'on se porte dans le pays de Venise, n'obligera-t-on pas cette république, qui peut disposer de cinquante mille hommes, à prendre parti pour nos ennemis ?

2. *Raisons pour prendre la ligne de l'Adige*. On répondait à cela : l'armée française doit profiter de sa victoire. Nous ne devons nous arrêter qu'à la meilleure ligne de défense contre les armées qui ne tarderont pas à marcher contre nous : cette ligne, c'est l'Adige. Elle couvre toutes les vallées du Pô ; elle intercepte la moyenne et la basse Italie ; elle couvre le blocus et le siège de Mantoue, et probablement cette place sera prise avant que la lutte puisse recommencer. En se portant sur l'Adige, on a le moyen de pourvoir à toutes les dépenses de l'armée, parce qu'on en fait partager le poids à

une plus grande population ; à celle du Piémont, de la Lombardie et des Légations. On craint de voir Venise se déclarer contre nous ? Le meilleur moyen d'y remédier, c'est de porter en peu de jours la guerre au milieu de ses États : elle n'est point préparée à un pareil événement ; elle n'a point eu le temps de faire des levées et de prendre des résolutions ; il faut empêcher le Sénat de délibérer. Au lieu que si nous restons sur le Tessin, les Autrichiens peuvent les forcer de faire cause commune avec eux, ou eux-mêmes y être portés par un esprit de parti. Le roi de Sardaigne n'est plus à craindre, ses milices sont congédiées, les Anglais vont cesser leurs subsides ; les affaires intérieures y sont dans le plus mauvais état. Quelque parti que prenne la cour, les mécontents s'accroîtront : après la fièvre vient la faiblesse. Douze à quinze mille hommes sont toutes les forces qui restent à cette puissance ; disséminés dans un grand nombre de villes, ils suffiront à peine à maintenir la tranquillité intérieure. D'un autre côté, la haine de l'Autriche contre le roi de Sardaigne ira toujours croissant ; elle se plaindra qu'à la première bataille perdue, elle a été abandonnée. Elle lui alléguera l'exemple de ses ancêtres, qui demeurèrent des alliés fidèles lors même que la France était maîtresse de Turin ; tandis qu'ici on a déserté la cause commune sans la perte même d'une forteresse. La cour de Sardaigne a donc désormais beaucoup à redouter des Autrichiens. Les oligarques de Gênes ne sont pas à craindre : notre meilleure garantie contre eux, ce sont les profits immenses qu'ils recueillent de leur neutralité. En propageant les principes de la liberté en Piémont et à Gênes ; en y allumant la guerre civile, c'est le peuple qu'on soulève contre les nobles et les prêtres ; on devient responsable des excès qui accompagnent toujours une pareille lutte. Arrivés au contraire sur l'Adige, nous serons maîtres de tous les États de la maison d'Autriche en Italie, et de ceux du pape en deçà de l'Apennin ; en position de proclamer les principes de la liberté et d'exciter le patriotisme italien contre la domination étrangère, l'irritation du peuple de Bologne et de Ferrare contre le gouvernement du pape. On n'aura pas besoin d'exciter la division des diverses classes de citoyens : nobles, bourgeois, paysans, tout sera appelé pour marcher d'accord pour le rétablissement de la patrie italienne. Le mot *Italiam ! Italiam !* proclamé de Milan à

Bologne, produira un effet magique ; proclamé sur le Tessin, les Italiens diraient : Pourquoi n'avancez-vous pas ?

3. *Topographie de l'Italie*. Les grandes plaines de l'Italie septentrionale, comprises entre les Alpes qui les séparent de la France, de la Suisse et de l'Allemagne, entre les Apennins qui les séparent de Gênes et de la Toscane, et entre l'Adriatique, composent : la vallée du Pô, les vallées qui se jettent dans l'Adriatique au nord du Pô, et les vallées qui se jettent dans l'Adriatique au midi du Pô. Toutes ces vallées ne sont séparées par aucune colline ; de sorte que toutes les eaux pourraient se communiquer facilement, si c'était nécessaire. Elles forment une des plaines les plus fertiles, les plus grandes, les plus riches du monde, couvertes de villes opulentes et d'une population de huit à dix millions d'individus. Cette immense plaine comprend le Piémont, la Lombardie, Parme, Plaisance, Modène, Bologne, Ferrare, la Romagne et les pays vénitiens.

4. *Vallée du Pô*. Le Pô prend sa source au mont Viso, et reçoit successivement sur sa gauche, à Turin, la Doire qui descend du mont Genèvre ; un peu au-dessous, à Chivasso, la Doréa-Baltéa qui vient du grand Saint-Bernard ; entre Casal et Valence, la Sésia ; à Pavie, le Tessin qui descend du lac Majeur et des hauteurs du Simplon ; entre Plaisance et Crémone, l'Adda venu du Brenner ; près de Borgo-Forte, l'Oglio sorti du lac d'Iséro ; près de Governolo, le Mincio venu du lac de Garda. Le Pô reçoit à sa rive droite tous les affluents des Apennins ; le Tanaro, au-dessous de Valence et d'Alexandrie ; la Scrivia, au-dessous de Tortone et de Castel-Novo ; la Trébia, au-dessus de Plaisance ; le Taro, au-dessus de Casal-Majore ; le Crostollo, près de Guastalla ; la Secchia, près de Saint-Bénédetto ; le Panaro et le Réno, dans les environs de Ferrare ; enfin il se jette dans l'Adriatique à trente milles au-delà de Ferrare, par plusieurs bouches. Ce fleuve est une espèce de mer par la grande quantité de rivières qu'il reçoit dans toutes les directions. Il est élevé au-dessus du sol, et se trouve encaissé par des digues, de sorte que les plus belles contrées de l'Italie, comme la Hollande, se trouvent dérobées par artifice à l'invasion des eaux. Il y a peu ou point de sollicitude à prendre sur le cours des affluents

de la rive gauche, la nature s'y exerce sans inconvénients : ainsi la Doréa-Baltéa, le Tessin, l'Adda, entrent dans le Pô sans causer d'embarras. Il n'en est pas ainsi des affluents de la rive droite : depuis le Tanaro, toutes les rivières sont sujettes à de grands désordres, et donnent lieu à de grandes questions hydrauliques. Il faut chaque année hausser les digues, parce que les pays limitrophes, surtout Parme, Modène, Bologne, Ferrare, éprouvent de fortes inondations. Ce sont ces perpétuelles difficultés de la nature qui ont rendu les Italiens si habiles dans la science hydraulique. Les ingénieurs de ce pays ont poussé plus loin que partout ailleurs cette branche importante de nos connaissances.

Les affluents des deux rives du Pô diffèrent encore, en ce que tous ceux de la rive gauche sont presque toujours navigables, et presque jamais guéables ; tandis que ceux de la rive droite ne sont jamais navigables, et se trouvent presque toujours guéables. Les uns sont des rivières, les autres ne sont que des torrents.

N. B. Ici finit la partie de ce chapitre. Je regrette d'autant plus de ne l'avoir pas dans son entier, qu'il s'y trouve l'énumération méthodique de tous les moyens de défense de l'Italie contre l'Autriche, morceau que l'Empereur lui-même n'hésitait pas à dire être très beau et devoir demeurer classique pour le métier, tant que la forme et les détails physiques de la péninsule, disait-il, ne seront point bouleversés.

CHAPITRE CINQUIÈME

JEUDI 1ᵉʳ FÉVRIER 1816.

Éloge de Sainte-Hélène par l'Empereur.
Petites ressources de l'île.

La philosophie la plus heureuse et la plus sage est celle qui nous fait voir parfois le côté le moins défavorable des circonstances les plus fâcheuses : l'Empereur, dans ce sentiment sans doute, nous disait aujourd'hui en se promenant au fond du jardin, qu'après tout, exil pour exil, Sainte-Hélène était peut-être encore la meilleure place. Dans les latitudes élevées, nous aurions eu beaucoup à souffrir des rigueurs du froid ; et nous aurions expiré misérablement sous l'ardeur brûlante de toute autre île du tropique. « Le rocher de Sainte-Hélène, continuait-il, était stérile, sauvage sans doute, le climat y était monotone, insalubre ; mais la température, il fallait en convenir, était douce. »

La conversation l'a amené à me demander ce qui eût été préférable, de l'Amérique ou de l'Angleterre, dans le cas où nous eussions été libres de nos mouvements. Je répondais que, si l'Empereur avait voulu vivre en philosophe, en sage, dans le repos et loin désormais de l'agitation du monde, il aurait fallu choisir l'Amérique, mais pour peu qu'il eût conservé le sentiment ou l'arrière-pensée des affaires, il eût fallu préférer l'Angleterre. Et ne voulant pas rester en arrière sur la peinture flatteuse que l'Empereur venait de tracer de notre misérable rocher, j'osai même dire qu'il pourrait être telles chances qui fissent que Sainte-Hélène ne se serait pas trouvée le pire des exils : nous y demeurions à l'écart, quand la tempête rugissait pour les autres ; nous nous y trouvions hors de l'atmosphère des passions, circonstance favorable

aux chances possibles d'un meilleur avenir : c'était assurément un grand désir de voir en beau ; je reculais l'horizon
de toute l'étendue de l'imagination.

En attendant, pour se faire une juste idée de l'état de notre
exil et de ses ressources, il nous a été dit, dans la journée,
que nous devions mettre de l'économie dans plusieurs de nos
consommations, peut-être même nous attendre à en faire le
sacrifice momentané : on nous a dit que le café devenait
extrêmement rare et qu'il pourrait manquer bientôt ; depuis
longtemps nous n'avons plus de sucre blanc, il n'en reste
plus aujourd'hui que fort peu et très mauvais, réservé exclusivement pour l'Empereur, et nous sommes menacés de le
voir bientôt finir ; il en est de même de plusieurs autres
productions essentielles. Notre île est un vaisseau qui tient
la mer ; il manque bientôt si la traversée se prolonge ou si
on le surcharge de bouches outre mesure. Nous avons suffi
pour affamer Sainte-Hélène, d'autant plus que les bâtiments
de commerce ne peuvent désormais en approcher : on dirait
que ce lieu est devenu pour eux un écueil maudit et redouté,
si l'on ne savait que la croisière anglaise donne ses soins à
les tenir éloignés. Mais ce qui, dans les privations dont nous
sommes menacés, nous a surpris davantage et nous affecterait
le plus, c'est le manque de papier à écrire. On nous a dit que
depuis trois mois que nous étions ici, nous avions épuisé les
magasins de la colonie, ce qui prouverait qu'ils sont d'ordinaire légèrement fournis, ou bien que nous en faisions une
furieuse consommation : notre seule réunion à Longwood en
emploierait donc à elle seule six ou huit fois plus que tout
le reste de la colonie ensemble. Qu'on joigne à ces détails
matériels nos privations physiques et morales ; qu'on se dise
que nous ne jouissons pas même des ressources de l'île, dont
l'arbitraire et le caprice nous privent en partie : on nous y
refuse l'herbe et le feuillage, qui se trouvent dans d'autres
sites de l'île. L'amiral avait promis à l'Empereur qu'il pourrait circuler par toute l'île, parce qu'il pourvoirait à une
surveillance que le captif soupçonnerait à peine ; on a vu
qu'à la seconde épreuve l'amiral avait rompu cette espèce
d'engagement ; un officier, par ses ordres, a prétendu se
mêler avec nous ; l'Empereur a renoncé dès lors à toute
excursion, et nous demeurons séquestrés réellement du commerce des hommes.

Notre vie animale est des plus misérables : soit impossibilité d'être mieux, soit mauvaise administration à cet égard, toutefois est-il certain qu'à peine est-il rien de mangeable : le vin est des plus mauvais ; on ne saurait employer l'huile ; je viens de dire que le café, le sucre manquent et que nous affamons l'île. On sait bien qu'on peut se passer de tout, qu'on pourrait ne pas mourir à beaucoup moins ; mais quand on prétend nous traiter avec magnificence et nous persuader que nous sommes très bien, on nous amène à nous récrier sur ce que nous sommes très mal et sur ce que nous manquons de tout. Si l'on s'avisait de supposer, sur notre silence, que nous sommes heureux, qu'on apprenne du moins que la seule force de notre moral peut nous faire résister à des maux que les expressions ne sauraient rendre.

VENDREDI 2.

> *Première saignée de mon fils.*
> *L'Empereur me donne un cheval.*

Mon fils depuis longtemps souffrait de la poitrine, il avait de fortes palpitations ; j'ai réuni trois chirurgiens, ils l'ont condamné à la saignée. C'est du reste en ce moment, chez les Anglais, le remède en faveur, la panacée universelle ; ils l'emploient pour tout et pour rien. Ils rient de notre étonnement, nous pour qui ce système est nouveau.

Vers le milieu du jour nous avons fait un tour en calèche. Au retour de la promenade, l'Empereur s'est fait amener un cheval qu'on venait d'acheter ; il était fort beau et d'une jolie tournure ; il l'a fait essayer, l'a trouvé fort bien, et me l'a donné à l'instant même avec une bonté toute particulière. Je n'ai pu en faire usage, il s'est trouvé vicieux, et a passé alors au général Gourgaud, meilleur écuyer que moi.

SAMEDI 3 AU MARDI 6.

> *Progrès de l'Empereur dans l'anglais.*

Le 3 a été affreux, la pluie a été constante ; impossible de sortir. Le mauvais temps a duré plusieurs jours de la sorte ; jamais je n'aurais soupçonné que nous puissions être aussi longtemps sans la possibilité de nous hasarder dehors.

L'humidité nous enveloppait de toutes parts, la pluie gagnait au travers de notre toiture. Nos heures intérieures se ressentent de ce mauvais temps du dehors ; j'en étais triste apparemment :

« Qu'avez-vous ? me disait l'Empereur un de ces matins ; depuis quelques jours, vous changez, serait-ce le moral ? vous feriez-vous des *dragons*[1] à la manière de Mme de Sévigné ? – Je répondais : Sire, c'est le physique, l'état de mes yeux m'attriste à la mort ; car, le moral, je sais le tenir en bride ; au besoin j'aurais le bridon, et Votre Majesté m'a donné des éperons qui seraient une dernière et victorieuse ressource. »

Cependant l'Empereur travaillait trois, quatre, jusqu'à cinq heures de temps à l'anglais ; les progrès devenaient réellement très grands, il en était parfois frappé lui-même et s'en réjouissait en enfant. Il disait un de ces jours à table, et il répète souvent, qu'il me doit cette conquête, et qu'elle est bien grande. Je n'y aurai pourtant eu d'autre mérite que celui que j'ai employé pour les autres travaux de l'Empereur, d'avoir osé en donner l'idée, d'y être revenu sans cesse ; et, une fois entamée, d'avoir mis dans la partie de l'exécution qui dépendait de moi, une promptitude et une régularité journalière qui faisaient tout son encouragement. S'il arrivait qu'on ne fût pas prêt quand il nous demandait, s'il fallait renvoyer au lendemain, le dégoût le saisissait aussitôt et le travail en demeurait là, jusqu'à ce que quelque chose vînt le remonter. « J'ai besoin d'être poussé, me disait-il confidentiellement, dans une de ces interruptions passagères, le plaisir d'avancer peut seul me soutenir ; car, mon cher, nous pouvons en convenir entre nous, rien de tout ceci n'est amusant, il n'y a pas le mot pour rire dans toute notre existence. »

Avant dîner, l'Empereur faisait toujours plusieurs parties d'échecs. A nos après-dîners nous reprîmes le reversi, qui avait été longtemps abandonné. Comme on ne se payait pas jadis très régulièrement, on convint désormais d'en faire une masse commune ; on discuta sur sa destination future, l'Empereur demanda les avis ; quelqu'un proposa de l'employer à délivrer la plus jolie esclave de l'île ; cette opinion

---

1. Des inquiétudes. Cf. Mme de Sévigné, *Lettre 136* : « J'ai mille dragons... »

enleva tous les suffrages, l'on se mit au jeu avec ardeur et la première soirée produisit deux napoléons et demi.

MERCREDI 7, JEUDI 8.

L'Empereur apprend la mort de Murat.

La frégate la *Thébaine* est arrivée du Cap, et nous a apporté quelques journaux ; je les traduisais à l'Empereur en nous promenant dans le jardin. Un de ces papiers renfermait une grande catastrophe ; je lus que Murat ayant débarqué avec quelques hommes en Calabre, y avait été saisi et fusillé. A ces paroles inattendues, l'Empereur, me saisissant le bras, s'est écrié : « Les Calabrais ont été plus humains, plus généreux que ceux qui m'ont envoyé ici. » Ce fut tout. Après quelques moments de silence, comme il ne disait plus rien, je continuai.

Murat, sans vrai jugement, sans vues solides, sans caractère proportionné à ces circonstances, venait de périr dans une tentative évidemment désespérée. Il n'est pas impossible que le retour de l'Empereur de l'île d'Elbe ne lui eût tourné la tête, et qu'il n'espérât peut-être en renouveler le prodige pour son propre compte. Ainsi périt si misérablement celui qui avait été une des causes si actives de nos malheurs ! En 1814, son courage, son audace pouvaient nous tirer de l'abîme ; sa trahison nous y précipita ; il neutralisa le vice-roi sur le Pô ; il l'y combattit, lorsque, réunis ensemble, ils eussent pu forcer les gorges du Tyrol, descendre en Allemagne et venir sur Bâle et les rives du Rhin, détruire, saisir les derrières des Alliés et leur couper toute retraite en France.

L'Empereur, à l'île d'Elbe, dédaigna toute communication avec le roi de Naples ; mais, partant pour la France il lui écrivit qu'allant reprendre possession de son trône, il se plaisait à lui déclarer qu'il n'était plus de *passé entre eux* ; qu'il lui pardonnait sa conduite dernière, lui rendait sa bienveillance, lui envoyait quelqu'un pour lui signer la garantie de ses États, et lui recommandait, sur toute chose, de se maintenir en bonne intelligence avec les Autrichiens, et de se contenter de les contenir, dans le cas où ils voudraient marcher sur la France. Murat, en ce moment, tout au sentiment de sa première jeunesse, ne voulut ni garantie ni signature :

la parole de l'Empereur, son amitié lui suffisaient, s'écriat-il ; il prouverait qu'il avait été plus malheureux que coupable. Son dévouement, son ardeur allaient, disait-il, lui obtenir l'oubli du passé.

« Mais il était dans la destinée de Murat, disait l'Empereur, de nous faire du mal. Il nous avait perdus en nous abandonnant, et il nous perdit en prenant trop chaudement notre parti ; il ne garda plus aucune mesure ; il attaqua lui-même les Autrichiens sans plan raisonnable, sans moyens suffisants, et il succomba sans coup férir. »

Les Autrichiens, délivrés de cet obstacle, s'en servirent comme de raison ou de prétexte pour en augurer des vues ambitieuses dans Napoléon reparaissant sur la scène. C'est ce qu'ils lui objectèrent constamment, toutes les fois qu'il leur protesta de sa modération.

L'Empereur, avant la circonstance malheureuse des hostilités de Murat, avait déjà noué quelques négociations avec l'Autriche. D'autres États inférieurs, que je crois inutile de nommer, lui avaient fait dire qu'il pouvait compter sur leur neutralité. Nul doute que la chute du roi de Naples n'ait donné aussitôt une autre tournure aux affaires.

On a essayé de faire passer Napoléon pour un homme terrible, implacable ; le vrai c'est qu'il était étranger à toute vengeance, et ne savait pas conserver de rancune, quelque mal qu'on lui eût fait. Son courroux, d'ordinaire, s'exhalait par des sorties violentes, et c'était là tout. Ceux qui le connaissaient le savaient bien. Murat l'avait outrageusement trahi ; on vient de lire qu'il l'avait perdu deux fois, et cependant c'est à Toulon que Murat accourt chercher un asile. « Je l'eusse amené à Waterloo, nous disait Napoléon ; mais l'armée française était tellement patriotique, si morale, qu'il est douteux qu'elle eût voulu supporter le dégoût et l'horreur qu'avait inspirés celui qu'elle disait avoir trahi, perdu la France. Je ne me crus pas assez puissant pour l'y maintenir, et pourtant il nous eût valu peut-être la victoire ; car que nous fallait-il dans certains moments de la journée ? enfoncer trois ou quatre carrés anglais ; or Murat était admirable pour une telle besogne ; il était précisément l'homme de la chose ; jamais à la tête d'une cavalerie on ne vit quelqu'un de plus déterminé, de plus brave, d'aussi brillant.

« Quant au parallèle des circonstances de Napoléon et de

Murat, celui de leur débarquement respectif en France, et sur le territoire de Naples, il n'en saurait exister aucun, disait l'Empereur : Murat n'avait d'autre bon argument dans sa cause que le succès, et il était purement chimérique au moment où et de la manière dont il l'a entrepris. J'étais l'élu d'un peuple, j'étais le légitime dans leurs doctrines nouvelles ; mais Murat n'était point napolitain ; les Napolitains n'avaient jamais élu Murat ; était-il à croire qu'il pût exciter parmi eux un bien vif intérêt ; aussi sa proclamation est-elle tout à fait fausse et vide de choses. Ferdinand de Naples devait et pouvait ne le présenter que comme un fauteur d'insurrection ; c'est ce qu'il a fait, et il l'a traité en conséquence.

« Quelle différence avec moi ! continuait Napoléon. Avant mon arrivée, toute la France était déjà pleine d'un même sentiment. Je débarque, et ma proclamation n'est pleine que de ce même sentiment : chacun y lit ce qu'il a dans le cœur. La France était mécontente, j'étais sa ressource ; les maux et le remède furent aussitôt en harmonie : voilà toute la clef de ce mouvement électrique, sans exemple dans l'histoire. Il prit sa source uniquement dans la nature des choses ; il n'y eut point de conspiration, et l'élan fut général ; pas une parole ne fut portée, et tout le monde s'entendit. Les populations entières se précipitaient sur le passage du libérateur. Le premier bataillon que j'enlevai de ma personne me valut aussitôt la totalité de l'armée. Je me trouvai porté jusqu'à Paris ; le gouvernement existant, tous ses agents disparurent sans efforts, comme les nuages se dissipent à la vue du soleil. Et encore eussé-je tombé dans les mains de mes ennemis, je n'étais pas purement un chef d'insurrection ; j'étais un souverain reconnu de toute l'Europe ; j'avais mon titre, ma bannière, mes troupes ; je venais faire la guerre à mon ennemi. »

VENDREDI 9.

*Porlier, Ferdinand. Tableaux de l'*Atlas.

Dans des gazettes que je traduisais à l'Empereur, j'ai trouvé l'histoire de Porlier ; c'était un des chefs les plus remarquables des fameuses guérillas. Il venait d'essayer d'en appeler à la nation contre la tyrannie de Ferdinand ; mais il avait échoué, avait été pris et pendu.

L'Empereur a dit : « Je ne suis pas du tout surpris de cette tentative en Espagne ; à mon retour de l'île d'Elbe, ceux des Espagnols qui s'étaient montrés les plus acharnés contre mon invasion, qui avaient acquis le plus de renommée dans la résistance, s'adressèrent immédiatement à moi : ils m'avaient combattu, disaient-ils, comme leur tyran ; ils venaient m'implorer comme un libérateur. Ils ne me demandaient qu'une légère somme, disaient-ils, pour s'affranchir eux-mêmes, et produire dans la péninsule une révolution semblable à la mienne. Si j'eusse vaincu à Waterloo, j'allais les secourir. Cette circonstance m'explique la tentative d'aujourd'hui. Nul doute qu'elle ne se renouvelle encore. Ferdinand, dans sa fureur, a beau vouloir serrer avec rage son sceptre ; un de ces beaux matins il lui glissera de la main comme une anguille. »

Les gazettes finies, l'Empereur, dans son oisiveté, feuilletait mon *Atlas* ; j'ai eu la grande satisfaction de le voir enfin s'arrêter sur les tableaux généalogiques ; ce que je désirais depuis bien longtemps, car il les passait toujours. J'ai analysé devant lui, sur le tableau de l'Angleterre, la fameuse guerre de la rose rouge et de la rose blanche, inintelligible pour le grand nombre des lecteurs sans le secours de pareils tableaux. Il a été frappé de leur utilité, et s'est mis alors à en parcourir un grand nombre d'autres ; il remarquait, à celui de Russie, qu'il serait bien difficile sans un tel secours de suivre l'ordre irrégulier de succession des derniers souverains, et il a été fort surpris, à celui de France, de la démonstration singulière, qu'en dépit de sept ou huit applications de la loi salique, Louis XVI eût encore régné comme si cette loi salique n'eût point existé.

L'Empereur s'arrêtait beaucoup sur l'encadrement rigoureux et complet de ces tableaux ; il ne revenait pas de la quantité de points de ralliement qui s'y trouvaient indiqués en un aussi petit espace : l'ordre numérique du souverain, son degré de génération, l'ensemble de toute sa parenté, etc., et il me répétait alors ce qu'il m'avait déjà dit ou à peu près, que s'il les eût bien connus dans le temps, il m'eût fait venir pour obtenir de moi un format plus commode, moins coûteux, et en faire la pâture des lycées.

Il ajoutait qu'il eût voulu voir toutes les histoires réimprimées avec de tels documents à l'appui, pour leur intelligence.

Je lui disais que j'avais eu la même idée, qu'elle avait déjà été exécutée sur l'histoire d'Angleterre par Hume, et que, sans nos derniers événements, elle allait l'être sur l'histoire d'Allemagne de Pfeffeld, sur celle de France de Hénault, et sur une histoire des trois couronnes du Nord, etc.

Sur les quatre heures, j'ai présenté à l'Empereur le capitaine de la *Thébaine*, qui partait le lendemain pour l'Europe, et le colonel Macoy, du régiment de Ceylan. Ce brave soldat semblait un monument mutilé : il avait une jambe de moins, un coup de sabre lui traversait le front, d'autres cicatrices couvraient son visage. Il était tombé sur le champ de bataille en Calabre, et demeuré prisonnier du général Parthoneaux. L'Empereur lui fit un accueil tout particulier ; on pouvait voir qu'il y avait sympathie réciproque. Le colonel Macoy avait été major du régiment corse que commandait le nouveau gouverneur que nous attendons. Ce colonel disait à quelqu'un qu'il trouvait un homme tel que l'Empereur bien mal traité ici, et qu'il supposait au général Lowe trop d'élévation pour ne pas penser que sa seule acceptation du gouvernement de l'île annonçait qu'il y viendrait améliorer notre condition.

L'Empereur est ensuite monté à cheval. Nous avons remonté notre vallée accoutumée, et ne sommes rentrés que vers les sept heures. L'Empereur a continué de se promener dans le jardin ; la température était des plus douces, le clair de lune charmant, le beau temps était revenu tout à fait.

SAMEDI 10.

Sur l'Égypte. Ancien projet sur le Nil.

A présent l'Empereur allait couramment dans son anglais ; et, à l'aide du dictionnaire, il eût pu, à toute rigueur, se passer de moi. Ses progrès décidés le ravissaient. La leçon s'est passée aujourd'hui à lire, dans l'*Encyclopédie britannique*, l'article du Nil, dont il prenait occasionnellement quelques notes pour ses dictées au grand-maréchal. Il s'y est trouvé une citation dont jadis j'avais entretenu l'Empereur, qu'il avait jusque-là regardée comme absurde. Le grand Albuquerque proposait au roi de Portugal de détourner le Nil, avant son entrée dans la vallée d'Égypte, et de le rejeter dans la mer Rouge, ce qui eût rendu l'Égypte un désert impraticable, et consacré le cap de Bonne-Espérance pour la route unique du grand commerce des Indes. Bruce ne croit pas cette gigantesque idée entièrement impossible, elle frappait singulièrement l'Empereur.

Sur les cinq heures, l'Empereur est monté en calèche, la promenade a été extrêmement agréable ; la précaution d'avoir fait abattre quelques arbres a triplé l'espace primitif, en créant plusieurs circuits naturels. Au retour, on a profité de la belle soirée pour se promener longtemps dans le jardin ; la conversation a été des plus intéressantes, les sujets étaient grands et profonds : c'était sur les diverses religions ; l'esprit qui les avait dictées ; les absurdités, les ridicules dont on les avait entremêlées ; les excès qui les avaient dégradées ; les objections qu'on leur avait opposées : l'Empereur a traité tous ces objets avec sa supériorité ordinaire.

DIMANCHE 11.

> *Uniformité. Ennui. Solitude de l'Empereur.*
> *Caricatures.*

L'Empereur a lu aujourd'hui l'article Égypte en anglais dans l'*Encyclopédie britannique*, et en a recueilli des notes qui ne laissent pas que de lui être utiles pour sa campagne d'Égypte. Cette circonstance lui est très agréable, et lui fait répéter, plusieurs fois le jour, combien il se trouve heureux de ses progrès ; il est de fait qu'il peut maintenant lire tout seul.

Sur les quatre heures, j'ai suivi l'Empereur dans le jardin ; nous y avons marché seuls pendant quelque temps ; bientôt après, on est venu nous rejoindre. La température était fort douce ; l'Empereur a fait observer le calme de notre solitude ; c'était dimanche, tous les ouvriers étaient au loin. Il a ajouté qu'on ne nous accuserait pas du moins de dissipation ni d'ardentes poursuites des plaisirs ; en effet, il est difficile d'imaginer plus d'uniformité et plus d'absence de toute diversion.

L'Empereur soutient cette situation d'une manière admirable ; il nous surpasse tous de beaucoup par l'égalité de son caractère et la sérénité de son humeur. Il était difficile d'être plus sage et plus tranquille que lui, remarquait-il : il se couchait à dix heures ; ne se levait ou, plutôt, ne paraissait qu'à cinq ou six heures du soir ; sa vie extérieure n'était donc guère, disait-il, de plus de quatre heures ; c'était celle du prisonnier qu'on tire chaque jour de son cachot pour le laisser respirer un peu. Mais que de pensées dans son long intérieur ! que de travaux même ! et au sujet du travail, l'Empereur disait qu'il se trouvait aussi fort qu'il l'avait jamais été ; qu'il ne se sentait ni flétri ni usé en quoi que ce fût ; qu'il s'étonnait lui-même du peu d'effet sur lui des grands événements dont il avait été dernièrement l'objet : c'était du plomb, disait-il, qui avait glissé sur le marbre ; le poids avait pu comprimer le ressort, mais n'avait pu le briser ; il s'était relevé avec toute son élasticité. L'Empereur ajoutait n'imaginer personne au monde qui eût mieux plié que lui sous la nécessité sans remède ; et c'était là, disait-il, le véritable empire de la raison, le vrai triomphe de l'âme.

L'heure de la calèche est arrivée. En allant la joindre, l'Empereur a aperçu la petite Hortense, la fille de Mme Bertrand, qui lui plaît beaucoup ; il l'a fait venir, l'a embrassée tendrement deux ou trois fois, et a voulu la prendre en voiture avec le petit Tristan de Montholon. Durant la course, le grand-maréchal, qui venait de parcourir les journaux arrivés, racontait divers bons mots et caricatures qu'il y avait trouvés ; il nous en citait une assez piquante : deux actions composaient le tableau ; l'une était Napoléon donnant à la princesse d'Hatzfeld, pour la jeter au feu, la lettre dont la disparition sauvait son mari ; au bas était : *Acte tyrannique d'un usurpateur*. Le pendant était de tout autre nature : C'était Mme de Labédoyère et son fils, prosternée aux pieds du roi qui la repoussait, tandis qu'on fusillait à quelques pas, et au bas était écrit : *Acte paternel de la légitimité*.

Cela nous a conduits à raconter à l'Empereur la foule de caricatures dont nous avions été inondés après la Restauration ; il en était beaucoup qui l'ont fort amusé ; une surtout l'a fait sourire : c'était le château des Tuileries. Une troupe d'oies, de dindons, entraient, dandinant, par la porte, poussés par un cercle de soldats de toutes nations et de toutes armes. Au même instant sortait des fenêtres du premier un aigle aux ailes étendues, s'éloignant d'un vol fier et rapide, et au bas on lisait : *Changement de dynastie*.

L'Empereur a observé que si les caricatures vengeaient

quelquefois le malheur, elles harcelaient sans cesse le pouvoir. Et combien n'en a-t-on pas fait sur moi ! disait-il. Alors, il nous en a demandé quelques-unes. Parmi toutes celles que nous avons citées, il a fort applaudi celle-ci, comme fort jolie et d'un fort bon goût : c'était le vieux George III qui, de sa côte d'Angleterre, jetait en colère à la tête de Napoléon, sur la rive opposée, une énorme betterave en disant : *Va te faire sucre*[1] !

LUNDI 12.

Longue course à pied de l'Empereur.

Vers les quatre heures, l'Empereur se promenait dans le jardin ; la température était des plus agréables, chacun de nous se récriait sur ce que c'était une de nos belles soirées d'Europe ; nous n'avions encore rien éprouvé de pareil depuis notre arrivée dans l'île. L'Empereur a fait demander la calèche, et, comme par diversion, il a voulu laisser là nos arbres à gomme, pour aller, par le chemin qui conduit chez le grand-maréchal, prendre la route qui contourne le bassin supérieur de notre vallée favorite, et gagner, si c'était possible, le site appartenant à une demoiselle Mason qui est sur le revers opposé en face de Longwood. Arrivé chez Mme Bertrand, l'Empereur l'a fait monter dans sa calèche, où se trouvaient déjà Mme de Montholon et moi ; le reste suivait à cheval ; nous étions tous réunis. A quelques pas de chez Mme Bertrand, au poste militaire même qui s'y trouve établi, le terrain était fort à pic et très inégal, les chevaux se sont refusés, il a fallu descendre, la barrière s'est trouvée à peine suffisante pour la largeur de la voiture ; mais les Anglais sont accourus, et de tout cœur l'ont, en un instant, fait franchir à force de bras. Cependant, une fois dans le nouveau bassin, la promenade à pied était si agréable que l'Empereur a voulu la continuer. Au bout de quelque temps, comme le jour baissait, il a voulu que la calèche allât seule reconnaître le chemin jusqu'à la porte de Mlle Mason, tandis que nous continue-

---

1. Napoléon, pour remédier à la pénurie de sucre due au Blocus continental qui isolait l'Angleterre et le commerce anglais, s'était intéressé à la betterave sucrière et avait fait construire des usines pour la traiter ; d'où le dépit du roi d'Angleterre.

rions à marcher. La soirée était réellement des plus agréables : la nuit était venue ; mais il faisait le plus beau clair de lune possible. Notre promenade pouvait réveiller le souvenir de celles autour de nos châteaux en Europe, dans les belles soirées d'été.

La calèche revenue, l'Empereur n'a point voulu y monter encore ; il l'a envoyée attendre chez Mme Bertrand, et, quand il y a été rendu, il a voulu continuer encore à pied jusqu'à Longwood, où il est arrivé très fatigué : il avait marché près de six milles, ce qui est beaucoup pour lui, qui n'a jamais été marcheur à aucune époque de sa vie.

MARDI 13 AU VENDREDI 16.

Mauvaise température de Sainte-Hélène.
Observation importante sur l'esprit de ce journal.

J'ai déjà dit qu'il n'y avait point de saisons à Sainte-Hélène ; ce sont seulement des veines de bon et de mauvais temps, fort irrégulières. Il a plu constamment chaque jour, nous n'avons pu sortir à peine que quelques instants. Il me serait difficile d'employer quatre mots à exprimer, durant ces quatre jours, aucune déviation quelconque de notre vie accoutumée. Et ici d'ailleurs je saisis l'occasion de prévenir, une fois pour toutes, que s'il se rencontre de temps à autre, dans le cours de mon journal, plusieurs jours réunis sous un même article, c'est que souvent j'ai élagué une partie de ce que chacun d'eux me présentait ; ce à quoi j'ai été conduit, comme on le devinera sans peine, par divers motifs : parfois les objets m'ont paru trop puérils ; parfois, au contraire, ils m'ont semblé trop graves et demander un temps plus éloigné ; ou bien encore ne présentaient-ils que des personnalités, et il est dans mon caractère de les écarter soigneusement : que si, malgré cela, on en trouve quelques-unes, c'est que j'y aurai été forcément conduit par l'objet essentiel de mes écrits, qui est de faire connaître le caractère de l'Empereur ; et même alors ai-je pu me dire encore, pour ma satisfaction intérieure, que ces personnalités ne concernent guère que des caractères publics, et ne mentionnent que des choses déjà connues de beaucoup de monde.

Du reste, je ne me suis nullement dissimulé que la tâche que j'ai entreprise pouvait me créer de nombreux inconvénients ; mais je me suis cru un devoir sacré, et je m'efforce de le remplir du mieux qu'il m'est possible : *advienne que pourra !*

SAMEDI 17.

>   *Politique de l'Empereur sur les affaires de France.*

A six heures du matin, l'Empereur est monté à cheval. Nous avons fait le tour du parc, en commençant dans la direction de notre vallée, et en venant gagner le chemin qui conduit du camp chez le grand-maréchal. Devant la porte de celui-ci, s'est arrêté et mis en ligne, pour nous laisser passer, un gros de cent cinquante à deux cents matelots du *Northumberland*, qui chaque jour portent des planches ou des pierres pour le service de Longwood ou du camp ; l'Empereur a parlé aux officiers, et a souri avec plaisir à nos anciens compagnons ; ils avaient l'air ravi de le voir.

J'ai déjà dit que, de temps à autre, nous recevons des journaux de l'Europe qui nous occupent diversement, et amènent toujours à la fin quelques tableaux vifs et animés de la part de l'Empereur. Il trouvait aujourd'hui qu'en résumé l'état de la France ne s'était point amélioré. « Les Bourbons, répétait-il, n'avaient eu, cette fois, d'autre parti que celui de la sévérité. Quatre mois étaient déjà écoulés, les Alliés allaient repartir, on n'avait pris encore que des demi-mesures ; l'affaire demeurait mal embarquée. Un gouvernement, disait-il, ne peut vivre que de son principe ; il est évident que celui-ci est le retour aux vieilles maximes ; il fallait le faire franchement. Les Chambres surtout, dans cette circonstance, seront fatales, elles inspireront au roi une fausse confiance, et n'auront aucun poids sur la nation. Bientôt le roi n'aura plus aucun moyen de communication avec elle, ce ne sera plus la même religion ni le même langage ; il ne sera personne qui ait le droit de détromper le peuple sur les absurdités qu'il plaira au premier venu de lui débiter, lorsqu'on voudra lui faire croire qu'on veut empoisonner les sources, faire sauter le territoire, etc., etc. » L'Empereur concluait qu'il y aurait quelques exécutions juridiques et un extrême désir de réaction : qu'elle serait assez forte pour irriter, pas assez pour soumettre, et que, tôt ou tard, *une éruption volcanique finirait par engloutir le trône, ses alentours et ses partisans.* « Si les destinées ont réglé que les Bourbons régneront, disait-il, ce ne sera toutefois que dans quelques générations qu'ils en acquerront la certitude. Quant à présent, ils sont sans doute bien plus mal situés que l'année dernière ; alors on pouvait, à toute rigueur, les présenter comme médiateurs entre les puissances et la patrie. Ils n'avaient pas contribué directement au déchirement de la patrie, à la flétrissure de la gloire nationale. Mais cette fois ils étaient les alliés de nos ennemis ; ils sont rentrés sur les cadavres et les décombres qu'ils ont provoqués, dont ils se sont réjouis. Ils ont ruiné la nation, ses forces, sa gloire, ses monuments : ils n'ont pas craint de partager ses dépouilles avec les ennemis et de se réserver la honte et le mépris en partage ; aux yeux de toute la nation, ils ont cessé d'être Français ; ils se sont proscrits eux-mêmes. »

Quant à l'Europe elle semblait à l'Empereur aussi enflammée qu'elle l'avait jamais été. Elle avait anéanti la France ; mais la résurrection de celle-ci pouvait venir un jour de l'explosion des peuples, que la politique des souverains, du reste, était des plus propres à aliéner ; elle pouvait venir encore de la querelle prochaine des puissances entre elles ; ce qui très probablement finirait par avoir lieu.

Quant à notre affaire personnelle ici, elle ne pourrait s'améliorer que par l'entremise de l'Angleterre ; et celle-ci ne pouvait nous devenir favorable que par quelque intérêt politique, quelque changement de ministre, la mort de quelque souverain ; ou bien encore par le sentiment de la gloire nationale, excité par le torrent de l'opinion. Or, les intérêts politiques, il était des combinaisons qui pouvaient les amener ; quant au changement des personnes, il était dans les accidents du temps ; enfin, pour le sentiment de la gloire nationale, si facile à comprendre, le ministère actuel l'avait méconnu ; mais un autre pouvait ne pas y être insensible.

DIMANCHE 18.

> *Peinture du bonheur domestique par l'Empereur.*
> *Deux demoiselles de l'île.*

L'Empereur m'a fait appeler sur les dix heures ; il venait de rentrer. On m'avait dit qu'il était allé à la chasse, il m'apprit que non, qu'il avait été à cheval vers les six heures, mais qu'il n'avait pas voulu qu'on troublât le sommeil de *Son Excellence*. Nous avons travaillé à l'anglais ; le déjeuner est venu, il était détestable ; je n'ai pu m'empêcher de le remarquer. Il m'a plaint d'en faire un aussi mauvais, et m'a dit qu'il était vrai qu'il fallait avoir faim pour pouvoir le manger. Nous avons continué notre leçon jusqu'à une heure, la chaleur alors a commandé le repos.

Sur les cinq heures, l'Empereur a été se promener au jardin. Il s'est mis à peindre le bonheur du particulier honnête et aisé, jouissant paisiblement, dans le fond de sa province, des champs et de la maison qu'il a reçus de ses pères ; rien assurément n'était plus philosophique ; nous n'avons pu nous empêcher de sourire à un tableau si paisible, ce qui l'a fait pincer les oreilles de l'un de nous. « Du reste, a-t-il continué, ce bonheur ne peut guère aujourd'hui se connaître en France que par tradition ; la Révolution a tout bouleversé ; elle en a privé les anciens ; et les nouveaux sont encore neufs à cette jouissance ; ce que je viens de peindre n'existe plus. » Et il faisait alors l'observation qu'être privé de sa chambre natale, du jardin qu'on avait parcouru dans son enfance, n'avoir pas l'habitation paternelle, c'était n'avoir point de patrie. Quelqu'un ajoutait que perdre la demeure qu'on s'était créée après le naufrage, la maison qu'on avait partagée avec sa femme, celle où l'on avait donné le jour à ses enfants, c'était encore perdre sa seconde patrie. Que de monde en était là ! et quelle époque avait été la nôtre !

Nous sommes montés en calèche et nous avons fait notre promenade accoutumée.

Le soir, pendant le dîner, on a parlé de deux demoiselles de l'île, dont l'une est grande, fort belle et très agaçante ; l'autre, beaucoup moins jolie, mais douce dans ses manières, d'une grâce et d'une tenue parfaites. Tous les avis se partageaient. L'Empereur, qui ne connaissait que la première, tenait fortement pour elle. Quelqu'un a pris la liberté de lui dire que s'il voyait la seconde, elle ne lui ferait pas changer d'opinion. Cela ne lui a pas suffi, il a voulu que ce quelqu'un exprimât son propre choix : celui-ci a répondu qu'il était de beaucoup pour la seconde, ce qui a paru contradictoire ; l'Empereur a voulu l'explication : « C'est, a répondu ce quelqu'un, que, si je voulais acheter une esclave, je me fixerais sur la première ; mais que si je trouvais quelque bonheur à le devenir moi-même, je m'adresserais à la seconde. – C'est donc à dire, a repris vivement l'Empereur, que vous me croyez de mauvais goût et de mauvais ton ? – Non, sire ; mais je soupçonne à Votre Majesté des dispositions différentes des miennes. » Il a ri et n'a pas contredit.

LUNDI 19.

Aujourd'hui, de fort bon matin, l'Empereur est sorti pour monter à cheval ; il était à peine six heures et pourtant j'étais tout prêt, j'avais donné ordre qu'on m'éveillât ; il a été surpris de me voir là et de me trouver si diligent. Nous avons erré dans les bois à l'aventure. Nous étions rentrés vers les neuf heures, le soleil commençant déjà à être très chaud.

L'Empereur, sur les quatre heures, a voulu essayer son anglais ; mais il n'était pas bien ; tout dans la journée lui avait paru mauvais, disait-il, rien ne lui avait réussi. La promenade du jardin ne l'a point remis ; il n'était pas bien à dîner ; il n'a pu faire ses parties d'échecs accoutumées ; il s'est retiré souffrant aussitôt après la première partie.

MARDI 20.

> *Travaux de l'Empereur à l'île d'Elbe.*
> *Prédilection des Barbaresques pour Napoléon.*

Le temps a été extrêmement mauvais. L'Empereur avait été assez mal toute la nuit ; au matin, il était beaucoup mieux : il n'est pas sorti de sa chambre avant cinq heures. Vers les six heures, nous avons profité d'une éclaircie pour faire le tour du parc en calèche. Les chevaux dont on nous a gratifiés sont vicieux, ils se butent au premier obstacle et demeurent immobiles ; ils se sont arrêtés aujourd'hui plusieurs fois, la pluie rendait leur tâche plus pénible ; un moment il a fallu réunir tous les efforts pour n'être pas obligés de revenir à pied ; le grand-maréchal et le général Gourgaud ont été obligés de mettre pied à terre et de pousser à la roue. Enfin, après bien des peines, nous sommes rentrés. La conversation, durant la promenade, était sur l'île d'Elbe : l'Empereur parlait des chemins qu'il y avait faits ; des maisons qu'il y avait bâties ; les meilleurs artistes d'Italie se disputaient l'honneur d'y travailler, et sollicitaient comme une faveur de pouvoir les embellir, etc.

Il disait que ses couleurs, que son pavillon, étaient devenus les premiers de la Méditerranée. Son pavillon était sacré, disait-il, pour les Barbaresques, qui d'ordinaire faisaient des présents aux capitaines, leur ajoutant qu'ils acquittaient la dette de Moscou. Le grand-maréchal ajoutait que quelques bâtiments réunis de cette nation, étant venus mouiller à l'île d'Elbe, y avaient donné beaucoup d'inquiétude : on avait interrogé ces gens-là sur leurs intentions, et fini par leur demander nettement s'ils avaient des vues hostiles ; ils avaient répondu : « Contre le grand Napoléon ? Ah ! jamais... nous ne faisons pas la guerre à Dieu ! »

Quand le pavillon de l'île d'Elbe entrait dans un des ports de la Méditerranée, Livourne excepté, il y était reçu avec de vives acclamations ; c'était la patrie qui semblait revenir. Quelques bâtiments français, venus de la Bretagne et de la Flandre, qui relâchèrent à l'île d'Elbe, témoignèrent le même sentiment.

« Tout est gradation dans le monde, concluait l'Empereur. L'île d'Elbe, trouvée si mauvaise il y a un an, est un lieu de délices comparée à Sainte-Hélène. Quant à Sainte-Hélène, ah ! elle peut défier tous les regrets à venir. »

MERCREDI 21 AU VENDREDI 23.

Piontkowski. Caricature.

L'Empereur a continué de se lever de bonne heure et de se promener à cheval, bien que ce fût au pas, seulement dans le parc et au milieu des arbres à gomme. Cependant ce léger exercice lui était bon ; il le forçait du moins à prendre l'air ; il revenait avec meilleur appétit et travaillait avec plus de gaieté. Il déjeunait dans le jardin, sous quelques arbres qu'on avait entrelacés pour lui procurer un peu d'ombrage. Un de ces matins, en se mettant à table, il aperçut au loin le Polonais Piontkowski, et le fit appeler pour qu'il déjeunât avec lui. Il s'amuse à le questionner quand il le trouve sous ses pas.

Piontkowski, dont on ne connaît pas trop l'origine, était

venu à l'île d'Elbe et avait obtenu d'y servir comme soldat dans la garde ; au retour de l'île d'Elbe, il avait été porté au grade de lieutenant ; à notre départ de Paris, il avait reçu la permission de suivre : il fut, à Plymouth, du nombre de ceux que les instructions anglaises séparèrent de nous. Piontkowski, avec plus de constance ou plus d'adresse que ses camarades, avait obtenu de nous rejoindre. L'Empereur, du reste, ne l'avait jamais connu, et lui parlait à Sainte-Hélène pour la première fois.

Aucun de nous ne le connaissait davantage ; les Anglais furent surpris de notre peu d'empressement à son arrivée. Quelques-uns de ceux qui ne nous aimaient pas écrivaient que nous l'avions fort mal reçu, ce qui était faux ; mais c'en fut assez pour que les papiers ministériels anglais y employassent leur grâce et leur esprit accoutumés : l'Empereur l'avait battu, nous l'avions chassé, et l'on m'a parlé plus tard d'une caricature où l'Empereur le saisissait dans ses griffes ; moi, j'avais sauté dessus pour le dévorer, et ce n'était qu'à l'aide d'un bâton mis entre mes dents que le conducteur des bêtes venait à bout de m'arracher de son épaule : voilà les gentillesses élégantes dont on nous rendait l'objet.

SAMEDI 24.

Retour de l'île d'Elbe. Détails, etc.

Après dîner, l'Empereur, prenant le café, disait que c'était à peu près vers ce temps que, l'année dernière, il avait quitté l'île d'Elbe. Le grand-maréchal lui a dit que c'était le 26 février, et un dimanche : « A telles enseignes, sire, que vous avez fait avancer la messe, pour avoir plus de temps à dicter des ordres. »

L'après-midi même on était parti ; le lendemain matin, nous étions encore en vue, sur les dix heures, à la grande anxiété de ceux qui s'intéressaient à notre succès.

L'Empereur, s'abandonnant à la conversation, a causé plus d'une heure des détails de cet événement unique dans l'histoire par la hardiesse de l'entreprise et les merveilles de l'exécution. Je renvoie plus loin son récit.

DIMANCHE 25 AU MERCREDI 28.

> *Campagnes d'Italie et d'Égypte. Opinion de*
> *l'Empereur sur nos grands poètes. Tragédies*
> *modernes.* Hector. Les États de Blois. *Talma.*

La plupart de nos journées se ressemblaient beaucoup ; si elles nous semblaient longues en détail, elles se perdaient rapidement dans le passé, et ne nous laissaient que des souvenirs vagues. L'anglais allait de mieux en mieux ; l'Empereur convenait avoir eu un moment de dégoût ; il avait un instant, me disait-il, vu passer sa *furia francese* [1] ; mais je l'avais ranimé, disait-il, par une méthode qu'il trouvait sûre, infaillible, la meilleure de toutes les méthodes, celle de lire et d'analyser une seule page et de la recommencer jusqu'à ce qu'elle fût sue imperturbablement : les règles grammaticales s'expliquent chemin faisant ; de la sorte, il n'y a pas un moment de perdu pour l'étude et la mémoire ; les progrès semblent lents d'abord, on croit avancer peu, mais quand on arrive à la cinquantième page, on est tout étonné de savoir la langue. Nous avions donc ajouté une page de *Télémaque* au reste de notre leçon, et nous nous en trouvions très bien. Du reste, l'Empereur, en ce moment, bien qu'il n'eût encore que vingt ou vingt-cinq leçons complètes, parcourait tous les livres, aurait fait entendre par écrit ce dont il eût eu besoin. Il ne comprenait pas tout, il est vrai ; mais on ne pourrait désormais rien lui cacher, disait-il, et c'était immense, c'était une conquête achevée.

La campagne d'Égypte était complétée avec Bertrand, autant que le manque de matériaux pouvait le permettre. L'Empereur entamait avec l'un de ces messieurs une nouvelle époque bien précieuse, celle du départ de Fontainebleau jusqu'au retour à Paris et sa seconde abdication. Il ne possédait aucune pièce sur ces événements si rapides ; mais c'est cette rapidité qui me faisait le supplier d'employer sa mémoire à consacrer des circonstances que les événements ou l'esprit de parti pourraient affaiblir ou dénaturer.

L'Empereur revoyait aussi fort souvent avec moi les divers chapitres de la campagne d'Italie ; le moment qui précédait

---

1. « La furie française » : expression dont les Italiens se servirent à partir de la bataille de Fornoue gagnée par Charles VIII pour caractériser l'impétuosité des Français.

le dîner était consacré d'ordinaire à cette révision. Il m'avait chargé de couper chaque chapitre d'une manière régulière, uniforme ; d'en indiquer les paragraphes convenables ; d'en noter et d'en recueillir les pièces justificatives, etc. C'est ce qu'il appelait la triture ou la charlatanerie de l'éditeur. « Et cela vous regarde, me disait-il un jour, avec une grâce et une bonté qui me pénétraient ; ce sera désormais votre bien : la campagne d'Italie portera votre nom, et la campagne d'Égypte celui de Bertrand. Je veux qu'elle fasse tout à la fois la fortune de votre poche et celle de votre mémoire ; vous aurez toujours bien là cent mille francs, et votre nom durera autant que le souvenir de mes batailles. »

Quant à nos après-dîners, le reversi était tombé à plat une seconde fois, sa reprise n'avait pu durer ; dès le deuxième ou troisième tour, les cartes étaient abandonnées pour la conversation. Nous avions repris nos lectures ; nos romans étaient épuisés, les pièces de théâtre nous occupaient en ce moment, les tragédies surtout. L'Empereur les aime particulièrement, et se plaît à les analyser : il y porte une logique singulière et beaucoup de goût. Il sait une foule de vers dont il se souvient depuis son enfance, époque, dit-il, où il savait beaucoup plus qu'aujourd'hui. L'Empereur est ravi de Racine, il y trouve de vraies délices ; il admire éminemment Corneille, et fait fort peu de cas de Voltaire, plein, dit-il, de boursouflure, de clinquant, toujours faux, ne connaissant ni les hommes, ni les choses, ni la vérité, ni la grandeur des passions.

L'Empereur, à un de ses couchers à Saint-Cloud, analysait la pièce qui venait de se jouer ; c'était *Hector*, par Luce de Lancival : cette pièce lui plaisait beaucoup ; elle avait de la chaleur, de l'élan, il l'appelait une pièce de *quartier général*, assurant qu'on irait mieux à l'ennemi après l'avoir entendue ; qu'il en faudrait beaucoup dans cet esprit, etc.

De là, passant aux drames qu'il appelait les tragédies des femmes de chambre, il les disait capables de supporter au plus la première représentation ; ils allaient ensuite toujours en perdant ; une bonne tragédie, au contraire, gagnait chaque jour davantage. La haute tragédie, continuait-il, était l'école des grands hommes ; c'était le devoir des souverains de l'encourager et de la répandre ; et il n'était pas nécessaire, prétendait-il, d'être poète pour la juger, il suffisait de connaî-tre les hommes et les choses, d'avoir de l'élévation et d'être homme d'État ; et s'animant par degrés : « La tragédie, disait-il avec chaleur, échauffe l'âme, élève le cœur, peut et doit créer des héros. Sous ce rapport, peut-être, la France doit à Corneille une partie de ses belles actions ; *aussi, messieurs, s'il vivait, je le ferais prince.* »

Une autre fois, pareillement à son coucher, il analysait et condamnait *les États de Blois*, qu'on venait de jouer sur le théâtre de la Cour pour la première fois ; et apercevant parmi nous l'architrésorier Lebrun, littérateur fort distingué, il lui demanda son opinion : celui-ci, sans doute dans l'intérêt de l'auteur, se contenta de répondre que le sujet était mauvais. « Mais ce serait la première faute de M. Raynouard, répliqua l'Empereur, il l'a choisi lui-même, personne ne le lui a imposé ; et puis, il n'est pas de sujet si mauvais dont le grand talent ne sache tirer quelque parti ; et Corneille serait encore sans doute Corneille, même dans celui-ci. Quant à M. Raynouard, il a manqué tout à fait son affaire ; il ne montre ici d'autre talent que celui de la versification, tout le reste est mauvais, très mauvais : sa conception, ses détails, son résultat, sont manqués ; il viole la vérité de l'histoire ; ses caractères sont faux, sa politique est dangereuse et peut-être nuisible. Cette circonstance me confirme, ce que du reste chacun sait très bien, qu'il est une énorme différence entre la lecture et la représentation d'une pièce. J'avais cru d'abord que celle-ci pouvait passer : ce n'est que ce soir que j'en ai vu les inconvénients : les éloges prodigués aux Bourbons sont les moindres ; les diatribes contre les révolutionnaires sont bien pires. M. Raynouard a été faire, du chef des Seize, le capucin Chabot de la Convention. Il y a dans sa pièce pour tous les partis, pour toutes les passions ; si je la laissais donner dans Paris, on pourrait venir m'apprendre que cinquante personnes se sont égorgées dans le parterre. De plus, l'auteur a fait de Henri IV un vrai Philinte[1], et du duc de Guise un Figaro[2], ce qui est trop choquant en histoire. Le duc de Guise était un des plus grands personnages de son temps, avec des qualités et des talents supérieurs, et auquel il ne manqua que d'oser, pour commencer, dès lors, la qua-

1. Personnage du *Misanthrope* de Molière. Philinte est sociable et indulgent.
2. Héros du *Mariage de Figaro*, comédie de Beaumarchais.

trième dynastie ; de plus c'est un parent de l'Impératrice, un prince de la maison d'Autriche avec qui nous sommes en amitié, dont l'ambassadeur était présent ce soir à la représentation. L'auteur a plus d'une fois étrangement méconnu toutes les convenances. » Et l'Empereur disait ensuite se raffermir plus que jamais dans la détermination qu'il avait prise, de ne pas laisser jouer une tragédie nouvelle sur le théâtre public, avant qu'elle n'eût été mise à l'épreuve sur le théâtre de la Cour. Il fit donc interdire la représentation des *États de Blois*. Mais ce qui est bien digne de remarque, c'est que, sous le roi, cette pièce a reparu solennellement avec toute la faveur que devait lui donner la proscription de l'Empereur, et qu'elle est tombée néanmoins, tant avait été juste le jugement que Napoléon en avait porté.

Talma, le célèbre tragique, parvenait très souvent jusqu'à l'Empereur, qui faisait grand cas de son talent, et le récompensait magnifiquement. Quand le Premier consul devint empereur, les bruits de Paris furent qu'il faisait venir Talma pour prendre des leçons d'attitude et de costume. L'Empereur, qui n'ignorait jamais rien de ce qui se disait contre lui, en plaisantait un jour Talma : celui-ci en demeurait déconcerté, confondu. « Vous avez tort, lui disait l'Empereur, je n'aurais sans doute eu rien de mieux à faire, si toutefois j'en avais eu le temps. » Et alors c'était lui qui donnait à Talma des leçons sur son art : « Racine, lui disait-il, a mal à propos chargé Oreste en niaiseries, et vous le chargez encore davantage ; dans *la Mort de Pompée*, vous ne jouez pas César en grand homme ; dans *Britannicus*, vous ne jouez pas Néron en tyran, etc. » Et tout le monde sait que ce grand acteur a fait en effet, depuis, de grandes corrections dans ces rôles fameux.

JEUDI 29.

> *Les faiseurs d'affaires dans la Révolution.*
> *Crédit de l'Empereur à son retour. Sa réputation*
> *dans les bureaux comme vérificateur.*
> *Ministres des Finances, du Trésor. Cadastre.*

Après le travail, l'Empereur a été se promener dans le jardin ; nous sommes ensuite montés en calèche ; il faisait tout à fait nuit et pleuvait fort quand nous sommes rentrés.

Après le dîner, et pendant le café, que nous avons pris à table dans la salle à manger, la conversation est tombée sur ce qu'on appelle à Paris les *gens d'affaires*, les *grandes fortunes* acquises dans la Révolution. Il n'était pas une de ces personnes dont l'Empereur ne connût le nom, la famille, les affaires et le degré de moralité.

A peine Premier consul, il se trouva aux prises, dit-il, avec la célèbre Mme Récamier : son père avait été placé dans les postes ; Napoléon, en entrant au gouvernement, avait été obligé de signer de confiance une foule de listes ; mais il eut bientôt établi une grande surveillance dans toutes les parties ; il trouva qu'une correspondance avec les chouans se faisait sous le couvert de M. Bernard, père de Mme Récamier : il fut aussitôt destitué, et courait risque d'être jugé et mis à mort. Sa fille accourut auprès du Premier consul, et, sur ses sollicitations, le Premier consul voulut bien faire grâce du procès ; mais il fut inébranlable sur le reste, et Mme Récamier, habituée à tout obtenir, ne prétendait à rien moins qu'à la réintégration de son père : telles étaient les mœurs du temps. Cette sévérité de la part du Premier consul fit jeter les hauts cris, on n'y était pas accoutumé ; Mme Récamier et ses partisans, qui étaient fort nombreux, ne la lui pardonnèrent jamais.

Les fournisseurs et les faiseurs d'affaires étaient ceux surtout qui tenaient le plus au cœur du nouveau magistrat suprême, qui appelait cette classe le fléau, la lèpre d'une nation. L'Empereur faisait l'observation que la France entière n'aurait pas suffi alors à ceux de Paris ; qu'à son arrivée à la tête des affaires, ils composaient une véritable puissance et qu'ils étaient des plus dangereux pour l'État, dont ils obstruaient et corrompaient les ressorts par leurs intrigues, celles de leurs agents et de leur nombreuse clientèle. Au vrai, ils ne pouvaient, disait-il, jamais présenter que des sources empoisonnées et ruineuses, à la façon des juifs et des usuriers. Ils avaient déconsidéré le Directoire, et ils prétendaient bien diriger aussi le Consulat : on peut dire qu'ils composaient alors la tête de la société, qu'ils y tenaient le premier rang.

« Un des plus grands pas rétrogrades, disait l'Empereur, que je fis faire à la société, vers son état et ses mœurs passées, fut de faire rentrer tout ce faux lustre dans la foule ; jamais je n'en voulus élever aucun aux honneurs : de toutes les aristocraties, celle-là me semblait la pire. »

L'Empereur rend à Lebrun la justice de l'avoir affermi spécialement dans ce principe. « Ce parti m'en a toujours voulu depuis, disait Napoléon ; mais ce qu'il m'a bien moins pardonné encore, c'est l'inquisition sévère que je faisais exercer dans leurs comptes vis-à-vis du gouvernement. »

L'Empereur disait avoir fait à ce sujet un usage admirable de son Conseil d'État : il nommait une commission de quatre ou cinq de ses membres, gens intègres et capables ; ils lui faisaient leur rapport, et lui, Premier consul ou empereur, n'avait plus, s'il y avait lieu à poursuites, qu'à apposer au bas : *Renvoyé au grand juge pour faire exécuter les lois.* Arrivés à ce point, les impliqués venaient d'ordinaire à composition ; ils dégorgeaient un, deux, trois, quatre millions, plutôt que de se laisser poursuivre. L'Empereur savait bien que tous ces faits étaient faussement représentés dans les cercles de la capitale, qu'ils lui créaient une foule d'ennemis, lui attiraient les reproches d'arbitraire et de tyrannie ; mais il acquittait un grand devoir vis-à-vis de la société en masse, et elle devait, pensait-il, lui tenir compte de pareilles mesures vis-à-vis de ces sangsues publiques.

« Les hommes sont toujours les mêmes, disait Napoléon ; depuis Pharamond [1], les traitants se sont toujours conduits ainsi, et on en a toujours usé de même à leur égard ; mais à aucune époque de la monarchie, ils n'ont été attaqués avec des formes aussi légales, ni abordés avec autant d'énergie et de franchise que par moi. L'opinion des gens d'affaires eux-mêmes était bien différente de celle des salons ; ceux qui avaient de la moralité et de la droiture trouvaient même une nouvelle garantie dans cette extrême sévérité, et il s'en est vu une preuve bien remarquable au retour de l'île d'Elbe ; des maisons de Londres, d'Amsterdam, m'ont ouvert secrètement un crédit de quatre-vingts à cent millions, au simple taux de sept à huit pour cent. L'argent qu'elles déposaient au Trésor de Paris, net de tout, leur était payé par des rentes sur le grand livre, à cinquante ; elles étaient alors pour le public à cinquante-six ou cinquante-sept. »

Cette ressource, si utile pour les affaires, dans la crise où

---

1. La légende dit qu'il fut un des premiers chefs des Francs.

l'on se trouvait, et si satisfaisante, si flatteuse pour celui qui en était l'objet, prouve l'opinion véritable que l'on avait en Europe sur l'Empereur, et la confiance qu'il inspirait dans les affaires. Cette négociation, inconnue dans le temps, explique, ce qu'on ne comprit pas alors à Paris, les moyens financiers que l'Empereur se trouva posséder tout à coup à son retour.

L'Empereur jouissait d'une réputation singulière parmi tous les bureaucrates et les faiseurs de chiffres ; c'est qu'il s'y entendait réellement beaucoup lui-même. « Ce qui commença ma réputation, disait-il, fut que, vérifiant la balance d'une année lors du Consulat, je relevai une erreur de deux millions qui se trouvait au désavantage de la République. M. Dufresne, alors chef de la trésorerie, au demeurant parfaitement honnête, n'en voulait d'abord rien croire ; pourtant c'était une affaire de chiffres, il fallut bien en convenir. On fut plusieurs mois à la trésorerie à pouvoir découvrir l'erreur : elle se trouva enfin dans un compte du fournisseur Séguin, qui en convint aussitôt, sur la présentation des pièces, et restitua, disant qu'il s'était trompé. »

Une autre fois, Napoléon, visitant la solde de la garnison de Paris, marqua un article de soixante et quelques mille francs, affectés à un détachement qu'il assura n'avoir jamais été dans la capitale. Le ministre nota cet objet, comme par complaisance, intérieurement convaincu que l'Empereur se trompait ; c'était pourtant vrai, et la somme dut être rétablie [1].

L'Empereur regardait comme de la plus haute importance la séparation du ministère des Finances d'avec celui du Trésor : elle amenait la distinction des objets et créait un contrôle mutuel. Le ministre du Trésor était, sous un chef tel que lui (Napoléon), l'homme le plus important de l'Empire, disait-il, non pas comme ministre du Trésor, mais comme contrôleur général : toutes les ordonnances de l'Empire lui passaient sous les yeux ; il pouvait donc découvrir les vols et les abus de quelque part qu'ils vinssent, et les faire connaître en secret au souverain ; ce qui arrivait en effet journellement...

---

1. La publication du *Mémorial* m'a fait recevoir de l'autorité la plus compétente (le ministre même du Trésor) la confirmation la plus positive de l'article ci-dessus. Voici les détails qui m'ont été adressés à ce sujet. Je les transcris littéralement.

La *spécialité*[1] était un autre point sur lequel il s'arrêtait avec complaisance, comme ayant été un des ressorts les plus heureux de son administration.

Parlant du *cadastre*[2], tel qu'il l'avait arrêté, il disait qu'il eût pu être considéré à lui seul comme la véritable Constitution de l'Empire, c'est-à-dire la véritable garantie des propriétés et la certitude de l'indépendance de chacun ; car une fois établi et la législature ayant fixé l'impôt, chacun faisait aussitôt son compte et n'avait plus à craindre l'arbitraire de l'autorité ou celle des répartiteurs, qui est le point le plus sensible et le moyen le plus sûr pour forcer à la soumission. L'Empereur, durant cette conversation, a donné son opinion sur les talents et le caractère de MM. Gaudin, Mollien, Louis, ainsi que sur la plupart de ses autres ministres et conseillers d'État, et a terminé le sujet en concluant qu'il était venu à bout de créer une administration la plus pure et la plus énergique sans doute de l'Europe ; et qu'il en possédait tellement les détails lui-même, qu'il pensait qu'avec les moniteurs seuls, il serait en état de tracer d'ici l'histoire de toute l'administration financière de la France durant son règne.

VENDREDI 1er MARS.

Aujourd'hui sont arrivés des bâtiments venant du Cap ; l'un d'eux était le *Wellesley*, de soixante-quatorze canons,

---

« Tous les dix jours (décadi) le directeur, ensuite ministre du Trésor, apportait au Premier consul des états de la situation de toutes les parties de la finance ; ils formaient un volume de trente-cinq à quarante pages grand in-folio. C'étaient de nombreuses colonnes de chiffres, auxquelles dix commis avaient travaillé pendant plusieurs jours. Le Premier consul les parcourant, s'arrêtait à divers articles, demandait des explications, en donnait lui-même ; c'était une chose merveilleuse que sa promptitude à démêler, dans ces lignes pressées, ce qui était vraiment important. Un jour, dans le cours de son travail, son doigt s'arrêta sur un article de soixante mille francs payés à un régiment. Il le fit remarquer au ministre et dit : "La somme a-t-elle été payée à Paris ? – Sans doute. – Les pièces bien vérifiées ? – Assurément. – Eh bien ! c'est une grande fraude, le détachement est à cent lieues d'ici : voyez dès aujourd'hui s'il y a du remède."

« Je me fis rendre compte ; c'était une fraude hardie, commise à l'aide de formules imprimées, revêtues de signatures parfaitement imitées. » *(Las Cases.)*

1. Terme de finance : branche d'un budget.
2. Arpentage et évaluation des propriétés imposables.

qui portait dans sa cale un autre vaisseau démonté. Ils avaient été construits tous les deux dans l'Inde, en bois de teck, à trois quarts meilleur marché qu'en Angleterre. Ce bois est excellent et le vaisseau de nature à durer beaucoup plus longtemps que ceux de l'Europe, mais jusqu'ici on se plaint qu'ils marchent moins bien ; toutefois c'est une révolution probable qui se prépare dans les matériaux et la construction de la marine anglaise.

SAMEDI 2.

La flotte de la Chine est arrivée ce matin ; plusieurs vaisseaux sont entrés successivement dans la journée, et beaucoup d'autres sont demeurés en vue : c'est la joie, la fête, la moisson de l'île. L'argent que laissent les passagers pendant leur courte relâche fait une grande partie des revenus des habitants.

A cinq heures, l'Empereur est sorti dans le jardin, et est descendu à pied jusqu'à l'ouverture d'une gorge d'où l'on découvrait plusieurs vaisseaux faisant route à toutes voiles pour le mouillage. Le dernier bâtiment, venu du Cap, avait apporté un phaéton pour l'Empereur : il a voulu l'essayer ce soir, il y est monté avec le grand-maréchal et a fait un tour dans le parc ; il a trouvé cette espèce de voiture inutile ici et ridicule pour lui. Le soir, après dîner, l'Empereur se sentait fatigué, il se plaignait depuis plusieurs jours ; il s'est retiré de fort bonne heure.

DIMANCHE 3.

Sur l'invasion en Angleterre. Détails.

L'Empereur m'a fait venir sur les deux heures ; il faisait sa toilette et m'a dit que je voyais en lui un homme mort, bon à enterrer, que je devais en savoir quelque chose, qu'il avait dû m'éveiller souvent dans la nuit. Effectivement je l'avais entendu constamment tousser et éternuer ; il avait un rhume de cerveau des plus violents ; il l'avait pris hier au soir, en demeurant trop tard à l'humidité ; il se promettait bien, à l'avenir, d'être toujours rentré à six heures. La toilette faite, il s'est mis à travailler un moment à l'anglais ; cela n'a pas été long, il était réellement accablé, tant il avait la tête prise. Il m'a dit de m'asseoir à côté de lui, et m'a fait bavarder plus de deux heures sur Londres, durant mon émigration. Un moment il a dit : « Ont-ils eu bien peur de mon invasion en Angleterre ? Quelle fut alors l'opinion générale à ce sujet ? – Sire, ai-je répondu, je ne saurais vous le dire, j'étais déjà repassé en France. Mais dans les salons de Paris, nous en faisions des gorges chaudes, et les Anglais qui s'y trouvaient faisaient comme nous ; nous racontions que chacun, jusqu'à Brunet même, s'en moquait, et que vous aviez fait mettre ce dernier en prison, pour avoir eu l'insolence de plaisanter dans ses rôles, avec des coquilles de noix surnageant dans une cuvette, ce qu'il appelait travailler aussi à sa petite flottille. – Eh bien, a repris l'Empereur, vous avez pu en rire à Paris, mais Pitt n'en riait pas dans Londres ; il eut bientôt mesuré toute l'étendue du danger ; aussi me jeta-t-il une coalition sur le dos au moment où je levais le bras pour frapper. Jamais l'oligarchie anglaise ne courut de plus grand péril.

« Je m'étais ménagé la possibilité du débarquement ; je possédais la meilleure armée qui fut jamais, celle d'Austerlitz, c'est tout dire. Quatre jours m'eussent suffi pour me trouver dans Londres ; je n'y serais point entré en conquérant, mais en libérateur ; j'aurais renouvelé Guillaume III, mais avec plus de générosité et de désintéressement. La discipline de mon armée eût été parfaite, elle se fût conduite dans Londres comme si elle eût été encore dans Paris : point de sacrifices, pas même de contributions exigées des Anglais ; nous ne leur eussions pas présenté des vainqueurs, mais des frères qui venaient les rendre à la liberté, à leurs droits. Je leur eusse dit de s'assembler, de travailler eux-mêmes à leur régénération ; qu'ils étaient nos aînés en fait de législation politique ; que nous ne voulions y être pour rien, autrement que pour jouir de leur bonheur et de leur prospérité ; et j'eusse été strictement de bonne foi. Aussi, quelques mois ne se seraient pas écoulés, que ces deux nations, si violemment ennemies, n'eussent plus composé que des peuples identifiés désormais par leurs principes, leurs maximes, leurs intérêts ; et je serais parti de là pour opérer, du Midi au Nord, sous les couleurs républicaines (j'étais alors Premier consul), la régénération européenne, que plus tard j'ai été sur le point d'opérer du Nord au Midi, sous les formes monarchiques. Et ces deux systèmes pouvaient être également bons, puisqu'ils tendaient tous deux au même but, et se seraient tous deux opérés avec fermeté, modération et bonne foi. Que de maux qui nous sont connus, que de maux que nous ne connaissons pas encore, eussent été épargnés à cette pauvre Europe ! Jamais projet, plus large dans les intérêts de la civilisation, ne fut conçu avec des intentions plus généreuses, et n'approcha davantage de son exécution. Et, chose bien remarquable, les obstacles qui m'ont fait échouer ne sont point venus des hommes ; ils sont tous venus des éléments : dans le Midi, c'est la mer qui m'a perdu ; et c'est l'incendie de Moscou, les glaces de l'hiver qui m'ont perdu dans le Nord ; ainsi, l'eau, l'air et le feu, toute la nature, et rien que la nature, voilà quels ont été les ennemis d'une régénération universelle, commandée par la nature même ! Les problèmes de la Providence sont insolubles ! »

Après quelques instants de silence, l'Empereur en est revenu à développer son invasion : « On croyait, a-t-il dit, que mon invasion n'était qu'une vaine menace, parce qu'on ne voyait aucun moyen raisonnable de la tenter ; mais je m'y étais pris de loin, j'opérais sans être aperçu , j'avais dispersé tous nos vaisseaux, les Anglais étaient obligés de courir après sur les divers points du globe ; les nôtres pourtant n'avaient d'autre but que de revenir, à l'improviste et tout à la fois, se réunir en masse sur nos côtes. Je devais avoir soixante-dix ou quatre-vingts vaisseaux français ou espagnols dans la Manche : j'avais calculé que j'en demeurerais maître pendant deux mois ; j'avais trois ou quatre mille petits bâtiments qui n'attendaient que le signal ; mes cent mille hommes faisaient chaque jour la manœuvre de l'embarquement et du débarquement, comme tout autre temps de leur exercice ; ils étaient pleins d'ardeur et de bonne volonté, l'entreprise était très populaire parmi les Français, et nous étions appelés par les vœux d'une grande partie des Anglais. Mon débarquement opéré, je ne devais calculer que sur une seule bataille rangée ; l'issue n'en pouvait être douteuse ; et la victoire nous plaçait dans Londres ; car le local du pays n'admettait point de guerre de chicane ; ma conduite morale eût fait le reste. Le peuple anglais gémissait sous le joug de l'oligarchie ; dès qu'il eût vu son orgueil ménagé, il eût été tout aussitôt à nous ; nous n'eussions plus été pour lui que des alliés venus pour le délivrer. Nous nous présentions avec les mots magiques de liberté et d'égalité, etc. »

Et après être revenu encore à une foule de petits détails d'exécution tous admirables, et avoir fait remarquer à combien peu il avait tenu que le tout ne s'exécutât, il s'est interrompu assez brusquement, disant : « Mais sortons, allons faire un tour. »

Et nous avons été nous promener dans le jardin. Le temps, qui avait été pluvieux depuis trois jours, s'était remis tout à fait au beau. Cependant l'Empereur, se rappelant sa résolution d'être rentré à six heures, a demandé tout de suite la calèche, pour être revenu de bonne heure. Mon fils a suivi à cheval ; c'était la première fois qu'il jouissait d'une telle faveur ; il s'est fort bien acquitté de son début : l'Empereur l'en a complimenté.

L'Empereur, continuant d'être souffrant, s'est retiré de fort bonne heure.

LUNDI 4.

Flotte de la Chine.

Aujourd'hui l'Empereur a reçu quelques capitaines de la flotte de la Chine ; il a causé fort longtemps avec eux sur la nature de leur commerce, la facilité de leurs relations avec les Chinois, les mœurs de ceux-ci, etc., etc. Ces bâtiments de la Chine sont de quatorze ou quinze cents tonneaux, à peu près égaux aux vaisseaux de soixante-quatre ; ils tirent vingt-deux ou vingt-trois pieds ; ils sont chargés, presque en totalité, de thé ; l'un d'eux en avait près de quinze cents tonneaux à bord. Les six bâtiments qui sont entrés hier sont estimés environ soixante millions, et comme ils seront frappés en arrivant d'un droit de cent pour cent, ils jetteront dans la circulation de l'Europe une valeur de cent vingt millions.

Les Européens ont très peu de liberté à Canton : ils ne peuvent guère circuler que dans les faubourgs ; ils sont traités avec le plus grand mépris par les Chinois, qui exercent sur eux une grande supériorité et beaucoup d'arbitraire. Ceux-ci sont très intelligents et fort perspicaces, industrieux, alertes, voleurs et de mauvaise foi. Toutes les affaires se traitent en langues européennes, qu'ils parlent avec facilité.

L'arrivée des flottes ici fait le bonheur de l'île et celui des passagers ; les habitants vendent leurs denrées et achètent leurs provisions ; les passagers respirent l'air de terre et se rafraîchissent. Ce mouvement dure ordinairement quinze jours ou trois semaines ; mais dans cette circonstance l'amiral, au grand chagrin de tous, a réduit la relâche à deux jours seulement pour les deux premiers bâtiments venus, obligeant le reste à demeurer sous voile au-dehors, pour n'entrer successivement de la sorte que deux à deux. Il faut qu'il ait reçu des ordres bien sévères ou qu'il conçoive de vives inquiétudes, dont nous ne nous doutons pas.

L'Empereur s'est promené pendant quelque temps dans le jardin, avant de monter en calèche. Au travers des arbres, dans le voisinage, on voyait rôder plusieurs des officiers nouvellement venus, qui cherchaient à apercevoir l'Empereur ; ils y attachaient un prix infini.

MARDI 5.

> *Cour de l'Empereur, étiquette, etc. Anecdote de Tarare. Grands officiers. Chambellans. Splendeur sans égale de la cour des Tuileries. Belle administration du palais. Intention de l'Empereur à ses levers. Grand couvert. De la cour et de la ville.*

Aujourd'hui la conversation de l'Empereur est tombée sur sa cour et sur son étiquette ; il s'y est arrêté fort longtemps. Voici ce que j'en ai recueilli :

Au moment de la Révolution, disait-il, la cour d'Espagne, celle de Naples, reposaient encore sur l'importance et la grandeur de Louis XIV, mêlées à la boursouflure et à l'exagération des Castillans et des Maures. Elles étaient tristes et ridicules ; celle de Pétersbourg avait pris la couleur et les formes des salons ; à Vienne, elle était devenue bourgeoise ; et il ne restait pas de vestiges du bel esprit, des grâces et du bon goût de celle de Versailles.

Napoléon, arrivant à la souveraine puissance, trouva donc, ainsi qu'on le dit vulgairement, *terre rase et maison nette*, et put composer une cour tout à fait à son gré. Il rechercha, dit-il, un milieu raisonnable, voulant accorder la dignité du trône avec nos mœurs nouvelles, et surtout faire servir cette création à l'amélioration des manières des grands et à l'industrie du peuple. Certes, ce n'était pas une petite affaire que de relever un trône sur le terrain même où l'on avait juridiquement exécuté le monarque régnant, et où chaque année l'on avait juré constitutionnellement la haine des rois. Ce n'était pas une petite affaire que de rétablir les dignités, les titres, les décorations, au milieu d'un peuple qui combattait et triomphait, depuis quinze ans, pour les proscrire. Toutefois Napoléon, qui semblait toujours faire ce qu'il voulait, disait-il, parce qu'il avait l'art de vouloir juste et à propos, enleva de haute lutte ces difficultés. On le fit empereur, il créa des grands et se composa une cour. Bientôt la victoire sembla prendre le soin elle-même d'affermir et d'illustrer subitement ce nouvel ordre de choses. Toute l'Europe le reconnut, et il fut même un moment où l'on eût dit que toutes les cours du continent étaient accourues à Paris pour composer celle des Tuileries, qui devint la plus brillante et la plus nombreuse que l'on eût jamais vue. Elle eut des cercles, des ballets, des spectacles ; on y étala une magnificence et une grandeur extraordinaires. La seule personne du souverain conserva toujours une extrême simplicité, qui servait même à le faire reconnaître. C'est que ce luxe, ce faste, qu'il encourageait autour de lui, étaient dans ses combinaisons, disait-il, non dans ses goûts. Ce luxe, ce faste, étaient calculés pour exciter et payer nos manufactures et notre industrie nationale. Les cérémonies et les fêtes du mariage de l'Impératrice, et celles du baptême du roi de Rome, ont laissé bien loin derrière tout ce qui les a devancées, et ne se renouvelleront probablement jamais.

L'Empereur prit à tâche de rétablir au-dehors tout ce qui pouvait le mettre en harmonie avec les autres cours de l'Europe ; mais au-dedans, il eut le soin constant d'ajuster les formes anciennes avec nos nouvelles mœurs.

Ainsi, il rétablit les levers et les couchers de nos rois ; mais, au lieu qu'ils étaient réels alors, ils ne furent plus que nominaux. Au lieu de présenter les plus petits détails d'une vraie toilette et les saletés qui pouvaient en être la suite, ces instants, sous l'Empereur, n'étaient réellement consacrés qu'à recevoir le matin, ou congédier le soir ceux de sa maison qui avaient des ordres directs à prendre de lui, et dont la prérogative était de pouvoir lui faire leur cour à ces heures privilégiées.

Ainsi l'Empereur rétablit des présentations spéciales auprès de sa personne, des admissions à sa cour ; mais au lieu de ne se décider que sur la naissance, ce ne fut plus que sur la base combinée de la fortune, de l'influence et des services.

Ainsi l'Empereur créa des titres, dont la qualification donnait la main à l'ancienne féodalité ; mais sans valeur réelle et d'un but purement national, sans prérogative, sans privilèges ; ils allaient atteindre toutes les naissances, tous les services, toutes les professions. Il les disait un rapprochement utile avec les mœurs de la vieille Europe au-dehors, et un hochet innocent pour bien des vanités du dedans. « Car, observait-il, combien d'hommes supérieurs sont enfants plus d'une fois dans la journée ! »

Ainsi l'Empereur fit reparaître des décorations et distribua des croix et des cordons ; mais, au lieu de ne les répandre que sur des classes spéciales et privilégiées, il les étendit à toute la société, à tous les genres de services, à tous les genres de talents ; et, par un privilège exclusif peut-être en la personne de Napoléon, plus il en accorda, plus ils acquirent de prix. Il estime à vingt-cinq mille peut-être le nombre des décorations de la Légion d'honneur qu'il a distribuées ; et le désir de les obtenir, disait-il, allait toujours croissant : c'était devenu une espèce de fureur. Après la campagne de Wagram, il l'adressa à l'archiduc Charles ; et, par un raffinement de galanterie qui n'appartenait qu'à Napoléon, ce fut la croix d'argent, précisément celle du simple soldat, qu'il lui envoya.

C'était, disait l'Empereur, la pratique fidèle et volontaire des maximes qu'on vient de voir, qui faisait de lui le monarque vraiment national, et qui aurait rendu la quatrième dynastie la dynastie vraiment constitutionnelle. « Aussi, remarquait-il, le peuple du plus bas étage en avait-il l'instinct secret. » Et à ce sujet il racontait qu'en revenant de son couronnement d'Italie, et dans les environs de Lyon, la population accourant sur les routes, il lui prit fantaisie de monter seul et à pied la montagne de Tarare. Il avait défendu que personne ne le suivît ; se mêlant à la foule, il accosta une bonne vieille à qui il demanda ce que cela signifiait ; elle lui répondit que c'était l'Empereur qui allait passer. Sur quoi, après quelques paroles de politique, il lui dit : « Mais, la bonne, autrefois vous aviez *le tyran Capet* [1], à présent vous avez *le tyran Napoléon*, que diable avez-vous gagné à tout cela ? » La force de l'argument, disait Napoléon, déconcerta la vieille pour un moment. Mais cependant elle se remit et répondit : « Mais pardonnez-moi, monsieur, après tout, il y a une grande différence, nous avons choisi celui-ci, et nous avions l'autre par hasard ; l'un était le roi des nobles, l'autre est celui du peuple ; c'est le nôtre. » Et la bonne vieille avait raison, ajoutait l'Empereur, et elle découvrait là plus d'instinct et de bon sens que bien des gens d'une grande instruction et de beaucoup d'esprit.

L'Empereur s'entoura de grands officiers de la couronne ; il se composa une nombreuse maison d'honneur en chambellans, écuyers et autres ; il les prit et parmi les personnes nouvelles que la Révolution avait élevées, et dans les familles anciennes qu'elle avait dépouillées. Les premiers se regardaient sur un terrain qu'ils avaient acquis, les autres sur un terrain qu'ils croyaient recouvrer. Pour l'Empereur, il ne cherchait dans ce mélange que l'extinction des haines et la fusion des partis. Toutefois, il est aisé, dit-il, d'apercevoir des mœurs et des manières bien différentes : les anciens mettaient bien plus d'empressement et de grâce dans leur service ; une Mme de Montmorency se serait précipitée pour renouer les souliers de l'Impératrice ; une dame nouvelle y eût répugné ; celle-ci eût craint d'être prise pour une femme de chambre ; Mme de Montmorency n'avait nullement cette crainte. Ces emplois d'honneur étaient pour la plupart sans émolument, ils portaient même à de grandes dépenses ; mais ils mettaient chaque jour sous les yeux du maître, d'un maître tout-puissant, source des honneurs et des grâces, et qui avait dit hautement qu'il ne voulait pas qu'un officier de sa maison ne s'adressât à d'autre qu'à lui.

Au moment du mariage de l'Impératrice, l'Empereur fit une recrue nombreuse de chambellans dans les premiers rangs de l'ancienne aristocratie ; tout à la fois pour montrer à l'Europe qu'il n'existait plus qu'un parti en France, et pour

1. Injure des révolutionnaires pour désigner Louis XVI. Hugues Capet, en effet, fonda la monarchie française et fut le premier roi de la dynastie capétienne au Xᵉ siècle.

entourer l'Impératrice de noms qui eussent pu lui être familiers peut-être. L'Empereur balança même à prendre dans cette classe la dame d'honneur ; la crainte que l'Impératrice, dont il ne connaissait pas le caractère, n'arrivât avec des préjugés de naissance qui enfleraient trop l'ancien parti, lui fit faire un autre choix.

Depuis cet instant jusqu'au moment de nos revers, les plus anciennes, les plus illustres familles sollicitaient avec ardeur d'entrer dans la maison de l'Empereur : et comment ne l'eussent-elles pas fait ! l'Empereur gouvernait le monde ; il avait élevé la France et les Français au-dessus des nations ; la puissance, la gloire, la force, étaient son cortège ; on était heureux d'entrer dans l'atmosphère d'un tel lustre ; appartenir directement à sa personne était, au-dedans et au-dehors, un titre à la considération, aux hommages, aux respects.

Lors de la Restauration, un royaliste qui s'était conservé pur et devant lequel j'avais trouvé grâce, me disait le plus sérieusement du monde (car quelle différence d'idées n'amène point la différence des partis), qu'avec mon nom et la conduite franche que j'avais tenue, je ne devais pas désespérer de pouvoir me placer encore près du roi, ou dans la maison de quelque prince ou princesse. Quel fut le renversement de ses idées quand je lui répondis : « Mon cher, je me le suis rendu impossible : j'ai servi le maître le plus puissant de la terre, je ne saurais désormais prendre rien de pareil auprès de qui que ce soit ici-bas. Sachez que quand nous allions porter au loin les ordres de l'Empereur, dans les cours étrangères, en portant sa couleur, nous nous considérions et nous étions considérés partout à l'égal des princes. Il nous a fait voir jusqu'à sept rois attendant dans ses salons, au milieu de nous et avec nous. Lors de son mariage, quatre reines portaient le manteau de l'Impératrice, dont un de nous pourtant était le chevalier d'honneur et un autre l'écuyer. Croyez donc, mon cher, qu'une ambition généreuse se trouve rassasiée après de telles grandeurs. »

Du reste, la magnificence et la splendeur qui composaient cette cour sans exemple reposaient sur un ordre et une régularité d'administration qui ont fait l'étonnement et l'admiration de ceux qui sont venus en fouiller les débris. L'Empereur en inspectait plusieurs fois lui-même les comptes dans l'année. On a trouvé tous ses châteaux réparés et embellis ;

ils renfermaient près de quarante millions de mobilier et de quatre millions de vaisselle. S'il eût joui de quelques années de paix, l'imagination a de la peine à s'arrêter, dit-il, sur ce qu'il aurait pu faire.

L'Empereur disait avoir eu une idée heureuse qu'il était bien fâché de n'avoir pas exécutée ; c'était d'avoir chargé quelques personnes de rechercher les pétitions les plus importantes : « Elles m'eussent indiqué chaque jour, disait-il, trois ou quatre particuliers des provinces, qui auraient été admis à mon lever, et m'auraient expliqué directement leur affaire ; je l'eusse discutée immédiatement avec eux, et leur eusse rendu prompte justice. »

Je disais à l'Empereur que la commission qu'il avait créée fort anciennement sous le titre de Commission des pétitions approchait infiniment de son idée actuelle et faisait, en effet, beaucoup de bien. J'en avais été président lors du retour de l'île d'Elbe ; et dans le premier mois, j'avais déjà fait droit à plus de quatre mille pétitions.

« Il est vrai, lui disais-je, que les circonstances d'abord, et l'habitude ensuite, n'avaient jamais permis à cet établissement de jouir de la plus précieuse prérogative dont il avait doté sa création, celle qui aurait produit sans doute le plus d'effet sur l'opinion, savoir, de lui présenter officiellement, à sa grande audience du dimanche, le résultat du travail de toute la semaine. » Mais la nature des choses, les constantes expéditions de l'Empereur, et surtout la jalousie des ministres, tout avait concouru à dépouiller cette commission de ce beau privilège.

L'Empereur était fâché aussi, disait-il, de n'avoir point établi, par l'étiquette du palais, que toutes les personnes présentées, les femmes surtout qui pourraient prétendre à obtenir de lui une audience, arriveraient de plein droit au salon de service. L'Empereur, le traversant plusieurs fois dans la journée, eût pu satisfaire en passant à quelques-unes de leurs demandes, et se fût épargné de la sorte le refus de ces audiences ou la perte du temps qu'elles lui causaient.

L'Empereur avait balancé quelque temps, disait-il, à rétablir le grand couvert de nos rois, c'est-à-dire le dîner en public, chaque dimanche, de toute la famille impériale. Il nous a demandé notre avis ; nous différions : les uns l'approuvaient, présentaient ce spectacle de famille comme

fort moral pour le public, et propre à produire le meilleur
effet sur son esprit ; c'était d'ailleurs, disaient-ils, un moyen
pour chaque individu de voir son souverain : d'autres le combattaient, objectant qu'il y avait dans cette cérémonie quelque
chose d'idole et de féodal, de badauderie et de servilité, qui
n'était plus dans nos mœurs ni dans leur dignité moderne.
On pouvait bien aller voir le souverain à l'église ou au spectacle ; là, on concourait du moins à ses actes religieux ou
l'on prenait part à ses plaisirs ; mais aller le voir manger,
c'était se donner un ridicule mutuel : la souveraineté, devenue, ainsi que l'avait si bien dit l'Empereur, une magistrature,
ne devait se montrer qu'en pleine activité : accordant des
grâces, réparant des torts, expédiant des affaires, passant des
revues, mais, surtout dépouillée des infirmités ou des besoins
de l'homme, etc. Son utilité, ses bienfaits devaient être son
nouveau prestige ; l'apparition du souverain devait être de
tous les instants et inattendue, comme la Providence : telle
était l'école nouvelle, telle avait été la nôtre.

« Eh bien ! disait l'Empereur, il est peut-être vrai que les
circonstances du temps auraient dû borner cette cérémonie
au prince impérial, et seulement au temps de sa jeunesse ;
car c'était l'enfant de toute la nation, il devait donc appartenir
dès lors à tous les sentiments, à tous les yeux. »

Au retour de l'île d'Elbe, l'Empereur disait avoir eu la
pensée de dîner chaque dimanche dans la galerie de Diane,
au milieu de quatre ou cinq cents convives ; ce qui eût été
sans doute, disait-il, d'un immense effet sur le public, surtout
au moment du Champ de Mai, lors de la réunion des députés
des départements à Paris ; mais la rapidité et l'importance
des affaires l'en empêchèrent : il craignit aussi peut-être
qu'on ne vît dans cette mesure une trop grande affectation
de popularité, et que les ennemis du dehors ne la transfor-
massent en crainte de sa part.

On est dans l'habitude, disait l'Empereur, de citer l'influence du ton et des manières de la cour sur celles d'une
nation : il était loin d'avoir obtenu, remarquait-il, aucun
résultat à ce sujet ; mais c'était le vice des circonstances et
de plusieurs combinaisons inaperçues : il y avait beaucoup
réfléchi, et il pensait qu'il l'eût obtenu avec le temps.

« La cour, continuait-il, prise collectivement, n'exerce
point cette influence ; ce n'est que parce que ses éléments,

ceux qui la composent, vont propager, chacun dans sa sphère d'activité, ce qu'ils ont puisé à la source commune ; le ton de la cour n'arrive donc à toute une nation qu'au travers des sociétés intermédiaires. Or, nous n'avions pas de sociétés, nous ne pouvions point encore en avoir. Les sociétés, ces réunions pleines de charmes, où l'on jouit si bien des avantages de la civilisation, disparaissent subitement devant les révolutions, et ne se rétablissent qu'avec lenteur après la tempête. Les bases indispensables de la société sont l'oisiveté et le luxe ; or nous étions encore tous dans l'agitation, et les grandes fortunes n'étaient pas encore bien établies. Un grand nombre de spectacles, une foule d'établissements publics, présentaient d'ailleurs des plaisirs plus faciles, moins gênants, plus vifs. La génération des femmes du jour était jeune ; elles aimaient mieux courir et se montrer en public que de demeurer chez elles et se composer un cercle rétréci. Mais elles auraient vieilli, disait-il, et avec un peu de temps et de repos, toutes les choses eussent repris leur allure naturelle. Et puis encore, faisait-il observer, ce serait peut-être une erreur que de juger d'une cour moderne par le souvenir des cours anciennes : les cours anciennes étaient véritablement la puissance ; on disait la cour et la ville. Aujourd'hui, si l'on voulait parler juste, on était obligé de dire la ville et la cour. Les seigneurs féodaux, depuis qu'ils avaient perdu leur pouvoir, cherchaient en dédommagement leurs jouissances. Les souverains eux-mêmes semblaient désormais soumis à cette loi : le trône, avec nos idées libérales, cessait insensiblement d'être une seigneurie, et devenait purement une magistrature ; le prince, n'ayant plus qu'une représentation morale, toujours triste et ennuyeuse à la longue, devait chercher à s'y dérober, pour venir, en simple citoyen, prendre sa part des charmes de la société. »

Parmi une grande quantité de mesures nouvelles projetées par l'Empereur pour un avenir plus tranquille, son idée favorite avait été, la paix obtenue et le repos conquis, de ne plus vivre que pour les épurations administratives et les améliorations locales ; de se voir en tournées perpétuelles dans les départements : il eût visité et non parcouru, campé et non voyagé ; il eût fait usage de ses propres chevaux, se fût entouré de l'Impératrice, du roi de Rome, de toute sa cour. Toutefois il eût voulu que ce grand attirail n'eût été onéreux

à personne, mais plutôt un bienfait pour tous : une tenture
des Gobelins et tous les accessoires, traînés à sa suite, eussent
meublé, décoré ses stations. Les autres personnes de la cour,
disait-il, eussent été logées à la craie chez les bourgeois, qui
eussent regardé leurs hôtes comme un bienfait plutôt qu'un
fardeau, parce qu'ils eussent toujours été pour eux la certitude
de quelque avantage ou de quelques faveurs. « C'est là, continuait-il, que j'eusse pu, dans chaque lieu, prévenir les frau-
des, châtier les dilapidateurs ; ordonner des édifices, des
ponts, des chemins ; dessécher des marais, fertiliser des terres, etc. Si le ciel alors, continuait-il, m'eût accordé quelques
années, assurément j'aurais fait de Paris la capitale de l'univers, et de toute la France un véritable roman. » Il répétait
souvent ces dernières paroles : que de gens déjà auront dit
cela, ou le répéteront avec lui !

MERCREDI 6.

*Jeu d'échecs venu de la Chine. Présentation
des capitaines de la flotte de la Chine.*

L'Empereur est monté à cheval à sept heures ; il m'a dit
d'appeler mon fils pour nous accompagner ; c'était une
grande faveur. Durant notre promenade, l'Empereur est descendu cinq ou six fois pour regarder, à l'aide d'une lunette,
des vaisseaux qui étaient en vue ; il en a reconnu un pour
être hollandais : les trois couleurs sont toujours pour nous un
objet de sentiment et de vive émotion. Dans une de ces
stations, le cheval le plus fringant de la bande s'est échappé,
il a fallu le poursuivre longtemps ; mon fils a gagné ses
éperons ; il l'a ramené triomphant, et l'Empereur a remarqué
que dans un tournoi ce serait une victoire.

Au retour, l'Empereur a déjeuné à l'ombre ; il nous a
retenus tous.

Avant et après le déjeuner, l'Empereur a causé avec moi
seul, à l'écart, d'objets sérieux, et que je ne puis confier au
papier...

La chaleur était devenue forte, il s'est retiré. Il était quatre
heures et demie quand il m'a fait appeler ; sa toilette se
finissait. Le docteur lui a apporté un jeu d'échecs qu'il avait
été acheter à bord des bâtiments chinois ; l'Empereur en avait

désiré un. Celui-ci avait été payé trente napoléons ; il était l'objet de l'admiration du bon docteur, et rien ne paraissait plus ridicule à l'Empereur : toutes les pièces, au lieu de ressembler aux nôtres, étaient de grosses et lourdes images de leurs noms ; ainsi, un cavalier y était armé de toutes pièces, et la tour reposait sur un énorme éléphant, etc. L'Empereur n'a pu s'en servir, disant plaisamment qu'il lui faudrait une grue pour faire mouvoir chaque pièce.

Cependant, autour du jardin rôdaient encore beaucoup d'officiers ou des employés des bâtiments de la Chine. Leur curiosité, quelques heures auparavant, les avait portés à pénétrer chez nous ; nous avions été littéralement envahis dans nos chambres. L'un disait que l'orgueil de sa vie serait d'avoir vu Napoléon ; l'autre, qu'il n'oserait pas se présenter devant sa femme, en Angleterre, s'il ne pouvait lui dire qu'il avait été assez heureux pour apercevoir ses traits ; l'autre, qu'il abandonnerait tous les bénéfices de son voyage pour un seul coup d'œil, etc.

L'Empereur les a fait approcher ; il serait difficile de rendre leur satisfaction et leur joie : ils n'avaient pas osé autant prétendre ni espérer. L'Empereur leur a fait, suivant son usage, de nombreuses questions sur la Chine, son commerce, ses habitants ; leurs rapports, leurs mœurs, les missionnaires, etc. Il les a gardés plus d'une demi-heure avant de les congédier. A leur départ, nous lui peignions l'enthousiasme dont ces officiers nous avaient rendus les témoins, nous lui racontions tout ce qu'ils avaient laissé échapper à son sujet. « Je le crois bien, dit-il, vous ne vous apercevez pas qu'ils sont des nôtres. Tout ce que vous avez vu là est du tiers état d'Angleterre, les ennemis naturels, sans qu'ils s'en rendent peut-être compte à eux-mêmes, de leur vieille et insolente aristocratie. »

Au dîner, l'Empereur a peu mangé, il n'était pas bien : après le café, il a essayé une partie d'échecs ; mais il était trop assoupi, et s'est retiré presque aussitôt.

JEUDI 7.

Mystification.

L'Empereur est monté de fort bonne heure à cheval ; il m'a dit de nouveau d'appeler mon fils pour l'accompagner.

L'Empereur, la veille, en le voyant à cheval, m'avait demandé si je ne lui faisais pas apprendre à panser son cheval, que rien n'était plus utile dans la vie, qu'il l'avait particulièrement ordonné dans l'école militaire de Saint-Germain. J'étais fâché qu'une pareille idée m'eût échappé, je la saisis avec ardeur, et mon fils encore davantage. Il montait en ce moment un cheval auquel personne n'avait touché que lui. L'Empereur, à qui je l'ai dit, en a paru satisfait, et a daigné lui faire subir une espèce de petit examen. Notre course a duré près de deux heures et demie, errant constamment autour de Longwood.

Au retour, l'Empereur a déjeuné dans le jardin, et nous a tous retenus.

Un instant avant le dîner, je me suis rendu, comme de coutume, au salon ; l'Empereur y jouait une partie d'échecs avec le grand-maréchal. Le valet de chambre de service à la porte du salon est venu me porter une lettre ; il y avait dessus : *très pressé*. Par respect pour l'Empereur, je me cachais pour essayer de la lire ; elle était en anglais ; on y disait que j'avais fait un très bel ouvrage ; qu'il n'était pourtant pas exempt de fautes ; que si je voulais les corriger dans une nouvelle édition, nul doute que l'ouvrage n'en valût beaucoup mieux ; et sur ce l'on priait Dieu qu'il m'eût en sa digne et sainte garde. Une pareille lettre excitait ma surprise, un peu ma colère ; le rouge m'en était monté au visage ; c'était au point que je ne m'étais pas donné le temps d'en considérer l'écriture. En la parcourant, j'ai reconnu la main, malgré la beauté inusitée de l'écriture, et je n'ai pu m'empêcher d'en rire beaucoup à part. Mais l'Empereur, qui me voyait par côté, m'a demandé de qui était la lettre qu'on m'avait remise. J'ai répondu que c'était un écrit qui m'avait imprimé un premier sentiment bien différent de celui qu'il me laisserait. Je le disais si naturellement, la mystification avait été si complète, qu'il se mit à rire aux larmes. La lettre était de lui ; l'écolier avait voulu se moquer de son maître, et s'essayer à ses dépens. Je garde soigneusement cette lettre ; la gaieté, le style et la circonstance me la rendent plus précieuse qu'aucun diplôme qu'eût pu me donner l'Empereur au temps de sa puissance.

VENDREDI 8.

> *L'Empereur en état d'employer son anglais.*
> *Sur la médecine. Corvisart. Définition.*
> *Sur la peste. Médecine de Babylone.*

L'Empereur n'avait pas dormi de la nuit : dans son insomnie, il s'était amusé à m'écrire une nouvelle lettre en anglais ; il me l'a envoyée cachetée ; j'en ai corrigé les fautes, et lui ai répondu, en anglais aussi, par le retour du courrier ; il m'a fort bien compris ; ce qui l'a convaincu de ses progrès et lui a prouvé qu'il pourrait désormais, à toute rigueur, correspondre dans sa nouvelle langue.

Depuis près de quinze jours, le général Gourgaud était malade ; son incommodité avait tourné en dysenterie très maligne qui donnait des inquiétudes. L'amiral venait de lui envoyer le médecin du *Northumberland* (le docteur Warden). L'Empereur le fit retenir à dîner. Durant tout le repas, et longtemps après, la conversation fut exclusive sur la médecine, tantôt gaie, tantôt sérieuse et profonde. L'Empereur était en bonne humeur, un mot n'attendait pas l'autre ; il accablait le docteur de questions, d'arguments spirituels et subtils qui l'embarrassaient fort ; celui-ci n'y voyait que du feu ; si bien qu'après le dîner, il me prit à part pour me demander comment il se faisait que l'Empereur fût si fort sur ces matières ; il ne doutait pas qu'elles ne fussent l'objet de ses conversations familières. « Pas plus que toute autre chose, lui disais-je avec vérité ; mais c'est qu'il est peu de sujets qui soient étrangers à l'Empereur, et qu'il les traite tous d'une manière neuve et piquante. »

L'Empereur ne croit point à la médecine, ni à ses remèdes, dont il ne fait aucun usage. « Docteur, disait-il, notre corps est une machine à vivre, il est organisé pour cela, c'est sa nature ; laissez-y la vie à son aise, qu'elle s'y défende elle-même, elle fera plus que si vous la paralysiez en l'encombrant de remèdes. Notre corps est comme une montre parfaite qui doit aller un certain temps ; l'horloger n'a pas la faculté de l'ouvrir, il ne peut la manier qu'à tâtons et les yeux bandés. Pour un qui, à force de la tourmenter à l'aide d'instruments biscornus, vient à bout de lui faire du bien, combien d'ignorants la détruisent, etc. »

L'Empereur ne reconnaissait donc d'utilité à la médecine

que dans certains cas assez rares, dans les maladies connues, consacrées par le temps et l'expérience ; et il comparait alors l'art du médecin à celui de l'ingénieur dans les sièges réguliers, où les maximes de Vauban, les règles de l'expérience, ont soumis tous les hasards à des lois connues. Aussi, d'après ces principes, l'Empereur avait-il conçu l'idée d'une loi qui n'eût permis à la masse des médecins en France que l'usage des remèdes innocents, et qui leur eût interdit celui des remèdes *héroïques*, c'est-à-dire qui peuvent donner la mort, à moins qu'ils ne fissent trois ou quatre mille francs au moins de leur état ; ce qui supposait déjà, disait-il, de l'éducation, des connaissances et un certain crédit public. « Cette mesure, disait-il, était certainement juste et bienfaisante ; toutefois elle était encore, dans les circonstances où je me trouvais, hors de saison ; les lumières n'étaient pas encore assez généralement répandues : nul doute que la masse du peuple n'eût vu qu'un acte de tyrannie dans la loi qui pourtant le dérobait à ses bourreaux. »

L'Empereur avait, disait-il, souvent entrepris sur la médecine le célèbre Corvisart, son premier médecin. Celui-ci, à part l'honneur de son corps et de ses collègues, lui confessait avoir à peu près les mêmes opinions, et les mettait même en pratique. Il était très ennemi des remèdes, les employait fort peu. L'impératrice Marie-Louise souffrant beaucoup de sa grossesse, et le tourmentant pour être soulagée, il lui donnait malicieusement des pilules de mie de pain, qui ne laissaient pas que de lui faire beaucoup de bien, assurait-elle.

L'Empereur disait qu'il avait amené Corvisart à avouer que la médecine était une ressource privilégiée ; qu'elle pouvait faire du bien aux riches, mais qu'elle était le fléau des pauvres. « Mais ne croyez-vous pas, disait l'Empereur, que, vu l'incertitude de la médecine en elle-même et l'ignorance des mains qui l'emploient, ses résultats, pris en masse, sont plus funestes aux peuples qu'utiles ? » Corvisart en convenait franchement. « Mais vous-même n'avez-vous jamais tué personne ? disait l'Empereur ; c'est-à-dire, n'est-il pas des malades qui sont morts évidemment de vos remèdes ? — Sans doute, répondait Corvisart ; mais je ne dois pas l'avoir plus sur la conscience que Votre Majesté, qui aurait fait périr des cavaliers, non parce qu'elle aurait ordonné une mauvaise manœuvre, mais parce qu'il s'est trouvé sur leur route un fossé, un précipice qu'elle n'avait pu voir, etc. »

De là l'Empereur est passé à des problèmes et des définitions qu'il proposait au docteur. « Qu'est-ce que la vie ? lui disait-il. Quand et comment la recevons-nous ? Tout cela est-il autre chose que mystère ? »

Puis il définissait la folie innocente, une lacune ou divagation de jugement entre des idées justes et leur application : un fou mange des raisins dans une vigne qui n'est pas la sienne, et répond aux reproches du propriétaire : « Nous sommes deux ici, le soleil nous voit ; donc j'ai le droit de manger des raisins. » Le fou terrible était celui chez qui cette lacune ou divagation de jugement s'exerçait entre des idées et des actes : c'était celui qui coupait la tête d'un homme endormi et se cachait derrière une haie pour jouir de l'embarras du corps mort, lorsqu'il viendrait à se réveiller.

L'Empereur demandait encore au docteur quelle était la différence entre le sommeil et la mort, et il répondait lui-même en disant que le sommeil était la suspension momentanée des facultés sur lesquelles notre volonté exerce son pouvoir ; et la mort, la suspension durable, non seulement de ces mêmes facultés, mais encore de celles sur lesquelles notre volonté est sans pouvoir.

De là, la conversation est tombée sur la peste. L'Empereur soutenait qu'elle se prenait par l'aspiration aussi bien que par le contact ; il disait que son plus grand danger et sa plus grande propagation étaient dans la crainte ; son siège principal dans l'imagination : en Égypte, tous ceux dont l'imagination était frappée périssaient. La défense la plus sûre, le remède le plus efficace, étaient le courage moral. Lui, Napoléon, avait impunément touché, disait-il, des pestiférés à Jaffa, et sauvé beaucoup de monde, en trompant les soldats pendant plus de deux mois sur la nature du mal : ce n'était pas la peste, leur avait-on dit, mais une fièvre à bubons. De plus, il avait observé que le meilleur moyen d'en préserver l'armée avait été de la mettre en marche et de lui donner beaucoup de mouvement : la distraction et la fatigue s'étaient trouvées les plus sûres garanties, etc. [1].

1. On trouve dans les Mémoires de M. Larrey, comme phénomène, ou

L'Empereur disait encore au docteur : « Si Hippocrate entrait tout à coup dans votre hôpital, ne serait-il pas bien étonné ? adopterait-il vos maximes et vos mesures ? ne vous réprouverait-il pas ? Vous-même, entendriez-vous son langage ? vous comprendriez-vous l'un et l'autre ? » Et il terminait enfin par vanter gaiement la médecine de Babylone, où l'on exposait les malades à la porte, et où les parents, assis auprès d'eux, arrêtaient les passants pour leur demander s'ils avaient jamais eu pareille chose, et ce qui les avait guéris. On avait du moins la certitude, disait-il, d'éviter ceux que les remèdes avaient tués.

SAMEDI 9.

J'étais à déjeuner avec l'Empereur, après la leçon d'anglais, lorsqu'on m'a apporté une lettre de ma femme, qui m'a rempli de joie et de reconnaissance. Elle me mandait que la crainte ni la fatigue, ni la distance, ne sauraient l'empêcher de venir me rejoindre, qu'elle n'aurait de bonheur qu'auprès de moi, qu'elle n'attendait que la saison. Dévouement admirable ! bien supérieur à tout le nôtre ici, en ce qu'il s'exécute aujourd'hui de sa part, en toute connaissance de cause. Je ne pense pas qu'on puisse avoir la barbarie à Londres de le lui refuser : que sollicite-t-elle ? des grâces, une faveur ? non, elle demande de partager un exil, d'aller, sur un roc abandonné, remplir un devoir, et témoigner sa tendresse [1]. Cette lettre était venue par la frégate l'*Owen-Glen-*

---

du moins comme chose très remarquable, que la force des circonstances, dans la retraite de Saint-Jean-d'Acre, ayant fait réduire la nourriture des malades à quelques simples galettes de biscuit, et leur pansement à de l'eau saumâtre, ces malades ont traversé soixante lieues de désert, sans accident, et avec de tels avantages que la plupart se sont trouvés guéris lorsqu'ils ont revu l'Égypte. Il attribue cette espèce de prodige à l'exercice direct ou indirect, aux chaleurs sèches du désert, et surtout à la joie de retrouver un pays qui était devenu pour les soldats une espèce de nouvelle patrie. *(Las Cases.)*

1. Que j'étais loin de juger du cœur et de l'âme de ceux qui nous retenaient ! Mme de Las Cases s'est vue constamment repoussée, soit par divers prétextes, ou même par le silence. Enfin, et comme pour se débarrasser de son importunité, lord Bathurst lui a fait écrire au commencement de 1817, qu'on pourra lui permettre de se rendre au Cap de Bonne-Espérance (cinq cents lieues plus loin que Sainte-Hélène), d'où, « si le gouverneur de Sainte-

dower, qui arrivait du Cap, et qui nous a apporté en même temps les journaux d'Europe jusqu'au 4 décembre.

DIMANCHE 10 AU MARDI 12.

> *Procès de Ney. Voiture perdue à Waterloo. Entrevue de Dresde. Sur l'humeur des femmes. Princesse Pauline. Beau mouvement de l'Empereur.*

Le temps était tourné à ces mauvaises pluies battantes qui nous permettaient à peine le jardin ; heureusement nous avions des journaux pour nous occuper. Pour cette fois, j'eus la satisfaction de voir l'Empereur les parcourir sans le secours de personne.

Dans ces papiers se trouvaient beaucoup de détails sur le procès du maréchal Ney, qui se traitait en cet instant. A ce sujet, l'Empereur disait que l'horizon était bien sombre ; que ce malheureux maréchal était certainement en grand péril ; que néanmoins il ne fallait pas désespérer encore. « Le roi se croit sans doute bien sûr de ses pairs, disait-il ; ceux-ci sont sûrement bien montés, bien résolus, bien acharnés ; eh bien, le plus léger incident, un vent nouveau, que sais-je ; et alors, en dépit de tous les efforts du roi, et de ce qu'ils croient être l'intérêt de leur cause, il peut prendre tout à coup fantaisie à la Chambre des pairs de ne pas condamner, et Ney se trouver sauvé. »

Cela a conduit l'Empereur à s'étendre sur notre esprit léger, fugitif, changeant. « Tous les Français, a-t-il dit, sont frondeurs, turbulents ; mais non conspirateurs, encore moins conjurés. Leur légèreté est tellement de nature, leurs variations si subites, qu'on ne pourrait dire qu'elles les déshonorent : ce sont de vraies girouettes au gré des vents ; mais ce vice chez eux est sans calcul ; et voilà leur meilleure excuse. Du reste, il est bien entendu que nous ne parlons ici que de la masse ; de celle qui compose l'opinion ; car des exemples individuels, au contraire, ont fourmillé dans nos derniers

---

Hélène (sir Hudson Lowe) n'y trouve aucune objection, elle pourra se rendre auprès de son époux ».

J'abandonne, sans commentaire, cette espèce de mauvaise plaisanterie à quiconque se sent un cœur d'homme. *(Las Cases.)*

temps, qui couvrent certaines classes d'une abjection dégoûtante. »

C'était cette connaissance du caractère national, continuait l'Empereur, qui l'avait toujours empêché d'avoir fait usage de la Haute Cour. Elle était dans notre Constitution, le Conseil d'État en avait même arrêté l'organisation ; mais l'Empereur avait senti tout le danger de l'éclat et de l'agitation que répandent toujours de pareils spectacles. « Une telle procédure, disait-il, était un véritable appel au public, et devenait toujours un grand échec à l'autorité, si l'accusé l'emportait. Un ministère, en Angleterre, pouvait bien supporter sans inconvénient les effets de cet appel perdu ; mais un souverain tel que je l'étais, et dans les circonstances où je me trouvais, ne l'aurait pas pu sans le plus grand danger pour la chose publique, aussi préférais-je m'en tenir constamment aux tribunaux ordinaires. La malveillance trouva souvent à y redire, et pourtant de tous ceux qu'il lui plut d'appeler alors des victimes, quel est celui, je vous prie, qui ait survécu populaire à nos dernières épreuves ? Elles ont pris soin de me justifier ; tous demeurent flétris dans l'opinion nationale. »

L'Empereur avait réservé, pour lire avec moi, un article du journal, relatif à la voiture qu'il a perdue à Waterloo ; la grande quantité d'expressions techniques le lui avait rendu trop difficile. Le journaliste donnait un détail très circonstancié de cette voiture, et faisait un inventaire très minutieux de tout ce qui s'y trouvait ; il y joignait parfois les réflexions les plus triviales : en mentionnant une petite boîte de liqueur, il observait que l'Empereur ne s'oubliait pas et ne se laissait manquer de rien ; en citant certains objets recherchés de son nécessaire, il ajoutait qu'on pouvait voir qu'il faisait sa toilette *comme il faut* (l'expression était en français). Ce dernier mot a produit dans l'Empereur une sensation que n'eût pas excitée sans doute un sujet plus important. « Mais, me dit-il avec une espèce de dégoût mêlé de douleur, ce peuple d'Angleterre me croit donc un animal sauvage ; l'a-t-on amené véritablement jusque-là ? ou son prince de Galles, espèce de bœuf Apis [1], m'assure-t-on, ne fait-il pas sa toilette comme chacun de ceux qui, parmi nous, ont quelque éducation ?... »

_____

1. La religion de l'Égypte ancienne lui consacrait un culte.

Il est certain que j'aurais été fort embarrassé de lui expliquer ce qu'avait voulu dire le journaliste. Au surplus, il est connu que l'Empereur est la personne du monde qui mettait le moins de prix à ses aises, et s'en occupait le moins ; mais aussi, il se plaît à le confesser, il n'en fut jamais pour qui le dévouement et les soins des serviteurs en réunirent davantage. Comme il mangeait à des heures très irrégulières, on avait trouvé le secret, dans ses courses et ses voyages, d'avoir son dîner fort ressemblant à celui des Tuileries et toujours prêt. Il n'avait qu'à parler, et il se trouvait servi : c'était magique, disait-il lui-même. Durant quinze ans, il a bu constamment un même vin de Bourgogne (Chambertin), qu'il aimait et qu'on croyait lui être salutaire ; ce vin se retrouvait pour lui dans toute l'Allemagne, au fond de l'Espagne, partout jusqu'à Moscou, etc., et il est vrai de dire que les arts, le luxe, le raffinement de l'élégance et du bon goût semblaient se disputer, et comme à son insu, autour de lui, pour lui ménager quelques jouissances. Le journaliste anglais décrivait donc une infinité d'objets qui étaient dans la voiture, sans doute, mais dont l'Empereur n'avait pas la moindre connaissance, bien qu'il ne s'en étonnât nullement, disait-il.

Le mauvais temps, qui continuait de commander notre réclusion, n'a pas influé sur l'humeur de l'Empereur, qui précisément, ces jours-ci, a montré plus d'abandon, a été plus causeur que de coutume. Il a parlé longuement et dans les plus grands détails de la fameuse entrevue de Dresde. Voici ce que j'en extrais :

Cette entrevue a été l'époque de la plus haute puissance de Napoléon ; il y a paru *le Roi des Rois*[1] ; il en était à se voir obligé de témoigner qu'il fallait qu'on s'occupât de l'empereur d'Autriche, son beau-père. Ce souverain, non plus que le roi de Prusse, n'avaient pas de maison à leur suite, Alexandre n'en n'avait pas eu davantage à Tilsitt ou à Erfurt. Là, comme à Dresde, on mangeait chez Napoléon. Ces cours, disait l'Empereur, étaient mesquines et bourgeoises : c'était lui qui en fixait l'étiquette et y donnait le ton ; il faisait passer François devant lui, et celui-ci en était dans le ravissement. Le luxe de Napoléon et sa magnificence durent le faire paraître un roi d'Asie : là, comme à Tilsitt, il gorgea de diamants

1. Titre que portaient les anciens rois de Perse.

tous ceux qui l'approchèrent. Nous lui apprîmes qu'à Dresde, il n'avait pas eu un soldat français autour de lui, et que sa cour parfois n'avait pas été sans inquiétude sur sa personne. Il avait de la peine à nous croire, mais nous l'assurions que c'était un fait, qu'il n'avait eu d'autre garde que les gardes du corps saxons. « C'est égal, nous disait-il, alors j'étais là dans une si bonne famille, avec de si braves gens, que j'étais sans risque ; tous m'y aimaient ; et à l'heure qu'il est je suis sûr que le bon roi de Saxe dit chaque jour un *pater* et un *ave* pour moi... J'ai perdu, ajoutait-il, les destinées de cette pauvre bonne princesse Augusta, et j'ai eu bien tort. Revenant de Tilsitt, je reçus à Marienverder un chambellan du roi de Saxe, qui me remit une lettre de son maître ; il m'écrivait : "Je viens de recevoir une lettre de l'empereur d'Autriche qui me demande ma fille en mariage ; je vous envoie cette lettre pour que vous me disiez la réponse que je dois faire." » Je serai sous peu de jours à Dresde, fut la réponse de l'Empereur ; et à son arrivée, il condamna ce mariage et l'empêcha. « J'ai eu grand tort, répétait-il, je craignais que l'empereur François ne m'enlevât le roi de Saxe ; mais au contraire, c'est la princesse Augusta qui m'eût amené l'empereur François, et je ne serais pas ici. »

Napoléon, à Dresde, travaillait beaucoup, et Marie-Louise, jalouse de profiter des plus petits loisirs de son époux, sortait à peine pour ne pas les perdre. L'empereur François, qui ne faisait rien et s'ennuyait tout le jour à courir la ville, ne comprenait rien à cette réclusion du ménage ; il s'imaginait que c'était pour se donner de la tenue et de l'importance. L'impératrice d'Autriche cherchait beaucoup à faire courir Marie-Louise : elle lui peignait son assiduité comme ridicule. Elle eût volontiers pris des tons de belle-mère avec Marie-Louise, qui n'était pas disposée à le souffrir, leur âge étant à peu près le même. Elle venait souvent le matin à la toilette de Marie-Louise fureter dans son luxe et sa magnificence : elle n'en sortait jamais les mains vides. « Le règne de Marie-Louise a été fort court, disait l'Empereur ; mais elle a dû bien en jouir ; elle avait la terre à ses pieds. » L'un de nous s'est permis de demander si l'impératrice d'Autriche n'était pas l'ennemie jurée de Marie-Louise. « Pas autrement, disait l'Empereur, qu'une bonne petite haine de cour : de la détestation dans le cœur ; mais gazée sous des lettres journalières de quatre pages, pleines de tendresse et de cajoleries. »

L'impératrice d'Autriche soignait extrêmement Napoléon ; elle avait pour lui une coquetterie toute particulière tant qu'il était présent ; mais, sitôt qu'il avait le dos tourné, elle ne s'occupait plus qu'à en détacher Marie-Louise, par les insinuations les plus méchantes et les plus malicieuses : elle était choquée de ne pas réussir à prendre quelque empire sur lui. « D'ailleurs elle a de l'adresse et de l'esprit, disait l'Empereur, et assez pour embarrasser son mari, qui avait acquis la certitude qu'elle en faisait peu de cas. Sa figure était agréable, piquante, avait quelque chose de tout particulier ; c'était une *jolie petite religieuse*.

« Quant à l'empereur François, on connaît sa débonnaireté, qui le rend toujours dupe des intrigants. Son fils lui ressemblera.

« Le roi de Prusse, comme caractère privé, est un loyal, bon et honnête homme ; mais dans sa capacité politique, c'est un homme naturellement plié à la nécessité ; avec lui on est le maître tant qu'on a la force et que la main est levée.

« Pour l'empereur de Russie, c'est un homme infiniment supérieur à tout cela : il a de l'esprit, de la grâce, de l'instruction ; est facilement séduisant ; mais on doit s'en défier : il est sans franchise ; c'est un vrai *Grec du Bas-Empire*[1]. Toutefois n'est-il pas sans idéologie réelle ou jouée ; ce ne serait, du reste, après tout, que des teintes de son éducation et de son précepteur. Croira-t-on jamais, disait l'Empereur, ce que j'ai eu à débattre avec lui : il me soutenait que l'hérédité était un abus dans la souveraineté, et j'ai dû passer plus d'une heure et user toute mon éloquence et ma logique à lui prouver que cette hérédité était le repos et le bonheur des peuples. Peut-être aussi me mystifiait-il ; car il est fin, faux, adroit ; il peut aller loin. Si je meurs ici, ce sera mon véritable héritier en Europe. Moi seul pouvais l'arrêter se présentant avec son déluge de Tartares[2]. La crise est grande et permanente pour le continent européen, surtout pour Constantinople : il l'a fort désirée de moi ; j'ai été fort cajolé à ce sujet,

---

1. Le Bas-Empire romain : expression péjorative.
2. Peuplade assimilée, dans l'esprit de Napoléon, aux Mongols qui servaient dans l'armée russe.

mais j'ai constamment fait la sourde oreille. Cet empire, quelque délabré qu'il parût, devait demeurer notre point de séparation à tous deux : c'était le marais qui empêchait de tourner ma droite. Pour la Grèce, c'est autre chose ! » Et après s'être arrêté sur ce pays, il a repris : « La Grèce attend un libérateur !... Ce serait une belle couronne de gloire !... Il inscrira son nom à jamais avec ceux d'Homère, Platon et Épaminondas !... Je n'en ai peut-être pas été loin !... Quand, dans ma campagne d'Italie, j'arrivai sur les bords de l'Adriatique, j'écrivis au Directoire que j'avais sous mes yeux le royaume d'Alexandre !... Plus tard, je liai des relations avec Ali Pacha ; et quand on nous a saisi Corfou, on aura dû y trouver des munitions et un équipement complet pour une armée de quarante à cinquante mille hommes. J'avais fait lever les cartes de la Macédoine, de la Serbie, de l'Albanie.

« La Grèce, le Péloponnèse du moins, doit être le lot de la puissance européenne qui possédera l'Égypte. Ce devait être le nôtre... Et puis, au nord, un royaume indépendant, Constantinople avec ses provinces, pour servir comme de barrage à la puissance russe, ainsi qu'on a prétendu le faire à l'égard de la France, en créant le royaume de la Belgique. »

Dans une autre de ces soirées, l'Empereur déclamait contre l'humeur des femmes ; car rien, disait-il, n'annonçait plus chez elles le rang, la bonne éducation, le bon ton, que l'égalité de leur caractère et le constant désir de plaire. Il ajoutait qu'elles étaient tenues à se montrer toujours maîtresses d'elles-mêmes, à être toujours en scène. Ses deux femmes, observait-il, avaient toujours été ainsi ; elles étaient assurément bien différentes dans leurs qualités et leurs dispositions ; toutefois elles s'étaient ressemblé tout à fait sur ce point. Jamais il n'avait été témoin de la mauvaise humeur de l'une et de l'autre ; toutes deux avaient été constamment occupées à lui plaire, etc.

Quelqu'un a osé observer pourtant que Marie-Louise s'était vantée que toutes les fois qu'elle voulait quelque chose, si difficile que cela fût, elle n'avait qu'à pleurer. L'Empereur en a ri ; c'était pour lui, disait-il, une découverte : il aurait pu le soupçonner de Joséphine ; mais il ne le savait pas de Marie-Louise. Et puis s'adressant à Mmes Bertrand et Montholon : « Vous voilà bien, mesdames, leur dit-il ; sur certaines choses, vous êtes toutes les mêmes. »

Il a continué longtemps sur les deux impératrices, et a répété, suivant sa coutume, que l'une était l'innocence et l'autre les grâces. Il est passé de là à ses sœurs, et surtout s'est arrêté particulièrement et longtemps sur les attraits de la princesse Pauline. Il a été convenu que c'était, sans contredit, la plus jolie femme de Paris. L'Empereur disait que les artistes s'accordaient à en faire une véritable Vénus de Médicis ; et comme on achevait de détailler ses attraits avec beaucoup d'élégance et de grâces, il a demandé tout à coup si une princesse du jour . . . .

On s'est permis de plaisanter sur l'empire que la princesse Pauline avait pris à l'île d'Elbe sur le général Drouot, dont elle accueillait la cour assidue, en dépit de la différence de quelques années et de la sévérité de son visage. La princesse, disait-on, lui avait arraché le secret du départ huit jours d'avance [1]. Il avait renouvelé la faute de Turenne, et à cela l'Empereur disait : « Voilà bien les femmes et leur pouvoir dangereux ! » Sur quoi Mme Bertrand s'est récriée que le grand-maréchal n'en avait sûrement pas fait autant. « Madame, lui a répliqué vivement l'Empereur, avec un sourire, c'est qu'il était votre mari. » Quelqu'un ayant dit ensuite que la princesse Pauline, étant à Nice, avait organisé un fourgon en poste qui arrivait chaque jour de Paris, chargé de modes et d'ajustements, l'Empereur disait : « Si je l'avais su, cela n'eût pas continué longtemps, elle eût été grondée d'importance. Mais voilà ce qui arrive, quand on est empereur, on ne sait jamais ces choses-là. »

A la suite de ces conversations, l'Empereur demanda quelle était la date du mois ; c'était le 11 mars. « Eh bien, dit-il, il y a un an aujourd'hui, c'était un beau jour ; j'étais à Lyon, je passais des revues, j'avais le maire à dîner, qui, par parenthèse, s'est vanté depuis que c'était le plus mauvais dîner qu'il eût fait de sa vie. » L'Empereur s'est animé, il marchait à grands pas. « J'étais redevenu une grande puissance ! » continua-t-il ; et il a laissé échapper un soupir qu'il

---

1. Le général Drouot a réclamé, avec raison et en toute justice, contre ce faux bruit (voyez à ce sujet le redressement en note, tome IV, journée du samedi 14 septembre [tome II, p. 1244 de la présente édition]). Si la rectification n'a pas été faite ici, au texte même, c'est par l'extrême désir de s'éloigner le moins possible de la publication primitive. (*Las Cases.*)

a relevé aussitôt par ces paroles, dont il serait difficile de tracer l'accent et la chaleur : « J'avais fondé le plus bel empire de la terre, et je lui étais si nécessaire, qu'en dépit de toutes les secousses dernières, ici, sur mon rocher, je semble demeurer encore comme le maître de la France. Voyez ce qui s'y passe, lisez les journaux, vous le trouverez à chaque ligne. Qu'on m'y laisse pénétrer, on verra ce qu'elle est et ce que je puis ! » Et alors que d'idées, que de projets il a développés pour la gloire et le bonheur de la patrie ! Il a parlé longtemps avec tant d'intérêt et un tel abandon, que nous pouvions oublier les heures, les lieux et les temps. En voici quelque chose :

« Quelle fatalité, disait-il, que l'on ne s'en soit pas tenu à mon retour de l'île d'Elbe ! que chacun n'ait pas vu que j'étais le plus propre et le plus nécessaire à l'équilibre et au repos européens ! Mais les rois et les peuples m'ont craint ; ils ont eu tort, et peuvent le payer chèrement. Je revenais un homme nouveau ; ils n'ont pu le croire ; ils n'ont pu imaginer qu'un homme eût l'âme assez forte pour changer son caractère, ou se plier à des circonstances obligées. J'avais pourtant fait mes preuves et donné quelques gages de ce genre. Qui ne sait que je ne suis pas un homme à demi-mesures ? J'aurais été franchement le monarque de la Constitution et de la paix, comme j'avais été celui de la dictature et des grandes entreprises.

« Et raisonnons un peu sur ces craintes des rois et des peuples à mon égard. Quelles pouvaient être les craintes des rois ? Redoutaient-ils toujours mon ambition, mes conquêtes, ma monarchie universelle ? Mais ma puissance et mes forces n'étaient plus les mêmes, et puis je n'avais vaincu et conquis que dans ma propre défense ; c'est une vérité que le temps développera chaque jour davantage. L'Europe ne cessa jamais de faire la guerre à la France, à ses principes, à moi ; et il nous fallait abattre, sous peine d'être abattus. La coalition exista toujours, publique ou secrète, avouée ou démentie ; elle fut toujours en permanence ; c'était aux Alliés seuls à nous donner la paix : pour nous, nous étions fatigués ; les Français s'effrayaient de conquérir de nouveau. Moi-même, me croit-on insensible aux charmes du repos et de la sécurité, quand la gloire et l'honneur ne le veulent pas autrement ! Avec nos deux Chambres, on m'eût refusé désormais de passer le Rhin ; et pourquoi l'eussé-je voulu ! Pour ma monarchie universelle ? Mais je n'ai jamais fait preuve entière de démence ; or, ce qui la caractérise surtout, c'est la disproportion entre les vues et les moyens. Si j'ai été sur le point d'accomplir cette monarchie universelle, c'est sans calcul, et parce qu'on m'y a amené pas à pas. Les derniers efforts pour y parvenir semblaient coûter à peine ; était-il si déraisonnable de les tenter ? Mais au retour de l'île d'Elbe, une pareille idée, une pensée aussi folle, un résultat aussi impossible, pouvaient-ils entrer dans la tête du moins sage des hommes ? Les souverains n'avaient donc rien à craindre de mes armes.

« Redoutaient-ils que je les inondasse de principes anarchiques ? Mais ils connaissent par expérience mes doctrines sur ce point. Ils m'ont vu tous occuper leur territoire ; combien n'ai-je pas été poussé à révolutionner leur pays, municipaliser leurs villes, soulever leurs sujets. Bien qu'on m'ait salué, en leur nom, de *moderne Attila, de Robespierre à cheval*, tous savent mieux dans le fond de leur cœur !!! qu'ils y descendent ! Si je l'avais été, je régnerais encore peut-être ; mais eux, bien sûrement, et depuis longtemps ils ne régneraient plus.

« Dans la grande cause dont je me voyais le chef et l'arbitre, deux systèmes se présentaient à suivre : de faire entendre raison aux rois par les peuples, ou de conduire à bon port les peuples par les rois ; mais on sait s'il est facile d'arrêter les peuples quand une fois ils sont lancés ; il était plus naturel de compter un peu sur la sagesse et l'intelligence des rois ; j'ai dû leur supposer toujours assez d'esprit pour de si clairs intérêts ; je me suis trompé : ils n'ont tenu compte de rien ; et, dans leur aveugle passion, ils ont déchaîné contre moi ce que j'avais retenu contre eux. Ils verront !!!

« Enfin, les souverains se trouvaient-ils offusqués de voir un simple soldat parvenir à une couronne ? Redoutaient-ils l'exemple ? Mais les solennités, mais les circonstances qui ont accompagné mon élévation, mon empressement à m'associer à leurs mœurs, à m'identifier à leur existence, à m'allier à leur sang et à leur politique, fermaient assez la porte aux nouveaux concurrents. Bien plus, si l'on eût dû avoir le spectacle d'une légitimité interrompue, je maintiens qu'il leur était bien plus avantageux que ce fût par moi, sorti des rangs, que par un prince membre de leur famille ; car des milliers de siècles s'écouleront, avant que les circonstances accumulées sur ma tête aillent en puiser un autre dans la foule, pour reproduire le même spectacle ; tandis qu'il n'est pas de souverain qui n'ait, à quelques pas de lui, dans son palais, des cousins, des neveux, des frères, quelques parents propres à imiter facilement celui qui une fois les aurait remplacés.

« D'une autre part, de quoi pouvaient s'effrayer les peuples ? Que je vinsse les ravager, leur imposer des chaînes ? Mais je revenais le Messie de la paix et de leurs droits, cette doctrine nouvelle faisait ma force ; la violer c'était me perdre. Cependant les Français mêmes m'ont redouté ; ils ont eu l'insanité de discuter quand il n'y avait qu'à combattre, de se diviser quand il fallait à tout prix se réunir. Et ne valait-il pas mieux encore courir les dangers de m'avoir pour maître, que de s'exposer à subir le joug de l'étranger ? N'était-il pas plus aisé de se défaire d'un despote, d'un tyran, que de secouer les chaînes de toutes les nations réunies ? Et puis d'où leur venait cette défiance sur ma personne ? Parce qu'ils m'avaient déjà vu concentrer en moi tous les efforts et les diriger d'une main vigoureuse. Mais n'apprennent-ils pas aujourd'hui à leurs dépens combien c'était nécessaire ? Eh bien ! le péril fut toujours le même, la lutte terrible et la crise imminente. Dans cet état de choses, la dictature n'était-elle pas nécessaire, indispensable ? Le salut de la patrie me commandait même de la déclarer ouvertement au retour de Leipsick. J'eusse dû le faire encore au retour de l'île d'Elbe. Je manquai de caractère, ou plutôt de confiance dans les Français, parce que plusieurs n'en avaient plus en moi, et c'était me faire grande injure. Si les esprits étroits et vulgaires ne voyaient dans tous mes efforts que le soin de ma puissance, les esprits larges n'auraient-ils pas dû démontrer que, dans les circonstances où nous nous trouvions, ma puissance et la patrie ne faisaient qu'un ? Fallait-il donc de si grands malheurs sans remèdes, pour pouvoir me faire comprendre ? L'histoire me rendra plus de justice ; elle me signalera, au contraire, comme l'homme des abnégations et du désintéressement. De quelles séductions ne fus-je pas l'objet à l'armée d'Italie ? L'Angleterre m'offrit d'être roi de France lors du traité d'Amiens. Je repoussai la paix de Châtillon ; je dédaignai toute stipulation personnelle à Waterloo ; pourquoi ? C'est que rien de tout cela n'était la patrie, et je n'avais d'autre ambition que la sienne, celle de sa gloire, de son ascendant, de sa majesté. Et aussi voilà pourquoi, en dépit de tant de malheurs, je demeure si populaire parmi les Français. C'est une espèce d'instinct, d'arrière-justice de leur part.

« Qui sur la terre eut plus de trésors à sa disposition ? J'ai eu plusieurs centaines de millions dans mes caves ; plusieurs autres centaines composaient mon domaine de l'extraordinaire : tout cela était mon bien. Que sont-ils devenus ! Ils se sont fondus dans les besoins de la patrie. Qu'on me considère ici, je demeure nu sur mon roc ! Ma fortune était toute dans celle de la France ! Dans la situation extraordinaire où le sort m'avait élevé, mes trésors étaient les siens ; je m'étais identifié sans réserve avec ses destinées. Quel autre calcul eût pu m'atteindre si haut ? M'a-t-on jamais vu m'occuper de moi ? Je ne me suis jamais connu d'autres jouissances, d'autres richesses que celles du public ; c'est au point que quand Joséphine, qui avait le goût des arts, venait à bout, à la faveur de mon nom, de s'emparer de quelques chefs-d'œuvre, bien qu'ils fussent dans mon palais, sous mes yeux, dans mon ménage, je m'en trouvais comme blessé, je me croyais volé : *ils n'étaient pas au Muséum.*

« Ah ! sans doute le peuple français a beaucoup fait pour moi ! plus qu'on ne fit jamais pour un homme ! mais aussi qui fit jamais autant pour lui ?... qui jamais s'identifia de la sorte avec lui ?...

« Mais revenons. Après tout encore, quelles pouvaient être ses craintes ? Les Chambres et la Constitution nouvelle n'étaient-elles pas désormais des garanties suffisantes ? Ces actes additionnels, contre lesquels on s'est tant élevé, ne portaient-ils pas en eux-mêmes tous les correctifs, les remèdes absolus ? Comment les eussé-je violés ? je n'avais pas à moi seul des millions de bras, je n'étais qu'un homme ; l'opinion m'élevait de nouveau, l'opinion pouvait m'abattre de même ; et, à côté de ce péril, qu'avais-je à gagner ?

« Mais autour de nous, je reviens à celle-là surtout, à l'Angleterre. Quels pouvaient être ses craintes, ses motifs, ses jalousies ? On se le demande en vain. Avec notre Constitution nouvelle, nos deux Chambres, n'avions-nous pas désormais embrassé sa religion ? N'était-ce donc pas là un moyen sûr de nous entendre, de faire désormais cause commune ? Les caprices, les passions des gouvernants une fois enchaînés, les intérêts des peuples marchent sans obstacles dans leur route naturelle. Qu'on regarde les négociants des nations opposées ; ils continuent de s'entendre et de faire leurs affaires, bien que leurs gouvernements guerroient : les deux peuples en étaient arrivés là. Grâce à leurs parlements respectifs, chacun fût devenu la garantie de l'autre ; et saura-t-on jamais jusqu'à quel point pouvait se porter l'union des deux peuples, et celle de leurs intérêts ; les combinaisons nouvelles qu'il était possible de mettre en œuvre ? Ce qu'il y a de certain, c'est qu'avec l'établissement de nos Chambres et de notre Constitution, les ministres d'Angleterre ont tenu dans leurs mains la gloire et la prospérité de leur patrie, les destinées et le bien-être du monde. Si j'eusse battu l'armée anglaise et gagné ma dernière bataille, j'eusse causé un grand et heureux étonnement ; le lendemain je proposais la paix, et pour le coup c'eût été moi qui aurais prodigué les avantages à pleines mains. Au lieu de cela, peut-être les Anglais seront-ils réduits à pleurer un jour d'avoir vaincu à Waterloo !

« Je le répète, les peuples et les rois ont eu tort ; j'avais retrempé les trônes, j'avais retrempé la noblesse inoffensive, et les trônes et la noblesse peuvent se trouver de nouveau en péril. J'avais consacré, fixé les limites raisonnables des droits des peuples ; et les réclamations vagues, absolues, immodérées peuvent renaître.

« Mon retour et mon maintien sur le trône, mon adoption franche cette fois de la part des souverains, jugeaient définitivement la cause des rois et des peuples ; tous les deux l'avaient gagnée. Aujourd'hui on la remet en question : tous deux peuvent la perdre. On pouvait avoir tout fini, on peut avoir tout à reprendre ; on a pu se garantir un calme long et assuré, commencer à jouir ; et au lieu de cela, il peut suffir d'une étincelle pour ramener une conflagration universelle !... Pauvre et triste humanité ! »

Pénétré comme je le suis des paroles et des opinions que j'ai recueillies de Napoléon sur son roc, et bien que parfaitement persuadé et convaincu de toute leur sincérité, je n'en éprouve pas moins une jouissance indicible, lorsqu'une contre-épreuve vient m'en démontrer l'exacte vérité ; et je dois dire que je goûte ce bonheur toutes les fois que je rencontre l'occasion de ces contre-épreuves.

On vient de lire le morceau remarquable ci-dessus, dans lequel Napoléon exprime ses idées, ses intentions, ses sentiments. Quel prix ces paroles, recueillies à Sainte-Hélène, n'acquièrent-elles pas en les voyant reproduites en Europe, à deux mille lieues par un écrivain célèbre, qui lui-même, avec une nuance différente d'opinion, et dans un tout autre temps, les reçut de la même bouche ! Quelle heureuse circonstance pour l'histoire ! Aussi je ne puis m'empêcher, du reste, de produire ici ce morceau de M. Benjamin Constant, soit à cause du mérite intrinsèque des paroles, soit à cause du poids qu'elles acquièrent du publiciste distingué qui nous les donne, enfin soit aussi par tout le plaisir que j'éprouve à les voir coïncider si bien avec ce que j'ai recueilli moi-même sur un autre hémisphère. Ce sont les mêmes intentions, le même fond de pensée, les mêmes sentiments.

« Je me rendis aux Tuileries peu de jours après le 20 mars, dit M. Benjamin Constant, je trouvai Bonaparte seul. Il commença le premier la conversation : elle fut longue, je n'en donnerai qu'une analyse ; car je ne me propose pas de mettre en scène un homme malheureux. Je n'amuserai point nos lecteurs aux dépens de la puissance déchue ; je ne livrerai point à la curiosité malveillante celui que j'ai servi par un motif quelconque, et je ne transcrirai de ses discours que ce qui sera indispensable ; mais, dans ce que j'en transcrirai, je rapporterai ses propres paroles.

« Il n'essaya de me tromper ni sur ses vues, ni sur l'état des choses. Il ne se présenta point comme corrigé par les leçons de l'adversité ; il ne voulut point se donner le mérite de revenir à la liberté par inclination ; il examina froidement dans son intérêt, avec une impartialité trop voisine de l'indifférence, ce qui était possible et ce qui était préférable.

« La nation, me dit-il, s'est reposée douze ans de toute agitation politique ; et depuis une année elle se repose de la guerre : ce double repos lui a rendu un besoin d'activité. Elle veut ou croit vouloir une tribune et des assemblées : elle ne les a pas toujours voulues. Elle s'est jetée à mes pieds quand je suis arrivé au gouvernement ; vous devez vous en souvenir, vous qui essayâtes de l'opposition. Où était votre appui, votre force ? Nulle part. J'ai pris moins

d'autorité que l'on ne m'invitait à en prendre... Aujourd'hui
tout est changé. Un gouvernement faible, contraire aux intérêts nationaux, a donné à ces intérêts l'habitude d'être en
défense et de chicaner l'autorité. Le goût des Constitutions,
des débats, des harangues, paraît revenir... Cependant ce
n'est que la minorité qui le veut, ne vous y trompez pas.
Le peuple ou, si vous l'aimez mieux, la multitude ne veut
que moi ; ne l'avez-vous pas vue cette multitude se pressant
sur mes pas, se précipitant du haut des montagnes, m'appelant, me cherchant, me saluant[1] ? A ma rentrée de Cannes
ici, je n'ai pas conquis, j'ai administré... Je ne suis pas
seulement, comme on l'a dit, l'Empereur des soldats, je suis
celui des paysans, des plébéiens, de la France... Aussi, malgré tout le passé, vous voyez le peuple revenir à moi : il y
a sympathie entre nous. Ce n'est pas comme avec les pri-
vilégiés ; la noblesse m'a servi, elle s'est lancée en foule
dans mes antichambres ; il n'y a pas de places qu'elle n'ait
acceptées, demandées, sollicitées. J'ai eu des Montmorency,
des Noailles, des Rohan, des Beauveau, des Mortemart.
Mais il n'y a jamais eu analogie. Le cheval faisait des
courbettes, il était bien dressé ; mais je le sentais frémir.
Avec le peuple, c'est autre chose ; la fibre populaire répond
à la mienne ; je suis sorti des rangs du peuple, ma voix agit
sur lui. Voyez ces conscrits, ces fils de paysans ; je ne les
flattais pas, je les traitais durement : ils ne m'entouraient
pas moins, ils n'en criaient pas moins *vive l'Empereur !*
C'est qu'entre eux et moi il y a même nature ; ils me regar-
dent comme leur soutien, leur sauveur contre les nobles...
Je n'ai qu'à faire un signe, ou plutôt détourner les yeux, les
nobles seront massacrés dans toutes les provinces. Ils ont si

---

1. *Note de M. Benjamin Constant.* Bonaparte mettait un grand prix à
prouver que son retour n'avait pas été un mouvement militaire. Je suis fâché
de n'avoir pas avec moi six pages qu'il avait écrites ou dictées à ce sujet,
et qu'il avait soigneusement corrigées. Il me les remit lors de la communication que je rapporte ici. Il désirait que je répondisse à lord Castlereagh,
qui avait, dans une harangue au parlement, attribué tout son succès à l'armée.
   Ne voulant rien écrire avant que d'être sûr que ce n'était pas un despote
que je rendais à la France, je me refusai à ce travail ; et, en 1815, je confiai
l'esquisse que Napoléon m'avait remise à un de mes amis qui partit pour
l'Angleterre, d'où j'ai négligé jusqu'à présent de la faire revenir. Il y avait
beaucoup de chaleur, des expressions bizarres, mais fortes ; une grande
rapidité de pensées, et quelques traits d'une véritable éloquence.

bien manœuvré depuis six mois !... Mais je ne veux pas être le roi d'une *jacquerie*[1]. S'il y a des moyens de gouverner par une Constitution, à la bonne heure... J'ai voulu l'empire du monde ; et, pour me l'assurer, un pouvoir sans bornes m'était nécessaire. Pour gouverner la France seule, il se peut qu'une Constitution vaille mieux... J'ai voulu l'empire du monde, et qui ne l'aurait pas voulu à ma place ? Le monde m'invitait à le régir ; souverains et sujets se précipitaient à l'envi sous mon sceptre. J'ai rarement trouvé de la résistance en France ; mais j'en ai pourtant rencontré davantage dans quelques Français obscurs et désarmés, que dans tous ces rois si fiers aujourd'hui de n'avoir plus un homme populaire pour égal... Voyez donc ce qui vous semble possible. Apportez-moi vos idées. Des élections libres ? des discussions publiques ? des ministres responsables ? la liberté ? Je veux tout cela... La liberté de la presse surtout, l'étouffer est absurde ; je suis convaincu sur cet article... Je suis l'homme du peuple ; si le peuple veut réellement la liberté, je la lui dois ; j'ai reconnu sa souveraineté, il faut que je prête l'oreille à ses volontés, même à ses caprices. Je n'ai jamais voulu l'opprimer pour mon plaisir ; j'avais de grands desseins ; le sort en a décidé, je ne suis plus un conquérant ; je ne puis plus l'être. Je sais ce qui est possible et ce qui ne l'est pas ; je n'ai plus qu'une mission : relever la France et lui donner un gouvernement qui lui convienne... Je ne hais point la liberté ; je l'ai écartée lorsqu'elle obstruait ma route ; mais je la comprends, j'ai été nourri dans ses pensées... Aussi bien, l'ouvrage de quinze années est détruit ; il ne peut se recommencer. Il faudrait vingt ans et deux millions d'hommes à sacrifier... D'ailleurs, je désire la paix, et je ne l'obtiendrai qu'à force de victoires. Je ne veux pas vous donner de fausses espérances ; je laisse dire qu'il y a des négociations, il n'y en a point. Je prévois une lutte difficile, une longue guerre. Pour la soutenir il faut que la nation m'appuie ; mais en récompense elle exigera de la liberté : elle en aura... La situation est neuve. Je ne demande pas mieux que d'être éclairé. Je vieillis ; l'on n'est plus à quarante-cinq ans ce qu'on était à trente. Le repos d'un roi

---

1. Insurrection de paysans (les *Jacques* en langage populaire) dont la plus célèbre en 1358.

constitutionnel peut me convenir. Il conviendra plus sûrement encore à mon fils. »

> *Minerve française, 94ᵉ livr., tome VIII ;*
> *2ᵉ lettre sur les Cent-Jours, par Benjamin Constant.*

MERCREDI 13.

L'Empereur a fait dire au grand-maréchal d'écrire à l'amiral pour savoir si une lettre que lui, Napoléon, écrirait au prince régent, lui serait envoyée.

Vers quatre heures, le sous-gouverneur Skelton et sa femme ont fait demander à présenter leurs hommages à l'Empereur. Il les a reçus, les a menés promener dans le jardin et les a fait ensuite monter en calèche avec lui. Le temps avait été fort brumeux toute la journée ; dans une éclaircie, nous avons vu tout à coup une corvette ou frégate fort près entrant à pleines voiles.

JEUDI 14, VENDREDI 15.

> *Injure à l'Empereur et au prince de Galles.*
> *Exécution de Ney. Évasion de Lavalette.*

Nous avons reçu la réponse de l'amiral ; après avoir commencé, selon son protocole ordinaire, par dire qu'il ne connaissait personne du nom de l'Empereur à Sainte-Hélène, il marquait qu'il enverrait la lettre mentionnée au prince régent, sans doute, mais qu'il s'en tiendrait à la lettre de ses instructions, qui portaient de ne laisser partir aucun papier pour l'Angleterre, qu'il n'eût été ouvert et lu par lui.

Cette lettre, il faut l'avouer, nous jeta dans une grande surprise : la partie des instructions citées par l'amiral avait deux objets, tous deux étrangers à l'interprétation que lui donnait cet officier.

Le premier était, au cas que nous fissions des plaintes, pour que les autorités locales pussent y joindre leurs observations, et que le gouvernement, en Angleterre, pût nous rendre justice plus promptement, sans être obligé de renvoyer dans l'île pour demander des renseignements ultérieurs ; cette précaution était donc tout à fait dans nos intérêts. Le second objet de cette mesure était pour que notre correspondance ne pût être nuisible aux intérêts du gouvernement ou de la politique d'Angleterre. Mais nous écrivions au souverain, au chef, à l'homme même de ces intérêts et de ce gouvernement ; et si quelqu'un conspirait ici, ce n'était pas nous qui lui écrivions ; mais bien celui qui interceptait notre lettre, ou prétendait en violer le secret. Qu'on établît auprès de nous des geôliers avec tout leur attirail, sans le trouver juste, cela nous paraissait possible. Mais que ces geôliers fissent réagir leur fonction jusque sur leur souverain même, c'est ce qui nous semblait n'avoir pas de nom ; c'était entacher celui-ci tout à fait de l'idée de roi fainéant, ou de sultan renfermé dans le fond du sérail ; c'était une véritable monstruosité dans nos mœurs européennes.

Depuis longtemps, nous avions peu ou point de rapports avec l'amiral. Quelqu'un pensa que la mauvaise humeur peut-être avait dicté sa réponse ; un autre voulut qu'il craignît que la lettre ne renfermât des plaintes contre lui. Mais l'amiral connaissait trop bien l'Empereur pour ne pas savoir qu'il ne s'adressait jamais à d'autre tribunal qu'à celui des nations. Moi qui savais quel eût été le sujet de la lettre, j'en ressentais une plus vive indignation : l'unique intention de l'Empereur avait été d'employer cette voie, la seule qui semblait convenable à sa dignité, pour écrire à sa femme, et se procurer des nouvelles de son fils. Toutefois le grand-maréchal répondit à l'amiral qu'il outrepassait ou interprétait mal ses instructions ; qu'on ne pouvait regarder sa détermination que comme une monstrueuse vexation de plus ; que la condition imposée était trop au-dessous de la dignité de l'Empereur, aussi bien que de celle du prince de Galles, pour qu'il conservât la pensée d'écrire.

La frégate qui venait d'arriver était la *Spey*, portant les journaux de l'Europe jusqu'au 31 décembre : ils contenaient l'exécution de l'infortuné maréchal Ney et l'évasion de Lavalette.

« Ney, disait l'Empereur, aussi mal attaqué que mal défendu, avait été condamné par la Chambre des pairs, en dépit d'une capitulation sacrée. On l'avait laissé exécuter, c'était une faute de plus ; on en avait fait dès cet instant un martyr. Qu'on n'eût point pardonné Labédoyère, parce qu'on n'eût vu dans la clémence qu'une prédilection en faveur de la vieille aristocratie, cela se concevait ; mais le pardon de

Ney n'eût été qu'une preuve de la force du gouvernement et de la modération du prince. On dira peut-être qu'il fallait un exemple ; mais le maréchal le devenait bien plus sûrement par un pardon ; après avoir été avili par un jugement, c'était pour lui une véritable mort morale qui lui ôtait toute influence, et cependant le coup de l'autorité était porté, le souverain satisfait et l'exemple accompli.

« Le refus de clémence vis-à-vis de Lavalette et son évasion étaient de nouveaux griefs tout aussi impopulaires, disait l'Empereur. Mais les salons de Paris, faisait-il observer, montraient les mêmes passions que les clubs, la noblesse recommençait les Jacobins. L'Europe, du reste, demeurait dans une complète anarchie : on y suivait hautement le code de l'immoralité politique ; tout ce qui tombait sous la main des souverains devenait bon pour chacun d'eux. Au moins, de mon temps, étais-je le point de mire de toutes les récriminations de ce genre. Les souverains alors ne parlaient que principes et vertus ; mais aujourd'hui, continuait-il, qu'ils étaient victorieux et sans frein, ils pratiquaient sans pudeur tous les torts qu'ils reprochaient alors eux-mêmes. Quelles ressources et quel espoir laissaient-ils donc aux peuples et à la morale ? Nos Françaises du moins, faisait-il remarquer, illustraient leurs sentiments : Mme Labédoyère avait failli expirer de douleur ; ces journaux nous apprennent que Mme Ney avait donné le spectacle du dévouement le plus courageux et le plus acharné. Mme Lavalette allait devenir l'héroïne de l'Europe. »

SAMEDI 16.

Commission pour le prince régent.

L'Empereur avait quitté l'*Encyclopédie britannique* pour prendre ses leçons d'anglais dans les *Annual Registers*. Il y a lu l'aventure d'un M. Spencer-Smith, arrêté à Venise, condamné à se rendre à Valenciennes, et qui s'échappa dans sa route. « Ce doit être une chose très simple, disait l'Empereur, dont le narrateur aura fait une grande histoire. Cette affaire m'est tout à fait inconnue, a-t-il ajouté, c'était un détail de police d'une importance trop inférieure pour qu'il eût pu remonter jusqu'à moi. »

Vers les quatre heures on a présenté à l'Empereur le capitaine de la *Spey* qui arrivait d'Europe, et le capitaine du *Ceylan* qui partait pour l'Angleterre. L'Empereur était assez triste, il n'était pas bien ; l'audience du premier a été fort courte ; celle du second eût été de même, s'il n'eût réveillé l'Empereur en demandant si nous avions des lettres à envoyer en Europe. L'Empereur alors m'a dit de lui demander s'il verrait le prince régent ; sur son affirmation, j'ai été chargé de lui traduire que l'Empereur avait voulu écrire au prince régent ; mais que sur l'observation inouïe de l'amiral, qu'il ouvrirait cette lettre, il s'en était abstenu comme d'une chose contraire à sa dignité et à celle du prince régent même. Qu'il avait bien entendu vanter les lois d'Angleterre, mais qu'il n'en apercevait le bénéfice nulle part, qu'il ne lui restait plus qu'à attendre, qu'à désirer un bourreau ; que l'agonie qu'on lui faisait éprouver était inhumaine, barbare ; qu'il eût été plus franc, plus énergique de lui donner la mort. L'Empereur m'a fait répéter au capitaine qu'il voulût bien se charger de ces mots, et l'a congédié ; celui-ci était très rouge et fort embarrassé.

DIMANCHE 17.

Esprit de l'île de France.

Un colonel anglais arrivé du Cap et venant de l'île de France s'est présenté dans la matinée chez moi pour tâcher de pouvoir faire sa cour à l'Empereur. L'amiral n'avait accordé à son vaisseau que deux ou trois heures de mouillage et ayant obtenu que l'Empereur voulût bien le recevoir à quatre heures, il m'assura qu'il préférait manquer son vaisseau, plutôt que de perdre une telle occasion. L'Empereur n'était pas très bien, il avait passé plusieurs heures dans son bain ; à quatre heures il reçut le colonel.

L'Empereur lui fit beaucoup de questions sur l'île de France, cédée depuis peu aux Anglais : il paraît que sa prospérité et son commerce souffrent du changement de domination.

Au départ du colonel, resté seul avec l'Empereur dans le jardin, je lui ai raconté que sa personne semblait être demeurée bien chère aux habitants de l'île de France ; que le colonel m'avait dit que le nom de Napoléon n'y était prononcé qu'avec attendrissement. Lorsqu'on y apprit sa sortie de France et sa venue à Plymouth, c'était précisément un grand jour de fête

dans la colonie ; le spectacle devait être tout à fait remarquable ; la nouvelle étant parvenue dans le jour, le soir il ne parut
pas un seul colon au théâtre, soit blanc ou de couleur : il n'y
eut que des Anglais qui en demeurèrent embarrassés et fort
irrités. L'Empereur m'écoutait. « C'est tout simple, m'a-t-il
dit, après quelques moments de silence : cela prouve que les
habitants de l'île de France sont demeurés Français ; je suis la
patrie, ils l'aiment ; on l'a blessée en moi, ils s'en affligent. »
J'ajoutai que le changement de domination gênant leurs
expressions, ils n'osaient pas porter publiquement sa santé ;
mais qu'on n'y manquait pourtant jamais, disait le colonel ; on
buvait à *lui* ; ce mot lui était consacré. Ces détails le touchaient.
« Pauvres Français ! a-t-il dit avec expression. Pauvre peuple !
Pauvre nation ! Je méritais tout cela, je t'aimais ! Mais toi, tu
ne méritais pas, assurément, tous les maux qui pèsent sur toi !
Ah ! que tu méritais bien qu'on se dévouât pour toi ! Mais, il
faut en convenir, que d'infamie, de lâcheté et de dégradation
j'ai eu autour de moi ! » Et, me regardant, il ajouta : « Et je ne
parle pas ici de vos amis du faubourg Saint-Germain ; car pour
eux, c'est encore une autre question. »

Il nous parvenait souvent des traits et des mots qui, pareils
à ceux de l'île de France, étaient propres à remuer la fibre
du cœur : l'île de l'Ascension, dans notre voisinage, avait
toujours été déserte et abandonnée ; depuis que nous sommes
ici, les Anglais ont cru devoir y faire un établissement. Le
capitaine qui en a été prendre possession nous dit, à son
retour, qu'il avait été fort étonné, en débarquant, de trouver,
sur le rivage : *Vive à jamais le grand Napoléon !*

Dans les derniers journaux qui venaient de nous arriver,
parmi plusieurs traits ou jeux de mots bienveillants, il se
trouvait en plusieurs langues, que *Paris* ne serait heureux que
quand on lui aurait rendu son *Hélène* : c'étaient quelques
gouttes de miel dans notre coupe d'absinthe.

LUNDI 18, MARDI 19.

Ses intentions sur Rome. Horrible nourriture.
Britannicus.

L'Empereur est monté à cheval sur les huit heures ; il y
avait bien longtemps qu'il s'en était abstenu : le défaut de

l'espace à parcourir en est la cause. Sa santé en souffre visiblement, et l'on doit s'étonner que le manque d'exercice ne soit pas plus nuisible encore à celui qui en prenait journellement de si violents. Au retour, l'Empereur a déjeuné dehors ; il nous a retenus. Après le déjeuner, la conversation est tombée sur Herculanum et Pompeïa [1], le phénomène et l'époque de leur destruction, le temps et les hasards de leur découverte moderne, les monuments et les curiosités qu'ils nous ont fournis depuis. L'Empereur disait que si Rome fût restée sous sa domination, elle fût sortie de ses ruines ; il se proposait de la nettoyer de tous ses décombres, de restaurer tout ce qui eût été possible, etc. Il ne doutait pas que le même esprit s'étendant dans le voisinage, il eût pu en être en quelque sorte de même d'Herculanum et de Pompeïa.

Le déjeuner fini, l'Empereur a envoyé mon fils chercher le volume de Crévier qui renferme les catastrophes d'Herculanum et de Pompeïa, et nous les a lues, ainsi que la mort et le caractère de Pline. Il s'est retiré vers midi pour prendre du repos.

Sur les six heures, nous avons fait, en calèche, notre course d'habitude ; l'Empereur avait fait monter avec lui M. et Mme Skelton, qui étaient venus lui faire visite.

Au retour, l'Empereur, chassé du jardin par l'humidité, a été voir le général Gourgaud, qui se rétablit rapidement. Après le dîner, en quittant la table et rentrant dans le salon, nous n'avons pu nous empêcher de revenir sur le repas que nous venions de faire ; rien à la lettre n'avait été mangeable : le pain mauvais, le vin impotable, la viande dégoûtante et malsaine ; on est obligé d'en renvoyer souvent ; on tient, malgré les représentations, à nous la fournir tuée parce que c'est le moyen de nous faire passer les animaux morts. L'Empereur, choqué de ce tableau, n'a pu s'empêcher de dire avec chaleur : « Sans doute il est bien des individus dans une condition physique pire encore ; mais cela ne nous ôte pas le droit de juger la nôtre, ni les traitements infâmes dont on nous entoure ! Les mauvais procédés du gouvernement anglais ne se sont point bornés à nous envoyer ici, ils se sont étendus jusqu'au choix des individus auxquels on a remis

---

1. Villes du sud de l'Italie non loin de Naples qui furent ensevelies sous une éruption du Vésuve en 79 ap. J.-C.

nos personnes et nos besoins ! Pour moi, je souffrirais moins si j'étais sûr qu'un jour quelqu'un le divulguât à l'univers, de manière à entacher d'infamie ceux qui en sont coupables ! Mais parlons d'autre chose, a-t-il dit ; quel jour est aujourd'hui ? – Quelqu'un a dit le 19 mars. – Quoi ! s'est-il écrié, la veille du 20 mars ! Et après quelques secondes : Mais parlons encore d'autre chose. » Il a envoyé chercher un volume de Racine ; il a d'abord commencé la comédie des *Plaideurs* ; mais après une ou deux scènes il nous a lu *Britannicus*. La lecture finie, et le juste tribut d'admiration payé, il a dit qu'on reprochait ici à Racine un dénouement trop prompt ; qu'on ne pressentait pas d'assez loin l'empoisonnement de Britannicus. Il a fort loué la vérité du caractère de Narcisse [1], observant que c'était toujours en blessant l'amour-propre des princes qu'on influait le plus sur leurs déterminations.

MERCREDI 20.

20 mars. Couches de l'Impératrice.

Après le dîner, un de nous a fait observer qu'à pareil jour, à pareil moment, il y avait un an (20 mars), l'Empereur était moins isolé, moins tranquille. « Je me mettais à table aux Tuileries, a dit Napoléon. J'y étais parvenu avec difficulté, je venais de courir au moins les dangers d'une bataille. » En effet, il avait été saisi en arrivant par plusieurs milliers d'officiers et de citoyens ; on se l'était arraché ; il n'était pas monté au château, on l'y avait porté, et bien plus dans le tumulte de quelqu'un qu'on va déchirer Mais c'était le sentiment et l'intention qu'il fallait juger ici, c'était de l'enthousiasme et de l'amour jusqu'à la rage et au délire.

L'Empereur a ajouté qu'il était à croire que plus d'une personne en parlerait ce soir en Europe, et qu'en dépit de toute surveillance, il se viderait bien des bouteilles en son intention.

La conversation est ensuite tombée sur le roi de Rome :

---

1. Un des personnages de *Britannicus* qui empoisonne ce dernier pour permettre à Néron de régner.

ce jour était l'anniversaire de sa naissance ; l'Empereur comptait qu'il avait cinq ans. Il est passé de là aux couches de l'Impératrice, et semblait se complaire à se vanter d'avoir été, dans cette circonstance, disait-il, aussi bon mari que qui que ce fût au monde : il aida constamment toute la nuit l'Impératrice à marcher ; nous en savions quelque chose, nous qui étions de la maison ; nous avions été convoqués tous au château dès dix heures du soir ; nous y passâmes la nuit entière ; les cris arrivaient parfois jusqu'à nous. Vers le matin, l'accoucheur ayant dit à l'Empereur que les douleurs avaient cessé, et que cela pourrait être long encore, l'Empereur alla se mettre au bain ; et l'on nous congédia, en nous prévenant de ne pas nous écarter de chez nous. Il n'y avait pas longtemps que l'Empereur était dans le bain, que les douleurs reprirent, et que l'accoucheur vint, la tête perdue, lui dire qu'il était le plus malheureux des hommes, que sur mille couches qui arrivaient dans Paris, il ne s'en présentait pas une plus difficile. L'Empereur, se rhabillant à la hâte, le rassurait en lui disant qu'un homme qui savait son métier serait impardonnable de perdre la tête ; qu'il n'y avait rien ici qui dût le troubler ; qu'il n'avait qu'à se figurer qu'il accouchait une bourgeoise de la rue Saint-Denis ; que la nature n'avait pas deux lois ; qu'il était bien sûr qu'il ferait pour le mieux, et qu'il n'aurait à craindre surtout aucun reproche. On lui représenta qu'il y avait un grand danger pour la mère ou pour l'enfant. « Avec la mère, répondit-il sans hésiter, j'aurai un autre enfant. Conduisez-vous ici comme si vous attendiez le fils d'un savetier. »

Arrivé auprès de l'Impératrice, il put s'assurer qu'elle était réellement en danger ; l'enfant se présentait mal, et tout portait à croire qu'il serait étouffé.

L'Empereur demanda à Dubois pourquoi il ne l'accouchait pas. Celui-ci s'en défendit, ne le voulant, disait-il, qu'en présence de Corvisart, qui n'était pas encore arrivé. « Mais que vous dira-t-il ? disait l'Empereur. Si c'est un témoin ou une justification que vous vous réservez, me voilà, moi. » Dubois alors, mettant bas son habit, se mit au travail. A l'aspect des fers, l'Impératrice poussa des cris douloureux, s'écriant qu'on voulait la tuer. Elle était fortement tenue par l'Empereur, Mme de Montesquiou, Corvisart, qui venait d'entrer, etc.[1]. Mme de Montesquiou saisit adroitement l'occasion de la rassurer, en lui disant qu'elle s'était trouvée elle-même plus d'une fois dans cette situation.

Cependant l'Impératrice se persuadait toujours qu'on en usait différemment avec elle qu'avec toute autre, et répétait souvent : « Parce que je suis impératrice, me sacrifiera-t-on ! » Elle est convenue depuis, avec l'Empereur, que cela avait été réellement sa crainte. Enfin, on la délivra. Le péril avait été si grand, que toute l'étiquette, dit l'Empereur, qui avait été recherchée et arrêtée à ce sujet, fut mise de côté, et l'enfant posé à l'écart sur le plancher, pendant qu'on ne s'occupait uniquement que de la mère ; il y demeura plusieurs instants, et on le croyait mort ; ce fut Corvisart qui le releva, le frotta et lui fit pousser un cri, etc.

On lit dans l'intéressant ouvrage de M. le baron Fleury de Chaboulon, sur le retour de l'île d'Elbe : « Lorsque le jeune Napoléon vint au monde, on le crut mort ; il était sans chaleur, sans mouvement, sans respiration ; on faisait des efforts multipliés pour le rappeler à la vie, lorsque partirent successivement les cent un coups de canon destinés à célébrer sa naissance ; la commotion et l'ébranlement qu'ils occasionnèrent agirent si fortement sur les organes du royal enfant, qu'il reprit ses sens. »

JEUDI 21, VENDREDI 22.

> *Conjuration de Catilina. Les Gracques.*
> *Les historiens. Sommeil durant la bataille. César ;*
> *ses* Commentaires. *Des divers systèmes militaires.*

L'Empereur est monté à cheval de fort bonne heure ; nous avons fait le tour des limites dans plusieurs directions. C'est durant cette promenade que l'Empereur prend à présent sa leçon d'anglais : je marche à côté de lui : il fait des phrases

---

1. Cette scène se passait en présence de vingt-deux personnes : l'Empereur, Dubois, Corvisart, Bourdier et Ivan ; Mmes de Montebello, de Luçay et de Montesquiou ; les six premières dames : Ballant, Deschamps, Durand, Hureau, Nabusson et Gérard ; cinq femmes de chambre : Mlles Honoré, Édouard, Barbier, Aubert et Geoffroy ; la garde, Mme Blaise, et deux filles de garde-robe. *Souvenirs de Mme Durand, veuve du général,* tome I, page 98. *(Las Cases.)*

anglaises que je traduis mot à mot, à mesure qu'il les prononce ; ce qui lui fait voir qu'il est entendu ou le met à même
de se corriger. Quand il a fini la phrase, je la lui répète en
anglais, de manière qu'il l'entende bien à son tour, ce qui
sert à lui former l'oreille.

Aujourd'hui l'Empereur lisait, dans l'histoire romaine, la
Conjuration de Catilina[1] ; il ne pouvait la comprendre telle
qu'elle est tracée : « Quelque scélérat que fût Catilina, remarquait-il, il devait avoir un objet : ce ne pouvait être celui de
gouverner dans Rome, puisqu'on lui reprochait d'avoir voulu
y mettre le feu aux quatre coins. » L'Empereur pensait que
c'était plutôt quelque nouvelle faction à la façon de Marius
et de Sylla, qui, ayant échoué, avait accumulé sur son chef
toutes les accusations banales dont on les accable en pareil
cas. Quelqu'un alors fit observer à l'Empereur que c'est ce
qui lui serait infailliblement arrivé à lui-même, s'il eût succombé en vendémiaire, en fructidor ou en brumaire, avant
d'avoir éclairé d'un si grand lustre un horizon purgé de nuages.

Les Gracques lui inspiraient bien d'autres doutes, bien
d'autres soupçons, lesquels, disait-il, devenaient presque des
certitudes quand on s'était trouvé dans les affaires de nos
jours. « L'histoire, faisait-il observer, présente en résultat les
Gracques comme des séditieux, des révolutionnaires, des scélérats ; et dans les détails elle laisse échapper qu'ils avaient
des vertus, qu'ils étaient doux, désintéressés, de bonnes
mœurs ; et puis ils étaient les fils de l'illustre Cornélie ; ce
qui pour les grands cœurs doit être tout d'abord une forte
présomption en leur faveur. D'où pouvait donc venir un tel
contraste ? Le voici, disait l'Empereur : c'est que les Gracques s'étaient généreusement dévoués pour les droits du peuple opprimé, contre un sénat oppresseur, et que leur grand
talent, leur beau caractère, mirent en péril une aristocratie
féroce qui triompha, les égorgea et les flétrit. Les historiens
du parti les ont transmis avec cet esprit ; sous les empereurs
il a fallu continuer ; le seul mot des droits du peuple, sous
un maître despotique, était un blasphème, un vrai crime ; plus

---

1. Œuvre de Salluste, historien du Ier siècle av. J.-C. C'est le récit d'un
complot contre la République romaine qui fut déjoué par Cicéron (63 av.
J.-C.).

tard il en a été de même sous la féodalité fourmilière de petits despotes. Voilà la fatalité sans doute de la mémoire des Gracques : leurs vertus n'ont donc jamais cessé, dans la suite des siècles, d'être des crimes ; mais aujourd'hui qu'avec nos lumières nous nous sommes avisés de raisonner, les Gracques peuvent et doivent trouver grâce à nos yeux.

« Dans cette lutte terrible de l'aristocratie et de la démocratie qui vient de se renouveler de nos jours ; dans cette exaspération du vieux terrain contre l'industrie nouvelle qui fermente dans toute l'Europe, nul doute que si l'aristocratie triomphait par la force, elle ne montrât partout beaucoup de Gracques, et ne les traitât à l'avenant tout aussi bénignement que l'ont fait leurs devanciers. »

L'Empereur ajoutait qu'il était aisé de voir, du reste, qu'il y avait lacune chez les auteurs anciens dans cette époque de l'histoire ; que tout ce que nous en présentaient les modernes n'était évidemment formé que de *grappillage*. Puis il revenait sur les reproches déjà faits au bon Rollin et à son élève Crévier : ils étaient tous deux sans talent, sans intention, sans couleur. Il fallait convenir que les Anciens nous étaient bien supérieurs sur ce point ; et cela parce que, chez eux, les hommes d'État étaient hommes de lettres, et les hommes de lettres hommes d'État ; ils cumulaient les professions, tandis que nous les séparons d'une manière absolue. Cette division fameuse du travail, qui chez nous amène la perfection des ouvrages mécaniques, lui est tout à fait funeste dans les productions mentales : tout ouvrage d'esprit est d'autant plus supérieur que celui qui le produit est plus universel. Nous devons à l'Empereur d'avoir cherché à établir ce principe, en employant souvent les mêmes hommes à plusieurs objets tout à fait étrangers entre eux ; c'était son système. Un jour il nomma, de son propre mouvement, un de ses chambellans pour aller en Illyrie liquider la dette autrichienne : c'était un objet considérable et fort compliqué ; le chambellan, jusque-là étranger à toute affaire, en frémit, et le ministre, privé de cette nomination, et conséquemment mécontent, se hasarda de représenter à l'Empereur que sa nomination étant tombée sur quelqu'un d'entièrement neuf, il était à craindre qu'il ne sût pas s'en tirer. « J'ai la main heureuse, monsieur, fut sa réponse ; ceux sur qui je la pose sont propres à tout. »

L'Empereur, continuant sa critique, condamnait aussi

beaucoup ce qu'il appelait des niaiseries historiques, ridiculement exaltées par les traducteurs et les commentateurs. Elles prouvaient dans l'origine, disait-il, des historiens qui jugeaient mal des hommes et de leur situation. « C'était à tort, par exemple, faisait-il observer, qu'ils vantaient si haut la *continence de Scipion*, et s'extasiaient sur le calme d'Alexandre, de César et d'autres, pour avoir dormi la veille d'une bataille. Il n'y a qu'un moine, disait-il, privé de femme, dont le visage s'enlumine à leur seul nom et qui hennit à leur approche derrière ses barreaux, qui puisse faire un grand mérite à Scipion de n'avoir pas violé celle que le hasard mettait en son pouvoir, quand il en avait tant d'autres à sa libre disposition : autant valait qu'un affamé lui tînt aussi grand compte d'être passé tranquillement à côté d'une table bien servie sans s'être rué dessus. Quant à avoir dormi au moment d'une bataille, il n'est point, assurait-il, de nos soldats, de nos généraux, qui n'aient répété vingt fois cette merveille ; et tout leur héroïsme n'était guère que dans la fatigue de la veille. »

A cela le grand-maréchal a ajouté qu'il pouvait dire avoir vu, lui, Napoléon dormir non seulement la veille de la bataille, mais durant la bataille même. « Il le fallait bien, disait l'Empereur : quand je donnais des batailles qui duraient trois jours, la nature devait aussi avoir ses droits ; je profitais du plus petit instant, je dormais où et quand je pouvais. » L'Empereur avait dormi sur le champ de bataille de Wagram et de Bautzen, durant le combat même, et fort en dedans de la portée des boulets. Il disait sur cela qu'indépendamment de l'obligation d'obéir à la nature, ces sommeils offraient au chef d'une très grande armée le précieux avantage d'attendre avec calme les rapports et la concordance de toutes ses divisions, au lieu de se laisser emporter peut-être par le seul objet dont il serait le témoin.

L'Empereur disait encore qu'il trouvait dans Rollin, dans César même, des circonstances de la guerre des Gaules qu'il ne pouvait entendre. Il ne comprenait rien à l'invasion des Helvétiens, au chemin qu'ils prenaient, au but qu'on leur donnait, au temps qu'ils étaient à passer la Saône, à la diligence de César, qui avait le temps d'aller en Italie chercher des légions aussi loin qu'Aquilée, et qui retrouvait les envahisseurs encore à leur passage de la Saône, etc. Qu'il n'était pas plus facile de comprendre la manière d'établir des quartiers d'hiver qui s'étendaient de Trèves à Vannes. Et comme nous nous récriions aussi sur les travaux immenses que les généraux obtenaient de leurs soldats, les fossés, les murailles, les grosses tours, les galeries, etc., l'Empereur répondait qu'alors tous les efforts s'employaient en confection et sur les lieux mêmes au lieu que de nos jours ils consistaient dans le transport. Il croyait d'ailleurs que leurs soldats travaillaient, en effet, plus que les nôtres. Il a le projet de dicter quelque chose là-dessus.

« Au surplus, continuait-il, l'histoire ancienne est longue, et le système de guerre a changé souvent. De nos jours, il n'est déjà plus celui du temps de Turenne et de Vauban. Aujourd'hui, les travaux de campagne devenaient inutiles ; le système même de nos places était désormais problématique ou sans effet ; l'énorme quantité de bombes et d'obus changeait tout. Ce n'était plus contre l'horizontale qu'on avait à se défendre, mais contre la courbe et la développée. Aucune des places anciennes n'était désormais à l'abri : elles cessaient d'être tenables ; aucun pays n'était assez riche pour les entretenir. Le revenu de la France ne pouvait suffire à ses lignes de la Flandre ; car les fortifications extérieures n'étaient guère aujourd'hui que le quart ou le cinquième de la dépense nécessaire ; les casemates, les magasins, les établissements à l'abri de la bombe, voilà désormais ce qui était indispensable, et ce à quoi on ne pourrait suffire. » L'Empereur se plaignait surtout de la faiblesse de la maçonnerie actuelle ; le génie avait un vice radical sur cet objet, il lui avait coûté des sommes immenses en pure perte.

L'Empereur, frappé de ces vérités nouvelles, avait imaginé un système tout à fait au rebours des axiomes établis jusqu'ici : c'était d'avoir un calibre de gros échantillon, poussé en dehors de la ligne magistrale vers l'ennemi, et d'avoir cette ligne magistrale elle-même, au contraire, défendue par une grande quantité de petite artillerie mobile ; par là, l'ennemi était arrêté court dans son approche subite : il n'avait que des pièces faibles pour attaquer des pièces fortes ; il était dominé par ce gros échantillon, autour duquel les ressources de la place, les petites pièces venaient se grouper, ou même se portaient au loin en tirailleurs, et pouvaient suivre tous les mouvements de l'ennemi par leur facile mobilité. Il fallait à l'ennemi dès lors de l'artillerie de siège ; il devait ouvrir la tranchée ; on gagnait du temps, et le véritable objet de la fortification était accompli. L'Empereur a employé ce moyen avec beaucoup de succès, et au grand étonnement des ingénieurs, à la défense de Vienne et à celle de Dresde : il voulait l'employer à celle de Paris, qu'il ne croyait défendable que de la sorte ; mais du succès duquel il ne doutait nullement, etc.

RÉSUMÉ DES NEUF MOIS ÉCOULÉS.

Voilà déjà neuf mois que j'écris mon journal, et je crains bien qu'au travers des parties hétérogènes qui s'y succèdent sans ordre, on n'ait que trop souvent perdu de vue mon principal, mon unique objet, ce qui concerne Napoléon et peut servir à le caractériser. C'est pour y suppléer, en tant que besoin, que je vais essayer ici un résumé de quelques lignes ; résumé, d'ailleurs, que je me propose, pour le même motif, de réitérer désormais tous les trois mois.

En quittant la France nous étions demeurés un mois à la disposition du brutal et féroce ministère anglais ; puis notre traversée à Sainte-Hélène avait été de trois mois.

A notre débarquement, nous avons occupé Briars près de deux mois.

Enfin nous étions à Longwood depuis trois mois.

Or, ces neuf mois eussent composé quatre époques bien distinctes pour celui qui se serait occupé d'observer Napoléon.

Tout le temps de notre séjour à Plymouth, Napoléon demeura concentré et purement passif, n'opposant que la force d'inertie. Ses maux étaient tels et tellement sans remède, qu'il laissait stoïquement courir les événements.

Durant toute notre traversée, ce fut en lui constamment une parfaite égalité et surtout la plus complète indifférence ; il ne témoignait aucun désir, n'exprimait aucun contretemps. On lui portait, il est vrai, les plus grands égards ; il les recevait sans s'en apercevoir ; il parlait peu, et toujours le sujet était étranger à sa personne. Quiconque, tombé subitement à bord, aurait été témoin de sa conversation, eût été bien loin sans doute de deviner à qui il avait affaire : ce n'était pas l'Empereur. Je ne saurais mieux le peindre dans cette circonstance, qu'en le comparant à ces passagers de haute distinction qu'on transporte avec grand respect au lieu de leur mission.

Notre séjour à Briars présenta une autre nuance. Napoléon, réduit presque à lui seul, ne recevant personne, tout à son travail, semblant oublier les événements et les hommes, jouissait en apparence du calme et de la paix d'une solitude profonde, dédaignant, par distraction ou par mépris, de s'apercevoir des inconvénients ou des privations dont on l'environnait ; s'il en exprimait parfois quelque chose, ce n'était que réveillé par l'importunité de quelque Anglais, ou excité par le récit des outrages faits aux siens. Toute sa journée était remplie par ses dictées ; le reste du temps donné au délassement d'une conversation toute privée. Il ne mentionnait point les affaires de l'Europe ; parlait rarement de l'Empire, fort peu du Consulat ; mais beaucoup de son généralat d'Italie, et bien plus encore, et presque constamment, des plus minutieux détails de son enfance et de sa première jeunesse. Ces derniers sujets surtout semblaient, en cet instant, d'un charme tout particulier pour lui. On eût dit qu'ils lui procuraient un oubli complet ; ils le portaient même à la gaieté. C'était presque uniquement de ces objets qu'il remplissait les heures nombreuses de ses promenades nocturnes au clair de lune.

Enfin, notre établissement à Longwood fut une quatrième et dernière nuance. Toutes nos situations jusque-là n'avaient été qu'éphémères et transitoires. Cette dernière devenait fixe, et menaçait d'être durable. Là allaient commencer réellement notre exil et nos destinées nouvelles. L'histoire les prendrait là ; les regards de l'univers allaient nous y considérer. L'Empereur, semblant faire ce calcul, régularise tout ce qui l'entoure, et prend l'attitude de la dignité qu'opprime la force ; il trace autour de lui une enceinte morale derrière laquelle il se défend à présent pouce à pouce contre les inconvenances et les outrages ; il ne passe plus rien à ses persécuteurs, il se montre susceptible sur les formes, hostile contre toute entreprise. Les Anglais n'avaient pas douté que l'habitude ne produisît enfin la familiarité. L'Empereur les ramène au premier jour, et le respect le plus profond se manifeste.

Ce ne fut pas pour nous une petite surprise ni une légère

satisfaction que d'avoir à nous dire que, sans savoir comment ni pourquoi, il devenait pourtant visible que, dans l'esprit et aux regards des Anglais, l'Empereur se trouvait à présent plus haut qu'il n'avait été jusque-là ; nous pouvions même nous apercevoir que ce sentiment allait chaque jour croissant.

Avec nous, l'Empereur reprit tout à fait, dans ses conversations, l'examen des affaires de l'Europe. Il analysait les projets et la conduite des souverains ; il leur opposait la sienne ; jugeait, tranchait, parlait de son règne, de ses actes, en un mot nous retrouvions l'Empereur, et tout Napoléon. Ce n'est pas qu'il eût jamais cessé de l'être un instant pour notre dévouement et nos soins, ni que, de notre côté, nous eussions à en souffrir le moindrement, sous aucun rapport. Jamais il ne fut pour nous d'humeur plus égale, de bonté plus constante, d'affection plus habituelle. C'était précisément au milieu de nous, et tout à fait en famille, qu'il concertait ses sorties contre l'ennemi commun ; et celles qu'on trouvera les plus vigoureuses, qui paraîtront dictées par la colère, ne l'ont presque jamais été même sans quelque rire et sans quelque gaieté.

La santé de l'Empereur, durant les six mois qui précédèrent notre établissement à Longwood, ne sembla pas éprouver la moindre altération ; pourtant c'était un régime si contraire ! Les heures, la nourriture n'étaient plus les mêmes ; ses habitudes étaient toutes bouleversées. Lui, accoutumé à tant de mouvement, était demeuré renfermé tout ce temps dans une chambre. Les bains étaient devenus une partie de son existence, et il en avait été constamment privé, etc., etc. Ce ne fut qu'après être arrivé à Longwood, et lorsqu'il eut retrouvé une partie de ces objets, qu'il eut couru à cheval et repris des bains, qu'on commença à apercevoir une altération sensible.

Chose singulière ! tant qu'il avait été mal, il n'y eut point de traces de ses souffrances ; ce ne fut que dès qu'il fut mieux qu'on les vit apparaître. Ne serait-ce pas que, dans l'ordre moral, comme dans l'ordre physique, il se trouve souvent un long intervalle entre la cause et les effets ?

SAMEDI 23 AU MARDI 26.

> *Journées de Longwood, etc. Procès de Drouot.*
> *Jugements militaires. Soult. Masséna. Camarades*
> *de l'Empereur dans l'artillerie. L'Empereur croyant*
> *son nom inconnu, même dans Paris.*

Ces matinées furent en partie d'un très mauvais temps ; de ces pluies battantes qui nous permettaient à peine de mettre le nez dehors. L'Empereur a parcouru l'ouvrage d'une miss Williams sur le retour de l'île d'Elbe ; il venait de nous arriver d'Angleterre ; il en a été bientôt dégoûté, et il devait l'être : cette production est tout à fait méchante et mensongère ; c'est le recueil et l'écho des bruits qu'imaginèrent, dans les temps, les salons malveillants de Paris.

Quant à nos soirées, il nous importait peu le temps qu'il faisait, qu'il plût ou qu'il fît beau clair de lune ; dès que la nuit approchait, nous nous constituions littéralement nous-mêmes de vrais prisonniers. Vers les neuf heures, on nous entourait de sentinelles ; c'eût été une douleur que de les rencontrer. Ce n'est pas qu'accompagnés de l'officier anglais préposé à notre surveillance, l'Empereur et nous-mêmes n'eussions pu sortir plus tard ; mais c'eût été pour nous un supplice plutôt qu'un plaisir, et c'est ce que cet officier ne pouvait concevoir. Il laissa deviner, dans le principe, qu'il imaginait que la mauvaise humeur seule dictait cette résolution, et qu'elle aurait bientôt une fin ; je ne sais ce qu'il aura pensé de notre constance.

L'Empereur, comme je crois l'avoir déjà dit, se mettait à table régulièrement à huit heures ; il n'y demeurait jamais une demi-heure, parfois à peine un quart d'heure. De retour dans le salon, quand il était souffrant ou silencieux, nous avions toutes les peines du monde à atteindre neuf heures et demie ou dix heures ; ce n'était même qu'à l'aide de quelques lectures. Mais quand il avait de la gaieté, ou s'abandonnait à la conversation, nous arrivions en un instant jusqu'à onze heures et au-delà : c'étaient de bonnes soirées. Il se retirait alors avec une espèce de satisfaction d'avoir, disait-il, conquis le temps. Et c'était justement ces jours-là, lorsque nous avions le moins de mérite, qu'il faisait observer qu'il fallait tout notre courage pour supporter une pareille vie.

Dans une de ces soirées, la conversation tomba sur les

procès militaires qui s'instruisent aujourd'hui en France. L'Empereur ne pensait pas que le général Drouot pût être condamné pour être venu à la suite d'un souverain reconnu, faisant la guerre à un autre. A cela quelqu'un disait que ce que l'on trouvait ici sa justification, devait être son plus grand péril au jugement de la légitimité.

L'Empereur convenait en effet qu'il n'y avait rien à répondre à la doctrine mise en avant aujourd'hui. D'un autre côté, cependant, en condamnant le général Drouot, l'Empereur disait que l'on condamnait l'émigration, et légitimait les jugements contre les émigrés. Les doctrines républicaines punissaient de mort quiconque portait les armes contre la France ; il n'en était pas ainsi de la doctrine royale. Si l'on adaptait ici la loi républicaine, l'émigration et le parti royal se condamnaient eux-mêmes.

Du reste, en thèse générale, le cas de Drouot était même bien différent de celui de Ney ; et puis il y avait eu en Ney une vacillation malheureuse qu'on ne retrouvait pas dans Drouot. Aussi l'intérêt qu'on avait porté à Ney ne tenait-il qu'à l'opinion : celui que faisait naître Drouot tiendrait à la personne.

L'Empereur a continué sur les dangers et les embarras des tribunaux et de la justice, dans toute l'affaire du retour de l'île d'Elbe. Une circonstance particulière surtout le frappait à l'extrême, c'était la situation de Soult, qu'on nous disait en jugement. Lui, Napoléon, savait, disait-il, jusqu'à quel point Soult était innocent ; et pourtant, sans cette circonstance toute personnelle, lui, Napoléon, s'il était juré, indubitablement le déclarerait coupable, tant les apparences se réunissaient contre lui. Ney, dans sa défense, par un sentiment dont il est difficile de se rendre compte, fait dire faussement à l'Empereur que Soult était d'accord avec lui. Or, toutes les circonstances de la conduite de Soult, pendant son ministère, la confiance de l'Empereur après son retour, etc., s'accordent avec cette disposition : qui donc ne le condamnerait pas ? « Pourtant Soult est innocent, disait l'Empereur : il m'a même confessé qu'il avait pris un penchant réel pour le roi. L'autorité dont il jouissait sous celui-ci, disait-il, si différente de celle de mes ministres, était quelque chose de fort doux, et l'avait tout à fait subjugué.

« Masséna, dont les papiers nous annonçaient aussi la proscription, Masséna, continuait l'Empereur, était une autre personne qu'ils jugeront peut-être comme coupable de trahison. Tout Marseille était contre lui, les apparences l'accablaient, et pourtant il avait rempli son devoir jusqu'au moment où il s'était déclaré ouvertement. » Il avait même été loin, revenu à Paris, de chercher à se faire aucune espèce de mérite auprès de l'Empereur, lorsque Napoléon lui demandait s'il eût dû compter sur lui. « Le vrai, continuait l'Empereur, est que tous les chefs avaient fait leur devoir ; mais qu'ils n'avaient rien pu contre le torrent de l'opinion, et personne n'avait bien calculé les sentiments de la masse et l'élan de cette nation. Carnot, Fouché, Maret, Cambacérès, m'ont confessé à Paris qu'ils s'étaient fort trompés à cet égard. Et personne, continuait l'Empereur, ne le juge bien encore, etc.

« Si le roi, continuait-il, fût resté plus tard en France, il eût peut-être péri dans quelque soulèvement ; mais s'il fût tombé dans mes mains, je me serais cru assez fort pour pouvoir l'entourer de bons traitements dans quelque demeure à son choix, comme Ferdinand l'avait été à Valençay, etc. »

Précisément avant cette conversation, l'Empereur jouant aux échecs, et son roi étant tombé, il s'était écrié : « Ah ! mon pauvre roi, te voilà à bas ! » Et comme après l'avoir ramassé on le lui rendait mutilé : « Ah ! l'horreur, s'est-il écrié, bien certainement, je n'accepte pas l'augure, et je suis loin de le souhaiter... Je ne lui en veux pas à ce point. »

Je n'aurais eu garde d'omettre cette circonstance, quelque petite qu'elle soit, tant elle est caractéristique sous bien des rapports. Aussi, l'Empereur retiré dans son appartement, nous y revînmes entre nous. Quelle gaieté, quelle liberté d'esprit dans son horrible infortune, nous disions-nous ! Quel calme de cœur ! Quelle absence de fiel, d'irritation, de haine ! Qui reconnaîtrait là celui que l'inimitié, le mensonge se sont plu à désigner si monstrueusement ? Qui même des siens l'a bien connu ou a cherché à le faire bien connaître ?

Dans une autre soirée, l'Empereur parlait de ses premières années dans l'artillerie et de ses camarades de table : c'est un temps sur lequel il revient souvent avec un grand plaisir. On lui cita un de ses commensaux qui, ayant été préfet du même département sous lui et sous le roi, n'avait pu obtenir de le demeurer encore de nouveau à son retour. L'Empereur, cherchant à se le rappeler, a dit ensuite que cette personne avait, à une certaine époque, manqué sa fortune auprès de lui. Que quand il devint commandant de l'armée de l'intérieur, il l'avait comblé, l'avait fait son aide de camp, et projetait d'en faire un homme de confiance ; mais cet aide de camp tant favorisé avait été fort mal pour lui, au moment du départ pour l'armée d'Italie : il avait alors abandonné son général pour le Directoire. « Néanmoins, disait l'Empereur, une fois sur le trône, il eût encore pu beaucoup sur moi, s'il eût su s'y prendre. Il avait le droit des premières années, qui ne se perd jamais. Je n'eusse certainement pas résisté à une surprise dans un rendez-vous de chasse, par exemple, ou à toute autre demi-heure de conversation sur les temps passés ; j'aurais oublié ce qu'il m'avait fait ; il ne m'importait plus s'il avait été de mon parti ou non, je les avais désormais réunis tous. Ceux qui avaient la clef de mon caractère savaient bien cela ; ils savaient qu'avec moi, dans quelque disposition que je fusse contre eux, c'était comme au jeu de barres, la partie était gagnée aussitôt qu'on avait pu toucher le but. Aussi n'avais-je d'autre moyen, si je voulais résister, que de refuser de les voir. »

Il nous disait d'un autre ancien camarade qu'avec de l'esprit et les qualités convenables il eût pu tout auprès de lui. Il ajoutait qu'avec moins de cupidité un troisième [1] n'eût jamais été éloigné par lui.

Nous nous demandions s'ils avaient bien soupçonné ce secret et leurs chances, si d'ailleurs l'élévation et le lustre de l'Empereur leur avaient bien laissé la facilité de les mettre à profit.

Au sujet du lustre de la puissance impériale, le grand-maréchal dit alors que, quelque grand, quelque resplendissant que l'Empereur lui eût paru sur le trône, jamais il ne lui avait laissé une impression supérieure, peut-être même égale, à celle que lui avait faite sa situation à la tête de l'armée d'Italie. Il développait et prouvait assez bien sa pensée, et l'Empereur ne l'écoutait pas sans une espèce de complaisance. Cependant, remarquions-nous, que de grands événements depuis ! que d'élévation ! que de grandeur ! que de renommée par toute la terre ! L'Empereur écoutait. « Eh bien, a-t-il dit, malgré tout cela, Paris est si grand, et renferme tant

---

1. Bourrienne.

de gens de toute espèce, et quelques-uns tellement bizarres, que je suppose qu'il en est qui ne m'ont jamais vu, et qu'il peut en être d'autres à qui mon nom même n'est jamais parvenu. Ne le pensez-vous pas ? » nous disait-il. Et il fallait voir avec quelle bizarrerie lui-même, avec quelles ressources d'esprit il développait alors cette assertion qu'il savait mauvaise. Nous nous sommes tous récriés fortement que quant à son nom, il n'était pas de ville et de village en Europe, peut-être même dans le monde, où il n'eût été prononcé. Quelqu'un a ajouté : « Sire, avant de revenir en France, à la paix d'Amiens, Votre Majesté n'étant encore que Premier consul, je voulus parcourir le pays de Galles, comme une des portions les plus extraordinaires de l'Angleterre. Je gravis des sommités tout à fait sauvages et d'une hauteur prodigieuse ; j'atteignis des chaumières que je croyais appartenir à un autre univers. En entrant dans une de ces solitudes éloignées, je disais à mon compagnon de voyage : C'est ici qu'on doit trouver le repos, et échapper au bruit des révolutions. Le maître, nous soupçonnant Français à notre accent, nous demanda aussitôt des nouvelles de France, et ce que faisait son Premier consul Bonaparte. »

« Sire, dit un autre de nous, nous avons eu la curiosité de demander aux officiers de la Chine si nos affaires européennes étaient arrivées jusqu'à cet empire. Sans doute, nous ont-ils répondu, confusément à la vérité, parce que cela ne les intéresse nullement ; mais le nom de votre Empereur y est célèbre et associé aux grandes idées de conquête et de révolution ; précisément comme ont pénétré chez nous les noms de ceux qui ont changé la face de cette partie du monde : les Gengis Khan, les Tamerlan, etc. »

La publication du *Mémorial* a porté beaucoup de personnes à me fournir des renseignements sur des faits dont ils avaient été acteurs ou témoins. Et au sujet de l'universelle célébrité de Napoléon, dont il est ici question, l'un a dit qu'après Waterloo et la dissolution de l'armée, ayant été chercher du service en Perse, et se trouvant admis à l'audience du souverain, le premier objet qui avait frappé ses regards avait été le portrait de Napoléon, sur le trône même, au-dessus de la tête du Shah.

Un autre, revenant des mêmes contrées, assurait que l'idée du pouvoir de Napoléon était tellement populaire dans toute l'Asie, et y exerçait une telle influence, qu'après sa chute, des agents chargés de remplacer les siens, s'étaient vus souvent réduits à emprunter l'autorité de son nom pour obtenir de la bienveillance sur leur route, et se ménager les facilités de parvenir à leur destination.

Enfin, un troisième m'a écrit que le capitaine R. [1], du navire *le Bordelais*, dans le cours de son voyage à la côte N.-O. d'Amérique, relâchant aux îles Sandwich, avait été présenté au roi, qui, durant l'audience, s'informa du roi George III et de l'empereur Alexandre. Au pied du trône se trouvait assise une femme, la favorite du prince, laquelle, à chacun des noms européens qu'avait prononcés le roi, s'était retournée vers lui avec un sourire de dédain et une impatience marquée ; mais n'y pouvant plus tenir, elle interrompit le roi en s'écriant : « *Et Napoléon, comment se porte-t-il ?* »

MERCREDI 27.

> *Examen de conscience politique. État fidèle de l'Empire, sa prospérité. Idées libérales de l'Empereur sur la différence des partis. Marmont. Murat. Berthier.*

Aujourd'hui l'Empereur se promenait dans le jardin avec le grand-maréchal et moi. La conversation nous conduisit à faire notre examen de conscience politique.

L'Empereur avait été très chaud, disait-il, et de fort bonne foi au commencement de la Révolution ; il s'était refroidi par degrés à mesure qu'il avait acquis des idées plus justes et plus solides ; son patriotisme s'était affaissé, disait-il, sous les absurdités politiques et les monstrueux excès civils de nos législatures ; enfin, sa foi républicaine avait disparu lors de la violation des choix du peuple par le Directoire, au temps de la bataille d'Aboukir.

Pour le grand-maréchal, il disait n'avoir jamais été républicain, mais très chaud constitutionnel, jusqu'au 10 août, où les horreurs du jour l'avaient guéri de toute illusion : il avait failli être massacré en défendant le roi aux Tuileries.

Quant à moi, il était notoire que j'avais débuté par être royaliste pur et des plus ardents. « C'est donc à dire, mes-

1. Roquefeuille.

sieurs, a repris plaisamment l'Empereur, qu'ici je suis le seul qui ait été républicain ? – Et encore, sire... avons-nous repris tous deux, Bertrand et moi. – Oui, républicain et patriote, a répété l'Empereur. – Pour patriote, sire, lui a observé l'un de nous, moi aussi je l'ai été malgré mon royalisme ; mais, pour comble de bizarrerie, je ne le suis devenu que sous l'Empire. – Comment, vilain ! vous êtes donc obligé de convenir que vous n'avez pas toujours aimé votre pays ? – Sire, ne faisons-nous pas ici notre examen de conscience ? je me confesse. Revenu à Paris, en vertu de votre amnistie, pouvais-je m'y regarder d'abord comme Français, quand chaque loi, chaque décret, chaque ordonnance tapissant les rues n'accompagnait jamais ma malheureuse qualification d'émigré que des épithètes les plus outrageantes ! Aussi en y rentrant, je ne pensais pas que j'y demeurasse ; j'y avais été attiré par la curiosité, je n'avais fait que céder à l'attrait invincible du sol, au besoin de respirer encore l'atmosphère natale ; je n'y possédais plus rien : pour seulement revoir la France, j'avais été obligé de jurer à la frontière l'abandon de mon patrimoine, la légalisation de sa perte ; aussi je ne me regardais dans ce pays, jadis le mien, que comme un simple passager ; j'étais un véritable étranger de mauvaise humeur et même malveillant. Arriva l'Empire, ce fut une grande chose : c'étaient alors, me disais-je, mes mœurs, mes préjugés, mes principes, qui triomphaient ; ce n'était plus qu'une différence dans la personne du souverain. Quand s'ouvrit la campagne d'Austerlitz, mon cœur s'étonna de se retrouver français : ma situation était pénible ; je me disais tiré à quatre chevaux ; je me sentais partagé entre la passion aveugle et le sentiment national ; les triomphes de l'armée française et de leur général me répugnaient, leur défaite m'eût humilié. Enfin, les prodiges d'Ulm et l'éclat d'Austerlitz vinrent me tirer d'embarras ; je fus vaincu par la gloire : j'admirai, je reconnus, j'aimai Napoléon, et dès ce moment je devins Français jusqu'au fanatisme. Depuis lors je n'ai pas eu d'autre pensée, d'autres paroles, d'autres sentiments, et me voici à vos côtés. »

L'Empereur est passé alors à une foule de questions sur l'émigration, notre nombre, notre esprit. Je lui disais des choses curieuses sur nos princes, le duc de Brunswick, le roi de Prusse ; je le faisais rire sur la déraison de nos prétentions ;

le peu de doute de nos succès, le désordre de nos moyens, l'incapacité de nos chefs. « Les hommes, disais-je, n'étaient véritablement pas alors ce qu'ils ont été depuis. Heureusement ceux que nous avions à combattre n'étaient, au commencement, que de notre force, nous croyions surtout, répétions-nous sans cesse, et je croyais fermement que l'immense majorité de la nation française était pour nous ; j'aurais dû pourtant me désabuser lorsque nos rassemblements furent parvenus jusqu'à Verdun et au-delà ; car pas un ne venait nous joindre, tous au contraire fuyaient à notre approche. Toutefois je l'ai cru longtemps encore, même après mon retour d'Angleterre, tant nous nous abusions à la suite des absurdités dont nous nous nourrissions les uns les autres ; nous nous disions que le gouvernement ne reposait que dans une poignée de gens, qu'il ne durait que par force, qu'il était en horreur à la nation ; et il en est qui n'auront pas cessé de le croire. Je suis persuadé que parmi ceux qui le répètent aujourd'hui aux Chambres, il en est qui sont de bonne foi, tant je reconnais l'esprit, les idées et les expressions de Coblentz. – Mais quand vous êtes-vous donc désabusé ? disait l'Empereur. – Sire, fort tard ; même quand je me suis rallié, quand je suis venu à la cour de Votre Majesté, j'étais conduit par l'admiration et le sentiment bien plutôt que par la conviction de votre force et de votre durée. Cependant, quand je me trouvai dans votre Conseil d'État, voyant la franchise avec laquelle on votait les décrets les plus décisifs, que pas un doute n'existait sur la plus légère résistance, qu'il n'y avait autour de moi que conviction et persuasion parfaites, il me sembla alors que votre puissance et l'état des choses gagnaient avec une rapidité dont je ne me rendais pas compte. A force de chercher en moi-même à en deviner la cause, je fis un jour une grande et importante découverte : c'est que tout cela existait, en effet, depuis fort longtemps, mais que je ne l'avais pas su ni voulu l'apercevoir : je m'étais tenu caché sous le boisseau, de peur que la lumière ne me parvînt. En ce moment je me trouvais lancé au milieu de tout son éclat ; j'en étais ébloui. Dès cet instant tous mes préjugés tombèrent : ce fut la taie qu'on enleva de dessus mes yeux.

« Envoyé depuis en mission par Votre Majesté, et ayant parcouru plus de soixante départements, je mis le soin le plus scrupuleux et la bonne foi la plus parfaite à vérifier tout ce dont j'avais douté si longtemps : j'interrogeai les préfets, les autorités inférieures, je me fis produire les documents et les registres ; j'interrogeai de simples particuliers, sans en être connu, j'employai toutes les contre-épreuves possibles, et je recueillis la conviction que le gouvernement était entièrement national et tout à fait du vœu des peuples ; que jamais la France, à aucune époque de son histoire, n'avait été plus forte, plus florissante, mieux administrée, plus heureuse. Jamais les chemins n'avaient été mieux entretenus ; l'agriculture avait gagné d'un dixième, d'un neuvième, d'un huitième en productions[1].

« Une inquiétude, une ardeur générale animaient tous les esprits au travail et les portaient à une amélioration personnelle et journalière. L'indigo[2] était conquis, le sucre devait l'être infailliblement. Jamais, à aucune époque, le commerce intérieur et l'industrie en tout genre n'avaient été portés aussi loin : au lieu de quatre millions de livres de coton qui s'employaient au moment de la Révolution, il s'en travaillait à présent au-delà de trente millions de livres, bien que nous ne pussions en recevoir par mer, et qu'il nous vînt d'aussi loin par terre que de Constantinople. Rouen était devenu un vrai prodige dans ses résultats, etc.

« Les impositions se payaient partout, la conscription était nationalisée ; la France, au lieu d'être épuisée, comptait plus de population qu'auparavant, et elle croissait journellement.

« Quand, avec ces données, je reparus dans mes anciens cercles, ce fut une véritable insurrection : on jeta les hauts cris, on me rit au nez ; mais il y avait pourtant, dans le nombre, des gens sensés, et je revenais bien fort ; j'en ébranlai plusieurs, j'en convainquis quelques-uns ; j'eus aussi mes conquêtes. »

L'Empereur, résumant, disait qu'il fallait convenir que notre réunion politique à Sainte-Hélène était certainement des plus extraordinaires ; que nous étions arrivés à un centre commun par des routes bien divergentes. Cependant nous les avions parcourues tous de bonne foi. Rien ne prouvait

---

1. Circonstance assez singulière ! c'est précisément de M. de Villèle, devenu depuis célèbre, que j'obtins en Languedoc cette assertion sur l'agriculture. *(Las Cases.)*
2. Plante qui produit une matière colorante bleue.

donc mieux, disait-il, l'espèce de hasard, l'incertitude et la fatalité qui d'ordinaire, dans le dédale des révolutions, conduisent les cœurs droits et honnêtes. Rien ne prouve plus aussi, continuait-il, combien l'indulgence et les vues sages sont nécessaires pour recomposer la société, après de longs troubles. Ce sont ces dispositions et ces principes qui l'avaient fait, disait-il, l'homme le plus propre aux circonstances de brumaire, et ce sont eux qui le faisaient sans doute encore l'homme le plus propre aux circonstances actuelles de la France. Il n'avait sur ce point ni défiance, ni préjugés, ni passions ; il avait constamment employé des hommes de toutes les classes, de tous les partis, sans jamais regarder en arrière d'eux, sans leur demander ce qu'ils avaient fait, ce qu'ils avaient dit, ce qu'ils avaient pensé, exigeant seulement, disait-il, qu'ils marchassent désormais et de bonne foi vers le but commun : le bien et la gloire de tous ; qu'ils se montrassent vrais et bons Français. Jamais surtout il ne s'était adressé aux chefs pour se gagner les partis ; mais, au contraire, il avait attaqué la masse des partis afin de pouvoir dédaigner leurs chefs. Tel avait été, disait-il, le système constant de sa politique intérieure ; et, malgré les derniers événements, il était loin de s'en repentir : s'il avait à recommencer, il le ferait encore. « C'est sans raison surtout, disait-il, qu'on m'a reproché d'avoir employé et des nobles et des émigrés. Imputation banale et tout à fait vulgaire ! Le fait est que, sous moi, il n'y avait plus en France que des opinions, des sentiments individuels. Ce ne sont pas les nobles et les émigrés qui ont amené la Restauration, mais bien plutôt la Restauration qui a ressuscité les nobles et les émigrés. Ils n'ont pas plus particulièrement contribué à notre perte que d'autres : les vrais coupables sont les intrigants de toutes les couleurs et de toutes les doctrines. Fouché n'était point un noble, Talleyrand n'était pas un émigré ; Augereau et Marmont n'étaient ni l'un ni l'autre. Enfin, voulez-vous une preuve dernière du tort de s'en prendre à des classes entières, quand une révolution comme la nôtre a labouré au milieu d'elles ? Comptez-vous ici. Sur quatre, vous vous trouvez deux nobles dont l'un même est émigré. Le bon M. de Ségur, malgré son âge, à mon départ, m'a fait offrir de me suivre. Je pourrais multiplier mes citations à l'infini. C'est encore sans raison, continuait-il, qu'on m'a reproché d'avoir dédaigné certaines personnes influentes ; j'étais trop puissant pour ne pas mépriser impunément les intrigues et l'immoralité reconnue de la plupart d'entre elles. Aussi n'est-ce rien de tout cela qui m'a renversé ; mais seulement des catastrophes imprévues, inouïes ; des circonstances forcées : cinq cent mille hommes aux portes de la capitale ; une révolution encore toute fraîche, une crise trop forte pour les têtes françaises, et surtout une dynastie pas assez ancienne. Je me serais relevé du pied des Pyrénées même, si seulement j'eusse été mon petit-fils.

« Et ce que c'est pourtant que la magie du passé ! Bien certainement j'étais l'élu des Français, leur nouveau culte était leur ouvrage. Eh bien ! dès que les anciens ont reparu, voyez avec quelle facilité ils sont retournés aux idoles !...

« Et comment une autre politique, après tout, eût-elle pu empêcher ce qui m'a perdu ? J'ai été trahi par Marmont que je pouvais dire mon fils, mon enfant, mon ouvrage ; lui auquel je confiais mes destinées, en l'envoyant à Paris au moment même où il consommait sa trahison et ma perte. J'ai été trahi par Murat, que de soldat j'avais fait roi, qui était l'époux de ma sœur. J'ai été trahi par Berthier, véritable oison que j'avais fait une espèce d'aigle. J'ai été trahi dans le Sénat, précisément par ceux du parti national qui me doivent tout. Tout cela n'a donc tenu nullement à mon système de politique intérieure. Sans doute on pourrait m'accuser avec avantage d'avoir employé trop facilement d'anciens ennemis ou des nobles et des émigrés, si un Macdonald, un Valence [1], un Montesquiou m'eussent trahi ; mais ils m'ont été fidèles ; que si on m'objectait la bêtise de Murat et de Berthier, je répondrais par l'esprit de Marmont. Je n'ai donc pas à me repentir de mon système de politique intérieure, etc., etc. »

---

1. Parcourant un jour à Longwood le nom des sénateurs qui avaient signé la déchéance, l'un de nous fit observer celui de M. de Valence, signant comme secrétaire. Mais un autre expliqua que cette signature était fausse, que M. de Valence s'en était plaint, et avait réclamé. « C'est très vrai, dit l'Empereur, je le sais, il a été très bien ; Valence a été national. » *(Las Cases.)*

JEUDI 28.

> *Chances de danger dans les batailles, etc.*
> *Les bulletins très véridiques.*

L'Empereur, pendant le dîner, parlait sur les chances de danger des bâtiments de la Chine, dont un périssait sur trente, d'après les renseignements qu'il avait obtenus des capitaines ; ce qui l'a conduit aux chances de péril dans les batailles, qu'il a dit être moindres que cela. Wagram lui a été citée comme une bataille sanglante ; il n'évaluait pas les tués à plus de trois mille, ce qui n'était qu'un cinquantième ; nous étions cent soixante mille. Essling avait été peut-être à quatre mille, nous étions quarante mille : c'était un dixième, il est vrai ; mais aussi était-elle une des plus funestes. Toutes les autres demeuraient incomparablement au-dessous.

Cela a porté la conversation sur les bulletins. L'Empereur les a dits véridiques, a assuré qu'à l'exception de ce que le voisinage de l'ennemi forçait de déguiser, pour qu'il n'en tirât pas des lumières nuisibles lorsqu'ils arrivaient dans ses mains, tout le reste était très exact. A Vienne et dans toute l'Allemagne, on leur rendait plus de justice que chez nous. Si on leur avait fait une mauvaise réputation dans nos armées, si on disait communément *menteur comme un bulletin*, c'étaient les rivalités personnelles, l'esprit de parti, qui l'avaient établi ainsi ; c'était l'amour-propre blessé de ceux qu'on avait oublié d'y nommer, et qui y avaient ou croyaient y avoir des droits ; et par-dessus tout encore, notre ridicule défaut national de ne pas avoir de plus grands ennemis de nos succès et de notre gloire que nous-mêmes.

L'Empereur après dîner a fait quelques parties d'échecs. La journée avait été très pluvieuse ; il n'était pas bien, il s'est retiré de bonne heure.

VENDREDI 29.

> *Insalubrité de l'île.*

Le temps était constamment mauvais ; impossible de mettre le pied dehors ; la pluie et l'humidité envahissaient nos appartements de carton ; la santé de chacun en souffrait. La température est douce ici sans doute ; mais le climat y est des plus insalubres. C'est une chose reconnue dans l'île, qu'on y atteint rarement cinquante ans, presque jamais soixante. Qu'on joigne à cela notre isolement du reste de l'univers, les privations physiques, les mauvais procédés moraux, il en résultera qu'assurément les prisons d'Europe sont beaucoup préférables à la liberté de Sainte-Hélène.

Sur les quatre heures, on m'a amené plusieurs capitaines de la Chine qui devaient être présentés à l'Empereur. Ils ont pu voir la petitesse, l'humidité, le mauvais état de mon réduit. Ils s'informaient comment l'Empereur se trouvait dans sa santé ; elle s'altérait visiblement, leur disais-je. Jamais nous n'entendions de plainte de lui ; sa grande âme résistait à tout et contribuait même à le tromper sur son corps ; mais nous pouvions le voir dépérir à vue d'œil. Je les ai conduits quelques instants après à l'Empereur, qui se promenait dans le jardin. Il m'a semblé précisément beaucoup plus altéré que de coutume ; il les a congédiés au bout d'une demi-heure. Il est rentré et a pris un bain.

Avant et après le dîner il avait l'air abattu et souffrant. Il a commencé à nous lire *les Femmes savantes* [1] ; mais dès le deuxième acte, il a passé le livre au grand-maréchal, et a sommeillé sur le canapé durant tout le reste de la lecture.

SAMEDI 30, DIMANCHE 31.

Paroles de l'Empereur sur son expédition en Orient.

Aujourd'hui le temps a continué à être très mauvais, nous en souffrions tous ; de plus nous sommes littéralement infestés de rats, de puces, de punaises. Notre sommeil en est troublé, de sorte que les peines de la nuit sont en parfaite harmonie avec celles du jour.

Le temps s'était remis tout à fait au beau le 31 ; nous sommes sortis en calèche. L'Empereur, dans le cours de la conversation, est arrivé à dire, parlant de l'Égypte et de la Syrie, que s'il eût enlevé Saint-Jean-d'Acre [2], ce qu'il eût dû faire, il opérait une révolution dans l'Orient. « Les plus petites circonstances conduisent les plus grands événements,

1. Comédie de Molière.
2. Lors de la campagne d'Égypte en 1799.

disait-il. La faiblesse d'un capitaine de frégate qui prend chasse au large, au lieu de forcer son passage dans le port, quelques contrariétés de détails dans quelques chaloupes ou bâtiments légers, ont empêché que la face du monde ne fût changée. Saint-Jean-d'Acre enlevé, l'armée française volait à Damas et à Alep, elle eût été en un clin d'œil sur l'Euphrate ; les chrétiens de la Syrie, les Druses, les chrétiens de l'Arménie se fussent joints à elle ; les populations allaient être ébranlées. » Un de nous ayant dit qu'on eût été bientôt renforcé de cent mille hommes : « Dites de six cent mille, a repris l'Empereur ; qui peut calculer ce que c'eût été ? j'aurais atteint Constantinople et les Indes ; j'eusse changé la face du monde ! »

LUNDI 1ᵉʳ, MARDI 2 AVRIL.

> *Description de l'appartement de l'Empereur. Horloge du grand Frédéric. Montre de Rivoli. Détails minutieux de sa toilette. Son costume. Bruits ridicules, absurdités sur sa personne. Complot de Georges. De Céracchi. Attentat du fanatique de Schœnbrunn.*

Tout ce qui touche l'Empereur et le concerne semble devoir être précieux : des milliers de personnes le penseront ainsi : c'est dans ce sentiment, avec cette opinion, que je vais décrire minutieusement ici son appartement, l'ameublement qui s'y trouve, les détails de sa toilette, etc. Et puis avec le temps, peut-être un jour son fils se plaira-t-il à reproduire les détails, la contexture de sa prison ! Peut-être aimera-t-il à s'entourer d'objets éloignés, d'ombres fugitives, qui lui recomposeront une espèce de réalité !

L'appartement de l'Empereur est formé de deux pièces ainsi qu'on peut le voir sur le plan de Longwood ; chacune de quinze pieds de long sur douze de large, et d'environ sept de haut ; un assez mauvais tapis en couvre le plancher ; des pièces de nankin, tendues en guise de papier, les tapissent toutes deux.

Dans la chambre à coucher se voit le petit lit de campagne où couche l'Empereur ; le canapé sur lequel il repose la plus grande partie du jour ; il est encombré de livres qui semblent lui en disputer l'usage ; à côté est un petit guéridon, sur lequel il déjeune et dîne dans son intérieur, et qui, le soir, porte un chandelier à trois branches, recouvert d'un grand chapiteau.

Entre les deux fenêtres, à l'opposite de la porte, est une commode, contenant son linge, et sur laquelle est son grand nécessaire.

La cheminée, supportant une fort petite glace, présente plusieurs tableaux : à droite est celui du roi de Rome sur un mouton, par Aimée Thibault ; à gauche, en pendant, est un autre portrait du roi de Rome, assis sur un carreau, essayant une pantoufle, par le même auteur ; plus bas, sur la cheminée, est un petit buste, en marbre, du même enfant. Deux chandeliers, deux flacons, et deux tasses de vermeil, tirés du nécessaire de l'Empereur, achèvent l'ornement et la symétrie de la cheminée.

Enfin, au pied du canapé, et précisément en regard de l'Empereur quand il y repose étendu, ce qui a lieu la plus grande partie du jour, est le portrait de Marie-Louise, tenant son fils entre ses bras, par Isabey. Ce mauvais petit réduit est ainsi devenu un sanctuaire de famille.

Il ne faut pas oublier, sur la gauche de la cheminée et en dehors des portraits, la grosse montre d'argent du grand Frédéric, espèce de réveille-matin, prise à Potsdam et en pendant, à droite, la propre montre de l'Empereur ; celle qu'il portait à l'armée d'Italie et d'Égypte [1], recouverte des deux côtés d'une boîte en or, portant son chiffre B. Voilà la première chambre.

La seconde pièce, servant de cabinet, présente le long des murs du côté des fenêtres des planches brutes posées sur de simples tréteaux, supportant un bon nombre de livres épars, et les divers chapitres écrits par chacun de nous sous la dictée de l'Empereur.

Entre les deux fenêtres est une armoire, en forme de biblio-

---

1. J'ai appris depuis que cette montre, la compagne fidèle des merveilleux travaux des campagnes d'Italie et d'Égypte, est passée dans les mains du grand-maréchal.

L'Empereur se plaignait que sa montre n'allait pas ou allait mal ; on avait tenté vainement de la lui faire raccommoder ; un jour, en en considérant une que le général Bertrand venait de recevoir du Cap, il lui dit : « Je la garde, et vous donne la mienne : elle ne va pas en ce moment ; mais elle a sonné *deux heures* sur le plateau de Rivoli, quand j'ordonnai les opérations de la journée. » *(Las Cases.)*

thèque ; à l'opposite un second lit de campagne, semblable au premier, sur lequel l'Empereur repose parfois le jour et se couche même la nuit, après avoir quitté le premier dans ses fréquentes insomnies, et avoir travaillé ou marché dans sa chambre.

Enfin dans le milieu est la table de travail, avec l'indication des places qu'occupent ordinairement l'Empereur et chacun de nous lorsqu'il nous dicte.

L'Empereur fait sa toilette dans sa chambre à coucher. Quand il se déshabille, ce qu'il fait de ses propres mains, il jette tout ce dont il se dépouille par terre, s'il ne se trouve là un de ses valets de chambre pour s'en saisir. Combien de fois je me suis précipité pour ramasser son cordon de la Légion d'honneur, quand je le voyais arriver ainsi sur le plancher !

La barbe est une des dernières parties de sa toilette, qui ne vient qu'après qu'on lui a mis ses bas, ses souliers, etc. Il se rase toujours lui-même, ôtant d'abord sa chemise, et demeurant en simple gilet de flanelle, qu'il avait quitté sous les chaleurs de la Ligne, et qu'il a été obligé de reprendre à Longwood, à la suite des vives coliques dont il a été immédiatement soulagé par la reprise de la flanelle.

L'Empereur se rase dans l'embrasure de la fenêtre à côté de la cheminée ; son premier valet de chambre lui présente le savon et un rasoir ; un second tient devant lui la glace de son nécessaire, de manière à ce que l'Empereur présente au jour la joue qu'il rase. Ce second valet de chambre l'avertit si le rasoir a laissé quelque chose en arrière. Cette joue rasée, il se fait une évolution complète pour faire l'autre, chacun changeant de côté.

L'Empereur se lave ensuite la figure, et très souvent la tête, dans un grand lavabo d'argent, fixé dans l'encoignure de la chambre, et apporté de l'Élysée. Vient ensuite l'histoire des dents ; après quoi l'Empereur quitte son gilet de flanelle. Il est fort gras, peu velu, a la peau blanche et présente un certain embonpoint qui n'est pas de notre sexe, ce qu'il observe parfois gaiement. L'Empereur se frotte alors la poitrine et les bras avec une brosse assez rude, la donne ensuite à son valet de chambre pour qu'il lui frotte le dos et les épaules, qu'il arrondit à cet effet, lui répétant d'ordinaire quand il est de bonne humeur : « *Allons, fort, comme sur un âne.* » Il s'inondait ensuite d'eau de Cologne, tant qu'il en a eu à sa disposition ; mais il en a bientôt manqué, et, ne s'en trouvant point dans l'île, il a dû se réduire à de l'eau de lavande, ce qui a été pour lui une privation réelle.

Quand il était en gaieté ou sans préoccupation, il lui arrivait d'ordinaire, à la fin du frottage de ses épaules, comme à chaque évolution pour les deux côtés de sa barbe, de considérer en face, quelques secondes, le valet de chambre de service, et de lui appliquer ensuite une tape sur les oreilles, en l'accompagnant de quelques mots de plaisanterie.

C'est là, sans doute, ce que les faiseurs de libelles et de pamphlets ont appelé battre cruellement tout ce qui était autour de lui ! Car, à nous aussi, il lui arrivait souvent de nous pincer l'oreille ou de nous la prendre à poignée : mais à l'expression qui accompagnait toujours ce geste, nous devions penser qu'on était bien heureux, au temps de sa puissance, d'une pareille faveur.

C'est ce qui me rappelle et m'explique tout à fait aujourd'hui certaines paroles d'un de ses anciens ministres. Ce ministre (le duc Decrès), au temps de sa plus grande faveur, désirait vivement une certaine grâce. Après avoir parcouru avec moi toutes les chances de succès, il lui échappa de dire dans l'épanchement : « Je l'aurai, après tout, la première fois que je serai *bourré.* » Et sur ce qu'il remarquait quelque chose sur ma figure, il ajouta avec un sourire significatif : « Mon cher, c'est qu'après tout, ce n'est pas aussi terrible que tu penses ; ne l'est pas qui veut, je t'assure... »

L'Empereur ne sortait de sa chambre qu'habillé et toujours en souliers, ne portant des bottes que le matin, s'il allait à cheval. En arrivant à Longwood, il a quitté son petit uniforme vert de la garde ; il n'a plus alors porté qu'un habit de ses chasses, dont on avait ôté le galon ; il lui allait assez mal et commençait à être fort usé : on s'inquiétait déjà comment on le remplacerait. Au demeurant, ce n'était pas le seul besoin de cette espèce dont il était entouré. Nous souffrions de le voir contraint, par exemple, à porter plusieurs jours les mêmes bas de soie, et nous nous récriions sur ce qu'on pouvait compter les jours par le nombre de marques que les souliers y traçaient ; il ne faisait qu'en rire. Dans toute autre chose, il a continué son costume habituel ; veste et culotte de casimir blanc et cravate noire. Enfin, quand il allait sortir, celui de nous qui se trouvait là lui donnait son petit chapeau ; chapeau remarquable, en quelque sorte devenu identique à sa personne, et dont on lui en a déjà volé plusieurs depuis que nous sommes dans l'île ; car, quiconque nous approche est avide d'en rapporter quelque chose. Combien de fois chacun de nous a été persécuté par les personnes les plus distinguées pour en obtenir ne fût-ce qu'un bouton de son habit ou toute autre minutie de même nature.

J'assistais presque tous les jours à cette toilette, soit que je m'y trouvasse par la fin de mon travail, soit que j'y fusse appelé pour causer.

Un jour, considérant l'Empereur remettre son gilet de flanelle, mes traits exprimaient sans doute quelque chose de particulier. « De quoi sourit *Votre Excellence* ? (Expression de sa bonne humeur.) Qu'est-ce qui l'occupe en ce moment ? – Sire, c'est que je viens de trouver dans un pamphlet que Votre Majesté, pour plus de sûreté, était cuirassée nuit et jour. Certains salons de Paris disaient aussi quelque chose de semblable, et en donnaient pour preuve l'embonpoint subit de Votre Majesté, qui, suivant eux, n'était pas naturel. Or, je pensais en cet instant que je pourrais témoigner, avec connaissance de cause, que cet embonpoint était très naturel ; et que je pourrais affirmer aussi qu'à Sainte-Hélène du moins, Votre Majesté avait laissé toutes précautions de côté. – C'est une des mille et une bêtises qu'ils ont écrites sur mon compte. Celle-ci est d'autant plus gauche, que tous ceux qui me connaissent savent le peu de soin que je prenais de ma conservation. Accoutumé dès l'âge de dix-huit ans aux boulets des batailles, et sachant toute l'inutilité de vouloir s'en préserver, je m'abandonnais à ma destinée. Depuis, lorsque je suis arrivé à la tête des affaires, j'ai dû me croire encore au milieu des batailles, dont les conspirations étaient les boulets ; j'ai continué mon même calcul ; je me suis abandonné à mon étoile, laissant à la police tout le soin des précautions. J'ai été peut-être le seul souverain de l'Europe qui n'avait point de gardes du corps ; on m'abordait sans avoir à traverser une salle des gardes ; quand on avait franchi l'enceinte extérieure des sentinelles, on avait la circulation de tout mon palais. C'était un grand sujet d'étonnement pour Marie-Louise de me voir si peu de défense : elle me disait souvent que son père était bien mieux gardé ; qu'il avait des armes autour de lui, etc. Pour moi, j'étais aux Tuileries comme ici, je ne sais seulement pas où est mon épée, la voyez-vous ?

« Ce n'est pas, continuait-il, que je n'aie couru de grands dangers ; je compte trente et quelques conspirations à pièces authentiques, sans parler de celles qui sont demeurées inconnues : d'autres en inventent, moi j'ai soigneusement caché toutes celles que j'ai pu. La crise a été bien forte pour mes jours, surtout depuis Marengo jusqu'à la tentative de Georges et l'affaire du duc d'Enghien. »

Napoléon disait que, huit jours avant l'arrestation de Georges, un des plus déterminés de sa bande lui avait remis en main propre une pétition à la parade ; d'autres s'introduisirent à Saint-Cloud ou à la Malmaison parmi les gens ; enfin Georges lui-même paraît avoir été fort près de sa personne et dans un même appartement.

L'Empereur, indépendamment de son étoile, attribue son salut à certaines circonstances qui lui étaient propres. Ce qui l'avait sauvé sans doute, disait-il, c'était d'avoir vécu de fantaisie ; de n'avoir jamais eu d'habitudes régulières ni de marche suivie. L'excès du travail le retenait dans son cabinet et chez lui, il ne dînait jamais chez personne, allait rarement au spectacle, et ne paraissait guère que quand et où il n'était pas attendu, etc.

Les deux attentats qui l'avaient mis le plus en péril, me disait-il, tout en gagnant le jardin, sa toilette finie, étaient ceux du sculpteur Céracchi et du *fanatique de Schœnbrunn*.

Céracchi, avec quelques forcenés, avait résolu la mort du Premier consul : ils devaient l'immoler au sortir de sa loge au spectacle. Le consul, averti, s'y rendit néanmoins et passa hardiment au travers de ceux qui s'étaient montrés les plus empressés à venir occuper leurs postes : on ne les arrêta qu'au milieu ou vers la fin du spectacle.

Céracchi, disait l'Empereur, avait jadis adoré le consul ; mais il avait juré sa perte depuis qu'il ne voyait plus en lui, prétendait-il, qu'un tyran. Ce sculpteur avait été comblé par le général Bonaparte, il en avait exécuté le buste et sollicitait en ce moment, par tous les moyens imaginables, d'obtenir seulement une séance pour une correction qu'il disait nécessaire. Conduit par son étoile, le consul ne put disposer d'un instant, et pensant que le besoin était la véritable cause des pressantes sollicitations de Céracchi, il lui fit donner six mille francs. Il se méprenait étrangement ! Céracchi n'avait eu d'autre intention que de le poignarder quand il poserait !

La conspiration fut dévoilée par un capitaine de la ligne, complice lui-même. « Étrange modification de la cervelle humaine, ajoutait Napoléon, et jusqu'où ne vont pas les combinaisons de la folie et de la bêtise ! Cet officier m'avait en horreur comme consul, mais il m'adorait comme général. Il voulait bien qu'on m'arrachât de mon poste, mais il eût été bien fâché qu'on m'eût ôté la vie. Il fallait, disait-il, se saisir de moi, ne me pas faire de mal et m'envoyer à l'armée pour y continuer de battre l'ennemi et de faire la gloire de la France. Le reste des conjurés lui rit au nez ; mais, quand il vit distribuer des poignards et qu'on dépassait ses intentions, il vint lui-même dénoncer le tout au consul. »

A ce sujet quelqu'un dit à Napoléon qu'il avait été témoin à Feydeau d'une circonstance qui mit la plus grande partie de la salle en émoi. L'Empereur arrivait dans la loge de l'impératrice Joséphine ; à peine assis, un jeune homme grimpe vivement sur la banquette qui était au-dessous de la loge, et pose la main sur la poitrine de l'Empereur ; tous les spectateurs du côté opposé frémirent : mais ce n'était qu'une pétition que l'Empereur prit et lut froidement.

Le *fanatique de Schœnbrunn*, disait l'Empereur, était le fils d'un ministre protestant d'Erfurt, qui, vers le temps de la bataille de Wagram, résolut d'assassiner Napoléon en pleine parade. Déjà il était venu à bout de percer l'enceinte de soldats qui retenait la foule éloignée de la personne de l'Empereur ; déjà il en avait été repoussé deux ou trois fois, quand le général Rapp, voulant de nouveau l'éloigner de la main, rencontra quelque chose sous son habit ; c'était un couteau d'un pied et demi de long, pointu et tranchant des deux côtés. « J'en ai frémi en le considérant, disait l'Empereur, il n'était enveloppé que d'une simple gazette ! »

Napoléon se fit amener l'assassin dans son cabinet : il appela Corvisart, et lui ordonna de tâter le pouls au criminel, tandis qu'il lui adressait la parole. L'assassin demeura constamment sans émotion, avouant son acte d'une voix ferme et citant souvent la Bible.

« Que me vouliez-vous ? lui dit l'Empereur. – Vous tuer. – Que vous ai-je fait ? Qui vous a établi mon juge ici-bas ? – Je voulais terminer la guerre. – Et que ne vous adressiez-vous à l'empereur François ? – Lui ! Et à quoi bon ! Il est si nul ! disait l'assassin. Et puis, lui mort, un autre lui succéderait, au lieu qu'après vous les Français disparaîtraient aussitôt de toute l'Allemagne. »

Vainement l'Empereur chercha à l'émouvoir. « Vous repentez-vous ? lui dit-il. – Non. – Le feriez-vous encore ? – Oui. – Mais si je vous faisais grâce ? » Ici pourtant, disait Napoléon, la nature reprit un instant ses droits ; la figure, la voix de l'homme s'altérèrent momentanément. « Alors, dit-il, je croirais que Dieu ne le veut plus. » Mais bientôt il reprit toute sa férocité. On le garda à l'écart plus de vingt-quatre heures sans manger ; le médecin l'examina encore ; on le questionna de nouveau ; tout fut inutile, il resta toujours le même homme, ou pour mieux dire une véritable bête féroce, et on l'abandonna à son sort.

MERCREDI 3.

Partis à prendre après Waterloo.

L'Empereur, dans la matinée, a travaillé à l'ombre dans le jardin. Le temps était superbe, le jour des plus purs et des plus beaux. Il lisait l'expédition d'Alexandre dans Rollin, il avait plusieurs cartes étendues devant lui ; il se plaignait d'un récit fait sans goût, sans intention, qui ne laissait, disait-il, aucune idée juste des grandes vues d'Alexandre ; il lui prenait envie de refaire ce morceau, etc.

Sur les cinq heures, j'ai été le joindre dans le jardin ; il s'y promenait entouré de tous. D'aussi loin qu'il m'a aperçu, il m'a dit : « Arrivez, venez nous dire votre opinion sur un point que nous débattons depuis une heure.

« Au retour de Waterloo, croyez-vous que j'eusse pu renvoyer le Corps législatif et sauver la France sans lui ? – Non, ai-je dit, le Corps législatif ne se serait pas dissous volontairement ; il eût fallu employer la force : il eût protesté, et il y eût eu scandale. Le dissentiment qui eût éclaté dans son sein se fût répété dans la nation. Cependant l'ennemi serait arrivé. Votre Majesté eût succombé, accusée par toute l'Europe ; accusée par les étrangers, accusée par nous-mêmes, emportant peut-être la malédiction universelle, et semblant n'avoir été qu'un chef d'aventures et de violences.

Au lieu de cela, Votre Majesté est sortie pure de la mêlée, et demeurera le héros d'une cause qui vivra éternellement dans le cœur de tous ceux qui croient à la cause des peuples ; elle s'est assuré, par sa modération, le plus beau caractère de l'histoire, dont autrement elle eût pu courir le risque de devenir la réprobation : elle a perdu sa puissance, il est vrai, mais elle a comblé la mesure de sa gloire !...

– Eh bien ! c'est aussi en partie mon avis, a repris l'Empereur ; mais est-il bien sûr que le peuple français sera juste envers moi ; ne m'accusera-t-il pas de l'avoir abandonné ? L'histoire décidera : je suis loin de la redouter, je l'invoque !

« Et moi-même, me suis-je demandé quelquefois, ai-je bien fait pour ce peuple malheureux tout ce qu'il avait droit d'attendre ? Il a tant fait pour moi ! Saura-t-il jamais, ce peuple, tout ce que m'a coûté la nuit qui précéda ma dernière décision ; cette nuit des incertitudes et des angoisses !

« Deux grands partis m'étaient laissés : celui de tenter de sauver la patrie par la violence, ou celui de céder moi-même à l'impulsion générale. J'ai dû prendre celui que j'ai suivi ; amis et ennemis, bien intentionnés et méchants, tous étaient contre moi. Je demeurais seul, j'ai dû céder ; et, une fois fait, cela a été fait : je ne suis pas pour les demi-mesures ; et puis la souveraineté ne se quitte pas, ne se reprend pas de la sorte, comme on le ferait d'un manteau.

« L'autre parti demandait une étrange vigueur. Il se fût trouvé de grands criminels, il eût fallu de grands châtiments : le sang pouvait couler, et alors sait-on où nous étions conduits ? quelles scènes pouvaient se renouveler ! Moi n'allais-je pas par là me tremper, noyer ma mémoire de mes propres mains, dans ce cloaque de sang, de crimes, d'abominations de toute espèce, que la haine, les pamphlets, les libelles ont accumulés sur moi ? ce jour-là je semblais justifier tout ce qu'il leur a plu d'inventer. Je devenais pour la postérité et l'histoire le Néron, le Tibère de nos temps. Si encore, à ce prix, j'eusse sauvé la patrie !... Je m'en sentais l'énergie !... Mais était-il bien sûr que j'aurais réussi ? Tous nos dangers ne venaient pas du dehors, nos dissentiments au-dedans ne leur étaient-ils pas supérieurs ? Ne voyait-on pas une foule d'insensés s'acharner à disputer sur les nuances avant d'avoir assuré le triomphe de la couleur ? A qui d'eux eût-on persuadé que je ne travaillais pas pour moi seul, pour mes avantages personnels ? Qui d'eux eût-on convaincu que j'étais désintéressé ? que je ne combattais que pour sauver la patrie ? A qui eût-on fait croire tous les dangers, tous les malheurs auxquels je cherchais à la soustraire ? Ils étaient visibles pour moi ; mais, quant au vulgaire, il les ignorera toujours, s'ils n'ont pesé sur lui.

« Qu'eût-on répondu à celui qui se fût écrié : Le voilà de nouveau le despote, le tyran ! Le lendemain même de ses serments, il les viole de nouveau ! Et qui sait si, dans tous ces mouvements, cette complication inextricable, je n'eusse point péri d'une main même française, dans le conflit des citoyens ? Et alors, que devenait la nation aux yeux de tout l'univers et dans l'estime des générations les plus reculées ! Car sa gloire est à m'avouer ! Je ne saurais avoir fait tant de choses pour son honneur et son lustre, sans elle, en dépit d'elle : elle me rendrait trop grand !... Je le répète, l'histoire décidera !... »

Après cette sortie, il est revenu sur les mesures et les détails de la campagne, et s'arrêtait avec complaisance sur son glorieux début, avec angoisse sur le terrible désastre qui l'avait terminée.

« Toutefois, concluait-il, rien ne me semblait encore désespéré, si j'eusse trouvé le concours que je devais attendre. Nos seules ressources étaient dans les Chambres : j'accourus à Paris pour les en convaincre ; mais elles s'insurgèrent aussitôt contre moi, sous je ne sais quel prétexte que je venais les dissoudre. Quelle absurdité ! Dès cet instant tout fut perdu [1].

---

1. Le temps, qui apprend tout, nous a fait connaître les petits ressorts qui ont amené un des plus grands dénouements.

Voici ce que je tiens de la propre bouche des acteurs :

En apprenant l'arrivée de Napoléon à l'Élysée, après Waterloo, Fouché court aux membres inquiets, défiants, ombrageux de la Chambre : « Aux armes ! leur crie-t-il. Il revient furieux et résolu de dissoudre les Chambres et de saisir la dictature ; nous ne devons pas souffrir ce retour de la tyrannie. » Et de là, il court aux meilleurs amis de Napoléon : « Savez-vous, leur dit-il, que la fermentation est extrême contre l'Empereur parmi certains députés, et que nous n'avons d'autre parti pour le sauver que de leur montrer les dents, de leur faire voir toute la force de l'Empereur, et combien il lui serait facile de les dissoudre. »

Les amis de Napoléon, aisément dupés, au fort de cette crise soudaine, ne manquent pas de suivre, ou peut-être même dépassent les suggestions de Fouché, qui recourt ensuite aux premiers, leur disant : « Vous voyez bien

« Ce n'est pas, ajoutait l'Empereur, qu'il faille peut-être accuser la masse de ces Chambres ; mais telle est la marche inévitable de ces corps nombreux, qu'ils périssent par défaut d'unité ; il leur faut des chefs aussi bien qu'aux armées : on nomme à celles-ci ; mais les grands talents, les génies éminemment supérieurs se saisissent des assemblées et les gouvernent. Or nous manquions de tout cela ; aussi, en dépit du bon esprit dont le grand nombre pouvait être animé, tout se trouva, dès l'instant, confusion, vertige, tumulte ; la perfidie, la corruption vinrent s'établir aux portes du Corps législatif ; l'incapacité, le désordre, le travers d'esprit régnèrent dans son sein, et la France devint la proie de l'étranger.

« Un moment j'eus envie de résister, continuait-il, je fus sur le point de me déclarer en permanence aux Tuileries, au milieu des ministres et du Conseil d'État ; d'appeler autour de moi les six mille hommes de la garde que j'avais à Paris ; de les grossir de la partie bien intentionnée de la garde nationale, qui était nombreuse, et de tous les fédérés des faubourgs ; d'ajourner le Corps législatif à Tours ou à Blois ; de réorganiser sous Paris les débris de l'armée et de travailler seul ainsi, et par forme de dictature, au salut de la patrie. Mais le Corps législatif aurait-il obéi ? J'aurais bien pu l'y contraindre par la force ; mais alors quel scandale et quelle nouvelle complication ! Le peuple ferait-il cause commune avec moi ? L'armée même m'obéirait-elle constamment ? Dans les crises toujours renaissantes, ne se séparerait-on pas de moi ? N'essaierait-on pas de s'arranger à mes dépens ? L'idée que tant d'efforts et de dangers n'avaient que moi pour objet ne sera-t-elle pas un prétexte plausible ? Les facilités que chacun avait trouvées l'année précédente auprès des Bourbons ne seraient-elles pas aujourd'hui, pour bien des gens, des inductions décisives ?

---

que ses meilleurs amis en conviennent, le danger est pressant ; dans peu d'heures, si on n'y pourvoit, il n'y aura plus de Chambres, et l'on serait bien coupable de laisser échapper le seul instant de s'y opposer. » Alors la permanence des Chambres, l'abdication forcée de Napoléon ; et un grand empire succombe sous les plus petites, les plus subalternes intrigues, à la faveur de rapports, de vrais commérages d'antichambre. Ah ! Fouché !... Fouché !... Que l'Empereur le connaissait bien, quand il disait qu'on était toujours sûr de trouver son vilain pied sali dans les souliers de tout le monde ! *(Las Cases.)*

« Oui, j'ai balancé longtemps, disait l'Empereur, pesé le pour et le contre ; et, comme je vais vite et loin, que je pense fortement, j'ai conclu que je ne pouvais résister à la coalition du dehors, aux royalistes du dedans, à la foule de sectes que la violation du Corps législatif aurait créées, à cette partie de la multitude qu'il faut faire marcher par la force ; enfin à cette condamnation morale qui vous impute, quand vous êtes malheureux, tous les maux qui se présentent. Il ne m'est donc resté absolument que le parti de l'abdication ; elle a tout perdu : je l'ai vu, je l'ai dit ; mais je n'ai pas eu d'autre choix.

« Les Alliés avaient toujours suivi contre nous le même système ; ils l'avaient commencé à Prague, continué à Francfort, à Châtillon, à Paris et à Fontainebleau. Ils se sont conduits avec beaucoup d'esprit ! Les Français purent en être la dupe en 1814 ; mais la postérité concevra difficilement qu'ils le fussent en 1815 ; elle flétrira à jamais ceux qui s'y laissèrent prendre. Je leur avais dit leur histoire en partant pour l'armée : *Ne ressemblons pas aux Grecs du Bas-Empire, qui s'amusaient à discuter entre eux quand le bélier frappait les murailles de leur ville.* Je la leur ai dite encore quand ils m'ont forcé d'abdiquer : *Les ennemis veulent me séparer de l'armée ; quand ils auront réussi, ils sépareront l'armée de vous ; vous ne serez plus alors qu'un vil troupeau, la proie des bêtes féroces.* »

Nous avons demandé à l'Empereur si, avec le concours du Corps législatif, il eût cru pouvoir sauver la patrie. Il a répondu sans hésitation qu'il s'en serait chargé avec confiance, et eût cru pouvoir en répondre.

« En moins de quinze jours, disait-il, c'est-à-dire avant que les masses de l'ennemi eussent pu se présenter devant Paris, j'en eusse complété les fortifications ; j'eusse réuni sous ses murailles, des débris de l'armée, plus de quatre-vingt mille hommes de bonnes troupes, et trois cents pièces attelées. Au bout de quelques jours de feu, la garde nationale, les fédérés, les habitants de Paris, eussent suffi à la défense des retranchements ; il me serait donc demeuré quatre-vingt mille hommes disponibles, sous la main.

« Et l'on savait, continuait-il, tout le parti que j'étais capable d'en tirer. Les souvenirs de 1814 étaient encore tout frais : Champaubert, Montmirail, Craonne, Montereau vivaient encore dans l'imagination de ceux qui avaient à nous combattre. Les mêmes lieux leur eussent rendu présents les prodiges de l'année précédente ; ils m'avaient alors surnommé, dit-on, *le cent mille hommes*. La rapidité, la force de nos coups, leur avaient arraché ce mot ; le fait est que nous nous étions montrés admirables : jamais une poignée de braves n'accomplit plus de merveilles. Si ces hauts faits n'ont jamais bien été connus dans le public, par les circonstances de nos désastres, ils ont été dignement jugés de nos ennemis, qui les ont comptés par nos coups. Nous fûmes vraiment alors les Briarées de la fable !...

« Paris, continuait-il, serait devenu en peu de jours une place imprenable. L'appel à la nation, la magnitude du danger, l'inflammation des esprits, la grandeur du spectacle, eussent dirigé de toutes parts des multitudes sur la capitale. J'aurais aggloméré indubitablement plus de quatre cent mille hommes, et je n'estime pas que les Alliés dépassassent cinq cent mille. L'affaire était alors ramenée à un combat singulier qui eût causé autant d'effroi à l'ennemi qu'à nous ; il eût hésité, et la confiance du grand nombre me fût revenue.

« Cependant je me serais entouré d'une consulte ou junte nationale, tirée par moi des rangs du Corps législatif, toute formée de noms nationaux, dignes de la confiance de tous ; j'aurais ainsi fortifié ma dictature militaire de toute la force de l'opinion civile ; j'aurais eu ma tribune ; elle eût soufflé le talisman des principes sur toute l'Europe ; les souverains eussent frémi de voir la contagion gagner les peuples ; ils eussent tremblé, traité ou succombé !...

« Mais, sire, nous sommes-nous écriés, pourquoi n'avoir pas entrepris ce qui eût infailliblement réussi, et pourquoi nous trouvons-nous ici ?

« Eh bien ! vous autres aussi, vous y voilà, reprenait-il ; vous blâmez, vous condamnez ! Mais si je vous faisais passer en revue les chances contraires, vous changeriez bientôt de langage. Et puis, vous oubliez que nous avons raisonné dans l'hypothèse que le Corps législatif se fût réuni à moi, et vous savez ce qu'il en a été. J'eusse pu le dissoudre, il est vrai ; la France, l'Europe me blâment peut-être, et la postérité me blâmera sans doute d'avoir eu la faiblesse de ne pas m'en défaire après son insurrection ; je me devais, dira-t-on, aux destinées d'un peuple qui avait tout fait pour moi. Mais, en le dissolvant, je pouvais, tout au plus, obtenir de l'ennemi quelque capitulation, et encore, je le répète, m'aurait-il fallu du sang et me montrer tyran !... J'en avais néanmoins arrêté le plan dans la nuit du 20, et le 21 au matin allait voir des déterminations d'une étrange vigueur, quand, avant le jour, tout ce qu'il y avait de bon et de sage vint m'avertir qu'il n'y fallait pas songer ; que tout m'échappait, et qu'on ne cherchait aveuglément qu'à s'accommoder. Mais ne recommençons pas ; n'en voilà déjà que trop sur un sujet qui fait toujours du mal ! Je le répète de nouveau, l'histoire décidera !... » Et l'Empereur est rentré dans son intérieur en me disant de le suivre...

JEUDI 4.

J'ai été trouver l'Empereur, sur les cinq heures, dans le jardin ; il avait pris un bain trop chaud, et il en souffrait. Nous avons été en calèche ; le temps était magnifique : depuis plusieurs jours il est fort chaud et très sec. Napoléon a travaillé, avant le dîner, avec le grand-maréchal, dont la femme dînait chez l'amiral. L'Empereur est rentré de suite, après le dîner, dans sa chambre.

VENDREDI 5 AU LUNDI 8.

Traits caractéristiques.

Tous ces différents jours, l'Empereur est monté à cheval sur les six à sept heures du matin, n'emmenant que moi et mon fils.

Je puis affirmer que je n'ai jamais surpris dans Napoléon ni préjugés ni passions, c'est-à-dire jamais un jugement sur les personnes et sur les choses, que la raison ne l'eût dicté ; et je n'ai jamais vu dans ce qu'on aurait pu appeler passions que de pures sensations : aussi je dis avec vérité que, dans l'habitude de dix-huit mois, je ne l'ai jamais trouvé n'ayant pas raison.

Un autre point dont j'ai pu me convaincre, et que je consigne ici parce qu'il me revient en ce moment, c'est que, soit nature, soit calcul, soit habitude de la dignité, il renfermait, la plupart du temps, et gardait en lui-même les impressions de la peine vive qu'on lui causait, et encore peut-être davantage les émotions de bienveillance qu'il éprouvait. Je l'ai surpris souvent à réprimer des mouvements de sensibilité, comme s'il s'en fût trouvé compromis : tôt ou tard j'en fournirai quelques preuves. En attendant voici un trait caractéristique qui va trop au but que je me propose dans ce journal, celui de montrer l'homme à nu, de prendre la nature sur le fait, pour que j'aie dû me trouver arrêté par d'autres considérations.

Napoléon, depuis quelques jours, avait quelque chose sur le cœur ; il avait été extrêmement choqué d'une circonstance domestique ; il s'en trouvait vivement blessé. Durant ces trois jours, pendant lesquels nous nous sommes promenés chaque matin à l'aventure dans le parc, il y est revenu presque chaque fois avec chaleur, me faisant tenir tout près à son côté et ayant ordonné à mon fils de pousser en avant. Dans un certain moment il lui arriva de dire : « Je sais bien que je suis déchu ; mais le ressentir de l'un des miens ! Ah !... »

Ces paroles, son geste, son accent, m'ont percé l'âme ; je me serais précipité à ses genoux, je les aurais embrassés si j'eusse pu.

« L'homme est exigeant, a-t-il continué, susceptible, il a souvent tort, je le sais ; aussi, quand je me défie de moi-même, je me demande : eût-on agi de la sorte aux Tuileries ? C'est toujours là ma grande épreuve. »

Il a ensuite beaucoup parlé de lui, de nous, de nos rapports réciproques, de notre situation dans l'île, de l'influence que notre attitude individuelle aurait pu exercer, etc., etc. Et ses réflexions étaient nombreuses, vives, fortes ; elles étaient justes. Dans l'émotion qu'elles me causaient je me suis écrié : « Sire, permettez-moi de m'emparer de cette affaire ; jamais elle n'a paru bien certainement sous de telles couleurs ; si elle était vue de la sorte, je suis sûr qu'elle navrerait de douleur, et vous verriez quels repentirs ! Je ne vous demande qu'à pouvoir dire un mot. » Sur quoi l'Empereur, revenant à lui, a dit avec dignité : « Non, monsieur, bien plus, je vous le défends. L'épanchement est fait, la nature a eu son cours, je ne m'en souviens plus, et vous, vous ne devez jamais l'avoir su. »

En effet, au retour nous avons tous déjeuné dans le jardin,

et il s'y est montré plus gai que de coutume. Le soir il a dîné dans son intérieur.

MARDI 9, MERCREDI 10.

> *Politique. État de l'Europe.*
> *Ascendant irrésistible des idées libérales.*

Il est arrivé, le 9, un bâtiment d'Angleterre portant les journaux jusqu'au 21 janvier. L'Empereur dont les promenades à cheval ont continué tous les matins, a passé le reste du temps dans sa chambre à parcourir ces journaux.

Les derniers numéros que nous venions de recevoir étaient aussi chauds qu'aucun de ceux que nous eussions vus. L'agitation en France allait croissant ; le roi de Prusse arrêtait chez lui les sociétés secrètes, il conservait la landwehr ; la Russie faisait de nouvelles recrues ; l'Autriche se querellait avec la Bavière ; en Angleterre la persécution des protestants de France et la violence du parti qui se rendait maître remuaient l'esprit public et préparaient des armes à l'opposition : jamais l'Europe n'avait été plus en fermentation.

Au récit du déluge de maux et des événements sanglants qui affligeaient tous les départements, l'Empereur s'est élancé de son canapé, et frappant du pied avec chaleur, il s'est écrié : « Ah ! quel malheur que je n'aie pu gagner l'Amérique ! De l'autre hémisphère même j'eusse protégé la France contre les réacteurs ! La crainte de mon apparition eût tenu en bride leur violence et leur déraison ; il eût suffi de mon nom pour enchaîner les excès et frapper d'épouvante ! »

Puis, continuant sur le même sujet, il a conclu avec une chaleur qui tenait de l'inspiration : « La contre-révolution, même en la laissant aller, doit inévitablement se noyer d'elle-même dans la révolution. Il suffit à présent de l'atmosphère des jeunes idées pour étouffer les vieux féodalistes ; car rien ne saurait désormais détruire ou effacer les grands principes de notre Révolution ; ces grandes et belles vérités doivent demeurer à jamais, tant nous les avons entrelacées de lustre, de monuments, de prodiges ; nous en avons noyé les premières souillures dans des flots de gloire ; elles sont désormais immortelles ! Sorties de la tribune française, cimentées du sang des batailles, décorées des lauriers de la victoire, saluées des acclamations des peuples, sanctionnées par les traités, les alliances des souverains, devenues familières aux oreilles comme à la bouche des rois, elles ne sauraient plus rétrograder !!!

« Elles vivent dans la Grande-Bretagne, elles éclairent l'Amérique, elles sont nationalisées en France : voilà le trépied d'où jaillira la lumière du monde.

« Elles le régiront ; elles seront la foi, la religion, la morale de tous les peuples : et cette ère mémorable se rattachera, quoi qu'on ait voulu dire, à ma personne ; parce qu'après tout, j'ai fait briller le flambeau, consacré les principes, et qu'aujourd'hui la persécution achève de m'en rendre le Messie. Amis et ennemis, tous m'en diront le premier soldat, le grand représentant. Aussi, même quand je ne serai plus, je demeurerai encore pour les peuples l'étoile de leurs droits, mon nom sera le cri de guerre de leurs efforts, la devise de leurs espérances. »

JEUDI 11, VENDREDI 12.

Opinion de l'Empereur sur plusieurs personnages connus. Pozzo di Borgo. Metternich. Bassano. Clarke. Cambacérès. Lebrun. Fouché, etc.

L'Empereur a continué de profiter des matinées supportables pour monter à cheval ; il déjeunait dans le jardin ; la conversation se prolongeait ensuite avec un grand abandon et beaucoup d'intérêt sur sa vie privée, les événements publics, les personnes qui l'ont entouré, celles qui ont joué un grand rôle chez les autres puissances, etc.

Il n'était plus question de leçons d'anglais : elles ne se prenaient plus qu'à cheval ou dans le cours de la journée lors de sa promenade ; la régularité de la langue y perdait quelque chose, la facilité de s'exprimer gagnait infiniment.

Aujourd'hui sur les cinq heures, nous avons fait notre tour de calèche accoutumé ; le soir les conversations ont recommencé sur des anecdotes ministérielles et sur plusieurs personnages demeurés célèbres.

Napoléon nous a fait l'histoire de M. Pozzo di Borgo, son compatriote, qui avait été membre de la Législative. C'est

lui, à ce qu'on crut, qui a conseillé à l'empereur Alexandre
de marcher sur Paris, bien que Napoléon se fût jeté sur ses
derrières. « Et en cela, disait l'Empereur, il a par ce seul fait
décidé des destinées de la France, de celles de la civilisation
européenne, de la face et du sort du monde ; il était devenu
très influent sur le cabinet russe. Au 20 mars, disait l'Empe-
reur . . . .

. . . . Il a fait aussi l'histoire de M. Capo d'Istria.

Il est passé de là à M. de Metternich. C'est lui, nous a-t-il
dit, qui . . . .

L'Empereur est venu ensuite à ses propres ministres : Bassano, qu'il croyait, disait-il, lui avoir été sincèrement attaché ;
Clarke, dont le temps devait, selon lui, faire pleine justice ;
***[1], qu'il avait fait successivement ambassadeur à Vienne,
ministre de l'Intérieur, ministre des Relations extérieures,
etc., et que Talleyrand, observait l'Empereur, avait jugé d'un
mot, en disant de lui, avec son esprit et sa malice ordinaires,
que c'était un homme propre à toutes les places la veille du
jour qu'on l'y nommait.

Vint ensuite Cambacérès, que Napoléon disait être
l'homme des abus, avec un penchant décidé pour l'ancien
régime ; tandis que Lebrun, au contraire, avait, assurait-il,
une forte pente en sens opposé : c'était, disait-il, l'homme
des idéalités, et voilà les deux contrepoids, ajoutait-il, entre
lesquels s'était placé le Premier consul, qu'on appela si plaisamment dans le temps le *tiers consolidé*.

M. de ***[2] et Fouché eurent leur tour ; il s'y arrêta longtemps et partit de là pour faire une vigoureuse sortie sur
l'immoralité des administrateurs en France, et généralement
de tous les fonctionnaires ou hommes à place ; sur leur manque de religion politique ou de sentiment national, qui les
portait à administrer indifféremment, un jour pour l'un, un
jour pour l'autre : « Cette légèreté, cette inconséquence, nous
venaient de loin, disait-il, nous demeurions toujours Gaulois :
aussi nous ne vaudrions tout notre prix que lorsque nous
substituerions les principes à la turbulence, l'orgueil à la

1. Jean-Baptiste de Champagny.
2. M. de Talleyrand.

vanité, et surtout l'amour des institutions à l'amour des places. »

De tout cela, l'Empereur concluait que les souverains, à la suite de nos derniers événements, devaient nécessairement avoir retenu une arrière-pensée de mépris et de dépit contre un grand peuple qui se jouait ainsi de la souveraineté. « Du reste, continuait-il, l'excuse est peut-être dans la nature des choses, dans la force des circonstances. La démocratie élève la souveraineté, l'aristocratie seule la conserve. La mienne n'avait point encore pris les racines ni l'esprit qui devaient lui être propres ; au moment de la crise, elle s'était trouvée encore de la démocratie ; elle avait été se confondre dans la foule et céder à l'impulsion du moment, au lieu de lui servir d'ancre de salut contre la tempête et de l'éclairer sur son aveuglement. »

Voici ce qui s'est dit de neuf sur M. de *** et M. Fouché qui reviennent si souvent : je cherche à me répéter le moins possible [1].

---

1. Je dois m'excuser ici de nouveau sur le peu d'ordre et le trop d'abandon que pourraient présenter mes récits. J'ai essayé d'abord de réunir en une seule masse plusieurs détails épars de la même nature et sur les mêmes objets : ils eussent présenté plus d'ensemble, de force et de couleur ; mais cette opération même, quelque facile, quelque simple qu'elle fût, s'est encore trouvée au-dessus de ma santé et de mes forces.

La même cause doit faire excuser aussi l'extrême négligence du style, ainsi que les incorrections de toute espèce qu'on pourrait rencontrer. Ce dernier point, au demeurant, est celui qui m'a le moins inquiété, espérant que l'importance des choses ferait passer sur l'arrangement des mots.

Les seuls points sur lesquels j'ai pu me satisfaire à mon aise ont été les retranchements ; aussi sont-ils fort nombreux et de plus d'une espèce. C'est sur ce qui touche les personnes surtout que j'ai élagué avec profusion ; et je puis affirmer qu'il n'est aucun de ceux qui croiraient avoir à se plaindre, qui ne me doive au contraire quelque chose.

Une fois en train de retrancher et de supprimer, j'ai été sur le point de sabrer toute observation, toute réflexion, tous sentiments de ma part à l'égard de Napoléon, et de me réduire entièrement aux simples faits ; car, me disais-je, si l'on venait à m'accuser d'une exagération partiale, ne suffirait-il pas, aux yeux de bien des gens, d'une telle imputation, si facile à porter, pour frapper de nullité mon ouvrage, et faire manquer son but ? D'un autre côté, ma circonspection, ma réserve, me suis-je demandé, convaincront-elles bien davantage, ramèneront-elles beaucoup de monde à mon opinion ? Non. Et dès lors à quoi bon gêner en moi des sentiments de si bonne foi ? Pourquoi contraindre une expansion d'une si réelle, d'une si intime conviction ? Car tout ce que j'ai exprimé, je l'ai cru ; et si j'ai pu me tromper en le croyant,

« M. de *** avait attendu, disait l'Empereur, deux fois vingt-quatre heures à Vienne des pleins pouvoirs pour traiter de la paix en mon nom. Mais j'aurais eu honte de prostituer ainsi ma politique : et pourtant il m'en coûte peut-être l'exil de Sainte-Hélène ; car je ne disconviens pas qu'il ne soit d'un rare talent, et ne puisse en tout temps mettre un grand poids dans la balance.

« M. de ***, continuait-il, était toujours en état de trahison ; mais c'était de complicité avec la fortune. Sa circonspection était extrême ; se conduisant avec ses amis comme s'ils devaient être ses ennemis ; avec ses ennemis comme s'ils pouvaient devenir ses amis. M. de *** avait toujours été contraire, dans mon esprit, au faubourg Saint-Germain. Dans l'affaire du divorce, il avait été pour l'impératrice Joséphine ; c'était lui qui avait poussé à la guerre d'Espagne, bien que, dans le public, il eût eu l'art de s'y montrer contraire. » Aussi était-ce par une espèce de malice que Napoléon avait choisi Valençay pour y placer Ferdinand. « C'était lui enfin, disait l'Empereur, qui avait été l'instrument principal et la cause active de la mort du duc d'Enghien. »

Une actrice célèbre (Mlle Raucourt) l'avait peint, assurait Napoléon, d'une manière fort vraie : « Si vous le questionnez, disait-elle, c'est une boîte de fer-blanc dont vous ne tirez pas un mot ; si vous ne lui demandez rien, bientôt vous ne saurez comment l'arrêter, ce sera une véritable commère. »

C'est, en effet, une indiscrétion qui, dans le principe, heurta la confiance de l'Empereur en son ministre, et l'ébranla dans son esprit. « J'avais confié, disait Napoléon, une chose fort importante à M. de *** ; peu d'heures après, Joséphine me la rendit mot pour mot. J'envoyai chercher aussitôt ce ministre, pour lui dire que je venais d'apprendre de l'Impératrice une chose que je n'avais confiée qu'à lui

---

bien certainement je ne me trompe point en le disant. Enfin, et c'est ce qui m'a décidé, tant ont écrit avec passion dans un sens directement opposé, et se sont tellement évertués à faire ressortir le mal, que je puis bien à mon tour, si j'y trouve quelque satisfaction, m'évertuer aussi à faire ressortir le bien. Les gens froids, sages, raisonnables, de tous les temps et de tous les pays, me suis-je dit, s'ils aiment et recherchent la vérité, sauront bien dépouiller ces productions extrêmes de leurs excès adverses, et se mettre en présence des faits à nu, et j'ai conservé au manuscrit ce dont mes sentiments ont pu encombrer ces faits. (*Las Cases.*)

seul ; or, le cercle du rapport se composait déjà de quatre ou cinq intermédiaires. »

« Le visage de M. de *** est tellement impassible, disait l'Empereur, qu'on ne saurait jamais y rien lire, aussi Lannes ou Murat disait-il plaisamment de lui, que si, en vous parlant, son derrière venait de recevoir un coup de pied, sa figure ne vous en dirait rien. »

M. de *** avait un intérieur fort doux et même attachant, ses familiers et ses agents l'aimaient et lui étaient fort dévoués.

Dans son intimité on l'a entendu parler volontiers et gaiement de sa profession ecclésiastique, qu'il n'avait d'ailleurs embrassée que par force, contraint par ses parents bien que l'aîné de plusieurs frères. Il réprouvait un jour un air que l'on fredonnait autour de lui ; il l'avait en horreur, disait-il, il lui rappelait le temps où il était obligé d'apprendre le plain-chant et de chanter au lutrin.

Une autre fois, un de ses habitués racontait pendant le souper ; M. de ***, préoccupé, semblait étranger à la conversation. Durant le récit, il échappe au conteur, qui se trouvait en verve, de dire de quelqu'un : *Celui-là est un vilain drôle, c'est un prêtre marié*. M. de ***, réveillé par ces paroles, saisit une cuiller, la plonge précipitamment dans le plat vis-à-vis de lui, et d'un geste menaçant lui crie : « Un tel, voulez-vous des épinards ? » Le narrateur de se confondre, et chacun de rire, M. de *** comme les autres.

L'Empereur, lors du Concordat, avait voulu faire M. de *** cardinal, et le mettre à la tête des affaires religieuses : c'était son lot, lui disait-il, il rentrait dans le giron, réhabilitait sa mémoire, fermait la bouche aux déclamateurs. M. de *** ne le voulut jamais : son aversion pour l'état ecclésiastique était invincible.

Napoléon avait été sur le point de lui donner l'ambassade de Varsovie, confiée depuis à l'abbé de Pradt ; mais des affaires d'agiotage, des saletés, disait-il, sur lesquelles M. de *** était incorrigible, le forcèrent à y renoncer. C'était par le même motif, et sur la réclamation de plusieurs souverains d'Allemagne, qu'il s'était vu contraint de lui retirer le portefeuille des Relations extérieures.

Fouché, disait l'Empereur, était le *** des clubs, et *** le Fouché des salons.

« L'intrigue, ajoutait-il, était aussi nécessaire à Fouché que la nourriture : il intriguait en tout temps, en tous lieux, de toutes manières et avec tous. On ne découvrait jamais rien qu'on ne fût sûr de l'y rencontrer pour quelque chose ; il n'était occupé que de courir après, sa manie était de vouloir être de tout !... Toujours dans les souliers de tout le monde. » C'était le mot souvent répété de l'Empereur.

Lors de la conspiration de Georges, quand on arrêta Moreau, Fouché n'était plus au ministère de la Police, et cherchait fort à se faire regretter. « Quelle gaucherie ! disait-il, ils ont arrêté Moreau quand il revenait de sa campagne à Paris, ce qui pouvait montrer en lui une innocente confiance : c'était quand il se rendait à Gros-Bois, au contraire, qu'il fallait le saisir ; car il devenait évident alors qu'il fuyait. »

On connaît de lui le mot qu'il a dit, ou qu'on lui a prêté, sur l'affaire du duc d'Enghien : « C'est plus qu'un crime, c'est une faute. » De pareils traits peignent plus le caractère d'un homme que des volumes entiers.

L'Empereur connaissait bien Fouché, et n'en a jamais été la dupe.

On l'a beaucoup blâmé de s'en être servi en 1815, où, en effet, Fouché l'a indignement trahi. Napoléon n'ignorait pas ses dispositions ; mais il savait aussi que le danger reposait plus sur les événements que sur la personne. « Si j'eusse été victorieux, disait-il, Fouché eût été fidèle : il est vrai qu'il se donnait de grands soins pour être prêt selon toutes les chances. Il me fallait vaincre ! »

L'Empereur, du reste, eut connaissance de ses menées, et l'on va voir qu'il le ménageait peu.

Après le retour de l'Empereur en 1815, un des premiers banquiers de Paris se présente à l'Élysée, pour le prévenir que peu de jours auparavant, quelqu'un arrivant de Vienne s'était présenté chez lui avec des lettres de crédit, et s'était informé des moyens d'arriver à Fouché. Soit réflexion, soit pressentiment, ce banquier conçut quelques doutes sur cet individu, et vint les communiquer personnellement à l'Empereur, qui fut frappé que Fouché lui en eût fait mystère.

En peu d'heures Réal eut trouvé l'homme en question ; il le conduisit aussitôt à l'Élysée, où il fut enfermé dans un cabinet. L'Empereur se le fit amener au jardin. « Me connaissez-vous ? » dit-il à cet homme. Ce début, les idées qu'inspirait la présence de l'Empereur, ébranlèrent fortement l'étranger. « Je sais toutes vos menées, continua Napoléon avec sévérité, si vous le confessez à l'instant, je puis vous faire grâce, sinon vous ne sortez de ce jardin que pour être fusillé. – Je vais tout dire : Je suis envoyé ici par M. de Metternich au duc d'Otrante, pour lui proposer de faire partir un émissaire pour Bâle : il y rencontrera celui que M. de Metternich y a envoyé de Vienne ; ils doivent avoir des signes de reconnaissance, et les voici, dit-il, en délivrant quelques papiers. – Avez-vous rempli votre mission auprès de Fouché ? – Oui. – A-t-il envoyé son émissaire ? – Je n'en sais rien. »

L'homme fut remis sous la clef, et une heure après quelqu'un de confiance était en route pour Bâle ; il s'aboucha avec l'émissaire autrichien, et eut même avec lui jusqu'à quatre conférences.

Cependant Fouché, inquiet de la disparition de son Viennois, se présente un soir chez l'Empereur, affectant une gaieté, une aisance, au travers de laquelle se réfugiait un extrême embarras. « Plusieurs glaces se trouvaient dans l'appartement où nous nous promenions, disait l'Empereur ; je me plaisais à l'étudier à la dérobée ; sa figure était hideuse ; il ne savait guère comment entamer ce qui l'intéressait si fort. – Sire, dit-il enfin, il y a quatre ou cinq jours qu'il m'est arrivé une circonstance dont je crains de n'avoir pas fait part à Votre Majesté... Mais j'ai tant d'affaires... Je suis entouré de tant de rapports, de tant d'intrigues... Il m'est venu un homme de Vienne, avec des propositions si ridicules... Et cet homme je ne le trouve plus.

« – Monsieur Fouché, lui dit alors l'Empereur, il pourrait être funeste pour vous que vous me prissiez pour un sot. Je tiens votre homme et toute son intrigue depuis plusieurs jours. Avez-vous envoyé à Bâle ? – Non, sire. – Ce sera heureux pour vous ; s'il en était autrement, et j'en aurai la preuve, vous péririez. »

Les événements ont montré que ce n'eût été que justice. Toutefois ici il paraît que Fouché n'y avait pas envoyé ; aussi l'affaire en demeura là.

SAMEDI 13.

Papiers d'Europe. Politique.

L'Empereur a déjeuné au jardin, et nous y a tous fait appeler. Il a résumé les papiers-nouvelles que nous avions parcourus le matin, et s'est étendu sur la haute politique. Voici ce que j'en ai retenu de plus saillant.

« Paris au 13 vendémiaire était tout à fait dégoûté de son gouvernement, disait l'Empereur ; mais la totalité des armées, la grande majorité des départements, la petite bourgeoisie, les paysans lui demeuraient attachés ; aussi la Révolution triompha-t-elle de cette grande attaque de la contre-révolution, bien qu'il n'y eût encore que quatre ou cinq ans que les nouveaux principes eussent été proclamés ; on sortait des scènes les plus effroyables et les plus calamiteuses ; on cherchait un meilleur avenir.

« Quelle différence aujourd'hui ! L'immense majorité des Français doit avoir en horreur le gouvernement qui lui est imposé par la force ; car il lui enlève sa gloire, sa fortune, ses habitudes ; il blesse son orgueil, sa doctrine, ses maximes ; il le place sous le joug de l'étranger, lui qui depuis vingt ans lui donnait des lois. Ce gouvernement, ennemi de toutes choses, n'a point d'armées, il n'est même pas lui-même, il n'agit que par le comité de l'étranger, ses décisions, sa volonté... Il agit sur un peuple dont presque toutes les générations sont nées dans la Révolution et se trouvent imprégnées des principes qu'on voudrait faire disparaître ; aussi qui pourrait prévoir la fin de tout ceci ? qui oserait assigner la marche future des choses ? en 1814, la nation entière a pu aller au roi ; aujourd'hui ce ne peuvent être que ses partisans seuls ; et ses partisans intéressés. Alors c'était une succession paisible, aujourd'hui c'est une conquête terrible, outrageante, et il n'a d'autre force que celle des étrangers, aujourd'hui si odieuse aux Français, et ces étrangers ne sont point à lui, mais bien lui plutôt qui est à eux. S'il cherche à former une armée nationale, il faudra tout aussitôt qu'il s'en défie.

« Un soldat, dans la longueur de la journée, dans l'ennui de ses casernes, a besoin de parler de guerre ; il ne peut parler de Fontenoy ni de la retraite de Prague, qu'il ne connaît pas ; il faudra qu'il parle des victoires de Marengo, d'Austerlitz, d'Iéna, de celui qui les a gagnées, de moi enfin, qui remplis toutes les bouches et suis dans toutes les imaginations...

« Une telle situation est sans exemple dans l'histoire ; de quelque côté qu'on la considère, on ne voit que les malheurs de la France. Que résultera-t-il de tout cela ? Deux peuples sur un même sol, acharnés, irréconciliables, qui se chamailleront sans relâche et s'extermineront peut-être.

« Bientôt la même fureur gagnera toute l'Europe. L'Europe ne formera bientôt plus que deux partis ennemis : on ne s'y divisera plus par peuples et par territoires ; mais par couleur et par opinion. Et qui peut dire les crises, la durée, les détails de tant d'orages ! car l'issue n'en saurait être douteuse, les lumières et le siècle ne rétrograderont pas !... Quel malheur que ma chute !... J'avais refermé l'outre des vents ; les baïonnettes ennemies l'ont déchirée. Je pouvais marcher paisiblement à la régénération universelle : elle ne s'exécutera désormais qu'au travers des tempêtes ! J'amalgamais, peut-être extirpera-t-on ! »

DIMANCHE 14.

Arrivée du gouverneur.

Le temps était revenu à la pluie ; depuis deux jours il était détestable. Des bâtiments étaient en vue ; les signaux ont appris qu'ils portaient le nouveau gouverneur sir Hudson Lowe.

L'Empereur à dîner était silencieux et triste ; il n'était pas bien ; il s'est retiré de fort bonne heure.

LUNDI 15.

Progrès de l'Empereur dans son anglais.

Vers midi, j'ai reçu quatre lettres d'Europe, qui m'ont donné tout le bonheur dont je pouvais jouir ici.

J'ai vu l'Empereur à cinq heures dans le jardin ; il profitait d'un intervalle de beau temps ; la pluie avait été battante toute la journée. Je lui ai fait part de mes lettres. Chacun de nous en avait reçu : elles nous arrivent ouvertes, partant point de nouvelles ; mais elles nous montraient que nous avions des amis, et c'est sur un roc qu'il est doux d'en être assuré.

Pendant le dîner, l'Empereur nous a fait, en anglais, un récit des papiers français, contenant, disait-il, la destinée de M. La Pérouse ; le lieu où il avait fait naufrage, ses divers événements, sa mort et son journal, etc., etc. ; le tout composait des détails curieux, piquants, romanesques, qui nous attachaient extrêmement ; l'Empereur en a joui, et s'est mis à rire ; car son récit n'était qu'une fable improvisée pour nous montrer ses progrès en anglais, disait-il.

MARDI 16.

Première visite du gouverneur.
Déclaration exigée de nous.

Le nouveau gouverneur est arrivé sur les dix heures, malgré le mauvais temps et la pluie qui continuait encore ; il était accompagné de l'amiral, chargé de le présenter, et qui lui avait dit, sans doute, que c'était l'heure la plus convenable.

L'Empereur ne l'a point reçu ; il était malade, et, se fût-il bien porté, il ne l'eût pas reçu davantage. Le gouverneur, en arrivant de la sorte, manquait aux formes de la bienséance la plus commune ; nous soupçonnâmes sans peine que c'était une espièglerie de l'amiral. Le gouverneur, qui n'avait peut-être pas l'intention de se rendre aucunement désagréable, a paru fort déconcerté ; nous en riions sous cape ; pour l'amiral, il en était triomphant.

Le gouverneur, après avoir hésité longtemps, et donné des marques évidentes de mauvaise humeur, nous a quittés assez brusquement.

Nous n'avons pu douter que toute l'ordonnance de cette première entrevue n'eût été conduite dans l'intention secrète de nous indisposer, dès les premiers moments, les uns contre les autres. Le gouverneur s'y sera-t-il prêté ? n'en aura-t-il eu aucun soupçon ? C'est ce que le temps nous apprendra.

Sur les cinq heures et demie, l'Empereur m'a fait appeler dans le jardin ; il était seul ; il m'a dit qu'il se présentait une nouvelle circonstance personnelle à chacun de nous : on allait exiger notre déclaration individuelle d'unir notre destinée à la sienne, ou, si nous le préférions, on devait nous sortir de Sainte-Hélène, et nous rendre à la liberté.

Nous ne devinions pas le motif de cette mesure : était-ce,

de la part du ministère anglais, pour se ménager des pièces régulières ? mais nous n'étions partis de Plymouth pour Sainte-Hélène qu'avec cette condition préalable ; était-ce pour isoler l'Empereur ? mais devait-on croire que nous l'abandonnerions ?

Il me demanda quelle serait ma détermination à cet égard ; je répondis qu'elle ne pouvait être douteuse ; que si j'avais pu éprouver quelques déchirements, c'eût été au moment de ma première détermination ; qu'à compter de cet instant, mon sort s'était trouvé irrévocablement fixé : qu'alors j'avais suivi la gloire et mon honneur ; que depuis, chaque jour davantage, je suivais mes affections et mes sentiments. La voix de l'Empereur devint plus douce ; ce furent là ses remerciements : je le connaissais désormais, ils étaient grands !

J'ajoutai que d'ailleurs ma détermination aurait peu de mérite ; elle ne changerait rien, disais-je, à notre situation ; nous demeurions le lendemain de cette signature ce que nous étions la veille. Notre destinée ne dépendait point du calcul des hommes, mais de la force des choses. Il serait peu sage à nous de compliquer nos peines par des prévoyances ou des combinaisons hors des facultés humaines ; nous devions nous abandonner avec tranquillité au cours mystérieux des événements ; trouver quelques jouissances dans l'excès de nos maux, en nous nourrissant de cette satisfaction intérieure, récompense précieuse qu'il était hors du pouvoir des hommes de balancer et de détruire.

MERCREDI 17.

> *Conversation caractéristique. Retour de l'île d'Elbe*
> *prévu dès Fontainebleau. Introduction du gouverneur.*
> *Mortification de l'amiral. Nos griefs contre lui.*
> *Signalement de sir Hudson Lowe.*

L'Empereur m'a fait venir à neuf heures chez lui ; il a lu avec moi un article du *Courrier de Portsmouth*, où l'on peignait fort au long son séjour à Briars. La peinture était fidèle.

Il m'a fait rappeler dans le milieu du jour pour causer. Une partie de la conversation fournit des développements trop précieux du caractère de l'interlocuteur, pour que je n'en transcrive pas ici quelques traits.

Il se trouvait parfois entre nous des contrariétés, des piquasseries, des bouderies, qui gênaient l'Empereur et le rendaient malheureux : il est tombé sur ce sujet ; il analysait notre situation avec sa logique ordinaire, appréciait les peines et les ennuis de notre exil, en indiquait les meilleurs soulagements. Nous devions faire, disait-il, des sacrifices mutuels, pour passer bien des choses : l'homme ne marquait dans la vie qu'en dominant le caractère que lui avait donné la nature, ou en s'en créant un par l'éducation et sachant le modifier suivant les obstacles qu'il rencontrait.

« Vous devez tâcher de ne faire ici qu'une famille, disait-il ; vous m'avez suivi pour adoucir mes peines ; comment ce sentiment ne suffirait-il pas pour tout maîtriser ? Si la sympathie ne peut faire ici tous les frais, il faut être conduit du moins par le raisonnement et le calcul ; il faut savoir compter ses peines, ses sacrifices, ses jouissances, pour arriver à un résultat, de même qu'on additionne ou qu'on soustrait tout ce qui se calcule. Tous les détails de la vie ne doivent-ils pas être soumis à cette règle ? Il faut savoir vaincre sa mauvaise humeur. Il est assez simple que vous ayez ici des différends, des querelles ; mais il faut une explication et non pas une bouderie : l'une amène des résultats, l'autre ne fait que compliquer les choses : la raison, la logique, un résultat surtout, doivent être le guide et le but constant de tout ici-bas. » Et alors il se citait lui-même, ou pour avoir suivi ces principes, ou pour s'en être éloigné. Il ajoutait qu'il fallait savoir pardonner, et ne pas demeurer dans une hostile et acariâtre attitude, qui blesse le voisin et empêche de jouir soi-même ; qu'il fallait reconnaître les faiblesses humaines et se plier à elles plutôt que de les combattre.

« Que serais-je devenu, disait-il, si je n'eusse suivi ces maximes ! On m'a dit souvent que j'étais trop bon, pas assez défiant. C'eût été bien pis si j'eusse été le contraire ! J'ai été trahi deux fois, eh bien ! je le serais peut-être encore une troisième ; et c'est par cette grande connaissance du caractère des hommes, cette indulgence raisonnée que je m'étais créée, que j'ai pu gouverner la France, et que je suis le plus propre peut-être, dans l'état où elle se trouve, à la gouverner encore. En quittant Fontainebleau, n'avais-je pas dit à tous ceux qui me demandaient leur ligne de conduite : Allez au roi, servez-le... J'avais voulu leur rendre légitime ce que beaucoup n'eussent pas manqué de faire d'eux-mêmes ; je n'avais pas voulu laisser écraser ceux qui eussent été obstinément fidèles ; enfin je n'avais pas voulu surtout avoir à blâmer personne au retour. »

Ici, contre ma constante coutume, il m'est échappé d'oser questionner, en quelque sorte, l'Empereur : « Comment, sire, me suis-je écrié, dès Fontainebleau, Votre Majesté a songé au retour ? – Oui, sans doute, et par le raisonnement le plus simple. Si les Bourbons, me suis-je dit, veulent commencer une cinquième dynastie, je n'ai plus rien à faire ici, mon rôle est fini ; mais s'ils s'obstinaient, par hasard, à vouloir recontinuer la troisième, je ne tarderai pas à reparaître. On pourrait dire que les Bourbons eurent alors ma mémoire et ma conduite à leur disposition, s'ils se fussent contentés d'être les magistrats d'une grande nation, s'ils l'eussent voulu, je demeurais, pour le vulgaire, un ambitieux, un tyran, un brouillon, un fléau. Que de sagacité, de sang-froid il eût fallu pour m'apprécier et me rendre justice ! Mais ils ont tenu à se retrouver les seigneurs féodaux, ils ont préféré n'être que les chefs odieux d'un parti odieux à toute la nation. Mais leur entourage, une fausse marche m'ont rendu désirable, et ce sont eux qui ont réhabilité ma popularité et prononcé mon retour ; autrement ma mission politique était dès lors consommée ; je demeurais pour toujours à l'île d'Elbe ; et nul doute qu'eux et moi nous y eussions tous gagné : car je ne suis pas revenu pour recueillir un trône, mais bien pour acquitter une grande dette. Peu le comprendront, n'importe, j'entrepris une étrange charge ; mais je la devais au peuple français ; ses cris arrivaient jusqu'à moi, pouvais-je y demeurer insensible ?

« Mon existence, du reste, à l'île d'Elbe, était encore assez enviable, assez douce ; j'allais m'y créer en peu de temps une souveraineté d'un genre nouveau : ce qu'il y avait de plus distingué en Europe commençait à venir passer en revue devant moi. J'aurais offert un spectacle inconnu à l'histoire ; celui d'un monarque descendu du trône, qui voyait défiler avec empressement devant lui le monde civilisé.

« On m'objectera, il est vrai, que les Alliés m'auraient enlevé de mon île, et je conviens que cette circonstance a même hâté mon retour. Mais si on eût bien gouverné en France, si les Français eussent été contents, mon influence avait fini, je n'appartenais plus qu'à l'histoire, et l'on n'eût point songé, à Vienne, à me déplacer. C'est l'agitation créée, entretenue en France, qui a forcé de songer à mon éloignement. »

Ici le grand-maréchal est entré chez l'Empereur, annonçant l'arrivée du gouverneur conduit par l'amiral, et suivi de tout son état-major.

Après quelque temps encore de conversation, Bertrand est resté seul avec Napoléon, et j'ai gagné le salon d'attente. Nous nous y trouvions en grand nombre, nous efforçant d'échanger quelques mots ; nous nous observions bien plus que nous ne causions.

Au bout d'une demi-heure, l'Empereur étant passé dans son salon, le valet de chambre en service, à la porte et de notre côté, a appelé le gouverneur, qui a été introduit. L'amiral suivait de près : mais le valet de chambre, qui n'avait entendu demander que le gouverneur, a refermé brusquement la porte sans admettre l'amiral, qui, sur ses instances, s'est vu même repoussé ; il s'est retiré, fort déconcerté, dans une embrasure de fenêtre.

Ce valet de chambre était Noverraz, bon et vrai Suisse, dont toute l'intelligence, disait souvent l'Empereur, était dans son attachement à sa personne.

Nous demeurâmes saisis d'une circonstance aussi inattendue, que nous crûmes être la volonté de l'Empereur. Mais bien que nous eussions à nous plaindre de l'amiral, nous avons été à lui pour le distraire de son embarras ; sa situation vraiment cruelle nous peinait. Cependant l'état-major du gouverneur a bientôt après été demandé et introduit : l'embarras de l'amiral s'en est accru. Au bout d'un quart d'heure, l'Empereur ayant congédié tout le monde, le gouverneur est ressorti ; l'amiral a couru à lui, ils se sont dit quelques mots avec chaleur, nous ont salués et sont partis.

Nous avons rejoint l'Empereur au jardin, et lui avons parlé de la déconfiture de l'amiral ; il ignorait tout. Par la plus singulière fatalité, le hasard seul avait amené cette circonstance ; mais il en a été ravi, disait-il ; il en riait aux éclats, il s'en frottait les mains : c'était la joie d'un enfant, celle d'un écolier qui vient d'attraper son régent.

« Ah ! mon bon Noverraz, a-t-il dit, tu as donc eu une fois de l'esprit. Vous verrez qu'il m'aura entendu dire que je ne voulais plus voir l'amiral, et il se sera cru obligé de lui fermer la porte au nez : c'est charmant ! Il n'y aurait pourtant pas à se jouer avec ce bon Suisse ; si j'avais le malheur de dire qu'il faut se défaire du gouverneur, il serait homme à le tuer à mes yeux. Du reste, continuait plus gravement l'Empereur, c'est la faute du gouverneur, que ne demandait-il l'amiral ? d'autant plus qu'il m'avait fait dire ne pouvoir m'être présenté que par lui ; que ne l'a-t-il fait encore, quand il m'a présenté ses officiers ? C'est donc tout à fait sa faute. Au demeurant, l'amiral y a gagné sans doute, je n'eusse pas manqué de l'apostropher en présence de tous ses compatriotes. Je lui aurais dit que, par le sentiment de l'habit militaire que nous portions tous deux depuis quarante ans, je le plaignais d'avoir, aux yeux du monde, compromis, dégradé son ministère, sa nation, son souverain, en manquant, sans nécessité et sans discernement, à un des plus vieux soldats de l'Europe : je lui eusse reproché de m'avoir débarqué à Sainte-Hélène comme un galérien de Botany-Bay ; je lui eusse dit que pour un véritable homme d'honneur, je devais être plus vénérable sur un roc que sur mon trône au milieu de mes armées. »

La force, la nature de ces paroles mirent fin à toute gaieté, et terminèrent la conversation.

Mais puisque nous sommes sur le compte de l'amiral, et qu'il va nous quitter, résumons ici, et avec autant d'impartialité que peuvent l'admettre notre situation et notre mauvaise humeur, les torts que nous avons à lui reprocher ; le tout pour n'y plus revenir.

Nous ne pouvions lui passer la familiarité affectée dont il usait avec nous, bien que nous y répondissions peu ; nous lui pardonnions encore moins d'avoir osé essayer de l'étendre jusqu'à l'Empereur ; nous ne pouvions lui pardonner non plus l'air gonflé et satisfait de lui-même avec lequel il l'appelait général. Certes, l'Empereur avait immortalisé ce titre ; mais le terme, le ton et l'intention étaient autant d'outrages.

En arrivant dans l'île, il avait jeté l'Empereur dans une chambre de quelques pieds en carré, et l'y avait retenu deux mois, bien qu'il existât d'autres logements dans l'île ; notamment celui que lui-même s'était adjugé. Il lui avait indirectement interdit la promenade à cheval dans l'enclos de Briars ; on avait abreuvé d'embarras et d'humiliation les officiers de l'Empereur, lorsqu'ils venaient le visiter journellement dans sa petite cellule.

Plus tard, à Longwood, il avait placé des sentinelles sous les fenêtres mêmes de l'Empereur ; et, par un tour d'esprit qui ne pouvait être que la plus amère des ironies, il prétendait que ce n'était que dans l'intérêt du général, et pour sa propre sûreté. Il ne permettait d'arriver à nous qu'avec un billet de sa part ; et, en nous mettant ainsi au secret, il disait que c'était une attention particulière pour que l'on n'importunât pas l'Empereur, et qu'il n'était là que son grand-maréchal. Il donnait un bal, et envoyait une invitation par écrit au général Bonaparte, comme à chacun de ceux de sa suite. Il répondait avec un persiflage indécent aux notes du grand-maréchal, qui employait le mot d'empereur, qu'il ne savait pas qu'il y eût aucun empereur dans l'île Sainte-Hélène, qu'il n'en connaissait aucun en Europe ou ailleurs qui fût hors de ses États. Il refusait à l'Empereur d'écrire au prince régent, à moins qu'il ne reçût la lettre ouverte, ou qu'on ne lui en donnât lecture. Il avait gêné les égards, les expressions, les sentiments d'autrui pour Napoléon ; mis aux arrêts des subordonnés, nous assurait-on, pour s'être servis de la qualification d'empereur ou autres expressions semblables, usitées souvent néanmoins par ceux du 53e, et sans doute, disait Napoléon, par un sentiment irrésistible de ces braves.

L'amiral avait limité, par son seul caprice, la direction de nos promenades. Il avait même, à cet égard, manqué de parole à l'Empereur ; il l'avait assuré, dans un moment de rapprochement, qu'il pouvait désormais aller dans toute l'île, sans que la surveillance de l'officier anglais préposé à sa garde pût même être aperçue. Mais deux ou trois jours après, au moment où Napoléon mettait le pied à l'étrier pour aller déjeuner à l'ombre, loin de notre demeure habituelle, il eut l'insigne désagrément d'être contraint de rentrer, l'officier ayant déclaré qu'il devait désormais faire partie de son groupe, et ne point le quitter d'un pas. Depuis cet instant, l'Empereur ne voulut jamais revoir l'amiral. Celui-ci d'ailleurs n'avait jamais observé les formes de bienséance les plus ordinaires, affectant toujours de choisir pour ses visites des heures inaccoutumées ; dirigeant dans la même voie les étrangers de distinction qui arrivaient dans l'île, pour éviter par là, sans doute, qu'ils ne parvinssent jusqu'à l'Empereur, qui ne manquait pas de les refuser. On a vu que l'amiral en avait agi de la sorte lors de la première visite du nouveau gouverneur ; sa joie, dans cette dernière circonstance, sur le mauvais succès de sir Hudson Lowe, n'avait que trop visiblement trahi ses intentions.

Toutefois, s'il fallait, à travers notre mauvaise humeur et la délicatesse de sa mission, résumer une opinion impartiale, nous n'hésiterions pas à convenir, à la suite de tant de griefs, que ces griefs reposaient bien plus dans les formes que dans le fond, et nous dirions, avec l'Empereur qui avait naturellement un faible pour lui, que l'amiral Cockburn est bien loin d'être un méchant homme, qu'il est même susceptible d'élans généreux et délicats, que nous en avons plusieurs fois éprouvé les effets ; mais qu'aussi, par contre, nous l'avons trouvé souvent capricieux, irascible, vain, dominateur, fort habitué à l'autorité, l'exerçant avec rudesse, mettant souvent la force à la place de la dignité. Et pour exprimer en deux mots la nature de nos rapports, nous dirions que, comme geôlier, il a été doux, humain, généreux ; nous lui devons de la reconnaissance : mais que, comme notre hôte, il a été parfois impoli, souvent pire encore, et nous avons lieu d'en être mécontents et de nous plaindre.

En relisant ce résumé pour une nouvelle impression, je ne puis me défendre d'éprouver qu'il est peut-être plus que sévère. Serait-ce que le temps aurait dissipé l'irritation dans laquelle il fut tracé, ou bien serait-ce parce que je ne suis pas né pour de longs ressentiments ; ou bien encore serait-ce enfin parce que les manières, les procédés, les actes du successeur, n'admettant de comparaison avec personne, toutes autres plaintes doivent s'effacer et disparaître au simple souvenir de ce dernier.

Sur les deux ou trois heures, l'Empereur a fait sa promenade accoutumée ; il a beaucoup causé avec nous dans le jardin, et en calèche, sur les circonstances du matin ; et la conversation sur cet objet a repris encore après le dîner. Quelqu'un a fait observer, toutefois assez plaisamment, que les deux premiers jours du gouverneur avaient été des jours de batailles, et devaient lui faire croire que nous étions intraitables, nous qui étions naturellement si doux et si patients. A ces dernières expressions, l'Empereur n'a pu s'empêcher de sourire et de pincer l'oreille de l'observateur.

On est passé de là au signalement de sir Hudson Lowe ; on l'a trouvé un homme d'environ quarante-cinq ans, d'une taille commune, mince, maigre, sec, rouge de visage et de chevelure, marqueté de taches de rousseur, des yeux obliques fixant à la dérobée et rarement en face, recouverts de sourcils d'un blond ardent, épais et fort proéminents. « Il est hideux ! a dit l'Empereur, c'est une face patibulaire. Mais ne nous hâtons pas de prononcer : le moral, après tout, peut raccommoder ce que cette figure a de sinistre ; cela ne serait pas impossible. »

JEUDI 18.

> *Convention des souverains sur Napoléon, etc.*
> *Paroles remarquables.*

Le temps avait été horrible depuis plusieurs jours : aujourd'hui il est devenu très beau ; l'Empereur est sorti de bonne heure pour se promener dans le jardin ; sur les quatre heures il est monté en calèche, et a fait une promenade plus longue que de coutume. Avant dîner, l'Empereur m'a fait appeler pour lui traduire la convention des souverains relative à sa captivité.

La voici :

CONVENTION ENTRE LA GRANDE-BRETAGNE,
L'AUTRICHE, LA PRUSSE ET LA RUSSIE,
SIGNÉE À PARIS, LE 2 AOÛT 1815.

« Napoléon Bonaparte étant au pouvoir des souverains alliés, Leurs Majestés le roi du Royaume-Uni de Grande-Bretagne et d'Irlande, l'empereur d'Autriche, l'empereur de Russie et le roi de Prusse ont agréé, en vertu des stipulations du traité du 25 mars 1815, sur les mesures les plus propres à rendre impossible toute entreprise de sa part contre le repos de l'Europe.

« *Article premier :* Napoléon Bonaparte est considéré par les puissances qui ont signé le traité du 20 mars dernier, comme leur prisonnier.

« *Art. 2 :* Sa garde est spécialement confiée au gouvernement britannique.

« Le choix de la place et des mesures qui peuvent le mieux

assurer l'objet de la présente stipulation est réservé à Sa Majesté britannique.

« *Art. 3 :* Les cours impériales d'Autriche et de Russie, et la cour royale de Prusse nommeront des commissaires pour se rendre et habiter dans la place que le gouvernement de Sa Majesté britannique aura assignée pour la résidence de Napoléon Bonaparte, et qui, sans être responsables de sa garde, s'assureront de sa présence.

« *Art. 4 :* Sa Majesté très chrétienne est invitée, au nom des quatre cours ci-dessus mentionnées, d'envoyer pareillement un commissaire français au lieu de la détention de Napoléon Bonaparte.

« *Art. 5 :* Sa Majesté le roi du Royaume-Uni de Grande-Bretagne et d'Irlande s'oblige à remplir les engagements qui lui sont assignés par la présente convention.

« *Art. 6 :* La présente convention sera ratifiée, et la ratification sera échangée dans quinze jours, ou plus tôt s'il est possible.

« En foi de quoi les plénipotentiaires respectifs ont signé la présente convention, et y ont apposé le sceau de leurs armes. »

« Fait à Paris, ce 2 août de l'année de Notre-Seigneur, 1815. »

La lecture faite, l'Empereur m'a demandé ce que j'en pensais.

« Sire, ai-je répondu, dans la position où nous nous trouvons, j'aime mieux dépendre des intérêts d'un seul que de la décision compliquée de quatre. L'Angleterre évidemment a dicté ce traité ; voyez avec quel soin elle stipule qu'elle seule répondra, disposera du prisonnier ; je ne la vois occupée qu'à nantir ses mains *du levier d'Archimède*[1] ; elle ne saurait donc avoir l'idée de le briser. »

L'Empereur, sans expliquer sa pensée sur cet objet, est passé aux différentes chances qui pouvaient amener sa sortie de Sainte-Hélène, et a dit ces paroles remarquables : « Si l'on est sage en Europe, si l'ordre s'établit partout, alors nous ne vaudrons plus ni l'argent ni les soins que nous coûtons ici, on

1. Archimède, inventeur du principe du levier ; il disait à ce propos : « Donnez-moi un point d'appui et je soulèverai le monde. »

se débarrassera de nous ; mais cela peut se prolonger encore quelques années, trois, quatre, cinq ans : autrement, et, à part les événements fortuits, qu'il n'est pas donné à l'intelligence humaine de prévoir, je ne vois guère, mon ami, que deux grandes chances bien incertaines pour sortir d'ici : le besoin que pourraient avoir de moi les rois contre les peuples débordés ; ou celui que pourraient avoir les peuples soulevés, aux prises avec les rois ; car, dans cette immense lutte du présent contre le passé, je suis l'arbitre et le médiateur naturel ; j'avais aspiré à en être le juge suprême ; toute mon administration au-dedans, toute ma diplomatie au-dehors, roulaient vers ce grand but. L'issue eût été plus facile et plus prompte ; mais le destin en a ordonné autrement. Enfin une dernière chance, et ce pourrait être la plus probable, ce serait le besoin qu'on aurait de moi contre les Russes ; car, dans l'état actuel des choses, avant dix ans, toute l'Europe peut être cosaque, ou toute en république ; voilà pourtant les hommes d'État qui m'ont renversé . . . . .

Et puis, revenant sur la décision des souverains à son égard, à son style, au fiel qu'elle témoigne : « Il est difficile de les expliquer, a-t-il dit.

« François [1] ! il est religieux et je suis son fils.

« Alexandre [2] ! nous nous sommes aimés !

« Le roi de Prusse ! je lui ai fait beaucoup de mal sans doute, mais je pouvais en faire davantage ; et puis n'y a-t-il donc pas de la gloire, une véritable jouissance à s'agrandir par le cœur !

« Pour l'Angleterre, c'est à l'animosité de ses ministres que je suis redevable de tout ; mais encore serait-ce au prince régent à s'en apercevoir, à interférer, sous peine d'être noté de fainéant ou de protéger une vulgaire méchanceté.

« Ce qu'il y a de sûr, c'est que tous ces souverains se compromettent, se dégradent, se perdent en moi... »

VENDREDI 19.

Déclaration exigée de nous.

L'Empereur avait le projet de déjeuner dans le jardin ; le grand-maréchal et Mme Bertrand étaient venus en suite de

---

1. François II d'Autriche.
2. Alexandre Ier de Russie.

cette intention. L'Empereur avait passé une mauvaise nuit, n'avait point dormi ; il a déjeuné dans son intérieur.

Le gouverneur nous a notifié officiellement que nous devions lui donner chacun notre déclaration, exprimant que nous demeurions volontairement à Longwood, et que nous nous soumettions d'avance à toutes les restrictions que nécessiterait la captivité de Napoléon. Voici la mienne :

DÉCLARATION

« Je, soussigné, réitère la déclaration que j'ai déjà faite en rade de Plymouth : vouloir m'attacher à la destinée de l'empereur Napoléon, l'accompagner, le suivre, et diminuer, autant qu'il est en mon pouvoir, l'injuste traitement qu'il éprouve par la violation la plus inouïe du droit des gens, laquelle m'est d'autant plus sensible personnellement, que c'est moi qui lui ai transmis l'offre et l'assurance du capitaine Maitland, du *Bellérophon*, comme quoi il avait les ordres de recevoir l'Empereur et sa suite sous la protection du pavillon britannique, si cela lui était agréable, et de le conduire en Angleterre.

« La lettre de l'empereur Napoléon (que connaît toute l'Angleterre) au prince régent, laquelle j'ai communiquée d'avance au capitaine Maitland, sans qu'il m'ait fait la moindre observation, démontre au monde, bien mieux que ne pourraient le faire toutes mes paroles, comme l'Empereur vint librement au-devant de cette offre d'hospitalité, et combien, par conséquent, on l'a rendu la dupe de sa confiance et de sa bonne foi.

« Aujourd'hui, malgré l'expérience que j'ai de l'horrible séjour de l'île de Sainte-Hélène, si contraire à la santé de l'Empereur et à celle de tout Européen, et quoique, depuis six mois que nous sommes dans l'île, j'aie éprouvé toute espèce de privations, lesquelles je multiplie journellement moi-même pour m'exposer le moins possible au manque d'égards que réclament mon rang et mes habitudes ; toutefois, constant dans les mêmes sentiments, et résolu désormais à ce que la crainte d'aucun mal, l'espoir d'aucun bien, ne pussent me séparer de l'empereur Napoléon, je réitère mon désir de vouloir demeurer auprès de lui, en me soumettant aux restrictions qui lui seraient arbitrairement imposées. »

SAMEDI 20.

> *Visite d'adieu de l'ancien gouverneur. Conversation remarquable. Saillie d'un vieux soldat anglais.*

Le colonel Wilks, repassant en Europe, est arrivé avec sa fille pour prendre congé de l'Empereur ; elle a été présentée par Mme Bertrand. J'ai déjà dit que le colonel Wilks était l'ancien gouverneur de la colonie, pour la compagnie des Indes ; c'est lui que l'amiral avait remplacé en cette qualité, au nom du roi, lorsque notre translation à Sainte-Hélène avait fait passer cette île des mains de la compagnie dans celles du gouvernement.

L'Empereur était ce matin d'une gaieté remarquable ; il a causé quelque temps avec ces dames, puis il s'est retiré avec M. Wilks dans une embrasure de fenêtre, me faisant suivre pour servir d'interprète.

Le colonel Wilks, comme je l'ai déjà peut-être dit, a été longtemps agent diplomatique de la compagnie dans la péninsule indienne ; il a écrit une histoire de ces régions, a beaucoup de connaissances, surtout en chimie ; c'était donc un militaire, un littérateur, un diplomate, un chimiste. L'Empereur l'a questionné sur tous ces objets, et les a traités lui-même avec beaucoup d'abondance et d'éclat ; la conversation a été longue, vive et variée, elle a duré plus de deux heures. Voici les principaux traits que j'en ai retenus. Je me répéterai peut-être, car l'Empereur et le colonel Wilks avaient déjà eu, il y a quelques mois, une longue conversation précisément sur les mêmes objets ; mais n'importe, ces objets sont d'un tel intérêt que j'aime mieux encore répéter quelque chose que de rien laisser perdre.

L'Empereur lui a d'abord parlé de l'armée anglaise, de son organisation, et surtout de son mode d'avancement ; il l'a opposée à la nôtre, et a répété ce que j'ai dit ailleurs sur son excellente composition, les avantages de notre conscription, l'esprit valeureux des Français.

Passant à la politique, il a dit : « Vous avez perdu l'Amérique par l'affranchissement ; vous perdrez l'Inde par l'invasion. La première perte était toute naturelle : quand les enfants deviennent grands, ils font bande à part ; mais pour les Indous, ils ne grandissent pas, ils demeurent toujours enfants ; aussi la catastrophe ne viendra que du dehors. Vous ne savez pas tous les dangers dont vous avez été menacés par mes armes ou par mes négociations, etc., etc.

« Mon système continental !... Vous en avez ri peut-être ? – Sire, a dit le colonel, nous en avons fait le semblant ; mais tous les gens sensés ont senti le coup. – Eh bien, a continué l'Empereur, moi, je me suis trouvé seul de mon avis sur le continent ; il m'a fallu pour l'instant employer partout la violence. Enfin l'on commence à me comprendre, déjà l'arbre porte son fruit : j'ai commencé, le temps fera le reste.

« Si je n'eusse succombé, j'aurais changé la face du commerce, aussi bien que la route de l'industrie : j'avais naturalisé au milieu de nous le sucre, l'indigo ; j'aurais naturalisé le coton, et bien d'autres choses encore : on m'eût vu déplacer des colonies, si l'on se fût obstiné à ne pas nous en donner une portion.

« L'impulsion chez nous était immense ; la prospérité, les progrès croissaient sans mesure ; et pourtant vos ministres répandaient par toute l'Europe que nous étions misérables et que nous retombions dans la barbarie. Aussi le vulgaire des Alliés a-t-il été étrangement surpris à la vue de notre intérieur, aussi bien que vous autres, qui en êtes demeurés déconcertés, etc.

« Le progrès des lumières en France était gigantesque, les idées partout se rectifiaient et s'étendaient, parce que nous nous efforcions de rendre la science populaire. Par exemple, on m'a dit que vous étiez très fort sur la chimie, eh bien ! je suis loin de prononcer de quel côté de l'eau se trouve le plus habile ou les plus habiles chimistes... – En France, a dit aussitôt le colonel. – Peu importe, continue l'Empereur ; mais je maintiens que dans la masse française il y a dix et peut-être cent fois plus de connaissances chimiques qu'en Angleterre ; parce que les diverses branches industrielles l'appliquent aujourd'hui à leur travail ; et c'était là un des caractères de mon école : si l'on m'en eût laissé le temps, bientôt il n'y aurait plus eu de métiers en France, tous eussent été des arts, etc., etc. »

Enfin, il a terminé par ces mots remarquables : « L'Angle-

terre et la France ont tenu dans leurs mains le sort de la terre,
celui surtout de la civilisation européenne. Que de mal nous
nous sommes fait ! que de bien nous pouvions faire !

« Sous l'école de Pitt, nous avons désolé le monde, et pour
quel résultat ? Vous avez imposé quinze cents millions à la
France, et les avez fait lever par des Cosaques. Moi, je vous
ai imposé sept milliards et les ai fait lever de vos propres
mains, par votre parlement, et aujourd'hui encore, même
après la victoire, est-il bien certain que vous ne succombiez
pas tôt ou tard sous une telle charge ?

« Avec l'école de Fox, nous nous serions entendus . . . .
nous eussions accompli, maintenu l'émancipation des peuples, le règne des principes ; il n'y eût eu en Europe qu'une
seule flotte, une seule armée ; nous aurions gouverné le
monde, nous aurions fixé chez tous le repos et la prospérité,
ou par la force ou par la persuasion . . . .
Oui, encore une fois, que de mal nous avons fait ! que de
bien nous pouvions faire. »

Jamais Napoléon n'avait été plus causant, et il rit plus
d'une fois de la volubilité avec laquelle je m'efforçais de
rendre la rapidité de ses expressions ; pour le colonel, il nous
quitta saisi, confondu, ébloui.

Après son départ, l'Empereur a continué de causer longtemps dans le salon, il a ensuite gagné le jardin en dépit du
mauvais temps ; il a fait appeler tout le monde ; il a voulu
faire connaître et lire les déclarations que nous avions faites :
elles sont devenues le sujet de la conversation . . . .

Quatre bâtiments sont arrivés aujourd'hui d'Europe ; ils
amenaient le 66e, et avaient quitté l'Angleterre avant le départ
du *Phaéton*, frégate qui a amené le nouveau gouverneur, sir
Hudson Lowe.

Après le dîner, l'Empereur nous a raconté fort plaisamment
le dire du plus vieux soldat du 53e, qui, l'ayant vu hier pour
la première fois, était retourné à ses camarades en leur
disant : « On m'avait bien trompé, on m'avait assuré que
Napoléon était si vieux ; mais il n'en est rien : le b... a encore
au moins soixante campagnes dans le corps. »

Nous étions jaloux de ce propos, disions-nous, il était trop
français, nous le réclamions pour un de nos grenadiers ; et
nous avons raconté à notre tour à l'Empereur un grand nombre de bons mots de nos soldats, durant son absence et lors

de son retour ; il en a été fort amusé. Un surtout l'a fait beaucoup rire, c'était la réponse d'un grenadier, à Lyon.

On y passait une grande revue, lors du débarquement de l'île d'Elbe : le chef rappelait aux soldats qu'ils étaient bien vêtus, bien nourris, que leur solde était à jour ; à quoi le grenadier auquel il s'adressait répondait à chaque observation : « Oui, assurément. – Eh bien ! conclut le chef d'un air confiant et proscripteur, vous n'étiez pas de la sorte avec Bonaparte ? il y avait de l'arriéré, on vous devait ? – Eh ! qu'est-ce que cela fait, repartit vivement le grenadier, s'il nous plaisait de lui faire crédit. »

DIMANCHE 21.

> *Message de l'Empereur au prince régent. Paroles caractéristiques. Portefeuille perdu à Waterloo. Sur les ambassadeurs. M. de Narbonne. Après Moscou, l'Empereur sur le point d'être arrêté en Allemagne. Compte de toilette de l'Empereur. Budget d'un ménage dans les capitales de l'Europe. L'ameublement de la maison de la rue de la Victoire. Ameublement des palais impériaux. Moyens de vérification de Napoléon.*

L'Empereur m'a fait demander au jardin, sur les quatre heures, pour servir d'interprète. Un capitaine Hamilton, commandant la frégate *la Havane*, partait le lendemain pour l'Europe. Il était venu prendre congé de l'Empereur avec tous ses officiers.

Le capitaine Hamilton parlait français. Quand je suis arrivé, l'Empereur s'exprimait avec chaleur.

« On veut savoir ce que je désire, disait-il ; je demande ma liberté ou un bourreau ! Rapportez ces paroles à votre prince régent. Je ne demande plus des nouvelles de mon fils, puisqu'on a eu la barbarie de laisser mes premières demandes sans réponse.

« Je n'étais point votre prisonnier : les sauvages eussent eu plus d'égards pour ma position. Vos ministres ont indignement violé en moi le droit sacré de l'hospitalité, ils ont entaché votre nation pour jamais ! »

Le capitaine Hamilton s'étant hasardé de répondre que

l'Empereur n'était pas prisonnier de l'Angleterre seule, mais de tous les Alliés, l'Empereur a repris avec chaleur :

« Je ne me suis point livré à la Russie, elle m'eût bien reçu sans doute ; je ne me suis point livré à l'Autriche, j'en aurais été également bien traité ; mais je me suis livré, librement et de mon choix, à l'Angleterre, parce que je croyais à ses lois, à sa morale publique. Je me suis cruellement trompé ! Toutefois il est un Ciel vengeur, et tôt ou tard vous porterez les peines d'un attentat que les hommes vous reprochent déjà !... Redites tout cela au prince régent, monsieur. » Et accompagnant ces dernières paroles d'un geste de la main, il le congédia.

Nous avons continué de marcher quelque temps encore. Le grand-maréchal, qui avait accompagné quelques pas M. Hamilton, étant revenu, nous avons cru devoir le laisser tête à tête avec l'Empereur ; mais à peine rentré dans ma chambre, il m'a fait appeler. Il était seul dans la sienne, et m'a demandé si je ne m'étais pas assez retiré dans la journée. Je lui ai dit que le respect seul et la discrétion m'avaient ôté d'auprès de lui. A quoi il m'a répondu que c'était un tort, qu'il n'y avait ici rien de mystérieux ni de secret. « Et puis, a-t-il ajouté, une certaine liberté, un certain abandon ont bien aussi leur charme. »

Ces paroles, découlées négligemment de la bouche de Napoléon, peuvent servir à le peindre plus que beaucoup de pages.

Nous avons alors parcouru une publication anglaise, renfermant les pièces officielles trouvées dans le portefeuille qui lui a été enlevé à Waterloo. L'Empereur, étonné lui-même de tous les ordres qu'il donnait presque à la fois, des détails sans nombre qu'il dirigeait sur tous les points de l'Empire, a dit : « Cette publication, après tout, ne saurait me faire du mal ; elle fera dire à bien des gens que ce qu'elle contient n'est pas d'un homme qui dormait ; on me comparera aux légitimes, je n'y perdrai pas. »

Après le dîner, l'Empereur a causé longtemps de sujets rompus. En parlant de ses ambassadeurs, il a trouvé que M. de Narbonne était le seul qui eût bien mérité ce titre et rempli vraiment cette fonction. « Et cela, disait-il, par l'avantage personnel, non seulement de son esprit, mais bien plus encore par celui de ses mœurs d'autrefois, de ses manières, de son nom. Car, tant qu'on n'a qu'à prescrire, le premier venu suffit, tout est bon ; peut-être même l'aide de camp est-il préférable ; mais dès qu'on en est réduit à négocier, c'est autre chose ; alors à la vieille aristocratie des cours de l'Europe on ne doit plus présenter que des éléments de cette même aristocratie ; car elle aussi est une espèce de maçonnerie : un Otto, un Andréossy entreront-ils dans les salons de Vienne ? aussitôt les épanchements de l'opinion se tairont, les habitudes de mœurs cesseront ; ce sont des intrus, des profanes ; les mystères doivent être interrompus. C'est le contraire pour un Narbonne, parce qu'il y a affinité, sympathie, identité ; et telle femme de la vieille roche livrera peut-être sa personne à un plébéien, et ne lui découvrira pas les secrets de l'aristocratie. »

L'Empereur aimait beaucoup M. de Narbonne, il s'y était fort attaché, disait-il, et le regretta vivement. Il ne l'avait fait son aide de camp que parce que Marie-Louise, ajoutait-il, par une intrigue de son entourage, l'avait refusé pour chevalier d'honneur ; poste qui était tout à fait son lot, disait Napoléon. « Jusqu'à son ambassade, répétait-il, nous avions été dupes de l'Autriche. En moins de quinze jours, M. de Narbonne eut tout pénétré, et M. de Metternich se trouva fort gêné de cette nomination.

« Toutefois, remarquait l'Empereur, ce que peut faire la fatalité ! les succès mêmes de M. de Narbonne m'ont perdu peut-être ; ses talents m'ont été du moins bien plus nuisibles qu'utiles : l'Autriche, se croyant devinée, jeta le masque et précipita ses mesures. Avec moins de pénétration de notre part, elle eût prolongé quelque temps encore ses indécisions naturelles, et durant ce temps d'autres chances pouvaient s'élever. »

Quelqu'un ayant parlé des ambassades de Dresde et de Berlin, et penchant à blâmer nos agents diplomatiques dans ces cours, lors de la crise du retour de Moscou, l'Empereur a répondu que le vice, à cet instant, n'avait point été dans les personnes, mais bien dans les choses, que chacun avait pu prévoir d'un coup d'œil ce qui pouvait arriver ; que lui n'en avait pas été la dupe une minute. Que s'il n'avait pas ramené l'armée lui-même à Wilna et en Allemagne, ce n'avait été que par la crainte de ne pouvoir regagner la France de sa personne. Il avait voulu remédier, disait-il, à ce péril

imminent par de l'audace et de la rapidité, en traversant toute
la Germanie, seul et vite. Toutefois, il s'était vu à l'instant
d'être retenu en Silésie : « Mais heureusement, disait-il, les
Prussiens passèrent à se consulter le moment qu'ils eussent
dû employer à agir. Ils firent comme les Saxons pour Charles XII, qui disait gaiement à sa sortie de Dresde, dans une
occasion semblable : Vous verrez qu'ils délibéreront demain
s'ils auraient bien fait de m'arrêter aujourd'hui, etc. »

L'Empereur, avant dîner, m'a fait appeler dans son cabinet
pour faire quelques thèmes anglais ; il venait, me disait-il,
de faire son compte de toilette ; elle lui coûtait quatre napoléons par mois. Nous avons beaucoup ri de l'immensité du
budget. Il m'a parlé de faire venir ses vêtements, ses souliers,
ses bottes, de ses ouvriers ordinaires, qui avaient ses mesures.
J'y trouvais de graves inconvénients ; mais ce qui devait nous
mettre d'accord, lui disais-je, c'est que bien certainement on
ne le permettrait pas.

« Il est dur, pourtant, disait-il, de me trouver sans argent,
et je veux régulariser quelque chose à cet égard. Aussi, dès
que le bill qui doit fixer notre situation ici nous sera notifié,
je m'arrangerai pour avoir un crédit annuel de sept ou huit
mille napoléons sur Eugène. Il ne saurait s'y refuser, il tient
de moi plus de quarante millions peut-être ; et puis ce serait
faire injure à ses sentiments personnels que d'en douter.
D'ailleurs, nous avons de grands comptes à régler ensemble ;
je suis sûr que si j'avais chargé une commission de mes
conseillers d'État d'un rapport à ce sujet, elle m'eût présenté
sur lui une reprise de dix à douze millions au moins. »

A dîner, l'Empereur nous a questionnés sur ce qui était
nécessaire, disait-il, pour un garçon, dans une capitale de
l'Europe, ou pour un ménage raisonnable, ou enfin pour un
ménage de luxe.

Il aime ces questions et ces calculs, et les traite avec une
grande sagacité, et des détails toujours curieux.

Chacun de nous a présenté ses budgets, et l'on s'est
accordé, pour Paris, à quinze mille, quarante mille et cent
mille francs. L'Empereur s'est arrêté sur l'extrême différence
qu'il y avait entre le prix des choses et celui des mêmes
choses, suivant les personnes et les circonstances.

« En quittant l'armée d'Italie, a-t-il dit, pour venir à Paris,
Mme Bonaparte avait écrit qu'on meublât, avec tout ce qu'il

y avait de mieux, une petite maison que nous avions rue de la Victoire. Cette maison ne valait pas plus de quarante mille francs. Quelle fut ma surprise, mon indignation et ma mauvaise humeur, quand on me présenta le compte des meubles du salon, qui ne me semblaient rien de très extraordinaire, et qui montaient pourtant à la somme énorme de cent vingt à cent trente mille francs. J'eus beau me défendre, crier, il fallut payer. L'entrepreneur montrait la lettre qui demandait tout ce qu'il y avait de mieux : or, tout ce qui était là était de nouveaux modèles faits exprès, il n'y avait pas de juge de paix qui ne m'eût condamné. »

De là, l'Empereur est passé aux prix fous demandés pour les ameublements des palais impériaux, aux grandes économies qu'il y avait introduites. Il nous a donné le prix du trône, celui des ornements impériaux, etc., etc. Quoi de plus curieux que de tenir de sa bouche ces détails, ces comptes, le mode de ses économies ! Combien je regrette de ne les avoir pas consignés dans le temps ! Mais veut-on connaître un de ses moyens de vérification : il revenait aux Tuileries, qu'on avait magnifiquement meublées en son absence ; on n'eut rien de plus pressé que de lui faire voir et admirer le tout : il s'en montre très satisfait, et s'arrêtant à une embrasure de fenêtre, devant une fort riche tenture, il demande des ciseaux, coupe un superbe gland d'or en pendant, le met froidement dans sa poche, et continue son inspection, au grand étonnement de ceux qui le suivaient, incertains, et cherchant à deviner son motif.

A quelques jours de là, à son lever, le gland ressort de sa poche ; et le remettant à celui qui était chargé des ameublements : « Tenez, mon cher, lui dit-il, Dieu me garde de penser que vous me volez ; mais on vous vole ; vous avez payé ceci un tiers au-dessus de sa valeur : on vous a traité en intendant de grand seigneur, vous eussiez pu faire un meilleur marché si vous n'aviez pas été connu. »

C'est que Napoléon, dans une de ses promenades matinales, et déguisé, ce qui lui arrivait fréquemment, était entré dans plusieurs magasins de la rue Saint-Denis ; avait fait évaluer ce qu'il avait emporté, proposé des entreprises analogues, et amené le résultat, disait-il, à sa plus simple expression. Chacun connaissait son faire à cet égard, et c'était là, disait-il encore, ses grands moyens d'économie domestique, qui, malgré une extrême magnificence d'ailleurs, était portée au dernier degré d'exactitude et de régularité. En dépit de ses immenses occupations, il révisait lui-même tous ses propres comptes ; mais il avait sa manière : on les lui présentait toujours par spécialité ; il s'arrêtait sur le premier article venu, le sucre par exemple, et trouvant des milliers de livres, il prenait une plume et demandait au comptable : « Combien de personnes dans ma maison, monsieur ? » (et il fallait pouvoir lui répondre sur-le-champ). « – Sire, tant. – A combien de livres de sucre par jour les portez-vous l'une dans l'autre ? – Sire, à tant. » Il faisait aussitôt son calcul, et se montrait satisfait, ou s'écriait en lui rejetant son papier : « Monsieur, je double votre propre estimation, et vous dépassez encore énormément ; votre compte est donc faux ? Recommencez tout cela, et montrez-moi plus d'exactitude. » Et il suffisait de ce seul calcul, de cette seule algarade, faisait-il observer, pour tenir chacun dans la plus stricte régularité. Aussi disait-il parfois de son administration privée, comme de son administration publique : « J'ai introduit un tel ordre, j'emploie de telles contre-épreuves, que je ne puis être volé de beaucoup. Si je le suis encore, je le laisse sur la conscience du coupable ; il n'en sera pas étouffé, cela ne saurait être lourd. »

LUNDI 22 AU JEUDI 25.

> *Le gouverneur visite ma chambre.*
> *Critique du* Mahomet *de Voltaire.*
> *Du Mahomet de l'histoire. Grétry.*

Depuis plusieurs jours le temps a été très mauvais. L'Empereur a discontinué ses promenades du matin, son travail est devenu plus régulier, il a dicté chaque jour sur l'époque des événements de 1814.

Sir Hudson Lowe est venu visiter l'établissement ; il est entré chez moi, et y est demeuré un quart d'heure. Il m'a dit être fâché de la manière dont nous nous trouvions ; nos demeures étaient plutôt des bivouacs, convenait-il, que des chambres. Et il avait raison : le papier goudronné dont on s'était servi pour la couverture cédait déjà à la chaleur du climat ! quand il faisait du soleil, j'étouffais ; quand il pleuvait, j'étais inondé.

Il allait donner l'ordre d'y remédier autant que possible, disait-il, et a ajouté poliment qu'il avait apporté avec lui quinze cents à deux mille volumes français ; que dès qu'ils seraient mis en ordre, il se ferait un plaisir de les mettre à notre disposition, etc., etc.

Racine et Voltaire ont fait les frais de ces soirées. *Phèdre, Athalie*, qui nous étaient lus par l'Empereur, ont fait nos délices. Il ajoutait des observations et des commentaires qui leur donnaient un nouveau prix.

Mahomet a été l'objet de sa plus vive critique, dans le caractère et dans les moyens. Voltaire, disait l'Empereur, avait ici manqué à l'histoire et au cœur humain. Il prostituait le grand caractère de Mahomet par les intrigues les plus basses. Il faisait agir un grand homme qui avait changé la face du monde, comme le plus vil scélérat, digne au plus du gibet. Il ne travestissait pas moins inconvenablement le grand caractère d'Omar, dont il ne faisait qu'un coupe-jarrets de mélodrame et un vrai masque...

Voltaire péchait ici surtout par la base, en attribuant à l'intrigue ce qui n'appartient qu'à l'opinion. « Les hommes qui ont changé l'univers, faisait observer l'Empereur, n'y sont jamais parvenus en gagnant des chefs ; mais toujours en remuant des masses. Le premier moyen est du ressort de l'intrigue, et n'amène que des résultats secondaires ; le second est la marche du génie, et change la face du monde ! »

De là, l'Empereur, passant à la vérité historique, doutait de tout ce qu'on attribuait à Mahomet. « Il en aura été sans doute de lui comme de tous les chefs de sectes, disait-il. Le Coran, ayant été fait trente ans après lui, aura consacré bien des mensonges. Alors l'empire du prophète, sa doctrine, sa mission étant déjà fondés, accomplis, on a pu, on a dû parler en conséquence. Néanmoins il reste encore à expliquer comment l'événement prodigieux dont nous sommes certains, la conquête du monde, a pu s'opérer en si peu de temps ; cinquante ou soixante ans ont suffi. Par qui a-t-elle été opérée ? par des peuplades du désert, peu nombreuses, ignorantes, nous dit-on, mal aguerries, sans discipline, sans système. Et pourtant elles agissaient contre le monde civilisé, riche de tant de moyens ! Ici le fanatisme ne saurait suffire ; car il lui a fallu le temps de se créer lui-même, et la carrière de Mahomet n'a été que de treize ans... »

L'Empereur pensait qu'indépendamment des circonstances fortuites qui amènent parfois les prodiges, il fallait encore qu'il y eût ici, en arrière, quelque chose que nous ignorons. Que l'Europe avait sans doute succombé sous les résultats de quelque cause première qui nous demeurait cachée ; que peut-être ces peuples, surgis tout à coup du fond des déserts, avaient eu chez eux de longues guerres civiles, parmi lesquelles s'étaient formés de grands caractères, de grands talents, des impulsions irrésistibles ; ou quelque autre cause de cette nature, etc.

En somme, Napoléon, sur les affaires de l'Orient, s'éloignait beaucoup des croyances communes, tirées de nos livres habituels. Il avait à cet égard des idées tout à fait à lui, et pas bien arrêtées, disait-il ; et c'était son expédition d'Égypte qui avait amené ce résultat dans son esprit.

« Il est étonnant, pour revenir à Voltaire, disait-il, combien peu il supporte la lecture. Quand la pompe de la diction, les prestiges de la scène ne trompent plus l'analyse ni le vrai goût, alors il perd immédiatement mille pour cent. On ne croira qu'avec peine, continuait-il, qu'au moment de la Révolution, Voltaire eût détrôné Corneille et Racine : on s'était endormi sur les beautés de ceux-ci, et c'est au Premier consul qu'est dû le réveil. »

Et l'Empereur disait vrai. Il est sûr que c'est en nous ramenant à la civilisation, qu'il nous a ramenés au bon goût. C'est lui qui fit reparaître alors tous nos chefs-d'œuvre nationaux dramatiques et lyriques, jusqu'aux pièces mêmes proscrites par la politique : ainsi on revit *Richard Cœur de Lion*[1], qu'un tendre intérêt avait comme consacré aux Bourbons.

« Le pauvre Grétry m'en sollicitait depuis longtemps, nous disait un jour l'Empereur, et je hasardais en l'accordant une épreuve redoutable ; on me prédisait de grands scandales. La représentation eut lieu néanmoins sans nul inconvénient ; alors j'ordonnai de la répéter huit jours, quinze jours de suite, jusqu'à indigestion. Le charme rompu, *Richard* a continué d'être joué sans qu'on y songeât davantage, jusqu'au moment

1. Voir l'*Index* à Richard Iᵉʳ. Son frère Jean sans Terre usurpa son trône et ce thème a inspiré Grétry.

où les Bourbons à leur tour l'ont proscrit, parce qu'un tendre intérêt le consacrait désormais à ma personne. »

Étrange vicissitude, qui s'est renouvelée encore, nous a-t-on dit, pour le drame du *Prince Édouard* ou du *Prétendant en Écosse*[1]. L'Empereur l'avait interdit à cause des Bourbons, et les Bourbons viennent de l'interdire à cause de l'Empereur.

VENDREDI 26.

> *Ma visite à Plantation-House. Insinuation. Première méchanceté de sir Hudson Lowe. Proclamations de Napoléon. Sa politique en Égypte. Aveu d'acte illégal.*

J'ai été à Plantation-House faire ma visite. Lady Lowe m'a paru belle, aimable, un tant soit peu actrice. Sir Hudson Lowe l'a épousée peu de temps avant son départ d'Europe, et précisément, nous a-t-on dit, pour l'aider à faire les honneurs de la colonie. J'ai compris que cette dame était veuve d'un des officiers de l'ancien régiment de sir Hudson Lowe, et sœur d'un colonel tué à Waterloo.

Le gouverneur m'a témoigné une politesse et une bienveillance toutes particulières, qui m'ont frappé. Nous étions de connaissance depuis longtemps, sans que je m'en doutasse, m'a-t-il dit. Depuis longtemps, l'*Atlas de M. Le Sage*, continuait-il, avait charmé ses instants, sans qu'il pût imaginer certainement alors la circonstance qui lui ferait connaître son auteur. Il s'était procuré cet ouvrage en Sicile, où il l'avait fait venir de Naples en contrebande. Il ne tarissait pas sur les louanges données à l'atlas ; il avait souvent lu la bataille d'Iéna avec le général Blücher, au quartier général duquel il était commissaire de sa nation, dans la campagne de 1814 ; il avait toujours admiré les expressions libérales, l'esprit de modération et d'impartialité avec lesquels l'Angleterre, bien qu'ennemie, y était constamment traitée ; mais certains passages équivoques l'avaient grandement frappé dans le temps, remarquait-il ; c'étaient des passages d'opposition ou de censure envers celui qui nous gouvernait. Il les expliquait par ma qualité et mes doctrines d'ancien émigré ; et aujourd'hui

1. Pièce d'Alexandre Duval. Elle a pour objet l'usurpation d'un trône.

cela lui semblait une singulière contradiction de me retrouver ici, auprès de cette personne.

Or, nous venions d'apprendre que sir Hudson Lowe avait toujours été en Italie un chef de haute police, un agent actif d'espionnage et d'embauchage. Je n'ai pu me défendre, je l'avoue, de soupçonner, dans cette conversation, certaine insinuation. S'il en eût été ainsi, et l'Empereur n'en a pas douté, la chose était assez bien embarquée de sa part ; et si je me fusse moins respecté, je pouvais lui faire beau jeu et le laisser aller fort loin ; mais je me suis contenté de répondre qu'il s'était tout à fait mépris sur l'application des passages équivoques, et qu'ils ne pouvaient s'adresser à Napoléon, puisqu'il me voyait auprès de lui.

J'ai trouvé chez moi au retour deux ouvrages français que sir Hudson Lowe m'avait envoyés dès le matin, avec un billet dans lequel il exprimait son espoir qu'ils seraient agréables à l'Empereur. Le croirait-on ? le premier de ces ouvrages était l'*Ambassade de Varsovie*, par l'abbé de Pradt... *Première méchanceté de sir Hudson Lowe !* car c'était une nouveauté, il est vrai, mais un véritable libelle, uniquement dirigé contre Napoléon.

Quant au second, au premier instant je l'ai cru un trésor, j'ai pensé qu'il allait tout à fait nous tenir lieu des *Moniteurs*, et nous fournir tous les matériaux qui nous manquaient. C'était le *Recueil des proclamations et de toutes les pièces officielles de Napoléon*, comme *général*, comme *Premier consul*, comme *empereur* ; mais il était du libelliste Goldsmith, fort incomplet ; les plus beaux bulletins sont supprimés, etc. Toutefois, dans cet état d'imperfection, ce recueil demeure encore le plus beau monument qu'aucun homme ait jamais laissé sur la terre.

L'Empereur, après le dîner, s'est amusé à lire dans Goldsmith quelques-unes de ses proclamations à l'armée d'Italie. Elles réagissaient sur lui-même, il s'y complaisait, il en était ému. « Et ils ont osé dire que je ne savais pas écrire ! » s'est-il écrié.

Il est ensuite passé aux proclamations d'Égypte, et a beaucoup plaisanté sur celle dans laquelle il se donnait comme inspiré et envoyé de Dieu. « C'était du charlatanisme, convenait-il, mais du plus haut. D'ailleurs, tout cela n'était que pour être traduit en beaux vers arabes, et par un de leurs scheiks les plus habiles. Mes Français, disait-il, ne faisaient qu'en rire, et leurs dispositions à cet égard étaient telles, en Italie, et en Égypte, que pour pouvoir les ramener à entendre citer la religion, j'étais obligé d'en parler fort légèrement moi-même, de placer les juifs à côté des chrétiens, les rabbins à côté des évêques. »

Du reste il était faux que, comme on le disait dans Goldsmith, il se fût jamais habillé en musulman ; s'il était jamais entré dans une mosquée, cela avait toujours été, disait-il, comme vainqueur, jamais comme fidèle (je renvoie à cet égard aux campagnes d'Égypte) ; il donnait trop à la gravité, avait trop de respect de lui-même pour avoir jamais laissé échapper aucun signe équivoque à ce sujet.

« Et après tout, ajoutait-il gaiement, ce n'est pas qu'il eût été impossible que les circonstances m'eussent amené à embrasser l'islamisme ; et, comme disait cette bonne reine de France : *Vous m'en direz tant !*... Mais ce n'eût été qu'à bonne enseigne ; il m'eût fallu pour cela au moins jusqu'à l'Euphrate. Le changement de religion, inexcusable pour des intérêts privés, peut se comprendre peut-être par l'immensité de ses résultats politiques. Henri IV avait bien dit : *Paris vaut bien une messe* [1]. Croit-on que l'empire d'Orient et peut-être la sujétion de toute l'Asie n'eussent pas valu un turban et des pantalons ; car c'est au vrai uniquement à quoi cela se fût réduit. Les grands scheiks s'étaient étudiés à nous faire beau jeu, ils avaient aplani les grandes difficultés ; ils permettaient le vin et nous faisaient grâce de toute formalité corporelle ; nous ne perdions donc que nos culottes et un chapeau. Je dis nous, car l'armée, disposée comme elle l'était, s'y fût prêtée indubitablement, et n'y eût vu que du rire et des plaisanteries. Cependant voyez les conséquences ! je prenais l'Europe à revers, la vieille civilisation européenne demeurait cernée, et qui eût songé alors à inquiéter le cours des destinées de notre France, ni celui de la régénération du siècle !

« Qui eût osé l'entreprendre ? Qui eût pu y parvenir ? etc. »

L'Empereur, continuant de parcourir Goldsmith, est tombé

1. Phrase qu'Henri IV aurait prononcée en se convertissant au catholicisme, afin d'obtenir l'accord de la population parisienne pour monter sur le trône.

par hasard sur l'acte des consuls qui cassait le commandant de Mantoue [1], pour la reddition de sa place. « C'était un acte illégal, tyrannique, sans doute, a-t-il dit, mais ici c'était un mal nécessaire, c'était la faute des lois. Il était cent fois, mille fois coupable, et pourtant il est douteux que nous l'eussions fait condamner. Son acquittement eût produit le plus mauvais effet. Nous le frappâmes donc avec l'arme de l'opinion ; mais, je le répète, c'est un acte tyrannique, un de ces coups de boutoir indispensablement nécessaires parfois, au milieu des grandes nations, et dans les grandes circonstances. »

SAMEDI 27.

Première insulte, première barbarie
de sir Hudson Lowe. Traits caractéristiques.

Le gouverneur sir Hudson Lowe est venu sur les deux heures. Il a fait demander à l'Empereur son agrément pour qu'on fît comparaître tous ses domestiques devant lui. *Première insulte de sir Hudson Lowe.*

Il voulait probablement vérifier s'ils avaient fait leurs déclarations avec pleine et libre volonté. M. de Montholon, chargé du service de la maison, a répondu, au nom de l'Empereur, à sir Hudson Lowe que Sa Majesté ne pouvait imaginer qu'on eût la prétention de mettre le doigt entre lui et son valet de chambre ; que si on demandait sa permission il la refusait ; que si les instructions portaient cette mesure, on avait la force, on pouvait la remplir ; que ce serait un outrage de plus, ajouté à ceux que le ministère anglais accumulait sur sa tête.

Je les ai joints à cet instant ; il m'a été aisé de voir que les deux interlocuteurs étaient peu satisfaits l'un de l'autre. Après quelques moments de silence et de mécontentement apparent, le gouverneur s'adressant à moi m'a dit qu'il semblait qu'autour de l'Empereur on ne cherchât qu'à créer des désagréments et des embarras. Il m'a mis au courant ; je lui ai fait observer qu'il était assez simple que l'Empereur ayant une maison, qu'il n'avait pas demandée, il n'y voulût pas de son gré aucune interférence étrangère. Que si lui, gouverneur,

1. Latour-Foissac (1799).

avait quelques doutes à éclaircir relativement aux domestiques, il avait deux systèmes à suivre : des voies indirectes, inaperçues, qui ne blessent point, ou bien la force et l'autorité ; qu'il possédait celle-ci, et que rien ne pouvait le gêner à cet égard : mais que la route qu'il prenait était fort éloignée de nos mœurs. Que l'Empereur, du reste, voulait se montrer l'homme le plus tranquille du monde, dans sa situation nouvelle ; qu'il se retirait en lui-même, ne voulant, ne demandant rien ; sentant, dévorant tout ; que la fortune avait pu lui arracher la puissance ; mais que rien ne pouvait le dépouiller du respect de lui-même ; que la connaissance, la délicatesse de sa dignité étaient les seules choses qui lui restassent, dont il pût se dire le maître.

Toutefois les domestiques vinrent : M. de Montholon et moi nous nous mîmes à l'écart, pour ne pas sanctionner une telle mesure par notre présence. Le gouverneur leur parla et vint nous joindre ensuite, nous disant : « Je suis content à présent, je puis mander à mon gouvernement que tous ont signé de plein gré et de leur bonne volonté. »

Il lui restait pourtant de l'humeur sans doute ; car il se mit, assez hors de propos, à nous vanter la beauté du site, nous disant qu'après tout nous n'étions pas si mal. Et comme nous lui disions que dans ce climat brûlant nous restions sans ombrage, sans un seul arbre. *On en plantera*, nous dit-il. Quel mot atroce ! *Première barbarie de sir Hudson Lowe !* et il nous a quittés.

Vers les cinq heures, l'Empereur est monté en voiture pour faire un tour de promenade. En sortant de chez lui, il nous a dit : « *Messieurs, un homme de moins, et j'étais le maître du monde !* Cet homme, le devinez-vous ? » Nous écoutions... « Eh bien ! c'est l'abbé de Pradt, a-t-il dit, l'aumônier du dieu Mars [1]. » Nous nous sommes mis à rire.

« Je n'en impose pas, a-t-il continué, c'est ainsi qu'il commence dans son *Ambassade de Varsovie*, vous pouvez le lire. C'est un bien méchant ouvrage contre moi ; un vrai libelle, dans lequel il m'accable de torts, d'injures, de calomnies. Mais, soit que j'aie été bien disposé, soit qu'il n'y ait, comme on dit, que la vérité qui blesse, il n'a fait que me faire rire, il m'a vraiment amusé. »

1. Dieu de la guerre.

Au retour de la promenade l'Empereur est rentré chez lui et a travaillé avec l'un de ces messieurs.

Deux de nous avaient parfois des différends. On ne le trouve ici que parce que j'y rencontre des traits caractéristiques de l'âme et du cœur de celui à qui nous nous étions consacrés ; et puis d'ailleurs les papiers du temps et le retour de l'un d'eux en Europe, à cause de cette circonstance, l'ont assez fait connaître.

Me rendant au salon pour y attendre le dîner, j'y ai trouvé l'Empereur qui s'exprimait avec la dernière chaleur sur ce sujet, qui le contrariait à l'excès ; cela a été fort long, très vif, fort touchant...

« Vous m'avez suivi pour m'être agréables, dites-vous ? *Soyez frères !* autrement vous ne m'êtes qu'importuns !... Vous voulez me rendre heureux ? *Soyez frères !* autrement vous ne m'êtes qu'un supplice !

« Vous parlez de vous battre, et cela sous mes yeux ! ne suis-je donc plus tout l'objet de vos soins ; et l'œil de l'étranger n'est-il pas arrêté sur nous !... Je veux qu'ici chacun soit animé de mon esprit... Je veux que chacun soit heureux autour de moi ; que chacun surtout y partage le peu de jouissances qui nous sont laissées. Il n'est pas jusqu'au petit Emmanuel que voilà que je ne prétende en avoir sa part complète... »

Le dîner seul a terminé la mercuriale, l'Empereur y a été silencieux. Au dessert, il s'est fait apporter Voltaire, et a entamé la lecture de quelques-unes de ses pièces, qu'il a interrompue bientôt après. Nous nous en dégoûtons chaque jour davantage.

L'Empereur s'est retiré de très bonne heure, et bientôt après m'a fait appeler dans sa chambre à coucher où je suis demeuré assez tard...

DIMANCHE 28.

> *Abbé de Pradt. Son ambassade à Varsovie.*
> *Guerre de Russie. Son origine.*

L'Empereur est revenu sur M. l'abbé de Pradt et sur son ouvrage ; il le réduisait à la première et à la dernière page. « Dans la première, disait-il, il se donne pour le seul homme qui ait arrêté Napoléon dans sa course ; dans la dernière, il laisse voir que l'Empereur, à son passage, au retour de Moscou, le chassa de son ambassade, ce qui est vrai ; et c'est ce que son amour-propre cherche à défigurer ou à venger : voilà tout l'ouvrage.

« Mais l'abbé, continuait-il, n'avait atteint à Varsovie aucun des buts qu'on se proposait ; il avait, au contraire, fait beaucoup de mal. Les bruits contre lui étaient accourus en foule de toutes parts au-devant de moi. Les auditeurs de son ambassade, ces jeunes gens mêmes avaient été choqués de sa tenue, et furent jusqu'à l'accuser d'intelligence avec l'ennemi, ce que je fus loin de croire. Mais il eut en effet avec moi une longue conversation qu'il dénature, comme de raison ; et c'est pendant même qu'il débitait complaisamment un long verbiage d'esprit, que je jugeais être autant d'inepties et d'impertinences, que je griffonnai sur le coin de la cheminée, sous les propres yeux de M. de Pradt, et tout en l'écoutant, l'ordre de le retirer de son ambassade et de l'envoyer au plus tôt en France [1]. Circonstance qui fit beaucoup rire alors, et que l'abbé semble tenir extrêmement à dissimuler. »

Du reste, je ne puis me refuser de transcrire ici ce qu'il dit, dans cet ouvrage, de la cour de l'empereur Napoléon à Dresde, parce que ces paroles font image, et donnent une juste idée de la nature des choses et des personnes en ce moment-là.

« O vous, y est-il dit, qui voulez vous faire une juste idée de la prépondérance qu'a exercée en Europe l'empereur Napoléon ! qui désirez mesurer les degrés de frayeur au fond de laquelle étaient tombés presque tous les souverains ! transportez-vous en esprit à Dresde, et venez-y contempler ce prince superbe, au plus haut période de sa gloire, si voisin de sa dégradation !

« L'Empereur occupait les grands appartements du château ; il y avait mené une partie nombreuse de sa maison, il y tenait table, et à l'exception du premier dimanche, où le roi de Saxe donna un gala, ce fut toujours chez Napoléon que les souverains et une partie de leurs familles se réunirent, d'après les invitations adressées par le grand-maréchal de

1. Voyez *Lettres du Cap.* (Las Cases.)

son palais. Quelques particuliers y étaient admis. J'ai joui de cet honneur, le jour de ma nomination à l'ambassade de Varsovie.

« Les levers de l'Empereur se tenaient, comme aux Tuileries, à neuf heures. C'est là qu'il fallait voir en quel nombre, avec quelle soumission craintive, une foule de princes, confondus avec les courtisans, souvent à peine aperçus par eux, attendaient le moment de comparaître devant le nouvel arbitre de leurs destinées. »

Ce morceau et quelques autres, d'une aussi grande vérité et d'une aussi belle diction, sont étouffés sous une foule de détails pleins de déguisement et de malice. Ce sont des faits dénaturés, dit l'Empereur, des conversations mutilées ; et, s'arrêtant sur les détails de l'impératrice d'Autriche, comblée d'adulations, et sur ceux de l'empereur Alexandre, dont l'auteur vante les vertus aimables, les qualités brillantes, au détriment et en opposition de lui, Napoléon, il a conclu : « Certes ce n'est pas là un évêque français, c'est un mage de l'Orient, adorateur du soleil qui s'élève. » Et ici je vais supprimer encore, et par un sentiment de justice puisé dans ses derniers écrits, plusieurs autres articles et beaucoup de détails.

Toutefois, à ses efforts pour prouver que nous avons été les injustes agresseurs dans la querelle de Russie, je vais opposer ce qui suit :

L'Empereur, parlant de cette guerre [1], disait : « Il n'est point de petits événements pour les nations et les souverains : ce sont eux qui gouvernent leurs destinées. Depuis quelque temps, il s'était élevé de la mésintelligence entre la France et la Russie.

« La France reprochait à la Russie la violation du système continental.

« La Russie exigeait une indemnité pour le duc d'Oldembourg, et élevait d'autres prétentions.

« Des rassemblements russes s'approchaient du duché de Varsovie ; une armée française se formait au nord de l'Allemagne. Cependant on était encore loin d'être décidé à la guerre, lorsque tout à coup une nouvelle armée russe se met en marche vers le duché, et une note insolente est présentée

---

1. Guerre menée par la France contre la Russie (1812).

à Paris comme *ultimatum* par l'ambassadeur russe, qui, au défaut de son acceptation, menace de quitter Paris sous huit jours.

« Je crus alors la guerre déclarée. Depuis longtemps je n'étais plus accoutumé à un pareil ton. Je n'étais pas dans l'habitude de me laisser prévenir ! Je pouvais marcher à la Russie à la tête du reste de l'Europe ; l'entreprise était populaire, la cause était européenne ; c'était le dernier effort qui restait à faire à la France ; ses destinées, celles du nouveau système européen étaient au bout de la lutte. La Russie était la dernière ressource de l'Angleterre ; la paix du globe était en Russie, et le succès ne devait point être douteux. Je partis ; toutefois, arrivé à la frontière, moi, à qui la Russie avait déclaré la guerre en retirant son ambassadeur, je crus devoir envoyer le mien (Lauriston) à l'empereur Alexandre, à Wilna ; il fut refusé, et la guerre commença.

« Cependant, qui le croirait ! Alexandre et moi nous étions tous les deux, continuait l'Empereur, dans l'attitude de deux bravaches, qui, sans avoir envie de se battre, cherchent à s'effrayer mutuellement. Volontiers, je n'eusse pas fait la guerre ; j'étais entouré, encombré de circonstances inopportunes, et tout ce que j'ai appris depuis m'assure qu'Alexandre en avait bien moins envie encore.

« M. de Romanzof, qui avait conservé des relations à Paris, et qui, plus tard, au moment des échecs éprouvés par les Russes, fut fort maltraité par Alexandre pour la résolution qu'il lui avait fait prendre, l'avait assuré que le moment était venu où Napoléon, embarrassé, ferait des sacrifices pour éviter la guerre ; que l'occasion était favorable, qu'il fallait la saisir ; qu'il ne s'agissait que de se montrer et de parler ferme ; qu'on aurait les indemnités du duc d'Oldembourg ; qu'on acquerrait Dantzick, et que la Russie se créerait une immense considération en Europe.

« Telle était la clef du mouvement des troupes russes et de la note insolente du prince Kourakine, qui, sans doute, n'était pas dans le secret, et qui avait eu tort, par son peu d'esprit, d'exécuter ses instructions trop à la lettre. La même présomption, le même système amena encore le refus de recevoir Lauriston à Wilna ; et voici, disait Napoléon, les vices et le malheur de ma diplomatie nouvelle : elle demeurait isolée, sans affinité, sans contact, au milieu des objets qu'il s'agissait de manier. Si j'avais eu un ministre des Relations extérieures de la vieille aristocratie, un homme supérieur, il eût pu, il eût dû dans la conversation deviner cette nuance, et nous n'eussions pas eu la guerre. Talleyrand en eût été capable peut-être, mais ce fut au-dessus de la nouvelle école. Pour moi, je ne pouvais pourtant deviner tout seul ; la dignité m'interdisait les éclaircissements personnels ; je ne pouvais juger que sur les pièces, et j'avais beau les tourner, les retourner, arrivé à un certain point, elles demeuraient muettes, et ne pouvaient répondre à toutes mes attaques.

« A peine eus-je ouvert la campagne, que le masque tomba ; les vrais sentiments de l'ennemi durent se montrer. Au bout de trois ou quatre jours, frappé de nos premiers succès, Alexandre me dépêcha quelqu'un pour me dire que si je voulais évacuer le territoire envahi, revenir au Niémen, il allait traiter. Mais à mon tour, je pris cela pour une ruse ; j'étais enflé du succès, j'avais pris l'armée russe en flagrant délit ; tout était culbuté et en désordre ; j'avais coupé Bagration ; je devais espérer de le détruire ; je crus donc qu'on ne voulait que gagner du temps pour le sauver et se rallier. Nul doute que si j'avais été convaincu de la bonne foi d'Alexandre, je n'eusse accédé à sa demande. Je serais revenu au Niémen, il n'eût pas passé la Dwina ; Wilna eût été neutralisé ; nous nous y serions rendus, chacun avec deux ou trois bataillons de notre garde, nous eussions traité en personne. Que de combinaisons j'eusse introduites !... Il n'eût eu qu'à choisir !... Nous nous serions séparés bons amis...

« Et malgré les événements qui ont suivi et le laissent triomphant, est-il bien prouvé que ce parti eût été moins avantageux pour lui que ce qui est arrivé depuis ? Il est venu à Paris, il est vrai, mais avec toute l'Europe. Il a acquis la Pologne ; mais quelles seront les suites de l'ébranlement donné à tout le système européen, de l'agitation donnée à tous les peuples, de l'accroissement de l'influence européenne sur le reste de la Russie, par l'agglomération des acquisitions nouvelles, par les courses lointaines des soldats russes, par l'influence des hommes et des lumières hétérogènes qui viennent s'y réfugier de toutes parts ! etc., etc.

« Les souverains russes se contenteront-ils de consolider ce qu'ils ont acquis ? Mais si l'ambition les saisit au contraire, à quelle entreprise, à quelle extravagance ne peuvent-ils pas se livrer ! et pourtant ils ont perdu Moscou, ses richesses, ses ressources, celle d'un grand nombre d'autres villes ! Ce sont autant de plaies qui saigneront plus de cinquante ans. Et pourtant que n'aurions-nous pas pu fixer à Wilna pour le bien-être de tous, pour celui des peuples aussi bien que pour celui des rois !!!... »

Dans un autre moment, l'Empereur disait : « J'ai pu partager l'empire turc avec la Russie ; il en a été plus d'une fois question entre nous. Constantinople l'a toujours sauvé. Cette capitale était le grand embarras, la vraie pierre d'achoppement. La Russie la voulait ; je ne devais pas l'accorder : c'est une clef trop précieuse ; elle vaut à elle seule un empire : celui qui la possédera peut gouverner le monde. »

Et comme l'Empereur se résumant en est revenu à dire : « Qu'a donc gagné Alexandre qu'il n'eût obtenu à Wilna à bien meilleur compte ? » Il est échappé à quelqu'un de dire : « Sire, d'avoir vaincu et d'être demeuré triomphant. – Ce pourra être la pensée du vulgaire, s'est écrié l'Empereur, ce ne saurait être celle d'un roi. Un roi, s'il gouverne par lui-même, ou ses conseils, s'il en est incapable, ne doit point, dans une aussi grande entreprise, avoir pour but la victoire, mais bien ses résultats. Et puis, ne s'arrêterait-on même qu'à cette considération vulgaire, je maintiens que le but encore serait manqué, car ici la palme des suffrages doit demeurer au vaincu.

« Qui pourrait mettre en parallèle mes succès d'Allemagne avec ceux des Alliés en France ? Les gens éclairés, réfléchis, l'histoire, ne le feront point.

« Les Alliés sont venus traînant toute l'Europe contre presque rien du tout. Ils présentaient six cent mille hommes en ligne, ils avaient une réserve égale. S'ils étaient battus, ils ne couraient aucun risque ; ils se repliaient. Moi, au contraire, en Allemagne, à cinq cents lieues au loin, j'étais à peine à force égale ; je demeurais entouré de puissances et de peuples retenus seulement par la crainte ; à chaque instant, au premier échec, ils pouvaient se déclarer. Je triomphais au milieu des périls toujours renaissants ; il me fallait sans cesse autant d'adresse que de force. Qu'il me fallut un étrange caractère dans toutes ces entreprises, un étrange coup d'œil, une étrange confiance dans mes combinaisons, désapprouvées par tous ceux peut-être qui m'environnaient !

« Quels actes les Alliés opposeront-ils à de tels actes ? Si je n'eusse vaincu à Austerlitz, j'allais avoir toute la Prusse sur les bras. Si je n'eusse triomphé à Iéna, l'Autriche et l'Espagne se déclaraient sur mes derrières. Si je n'eusse battu à Wagram, qui ne fut pas une victoire aussi décisive, j'avais à craindre que la Russie ne m'abandonnât, que la Prusse ne se soulevât, et les Anglais étaient déjà devant Anvers.

« Toutefois quelles ont été mes conditions après la victoire ?

« A Austerlitz, j'ai laissé la liberté à Alexandre, que je pouvais faire mon prisonnier[1].

« Après Iéna, j'ai laissé le trône à la maison de Prusse, que j'en avais abattue.

« Après Wagram, j'ai négligé de morceler la monarchie autrichienne.

« Attribuera-t-on tout cela à de la simple magnanimité ? Les gens forts et profonds auraient le droit de m'en blâmer. Aussi, sans repousser ce sentiment, qui ne m'est pas étranger, aspirais-je à de plus hautes pensées encore. Je voulais préparer la fusion des grands intérêts européens, ainsi que j'avais opéré celle des partis au milieu de nous. J'ambitionnais d'arbitrer un jour la grande cause des peuples et des rois ; il me fallait donc me créer des titres auprès des rois, me rendre populaire au milieu d'eux. Il est vrai que ce ne pouvait être sans perdre auprès des peuples, je le sentais bien ; mais j'étais tout-puissant et peu timide ; je m'inquiétais peu des murmures passagers des peuples, bien sûr que le résultat devait me les ramener infailliblement.

« Cependant, continuait l'Empereur, je fis une grande faute après Wagram, celle de ne pas abattre l'Autriche davantage. Elle demeurait trop forte pour notre sûreté : c'est elle qui nous a perdus. Le lendemain de la bataille, j'aurais dû faire connaître, par une proclamation, que je ne traiterais avec l'Autriche que sous la séparation préalable des trois couronnes d'Autriche, de Hongrie et de Bohême. Et, le croira-t-on ?

---

1. Depuis mon retour en Europe, on m'a assuré qu'il existait deux billets au crayon de l'empereur Alexandre, sollicitant anxieusement qu'on le laissât passer. Si cela était vrai, quelle vicissitude de fortune ! Le vainqueur magnanime aurait péri dans les fers, au loin de l'Europe, privé de sa famille, et précisément au nom du vaincu qu'il avait si généreusement écouté !!! (*Las Cases.*)

un prince de la maison d'Autriche m'a fait insinuer plusieurs fois de lui en faire passer une, ou même de le mettre sur le trône de sa maison, alléguant que ce ne serait qu'alors que cette puissance marcherait de bonne foi avec moi. Il offrait de me donner en espèce d'otage son fils pour aide de camp... en outre de toutes les garanties imaginables. »

L'Empereur disait s'en être même occupé. Il avait balancé quelque temps avant son mariage avec Marie-Louise ; mais depuis, continuait-il, il en eût été incapable. Il se sentait des sentiments trop bourgeois sur l'article des alliances, disait-il : « L'Autriche était devenue ma famille ; et pourtant ce mariage m'a perdu. Si je ne m'étais pas cru tranquille et même appuyé sur ce point, j'aurais retardé de trois ans la résurrection de la Pologne, j'aurais attendu que l'Espagne fût soumise et pacifiée. J'ai posé le pied sur un abîme recouvert de fleurs, etc. »

LUNDI 29.

> *L'Empereur souffrant. Premier jour de complète réclusion. Ambassadeurs persan et turc. Anecdotes.*

Sur les cinq heures, le grand-maréchal m'a fait une petite visite dans ma chambre, il n'avait pu voir l'Empereur, qui était resté enfermé toute la journée, étant souffrant et n'ayant voulu voir personne. Sur la fin du jour, je suis allé me promener dans les allées que l'Empereur parcourt d'ordinaire vers ce temps ; j'étais triste de m'y trouver seul. Nous avons dîné sans lui.

Sur les neuf heures, au moment où je calculais que la journée se serait écoulée sans que je le visse, il m'a fait demander ; je lui ai témoigné de l'inquiétude. Il m'a dit qu'il était bien, qu'il ne souffrait pas, qu'il lui avait pris fantaisie de demeurer seul ; qu'il avait lu toute la journée ; et qu'elle lui avait paru courte et d'un calme parfait.

Cependant il avait l'air triste, ennuyé. Dans son désœuvrement il a pris mon *Atlas*, qui s'est ouvert à la mappemonde ; il s'est arrêté sur la Perse. « Je l'avais bien judicieusement ajustée, a-t-il dit, quel heureux point d'appui pour mon levier, soit que je voulusse inquiéter la Russie ou déborder sur les Indes. J'avais commencé des rapports avec ce pays, et j'espérais les amener jusqu'à l'intimité, aussi bien qu'avec la Turquie. Il était à croire que ces animaux eussent assez compris leurs intérêts pour cela ; mais ils m'ont échappé l'un et l'autre au moment décisif : l'or des Anglais a été plus fort que mes combinaisons ! Quelques ministres infidèles auront, pour quelques guinées, livré l'existence de leur pays ; résultat ordinaire sous des monarques de sérail ou des rois fainéants. »

De là l'Empereur, laissant la haute politique, est passé à des anecdotes de sérail, puis aux Persans de Montesquieu et à ses lettres, qu'il disait pleines d'esprit, d'observations fines, et surtout la satire sanglante du temps. Il s'est ensuite arrêté sur les ambassadeurs turc et persan qui ont demeuré à Paris sous son règne ; il me demandait quelle impression ils avaient produite dans la capitale ; s'ils y faisaient des visites, s'ils recevaient du monde, etc.

Je répondais qu'un moment ils avaient occupé la capitale, et fort longtemps fait le spectacle de la cour, le Persan surtout. A son arrivée, il recevait volontiers, et comme il distribuait facilement des essences et allait même jusqu'aux schals, il y eut fureur parmi les femmes, mais le grand nombre le força bientôt de borner sa libéralité, et dès lors, et le moment de la vogue passé, il ne fut plus question de lui. J'ajoutais à l'Empereur qu'à la cour, et quand Sa Majesté n'y était pas, nous nous étions permis parfois, très inconsidérément sans doute, quelques espiègleries à leur égard. Un jour entre autres, à un concert de l'impératrice Joséphine, Asker Khan, avec sa longue barbe peinte, s'ennuyant sans doute de cette musique, s'endormit debout adossé à la muraille, ses pieds un tant soit peu en avant, appuyés à un fauteuil que retenait le coin de la cheminée ; on trouva gai de le lui soutirer doucement, de sorte qu'il manqua glisser tout de son long, et ne se retint qu'en faisant un bruit effroyable. C'était celui des deux qui entendait le mieux la plaisanterie ; cependant, cette fois, il se fâcha violemment ; et comme nous ne nous comprenions que des yeux et du geste, la scène était des plus plaisantes. Le soir, l'Impératrice, qui se fit expliquer la cause du bruit qu'elle avait entendu, en rit beaucoup et gronda bien davantage. « C'était très mal assurément, remarquait l'Empereur ; mais aussi que diable venait-il faire là ? – Sire, il venait faire sa cour, ainsi que son camarade le Turc ; ils espéraient que Votre Majesté le saurait, bien qu'elle fût peut-être alors à cinq cents lieues. » J'ajoutais que nous leur avions vu faire des actes de courtisanerie bien plus forts encore, quoiqu'il ne s'en fût peut-être pas aperçu davantage. « Nous les avons vus, lui disais-je, après les grandes audiences diplomatiques du dimanche, suivre Votre Majesté à la messe, et partager les travées de la chapelle avec des cardinaux de la sainte Église romaine. – Quelle monstruosité pour eux ! s'écriait l'Empereur ; quel renversement de tous leurs principes et de toutes leurs coutumes ! Que de choses extraordinaires j'ai fait faire ! et pourtant rien de tout cela n'était commandé, pas même aperçu. »

La conversation continuant sur les deux Orientaux, je racontais qu'on m'avait dit que l'archichancelier Cambacérès leur avait un jour donné un grand dîner à tous deux ensemble.

Quoique des mêmes contrées et de la même religion, ils montraient pourtant deux nuances fort différentes : le Turc, disciple d'Omar, était le janséniste ; le Persan, sectateur d'Ali, était le jésuite. On disait plaisamment qu'à ce repas ils s'observaient l'un et l'autre à l'égard du vin, comme deux évêques auraient pu le faire pour le gras du vendredi.

Le Turc, atrabilaire et ignorant, fut déclaré n'être qu'une grosse bête. Le Persan, littérateur et fort causant, passa pour avoir beaucoup d'esprit. On observa qu'il prenait tous ses mets à pleines mains, n'employant que ses doigts pour manger, et il s'en serait peu fallu qu'il n'eût servi ses voisins de la sorte. Un de nos usages le frappa, c'était de nous voir manger du pain avec tous nos mets : il ne concevait pas que nous nous crussions obligés, disait-il, de manger constamment de la même chose avec toutes choses.

Je dois avoir déjà dit que rien n'amuse et ne distrait plus complètement l'Empereur, autant que le récit des mœurs et des histoires de nos salons.

L'émigration, le faubourg Saint-Germain étaient des sujets sur lesquels il revenait avec moi le plus volontiers, dès que nous étions ensemble ; et il expliquait cela, me disant une fois : « J'étais au fait des miens ; mais j'ai toujours ignoré ceux-là. » C'était d'ailleurs en lui, ajoutait-il, le penchant naturel de savoir ce qui se passait chez le voisin, le commérage des petites villes. « Ce n'est pas, continuait-il, qu'on ne m'en parlât beaucoup au temps de ma puissance ; mais si l'on m'en disait du bien, je me tenais aussitôt en garde, je craignais les insinuations, et si l'on m'en parlait mal, je me défiais de la délation ; et j'avais à me défendre du mépris. Ici, mon cher, aucun de ces inconvénients ; vous et moi, nous sommes déjà de l'autre monde, nous causons aux Champs Élysées : vous êtes sans intérêts, et moi sans défiance. »

J'étais donc heureux quand l'occasion de raconter se présentait, et je la saisissais avec empressement. Du reste, l'Empereur me devinait à cet égard, et m'en tenait compte ; car à la fin d'une de mes histoires, me pinçant l'oreille, il me dit d'un son de voix qui me ravissait : « J'ai trouvé dans votre *Atlas* qu'un roi du Nord ayant été muré dans un cachot, un soldat avait demandé et obtenu de s'y enfermer avec lui pour le désennuyer, soit en le faisant parler, soit en lui racontant : mon cher, vous voilà ce soldat. » Je lui racontai donc en ce moment la mystification qu'on avait placée sur le compte de M. de Marbois ; elle était neuve pour l'Empereur.

Un jour Asker Khan, disait-on, qui était malade, et ennuyé de sa médecine persane, ordonna qu'on fût chercher M. Bourdois, un des fameux médecins de Paris. On se trompa, et l'on fut chez M. de Marbois, ex-ministre du Trésor, et alors président de la Cour des comptes. « Son Excellence l'ambassadeur de Perse, lui dit-on, est fort malade, et désire avoir une entrevue avec vous. » M. de Marbois ne voit pas d'abord quels rapports il peut avoir avec l'ambassadeur de Perse. Toutefois, c'était l'envoyé d'un grand prince, et il n'est rien dont la vanité ne s'accommode. Il s'y rend avec pompe, et il faut convenir que son costume n'était guère propre à détromper Asker Khan, qui dès qu'il l'aperçoit lui tire la langue, lui tend le bras et lui présente le pouls. Ces gestes étonnent M. de Marbois, mais ce pouvait être un usage de l'Orient. Il accepte la main et la lui serre, quand quatre estafiers entrent avec solennité, et vont placer, sous le nez de M. l'ex-ministre, un vase des moins équivoques, pour sa meilleure information sur l'état du malade. A cette vue significative, le grave M. de Marbois se fâche tout rouge, et veut savoir ce qu'on a prétendu. Tout s'explique, c'est M. Bourdois qu'on a voulu avoir, la seule consonance des noms a fait toute l'erreur ; mais voilà pourtant M. de Marbois la risée de toute la capitale, et de longtemps il ne pourra se présenter nulle part sans réveiller aussitôt en tous lieux une bruyante gaieté.

« Les salons de Paris sont terribles avec leurs quolibets, remarquait alors l'Empereur ; et cela, parce qu'il faut convenir que la plupart sont pleins de sel et d'esprit. Avec eux on est toujours battu en brèche ; et il est bien rare qu'on n'y succombe pas. – Il est sûr, disais-je, que nous ne respections rien, que nous nous attaquions même aux dieux. Rien ne nous était sacré, et Votre Majesté suppose bien qu'elle-même et l'Impératrice n'étaient pas épargnées. – Ah ! je le crois bien, répondait l'Empereur ; mais n'importe, racontez toujours. – Eh bien, sire, on disait qu'un jour, Votre Majesté, fort mécontente à la lecture d'une dépêche de Vienne, avait dit à l'Impératrice, dans sa colère et sa mauvaise humeur : *Votre père est une ganache*[1] *!* Marie-Louise, qui ignorait beaucoup de termes français, s'adressant au premier courtisan qui lui tomba sous la main : – L'Empereur me dit que mon père est une ganache ; que veut dire cela ? A cette interpellation inattendue, le courtisan, dans son embarras, balbutia que cela voulait dire un homme sage, de poids, de bon conseil. A quelques jours de là, et la mémoire encore toute fraîche de sa nouvelle acquisition, l'Impératrice présidant le Conseil d'État, et voyant la discussion plus animée qu'elle ne voulait, interpella, pour y mettre fin, Cambacérès, qui, à ses côtés, bayait tant soit peu aux corneilles. – C'est à vous à nous mettre d'accord dans cette occasion importante, lui dit-elle ; vous serez notre oracle, car je vous tiens pour la première, la meilleure *ganache* de l'Empire. » A ces paroles de mon récit, l'Empereur riait à s'en tenir les côtes. « Ah ! quel dommage, disait-il, que cela ne soit véritable ! Voyez-vous bien l'ensemble du tableau : l'empesure compromise de Cambacérès, l'hilarité de tout le Conseil, et l'embarras de la pauvre Marie-Louise, épouvantée de tout son succès[2]. »

1. Personne dépourvue d'intelligence.
2. En relisant pour la nouvelle impression, on m'a suggéré de supprimer ces deux dernières mauvaises plaisanteries, comme devant être peu agréables à ceux qu'elles concernent. Certes, si une pareille idée m'eût été présentée avant leur impression première, et qu'il me fût resté les moindres doutes, je me serais empressé de les mettre de côté ; mais les supprimer, aujourd'hui qu'elles ont été publiées, ce serait leur reconnaître précisément une importance qu'elles n'ont point, et ce serait tout à la fois une véritable injure, et

La conversation avait duré longtemps ainsi, et peut-être y avait-il déjà plus de deux heures que j'étais avec l'Empereur ; je m'étais évertué à babiller tant et plus pour le distraire, et j'avais réussi. L'Empereur s'était ranimé ; il avait ri : quand il me renvoya il était beaucoup mieux, et moi je partais heureux.

MARDI 30.

> *Deuxième jour de réclusion. L'Empereur*
> *reçoit le gouverneur dans sa chambre.*
> *Conversation caractéristique.*

Je devais aller dîner avec mon fils à Briars, chez notre hôte, à notre ancienne demeure. Sur les trois heures et demie, je suis allé prendre les ordres de l'Empereur ; il était comme hier, et n'avait pas le projet de sortir davantage.

Un instant avant d'arriver à Hut's gate, chez Mme Bertrand, j'ai rencontré le gouverneur qui allait à Longwood. Il m'a demandé comment se portait l'Empereur. Je lui ai dit que j'en étais inquiet ; qu'il n'avait reçu aucun de nous hier ; qu'il m'avait dit ce matin être bien ; mais qu'à son visage j'eusse préféré qu'il m'eût dit être incommodé.

Vers les huit heures et demie, nous nous sommes mis en route pour revenir à Longwood ; il faisait très obscur. Le temps s'est mis à une pluie battante, aussi vive, aussi mordante que la grêle ; nous avons fait la course la plus désagréable, la plus pénible, la plus dangereuse ; à chaque instant à la veille de nous précipiter dans les abîmes, parce que nous

---

à ceux qu'elles ne sauraient blesser, et à la masse des lecteurs qu'on semblerait croire hors d'état de les apprécier à leur juste valeur. Le temps n'est plus en France où l'on perdait les personnes les plus distinguées par de simples plaisanteries ; une telle frivolité a disparu d'au milieu de nous ; on peut bien rire encore de contes faits à plaisir, quand ils sont gais, mais ils ne sauraient altérer aucunement ni le caractère honorable, ni le souvenir des grands services, ni la considération méritée de ceux qui en sont l'objet ; et c'est ce que j'éprouve en les répétant sans malice à quelqu'un qui lui-même ne pensait pas qu'il pût en être autrement.

Du reste, il doit être bien entendu que ma présente observation doit s'appliquer à toutes les circonstances de même nature qui pourraient se trouver dans ce recueil. (*Las Cases.*)

galopions au hasard, sans rien voir. Nous sommes arrivés transpercés.

L'Empereur avait donné l'ordre de m'introduire chez lui à mon retour. Il était bien ; mais il n'était pas sorti plus que la veille et n'avait pas reçu davantage. Il m'attendait, a-t-il dit, et avait beaucoup de choses à me raconter.

Ayant appris que le gouverneur était venu, il l'avait admis dans sa chambre, bien que n'étant pas habillé, et se trouvant obligé de garder son canapé. Il avait parcouru, vis-à-vis de lui, dans le calme le plus parfait, disait-il, tous les points qui pouvaient se présenter naturellement à l'esprit. Il a parlé de protester contre le traité du 2 août, où les monarques alliés le déclarent proscrit et prisonnier. Il demandait quel était le droit de ces souverains de disposer de lui sans sa participation, lui qui était leur égal, et avait été parfois leur maître.

S'il avait voulu se retirer en Russie, disait-il, Alexandre, qui s'était dit son ami, qui n'avait eu avec lui que des querelles politiques, s'il ne l'eût pas maintenu roi, l'eût du moins traité comme tel. Le gouverneur n'en disconvenait pas.

S'il eût voulu, continuait-il, se réfugier en Autriche, l'empereur François, sous peine de flétrissure et d'immoralité, ne pouvait lui interdire non seulement son empire, mais même sa maison, sa famille, dont lui, Napoléon, était membre. Le gouverneur en convenait encore.

« Enfin, si, comptant mes intérêts personnels pour quelque chose, lui avait-il dit, je me fusse obstiné à les défendre en France les armes à la main, nul doute que les Alliés ne m'eussent accordé par traité une foule d'avantages, peut-être même du territoire. » Le gouverneur, qui était demeuré longtemps sur les lieux, est convenu positivement qu'il eût obtenu sans peine quelque grand établissement souverain. – « Je ne l'ai pas voulu, avait poursuivi l'Empereur, je me suis décidé à quitter les affaires, indigné de voir les meneurs de la France la trahir, ou se méprendre grossièrement sur ses plus chers intérêts ; indigné de voir que la masse des représentants pouvait, plutôt que de périr, transiger avec cette indépendance sacrée, qui, non moins que l'honneur, est aussi *une île escarpée et sans bords*. Dans cet état de choses, à quoi me suis-je décidé ? quel parti ai-je pris ? J'ai été chercher un asile dans un pays auquel on croyait des lois toutes-puissantes, chez un peuple dont pendant vingt ans j'avais été le plus grand ennemi. Vous autres, qu'avez-vous fait ?... Vos actes ne vous honoreront pas dans l'histoire ! Et toutefois il est une providence vengeresse ; tôt ou tard vous en porterez la peine ! Un long temps ne s'écoulera pas que votre prospérité, vos lois n'expient cet attentat !... Vos ministres, par leurs instructions, ont assez prouvé qu'ils voulaient se défaire de moi ! Pourquoi les rois qui m'ont proscrit n'ont-ils pas osé ordonner ouvertement ma mort ! L'un eût été aussi légal que l'autre ! Une fin prompte eût montré plus d'énergie de leur part, que la mort lente à laquelle on me condamne. Les Calabrais ont été bien plus humains, plus généreux que les souverains ou vos ministres ! Je ne me donnerai pas la mort ; je pense que ce serait une lâcheté : il est noble et courageux de surmonter l'infortune ! chacun ici-bas est tenu à remplir son destin ! mais si l'on compte me tenir ici, vous me la devez comme un bienfait ; car ma demeure ici est une mort de chaque jour ! L'île est trop petite pour moi, qui chaque jour faisais dix, quinze, vingt lieues à cheval ; le climat n'est pas le nôtre, ce n'est ni notre soleil ni nos saisons. Tout ici respire un ennui mortel ! la position est désagréable, insalubre ; il n'y a point d'eau ; ce coin de l'île est désert, il a repoussé ses habitants ! »

Le gouverneur ayant alors remarqué que ses instructions ordonnaient ces limites resserrées, qu'elles commandaient même qu'un officier le suivrait en tout temps : « Si elles eussent été observées ainsi, je ne serais jamais sorti de ma chambre ; et si les vôtres ne peuvent point accorder plus d'étendue, vous ne pouvez désormais rien pour nous. Du reste, je ne demande ni ne veux rien. Transmettez mes sentiments à votre gouvernement. »

Il est échappé au gouverneur de dire : Voilà ce que c'est que de donner des instructions de si loin, et sur une personne que l'on ne connaît pas. Il s'est rejeté sur ce qu'à l'arrivée de la maison ou du palais de bois qui est en route, on pourrait prendre peut-être de meilleures mesures ; que le vaisseau qui arrivait portait un grand nombre de meubles, des comestibles qu'on supposait lui être agréables ; que le gouvernement faisait tous ses efforts pour adoucir sa situation.

L'Empereur a répondu que tous ces efforts se réduisaient à bien peu de choses : qu'il avait prié qu'on l'abonnât au *Morning-Chronicle* et au *Statesman*, pour lire *la question* sous les expressions les moins désagréables ; on n'en avait rien fait ; il avait demandé des livres, sa seule consolation ; neuf mois étaient écoulés, il ne les avait point reçus ; il avait demandé des nouvelles de son fils, de sa femme, on était demeuré sans répondre.

« Quant aux comestibles, aux meubles, au logement, avait-il continué, vous et moi sommes soldats, monsieur ; nous apprécions ces choses ce qu'elles valent. Vous avez été dans ma ville natale, dans ma maison peut-être ; sans être la dernière de l'île, sans que j'aie à en rougir, vous avez vu toutefois le peu qu'elle était. Eh bien ! pour avoir possédé un trône et distribué des couronnes, je n'ai point oublié ma condition première : mon canapé, mon lit de campagne, que voilà, me suffisent. »

Le gouverneur a fait l'observation que ce palais de bois et tout ce qui l'accompagne était du moins une attention.

« Pour vous satisfaire peut-être aux yeux de l'Europe, a repris l'Empereur ; mais à moi, ils sont tout à fait indifférents et étrangers. Ce n'est point une maison, ce ne sont point des meubles qu'il fallait m'envoyer ; mais bien plutôt un bourreau et un linceul ! Les uns me semblent une ironie, les autres me seraient une faveur. Je le répète, les instructions de vos ministres y conduisent, et moi je le réclame. L'amiral, qui n'est point un méchant homme, me semble à présent les avoir adoucies ; je ne me plains point de ses actes, ses formes seules m'ont choqué. » Ici le gouverneur a demandé si, dans son ignorance, il n'avait pas lui-même commis quelques fautes. « Non, monsieur, nous ne nous plaignons de rien depuis votre arrivée. Toutefois un acte nous a blessés : c'est votre inspection de nos domestiques, en ce qu'elle était injurieuse à M. de Montholon, dont c'était suspecter la bonne foi ; petite, pénible, offensante envers moi, et peut-être aussi envers un général anglais lui-même, qui venait mettre le doigt entre moi et mon valet de chambre. »

Le gouverneur était assis dans un fauteuil en travers de l'Empereur, demeuré étendu sur son canapé. Il faisait sombre, le soir était venu, on ne se distinguait plus bien. « Aussi, remarquait l'Empereur, est-ce inutilement que j'ai cherché à étudier le jeu de sa figure et à connaître l'impression que je pouvais causer en ce moment. »

Dans le cours de la conversation, l'Empereur, qui avait lu

le matin la campagne de 1814, par Alphonse de Beauchamp, dans laquelle tous les bulletins anglais sont signés *Lowe*, a demandé au gouverneur si c'était lui. Celui-ci s'est hâté de répondre, et avec un embarras marqué, qu'ils étaient de lui, et que cela avait été sa manière de voir.

En se retirant, sir Hudson Lowe, qui dans le cours de la conversation avait plusieurs fois offert à l'Empereur son médecin, qu'il disait très habile, lui a réitéré, de la porte, la prière de trouver bon qu'il le lui envoyât ; mais l'Empereur le devinait et l'a constamment refusé.

Après ce récit, l'Empereur a gardé le silence quelques minutes, puis il a repris, comme par suite de réflexion : «Quelle ignoble et sinistre figure que celle de ce gouverneur ! Dans ma vie je ne rencontrai jamais rien de pareil ! C'est à ne pas boire sa tasse de café, si on avait laissé un tel homme un instant seul auprès !... Mon cher, on pourrait m'avoir envoyé pis qu'un geôlier ! »

CHAPITRE SIXIÈME

Fragments de la guerre d'Italie

SUITE [1]

BATAILLE DE CASTIGLIONE
DEPUIS L'INVASION DE WURMSER, LE 29 JUILLET 1796,
JUSQU'AU REBLOCUS DE MANTOUE, LE 24 AOÛT SUIVANT :
ESPACE DE VINGT-SIX JOURS.

1. *Le maréchal Wurmser quitte le commandement de l'armée d'Allemagne, et prend le commandement de l'armée autrichienne en Italie.* L'armée d'Italie avait ouvert la campagne au mois d'avril. On était en juin, et les armées du Nord, du Rhin et de Sambre-et-Meuse étaient encore inactives. Ces grandes et belles armées, de plus de deux cent mille hommes, faisant les principales forces de la République, tenaient tranquillement garnison en Hollande, sur Meuse et Rhin, et dans l'Alsace.

Lorsqu'on apprit l'arrivée des Français sur l'Adige et le blocus de Mantoue, la cour d'Autriche renonça à l'offensive qu'elle avait adoptée en Alsace et sur le Bas-Rhin, et ordonna au maréchal Wurmser, qui avait été destiné à cette opération, de *revenir* en toute hâte diriger les affaires d'Italie, et d'y amener trente mille hommes de ses meilleures troupes, qui, jointes aux renforts envoyés de toute la monarchie, devaient lui composer une armée de *près* de cent mille hommes.

L'armée française d'Italie avait rempli sa tâche en détrui-

---

1. Nous allons placer ici trois autres chapitres des campagnes d'Italie.

Le premier montre une campagne de vingt-six jours, pleine des plus grands événements, et couronnée par la *bataille de Castiglione*, dont il porte le titre.

Le second et le troisième, sous les titres d'*Arcole* et de *Rivoli*, sont une suite de nouveaux prodiges. *(Las Cases.)*

sant l'armée qui lui était opposée. Si les armées du Nord en eussent fait autant, la grande lutte eût été terminée.

Cependant le bruit des préparatifs de la maison d'Autriche retentissait dans toute l'Italie. Toutes les nouvelles confidentielles des agents diplomatiques, toutes les lettres des ennemis de la France étaient pleines de détails sur l'immensité des moyens qu'on allait déployer, sur la certitude que *l'empereur d'Allemagne*, avant la fin d'août, serait maître de Milan, et aurait chassé les Français de l'Italie.

2. *Situation de l'armée d'Italie*. Dès la fin de juin le *général français* suivait attentivement tous ces préparatifs, et en concevait de vives alarmes. Il faisait sentir au Directoire qu'il était impossible que trente mille Francais pussent soutenir seuls l'effort de toute la puissance autrichienne. Il demandait qu'on lui envoyât des renforts des armées du Rhin ; ou bien que ces mêmes armées entrassent en campagne sans délai. Il rappelait la promesse positive qu'on lui avait donnée, à son départ de Paris, qu'elles commenceraient à opérer le 15 avril ; il se plaignait que deux mois se fussent écoulés sans qu'elles eussent bougé.

Wurmser quitta le Rhin, avec ses renforts, vers le commencement de juin ; et vers la fin du même mois les armées du Rhin et de Sambre-et-Meuse ouvrirent enfin la campagne. Mais alors leur diversion n'était plus utile à l'armée d'Italie : Wurmser y était déjà arrivé.

Le général français réunit toutes ses forces sur l'Adige et sur la Chiesa ; il ne laissa personne dans les Légations, ni en Toscane, si ce n'est un bataillon de dépôt dans la citadelle de Ferrare, et deux à Livourne. Il affaiblit, autant que possible, les garnisons de Coni, Tortone et Alexandrie ; il rassembla sous sa main tous les moyens disponibles de l'armée. Le siège de Mantoue commençait à donner des malades ; et, quelque soin que l'on eût porté à mettre le moins de monde possible devant cette place malsaine, nos pertes ne laissaient pas que d'être considérables.

Le *général en chef* ne put réunir *en ligne* que trente mille hommes présents sous les armes. C'est avec cette armée qu'il allait avoir à lutter contre la principale armée de la maison d'Autriche.

La correspondance des divers pays de l'Italie étant très

active avec le Tyrol, où se réunissaient toutes ces forces ennemies, on pouvait s'apercevoir chaque jour de l'influence funeste de ces grands préparatifs sur les esprits. Les partisans des Français tremblaient ; ceux de l'Autriche, au contraire, étaient fiers et menaçants. Mais tous s'étonnaient qu'une puissance comme la France laissât une armée qui avait si bien mérité d'elle, sans secours et sans appui. Ces observations pénétraient jusqu'aux soldats mêmes, par leur habituelle communication avec les habitants du pays.

A la fin de juillet, le général Soret avait son quartier général à Salo : il était chargé de couvrir le débouché de la Chiesa, où passe une grande route qui communique de Trente à Brescia. Masséna était à Bussolengo, faisant occuper la Corona et Montebaldo par la brigade Joubert, et campait avec le reste de sa division, sur le plateau de Rivoli. La brigade de Dallemagne était postée à Vérone ; la division d'Augereau occupait Porto-Legnano et le Bas-Adige. Le général Guillaume commandait à Peschiera, où six galères, sous les ordres du capitaine de vaisseau Lallemand, assuraient le lac de Guarda. Enfin Sérurier pressait le siège de Mantoue. Kilmaine commandait la cavalerie de l'armée.

3. *Plan de campagne de Wurmser*. Wurmser pouvait passer la Brenta, déboucher par Vicence et Padoue, sur l'Adige. Par là il évitait les montagnes ; mais il se trouvait séparé de Mantoue par l'Adige, et obligé de la passer de vive force devant l'armée française ; ou bien il pouvait déboucher entre l'Adige et le lac de Guarda, s'emparer de Montebaldo, du plateau de Rivoli, faire venir son artillerie et ses bagages par la chaussée qui suit la rive gauche de l'Adige. Son armée se trouvait alors avoir franchi les montagnes et l'Adige, et n'avoir plus d'obstacle pour arriver jusqu'à Mantoue. Mais son artillerie et sa cavalerie ne pouvaient se joindre à son infanterie qu'après la prise du plateau de Rivoli. Il pouvait donc se trouver attaqué, et obligé de livrer une bataille décisive, avant d'être joint par son artillerie et sa cavalerie.

Cependant il ne tint pas compte de cet inconvénient, et adopta ce dernier parti. *Wurmser*, instruit de la prise du camp retranché de Mantoue et des dangers de la place, précipita son mouvement de huit à dix jours. Il divisa son armée en trois corps : le premier et le plus considérable, formant son centre, déboucha par Montebaldo, et s'empara de tout le pays entre l'Adige et le lac de Guarda ; il était composé de quatre divisions formant quarante mille hommes. Le second, formant sa gauche, composé d'une division d'infanterie de dix à douze mille hommes, avec toute l'artillerie, la cavalerie et les bagages, suivit la chaussée qui de Roveredo conduit à Vérone, le long de la rive gauche de l'Adige, et devait se réunir à l'armée en passant l'Adige soit au plateau de Rivoli, soit sur les ponts à Vérone. Le troisième, formant sa droite, fort de trois divisions composant trente à trente-cinq mille hommes, se dirigea sur la rive gauche du lac de Guarda, suivit le débouché de la Chiesa, en côtoyant le lac d'Idro : par cette marche, ce corps avait tourné le Mincio, coupait une des grandes routes de l'armée française à Milan, et tournait tout le siège de Mantoue. Ce plan était, de la part de l'ennemi, le résultat d'une extrême confiance dans ses forces et dans ses succès. Il comptait tellement sur notre défaite, qu'il s'occupait déjà de nous couper toute retraite. Ainsi Wurmser, en perspective, cernait d'avance l'armée française ; la croyant enchaînée à la nécessité de défendre le siège de Mantoue, il pensait que cerner ce point fixe, c'était cerner l'armée française, qu'il en regardait comme inséparable.

4. *Wurmser débouche par Montebaldo, par la chaussée de Roveredo à Vérone, et par celle de la Chiesa, 29 juillet*. A la fin de juillet, le quartier général de l'armée française fut transporté à Brescia. Le 28, à dix heures du soir, le général français partit de Brescia pour visiter ses avant-postes. Arrivé le 29 à la pointe du jour à Peschiera, il y apprit que la Corona et Montebaldo étaient attaqués par des forces considérables. Il arriva à huit heures du matin à Vérone. A deux heures après midi, les troupes légères de l'ennemi se montrèrent sur le sommet des montagnes qui séparent Vérone du Tyrol, et s'engagèrent avec nos troupes. Le général en chef rétrograda toute la soirée, et porta le quartier général à Castelnovo, entre l'Adige et le Mincio: Il était là plus à portée de recevoir les rapports de toute la ligne.

Dans le courant de la nuit, il apprit que Joubert, attaqué à la Corona par toute une armée, avait résisté tout le jour ; mais qu'il venait de se replier sur le plateau de Rivoli, que Masséna occupait en grande force ; que des lignes nombreuses de feu couvraient toutes les montagnes entre le lac de Guarda et l'Adige ; que sur les hauteurs de Vérone les feux indiquaient qu'à la fin du jour les troupes ennemies s'y étaient augmentées ; que du côté de Montebello, Vicence, Bassano, Legnano, il n'y avait ni mouvements, ni ennemis, mais que du côté de Brescia trois divisions ennemies avaient débouché par la vallée de la Chiesa. Une couvrait les hauteurs de Saint-Osetto, semblant se diriger sur Brescia ; l'autre avait pris position à Gavardo, et paraissait se porter sur Ponte-Saint-Marco et Lonato ; la troisième avait pris sur Salo, où l'on se battait déjà.

Un peu plus tard, il fut instruit que la division *ennemie* de Saint-Osetto avait déjà envoyé son avant-garde à Brescia, où elle n'avait trouvé aucune résistance, puisqu'on n'y avait laissé que trois cents convalescents pour la garde des hôpitaux. Ainsi la communication de l'armée avec Milan, par Brescia, se trouvant interceptée, on ne pouvait plus correspondre avec cette ville que par Crémone.

Des coureurs ennemis se faisaient déjà voir sur toutes les routes qui de Brescia vont sur Milan, Crémone et Mantoue, annonçant partout qu'une armée de quatre-vingt mille hommes avait débouché par Brescia, en même temps qu'une autre de cent mille débouchait par Vérone.

Il apprit aussi que la division ennemie, dirigée sur Salo, en était venue aux mains avec Soret, et que celui-ci, ayant eu connaissance des deux autres divisions qui se portaient sur Brescia et sur Lonato, avait craint de se trouver coupé et de Brescia et de l'armée, et avait jugé à propos de se replier sur les hauteurs de Dezenzano, afin de conserver ses communications ; qu'il avait laissé le général Guieux à Salo, avec quinze cents hommes dans un antique château, espèce de forteresse à l'abri d'un coup de main ; que la division ennemie de Gavardo avait envoyé quelques coureurs sur Ponte-Saint-Marco : mais qu'ils y *avaient été* contenus par une compagnie de chasseurs qui s'y trouvait.

5. *Grande et prompte résolution que prend le général français. Combat de Salo. Combat de Lonato, 31 juillet.* Dès ce moment le plan d'attaque de Wurmser se trouvait dévoilé. Seule contre toutes ces forces, l'armée française ne pouvait

rien : on n'était pas un contre trois ; mais seule contre chacun des corps ennemis, il y avait égalité.

Le général français prit son parti sur-le-champ. L'ennemi avait pris l'initiative, qu'il espérait conserver ; le général français résolut de déconcerter ses projets en prenant lui-même cette initiative. Wurmser supposait l'armée française fixée à la position de Mantoue. Napoléon décida aussitôt de la rendre mobile en levant le siège de cette place, sacrifiant son équipage de siège, et se portant rapidement, avec toutes les forces réunies de l'armée, sur un des corps de l'armée ennemie, pour revenir successivement contre les autres corps. La droite de l'armée autrichienne, qui avait débouché par la chaussée de la Chiesa et Brescia, étant la plus engagée, il marcha d'abord sur elle.

Sérurier *brûla ses affûts et ses plates-formes, jeta* ses poudres à l'eau, enterra ses projectiles, encloua ses pièces, et leva le siège de *Mantoue* dans la nuit du 31 juillet au 1er août.

Augereau se porta de *Legnano* sur le Mincio à Borghetto. Masséna défendit, toute la journée du 30, les hauteurs entre l'Adige et le lac de Guarda. Dallemagne se dirigea sur Lonato.

Le général en chef se rendit sur les hauteurs, en arrière de Dezenzano. Il fit remarcher Soret sur Salo, pour dégager le général Guieux qui se trouvait compromis dans la mauvaise position où il l'avait laissé. Cependant ce général s'était battu quarante-huit heures contre toute une division ennemie ; cinq fois on lui avait livré l'assaut, et cinq fois il avait couvert les avenues de cadavres. Soret arriva au moment même où l'ennemi tentait un dernier effort : il tomba sur ses flancs, le défit entièrement, lui prit des drapeaux, et dégagea Guieux.

Dans le même moment, la division autrichienne de Gavardo s'était portée sur Lonato pour prendre *position sur les hauteurs*, et tâcher d'opérer sa jonction avec Wurmser sur le Mincio. Le général en chef mena lui-même la brigade de Dallemagne contre cette division. *Cette brigade* fit des prodiges de valeur ; la 32e en faisait partie. L'ennemi fut battu, mis en déroute, et éprouva une grande perte.

Ces deux divisions ennemies, battues par Soret et Dallemagne, *se rallièrent* à Gavardo. Soret craignit *de se compromettre*, et revint prendre une position intermédiaire entre Salo et Dezenzano.

Pendant ce temps, Wurmser avait fait passer sur les ponts de Vérone son artillerie et sa cavalerie. Maître de tout le pays entre l'Adige et le lac de Guarda, il plaçait une de ses divisions sur les hauteurs de Peschiera, pour masquer cette place et garder ses communications. Il en dirigeait deux autres, avec une partie de sa cavalerie, sur Borghetto, pour s'emparer du pont sur le Mincio et déboucher sur la Chiesa, afin de se mettre en communication avec sa droite. Enfin, avec ses deux dernières divisions d'infanterie et le reste de sa cavalerie, il marchait sur Mantoue pour faire lever le siège de cette place.

Depuis vingt-quatre heures les troupes françaises avaient tout évacué *de devant Mantoue : Wurmser* y trouva les tranchées et les batteries encore entières, les pièces renversées et enclouées, et partout des débris d'affûts, de plates-formes et de munitions de toute espèce. La précipitation qui semblait avoir présidé à ces mesures dut le réjouir agréablement ; tout ce qu'il voyait autour de lui semblait bien plus le résultat de l'épouvante que les suites d'un plan calculé.

Masséna, après avoir contenu l'ennemi toute la journée du 30, passa, dans la nuit, le Mincio à Peschiera, et continua sur Brescia. La division autrichienne qui *se présenta devant* Peschiera trouva la rive droite du Mincio garnie de tirailleurs fournis *par la garnison et par* une arrière-garde laissée par Masséna, laquelle avait ordre de *disputer le passage du Mincio*, et, lorsqu'il serait forcé, de se concentrer sur Lonato.

En se dirigeant sur Brescia, Augereau avait passé le Mincio à Borghetto : il avait coupé le pont et laissé aussi une arrière-garde pour border la rivière, avec ordre de se concentrer à Castiglione *lorsqu'elle serait forcée*.

Toute la nuit du 31 juillet au 1er août, *le général en chef* marcha avec *les divisions* Augereau et Masséna sur Brescia, où l'on arriva à dix heures du matin. La division ennemie de Brescia, instruite que toute l'armée française débouchait sur elle par toutes les routes, n'eut garde d'attendre, et se retira en toute hâte. Les Autrichiens, en entrant dans Brescia, y avaient trouvé tous nos malades et nos convalescents ; mais ils y restèrent si peu, et furent contraints d'en sortir si précipitamment, qu'ils n'eurent pas le temps de reconnaître leurs prisonniers ni d'en disposer.

Le général Despinois et l'adjudant-général Herbin, chacun avec quelques bataillons, furent mis à la poursuite des ennemis sur Saint-Osetto et *les débouchés de la Chiesa*.

Les deux divisions Augereau et Masséna *retournèrent*, par une contremarche rapide, du côté du Mincio, d'où elles étaient parties, *pour soutenir leurs arrière-gardes*.

6. *Bataille de Lonato, 3 août.* Le 2 août, Augereau, formant la droite, occupait Montechiaro ; Masséna, formant le centre, était campé à Ponte-Marco, se liant avec Soret, qui, formant la gauche, occupait une hauteur entre Salo et Dezenzano, faisant face en arrière pour contenir toute la droite de l'ennemi.

Cependant les arrière-gardes qu'Augereau et Masséna avaient laissées sur le Mincio s'étaient retirées devant les divisions ennemies, qui avaient passé cette rivière. Celle d'Augereau, qui avait ordre de réunir à Castiglione, quitta ce poste avant le temps, et revint en désordre joindre son corps.

Napoléon, mécontent du général Valette, qui la commandait, le destitua devant les troupes pour n'avoir pas montré plus de fermeté dans cette occasion. Quant au général Pigeon, chargé de l'arrière-garde de Masséna, il vint en bon ordre sur Lonato, qui lui avait été indiqué, et s'y établit.

L'ennemi, profitant de la faute du général Valette, s'empara de Castiglione le 2 même et s'y retrancha.

Le 3 eut lieu la bataille de Lonato : elle fut donnée par les deux divisions de Wurmser, venues de Borghetto, et par une des brigades de la division demeurée sur Peschiera, ce qui, avec la cavalerie, pouvait composer trente mille hommes. Les Français en avaient vingt à vingt-trois mille ; aussi le succès ne fut pas douteux. Wurmser, avec les deux divisions d'infanterie et la cavalerie qu'il avait conduites à Mantoue, ne put s'y trouver.

A l'aube du jour l'ennemi se porta sur Lonato, qu'il attaqua vivement ; c'est par là qu'il prétendait faire sa jonction avec sa droite, sur laquelle, du reste, il commençait à concevoir des inquiétudes. L'avant-garde de Masséna fut culbutée ; l'ennemi prit Lonato. Le général en chef, qui était à Ponte-Marco, marcha lui-même pour reprendre Lonato. Le général autrichien, s'étant trop étendu, toujours dans l'intention de gagner sur la droite, afin d'ouvrir ses communications avec Salo, fut enfoncé, Lonato repris au pas de charge, et la ligne ennemie coupée. Une partie se replia sur le Mincio, l'autre se jeta sur Salo ; mais elle rencontra le général Soret en front, et avait le général Saint-Hilaire en queue.

Tournée de tous côtés, elle fut obligée de mettre bas les armes. Si nous fûmes attaqués au centre, ce fut nous qui attaquâmes à la droite. Au jour, Augereau aborda l'ennemi, qui couvrait Castiglione, et l'enfonça après un combat opiniâtre où la valeur des troupes suppléa au nombre. L'ennemi éprouva beaucoup de mal, perdit Castiglione, et se retira sur Mantoue, d'où lui arrivèrent les premiers renforts, mais seulement quand la journée était déjà finie. Nous perdîmes beaucoup de braves dans cette affaire opiniâtre ; l'armée regretta particulièrement le général Beyrand et le colonel Pourrailles, officiers très distingués.

7. *Reddition des trois divisions de droite de l'ennemi, et d'une partie de son centre.* Les trois divisions de droite de l'armée ennemie eurent nouvelle, dans la nuit, de la bataille de Lonato ; elles en entendaient le canon : leur découragement devint extrême. Leur jonction avec le corps principal de l'armée devenait impossible. Elles avaient vu d'ailleurs sur elles *plusieurs divisions* françaises, et les croyaient toujours manœuvrant contre elles. *L'armée française* leur semblait innombrable, elles la voyaient partout.

Wurmser avait, de Mantoue, dirigé une partie de ses troupes vers Marcaria, pour poursuivre Sérurier. Il lui fallut perdre du temps pour faire revenir ces troupes sur *Castiglione*. Le 4, il ne se trouvait pas en mesure. Il employa toute la journée à rassembler ses corps, à réorganiser ce qui avait combattu à Lonato, et à réapprovisionner son artillerie.

Quand le général français, sur les deux ou trois heures après-midi, vint observer sa ligne de bataille, il la trouva formidable ; elle présentait encore quarante mille combattants. Il ordonna qu'on se retranchât à Castiglione, et partit lui-même pour Lonato, afin de veiller en personne au mouvement de ses troupes, qu'il devenait de la plus haute importance de rassembler, dans la nuit, autour de Castiglione. Toute la journée, Soret et Herbin d'un côté, Dallemagne et Saint-Hilaire de l'autre, avaient marché à la suite des trois divisions ennemies de la droite *et de celles coupées du centre à la journée de Lonato*, les avaient poursuivies sans relâche, faisant des prisonniers à chaque pas. Des bataillons entiers avaient posé les armes à Saint-Osetto, d'autres à Gavardo, d'autres enfin erraient incertains dans les vallées voisines.

Quatre ou cinq mille de ceux-ci sont instruits par des paysans qu'il n'y avait que douze cents Français dans Lonato ; ils y marchent dans l'espoir de s'ouvrir un chemin vers le Mincio. Il était quatre heures après midi ; Napoléon y entrait de son côté, venant de Castiglione. On lui annonce un parlementaire ; il apprend en même temps qu'on prend les armes, que des colonnes ennemies débouchent par Ponte-Saint-Marco, qu'elles veulent entrer dans Lonato, et font sommer cette ville de se rendre.

Cependant nous étions toujours maîtres de Salo et de Gavardo ; dès lors il devenait évident que ce ne pouvait être que des colonnes perdues qui cherchaient à se frayer un passage. Napoléon fait monter à cheval son nombreux état-major : il se fait amener l'officier parlementaire, et lui fait débander les yeux au milieu de tout le mouvement d'un grand quartier général. « Allez dire à votre général, lui dit-il, que je lui donne huit minutes pour poser les armes. Il se trouve au milieu de l'armée française ; passé ce temps, il n'aurait rien à espérer. »

Harassés depuis trois jours, errants, incertains, ne sachant plus que devenir, persuadés qu'ils avaient été trompés par les paysans, ces quatre ou cinq mille hommes posèrent les armes. Ce seul trait peut donner une idée du désordre et de la confusion de ces divisions autrichiennes, qui, battues à Salo, à Lonato, à Gavardo, poursuivies dans toutes les directions, étaient désormais à peu près fondues. Tout le reste du 4 et la nuit entière se passèrent à rallier la totalité des colonnes, et à les concentrer sur Castiglione.

8. *Bataille de Castiglione, 5 août.* Le 5, avant le jour, *l'armée française toute réunie*, forte de vingt-cinq mille hommes, y compris la division Sérurier, *occupa les hauteurs de Castiglione*, excellente position. Le général Sérurier, avec la division du siège de Mantoue, avait reçu l'ordre de marcher toute la nuit, et de tomber au jour sur les derrières de la gauche de Wurmser : son attaque devait être le signal de la bataille. On attendait un grand succès moral de cette attaque inopinée ; et, pour la rendre plus sensible, *l'armée française feignit* de reculer.

Aussitôt qu'on entendit les premiers coups du corps de Sérurier, qui, étant malade, avait été remplacé par le *général* Fiorella, on marcha vivement à l'ennemi, et l'on tomba sur des gens déjà ébranlés dans leur confiance, *et n'ayant plus* leur première ardeur. Un mamelon, au milieu de la plaine, formait un fort appui pour la gauche ennemie. L'adjudant-général Verdier fut chargé de l'attaquer ; l'aide de camp *du général en chef*, Marmont, s'y dirigea avec vingt pièces d'artillerie : le poste fut enlevé. Masséna attaqua la droite, Augereau le centre, Fiorella prit la gauche à revers ; partout on fut victorieux, l'ennemi fut mis dans une déroute complète ; l'excessive fatigue des troupes françaises put seule sauver les débris de Wurmser : ils fuirent en désordre au-delà du Mincio, où Wurmser espérait se maintenir : il y eût trouvé l'avantage de rester en communication avec Mantoue. Mais la division Augereau se dirigea sur Borghetto, celle de Masséna sur Peschiera.

Le général Guillaume, commandant de cette dernière place, qui y avait été laissé avec quatre cents hommes seulement, en avait muré les portes pour s'y mieux défendre. Il eût fallu quarante-huit heures pour les désencombrer. Les soldats durent sauter par-dessus les remparts pour aller à l'ennemi. Les troupes autrichiennes qui bloquaient Peschiera étaient fraîches ; elles soutinrent longuement le combat contre le 18e de ligne : elles furent enfin enfoncées, perdirent dix-huit pièces de canon et beaucoup de prisonniers.

Le général en chef marcha avec la division Sérurier sur Vérone. Il y arriva le 7 dans la nuit. Wurmser en avait fait fermer les portes, voulant gagner la nuit pour faire filer ses bagages ; mais on les enfonça à coups de canon, et l'on pénétra dans la ville. Les Autrichiens y perdirent beaucoup de monde. La division Augereau, éprouvant des difficultés à opérer son passage à Borghetto, revint passer à Peschiera.

Perdant l'espérance de conserver la ligne du Mincio, Wurmser essaya de conserver les positions importantes du Montebaldo et de la Roca d'Anfo. Le général Saint-Hilaire marcha sur la Roca d'Anfo, attaqua l'ennemi dans la vallée de Loudon, et lui fit beaucoup de prisonniers. On s'empara de Riva, et Wurmser fut obligé de brûler sa flottille. Masséna marcha sur le Montebaldo, et reprit la Corona. Augereau remonta la rive gauche de l'Adige, en suivant les crêtes des montagnes, et arriva jusqu'à la hauteur d'Ala. L'ennemi éprouva des pertes considérables dans les tentatives dont il accompagna sa retraite. Ses troupes n'avaient plus de moral.

Après la perte de deux batailles comme celles de Lonato et de Castiglione, Wurmser aurait dû comprendre qu'il ne pouvait plus disputer ce qu'il convenait aux Français d'occuper, pour s'assurer de la ligne de l'Adige. Il se retira à Roveredo et à Trente. L'armée française avait aussi elle-même besoin de repos. Les forces de Wurmser, après ses défaites, étaient encore égales aux nôtres ; mais avec cette différence que désormais un bataillon de l'armée d'Italie en mettait quatre des ennemis en fuite, et que partout on ramassait du canon, des prisonniers et des objets militaires.

Wurmser avait ravitaillé la garnison de Mantoue, il est vrai, mais il ne ramenait pas en ce moment, de toute sa belle armée, y compris sa cavalerie, plus de quarante à quarante-cinq mille hommes. Du reste, rien ne saurait être comparable au découragement et à la démoralisation de cette belle armée, après ses revers, si ce n'est l'extrême confiance dont elle était animée au commencement de la campagne.

Le plan de Wurmser, qui pouvait réussir dans d'autres circonstances, ou contre un autre homme que son adversaire, devait pourtant avoir l'issue funeste qu'il a eue ; et, bien qu'au premier coup d'œil la défaite de cette grande et belle armée, en si peu de jours, semble ne devoir être attribuée qu'à l'habileté du général français, qui improvisa sans cesse ses manœuvres contre un plan général arrêté à l'avance, il faut convenir que ce plan reposait sur des bases fausses. C'était une faute que de faire agir séparément des corps qui n'avaient entre eux aucune communication, *vis-à-vis d'une armée centralisée*, et dont les communications étaient faciles.

La droite ne pouvait communiquer avec le centre que par Roveredo et Lodron. Ce fut une seconde faute encore que de subdiviser le corps de la droite et de donner des buts différents à ces différentes divisions. Celle qui fut à Brescia ne trouva personne contre elle, et celle qui atteignit Lonato eut affaire aux troupes qui la veille étaient à Vérone devant la gauche autrichienne, laquelle, dans ce moment, n'avait plus rien devant elle. L'armée autrichienne comptait de très bonnes troupes, mais elle en avait aussi de médiocres : tout ce qui était venu du Rhin, avec Wurmser, était excellent et animé de l'espoir de la victoire ; mais tous les cadres de l'ancienne armée de Beaulieu, battue dans tant de circonstances, traînaient avec eux le découragement. Une des dispositions de Wurmser que les circonstances rendirent des plus funestes, c'est que la plus grande partie de sa droite se trouva composée de Hongrois, troupes lourdes, qui, une fois déroutées, ne surent plus comment se tirer de ces montagnes, et qui, à cause de leur langage, ne purent se faire entendre.

9. *Second siège de Mantoue.* Les premiers jours de la levée du blocus de Mantoue furent employés par la garnison à défaire les ouvrages des assiégeants, à faire entrer les pièces et les munitions qu'ils trouvèrent. Mais les prompts revers de Wurmser ramenèrent bientôt les Français devant la place. La perte de l'équipage d'artillerie ne laissait plus d'espérance de pouvoir en faire le siège. Cet équipage, formé à grand-peine de pièces recueillies dans les différentes places de l'Italie, était presque entièrement perdu. D'ailleurs, la saison devenait trop mauvaise, l'ouverture et le service de la tranchée eussent été trop dangereux pour les troupes, au moment où la malignité du climat allait exercer ses ravages. Le général français n'ayant donc pas sous la main un équipage de siège qui pût lui donner l'assurance de prendre Mantoue avant six semaines, ne voulut pas songer à en former un second, qui n'eût été prêt qu'au moment même où de nouveaux événements pouvaient l'exposer à le perdre de nouveau, en le forçant de lever le siège une seconde fois. Il se contenta donc d'un simple blocus. Le général Sahuguet en fut chargé ; il attaqua Governolo ; et le général Dallemagne, Borgo-Forte : ils s'en emparèrent ainsi que de tout le Seraglio, rejetèrent l'ennemi dans la place et en resserrèrent étroitement le blocus. On s'occupa de multiplier les redoutes et les fortifications autour de la ville, afin d'y employer le moins de monde possible ; car tous les jours les assiégeants diminuaient par le ravage de la fièvre, et l'on prévoyait avec effroi que ce ravage ne ferait qu'accroître avec l'automne. Il est vrai que la garnison était soumise aux mêmes maux et à la même diminution.

10. *Conduite des différents peuples d'Italie durant cette crise.* Cependant la position de l'Italie, dans le peu de jours

qui venaient de s'écouler, avait été une véritable révélation. Toutes les passions s'étaient montrées au grand jour ; chacun se démasqua. Le parti ennemi se montra à Crémone, à Casal-Major, et quelques étincelles se laissèrent voir à Pavie. En général, la Lombardie montra un bon esprit ; à Milan surtout presque tout le peuple témoigna une grande constance et beaucoup de fortitude : ils gagnèrent notre confiance, et méritèrent les armes qu'ils ne cessaient de demander avec instances. Aussi le général français leur écrivait-il dans sa satisfaction : « Lorsque l'armée battait en retraite, que les partisans de l'Autriche et les ennemis de la liberté la croyaient perdue sans ressource, lorsqu'il était impossible à vous-mêmes de soupçonner que cette retraite n'était qu'une ruse, vous avez montré de l'attachement pour la France, de l'amour pour la liberté ; vous avez déployé un zèle et un caractère qui vous ont mérité l'estime de l'armée, et vous mériterons la protection de la République française.

« Chaque jour votre peuple se rend davantage digne de la liberté. Il acquiert chaque jour de l'énergie. Il paraîtra sans doute un jour avec gloire sur la scène du monde. Recevez le témoignage de ma satisfaction et du vœu sincère que fait le peuple français pour vous voir libres et heureux. »

Les peuples de Bologne, Ferrare, Reggio, Modane, montrèrent un véritable intérêt pour notre cause. Parme demeura fidèle à son armistice ; mais la régence de Modène se montra ouvertement notre ennemie. A Rome, les Français furent insultés dans les rues, on y proclama leur expulsion de l'Italie. On suspendit l'accomplissement des conditions de l'armistice non encore remplies. Le général en chef eût pu punir une pareille conduite ; mais d'autres pensées le portaient ailleurs, et l'obligeaient d'ajourner le châtiment, si les négociations n'amenaient le repentir.

Le cardinal Mattey, archevêque de Ferrare, témoigna sa joie à la nouvelle de la levée du siège de Mantoue. Il appela les peuples de l'insurrection contre les Français. Il prit possession de la citadelle de Ferrare, et y arbora les couleurs du pape. Le pape y envoya aussitôt un légat, et par là viola l'armistice. Après la bataille de Castiglione, le général français fit arrêter Mattey, et le fit conduire à Brescia. Le cardinal,

interdit, ne répondit que par ce seul mot : PECCAVI[1] ! ce qui
désarma Napoléon, qui se contenta de le mettre trois mois
dans un séminaire à Brescia. Depuis, ce cardinal a été plénipotentiaire du pape à Tolentino. Le cardinal Mattey était
d'une famille princière à Rome : c'était un homme borné, de
peu de talent, mais qui passait pour être d'une dévotion sincère. Il était minutieusement attaché aux pratiques du culte.
Après la mort du pape Pie VI, la cour de Vienne s'agita
beaucoup, au conclave de Venise, pour le faire nommer pape ;
mais elle ne réussit point. *Chiaramonti, évêque d'Imola,
l'emporta, et prit le nom de Pie VII.*

N. B. de l'éditeur, écrit sous dictée.

Le rapport ne donne que vingt mille hommes amenés du
Rhin par Wurmser. Le chapitre dit trente, et celui-ci a raison.
L'inégalité des forces a toujours été telle entre les deux
armées, que le général français, dans ses rapports, croyait
être obligé souvent de diminuer les forces de l'ennemi, pour
ne pas décourager sa propre armée. C'est ce qui explique
la différence des nombres qu'on rencontre parfois entre
l'ouvrage et les pièces officielles.

BATAILLE D'ARCOLE
DE L'OFFENSIVE D'ALVINZI, LE 2 NOVEMBRE 1796,
JUSQU'À L'ENTIÈRE EXPULSION DE SON ARMÉE, LE 21
DU MÊME MOIS : ESPACE DE DIX-NEUF JOURS.

1. *Le maréchal Alvinzi prend le commandement de la nouvelle armée autrichienne ; sa force.* Les armées françaises du
Rhin et de Sambre-et-Meuse avaient été battues en Allemagne ; elles avaient repassé le Rhin. Ces succès consolaient la
cour de Vienne de ses pertes en Italie. Ils lui donnaient la
facilité d'humilier l'orgueil des Français dans cette partie.
Elle donna des ordres pour former une armée, dégager Mantoue, délivrer Wurmser, et réparer les affronts qu'elle avait
reçus de ce côté. Elle assembla quatre divisions *d'infanterie
et une de cavalerie* dans le Frioul, et deux dans le Tyrol,

1. « J'ai péché. »

faisant ensemble soixante mille hommes. Ces troupes se composaient de forts détachements des armées victorieuses d'Allemagne, des cadres recrutés de l'armée de Wurmser, et d'une levée extraordinaire de quinze mille Croates. Le commandement général fut donné au maréchal Alvinzi, et l'on confia le corps particulier du Tyrol, d'environ dix-huit mille hommes, au général Davidowich. Le sénat de Venise secondait en secret les Autrichiens. Il lui demeurait démontré que les succès de la cause française seraient la ruine de son aristocratie. Il voyait chaque jour l'esprit de ses peuples de terre ferme se détériorer et appeler à grands cris une révolution. La cour de Rome avait levé le masque : se trouvant compromise depuis les affaires de Wurmser, elle n'espérait plus son salut que dans les succès de l'Autriche. Elle n'exécutait aucune des conditions de l'armistice de Bologne ; elle s'apercevait avec effroi que le général français temporisait, et que, par une feinte modération et des négociations prolongées, il ajournait l'instant du châtiment. Elle était exaltée d'ailleurs par les succès d'Allemagne, et instruite à point du petit nombre des Français et du grand nombre de leurs malades ; elle mettait en mouvement ses moyens physiques en levant les troupes, et ses moyens moraux en persuadant les esprits, à l'aide des couvents et des prêtres, de la faiblesse des Français et de la force irrésistible des Autrichiens.

2. *Bon état de l'armée française ; l'opinion des peuples d'Italie appelle ses succès*. Le général français s'était flatté longtemps de recevoir de nouveaux renforts. Il avait fortement représenté au Directoire, ou que les armées du Nord devaient repasser le Rhin, ou qu'il fallait qu'on lui envoyât cinquante mille hommes. On lui fit des promesses qu'on ne réalisa pas ; et tous les secours qu'on lui donna se réduisirent à quatre régiments, détachés de la Vendée : l'esprit de cette province s'était amélioré. Ces régiments, composant environ huit mille hommes, arrivèrent successivement dans un intervalle de deux mois. Ils furent d'un grand secours, compensèrent les pertes éprouvées *les mois précédents*, et maintinrent l'armée active à son nombre habituel de trente mille combattants. Les lettres du Tyrol, du Frioul, de Venise, de Rome, ne cessaient *de parler* des grands préparatifs qui se faisaient contre les Français ; mais cette fois l'esprit plus

prononcé des peuples et d'autres circonstances donnaient une tout autre physionomie à l'Italie et aux affaires. Ce n'était plus *comme* avant Lonato et Castiglione. Les prodiges accomplis par les Français, les nombreuses défaites éprouvées par les Autrichiens avaient tourné l'opinion. Alors les trois quarts de l'Italie pensaient qu'il était impossible que les Français pussent conserver leur conquête. Aujourd'hui les trois quarts de cette même Italie ne croyaient pas qu'il fût au pouvoir des Autrichiens de jamais la leur arracher. On fit sonner bien haut l'arrivée des quatre régiments venant de France. Leur mouvement se fit par bataillons, ce qui composa douze colonnes. On prit toutes les mesures pour que le pays et une partie de l'armée crussent qu'on s'était renforcé de douze régiments.

On croyait que les vivres manquaient dans Mantoue, et que cette place tomberait infailliblement avant que l'armée autrichienne pût recommencer la lutte, de sorte que nos troupes *entendaient parler* des préparatifs de l'*Autriche* avec confiance : *elles semblaient sûres* de la victoire. L'armée était bien nourrie, bien payée, bien vêtue ; son artillerie était nombreuse et bien attelée ; sa cavalerie faible en nombre, à la vérité, mais ne manquant de rien, et en aussi bon état que possible.

La population de tous les pays occupés par nos armées faisait à présent cause commune avec nous. Elle appelait nos succès de tous ses vœux. La disposition des pays au-delà du Pô était telle qu'ils pouvaient même suffire à contenir les levées que le cardinal secrétaire d'État de Rome appelait l'armée du pape. Cette misérable cour, sans esprit, sans courage, sans talents, sans bonne foi, n'était pas autrement redoutable.

3. *Combat de la Brenta. Vaubois évacue le Tyrol en désordre.* Au commencement de novembre, le quartier général de l'armée autrichienne était à Conegliano, et de nombreux *postes* garnissaient la rive *gauche* de la Piave. Dans le Tyrol, des corps opposés à chacun des nôtres se formaient sur la ligne du Lavisio ; partout l'ennemi se montrait en force. Le projet d'Alvinzi n'était pas douteux ; il ne voulait pas, comme Wurmser, attaquer par le Tyrol ; il craignait de s'engager dans les montagnes. Il attribuait à l'intelligence du

soldat français, à sa plus grande dextérité, les succès de *Lonato et de Castiglione*. Il résolut donc de faire sa principale attaque par la plaine, et d'arriver sur l'Adige par le Véronais, le Vicentin et le Padouan. Le 2 novembre, ce général jeta deux ponts sur la Piave, et se porta sur Bassano avec quarante-neuf à cinquante mille hommes. Masséna, en observation, contint toutes ses colonnes, l'obligea de déployer toutes ses forces, gagna quelques jours, et se replia sur Vicence, où il fut joint par le général français, qui amenait avec lui la division Augereau, une brigade de Mantoue, et se trouvait dès lors avoir sous sa main vingt à vingt-deux mille hommes. Le projet de Napoléon était de battre Alvinzi, et de se porter ensuite sur Trente, par un mouvement inverse à celui qu'il avait fait il y avait peu de temps, et de prendre à dos l'armée qui opérait dans le Tyrol. Alvinzi, qui avait passé la Brenta, fut attaqué le 5 et culbuté. Toutes ses divisions furent jetées au-delà de cette *rivière*.

Mais Vaubois, qui était aux mains avec l'ennemi depuis le 2 novembre, n'avait pu se maintenir ni à Trente, ni dans aucune position intermédiaire. Sa division, ne disputant plus le terrain, revenait en désordre sur Vérone. Tout paraissait faire craindre que la position de la Corona et du Montebaldo *ne pourrait arrêter l'ennemi. On craignit pour le siège de* Mantoue. Le général en chef *fut donc obligé* de rétrograder sur Vérone, et d'y arriver assez à temps pour rallier Vaubois, et *assurer* les positions de Montebaldo et de Rivoli. Il passa la revue de la division Vaubois sur le plateau de Rivoli. « Soldats ! leur dit-il d'un ton sévère, je ne suis pas content de vous. Vous n'avez marqué ni discipline ni constance. Vous avez cédé au premier échec. Aucune position n'a pu vous rallier. Il en était dans votre retraite qui étaient inexpugnables. Soldats du 85ᵉ et du 39ᵉ, vous n'êtes pas des soldats français. Que l'on me donne ces drapeaux, et que l'on écrive dessus : Ils ne sont plus de l'armée d'Italie ! » Un morne silence régnait dans tous les rangs ; la consternation était peinte sur toutes les figures. Des sanglots se font entendre ; de grosses larmes coulent de tous les yeux, et l'on voit ces vieux soldats, dans leur émotion, déranger leurs armes pour essuyer leurs pleurs. Le général en chef fut obligé de leur adresser quelques paroles de consolation. « Général, lui criaient-ils, *mets-nous à l'avant-garde*, et tu verras si nous sommes de l'armée d'Italie !!! » Effectivement, ces régiments, qui avaient été le plus grondés, furent mis à l'avant-garde, et s'y couvrirent de gloire.

4. *Bataille de Caldiero, 12 novembre.* Les opérations d'Alvinzi se trouvèrent couronnées des plus heureux succès : déjà il était maître de tout le Tyrol et de tout le pays entre la Brenta et l'Adige ; mais le plus difficile lui restait encore *à faire* ; c'était de passer l'Adige de vive force devant l'armée française. Le chemin de Vérone à Vicence longe l'Adige pendant trois lieues, et ne quitte la direction du *fleuve qu'à* Ronco, où il tourne perpendiculairement à gauche pour se *diriger* sur Vicence ; à Villa-Nova, la petite rivière de l'Alpon coupe la grande route, et se jette, après avoir traversé Arcole, dans l'Adige, entre Ronco et Albaredo. Sur la gauche de Villa-Nova se trouvent des hauteurs offrant de très belles positions, connues sous le nom de Caldiero. En occupant ces positions, on garde une partie de l'Adige, on couvre Vérone, et l'on se trouve en mesure de tomber sur les derrières de l'ennemi, si celui-ci se dirigeait sur le Bas-Adige.

Le général français eut à peine *assuré* la défense de Montebaldo, et raffermi les troupes de Vaubois, qu'il voulut occuper Caldiero comme donnant plus de chances à la défensive, et plus d'énergie à son attitude. Il déboucha le 11 de Vérone, la brigade de Verdier en tête, culbuta l'avant-garde ennemie, et parvint bientôt au pied de Caldiero : mais Alvinzi lui-même avait occupé cette position, qui est *bonne* également contre Vérone. Le 12, à la pointe du jour, on vit toute son armée couronner ces hauteurs, qu'il avait couvertes de formidables batteries. Le terrain reconnu, Masséna dut attaquer la hauteur et forcer la droite de l'ennemi ; cette hauteur enlevée, et l'ennemi la gardait mal, la bataille se trouvait décidée. Le général Launay marcha avec sa demi-brigade et s'empara de la hauteur ; mais il ne put s'y maintenir, et fut fait prisonnier. Cependant la pluie tombait par torrents, le chemin devint bientôt impraticable pour notre artillerie, pendant que nous étions écrasés par celle de l'ennemi. Nous avions trop de désavantage à gravir contre un ennemi en position. L'attaque fut contremandée, et l'on se contenta de soutenir la bataille tout le reste du jour. Comme la pluie dura toute la journée et celle du lendemain, le général français prit le parti de retourner au camp de Vérone.

Les pertes dans cette affaire avaient été égales, cependant l'ennemi s'attribua avec raison la victoire, ses avant-postes s'approchèrent de Saint-Michel, et la situation des Français devint vraiment critique.

5. *Murmures et sentiments divers qui agitent l'armée française.* Vaubois, battu en Tyrol, avait fait des pertes considérables ; il n'avait plus que six mille hommes. Les deux autres divisions, après s'être vaillamment battues sur la Brenta, s'étaient vues en retraite sur Vérone, ayant manqué leur opération sur Caldiero. Le sentiment des forces de l'ennemi était dans toutes les têtes. Les soldats de Vaubois, pour justifier leur retraite dans le Tyrol, disaient s'y être battus un contre trois. Les soldats mêmes demeurés sous les yeux de Napoléon trouvaient les ennemis trop nombreux. Les deux divisions, après leurs pertes, ne comptaient pas plus de treize mille hommes sous les armes.

L'ennemi avait perdu aussi sans doute, mais il avait eu l'avantage ; il avait acquis le sentiment de sa supériorité, il avait pu compter à son aise le petit nombre des Français ; aussi ne doutait-il déjà plus de la délivrance de Mantoue ni de la conquête de l'Italie. Il avait fait ramasser une grande quantité d'échelles, et en faisait faire beaucoup d'autres, voulant enlever Vérone d'assaut. A Mantoue, la garnison s'était réveillée ; elle faisait de fréquentes sorties, qui harcelaient sans cesse les assiégeants ; et les troupes se trouvaient trop faibles pour contenir une si forte garnison. Tous les jours on était instruit que quelque nouveau secours arrivait à l'ennemi : nous ne pouvions en espérer aucun ! Enfin les agents de l'Autriche, ceux de Venise et du pape, faisaient sonner très haut les avantages obtenus par Alvinzi, et sa supériorité sur nous. Nous n'étions plus en position de prendre l'offensive nulle part : d'un côté, la position de Caldiero, que nous n'avions pu enlever ; de l'autre, les gorges du Tyrol, qui venaient d'être le théâtre de la défaite de Vaubois. Mais eussions-nous occupé des positions qui eussent permis d'entreprendre sur Alvinzi, il avait trop de supériorité par le nombre. Tout interdisait pour l'instant toute offensive ; il fallait donc laisser l'initiative à l'ennemi, et attendre froidement ce qu'il voudrait entreprendre. La saison était extrêmement mauvaise, la pluie tombait par torrents, et tous les mouvements se faisaient dans la boue. L'affaire de Caldiero, celle du Tyrol, avaient sensiblement baissé le moral de l'armée. On avait bien encore le sentiment de la supériorité sur l'ennemi à nombre égal, mais on ne croyait pas pouvoir lui résister, dans l'infériorité où l'on se trouvait. Un grand nombre de braves avaient été blessés deux ou trois fois à différentes batailles, depuis l'entrée en Italie. La mauvaise humeur s'en mêlait.

« Nous ne pouvons pas seuls, disaient-ils, remplir la tâche de tous : l'armée d'Alvinzi qui se trouve ici est celle devant laquelle les armées du Rhin et de Sambre-et-Meuse se sont retirées, et elles sont oisives dans ce moment ; pourquoi est-ce à nous à remplir leur tâche ? On ne nous envoie aucun secours ; si nous sommes battus nous regagnerons les Alpes en fuyards et sans honneur. Si, au contraire, nous sommes vainqueurs, à quoi aboutira cette nouvelle victoire ; on nous opposera une autre armée semblable à celle d'Alvinzi, comme Alvinzi lui-même a succédé à Wurmser ; et, dans cette lutte constamment inégale, il faudra bien que nous finissions par être écrasés. »

Napoléon faisait *répondre* : « Nous n'avons plus qu'un effort à faire, et l'Italie est à nous. Alvinzi est sans doute plus nombreux que nous, mais la moitié de ses troupes sont de véritables recrues ; et lui battu, Mantoue succombe ; nous demeurons maîtres de l'Italie, nous voyons finir nos travaux ; car non seulement l'Italie, mais encore la paix générale sont dans Mantoue. Vous voulez aller sur les Alpes, vous n'en êtes plus capables. De la vie dure et fatigante de ces stériles rochers, vous avez bien pu venir conquérir les délices de la Lombardie ; mais des bivouacs riants et fleuris de l'Italie, vous ne vous élèverez plus aux rigueurs de ces âpres sommets, vous ne supporteriez plus longtemps sans murmurer les neiges ni les glaces des Alpes. Des secours nous sont arrivés ; nous en attendons encore ; beaucoup sont en route. Que ceux qui ne veulent plus se battre, qui sont assez riches, ne nous parlent pas de l'avenir. Battez Alvinzi, et je vous réponds du reste !!! » Ces paroles, répétées par tout ce qu'il y avait de cœurs généreux, relevaient les âmes et faisaient passer successivement à des sentiments opposés. Ainsi, tantôt l'armée, dans son découragement, eût voulu se retirer ; tantôt, remplie d'enthousiasme, elle parlait de courir aux armes.

Lorsque l'on apprit à Brescia, Bergame, Milan, Crémone, Lodi, Pavie, Bologne, que l'armée avait essuyé un échec, les blessés, les malades, sortirent des hôpitaux encore mal guéris, et vinrent se ranger dans les rangs, la blessure encore sanglante. Ce spectacle était touchant, et remplit l'armée des plus vives émotions.

6. *Marche de nuit de l'armée sur Ronco ; elle y passe l'Adige sur un pont de bateaux.* Enfin le 14 novembre, à la nuit tombante, *le camp de Vérone* prit les armes. Les colonnes se mettent en marche dans le plus grand silence : on traverse la ville, et l'on vient se former sur la rive droite. L'heure à laquelle on part, la direction, qui est celle de la retraite, le silence qu'on garde, contre l'habitude constante d'apprendre, par l'ordre du jour, qu'on va se battre ; la situation des affaires, tout enfin ne laisse aucun doute qu'on se retire. Ce premier pas de retraite, qui entraîne nécessairement la levée du siège de Mantoue, *présage* la perte de toute l'Italie. Ceux des habitants qui plaçaient dans nos victoires l'espoir de leurs nouvelles destinées, suivent inquiets, et le cœur serré, les mouvements de cette armée qui emporte toutes leurs espérances.

Cependant l'armée, au lieu de suivre la route de Peschiera, prend tout à coup à gauche, et longe l'Adige ; on arrive avant le jour à Ronco. Andréossy achevait d'y jeter un pont ; et l'armée, aux premiers rayons du soleil, se voit avec étonnement, par un simple à gauche, sur l'autre rive. Alors les officiers et les soldats, qui du temps qu'ils poursuivaient Wurmser avaient traversé ces lieux, commencèrent à deviner l'intention du général. Ils voient que ne pouvant enlever Caldiero, il le tourne ; qu'avec douze mille hommes, ne pouvant rien en plaine contre quarante-cinq mille, il les attire sur de simples chaussées, dans de vastes marais, où le nombre ne sera plus rien mais où le courage des têtes de colonne sera tout. Alors l'espoir de la victoire ranime tous les cœurs, et chacun promet de se surpasser pour seconder un plan si beau et si hardi.

Kilmaine était resté dans Vérone avec quinze cents hommes de toutes armes, les portes étroitement fermées, les communications sévèrement interdites. L'ennemi ignorait parfaitement notre mouvement.

Le pont du Ronco fut jeté sur la droite de l'Alpon, à peu près à un quart de lieue de son embouchure. S'il l'eût été sur la rive gauche, du côté d'Albaredo, on se fût trouvé en plaine, tandis qu'on voulait se placer dans des marais, où le nombre demeurait sans effet. D'un autre côté, on craignait qu'Alvinzi, instruit, ne marchât subitement à Vérone, et ne s'en emparât ; ce qui eût obligé le corps de Rivoli de se retirer à Peschiera, et eût compromis celui de Ronco. Il fallut donc se placer sur la rive droite de l'Alpon, de manière à pouvoir tomber sur les derrières de l'ennemi qui attaquerait Vérone, et par là soutenir cette place par la rive gauche, ce que l'on n'eût pu faire si l'on eût jeté le pont sur la rive gauche de l'Alpon, parce que l'ennemi aurait pu border la rive droite de cette rivière, et, sous cette protection, enlever Vérone. Cette double raison avait donc déterminé le placement du pont. Or, trois chaussées partaient de Ronco, où ce pont avait été jeté ; et toutes étaient environnées de marais. La première se dirige sur Vérone en remontant l'Adige ; la deuxième conduit à Villa-Nova et passe devant Arcole, qui a un pont à une lieue et demie de l'Adige, sur la petite rivière de l'Alpon. La troisième descend l'Adige et va sur Albaredo.

7. *Bataille d'Arcole, première journée, 15 novembre*. Trois colonnes se dirigèrent sur ces trois chaussées. L'une, à gauche, *remonta l'Adige* jusqu'à l'extrémité des marais ; *de là* l'on communiquait sans obstacle avec Vérone : ce point était des plus importants. Par là plus de craintes de voir l'ennemi attaquer Vérone, puisqu'on se fût trouvé sur ses derrières. La colonne de droite prit vers Albaredo et occupa jusqu'à l'Alpon. Celle du centre se porta sur Arcole, où nos tirailleurs parvinrent jusqu'au pont sans être aperçus. Il était cinq heures du matin, et l'ennemi ignorait tout. Les premiers coups de fusils se tirèrent sur le pont d'Arcole, où deux bataillons de Croates, avec deux pièces de canon, bivouaquaient comme corps d'observation, pour garder les derrières de l'armée où étaient tous les parcs, et surveiller les partis que la garnison de Lignano aurait pu jeter dans la campagne. Cette place n'était qu'à trois lieues : l'ennemi avait eu la négligence de ne pas pousser des postes jusqu'à l'Adige ; il regardait cet espace comme des marais impraticables. L'intervalle d'Arcole à l'Adige n'était point gardé ; on s'était contenté

d'ordonner des patrouilles de housards, qui, trois fois par jour, parcouraient les digues et éclairaient l'Adige. La route de Ronco à Arcole rencontre l'Alpon à deux milles, et de là remonte pendant un mille la rive droite de ce petit ruisseau, jusqu'au pont, qui tourne perpendiculairement à droite et entre dans le village d'Arcole. Des Croates étaient bivoua-qués, *la droite* appuyée au village, et la gauche vers l'embou-chure. Par ce bivouac ils avaient devant leur front *la digue*, dont ils n'étaient séparés que par le ruisseau ; tirant devant eux, ils prirent en flanc la colonne dont la tête était sur Arcole. Il fallut se replier en toute hâte jusqu'au point de la chaussée, qui ne prêtait plus son flanc à la rive gauche. On instruisit Alvinzi que quelques coups de fusil avaient été tirés au pont d'Arcole ; il y fit peu attention. Cependant à la pointe du jour on put observer de Caldiero et des clochers voisins le mouvement des Français. D'ailleurs les reconnaissances des housards, qui tous les matins longeaient l'Adige pour s'assurer des événements de la nuit, furent reçues à coups de fusil de toutes les digues, et poursuivies par la cavalerie française. Alvinzi acquit donc de tout côté la certitude que les Français avaient passé l'Adige, et se trouvaient en force sur toutes les digues. Il lui parut insensé d'imaginer qu'on pût jeter ainsi toute une armée dans des marais impraticables. Il pensa plutôt que c'était un détachement posté de ce côté pour l'inquiéter, lorsqu'on l'attaquerait en force du côté de Vérone. Cependant ses reconnaissances du côté de Vérone lui ayant rapporté que tout y était tranquille, Alvinzi crut important de rejeter ces troupes françaises au-delà de l'Adige, pour tranquilliser ses derrières. Il dirigea une divi-sion sur la digue d'Arcole, et une autre vers la digue qui *longe* l'Adige, avec ordre de tomber tête baissée sur ce qu'elles rencontreraient, et de *tout* jeter dans *la rivière*. Vers les neuf heures *du matin*, ces deux divisions attaquèrent en effet vivement. Masséna, qui était chargé de la digue de gauche, ayant laissé engager l'ennemi, courut sur lui au pas de charge, l'enfonça, lui causa beaucoup de perte, et lui fit un grand nombre de prisonniers. On en fit autant sur la digue d'Arcole ; on attendit que l'ennemi eût dépassé le coude du pont. On l'attaqua au pas de charge ; on le mit en déroute, et on lui fit beaucoup de prisonniers. Il devenait de la plus haute importance de s'emparer d'Arcole, puisque de là on débouchait sur les derrières de l'ennemi, et qu'on pouvait s'y établir avant que l'ennemi pût être formé. Mais ce pont d'Arcole, par sa situation, résistait à toutes nos attaques. Napoléon essaya un dernier effort de sa personne : il saisit un drapeau, s'élança vers le pont, et *l'y plaça*. La colonne qu'il conduisait l'avait à moitié franchi, lorsque le feu de flanc fit manquer l'attaque. Les grenadiers de la tête abandonnés par la queue hésitent ; ils sont entraînés dans la fuite, mais ils ne veulent pas se dessaisir de leur général ; ils le prennent par les bras, les cheveux, les habits, et l'entraînent dans leur fuite, au milieu des morts, des mourants et de la fumée. *Le général en chef* est précipité dans un marais ; il y enfonce jusqu'à la moitié du corps ; *il est au milieu des ennemis* ; mais les Français s'aperçoivent que leur général n'est point avec eux. Un cri se fait entendre : « Soldats, en avant pour sauver le général ! » Les braves reviennent aussitôt au pas de course sur l'ennemi, le repoussent jusqu'au *delà du pont*, et Napoléon est sauvé. Cette journée fut celle du dévouement militaire. Le général Lannes était accouru de Milan ; il avait été blessé à *Governolo* ; il était encore souffrant dans ce moment : il se plaça entre l'ennemi et Napoléon, le couvrit de son corps et reçut trois blessures, ne voulant jamais le quitter. Muiron, aide de camp du général en chef, fut tué couvrant de son corps son général... Mort héroïque et touchante !... Belliard, Vignolles, furent blessés en ramenant les troupes en *avant*. Le brave *général* Robert y fut tué.

On fit jeter un pont à l'embouchure de l'Alpon, afin de prendre Arcole à revers ; mais pendant ce temps, Alvinzi, instruit du véritable état des choses, et concevant les plus vives alarmes sur le *danger* de sa position, avait abandonné Caldiero, défait ses batteries et fait repasser l'Alpon à tous ses parcs, ses bagages et ses réserves. Les Français, du haut du clocher de Ronco, virent avec douleur cette proie leur échapper, et c'est alors, et dans les mouvements précipités de l'ennemi, qu'on put juger toute l'étendue et les conséquences du plan du général français. Chacun vit quels auraient pu être les résultats d'une combinaison si profonde et si hardie : l'armée ennemie échappait à sa destruction. Ce ne fut que vers les quatre heures que le général Guieux put marcher sur Arcole par la rive gauche *de l'Alpon*. Le village fut enlevé sans coup férir ; mais alors il n'avait plus rien d'utile ; il était six heures trop tard ; l'ennemi s'était mis en position naturelle. Arcole n'était plus qu'un poste intermédiaire entre le front des deux armées. Le matin, ce village était sur les derrières de l'ennemi.

Toutefois de grands résultats avaient couronné cette journée : Caldiero était évacué, et Vérone ne courait plus de dangers. Deux divisions d'Alvinzi avaient été défaites avec des pertes considérables. De nombreuses colonnes de prisonniers et grand nombre de trophées, qui défilèrent *au travers du camp*, remplirent d'enthousiasme les soldats et les officiers, et chacun reprit la confiance et le sentiment de la victoire.

8. *Seconde journée, 16 novembre*. Cependant Davidowich, avec son corps du Tyrol, avait attaqué, dès la veille, les hauteurs de Rivoli. Il en avait chassé Vaubois, et l'avait contraint de se retirer sur Castel-Novo. Déjà les coureurs ennemis paraissaient aux portes de Vérone. Kilmaine, débarrassé d'Alvinzi et de toutes craintes sur la rive gauche, par l'évacuation de Caldiero, avait dirigé toute *son attention* sur la rive droite ; mais il était à craindre que si l'ennemi marchait vigoureusement sur Castel-Novo, il ne forçât Vaubois, n'arrivât à Mantoue, ne surprît l'armée assiégeante, ne se joignît à la garnison, ne coupât la retraite au quartier général et à l'armée qui était à Ronco. Il fallait donc être, à la pointe du jour, en mesure de soutenir Vaubois, protéger Mantoue et ses communications, et battre Davidowich, s'il s'était avancé dans la journée. Il était nécessaire, pour la réussite de ce projet, de calculer les heures. Il se résolut donc, dans l'incertitude de ce qui se serait passé dans la journée, de supposer que tout avait été mal du côté de Vaubois. Il fit évacuer Arcole, qui avait coûté tant de sang ; replia toute son armée sur la rive droite de l'Adige, ne laissant sur la rive gauche qu'une brigade et quelques pièces de canon. Il ordonna, dans cette position, qu'on fît la soupe, en attendant ce qui se serait passé du côté de Vaubois, pendant cette journée. Si l'ennemi avait marché sur Castel-Novo, il fallait lever le pont de l'Adige, disparaître de devant Alvinzi, se trouver à dix heures derrière Vaubois à *Castel-Novo, et culbuter l'ennemi sur Rivoli*. On avait laissé à Arcole des bivouacs allumés, ainsi que des piquets de grand-garde, pour qu'Alvinzi ne s'aperçût

de rien. A quatre heures après minuit, l'on battit pour prendre les armes, afin d'être prêt à marcher. Mais dans le même moment on apprit que Vaubois *était encore en* position, à moitié chemin de Rivoli à Castel-Novo, et qu'il garantissait de tenir toute la journée. Davidowich était le même général qui avait commandé une des divisions que Wurmser avait fait déboucher par la Chiesa : il se souvenait des résultats : il n'avait garde de se compromettre. Cependant vers trois heures du matin, Alvinzi, instruit de la marche rétrograde des Français, fit occuper Arcole sur-le-champ, dirigea au jour deux colonnes sur les digues de l'Adige et d'Arcole pour marcher sur nous. La fusillade s'engagea à deux cents toises de notre pont ; les troupes le repassèrent au pas de charge, tombèrent sur l'ennemi, le rompirent, le poursuivirent vivement jusqu'aux débouchés des marais qu'ils remplirent de leurs morts. Des drapeaux, du canon et des prisonniers furent les trophées de cette journée, où deux nouvelles divisions d'Alvinzi furent défaites.

Sur le soir, *le général français*, par les mêmes motifs et les mêmes combinaisons, fit le même mouvement que la veille. Il concentra toutes ses troupes sur la rive droite de l'Adige, ne laissant qu'une avant-garde sur la rive gauche.

9. *Troisième journée, 17 novembre.* Cependant Alvinzi, induit en erreur par un espion qui assurait que le général français avait repassé l'Adige, marché sur Mantoue, et n'avait laissé qu'une arrière-garde à Ronco, déboucha à la pointe du jour, avec l'intention d'enlever le pont de Ronco. Un moment avant le jour, on apprit que rien n'avait bougé du côté de Vaubois, que Davidowich n'avait point fait de mouvements. On revint sur l'autre bord de l'Adige. Les têtes de nos colonnes se rencontrèrent à moitié des digues avec deux autres divisions d'Alvinzi. Il se livra un combat opiniâtre, nos troupes furent *alternativement en avant et en arrière. Pendant un moment*, les balles arrivaient sur le pont. La 75e avait été rompue ; le général en chef plaça la 32e en embuscade, ventre à terre dans un petit bois de saules, le long *de la digue* d'Arcole. Cette demi-brigade se releva, fit une décharge, marcha à la baïonnette et culbuta dans les marais une colonne ennemie, épaisse de toute sa longueur ; c'étaient trois mille Croates et ils y périrent tous. Masséna, sur la gauche, éprou-

vait des vicissitudes ; mais il marcha *à la tête de sa division*, son chapeau au bout de son épée, en signe de drapeau, et fit un horrible carnage de la division *qui lui était* opposée.

Après midi, *le général français* jugea qu'enfin le moment d'en finir était venu. Car si Vaubois *avait* été battu le *jour encore* par Davidowich, il serait obligé de se porter, *la nuit prochaine*, à son secours et à celui de Mantoue. Dès lors Alvinzi se porterait sur Vérone, il recueillerait l'honneur et les résultats de la victoire ; tant d'avantages remportés dans trois journées seraient perdus. Il fit compter soigneusement le nombre des prisonniers, récapitula les pertes de l'ennemi ; il conclut qu'il s'était affaibli *dans ces trois jours* de plus de vingt mille hommes, qu'ainsi désormais ses forces en bataille ne seraient pas *beaucoup plus d'un tiers au-dessus des nôtres. Il donna ordre de sortir des marais, et d'aller attaquer l'ennemi en plaine*.

Les circonstances de ces trois journées avaient tellement changé le moral des deux armées, que la victoire nous était assurée. L'armée passa le pont jeté à l'embouchure de l'Alpon. Elliot, *aide de camp* du général en chef, chargé d'en construire un second, y fut tué. A deux heures *après midi*, l'armée française était en bataille, sa gauche à Arcole et sa droite dans la direction de Porto-Legnano ; elle avait en face l'ennemi, dont la droite s'appuyait sur l'Alpon, et la gauche à des marais. *L'ennemi était à cheval sur* la route de Montebello. L'adjudant Lorcet était parti de Legnano avec six à sept cents hommes, quatre pièces de canon et deux cents chevaux, pour tourner les marais auxquels l'ennemi appuyait sa gauche.

Vers les trois heures, au moment où ce détachement de la garnison de Legnano se portait sur l'ennemi, que la canonnade était vive sur toute la ligne, et que les tirailleurs en étaient aux mains, *le général français* ordonna au chef d'escadron Hercule de se porter, avec cinquante guides, et quatre ou cinq trompettes, au travers des roseaux, et de charger sur l'extrémité de la gauche de l'ennemi, au même moment que la garnison de Legnano commencerait à le canonner par-derrière ; ce qu'il exécuta avec intelligence, et contribua beaucoup au succès de la journée. L'ennemi fut culbuté partout ; sa ligne fut rompue, il laissa beaucoup de prisonniers. Alvinzi avait échelonné sept à huit mille hommes sur ses derrières, pour assurer sa retraite et pour escorter ses parcs ; et par là sa ligne de bataille ne se trouva pas plus forte que la nôtre. Il fut mené battant tout le reste de la soirée. Toute la nuit il continua sa retraite sur Vicence. Notre cavalerie le poursuivit au-delà de Montebello.

Arrivé à Villa-Nova, Napoléon s'arrêta pour avoir les rapports de la poursuite de l'ennemi, et de la contenance que faisait son arrière-garde. Il entra dans le couvent de Saint-Boniface ; l'église avait servi d'ambulance. Il y trouva quatre ou cinq blessés, la plus grande partie morts ; *il en sortait une odeur de cadavre*, il recula d'horreur ! Il s'entendit appeler par son nom : deux malheureux soldats français blessés étaient depuis trois jours au milieu des morts, sans avoir mangé ; ils n'avaient point été pansés, ils désespéraient d'eux-mêmes ; mais ils furent rappelés à la vie par la vue de leur général : tous les secours leur furent prodigués.

Le général français visita les hauteurs de Caldiero, et se remit en marche vers Vérone. A mi-chemin, il rencontra un officier d'état-major autrichien, que Davidowich envoyait à Alvinzi. Ce jeune homme se croyait au milieu des siens. D'après ses dépêches, il y avait trois jours que les deux armées ne s'étaient communiquées. Davidowich ignorait tout.

10. *L'armée française rentre triomphante dans Vérone par la rive gauche*. Napoléon entra triomphant dans Vérone, par la porte de Venise, trois jours après en être sorti mystérieusement par la porte de Milan. On se peindrait difficilement l'étonnement et l'enthousiasme des habitants ; nos ennemis mêmes les plus déclarés ne purent rester froids, et joignirent leurs hommages à ceux de nos amis. Le général français passe *sur la rive droite de l'Adige*, et court sur Davidowich qui était encore à Rivoli. Il est chassé de poste en poste et poursuivi l'épée dans les reins jusqu'à Roveredo. De ses soixante à soixante-dix mille hommes, on calcule qu'Alvinzi en perdit de trente à trente-cinq mille dans ces affaires, et que ce fut l'élite de ses troupes.

Cependant de si grands résultats ne s'étaient pas obtenus sans pertes, et l'armée avait plus que jamais besoin de repos. Le général français ne jugea pas devoir reprendre le Tyrol, et s'étendre jusqu'à Trente. Il se contenta de faire occuper

Montebello, la Corona, les gorges de la Chiesa et de l'Adige. Alvinzi se rallia à Bassano, et Davidowich à Trente. Cependant on devait croire qu'on obtiendrait bientôt Mantoue, avant que le général autrichien pût recevoir une nouvelle armée. Les fréquentes sorties de Wurmser, pour obtenir quelques vivres, le grand nombre de déserteurs qui étaient maigres, et depuis un mois à la demi-ration, le dénuement de ses hôpitaux et le grand nombre de ses malades, tout dut donner l'espoir d'une prompte reddition.

BATAILLE DE RIVOLI
DEPUIS L'OFFENSIVE DE PROVERA, LE 1er JANVIER 1797,
JUSQU'À LA REDDITION DE MANTOUE, LE 1er FÉVRIER SUIVANT :
ESPACE D'UN MOIS.

1. *État de l'Italie.* Venise faisait de nouvelles levées d'Esclavons, il arrivait tous les jours de nouveaux bataillons dans les lagunes ; les partis étaient en présence dans toutes les villes du pays vénitien. Les citadelles de Vérone et de Brescia étaient dans les mains des troupes françaises. Les troubles survenus à Bergame firent sentir la nécessité d'occuper la citadelle ; le général Baraguey d'Hilliers en prit possession.

Les négociations avec Rome continuaient, *mais elles ne marchaient pas* : l'expérience avait prouvé qu'on *ne pouvait rien obtenir de cette cour que par les menaces et la présence de la force.*

Le général en chef annonça à Milan son départ pour Rome ; il fit partir *le général Lahosse avec* quatre mille *Italiens* pour Bologne, y dirigea une colonne de trois mille Français, et fit prévenir le grand-duc de Toscane que ses troupes traverseraient ses États pour se rendre à Perrugia ; il partit effectivement lui-même, *et se rendit à Bologne.* Manfredini vint l'y trouver, pour ménager les intérêts de son maître, et s'en retourna convaincu que le général français marchait sur Rome. Pour cette fois, cette cour ne fut point dupe de toutes ces apparences ; elle resta immobile. Elle était au fait des plans adoptés à Vienne, et en espérait le succès. Cependant, lorsqu'elle apprit que le général français était à Bologne, le secrétaire d'État fut étonné ; mais le ministre d'Autriche soutint son courage, en lui faisant comprendre que rien n'était plus heureux pour leurs vues, que d'attirer le général français dans le fond de l'Italie ; et que, fallût-il quitter Rome, ce serait encore un bonheur, puisque la défaite des Français, sur l'Adige, en serait d'autant plus assurée.

2. *Situation de l'armée autrichienne.* Alvinzi recevait *tous les jours* des renforts considérables. Le Padouan, le Trévisan et tout le Bassanais étaient *couverts* de troupes autrichiennes. Il s'était écoulé deux mois depuis la bataille d'Arcole ; l'Autriche les avait *mis à profit, pour* faire arriver dans le *Frioul les divisions* tirées des rives du Rhin, où les armées françaises étaient inactives, et en plein quartier d'hiver. Un mouvement avait été imprimé à toute la monarchie autrichienne. On leva dans le Tyrol plusieurs bataillons d'excellents tireurs ; il *fut* aisé de leur persuader qu'il fallait défendre leur territoire et aider à reconquérir l'Italie, si essentielle à la prospérité du Tyrol. Les succès de l'Autriche, dans la campagne dernière, en Allemagne, et ses humiliations en Italie, avaient remué *l'esprit public.* Les grandes villes offraient des bataillons de volontaires ; Vienne en fournit quatre : on leva ainsi *un renfort* de dix à douze mille volontaires. Les bataillons de Vienne reçurent de l'Impératrice ses drapeaux brodés de ses propres mains. *Ils les perdirent*, mais les défendirent avec honneur. L'armée d'Autriche se composait de huit divisions de force inégale, de plusieurs brigades de cavalerie incorporées avec ces divisions et de deux divisions de cavalerie. On évaluait cette armée à plus de quatre-vingt mille combattants.

3. *Situation de l'armée française*. L'armée française avait *été renforcée*, depuis Arcole, de deux régiments d'infanterie tirés des côtes de la Provence, la 57ᵉ en faisait partie, et d'un régiment de cavalerie. *Cela faisait environ* cinq à six mille hommes, et *compensait* les pertes d'Arcole et du blocus de Mantoue. Joubert, avec une forte division, occupait Montebaldo, Rivoli et Busselengo. Rey, avec une division moins forte, était en réserve à Dezenzano. Masséna était à Vérone, avec une avant-garde à Saint-Michel, Augereau à Legnano, avec une avant-garde à Bevilaqua. Sérurier bloquait Mantoue. La Corona était couverte de retranchements. Les châteaux de

Vérone et de Legnano étaient en bon état, ainsi que Peschiera et Pizzighettone. On occupait les citadelles de Brescia, Bergame, le fort de Fuente, la citadelle de Ferrare et le fort Urbin. Des forces navales sur le lac de Guarda nous assuraient la possession de ce lac. Des barques armées, placées sur le lac Majeur et le lac de Côme, y exerçaient une sévère police.

4. *Plan d'opérations adopté par la cour de Vienne*. Wurmser avait débouché sur trois colonnes ; sa droite par la chaussée de Chiesa, au-delà du lac de Guarda ; son centre par Montebaldo, entre le lac de Guarda et l'Adige ; sa gauche par la rive gauche de l'Adige. Quelques mois après, Alvinzi avait attaqué sur deux colonnes ; l'une opérant dans le Tyrol, l'autre sur la Piave, la Brenta et l'Adige. Mais *la bataille de Lonato, celles de Castiglione, d'Arcole avaient fait échouer ces deux plans de campagne. La cour de Vienne adopta cette fois un nouveau plan*, qui se liait avec les opérations de Rome. Il fut arrêté que l'armée autrichienne ferait deux grandes attaques : la première par le Montebaldo, comme avait fait Wurmser ; la seconde sur l'Adige, par les plaines du Padouan ; que les deux corps qui exécuteraient ces deux attaques n'auraient rien de commun entre eux ; qu'ils marcheraient indépendamment l'un de l'autre ; de sorte que si l'un réussissait, le premier but serait rempli et Mantoue débloquée. Le corps principal devait déboucher par le Tyrol ; et, s'il battait l'armée française, il arriverait sous les murs de Mantoue, y ferait sa jonction avec le deuxième corps qui agissait sur l'Adige. Si, au contraire, la principale attaque échouait, et que le second corps réussît, le siège de Mantoue serait également levé, et la place réapprovisionnée. Alors ce corps d'armée se jetterait dans le Séraglio, et établirait ses communications avec Rome. Le maréchal Wurmser prendrait le commandement de l'armée qui était dans la Romagne. La grande quantité de généraux, d'officiers et de cavalerie démontée qui se trouvait dans Mantoue servirait à discipliner l'armée du pape, et ferait une diversion qui obligerait le général français à avoir aussi deux corps d'armée, l'un sur la rive gauche, l'autre sur la rive droite du Pô.

Un agent secret *envoyé* de Vienne, fort intelligent, fut arrêté par une sentinelle, comme il franchissait le dernier poste de l'armée française devant Mantoue. On lui fit rendre sa dépêche qu'il avait avalée, renfermée dans une petite boule de cire à cacheter. Cette dépêche était une petite lettre écrite en caractères très fins, signée de l'empereur François. Il annonçait à Wurmser qu'il allait être incessamment dégagé. Dans tous les cas il lui ordonnait de ne pas se rendre prisonnier ; d'évacuer la place ; de passer le Pô, ce qu'il pouvait faire puisqu'il était maître du Séraglio ; de se rendre dans les États du pape, où il prendrait le commandement de son armée. L'empereur d'Autriche supposait, comme on le voit, que Wurmser était maître du Séraglio ; il était mal informé.

5. *Combat de Saint-Michel.* En exécution du plan adopté par la cour de Vienne, Provera eut le commandement du corps d'armée qui devait agir sur l'Adige, pour passer cette rivière et se porter sur Mantoue. Les bataillons volontaires de Vienne faisaient partie du corps d'armée, qui était composé de trois divisions formant vingt-cinq mille hommes. Aux premiers jours de janvier, Provera porta son quartier général à Padoue. Le 12, il se dirigea, avec deux divisions, sur Montagna, où était l'avant-garde d'Augereau, commandée par le brave général Duphot. Au même moment, la troisième division autrichienne, qui avait pris position sur les hauteurs de Caldiero, marcha sur Saint-Michel pour y attaquer l'avant-garde de Masséna, dont le quartier général était à Vérone ; c'était une fausse attaque. Le général Duphot, attaqué à la pointe du jour par l'avant-garde de Provera, composée des volontaires de Vienne, la contint facilement et la repoussa. Mais, sur midi, toute l'armée autrichienne s'étant déployée, Duphot fit retraite et repassa l'Adige à Legnano. La division qui forma la droite de Provera et qui attaqua Saint-Michel était la plus faible. Le général Masséna marcha de Vérone au secours de son avant-garde. La division autrichienne fut rompue, dispersée et poursuivie l'épée dans les reins jusqu'au-delà de l'Alpon.

Ce fut dans ce moment que le général français arriva en poste de Bologne. Il avait été instruit, par ses agents de Venise, du mouvement de l'armée autrichienne sur Padoue. Il avait fait camper les troupes italiennes sur la frontière de la Transpadane, pour s'opposer au pape, dirigé les deux mille Français de Bologne sur Ferrare, où ils avaient passé le Pô à Ponte-di-Lagoscuro, et rejoint l'armée sur l'Adige. De sa personne, il passa le Pô à Borgoforte, se rendit au quartier général de Roverbello, et arriva à Vérone au plus fort du feu du combat de Saint-Michel. Il ordonna sur-le-champ à Masséna de reployer, dans la nuit, toutes ses troupes sur Vérone.

L'ennemi paraissait être en opération, et il fallait tenir toutes les troupes disponibles, pour pouvoir se porter où serait la véritable attaque. Dans la nuit, on reçut des nouvelles du quartier général de Legnano, qui disaient que toute l'armée autrichienne était en mouvement sur le Bas-Adige ; que le grand état-major de l'ennemi y était, ainsi que deux équipages de pont. Le rapport du général Duphot, officier de confiance, ne laissait aucun doute sur les nombreuses forces déployées devant lui : il les portait à vingt mille hommes, et supposait que c'était la première ligne de l'ennemi. On fut confirmé dans l'opinion que l'ennemi opérait sur le Bas-Adige, par la nouvelle de ce qui s'était passé à la Corona. Joubert manda que, pendant toute la journée du 12, il avait été attaqué par l'ennemi, qu'il l'avait contenu, et que la division autrichienne avait été repoussée dans toutes ses tentatives.

6. *Le général Alvinzi occupe la Corona et jette un pont sur l'Adige.* Le général français ordonna à la division Masséna de repasser l'Adige, et de se réunir sur la rive droite. Il attendit ainsi toute la journée du 13 ce qui se serait passé ce même jour à Legnano, sur l'Adige et la Corona. Les troupes furent prévenues d'être prêtes à faire une marche de nuit, et d'être sous les armes à dix heures du soir. La division qui était à Dezenzano se porta le 11 à Castel-Novo, et attendit là de nouveaux ordres.

Il pleuvait à grands flots. Les troupes étaient sous les armes ; mais le général en chef ignorait encore de quel côté il les dirigerait. A dix heures du soir les rapports du Montebaldo et du Bas-Adige arrivèrent. Joubert mandait que le 13 à neuf heures du matin l'ennemi avait déployé de grandes forces ; qu'il s'était battu toute la journée ; que sa position étant très resserrée, il avait eu le bonheur de se maintenir ; mais qu'à deux heures après midi, s'étant aperçu qu'il était débordé par la gauche, par la marche d'une division autrichienne qui longeait le lac de Guarda et menaçait de se placer entre Peschiera et lui, et par sa droite, par une autre division ennemie qui avait longé la rive gauche de l'Adige, jeté un pont à une lieue au-dessus de Rivoli, passé ce fleuve, et filait par la rive droite, longeant le pied du Montemagone, pour enlever le plateau de Rivoli, il avait jugé indispensable d'envoyer une brigade pour s'assurer le plateau de Rivoli, la clef de toute la position, et que sur les quatre heures il avait jugé lui-même nécessaire d'abandonner la Corona, afin d'arriver de jour sur le plateau de Rivoli, qu'il serait obligé d'évacuer le lendemain avant neuf heures. Sur le Bas-Adige, l'ennemi avait bordé la rive gauche. Nous étions sur la rive droite. Le projet de l'ennemi se trouva dès lors démasqué. Il fut évident qu'il opérait avec deux grandes armées sur le Montebaldo et sur le Bas-Adige. La division Augereau parut suffisante pour disputer et défendre le passage de la rivière. Sur le Montebaldo il n'y avait pas un moment à perdre, puisque l'ennemi allait faire sa jonction avec son artillerie et sa cavalerie, en s'emparant du plateau de Rivoli ; et que si on pouvait l'attaquer avant qu'il ne se fût emparé de ce point important, il serait obligé de combattre sans son artillerie et sans sa cavalerie. Il ne fut plus douteux que la principale attaque de l'ennemi ne fût par le Montebaldo. Toutes les troupes furent donc dirigées sur le plateau de Rivoli. Le général en chef s'y rendit lui-même à deux heures du matin.

7. *Bataille de Rivoli*. Le temps s'était éclairci, il faisait un clair de lune superbe. Napoléon monta sur différentes hauteurs et observa les diverses lignes des feux ennemis. Elles remplissaient le pays entre l'Adige et le lac de Guarda ; l'atmosphère en était embrasée. On distingua fort bien cinq corps qui paraissaient formés par cinq divisions *qui avaient déjà commencé leur* mouvement la veille. Les feux des bivouacs *annonçaient* quarante ou cinquante mille hommes. Les Français devaient être à six heures du matin à Rivoli, avec vingt-deux mille hommes : *c'était encore une très grande disproportion : mais nous avions sur l'ennemi l'avantage d'avoir soixante pièces de canon et plusieurs milliers de chevaux*. Il fut évident, par la position des cinq bivouacs ennemis, qu'ils *voulaient* nous attaquer vers neuf ou dix heures du matin. La colonne de droite, qui était fort éloignée, avait pour but de venir cerner *le plateau de* Rivoli par-derrière : *elle ne pouvait être arrivée avant dix heures* ; la

première division du centre devait avoir la destination d'attaquer notre position de gauche. La seconde, qui était sur la
crête supérieure du Montebaldo, près Saint-Marco, avait pour
but de s'emparer de la chapelle de Saint-Marco, de descendre
par le plateau de Rivoli, et d'ouvrir le chemin à la colonne
de gauche, qui avait longé le pied du Montebaldo, et se
trouvait bivouaquée au bord du plateau, le long de l'Adige,
au fond de la vallée. Le cinquième bivouac paraissait une
division de réserve : *il était en arrière*.

Sur ces données, Napoléon établit son plan. Il ordonna à
Joubert, qui avait évacué la chapelle Saint-Marco, et qui
n'occupait plus le plateau de Rivoli que par une arrière-garde,
de reprendre *de suite* l'offensive, de se réemparer de la chapelle, et, à l'aube du jour, de pousser la deuxième division
du centre de l'ennemi, qui était sur la crête supérieure, aussi
loin que possible. Cent Croates, instruits par un prisonnier
de l'évacuation de Saint-Marco, venaient d'en prendre possession, lorsque Joubert remonta sur cette chapelle à quatre
heures du matin, et reprit sa position en avant.

La fusillade s'engagea avec un régiment de Croates. Au
jour, Joubert attaqua la division qui était devant lui, et la
poussa de hauteurs en hauteurs sur la crête supérieure du
Montebaldo, qui domine la vallée de l'Adige. La première
division autrichienne du centre pressa alors sa marche, et un
peu avant neuf heures *elle arriva* sur les hauteurs de gauche
du plateau de Rivoli. Elle n'avait point d'artillerie. La 14ᵉ et
la 85ᵉ, qui garnissaient ce plateau, avaient chacune une batterie. La 14ᵉ, qui occupait la droite, repoussa les attaques de
l'ennemi ; la 85ᵉ fut débordée et rompue. Mais le général
français courut à la division Masséna, qui, ayant marché toute
la nuit, prenait un peu de repos, *la mena à l'ennemi* ; et, en
moins d'une *demi-heure*, la première division autrichienne
du centre fut battue et mise en déroute ; il était dix heures et
demie. La division autrichienne de la gauche, composée de
trois mille hommes d'infanterie, de cinq à six mille hommes
de cavalerie, de toute l'ambulance et le gros bagage de
l'armée, qui était au fond de la vallée, entendant la fusillade
près du plateau, et s'étant aperçue que Joubert, qui était à
une lieue en avant, n'avait plus personne à la chapelle Saint-
Marco, fit monter quelques bataillons de troupes légères pour
l'occuper, et prendre Joubert à dos. Lorsque ses bataillons

furent à demi-hauteur, l'ennemi se hasarda à faire déboucher douze pièces de canon, deux à trois bataillons d'infanterie et mille chevaux. Cette opération était difficile : c'était une véritable escalade. Joubert, *s'en étant aperçu*, envoya au pas de course trois bataillons qui arrivèrent à la chapelle avant l'ennemi, et le précipitèrent au fond de la vallée. Une batterie de quinze pièces, placée au plateau de Rivoli, mitrailla la partie de la colonne de gauche, qui *commençait* à déboucher. Le colonel Leclerc chargea par peloton avec trois cents chevaux. Le chef d'escadron Lasalle était à la tête du premier peloton, et, par son intrépidité, décida du succès. L'ennemi fut culbuté dans le ravin ; on prit tout ce qui avait débouché, infanterie, cavalerie, artillerie.

A onze heures, la colonne de droite de l'armée autrichienne arriva à la position qui lui était indiquée. Elle y trouva notre division de réserve de Dezenzano. Elle plaça une brigade pour la tenir en échec. L'autre brigade, forte de quatre mille hommes, *se plaça* sur la hauteur, à cheval sur le chemin de Vérone au plateau de Rivoli. Elle n'avait point d'artillerie ; elle croyait avoir tourné l'armée française, mais il était trop tard. A peine arrivée sur la hauteur, elle put voir la déroute de trois divisions autrichiennes *du centre et de la gauche*. On dirigea contre elle douze à quinze *pièces de la réserve*. *Après une vive* canonnade, *elle fut attaquée*, cernée et entièrement prise. La deuxième brigade, qui était plus en arrière, en position contre la réserve de Dezenzano, se mit en retraite. Elle fut vivement poursuivie ; une grande partie fut tuée ou prise. Il était une heure après midi ; l'ennemi était partout en retraite et vivement poursuivi.

Joubert avança avec tant de rapidité, qu'un moment nous crûmes toute l'armée d'Alvinzi prise. Joubert arrivait à l'Escalier, seule retraite de l'ennemi ; mais Alvinzi, sentant le danger où il était, marcha avec ses troupes de réserve, contint Joubert, et même lui fit perdre un peu de terrain. La bataille était gagnée. Nous avions du canon, des drapeaux et un grand nombre de prisonniers. Deux de nos détachements qui venaient rejoindre l'armée *donnèrent dans la division qui nous avait coupé le chemin de Vérone*. Le bruit se répandit aussitôt *sur les derrières* que l'armée française était cernée *et perdue*.

Dans cette journée, *le général en chef* fut plusieurs fois

entouré par l'ennemi. Il eut plusieurs chevaux tués ou blessés. Chabot occupait Vérone avec une poignée de monde, mais la division de Caldiero avait été si bien battue le 12 à Saint-Michel, qu'elle n'avait pu rien entreprendre. Elle se contenta de garder sa position.

8. *Passage de l'Adige par Provera. Il marche sur Mantoue.* Le 14, Provera jeta un pont à Anghiari ; et le 15, à la pointe du jour, il passa l'Adige et se mit en marche sur Mantoue. Augereau se porta sur le pont de l'ennemi, fit prisonniers quinze cents hommes que Provera avait laissés pour sa garde, et s'empara du pont pendant la journée du 15 ; mais Provera avait gagné *une marche* sur lui : *Mantoue était compromise.*

Il est difficile d'empêcher un ennemi qui a plusieurs équipages de pont de passer une rivière, lorsque l'armée qui défend le passage a pour but de couvrir un siège. Le général doit avoir pris ses mesures pour *arriver à une* position intermédiaire, entre la rivière qu'il défend, et la place qu'il couvre, avant l'ennemi. Le général français avait donné des ordres en conséquence. Aussitôt que l'ennemi *aurait* passé, il fallait se diriger sur la Molinella, y arriver avant lui, et, après avoir couvert la place, marcher à sa rencontre. L'oubli de ce principe et de ces instructions compromit Mantoue.

Napoléon ayant appris, à trois heures après midi, que Provera jetait un pont à Anghiari, prévit sur-le-champ ce qui allait arriver. Il laissa à Masséna, à Murat et à Joubert le soin de suivre le lendemain Alvinzi, et partit à l'heure même avec quatre régiments pour se rendre devant Mantoue. Il arriva à Roverbello comme Provera arrivait devant Saint-Georges. Hohenzollern, qui commandait l'avant-garde de Provera, parut le 16 à l'aube du jour. Il arrivait à la tête d'un régiment couvert de manteaux blancs à la porte de Saint-Georges. Il savait que ce faubourg n'était point fortifié, qu'il n'était couvert que par un simple retranchement de campagne ; il espérait le surprendre. Miollis, qui y commandait, ne se gardait que du côté de la ville. Il savait qu'il était couvert par une division qui était sur l'Adige, et que l'ennemi était très loin. Les housards de Hohenzollern ressemblaient au 1er de housards français. Cependant, un vieux sergent de la garnison de Saint-Georges, qui faisait du bois à deux cents pas de la place, fixa cette cavalerie arrivant sur la ville ; il conçut des doutes qu'il communiqua à un de ses camarades ; il leur parut que les manteaux blancs étaient bien neufs pour être Berchigni. Ces braves gens, dans l'incertitude, se jettent dans Saint-Georges, crient aux armes, et poussent la barrière. La cavalerie se mit au galop ; mais il n'était plus temps : elle fut reconnue et mitraillée. Toutes les troupes furent bientôt sur les remparts. A midi, Provera cerna la place. Le brave Miollis, avec quinze cents hommes, se défendit toute la journée.

9. *Bataille de la Favorite.* Cependant Provera communiqua avec Wurmser par une barque au travers du lac. Le 17, à la pointe du jour, Wurmser sort avec la garnison, et prend position à la Favorite. A une heure du matin, Napoléon plaça les quatre régiments entre la Favorite et Saint-Georges, et empêcha la garnison de Mantoue de se joindre à Provera. Sérurier attaqua à la pointe du jour la garnison de Mantoue avec les troupes du blocus. Le général en chef attaqua Provera. C'est à cette bataille que la 57e mérita le nom de *terrible*. Seule elle aborda la ligne autrichienne à la baïonnette et renversa tout ce qui voulut résister. A deux heures après midi, la garnison de Mantoue ayant été rejetée, Provera capitula et posa les armes, nous laissant beaucoup de drapeaux, de bagages, plusieurs équipages de pont. Six mille prisonniers et plusieurs généraux restèrent en notre pouvoir. Il ne s'échappa des vingt-deux mille hommes de Provera, que ce qui était resté de la division qui, le 12, avait attaqué Saint-Michel, et qui continua de rester dans sa position de Caldiero, et quinze cents hommes que Provera avait laissés sur la rive gauche de l'Adige, à la garde de ses parcs et magasins ; tout le reste fut pris ou tué. Cette bataille fut appelée de la Favorite.

Le 15, Joubert poussa toute la journée Alvinzi devant lui, et arriva si rapidement sur l'Escalier, que six à sept mille hommes furent coupés. Murat, avec une colonne, se porta sur la Corona, et entra dans le Tyrol. La division Masséna se rendit à Bassano. Une division d'Alvinzi commençait à se rallier sur la Brenta ; on la défit, et on la jeta au-delà de la Piave. Le général Augereau marcha à Castel-Franco et de là à Trévise. Il eut aussi à soutenir quelques légères affaires d'avant-garde. Toutes les troupes autrichiennes repassèrent la Piave. Les neiges remplissaient toutes les gorges du Tyrol ; ce fut le plus grand obstacle que Joubert eut à surmonter ;

l'infanterie française triompha de tout. Joubert entra dans Trente. Le général Victor fut envoyé sur le Laviso, et par les gorges de la Brenta se remit en communication avec Masséna, dont le quartier général était à Bassano.

On ramassa beaucoup de prisonniers dans divers petits combats ; on trouva partout des malades autrichiens et beaucoup de magasins. L'armée se trouva dans la même position qu'après les batailles de Roveredo, de Bassano, et avant celle d'Arcole, et Bessières fut envoyé porter de nouveaux trophées à Paris. Les combats de Saint-Michel, de Rivoli, d'Anghiari et de la Favorite firent perdre à Alvinzi plus des deux tiers de son armée. De ses quatre-vingt mille hommes, il n'en ramena que vingt-cinq mille en Autriche.

10. *Reddition de Mantoue*. Désormais nous n'avions plus d'inquiétude sur Mantoue. Depuis longtemps la garnison avait été mise à la demi-ration ; tous les chevaux étaient mangés. On fit connaître à Wurmser les résultats de la bataille de Rivoli ; il n'avait plus rien à espérer. On le somma de se rendre ; il répondit fièrement qu'il avait des vivres pour un an. Cependant, à quelques jours de là, Klenau, son premier aide de camp, se rendit au quartier général de Sérurier : il protesta que la *garnison* avait encore pour trois mois de vivres ; mais que le maréchal, ne croyant pas que l'Autriche pût dégager la place à temps, sa conduite serait réglée par les conditions qu'on lui ferait. Sérurier répondit qu'il allait prendre les ordres du général en chef à ce sujet.

Napoléon se rendit à Roverbello ; Sérurier fit appeler Klenau. Le général français resta inconnu, enveloppé dans sa capote. La conversation s'engagea entre Sérurier et Klenau ; Klenau employait tous les moyens d'usage, et diversait longuement sur les grands moyens qui restaient à Wurmser, et sur la grande quantité de vivres *qu'il avait dans les magasins de réserve*. Le général français s'approcha de la table et écrivit près d'une demi-heure ses décisions en marge des propositions de Wurmser, pendant que la discussion durait toujours avec Sérurier. *Quand il eut fini* : « Si Wurmser, dit-il à Klenau, avait seulement pour dix-huit à vingt jours de vivres et qu'il parlât de se rendre, il ne mériterait aucune capitulation *honorable*. Voici les conditions que je lui accorde, ajouta-t-il, en rendant le papier à Sérurier ; vous y lirez surtout qu'il sera libre de sa personne parce que j'honore son grand âge et ses mérites, et que je ne veux pas qu'il devienne la victime des intrigants qui voudraient le perdre à Vienne. *S'il ouvre ses portes demain, il aura les conditions que je viens d'écrire ; s'il tarde quinze jours, un mois, deux, il aura encore les mêmes conditions. Il peut donc désormais attendre jusqu'au dernier morceau de pain. Je pars à l'instant pour passer le Pô ; je marche sur Rome.* Vous connaissez mes intentions, allez les dire à votre général. »

Klenau, qui n'avait rien conçu aux premières paroles, ne tarda pas à juger *à qui il avait affaire.* Il prit connaissance des décisions, dont la nature le pénétra de reconnaissance et d'admiration pour un procédé aussi généreux et aussi peu attendu. Il ne fut plus question de dissimuler, et il convint qu'il n'avait plus de vivres que pour trois jours. Wurmser fit solliciter *le général français*, puisqu'il devait traverser le Pô, de venir le passer à Mantoue, ce qui lui éviterait beaucoup de détours et de difficultés. Mais déjà tous les arrangements de voyage étaient disposés. Wurmser lui écrivit pour lui exprimer toute sa reconnaissance. Peu de jours après, il lui expédia un aide de camp à Bologne, pour l'instruire d'une trame d'empoisonnement qui devait avoir lieu dans la Romagne, et lui donna des renseignements nécessaires pour s'en garantir ; cet avis fut utile. Le général Sérurier présida donc aux détails de la reddition de Mantoue, et vit défiler devant lui le vieux maréchal et tout l'état-major de son armée. Déjà Napoléon était dans la Romagne. L'indifférence avec laquelle il se dérobait au spectacle si flatteur d'un maréchal de grande réputation, généralissime des forces autrichiennes, à la tête de tout son état-major, lui remettant son épée, fut un sujet d'étonnement *qui retentit dans toute l'Europe.*

N. B. de l'éditeur, écrit sous dictée. 1° Alvinzi, quoi qu'on trouve dans les divers rapports, avait quatre-vingt mille hommes. Provera compris. Les forces du Tyrol étaient de plus de cinquante mille hommes. Provera en avait vingt-cinq, dont cinq mille combattaient à Saint-Michel, et dix-huit mille, formant deux divisions, avaient marché sur Mantoue. De ces dix-huit mille hommes, trois mille restèrent sur les derrières, dix mille arrivèrent à Saint-Georges, et cinq mille restèrent en arrière sur la Molinella pour parer le mouvement d'Augereau qui suivait : tout cela fut pris. S'il ne se trouva que sept mille prisonniers dans la colonne de Provera, c'est qu'il avait livré deux combats, l'un à Anghiari, un autre à Saint-Georges, et donné la bataille de la Favorite, qui lui avait coûté du monde ; et que beaucoup de soldats autrichiens entrés dans les hôpitaux ne sont pas compris dans le nombre des prisonniers. Les rapports ne marquent que vingt-trois mille prisonniers : le vrai est que les Français en firent plus de trente mille ; c'est que, en général, l'armée gardait mal ses prisonniers ; elle en laissait échapper un grand nombre. Le cabinet de Vienne avait organisé des administrations en Suisse et sur les routes pour favoriser leur désertion. On peut calculer qu'un quart des prisonniers se sauvait avant d'être arrivé au quartier général central ; un autre quart avant de parvenir en France, où il n'en arrivait guère qu'une moitié. Beaucoup aussi s'encombraient dans les hôpitaux.

2° Si, dans le rapport officiel, Bessières ne présenta au Directoire que soixante et onze drapeaux, c'est que les méprises communes dans les mouvements d'un grand état-major en retinrent treize en arrière. On les trouvera dans le nombre de ceux que présenta Augereau après la prise de Mantoue.

3° Des soixante drapeaux qu'Augereau présenta au Directoire, treize étaient un reste des trophées de Rivoli et de la Favorite, qu'aurait dû présenter Bessières. Les quarante-sept autres furent trouvés dans Mantoue, et font connaître les nombreux cadres de l'armée de Wurmser qui s'étaient renfermés dans cette place. Le choix d'Augereau pour porter ces drapeaux fut la récompense des services qu'il avait rendus à l'armée, surtout à la journée de Castiglione. Cependant il eût été plus naturel encore de les envoyer par Masséna, qui avait des titres bien supérieurs. Mais le général en chef comptait beaucoup plus sur celui-ci pour sa campagne d'Allemagne, et ne voulut point s'en séparer. Il en est qui ont cru que Napoléon, s'apercevant qu'on affectait d'élever outre mesure le général Augereau, fut bien aise, en l'envoyant à Paris, de mettre chacun à même d'apprécier justement le caractère et les talents de cet officier, qui ne pouvait que perdre à l'épreuve. D'autres ont pensé, au contraire, que le général en chef avait eu pour but de fixer les regards de Paris sur un de ses lieutenants. Augereau était parisien.

CHAPITRE SEPTIÈME

MERCREDI 1ᵉʳ MAI 1816.

Troisième jour de réclusion.
Beau résumé de l'histoire de l'Empereur.

L'Empereur n'est pas plus sorti de sa chambre que la veille. Je me suis trouvé malade de la course de Briars ; j'ai eu un peu de fièvre et une forte courbature. Sur les sept heures du soir, l'Empereur m'a fait venir dans sa chambre : il lisait Rollin, que, selon sa coutume, il disait trop bonhomme. Il ne semblait pas avoir souffert, et me disait même qu'il était très bien ; mais je n'en étais que plus inquiet de sa réclusion et de son calme. Il a voulu dîner plus tard que de coutume, et m'a retenu ; il a demandé un verre de vin de Constance quelque temps avant son dîner ; c'est ce qu'il fait d'ordinaire quand il se sent le besoin d'être réveillé.

Après le dîner, il a parcouru quelques-unes des adresses, des proclamations ou actes du recueil de Goldsmith, d'ailleurs si incomplet : quelques-unes l'ont remué ; alors, posant le livre et se mettant à marcher, il a dit : « Après tout, ils auront beau retrancher, supprimer, mutiler, il leur sera bien difficile de me faire disparaître tout à fait. Un historien français sera pourtant bien obligé d'aborder l'Empire ; et, s'il a du cœur, il faudra bien qu'il me restitue quelque chose, qu'il me fasse ma part, et sa tâche sera aisée, car les faits parlent, ils brillent comme le soleil.

« J'ai refermé le gouffre anarchique et débrouillé le chaos. J'ai dessouillé la Révolution, ennobli les peuples et raffermi les rois. J'ai excité toutes les émulations, récompensé tous les mérites, et reculé les limites de la gloire ! Tout cela est bien quelque chose ! Et puis sur quoi pourrait-on m'attaquer

qu'un historien ne puisse me défendre ? Serait-ce mes intentions ? mais il est en fond pour m'absoudre. Mon despotisme ? mais il démontrera que la dictature était de toute
nécessité. Dira-t-on que j'ai gêné la liberté ? mais il prouvera
que la licence, l'anarchie, les grands désordres étaient encore
au seuil de la porte. M'accusera-t-on d'avoir trop aimé la
guerre ? mais il montrera que j'ai toujours été attaqué ;
d'avoir voulu la monarchie universelle ? mais il fera voir
qu'elle ne fut que l'œuvre fortuite des circonstances, que ce
furent nos ennemis eux-mêmes qui m'y conduisirent pas à
pas ; enfin, sera-ce mon ambition ? ah ! sans doute, il m'en
trouvera, et beaucoup ; mais de la plus grande et de la plus
haute qui fut peut-être jamais ! celle d'établir, de consacrer
enfin l'empire de la raison et le plein exercice, l'entière jouissance de toutes les facultés humaines ! Et ici l'historien peut-
être se trouvera réduit à devoir regretter qu'une telle ambition
n'ait pas été accomplie, satisfaite ! » Et après quelques secondes de silence et de réflexion : « Mon cher, a dit l'Empereur,
en bien peu de mots voilà pourtant toute mon histoire. »

JEUDI 2.

> *Quatrième jour de réclusion absolue.*
> *Le* Moniteur *favorable à l'Empereur.*

L'Empereur a encore gardé la chambre comme les jours
précédents. Il m'a fait appeler le soir après mon dîner, sur
les neuf heures. Il avait passé la journée sans voir personne ;
je suis demeuré avec lui jusqu'à onze heures ; il était gai et
semblait bien portant. Je l'assurai que les journées nous
étaient bien longues quand on ne le voyait pas ; qu'il était
difficile qu'il ne sentît pas bientôt les effets funestes de sa
stricte réclusion, et du manque de respirer l'air du dehors.
Pour moi, j'en étais fort inquiet et très affligé. En effet, une
demi-heure au moins avant que de me renvoyer, il s'est mis
dans son lit ; les jambes lui refusaient, disait-il, le service ;
il se sentait fatigué d'avoir tant marché avec moi, bien qu'il
n'eût fait que quelques tours dans sa chambre.

Il avait beaucoup parlé de la Légion d'honneur, du recueil
de Goldsmith, et du *Moniteur*. Il disait, à l'occasion de celui-
ci, qu'assurément c'était une chose bien remarquable et dont

bien peu d'autres pourraient se vanter, que d'avoir traversé la Révolution si jeune et avec tant de fracas, sans avoir à redouter le *Moniteur*. « Il n'est pas une phrase, disait-il, que j'aie à en faire effacer. Au contraire, il demeurera infailliblement ma justification toutes les fois que je pourrai en avoir besoin. »

Sur la Légion d'honneur il a dit, entre autres choses, que la diversité des ordres de chevalerie et leur spécialité de récompense consacraient les castes, tandis que l'unique décoration de la Légion d'honneur, avec l'universalité de son application, était au contraire le type de *l'égalité*. L'une entretenait l'éloignement parmi les classes, tandis que l'autre devait amener la cohésion des citoyens ; et son influence, ses résultats dans la grande famille pouvaient devenir incalculables : c'était le centre commun, le moteur universel de toutes les ambitions diverses, le véhicule de tous les lustres, la récompense et l'aiguillon de tous les efforts généreux, etc.

... Notre éducation et nos mœurs passées nous faisaient bien plus vaniteux que forts penseurs ; aussi bien des officiers se trouvaient-ils choqués de voir leur même décoration descendre jusqu'au tambour, et embrasser également le prêtre, le juge, l'écrivain et l'artiste ; mais ce travers se fût passé ; nous marchions vite, et bientôt les militaires se seraient trouvés honorés de se voir en confraternité avec les premiers savants et les plus distingués de toutes les professions, tandis que ceux-ci se seraient sentis honorés, ennoblis de se trouver en ligne avec ce qu'il y avait de plus vaillant, et l'ensemble eût composé vraiment la réunion de tout ce qu'il y avait de plus *honorable* dans l'État.

... Et il termina par ces paroles remarquables : « Le jour où l'on s'éloignera de l'organisation première, on aura détruit une grande pensée, et ma *Légion d'honneur* cessera d'exister. »

VENDREDI 3.

Cinquième jour de réclusion.

L'Empereur n'est pas sorti davantage ; c'était son cinquième jour de réclusion, il continuait à ne voir personne. Nous ignorions au-dehors ce qui se passait dans son intérieur.

Il me faisait appeler pour ainsi dire à la dérobée. J'y suis entré sur les six heures du soir.

Je lui ai renouvelé notre inquiétude et notre peine de le voir ainsi renfermé. Il m'a dit qu'il supportait fort bien la chose. Mais les journées étaient longues, les nuits encore davantage. Il n'avait rien fait de tout le jour ; il s'était trouvé de mauvaise humeur, disait-il ; encore en ce moment il était silencieux, sombre, appesanti. Il s'est mis au bain ; je l'y ai suivi, et ne l'ai quitté que pour le laisser essuyer. Il a fini la soirée par des objets ou des récits bien importants...

SAMEDI 4.

Sixième jour de réclusion.

L'Empereur n'est pas sorti encore. Il avait dit pourtant qu'il monterait à cheval sur les quatre heures ; mais la pluie est venue déranger son intention. Il a reçu le grand-maréchal.

Sur les huit heures il m'a fait appeler pour dîner avec lui. Il a dit que le gouverneur était venu chez le grand-maréchal, qu'il y était demeuré plus d'une heure. Il y avait tenu une conversation souvent pénible, même parfois offensante. Il avait parcouru divers objets avec beaucoup d'humeur et très peu d'égards, d'une manière très vague et sans résultats, nous reprochant surtout, à ce qu'il paraissait, de nous plaindre beaucoup et sans raison, disait-il ; il soutenait que nous étions très bien, et devrions être contents ; que nous semblions nous abuser étrangement sur nos personnes et nos situations, etc. Que du reste (du moins cela a été compris ainsi), il voulait être assuré chaque jour, par témoignage évident, de l'existence et de la présence de l'Empereur.

Il est certain que ce point était la véritable cause de son humeur et de son agitation. Plusieurs jours venaient de s'écouler sans qu'il eût pu recevoir de rapport de son officier ou de ses espions, l'Empereur n'étant point sorti, et personne n'étant censé avoir été admis chez lui.

Mais comment s'y prendrait-il ? C'est ce qui nous a fort occupés à notre tour. L'Empereur ne se soumettrait jamais, fût-ce au péril de sa vie, à une visite régulière, qui pourrait au fait se renouveler capricieusement à toute heure du jour et de la nuit. Le gouverneur emploiera-t-il la force et la violence pour disputer à l'Empereur un dernier asile de quelques pieds en carré et quelques heures de repos ? Ses instructions doivent avoir prévu le cas ; aucun outrage, aucun manque d'égards, aucune barbarie ne me surprendraient dans les ordres donnés.

Quant aux expressions du gouverneur sur ce que nous nous abusions sur nos personnes et notre situation, nous savons fort bien qu'au lieu d'être aux Tuileries, nous sommes à Sainte-Hélène ; qu'au lieu d'être maîtres, nous sommes captifs : en quoi dès lors pourrions-nous donc nous abuser ?

DIMANCHE 5.

> *Sur la Chine et la Russie. Rapprochements*
> *des deux grandes révolutions de France*
> *et d'Angleterre.*

Sur les dix heures du matin, l'Empereur allait monter à cheval ; c'était sa première sortie. Le résident de la compagnie des Indes à la Chine se trouvait là, sollicitant depuis longtemps l'honneur de lui être présenté. Il l'a fait appeler, l'a questionné pendant quelques minutes avec beaucoup de bienveillance. Nous avons fait route ensuite pour aller voir Mme Bertrand. L'Empereur y est resté plus d'une heure. Il est faible et changé ; sa conversation traînante. Nous avons regagné Longwood. L'Empereur a voulu déjeuner à l'air.

Il a fait appeler notre hôte de Briars, le bon M. Balcombe, et le résident de la Chine qui se trouvait encore là. Tout le temps du déjeuner s'est passé en questions sur la Chine, et sur sa population, ses lois, ses usages, son commerce, etc.

Le résident racontait qu'il y avait peu d'années il était arrivé un accident entre les Russes et les Chinois, qui eût pu avoir des suites, si les affaires d'Europe n'eussent entièrement absorbé la Russie.

Le voyageur russe Krusenstern, dans son voyage autour du monde, relâcha à Canton avec ses deux bâtiments. On le reçut provisoirement, et on lui permit, tout en attendant les ordres de la cour, de vendre des fourrures dont étaient chargés ses vaisseaux, et de les remplacer par du thé. Ces ordres se firent attendre plus d'un mois ; M. de Krusenstern était déjà parti depuis deux jours quand ils arrivèrent. Ils portaient que les deux vaisseaux eussent à sortir à l'instant ; que tout commerce avec les Russes, dans cette partie, demeurait interdit ; qu'on avait assez accordé à leur empereur, par terre, dans le nord de l'empire ; qu'il était inouï qu'il eût tenté de l'accroître encore dans le midi par mer ; qu'on montrerait un vif mécontentement à ceux qui leur auraient appris cette route. L'ordre portait encore que si les bâtiments étaient partis avant l'arrivée du rescrit de Pékin, la factorerie anglaise serait chargée de le faire parvenir, par la voie de l'Europe, à l'empereur des Russes.

Napoléon s'était trouvé très fatigué de sa courte sortie ; il y avait sept jours qu'il n'avait pas quitté la chambre ; c'était la première fois qu'il reparaissait au milieu de nous. Nous avons trouvé ses traits visiblement altérés.

Sur les cinq heures il m'a fait appeler ; le grand-maréchal était auprès de lui. J'ai trouvé l'Empereur déshabillé ; il avait essayé vainement de reposer ; il se croyait un peu de fièvre ; c'était de la courbature. Il avait fait allumer du feu, et n'avait pas voulu de lumière dans sa chambre. Nous avons causé ainsi dans l'obscurité, à conversation perdue, jusqu'à huit heures, qu'il nous a renvoyés pour dîner.

Il avait été question, dans le jour, du rapprochement des deux grandes révolutions d'Angleterre et de France. « Elles ont beaucoup de similitude et de différence, faisait observer l'Empereur : elles sont inépuisables pour la méditation. » Et il a dit des choses fort remarquables et fort curieuses. Je vais réunir ici ce qui a été dit en cet instant, ou bien encore à d'autres moments.

« Dans les deux pays, la tempête se forme sous les deux règnes indolents et faibles de Jacques Ier et de Louis XV ; elle éclate sous les deux infortunés Charles Ier et Louis XVI.

« Tous deux tombent victimes ; tous deux périssent sur l'échafaud, et leurs deux familles sont proscrites et bannies.

« Les deux monarchies deviennent deux républiques et, durant cette période, les deux nations se plongent dans tous les excès qui peuvent dégrader l'esprit et le cœur. Elles se déshonorent par des scènes de fureur, de sang et de folie ; elles brisent tous les liens et renversent tous les principes.

« Alors, dans les deux pays, deux hommes, d'une main vigoureuse, arrêtent le torrent et règnent avec lustre. Après eux, les deux familles héréditaires sont rappelées ; mais toutes deux prennent une mauvaise direction. Elles font des fautes ; une nouvelle tempête éclate inopinément dans les deux endroits, et rejette en dehors du territoire les deux dynasties rétablies, sans qu'elles aient pu venir à bout de faire opposer la moindre résistance aux deux adversaires qui les renversent.

« Dans ce parallèle singulier, Napoléon se trouve avoir été en France tout à la fois le *Cromwell* et le *Guillaume III* de l'Angleterre. Mais comme tout rapprochement avec Cromwell a quelque chose d'odieux, je me hâte d'ajouter que si ces deux hommes célèbres coïncident dans une seule circonstance, il est difficile de différer davantage sur toutes les autres.

« Cromwell paraît sur la scène dans un âge mûr. Il n'arrive au premier rang qu'à force de duplicité, d'adresse et d'hypocrisie.

« Napoléon s'élance à peine au sortir de l'enfance, et ses premiers pas brillent d'une gloire pure.

« C'est en opposition et en haine de tous les partis, en imprimant une souillure éternelle à la révolution anglaise, que Cromwell arrive au pouvoir suprême.

« C'est au contraire en effaçant les taches de la révolution française, et par le concours de tous les partis qui s'efforcent tour à tour de l'avoir pour chef, que Napoléon monte sur le trône.

« Toute la gloire militaire de Cromwell fut acquise par le sang anglais ; tous ses triomphes durent être autant de deuils nationaux. Ceux de Napoléon ne frappèrent jamais que l'étranger et remplirent d'ivresse la nation française.

« Enfin, la mort de Cromwell fut la joie de toute l'Angleterre ; elle devint une délivrance publique. On ne saurait en dire précisément autant de Napoléon.

« En Angleterre, la révolution fut le soulèvement de toute la nation contre le roi. Il avait violé les lois, usurpé le pouvoir absolu : elle voulut rentrer dans ses droits.

« En France, la révolution fut le soulèvement d'une partie de la nation contre une autre partie, celui du tiers état contre la noblesse ; la réaction des Gaulois contre les Francs. Le roi fut moins attaqué comme souverain que comme chef de la féodalité : on ne lui reprocha point d'avoir violé les lois, mais on prétendit s'affranchir et se reconstituer à neuf.

« En Angleterre, si Charles Ier avait cédé de bonne foi, s'il avait eu le caractère modéré, incertain de Louis XVI, il eût survécu.

« En France, au contraire, si Louis XVI avait résisté franchement, s'il avait eu le courage, l'activité, l'ardeur de Charles Ier, il eût triomphé.

« Durant tout le conflit, Charles Ier, isolé dans son île, n'eut pour lui que des partisans, des amis ; jamais aucune branche constitutionnelle.

« Louis XVI avait une armée régulière ; les secours de l'étranger, deux portions constitutionnelles de la nation, la noblesse et le clergé. Il se présentait en outre à Louis XVI un second parti décisif que n'eut pas Charles Ier, celui de renoncer à être le chef de la *féodalité*, pour le devenir de la *nation* : malheureusement il ne sut prendre ni l'un ni l'autre.

« Charles Ier périt donc pour avoir résisté, et Louis XVI pour n'avoir pas résisté. L'un était intimement convaincu des droits de sa prérogative ; il est douteux, assure-t-on, que l'autre en fût persuadé, non plus que de sa nécessité.

« En Angleterre, la mort de Charles Ier fut l'ouvrage de l'ambition astucieuse, atroce d'un seul homme.

« En France, ce fut l'ouvrage de la multitude aveuglée, celui d'une assemblée populaire et désordonnée.

« En Angleterre, les représentants du peuple, par une teinte de pudeur, s'abstinrent d'être juges et parties dans le meurtre qu'ils commandaient ; ils nommèrent un tribunal pour juger le roi.

« En France, ils ont osé être tout à la fois accusateurs et juges.

« C'est qu'en Angleterre, l'affaire était conduite par une main invisible ; elle avait plus de réflexion et de calme. En France, elle le fut par la multitude, dont la fougue est sans bornes.

« En Angleterre, la mort du roi donna naissance à la république. En France, au contraire, ce fut la naissance de la république qui causa la mort du roi.

« En Angleterre, l'explosion politique s'opéra par les efforts du fanatisme religieux le plus ardent. En France elle se fit aux acclamations d'une cynique impiété : chacun selon son siècle et ses mœurs.

« En Angleterre, c'étaient les excès de la sombre école de

Calvin. En France, c'étaient des doctrines trop relâchées de l'école moderne.

« En Angleterre, la révolution se trouva mêlée avec une guerre civile. En France, elle le fut avec des guerres étrangères ; et c'est à ces efforts, à cette contradiction des étrangers, que les Français attribuent, avec raison, la faute de leurs excès. Les Anglais n'ont aucune excuse de ce genre.

« C'est l'armée, en Angleterre, qui fut coupable de toutes les fureurs, de toutes les extravagances ; elle fut le fléau des citoyens.

« En France, au contraire, c'est à l'armée qu'on dut tout. Ce furent ses triomphes au-dehors qui affaiblirent ou firent oublier les horreurs du dedans, c'est elle qui donna à la patrie l'indépendance, la gloire, les trophées.

« En Angleterre, la restauration fut l'ouvrage des Anglais mêmes ; elle fut reçue avec la plus vive exaltation : la nation échappait à l'esclavage, et crut retrouver la liberté... En France, il n'en fut pas précisément de même.

« Enfin, en Angleterre, un gendre renverse son beau-père du trône : il est appuyé de toute l'Europe, et l'ouvrage demeure impérissable et révéré.

« En France, au contraire, l'élu d'un peuple qu'il a déjà gouverné quinze ans avec l'assentiment du dedans et du dehors, ressaisit une couronne qu'il prétend lui appartenir. L'Europe entière se lève en masse ; elle le met hors la loi. Onze cent mille hommes marchent contre sa seule personne ; il succombe ; on le jette dans les fers, et l'on prétend flétrir sa mémoire !!! »

LUNDI 6.

> *Docteur O'Méara ; explication. Consulat. Opinion de l'émigration sur le consul. Idées de l'Empereur sur le bien des émigrés. Syndicat projeté. Circonstances heureuses qui concoururent à la carrière de l'Empereur. Opinion des Italiens. Couronnement par le pape. Les mécontents séduits lors de Tilsitt. Bourbons d'Espagne. Arrivée du fameux palais de bois.*

L'Empereur m'a fait appeler sur les neuf heures. Il était tracassé des dispositions du nouveau gouverneur, surtout de l'idée qu'on osât violer le dernier sanctuaire de son intérieur ; il préférait la mort à ce dernier outrage, et était résolu à en courir les risques. Une catastrophe lui semblait inévitable, il supposait qu'elle était ordonnée, que l'on ne cherchait que les prétextes ; il était décidé à ne pas les éviter.

« Je m'attends à tout, me disait-il dans un certain moment d'abandon ; ils me tueront ici, c'est certain... »

Il a fait venir le docteur O'Méara pour connaître son opinion personnelle, et m'a chargé de lui traduire qu'il ne se plaignait nullement de lui jusqu'à présent, bien au contraire, qu'il le regardait comme un honnête homme, et la preuve en était qu'il allait s'en rapporter à ses réponses. Il s'agissait de s'entendre : se considérait-il comme son médecin, à lui personnellement, ou comme le médecin d'une prison, et imposé par son gouvernement ; était-il son confesseur ou son surveillant ; faisait-il des rapports sur lui, ou en ferait-il au besoin ? Dans l'un des deux cas, l'Empereur continuait de recevoir volontiers ses services, était reconnaissant de ceux qu'il avait déjà reçus ; dans l'autre, il le remerciait et le priait de les discontinuer.

Le docteur a répondu bien positivement et avec affection. Il a dit que, son ministère étant tout de profession et entièrement étranger à la politique, il se considérait comme le médecin de sa personne et demeurait étranger à toute autre considération ; qu'il ne faisait aucun rapport, qu'on ne lui en avait pas encore demandé ; qu'il n'imaginait pas de cas qui pût le porter à en faire que celui de maladie grave où il aurait besoin d'appeler les secours d'autres gens de l'art, etc., etc.

Sur les trois heures, l'Empereur est sorti dans le jardin, se préparant à monter à cheval. Il venait de dicter longuement à Gourgaud, et avait à peu près complété son époque de 1815 ; il était content de son travail.

J'ai osé lui recommander ensuite celle du Consulat ; cette époque si brillante, où une nation en dissolution se trouva magiquement recomposée, en peu d'instants, dans ses lois, sa religion, sa morale, dans les vrais principes, les préjugés honnêtes et brillants ; le tout aux applaudissements et à l'admiration universelle de l'Europe étonnée.

J'étais en Angleterre à cette époque ; la masse de l'émigration, lui disais-je, avait été vivement frappée de tous ces actes : le rappel des prêtres, celui des émigrés, avaient été reçus comme un bienfait ; la grande foule s'était empressée d'en profiter.

L'Empereur me demandait alors si ce mot d'amnistie ne nous avait pas choqués. « Non, disais-je, nous savions toutes les difficultés que le Premier consul avait éprouvées à notre égard ; nous savions que tout le bon de cette mesure n'était dû qu'à lui, que lui seul était pour nous, que tout ce qu'il y avait de mauvais venait de ceux qu'il avait été obligé de combattre en notre faveur. Plus tard, ajoutai-je, et rentrés en France, nous trouvions, il est vrai, que le consul eût pu nous traiter mieux à l'égard de nos biens, et sans beaucoup de peine, par sa seule attitude silencieuse et passive ; c'en eût été assez pour amener partout des arrangements à l'amiable entre les dépouillés et les acheteurs.

« – Sans doute je l'eusse pu, disait l'Empereur ; mais pouvais-je me fier assez à vous autres pour cela ?... Répondez.

« – Sire, disais-je, à présent que je suis plus habitué aux affaires, que je vois plus en grand, je comprends facilement que la politique le voulait ainsi. Les dernières circonstances ont montré combien c'était sage ; il ne fallait point désintéresser ainsi la nation. L'affaire des biens nationaux [1] est un des premiers arcs-boutants de l'esprit et du parti national.

« – Vous y êtes, répliquait l'Empereur : toutefois j'eusse pu accorder toutes choses ; j'en ai eu un moment la pensée, et j'ai fait une faute de ne pas l'accomplir. C'était de composer une masse, un *syndicat* de tous les biens restants des émigrés, et de leur distribuer à leur retour, dans une échelle proportionnelle. Au lieu de cela, quand je me suis mis à rendre individuellement, je n'ai pas tardé à m'apercevoir que je les rendais trop riches, et ne faisais que des insolents. Tel à qui, grâce à ses mille sollicitations et à ses mille courbettes, on rendait cinquante mille écus, cent mille écus de rente, ne nous tirait plus le chapeau le lendemain ; et loin d'avoir la moindre reconnaissance, ce n'était plus qu'un impertinent qui prétendait même avoir payé sous main la faveur qu'il avait obtenue. Tout le faubourg Saint-Germain allait prendre cette direction. Il se trouva que j'allais recréer sa fortune, et qu'il n'en fût pas moins demeuré ennemi et antinational.

---

1. A la Révolution, les biens du clergé et de la noblesse furent décrétés biens nationaux et vendus.

Alors j'arrêtai, en opposition à l'acte d'amnistie, la restitution des biens non vendus, toutes les fois qu'ils dépasseraient une certaine valeur. C'était une injustice, d'après la lettre de la loi, sans doute ; mais la politique le voulait impérieusement : la faute en avait été à la rédaction et à l'imprévoyance. Cette réaction de ma part détruisit le bon effet du rappel des émigrés, et m'aliéna toutes les grandes familles. J'eusse pourvu à cet inconvénient, ou j'en eusse neutralisé les effets par mon syndicat. Pour une grande famille mécontente, j'eusse attaché cent nobles de la province, et satisfait au fond à la stricte justice, qui voulait que l'émigration entière, qui avait couru une même chance, embarqué sa fortune en commun sur le même vaisseau, éprouvé le même naufrage, encouru une même peine, obtînt un même résultat. C'est une faute de ma part, ajoutait l'Empereur, d'autant plus grande que j'en ai eu l'idée ; mais j'étais seul, entouré d'oppositions et d'épines ; tous étaient contre vous autres ; vous vous le peindriez difficilement ; et cependant les grandes affaires me talonnaient, le temps courait, j'étais obligé de voir ailleurs.

« Encore aussi tard que mon retour de l'île d'Elbe, a continué l'Empereur, j'ai été sur le point d'exécuter quelque chose de la sorte. Si l'on m'en eût donné le temps, j'allais m'occuper des pauvres émigrés de province que la cour avait délaissés. Et ce qu'il y a d'assez singulier, c'est que l'idée en avait été réveillée en moi précisément par un ancien ex-ministre de Louis XVI, que les princes avaient laissé fort mal récompensé, et qui me présentait les moyens de réparer, avec beaucoup d'avantages, bien des choses de ce genre. »

Je répondais à l'Empereur : « Les gens raisonnables, parmi l'émigration, savaient bien que le peu d'idées généreuses et libérales à leur égard ne venaient que de vous ; ils ne se dissimulaient pas que tout votre entourage les eût détruits. Ils savaient que toute idée de la noblesse lui était odieuse ; ils vous tenaient grand compte de ne pas penser ainsi. Leur amour-propre, le croirez-vous, trouvait même parfois quelques consolations à se dire que vous étiez de leur classe. »

Alors l'Empereur m'a demandé ce que nous disions donc, dans l'émigration, de sa naissance et de sa personne, etc. Je répondais qu'il nous avait apparu pour la première fois à la tête de l'armée d'Italie : aucun de nous ne savait ce qui précédait ; il nous était tout à fait inconnu. Nous ne pouvions jamais prononcer son nom *de Buonaparte*. Cela l'a beaucoup fait rire, etc.

La conversation alors l'a conduit à dire qu'il s'était souvent arrêté et avait réfléchi maintes fois sur le concours singulier des circonstances secondaires qui avaient amené sa prodigieuse carrière.

« 1° Si mon père, disait-il, qui est mort avant quarante ans, eût vécu, il eût été nommé député de la noblesse de Corse à l'Assemblée constituante. Il tenait fort à la noblesse et à l'aristocratie ; d'un autre côté il était très chaud dans les idées généreuses et libérales ; il eût donc été ou tout à fait du côté droit, ou au moins dans la minorité de la noblesse. Dans tous les cas, quelles qu'eussent été mes opinions personnelles, j'aurais suivi sa trace, et voilà ma carrière entièrement dérangée et perdue.

« 2° Si je m'étais trouvé plus âgé au moment de la Révolution, j'eusse été peut-être moi-même nommé député. Ardent et chaud, j'eusse marqué infailliblement, quelque opinion que j'eusse suivie ; mais, dans tous les cas, je me serais fermé la route militaire, et alors encore voilà ma carrière perdue.

« 3° Si même ma famille eût été plus connue, si nous eussions été plus riches, plus en évidence, ma qualité de noble, même en suivant la route de la Révolution, m'eût frappé de nullité ou de proscription. Jamais je n'eusse obtenu la confiance ; jamais je n'eusse commandé une armée ; ou si je l'eusse commandée, je n'eusse jamais osé tout ce que j'ai fait. Supposant même tous mes succès, je n'aurais pu suivre le penchant de mes idées libérales à l'égard des prêtres et des nobles ; et je ne fusse jamais parvenu à la tête du gouvernement.

« 4° Il n'est pas jusqu'au grand nombre de mes frères et de mes sœurs qui ne m'ait été grandement utile, en multipliant mes rapports et mes moyens d'influence.

« 5° La circonstance de mon mariage avec Mme de Beauharnais m'a mis en point de contact avec tout un parti qui m'était nécessaire pour concourir à mon système de fusion, un des principes les plus grands de mon administration, et qui la caractérisera spécialement. Sans ma femme, je n'aurais jamais pu avoir avec ce parti aucun rapport naturel.

« 6° Il n'y a pas jusqu'à mon origine étrangère, contre

laquelle on a essayé de crier en France, qui ne m'ait été bien précieuse. Elle m'a fait regarder comme un compatriote par tous les Italiens ; elle a grandement facilité mes succès en Italie. Ces succès, une fois obtenus, ont fait rechercher partout les circonstances de notre famille, tombée depuis longtemps dans l'obscurité. Elle s'est trouvée, au su de tous les Italiens, avoir joué longtemps un grand rôle au milieu d'eux. Elle est devenue, à leurs yeux et à leurs sentiments, une famille italienne ; si bien que quand il a été question du mariage de ma sœur Pauline avec le prince Borghèse, il n'y a eu qu'une voix à Rome et en Toscane, dans cette famille et tous ses alliés : *c'est bien*, ont-ils tous dit, *c'est entre nous, c'est une de nos familles.* Plus tard, lorsqu'il a été question du couronnement par le pape à Paris, cet acte, de la plus haute importance, ainsi que l'ont prouvé les événements, essuya de grandes difficultés ; le parti autrichien, dans le conclave, y était violemment opposé ; le parti italien l'emporta, en ajoutant aux considérations politiques cette petite considération de l'amour-propre national : *Après tout, c'est une famille italienne que nous imposons aux barbares pour les gouverner : nous serons vengés des Gaulois.* »

De là l'Empereur est passé naturellement au pape, qui n'était pas sans quelque penchant pour lui, disait-il. Le pape ne lui imputait pas d'avoir ordonné sa translation en France. Il s'était indigné de lire dans certains ouvrages que l'Empereur s'était porté à des excès sur sa personne. Il avait reçu à Fontainebleau tous les traitements qu'il avait désirés : aussi, revenu à Rome, il était bien loin de lui conserver du fiel. Quand il avait appris le retour de l'île d'Elbe en France, il avait dit à Lucien, d'un air qui marquait sa confiance et sa partialité, *è sbarcato, è arrivato* (il est débarqué, il est arrivé). Il lui avait ajouté plus tard : « Vous allez à Paris, c'est bien ; faites ma paix avec lui. Je suis à Rome : il n'aura jamais aucun désagrément de moi. »

« Aussi, est-il bien sûr, disait l'Empereur, que Rome sera un asile naturel et très favorable pour ma famille : on y croira qu'elle est chez elle. Enfin, terminait-il en riant, il n'est pas même jusqu'au nom de *Napoléon*, peu connu, poétique, redondant, qui ne soit venu ajouter quelques petites choses à la grande circonstance. »

Je répétais alors à l'Empereur que la masse de l'émigration

était loin d'être injuste à son égard. L'opposition sensée de la vieille aristocratie avait de la haine contre lui, il est vrai, mais uniquement parce qu'elle le rencontrait un obstacle. Elle était loin de ne pas apprécier justement ses actions et ses talents ; elle les admirait malgré elle. Les mystiques mêmes ne trouvaient en lui qu'un défaut : « *Ah ! que n'est-il légitime !* » leur est-il arrivé de dire plus d'une fois. Austerlitz nous ébranla, mais ne nous vainquit pas ; Tilsitt subjugua tout. « Votre Majesté, disais-je, a dû juger elle-même et jouir, à son retour, de l'universalité des hommages, des acclamations et des vœux. »

« – C'est donc à dire, reprenait l'Empereur, en riant, que si, à cette époque, j'eusse pu ou j'eusse voulu m'en tenir au repos et au plaisir, si j'eusse adopté le rôle des fainéants, si tout eût repris son ancien cours, vous m'eussiez adoré ? Mais, mon cher, si j'en eusse eu le goût et la volonté, ce qui n'était pas dans ma nature assurément, les circonstances même encore ne m'en eussent pas laissé le maître. »

De là l'Empereur est passé aux difficultés sans nombre qui l'ont entouré et maîtrisé sans cesse ; et, arrivé à la guerre d'Espagne, il a dit : « Cette malheureuse guerre m'a perdu ; elle a divisé mes forces, multiplié mes efforts, attaqué ma moralité ; et pourtant on ne pouvait laisser la Péninsule aux machinations des Anglais ; aux intrigues, à l'espoir, au prétexte des Bourbons. Du reste, ceux d'Espagne méritaient bien peu qu'on les craignît : nationalement, ils nous étaient et nous leur étions tout à fait étrangers : au château de Marrach, à Bayonne, j'ai vu Charles IV et la reine ne pas savoir la différence de Mme de Montmorency aux dames nouvelles ; les derniers noms leur étaient même plus familiers, à cause des gazettes et des actes publics. L'impératrice Joséphine, qui avait le tact le plus exquis sur tout cela, n'en revenait point. Quoi qu'il en soit, cette famille était à mes pieds pour que j'adoptasse une fille quelconque, et que j'en fisse une princesse des Asturies. Ils me demandèrent nommément Mlle de Tascher, depuis duchesse d'Arenberg ; des raisons personnelles à moi s'y opposèrent. Un instant, je m'étais fixé sur Mlle de La Rochefoucauld, depuis princesse Aldobrandini ; mais il me fallait quelqu'un qui me fût vraiment attaché, une femme qui fût uniquement Française, qui eût la tête, les talents à la hauteur d'une telle destinée, et je craignais de ne pas trouver tout cela. »

Puis, revenant à la guerre d'Espagne, l'Empereur a repris : « Cette combinaison m'a perdu. Toutes les circonstances de mes désastres viennent se rattacher à ce nœud fatal ; elle a détruit ma moralité en Europe, compliqué mes embarras, ouvert une école aux soldats anglais. C'est moi qui ai formé l'armée anglaise dans la Péninsule.

« Les événements ont prouvé que j'avais fait une grande faute dans le choix de mes moyens ; car la faute est dans les moyens bien plus que dans les principes. Il est hors de doute que, dans la crise où se trouvait la France, dans la lutte des idées nouvelles, dans la grande cause du siècle contre le reste de l'Europe, nous ne pouvions laisser l'Espagne en arrière, à la disposition de nos ennemis : il fallait l'enchaîner, de gré ou de force, dans notre système. Le destin de la France le demandait ainsi, et le code du salut des nations n'est pas toujours celui des particuliers. D'ailleurs, à la nécessité de la politique se joignait ici, pour moi, la force du droit. L'Espagne, quand elle m'avait cru en péril, l'Espagne, quand elle me sut aux prises à Iéna, m'avait à peu près déclaré la guerre. L'injure ne devait pas rester impunie ; je pouvais la lui déclarer à mon tour ; et certes le succès ne pouvait point être douteux. C'est cette facilité même qui m'égara. La nation méprisait son gouvernement ; elle appelait à grands cris une régénération. De la hauteur à laquelle le sort m'avait élevé, je me crus appelé, je crus digne de moi d'accomplir en paix un si grand événement. Je voulus épargner le sang ; que pas une goutte ne souillât l'émancipation castillane. Je délivrai donc les Espagnols de leurs hideuses institutions ; je leur donnai une Constitution libérale ; je crus nécessaire, trop légèrement peut-être, de changer leur dynastie. Je plaçai un de mes frères à leur tête ; mais il fut le seul étranger au milieu d'eux. Je respectai l'intégrité de leur territoire, leur indépendance, leurs mœurs, le reste de leurs lois. Le nouveau monarque gagna la capitale, n'ayant d'autres ministres, d'autres conseillers, d'autres courtisans que ceux de la dernière cour. Mes troupes allaient se retirer ; j'accomplissais le plus grand bienfait qui ait jamais été répandu sur un peuple, me disais-je, et je me le dis encore. Les Espagnols eux-mêmes, m'a-t-on assuré, le pensaient au fond, et ne se sont plaints que des formes. J'attendais leurs bénédictions ; il en fut autrement : ils dédaignèrent l'intérêt, pour ne s'occuper que de l'injure ; ils s'indignèrent à l'idée de l'offense, se révoltèrent à la vue de la force, tous coururent aux armes. Les Espagnols en masse se conduisirent comme un homme d'honneur. Je n'ai rien à dire à cela, sinon qu'ils en ont été cruellement punis ! qu'ils en sont peut-être à regretter !... Ils méritaient mieux !... »

Aujourd'hui l'Empereur a dîné avec nous ; il y avait longtemps que nous en étions privés. Après le dîner il nous a lu *Claudine*, nouvelle de Florian, et des morceaux de *Paul et Virginie*, qu'il aime beaucoup par des ressouvenirs de ses premiers ans, disait-il.

Le transport l'*Adamante* est arrivé : ce vaisseau avait manqué l'île ; il faisait partie d'un convoi dont les autres bâtiments étaient arrivés depuis près d'un mois. Sur ces bâtiments était le fameux palais de bois qui avait rempli toutes les gazettes d'Angleterre et probablement celles de toute l'Europe. Là étaient aussi les meubles magnifiques, les envois splendides que ces mêmes gazettes ont tant annoncés. Le palais de bois s'est trouvé n'être qu'un certain nombre de madriers bruts dont on ne sait que faire ici, et qui demanderaient plusieurs années pour être employés convenablement ; le reste s'est trouvé à l'avenant. L'ostentation, la pompe, le luxe, ont été pour l'Europe ; la vérité et les misères pour Sainte-Hélène.

MARDI 7.

Iliade *; Homère.*

Le gouverneur est venu vers les quatre heures, a fait le tour de l'établissement et n'a demandé aucun de nous. Sa mauvaise humeur s'accroît visiblement, ses manières deviennent farouches et brutales.

Sur les cinq heures, l'Empereur m'a fait demander ; le grand-maréchal y était depuis longtemps. Après son départ nous avons causé littérature ; nous avons passé en revue tous les poèmes épiques anciens et modernes. Il s'est arrêté sur *l'Iliade*, en a pris un volume et en a lu tout haut plusieurs chants. Cet ouvrage lui plaisait infiniment. « Il était, disait-il, ainsi que la *Genèse*[1] et la *Bible*, le signe et le gage du temps. Homère, dans sa production, était poète, orateur, historien, législateur, géographe, théologien : c'était l'encyclopédiste de son époque. »

L'Empereur estimait Homère inimitable. Le père Hardouin avait osé attaquer cette antiquité sacrée, et l'attribuer à un moine du Xe siècle. C'était une imbécillité, disait Napoléon. Du reste, ajoutait-il, jamais il n'avait été aussi frappé de ses beautés qu'en cet instant ; et les sensations qu'il lui faisait éprouver lui confirmaient tout à fait la justesse de l'approbation universelle. Ce qui le frappait surtout, remarquait-il, c'était la grossièreté des manières, avec la perfection des idées. On voyait les héros tuer leur viande, la préparer de leurs propres mains, et prononcer pourtant des discours d'une rare éloquence et d'une grande civilisation.

L'Empereur m'a retenu à dîner, « quoique, m'a-t-il dit, vous feriez peut-être mieux d'aller à la table de service ; vous mourrez de faim avec moi.

« – Sire, ai-je répondu, il est sûr que vous êtes bien mal ; mais j'aimerai toujours ce mal au-dessus de toutes choses. »

Il avait souffert de la tête toute la journée ; nous nous en plaignions tous aussi. Je regrettais fort qu'il ne fût pas sorti ; le temps avait été très beau.

Après son dîner il a fait entrer tout le monde dans sa chambre et nous a gardés jusqu'à dix heures.

MERCREDI 8.

L'Empereur est sorti vers cinq heures, et a fait un tour en calèche. Au retour, l'Empereur a reçu plusieurs Anglais ; il leur a fait une foule de questions, suivant sa coutume. Leur vaisseau était le *Cornwall*, se rendant à la Chine et devant repasser au mois de janvier prochain dans son retour pour l'Europe.

Le dîner fini, l'un de nous disait à l'Empereur qu'il avait souffert vivement dans la journée en mettant au net sa dictée sur la bataille de Waterloo, voyant que les résultats n'avaient tenu qu'à un cheveu. L'Empereur, pour toute réponse, avec un accent qui venait de loin, a dit à mon fils : « *My son* (mon

1. Premier chapitre de la Bible retraçant la création du monde.

fils), c'était son expression d'habitude, allez nous chercher *Iphigénie en Aulide* [1], cela nous fera plus de bien. » Et il nous a lu cette belle pièce, qu'on aime toujours davantage.

JEUDI 9.

Paroles caractéristiques de l'Empereur.

Je suis allé dîner à Briars avec mon fils et le général Gourgaud ; nous y sommes demeurés à un petit bal. J'y rencontrai l'amiral, et jamais je ne le trouvai mieux. C'était la première fois que je le voyais depuis l'aventure de Noverraz ; je savais combien il devait l'avoir sur le cœur : il allait retourner en Europe, et je connaissais les sentiments de l'Empereur ; je fus tenté vingt fois d'aborder franchement le sujet et de le rapprocher ainsi de Napoléon. La vérité, la justice, notre intérêt le demandaient ; je fus arrêté par de trop petites considérations, sans doute : que de fois je m'en suis blâmé depuis !... Mais je n'avais pas reçu cette mission délicate, et je n'osais la prendre tout à fait sur moi. L'amiral pouvait lui donner de la publicité et une tournure qui eussent fort déplu à l'Empereur, et m'auraient exposé à des désagréments très possibles. A ce sujet, je vais citer le trait suivant ; il caractérise trop Napoléon pour être omis.

Il me peignait un jour tous les vices de la faiblesse et de la crédulité dans le souverain, les intrigues qu'elles alimentaient dans le palais, l'instabilité dont elles étaient les sources ; il prouvait très bien qu'il ne pouvait échapper à l'adresse des courtisans ni à celle de la calomnie : « Et je vais vous en donner une preuve, disait-il ; vous voilà, vous, qui avez tout quitté pour me suivre ; vous dont le dévouement est noble et touchant ; eh bien ! que pensez-vous avoir fait ?... Qui croyez-vous être !... Rien qu'un ancien noble, qu'un émigré, agent des Bourbons, et d'intelligence avec les Anglais ; qui avez concouru à me livrer à eux, et ne m'avez suivi ici que pour m'observer et me vendre. Votre plus grand éloignement contre le gouverneur, sa plus grande animosité contre vous, ne sont que des apparences convenues pour mieux cacher votre jeu. » Et comme je riais de la tournure spirituelle

1. Tragédie de Racine.

qu'il créait et de la volubilité avec laquelle il l'exprimait :
« Vous riez, a-t-il repris ; mais je vous assure qu'ici je
n'improvise pas, je ne suis que l'écho de ce qu'on a essayé
de faire parvenir jusqu'à moi... Et comment voulez-vous,
continua-t-il, qu'une tête sans sagacité, faible et crédule, ne
soit pas ébranlée par de tels rapprochements et de telles
combinaisons. Allez, mon cher, si je n'étais supérieur à la
plupart des légitimes, j'aurais pu déjà me priver de vos soins
ici, et votre cœur droit serait peut-être réduit aujourd'hui à
dévorer au loin les cruels tourments que cause l'ingratitude. »
Et il finit disant : « Pauvre et triste humanité !... L'homme
n'est pas plus à l'abri sur la pointe d'un rocher que sous les
lambris d'un palais ! Il est le même partout ! L'homme est
toujours l'homme !... »

VENDREDI 10.

Hoche. Divers généraux.

Le temps a été affreux ; il était impossible de sortir.
L'Empereur a été contraint de marcher dans la salle à manger ; il a fait allumer du feu dans le salon et s'est mis à jouer
aux échecs avec le grand-maréchal. Après dîner, il nous a lu
l'histoire de Joseph [1], dans la Bible, et ensuite l'*Andromaque*
de Racine.

Plusieurs bâtiments étaient entrés la veille au soir : c'était
la flotte du Bengale. Lady Loudon, femme de lord Moira,
gouverneur général de l'Inde, était au nombre des passagers.

Aujourd'hui, dans le cours de la conversation, le nom de
Hoche ayant été prononcé, quelqu'un a dit qu'il était bien
jeune encore, mais qu'il donnait beaucoup d'espérance.
« C'est bien mieux que cela, a repris Napoléon, dites qu'il
les avait déjà beaucoup remplies. » Ils s'étaient vus tous les
deux, continuait-il, et avaient causé deux ou trois fois. Hoche
avait pour lui de l'estime jusqu'à l'admiration. Napoléon n'a
pas fait difficulté de dire qu'il avait sur Hoche l'avantage
d'une profonde instruction et les principes d'une éducation
distinguée. Du reste, il établissait cette grande différence
entre eux. « Hoche, disait-il, cherchait toujours à se faire un

1. Voir note, p. 272.

parti, et n'obtenait que des créatures ; moi, je m'étais créé une immensité de partisans sans rechercher nullement la popularité. De plus, Hoche était d'une ambition hostile, provocante ; il était homme à venir de Strasbourg avec vingt-cinq mille hommes, saisir le gouvernement par force, tandis que, moi, je n'avais jamais eu qu'une politique patiente, conduite toujours par l'esprit du temps et les circonstances du moment. »

L'Empereur ajoutait que Hoche, plus tard, ou se serait rangé, ou se serait fait écraser par lui ; et comme il aimait l'argent, les plaisirs, il ne doutait pas qu'il ne se fût rangé. Moreau, dans cette même circonstance, disait-il, n'avait su faire ni l'un ni l'autre ; aussi Napoléon n'en faisait aucun cas et le regardait comme tout à fait incapable, n'entendant pourtant pas en cela parler de son mérite militaire. « Mais c'était un homme faible, disait-il, mené par ses alentours et servilement soumis à sa femme : c'était un général de vieille monarchie.

« Hoche, continuait l'Empereur, périt subitement et avec des circonstances singulières qui donnèrent lieu à beaucoup de conjectures ; et comme il existait un parti avec lequel tous les crimes me revenaient de droit, l'on essaya de répandre que je l'avais fait empoisonner. Il fut un temps où rien de mauvais ne pouvait arriver que je n'en fusse l'auteur ; ainsi, de Paris, je faisais assassiner Kléber en Égypte ; à Marengo, je brûlais la cervelle à Desaix ; j'étranglais, je coupais la gorge dans les prisons ; je prenais le pape aux cheveux, et cent absurdités pareilles ; toutefois, comme je n'y faisais pas la moindre attention, la mode en était passée, et je ne vois pas que ceux qui m'ont succédé se soient empressés de la réveiller ; et pourtant, s'il eût existé un seul de ces crimes, ils ont à leur disposition les documents, les exécuteurs, les complices, etc.

« Néanmoins, tel est l'empire des bruits, quelque absurdes qu'ils soient, qu'il est probable que tout cela a été cru du vulgaire, et qu'une bonne partie le croit peut-être encore ; heureusement qu'il n'en est pas ainsi de l'histoire ; elle raisonne. »

Puis revenant : « C'est une chose bien remarquable, a-t-il dit, que le nombre des grands généraux qui ont surgi tout à coup dans la Révolution. Pichegru, Kléber, Masséna, Mar-

ceau, Desaix, Hoche, etc. ; et presque tous de simples soldats ; mais aussi, là semblent s'être épuisés les efforts de la
nature ; elle n'a plus rien produit depuis, je veux dire du
moins d'une telle force. C'est qu'à cette époque tout fut
donné au concours parmi trente millions d'hommes, et la
nature doit prendre ses droits, tandis que plus tard on était
rentré dans les bornes plus resserrées de l'ordre et de la
société. On a été jusqu'à m'accuser de ne m'être entouré, au
militaire et au civil, que de gens médiocres, pour mieux me
conserver la supériorité ; mais aujourd'hui qu'on ne rouvrira
sûrement pas le concours, à eux de mieux choisir ; on verra
ce qu'ils trouveront.

   « Une autre chose non moins remarquable, continuait-il,
c'est l'extrême jeunesse de plusieurs de ces généraux qui
semblent sortir tout faits des mains de la nature. Leur caractère est à l'avenant ; à l'exception de Hoche, qui donnait le
scandale des mœurs, les autres ne connaissaient uniquement
que leur affaire : la *gloire* et la *patrie*, voilà tout leur cercle
de rotation ; ils tiennent tout à fait de l'antique.

   « C'est Desaix, que les Arabes nomment *le Sultan juste* ;
c'est Marceau pour les obsèques duquel les Autrichiens
observent un armistice, par la vénération qu'il leur avait inspirée ; c'est le jeune Duphot, qui était la vertu même.

   « Mais on ne peut pas dire qu'il en fût ainsi de tous ceux
qui étaient plus avancés en âge ; c'est qu'ils tenaient du temps
qui venait de disparaître ; M***, A***, B*** [1], et beaucoup
d'autres étaient des déprédateurs intrépides.

   « L'un d'eux, en outre, était d'une avarice sordide, et l'on
a prétendu que je lui avais joué un tour pendable ; que, révolté
un jour de ses dernières déprédations, j'avais tiré sur son
banquier pour deux ou trois millions. Grand embarras ! car
enfin, mon nom était bien quelque chose. Le banquier écrivit
qu'il ne pouvait payer sans autorisation ; il lui fut répondu
de payer tout de même, que le plaignant aurait les tribunaux
pour se faire rendre justice ; mais l'intéressé n'en fit rien et
laissa payer.

   « O***, M***, N*** [2] n'avaient que de la bravoure personnelle.

1. Masséna, Augereau, Brune.
2. Oudinot, Murat, Ney.

« Moncey était un honnête homme, Macdonald avait une grande loyauté ; B***[1] est une de mes erreurs.

« S***[2] avait aussi bien ses défauts et ses qualités : toute sa campagne du midi de la France est très belle ; et ce qu'on aura de la peine à croire, c'est qu'avec son attitude et sa tenue, qui indiquent un grand caractère, il n'était pas le maître dans son ménage. Quand j'appris à Dresde la défaite de Vittoria et la perte de toute l'Espagne due à ce pauvre Joseph, dont les plans, les mesures et les combinaisons n'étaient pas de notre temps, mais semblaient tenir bien plutôt d'un Soubise que de moi, je cherchai quelqu'un propre à réparer tant de désastres, je jetai les yeux sur S***, qui était auprès de moi : il était tout prêt, me disait-il, mais il me suppliait de parler à sa femme, qui allait fortement s'y opposer ; je lui dis de me l'envoyer. Elle parut avec l'attitude hostile et le verbe haut, me disant que son mari ne retournerait certainement pas en Espagne ; qu'il avait déjà beaucoup fait, et méritait après tout du repos. – Madame, lui dis-je, je ne vous ai pas mandée pour subir vos algarades ; je ne suis point votre mari, moi ; et si je l'étais ce serait encore tout de même. Ce peu de paroles la confondit ; elle devint souple, obséquieuse, et ne s'occupa plus que de gagner quelques conditions : je n'y pris seulement pas garde, et me contentai de la féliciter de ce qu'elle savait entendre raison. – Dans les grandes crises, lui dis-je, madame, le lot des femmes est d'adoucir nos traverses ; retournez à votre mari, et ne le tourmentez pas. »

SAMEDI 11.

Invitation ridicule de sir Hudson Lowe.

A quatre heures j'étais chez l'Empereur. Le grand-maréchal y est entré, il lui a donné un billet ; l'Empereur, après l'avoir parcouru des yeux, l'a rendu en levant les épaules et disant : « C'est trop sot, point de réponse. Passez-le à Las Cases. »

Le croira-t-on ? c'était un billet du gouverneur au grand-maréchal, invitant *le général Bonaparte* à venir rencontrer à

1. Bernadotte.
2. Soult.

dîner, à Plantation-House, Lady Loudon, femme de lord
Moira. Je suis devenu rouge de l'inconvenance. Pouvais-je
imaginer rien au monde de plus souverainement ridicule. Sir
Hudson Lowe ne trouvait sans doute rien de plus simple ; et
pourtant il a été longtemps dans les quartiers généraux du
continent ; il s'est trouvé mêlé aux transactions diplomatiques du temps !!!

M. Skelton, sous-gouverneur de l'île, et sa femme qui
partaient pour l'Europe, sont venus prendre congé de l'Empereur ; ils ont été retenus à dîner.

Ce digne ménage, auquel, sans notre gré à la vérité, nous
avions enlevé Longwood, eux dont nous avions détruit toute
l'existence en faisant supprimer leur place par notre arrivée ;
ce digne ménage, auquel nous avons causé de vrais maux
personnels, est pourtant le seul de l'île qui ait eu pour nous
des égards constants et des politesses non interrompues.
Aussi avons-nous accompagné leur départ des vœux les plus
sincères : notre souvenir les suivra toujours avec un véritable
intérêt.

DIMANCHE 12.

> *Napoléon à l'Institut. Au Conseil d'État. Code civil.*
> *Mot pour lord Saint-Vincent. Sur l'intérieur*
> *de l'Afrique. Ministère de la Marine. Decrès.*

L'Empereur, se promenant au jardin et causant sur divers
objets, s'est arrêté sur l'Institut, sa composition, son esprit.
Lorsqu'il y parut à son retour de l'armée d'Italie, dans sa
classe, composée d'environ cinquante membres, il pouvait
s'y considérer, disait-il, comme le dixième. Lagrange,
Laplace, Monge, en étaient la tête. C'était un spectacle assez
remarquable, ajoutait-il, et qui occupait fort les cercles, que
de voir le jeune général de l'armée d'Italie dans les rangs de
l'Institut, discutant en public, avec ses collègues, des objets
très profonds et fort métaphysiques. On l'appela alors le
Géomètre des batailles, le *Mécanicien* de la victoire, etc.

Napoléon, devenu Premier consul, ne causa pas moins de
sensation au Conseil d'État. Il présida constamment les séances de la confection du Code civil. « Tronchet en était l'âme,
disait-il, et lui, Napoléon, le démonstrateur. Tronchet avait

un esprit éminemment profond et juste ; mais il sautait par-dessus les développements, parlait fort mal, et ne savait pas se défendre. » Tout le Conseil, disait l'Empereur, était d'abord contre ses énoncés ; mais lui, Napoléon, dans son esprit vif et sa grande facilité de saisir et de créer des rapports lumineux et nouveaux, prenait la parole ; et, sans autre connaissance de la matière que les bases justes fournies par Tronchet, développait ses idées, écartait les objections et ramenait tout le monde.

En effet, les procès-verbaux du Conseil d'État nous ont transmis les improvisations du Premier consul sur la plupart des articles du Code civil. On est frappé, à chaque ligne, de la justesse de ses observations, de la profondeur de ses vues et surtout de la libéralité de ses sentiments.

C'est ainsi qu'en dépit de diverses oppositions on lui doit cet article du Code : *Tout individu né en France est Français.* « En effet, disait-il, je demande quel inconvénient il y aurait à le reconnaître pour Français ? Il ne peut y avoir que de l'avantage à étendre les lois civiles françaises ; ainsi, au lieu d'établir que l'individu né en France d'un père étranger n'obtiendra les droits civils que lorsqu'il aura déclaré vouloir en jouir, on pourrait décider qu'il n'en est privé que lorsqu'il y renonce formellement.

« Si les individus nés en France d'un père étranger n'étaient pas considérés comme étant de plein droit Français, alors on ne pourrait soumettre à la conscription et aux autres charges publiques les fils de ces étrangers qui se sont mariés en France par suite des événements de la guerre.

« Je pense qu'on ne doit envisager la question que sous le rapport de l'intérêt de la France. Si les individus nés en France n'ont pas de bien, ils ont du moins l'esprit français, les habitudes françaises ; ils ont l'attachement que chacun a naturellement pour le pays qui l'a vu naître ; enfin, ils supportent les charges publiques. »

Le Premier consul n'est pas moins remarquable dans *la conservation du droit de Français aux enfants nés de Français établis en pays étranger*, qu'il fit étendre de beaucoup, en dépit de fortes oppositions. « La nation française, disait-il, nation grande et industrieuse, est répandue partout ; elle se répandra encore davantage par la suite ; mais les Français ne vont chez l'étranger que pour y faire leur fortune. Les actes par lesquels ils paraissaient se rattacher momentanément à un autre gouvernement ne sont faits que pour obtenir une protection nécessaire à leurs projets. S'il est dans leur intention de rentrer en France quand leur fortune sera achevée, faudra-t-il les repousser ? Se fussent-ils même affiliés à des ordres de chevalerie, il serait injuste de les confondre avec les émigrés qui ont été prendre les armes contre leur patrie.

« Et s'il arrivait un jour qu'une contrée envahie par l'ennemi lui fût cédée par un traité, pourrait-on avec justice dire à ceux de ses habitants qui viendraient s'établir sur le territoire de la République, qu'ils ont perdu leur qualité de Français, pour n'avoir pas abandonné leur ancien pays au moment même où il a été cédé, parce qu'ils auraient prêté momentanément serment à un nouveau souverain, pour se donner le temps de dénaturer leur fortune et de la transporter en France ? »

Dans une autre séance, sur les décès des militaires, quelques difficultés s'élevant sur ceux mourant en terre étrangère, le Premier consul reprit vivement : « Le militaire n'est jamais chez l'étranger, lorsqu'il est sous le drapeau ; où est le drapeau, là est la France ! »

Sur le divorce, le Premier consul est pour l'adoption du principe, et parle longuement sur la cause de l'incompatibilité qu'on cherchait à repousser ; il dit : « On prétend qu'elle est contraire à l'intérêt des femmes, des enfants, et à l'esprit des familles ; mais rien n'est plus contraire à l'intérêt des époux, lorsque leur humeur est incompatible, que de les réduire à l'alternative ou de vivre ensemble ou de se séparer avec éclat. Rien n'est plus contraire à l'esprit de famille qu'une famille divisée. Les séparations de corps avaient autrefois, par rapport à la femme, au mari, aux enfants, à peu près les mêmes effets que le divorce, et pourtant n'étaient-elles pas aussi multipliées que les divorces le sont aujourd'hui ; seulement elles avaient cet inconvénient de plus, qu'une femme effrontée continuait de déshonorer le nom de son mari, parce qu'elle le conservait, etc. »

Plus loin, combattant la rédaction d'un article qui spécifie les causes pour lesquelles le divorce sera admissible : « Mais quel malheur, dit-il, ne serait-ce pas que de se voir forcé à les exposer, et à révéler jusqu'aux détails les plus minutieux et les plus secrets de l'intérieur de son ménage ?

« D'ailleurs, ces causes, quand elles seront réelles, opére-ront-elles toujours le divorce ? La cause de l'adultère, par exemple, ne peut obtenir de succès que par des preuves tou-jours très difficiles, souvent impossibles. Cependant, le mari qui n'aurait pu les faire serait obligé de vivre avec une femme qu'il abhorre, qu'il méprise et qui introduit dans sa famille des enfants étrangers. Sa ressource serait de recourir à la séparation de corps ; mais elle n'empêcherait pas que son nom ne continuât à être déshonoré. »

Revenant à appuyer de nouveau le principe du divorce, et combattant certaines restrictions, il dit encore dans un autre moment : « Le mariage n'est pas toujours, comme on le sup-pose, la conclusion de l'amour. Une jeune personne consent à se marier pour se conformer à la mode, arriver à l'indé-pendance et à un établissement. Elle accepte un mari d'un âge disproportionné, dont l'imagination, les goûts, les habi-tudes ne s'accordent pas avec les siens ; la loi doit donc lui ménager une ressource pour le moment où, l'illusion cessant, elle reconnaît qu'elle se trouve dans des liens mal assortis, et que sa volonté a été séduite.

« Le mariage prend sa forme des mœurs, des usages, de la religion de chaque peuple : c'est par cette raison qu'il n'est pas le même partout. Il est des contrées où les femmes et les concubines vivent sous le même toit : où les enfants des esclaves sont traités à l'égal des autres ; l'organisation des familles ne dérive donc pas du droit naturel : les mariages des Romains n'étaient pas organisés comme ceux des Fran-çais.

« Les précautions établies par la loi pour empêcher qu'à quinze, à dix-huit ans, on ne contracte avec légèreté un enga-gement qui s'étend à toute la vie, sont certainement sages ; cependant sont-elles suffisantes ? Qu'après dix ans de mariage le divorce ne soit plus admis que pour des raisons très graves, on le conçoit ; mais, puisque les mariages contractés dans la première jeunesse sont si rarement l'ouvrage des époux, puisque ce sont les familles qui les forment d'après certaines idées de convenances, il faut que si les époux reconnaissent qu'ils ne sont pas faits l'un pour l'autre, ils puissent rompre une union sur laquelle il ne leur a pas été permis de réfléchir. Cependant cette facilité ne doit favoriser ni la légèreté ni la passion ; qu'on l'entoure donc de toutes les précautions, de toutes les formes propres à en prévenir l'abus ; qu'on décide, par exemple, que les époux seront entendus par un conseil secret de famille formé sous la présidence du magistrat ; qu'on ajoute encore, si l'on veut, qu'une femme ne pourra user qu'une seule fois du divorce ; qu'on ne lui permette de se marier qu'après cinq ans, afin que le projet d'un autre mariage ne la porte pas à dissoudre le premier ; qu'après dix ans de mariage, la dissolution soit rendue très difficile.

« Vouloir n'admettre le divorce que pour cause d'adultère publiquement prouvé, c'est le proscrire absolument ; car, d'un côté, peu d'adultères peuvent être prouvés ; de l'autre, il est peu d'hommes assez éhontés pour proclamer la turpitude de leurs épouses. Il serait d'ailleurs scandaleux et contre l'honneur de la nation de révéler ce qui se passe dans un certain nombre de ménages ; on en conclurait, quoique à tort, que ce sont là les mœurs françaises. »

Les premiers légistes du Conseil étaient pour que la mort civile entraînât la dissolution du contrat civil du mariage. La discussion fut très vive. Le Premier consul, dans un beau mouvement, s'y opposa en ces termes : « Il serait donc défendu à une femme profondément convaincue de l'innocence de son mari, de suivre dans sa déportation l'homme auquel elle est le plus étroitement unie ; ou si elle cédait à sa conviction, à son devoir, elle ne serait plus qu'une concubine ! Pourquoi ôter à ces infortunés le droit de vivre l'un auprès de l'autre, sous le titre honorable d'époux légitimes ?

« Si la loi permet à la femme de suivre son mari sans lui accorder le titre d'épouse, elle permet l'adultère.

« La société est assez vengée par la condamnation lorsque le coupable est privé de ses biens, séparé de ses amis, de ses habitudes ; faut-il encore étendre la peine jusqu'à la femme, et l'arracher avec violence à une union qui identifie son existence avec celle de son époux ? Elle vous dirait : Mieux valait lui ôter la vie, du moins me serait-il permis de chérir sa mémoire ; mais vous ordonnez qu'il vive, et vous ne voulez pas que je le console ! Eh ! combien d'hommes ne sont coupables qu'à cause de leurs faiblesses pour leurs femmes ! Qu'il soit donc permis à celles qui ont causé leurs malheurs, de les adoucir en les partageant. Si une femme satisfait à ce devoir, vous estimez sa vertu, et cependant vous ne mettez aucune différence entre elle et l'être infâme qui se prostitue, etc., etc. » On pourrait faire des volumes de pareilles citations.

En 1815, après la Restauration, causant avec M. Bertrand de Molleville, ancien ministre de la Marine de Louis XVI, homme très capable et fort distingué à plus d'un titre, il me disait : « Votre Buonaparte, votre Napoléon était un homme bien extraordinaire, il faut en convenir. Que nous étions loin de le connaître, de l'autre côté de l'eau ! Nous ne pouvions nous refuser à l'évidence de ses victoires et de ses invasions, il est vrai ; mais Genséric, Attila, Alaric en avaient fait autant. Aussi me laissait-il l'impression de la terreur bien plus que celle de l'admiration. Mais depuis que je suis ici, je me suis avisé de mettre le nez dans les discussions du Code civil, et dès cet instant ce n'a plus été que de la profonde vénération. Mais où diable avait-il appris tout cela !... Et puis voilà que chaque jour je découvre quelque chose de nouveau. Ah ! monsieur, quel homme vous aviez là ! Vraiment, il faut que ce soit un prodige !... »

Sur les cinq heures, l'Empereur a reçu le capitaine Bowen de la frégate *la Salcete*, qui part demain. Il a été fort gracieux pour lui, et comme la conversation a amené le nom de lord Saint-Vincent, qu'il disait être son protecteur, l'Empereur lui a dit : « Vous le verrez ? Eh bien, je vous charge de lui faire mes compliments comme à un bon matelot, à un brave et digne vétéran. »

Sur les sept heures l'Empereur s'est mis au bain ; il m'a fait venir, et nous avons beaucoup parlé des affaires du jour, puis de littérature et enfin de géographie. Il s'étonnait qu'on n'eût pas de notions certaines sur l'intérieur de l'Afrique. Je lui disais que j'avais eu l'idée, il y a quelques années, de présenter à son ministre de la Marine un projet de voyage dans l'intérieur de l'Afrique ; non pas une excursion furtive et aventureuse, mais une véritable expédition militaire, digne en tout du temps et du faire de l'Empereur. Le ministre me rit au nez lors de ma première conversation à ce sujet, et traita mon idée de folie.

J'avais voulu, disais-je, attaquer l'Afrique par les quatre points cardinaux, soit que de ces quatre points on fût venu se réunir au centre, soit que débarquées à l'Est et à l'Ouest, vers son milieu, les deux parties de l'expédition fussent venues au-devant l'une de l'autre, pour se séparer de nouveau et aller l'une vers le Nord, l'autre vers le Sud. Il est à croire, pensais-je, qu'en exigeant de la cour de Portugal tous les renseignements qu'elle eût pu procurer, on eût trouvé que la communication de l'Est à l'Ouest existait déjà, ou que ce qui restait à faire était peu de chose. Avec nos idées du jour, notre enthousiasme, nos entreprises, nos prodiges, on eût facilement trouvé cinq à six cents bons soldats, des chirurgiens, des médecins, des botanistes, des chimistes, des astronomes, des naturalistes, tous de bonne volonté, qui eussent indubitablement accompli quelque chose digne du temps.

L'attirail nécessaire en bêtes de somme, en petites nacelles de cuir pour traverser les rivières, en outres pour porter de l'eau à travers les déserts, en petite artillerie très maniable, etc., en eût assuré une entière et facile exécution.

« Nul doute, disait l'Empereur, que votre idée ne m'eût plu. Je m'en serais saisi, je l'aurais fait passer dans les mains de quelque commission, et j'aurais marché au résultat. »

Il regrettait fort, disait-il, de n'avoir pas eu lui-même le temps, durant son séjour en Égypte, d'accomplir quelque chose de cette espèce. Il avait des soldats tout propres à braver le désert. Il avait reçu des présents de la reine du Darfour, et lui en avait envoyé. S'il fût demeuré plus longtemps, il allait pousser fort loin nos vérifications géographiques dans les parties septentrionales de l'Afrique, et cela avec la plus grande simplicité d'exécution, en plaçant seulement dans chaque caravane quelques officiers intelligents, pour lesquels il se serait fait donner des otages, etc.

La conversation est passée de là à la marine et à son département. L'Empereur l'a traitée à fond. Il ne pouvait pas dire qu'il fût content de Decrès ; et l'on pouvait, pensait-il, lui reprocher peut-être sa constance à son égard. Mais le manque de sujets avait dû le maintenir ; car après tout, assurait-il, Decrès était encore ce qu'il avait pu trouver de mieux. Ganteaume n'était qu'un matelot nul et sans moyen, qui avait fait manquer trois fois, disait-il, la conservation de l'Égypte. Caffarelli avait été perdu dans son esprit, parce qu'on s'était artificieusement étudié à lui peindre sa femme comme une faiseuse d'affaires [1], ce qu'on savait équivaloir

1. Des amis m'ont assuré que ces expressions avaient été bien pénibles

pour lui à une proscription certaine. M*** [1] était un homme peu sûr ; sa famille avait livré Toulon. L'Empereur avait eu un moment l'idée d'E*** [2] ; mais il ne le trouva pas à cette hauteur. Il se demandait si T*** [3] n'eût pas réussi ; il le croyait fort peu capable, bon administrateur pourtant ; mais il avait été trop chaud, disait-il, dans la Révolution.

« Du reste, remarquait l'Empereur en passant, j'avais rendu tous mes ministères si faciles que je les avais mis à la portée de tout le monde, pour peu qu'on possédât du dévouement, du zèle, de l'activité, du travail. Il fallait en excepter tout au plus celui des relations extérieures, parce qu'il s'agissait souvent, disait-il, dans celui-là, d'improviser et de séduire. Au vrai, concluait-il, dans la marine, la stérilité était réelle, et Decrès, après tout, était peut-être encore le meilleur. Il avait du commandement ; son administration était rigoureuse et pure. Il avait de l'esprit, et beaucoup, mais seulement pour sa conversation. Il ne créait rien, exécutait mesquinement, marchait et ne voulait pas courir. Il eût dû passer la moitié de son temps dans les ports et sur les flottes d'exercice ; je lui en eusse tenu compte ; mais, en courtisan, il craignait de s'éloigner de son portefeuille. Il me connaissait mal ; il eût été bien mieux défendu là que dans ma cour : son éloignement eût été son meilleur avocat. »

L'Empereur regrettait fort, disait-il, Latouche-Tréville ; lui seul lui avait présenté l'idée d'un vrai talent ; il pensait que cet amiral eût pu donner une autre impulsion aux affaires. L'attaque sur l'Inde, celle de l'Angleterre, eussent été du moins entreprises, disait-il, et se fussent peut-être accomplies.

L'Empereur se blâmait touchant les péniches de Boulogne.

à ceux qui en étaient l'objet ; cependant je puis assurer qu'elles avaient été prononcées dans des intentions tout à fait bienveillantes pour Caffarelli, et faites même pour le flatter. L'Empereur, en mentionnant les causes que l'intrigue avait mises en avant pour écarter du ministère cet administrateur distingué, avait été bien loin de prononcer qu'elles étaient réelles ; si bien que si l'article présente en effet quelque chose de pénible, la faute en est toute à ma rédaction, et j'aurais été d'autant plus malencontreux en cela que toute la famille est de ma connaissance particulière, et que je lui suis fort attaché. *(Las Cases.)*

1. Missiessy.
2. Émeriaud.
3. Truguet.

Il eût mieux fait d'employer, disait-il, de vrais vaisseaux à Cherbourg. Toutefois Villeneuve, avec plus de vigueur, au cap Finistère, eût pu rendre l'attaque praticable. « J'avais combiné cette apparition de Villeneuve de très loin, avec beaucoup d'art et de calcul, en opposition à la routine des marins qui m'entouraient. Et tout réussit comme je l'avais prévu, jusqu'au moment décisif : alors la mollesse de Villeneuve vint tout perdre. Et Dieu sait, d'ailleurs, ajoutait l'Empereur, les instructions que lui avait données Decrès. Dieu sait les lettres particulières qu'ils se sont écrites et que je n'ai jamais pu éclaircir [1] ; car j'étais bien puissant, bien fureteur, et ne croyez pas pourtant que je vinsse à bout de vérifier tout ce que je voulais autour de moi.

« Le grand-maréchal disait l'autre jour qu'il était reconnu parmi vous autres, au salon de service, que je n'étais plus abordable sitôt que j'avais reçu le ministre de la Marine. Le moyen qu'il n'en fût pas ainsi ? il n'avait jamais que de mauvaises nouvelles à me donner. Moi-même j'ai jeté le manche après la cognée lors du désastre de Trafalgar [2]. Je ne pouvais pas être partout, j'avais trop à faire avec les armées du continent.

« Longtemps j'ai rêvé une expédition décisive sur l'Inde, mais j'ai été constamment déjoué. J'envoyais seize mille soldats, tous sur des vaisseaux de ligne ; chaque soixante-quatorze en eût porté cinq cents, ce qui eût demandé trente-deux vaisseaux. Je leur faisais prendre de l'eau pour quatre mois ; on l'eût renouvelée à l'île de France ou dans tout autre endroit habité du désert de l'Afrique, du Brésil ou de la mer des Indes ; on eût, au besoin, fait la conquête de cette eau partout où on eût voulu relâcher. Arrivés sur les lieux, les

---

1. En lisant cette réflexion de Napoléon, un officier de confiance de l'amiral Villeneuve m'a écrit que la lettre du ministre Decrès à cet amiral, avant l'arrivée de M. de Rosily, chargé de lui enlever son commandement, se terminait ainsi : « Sortez dès que vous en trouverez l'occasion favorable ; n'évitez pas l'ennemi ; au contraire, attaquez-le partout où vous le rencontrerez, attendu que l'Empereur s'embarrasse peu de perdre des vaisseaux, pourvu qu'il les perde avec honneur. » Conseils honorables du reste ; et cette lettre a été la seule que l'officier de confiance ait retirée du portefeuille de l'amiral avant de le jeter à la mer, au moment d'amener le pavillon. (*Las Cases.*)

2. 21 octobre 1805.

vaisseaux jetaient les soldats à terre, et repartaient aussitôt, complétant leurs équipages par le sacrifice de sept ou huit de ces vaisseaux, dont la vétusté avait déjà marqué la condamnation ; si bien qu'une escadre anglaise, arrivant d'Europe à la suite de la nôtre, n'eût plus rien trouvé.

« Quant à l'armée, abandonnée à elle-même, mise aux mains d'un chef sûr et capable, elle eût renouvelé les prodiges qui nous étaient familiers, et l'Europe eût appris la conquête de l'Inde comme elle avait appris celle de l'Égypte. »

J'avais beaucoup connu Decrès ; nous avions commencé ensemble dans la marine. Il avait pour moi, je le crois, toute l'amitié dont il était susceptible ; quant à moi, je lui étais tendrement attaché. C'était une passion malheureuse, répondais-je à ceux qui m'en plaisantaient, ce qui arrivait souvent, car son impopularité était extrême ; et j'ai pensé plus d'une fois qu'il s'y complaisait par calcul. J'étais à Sainte-Hélène, comme ailleurs, presque toujours seul à le défendre. Or je disais à l'Empereur que j'avais beaucoup vu Decrès pendant le séjour à l'île d'Elbe, qu'il avait été parfait pour lui. Nous nous étions parlé alors à cœur ouvert, et j'ai lieu de croire que depuis il aurait eu en moi une confiance pleine et entière.

« A peine Votre Majesté rentrait aux Tuileries, disais-je, que Decrès et moi nous nous sautions au cou, nous écriant : Nous le tenons, nous le tenons ! Ses yeux étaient remplis de larmes ; je lui dois ce témoignage. Tiens, me dit-il encore tout ému, et sa femme présente, tu me prouves, en cet instant, que j'ai eu des torts avec toi, et je t'en dois la réparation ; mais tes anciens titres te rapprochaient si naturellement de ceux qui nous quittent aujourd'hui, que je ne doutais pas que tôt ou tard tu ne fusses très bien auprès d'eux, si bien que tu as gêné plus d'une fois peut-être mes expressions et mes vrais sentiments. – Et vous l'avez cru, pauvre niais ! s'est écrié l'Empereur en riant aux éclats ; n'était-ce pas là plutôt l'admirable finesse de cour, une touche pour La Bruyère, un vrai trait d'esprit, du reste ; car s'il lui était arrivé pendant mon absence, de laisser échapper quelque drôlerie contre moi, vous voyez que par là il remédiait à tout, et une fois pour toutes. – Eh bien ! sire, ai-je continué, ce que je viens de dire peut n'être que plaisant ; mais voici ce qui est plus essentiel :

« Au plus fort de la crise de 1814, avant la prise de Paris,

Decrès fut sondé de la manière la plus délicate pour conspirer contre Votre Majesté, et il s'y refusa franchement.
Decrès murmurait facilement et souvent ; il avait une certaine autorité d'expressions et de manières ; c'était une
acquisition à ne pas dédaigner dans un parti. Il se trouva, à
cette époque de douleur, faire visite à un personnage
fameux, le héros des machinations du jour [1]. Celui-ci, qui
s'était avancé au-devant de Decrès, le ramenant en boitant
à sa cheminée, y prit un livre en disant : "Je lisais tout à
l'heure quelque chose qui me frappait singulièrement, écou-
tez : Montesquieu, livre tel, chapitre tel, page telle. Quand
le prince s'est élevé au-dessus de toutes les lois, que la
tyrannie est devenue insupportable, il ne reste plus aux
opprimés... – C'est assez, s'écria Decrès en lui mettant la
main sur la bouche, je n'écoute plus, fermez votre livre."
Et l'autre ferma tranquillement son livre comme si de rien
n'était, et se mit à causer de tout autre chose.

   « Plus tard, un maréchal [2], après sa fatale défection,
effrayé de ses résultats sur l'opinion, et cherchant vainement
autour de lui de l'approbation et de l'appui, essaya d'y
intéresser Decrès en quelque chose. "Je me suis toujours
souvenu, lui disait-il, d'une de nos conversations où vous
nous peigniez si énergiquement les maux et les embarras de
la patrie. Votre souvenir, la force de vos arguments, sont
pour beaucoup dans ce qui m'a porté à y remédier. – Oui,
mon cher, reprit Decrès, avec une réprobation marquée ;
mais vous êtes-vous dit aussi que vous aviez sauté par-
dessus le cheval ?"

   « Et pour apprécier justement ces anecdotes, disais-je à
l'Empereur, il faut savoir qu'elles m'étaient racontées par
Decrès lui-même, pendant l'absence de Votre Majesté, et bien
assurément sans le moindre soupçon de votre retour. »

   La conversation avait duré près de deux heures dans le
bain ; l'Empereur n'a dîné que fort tard, il m'a retenu. Nous
avons causé de l'École militaire de Paris. Comme je n'en
étais sorti qu'un an avant qu'il y arrivât, les mêmes officiers,
les mêmes maîtres, les mêmes camarades, nous avaient été
communs. Il trouvait un charme particulier à repasser, ainsi

1. Talleyrand.
2. Marmont.

de compagnie, ce temps de notre enfance ; nos occupations, nos espiègleries, nos jeux, etc.

Dans sa gaieté il a demandé un verre de vin de Champagne, ce qu'il fait bien rarement ; et sa sobriété est telle qu'il suffit de ce seul verre pour colorer son visage et le porter à parler davantage. On sait qu'il ne passe guère plus d'un quart d'heure ou d'une demi-heure à table : il y avait plus de deux heures que nous y étions. Son étonnement a été grand en apprenant de Marchand qu'il était onze heures. « Comme le temps a passé ! disait-il avec une espèce de satisfaction. Que ne puis-je avoir souvent de pareils moments ! Mon cher, m'a-t-il dit en me renvoyant, vous me quittez heureux !!! »

LUNDI 13.

> *État dangereux de mon fils. Paroles remarquables.*
> Dictionnaire des Girouettes. *Berthollet.*

Le docteur Warden était venu se joindre à deux autres de ses confrères pour former une consultation pour mon fils, dont l'indisposition me donnait de l'inquiétude.

L'Empereur a bien voulu recevoir, à ma requête, cette ancienne connaissance du *Northumberland*, et a causé près de deux heures, passant familièrement en revue les actes de son administration qui ont accumulé sur lui le plus de haine, de mensonges et de calomnies. Rien n'était plus correct, plus clair, plus simple, plus curieux, plus satisfaisant, me disait plus tard ce docteur.

L'Empereur termina par ces paroles remarquables : « Je m'inquiète peu de tous les libelles lancés contre moi ; mes actes et les événements y répondent mieux que les plus habiles plaidoyers. Je me suis assis sur un trône vide. J'y suis monté vierge de tous les crimes ordinaires aux chefs de dynasties. Qu'on aille chercher dans l'histoire, et que l'on compare ! Si j'ai à craindre un reproche de la postérité et de l'histoire, ce ne sera pas d'avoir été trop méchant, mais peut-être d'avoir été trop bon. »

Après le dîner, l'Empereur a parcouru le *Dictionnaire des Girouettes*, nouvellement arrivé, dont l'idée est plaisante et l'exécution manquée. C'est le recueil alphabétique des per-

sonnes vivantes qui ont paru sur la scène depuis la Révolution, et dont les expressions, les sentiments ou les actes
avaient suivi la variation du vent. Des girouettes accompagnent leur nom, avec l'extrait des discours en regard, ou les
actes qui les leur avaient méritées. En l'ouvrant, l'Empereur
a demandé s'il s'y trouvait quelqu'un de nous. Non, sire, lui
a-t-on répondu plaisamment ; il n'y a que Votre Majesté. En
effet, Napoléon y était pour avoir consacré la république et
exercé la royauté.

L'Empereur s'est mis à nous lire divers articles. La tran-
sition des discours de chacun était vraiment curieuse ; le
contraste était parfois exprimé avec tant d'impudeur et
d'effronterie, que l'Empereur, tout en lisant, ne pouvait
s'empêcher d'en rire de bon cœur. Néanmoins, au bout de
quelques pages, il a rejeté le livre avec l'expression du dégoût
et de la douleur, faisant observer qu'après tout, ce recueil
était la dégradation de la société, le code de la turpitude, le
bourbier de notre honneur. Un article lui a été particulièrement sensible, celui de Berthollet, qu'il avait tellement comblé, sur lequel il devait tant compter, disait-il.

Tout le monde connaît ce trait charmant : Berthollet ayant
éprouvé des pertes et se trouvant gêné, l'Empereur qui
l'apprit lui envoya cent mille écus, ajoutant qu'il avait à se
plaindre de lui, puisqu'il avait ignoré que lui, Napoléon, était
toujours au service de ses amis. Eh bien ! Berthollet, lors des
désastres, avait été très mal pour l'Empereur, qui en fut vraiment affecté dans le temps, répétant plusieurs fois : « Quoi !
Berthollet ! mon ami Berthollet !... Berthollet sur lequel
j'aurais dû tant compter ! »

Au retour de l'île d'Elbe, Berthollet sentit se réveiller ses
sentiments pour son bienfaiteur ; il se hasarda à reparaître
aux Tuileries, faisant dire par Monge à l'Empereur que s'il
n'en obtenait un regard, il se tuerait à la porte en sortant ; et
l'Empereur ne crut pas pouvoir lui refuser un sourire en
passant devant lui.

L'Empereur, durant son règne, avait répété sa noble et
généreuse obligeance en faveur de plusieurs gros manufacturiers. Il voulait chercher leur article, mais toutes les voix
se sont élevées pour témoigner en leur faveur.

MARDI 14.

Réception des passagers de la flotte du Bengale.

Vers les quatre heures, il nous est arrivé un très grand nombre de visiteurs ; c'étaient les passagers de la flotte des Indes, que l'Empereur avait consenti à recevoir. On comptait parmi eux un M. Strange, beau-frère de lord Melvil, ministre de la Marine d'Angleterre ; un M. Arbuthnot ; sir William Burroughs, un des juges de la cour suprême de Calcutta ; deux aides de camp de lord Moira, d'autres encore, parmi lesquels plusieurs femmes. Nous étions tous à causer dans la salle d'attente ; l'Empereur, sortant de sa chambre pour gagner le jardin, a excité parmi nos visiteurs un empressement extrême ; ils se sont précipités aux fenêtres pour le voir passer ; cela nous rappelait tout à fait Plymouth. Le grand-maréchal a conduit toutes ces personnes à l'Empereur, qui les a reçues avec une grâce parfaite et ce sourire qui exerce tant d'empire. L'avidité était dans les regards de tous, l'émotion sur la figure de plusieurs.

L'Empereur a parlé à chacun d'eux, connaissant, suivant sa coutume, ce qui se rattachait à certains noms à mesure qu'il les entendait. Il a beaucoup parlé législation et justice avec le juge suprême ; commerce et administration avec les officiers de la compagnie ; a questionné les militaires sur leurs années de service et leurs blessures ; a dit à deux de ces dames des choses fort aimables sur leur figure et leur teint respecté par les fournaises du Bengale. Puis, s'adressant à l'un des aides de camp de lord Moira, il lui a dit que son grand-maréchal lui avait appris que lady Loudon était dans l'île, que si elle eût été en dedans de ses limites, il se fût fait un vrai plaisir de lui faire sa cour ; mais qu'étant en dehors de son enceinte, c'était pour lui comme si elle était encore au Bengale.

Durant ces conversations, dont j'ai été l'interprète, M. Strange, avec qui j'avais déjà causé auparavant, ne put s'empêcher de m'attirer à lui par le pan de mon habit, pour me dire avec l'accent de la surprise et de la satisfaction : « Ah ! combien d'esprit et de grâce dans la manière dont votre Empereur tient un lever ! – Monsieur, c'est qu'il n'est pas sans quelque habitude là-dessus. »

Nous les avons reconduits à notre salon, d'où la curiosité

les a fait pénétrer jusqu'à la seconde pièce, le salon de
l'Empereur. Sir William Burroughs, que son emploi rend
marquant dans le gouvernement, m'a demandé si c'était la
salle à manger. Je lui ai dit que c'était le salon, et, pour mieux
dire, le tout. Il a été fort étonné. Je lui ai montré alors par la
fenêtre les deux petites pièces qui composent tout l'intérieur
de l'Empereur ; sa figure était peinée, son esprit semblait
faire des comparaisons avec le passé ; et considérant les meubles misérables et la petitesse de l'espace, il m'a dit d'un air
pénétré : « Mais bientôt vous serez mieux. – Comment donc,
quitterions-nous cette île ? – Non, mais il vous arrive de fort
beaux meubles et une belle maison. – Le vice n'est point
dans les meubles et dans la maison qui sont ici ; il est dans
le roc sur lequel elle repose, dans la latitude qu'elle occupe.
Tant qu'on ne changera pas cette latitude, nous ne serons
jamais bien. »

Je lui ai répété littéralement ce que l'Empereur avait dit
peu de jours auparavant au gouverneur sur le même sujet.
Cet homme s'est ému, et me serrant la main, m'a dit avec
chaleur : « Mon cher monsieur, c'est un trop grand homme,
il a trop de grands talents, il s'est rendu trop redoutable ; il
est trop à craindre pour nous. – Mais, lui ai-je dit à mon tour,
pourquoi n'avoir pas tiré ensemble le char de front, au lieu
de se tuer réciproquement à le tirer en sens opposé ? Quelle
n'eût pas pu être sa course alors ? » Il m'a regardé, et me
serrant de nouveau la main d'un air pensif, il m'a dit : « Oui,
cela vaudrait bien mieux sans doute ; mais... »

Du reste, tous étaient également frappés surtout de la
liberté des manières de l'Empereur et du calme de sa figure.
Je ne sais ce qu'ils s'attendaient à trouver. L'un d'eux me
disait qu'il ne pouvait pas se faire une juste idée de la force
d'âme qui avait été nécessaire à Napoléon pour supporter de
pareilles secousses. « C'est que personne ne connaît encore
bien l'Empereur, ai-je repris. Il nous disait l'autre jour qu'il
avait été de marbre pour tous les grands événements, qu'ils
avaient glissé sur lui sans mordre sur son moral ni sur ses
facultés. »

Après dîner, l'Empereur a demandé, ce qui lui arrive souvent, ce que nous lirions. Quelqu'un ayant proposé de reprendre la lecture de la veille, le *Dictionnaire des Girouettes*,
l'Empereur l'a repoussé comme rendant ses nuits plus péni-

bles. Occupons-nous plutôt aujourd'hui de chimères, a-t-il dit ; et il a demandé la *Jérusalem délivrée*, en a parcouru tout haut plusieurs chants, plus souvent en italien qu'en français. De là il nous a lu la plus grande partie de *Phèdre* et d'*Athalie*, toujours en s'extasiant davantage sur Racine.

MERCREDI 15.

> *Égalité des peines. L'Empereur me commande*
> *l'historique minutieusement détaillé de mon* Atlas.

L'Empereur, dans la promenade, traitait divers sujets ; il s'est arrêté sur celui des délits et des peines. L'Empereur disait que les grands jurisconsultes, même ceux qui avaient été influencés par l'esprit du temps, se partageaient sur le principe de l'égalité des peines. A la consécration du code, il eût été pour leur inégalité, si les circonstances n'avaient forcé à une décision contraire. Il m'a commandé de donner mon avis. « J'étais tout à fait pour l'inégalité. Nos idées demandaient une hiérarchie dans les peines, analogue à celle que nous concevions dans les crimes. L'harmonie de nos sensations semblait le demander aussi. Je ne pouvais prendre sur moi de mettre sur la même ligne celui qui aurait égorgé son père et celui qui n'aurait commis qu'un léger vol avec effraction : pouvaient-ils être punis des mêmes châtiments !

« Le coupable est celui qui m'occupait le moins dans la question ; la peine était son affaire, il l'avait méritée ; et puis l'humanité avait bien des moyens occultes d'arriver au secours de ses souffrances physiques. C'étaient ses idées morales avant le crime, c'étaient celles des spectateurs, celles de toute la société que le législateur devait prétendre frapper par l'inégalité des peines. C'est à tort que l'on prétendrait que la mort seule suffit, et que le genre de supplice n'influe en rien sur l'esprit du criminel, ni sur la préméditation du crime ; car s'il y avait inégalité, il n'y a pas de condamné qui ne fît un choix, si on l'en laissait maître. Que chaque membre de la société se consulte, il frémit à l'idée de certains supplices, lorsqu'il serait à peu près indifférent à certains genres de mort. L'inégalité des peines, l'appareil des supplices sont donc dans la justice et dans la politique de la civilisation, et je conçois néanmoins qu'il serait impossible aujourd'hui de vaincre l'opinion sur ce point[1]. »

L'Empereur était tout à fait de cet avis, et comme on avait parlé du meurtre du souverain, il disait qu'il était en effet au-dessus de tous les autres crimes, à cause de ses grandes conséquences. « Celui qui m'aurait tué en France, a-t-il dit, aurait bouleversé l'Europe ; et que de fois j'y ai été exposé ! etc. »

Lady Loudon, femme de lord Moira, gouverneur général des Indes, était depuis quelques jours dans l'île et attirait toutes les attentions. C'était une grande dame, répondant peut-être à nos duchesses dans la vieille monarchie. Les officiers anglais lui prodiguaient les derniers égards. L'amiral l'avait à bord du *Northumberland* ce jour-là, et lui donnait une petite fête. Il envoya une ordonnance à cheval me prier de lui prêter mon *Atlas* pour la soirée, voulant le faire considérer à lady Loudon, dont le mari s'y trouvait indiqué comme le premier représentant des Plantagenêt, et conséquemment comme *le légitime* du trône d'Angleterre.

L'amiral et moi nous étions sur le pied d'une complète indifférence, à peu près étrangers l'un à l'autre, depuis qu'il m'avait débarqué. C'était donc moins une bienveillance pour moi qu'un compliment pour l'ouvrage lui-même. On s'en était entretenu, la dame avait désiré le voir, et l'on avait eu envie de le lui montrer. Toutefois je ne pus satisfaire ce désir ; il était dans la chambre de l'Empereur : ce fut ma réponse.

L'Empereur rit du succès que l'amiral avait voulu me ménager, et moi je plaignais fort la dame sur l'espèce de divertissement qu'on avait voulu lui donner. Tout cela conduisit l'Empereur à s'arrêter lui-même sur l'*Atlas* et à rappeler une partie de ce qu'il en avait déjà dit plusieurs fois. Il ne revenait pas, disait-il, d'entendre toujours et partout parler de cet ouvrage ; de le voir couru des étrangers, à l'égal au moins des nationaux ; il en avait entendu parler à bord du *Bellérophon*, à bord du *Northumberland*, à l'île de Sainte-

---

1. Et encore devrais-je confesser que mon opinion pourrait bien être erronée, si, comme on me l'a démontré depuis, le relevé des registres en France, depuis l'introduction de l'égalité des peines, comparé à celui fait pendant le même espace de temps sous les anciennes lois pénales, présente un moindre nombre de criminels. (*Las Cases.*)

Hélène ; partout, ce qu'il y avait d'instruit et de distingué le connaissait ou demandait à le connaître.

« Voilà ce que j'appelle, concluait-il gaiement, *un vrai triomphe et beaucoup de bruit dans la république des lettres*, etc. Je veux que vous me fassiez à fond l'historique de cet ouvrage, quand et comment il a été conçu, de quelle manière il a été exécuté ; ses résultats ; pourquoi, dans le principe, vous l'avez mis sous un nom emprunté ; pourquoi, plus tard, vous ne lui avez pas substitué le véritable ? etc., enfin, mon cher, un vrai rapport ; entendez-vous, monsieur le conseiller d'État ? »

J'ai répondu que ce serait long, mais que ce ne serait pas sans charme pour moi ; que mon *Atlas* était l'histoire d'une grande partie de ma vie ; que je lui devais surtout le bonheur de me trouver ici près de lui, etc.

En effet, voici ce récit tel qu'il s'est trouvé rédigé peu de jours après. Sa longueur réclame l'indulgence, sans doute ; mais qu'on en cherche l'excuse dans les détails où se complaisent les souvenirs de mes plus douces, de mes plus heureuses années, l'époque de ma jeunesse, celle de ma force et de toute ma santé, en un mot, le précieux et court instant de la plénitude de la vie. On le trouvera long, je le répète, mais qu'on le pardonne aux jouissances qu'il me rappelle. Même en le relisant plus tard, je ne me sens pas la force d'en rien effacer.

HISTORIQUE DE L'*ATLAS*

« Cet *Atlas* a été tout à fait le fruit du hasard et surtout de la nécessité, qui, comme dit le proverbe banal, est la mère de l'industrie... Au moment des premiers revers de notre émigration, je fus jeté par l'ouragan politique dans les rues de Londres, sans connaissances, sans moyens, sans ressources ; mais avec du courage et de la bonne volonté : or, avec de telles dispositions, Londres alors était pour chacun un terrain assuré.

« Après avoir tâté sans succès plusieurs directions, je résolus de n'avoir recours qu'à moi-même, et je me décidai à écrire : c'était à peu près faire comme Figaro. Je balançai un moment à me jeter dans les romans ; les propositions d'un libraire m'en donnèrent la pensée ; mais il me demandait trop, et prétendait me donner trop peu. Je me décidai pour l'histoire, qui, dans tous les cas, m'assurait un gain moral en me procurant des connaissances positives : alors naquit l'idée mère de l'*Atlas historique*. Ce fut une inspiration du ciel, je lui dois le reste de ma vie. Ce ne fut d'abord qu'une simple esquisse, bien éloignée de l'ouvrage d'aujourd'hui, une pure nomenclature. Toutefois c'en fut assez pour me tirer dès l'instant d'embarras et me composer même, relativement aux misères de l'émigration, une véritable fortune. Vint la paix d'Amiens et le bienfait de votre amnistie, sire : je me trouvais assez bien dans mes affaires pour pouvoir me rendre à Paris, sans objet et purement comme voyageur, sans autre but que de respirer l'air de la patrie et de visiter la capitale. Une fois là, je me sentis maître de mon langage ; les recherches étaient faciles ; mes idées, mon jugement s'étaient agrandis ; je disposais de mon temps et de ma personne ; j'entrepris l'ouvrage tel qu'il est aujourd'hui. Je me mis à en publier régulièrement quatre feuilles par trimestre. Alors vraiment j'eus au moral et au matériel un succès prodigieux ; intérêt, bienveillance, offres de toute espèce, argent, connaissances, me tombèrent de toutes parts : c'est, sans contredit, l'époque la plus douce de ma vie.

« En Angleterre, j'avais mis ma publication sous un nom emprunté, pour ne pas compromettre l'honneur du mien : j'écrivis *Le Sage* comme j'aurais écrit Leblanc, Legris, Lenoir. Je ne pouvais, du reste, plus mal choisir, ou du moins en prendre un plus banal ; car, à quelque temps de là, une lettre m'ayant été mal adressée sous ce nom, elle ne me parvint qu'après avoir passé dans les divers rassemblements français, par les mains de vingt-deux prêtres qui portaient ce nom ; et le dernier, qui avait découvert apparemment qu'il ne m'appartenait pas, me renvoyait ma lettre, fort en colère, en y joignant l'avis que quand on voulait changer son nom, il fallait éviter du moins de prendre celui des autres.

« En France, je conservai ce même nom de Le Sage. Il était devenu désormais celui de l'*Atlas* ; un nouveau nom pouvait tromper quelque acheteur en le faisant croire à un nouvel ouvrage. Je n'eusse pas voulu, d'ailleurs, exposer le mien au hasard d'un succès, peut-être aux affronts d'un journal et aux éclaboussures de la polémique. Quand l'ouvrage eut complètement réussi, je n'en eus pas davantage la pensée, et peut-être par un reste de vieux préjugés que je me déguisais mal.

« Cette gloire littéraire me flattait beaucoup sans doute ; mais j'étais d'une race militaire et forcé rigoureusement, me disais-je, à poursuivre une autre espèce de gloire. Les circonstances me le rendant impossible, je voulais consacrer du moins que j'en reconnaissais l'obligation. Au reste, je n'ai jamais eu lieu de me repentir de ce double nom ; mais, au contraire, j'ai eu souvent à m'en applaudir. Indépendamment du vrai motif, il répandait un vernis d'aventures et de roman, qui n'a jamais rien eu que d'agréable, et qui était assez d'ailleurs dans la nature de mon caractère. Il a produit une foule de quiproquos et de scènes fort gais, qui n'étaient pas sans prix pour moi. En Angleterre, par exemple, il m'est arrivé d'être questionné en société, de la meilleure foi du monde, touchant le mérite de l'ouvrage de M. Le Sage ; et, dans une pension, je me suis vu dire des injures pour m'être obstiné à le dénigrer, etc.

« Tant que je me chargeai moi-même de l'ouvrage, je voulus recevoir tous ceux qui se présentèrent, et traiter directement avec eux. Dès lors, je pus faire les connaissances les plus agréables ; je n'eus plus rien à rechercher, mais bien plutôt à me défendre. En France, surtout, je me trouvai comblé. C'étaient les manières, les expressions les plus flatteuses, les plus douces, les plus recherchées ; les uns, parce qu'ils savaient qui j'étais ; les autres, précisément peut-être parce qu'ils l'ignoraient ; tous parce que je demeurais en parfait équilibre avec chacun. De mon côté, je jouissais d'un spectacle fort curieux. Comme on était obligé de me donner son nom pour la souscription, je passais en revue beaucoup de personnages que je me trouvais connaître à merveille, et que j'observais en silence. C'est là surtout que j'ai pu méditer à mon aise sur la diversité des opinions, des jugements et des goûts parmi les hommes. La seule chose que l'un trouvait à redire dans l'ouvrage était juste ce que le suivant admirait le plus ; ce qu'un troisième conseillait comme indispensable, un quatrième le réprouvait comme inadmissible ; et chacun, suivant l'usage, ne manquait pas de présenter son opinion comme l'expression générale : c'était absolument celle de tout Paris, celle de tout le monde.

« C'est là surtout que j'ai pu me convaincre du grand avantage de faire ses affaires soi-mêmes, et de tout l'empire qu'exercent la complaisance et les bonnes manières dans les transactions de la vie. J'acceptais tout ce qu'on me proposait ; j'étais aussitôt d'accord sur tout ce qu'on voulait, et j'en étais payé au centuple. Tel qui était entré dans l'intention peut-être de ne pas prendre l'ouvrage, non seulement l'emportait, mais encore me ramenait dix, vingt souscripteurs ; il en est qui ont été jusqu'à cent ; celui-ci faisait déclarer mon ouvrage classique au ministre de l'Intérieur, celui-là le faisait adopter aux relations extérieures, un troisième voulait me procurer la décoration de la Légion d'honneur, un quatrième insérait d'excellents articles dans les journaux. La bienveillance, l'affection allaient chez quelques-uns jusqu'à l'enthousiasme. Je ne citerai ici que ce souscripteur de province, m'écrivant, sans me connaître, pour me supplier en grâce de mettre mon portrait à la tête de l'ouvrage ; s'offrant, si je le permettais, de payer la moitié des frais. Et cet autre, propriétaire du beau château de Montmorency, qui, chaque semaine, sous prétexte de voir s'il n'y avait pas une feuille nouvelle, venait, disait-il, passer ses heures les plus heureuses, ajoutant que s'il me prenait envie de faire payer ma conversation comme mes feuilles, il ne tenait qu'à moi de le ruiner. Je sus depuis que c'était un homme extrêmement bizarre, vrai caractère de La Bruyère, tout à fait à la Jean-Jacques. Il épuisa longtemps auprès de moi, fort délicatement, les offres de toute espèce, même des inductions paternelles. "Monsieur Le Sage, m'a-t-il dit plus d'une fois, vous devriez vous marier ; vous feriez le bonheur d'une femme, et plus encore celui d'un beau-père." Or, il n'avait qu'une fille et très riche. Enfin je le perdis de vue, et ce ne fut que longtemps après, que, faisant une partie de campagne avec des femmes de ma connaissance, la vue du château de Montmorency, dont il était propriétaire, m'en rappela le souvenir. Je racontai mon histoire ; notre curiosité s'en accrut et nous donna l'envie de visiter ce château : on nous refusa la porte. Le maître n'y était-il pas ? Au contraire, c'était parce qu'il s'y trouvait. Je viens de dire qu'il était fort extraordinaire ; il s'était claquemuré dans sa demeure, et s'y était rendu tout à fait inabordable. J'obtins avec beaucoup de peine qu'on lui portât le nom de M. Le Sage : la magie du nom opéra sur-le-champ.

L'affront fait à une calèche élégante, à une riche livrée, fut aussitôt réparé. Les portes s'ouvrirent, au grand étonnement surtout de ceux qui les gardaient. Il y eut ordre à l'instant de tout montrer, de tout offrir. Nous avions apporté de quoi faire un petit repas champêtre ; mais on commanda sur-le-champ un excellent dîner qu'il fallut accepter de gré ou de force, et dans le beau salon en stuc. Tout cela était fort désintéressé, car le bon vieillard était retenu dans sa chambre par la goutte. Quand il me revit, sa joie fut extrême ; c'était pour lui le retour de l'enfant prodigue. Il voulut absolument voir ma compagnie, et se fit traîner pour nous faire les honneurs du dessert. Mais ce qui nous ravissait par-dessus tout, c'est qu'il ne doutait pas qu'il eût affaire à de petites bourgeoises ; or, c'étaient vraiment de grandes dames. Il ne voulait plus me laisser en aller ; il fallait que je revinsse, disait-il, je serais toujours reçu avec ce que j'amènerais. Hélas ! il ne me mit pas dans le cas d'en profiter ; à quelques jours de là je lus dans les papiers la mort de ce tendre et véritable ami.

« Avec le commencement de mes grandeurs finit, sous toutes les faces, l'âge d'or de mon ouvrage. Dès que je fus à la cour et que j'approchai Votre Majesté, je ne crus plus de pareils détails convenables. Je les confiai à un ancien camarade de collège, émigré comme moi, qui n'en tira pas un aussi bon parti.

« En paraissant sur mon nouveau terrain, ce fut d'abord encore de tous côtés de grands compliments sur ma production ; mais j'y répondais faiblement, et cela, comme l'on fait au bal, après avoir baissé son masque. Quand on vit que je n'y revenais pas, que je ne citais point, que j'évitais les dissertations, l'on cessa de me parler de mon ouvrage, et l'on finit par s'étonner même que je l'eusse produit, si toutefois l'on n'en douta pas.

« – Mon cher, a dit ici l'Empereur, il n'est pas jusque sur notre roc que ce doute ne soit parvenu. On a prétendu pouvoir m'assurer que cet ouvrage n'était pas de vous, que vous l'aviez acheté, et l'on en donnait pour une des preuves qu'il n'était pas très certain que vous le connussiez à fond, car vous n'en parliez jamais. A quoi il m'a suffi de répondre : Mais avez-vous jamais vu aucune question demeurée sans complète réponse ? Et puis, ce sont toutes ses phrases, leur contexture, les mêmes expressions, etc. »

« Je repris : Beaucoup penseront que je perdis par cette abnégation, mais je préférais le bon goût à la charlatanerie ; d'ailleurs, j'obéissais à ma nature. Votre Majesté, l'autre jour, nous peignait Sieyès arrivant surchargé de plans écrits, et au premier mot de contradiction, dès que venait l'obligation de les défendre, resserrant aussitôt ses papiers et les emportant. Eh bien, me voilà précisément. Je n'ai jamais pu prendre la parole, ni soutenir mon opinion devant le monde : il me faut pour cela l'autorité du poste ou l'abandon de l'intimité. Dans tout autre cas, je me voue au silence, quoi que j'entende, à moins qu'on ne m'interroge ou qu'on ne me pousse à bout. Quoi qu'il en soit, dans mon obscurité, je m'étais vu entouré de la bienveillance de tous. Mon élévation m'attira des ennemis directs, et ce sentiment vague de jalousie et de malveillance qui marche sur les pas de la fortune. Les journaux dans lesquels depuis longtemps on avait épuisé en quelque façon les expressions flatteuses et agréables en faveur de l'*Atlas historique*, montrèrent alors quelques articles fort mauvais ; et quand on remonta à la source, l'écrivain avoua franchement que la différence des opinions et de la situation politique en était la seule cause.

« Il fut fait à l'Empereur un rapport par l'Institut sur les ouvrages qui avaient paru depuis quelques années ; l'*Atlas* y fut maltraité.

« Me trouvant un jour, par hasard et sous mon nom de Le Sage, avec l'auteur de ce rapport, je lui témoignai ma peine. Il me confessa de bonne foi que l'ouvrage et l'auteur lui avaient été inconnus ; que n'ayant pu faire tant de travail à lui seul, il l'avait subdivisé. L'article de Le Sage lui était revenu plus mauvais encore qu'il n'avait paru, il l'avait fort adouci. "Il m'a été aisé de voir, continua-t-il, que vous avez des ennemis parmi nous, et vous le devez à vos habitudes, à votre situation. Vous vous êtes associé avec un M. le comte de je ne sais qui, qui a des places à la cour : les courtisans et les lettres ne vont pas bien ensemble. Ces messieurs ne sont pas des nôtres. On dit que vous mettez votre mérite, et que lui fournit l'argent. A quoi bon cela ? Il fait sans doute des profits sur vous, ce M. le comte. Votre ouvrage étant très bon, votre libraire vous eût fait crédit. Du reste, je ne répète ici que ce que j'ai entendu, et je vous parle dans vos intérêts.

Si vous désirez notre suffrage, il faut vous rapprocher de nous, s'identifier avec nos doctrines et laisser là les grands."

« Je répondis, avec le plus de ménagement possible, que je le remerciais, sans doute, mais que je ne pouvais suivre tout à fait cette morale ; qu'il jugeait mal mon ami, que notre bourse, notre existence étaient communes ; notre union, notre intimité indissolubles ; que nous nous étions promis de ne jamais nous séparer, de vivre et de mourir ensemble, et qu'il serait bien difficile de nous y faire manquer : c'était une vraie scène de comédie. A quelque temps de là, je dînais chez un prince ; j'étais à ses côtés et tout chamarré. J'aperçus mon membre de l'Institut au nombre des convives. L'étonnement et l'inquiétude étaient dans ses yeux : je lui adressai plusieurs fois la parole ; il se penchait vers ses voisins, leur parlait tout bas ; il prenait des renseignements. Après le dîner, il me joignit, et, prenant la chose avec beaucoup d'esprit, me pria, disait-il, de le tirer d'embarras ; qu'il se rappelait bien avoir eu l'honneur de me voir chez lui ; mais qu'il ne comprenait pas le mauvais tour que je lui avais joué, ni la mystification complète à laquelle je m'étais plu. "Aucune, lui dis-je. Tout ce que vous avez vu, tout ce que je vous ai dit est réel, seulement vous vîtes alors M. Le Sage, qui met sa science, et vous voyez aujourd'hui M. le comte, qui fournit les fonds : voilà comme on fait les histoires et comment se font les rapports."

« Ce fut aussi quelque méprise de la sorte et tout aussi ridicule qui valut à M. Le Sage, dans le fameux *Nain Jaune*, les honneurs de la girouette, comme généalogiste de l'ordre, sous le nom assez plaisant, du reste, de *parvulus sapiens* (Petit Le Sage). Cette faveur, ai-je appris plus tard, était fondée sur la suppression qui avait été faite, sous le roi, de la généalogie de Votre Majesté que j'étais supposé faire descendre d'Ascagne et d'Énée [1]. Il serait difficile de comprendre ce qu'on avait voulu dire, n'y ayant jamais eu rien dans l'*Atlas* qui pût mettre, en quoi que ce fût, de près ou de loin, sur une pareille voie. Au demeurant, dans ces diverses circonstances où l'*Atlas* et son auteur se trouvèrent attaqués,

---

1. Énée : personnage légendaire, prince troyen connu surtout par le poème épique l'*Énéide* de Virgile. Il est le fils de Vénus ; Ascagne, son fils, serait le fondateur de la ville d'Albe.

une foule de partisans zélés et fervents vinrent me demander s'il me serait agréable qu'ils le défendissent. Je les suppliai instamment de n'en rien faire ; il me semblait dangereux pour mon repos d'occuper le public de la sorte. Je riais moi-même des tours joués à M. Le Sage ; mais il m'eût été pénible de les voir remonter peut-être par là jusqu'à son homonyme.

« Si l'*Atlas*, du reste, eut un succès si général et si étendu, c'est qu'il devait en être ainsi, cet ouvrage étant en effet de tous les âges, de tous les pays, de tous les temps, de toutes les opinions, de toutes les classes, de toutes les instructions. C'était l'indicateur de celui qui voulait apprendre, les res-souvenirs de celui qui avait su ; le guide pour l'écolier, le développement pour le maître ; il réunissait la chronologie, l'histoire, la géographie, la politique, etc.

« Quand on le comprend bien et qu'on sait s'en servir, il est vrai de dire qu'il compose à lui seul toute une bibliothè-que : c'est le *vade mecum* du commerçant, celui du maître, celui du savant, celui de l'homme du monde.

« Aussi eut-il un immense débit, et jamais ouvrage litté-raire, je crois, ne produisit autant. A son apparition, on eut à inscrire jusqu'à deux et trois cents louis de souscription dans un jour. Tant que je suis demeuré chargé personnelle-ment de ces objets, j'ai dû compter les recettes par un revenu de soixante à quatre-vingt mille francs au moins. Il m'avait créé une véritable fortune, je n'en ai pas d'autre ; la Révo-lution m'avait enlevé mon patrimoine, dont je n'avais pas dû m'occuper depuis, puisqu'il m'avait fallu faire serment d'y renoncer, pour pouvoir mettre le pied sur le territoire.

« Mon ouvrage m'avait fait dans la librairie une réputation équivalente au besoin à un véritable fonds. Des libraires sont venus plus d'une fois m'offrir deux cents, trois cents louis pour approuver seulement et ne faire que mettre mon nom au bas d'ouvrages tout faits. Ils me quittaient bien étonnés de mon refus. J'appris par là que c'était l'habitude de la capitale, parmi les imprimeurs de livres. Un auteur de célé-brité peut en faire trafic, c'est une portion de sa fortune ; il la place à gros intérêts, sans aucune mise dehors ; elle devient un article essentiel de son budget de recette.

« Il s'est déjà publié, en plusieurs éditions, de huit à dix mille exemplaires de l'*Atlas*, qui ont mis en circulation au-delà de huit à neuf cent mille francs, peut-être plus d'un million, desquels trois cent mille francs ont été réalisés quittes de frais, et sont en mes mains : ils composent ma fortune nette, ne possédant rien qui ne me soit venu de l'*Atlas*, et ne soit couché sur ses registres. Cent cinquante mille francs demeuraient encore à mon départ en créances arriérées, bonnes ou mauvaises ; ainsi que plus de deux cent cinquante mille francs en valeur de livres choisis, obtenus par des échanges, et qui, morcelés par assortiments de mille écus et expédiés aux pays lointains, me promettaient, avec le temps, des rentrées certaines. Malheureusement aujourd'hui, de tout ce brillant produit, je ne puis, je ne dois plus compter que sur ce que je tiens déjà ; le reste est trop hasardé pour ne pas le considérer comme perdu. Personne n'est au courant de mes affaires, je n'ai pas eu le temps d'en charger quelqu'un, les détails en sont trop nombreux, trop épars, trop diversifiés, pour en donner le fil d'ici. Les dettes arriérées vieillissent ; les créanciers se meurent, se déplacent et disparaissent ; et, pour les livres, ils seront égarés, gaspillés, gâtés et perdus.

« Quoi qu'il en soit, cet ouvrage avait été sur le point de me faire une fortune bien autrement brillante encore. La tracasserie la plus injuste m'en priva : les détails en sont assez curieux pour que je les mentionne à Votre Majesté.

« Au commencement de 1813, deux négociants, qui avaient découvert que j'étais l'auteur de l'*Atlas historique* de Le Sage, pénétrèrent chez moi et me proposèrent, si je voulais leur en donner pour deux millions, de m'en payer aussitôt le vingt pour cent, argent comptant et de me les transporter gratis à Londres, où ils seraient encore ma propriété et demeureraient à ma disposition. J'ouvris de grands yeux ; je ne pouvais comprendre ; je craignais qu'on ne voulût me mystifier. Eux, de leur côté, cherchaient à m'expliquer cette affaire, et me disaient que c'était la marche et le taux actuel des licences, auxquels ils voyaient bien que j'étais étranger. Toutefois il me resta assez de cette conversation pour que je pusse m'éclairer entièrement ailleurs. En effet, j'appris que les bâtiments de licence, pour aller à Londres chercher des denrées coloniales, ne pouvaient partir de France sans une exportation égale en valeur nominale à l'importation qu'ils projetaient. Les livres étaient compris dans les objets dont l'exportation était permise, et les négociants en cherchaient d'un transport léger et d'un prix très haut, qui à peu de frais pussent leur donner des droits à une importation considérable. Or, mon ouvrage semblait être précisément calculé pour cette opération. Cependant, avant de l'entreprendre, j'allai auprès du directeur général des douanes et du président du comité d'exportation, m'assurer que j'avais bien compris et que j'étais en toute règle. Sur leur affirmation, je me mis aussitôt au travail. J'accomplis une des plus belles opérations qu'on puisse imaginer ; le terme pressait ; on me prescrivait un temps très court. Une trentaine de planches in-folio furent distribuées aux trente plus grandes presses de Paris, qui travaillèrent dès ce moment sans relâche. Tout le papier vélin, d'une certaine forme, fut arrêté et s'accrut successivement de prix chaque jour jusqu'au-delà de cent pour cent. Ce fut un véritable mouvement dans toute l'imprimerie de la capitale, au point d'en inquiéter la police, jusqu'à ce qu'elle eût découvert et compris ce que ce pouvait être. J'employai à l'instant, directement ou indirectement, de trois à quatre cents ouvriers. Au bout de vingt et un jours, je devais avoir mes deux millions d'*Atlas*, et recevoir mes quatre cent mille francs d'argent comptant. J'étais le seul dans le monde qui eût pu faire cette opération : un hasard unique faisait que j'avais imaginé, dans le temps, de garder mes planches toutes composées, en faisant la très grande dépense des caractères. Je recueillais donc en ce moment le fruit d'une industrie et d'une mise en dehors de dix ans. C'était un vrai quine à la loterie ; la tête me tournait d'une telle circonstance ; mais je bâtissais sur le sable, et je devais expier cruellement ces premiers instants d'illusion.

« Le directeur général de la librairie, mon camarade au Conseil d'État, s'acharna à me nuire, sans que j'en pusse deviner la cause. Tout en m'assurant qu'il ne m'était nullement défavorable, qu'il aiderait plutôt son collègue, il ne cessa d'écrire sous main et de pousser en avant contre moi les experts libraires, qu'il avait trouvé le moyen de faire nommer pour ces opérations. Je n'en pouvais douter, on me communiquait de confiance dans les bureaux ses lettres secrètes ; et la délicatesse m'interdisait encore la satisfaction de pouvoir lui reprocher son indignité.

« Il me fit objecter d'abord que mes feuilles ne pouvaient être admises, parce que la loi n'admettait que les livres. Je demandai à cela si la loi n'admettait pas les ouvrages en feuilles ; et sur l'affirmative, je fis observer que mes feuilles étaient un livre qui attendait sa reliure. Alors le conseiller d'État, mon camarade, prononça que la faveur accordée par l'Empereur concernait les libraires et non pas les auteurs. Le ministre de l'Intérieur, l'honnête M. de Montalivet, se révolta contre cette partialité et fit taire le directeur général. Alors celui-ci prétendit qu'on avait de beaucoup accru le prix de mes feuilles. On lui prouva par plus de deux cents annonces dans les journaux, depuis dix ans, qu'il avait été constamment le même. Alors il se rabattit sur le prix intrinsèque, et voulut prouver que ce que je vendais cent sous ne m'en coûtait que cinq ou six, et créa encore d'autres difficultés aussi ridicules. Cependant le temps courait, les vaisseaux se remplissaient, les avantages offerts par les armateurs diminuaient ; les évaluations arbitraires des comités arrivèrent, et moi, qui avais continué mes opérations au milieu des difficultés, je dus me regarder comme très heureux, à travers mille inquiétudes, mille contrariétés, mille vrais chagrins, de ne pas me trouver ruiné, de retirer mes frais, qui avaient été au-delà de quatre-vingt mille francs.

« – Mais c'est à peine croyable, disait l'Empereur ; comment cela a-t-il pu se passer ainsi ? Votre opération eût été dans mes goûts ; elle vous eût avancé dans mon esprit, elle m'eût plu ; l'activité, l'organisation de vos détails, m'eussent frappé. Rien, d'ailleurs, ne me faisait plus de plaisir que de faire gagner légitimement de l'argent à ceux qui étaient autour de moi. Que n'êtes-vous venu me trouver, que ne m'avez-vous amené votre antagoniste ; vous eussiez vu comme je l'aurais mené. – Sire, ai-je répondu, j'étais bien loin de le voir ainsi, les moments étaient critiques, votre temps était précieux ; comment aurais-je pu prétendre à me faire écouter, à me faire comprendre de Votre Majesté, dans une affaire aussi compliquée et aussi délicate ? Comment lui expliquer que cet ouvrage qui n'était pas sous mon nom était le mien ? Comment oser vous présenter quelqu'un si voisin de Votre Majesté, mêlé avec les licences, des vingt pour cent, des millions de librairie ? Je me sentais si peu connu de Votre Majesté, que je frémissais au contraire qu'il ne vous en parvînt quelque chose. Aussi je me donnai beaucoup de mouvement ; mais je fis le moins de bruit possible, et je me résignai à tout souffrir.

« – Vous eûtes grand tort, disait l'Empereur, vous avez été très maladroit avec moi, et encore plus peut-être avec votre antagoniste, je ne saurais expliquer autrement un acharnement si peu naturel, etc., etc. »

L'*Atlas* complet, ainsi que l'*Atlas* in-4°, extrait du grand, composé spécialement pour l'usage des écoles, se trouvent chez MM. Lequien fils, libraire, quai des Augustins, et Leclère, libraire, boulevard Saint-Martin, n° 11.

JEUDI 16.

> *Visite du gouverneur.*
> *Conversation chaude avec l'Empereur.*

La brèche était décidée entre nous et le gouverneur depuis ce que l'on m'a vu appeler plus haut sa première *méchanceté*, sa première *injure* et sa première *brutalité*. L'éloignement, la mésintelligence et l'aigreur mutuels allaient toujours croissant ; nous étions fort mal disposés les uns et les autres.

Il s'est présenté sur les trois heures, suivi de son secrétaire militaire ; il désirait voir l'Empereur pour lui parler d'affaires. L'Empereur se portait assez mal ; il n'était point habillé : toutefois il m'a dit qu'il le recevrait, sa toilette faite. En effet, peu d'instants après, il est passé dans son salon, et j'ai introduit sir Hudson Lowe.

Demeuré dans le salon d'attente avec le secrétaire militaire, j'ai pu entendre, par le son de la voix de l'Empereur, qu'il s'animait et que la scène était chaude. L'audience a été fort longue et très orageuse. Le gouverneur congédié, j'ai couru au jardin où l'Empereur me faisait demander. Depuis deux jours, il n'était pas bien : ceci a achevé de le bouleverser. « Eh bien ! m'a-t-il dit en m'apercevant, la crise a été forte, je me suis fâché, mon cher ! on m'a envoyé plus qu'un geôlier ! sir H. Lowe est un bourreau ! Quoi qu'il en soit, je l'ai reçu aujourd'hui avec ma figure d'ouragan, la tête penchée et l'oreille en avant. Nous nous sommes considérés comme deux béliers qui allaient s'encorner ; et mon émotion doit avoir été bien forte, car j'ai senti la vibration de mon mollet gauche. C'est un grand signe chez moi, et cela ne m'était pas arrivé depuis longtemps. »

Le gouverneur avait abordé l'Empereur avec embarras et

en phrases coupées. Il était arrivé des pièces de bois, disait-il... Les journaux devaient le lui avoir appris, à lui, Napoléon... C'était une habitation pour lui... Il serait bien aise de savoir ce qu'il en pensait... etc. A quoi l'Empereur a répondu par le silence et un geste très significatif. Puis passant rapidement à d'autres objets, il lui a dit avec chaleur qu'il ne lui demandait rien, qu'il ne voulait rien de lui, que seulement il le priait de le laisser tranquille ; que tout en se plaignant de l'amiral, il lui avait constamment reconnu un cœur ; qu'au milieu et en dépit de ses contrariétés, il l'avait pourtant reçu toujours en parfaite confiance ; qu'il n'en était plus de même aujourd'hui ; que depuis un mois que lui, Napoléon, se trouvait en d'autres mains, il avait été plus agacé que durant les six autres mois qu'il avait été dans l'île.

Le gouverneur ayant répondu qu'il n'était pas venu pour recevoir des leçons : « Ce n'est pourtant pas faute que vous en ayez besoin, a repris l'Empereur. Vous avez dit, monsieur, que vos instructions étaient bien plus terribles que celles de l'amiral. Sont-elles de me faire mourir par le fer ou par le poison ? Je m'attends à tout de la part de vos ministres : me voilà, exécutez votre victime ! J'ignore comment vous vous y prendrez pour le poison ; mais quant à m'immoler par le fer, vous en avez déjà trouvé le moyen. S'il vous arrive, ainsi que vous m'en avez fait menacer, de violer mon intérieur, je vous préviens que le brave 53ᵉ n'y entrera que sur mon cadavre.

« En apprenant votre arrivée, je me félicitais de trouver un général de terre, qui, ayant été sur le continent et dans les grandes affaires, aurait su employer des mesures convenables vis-à-vis de moi, je me trompais grossièrement. » Le gouverneur ayant dit qu'il était militaire dans l'intérêt et les formes de sa nation, l'Empereur a repris : « Votre nation, votre gouvernement, vous-même, serez couverts d'opprobre à mon sujet ; vos enfants le partageront ; ainsi le voudra la postérité. Fut-il jamais de barbarie plus raffinée que la vôtre, monsieur, lorsqu'il y a peu de jours vous m'avez invité à votre table sous la qualification de *général Bonaparte*, pour me rendre la risée ou l'amusement de vos convives ! Auriez-vous mesuré votre considération au titre qu'il vous plaisait de me donner ? Je ne suis point pour vous le général Bonaparte ; il ne vous appartient pas plus qu'à personne sur la

terre de m'ôter les qualifications qui sont les miennes. Si
lady Loudon eût été dans mon enceinte, j'eusse été la voir
sans doute, parce que je ne compte point avec une femme ;
mais j'eusse cru l'honorer beaucoup. Vous avez offert, m'a-
t-on dit, des officiers de votre état-major pour m'accompagner dans l'île, au lieu du simple officier établi dans Longwood. Monsieur, quand des soldats ont reçu le baptême du
feu dans les batailles, ils sont tous les mêmes à mes yeux ;
leur couleur n'est point ici ce qui m'importe, mais l'obligation de les voir, quand ce serait une reconnaissance tacite
du point que je conteste. Je ne suis point prisonnier de
guerre ; je ne dois donc point me soumettre aux règles qui
en sont la suite. Je ne suis dans vos mains que par le plus
horrible abus de confiance. »

Le gouverneur, au moment de sortir, ayant demandé à
l'Empereur de lui présenter son secrétaire militaire, l'Empereur a répondu que c'était inutile, que si cet officier avait
l'âme délicate il devait s'en soucier fort peu ; que pour lui il
le sentait de la sorte ; qu'il ne pouvait d'ailleurs exister aucun
rapport de société entre les geôliers et les prisonniers ; que
c'était donc parfaitement inutile. Il a congédié le gouverneur.

Le grand-maréchal est venu nous joindre ; il arrivait de
chez lui, où le gouverneur était descendu avant et après sa
visite à l'Empereur. Il a rendu un compte détaillé de ces deux
visites.

En repassant, le gouverneur avait montré une extrême
mauvaise humeur, et s'était plaint fortement de celle de
l'Empereur. Ne s'en fiant point à son propre esprit, il avait
eu recours à celui de l'abbé de Pradt, dont l'ouvrage nous
était présent à tous en ce moment. Il avait dit : « Que Napoléon ne s'était pas contenté de se créer une France imaginaire,
une Espagne imaginaire, une Pologne imaginaire ; mais qu'il
voulait encore se créer *une Sainte-Hélène imaginaire*. » Et
l'Empereur n'a pu s'empêcher d'en rire.

Nous avons alors fait notre tournée en calèche. Au retour,
l'Empereur s'est mis au bain. Il m'a fait appeler, a dit qu'il
ne dînerait qu'à neuf heures et m'a retenu. Il est beaucoup
revenu sur la scène du jour, sur les abominables traitements
dont il est l'objet, sur la haine atroce qui les commande, la
brutalité qui les exécute. Et après quelques instants de silence
et de méditation, il lui est échappé ce qu'il me dit souvent :

« Mon cher, ils me tueront ici ! c'est certain ! » (Quelle horrible prophétie !...)

VENDREDI 17.

J'ai été fort malade toute la nuit ; l'Empereur a déjeuné dans le jardin ; il m'y a fait appeler ; il était lui-même triste et abattu ; il ne se portait pas bien du tout. Après le déjeuner nous nous sommes promenés longtemps autour de la maison ; il ne disait mot. La chaleur l'a forcé de rentrer vers une heure. Il regrettait vivement de n'avoir point d'ombrage.

Vers quatre heures il a envoyé savoir si je continuais d'être souffrant ; il revenait de la promenade en calèche, où je n'avais pu le suivre. J'ai été le joindre au jardin où il était demeuré avec le grand-maréchal. Il continuait d'être triste, indifférent, distrait ; il a fait raconter à Bertrand son séjour à Constantinople en 1796, son voyage à Athènes et son retour au travers de l'Albanie. Il était beaucoup question de Selim III, de ses améliorations, du baron de Tott, etc., etc. Tout cela était fort curieux, malheureusement je ne trouve dans mon manuscrit que de simples indications que ma mémoire ne saurait m'aider à développer aujourd'hui.

Après dîner l'Empereur, qui avait à peine mangé, a essayé de nous lire dans *Anacharsis*[1] la séance de l'Académie. Son accent et toute sa personne n'avaient ni la force, ni le feu ordinaires. Contre sa coutume il a fini sans analyse, sans observation. Il s'est retiré aussitôt que le chapitre a été terminé.

SAMEDI 18.

Mme la maréchale Lefebvre.

L'Empereur a continué d'être souffrant. Au retour d'une promenade en calèche, il s'est mis au bain ; il m'a fait appeler. Il y est devenu gai ; nous avons causé avec la plus grande liberté jusqu'à huit heures et demie. Il a voulu dîner dans son cabinet et m'a retenu. Le lieu, le tête-à-tête, l'élégance

1. *Voyage du jeune Anacharsis en Grèce*, ouvrage alors à la mode de l'abbé Jean-Jacques Barthélemy.

du service, la propreté de la table me donnaient, disais-je, l'idée d'une petite bonne fortune ; il en a ri. Il m'a beaucoup questionné et m'a fait revenir sur Londres, mon émigration, nos princes, l'évêque d'Arras, etc., etc. Il revenait lui-même sur les principales époques de son consulat ; il en donnait des détails et des anecdotes bien curieuses ; de là nous sommes passés à l'ancienne cour, à la nouvelle, etc. Beaucoup de ces choses ne seraient que des répétitions ; je crois les avoir déjà mentionnées ailleurs. D'autres, qui ne sont qu'indiquées dans mon manuscrit, demeurent pour jamais perdues.

Voici seulement ce que je transcris comme nouveau. Il m'est arrivé d'égayer l'Empereur par les anecdotes et les coq-à-l'âne prêtés gratuitement, sans nul doute, à Mme la maréchale Lefebvre, qui pendant longtemps a joui du privilège de faire les gorges chaudes de nos salons et même des Tuileries. « Je m'en étais donné, disais-je, tout comme un autre, jusqu'à ce qu'un jour je me l'interdis à jamais, en apprenant un trait d'elle qui prouvait l'élévation de ses sentiments autant que la bonté de son cœur.

« Mme Lefebvre, femme d'un soldat aux gardes, et par conséquent d'un état à l'avenant, courait elle-même gaiement, et volontiers, au-devant de ses souvenirs, et même de ses occupations manuelles de cette époque. Elle et son mari se trouvaient dans ces temps avoir donné des soins domestiques à leur capitaine (le marquis de Valady), parrain de leur enfant, et fameux dans la défection des gardes, non moins fameux encore dans son fanatisme de république et de liberté, qui ne le privait pourtant pas de certains sentiments généreux ; car, membre de la Convention, il a péri pour s'être opposé à l'exécution de Louis XVI, qualifiant hautement cet acte de véritable meurtre, ajoutant, de la meilleure foi du monde, que ce prince était déjà assez malheureux d'avoir été roi, sans qu'on songeât à lui infliger d'autre châtiment.

« La veuve de ce député, au retour de son émigration, reçut tout aussitôt les offres et les soins les plus touchants du ménage Lefebvre, parvenu alors à un haut degré de splendeur et de crédit.

« Or, un jour Mme Lefebvre accourut chez elle : "Mais savez-vous, lui dit-elle, que vous n'êtes pas bons, et que vous avez bien peu de cœur entre vous autres gens comme il faut. Nous, tout bêtement soldats, nous en agissons mieux. On vient de nous apprendre que M. un tel, un de nos anciens officiers et le camarade de votre mari, vient d'arriver de son émigration, et qu'on le laisse ici mourir de faim ; ce serait grande honte !... Nous craindrions, nous autres, de l'offenser, si nous venions à son secours ; mais vous, c'est autre chose ; vous ne pouvez que lui faire plaisir. Portez-lui donc cela de votre part." Et elle lui jeta un rouleau de cent louis, ou mille écus. Sire, depuis ce temps, disais-je, je n'ai plus eu envie de me moquer de Mme Lefebvre ; je n'ai plus senti pour elle qu'une vénération profonde ; je m'empressais de lui donner la main aux Tuileries, et je me trouvais fier de la promener dans vos salons, en dépit de tous les quolibets que j'entendais bourdonner autour de moi. »

Nous avons parcouru alors un grand nombre de rapports de bienveillances exercées par les nouveaux parvenus en faveur des anciens ruinés, et cité beaucoup de traits à l'avenant, entre autres la galanterie bien recherchée, peut-être, de celui qui, de simple soldat, arrivé au grade de maréchal ou de haut général, je ne me souviens plus, se procura un jour la satisfaction, dans sa splendeur nouvelle, de réunir en dîner de famille son ancien colonel et quatre ou cinq officiers du régiment, qu'il reçut avec son ancien habit de soldat, n'employant constamment vis-à-vis d'eux que les mêmes qualifications dont il s'était servi autrefois.

« Et voilà pourtant, disait l'Empereur, la vraie manière d'éteindre la fureur des temps, car de pareils procédés doivent nécessairement créer de grands échanges de bienveillances réciproques entre les partis opposés, et il est à croire que dans les derniers temps les obligés auront obligé à leur tour, ne fût-ce que pour demeurer *quittes*. »

Ce mot de *quittes* me rappelle un trait caractéristique de l'Empereur, qui doit trouver ici sa place.

Un général, dans son département, s'était rendu coupable d'excès qui, portés devant les tribunaux, devaient lui coûter l'honneur, peut-être la vie. Or, ce général avait rendu les plus grands services à Napoléon dans la journée de brumaire. Il mande le général, et après lui avoir reproché ses infamies : « Toutefois, lui dit-il, vous m'avez obligé, je ne l'ai point oublié. Je vais peut-être outrepasser les lois, et manquer à mes devoirs. Je vous fais grâce, monsieur, allez-vous-en ;

mais sachez qu'à compter d'aujourd'hui nous sommes *quittes*. Désormais tenez-vous bien, j'aurai les yeux sur vous. »

DIMANCHE 19.

Le gouverneur de Java. Le docteur Warden.
Conversation familière de l'Empereur sur sa famille.

Le docteur Warden est venu déjeuner avec moi. Durant ce temps est arrivé le gouverneur de Java (Raffles) avec son état-major, retournant en Europe. Il connaissait fort tous les Hollandais que j'avais vus en 1810, lors de ma mission à Amsterdam. L'Empereur m'a dit qu'il le recevrait peut-être de trois à quatre heures. J'ai causé plusieurs heures en attendant avec le docteur Warden, auquel j'ai donné des éclaircissements sur des faits historiques concernant l'Empereur, et sur lesquels il me semble vouloir écrire [1].

Sur les trois heures, l'Empereur a reçu dans le jardin les Anglais venant de Java. Il a fait ensuite un tour en calèche.

En rentrant sur les six heures, je l'ai suivi dans son cabinet ; il a fait appeler le grand-maréchal et sa femme, et s'est mis à causer familièrement jusqu'à dîner, parcourant mille objets de sa famille et de son plus petit intérieur au temps de sa puissance. Il s'est arrêté surtout sur l'impératrice Joséphine. Ils avaient fait ensemble, disait-il, un ménage tout à fait bourgeois, c'est-à-dire fort tendre et très uni, n'ayant eu longtemps qu'une même chambre et qu'un même lit. « Circonstance très morale, disait l'Empereur, qui influe singulièrement sur un ménage, assure le crédit de la femme, la dépendance du mari, maintient l'intimité et les bonnes mœurs. On ne se perd point de vue, en quelque sorte, continuait-il, quand on passe la nuit ensemble ; autrement on devient bientôt étrangers. Aussi, tant que dura cette habitude, aucune de mes pensées, aucune action n'échappaient à Joséphine ; elle suivait, saisissait, devinait tout ; ce qui parfois n'était pas sans quelque gêne pour moi et pour les affaires. Un moment

---

1. J'ai vu avec regret dans l'ouvrage du docteur qu'il avait tout à fait négligé les observations et les redressements que je m'étais permis ; et surtout étrangement défiguré les communications que je m'étais plu à lui donner. *(Las Cases.)*

d'humeur y mit fin lors du camp de Boulogne [1]. » Certaines circonstances politiques arrivées de Vienne, la nouvelle de la coalition qui éclata en 1805, avaient occupé le Premier consul tout le jour, et prolongèrent son travail fort avant dans la nuit. Revenant se coucher fort mal disposé, on lui fit une véritable scène de ce retard. La jalousie en était la cause ou le prétexte. Il se fâcha à son tour, s'évada, et ne voulut plus entendre à reprendre son assujettissement. Toute la crainte de l'Empereur, disait-il, avait été que Marie-Louise en eût exigé un pareil ; car enfin, il l'eût bien fallu. C'est le véritable apanage, le vrai droit d'une femme, ajoutait-il.

« Un fils de Joséphine m'eût été nécessaire et m'eût rendu heureux, continuait l'Empereur, non seulement comme résultat politique, mais encore comme douceur domestique.

« Comme résultat politique, je serais encore sur le trône, car les Français s'y seraient attachés comme au roi de Rome, et je n'aurais pas mis le pied sur l'abîme couvert de fleurs qui m'a perdu. Et qu'on médite après sur la sagesse des combinaisons humaines ! Qu'on ose prononcer avant la fin sur ce qui est heureux ou malheureux ici-bas !

« Comme douceur domestique, ce gage eût fait tenir Joséphine tranquille, et eût mis fin à une jalousie qui ne me laissait pas de repos ; et cette jalousie se rattachait bien plus à la politique qu'au sentiment. Joséphine prévoyait l'avenir, et s'effrayait de sa stérilité. Elle sentait bien qu'un mariage n'est complet et réel qu'avec des enfants ; or, elle s'était mariée ne pouvant plus en donner. A mesure que sa fortune s'éleva, ses inquiétudes s'accrurent ; elle employa tous les secours de la médecine ; elle feignit souvent d'en avoir obtenu du succès. Quand elle dut enfin renoncer à tout espoir, elle mit souvent son mari sur la voie d'une grande supercherie politique ; elle finit même par oser la lui proposer directement.

« Joséphine avait à l'excès le goût du luxe, le désordre, l'abandon de la dépense, naturels aux créoles. Il était impossible de jamais fixer ses comptes ; elle devait toujours : aussi c'était constamment de grandes querelles quand le moment de payer ses dettes arrivait. On l'a vue souvent alors envoyer chez ses marchands leur dire de n'en déclarer que la moitié.

1. En vue d'un éventuel débarquement en Angleterre.

Il n'est pas jusqu'à l'île d'Elbe où des mémoires de Joséphine ne soient venus fondre sur moi de toutes les parties de l'Italie. »

Quelqu'un qui avait connu l'impératrice Joséphine à la Martinique a répété à l'Empereur beaucoup de particularités de sa jeunesse et de sa famille. Il est vrai qu'on lui avait prédit plusieurs fois, dans son enfance, qu'elle porterait une couronne. Et une autre circonstance, non moins remarquable ni moins bizarre, serait que la sainte ampoule qui servait à sacrer nos rois eût été brisée, ainsi que quelques-uns l'ont prétendu, précisément par son premier mari, le général Beauharnais, qui, dans un moment de défaveur populaire, aurait espéré, par cet acte, se remettre en crédit[1].

On a dit, on a écrit mille bruits absurdes sur le mariage de Napoléon et de Joséphine. On trouvera dans les campagnes d'Italie la véritable et première cause de leur connaissance et de leur union. C'est par Eugène, encore enfant, qu'elle se fit. Après vendémiaire[2], il alla demander l'épée de son père au général en chef de l'armée de l'intérieur (le général Bonaparte) ; l'aide de camp Lemarrois introduisit ce jeune enfant, qui, en revoyant l'épée de son père, se mit à pleurer. Le général en chef fut touché de ce sentiment, et le combla de caresses. Sur le récit qu'Eugène fit à sa mère de l'accueil qu'il avait reçu du jeune général, elle accourut lui faire visite et le remercier. « On sait, disait l'Empereur, qu'elle croyait aux pressentiments, aux sorciers ; on lui avait prédit dans son enfance qu'elle ferait une grande fortune, qu'elle serait souveraine. On connaît d'ailleurs toute sa finesse ; aussi me répétait-elle souvent depuis qu'aux premiers récits d'Eugène, le cœur lui avait battu, et qu'elle avait entrevu dès cet instant une lueur de sa destinée, l'accomplissement des prédictions, etc.

« Une autre nuance caractéristique de Joséphine, continuait l'Empereur, était sa constante dénégation. Dans quelque moment que ce fût, quelque question que je lui fisse, son premier mouvement était la négative, sa première parole *non* ; et ce *non*, disait l'Empereur, n'était pas précisément un men-

---

1. Ce fait est absolument contrové. Il paraît que l'attrait des rapprochements a créé cette fable. *(Las Cases.)*
2. 13 vendémiaire (4 octobre) 1795.

songe, c'était une précaution, une simple défensive ; et c'est ce qui nous distingue éminemment, disait-il à Mme Bertrand, de vous autres, mesdames, ce qui n'est au fond entre nous que différence de sexe et d'éducation : vous aimez, et l'on vous apprend à dire *non*. Nous, au contraire, nous faisons gloire de le dire, même quand cela n'est pas. De là toute la clef de nos conduites respectives si différentes. Nous ne sommes vraiment pas et nous ne saurions être de même espèce dans la vie.

« Lors de la Terreur, Joséphine étant en prison, son mari mort sur l'échafaud, Eugène, son fils, avait été mis chez un menuisier, et y fut littéralement en apprentissage et en service. Hortense ne fut guère mieux, elle fut mise, si je ne me trompe, chez une ouvrière en linge [1]. »

Ce fut Fouché qui, le premier, toucha la corde fatale du divorce ; il alla, sans mission, conseiller à Joséphine de dissoudre son mariage, pour le bien de la France, lui disait-il. Le moment pourtant n'était pas encore arrivé pour Napoléon. Cette démarche causa beaucoup de chagrin et de trouble dans le ménage ; elle irrita fort l'Empereur ; et s'il ne chassa pas alors Fouché, à la vive sollicitation de Joséphine, c'est qu'au fait il avait déjà secrètement arrêté ce divorce en lui-même, et qu'il ne voulut pas, par ce châtiment, donner un contrecoup à l'opinion.

Toutefois, il doit à la justice de dire que, dès qu'il le voulut, Joséphine obéit. Ce fut pour elle une peine mortelle ; mais elle se soumit et de bonne foi, sans vouloir mettre à profit des tracasseries inutiles qu'elle eût pu essayer de faire valoir [2]. Elle se conduisit avec beaucoup de grâce et

1. L'on m'a assuré depuis que cette circonstance est, en effet, erronée, et celle relative au prince Eugène inexacte. *(Las Cases.)*
2. Je tiens de la bouche du prince primat des détails curieux sur le mariage et le divorce. Mme de Beauharnais fut mariée au général Bonaparte par un prêtre insermenté, mais qui avait négligé, par pur accident, l'autorisation obligée du curé de la paroisse. Ce défaut de formalité, ou tout autre, occupa fort depuis le cardinal Fesch ; et, soit scrupule, ou autrement, il fit si bien, qu'il vint à bout, au moment du couronnement, de persuader aux deux époux de se laisser marier par lui, à huis clos, *en tant que de besoin*. Lors du divorce, la séparation civile fut prononcée par le Sénat. Quant à la séparation religieuse, on ne voulait pas s'adresser au pape, et on n'en eut pas besoin. Le cardinal Fesch ayant refait le mariage sans témoins, l'officialité de Paris l'annula pour ce défaut, et déclara qu'il n'y avait pas eu de mariage. A ce

d'adresse ; elle désira que le vice-roi fût mis à la tête de cette affaire, et fit elle-même, à cet égard, des offres de service à la maison d'Autriche.

Joséphine, ajoutait Napoléon, eût vu volontiers Marie-Louise ; elle en parlait souvent et avec beaucoup d'intérêt, ainsi que du roi de Rome ; quant à Marie-Louise, elle traitait à merveille Eugène et Hortense ; mais elle montrait une grande répugnance pour Joséphine, et surtout une vive jalousie. « Je voulus la mener un jour à la Malmaison, disait l'Empereur ; mais sur cette proposition, elle se mit à fondre en larmes. Elle ne m'empêchait pas d'y aller, me disait-elle, se contentant de ne vouloir pas le savoir. Toutefois dès qu'elle en suspectait l'intention, il n'est pas de ruse qu'elle n'employât pour me gêner là-dessus. Elle ne me quittait plus ; et comme ces visites semblaient lui faire beaucoup de peine, je me fis violence, et n'allai presque jamais à la Malmaison. Quand il m'arrivait d'y aller, c'étaient alors d'autres larmes de ce côté, c'étaient des tracasseries de toute espèce. Joséphine avait toujours devant les yeux et dans ses intentions l'exemple de la femme de Henri IV, qui, disait-elle, avait vécu à Paris après son divorce, venait à la cour, avait assisté au sacre. Elle, Joséphine, était bien mieux située encore, prétendait-elle ; elle avait ses propres enfants, et ne pouvait plus en avoir d'autres, etc. »

Joséphine avait une connaissance accomplie de toutes les nuances du caractère de l'Empereur et un tact admirable pour la mettre en pratique. « Jamais il ne lui est arrivé, par exemple, disait l'Empereur, de rien demander pour Eugène, d'avoir jamais même remercié pour ce que je faisais pour lui, d'avoir

---

jugement, l'impératrice Joséphine fit appeler le cardinal Fesch à la Malmaison, et lui demanda s'il oserait attester et signer par écrit qu'elle avait été mariée, et bien mariée. « Sans doute, répondit le cardinal Fesch, je le soutiendrai partout, et je vais vous en signer le témoignage. » Ce qu'il fit en effet.

« Mais, disais-je alors au prince primat, quel jugement a donc porté l'officialité de Paris ? – Celui de la vérité, répondit le prince. – Mais que veut dire alors la déclaration du cardinal Fesch ? Serait-elle donc fausse ? – Pas dans son opinion, disait-il, parce qu'il a adopté les doctrines ultra-montaines, par lesquelles les cardinaux prétendent avoir le droit de marier sans témoins, ce qui n'est pas reconnu en France, et frappe de nullité. »

Toutefois il semble que l'impératrice Joséphine ne demanda cet écrit que pour sa propre satisfaction, et n'en fit pas autrement usage. *(Las Cases.)*

même montré plus de soins ou de complaisance le jour des grandes faveurs, tant elle avait à cœur de se montrer persuadée et de me convaincre que tout cela n'était pas son affaire à elle, mais bien la mienne à moi, qui pouvais et devais y rechercher des avantages. Nul doute qu'elle ait eu plus d'une fois la pensée que j'en viendrais un jour à l'adopter pour successeur. »

L'Empereur se disait convaincu qu'il avait été ce qu'elle aimait le mieux ; et ajoutait en riant, qu'il ne doutait pas qu'elle eût quitté un rendez-vous d'amour pour venir auprès de lui. Elle n'eût pas manqué un voyage, quelque pénible qu'il fût, pour tout au monde. Ni fatigue, ni privations, ne pouvaient la rebuter ; elle employait l'importunité, la ruse même pour le suivre. « Montais-je en voiture au milieu de la nuit pour la course la plus lointaine, à ma grande surprise j'y trouvais Joséphine tout établie, bien qu'elle n'eût pas dû être du voyage. – Mais il vous est impossible de venir ; je vais trop loin ; vous auriez trop à souffrir. – Pas le moindrement, répondait Joséphine. – Et puis il faut que je parte à l'instant. – Aussi, me voilà toute prête. – Mais il vous faut un grand attirail. – Aucun, disait-elle, tout est préparé. Et la plupart du temps il fallait bien que je cédasse.

« En somme, concluait l'Empereur, Joséphine avait donné le bonheur à son mari, et s'était constamment montrée son amie la plus tendre. Professant à tout moment et en toute occasion la soumission, le dévouement, la complaisance la plus absolue. Aussi lui ai-je toujours conservé les plus tendres souvenirs et la plus vive reconnaissance.

« Joséphine, disait encore l'Empereur, mettait ces dispositions et ces qualités (la soumission, le dévouement, la complaisance) au rang des vertus et de l'adresse politique dans son sexe, et elle blâmait fort et grondait souvent sur ce point sa fille Hortense et sa parente Stéphanie, qui vivaient mal avec leurs maris, montrant des caprices, et affectant de l'indépendance.

« Louis, disait l'Empereur à ce sujet, était un enfant gâté par la lecture de Jean-Jacques. Il n'avait pu être bien avec sa femme que très peu de mois. Beaucoup d'exigence de sa part, de l'étourderie de la part d'Hortense : voilà les torts réciproques. Toutefois ils s'aimaient en s'épousant, ils s'étaient voulus l'un et l'autre ; ce mariage, au surplus, avait été le résultat des efforts de Joséphine qui y trouvait son compte. J'aurais voulu, au contraire, moi, m'étendre dans d'autres familles, et j'avais un moment jeté les yeux sur une nièce de M. de Talleyrand, devenue depuis Mme Juste de Noailles. »

On avait fait courir les bruits les plus ridicules sur les rapports de lui, Napoléon, avec Hortense ; on avait voulu que son aîné fût de lui. Mais de pareilles liaisons n'étaient, disait-il, ni dans ses idées, ni dans ses mœurs ; et pour peu qu'on connût celles des Tuileries, on sent bien, remarquait-il, qu'il eût pu s'adresser à beaucoup d'autres avant d'en être réduit à un choix aussi peu naturel, aussi révoltant. « Louis savait bien apprécier la nature de ces bruits, disait l'Empereur ; mais son amour-propre, sa bizarrerie n'en étaient pas moins choqués, et il les mettait souvent en avant comme prétexte.

« Quoi qu'il en soit, Hortense, continuait l'Empereur, Hortense, si bonne, si généreuse, si dévouée, n'est pas sans avoir eu quelques torts avec son mari ; j'en dois convenir, en dehors de toute l'affection que je lui porte et du véritable attachement que je sais qu'elle a pour moi.

« Quelque bizarre, quelque insupportable que fût Louis, il l'aimait ; et, en pareil cas, avec d'aussi grands intérêts, toute femme doit toujours être maîtresse de se vaincre, avoir l'adresse d'aimer à son tour. Si elle eût su se contraindre, elle se serait épargné le chagrin de ses derniers procès ; elle eût eu une vie plus heureuse ; elle eût suivi son mari en Hollande, et y serait demeurée. Louis n'eût point fui d'Amsterdam ; je ne me serais pas vu contraint de réunir son royaume, ce qui a contribué à me perdre en Europe, et bien des choses se seraient passées différemment.

« La princesse de Bade [1], a-t-il dit, s'est montrée plus habile. Sitôt qu'elle a vu le divorce de Joséphine, elle a connu sa position, elle s'est rapprochée de son mari ; ils ont formé depuis le mariage le plus heureux.

« Pauline était trop prodigue ; elle avait trop d'abandon ; elle devait être immensément riche par tout ce que je lui ai donné ; mais elle donnait tout à son tour, et sa mère la sermonnait souvent à cet égard, lui prédisant qu'elle pourrait mourir à l'hôpital ; mais Madame elle-même était aussi par

---

1. Stéphanie de Beauharnais.

trop parcimonieuse ; c'en était ridicule ; j'ai été jusqu'à lui offrir des sommes fort considérables par mois si elle voulait les distribuer. Elle voulait bien les recevoir ; mais pourvu, disait-elle, qu'elle fût maîtresse de les garder. Dans le fond, tout cela n'était qu'excès de prévoyance de sa part ; toute sa peur était de se trouver un jour sans rien. Elle avait connu le besoin ; et ces terribles moments ne lui sortaient pas de la pensée. Il est juste de dire, d'ailleurs, qu'elle donnait beaucoup à ses enfants en secret ; c'était une si bonne mère !...

« Du reste, cette même femme, à laquelle on eût si difficilement arraché un écu, disait l'Empereur, eût tout donné pour préparer mon retour de l'île d'Elbe ; et après Waterloo elle m'eût remis entre les mains tout ce qu'elle possédait pour aider à rétablir mes affaires ; elle me l'a offert ; elle se fût condamnée au pain noir sans murmure [1]. C'est que chez

---

1. Que l'Empereur connaissait bien sa mère ! A mon retour en Europe, j'ai vu se vérifier à la lettre ce qu'il en dit ici, et j'en ai joui avec délices. A peine eus-je fait connaître à Madame Mère la situation de l'Empereur et ma résolution de me consacrer uniquement à y apporter quelque adoucissement, que sa réponse, par le retour du courrier, fut que toute sa fortune était à la disposition de son fils, qu'elle se réduirait à une simple servante s'il le fallait ; m'autorisant, bien que je n'en fusse pas connu personnellement, à tirer, dès l'instant même, telle somme que je croirais nécessaire au bien-être de l'Empereur. Le cardinal Fesch joignait ses offres d'une manière tout aussi touchante ; c'est ici le cas de faire connaître que tous les membres de la famille de l'Empereur s'empressèrent de témoigner le même zèle, la même tendresse, le même dévouement. Tant que ma santé me permit de correspondre avec eux, j'ai reçu une foule de lettres dont l'ensemble formerait le recueil le plus touchant. Elles honorent leur cœur, et eussent pu être une douce consolation pour l'Empereur, si les restrictions anglaises m'eussent permis de les faire parvenir jusqu'à lui.

N. B. Dans ce chapitre, et dans d'autres passages du *Mémorial*, tous les proches de Napoléon se trouvent mentionnés ; et l'on devra convenir que, loin d'avoir observé plus de ménagement pour eux que pour d'autres, j'en ai certainement employé beaucoup moins, au point même d'avoir laissé échapper des expressions dont l'irrégularité ne saurait être excusée que par la précipitation avec laquelle le manuscrit et la rédaction première ont été envoyés à la presse ; c'est que j'ai voulu que mes lettres de créance vis-à-vis du public se lussent précisément dans les chances auxquelles je m'exposais bénévolement, celles de déplaire à d'illustres personnes, de la connaissance de la plupart desquelles j'ai été honoré, pour lesquelles je conserve un tendre attachement, une vénération profonde, et dont la bienveillance et l'affection me seraient si chères ! Si je n'avais mentionné à leur égard que ce qu'il y avait d'agréable, et que je me fusse tu sur ce qui ne l'était pas, quelles eussent été les garanties de ma véracité aux yeux des contemporains et à

elle le grand l'emportait encore sur le petit : la fierté, la noble ambition marchaient chez elle avant l'avarice. »

Et ici l'Empereur a fait l'observation qu'à l'heure même qu'il était il avait encore présentes à la mémoire les leçons de fierté qu'il en avait reçues dans son enfance, et qu'elles avaient agi sur lui toute la vie. Madame Mère avait une âme forte et trempée aux plus grands événements ; elle avait éprouvé cinq à six révolutions ; elle avait eu trois fois sa maison brûlée par les factions en Corse.

« Joseph ne m'a guère aidé ; mais c'est un fort bon homme ; sa femme, la reine Julie, est la meilleure créature qui ait existé. Joseph et moi nous nous sommes toujours fort aimés et fort accordés : il m'aime sincèrement. Je ne doute pas qu'il ne fît tout au monde pour moi ; mais toutes ses qualités tiennent uniquement de l'homme privé : il est éminemment doux et bon ; il a de l'esprit et de l'instruction ; il est aimable. Dans les hautes fonctions que je lui avais confiées, il a fait ce qu'il a pu ; ses intentions étaient bonnes ; aussi la principale

---

ceux de l'histoire ? N'eût-on pas pu m'accuser avec quelque avantage de n'être qu'un complaisant, un panégyriste, un flatteur ? et alors quelle atteinte n'eût pas pu recevoir mon grand, mon seul et unique objet, celui de faire connaître Napoléon par ses propres, ses plus intimes paroles ! Or, n'est-il pas évident que, pour y parvenir, j'avais besoin sur toutes choses d'être cru, ce que je ne pouvais obtenir qu'en donnant les preuves les plus évidentes d'une minutieuse véracité, quelque inconvénient qu'elle dût entraîner ? Je désire ardemment que les illustres personnes auxquelles je fais allusion en cet instant aient pu se pénétrer de cette impérieuse considération, et la chose aura dû leur coûter d'autant moins qu'il n'est aucun d'eux sur lequel Napoléon n'ait exprimé, en somme, beaucoup plus d'éloges que de critiques ; et dès lors le rigoureux exposé de ce mélange ne saurait que leur être avantageux en ce qu'il donne un bien plus grand poids aux portions méritoires d'un aussi glorieux témoignage ; et c'est ainsi que semblent avoir jugé le plus grand nombre de ceux qui furent attachés à leurs personnes, reçurent de leurs bienfaits, et sont demeurés jaloux de leur mémoire. Ils ont longuement discuté autour de moi, depuis la publication du *Mémorial*, ces points délicats, et sont généralement demeurés d'accord que ce serait faire injure à l'élévation de caractère, à la magnanimité d'âme des hauts intéressés, que de douter qu'il n'en pût être aucun qui, en lisant le *Mémorial*, ne devînt à son tour inattentif à ce qui lui est personnel, pour ne s'occuper uniquement, et avec reconnaissance, que des efforts consacrés à venger la mémoire de celui qui immortalisa leurs noms, les fit ce qu'ils furent et ce qu'ils demeurent. S'ils sont justes, je dois donc être sûr de leur indulgence ; s'ils ne l'étaient pas, j'en serais profondément affligé ; mais ce serait dans le mérite même de mes intentions que j'irais chercher mes consolations. (*Las Cases.*)

faute n'est pas à lui, mais bien plutôt à moi, qui l'avais jeté hors de sa sphère ; et dans des circonstances bien grandes, la tâche s'est trouvée hors de proportions avec ses forces.

« La reine de Naples[1] s'était beaucoup formée dans les événements, disait l'Empereur. Il y avait chez elle de l'étoffe, beaucoup de caractère et une ambition désordonnée. Elle devait beaucoup souffrir en cet instant, remarquait-il, d'autant plus qu'on pouvait dire qu'elle était née reine. Elle n'avait pas comme nous, continuait l'Empereur, connu le simple particulier. Elle, Pauline, Jérôme étaient encore des enfants, que j'étais le premier homme de France ; aussi ne se sont-ils jamais cru d'autre état que celui dont ils ont joui au temps de ma puissance.

« Jérôme était un prodigue dont les débordements avaient été criants. Son excuse peut-être pouvait se trouver dans son âge et dans ce dont il s'était entouré. Au retour de l'île d'Elbe, il semblait d'ailleurs avoir beaucoup gagné et donner de grandes espérances ; et puis il existait un beau témoignage en sa faveur, c'est l'amour qu'il avait inspiré à sa femme[2] : la conduite de celle-ci, lorsque, après ma chute, son père, ce terrible roi de Wurtemberg, si despotique, si dur, a voulu la faire divorcer, est admirable. Cette princesse s'est inscrite dès lors de ses propres mains dans l'histoire. »

A notre grand regret, on est venu annoncer le dîner. L'Empereur a continué d'être fort causant toute la soirée, parcourant comme en famille une foule d'objets divers, principalement la conduite d'un grand nombre de personnages pendant son absence et lors de son retour. Il ne s'est retiré qu'à minuit, et en terminant par ces paroles : « Qu'est en ce moment la France, Paris ? et que sera-t-il de nous d'aujourd'hui à un an ?... »

LUNDI 20.

L'Empereur endormi. Morale.

J'écris à M. Balcombe, qui m'avait prévenu qu'il était chargé de pourvoir à nos besoins aux frais du gouvernement

1. Caroline Bonaparte.
2. Catherine, princesse de Wurtemberg.

anglais, qu'ayant les moyens de m'en passer, j'avais résolu de ne profiter nullement de cet avantage, et que je le priais de s'autoriser auprès du gouverneur à recevoir de moi une nouvelle traite sur l'Angleterre, ce dont nous ne pouvions user sans sa permission spéciale. Je voulais demeurer libre de reconnaissance, et n'être gêné en rien dans le juste et triste droit des reproches et des imprécations.

L'Empereur est monté en calèche de fort bonne heure. Au retour, vers trois heures, il m'a fait suivre dans sa chambre. « Je suis triste, ennuyé, souffrant, m'a-t-il dit, asseyez-vous dans ce fauteuil, tenez-moi compagnie. » Il s'est étendu sur son canapé et a fermé les yeux ; il s'est endormi, et moi je veillais !... Sa tête était découverte ; j'étais à deux pas de lui, je contemplais son front ; ce front où je lisais Marengo, Austerlitz et cent autres actes immortels. Quelles étaient en ce moment mes idées, mes sensations ! Qu'on le juge si l'on peut ; pour moi, je ne saurais le rendre !...

L'Empereur, au bout de trois quarts d'heure, s'est levé, a fait quelques tours dans sa chambre, puis il lui a pris fantaisie d'aller visiter toutes les nôtres. En énumérant en détail les inconvénients de la mienne, il en riait d'indignation, et a dit en sortant : « Non, je ne crois pas qu'il y ait de chrétien plus mal abrité que cela. »

Après le dîner, l'Empereur a essayé de parcourir le *Caravansérail* de Sarrazin [1]. Il en a effleuré plusieurs contes sans s'y arrêter. Après quelques pages de l'un d'eux, il a dit : « La morale va être sans doute que *les hommes ne changent jamais*, ce qui n'est pas vrai, ils changent en mal et même en bien. Il en est ainsi d'une foule d'autres maximes consacrées par les auteurs, toutes également fausses : *Les hommes sont ingrats*, disent-ils ; non, il n'est pas vrai que les hommes soient aussi ingrats qu'on le dit ; et si l'on a si souvent à s'en plaindre, c'est que d'ordinaire le bienfaiteur exige encore plus qu'il ne donne.

« On vous dit encore que *quand on connaît le caractère d'un homme, on a la clef de sa conduite* ; c'est faux : tel fait une mauvaise action, qui est foncièrement honnête homme ; tel fait une méchanceté sans être méchant. C'est que presque jamais l'homme n'agit par acte naturel de son caractère, mais

1. Sarrazin, poète et essayiste français du XVIIᵉ siècle.

par une passion secrète du moment, réfugiée, cachée dans les derniers replis du cœur. Autre erreur quand on vous dit que *le visage est le miroir de l'âme*. Le vrai est que l'homme est très difficile à connaître, et que, pour ne pas se tromper, il faut ne le juger que sur ses actions ; et encore, faudrait-il que ce fût sur celles du moment, et seulement pour ce moment.

« Au fait, les hommes ont leurs vertus et leurs vices, leur héroïsme, et leur perversité ; les hommes ne sont ni généralement bons ni généralement mauvais, mais ils possèdent et exercent tout ce qu'il y a de bon et de mauvais ici-bas ; voilà le principe : ensuite le naturel, l'éducation, les accidents, font les applications. Hors de cela tout est système, tout est erreur ; tel a été mon guide, et il m'a réussi assez généralement. Toutefois je me suis trompé en 1814 en croyant que la France, à la vue de ses dangers, allait ne faire qu'un avec moi ; mais je ne m'y suis plus trompé en 1815, au retour de Waterloo. »

L'Empereur ne se sentait pas bien, il s'est retiré de fort bonne heure.

MARDI 21.

> *Le gouverneur arrêtant lui-même un domestique.*
> *Lecture de la Bible. Livre saint.*

L'Empereur a continué d'être souffrant. Nous n'en avons pas moins été en calèche comme de coutume. Au retour, nous avons trouvé que le gouverneur était venu pendant notre absence, et qu'il avait arrêté lui-même un de nos domestiques, dernièrement au service du sous-gouverneur Skelton, et depuis peu de jours à celui du général Montholon. En l'apprenant, l'Empereur a dit : « Quelle turpitude ! c'est ignoble ! un gouverneur !... Un lieutenant-général anglais, arrêter lui-même un domestique ! Vraiment, c'est par trop dégoûtant !... »

Le grand-maréchal est venu nous joindre, nous annonçant l'arrivée d'un vaisseau magasin, parti d'Angleterre le 8 mars.

Après le dîner, l'Empereur a demandé : « Que lirons-nous ce soir ? » On s'est accordé pour la Bible. « C'est assurément bien édifiant, a remarqué l'Empereur ; on ne le devinerait

point en Europe. » Et il nous a lu le livre de Judith [1], disant
à presque chaque lieu, chaque ville ou village qu'il nommait :
« J'ai campé là ; j'ai enlevé ce poste d'assaut ; j'ai donné
bataille dans ce lieu-là, etc. »

MERCREDI 22.

Caprices de l'autorité.
La princesse Stéphanie de Bade, etc.

Dans la journée, il a été beaucoup question des matelots
anglais du *Northumberland*, qu'on nous avait donnés comme
domestiques, et qu'il s'agissait de nous retirer en cet instant.
Ils étaient pourtant avec nous en vertu d'un contrat réciproque
qui liait les deux parties pour un an. Mais nous sommes en
dehors du droit commun. Le gouverneur disait que l'amiral
les demandait absolument ; l'amiral disait qu'il les laisserait
si le gouverneur le voulait. On nous donnait des soldats en
échange ; mais on nous les a pris, rendus, repris et rendus de
nouveau sans que nous pussions deviner ce qu'on voulait.

Me trouvant chez l'Empereur, et en attendant son dîner, la
conversation est tombée sur l'établissement de Mme Campan, les personnes qui y ont été élevées, les fortunes que
l'Empereur a faites à plusieurs d'entre elles ; et il s'est arrêté
particulièrement sur Stéphanie de Beauharnais, devenue princesse de Bade, qu'il a dit affectionner beaucoup ; et il est
entré dans un grand nombre de détails à son sujet.

La princesse Stéphanie de Bade avait perdu sa mère n'étant
encore qu'une enfant, et fut laissée par elle aux soins d'une
Anglaise, son amie intime ; celle-ci, fort riche et sans enfants,
l'avait en quelque sorte adoptée, et avait confié son éducation
à d'anciennes religieuses, dans le midi de la France, à Mon-
tauban, je crois.

Napoléon, encore Premier consul, entendit un jour Joséphine, dont elle était la parente, mentionner cette circonstance. « Comment pouvez-vous, s'écria-t-il, permettre une
pareille chose ? Quelqu'un de votre nom à la charge d'une
étrangère, d'une Anglaise, en cet instant notre ennemie ! ne

---

1. Héroïne juive de la Bible : elle se sacrifia pour tuer Holopherne, général assyrien, ennemi des Juifs.

craignez-vous pas que votre mémoire en souffre un jour ? »
Et aussitôt un courrier fut expédié pour ramener la jeune
enfant aux Tuileries ; mais les religieuses ne voulurent point
s'en dessaisir. Napoléon, heurté, prit les informations et auto-
risations nécessaires, et bientôt il fut expédié un second courrier au préfet du lieu, avec ordre de se saisir à l'instant même
de la jeune Beauharnais, au nom de la loi.

Or, telles étaient, par les circonstances du temps, certaines
éducations et les opinions qu'elles pouvaient inspirer, que la
jeune Stéphanie ne se vit pas réclamée sans douleur, et qu'elle
ne vit pas sans effroi celui qui se disait son allié, et voulait
être son bienfaiteur. Elle fut placée chez Mme Campan, à
Saint-Germain ; on lui prodigua toutes sortes de maîtres, et
elle n'en sortit que pour jeter un grand éclat par sa beauté,
ses grâces, son esprit et ses vertus.

L'Empereur l'adopta pour fille, et la maria au prince héré-
ditaire de Bade. Le mariage, durant quelques années, fut loin
d'être heureux, mais avec le temps les préventions disparurent, les époux se réunirent, et ils n'ont plus eu, dès cet
instant, qu'à regretter le bonheur dont ils s'étaient privés.

La princesse de Bade, aux conférences d'Erfurt, avait été
fort distinguée par l'empereur Alexandre, son beau-frère, qui
lui prodiguait de véritables attentions. On le savait, et pour
y obvier, les gens dirigeant la haute politique lors de nos
désastres de 1813, craignant l'entrevue d'Alexandre avec la
princesse de Bade, à Mannheim, cherchèrent à détruire à
temps son influence par des rapports mensongers et des propos inventés qui lui aliénèrent la bienveillance de ce monarque. Aussi lors de l'arrivée d'Alexandre à Mannheim, dans
sa marche triomphale vers Paris, la princesse Stéphanie fut
loin d'en être bien traitée : elle put s'en trouver blessée dans
ses sentiments ; mais sa fierté demeura tout entière, et alors
commença pour son mari une véritable gloire de caractère.
Les personnages les plus augustes le circonvinrent de toutes
parts, et l'importunèrent longtemps pour qu'il répudiât la
femme qu'il avait reçue de Napoléon ; mais il s'y refusa
constamment, répondant avec une noble fierté qu'il ne com-
mettrait jamais une bassesse qui répugnait autant à sa tendresse qu'à son honneur. Ce prince généreux, auquel nous
n'avions pas rendu assez de justice à Paris, a succombé
depuis sous une maladie longue et douloureuse, durant

laquelle la princesse lui a prodigué jusqu'au dernier moment, de ses propres mains, les soins les plus minutieux et les plus touchants, qui lui ont mérité toute la reconnaissance et l'affection de ses proches et de ses peuples.

Elle a embelli l'exercice de la souveraineté, et elle a honoré son caractère de femme ; et comme fille, elle a professé dans tous les temps la plus haute vénération et la plus tendre reconnaissance pour celui qui, au sommet d'un pouvoir sans bornes, l'avait bénévolement adoptée pour fille.

JEUDI 23.

Maximes de l'Empereur. Scène de Portalis au Conseil d'État, etc. Accidents de l'Empereur à Saint-Cloud, à Auxonne, à Marly.

L'Empereur m'a fait venir sur les deux heures dans sa chambre ; il me trouvait l'air malade ; il l'était lui-même ; il avait mal dormi. Il a fait sa toilette, me disant que cela le remettrait. De là nous avons passé au jardin ; la conversation l'a conduit à dire que nos mœurs voulaient que le souverain ne se montrât que comme un bienfait : les actes de rigueur devaient passer par les autres, la clémence devait lui demeurer : c'était son premier domaine. A Paris, on lui avait reproché parfois, disait-il, certaines conversations, des paroles qu'il n'aurait pas dû, il est vrai, exprimer lui-même. Cependant, ajoutait-il, sa situation personnelle, son extrême activité, la plupart de ses actes, qui venaient tous réellement de lui, auraient dû lui faire passer bien des choses. Du reste, il rendait justice au tact extrêmement fin de la capitale ; nulle part sans doute, remarquait-il, il ne se trouvait autant d'esprit ni plus de goût qu'à Paris. Il se reprochait la scène de Portalis[1] au Conseil d'État. Moi, qui l'avais présente, je lui disais l'avoir trouvée en quelque sorte paternelle. « Il y avait pourtant quelque chose de trop, a-t-il repris. J'eusse dû m'arrêter avant de lui commander de sortir. La scène eût dû finir, puisqu'il ne se justifiait pas, par un simple *c'est bon*. Il n'eût dû trouver le châtiment que chez lui. Le souverain a toujours tort de parler en colère. Peut-être étais-je excusable dans mon

1. Voir p. 216-217.

Conseil, j'y étais en famille ; ou bien peut-être encore, mon cher, cela demeure-t-il un vrai tort de ma part : on a ses défauts, la nature a ses droits. »

Il se reprochait aussi, disait-il, la scène faite à M. de G... [1], aux Tuileries, dans une de ses grandes audiences du dimanche, en présence de toute la cour. « Mais là, continuait-il, je fus vraiment poussé à bout ; j'éclatai contre mon gré. Je venais de lui donner une des légions de Paris ; la capitale était menacée, il s'agissait de la défendre. J'ai appris plus tard qu'il se réjouissait de nos désastres et les appelait ; mais je n'en savais rien encore. Nous allions avoir l'ennemi sur les bras ; ce M. de G... m'écrit froidement que sa santé ne lui permet pas ce service ; et il ose se montrer frais et dispos, sous mes yeux, en courtisan ; j'en fus indigné. Cependant je me contins et le passai ; mais il trouva le secret de se replacer encore trois ou quatre fois avec empressement sur mes pas. Je n'y pus plus tenir et la bombe éclata. Comment, monsieur

. . . .

Je passe le reste qui est assez long.

« Ce qui m'affligea le plus dans tout cela, disait l'Empereur en finissant, c'était la situation du fils, mon chambellan, dont j'étais loin d'avoir à me plaindre. »

De là, l'Empereur en est revenu au faubourg Saint-Germain, et m'a questionné sur beaucoup de familles et beaucoup d'individus. Le hasard a amené le nom de Mme de S... [2]. Elle avait été constamment, disais-je, d'un attachement extrême pour l'Empereur, et on devait le lui faire expier cruellement, sans doute, en cet instant. L'Empereur ne soupçonnait pas toute l'étendue, et la vérité de son zèle et de son attachement. Toutefois, il avait été fort touché dans le temps de la générosité avec laquelle elle s'était dévouée à demeurer auprès de l'impératrice Joséphine. Il avait à se reprocher de n'avoir rien fait pour elle. Il fallait qu'elle eût été bien malheureuse dans le choix des moments où elle avait demandé la nomination de son mari au Sénat.

J'avais été dès mon enfance très lié avec Mme de S... ; elle avait de la confiance en moi. J'ai raconté à l'Empereur l'anecdote de sa nomination de dame du palais. Son mari la

1. M. de Gontaut.
2. Mme de Serrant.

conduisit un matin à l'impératrice Joséphine, qui la remercia
de bonne foi d'avoir demandé d'entrer à son service, et lui
dit qu'elle l'acceptait. Or, ce fut un coup de foudre pour
Mme de S..., qui était bien éloignée d'y avoir songé, et qui,
dans sa timidité naturelle, garda le silence. J'étais loin sans
doute alors d'approuver ou de conseiller un tel emploi ; néanmoins je lui rendis un vrai service en retenant une lettre de
refus qu'elle m'avait confiée à l'insu des siens, et qui eût pu
devenir funeste aux intrigues de ceux qui avaient mené toute
cette affaire.

L'Empereur demandant d'où avait pu venir sa grande répugnance, je répondais que c'était par sa connaissance et ses
rapports directs avec nos princes. « Elle avait raison, disait-
il ; comment avait-on pu vouloir la placer ainsi dans une
fausse position ?... C'est comme dans mes nominations de
chambellans ; l'un d'eux me fit prier de trouver bon qu'il
refusât ; ayant été, disait-il, premier gentilhomme de la chambre de Louis XVI et de Louis XVIII. Je fus le premier à
m'écrier : Comment voudrait-on qu'il en pût être autrement ?... Il a raison. C'était un manque de goût dans ceux
qui me l'avaient proposé ; mais moi, qu'avais-je à y faire ?
Pouvais-je deviner de pareils détails ? mes grandes affaires
me permettaient-elles d'y descendre ?

« Quoi qu'il en soit, continuait l'Empereur, si Mme de S...
eût su s'y prendre, elle eût obtenu de moi ce qu'elle eût
demandé. J'avais de l'estime pour elle. Mais elle m'a montré
de l'intérêt et ne s'est employée que pour des personnes qui
n'ont pas été très reconnaissantes, entre autres, pour quelqu'un qui, pair du roi, eût voulu l'être encore de moi, à mon
retour, sa fille étant venue m'assurer que si je voulais lui
accorder cette faveur il en profiterait avec empressement et
se conduirait avec zèle, ne connaissant, disait-il, d'autre parti
que celui de la nation, ce qui du reste était très bien, etc. »

Sur les quatre heures, l'Empereur est monté en calèche.
Durant notre course accoutumée il a parlé de plusieurs accidents fort graves qui avaient menacé sa vie.

A Saint-Cloud, il avait voulu une fois mener sa calèche à
six chevaux et à grand-guides. L'aide de camp ayant gauchement traversé les chevaux, les fit emporter. L'Empereur
ne put prendre le tour nécessaire, la calèche alla avec toute
la force d'une vélocité extrême frapper contre la grille ;

l'Empereur se trouva violemment jeté à huit ou dix pieds en travers sur le ventre. Il a été mort, disait-il, huit ou dix secondes : il avait senti le moment où il avait cessé d'exister ; ce qu'il appelait le moment de la *négative*. Le premier qui, se jetant à bas de son cheval, vint à le toucher, le ressuscita, le rappela soudainement à la vie par le simple contact, comme dans le cauchemar, où l'on se trouve délivré, disait-il, dès qu'on a pu proférer un cri.

Une autre fois, ajoutait-il, il avait été noyé assez long-temps. C'était en 1786, à Auxonne, sa garnison ; étant à nager et seul il avait perdu connaissance, coulé, obéi au courant ; il avait senti fort bien la vie lui échapper, il avait même entendu, sur les bords, des camarades annoncer qu'il était noyé, et dire qu'ils couraient chercher des bateaux pour reprendre son corps. Dans cet état un choc le rendit à la vie ; c'était un banc de sable contre lequel frappa sa poitrine ; sa tête se trouvant merveilleusement hors de l'eau, il en sortit lui-même, vomit beaucoup, rejoignit ses vêtements et avait atteint son logis, qu'on cherchait encore son corps.

Une autre fois, à Marly [1], à la chasse du sanglier, tout l'équipage étant en fuite, en véritable déroute d'armée, disait l'Empereur, il tint bon avec Soult et Berthier contre trois énormes sangliers qui les chargeaient à bout portant. « Nous les tuâmes raides tous les trois, disait-il ; mais je fus touché par le mien, et j'ai failli en perdre le doigt que voilà. » En effet, la dernière phalange de l'avant-dernier doigt de la main gauche portait une forte blessure. « Mais le risible, disait l'Empereur, était de voir la multitude entourée de tous les chiens, et se cachant derrière les trois héros, crier à tue-tête : *à l'Empereur ! sauvez l'Empereur ! à l'Empereur !!!* Mais pourtant personne n'avançait, etc. »

VENDREDI 24.

Politique.

L'Empereur n'est sorti que pour monter en calèche. Notre promenade a été de près d'une heure et demie, nous allions lentement et nous avons redoublé notre tour. L'Empereur

---

1. Le château de Marly.

était sur la politique ; la lecture des derniers journaux, arrivés depuis trois jours, en a fourni le sujet.

En France, l'émigration des patriotes était nombreuse, rapide, et l'on semblait vouloir la favoriser en ne confisquant pas les biens, etc.

L'Empereur croyait voir dans les débats du parlement d'Angleterre l'arrière-pensée du partage de la France ; il en était navré. « Tout cœur vraiment français, disait-il, doit être au désespoir ; une immense majorité sur le sol de la patrie doit ressentir les angoisses de la plus vive douleur. Ah ! s'est-il écrié, que ne suis-je dans une sphère en dehors de ce globe ! Que n'ai-je le pied sur un sol évidemment libre et indépendant, où l'on ne pourrait soupçonner aucune influence d'autrui ! Que j'étonnerais le monde ! J'adresserais une proclamation aux Français ; je leur crierais : Vous allez finir si vous ne vous réunissez. L'odieux, l'insolent étranger va vous morceler, vous anéantir. Relevez-vous, Français, faites masse à tout prix, ralliez-vous, s'il le faut *même aux Bourbons*... car l'existence de la patrie, son salut avant tout !... »

Toutefois, il pensait que la Russie devait combattre ce partage ; elle devait avoir à craindre par là l'accroissement et l'agglomération de l'Allemagne contre elle. L'un de nous ayant fait observer que l'Autriche devait s'y opposer aussi, dans la crainte de n'avoir plus un soutien nécessaire contre les entreprises de la Russie, et ayant de plus mentionné qu'elle pourrait vouloir être utile au roi de Rome et s'en servir, l'Empereur a répliqué : « Oui, comme d'instrument de menace peut-être, mais jamais comme un objet de bienveillance ; il doit leur être trop redoutable. Le roi de Rome serait l'homme des peuples, il sera celui de l'Italie ; aussi la politique autrichienne le tuera, peut-être pas sous son grand-père, qui est un honnête homme, mais qui ne vivra pas toujours ou bien encore, si les mœurs de nos jours n'admettent pas un tel attentat, alors ils essayeront d'abrutir ses facultés, ils l'hébéteront ; et si enfin il échappait à l'assassinat physique et à l'assassinat moral, si sa mère et la nature venaient le sauver de tous ces dangers, alors !... alors !... a-t-il répété plusieurs fois comme en cherchant ; alors !... comme alors !... car qui peut assigner les destinées d'aucun ici-bas ! »

L'Empereur est retourné de là à l'Angleterre, concluant

qu'elle seule était véritablement intéressée à la destruction de la France. Et dans l'abondance, la mobilité de son esprit, il s'est mis à parcourir les divers plans qu'elle pouvait suivre. Elle ne devait pas trop accroître la Belgique, disait-il, autrement Anvers lui deviendrait formidable comme sous la France ; elle devait laisser les Bourbons dans le centre avec huit ou dix millions d'habitants seulement, et les environner de princes, ducs ou rois de Normandie, Bretagne, Aquitaine et Provence ; de telle sorte que Cherbourg, Brest, la Garonne et la Méditerranée se trouvassent dans des mains différentes. C'était, disait-il, faire rétrograder la monarchie française de plusieurs siècles, faire recommencer les premiers Capets, et ménager aux Bourbons quelques centaines d'années de nouveaux efforts pénibles et laborieux. « Mais heureusement pour en arriver là, remarquait l'Empereur, l'Angleterre devait avoir à surmonter des obstacles invincibles : l'uniformité de la division territoriale en départements, la similitude du langage, l'identité de mœurs, l'universalité de mon code, celle de mes lycées, et la gloire, la splendeur que j'ai léguées. Voilà autant de nœuds indissolubles, d'institutions vraiment nationales. Avec cela, on ne morcelle pas, on ne dissout pas un grand peuple, ou il se renouvelle et ressuscite toujours. C'est le géant de l'Arioste [1], que l'on voit courir après chacun de ses membres abattus, sa tête même, la replacer et combattre de nouveau. – Ah, sire, a dit alors quelqu'un, la vertu et la puissance du géant tenaient à un seul cheveu arraché, et si le cheveu vital de la France devait être Napoléon ! – Non, a repris assez brusquement l'Empereur, ce ne saurait être ; mon souvenir et mes idées survivraient encore. » Et puis reprenant le sujet, il a dit : « Avec ma France, au contraire, l'Angleterre devait naturellement finir par n'en être plus qu'un appendice. La nature l'avait faite une de nos îles aussi bien que celles d'Oléron ou de la Corse. A quoi tiennent les destinées des empires ! disait-il. Que nos révolutions sont petites et insignifiantes dans l'organisation de l'univers ! Si au lieu de l'expédition d'Égypte, j'eusse fait celle d'Irlande ; si de légers dérangements n'avaient mis obstacle à mon entre-

---

1. Géant dans le *Roland furieux*, poème épique de l'Arioste, écrivain italien du XVᵉ siècle qui nous raconte les exploits des paladins du temps de Charlemagne et la folie de Roland.

prise de Boulogne, que pourrait être l'Angleterre aujour-
d'hui ? Que serait le continent ? le monde politique, etc. »

SAMEDI 25.

Brutus *de Voltaire.*

Après le dîner l'Empereur a lu *Œdipe*, qu'il a extrêmement
vanté ; puis *Brutus*, dont il a fait une analyse très remarquable. Voltaire, disait-il, n'avait point entendu ici le vrai sentiment. Les Romains étaient guidés par l'amour de la patrie
comme nous le sommes par l'honneur. Or, Voltaire ne peignait pas le vrai sublime de Brutus sacrifiant ses enfants,
malgré ses angoisses paternelles, au salut de la patrie ; il en
avait fait un monstre d'orgueil, immolant ses enfants à sa
situation présente, à son nom, à sa célébrité. Tout le nœud
de la pièce, continuait-il, était conçu à l'avenant. Tullie était
une forcenée qui mettait le marché à la main pour son lit, et
non une femme tendre dont la séduction et l'influence dangereuse pouvaient entraîner au crime, etc.

DIMANCHE 26.

Établissement français sur le fleuve Saint-Laurent.
L'Empereur eût pu gagner l'Amérique.
Carnot au moment de l'abdication.

L'Empereur m'a fait appeler vers les deux heures. Il était
fatigué, souffrant. Nous avons parcouru quelques journaux.
Les journaux nous apprenaient que son frère Joseph avait
acheté de grandes propriétés au nord de l'État de New-York,
sur le fleuve Saint-Laurent, et qu'un grand nombre de Français se groupaient autour de lui, de manière à fonder bientôt
un établissement. On faisait observer que le choix du lieu
semblait être fait dans les intérêts des États-Unis, et en opposition à la politique de l'Angleterre ; car, dans le sud, à la
Louisiane, par exemple, les réfugiés n'auraient pu avoir
d'autres vues et d'autre avenir que le repos et la prospérité
domestique ; tandis qu'aux lieux où on les plaçait, il était
évident qu'ils devraient devenir bientôt un attrait naturel pour
la population du Canada, déjà française, et former par la suite
une forte barrière ou même un point hostile contre les

Anglais, qui en sont encore les dominateurs. L'Empereur disait que cet établissement devait compter en peu de temps une réunion d'hommes très forts dans tous les genres. S'ils remplissaient leur devoir, ajoutait-il, il sortirait de là d'excellents écrits, des réfutations victorieuses du système qui triomphe aujourd'hui en Europe ; l'Empereur avait déjà eu à l'île d'Elbe quelque idée semblable.

De là il est passé à récapituler tout ce qu'il avait donné aux membres de sa famille ; les sommes qu'ils pouvaient avoir recueillies ; elles devaient être très considérables. Lui seul, remarquait-il, n'avait rien ; s'il se trouvait, avec le temps, posséder quelque chose en Europe, il ne le devrait qu'à la prévoyance et aux combinaisons de quelques amis.

Si l'Empereur eût gagné l'Amérique, il comptait, disait-il, appeler à lui tous ses proches ; il supposait qu'ils eussent pu réaliser au moins quarante millions. Ce point serait devenu le noyau d'un rassemblement national, d'une patrie nouvelle. Avant un an, les événements de la France, ceux de l'Europe auraient groupé autour de lui cent millions et soixante mille individus, la plupart de ceux-ci ayant propriétés, talents et instruction. L'Empereur disait qu'il aurait aimé à réaliser ce rêve ; c'eût été une gloire toute nouvelle.

« L'Amérique, continuait-il, était notre véritable asile sous tous les rapports. C'est un immense continent, d'une liberté toute particulière. Si vous avez de la mélancolie, vous pouvez monter en voiture, courir mille lieues et jouir constamment du plaisir d'un simple voyageur ; vous y êtes l'égal de tout le monde ; vous vous perdez à votre gré dans la foule, sans inconvénients, avec vos mœurs, votre langage, votre religion, etc., etc. »

L'Empereur disait qu'il ne pouvait désormais se trouver simple particulier sur le continent de l'Europe, son nom y était trop populaire ; il tenait trop maintenant par quelque côté à chaque peuple ; il était devenu de tous les pays.

« Pour vous, m'a-t-il dit en riant, votre lot naturel était les pays de l'Orénoque et ceux du Mexique. Les souvenirs du *bon Las Casas* n'y sont point effacés ; vous y auriez eu ce que vous eussiez voulu. Il est de la sorte des destinations toutes marquées. Grégoire, par exemple, n'a qu'à aller à Haïti, on l'y fera pape. »

Au moment de la seconde abdication de l'Empereur, un

Américain, à Paris, lui écrivit : « Tant que vous avez été à la tête d'une nation, tout prodige de votre part était possible, toutes les espérances pouvaient être conçues ; mais aujourd'hui rien ne vous est plus possible en Europe. Fuyez, gagnez les États-Unis, je connais le cœur des chefs et les dispositions de la multitude ; vous trouverez là une patrie et de véritables consolations. » L'Empereur ne le voulut pas. Il pouvait sans nul doute, à la faveur de la célérité ou du déguisement, gagner Brest, Nantes, Bordeaux, Toulon, et probablement atteindre l'Amérique ; mais il ne pensait pas que sa dignité lui permît le déguisement ni la fuite. Il se croyait tenu à montrer à toute l'Europe son entière confiance dans le peuple français et l'extrême affection de celui-ci à sa personne, en traversant son territoire dans une telle crise, en simple particulier et sans escorte. Enfin, et c'était par-dessus tout ce qui le dirigeait en cet instant critique, il espérait qu'à la vue du danger les yeux se dessilleraient, qu'on reviendrait à lui, et qu'il pourrait sauver la patrie : c'est ce qui lui fit allonger le temps le plus qu'il put à la Malmaison ; c'est ce qui le fit retarder beaucoup encore à Rochefort. S'il est à Sainte-Hélène, c'est à ce sentiment qu'il le doit ; jamais il ne peut se séparer de cette pensée. Plus tard, quand il n'y eut plus d'autre ressource que d'accepter l'hospitalité du *Bellérophon*, peut-être ce ne fut pas sans une espèce de secrète satisfaction intérieure qu'il s'y voyait irrésistiblement amené par la force des choses. Être en Angleterre, c'était ne pas s'être éloigné de France. Il savait bien qu'il n'y serait pas libre ; mais il espérait être entendu ; et alors que de chances s'ouvraient à la nouvelle direction qu'il pourrait imprimer ! « Les ministres anglais, ennemis de leur patrie ou vendus à l'étranger, disait-il, ont trouvé ma seule personne encore trop redoutable. Ils ont pensé que ma seule opinion dans Londres eût été plus que l'opposition tout entière, qu'il leur eût fallu changer de système ou quitter leurs places ; et plutôt que de céder à un changement, et pour conserver leurs places, ils ont lâchement sacrifié les vrais intérêts de leur pays, le triomphe, la gloire de ses lois, la paix du monde, le bonheur de l'Europe, la prospérité, les bénédictions de l'avenir. »

Le soir, l'Empereur, dans le cours de la conversation, s'est trouvé revenir de nouveau sur Waterloo, sur les anxiétés, les indécisions qu'il avait éprouvées avant de prendre un parti décisif touchant sa nouvelle abdication. Je passe une foule de détails pour ne pas me répéter, je n'en garde que ce qui suit :

Son discours à ses ministres, en agitant l'abdication, fut la prophétie littérale de ce que nous avons vu depuis. Carnot fut le seul qui sembla le comprendre : il combattit cette abdication qui, selon lui, était le coup de mort de la patrie ; il voulait qu'on se défendît jusqu'à extinction, en désespérés : il fut le seul de son avis ; tout le reste opina pour l'abdication ; elle fut résolue, et alors Carnot, s'appuyant la tête de ses deux mains, se mit à fondre en larmes.

Dans un autre endroit, l'Empereur disait : « Je ne suis pas un dieu, je ne pouvais pas faire tout à moi seul ; je ne pouvais sauver la nation qu'avec elle-même ; j'étais bien sûr que le peuple avait ce sentiment ; aussi souffre-t-il aujourd'hui sans l'avoir mérité, c'est la tourbe des intrigants, ce sont les gens à titres, à emplois, qui ont été les vrais coupables. Ce qui les a séduits, ce qui m'a perdu, c'est la douceur du système de 1814, la bénignité de la Restauration : ils ont cru à sa répétition. Le changement de prince était devenu pour eux une mauvaise plaisanterie. Il n'y en a pas un qui n'ait cru demeurer tout ce qu'il était en me voyant remplacé par Louis XVIII, ou par tout autre. Dans cette grande affaire, ces hommes malhabiles, avides, égoïstes, ne voyaient qu'une compétition qui leur importait peu, et ne songeaient qu'à leurs intérêts individuels, lorsqu'il s'agissait d'une guerre de principes à mort qui devait les dévorer tous ; et puis, pourquoi le dissimuler ? convenons-en, j'avais élevé et il s'est trouvé dans mon entourage *de fières canailles* ! » Et se tournant vers moi, il a ajouté : « Et ceci encore n'est pas pour votre faubourg Saint-Germain ; son affaire est une autre question. Ceux-là ne sont pas sans pouvoir fournir quelque espèce d'excuse. Lors du premier renversement en 1814, les grands traîtres ne sont pas partis de là ; je n'eus pas trop à m'en plaindre ; et à mon retour ils ne me devaient plus rien. J'avais abdiqué, le roi était revenu, ils étaient retournés à leurs premières affections. Ils avaient recommencé un nouveau bail, etc. »

LUNDI 27.

État de l'industrie en France. Sur les physionomies.

L'Empereur est sorti vers les deux heures ; le temps était fort beau. La saison est sensiblement différente de celle que nous avions en arrivant ; elle est infiniment plus fraîche. L'Empereur néanmoins était souffrant et semblait fort ennuyé. Il a marché vers l'extrémité du bois en attendant que la calèche vînt nous prendre. Nous avons fait notre tour ordinaire.

La conversation est tombée sur l'état de l'industrie en France. L'Empereur l'avait portée, disait-il, à un degré inconnu jusqu'à lui ; on ne le croyait pas en Europe, même en France. Les étrangers ont été grandement surpris à leur arrivée. L'abbé de Montesquiou, disait-il, ne revenait pas d'en avoir les preuves en main lors de son ministère de l'Intérieur.

L'Empereur était le premier en France qui eût dit : D'abord l'agriculture, puis l'industrie, c'est-à-dire les manufactures ; enfin le commerce, qui ne doit être que la surabondance des deux premiers. C'était encore lui qui avait défini et mis en pratique d'une manière claire et suivie les intérêts si divergents des manufacturiers et des négociants. C'était à lui à qui on devait la conquête du sucre, de l'indigo et du coton. Il avait proposé un million pour celui qui parviendrait à filer, par mécanique, le lin comme le coton, et il ne doutait pas que ce résultat n'eût été obtenu, et que la fatalité des circonstances eût seule empêché de consacrer cette magnifique découverte [1].

Les ennemis de notre propre bien, la vieille aristocratie, disait-il, s'était perdue en mauvaises plaisanteries, en frivoles caricatures sur tous ces objets ; mais les Anglais, qui sentaient le coup, n'en riaient point, et en demeurent encore affectés aujourd'hui.

Quelque temps avant le dîner, l'Empereur m'a fait venir dans sa chambre : il était fort souffrant ; il essayait de causer ; il n'en avait pas la force ; il attribuait sa situation à de mauvais vin nouvellement arrivé. Et à propos de vin, il racontait que Corvisart, Berthollet et autres chimistes et médecins, lui

---

1. Effectivement, elle avait été obtenue dans la Belgique. *(Las Cases.)*

avaient souvent recommandé et répété, à lui qui était si éminemment exposé, que si jamais en buvant il lui arrivait de trouver le moindre mauvais goût à du vin, il devait le cracher à l'instant.

De là, la conversation l'a conduit à s'étonner du caractère de quelqu'un dont les traits étaient un vrai contraste avec son caractère. « Cela prouve, disait-il, qu'on ne doit pas prendre les hommes à leur visage ; on ne les connaît bien qu'à l'essai. Que de figures j'ai eu à juger dans ma vie ! que d'expériences j'ai pu faire ! que de dénonciations, que de rapports j'ai entendus ! Aussi m'étais-je fait la loi constante de ne me laisser influencer jamais par les traits ni par les paroles. Néanmoins il faut convenir que les traits fournissent parfois de bizarres rapprochements ! Par exemple, en considérant *notre Monseigneur* (le gouverneur), qui ne trouve du *chat-tigre* dans ses traits ? Autre exemple : j'avais quelqu'un en service intime auprès de moi ; je l'aimais beaucoup, et j'ai été obligé de le chasser parce que je l'ai pris plusieurs fois la main dans le sac, et qu'il volait par trop impudemment : eh bien ! qu'on le regarde, on lui trouvera un *œil de pie*. »

A ce sujet quelqu'un a cité Mirabeau, qui, en parlant du visage d'un membre distingué de nos diverses législatures, le sénateur Pastoret, disait : « Il y a du *tigre* et du *veau*, mais le *veau* domine. » Ce qui a beaucoup fait rire Napoléon, parce que cela, remarquait-il, était exactement vrai.

L'Empereur a voulu dîner seul dans sa chambre. Il m'a fait venir sur les dix heures ; il était mieux ; il a parcouru plusieurs des livres dont son canapé était couvert. Il a entamé l'*Alexandre* de Racine, qu'il a en grand dégoût, et a pris l'*Andromaque*[1], qui est une de ses passions.

MARDI 28.

L'Empereur devant le camp anglais.

L'Empereur est sorti vers les deux heures. Le temps était fort doux et fort agréable. Nous avons été en calèche près d'une heure. Il avait d'abord été question d'aller à cheval ; l'Empereur en sent le besoin pour sa santé ; mais il semble

---

1. Également de Racine.

y porter un dégoût extrême : il ne saurait, dit-il, tourner sur lui-même de la sorte : dans nos limites, il se croit dans un manège, il en a des nausées. Cependant, au retour nous sommes venus à bout de l'y déterminer. Il nous avait tous auprès de lui ; nous avons gagné la crête du prolongement de la montagne des chèvres qui sépare l'horizon de la ville d'avec celui de Longwood. Nous sommes revenus en passant sur le front du camp : c'était la seconde fois depuis notre séjour à Longwood. Tous les soldats, quelles que fussent leurs occupations, ont tout quitté, et sont accourus spontanément pour former la haie. « Quel soldat européen, disait l'Empereur à ce sujet, n'est pas ému à mon approche ! » Et c'est parce qu'il le savait, qu'il évitait soigneusement ici de passer devant le camp anglais, dans la crainte qu'on ne l'accusât de vouloir provoquer ce sentiment. Cette petite course et la fatigue qu'elle a causée ont été agréables à tout le monde. Nous étions de retour à cinq heures. L'Empereur trouvait la journée bien longue : depuis quelque temps il ne dicte plus. Il a aperçu des espèces de quilles façonnées par les gens pour leur usage ; il les a fait apporter et nous avons fait une partie. J'y ai perdu contre l'Empereur un napoléon et demi, qu'il m'a bien fait payer, pour les jeter au valet de pied qui nous servait la boule.

MERCREDI 29.

> *La Corse et le pays natal. Paroles de Paoli. Magna-*
> *nimité de Madame Mère. Lucien destiné à la Corse.*
> *Cour du consul. Mme de Chevreuse.*
> *Lettre de Madame Mère.*

Depuis longtemps l'Empereur se promet, chaque soirée, à notre sollicitation, de monter à cheval le lendemain de bon matin ; mais au moment d'exécuter ce projet, il ne s'en trouve plus le courage. Aujourd'hui il était donc au jardin dès huit heures et demie ; il m'y a fait appeler. La conversation est tombée sur la Corse, et y est demeurée plus d'une heure. « La patrie est toujours chère, disait-il, Sainte-Hélène même pourrait l'être à ce prix. » La Corse avait donc mille charmes ; il en détaillait les grands traits, la coupe hardie de sa structure physique. Il disait que les insulaires ont toujours quelque chose d'original, par leur isolement, qui les préserve des irruptions et du mélange perpétuel qu'éprouve le continent ; que les habitants des montagnes ont une énergie de caractère et une trempe d'âme qui leur est toute particulière. Il s'arrêtait sur les charmes de la terre natale : tout y était meilleur, disait-il, il n'était pas jusqu'à l'odeur du sol même ; elle lui eût suffi pour le deviner les yeux fermés ; il ne l'avait retrouvée nulle part. Il s'y voyait dans ses premières années, à ses premières amours ; il s'y trouvait dans sa jeunesse, au milieu des précipices, franchissant les sommets élevés, les vallées profondes, les gorges étroites ; recevant les honneurs et les plaisirs de l'hospitalité ; parcourant la ligne des parents dont les querelles et les vengeances s'étendaient jusqu'au septième degré. Une fille, disait-il, voyait entrer dans la valeur de sa dot le nombre de ses cousins. Il se rappelait avec orgueil que, n'ayant que vingt ans, il avait fait partie d'une grande excursion de Paoli à Porte di Nuovo. Son cortège était nombreux ; plus de cinq cents des siens l'accompagnaient à cheval ; Napoléon marchait à ses côtés ; Paoli lui expliquait, chemin faisant, les positions, les lieux de résistance ou de triomphe de la guerre de la liberté. Il lui détaillait cette lutte glorieuse ; et sur les observations de son jeune compagnon, le caractère qu'il lui avait laissé apercevoir, l'opinion qu'il lui avait inspirée, il lui dit : « *O Napoléon ! tu n'as rien de moderne ! tu appartiens tout à fait à Plutarque !* »

Quand Paoli voulut livrer son île aux Anglais, la famille Bonaparte demeura chaude à la tête du parti français, et eut le fatal honneur de voir *intimer* contre elle *une marche* des habitants de l'île, c'est-à-dire d'être attaquée par la levée en masse.

« Douze ou quinze mille paysans, disait l'Empereur, fondirent des montagnes sur Ajaccio ; notre maison fut pillée et brûlée, les vignes perdues, les troupeaux détruits. Madame, entourée d'un petit nombre de fidèles, fut réduite à errer quelque temps sur la côte, et dut gagner la France. Toutefois Paoli, à qui notre famille avait été si attachée, et qui lui-même avait toujours professé une considération particulière pour Madame, Paoli avait essayé près d'elle la persuasion avant d'employer la force. Renoncez à votre opposition, lui avait-il fait dire ; elle perdra vous, les vôtres, votre fortune ; les maux seront incalculables, rien ne pourra les réparer. » En effet, l'Empereur faisait observer que sans les chances que lui a procurées la Révolution, sa famille ne s'en serait jamais relevée. « Madame répondit en héroïne, et comme eût fait Cornélie, disait Napoléon, qu'elle ne connaissait pas deux lois ; qu'elle, ses enfants, sa famille, ne connaissaient que celles du devoir et de l'honneur. Si le vieil archidiacre Lucien eût vécu, ajoutait l'Empereur, son cœur eût saigné à l'idée du péril de ses moutons, de ses chèvres et de ses bœufs, et sa prudence n'eût pas manqué de conjurer l'orage. »

Madame, victime de son patriotisme et de son dévouement à la France, crut être accueillie à Marseille en émigrée de distinction ; elle s'y trouva perdue, à peine en sûreté, et fut fort déconcertée de ne trouver le patriotisme que dans les rues, et tout à fait dans la boue.

Napoléon, dans sa jeunesse, avait écrit une histoire de la Corse, qu'il adressa à l'abbé Raynal, ce qui lui valut quelques lettres et des distinctions flatteuses de la part de cet écrivain, alors l'homme à la mode. Cette histoire s'est perdue.

L'Empereur nous disait que, lors de la guerre de Corse, aucun des Français qui étaient venus dans l'île n'en sortait tiède sur le caractère de ses montagnards ; les uns en étaient pleins d'enthousiasme, les autres ne voulaient y voir que des brigands.

A Paris, on avait dit au Sénat que la France avait été chercher un maître chez un peuple dont les Romains ne voulaient pas pour esclave. « Ce sénateur a pu vouloir m'injurier, disait l'Empereur, mais il faisait là un grand compliment aux Corses. Il disait vrai ; jamais les Romains n'achetaient d'esclaves corses ; ils savaient qu'on n'en pouvait rien tirer ; il était impossible de les plier à la servitude. »

Lors de la guerre de la liberté en Corse, quelqu'un proposa le singulier plan de couper ou de brûler tous les châtaigniers dont le fruit faisait la nourriture des montagnards : « Vous les forcerez, disait-il, à descendre dans la plaine vous demander la paix et du pain. » Heureusement, disait l'Empereur, que c'était de ces plans inexécutables, qui ne sont quelque chose que sur le papier. Par un sentiment contraire, Napoléon, dans ses premières années, déclamait constamment contre les chèvres, qui sont nombreuses dans l'île, et causent de grands dégâts aux arbres. Il voulait qu'on les extirpât entièrement. Il avait, à ce sujet, des prises terribles avec le vieil archidiacre, son oncle, qui en possédait de nombreux troupeaux, et les défendait en patriarche. Dans sa fureur, il reprochait à son neveu d'être un *novateur*, et accusait les *idées philosophiques* du péril de ses chèvres.

Paoli mourut fort vieux à Londres ; il vit Napoléon premier consul et empereur, et le chagrin de celui-ci est de ne pas l'avoir rappelé près de lui. « C'eût été une grande jouissance pour moi, un vrai trophée, disait-il ; mais, entraîné par les grandes affaires, j'avais rarement le temps de me livrer à mes sentiments personnels. »

Au retour de l'Empereur, en 1815, Joseph, à l'arrivée de Lucien à Paris, conseilla à l'Empereur de l'envoyer gouverneur général en Corse : cela avait même été résolu ; l'importance et la précipitation des événements l'ont empêché. S'il en avait été ainsi, disait l'Empereur, il y fût demeuré le maître ; cela eût offert de grandes ressources à nos patriotes persécutés. A combien de malheureux la Corse n'eût-elle pas servi d'asile ! Du reste, il répétait qu'il avait peut-être fait une faute, en abdiquant, de ne pas s'être réservé la souveraineté de la Corse, avec quelques millions de la liste civile ; de n'avoir pas emporté ce qu'il avait de précieux, et gagné Toulon, d'où rien n'eût pu gêner son passage ; qu'alors il se fût trouvé chez lui ; la population eût été sa famille ; il eût disposé de tous les bras, de tous les cœurs. Trente mille, cinquante mille alliés n'auraient pu le soumettre. Aucun d'eux n'en eût voulu prendre la charge ; mais c'est précisément cette position même si heureuse qui l'a retenu. Il n'avait pas voulu qu'on eût pu dire que dans le naufrage du peuple français, qui lui était visible, lui seul avait l'art de gagner le port.

On lui racontait alors qu'il avait couru dans le monde qu'il eût été le maître en 1814 d'avoir la Corse au lieu de l'île d'Elbe. « Sans doute, disait l'Empereur, et quand on saura bien les affaires de Fontainebleau, on sera bien surpris ! J'eusse pu alors me réserver ce que j'eusse voulu ; l'humeur du moment me décida pour l'île d'Elbe. Toutefois, si j'avais eu la Corse, il est à croire que le retour de 1815 n'eût pas été tenté. A l'île d'Elbe même, ce n'est qu'en gouvernant mal, qu'en n'accomplissant pas vis-à-vis de moi les engagements stipulés qu'on a prononcé mon retour. »

Nous avons alors rappelé à l'Empereur sa première inten-

tion de monter à cheval ; il nous a dit qu'il aimait mieux
causer et marcher. Il a demandé son déjeuner, à la suite
duquel nous sommes demeurés longtemps à parler de
l'ancienne cour, de la noblesse qui la composait, de ses prétentions, des carrosses du roi, etc., et tout cela se comparait
à mesure avec ce qu'avait créé l'Empereur.

De là il est remonté à l'époque de son consulat et aux
grandes difficultés qu'avait présentées l'espèce de cour qu'il
s'agissait alors de composer. Le Premier consul, en arrivant
aux Tuileries, succédait à des orages, à des temps, à des
mœurs qu'il était résolu de faire oublier. Mais il avait toujours
été aux armées ; il arrivait d'Égypte, il avait quitté la France
jeune et sans expérience. Il ne connaissait personne, et c'est
ce qui lui causa d'abord un grand embarras. Lebrun fut pour
lui, dans ces premiers moments, une espèce de tuteur fort
précieux. Les banquiers ou faiseurs d'affaires étaient alors
ceux qui donnaient le ton ; à peine le consul était-il nommé
que plusieurs s'empressèrent d'offrir des prêts considérables.
Ce dévouement ne semblait que généreux, mais renfermait
d'arrière-espérances. C'étaient en général des gens mal
famés ; ils furent refusés.

Le Premier consul avait une répugnance naturelle contre
les faiseurs d'affaires ; il s'était fait un devoir, disait-il, de
montrer d'autres principes que ceux du temps du Directoire.
Il voulait que la probité devînt le premier ressort et le caractère de son nouveau gouvernement. Le consul se vit aussi
presque aussitôt entouré de femmes de fournisseurs ; elles
étaient toutes charmantes et de la dernière élégance : ces deux
circonstances semblaient être de rigueur parmi tous les faiseurs d'affaires, et entrer pour beaucoup dans leurs spéculations. Mais le sévère Lebrun était là pour éclairer son jeune
Télémaque. Il fut résolu de ne pas les admettre dans la société
des Tuileries. Toutefois, on n'était pas sans embarras pour la
composer ; on ne voulait pas de nobles, pour ne pas effarou-
cher les opinions politiques ; on ne voulait pas de faiseurs
d'affaires, afin de relever les mœurs nouvelles ; il ne restait
donc pas grand-chose : aussi fut-ce d'abord pendant quelque
temps une espèce de lanterne magique fort mêlée et très
changeante. Cependant cette réunion eut bientôt sa couleur,
son ton, son mérite.

A Moscou, le vice-roi trouva une correspondance de la

princesse Dolgorowcki, qui avait habité Paris à cette époque. Elle parlait fort bien des Tuileries dans ses lettres. Elle disait que ce n'était pas précisément une cour, mais que ce n'était pas non plus un camp ; que c'était une autorité, une tenue toute nouvelle ; que le Premier consul n'avait pas le chapeau sous le bras ni l'épée d'acier, il est vrai ; mais que ce n'était pas non plus un homme à sabre, etc., etc. « Et, continuait l'Empereur, voilà pourtant ce que sont les hommes et les rapports ; c'est sur de pareilles expressions, mais mal présentées, que la princesse Dolgorowcki a dû être fort mal traitée par moi. Je dois lui avoir donné l'ordre dans le temps de quitter la France ; nous la supposions mauvaise, et nous étions, comme on le voit, dans l'erreur. Mme Grant, dont le ministre des Relations extérieures n'avait point encore fait sa femme, a beaucoup contribué à nous aliéner les Russes. »

L'Empereur disait qu'au retour de l'île d'Elbe, il aurait éprouvé moins d'embarras pour composer sa société. « Elle était même toute trouvée, ajoutait-il, dans ce que j'appelais *mes veuves* : la duchesse d'Istrie [1], Mme Duroc, Mmes Regnier, Legrand, et toutes les autres veuves de mes premiers généraux. Je disais aux princesses qui me demandaient comment recomposer leurs cours, de suivre mon exemple. Rien n'était plus naturel, plus beau, plus moral. Elles étaient encore jeunes, et pourtant déjà formées au monde ; dans le nombre, il s'en trouvait même de charmantes et de fort aimables : la plupart auront été ruinées ; plusieurs, dit-on, se remarient et changent de nom [2], de sorte que de tant de fortunes et de tant d'élévation fondées par moi, tout, jusqu'aux noms mêmes, disparaîtra peut-être. S'il en était ainsi, ne donneront-ils pas l'occasion de dire qu'il fallait après tout qu'il y eût un vice radical dans les choix que j'avais faits ? Ce serait du reste tant pis pour eux ; ils ne feront là que ménager un triomphe et des insolences à la vieille aristocratie. »

Nous sommes revenus à lui rappeler la course à cheval ; nous y tenions, parce que nous savions que sa santé en dépendait ; mais il n'y a pas eu moyen. « Nous sommes bien ici,

1. Femme de Bessières.
2. On avait dit à l'Empereur que trois ou quatre de ces veuves les plus distinguées venaient de se remarier ; ce qui s'est trouvé faux. (*Las Cases.*)

a-t-il dit, bâtissons-y trois tentes, etc. » Et la causerie a continué sur le faubourg Saint-Germain, l'hôtel de Luynes qu'il
en disait la métropole ; et il a raconté l'exil de Mme de
Chevreuse. Il l'avait menacée maintes fois, et pour des torts
réels, pour de véritables insolences, assurait-il. Un jour,
poussé à bout, il lui avait dit : « Madame, dans vos maximes
et dans vos doctrines féodales, vous vous prétendez les seigneurs de vos terres : eh bien ! moi, d'après vos principes,
je me dis le seigneur de la France, et Paris est mon village.
Or, je n'y souffre personne qui veuille m'y déplaire. Je vous
juge par vos propres lois ; sortez-en, et n'y rentrez jamais. »
L'Empereur, en l'exilant, s'était promis d'être inflexible pour
son retour, parce qu'il avait beaucoup supporté avant de
punir, et qu'il fallait, disait-il, un exemple sévère qui épargnât
le besoin de le répéter sur d'autres. C'était là un de ses grands
principes.

Je disais à l'Empereur que j'avais été fort souvent à l'hôtel
de Luynes, que j'avais beaucoup connu Mme de Chevreuse
et sa belle-mère, à laquelle je demeurais toujours fort attaché.
Celle-ci avait fait preuve d'une rare et constante affection
pour sa belle-fille, ayant voulu partager son exil, et l'ayant
suivie dans tous ses voyages. Dans ma mission en Illyrie, je
les rencontrai de nuit dans une auberge au pied du Simplon,
et ce fut pour elles une véritable joie, une bonne fortune
inattendue que de pouvoir se procurer au milieu du désert
les plus petits détails de Paris et de la cour : c'était l'avidité
de Fouquet aux récits de Lauzun ; car l'éloignement de la
capitale était devenu pour elles une véritable mort, et elles
en étaient au désespoir.

Enfin, j'ajoutais que j'avais vu l'hôtel de Luynes pendant
longtemps, sinon conquis, du moins calmé, et peut-être moins
qu'indifférent. Les désastres inattendus avaient tout réveillé.

Quant à Mme de Chevreuse, jolie, spirituelle, aimable,
presque un peu plus que bizarre, elle avait été sans doute
poussée par l'appât de la célébrité, et par l'essaim de ses
courtisans ou de ses adorateurs : « J'entends, reprit l'Empereur, elle espérait recommencer la Fronde ; mais moi je
n'étais pas un roi mineur. »

Le brick le *Musquito*, parti d'Angleterre le 23 mars, est
arrivé avec les journaux français jusqu'au 5 mars, et ceux de
Londres jusqu'au 21. Rentrant dans son cabinet, l'Empereur

m'a dit de le suivre. Il a lu le *Journal des débats*. Pendant cette lecture, il m'a été remis, de la part du grand-maréchal, pour l'Empereur, une lettre venant de l'Europe. Je la lui ai remise ; il l'a lue une fois, a soupiré. Il l'a relue encore, l'a déchirée et jetée sous la table ; elle était arrivée ouverte !... Il s'est remis à sa lecture des journaux, puis s'interrompant tout à coup au bout de quelques minutes, il m'a dit : « C'est de la pauvre Madame ; elle se porte bien, et veut venir me joindre !... » et il s'est remis à lire. Ces nouvelles, les premières qui fussent parvenues à l'Empereur sur sa famille, étaient de la main du cardinal Fesch, et l'Empereur se montrait visiblement blessé de les avoir reçues ouvertes.

JEUDI 30.

> *Moreau. Georges. Pichegru.*
> *Opinion du camp de Boulogne, de Paris.*

L'Empereur est sorti sur les deux heures. Nous nous trouvions tous autour de lui ; il est revenu sur le *Journal des débats*, sur les statues que les papiers annonçaient devoir être élevées à Moreau et à Pichegru. « A Moreau, disait-il, dont la conspiration de 1803 est aujourd'hui si bien prouvée ! à Moreau qui, en 1813, est mort sous la bannière russe ! à Pichegru, coupable d'un des plus grands crimes que l'on connaisse ; un général qui s'est fait battre exprès, qui a fait tuer ses soldats, de connivence avec l'ennemi ! Et après tout, continuait-il, comme l'histoire n'est guère que ce que répètent les hommes, à force de répéter que ce sont de grands hommes qui ont bien mérité de leur pays, ils finiront par passer pour tels, et leurs adversaires ne seront plus que des misérables. »

On lui faisait observer qu'il ne pouvait en être ainsi que dans les temps de ténèbres et d'ignorance ; qu'aujourd'hui la quantité d'actes et de monuments publics, l'impression, la gravure et l'universalité des lumières feraient toujours ressortir la vérité pour ceux qui voudraient la connaître ; que chaque parti aurait ses historiens, à l'aide desquels l'homme sage pourrait toujours porter un jugement impartial.

L'Empereur alors a repris toute l'affaire de Moreau, Georges et Pichegru, dont j'ai déjà parlé, et dont j'ai promis plus

tard les détails ; il a dit aujourd'hui que celui qui confessa
les premières indications, désigna, sans pouvoir la nommer,
une personne à laquelle Georges et les autres chefs ne parlaient que chapeau bas, avec beaucoup d'égards et de respect.
On présuma d'abord que ce devait être le duc de Berry. Un
instant, on pensa que cela avait pu être l'apparition momentanée du duc d'Enghien. Un des conspirateurs, que la mélancolie saisit dans sa prison, déchira le voile, sans intention. Il
se pendit peu de jours après son arrestation ; on accourut au
bruit, on le délivra, mais la nature avait repris ses droits :
gisant sur son grabat, et dans la crise qu'il venait d'éprouver,
il répétait des imprécations contre Moreau, l'accusait d'avoir
appelé traîtreusement un bon nombre d'honnêtes gens, de
leur avoir promis une grande assistance, et de n'avoir personne ; il nommait aussi Georges et Pichegru. Ce furent les
premiers soupçons qu'on eut contre Moreau, les premiers
indices contre Pichegru ; on n'avait pensé jusque-là ni à l'un
ni à l'autre. Ce fut alors que Réal, qui était accouru à cette
espèce de confession de mort, proposa au consul d'arrêter
Moreau.

« La crise était des plus fortes, disait l'Empereur ; l'opinion publique fermentait, on calomniait la sincérité du gouvernement sur la conspiration dont il parlait, sur les conspirateurs qu'il dénonçait. Ils étaient au nombre d'environ
quarante que le gouvernement affirmait être dans Paris. On
en publia les noms, et le Premier consul mit son honneur à
s'en saisir. Il manda Bessières, et commanda que sa garde
entourât Paris et gardât ses murailles. Pendant six semaines
personne ne sortit plus de Paris sans des motifs précis et
autorisés. Tous les esprits étaient sombres ; mais chaque
matin le *Moniteur* annonçait la capture d'un, deux ou trois
des individus mentionnés. L'opinion tourna, elle me revint,
et l'indignation croissait à mesure qu'on saisissait des conspirateurs. Il n'en échappa pas un seul, ils furent tous arrêtés. »

Les papiers du temps disent comment le fut Georges, qui
ne succomba qu'après avoir tué deux hommes. Il paraît qu'il
avait été trahi par son camarade, qui conduisait le cabriolet
où ils étaient ensemble l'un et l'autre.

Quant à Pichegru, il fut victime de la plus infâme trahison.
« C'est vraiment, disait l'Empereur, la dégradation de
l'humanité ; il fut vendu par son ami intime. Cet homme,

disait l'Empereur, que je ne veux pas nommer, tant son acte est hideux et dégoûtant. » Et ici nous lui apprîmes que ce nom était dans le *Moniteur*, ce qui l'étonna. « Cet homme, continua-t-il, ancien militaire, et qui depuis a fait le négoce à Lyon, vint offrir de le livrer pour cent mille écus. Il raconta qu'ils avaient soupé la veille ensemble, et que Pichegru, se lisant chaque matin dans le *Moniteur*, et sentant approcher sa destinée, lui avait dit : Mais si moi et quelques généraux nous allions résolument nous présenter au front des troupes, ne les enlèverions-nous pas ? – Non, lui dit son ami, vous ne vous doutez pas de la France ; vous n'auriez pas un seul soldat ; et il disait vrai. La nuit venue, l'infidèle ami conduisit les agents de police à la porte de Pichegru, leur détailla les formes de la chambre, ses moyens de défense. Pichegru avait des pistolets sur sa table de nuit, la lumière était allumée, il dormait ; on ouvrit doucement la porte avec de fausses clefs que l'ami avait fait faire exprès. On renversa la table de nuit, la lumière s'éteignit, et l'on se colleta avec Pichegru, réveillé en sursaut. Il était très fort ; il fallut le lier et le transporter nu. Il rugissait comme un taureau. »

De là l'Empereur est passé à dire qu'en arrivant au consulat il avait eu à cœur d'apaiser les départements de l'Ouest. Il avait fait venir la plupart des chefs ; il en avait ému plusieurs, et avait, disait-il, fait verser des larmes à quelques-uns au nom de la patrie et de la gloire. Georges eut son tour ; l'Empereur dit qu'il tâta toutes ses fibres, parcourut toutes les cordes ; ce fut en vain : le clavier fut épuisé sans produire aucune vibration. Il le trouva constamment insensible à tout sentiment vraiment élevé ; Georges ne se montra que froidement avide du pouvoir : il en demeurait toujours à vouloir commander ses cantons. Le Premier consul, après avoir épuisé toute conciliation, prit le langage du premier magistrat. Il le congédia en lui recommandant d'aller vivre chez lui tranquille et soumis, de ne pas se méprendre surtout à la nature de la démarche qu'il venait de faire en cet instant, de ne pas attribuer à faiblesse ce qui n'était que le résultat de sa modération et de sa grande force ; qu'il se dît bien et répétât à tous les siens que, tant que le Premier consul tiendrait les rênes de l'autorité, il n'y aurait ni chance ni salut pour quiconque oserait conspirer. Georges s'en fut, et la suite a prouvé que ce n'était pas sans avoir puisé dans cette conférence quelque estime pour celui qu'il ne cessa de vouloir détruire.

Moreau était le point d'attraction et de ralliement qui avait attiré la nuée de conspirateurs qui vint de Londres fondre sur Paris. Il paraît que Lajollais, son aide de camp, les avait trompés en leur parlant au nom de Moreau, et en leur disant que ce général était sûr de toute la France, et pouvait disposer de toute l'armée. Moreau ne cessa de leur dire à leur arrivée qu'il n'avait personne, pas même ses aides de camp, mais que s'ils tuaient le Premier consul, il aurait tout le monde.

Moreau, livré à lui-même, disait l'Empereur, était un fort bon homme, qu'il eût été facile de conduire : c'est ce qui explique ses irrégularités. Il sortait du palais tout enchanté, il y revenait plein de fiel et d'amertume ; c'est qu'il avait vu sa belle-mère et sa femme. Le Premier consul, qui eût été bien aise de le rallier à lui, se raccommoda une fois à fond ; mais cela ne dura que quatre jours. En effet, depuis on essaya maintes fois de les rapprocher, Napoléon ne le voulut plus. Il prédit que Moreau ferait des fautes, qu'il se perdrait ; et certes il ne pouvait le faire d'une manière qui justifiât plus complètement la prédiction du Premier consul et le servît davantage.

A Wittemberg, quelques jours avant la bataille de Leipsick, on intercepta des chariots et des effets dans lesquels étaient les papiers de Moreau qu'on renvoyait à sa veuve en Angleterre. L'une de ces lettres était de Mme Moreau elle-même, qui avait écrit à son mari de laisser là ses hésitations, son insignifiance habituelle, et de savoir prendre hardiment un parti ; de faire triompher le légitime, celui des Bourbons. Moreau répondait à cela peu de jours avant sa mort, qu'elle le laissât tranquille avec ses chimères. « Me voilà bien rapproché de la France, lui mandait-il, bien à même de prendre de bonnes informations... Eh bien, on m'a fait donner dans un véritable guêpier. »

L'Empereur fut au moment de faire imprimer ces papiers dans le *Moniteur* ; mais il existait encore en France quelques personnes aveuglément tenaces sur l'opinion qu'elles avaient toujours conservée de Moreau, s'obstinant à le regarder comme une victime de la tyrannie. La contre-révolution n'avait pas encore permis qu'on vînt se vanter de ces actes désavoués jusque-là, et en réclamer la récompense. La circonstance d'inimitié personnelle arrêta l'Empereur. Il ne trouva pas qu'il fût bien de la réveiller à son avantage, et de flétrir un homme qu'un boulet venait de frapper sur le champ de bataille.

Le grand procès de Moreau et de Pichegru fut fort long et agita grandement l'esprit public. Ce qui vint ajouter encore à l'éclat de cette affaire et à la crise, remarquait Napoléon, fut de se trouver compliquée avec l'affaire du duc d'Enghien, qui vint à la traverse. « Les hommes d'État, disait l'Empereur, m'ont reproché une grande faute dans ce procès, et l'ont comparée à celle de Louis XVI dans l'affaire du Collier, qu'il mit entre les mains du parlement, au lieu de la faire juger par une commission. Selon ces hommes d'État, j'aurais dû me contenter de livrer les coupables à une commission militaire ; c'eût été terminé en deux fois vingt-quatre heures ; *je le pouvais*, c'était légal, et l'on ne m'en eût pas exposé aux chances que je courus. Mais je me sentais un pouvoir tellement indéterminé ; j'étais en même temps si fort en justice, que je voulus que le monde entier demeurât témoin. Aussi, les ambassadeurs, les agents de toutes les puissances assistèrent-ils constamment aux débats ! »

Quelqu'un alors fit observer à l'Empereur que le parti qu'il avait pris se trouvait bien heureux aujourd'hui, et pour l'histoire, et pour son caractère. Il existait par là trois volumes de pièces authentiques du procès.

Un de nous, qui servait alors à l'armée de Boulogne, disait que tous ces événements, même celui du duc d'Enghien, y avaient paru en règle ; qu'ils y avaient été tous adoptés, et que sa surprise avait été grande, revenant quelques mois après à Paris, d'y trouver l'exaspération qu'ils y avaient créée.

L'Empereur convenait qu'elle avait été extrême, surtout celle causée par la mort du duc d'Enghien, sur laquelle même encore aujourd'hui en Europe on semblait, disait-il, juger aveuglément et avec passion. Il énumérait de nouveau son droit et ses raisons ; il a fait passer en revue les nombreuses tentatives pratiquées sur sa personne. Il remarquait que pourtant il devait à la justice de dire qu'il n'avait jamais trouvé Louis XVIII dans une conspiration directe contre sa vie ; ce qui avait été, l'on pouvait dire, permanent ailleurs. Il n'avait jamais connu de ce prince que des plans systématiques, des opérations idéales, etc., etc. « Si je fusse demeuré en 1815, a-t-il continué, j'allais produire au grand jour quelques-uns des derniers attentats. L'affaire Maubreuil surtout eût été solennellement instruite par la première cour de l'Empire, et l'Europe eût frémi d'horreur en voyant jusqu'où pouvait remonter la honte de l'assassinat et du guet-apens. »

VENDREDI 31.

> *Politique. Angleterre. Lettres retenues par*
> *le gouverneur. Paroles caractéristiques.*

A cinq heures, j'ai été joindre l'Empereur dans le jardin ; nous y étions tous réunis. Il était sur la politique, il peignait la triste situation de l'Angleterre, au milieu de ses triomphes ; le gouffre de sa dette, la folie, le besoin, l'impossibilité pour elle d'être un pouvoir continental, les dangers de sa constitution, les véritables embarras des ministres, la juste clameur de tous. L'Angleterre avec ses cent cinquante ou deux cent mille soldats, faisant autant d'efforts que lui en avait jamais fait à l'époque de sa grande puissance, elle faisait peut-être davantage. Jamais il n'avait eu plus de cinq cent mille Français au complet. Les traces de son système continental étaient suivies maintenant par toutes les puissances du continent : elles le seraient plus à mesure qu'elles s'assiéraient davantage. Il n'hésitait pas à dire, et il le prouvait, que malgré les événements du jour, l'Angleterre eût gagné à demeurer fidèle au traité d'Amiens ; que l'Europe entière y eût gagné ; que lui seul Napoléon et sa gloire y eussent perdu ; et que c'était l'Angleterre pourtant, et non pas lui, qui l'avait rompu.

Il n'était plus qu'un système pour l'Angleterre, continuait-il, celui de revenir à sa constitution, d'abandonner le système militaire, de ne plus se mêler du continent que par l'influence de la mer, sur laquelle elle régnait seule aujourd'hui. Si elle prenait toute autre marche, on pouvait lui prédire de grands malheurs ; et elle la prendrait inévitablement cette marche, parce que toute son aristocratie le voudrait ainsi, et que l'ineptie, l'orgueil ou la vénalité de son ministère présent le feraient persister dans sa marche actuelle.

L'Empereur est rentré dans son cabinet où je l'ai suivi. Il m'a parlé d'une lettre qui, m'ayant été envoyée d'Angleterre par la poste ordinaire, aurait été retenue par le gouverneur, pour ne lui avoir pas été adressée officiellement. On en disait autant d'une lettre pour le grand-maréchal. L'Empereur remarquait que s'il en était ainsi, il y aurait quelque chose de barbare et d'inhumain dans la conduite du gouverneur, de les avoir renvoyées sans nous en avoir parlé, sans nous donner la consolation d'apprendre de qui elles étaient. Un défaut de forme, disait-il, peut se réparer aisément dans l'île ; il ne saurait en être de même à deux mille lieues de distance de nous. A ce sujet, j'ai raconté à l'Empereur qu'il m'était arrivé, du reste, quelque chose d'à peu près pareil, il y avait huit à dix jours. « Une personne allant en Europe m'avait persécuté pour m'être utile. Je m'étais rendu. Je l'avais chargée d'un vieux soulier, comme modèle, et d'une montre à me faire changer, puisque ici on ne saurait les raccommoder. Le gouverneur avait défendu ces commissions, parce qu'elles ne lui avaient pas été adressées à lui-même. Je n'en ai rien dit à personne, sire, parce que mon principe est de dévorer une injure que je ne puis pas faire réparer ; mais je trouverai le moment d'en faire connaître mon opinion au gouverneur. En attendant, ni lui, ni mon commissionnaire, n'ont eu la satisfaction de m'arracher ni un mot, ni une ligne, bien que le dernier soit revenu plusieurs fois à la charge. »

Après le dîner, l'Empereur, causant sur notre situation et la conduite du gouverneur, qui est venu aujourd'hui faire rapidement le tour de nos murailles, revenait sur la dernière entrevue qu'ils avaient eue ensemble, et disait des choses précieuses à ce sujet. « Je l'ai fort maltraité, sans doute, disait-il, et rien que ma situation présente ne saurait me justifier ; mais la mauvaise humeur m'est permise : j'en rougirais dans toute autre situation. Si c'eût été aux Tuileries, je me croirais en conscience obligé à des réparations. Jamais, au temps de ma puissance, je ne maltraitai quelqu'un qu'il n'y eût de ma part quelque mot qui raccommodât le tout ; mais ici il n'y en a eu aucun, et je n'en avais pas l'envie. Toutefois, il y a été peu sensible ; sa délicatesse n'en a pas semblé blessée. J'aurais aimé, pour son honneur, à lui voir, par exemple, témoigner de la colère, repousser la porte avec violence en sortant, ou toute autre chose pareille. J'eusse été certain du moins qu'il y avait en lui du ressort et de l'élasticité ; mais je n'y ai rien trouvé. »

La conversation a continué sur la politique : elle était animée, vive, courante, et d'un tel intérêt que j'ai pu oublier
quelques instants le coin du monde où je me trouvais ;
j'aurais pu me croire encore aux Tuileries ou dans la rue de
Bourgogne.

CHAPITRE HUITIÈME

Fragments de la campagne d'Italie

SUITE DEUXIÈME

Je vais mettre ici ce qui me reste des chapitres de l'armée d'Italie, pour ne les pas trop éloigner de ceux qui précèdent. L'intérêt qu'ils présentent me laisse un vif regret de n'en avoir pas davantage. On verra même que celui de Léoben se trouve incomplet : toutefois, il en sera d'autant plus précieux, que je crois me rappeler qu'il n'a pas été conservé tout à fait sous la même forme ; il deviendra curieux de pouvoir comparer la première dictée avec le travail arrêté.

Au surplus, au moment d'envoyer ceci à la réimpression, il n'a encore paru des Mémoires de la campagne d'Italie qu'un seul volume, jusqu'à la bataille de Rivoli inclusivement, et je dois dire que j'y remarque des chapitres entièrement neufs, et que ceux que je connaissais montrent parfois quelque accroissement dans les détails. Soit que Napoléon, dans ses loisirs, y soit revenu par pure prédilection, soit qu'il y ait été amené par la connaissance d'ouvrages publiés en Europe sur le même sujet.

BATAILLE DU TAGLIAMENTO
DEPUIS LE PASSAGE DE LA PIAVE, LE 13 MARS 1797,
JUSQU'À L'ENTRÉE DE L'ARMÉE FRANÇAISE
EN ALLEMAGNE, LE 28 DU MÊME MOIS :
ESPACE DE DIX-SEPT JOURS.

1. *Situation de l'Italie au commencement de 1797.* La *paix de Tolentino* avait *rétabli les relations avec Rome.* La cour de Naples *était* satisfaite de la modération des Français *à l'égard du pape : elle y voyait* une preuve que l'intention de la République était de *ne pas* se mêler de ses affaires inté-

rieures, *et de ne donner aucun appui aux mécontents*. Nous étions maîtres de la république de Gênes, le parti oligarchique y était sans crédit. Les républiques Cispadane et Transpadane étaient animées du meilleur esprit ; nous y trouvions toute espèce d'assistance. *En Piémont*, Alexandrie, Fenestrelle, Cherasque, Coni, Tortone avaient garnison française ; Suze, Labrunette, Desmont étaient démolies. La misère et le mécontentement étaient à l'extrême *parmi le peuple*. Des mouvements d'insurrection s'étaient manifestés dans diverses provinces *contre la cour* ; le roi de Sardaigne *avait* réuni ses troupes de ligne en corps d'armée *pour les dissiper*. Le général français avait tout fait pour *maintenir l'ordre et la tranquillité en Piémont* : il avait souvent menacé de faire marcher des troupes contre *les mécontents* ; mais les communications *étaient* rétablies entre le Piémont, la France et les républiques Cispadane et Transpadane. *L'esprit qui dominait dans ces républiques se propageait en Piémont.* Les officiers et les soldats français, *animés des principes républicains, les propageaient dans toute l'Italie.* Les circonstances étaient *devenues* telles qu'il fallait, *pour assurer les desseins du général français*, ou détruire *le roi de Sardaigne*, ou dissiper entièrement toutes ses inquiétudes, *et contenir les mécontents. Le général français imagina de proposer* un traité offensif et défensif à la cour de Sardaigne ; il fut signé par le général Clarke et le marquis de Saint-Marsan. La République garantissait au roi sa couronne ; le roi *déclarait la guerre à l'Autriche, et fournissait un contingent de dix mille hommes et vingt pièces de canon à l'armée française. Ce traité était très important pour l'exécution du grand plan du général en chef ; son armée se trouvait renforcée, et il avait avec lui des otages qui lui assuraient le Piémont pendant son absence de l'Italie.* Mais le Directoire ne sentit point l'importance de ce traité, et en ajourna constamment la ratification. Cependant la publicité du traité donna un nouveau crédit au roi, et découragea les malveillants. L'État de Venise seul donnait des inquiétudes : Brescia, Bergame, la Polésine, une partie du Vicentin et du Padouan étaient parfaitement disposés pour la cause française ; mais *le parti autrichien, qui était celui du sénat de Venise, pouvait disposer de la plus grande partie du Véronais, et de douze mille Esclavons qui étaient dans Venise.* Tous les moyens que Napoléon put imaginer pour aplanir les difficultés ayant échoué, il fut obligé de passer outre, de se contenter d'occuper la forteresse de Vérone, et de laisser un corps de réserve pour observer le pays vénitien et garantir la sûreté de ses derrières. On verra dans le chapitre suivant les raisons qui s'opposèrent à ce qu'il mît fin aux troubles de cette république avant d'entrer en Allemagne.

2. *L'empereur d'Allemagne refuse de reconnaître la République française et d'entrer en négociation. Le général français se dispose à l'y forcer.* Avant et après la prise de Mantoue, diverses ouvertures pacifiques avaient été faites à la cour de Vienne : toutes furent infructueuses ; le général Clarke avait été envoyé de Paris avec une lettre du Directoire à l'empereur d'Allemagne, et des pleins pouvoirs pour négocier et conclure des préliminaires de paix. Une conférence avait eu lieu à Vicence, avant la bataille de Rivoli, entre Clarke et le baron de Vincent, *aide de camp de l'empereur.* Ce dernier *dit* que son maître ne reconnaissait point la République française, et ne *pouvait* entendre parler de paix *sans le concours de son allié, c'est-à-dire de l'Angleterre.* Depuis la prise de Mantoue, Clarke fit une seconde tentative. Il se rendit à Florence, et vit le grand-duc ; il obtint la même réponse. Le général français, tranquille sur l'Italie, résolut de rejeter les Autrichiens au-delà des Alpes Juliennes, de les poursuivre sur la Drave, sur la Mur, de passer le Simmering, et d'obliger l'empereur d'Autriche à signer la paix dans Vienne. Le projet était vaste, le succès paraissait assuré. Le général en chef promit la paix au gouvernement *français* dans le courant de l'été.

L'armée d'Italie n'avait jamais été si belle, si nombreuse, ni en meilleur état : elle se composait de huit divisions d'infanterie, de six mille chevaux, et comptait cent cinquante pièces de canon bien attelées. Ses troupes étaient bien habillées, bien chaussées, bien nourries, bien payées, composées de vieux soldats et d'excellents officiers. Cette armée, d'environ soixante mille hommes, *pouvait* tout entreprendre.

L'armée française, depuis la prise de Mantoue, menaçait directement les États héréditaires de la maison d'Autriche ; ses avant-postes étaient sur les frontières. Les armées françaises du Rhin et de Sambre-et-Meuse, qui avaient leurs quartiers d'hiver sur la rive gauche du Rhin, en étaient éloignées de plus de cent lieues, *en étant séparées par les États* du corps germanique. L'armée d'Italie était éloignée d'environ cent quatre-vingts lieues de Vienne, et les armées du Rhin et de Sambre-et-Meuse de plus de deux cents lieues. L'armée d'Italie fixa donc toute l'attention de la cour de Vienne. Le prince Charles, qui avait obtenu des succès *sur le Danube* dans les campagnes précédentes, fut envoyé sur la Piave avec quarante mille hommes de *renfort* des meilleures troupes de la monarchie.

Dès le mois de janvier, les ingénieurs autrichiens parcouraient tous les cols et les hauteurs des Alpes noriques, projetaient des retranchements, dressaient des plans pour fortifier Gradisca, Clagenfurt, Tarvis. Mais tous ces travaux ne pouvaient se commencer qu'après la fonte des neiges, qui dans les Alpes noriques ne disparaissent que vers la fin de mars. Il était donc important de prévenir l'ennemi, avant qu'il n'eût réuni tous ses moyens et retranché les gorges et passages difficiles qu'on avait à traverser : Napoléon résolut d'être en Allemagne à la fin de mars.

3. *Plan de campagne de l'armée française pour marcher sur Vienne.* Le Brenner est la sommité la plus élevée des Alpes du Tyrol ; c'est la division géographique de l'Allemagne et de l'Italie. L'Inn, l'Adda, et l'Adige prennent leurs sources sur cette haute chaîne ; l'Inn coule du sud-ouest au nord-est, cinquante lieues dans le Tyrol, sur le revers du Brenner, vers le Danube, dans lequel il se jette, séparant la Bavière de l'Autriche. L'Adda, dont les sources sont près de celles de l'Inn, coule du nord au sud, et se jette, après vingt-huit lieues de cours, dans le lac de Côme, d'où elle sort pour traverser la Lombardie. L'Adige, qui prend sa source à peu de lieues de celle de l'Inn, court du nord au sud, à une cinquantaine de lieues sur l'autre penchant du Brenner, entre en Italie à Vérone, d'où elle se jette dans l'Adriatique près de l'embouchure du Pô. Un grand nombre d'affluents coulent dans ces diverses rivières, et forment des gorges à pic où il est impossible de pénétrer sans être maître des sommités. C'est la partie des Alpes la plus rude et la plus difficile, celle qui est la plus coupée et dont la pente est la plus brusque.

Pour se rendre de l'Italie à Vienne, il n'y a que trois

grandes chaussées : celle du Tyrol, celle de la Carinthie, et celle de la Carniole. La première traverse la chaîne supérieure des Alpes au col du Brenner ; la seconde au col des Alpes noriques, entre Ponteba et Tarvis ; la troisième au col des Alpes de la Carniole, à quelques lieues de Laybach. Suivant la loi générale des Alpes, le col du Brenner est beaucoup plus élevé que le col de Tarvis ; le col de Tarvis que celui de Laybach.

La chaussée du Tyrol part de Vérone ; remonte la rive gauche de l'Adige, passe à Trente, Bolzano, Brixen ; traverse le Brenner à soixante lieues de Vérone ; rencontre l'Inn à Inspruck, à neuf lieues et demie ; longe l'Inn jusqu'à demi-chemin de Rattemberg à Kuftein, et trouve Salzbourg à trente-quatre lieues et demie, d'où elle traverse Ens sur le Danube à trente-deux lieues, et, de là jusqu'à Vienne, court trente-six lieues. Cette chaussée, qui porte le nom de chaussée du Tyrol, a donc de Vérone à Vienne cent soixante et onze lieues.

La chaussée de la Carinthie part de Saint-Danièle, traverse la chaîne des Alpes noriques entre Tarvis et la Ponteba, en parcourant trente et une lieues ; elle passe la Drave à Villach à vingt-quatre lieues et demie, traverse Clagenfurt, capitale de la Carinthie, à huit lieues de Villach ; rencontre la Mur, qu'elle suit jusqu'à Judembourg, à vingt lieues et demie, et continue, en serpentant sur l'une et l'autre rive jusqu'à Bruch, pendant l'espace de douze lieues. De Bruch la chaussée quitte la Mur et monte pendant douze lieues sur le Simmering, montagne qui sépare la vallée du Danube de la vallée de la Mur, et de là descend dans la plaine qui conduit à Vienne, qui n'en est plus qu'à vingt lieues. Il y a donc des frontières de l'Italie à Vienne quatre-vingt-dix-sept lieues, ou de Saint-Danièle cent vingt-huit lieues.

La chaussée de la Carniole part de Goritz, arrive à Laybach après vingt-sept lieues, passe la Save, les Alpes, et descend sur la Drave, qu'elle passe à Marbourg, à trente lieues et demie de Laybach ; de Marbourg elle rencontre la Mur à Ehrenhausen à quatre lieues et demie ; elle longe cette rivière jusqu'à Bruch, en passant par Gratz, capitale de la Styrie, pendant l'espace de vingt-six lieues ; là elle rencontre la chaussée de la Carinthie : de Goritz à Vienne il y a donc, par la chaussée de la Carniole, cent trois lieues.

La chaussée du Tyrol se joint à la chaussée de la Carinthie par six communications transversales : 1° un peu au-dessus de Brixen, une chaussée dite Pusthersthal prend à droite, remonte un des affluents de l'Adige, passe à Lienz, Spital, et aboutit à Villach, à quarante-six lieues et demie de Brixen ; 2° de Salzbourg part une chaussée qui traverse Rastadt, rencontre Pusthersthal à Spital, et arrive à Villach, à cinquante-deux lieues de Salzbourg ; 3° de la seconde chaussée transversale, à quatre lieues au-dessous de Rastadt, part une chaussée qui suit la Mur jusqu'à Scheiffing, où elle rencontre la chaussée de la Carinthie ; elle a environ seize lieues ; 4° de Lintz sur le Danube part une chaussée qui passe l'Ens près de Rottenman, traverse de hautes montagnes, et descend sur Judembourg ; 5° d'Ens sur le Danube, une chaussée remonte l'Ens pendant environ vingt lieues, et redescend sur Léoben, pendant environ huit lieues ; 6° enfin du Danube par Saint-Polten, une chaussée arrive à Bruch, qui en est à environ vingt-quatre lieues. Les deux chaussées de la Carniole et de la Carinthie se joignent par trois communications transversales : 1° de Goritz, en remontant l'Isonzo pendant dix lieues, on arrive à Caporetto, où l'on trouve la chaussée d'Udine ; six lieues plus haut, on trouve la Chiusa autrichienne : et enfin, cinq lieues plus haut, Tarvis, où elle joint la chaussée de la Ponteba ou de la Carinthie ; 2° de Laybach part une chaussée qui traverse la Save, la Drave, et arrive, après dix-sept lieues, à Clagenfurt ; mais elle est très difficile pour l'artillerie ; 3° enfin de Marbourg une chaussée remonte la Drave et arrive, après environ vingt-cinq lieues, à Clagenfurt, où elle rencontre les chaussées de la Carinthie et de la Carniole qui cheminent parallèlement à une vingtaine de lieues l'une de l'autre, et n'ont plus aucune communication transversale praticable aux voitures.

Le projet de Napoléon était de pénétrer en Allemagne par *la Carinthie*, traverser la Carniole, la Styrie, et d'arriver sur le Simmering ; mais le prince Charles *avait deux* armées : *l'une* en Tyrol, et l'autre *derrière* la Piave ; il fallait donc laisser une partie de l'armée en observation contre l'armée du Tyrol. Le général français préféra faire prendre également l'offensive aux divisions du Tyrol, les faire arriver jusqu'à Brixen, et *les diriger sur Clagenfurt* par la chaussée de Pusthersthal, dans le temps que le principal corps de l'armée se porterait sur la Piave, traverserait le Tagliamento, débouche-rait par la chaussée de la *Carinthie* sur la Drave et Villach, *où il serait rejoint par* son aile du Tyrol ; et alors toute l'armée réunie marcherait sur le Simmering.

Trois divisions, formant un ensemble de quinze mille hom-mes sous les ordres du général Joubert, furent destinées à l'opération du Tyrol ; quatre, sous les ordres du général en chef en personne, *faisant* trente-cinq mille hommes, marchè-rent sur le Tagliamento ; le 8e, qui se composait en partie des troupes qui avaient marché sur Rome, fut destiné à former un corps d'observation contre Venise, et assurer la tranquil-lité de nos derrières. Les généraux de division Baraguey d'Hilliers et Delmas commandaient dans le Tyrol sous Jou-bert ; les généraux Masséna, Sérurier, Guieux et Bernadotte étaient à la tête des quatre divisions d'infanterie qui mar-chaient sur le Tagliamento ; le général Dugua commandait la cavalerie. Les armées du Rhin et de Sambre-et-Meuse devaient passer par le Rhin et entrer en Allemagne, de manière à arriver sur la Lech *et le Danube* en même temps que l'armée française arriverait sur le Simmering. On avait compté sur la division du Piémont, forte de dix mille hom-mes ; mais le retard des ratifications priva l'armée française de ce renfort *si important.*

4. *Passage de la Piave, 13 mars.* Dans le Tyrol, tout le mois de février se passa en fortes escarmouches. Les Autri-chiens s'y étaient montrés en force et très hardis. Sur la Piave, le prince Charles fit divers mouvements pour profiter de l'éloignement *d'une partie* de l'armée française, qu'il sup-posait sur Rome. Le général Guieux se crut menacé à Trévise, et repassa la Brenta ; mais le prince Charles, *mieux instruit, sut que le général français n'avait mené sur Rome que quatre ou cinq mille hommes, et s'arrêta.* Tout se réduisit à quelques escarmouches. Le quartier général français arriva dans les premiers jours de mars à Bassano.

La proclamation suivante fut mise à l'ordre du jour :

« La prise de Mantoue vient de finir une campagne qui vous a donné des titres éternels à la reconnaissance de la patrie.

« Vous avez remporté la victoire dans quatorze batailles

rangées et soixante-dix combats ; vous avez fait plus de cent mille prisonniers, pris à l'ennemi cinq cents pièces de canon de campagne, deux mille de gros calibre, quatre équipages de pont.

« Les contributions mises sur les pays que vous avez conquis ont nourri, entretenu, soldé l'armée pendant toute la campagne ; vous avez en outre envoyé trente millions au ministère des Finances pour le soulagement du Trésor public.

« Vous avez enrichi le Muséum de Paris de plus de trois cents objets, chefs-d'œuvre de l'ancienne et nouvelle Italie, et qu'il a fallu trente siècles pour produire.

« Vous avez conquis à la République les plus belles contrées de l'Europe ; les républiques Lombarde et Transpadane vous doivent leur liberté ; les couleurs françaises flottent pour la première fois sur les bords de l'Adriatique, en face et à vingt-quatre heures de navigation de l'ancienne Macédoine ; les rois de Sardaigne, de Naples, le pape, le duc de Parme, se sont détachés de la coalition de nos ennemis, et ont brigué notre amitié ; vous avez chassé les Anglais de Livourne, de Gênes, de la Corse... Mais vous n'avez pas encore tout achevé ; une grande destinée vous est réservée : c'est en vous que la patrie met ses plus chères espérances ; vous continuerez à en être dignes.

« De tant d'ennemis qui se coalisent pour étouffer la République à sa naissance, l'empereur seul reste devant nous : se dégradant lui-même du rang d'une grande puissance, ce prince s'est mis à la solde des marchands de Londres ; il n'a plus de volonté, de politique, que celles de ces insulaires perfides, qui, étrangers aux malheurs de la guerre, sourient avec plaisir aux maux du continent.

« Le Directoire exécutif n'a rien épargné pour donner la paix à l'Europe ; la modération de ses propositions ne se ressentait pas de la force de ses armées, il n'avait pas consulté votre courage, mais l'humanité et l'envie de vous faire rentrer dans vos familles ; il n'a pas été écouté à Vienne ; il n'est donc plus d'espérance pour la paix, qu'en allant la chercher dans le cœur des États héréditaires de la maison d'Autriche. Vous y trouverez un brave peuple accablé par la guerre qu'il a eue contre les Turcs, et par la guerre actuelle. Les habitants de Vienne et des États d'Autriche gémissent sur l'aveuglement et l'arbitraire de leur gouvernement : il n'en est pas un qui ne soit convaincu que l'or de l'Angleterre a corrompu les ministres de l'empereur. Vous respecterez leur religion et leurs mœurs ; vous protégerez leurs propriétés : c'est la liberté que vous apporterez à la brave nation hongroise.

« La maison d'Autriche, qui depuis trois siècles va perdant à chaque guerre une partie de sa puissance, qui mécontente ses peuples en les dépouillant de leurs privilèges, se trouvera réduite, à la fin de cette sixième campagne (puisqu'elle nous contraint à la faire), à accepter la paix que nous lui accorderons, et à descendre, dans la réalité, au rang des puissances secondaires, où elle s'est déjà placée en se mettant aux gages et à la disposition de l'Angleterre.

« *Signé* : BUONAPARTE. »

L'armée se mit en mouvement. Il fallait passer la Piave, que défendait l'armée du prince Charles, et chercher à gagner avant lui les gorges d'Osopo et de la Ponteba. Masséna, avec sa belle division, fut destiné à remplir cet objet important ; il partit de Bassano, passa la Piave et le Tagliamento dans les montagnes, tournant ainsi toute l'armée du prince Charles. *Celui-ci détacha* une division pour l'opposer à cette manœuvre. Masséna la battit, la poursuivit l'épée dans les reins, lui prit beaucoup de monde et quelques pièces de canon. Parmi ces prisonniers se trouva le général de Lusignan, qui avait insulté les malades français, ses compatriotes, aux hôpitaux de Brescia, durant les succès éphémères de Wurmser. Masséna se rendit maître de Feltre, de Cadore et de Bellune, *menant battant* la division autrichienne, sans éprouver de pertes considérables.

Le général en chef se porta le 12 sur Azolo, avec la division Sérurier, passa la Piave à la pointe du jour, marcha sur Conegliano, où était le quartier général autrichien, tournant ainsi toutes les divisions autrichiennes qui défendaient la Basse-Piave, ce qui permit au général Guieux d'exécuter son passage, à deux heures après midi, à Ospedaletto. La rivière dans cet endroit est assez haute, et eût exigé un pont ; mais la bonne volonté y suppléa. Un seul tambour courut des risques, et fut sauvé par une vivandière de l'armée, qui se jeta à la nage ; le général en chef la récompensa en lui attachant au cou une chaîne d'or. Le 12, le général français fut

à Conegliano avec les divisions Sérurier, Guieux. La division
Bernadotte rejoignit le lendemain.

Le prince Charles avait choisi les plaines du Tagliamento
pour champ de bataille, les croyant avantageuses *pour tirer
parti* de sa cavalerie. Son arrière-garde essaya de tenir à
Sacile ; mais elle fut battue par le général Guieux, qui y entra
le 13.

5. *Bataille du Tagliamento, 16 mars.* Le 16, à neuf heures
du matin, les deux armées furent en présence, l'armée française sur la rive droite, l'armée autrichienne sur la rive gauche
du Tagliamento. Les divisions Guieux, Sérurier, Bernadotte
faisaient la gauche du centre, et la droite était avec le quartier
général, en avant de Valvasone. Le prince Charles, avec des
forces à peu près égales, était rangé de la même manière, en
face, sur la rive gauche. Par cette position, le prince Charles
ne couvrait pas la chaussée de la Ponteba. Les débris de la
division opposée à Masséna n'étaient plus capables de l'arrêter. Cependant la Ponteba était la route la plus courte de
Vienne, et la direction naturelle pour couvrir cette capitale.
Cette conduite du prince Charles ne pouvait s'expliquer
qu'en supposant qu'il ne connaissait pas encore bien le nouveau terrain sur lequel il devait opérer, lequel n'avait jamais
été le théâtre de la guerre dans les temps modernes ; ou que,
ne croyant pas le général français assez hardi pour se porter
sur Vienne, il n'eût de crainte que pour Trieste, centre des
établissements maritimes de l'Autriche ; ou enfin, que ses
positions n'étant point définitivement prises, et que, couvert
par le Tagliamento, il espérait gagner quelques jours, qui
suffiraient à une division de grenadiers déjà arrivée à Clagenfurt pour venir renforcer la division opposée à Masséna.

La canonnade s'engagea d'une rive à l'autre. La cavalerie
légère fit plusieurs charges sur le gravier du torrent. Le général en chef, voyant l'ennemi trop bien préparé, fit poser les
armes à ses soldats, et établir les bivouacs. Le général autrichien y fut trompé ; il crut que l'armée française, *qui avait
marché toute la nuit*, prenait position ; il fit un mouvement
en arrière, *et alla* reprendre ses bivouacs. Mais, deux heures
après, quand tout fut tranquille dans les deux camps, les
Français reprirent subitement les armes, et Duphot, à la tête
de la 27e légère, formant l'avant-garde de Guieux, et Murat,

à la tête de la 15ᵉ légère, conduisant l'avant-garde de Bernadotte, soutenus chacun par leurs divisions, chaque brigade
formant une ligne, et celles-ci appuyées par Sérurier, marchant derrière en réserve, se précipitèrent dans la rivière.
L'ennemi avait couru aux armes ; mais déjà toutes nos troupes avaient passé dans le plus bel ordre, et se trouvaient
rangées en bataille sur la rive gauche. La canonnade et la
fusillade s'engagèrent de toutes parts. Aux premiers coups
de canon, Masséna exécuta son passage à Saint-Danièle : il
éprouva peu de résistance et s'empara d'Osopo, cette clef de
la chaussée de Ponteba que l'ennemi avait fait la faute de
négliger ; il l'intercepta désormais à l'armée autrichienne,
sépara tout à fait de celle-ci la division qui lui était opposée,
et la poursuivit jusqu'au pont de Casasola, en la jetant toujours sur la Carinthie. Le prince Charles désespéra de la
victoire. Après plusieurs heures de combat, et différentes
charges d'infanterie et de cavalerie, il se mit en retraite, nous
laissant du canon et des prisonniers.

6. *Plan de retraite du prince Charles.* Le prince Charles
ne pouvait plus se retirer vers la Ponteba *par la chaussée de
Saint-Danièle et d'Osopo*, que Masséna tenait en sa possession. Il prit le parti de regagner cette chaussée à Tarvis, *avec
la plus grande partie de son armée*, par Udine, Cividale,
Caporetto, la Chiusa autrichienne ; il jeta une de ses divisions
sur sa gauche, par Palma-Nova, Gradisca et Laybach, pour
couvrir *la Carniole*. Mais Masséna n'était qu'à deux journées
de Tarvis, et l'armée autrichienne, par cette nouvelle route,
avait cinq ou six marches à faire. Le prince Charles compro-
mettait donc son armée : il le sentit ; et, de sa personne,
courut à Clagenfurt presser la marche d'une division de grenadiers qui s'y trouvait. *Cependant Masséna avait lui-même
perdu deux jours ; mais ayant reçu l'ordre de se porter sans
hésitation sur Tarvis, il y rencontra le prince Charles en
bataille, avec les débris de la division qui, depuis la Piave,
fuyait devant lui, et une belle division* de grenadiers hongrois.
Le combat fut vif et opiniâtre de part et d'autre. Chacun
sentait l'importance du succès : car si Masséna parvenait à
s'emparer du débouché de Tarvis, la partie de l'armée autrichienne que le prince Charles avait engagée dans la vallée
de l'Isonzo était perdue. Le prince Charles se prodigua de sa

personne, et fut *plusieurs fois* sur le point d'être arrêté par les tirailleurs français. Le général Brune, qui commandait une brigade de la division Masséna, s'y comporta avec la plus grande valeur. Le prince Charles fut rompu : il avait fait donner jusqu'à ses dernières réserves ; il ne put opérer aucune retraite. Les débris de ses troupes allèrent se rallier à Villach, derrière la Drave. Masséna, maître de Tarvis, s'y établit, *en faisant face du côté de Villach et du côté de Goritz, barrant les débouchés de l'Isonzo.*

7. *Combat de Gradisca, prise de Laybach et de Trieste.* Le lendemain de la bataille du Tagliamento, le quartier général se rendit à Palma-Nova : c'est une place forte qui appartient aux Vénitiens. Le prince Charles l'avait fait occuper, et y avait établi ses magasins ; mais jugeant qu'il lui faudrait laisser cinq à six mille hommes pour la garder, son artillerie de place n'étant pas encore arrivée, il résolut de l'évacuer. *Nous l'armâmes aussitôt,* et la mîmes à l'abri d'un coup de main. Le lendemain 19, on marcha sur l'Isonzo.

Le général Bernadotte se présenta à Gradisca pour passer cette rivière. Il trouva la ville fermée, et fut reçu à coups de canon ; on voulut parlementer avec le commandant de la place, mais il s'y refusa. Napoléon partit alors avec la division Sérurier, prit le chemin de Montefalcone, et marcha jusqu'au lieu où la rive gauche de la rivière cesse de dominer la rive droite. Il lui fallait perdre du temps pour construire un pont ; le colonel Andréossy, directeur des ponts, se jeta le premier dans la rivière pour la sonder ; les colonnes suivirent son exemple, et l'on passa, ayant de l'eau jusqu'à mi-corps, sous la faible fusillade de deux bataillons de Croates, qui furent mis en déroute. Il était une heure après midi ; on prit alors sur la gauche ; on monta sur les hauteurs, qu'on suivit jusque vis-à-vis Gradisca, où l'on arriva à cinq heures du soir. La place se trouva ainsi cernée et dominée. La division Sérurier avait marché avec d'autant plus de rapidité, que la fusillade était vive sur la rive droite, où Bernadotte était aux prises. Ce général avait eu l'imprudence de vouloir enlever la place d'assaut : il avait été repoussé, et avait perdu quatre à cinq cents hommes sans nécessité. Cet excès d'ardeur était justifié par l'envie qu'avaient les troupes de Sambre-et-Meuse de se signaler, et par la noble émulation d'arriver à Gradisca avant les anciennes troupes d'Italie. Lorsque le gouverneur de Gradisca vit l'Isonzo passé et les hauteurs couronnées, il capitula, et se rendit prisonnier de guerre *avec plusieurs régiments et beaucoup de canons.* Le quartier général fut porté le surlendemain à Goritz. La division Bernadotte fut dirigée sur Laybach. Le général Dugua, *avec mille chevaux, prit possession de Trieste.* La division Sérurier, de Goritz, remonta l'Isonzo pour soutenir le général Guieux, et regagner à Tarvis la chaussée de la Carinthie. Le général Guieux, du champ de bataille du Tagliamento, s'était dirigé vers Udine et Cividale, et avait rencontré Caporetto à la chaussée de l'Isonzo. Il avait eu tout le jour de forts engagements avec *le principal corps* du prince Charles, qui avait pris la même route pour gagner Tarvis ; il lui avait tué beaucoup de monde et fait beaucoup de prisonniers. Le général autrichien avait laissé une arrière-garde à la Chiusa vénitienne, et s'était porté sur Tarvis, espérant que le prince Charles l'occupait encore. Mais Masséna y était depuis deux jours. Il fut attaqué en front par Masséna, et en queue par Guieux. La position même de la Chiusa vénitienne, qui était *forte*, ne put résister à l'impétueuse 4ᵉ de ligne ; elle gravit avec une rapidité inouïe une montagne qui domine la gauche de la Chiusa ; et tournant ainsi ce poste important, il ne resta plus d'autre ressource aux ennemis que de poser les armes. Bagages, canons, parc, drapeaux, tout fut pris. On ne fit que cinq mille prisonniers, dix mille avaient été tués ou blessés dans différents combats. *Depuis le Tagliamento, dix mille soldats, habitants* de la Carniole ou de la Croatie, voyant *que tout était perdu*, se débandèrent dans les gorges et gagnèrent isolément leurs villages.

Le quartier général se rendit successivement à Caporetto, à Tarvis, à Villach, à Clagenfurt.

8. *Entrée en Allemagne, passage de la Drave, prise de Clagenfurt, 29 mars.* La province de Goritz, qui est la première des États héréditaires de la maison d'Autriche, confine avec l'Italie. Les habitants y parlent italien. Cette province fut sur-le-champ organisée ; le vieux château de Goritz fut armé : on composa un gouvernement provisoire des sept personnes les plus considérables, que l'on chargea de l'administration du pays. Toutes les mesures furent prises pour

rassurer les habitants, et pour alléger le fardeau que leur occasionnait la garnison.

Les mêmes mesures furent prises à Trieste pour l'Istrie. Toutes les marchandises anglaises furent confisquées ; on répara le vieux château, pour servir de refuge à la petite garnison qu'on voulait y laisser. Les habitants étaient dans des dispositions très favorables aux Français.

Laybach est la capitale de la Carniole ; on y organisa un gouvernement provisoire sur les mêmes principes qu'à Goritz et Trieste. Cette ville fut mise en état de défense : elle avait une enceinte bastionnée d'un très vieux tracé. On abattit les maisons qui se trouvaient sur les remparts.

Dans ces pays, situés près des Alpes, la saison était encore froide. Les habitants, qui avaient d'abord été effrayés, n'eurent qu'à se louer de l'armée française, laquelle, à son tour, n'eut pas à se plaindre de ces peuples.

Les dispositions des habitants du Cercle de Villach parurent favorables aux Français ; ils fournirent, avec un grand empressement, tout ce qui était nécessaire à l'armée. Nous étions en Allemagne, les mœurs y étaient différentes, nos soldats eurent beaucoup à se louer de l'esprit d'hospitalité qui caractérise le paysan allemand. La grande quantité de chevaux et de voitures, qu'ils se procuraient plus facilement qu'en Italie, leur fut d'une grande utilité.

On mit en état la ville de Clagenfurt, capitale de la Carinthie : on y organisa aussi un gouvernement provisoire. Cette ville a une enceinte bastionnée, mais négligée depuis des siècles, et ne servant guère qu'à la police de la ville ; les remparts étaient couverts de maisons, on les abattit, et on en fit un point d'appui pour l'armée.

Le général Dugua, à Trieste, confisqua tous les magasins appartenant aux Anglais ou aux Autrichiens ; on en trouva de considérables et de toute espèce. On prit également possession des mines d'Idria : on y trouva pour plusieurs millions de vif-argent, qu'on évacua immédiatement sur Palma-Nova.

En entrant en Carinthie, on avait publié la proclamation suivante :

« L'armée française ne vient point dans votre pays pour le conquérir, ni pour porter aucun changement à votre religion, à vos mœurs, à vos coutumes. Elle est l'amie de toutes les nations, et particulièrement des braves peuples de la Germanie.

« Le Directoire exécutif de la République française n'a rien épargné pour terminer les calamités qui désolent le continent : il s'était décidé à faire le premier pas, et à envoyer le général Clarke à Vienne, comme plénipotentiaire, pour entamer des négociations de paix. Mais la cour de Vienne a refusé de l'entendre ; elle a même déclaré à Vicence, par l'organe de M. de Vincent, qu'elle ne reconnaissait pas la République française. Le général Clarke a demandé un passeport pour aller lui-même parler à l'empereur ; mais les ministres de la cour de Vienne ont craint, avec raison, que la modération des propositions qu'il était chargé de faire ne décidât l'empereur à la paix. Ces ministres, corrompus par l'or de l'Angleterre, trahissent l'Allemagne et leur prince, et n'ont plus de volonté que celle de ces insulaires perfides, l'horreur de l'Europe entière.

« Habitants de la Carinthie, je le sais, vous détestez autant que nous : et les Anglais, qui seuls gagnent à la guerre actuelle, et votre ministère, qui leur est vendu. Si nous sommes en guerre depuis six ans, c'est contre le vœu des braves Hongrois, des citoyens éclairés de Vienne et des simples et bons habitants de la Carinthie.

« Eh bien ! malgré l'Angleterre et les ministres de la cour de Vienne, soyons amis. La République française a sur vous les droits de conquête ; qu'ils disparaissent devant un contrat qui nous lie réciproquement. Vous ne vous mêlerez pas d'une guerre qui n'a pas votre aveu. Vous fournirez les vivres dont nous pourrons avoir besoin. De mon côté, je protégerai votre religion, vos mœurs, vos propriétés ; je ne tirerai de vous aucune contribution : la guerre n'est-elle pas par elle-même assez horrible ! ne souffrez-vous pas déjà trop, vous, innocentes victimes, des sottises des autres ? Toutes les impositions que vous avez coutume de payer à l'empereur serviront à indemniser des dégâts inséparables de la marche d'une armée, et à payer les vivres que vous nous aurez fournis. »

9. *Affaires du Tyrol.* Immédiatement après la bataille de Tagliamento, le général français expédia l'ordre au général Joubert d'attaquer l'armée qui lui était opposée, de s'emparer de tout le Tyrol italien, d'exécuter hardiment la marche qu'il

lui avait prescrite, et de pénétrer en Carinthie par le Pusthersthal.

Le général Joubert entra en opération le 28 mars, passa le Lavisio, battit l'ennemi, *lui fit plusieurs milliers de prisonniers, passa l'Adige, le battit* à Tramin, s'empara de Bolzano, livra un nouveau combat à Clausen, força les gorges d'*Inspruck* le 28, *rejeta les troupes autrichiennes au-delà du Brenner*, et se dirigea sur la Carinthie, après avoir fait éprouver beaucoup de pertes à l'ennemi, et lui avoir pris sept à huit mille hommes. Le général Joubert montra du talent, de la constance et de l'activité dans la direction de cette opération difficile. *Les généraux Delmas, Baraguey d'Hilliers et Dumas se distinguèrent. Les troupes montrèrent la plus grande intrépidité.*

10. *Résumé.* Ainsi, en dix-sept jours, les deux armées du prince Charles avaient été défaites. L'ennemi, rejeté au-delà du Brenner, avait évacué le Tyrol, après avoir fait des pertes très considérables. L'Autriche avait perdu Palma-Nova, place très forte, et Trieste et Fiume, seuls ports de la monarchie autrichienne ; la province de Goritz, l'Istrie, la Carniole, la Carinthie, étaient conquises ; la Save, la Drave, les Alpes noriques étaient passées. L'armée n'était plus qu'à soixante lieues de Vienne. Elle était fondée à espérer d'y arriver avant la fin de mai.

L'armée autrichienne, démoralisée et ruinée, ne pouvait plus lutter contre l'armée française, qui n'avait éprouvé aucune perte sensible, et chez qui le moral et le sentiment de sa supériorité étaient à un degré inexprimable.

AFFAIRES DE VENISE

1. *Description de Venise.* La république de Venise, au moment de la Révolution française, était l'État le plus considérable de l'Italie. La population du royaume de Naples lui était supérieure ; mais Venise l'emportait de beaucoup par la force de son gouvernement et les avantages de sa topographie. Le gouvernement siégeait dans une ville forte, inattaquable par terre et par mer. *Indépendamment de son armée de terre, il avait une escadre qui dominait l'Adriatique, et le*

faisait respecter de tout le Levant. Cette ville fut fondée au cinquième siècle par des habitants du Frioul et du Padouan qui se réfugièrent dans les lagunes, pour se mettre à l'abri de l'oppression des barbares. Leurs descendants *se maintinrent* toujours *indépendants* des dominateurs de l'Italie.

Cette belle péninsule, en proie aux révolutions, a changé souvent de maîtres. Venise seule, toujours indépendante et libre, n'a jamais reconnu de pouvoir étranger.

Venise est la ville et le port de commerce le mieux situés de toute l'Italie. Toutes les marchandises de Constantinople et du Levant y arrivent directement par le chemin le plus court, par l'Adriatique ; de là elles se répandent jusqu'à Turin par le Pô, et dans toute l'Allemagne en remontant l'Adige, jusqu'auprès de Bautzen, où elles trouvent des chaussées sur Augsbourg et Nuremberg. Venise est située près de l'embouchure du Pô et de l'Adige. Elle est le port de ces deux rivières. D'un autre côté, elle communique par des canaux avec Bologne, de sorte que toutes les productions *de la grande plaine d'Italie s'écoulent par Venise : cette ville est le port de mer le plus près d'Augsbourg et de Munich.*

La nature a fait Venise l'entrepôt d'échange du Levant, de l'Italie et de l'Allemagne méridionale. Avant la découverte du cap de Bonne-Espérance, cette ville faisait le commerce des Indes par Alexandrie et la mer Rouge. Aussi s'opposa-t-elle vivement aux opérations des Portugais. Elle équipa une flotte considérable dans la mer Rouge : elle établit un arsenal, des aiguades, des magasins près de Suez. On en voit encore des débris aux fontaines de Moïse : les Portugais battirent ces flottes construites à grands frais, et les Vénitiens, vaincus, durent renoncer à les arrêter dans leurs succès de découvertes et de commerce.

Les lagunes, qui sont formées par les eaux de la Piave et de la Brenta, communiquent avec la mer par trois passages.

La souveraineté de Venise résidait dans l'aristocratie de quelques centaines de familles inscrites dans le livre d'or. Leurs sujets se composaient d'une population de trois à quatre millions d'individus répandus autour de Venise dans les pays les plus riches et les plus fertiles du monde ; *savoir* : le Bergamasque, le Brescian, le Vicentin, le Véronais, le Padouan, la Polésine, le Trévisan, le Bassanais, le Cadorin, le Bellunais et le Frioul, dans la terre ferme d'Italie ; l'Istrie et la Dalmatie, sur les rives de la mer Adriatique, et les îles Ioniennes, répandues à son entrée. Ces provinces de terre ferme s'appuient au nord sur la crête supérieure des Alpes Juliennes et des Alpes du Tyrol, depuis la source de l'Adda jusqu'à celle de l'Isonzo. Cette chaîne de montagnes, presque partout impraticable, les sépare de l'Allemagne, avec laquelle elles n'ont de communication que par les trois chaussées qui longent l'Adige, le Tagliamento et l'Isonzo. Les vallées de l'Adige, de la Brenta, de la Piave, du Tagliamento, de l'Isonzo, appartenaient dans leur entier à cette république. Sa marine consistait dans une douzaine de vaisseaux, autant de frégates et petits bâtiments qui suffisaient pour se faire respecter des Barbaresques, dominer l'Adriatique et défendre ses lagunes. Venise pouvait mettre cinquante mille hommes sur pied, composé de régiments italiens recrutés dans la terre ferme, ou d'Esclavons, peuple brave *et de tout temps* dévoué à la république ; elle pouvait lever *de ceux-ci* jusqu'à dix à quinze mille hommes à pied, et quatre à cinq mille à cheval ; leurs chevaux *sont* petits, mais d'un bon service. Ces Esclavons étaient les troupes de confiance du Sénat : ils avaient le très grand avantage d'être étrangers à la langue et aux mœurs de la *terre ferme*.

La ville de Venise était fort riche, et quoique son commerce fût déchu, cependant il se maintenait encore. Les seules familles du livre d'or avaient part à *l'administration, elles remplissaient* le Sénat, les conseils, les quarancies et autres magistratures ; ce qui *excluait les nobles* de la terre ferme. Ceux-ci comptaient parmi eux un grand nombre de familles riches, illustres et puissantes, qui, sujettes et privées de tout pouvoir, demeuraient sans considération, et jalousaient beaucoup la noblesse souveraine de Venise.

Ces nobles de terre ferme descendaient en partie des anciens condottieri, des anciens podestats, ou autres personnes qui, jadis, avaient joué un grand rôle dans les républiques de leurs villes, et dont les ancêtres, après s'être opposés longtemps aux entreprises de Venise, avaient été victimes de la politique de cette république. Ainsi, à la jalousie et à la haine que leur inspirait la nature du gouvernement, se joignaient encore les ressentiments historiques soigneusement perpétués. Ces provinces de terre ferme étaient généralement mécontentes et fort peu attachées à leur gouvernement. *La plus grande partie* du peuple faisait cause commune avec la noblesse de terre ferme ; *une portion cependant* s'attachait aux nobles Vénitiens qui avaient des propriétés et des établissements dans presque toutes les provinces. Les prêtres étaient sans crédit et sans considération dans la république qui, de très bonne heure, s'était affranchie de toute influence de la part du pape.

Le chef de la maison d'Autriche, qui possédait Milan et Mantoue en Italie, et une portion de l'Istrie, sur l'Adriatique, avait beaucoup d'intérêts mêlés avec Venise et celle-ci, qui avait à le redouter constamment, s'était toujours maintenue contre lui, par l'équilibre de l'Europe et spécialement par la protection de la France.

Pour aller du Tyrol à Mantoue par la Lombardie, il faut traverser le territoire vénitien depuis Rivoli jusqu'à Mantoue, ce qui forme environ deux jours de marche. Des traités y assuraient à l'Autriche une route militaire ; mais les troupes devaient la traverser désarmées et par petits détachements. Aucune autre route militaire n'était accordée au travers du pays, depuis l'Adige jusqu'à l'Isonzo. Dans les guerres précédentes en Italie, l'Autriche était obligée de faire les communications de son armée par mer, de Trieste au Pô, les convois ne pouvant traverser le Frioul et les États de terre ferme, hormis la route de Rivoli à Mantoue. C'est ce qui donna lieu à la croisière du chevalier de Forbin, sous Louis XIV, qui interceptait les communications, par mer, de Trieste au Pô.

Lorsque la première coalition se forma contre la France, les puissances engagèrent cette république d'y prendre part. Il ne paraît pas qu'il s'élevât à ce sujet des discussions sérieuses dans le conseil ; tous y furent du même avis. Ils étaient tellement éloignés du théâtre, qu'ils se regardèrent comme étrangers à ces affaires, et voulurent demeurer neutres. Lorsque le comte de Lille choisit Vérone pour son séjour, Venise ne l'accorda qu'avec l'assentiment du Comité de salut public, qui préférait savoir le prétendant à Vérone qu'en tout autre lieu.

Quand les troupes françaises marchèrent, en 1794, vers Oneille, et que leur camp s'établit à Savone, on crut l'Italie menacée d'invasion, et plusieurs puissances se réunirent en congrès à Milan. Venise refusa d'y paraître, non qu'elle ne condamnât les principes français, mais elle redoutait de se livrer à la merci de l'Autriche. Le danger, d'ailleurs, lui paraissait très éloigné.

2. *Opinion dans le Sénat : la première est celle des amis de l'Autriche, la deuxième des vieux sénateurs, la troisième des amis de la France.* Mais quand Napoléon parvint à Milan, et que Beaulieu se réfugia épouvanté derrière le Mincio, qu'il entra dans Pescaire, et y assit sa droite, dans l'espoir de défendre le Mincio, alors l'incertitude et les alarmes furent grandes dans la république ; l'espace immense qui avait séparé jusque-là la lutte de la démocratie et de l'aristocratie était franchi. La guerre des principes et celle des canons se trouvaient au sein de l'État. De vives et orageuses discussions agitèrent le Sénat, qui se partagea entre trois opinions. Pezzaro et les plus jeunes sénateurs, *partisans de l'Autriche, voulaient que l'on se déclarât contre la France.* Ils voulaient la neutralité, mais la neutralité armée. Ils voulaient qu'on jetât de fortes garnisons dans Pescaire, Brescia, Bergame, dans Porto-Legnano et Vérone ; qu'on déclarât ces places places de guerre. Ils voulaient qu'on levât cinquante mille hommes, qu'on armât avec activité les lagunes, qu'on y plaçât des chaloupes-canonnières, qu'on équipât une escadre pour tenir l'Adriatique, et que, dans cette attitude formidable, on déclarât la guerre au premier qui violerait *désormais* le territoire. Ceux de cette opinion disaient que si la dernière heure était arrivée, il valait mieux périr les armes à la main que d'expirer honteusement ; qu'en défendant le territoire on empêcherait les idées françaises de s'inoculer dans les principales villes ; qu'on obtiendrait des deux partis ennemis d'autant plus de ménagement qu'on se serait mis plus en mesure d'en exiger ; que si, au contraire, on ouvrait paisiblement les portes, et qu'on laissât entrer les Français dans les grandes villes de terre ferme, alors la guerre des deux grandes puissances s'établissait sur le territoire de la république, et dès ce moment, la souveraineté lui échappait ; que le premier devoir du prince est de protéger ses sujets ; or, le seront-ils, pourront-ils l'être, si on laissait établir le théâtre de la guerre sur leur territoire ? Les campagnes seront ravagées, les villes brûlées successivement par les deux armées. Alors les peuples malheureux perdront toute estime et tout

respect pour l'autorité qui les abandonne. Les germes de mécontentement et de jalousie qui existent déjà fermenteront avec violence ; la république expirera sans mériter même les regrets de l'histoire.

L'opinion à laquelle se ralliaient tous les vieux sénateurs *était de ne prendre aucun parti décisif. Ils avouaient* que tous les dangers étaient vrais, qu'on avait à craindre tout à la fois et l'ambition de l'Autriche et les principes de la France ; mais que ces maux étaient heureusement passagers. Qu'avec du ménagement et de la patience, on éviterait les inconvénients qu'on craignait. Que les Français étaient d'un naturel conciliant, facile à caresser ; qu'avec de bons procédés et des gouverneurs habiles, tenant un grand état de maison, ayant quelques fonds à leur disposition pour les dépenses secrètes, on s'emparerait de l'esprit de leur chef, on se concilierait leur opinion. *Que déclarer désormais une neutralité armée, c'était déclarer la guerre à la France.* Qu'on ne pouvait leur fermer des portes qui avaient été ouvertes à leurs ennemis, sans lui donner un juste sujet de guerre. Or, pouvait-on songer sérieusement à leur résister avec quelques milliers d'Esclavons ! La république ne devait pas compter sur le Brescian, ni sur le Bergamasque, qui s'insurgeraient tout d'abord, et que, si l'on venait à combattre, les Français trouveraient aussitôt dans leurs partisans de la terre ferme un équivalent aux levées qu'on pourrait faire venir contre eux de la Dalmatie. Que les maux étaient grands sans doute, la crise dangereuse ; mais qu'on n'était pourtant pas au point où le peignaient les têtes exaltées. La république avait traversé bien d'autres orages, il fallait gagner du temps : c'est avec ce sage principe que leurs ancêtres s'étaient maintenus. Heureusement la Providence avait fixé leur capitale dans une *ville imprenable. Tous les efforts de la république ne devaient avoir pour but que de renforcer cette capitale en opposant à tout le reste la patience, la modération et le temps.*

Une troisième opinion se manifesta dans le Sénat ; on l'attribua au provéditeur Bataglia. La république, dit-il, est vraiment en danger de son existence. D'un côté, les principes français subversifs de notre constitution ; de l'autre, l'Autriche, qui en veut à notre indépendance. Entre ces deux maux inévitables, sachons choisir le moindre. Le pire, à mes yeux, est l'esclavage de l'Autriche. Augmentons le livre d'or, inscrivons-y ceux de la noblesse de terre ferme qui le méritent ; dès ce moment, plus de division, plus d'opposition parmi nous. Armons nos places, équipons nos flottes, levons cinquante mille hommes, et courons au-devant du général français lui offrir une alliance offensive et défensive. Nous serons peut-être, par là, conduits à quelques changements dans notre constitution ; mais nous sauverons notre indépendance et notre liberté. Est-ce donc la première fois qu'on augmente le livre d'or ? On a parlé d'une neutralité armée contre les deux partis. Il y a deux ans, au commencement de l'orage, ce parti eût été meilleur. Il était juste, parce qu'il était égal pour les deux parties belligérantes ; il eût été possible, parce qu'on eût eu le temps de s'y préparer. Si vous le proclamiez aujourd'hui, ce serait déclarer la guerre *à la France. Vous ne pouvez pas interdire aux Français ce que vous avez permis ou toléré de la part des Autrichiens. Peut-on vous proposer de vous mettre en guerre contre l'armée française, laquelle est victorieuse, lorsqu'elle sera dans huit jours à vos portes, lorsqu'encore vous n'avez aucun traité avec l'Autriche ? et en eussiez-vous, celle-ci* ne peut vous être d'aucun secours avant deux mois ; or, que deviendrait la république, dans deux mois, contre un ennemi aussi entreprenant et aussi actif ? Le second parti qu'on nous propose, celui de la patience et du temps, est aussi mauvais que le premier. Les circonstances politiques ne sont plus aujourd'hui les mêmes ; les temps sont bien changés ; la crise où nous sommes ne ressemble à aucune de celles dont a triomphé la vieille existence de la république : nous ne saurions prendre conseil de nos ancêtres. Les principes français sont dans toutes les têtes ; ils se reproduisent partout : c'est un torrent débordé qu'on espérerait en vain arrêter par les digues de la patience, de la modération et de la souplesse. Le parti français existe dans toutes les provinces. La mesure que je vous propose peut seule nous sauver ; elle est simple, noble, généreuse. Je le répète : *allons au-devant du général français, concluons avec lui une alliance offensive et défensive.* L'Autriche se trouvera trop faible pour que nous craignions de devenir sa proie. *Nous pouvons contribuer* efficacement aux succès des Français, nous pouvons les renforcer de *vingt-cinq mille hommes, en gardant ce qui nous est nécessaire pour Venise, et, de plus, les favoriser* de notre influence sur les esprits, des avantages de nos localités ; tout sera facile, parce que *tous les partis qui divisent l'État* marcheront ensemble et dans une même direction. Notre indépendance sera assurée ; nous sauvons les grandes bases de notre constitution. Renforcés par nous, les Français prendront promptement Mantoue, porteront la guerre hors de nos limites. Que si, malgré notre assistance, les Français étaient battus, *obligés de repasser l'Adda*, nous nous défendrions contre l'Autriche. L'Autriche n'a aucun parti sur notre territoire ; à Brescia, Bergame, il n'est personne qui ne prît volontairement les armes pour n'être pas sujet autrichien ; alors *le poids de la France*, l'intérêt de l'Angleterre, de la Suisse, nous sauveraient.

Cette opinion saisit toutes les passions, frappa tous les bons esprits ; mais ne captiva le suffrage *que de peu de sénateurs*. Comment affaiblir ses privilèges ! L'amour et l'intérêt de famille l'emportèrent sur ceux de la patrie. Cette résolution était trop grande pour des gens dégénérés, incapables de grandes pensées. Aussi ce ne fut ni l'invasion de Napoléon en Italie, ni les principes français qui perdirent Venise ; mais la conduite de son gouvernement et l'abasourdissement de ceux qui le composaient. On prit donc, ainsi qu'il arrive dans une grande circonstance, le parti le plus mauvais ; on s'en rapporta aux événements et à la Providence.

3. *Conduite des provéditeurs Mocenigo, Foscarelli, Bataglia.* Le provéditeur Mocenigo, suivant ces instructions, reçut donc le général en chef, à Brescia, magnifiquement. Ce furent des voitures somptueuses, de grandes fêtes, des repas splendides. Jamais la France n'avait eu de meilleurs amis que les Vénitiens ; chaque noble voulait devenir l'ami particulier du général français. D'un autre côté, ces fêtes, où était invitée toute la noblesse du pays, facilitaient les liaisons des officiers français avec les principales familles ; aucun ne put se faire scrupule de recevoir chez lui des officiers et des généraux dont on avait fait la connaissance chez le provéditeur.

Le provéditeur Foscarelli fut de même à Vérone. Il donna pareillement des fêtes ; mais, étant d'un caractère peu souple, il ne put dissimuler les sentiments secrets de son cœur ; c'était un des hommes du Sénat les plus opposés aux Français. Il ne put porter aucune plainte contre l'entrée des Français à Pescaire, parce qu'ils y succédaient à Beaulieu ; mais quand on lui demanda les clefs de l'arsenal pour armer les remparts, quand on se mit en devoir d'armer les galères, Foscarelli se plaignit que le général français violait la neutralité de la république. Beaulieu, il est vrai, était entré dans les fortifications de Pescaire ; de ses remparts, il avait tiré du canon sur les Français, mais c'était avec sa propre artillerie !!! Lorsque le général français arriva à Pescaire, Foscarelli se rendit auprès de lui pour le détourner de venir à Vérone, comme il l'avait annoncé, le menaçant de fermer les portes et de les défendre de son canon. « Il est trop tard, dit le général français tirant sa montre, mes troupes y sont entrées, je suis obligé d'établir une défense sur l'Adige pendant le siège de Mantoue. Ce n'est point avec quinze cents Esclavons que vous pourriez me garantir et vous opposer au passage de l'armée autrichienne. Si vous le pouviez, pourquoi ne l'avez-vous pas fait ? La neutralité consiste à avoir même poids et même mesure pour chacun. Si vous êtes amis des Français, vous ne pouvez vous empêcher de leur accorder ce que vous avez accordé ou du moins *toléré* à leur ennemi. » Quand on exigea les clefs des magasins et de la poudrière pour armer Vérone ; quand, pour tracer une demi-lune en avant de Vérone, sur la chaussée de Vicence, il fallut démolir quelques bureaux d'octroi, Foscarelli, tout hors de lui, demanda une audience au général français, et parla longtemps sur la violation de la souveraineté de la république. Ces diverses discussions envoyées au Sénat, lui firent comprendre que Foscarelli n'avait pas précisément les qualités propres aux circonstances. Pensant que Bataglia serait plus agréable à Napoléon, on le lui envoya comme provéditeur général de toutes les provinces au-delà de l'Adige. C'était un homme souple, instruit, de manières douces, sincèrement attaché à la république, très porté pour la France d'autrefois, et préférant même la France républicaine à l'Autriche. Peu à peu le théâtre de la guerre s'étendit sur la totalité des possessions vénitiennes ; mais ce furent toujours les Autrichiens qui entamèrent de nouveaux territoires. *Beaulieu occupa le premier Peschiera, Vérone.* Wurmser se jeta le premier dans Bassano, et traversa le premier Vicence et Padoue ; Alvinzi, plus tard, et l'archiduc Charles occupèrent le Frioul, Palma-Nova et jusqu'aux limites les plus orientales de la république.

4. *Factions à Brescia, Bergame, Vérone.* Cependant une grande agitation prévalait dans toute la terre ferme, le mécontentement se propageait avec rapidité. Aux causes naturelles de la constitution de Venise se joignaient aujourd'hui la fréquentation des Français, l'attrait de leurs opinions nouvelles, et la sorte d'admiration que répandirent les défaites de Wurmser, et les succès obtenus sur Alvinzi. On regardait généralement *l'Italie comme perdue pour l'Autriche*, et l'on considérait que son expulsion devait entraîner la chute de l'aristocratie. Le général français chercha constamment à modérer ce mouvement. Lorsqu'il revint de Tolentino, tout entier à son projet de *marcher sur Vienne*, il porta toute son attention à prévenir les troubles qui pourraient avoir lieu durant son absence d'Italie. Les États vénitiens lui donnaient de l'embarras : l'irritation avait été toujours croissant ; Brescia et Bergame avaient à peu près opéré leur révolution. Les Fenaroli, les Martinengue, les Lecchi, les Alexandri étaient à la tête de ce mouvement ; ils composaient les premières, les plus riches familles. Ces deux villes, sous le nom de municipalité, exerçaient une espèce d'indépendance : elles avaient les caisses, disposaient des revenus et nommaient aux emplois ; si le lion de Saint-Marc s'y voyait encore, c'était plutôt une déférence pour les volontés du général français, qu'un acte de soumission à la souveraineté de Venise. C'était partout des déclamations amères et violentes contre les nobles vénitiens, soit dans les conversations, soit par la voie de la presse. Partout on relevait avec aigreur l'injustice de leur souveraineté. « Où est le droit de Venise, disait-on, de dominer sur nos villes ? Sommes-nous moins braves, moins éclairés, moins riches ? Que diverses provinces reconnaissent un monarque qui séjourne dans la capitale, cela se conçoit, parce que ces provinces et cette capitale sont égales à ses yeux, sont toutes sujettes et toutes favorisées des mêmes droits. Mais ici, que le noble vénitien s'arroge exclusivement la souveraineté sur nous, qui le valons à tous égards, c'est une monstruosité insupportable et révoltante. »

D'un autre côté l'orgueil des sénateurs était vivement offensé de voir des sujets qui depuis des siècles étaient sou-

mis à leurs ancêtres, oublier l'immense distance qui les séparait. Ils n'oubliaient rien pour les faire rentrer dans le devoir :
ils augmentaient les levées d'Esclavons, les menaçaient des
succès des Autrichiens, les appelaient jacobins, faisaient courir les bruits les plus alarmants contre les Français : tout
annonçait un choc violent.

Bataglia, dans ses dépêches au Sénat, adoucissait les outrages des Brescians et diminuait aux yeux de ceux-ci la colère
et les emportements du Sénat. Toujours conciliant, il ne cessait dans ses nombreux rapports avec le général français de
l'intéresser à la république. Cependant il était trop éclairé
pour se dissimuler qu'il était impossible d'ajuster à l'amiable
des passions si violemment contrariées.

5. *Difficulté attachée aux affaires de Venise. Le général
français* médita longtemps sur l'état des choses. Il lui semblait impossible de laisser ainsi sur ses derrières trois millions
d'individus livrés au désordre et à l'anarchie. Il n'avait pas
plus d'influence sur les amis de la France que sur le Sénat
même ; il pouvait bien les empêcher *de se porter à de telles
démarches*, mais il ne pouvait les empêcher de parler,
d'écrire, d'irriter personnellement le Sénat dans une foule *de
détails d'administration* qui lui étaient étrangers. Il fallait
pourtant prendre un parti. Désarmer ceux de Brescia et de
Bergame, se déclarer tout à fait pour le Sénat en proscrivant
les novateurs ; en remplir les cachots de Venise, c'eût été
s'aliéner le parti populaire sans se concilier l'affection du
Sénat. Et si cette atroce politique eût pu entrer dans l'esprit
du général français, elle eût eu pour résultat infaillible,
comme sous Louis XII, de réunir à la fin toute la population
contre lui. Porter le Sénat à s'allier avec la France en modifiant sa constitution, en se rendant agréable aux peuples de
la terre ferme, c'était sans doute le meilleur parti ; aussi le
général français avait-il tout tenté pour l'y amener. A chaque
succès *qu'il obtenait* il en renouvelait la proposition, mais il
avait toujours échoué. *Il s'offrait un troisième parti : de* marcher sur Venise, de saisir cette capitale, et d'y opérer, par la
force, le changement politique nécessaire, en modifiant ses
lois et procurant la supériorité aux partisans de la France.
C'était la vraie manière de couper le nœud, ne pouvant le
dénouer. Mais quand, après avoir arrêté ce projet, il voulait

déterminer le moment de l'exécution, il lui devenait impossible de le concilier avec les circonstances et son grand projet sur Vienne.

Il ne pouvait marcher sur Venise tant que le prince Charles serait sur la Piave ; il fallait donc commencer par le battre et le chasser d'Italie. Mais, si l'on obtenait ce grand avantage, convenait-il alors de perdre les fruits de la victoire ? Fallait-il retarder le passage des montagnes pour ramener la guerre autour de Venise ? C'était donner au prince Charles le temps de se reconnaître, de se renforcer, de créer de nouveaux obstacles. On ne pouvait attaquer Venise sans avoir battu le prince Charles qui la couvrait ; *et on ne le devait pas après l'avoir battu, parce qu'alors le temps était trop précieux, et qu'il* convenait de le poursuivre jusqu'à Vienne. Venise était d'une grande force ; elle était défendue par ses lagunes, une grande quantité de bâtiments armés ; quinze mille Esclavons formaient sa garnison. Maîtresse de l'Adriatique, elle pouvait recevoir encore de nouvelles troupes ; enfin, elle recelait dans son sein la force morale de toutes ces familles souveraines qui allaient combattre pour leur existence politique. Qui pouvait évaluer le temps que nos troupes seraient retenues à cette entreprise ; et, pour peu que la lutte se prolongeât, de quel effet ne pouvait pas être une telle résistance sur le reste de l'Italie ? Cette nouvelle guerre ne manquait pas d'éprouver de grandes contradictions à Paris : Venise y avait un ministre très actif ; les conseils y étaient en opposition avec le Directoire ; le Directoire lui-même était très divisé. Si Napoléon consultait le Directoire sur l'entreprise de Venise, *celui-ci ne répondrait pas, ou éviterait la question.*

Si, comme il l'avait fait jusque-là, il agissait de son chef, *sans demander d'autorisation*, à moins d'un succès immédiat, on lui reprocherait d'avoir violé tous les principes : il n'avait le droit, comme général en chef, que de repousser la force par la force ; une guerre nouvelle contre une puissance indépendante ne pouvait être faite sans l'ordre de son gouvernement ; c'eût été se rendre coupable de l'usurpation des droits de la souveraineté.

On ne put donc prendre le parti *décisif de déclarer la guerre à Venise :* 1° parce qu'on n'en avait pas le droit ; 2° parce que cela n'était pas conciliable avec le projet *de porter la guerre en* Allemagne, *sans délai.* L'épisode de

Venise pouvait devenir une affaire principale qui eût fait manquer *la grande affaire de* Vienne ; il fallut donc se résoudre vis-à-vis des Vénitiens à de simples précautions militaires. On était sûr de Brescia et de Bergame, et de tous les pays sur la rive droite de l'Adige ; ses troupes occupaient les citadelles de ces deux villes. Vérone, bien moins disposée, fut contenue non seulement par ses châteaux bien approvisionnés, mais encore par le vieux palais sur la rive droite, qu'on fit armer, qui devint une véritable citadelle au milieu de la ville, et rendit maître absolu d'un des trois ponts de pierre. Toutes les troupes qui *avaient été employées* à l'expédition contre le pape furent destinées à former une réserve qui se tiendrait sur Vérone, et se porterait partout où il serait nécessaire.

6. *Conférence avec Pezzaro.* Napoléon, au moment d'ouvrir la nouvelle campagne, toujours plus inquiet de la direction des affaires de Venise, ayant le pressentiment de quelques machinations secrètes de la part du Sénat, résolut de tenter un nouvel effort de négociation, et voulut avoir un entretien avec Pezzaro, *le chef du parti autrichien*, qui dans ce moment conduisait toutes les affaires de la république. Pezzaro peignit l'état critique de la république, le mauvais esprit des peuples, les plaintes légitimes *contre Brescia* et Bergame *et leurs partisans dans les autres provinces* de la terre ferme. Il dit que ces circonstances difficiles exigeaient des mesures fortes de la part du Sénat, et des armements extraordinaires qui ne devaient causer aucun ombrage au général français ; *que le Sénat* était dans l'obligation de faire des arrestations *à Venise et dans la terre ferme*, et qu'il serait injuste de qualifier de rigueur contre les partisans de la France ce qui n'était, de la part du Sénat, que la juste punition des citoyens turbulents qui voulaient renverser les lois de leur pays. Le général français ne disconvint pas de la situation critique de Venise, et sans perdre son temps à en discuter les causes, il aborda franchement les faits : « Vous voulez arrêter ce que vous appelez vos ennemis, et que nous appelons nos amis ; vous mettez en place des personnes connues par la haine qu'elles nous portent, et par leurs liaisons avec les Autrichiens. Vos troupes s'augmentent, elles marchent, *disent-elles*, contre les Jacobins. *Que vous reste-t-il à faire pour que nous soyons en guerre ?* Une guerre contre la

France ferait votre entière et prompte ruine ; vainement vous
compteriez sur le prince Charles ; votre calcul serait faux :
je le battrai et le chasserai de l'Italie avant huit jours. Il est
un moyen de sortir de la situation pénible où nous sommes ;
je veux terminer vos angoisses, je vous offre l'alliance de la
république ; je vous garantirai tous vos États de terre ferme,
même votre autorité dans Brescia et dans Bergame. *Vous
déclarerez la guerre à l'Autriche, et vous me donnerez dix
mille hommes pour contingent. Je crois convenable de mettre
dans le livre d'or les principales familles de la terre ferme ;
mais je n'en fais pas une condition* sine qua non. *Retournez
à Venise : faites délibérer le Sénat, et venez signer un traité
qui seul peut sauver votre patrie et nous mettre d'accord.* »
Pezzaro s'était fort avancé, il avait besoin de gagner du
temps ; il avoua la sagesse du projet, et partit pour Venise,
en promettant de venir avant quinze jours.

Pendant cet intervalle il se passa bien des événements. Le
13 mars l'armée française passa la Piave. Aussitôt que Pezzaro en fut instruit, il expédia à Bergame l'ordre de faire
arrêter et traduire devant le conseil des Dix quatorze des
principaux citoyens de cette ville, c'étaient les chefs du parti
patriotique ; mais ceux-ci, prévenus par un commis de Venise
qui était de leur parti, interceptèrent le courrier porteur de
cet ordre, arrêtèrent le provéditeur lui-même et proclamèrent
la liberté de Bergame le 14 mars. Ils envoyèrent au général
français, pour l'en prévenir, des députés qui ne purent
l'atteindre que sur le champ de bataille du Tagliamento. Cet
événement le contraria beaucoup, mais il était sans remède.
Les Bergamasques s'étaient déjà fédérés avec Milan, capitale
de la République lombarde, et Bologne, capitale de la République transpadane. La même révolution s'opéra peu de jours
après à Salo et à Brescia. Les deux mille Esclavons qui étaient
dans cette dernière ville furent désarmés ; le provéditeur
Bataglia fut respecté, mais renvoyé à Vérone. Pezzaro revint
comme il l'avait promis, il rejoignit le général français à
Palma-Nova. Le prince Charles avait été battu sur le Tagliamento. Palma-Nova avait ouvert ses portes, et les drapeaux
français flottaient à Tarvis, au-delà de l'Isonzo, sur le sommet
des Alpes noriques !

« Ai-je tenu parole ? dit Napoléon : le territoire vénitien
est couvert de mes troupes ; les Allemands fuient devant

moi ; je serai sous peu de jours en Allemagne. Que veut votre
république ? Je lui ai offert l'alliance de la France, l'accepte-
t-elle ? – Non, dit Pezzaro. Venise se réjouit de vos triomphes,
elle sait bien ne pouvoir exister que par la France ; mais,
fidèle à son antique et sage politique, elle veut rester neutre.
D'ailleurs à quoi pourrions-nous être bons ? Sous Louis XII
et François Iᵉʳ, nous pouvions être de quelque poids sur le
champ de bataille ; mais aujourd'hui, avec des armées si
immenses, avec des populations entières sous les armes, *quel
cas pourriez-vous faire de nos secours ?* – Mais continuez-
vous vos armements ? – Il le faut bien, dit Pezzaro ; Brescia
et Bergame ont levé l'étendard de la rébellion. Nos fidèles
sujets sont menacés à Crema, à Chiaro, à Vérone ; Venise
même est agitée. – Eh bien, lui répondit le général français,
tout cela n'est-il pas une raison de plus pour accepter les
propositions que je vous ai faites ? Elles termineront tout.
Mais votre destinée vous entraîne ; toutefois, songez-y : le
moment est plus décisif pour votre république que vous ne
pensez ; je laisse en Italie plus de forces qu'il n'en faudrait
pour vous soumettre ; je quitte l'Italie pour m'enfoncer en
Allemagne ; s'il y avait sur mes derrières des troubles par
votre faute, si mes soldats étaient insultés par l'impulsion
que vous donnez aux vôtres *contre les Jacobins* ; ce qui n'eût
pas été un crime quand j'étais en Italie, en serait un irrémis-
sible sitôt que je serais en Allemagne ; votre république ces-
serait d'exister ; vous auriez prononcé sa sentence. *Si j'ai à
me plaindre de vous, vainqueur ou vaincu, je ferai la paix à
vos dépens !* »

Pezzaro, comme on le croit bien, s'étendit en vœux, en
justifications, protestations, et on se sépara.

Les propositions offertes par le général français avaient
été vivement discutées dans le Sénat et rejetées. « A quoi
aboutirait une telle alliance ? avait-on dit. A perdre nos dix
mille Esclavons ; au premier combat, au premier triomphe,
ils ne seraient plus à nous ; Napoléon leur donnerait des
honneurs, des récompenses ; il les enlèverait infailliblement
par cette magie qui toujours enchaîne le soldat au général
qui le fait vaincre. » Ils *arrêtèrent* donc l'alliance de l'Autriche, et mandèrent à l'envoyé qu'ils avaient *à Vienne de
conclure* malgré la défaite du prince Charles. C'est ainsi que
cette antique république courait aveuglément à sa perte, et

était *la dupe de la politique traîtresse et machiavélique de Vienne.*

7. *Insurrection de Venise ; massacre des Français à Vérone.* Laudon, nommé commandant de la levée tyrolienne, qui s'était retiré à Inspruck devant Joubert, ne le vit pas plus tôt engagé dans le Pusthersthal, qu'il rentra dans le Tyrol pour continuer d'organiser son insurrection et suivre le petit corps d'observation français qui se retirait sur les débouchés de l'Italie pour protéger Vérone. Laudon avait peu de forces ; presque tout ce qui avait été opposé à Joubert avait eu ordre de filer en toute hâte pour rejoindre le prince Charles ; ce mouvement dans le Tyrol était donc de peu de conséquence ; il avait été calculé par Napoléon, qui avait préféré avant tout d'avoir la totalité de ses troupes sous la main.

Laudon, avec l'activité et l'adresse qui caractérisent un partisan, inonda le pays de proclamations et de nouvelles ; il répandait que les armées du Rhin et de Sambre-et-Meuse, ayant voulu passer le Rhin, avaient été écrasées ; que le Tyrol avait été le tombeau des Français ; que l'armée de Joubert avait péri ; il exhortait les Vénitiens et toute l'Italie à une révolte générale, et à se lever en masse sur les derrières des Français. Dans le même moment les mêmes nouvelles répandues par les amis de Pezzaro parvenaient de Venise. Elles arrivaient donc par deux sources différentes, et durent s'accréditer facilement dans tous les États vénitiens, d'autant plus que l'année dernière les armées du Rhin avaient eu un pareil échec. A Brescia, à Bergame, où les partisans de la liberté étaient les plus forts, ils prirent aussitôt les armes, se concertèrent avec les gouverneurs français, et envoyèrent des députations à Milan, à Modène, à Bologne, afin de se soutenir mutuellement.

A Vérone, au contraire, où le parti *du Sénat* dominait, et que Pezzaro avait fait le *point d'appui de son parti*, le peuple, les militaires, les magistrats, éclatèrent contre les Français ; nombre de ceux-ci furent arrêtés dans leurs maisons, et quatre cents de nos malades furent égorgés dans les hôpitaux. Les Français durent s'enfermer dans les forts extérieurs de Vérone, et dans celui qui avait été pratiqué dans l'intérieur, au débouché du troisième pont.

Kilmaine, qui ne voulut pas se laisser couper de Victor,

revenant de Rome, sortit de la ville avec ce qui n'était pas nécessaire à la garde des châteaux, et se retira sur le Mincio. Ainsi le lion de Saint-Marc se relevait triomphant et terrible ; car, au lieu de réprimer ce dangereux mouvement, le parti de Pezzaro s'y livra tout entier, soit qu'il crût réellement à la perte de Joubert, soit qu'il ignorât que le corps de réserve de Victor, déjà assez près de Vérone, accourait en toute hâte ; soit enfin qu'aveuglé par la haine, il espérât détruire tous les novateurs, *et avoir le temps d'en faire un grand exemple ; soit pour satisfaire la vengeance de l'oligarchie :* il inonda la terre ferme de détachements d'Esclavons, et poursuivit les patriotes avec fureur en sonnant le tocsin, et faisant retentir partout les cris de mort *aux novateurs* et à leurs partisans.

Vainement le ministre de France auprès du Sénat fit des efforts pour lui montrer l'abîme qu'il creusait sous ses pas ; vainement il désavoua les désastres du Tyrol, et ceux des armées de Sambre-et-Meuse et du Rhin ; vainement il lui fit connaître le plan de campagne, lui apprenant que le mouvement de Joubert était un mouvement combiné ; qu'il marchait sur la Carinthie par le Pusthersthal ; que loin d'être perdu il avait atteint *son but* : on n'ajouta aucun crédit à ses paroles, on désirait trop vivement le contraire ; la passion fut plus forte, on ne crut que ce que l'on souhaitait.

De son côté, la cour de Vienne ne manqua pas de promettre de signer tout ce que Venise *proposa*. Elle sentait trop de quelle importance il était pour elle d'entretenir une insurrection sur les derrières des Français.

Un corps de réserve laissé par le général français à Palma-Nova, la garnison d'Osopo, et la prudence du provéditeur Mocenigo, firent qu'il se commit moins d'excès dans le Frioul ; peut-être aussi, plus près de l'armée française, on y fut mieux instruit de la vérité.

Cependant les Brescians et autres de la terre ferme, ainsi que tous les Italiens des républiques, montraient du courage et de la force contre les Vénitiens. D'un autre côté, il sortit de tous nos dépôts des bataillons de marche, et de nos places fortes des trains d'artillerie. Quoique tard, la division *Victor arriva enfin* de l'expédition de Rome, et Vérone fut bientôt bloquée par une armée. Toutefois les insurgés firent une vive résistance ; ils ne cédèrent qu'à des forces supérieures et à des attaques réitérées, et se maintinrent jusqu'au 24 avril.

8. *L'aide de camp Junot au Sénat de Venise.* Dès que le général français fut instruit du désordre et des meurtres qui se commettaient sur ses derrières, il expédia à Venise son aide de camp Junot, et le chargea pour le Sénat d'une lettre datée de Judembourg du 9 avril, conçue en ces termes :

« Dans toute la terre ferme, les sujets de la sérénissime république sont sous les armes ; le cri de ralliement est : *Mort aux Français !*

« Le nombre des soldats de l'armée d'Italie qui en ont été les victimes se monte déjà à plusieurs centaines. Vous affectez en vain de désavouer les attroupements que vous-mêmes avez préparés. Croyez-vous que quand j'ai pu porter nos armes au cœur de l'Allemagne, je n'aurai pas la force de faire respecter le premier peuple du monde ? Pensez-vous que les légions d'Italie puissent souffrir les massacres que vous excitez ? Le sang de mes frères d'armes sera vengé, et il n'est pas un seul bataillon français qui, chargé de cette mission généreuse, ne se sente trois fois plus de courage et de moyens qu'il ne lui en faut pour vous punir. Le Sénat de Venise a répondu par la plus noire perfidie à notre générosité soutenue à son égard.

« Je prends le parti de vous envoyer mes propositions par l'un de mes aides de camp et chef de brigade : *La guerre ou la paix.* Si vous ne prenez sur-le-champ toutes les mesures pour dissiper les attroupements ; si vous ne faites au plus tôt arrêter et remettre entre mes mains les auteurs des meurtres qui se commettent, la guerre est déclarée.

« Le Turc n'est pas sur vos frontières, aucun ennemi ne vous menace, et cependant vous avez fait arrêter, de dessein prémédité, des prêtres, pour faire naître un attroupement et le tourner contre l'armée. Je vous donne vingt-quatre heures pour le dissiper ; les temps de Charles VIII sont passés.

« Si, malgré la bienveillance que vous a montrée le gouvernement français, vous me réduisez à vous faire la guerre, ne pensez pas que le soldat français, comme les brigands que vous armez, aille ravager les champs du peuple innocent et malheureux de la terre ferme ; non, je le protégerai, et il bénira jusqu'aux forfaits qui auront obligé l'armée française de l'arracher à votre tyrannique gouvernement.

« *Signé* : BUONAPARTE. »

L'aide de camp eut l'ordre de lire cette lettre, lui-même, en plein Sénat, et d'exprimer à cette assemblée toute l'indignation qu'excitait sa conduite. Mais déjà la terreur était dans Venise ; le prestige était dissipé. On y savait que les armées du Rhin n'avaient pas bougé, pas essuyé d'échec ; que Joubert était arrivé à Villach avec toute son armée ; que Victor, revenu de Rome, investissait Vérone ; qu'Augereau, de retour d'une mission à Paris, se portait sur les lagunes, avec une division de bataillons de marche ; qu'enfin Napoléon, victorieux dans tous ses combats, avait porté l'épouvante jusque dans Vienne ; qu'il venait d'accorder une suspension d'armes à ses ennemis ; que ceux-ci lui avaient envoyé des plénipotentiaires pour lui demander la paix. L'abattement était extrême.

Le ministre de France présenta Junot ; le Sénat fut à ses pieds. Tous les moyens furent employés pour l'adoucir. Cependant il remplit sa mission avec toute la franchise et la rudesse d'un soldat ; ce qui accrut de beaucoup l'épouvante du Sénat exalta, au contraire, les amis de la liberté, et leur fit prendre tout à fait le dessus dans la ville.

Le Sénat envoya une grande députation au général français, lui proposant toutes les réparations qu'il pourrait désirer, et lui offrant d'en passer par tout ce qu'il lui plairait de prescrire. *Tout fut mis en œuvre ; on offrit des millions à tout ce que l'on croyait avoir du crédit sur les esprits. Tout fut inutile.* Il expédia alors des courriers à Paris, et mit des sommes considérables à la disposition de son ministre, afin de se gagner *les membres du Directoire*, et faire donner au général français des ordres propres à sauver *Venise*. Tous ces moyens furent inutiles auprès du général français : ils réussirent à Paris. La distribution de quelques sommes et une promesse de dix millions valut au ministre de Venise des lettres et l'expédition d'ordres favorables. Mais ils n'étaient pas revêtus de toutes les formes voulues ; d'ailleurs, les dépêches du ministre au Sénat furent interceptées. Le général français y trouva le développement de toute l'intrigue, le montant des sommes données, celui des lettres de change, et par cela tout devenait nul.

Vers la fin d'avril, Napoléon revint par Gratz, Laybach, Trieste, Palma-Nova ; il passa de là à Trévise, sur le bord des lagunes, visita les différents débouchés des canaux, et rendit, le 3 mai, l'ordre du jour suivant, par lequel, se fondant sur le principe naturel de repousser la force par la force, il déclarait la guerre à Venise.

ORDRE DU JOUR OU MANIFESTE

Pendant que l'armée française est engagée dans les gorges de la Styrie, et laisse loin derrière elle l'Italie et les principaux établissements de l'armée, où il ne reste qu'un petit nombre de bataillons, voici la conduite que tient le gouvernement de Venise :

1° Il profite de la semaine sainte pour armer quarante mille paysans, y joint dix régiments d'Esclavons, les organise en différents corps d'armée, et les poste aux différents points, pour intercepter toute communication entre l'armée et ses derrières.

2° Des commissaires extraordinaires, des fusils, des munitions de toute espèce, une grande quantité de canons, sortent de Venise même pour achever l'organisation des différents corps d'armée.

3° On fait arrêter en terre ferme ceux qui nous ont accueillis ; on comble de bienfaits et de toute la confiance du gouvernement ceux en qui l'on connaît une haine furibonde contre le nom français, et spécialement les quatorze conspirateurs de Vérone que le provéditeur Prioli avait fait arrêter, il y a trois mois, comme ayant médité l'égorgement des Français.

4° Sur les places, dans les cafés et autres lieux publics de Venise, on insulte et on accable de mauvais traitements tous les Français, les dénommant des noms injurieux de Jacobins, de régicides, d'athées : les Français doivent sortir de Venise, et peu après il leur est même défendu d'y entrer.

5° On ordonne aux peuples de Padoue, de Vicence, de Vérone, de courir aux armes, de seconder les différents corps d'armée, et de commencer enfin ces nouvelles vêpres siciliennes. Il appartenait au lion de Saint-Marc, disent les officiers vénitiens, de vérifier le proverbe que *l'Italie est le tombeau des Français*.

6° Les prêtres en chaire prêchent la croisade, et les prêtres dans l'État de Venise ne disent jamais que ce que veut le gouvernement. Des pamphlets, des proclamations perfides, des lettres anonymes sont imprimés dans les différentes villes, et commencent à faire fermenter toutes les têtes ; et dans un État où la liberté de la presse n'est pas permise, dans un gouvernement aussi craint que secrètement abhorré, les imprimeurs n'impriment, les auteurs ne composent que ce que veut le Sénat.

7° Tout sourit d'abord aux projets perfides du gouvernement ; le sang français coule de toutes parts ; sur toutes les routes on intercepte nos convois, nos courriers et tout ce qui tient à l'armée.

8° A Padoue, un chef de bataillon et deux autres Français sont assassinés. A Castiglione de Mori, nos soldats sont désarmés et assassinés. Sur toutes les grandes routes de Mantoue à Legnano, de Bassano à Vérone, nous avons plus de deux cents hommes assassinés.

9° Deux bataillons français voulant rejoindre l'armée rencontrent à Chiari une division de l'armée vénitienne, qui veut s'opposer à leur passage. Un combat s'engage, et nos braves soldats se font passage en mettant en déroute ces perfides ennemis.

10° A Valeggio, il y a un autre combat ; à Dezenzano, il faut encore se battre : les Français sont partout peu nombreux, mais ils savent bien qu'on ne compte pas le nombre des bataillons ennemis lorsqu'ils ne sont composés que d'assassins.

11° La seconde fête de Pâques, au son de la cloche, tous les Français sont assassinés dans Vérone ; on ne respecte ni les malades dans les hôpitaux, ni ceux qui, en convalescence, se promènent dans les rues, et qui sont jetés dans l'Adige ou meurent percés de mille coups de stylet : plus de quatre cents Français sont assassinés.

12° Pendant huit jours l'armée vénitienne assiège les trois châteaux de Vérone : les canons qu'ils mettent en batterie leur sont enlevés à la baïonnette ; le feu est mis dans la ville, et la colonne mobile, qui arrive sur ces entrefaites, met ces lâches dans une déroute complète, en faisant trois mille hommes de troupes de ligne prisonniers, parmi lesquels plusieurs généraux vénitiens.

13° La maison du consul français de Zante a été brûlée dans la Dalmatie.

14° Un vaisseau de guerre vénitien prend sous sa protection un convoi autrichien, et tire plusieurs boulets contre la corvette *la Brune*.

15° *Le Libérateur d'Italie*, bâtiment de la République, ne portant que trois ou quatre petites pièces de canon, et n'ayant que quarante hommes d'équipage, est coulé à fond dans le port même de Venise et par les ordres du Sénat. Le jeune et intéressant Laugier, lieutenant de vaisseau, commandant ce bâtiment, dès qu'il se voit attaqué par le feu du fort et par la galère amirale, n'étant éloigné de l'un et de l'autre que d'une portée de pistolet, ordonne à son équipage de se mettre à fond de cale. Lui seul il monte sur le tillac, au milieu d'une grande mitraille, et cherche par ses discours à désarmer la fureur de ses assassins ; mais il tombe raide mort. Son équipage se jette à la nage, et est poursuivi par six chaloupes montées par des troupes soldées par la république de Venise, qui tuent à coups de hache plusieurs de ceux qui cherchaient leur salut dans la haute mer. Un contremaître, blessé de plusieurs coups, affaibli, faisant sang de tous côtés, a le bonheur de prendre terre à un morceau de bois touchant au château du port ; mais le commandant lui-même lui coupe le poignet d'un coup de hache.

Vu les griefs ci-dessus, et autorisé par le titre XII, article 328 de la Constitution de la République, et vu l'urgence des circonstances :

Le général en chef requiert le ministre de France près la république de Venise, de sortir de ladite ville ; ordonne aux différents agents de la république de Venise dans la Lombardie et dans la terre ferme vénitienne de l'évacuer sur les vingt-quatre heures.

Ordonne aux différents généraux de division de traiter en ennemies les troupes de la république de Venise, de faire abattre dans toutes les villes de la terre ferme le lion de Saint-Marc. Chacun recevra, à l'ordre du jour de demain, une instruction particulière pour les opérations militaires ultérieures.

Au quartier général, à Palma-Nova le 2 mai 1797.

Cet ordre du jour acheva de porter le découragement au comble. Les armes tombèrent des mains de chacun, on ne songea pas même à se défendre. *Le grand conseil de l'aris-*

tocratie se démit, et rendit la souveraineté au peuple. Une
municipalité en fut la dépositaire. Ainsi ces oligarques si
fiers, si longtemps ménagés par le général français, dont
l'alliance avait été sollicitée avec autant de bonne foi, tombèrent alors sans aucun moyen de salut. Ils sollicitèrent en
vain, dans leurs angoisses, la cour de Vienne ; ils lui demandèrent inutilement de les comprendre dans la suspension
d'armes et dans les négociations de paix. Cette cour fut
sourde à toutes leurs instances ; *elle avait ses vues.*

9. *Les troupes françaises entrent à Venise. Révolution de
cette ville.* Baraguey d'Hilliers entra dans Venise avec sa
division, vers la moitié de mai. Il saisit les lagunes, les forts,
les batteries de la ville, et planta le drapeau tricolore sur la
place Saint-Marc, le 16. Aussitôt le parti de la liberté se
réunit en assemblée populaire ; l'aristocratie fut détruite, et
Dandolo, avocat de Venise, se mit à la tête de toutes les
affaires. Le lion de Saint-Marc et les fameux chevaux de
Corinthe, qui étaient dans cette ville, furent transportés à
Paris. Il se trouva aussi environ douze vaisseaux de soixante-
quatre, autant de frégates et de moindres bâtiments : ils furent
tous équipés et envoyés à Toulon.

Corfou était un des points les plus importants de la république vénitienne. Le général Gentili, celui-là même qui avait
été envoyé à la reprise de la Corse, y fut expédié avec quatre
bataillons et quelques compagnies d'artillerie ; une escadre
formée de vaisseaux vénitiens prit possession de cette place,
la véritable clef de l'Adriatique, ainsi que des six autres îles
ioniennes, Zante, Cérigo, Céphalonie, etc.

Pezzaro et ses principaux amis demeurèrent couverts de
l'animadversion générale. On les accusa d'avoir perdu la
république, en confiant ses destinées aux Autrichiens. Ils se
sauvèrent de Venise, et furent prendre refuge à Vienne. Bataglia regretta sincèrement la perte de sa patrie. Blâmant depuis
longtemps la marche suivie, il n'avait que trop prévu cette
catastrophe, et mourut à quelque temps de là.

10. *Révolution dans toute la terre ferme.* A la réception
de l'ordre du jour qui déclarait la guerre à Venise, toute la
terre ferme se souleva contre la capitale. Chaque ville proclama son indépendance, et se forma un gouvernement. Ber-

game, Brescia, Padoue, Vicence, Bassano, Udine, furent aussitôt autant de républiques séparées. C'est par ce même système qu'avaient commencé les républiques Cispadane et Transpadane. Partout on adapta les principes de la *Révolution* française ; on restreignit les couvents, on constitua les domaines nationaux, on supprima les privilèges féodaux ; l'élite de la noblesse et des grands propriétaires se réunit en escadrons de hussards et de chasseurs, sous le titre de *gardes d'honneur* ; les classes inférieures se réunissaient en *bataillons* de garde nationale. On adopta les couleurs nationales d'Italie et l'on se fédéra.

Malgré l'extrême vigilance du général français pour empêcher les abus et les dilapidations, il y en eut en ce moment plus qu'en aucune autre époque de la guerre d'Italie. Le pays était partagé entre deux factions très animées ; les passions y furent plus ardentes et les excès plus osés.

Lors de la reddition de Vérone, le mont-de-piété de cette ville, riche de sept à huit millions, fut volé. Le commissaire des guerres Bouquet et un colonel de hussards, Andrieux, accusés de cette horrible dilapidation, furent arrêtés. Cette dilapidation portait un caractère d'autant plus révoltant qu'elle était accrue par une série de crimes nécessaires pour la cacher, et qu'elle s'exerçait sur la classe des indigents et des pauvres. Tout ce qui put être retrouvé dans les maisons des prévenus fut restitué aux propriétaires, dont la perte néanmoins resta très considérable.

FRAGMENTS DE LÉOBEN

6. *Opérations de Joubert dans le Tyrol.* Joubert avait battu l'ennemi sur le Lavisio, le 20 mars ; il lui avait fait plusieurs milliers de prisonniers ; il l'avait poursuivi à Botzen, l'avait défait de nouveau à Clausen, avait forcé les gorges d'Inspruck, le 28, et se dirigeait à la droite par le Pusthersthal, le long de la Drave, avait marché pour déboucher la Carinthie, et venir prendre la gauche de l'armée française. Il avait laissé un corps d'observation sur le Lavisio pour couvrir Vérone en Italie. Ce corps devait au besoin se replier sur le Montebaldo.

Bernadotte, de son côté, après avoir organisé la Carniole, avait rejoint l'armée, en laissant sous les ordres du général

Friant un corps d'observation pour couvrir Laybach ; on était menacé du côté de la Croatie. L'Autriche avait fait une levée très considérable dans cette population d'une organisation spéciale toute militaire. Friant avait eu des affaires très brillantes ; mais, ne croyant pas garder Fiume, il se contenta de prendre une position propre à couvrir Laybach et Trieste. Du reste, il avait eu pour instruction de regagner, en cas de besoin, Palma-Nova, qui avait été bien armée, et d'y grossir le corps d'observation qu'on y avait laissé pour couvrir l'Italie. De Clagenfurt, l'armée française continua sa marche pour gagner la Mur.

Le prince Charles espérait tenir dans les gorges de Newmarck ; il lui était très important de couvrir ses communications avec Salzbourg, l'Inn et le Tyrol, d'où il attendait des renforts très considérables. Pour en être plus certain, il demanda une suspension d'armes au général français, qui, comprenant son but, la lui refusa. Il fut donc attaqué à Newmarck, et forcé sans coup férir ; il perdit du canon et des prisonniers. Une division de grenadiers venue du Rhin couvrait sa retraite ; il fut attaqué encore et battu de nouveau à Hundsmark. Enfin, le quartier général atteignit Judembourg, et nos avant-postes parvinrent jusqu'au Simmering. Dès lors toute combinaison du prince Charles à l'égard de ses renforts se trouva déjouée. Nous lui coupions désormais les deux routes du Tyrol et de Salzbourg. Les troupes qui avaient été opposées à Joubert et dans le Tyrol, et que ce prince avait appelées à lui, celles bien plus considérables encore qui lui arrivaient du Rhin par Salzbourg, et qui se trouvaient déjà les unes et les autres engagées dans ces routes transversales, furent obligées de rétrograder, ne pouvant plus désormais se rallier au prince Charles que par-derrière le Simmering.

Le désordre et la terreur régnaient dans Vienne, rien n'arrêtait cette redoutable armée française. Tant de positions réputées inexpugnables, tant de gorges que l'on croyait impossible de forcer, se trouvaient toutes franchies, et le pavillon tricolore flottait sur le sommet du Simmering, à trois journées de Vienne. Une partie de la famille impériale avait quitté cette capitale ; Marie-Louise, mariée depuis à Napoléon et impératrice des Français, alors âgée de cinq ans, fut mise en route avec ses sœurs ; les archives et les objets les plus précieux se transportaient en Hongrie ; toutes les premières familles, imitant celle du souverain, faisaient évacuer à la hâte ce qu'elles avaient de plus cher ; et les esprits les plus sages voyaient la monarchie à la veille d'un entier bouleversement.

Lorsque le général français avait ouvert la campagne, le gouvernement lui avait promis qu'aussitôt qu'il aurait passé l'Isonzo, les armées du Rhin et de Sambre-et-Meuse, fortes de plus de cent cinquante mille hommes, sortiraient de leurs quartiers d'hiver, et pénétreraient en Allemagne. Mais l'Isonzo était déjà passé depuis longtemps, et ces armées demeuraient encore dans leurs quartiers d'hiver. Le général français profitant de la victoire du Tagliamento et des fausses directions que le prince Charles avait données à ses colonnes, avait franchi, et sans perte, par cette seule victoire, tous les obstacles entre les Alpes et le Simmering.

7. *Napoléon écrit au prince Charles.* Le lendemain de la victoire du Tagliamento, Napoléon instruisit le Directoire qu'il suivait le prince Charles l'épée dans les reins, et que bientôt les drapeaux français flotteraient sur les sommités du Simmering ; qu'il se flattait que les armées du Rhin et de Sambre-et-Meuse étaient en marche, ou que, si elles n'y étaient pas, elles y seraient bientôt ; il insistait surtout pour connaître le moment précis de leurs mouvements ; quinze à vingt jours de retard lui importaient peu ; mais il devait en être instruit, afin d'agir en conséquence ; il prévenait qu'il aurait constamment toute son armée réunie sous sa main, et que ses positions seraient telles qu'il demeurerait toujours maître des événements ; qu'il suffirait donc de lui désigner seulement l'époque précise de la marche de ces deux armées. Ce fut à Clagenfurt qu'il reçut la réponse à cette dépêche : elle portait les félicitations du Directoire sur ses nouveaux succès ; mais contenait en même temps la déclaration singulière et inattendue que les armées du Rhin et de Sambre-et-Meuse ne passeraient pas le Rhin, et qu'on ne devait plus compter sur leur diversion en Allemagne, parce que les désastres de la campagne dernière les privaient de bateaux et du matériel nécessaire. Cette étrange dépêche ne pouvait provenir que d'intrigues ou de vues politiques qu'il devenait inutile de pénétrer ; seulement il ne convenait plus au général français de réaliser désormais ce qui avait été le plus ardent de

ses vœux, de planter ses drapeaux victorieux sur les remparts
de Vienne. Il ne devait plus songer à dépasser le Simmering,
sans manquer aux règles de la sagesse. Aussi, deux heures
après la réception du courrier, il écrivit au prince Charles
qu'ayant pouvoir de négocier, il lui offrait la gloire de donner
la paix au monde, et de finir les maux de son pays.

« Monsieur le Général en chef,

« Les braves militaires font la guerre, et désirent la paix :
la guerre ne dure-t-elle pas depuis six ans ? Avons-nous assez
tué de monde et assez commis de maux à la triste humanité ?
Elle réclame de tous côtés. L'Europe, qui avait pris les armes
contre la République française, les a posées ; votre nation
reste seule, et cependant le sang va couler encore plus que
jamais. Cette sixième campagne s'annonce par des présages
sinistres ; quelle qu'en soit l'issue, nous tuerons de part et
d'autre quelques milliers d'hommes de plus, et il faudra bien
que l'on finisse par s'entendre, puisque tout a un terme,
même les passions haineuses !

« Le Directoire exécutif de la République française avait
fait connaître à Sa Majesté l'Empereur le désir de mettre fin
à la guerre qui désole tous les peuples ; l'intervention de la
cour de Londres s'y est opposée : n'y a-t-il donc aucun espoir
de nous entendre ? et faut-il, pour les intérêts et les passions
d'une nation étrangère aux maux de la guerre, que nous
continuions à nous entr'égorger ? Vous, monsieur le général
en chef, qui, par votre naissance, approchez si près du trône,
et êtes au-dessus de toutes les petites passions qui animent
souvent les ministres et les gouvernements, êtes-vous décidé
à mériter le titre de bienfaiteur de l'humanité entière, et de
vrai sauveur de l'Allemagne ? Ne croyez pas, monsieur le
général en chef, que j'entende par là qu'il ne soit pas possible
de la sauver par la force des armes ; mais dans la supposition
que les chances de la guerre vous deviennent favorables,
l'Allemagne n'en sera pas moins ravagée. Quant à moi, monsieur le général en chef, si l'ouverture que je viens de vous
faire peut sauver la vie à un seul homme, je m'estimerai plus
fier de la couronne civique que je me trouverais avoir méritée,
que de la triste gloire qui peut revenir des succès militaires.

« Je vous prie, etc.

« *Signé* : BUONAPARTE. »

Ces nouvelles laissèrent respirer à Vienne, et y donnèrent quelques espérances. Le marquis de Gallo, ambassadeur de Naples, fut aussitôt envoyé au général français ; mais n'ayant pas de pouvoirs, il fut obligé de retourner, après une conférence de deux heures. Le lendemain, les généraux Bellegarde et Merveldt vinrent au quartier général français, à Judembourg, et sur leur parole que des plénipotentiaires allaient arriver de Vienne pour y traiter de la paix définitive, ils obtinrent une suspension d'armes, qui assurait à l'armée française la possession des pays qu'elle occupait déjà, et d'autres encore qu'elle n'occupait pas, mais qui étaient nécessaires à sa ligne. Les généraux autrichiens comprenaient avec peine comment le général français, dans sa belle situation, pouvait accorder un armistice ; ils ne l'expliquaient que par l'inaction des armées françaises sur le Rhin.

Cependant Napoléon ressentait vivement la force des circonstances ; il déplorait dans son cœur qu'un défaut de combinaison ou qu'une vaine jalousie le privassent des immenses résultats qu'il était à la veille de recueillir. S'il avait été peu sensible à la gloire d'entrer dans Rome, il s'était passionné de l'idée d'entrer dans Vienne, et rien que la seule déclaration du Directoire pouvait en ce moment l'en empêcher.

9. *Les préliminaires furent signés à Léoben.* Pour la signature, on se réunit dans une petite maison de campagne qu'on neutralisa. Les secrétaires dressèrent d'abord le procès-verbal de la neutralisation, et les plénipotentiaires respectifs s'y rendirent ensuite pour signer. Les commissaires autrichiens avaient mis en tête du traité que l'empereur reconnaissait la République française. « Effacez, dit Napoléon : l'existence de la République est aussi visible que le soleil ; un pareil article ne pourrait convenir qu'à des aveugles ; nous sommes maîtres chez nous, nous voulons y établir le gouvernement qu'il nous plaît, sans que personne y trouve à redire. » A Léoben, le quartier général français se trouva chez l'évêque même. On était dans la semaine sainte : toutes les cérémonies religieuses, et celle de Pâques, se firent avec la plus grande solennité, au milieu de l'armée française. Cette armée, accoutumée au respect pour le culte et les religions du pays où elle se trouvait, en agit ici comme auraient agi les troupes autrichiennes, ce qui satisfit au dernier degré le peuple et le clergé.

Les préliminaires avaient été signés à Léoben, le 18, et le 20 le général français reçut de nouvelles dépêches du Directoire, annonçant que les armées du Rhin se mettaient en mouvement, qu'elles allaient passer le Rhin, et qu'elles seraient bientôt au cœur de l'Allemagne. Effectivement, quelques jours après on apprit que l'armée de Sambre-et-Meuse, sous le commandement de Hoche, avait passé le Rhin le 19, veille du jour même de la signature des préliminaires de Léoben, mais quarante jours après l'ouverture de la campagne en Italie. L'adjudant général Dessolles, qui portait les préliminaires à Paris, rencontra nos troupes aux prises avec celles de l'ennemi. Il est difficile d'expliquer la cause de ce changement subit dans le système du gouvernement. Si Napoléon eût appris le 17, au lieu du 20, les nouvelles intentions du Directoire, il est certain que les préliminaires n'auraient pas été signés, ou qu'on eût exigé de bien meilleures conditions ; toutefois celles qu'on obtint dépassèrent encore de beaucoup les espérances du Directoire. Dans ses instructions au général français, il l'avait autorisé à conclure la paix toutes les fois que les frontières constitutionnelles de la République seraient reconnues. Il est vrai qu'en donnant ces instructions, le Directoire avait été loin de deviner les succès et l'ascendant de cette armée, et n'avait pu prévoir ainsi tout ce qu'il pourrait exiger.

10. Parmi les diverses causes auxquelles on attribua l'étrange conduite du Directoire dans cette occasion, beaucoup ont pensé que bien des personnes en France voyaient avec quelque jalousie la grande renommée de Napoléon ; sa marche hardie et décidée leur inspirait des craintes sur les projets ultérieurs que pourrait nourrir son ambition. La proclamation par laquelle il avait protégé en Italie les prêtres déportés, et qui lui avait gagné beaucoup de partisans en France ; son style respectueux envers le pape, son refus de détruire le Saint-Siège, ses ménagements pour le roi de Sardaigne et pour les aristocrates de Gênes et de Venise ; tout cela avait fait de grandes impressions et se trouvait commenté souvent avec des intentions fort malignes. Lorsqu'on vit la victoire du Tagliamento et les succès qui suivirent, les Alpes noriques passées, et l'Allemagne envahie par cette route inconnue, la joie de la République, à la vue des grandes

humiliations de notre implacable ennemi, fut beaucoup diminuée, aux yeux de plusieurs, par la crainte de voir Napoléon
acquérir une nouvelle gloire en entrant triomphant dans
Vienne, et réunir alors sous son commandement toutes les
forces de la République. Qui pourra, se disaient-ils, sauver
la liberté publique de l'influence d'un caractère et d'une
gloire si extraordinaires ? Si les armées du Rhin ont été battues l'an passé, elles ne devront leurs succès cette année qu'à
Napoléon, qui aura tourné à lui seul toute l'Allemagne, et
les devancera de quinze à vingt jours dans Vienne. Ces
armées, d'ailleurs, participant déjà à la gloire de l'armée
d'Italie par les deux divisions qui ont été envoyées, partageront aussi son enthousiasme pour le jeune héros ; il les maî-
trisera toutes. Beaucoup de raisons faisaient donc désirer que
Napoléon fût empêché d'entrer dans Vienne ; que non seulement les trois armées demeurassent séparées, mais
qu'encore on alimentât entre elles une certaine jalousie. Il
parut que ces idées influèrent d'abord sur la décision du
Directoire ; mais dès que les nouvelles des brillants succès
de l'armée d'Italie, et son entrée en Allemagne eurent atteint
les armées du Rhin par la voie des papiers publics et les
relations de l'ennemi, alors elles s'indignèrent elles-mêmes
de leur oisiveté, et demandèrent à grands cris si l'armée
d'Italie devait tout faire. A ce moment se joignit le sentiment
du grand nombre de familles qui avaient leurs enfants à
l'armée d'Italie, et l'opinion de la généralité des citoyens,
animés de sentiments nobles et purs, qui ne pouvaient rien
comprendre à l'inaction des autres armées. L'impulsion fut
si violente que ces armées du Rhin, de Sambre-et-Meuse,
durent alors passer le fleuve, et marcher en Allemagne. On
retira le commandement de l'armée de Sambre-et-Meuse à
Beurnonville, homme nul, sans talent civil ou militaire, et on
le confia à Hoche, jeune général du plus grand mérite. Son
patriotisme ardent, joint à une extrême activité, à une ambition désordonnée, au soin qu'il prenait de se concilier les
officiers, et de se créer un grand nombre de partisans, faisait
espérer que, placé à la tête de l'armée la plus nombreuse, et
secondé de toute l'influence du gouvernement, il serait aisément un rival propre à partager l'opinion des soldats et des
citoyens, et garantir ainsi la République, quelles que fussent
d'ailleurs l'amitié, l'estime, l'espèce d'enthousiasme même

que Hoche n'eût cessé de témoigner en toute occasion pour Napoléon.

Ces réflexions étaient faites publiquement dans les sociétés de Paris, et ne pouvaient manquer de revenir à Napoléon, qui, au sommet des grandeurs et de la gloire, ne se trouvait donc environné que de précipices. La guerre ne pouvait plus désormais qu'empirer sa situation, surtout en accroissant sa gloire ; il en chercha aussitôt une nouvelle dans la paix, qui devait le rendre cher à toute la population, et créer pour lui un nouvel ordre d'événements ; car c'était désormais le seul qui pût soustraire la République à la situation fâcheuse à laquelle la portait en ce moment la fausse direction de l'esprit public dans l'intérieur.

RETOUR DE RADSTADT

1. *Retour de Radstadt à Paris.* Napoléon partit de Radstadt, traversa la France incognito, *arriva* à Paris, sans s'arrêter, et *descendit* à sa petite maison, Chaussée-d'Antin, rue Chantereine. Une délibération de la municipalité de Paris *donna, quelques jours après, à cette rue* le nom de rue de la *Victoire.* Le corps municipal, l'administration du département, les conseils, cherchèrent à l'envi les moyens de lui témoigner la reconnaissance nationale. On proposa au Conseil des Anciens de lui donner la terre de Chambord et un grand hôtel à Paris ; c'eût été tout à fait convenable. Le général de l'armée d'Italie, qui pendant deux ans avait nourri son armée, créé et entretenu son matériel, *soldé plusieurs années de solde arriérée*, fait passer trente ou quarante millions aux caisses de France, *et plusieurs centaines de millions en chefs-d'œuvre des arts*, tout aux affaires *publiques*, avait négligé sa propre fortune. *Il ne possédait pas* cent mille écus en argenterie, bijoux, argent, *meubles*, etc. Une grande récompense nationale eût donc été tout à fait à sa place ; mais le Directoire, sans qu'on sache pourquoi, s'alarma de cette proposition, et ses affidés l'écartèrent, en répandant que les services du général n'étaient point de ceux qu'on récompense avec de l'argent.

Dès son arrivée, les chefs de tous les partis se présentèrent chez lui, mais ils n'y furent point admis. Le public était extrêmement avide de le voir ; les rues, les places par où l'on

que incident le dominait. La Suisse *en fournit le premier exemple.* La France avait constamment à se plaindre du canton de Berne et de l'aristocratie suisse. Tous les agents étrangers qui avaient agité la France avaient toujours eu à Berne leur levier, leur point d'appui. Il s'agissait de profiter de la grande influence que nous venions d'acquérir en Europe, pour détruire la prépondérance de nos ennemis en Suisse. *Le général d'Italie* approuvait fort le ressentiment du Directoire : il pensait que le moment était venu d'assurer à la France l'influence politique de la Suisse ; mais il ne croyait pas nécessaire pour cela de bouleverser ce pays. Il fallait, pour se conformer à la politique *adoptée*, arriver à son but avec le moins de changement possible. Il proposait que notre ambassadeur en Suisse présentât une note appuyée de deux corps d'armée en Savoie et en Franche-Comté, dans laquelle il ferait connaître que la France et l'Italie croyaient nécessaire à leur politique et à leur sûreté, ainsi qu'à la dignité réciproque des trois nations, que le pays de Vaud, l'Argovie et les bailliages italiens devinssent des cantons libres, indépendants, égaux aux autres cantons ; que la France et l'Italie avaient beaucoup à se plaindre de l'aristocratie de certaines familles de Berne, de Soleure, de Fribourg ; mais qu'elles oublieraient tout, si les paysans de ces cantons étaient réintégrés dans leurs *droits* politiques. *Tous ces changements se seraient opérés sans efforts et sans l'emploi des armes* ; mais Rewbell, *entraîné* par des démagogues de la Suisse, fit adopter un système différent, sans égard aux mœurs, à la religion et aux localités des cantons. On arrêta de soumettre toute la Suisse à une Constitution unique semblable à celle de la France. Les petits cantons s'irritèrent de perdre leur liberté, et toute la Suisse se souleva à l'aspect d'un bouleversement qui forçait tous les intérêts, allumait toutes les passions. On courut aux armes. Il fallut faire entrer nos troupes et conquérir tout le pays. *Du sang fut versé :* l'Europe fut alarmée.

4. *Second incident.* D'un autre côté, cette misérable cour de Rome, par une suite du vertige qui la caractérisait, aigrie plutôt que corrigée par le traité de Tolentino, continuait dans son système d'aversion et de fautes contre la France, dans l'espoir de comprimer dans son sein les amis de la France. Ce cabinet de faibles vieillards sans sagesse fit fermenter

autour de lui les opinions contraires. Il se mit en querelle
avec la République cisalpine. Il eut l'imprudence de mettre
le général autrichien Provera à la tête de ses troupes. Il excita
son propre parti de toutes les manières. Il y eut tumulte ; le
jeune *Duphot*, général de la plus belle espérance, qui se
trouvait à Rome comme voyageur, fut massacré à la porte de
l'ambassadeur de France, cherchant à empêcher le désordre,
et l'ambassadeur français Joseph, frère du *général*, se retira
à Florence.

Napoléon, consulté, répondit par son adage accoutumé que
ce n'était point à un incident à gouverner la politique, mais
bien à la politique à gouverner les incidents ; que, quelque
tort qu'eût cette inepte cour de Rome, le parti à prendre
vis-à-vis d'elle demeurait toujours une fort grande question.
Qu'il fallait la corriger, mais non pas la détruire ; qu'en
renversant le pape et révolutionnant Rome, on aurait infailliblement la guerre avec Naples, ce qu'il fallait, sur toutes
choses, éviter. Qu'il fallait ordonner à notre ambassadeur de
retourner à Rome demander un exemple des coupables, exiger qu'une ambassade extraordinaire vînt faire des excuses
au Luxembourg ; faire sortir Provera, mettre à la tête des
affaires les prélats les plus modérés, et forcer le pape à
conclure un concordat avec la République cisalpine, afin que,
par toutes ces mesures réunies, Rome tranquille ne pût plus
avoir part aux affaires ; que ce concordat avec la Cisalpine
aurait de plus l'avantage de préparer de loin les esprits en
France à une pareille mesure. Mais La Révellière, entouré de
ses théophilanthropes [1], fit décider qu'on marcherait contre
le pape. Le temps était venu, disait-il, de faire disparaître
cette idole. Le mot, d'ailleurs, de République romaine suffisait pour transporter toutes les imaginations ardentes de la
Révolution. Le général français avait été trop circonspect
dans le temps ; et si on avait des querelles aujourd'hui avec
le pape, c'était uniquement sa faute ; mais peut-être avait-il
ses vues particulières. En effet, ses formes civiles, ses ménagements vis-à-vis du pape, sa généreuse compassion pour
des prêtres déportés, avaient, dans le temps, fortement frappé
les esprits en France.

---

1. Ils appartenaient à une secte qui prêchait le déisme comme religion
d'État.

Quant à la crainte que la révolution de Rome n'entraînât la guerre avec Naples, on la traita de subtilité. Nous avions nous-mêmes un parti nombreux à Naples, et nous ne devions rien craindre d'une puissance du troisième ordre. Berthier reçut donc l'ordre d'aller avec une armée saisir Rome et y établir la République romaine ; ce qui fut exécuté. On établit à Rome trois consuls pour exercer le pouvoir ; un sénat et un tribunat composèrent la législature. Quatorze cardinaux se rendirent à la basilique de Saint-Pierre, et chantèrent un *Te Deum* en commémoration du rétablissement de la République romaine, qui n'était rien moins que l'abolition de l'autorité temporelle du pape. Mais le peuple, enivré un moment de l'idée de l'indépendance, entraîna la plus grande partie du clergé. Cependant la main qui avait jusque-là retenu les officiers et les administrations de l'armée n'y était plus : on se livra dans Rome aux dernières dilapidations ; on gaspilla tout le mobilier du Vatican ; on saisit partout les tableaux et les objets rares. On indisposa tellement le pays que le pays, à son tour, vint à bout d'indisposer l'armée : elle se souleva contre des généraux qu'elle accusait. Ce mouvement séditieux des soldats fut du plus grand danger ; on eut beaucoup de peine à les contenir. On croit, avec raison, qu'ils furent excités par des agents napolitains, anglais, autrichiens.

5. *Troisième incident.* Bernadotte avait été nommé ambassadeur à Vienne. Ce choix *ne fut pas bon* : un général ne pouvait être agréable à une nation si constamment battue : il aurait fallu envoyer un personnage de l'ordre civil : mais le Directoire avait peu de ceux-ci à sa disposition ; ou ils étaient trop obscurs, ou il les avait éloignés. Quoi qu'il en soit, Bernadotte, alors d'un caractère fort exalté, fit des fautes graves dans son ambassade. Un jour, sans qu'on en puisse deviner le motif, il fit arborer le pavillon tricolore au haut de sa maison. On pense qu'il y fut insidieusement poussé par des agents qui voulaient compromettre l'Autriche. En effet, la populace, à l'instigation des mêmes agents, se trouva tout à coup insurgée : elle arracha le drapeau et insulta Bernadotte.

Le Directoire, dans sa fureur, manda le *général d'Italie* pour s'appuyer de son influence dans l'opinion, et lui donna lecture d'un message aux conseils, qui déclarait la guerre à l'Autriche, et d'un décret qui lui donnait à lui-même le commandement de l'armée d'Allemagne. Il ne partagea pas l'opinion du Directoire. Si vous vouliez la guerre, il fallait vous y préparer indépendamment de l'événement de Bernadotte ; il fallait ne pas engager vos troupes en Suisse, dans l'Italie méridionale, sur les bords de l'Océan ; *il fallait ne pas proclamer le projet de réduire l'armée* à cent mille hommes, projet qui n'est pas encore exécuté, il est vrai, mais qui est connu et décourage l'armée. Ces mesures indiquent que vous aviez compté sur la paix. Bernadotte a matériellement tort : en déclarant la guerre, c'est le jeu de l'Angleterre que vous jouez. Ce n'est pas connaître la politique du cabinet de Vienne que de croire que s'il eût voulu la guerre, il vous eût insulté. Il vous aurait caressé, endormi, pendant qu'il aurait fait marcher ses troupes. Vous n'auriez connu ses véritables intentions que par son premier coup de canon. Soyez sûrs que l'Autriche vous donnera toute satisfaction. Ce n'est point avoir un système politique *que d'être entraîné ainsi par tous les événements*. La force de la vérité calma le gouvernement. L'Autriche donna des satisfactions ; les conférences de Seltz eurent lieu ; mais cet incident retarda l'expédition d'Égypte de quinze jours.

6. *Retard de l'expédition d'Égypte.* Napoléon commença à craindre qu'au milieu des orages que l'impéritie du gouvernement et la nature des choses accumulaient autour de nous, cette entreprise ne fût funeste aux vrais intérêts de la patrie ; il témoigna sa pensée au Directoire : l'Europe, disait-il, n'était rien moins que tranquille. Le congrès de Radstadt ne se terminait pas ; on était obligé de garder des troupes dans l'intérieur, pour s'assurer des élections et comprimer les départements de l'Ouest. Il proposait de contremander l'expédition, d'attendre des circonstances plus favorables.

Le Directoire, alarmé, soupçonnant *qu'il avait* le projet d'aspirer à la direction des affaires, n'en fut que plus ardent à presser l'expédition, d'autant plus qu'il ne sentait pas toutes les *conséquences* des changements qu'il avait faits dans *le système public*. Selon lui, l'événement de la Suisse, loin de nous affaiblir, nous donnait d'excellentes positions et les troupes helvétiques pour auxiliaires. L'affaire de Rome était terminée, puisque le pontife était déjà à Florence, et la République romaine proclamée ; et celle de Bernadotte ne devait plus avoir de suites, car l'Empereur avait offert des réparations. Le moment était donc plus favorable que jamais d'attaquer l'Angleterre, ainsi qu'on l'avait médité, en Irlande et en Égypte. Il offrit alors de laisser au moins Kléber ou Desaix, qui brûlaient d'être *de l'expédition.* Leur grand caractère et leurs talents supérieurs pouvaient, au besoin, être en France d'une grande utilité ; mais on refusa Kléber, que Rewbell détestait, et Desaix qu'on n'appréciait pas. La République, répondit-on, n'en était pas à ces deux généraux près : il s'en trouverait une foule pour faire triompher la patrie si jamais elle était en danger.

7. *L'intérieur de la République est menacé d'une crise. Le Directoire était sur un abîme, mais il ne le croyait pas.* Les affaires allaient mal aussi dans l'intérieur. Le Directoire avait abusé de sa victoire de fructidor. Il avait eu le tort de ne pas rallier à la République tout ce qui, n'ayant pas fait partie de la faction de l'étranger, n'avait été que séduit ou égaré. Il était privé par là de l'assistance et des talents d'un grand nombre d'individus qui, par ressentiment, se jetaient dans le parti opposé à la République, bien que leurs intérêts et leurs opinions les portassent naturellement vers ce gouvernement. Il se trouvait contraint d'employer des hommes sans moralité. De là le mécontentement de l'opinion publique et la nécessité de maintenir un grand nombre de troupes au-dedans, pour s'assurer des élections et contenir la Vendée.

Il était facile de prévoir que les nouvelles élections amèneraient une crise, que le nouveau tiers de législateurs serait composé d'hommes exagérés qui accroîtraient la source des maux qui pesaient sur la patrie. Le Directoire n'avait aucune politique intérieure ; il marchait au jour le jour, entraîné par le caractère individuel des directeurs, ou par la nature vicieuse d'un gouvernement de cinq personnes. Il ne prévoyait et n'apercevait de difficulté que quand il était matériellement arrêté. Quand on lui disait : Comment ferez-vous aux élections prochaines ? – Nous y pourvoirons par une loi, répondait La Révellière. La suite a fait voir de quelle nature était la loi méditée par le Directoire. *Quand on lui disait : Pourquoi ne relevez-vous pas tous les amis de la République qui n'ont été que menés et trompés en fructidor par le parti*

de l'étranger ? Pourquoi ne pas rappeler Carnot, Portalis,
Dumolard, Barbé-Marbois, etc., etc., afin de faire un faisceau
contre le parti de l'étranger et les exagérés ? Mais les direc-
teurs attachaient peu de prix à ces observations ; ils se
croyaient populaires et assis sur un terrain solide et ferme.
Un parti composé des députés, ayant influence dans les deux
conseils, des fructidoriens patriotes qui cherchaient un pro-
tecteur, des généraux les plus influents et les plus éclairés,
pressèrent longtemps le général d'Italie de faire un mouve-
ment et de se mettre à la tête de la République ; il s'y refusa :
il n'était pas encore assez fort pour marcher tout seul. Il
avait sur l'art de gouverner, et sur ce qu'il fallait à une grande
nation, des idées si différentes des hommes de la Révolution
et des assemblées, que, ne pouvant agir seul, il *craignait* de
compromettre son caractère. Il se détermina à partir pour
l'Égypte, mais résolu de reparaître si les circonstances
venaient à rendre sa personne nécessaire ou utile.

8. *Cérémonie du 21 janvier.* Talleyrand, ministre des Relations extérieures, *était l'homme* du Directoire. Il était évêque
d'Autun lors de la Révolution ; il fut un des trois évêques
qui prêtèrent serment à la Constitution civile du clergé, et
qui sacrèrent les évêques constitutionnels ; ce fut lui qui dit
la messe à la fameuse fédération de 1790. Député à l'Assemblée constituante, il y fit plusieurs rapports sur les biens du
clergé. Sous la Législative, il fut envoyé à Londres pour
traiter avec le gouvernement anglais. Mais quand la Révolution eut pris une pente plus rapide et plus acerbe, *il devint*
suspect, et fut contraint de se réfugier en Amérique.

Après le 13 vendémiaire, la Convention raya l'ancien
évêque d'Autun de la liste des émigrés ; il reparut alors en
France, et y fut très protégé par *la coterie* de Mme de Staël.
Il était discret, souple, insinuant, et gagna la faveur des directeurs Barras, Merlin, Rewbell, et même La Révellière-
Lépeaux, auxquels il faisait la cour, comme il la faisait jadis
à Versailles. Il devint ministre des Affaires étrangères, ce qui
le mit en correspondance avec le négociateur de Campo-
Formio. Talleyrand s'attacha, dès cet instant, à plaire *au*
général et à s'insinuer dans son esprit ; c'est lui que le Directoire employait constamment auprès *du général d'Italie.* A
l'approche du 21 janvier, où le gouvernement célébrait l'anni-

versaire de l'exécution de Louis XVI, ce fut un grand objet de discussion entre les directeurs et les ministres de savoir si Napoléon devait aller à la cérémonie ou non. On craignait d'un côté que, s'il n'y allait pas, cela ne dépopularisât la fête ; de l'autre, que s'il y allait, on oubliât le Directoire pour s'occuper de lui. Néanmoins on conclut qu'il devait y aller. Talleyrand, comme de coutume, se chargea de la négociation ; *le général* s'en excusa, disant qu'il n'avait pas de fonctions publiques, qu'il n'avait personnellement rien à faire à cette cérémonie, qui, par sa nature, plaisait à fort peu de monde. Il ajoutait que cette fête était des plus impolitiques ; que l'événement qu'elle rappelait était une catastrophe, un vrai malheur national ; qu'il comprenait très bien qu'on célébrât le 14 juillet, parce que c'était une époque où le peuple avait conquis ses droits ; mais que le peuple aurait pu conquérir ses droits, établir même une république, sans se souiller du supplice *d'un prince déclaré inviolable et non responsable par la Constitution même.* Qu'il ne prétendait pas discuter si cela avait été utile ou inutile, mais qu'il soutenait que c'était un incident malheureux. Qu'on célébrait des fêtes nationales pour des victoires, mais qu'on pleurait sur les victimes *restées sur le champ de bataille.* Qu'il était assez simple, d'ailleurs, que lui, Talleyrand, étant ministre, dût y paraître ; mais qu'un simple particulier n'avait rien à y faire. Que cette politique de célébrer la mort d'un homme ne pouvait jamais être l'acte d'un gouvernement, mais seulement celui d'une faction, *comme qui dirait d'un club de Jacobins.* Qu'il ne concevait pas comment le Directoire, qui avait proscrit les Jacobins et les anarchistes, qui aujourd'hui traitait avec tant de princes, ne sentait pas qu'une telle cérémonie faisait à la République beaucoup plus d'ennemis que d'amis, aigrissait au lieu d'adoucir, ébranlait au lieu de raffermir, était indigne enfin du gouvernement d'une grande nation. Talleyrand mettait en jeu tous ses moyens ; il essayait de prouver que c'était juste parce que c'était politique, et que c'était politique, disait-il, car tous les pays et toutes les républiques avaient célébré comme un triomphe la chute du pouvoir absolu et le meurtre des tyrans. Ainsi Athènes avait toujours célébré la mort de Pisistrate, et Rome la chute des décemvirs. Il ajoutait que, d'ailleurs, c'était une loi qui régissait le pays, et que, dès lors, chacun lui devait soumission et obéissance ; il concluait enfin que l'influence du général sur l'opinion était telle qu'il devait y paraître, ou qu'autrement son absence pourrait blesser les intérêts de la chose publique. Après plusieurs pourparlers, on trouva un *mezzo termine* : l'Institut se rendait à cette fête ; il fut convenu que *le membre de l'Institut suivrait* sa classe, qui remplissait un devoir de corps. Cette affaire, ainsi ménagée par Talleyrand, fut très agréable au Directoire.

Cependant, quand l'Institut entra dans l'enceinte [1] où se célébrait cette cérémonie, quelqu'un qui reconnut Napoléon l'ayant fait apercevoir, il n'y eut plus, dès cet instant, d'yeux que pour lui. Ce que le Directoire avait craint lui-même arriva ; il se trouva complètement éclipsé. Quand la fête fut terminée, on laissa le Directoire sortir tout seul. La multitude demeura pour celui qui avait voulu se perdre dans la foule de l'Institut, et fit retentir les airs de *vive le général de l'armée d'Italie !* de sorte que cet événement ne fit qu'accroître le déplaisir des gouvernants.

Un autre événement mit Talleyrand à même d'être encore *agréable au Directoire*. Dans un café ou lieu public, chez Garchi, deux jeunes gens, sous prétexte de ralliement politique, suspectés par la manière dont leurs cheveux étaient tressés, furent insultés, attaqués, assassinés. Ce guet-apens avait été dirigé par les ordres du ministre de la Police, Sotin, et par ses agents. Or, les circonstances étaient déjà telles pour *le général d'Italie*, que, bien qu'au fond de son domicile, il était obligé néanmoins, pour sa propre sûreté, de porter une attention inquisitive sur des événements de cette nature. Il fit éclater son indignation, et Talleyrand lui fut envoyé pour le calmer. Celui-ci disait qu'un pareil événement était commun en temps de crise, que des moments de révolution sortaient de la loi commune, qu'ici il devenait nécessaire d'en imposer à la haute société, et de réprimer la hardiesse des salons ; qu'il était des genres de fautes que les tribunaux ne sauraient

1. Dans la première édition il est dit à Saint-Sulpice. On m'a démontré qu'il y avait erreur matérielle. Napoléon se sera trompé de nom, ce qui lui arrivait quelquefois. Peut-être trouvera-t-on par la publication de ses Mémoires qu'il se sera redressé lui-même. Au surplus, celui qui tiendrait rigoureusement ici à l'exactitude locale peut se satisfaire aisément en cherchant dans les papiers du temps où s'est passé l'anniversaire du 21 janvier 1798. (*Las Cases.*)

atteindre ou réprimer ; qu'on ne pouvait sans doute approuver la lanterne de l'Assemblée constituante, et que cependant sans elle la Révolution n'eût jamais marché ; qu'il est des maux qu'on doit tolérer, parce qu'ils évitent de plus grands maux. *Le général* répondait qu'un pareil langage eût été tout au plus supportable avant fructidor, lorsque les partis étaient en présence, et qu'on avait mis le Directoire plutôt dans le cas de se défendre, que dans la situation d'administrer ; qu'alors, peut-être, cet acte eût pu s'excuser sur la nécessité ; mais qu'aujourd'hui que ce gouvernement se trouvait investi de toute la puissance, que la loi ne trouvait d'opposition nulle part, que les citoyens étaient tous, sinon affectionnés, du moins soumis, cette action devenait un crime atroce, un véritable outrage à la civilisation ; que partout où se prononçaient les mots de loi et de liberté, tous les citoyens demeuraient solidaires les uns des autres ; qu'ici, dans cette expédition de coupe-jarrets, chacun devait se trouver frappé de terreur, se demander où cela s'arrêterait, se croire sous le régime des janissaires. Ces raisons étaient trop plausibles pour avoir besoin d'être développées à un homme de l'esprit et du caractère de M. de Talleyrand ; mais il avait une mission, il cherchait à justifier une administration dont il ambitionnait de conserver la faveur et la confiance.

SAMEDI 1ᵉʳ JUIN 1816.

> *Voltaire. Jean-Jacques. Anglais et Français, différence*
> *caractéristique. M. de C... ; son discours pour*
> *l'Institut. Colères feintes de l'Empereur ;*
> *ses principes à cet égard.*

L'Empereur m'a fait venir ; il avait pris un bain de trois heures. Il me donnait à deviner ce qu'il y avait lu ; c'était *la Nouvelle Héloïse* qui l'avait tant charmé à Briars. En l'analysant de nouveau, il la sabrait cette fois tout à fait. Le rocher de la Meillerie est venu en citation ; il croyait l'avoir détruit par la route qu'il avait fait ouvrir pour le passage du Simplon ; je l'ai assuré qu'il en restait encore assez pour en conserver le parfait souvenir ; il s'avançait, disais-je, en saillie sur le chemin même, et ferait encore, au besoin, un très beau saut de Leucade.

L'Empereur attribuait en grande partie au beau portrait de milord Édouard, dans *la Nouvelle Héloïse*, et à quelques pièces de théâtre de Voltaire, la belle réputation du caractère anglais en France. Il s'étonnait de la facilité de l'opinion dans ces temps-là : Voltaire et Jean-Jacques l'avaient gouvernée à leur gré ; ils seraient bien moins heureux aujourd'hui. Si Voltaire surtout avait régné sur ses contemporains, disait-il, s'il avait été le héros du temps, c'est que tous alors n'étaient que des nains.

Passant à la différence des Anglais aux Français : « La première classe, chez les Anglais, disait l'Empereur, avait de l'orgueil ; chez nous, elle avait le malheur de n'avoir que de la vanité ; là gisait la grande différence caractéristique des deux peuples. La masse du nôtre présentait certainement aujourd'hui le peuple de l'Europe qui avait le plus de sentiment national ; il avait profité de ses vingt-cinq ans de révolution ; mais malheureusement la classe qu'elle avait élevée, remarquait-il, n'avait point répondu à ses nouvelles destinées ; elle n'avait montré que corruption et versatilité ; elle n'avait déployé dans les dernières crises ni talent, ni caractère, ni vertu ; elle avait perdu l'honneur du peuple. »

On a lu à l'Empereur un discours de M. de C...[1] pour rendre le clergé apte à hériter ; c'était, disait-il, un discours d'Académie, et non pas une opinion de législateur. Il y avait beaucoup d'esprit, fort peu de sens, aucune vue. « Laissez hériter le clergé, continuait l'Empereur, et personne ne mourra sans être obligé de payer son absolution car, de quelque opinion qu'on soit, personne ne sait où il va en quittant la vie. C'est là le grand, le dernier compte ; aussi personne ne peut répondre de son dernier sentiment, ni de la force de sa tête. Qui peut dire que je ne mourrai pas dans les bras d'un confesseur, et qu'il ne me fera pas faire amende honorable même pour le mal que je n'aurai pas fait ? »

Du reste, a observé quelqu'un, M. de C... soutient une opinion plutôt qu'un sentiment ; on a des raisons de croire qu'*en religion* et *en politique* il prêche souvent ce dont il n'est pas convaincu.

En religion. On sait qu'avant de travailler à son *Génie du Christianisme*, il publia à Londres un ouvrage qui n'était rien moins que religieux. Un bénédictin de Sorèze (Dulau), homme d'esprit et de jugement, que l'émigration avait fait libraire à Londres, et auquel M. de C... avait confié la vente de son ouvrage, se permit de lui donner un sage conseil. Il lui fit observer que les lieux et les temps n'étaient plus favorables aux déclamations antireligieuses ; qu'elles étaient devenues banales et de mauvais ton ; que le moyen le plus sûr de capter désormais l'intérêt public serait de prendre le contre-pied, de se vouer, au contraire, à la défense de la religion. M. de C... le crut, et fit son *Génie du Christianisme*. Or, le bénédictin avait si bien jugé le choix du moment, qu'il est à croire que si le *Génie du Christianisme* venait à paraître aujourd'hui, en dépit de tout son mérite intrinsèque, il n'obtiendrait pas parmi nous tout le succès qu'il a eu.

1. M. de Chateaubriand.

La nomination de l'auteur du *Génie du Christianisme*, précisément à la légation de Rome, fut considérée dans le temps comme une vraie galanterie de la part du Premier consul, et reçue par M. de C... comme un premier triomphe, qui lui en assurait de bien plus grands encore dans la capitale du monde chrétien, au sein des princes de l'Église. Mais il ne tarda pas à se convaincre d'un grand mécompte ; car on se montra fort scandalisé, à Rome, de voir la religion transformée en roman, et les docteurs réprouvèrent sans balancer le *Génie du Christianisme*, qu'ils disaient hérissé d'hérésies.

Toutefois, M. de C..., retranché derrière ses succès, eut pour ressource de prendre en pitié de pareilles niaiseries ; et, à quelque temps de là, se trouvant parrain d'une petite fille, il lui donna le nom d'*Atala*[1] ; mais le prêtre refusa net, tandis que, de son côté, M. de C... insista. Cela fit du bruit, et il porta plainte au cardinal-gouvernant, qui se trouva de l'opinion du prêtre, et reçut fort mal une confidence de M. de C..., qui, croyant avoir acquis les droits d'initié, terminait ses arguments disant « qu'il était bien ridicule que ce fût à lui qu'on fît une pareille difficulté ; car, observait-il, Votre Éminence, *entre nous*, doit bien savoir que d'Atala à toutes les autres saintes il n'y a pas grande différence ».

L'Empereur a été fort amusé de ces détails, qu'il disait entendre pour la première fois ; et le narrateur a observé que bien qu'il ne pût pas les garantir précisément, ils avaient néanmoins pour lui le caractère de l'authenticité, ayant été recueillis d'un des successeurs de M. de C... à la légation de Rome.

En politique. On a vu, continuait-on, M. de C... venir à Napoléon et s'en éloigner, y venir, de nouveau, pour s'en éloigner encore. Et lorsqu'il a été à son service, l'Empereur se plaint de sa malveillance, de sa déloyauté, dit-il, notamment dans sa légation de Rome, auprès du vieux roi de Sardaigne[2].

Lors de la catastrophe de 1814, M. de C... s'est signalé par des pamphlets si outrageusement passionnés, tellement virulents, si effrontément calomnieux, qu'il est à croire qu'il

---

1. Nom de l'héroïne du roman du même nom écrit par Chateaubriand.
2. *Lettres du Cap*, X. (Las Cases.)

les regrette à présent, et qu'un aussi beau talent que le sien ne se prostituerait pas à les reproduire aujourd'hui.

Quelques années avant nos désastres, l'Empereur, lisant quelques morceaux de cet écrivain, demanda comment il se faisait qu'il ne fût pas de l'Institut. Ces paroles furent aussitôt une recommandation toute-puissante ; et M. de C... fut bientôt nommé à la presque unanimité. C'était un usage de rigueur à l'Institut que le récipiendaire fît l'éloge de son prédécesseur. M. de C..., s'écartant de la route battue, consacra une partie de son discours à flétrir les principes politiques de M. Chénier, son devancier, et à le proscrire comme régicide. Ce fut un vrai plaidoyer politique, où il discutait la restauration de la monarchie, le jugement et la mort de Louis XVI. Ce fut alors une grande rumeur dans tout l'Institut, les uns refusant d'entendre un discours qui leur paraissait indécent, d'autres, au contraire, appuyant pour qu'on en admît la lecture. De l'Institut, la querelle se répandit dans Paris ; elle remplit et divisa bientôt tous les cercles de la capitale. L'Empereur, à qui tout parvenait, et qui voulait tout connaître, se fit apporter ce discours ; il le trouva de la dernière extravagance, et en prononça sur-le-champ l'interdiction. Un de ses grands officiers, membre de l'Institut, qui avait opiné vivement pour la lecture du discours, lui servit, à l'un de ses couchers, à manifester son opinion. « Et depuis quand, monsieur, lui dit-il avec sévérité, l'Institut se permet-il de devenir une assemblée politique ? Qu'il fasse des vers, qu'il censure les fautes de la langue ; mais qu'il ne sorte pas du domaine des Muses, ou je saurai l'y faire rentrer. Est-ce bien vous, monsieur, qui avez voulu autoriser une pareille diatribe ? Que M. de C... ait de l'insanité ou de la malveillance, il y a pour lui des petites maisons ou un châtiment, et puis peut-être encore est-ce son opinion, et il n'en doit pas le sacrifice à ma politique, qu'il ignore, comme vous, qui la connaissez si bien : il peut avoir son excuse ; vous ne sauriez avoir la vôtre, vous qui vivez à mes côtés, qui savez ce que je fais, ce que je veux. Monsieur, je vous tiens pour coupable, pour criminel : vous ne tendez à rien moins qu'à ramener le désordre, la confusion, l'anarchie, les massacres. Sommes-nous donc des bandits, et ne suis-je qu'un usurpateur ? Je n'ai détrôné personne, monsieur, j'ai trouvé, j'ai relevé la couronne dans le ruisseau, et le peuple l'a mise sur ma tête : qu'on respecte ses actes !...

« Analyser en public, mettre en question, discuter des faits aussi récents, dans les circonstances où nous nous trouvons, c'est rechercher des convulsions nouvelles, c'est être l'ennemi du repos public. La restauration de la monarchie est et doit demeurer un mystère ; et puis, qu'est-ce que cette nouvelle proscription prétendue des conventionnels et des régicides ? Comment oser réveiller des points aussi délicats ? Laissons à Dieu à prononcer sur ce qu'il n'est plus permis aux hommes de juger ! Seriez-vous donc plus difficile que l'Impératrice ? Elle a bien des intérêts aussi chers que vous, peut-être, et bien autrement directs ; imitez plutôt sa modération, sa magnanimité ; elle n'a voulu rien apprendre, ni rien connaître.

« Eh quoi ! l'objet de tous mes soins, le fruit de tous mes efforts serait-il donc perdu ! C'est donc à dire que si je venais à vous manquer demain, vous vous égorgeriez encore entre vous de plus belle ? » Et marchant à grands pas il se frappait le front de la main, disant : *« Ah ! pauvre France ! que tu as longtemps encore besoin d'un tuteur ! »*

Puis il reprit : « J'ai fait tout au monde pour accorder tous les partis : je vous ai réunis dans les mêmes appartements, fait manger aux mêmes tables, boire dans les mêmes coupes ; votre union a été l'objet de mes soins : j'ai le droit d'exiger qu'on me seconde...

« Depuis que je suis à la tête du gouvernement, m'a-t-on jamais entendu demander ce qu'on était, ce qu'on avait été, ce qu'on avait dit, fait, écrit ?... Qu'on m'imite !

« On ne m'a jamais connu qu'une question, un but unique : *Voulez-vous être un bon Français avec moi ?* et sur l'affirmative j'ai poussé chacun dans un défilé de granit sans issue à droite ou à gauche, obligé de marcher vers l'autre extrémité, où je montrais de la main l'honneur, la gloire, la splendeur de la patrie. »

La mercuriale fut si vive que celui à qui elle s'adressait, homme d'honneur et de grande délicatesse d'ailleurs, se crut dans l'obligation de demander une audience le lendemain, voulant remettre sa démission. Cette audience lui fut accordée, et l'Empereur, l'apercevant, lui dit : « Mon cher, vous venez pour la conversation d'hier ; elle vous a affligé et moi aussi ; mais c'est un avertissement que j'ai voulu donner à beaucoup ; s'il produit quelque bien, ce doit être notre consolation à tous deux : qu'il n'en soit plus question. » Et il parla d'autres choses.

C'est ainsi que souvent l'Empereur attaquait toute une masse sur de simples individus ; et il le faisait avec un grand éclat, pour qu'on en demeurât frappé davantage ; mais ses colères publiques, dont on a fait tant de bruit, n'étaient que feintes ou factices. L'Empereur disait qu'il avait prévenu par là bien des fautes, et s'était épargné beaucoup de châtiments.

Un jour, dans une des grandes audiences, il attaqua un colonel avec la plus grande chaleur et tout à fait avec l'accent de la colère, sur de légers désordres commis par son régiment envers les habitants du pays qu'il venait de traverser en rentrant en France ; et comme le colonel, pensant la punition fort au-dessus de la faute commise, cherchait à se disculper et y revenait souvent, l'Empereur lui disait à voix basse, sans discontinuer la mercuriale publique : « C'est bien ; mais taisez-vous. Je vous crois ; mais demeurez tranquille... » Et plus tard, en le revoyant seul, il lui dit : « C'est que je fustigeais en vous des généraux qui vous entouraient, et qui, si je me fusse adressé directement à eux, se seraient trouvés mériter la dernière dégradation, peut-être davantage. »

Mais si l'Empereur attaquait de la sorte en public, il lui arrivait parfois aussi de se voir attaqué à son tour : j'ai été témoin de plusieurs exemples.

Un jour à Saint-Cloud, à la grande audience du dimanche, et précisément à mon côté, un sous-préfet ou tout autre fonctionnaire piémontais, l'air égaré, et tout hors de lui, l'interpelle de la voix la plus élevée, lui demandant justice sur sa destitution, soutenant qu'il avait été faussement accusé et condamné. « Allez trouver mes ministres, lui répondit l'Empereur. — Non, sire, c'est par vous que je veux être jugé. — Je ne le saurais ; je n'en ai point le temps ; j'ai à m'occuper de tout l'Empire, et mes ministres sont institués pour s'occuper des individus. — Mais, ils me condamneront toujours. — Et pourquoi ? — Parce que tout le monde m'en veut. — Et pourquoi encore ? — Parce que je vous aime. Il suffit qu'on vous soit attaché pour qu'on devienne en horreur à tout le monde. — Ce que vous dites là est bien fort, monsieur, dit l'Empereur avec calme, j'aime à croire que vous vous trompez. » Et il passa tranquillement au voisin, tandis que nous en demeurions déconcertés, et en étions devenus rouges d'embarras. Une autre fois, à une parade, un jeune officier, aussi tout hors de lui, sort des rangs pour se plaindre qu'il est maltraité, dégradé ; qu'on a été injuste à son égard, qu'on lui a fait éprouver des passe-droits, et qu'il y a cinq ans qu'il est lieutenant sans pouvoir obtenir d'avancement. « Calmez-vous, lui dit l'Empereur, moi je l'ai bien été sept ans, et vous voyez qu'après tout, cela n'empêche pas de faire son chemin. » Tout le monde de rire, et le jeune officier, subitement refroidi, d'aller reprendre son rang. En tout, rien n'était plus commun que de voir les individus s'attaquer à l'Empereur et lui tenir tête.

Je l'ai vu maintes fois, dans de vives et chaudes réclamations, ne pouvoir obtenir la dernière parole, et prendre le parti de céder, en passant à d'autres personnes ou en changeant de sujet.

Principe général. Les actes de l'Empereur, quelque passionnés qu'ils parussent, étaient toujours accompagnés de calculs. « Quand un de mes ministres, disait-il, ou quelque autre grand personnage avait fait une faute grave, qu'il y avait vraiment lieu à se fâcher, que je devais vraiment me mettre en colère, être furieux, alors j'avais toujours le soin d'admettre un tiers à cette scène ; j'avais pour règle que, quand je me décidais à frapper, le coup devait porter sur beaucoup ; celui qui le recevait ne m'en voulait ni plus ni moins ; et celui qui en était le témoin, dont il eût fallu voir la figure et l'embarras, allait discrètement transmettre au loin ce qu'il avait vu et entendu : une terreur salutaire circulait de veine en veine dans le corps social. Les choses en marchaient mieux ; je punissais moins, je recueillais infiniment, et sans avoir fait beaucoup de mal. »

Dans une de ces grandes occasions, le ministre de la Marine (Decrès) se trouva admis de conserve avec le véritable patient, et l'Empereur l'avait choisi dans la triple intention qu'il fût le témoin, qu'il reçût sa part directe d'un avertissement salutaire, et servît néanmoins de terme de comparaison propre à confusionner d'autant celui qu'il avait réellement en vue ; car, après s'être exprimé vis-à-vis de celui-ci avec la dernière violence, et être entré dans les plus petits détails d'une menace extrême, se retournant tout à coup vers Decrès, il lui dit : « Et vous aussi, monsieur le ministre de la Marine, on m'apprend que vous vous avisez d'être de l'opposition ; c'est fort étrange, j'en suis très irrité, quoique après tout je sache bien que chez vous il y a du moins des *tirants d'eau* d'honneur et de fidélité que vous ne dépasserez jamais. »

DIMANCHE 2.

> *Réflexions sur le gouverneur. Dépenses de la maison de l'Empereur aux Tuileries. Sur les bonnes comptabilités. MM. Mollien, La Bouillerie.*

L'Empereur est sorti à cheval sur les huit heures ; il y avait bien longtemps qu'il s'en était abstenu. En remontant la vallée du jardin de la compagnie il est entré chez un des adjudants du camp, dont la femme est catholique ; il y est demeuré quelques instants et y a été fort gai. De là nous nous sommes dirigés vers la demeure de Mme Bertrand, où l'Empereur est descendu et s'est arrêté longtemps. Il y peignait énergiquement et avec beaucoup d'esprit les rapports du gouverneur avec nous, ses mesures subalternes, son peu d'égards, le rétréci de sa police, le ridicule de sa gestion, son ignorance des affaires et des manières. « Nous avions, disait-il, à nous plaindre sans doute de l'amiral, mais au moins était-il anglais ; au lieu que celui-ci n'est qu'un mauvais sbire d'Italie. Nous n'avons pas les mêmes mœurs, disait-il, nous ne saurions nous entendre ; nos sentiments ne parlent pas le même langage : il ne se doute pas que des monceaux de diamants ne sauraient effacer l'arrestation qu'il est venu faire d'un de nos domestiques, presque à mes yeux. Depuis ce jour-là, il a répandu la pâleur sur toute ma maison. »

Au retour nous avons déjeuné dans le jardin. Le soir, durant le double tour de calèche, le temps s'est passé à tracer le budget de celui qui, à Paris, aurait cent cinquante mille livres de rente : l'écurie, disait l'Empereur, devait y entrer pour un sixième, la table pour un quart, etc.

J'ai déjà dit qu'il aimait ces calculs, qui prenaient toujours quelque chose de neuf et de piquant dans sa bouche.

La conversation a conduit à des détails plus curieux sur la

liste civile et les dépenses de la maison de l'Empereur. Voici ce que j'en ai recueilli :

La table était d'un million ; et pourtant le dîner de la personne de l'Empereur n'était dans ce compte que pour cent francs par jour. Jamais on n'a pu arriver à le faire manger chaud, parce qu'une fois au travail, on ne savait jamais quand il quitterait ; aussi, l'heure du dîner venue, on mettait pour lui des poulets à la broche de demi-heure en demi-heure ; et l'on en a vu rôtir des douzaines avant d'atteindre celui qui lui a été présenté.

La conversation est passée de là aux avantages d'une bonne comptabilité. L'Empereur citait surtout sur ce point MM. Mollien et La Bouillerie. Le premier avait ramené le Trésor public à une simple maison de banque ; si bien que l'Empereur, dans un seul tout petit cahier, avait, disait-il, constamment sous les yeux l'état complet de ses affaires, sa recette, sa dépense, ses arriérés, ses ressources, etc.

L'Empereur disait avoir eu dans ses caves, aux Tuileries, jusqu'à quatre cents millions en or qui étaient tellement à lui, qu'il n'en existait d'autres traces qu'un petit livret dans les mains de son trésorier particulier. Tout s'est fondu à mesure, et surtout lors des revers, dans les dépenses de l'État. Comment aurait-il pu, disait-il, songer à s'en réserver quelque chose ; il s'était identifié tout à fait avec la nation.

Il disait encore avoir fait entrer en France plus de deux milliards de numéraire, sans compter tout ce que les individus pouvaient en avoir rapporté pour leur propre compte.

L'Empereur disait avoir été vivement sensible à ce qu'en 1814, M. de La Bouillerie, se trouvant à Orléans avec des dizaines de millions à lui, Napoléon, sa propriété personnelle, il les eût portés à M. le comte d'Artois, à Paris, au lieu de les conduire à Fontainebleau, comme cela était de son devoir et de sa conscience. « La Bouillerie pourtant n'était pas un méchant homme, disait l'Empereur, je l'avais aimé et estimé. Au retour de 1815, il sollicita vivement d'être admis près de moi [1] et de pouvoir se justifier : il aurait prouvé sans doute que c'était la faute de son ignorance et non de son cœur. Il

---

1. L'impartialité me commande de faire connaître ici que M. La Bouillerie s'élève contre cette assertion par une assertion toute contraire. *(Les Cases.)*

me connaissait bien ; il savait que s'il arrivait jusqu'à moi, il en serait quitte pour quelques paroles de colère. Mais je me connaissais aussi : j'étais résolu de ne pas le reprendre ; je refusai de le voir. C'était le seul moyen que j'avais en cette occasion de résister à lui et à plusieurs autres. »

« Toutefois Estève, son prédécesseur, n'en eût pas fait autant ; il m'était chaudement attaché ; il m'eût conduit mon trésor par force à Fontainebleau. S'il ne l'eût pu, il l'eût enterré, jeté dans les rivières, distribué plutôt que de le livrer. »

LUNDI 3.

Sur les femmes, etc. La polygamie.

L'Empereur, après un bain de trois heures, est sorti vers cinq heures pour se promener dans le jardin. Il était fort triste, silencieux ; il avait l'air souffrant. Nous sommes montés en calèche, et peu à peu il s'est remis, et est devenu plus causant.

Au retour, il s'est promené encore quelque temps, pour faire la guerre à l'une de ces dames qui étaient avec nous. Il s'est amusé à déclamer contre les femmes. « Nous n'y entendions rien, nous autres peuples d'Occident, disait-il, et un clignotement de côté nous prévenait de sa malice ; nous avions tout gâté en traitant les femmes trop bien. Nous les avions portées, à grand tort, presque à l'égal de nous. Les peuples de l'Orient avaient bien plus d'esprit et de justesse, ils les avaient déclarées la véritable propriété de l'homme ; et, en effet, la nature les avait faites nos esclaves ; ce n'est que par nos travers d'esprit qu'elles osent prétendre à être nos souveraines ; elles abusaient de quelques avantages pour nous séduire et nous gouverner. Pour une qui nous inspirait quelque chose de bien, il en était cent qui nous faisaient faire des sottises. » Et, continuant d'applaudir aux maximes de l'Orient, il approuvait fort la polygamie, la prétendait dans la nature ; et, se montrant fort adroit, très fécond dans ses preuves : « La femme, disait-il, est donnée à l'homme pour qu'elle fasse des enfants. Or, une femme unique ne pourrait suffire à l'homme pour cet objet ; elle ne peut être sa femme quand elle est grosse, elle ne peut être sa femme quand elle nourrit, elle ne peut être sa femme quand elle est malade, elle cesse d'être sa femme quand elle ne peut plus lui donner d'enfants ; l'homme, que la nature n'arrête ni par l'âge, ni par aucun de ces inconvénients, doit donc avoir plusieurs femmes, etc. »

« Et de quoi vous plaindriez-vous après tout, mesdames, continuait-il en souriant de côté, ne vous avons-nous pas reconnu une âme, vous savez qu'il est des philosophes qui ont balancé. Vous prétendriez à l'égalité ? Mais c'est folie : la femme est notre propriété, nous ne sommes pas la sienne ; car elle nous donne des enfants, et l'homme ne lui en donne pas. Elle est donc sa propriété comme l'arbre à fruit est celle du jardinier. Si l'homme fait une infidélité à sa femme, qu'il lui en fasse l'aveu, s'en repente, il n'en demeure plus de traces ; la femme se fâche, pardonne, ou se raccommode, et encore y gagne-t-elle parfois. Il ne saurait en être ainsi de l'infidélité de la femme : elle aurait beau l'avouer, s'en repentir ; qui garantit qu'il n'en demeurera rien ? Le mal est irréparable ; aussi ne doit-elle, ne peut-elle jamais en convenir. Il n'y a donc, mesdames, et vous devez l'avouer, que le manque de jugement, les idées communes et le défaut d'éducation qui puissent porter une femme à se croire en tout l'égale de son mari : du reste, rien de déshonorant dans la différence ; chacun a ses propriétés et ses obligations : vos propriétés, mesdames, sont la beauté, les grâces, la séduction ; vos obligations, la dépendance et la soumission, etc. »

Après le dîner, l'Empereur a envoyé mon fils chercher les *Mémoires du chevalier de Grammont* et un volume du *Théâtre de Voltaire*. Se créant, disait-il, la tâche d'atteindre onze heures, il a lu assez longtemps du premier ouvrage, remarquant combien peu de chose peut amuser quand on y répand du véritable esprit. Quant à Voltaire, il a parcouru *Mahomet*, *Sémiramis* et autres, en faisant ressortir les vices, et concluant, comme de coutume, que Voltaire n'a connu ni les choses, ni les hommes, ni les grandes passions.

MARDI 4.

Reprise des mémoires de l'Empereur, etc.

L'Empereur m'a fait appeler vers les quatre heures, pour aller en calèche. Il m'a dit qu'il venait enfin de dicter de nouveau, et que cela n'était pas sans quelque mérite ; qu'il avait été toute la matinée d'une humeur détestable ; qu'il avait d'abord essayé de sortir vers une heure, mais qu'il était rentré bientôt absorbé par le dégoût et l'ennui, et que, ne sachant que faire, il lui était venu dans l'idée de se remettre à dicter.

Il y avait longtemps que l'Empereur avait interrompu le travail régulier de ses mémoires. Ma *campagne d'Italie* était finie depuis plusieurs mois ; celle d'Égypte, de Bertrand, l'était aussi ; le général Gourgaud avait été fort malade ; tout cela avait amené des lacunes qui avaient créé le dégoût. L'Empereur en était demeuré là, et ne se sentait pas le courage de s'y remettre. J'ai profité de ce qu'il venait de dire pour faire observer que ses dictées étaient pour lui le grand, le seul moyen de tromper son ennui, d'user le temps, et pour nous l'inestimable avantage d'acquérir de véritables trésors chers à l'honneur, à la gloire de la France ; qu'il était d'une importance réelle qu'il continuât son histoire. Chacun de nous, assurais-je, donnerait volontiers son sang pour l'obtenir ; il le devait à sa mémoire, à sa famille, à nous. Où son fils trouverait-il sa véritable histoire ? Qui pourrait la lui tracer dignement ? Sans ces documents précieux, que de choses finiraient avec Napoléon ! Nous qui l'entourions jadis, que savions-nous alors ? que n'avons-nous pas appris ici ! etc. L'Empereur a répondu qu'il allait s'y remettre, et il a posé la question sur le plan à suivre : serait-ce une histoire ? seraient-ce des annales ? Il l'a discuté longtemps sans pouvoir rien arrêter.

A dîner, il a dit : « J'ai été fort grondé aujourd'hui sur ma paresse ; je vais donc me remettre au travail, attaquer plusieurs points à la fois, chacun aura son lot. Hérodote n'a-t-il pas, je crois, donné le nom des Muses [1] à ses livres ? a-t-il dit en me regardant. Eh bien ! je veux que chacun des miens porte un des vôtres. Il n'y aura pas jusqu'au petit Emmanuel qui n'ait le sien. Je vais entamer le Consulat avec Montholon. Gourgaud aura quelque autre époque ou des batailles détachées, et le petit Emmanuel préparera les pièces et les matériaux de l'époque du couronnement. »

---

1. Déesses au nombre de neuf qui président aux arts.

MERCREDI 5.

> *École militaire. Plan d'éducation ordonné par l'Empereur. Ses intentions pour les vieux militaires. Changements opérés dans les habitudes de la capitale.*

L'Empereur est sorti vers les quatre heures : il ne se portait pas bien du tout ; il avait pris un bain de trois heures. La température était pourtant délicieuse ; c'était une belle soirée d'Europe. Nous avons été joindre la calèche tout en nous promenant, et avons fait notre tour accoutumé. La conversation a été sur l'ancienne École militaire de Paris, le luxe qu'on y employait à notre égard, la sévérité au contraire que l'Empereur avait établie dans les siennes.

A l'École militaire de Paris, nous étions nourris, servis magnifiquement, traités en toutes choses comme des officiers jouissant d'une grande aisance, plus grande certainement que celle de la plupart de nos familles, et fort au-dessus de celle dont beaucoup de nous devions jouir un jour. L'Empereur, dans ses écoles militaires, avait voulu, disait-il, éviter ce travers ; il avait voulu surtout que ses jeunes officiers, qui devaient commander un jour des soldats, eussent commencé par être eux-mêmes de vrais soldats, eussent pratiqué eux-mêmes tous les détails techniques, ce qui est d'un avantage immense, disait-il, dans le reste de la vie, pour pouvoir les suivre et les faire observer dans ceux que l'on doit faire obéir. Ainsi, à Saint-Germain, les jeunes gens pansaient eux-mêmes leurs chevaux, apprenaient à les ferrer, etc. A Saint-Cyr, on pratiquait de même tous les détails correspondants de l'infanterie : on y était vraiment à la chambrée, on y mangeait à la gamelle, etc. ; le tout, sans que le reste des instructions analogues à la condition future des jeunes gens en souffrît aucunement ; en un mot, ils ne sortaient qu'ayant réellement gagné leur grade d'officier, et capables de commander et de faire aller des soldats. « Aussi, disait l'Empereur, si les jeunes gens qui se présentèrent dans les corps à l'origine de cette institution y furent reçus d'abord avec une grande jalousie, du moins fut-on obligé de rendre pleine justice à leur tenue et à leur capacité. »

On voit le même esprit présider aux institutions d'Écouen, de Saint-Denis, et autres établissements que la bienfaisante sollicitude de Napoléon créa pour les filles des membres de la Légion d'honneur. Des règlements dressés par lui-même ordonnaient de n'y employer que ce qui aurait été confectionné dans la maison et par les mains mêmes des élèves. Ces règlements bannissaient toute espèce de luxe, la coquetterie, le théâtre, et devaient n'avoir d'autre but, disait l'Empereur, que d'en faire de bonnes ménagères et d'honnêtes femmes.

Napoléon, auquel la voix publique donnait au temps de sa puissance un caractère si dur et un cœur si froid, est pourtant bien certainement le souverain qui a mis le plus de véritables sentiments en action ; c'est que, par une tournure d'esprit qui lui était particulière, il évitait toutes démonstrations de sensibilité avec autant de soin que d'autres en mettent à les prodiguer.

Il avait adopté tous les enfants de militaires tués à Austerlitz, et pour lui un tel acte ne se bornait pas à une pure formalité ; il les eût dotés.

Je tiens de la bouche d'un jeune homme, qui me l'a raconté depuis mon retour en Europe, et encore avec les larmes de la reconnaissance, qu'ayant été assez heureux, sortant à peine de l'enfance, pour donner une preuve de dévouement qui avait été remarquée, l'Empereur lui demanda quelle carrière il voulait suivre ; et, sans attendre sa réponse, en désigna une lui-même. A quoi le jeune homme ayant fait observer que la fortune de son père ne le lui permettrait pas : « Que vous importe, reprit vivement Napoléon, *ne suis-je pas aussi votre père ?* » Ceux qui l'ont connu dans son intérieur, ou ont vécu près de sa personne, peuvent citer mille traits de la sorte.

Il avait beaucoup fait pour les militaires et les vétérans ; et il se proposait encore bien davantage : c'était chaque jour quelques pensées nouvelles.

Il nous fut présenté au Conseil d'État un projet de décret pour qu'à l'avenir les places dans les douanes, les perceptions, les droits réunis, etc., fussent données à des militaires blessés ou à des vétérans susceptibles de les exercer, à partir du simple soldat jusqu'aux rangs supérieurs. Et comme ce projet était reçu avec froideur, l'Empereur, adressant son adage ordinaire à l'un des opposants, le somma d'aborder franchement la question, et de dire toute sa pensée. – « Eh bien ! sire, dit M. Malouet, c'est que je crains que les citoyens

ne se trouvent heurtés de se voir préférer des militaires.
– Monsieur, repartit vivement l'Empereur, vous séparez là
ce qui ne l'est pas ; les citoyens et les soldats aujourd'hui ne
font qu'un. Dans la crise où nous nous trouvons, la conscription atteint tout le monde ; la carrière militaire n'est plus une
affaire de goût, elle est une affaire de force. La plupart de
ceux qui s'y trouvent ont perdu leur état contre leur gré : il
est donc juste de leur en tenir compte. – Mais, répétait encore
l'opposant, c'est qu'on pourrait croire, par la rédaction du
projet, que Votre Majesté ne veut désormais donner la plus
grande partie de ces places qu'aux militaires. – Mais c'est
bien aussi mon intention, monsieur, dit l'Empereur ; il ne
s'agit que de savoir si j'en ai le droit, et si je blesse la justice.
Or, la Constitution me donne la nomination à tous ces
emplois, et il me semble qu'il est de toute justice que ce soit
ceux qui ont le plus souffert qui aient le plus de droit aux
indemnités. » Puis, haussant la voix : « Messieurs, la guerre
n'est point un métier de roses ; vous ne la connaissez ici, sur
vos bancs, que d'après la lecture des bulletins ou le récit de
nos triomphes. Vous ne connaissez pas nos bivouacs, nos
marches forcées, nos privations de tous genres, nos souffrances de toute espèce. Moi je les connais, parce que je les vois
et que parfois je les partage. »

Quoi qu'il en soit, ce projet de décret, après plusieurs
rédactions, finit par disparaître comme beaucoup d'autres, et
les intentions de l'Empereur ne furent même pas connues du
public, que je sache, bien qu'il eût semblé mettre un vif
intérêt à le voir adopté, et qu'il en eût poursuivi la défense
dans les plus petits détails.

« Mais, sire, lui avait-on objecté dans le principe, Votre
Majesté donnerait-elle de ces places à un militaire qui ne
saurait point lire ? – Pourquoi pas ? – Mais comment pourrait-il remplir sa place, tenir ses registres ? – Eh bien !
monsieur, il appellerait son voisin, il ferait venir de ses
parents, et le bienfait intentionné pour une se répandrait sur
plusieurs. D'ailleurs, je ne tiens pas à votre objection, nous
n'avons qu'à prescrire la condition qu'il sera capable de la
remplir, etc. »

A la nuit, l'Empereur m'a fait appeler dans sa chambre ;
il y était seul avec un peu de feu et dans l'ombre ; les lumières

étaient dans la chambre voisine : cette obscurité plaisait, disait-il, à sa mélancolie. Il était triste et silencieux.

Après le dîner, il a repris la lecture du *Chevalier de Grammont*, qu'il n'a pu continuer.

On s'est mis alors à analyser les moyens qui faisaient passer le temps à Paris. On a parlé des habitudes de la société ancienne et moderne. L'Empereur répétait avoir beaucoup médité sur les moyens de récréer la société. Il avait eu des cercles à la cour, des spectacles, des voyages à Fontainebleau. Cela gênait, disait-il, les gens de la cour et n'influait pas sur les cercles de la capitale. Il n'y avait point encore assez de cohésion dans toutes ces parties hétérogènes pour qu'elles pussent réagir convenablement les unes sur les autres ; cependant cela fût venu avec le temps, assurait-il. On lui faisait remarquer qu'il avait beaucoup contribué à raccourcir les soirées de la capitale. Tout ce qui tenait au gouvernement travaillait beaucoup, et devant se lever de grand matin, était obligé de se coucher de fort bonne heure.

« Ce fut, du reste, un grand étonnement pour Paris, disait l'Empereur, une véritable révolution dans les mœurs, presque une sédition dans la société, lorsque le Premier consul voulut qu'on quittât les bottes pour venir en société, qu'on se mît en bas, et qu'on soignât tant soit peu sa toilette. »

L'Empereur revenait beaucoup sur ce qui formait le bon ton et les manières agréables des sociétés de sa jeunesse. Il s'est arrêté surtout à définir ce qui rendait alors les intimités agréables : la teinte légère de flatterie réciproque ou du moins l'opposition fine et délicate, etc.

JEUDI 6.

> *Résistance à la médecine. Gil Blas. Général Bizanet.*
> *Beaux faits d'armes français. Réflexions.*

Je n'ai vu l'Empereur qu'à six heures : il était demeuré dans sa chambre, souffrant, et n'avait encore rien mangé de la journée. Il se trouvait du malaise, disait-il, et s'amusait en ce moment à parcourir des gravures sur la ville de Londres, que le docteur lui avait prêtées. Celui-ci avait eu l'honneur de le voir dans la journée, et l'avait beaucoup fait rire. « Apprenant que je n'étais pas bien, disait l'Empereur, il avait prétendu se saisir de moi comme de sa proie, en me conseillant aussitôt une médecine, à moi qui ne me rappelle point en avoir jamais pris dans ma vie. »

Il était déjà plus de sept heures ; l'Empereur a dit que celui qui se sentait faim n'était pas bien malade. Il a demandé à manger, on lui a apporté un poulet, qu'il a trouvé excellent : cela l'a remis ; il est devenu causant, et a passé en revue divers romans français. La lecture de *Gil Blas* [1] avait rempli la plus grande partie de sa journée. Il était plein d'esprit, disait-il, mais il aurait mérité les galères lui et tous les siens. De là, il s'est mis à parcourir un recueil chronologique, et s'est arrêté sur la belle affaire de Berg-op-Zoom par le général Bizanet.

« Que de belles actions pourtant, disait l'Empereur, ont été se perdre dans la confusion de nos désastres, ou même dans la multiplicité de celles que nous avons produites. Celle de Berg-op-Zoom est du nombre : la garnison naturelle de cette place était de huit à dix mille hommes peut-être, et pourtant elle ne comptait en cet instant pas plus de deux mille sept cents combattants. Un général anglais, à la faveur de la nuit, et d'intelligence avec les habitants, s'y introduit avec quatre mille huit cents hommes d'élite. Ils sont dans la place, la population est pour eux ; mais rien ne saurait triompher de la valeur française ! on se bat en désespérés dans les rues, la presque totalité de la troupe anglaise est tuée ou demeure prisonnière. Certes, concluait l'Empereur, voilà un acte de braves ! le général Bizanet est un brave ! »

Il est sûr que dans nos derniers moments, comme le disait l'Empereur, une foule de hauts faits, de traits historiques, ont été se perdre dans la confusion de nos désastres et le gouffre de nos malheurs.

C'est l'extraordinaire et singulière défense d'Huningue par l'intrépide Barbanègre.

C'est la belle résistance du général Teste à Namur, où, dans une ville ouverte, avec une poignée de braves, il arrête court l'élan des Prussiens, et favorise la rentrée de Grouchy sans être entamé.

C'est l'expédition brillante du brave Exelmans, dans Versailles, qui eût pu avoir des suites si importantes, si elle eût

---

1. Roman de Lesage.

été soutenue, ainsi que cela avait été décidé ; et enfin un grand nombre d'autres.

Toutefois ces beaux traits, dans ces moments décisifs, ont honoré les rangs de l'armée beaucoup plus que ses principaux chefs. On eût aimé, dans cette crise fatale, au milieu de l'effroyable catastrophe, retrouver dans nos premiers généraux de ces efforts d'audace, de ces actes éclatants qui signalèrent le commencement de nos triomphes, et que la gestion de Napoléon avait rendus presque une habitude parmi nous ; quel qu'en eût été le résultat, le lustre national y eût trouvé quelque soulagement, et la patrie s'arrêterait avec complaisance sur des convulsions héroïques de son agonie. Nous ne devions pas finir par des actes ordinaires.

A cette époque de douleur, nous nous trouvions avoir plus de troupes au-dehors qu'au-dedans : Dresde comptait une véritable armée ; une seconde était dans Hambourg ; une troisième dans Dantzick ; de nombreuses garnisons intermédiaires en eussent composé une quatrième, tant elles renfermaient de nos soldats. Tous les efforts de l'ennemi ne tendaient qu'à séparer ces braves de la France, et à y prévenir leur retour. Que n'est-il venu au cœur et à la pensée de quelque chef du dehors de profiter de ces circonstances pour dégager le sol sacré, en attaquant audacieusement lui-même celui de l'ennemi, et le forçant par là de revenir sur lui. La réunion en masse de la plupart de ces corps eût-elle donc été impossible ?

L'agglomération de Dresde, Torgau, Magdebourg, Hambourg, n'eût-elle pas produit une armée formidable sur les derrières de l'ennemi, capable de l'enfoncer ou de le compromettre ? N'eût-elle pas pu enlever Berlin, dégager les garnisons de l'Oder, secourir Dantzick et insurger la Pologne si bien disposée ; ou bien enfin, tout autre chose d'audacieux, de brillant, d'inattendu, en un mot, de digne de nous ?

Et que fallait-il donc pour changer nos destinées ? Avant l'entrée des Alliés en France, le plus léger épisode eût suffi pour faire conclure raisonnablement à Francfort ; et même, encore plus tard, et l'ennemi déjà sur notre territoire, la plus petite inquiétude sur ses derrières, aux époques héroïques de Champaubert, de Montmirail, de Vauchamp, de Craonne, de Montereau, n'eût-elle pas décidé la retraite précipitée des Alliés, notre triomphe, peut-être leur destruction ? Que si le général qui eût osé se dévouer ainsi eût succombé, ce n'eût pas été pire pour nous qui avons péri ; mais pour lui, avec nos mœurs nationales, il devenait un héros et se rendait immortel.

Au lieu de cela, près de cent mille hommes furent perdus pour la France, en accomplissant *routinement* leurs destinées, ce à quoi nous n'étions plus faits depuis longtemps. Mais peut-être parlé-je ici trop légèrement et sans connaissance de cause ; peut-être me répondrait-on victorieusement par des localités, des obstacles qui me sont inconnus, la santé des troupes, le dénuement de toutes choses, la non-réception des ordres (car l'Empereur essaya d'en donner à cet égard et dans ce sens), la crainte de déranger le plan principal, celle de se charger d'une trop haute responsabilité, etc.

Mais ne serait-ce pas bien plus encore parce que le véritable foyer de ces hautes conceptions et de leurs héroïques accomplissements ne résidait qu'en Napoléon, et que là où il n'était plus, ainsi qu'on l'a pu remarquer souvent, les choses redevenaient abandonnées à leur marche ordinaire ?

Quoi qu'il en soit, quelque chose de la sorte fut pourtant suggéré, au moment de la capitulation de Dantzick, au général en chef commandant l'armée de cette place. L'idée vint d'un officier bien inférieur, il est vrai, mais dont la témérité, l'audace et les succès lui devenaient peut-être quelques titres pour émettre une telle opinion : c'était le capitaine de Chambure, le chef de cette célèbre compagnie franche qui se couvrit de gloire durant le siège. Elle avait été composée, pour le service même du siège, de cent hommes d'élite tirés des plus notoirement intrépides de tous les corps de l'armée ; elle justifia, surpassa même tout ce qu'on en attendait : les assiégeants, terrifiés par ses coups, l'honorèrent de l'épithète d'*infernale*. On la vit débarquer la nuit sur les derrières de l'armée russe, égorger ses sentinelles, enclouer les canons, brûler les magasins, détruire les parcs, mettre en péril la personne des généraux même, et regagner la place en traversant le camp ennemi, marchant sur le ventre de tous ceux qui s'opposaient à son passage. Ces faits et beaucoup d'autres sont consacrés dans les ordres du jour de cette armée.

Assurément, dans les temps ordinaires qui nous ont devancés, il n'est pas un de ces actes qui n'eût suffi pour immortaliser chacun de ceux qui y avaient pris part. Et même parmi les prodiges de nos jours, ils méritaient encore d'être distingués. Napoléon, à son retour de l'île d'Elbe, voulut voir le brave Chambure, qui avait été criblé de blessures ; il lui fut amené par le ministre de la Guerre, il se trouva dès lors désigné pour commander un corps de partisans sur la frontière orientale de la France ; il s'y montra digne de lui-même. Deux officiers anglais tombèrent entre ses mains au cœur même de la France, et au moment de la violente exaspération que causaient nos nouveaux revers ; de Chambure les sauva de la fureur des siens ; leurs équipages, leurs effets furent même respectés. Le croira-t-on ? à peu de temps de là, cet officier, dont le courage, la loyauté, la délicatesse surtout eussent mérité une couronne, fut condamné par un tribunal français, aux galères à perpétuité, à la marque et au carcan, pour avoir détroussé, était-il dit, sur le grand chemin, deux officiers ennemis ! Telle était la justice des partis ! Quelles monstrueuses aberrations ne peuvent pas exercer les troubles civils sur le jugement et la conscience !

Le colonel Chambure n'eut plus qu'à se dérober par une prompte expatriation ; vainement chercha-t-il à faire connaître de loin la vérité ; vainement les deux officiers anglais eux-mêmes donnèrent-ils la plus grande publicité à leurs témoignages, à leur reconnaissance ; ce ne fut qu'après bien du temps écoulé, et dans un moment de bonace politique, qu'il lui devint possible d'en appeler de nouveau devant les tribunaux, en venant leur livrer sa personne ; et ils déclarèrent cette fois qu'il n'y avait pas même lieu à inculpation ; certes voilà un des traits caractéristiques du temps.

VENDREDI 7, SAMEDI 8.

> *Romans de l'Empereur. Napoléon peu connu*
> *de sa maison même. Ses idées religieuses.*

Dans une longue conversation privée du matin, l'Empereur aujourd'hui revenait sur toutes les horreurs de notre situation présente, et épuisait les chances d'un meilleur avenir.

A la suite de tous ces objets, que je ne puis rendre ici, s'abandonnant à son imagination, il disait qu'il n'y avait plus pour lui de séjour que l'Angleterre et l'Amérique. Celui de son inclination, disait-il, serait l'Amérique, parce qu'il serait vraiment libre, et qu'il n'aspirait plus qu'à l'indépendance et au repos ; et il faisait alors son roman. Il se voyait près de son frère Joseph, entouré d'une petite France, etc.

Toutefois la politique, remarquait-il, pouvait décider pour l'Angleterre. Il devait demeurer peut-être l'esclave des événements. Il se devait, après tout, à un peuple qui avait fait plus pour lui qu'il ne lui avait rendu lui-même à son tour, etc. ; et alors il faisait encore son roman, etc.

De là, la conversation allant toujours, l'Empereur ne revenait pas de s'être convaincu que beaucoup de ceux qui l'entouraient et qui formaient sa cour croyaient la plupart des absurdités et des balivernes qui avaient été débitées sur son compte, et allaient jusqu'à douter de la fausseté des horreurs dont on souillait son caractère. Qu'ainsi, nous le croyions cuirassé au milieu de nous, soumis aux pressentiments et au fatalisme, sujet à des accès de rage ou d'épilepsie ; ayant étranglé Pichegru, fait couper le cou à un petit capitaine anglais, etc. Et sa sortie contre nous était en quelque sorte méritée ; nous étions obligés d'en convenir ; seulement nous avions à répondre que bien des circonstances se réunissaient pour que le gros de son entourage d'alors demeurât encore le vulgaire. Nous apercevions souvent sa personne, disais-je ; mais nous n'avions jamais aucune communication avec lui : tout demeurait mystère pour nous. Aucune voix ne s'élevait pour réfuter, tandis qu'il en était une foule dans l'ombre, et quelques-unes des plus rapprochées de lui, qui, par travers d'esprit ou mauvaise intention, ne semblaient occupées qu'à insinuer sans cesse. Quant à moi, je confessais de bonne foi n'avoir eu d'idée certaine de son caractère qu'ici, bien que j'eusse à me féliciter de l'avoir réellement en partie deviné. « Et pourtant, répliquait-il à cela, vous m'avez vu et entendu souvent au Conseil d'État. »

Le soir, après le dîner, la conversation tomba sur la religion. L'Empereur s'y est arrêté longtemps. Je vais en transcrire ici avec soin le résumé, comme tout à fait caractéristique sur un point qui a dû exercer sans doute souvent la curiosité de plusieurs.

L'Empereur, après un mouvement très vif et très chaud, a dit : « Tout proclame l'existence d'un Dieu, c'est indubitable [1] ; mais toutes nos religions sont évidemment les enfants

---

1. Depuis mon retour en Europe, je tiens de M. l'évêque Grégoire qu'au

des hommes. Pourquoi y en avait-il tant ? pourquoi la nôtre n'avait-elle pas toujours existé ? pourquoi était-elle exclusive ? que devenaient les hommes vertueux qui nous avaient devancés ? pourquoi ces religions se décriaient-elles, se combattaient-elles, s'exterminaient-elles ? pourquoi cela a-t-il été de tous les temps, de tous les lieux ? C'est que les hommes sont toujours les hommes, c'est que les prêtres ont toujours glissé partout la fraude et le mensonge. Toutefois, disait l'Empereur, dès que j'en ai eu le pouvoir, je me suis empressé de rétablir la religion. Je m'en servais comme de base et de racine. Elle était à mes yeux l'appui de la bonne morale, des vrais principes, des bonnes mœurs. Et puis, l'inquiétude de l'homme est telle, qu'il lui faut ce vague et ce merveilleux qu'elle lui présente. Il vaut mieux qu'il le prenne là que d'aller le chercher chez Cagliostro, chez Mlle Lenormand, chez toutes les diseuses de bonne aventure et les fripons. » Quelqu'un ayant osé lui dire qu'il pourrait se faire qu'il finît par être dévot, l'Empereur a répondu avec l'air de la conviction qu'il craignait que non, et qu'il le prononçait à regret ; car c'était sans doute une grande consolation ; que toutefois son incrédulité ne venait ni de travers ni de libertinage d'esprit, mais seulement de la force de sa raison. « Cependant, ajoutait-il, l'homme ne doit jurer de rien sur tout ce qui concerne ses derniers instants. En ce moment, sans doute, je crois bien que je mourrai sans confesseur ; et néanmoins voilà un tel, montrant l'un de nous, qui me confessera peut-être. Je suis bien loin d'être athée, assurément ; mais je ne puis croire tout ce que l'on m'enseigne en dépit de ma raison, sous peine d'être faux et hypocrite.

---

plus fort de la crise du Concordat, mandé avant le jour à la Malmaison, quand il y arriva, le Premier consul se promenait déjà dans une allée, discutant vivement avec le sénateur Volney. « Oui, monsieur, lui disait-il, on dira ce qu'on voudra, mais il faut au peuple une religion et surtout de la croyance ; et quand je dis le peuple, monsieur, je ne prétends pas encore dire assez, car moi-même », et il étendait en cet instant ses bras avec une espèce d'inspiration enthousiaste vers le soleil, qui précisément en cet instant apparaissait radieux à l'horizon : « Moi-même, exprimait-il avec chaleur, à la vue d'un tel spectacle, je me surprends à être ému, entraîné, convaincu » ; et se tournant vers l'abbé Grégoire, il lui dit : « Et vous, monsieur, qu'en dites-vous ? » A quoi celui-ci n'eut qu'à répondre qu'un pareil spectacle était bien fait pour donner lieu aux plus sérieuses et aux plus fécondes méditations. *(Las Cases.)*

« Sous l'Empire, et surtout après le mariage de Marie-Louise, on fit tout au monde pour me porter, à la manière de nos rois, à aller en grande pompe communier à Notre-Dame ; je m'y refusai tout à fait : je n'y croyais pas assez, disais-je, pour que ce pût m'être bénéficiel, et je croyais trop encore pour m'exposer froidement à un sacrilège. » A cela, comme on citait quelqu'un qui s'était vanté en quelque sorte de n'avoir pas fait sa première communion : « C'est fort mal à lui, a repris l'Empereur : il a manqué là à son éducation, ou l'on s'est rendu coupable vis-à-vis d'elle. » Puis continuant son sujet : « Dire d'où je viens, ce que je suis, où je vais, est au-dessus de mes idées, et pourtant tout cela est. Je suis la montre qui existe et qui ne se connaît pas. Toutefois, le sentiment religieux est si consolant que c'est un bienfait du Ciel que de le posséder. De quelle ressource ne nous serait-il pas ici ? quelle puissance pourraient avoir sur moi les hommes et les choses, si prenant en vue de Dieu mes revers et mes peines, j'en attendais le bonheur futur pour récompense !... A quoi n'aurais-je pas droit, moi qui ai traversé une carrière aussi extraordinaire, aussi orageuse, sans commettre un seul crime ; et j'ai pu tant en commettre ! Je puis paraître devant ce tribunal de Dieu, je puis attendre son jugement sans crainte. Il n'entreverra jamais au-dedans de moi l'idée de l'assassinat, de l'empoisonnement, de la mort injuste ou préméditée, si commune dans les carrières qui ressemblent à la mienne. Je n'ai voulu que la gloire, la force, le lustre de la France : toutes mes facultés, tous mes efforts, tous mes moments étaient là. Ce ne saurait être un crime, je n'ai vu là que des vertus ! Quelle serait donc ma jouissance, si le charme d'un avenir futur se présentait à moi pour couronner la fin de ma vie, etc. »

... Plus loin, il disait : « Mais comment pouvoir être convaincu par la bouche absurde, par les actes iniques de la plupart de ceux qui nous prêchent ? Je suis entouré de prêtres qui me répètent sans cesse que leur règne n'est pas de ce monde, et ils se saisissent de tout ce qu'ils peuvent. Le pape est le chef de cette religion du ciel, et il ne s'occupe que de la terre. Que de choses celui d'aujourd'hui, qui assurément est un brave et saint homme, m'offrait pour retourner à Rome ! La discipline de l'Église, l'institution des évêques, ne lui étaient plus rien, s'il pouvait à ce prix redevenir prince temporel. Aujourd'hui même, il est l'ami de tous les protestants, qui lui accordent tout parce qu'ils ne le craignent pas. Il n'est l'ennemi que de l'Autriche catholique, parce que celle-ci serre de près son territoire, etc.

« ... Nul doute, du reste, continuait-il encore, que mon espèce d'incrédulité ne fût, en ma qualité d'empereur, un bienfait pour les peuples ; et autrement, comment aurais-je pu exercer une véritable tolérance ; comment aurais-je pu favoriser avec égalité des sectes aussi contraires, si j'avais été dominé par une seule ? Comment aurais-je conservé l'indépendance de ma pensée et de mes mouvements, sous la suggestion d'un confesseur qui m'eût gouverné par les craintes de l'enfer ? Quel empire un méchant, le plus stupide des hommes, ne peut-il pas, à ce titre, exercer sur ceux qui gouvernent les nations ? N'est-ce pas alors le moucheur de chandelles qui, dans les coulisses, peut faire mouvoir à son gré l'Hercule de l'Opéra ? Qui doute que les dernières années de Louis XIV n'eussent été bien différentes avec un autre confesseur ? J'étais tellement pénétré de ces vérités, que je me promettais bien de faire en sorte, autant qu'il eût été en moi, d'élever mon fils dans la même ligne religieuse où je me trouve, etc. »

L'Empereur a terminé cette conversation en envoyant mon fils chercher l'Évangile, et, le prenant au commencement, il ne s'est arrêté qu'après le discours de Jésus sur la montagne. Il se disait ravi, extasié de la pureté, du sublime et de la beauté d'une telle morale, et nous tous l'étions de même.

DIMANCHE 9.

Portrait des directeurs. Anecdotes. 18 fructidor.

L'Empereur a beaucoup parlé de la création du Directoire ; il l'avait installé, se trouvant alors commandant en chef de l'armée de l'intérieur. Cela l'a conduit à passer en revue les cinq directeurs dont il a donné les portraits et le caractère. Il a peint leurs ridicules et leurs fautes, ce qui a conduit aux événements de fructidor, et a fourni un grand nombre de choses fort curieuses. Voici ce que j'en ai recueilli, partie de ses conversations perdues, partie de ses dictées sur les campagnes d'Italie.

« Barras, disait l'Empereur, d'une des bonnes familles de Provence, était officier au régiment de l'Ile-de-France ; à la Révolution, il fut nommé député à la Convention nationale par le département du Var. Il n'avait aucun talent pour la tribune, et nulle habitude de travail. Après le 31 mai [1], il fut nommé, avec Fréron, commissaire à l'armée d'Italie et en Provence, alors foyer de la guerre civile. De retour à Paris, il se jeta dans le parti thermidorien ; menacé par Robespierre, ainsi que Tallien et tout le reste du parti de Danton, ils se réunirent, et firent la journée du 9 thermidor. Au moment de la crise, la Convention le nomma pour marcher contre la Commune, qui s'était insurgée en faveur de Robespierre ; il réussit.

« Cet événement lui donna une grande célébrité. Tous les thermidoriens, après la chute de Robespierre, devinrent les hommes de la France.

« Le 12 vendémiaire, au moment de la crise, on imagina, pour se défaire subitement des trois commissaires près de l'armée de l'intérieur, de réunir dans sa personne les pouvoirs de commissaire et ceux de commandant de cette armée. Mais les circonstances étaient trop graves pour lui ; elles étaient au-dessus de ses forces : Barras n'avait pas fait la guerre ; il avait quitté le service n'étant que capitaine ; il n'avait d'ailleurs aucune connaissance militaire.

« Les événements de thermidor et de vendémiaire le portèrent au Directoire : il n'avait point les qualités nécessaires pour cette place ; il fit mieux que ceux qui le connaissaient n'attendaient de lui.

« Il donna de l'éclat à sa maison ; il avait un train de chasse, et faisait une dépense considérable. Quand il sortit du Directoire au 18 brumaire, il lui restait encore une grande fortune ; il ne la dissimulait pas. Cette fortune n'était pas, il s'en faut, de nature à avoir influé sur le dérangement des finances ; mais la manière dont il l'avait acquise, en favorisant les fournisseurs, altéra la morale publique.

« Barras était d'une haute stature ; il parla quelquefois dans des moments d'orage, et sa voix couvrait alors la salle. Ses facultés morales ne lui permettaient pas d'aller au-delà de quelques phrases. La passion avec laquelle il parlait l'aurait

1. 31 mai 1793.

fait prendre pour un homme de résolution. Il ne l'était point ;
il n'avait aucune opinion faite sur aucune partie de l'administration publique.

« En fructidor [1], il forma avec Rewbell et La Révellière-
Lépeaux, la majorité contre Carnot et Barthélemy ; après
cette journée, il fut en apparence l'homme le plus considérable du Directoire ; mais en réalité, c'était Rewbell qui avait
la véritable influence des affaires. Barras soutint constamment en public le rôle d'un ami chaud de Napoléon. Lors du
30 prairial [2], il eut l'adresse de se concilier le parti dominant
dans l'Assemblée, et ne partagea pas la disgrâce de ses collègues.

« La Révellière-Lépeaux, natif d'Angers, était de la très
petite bourgeoisie, petit, bossu, de l'extérieur le plus désagréable qu'on puisse imaginer : c'était un véritable Ésope. Il
écrivait passablement ; son esprit était de peu d'étendue, il
n'avait ni l'habitude des affaires, ni la connaissance des hommes. Il fut alternativement dominé, selon les temps, par Carnot et Rewbell. Le Jardin des Plantes, et la *théophilanthropie*,
nouvelle religion dont il avait la manie de vouloir être fondateur, faisaient toute son occupation. Du reste, il était
patriote chaud et sincère, honnête homme, citoyen probe et
instruit ; il entra pauvre au Directoire, et en sortit pauvre. La
nature ne lui avait accordé que les qualités d'un magistrat
subalterne. »

Napoléon, après son retour de l'armée d'Italie, se trouva,
sans qu'il en pût deviner la cause, l'objet tout particulier du
soin, de l'attention et des cajoleries du directeur La Révellière, qui un jour lui offrit un dîner, *strictement* en famille,
« et cela, disait-il, pour être plus ensemble ». Le jeune général
l'accepta ; et, en effet, il ne s'y trouvait que la femme et la
fille du directeur ; et tous les trois, par parenthèse, disait
l'Empereur, étaient trois chefs-d'œuvre de laideur. Après le
dessert, les deux femmes se retirèrent, et la conversation
devint sérieuse. La Révellière s'étendit longuement sur les
inconvénients de notre religion, la nécessité néanmoins d'en
avoir une, et vanta en grand détail les avantages de celle qu'il
prétendait instituer : *la théophilanthropie*. « Je commençais

---

1. 18 fructidor (4 septembre) 1797.
2. 30 prairial (18 juin) 1799.

à trouver la conversation longue et un peu lourde, quand tout à coup se frottant les mains avec satisfaction et d'un air malin : De quel prix serait pourtant une acquisition comme la vôtre ? de quelle utilité, de quel poids ne serait pas votre nom ? et comme cela serait glorieux pour vous ? Allons, qu'en pensez-vous ? » Le jeune général était loin de s'attendre à une pareille proposition ; toutefois il répondit avec humilité qu'il ne se sentait pas digne d'un tel honneur ; et puis, que dans des routes obscures il avait pour principe de suivre ceux qui le devançaient ; qu'ainsi il était résolu de faire là-dessus comme avaient fait son père et sa mère. Une réponse si positive fit bien voir au grand-prêtre qu'il n'y avait rien à faire, et il en demeura là ; mais aussi, depuis, plus de petits soins ni de cajoleries pour le jeune général.

« Rewbell, disait l'Empereur, natif d'Alsace, était un des meilleurs avocats de Colmar. Il avait de l'esprit, esprit qui caractérise un bon praticien ; il influença presque toujours les délibérations, prenait facilement des préjugés, croyait peu à la vertu, était d'un patriotisme assez exalté. C'est un problème que de savoir s'il s'est enrichi au Directoire ; il était environné de fournisseurs, il est vrai ; mais, par la tournure de son esprit, il serait possible qu'il se fût plu seulement dans la conversation d'hommes actifs et entreprenants, et qu'il eût joui de leurs flatteries sans leur faire payer les complaisances qu'il avait pour eux. Il avait une haine particulière contre le système germanique : il a montré de l'énergie dans les Assemblées, soit avant ou après sa magistrature ; il aimait à travailler et à agir ; il avait été membre de la Constituante et de la Convention : celle-ci le nomma commissaire à Mayence, où il montra peu de caractère et nul talent militaire ; il contribua à la reddition de la place, qui pouvait encore se défendre. Il avait, comme les praticiens, un préjugé d'état contre les militaires.

« Carnot, natif de Bourgogne, était entré très jeune dans le génie, et soutint dans son corps le système de Montalembert. Il passait pour un original parmi ses camarades, et était déjà chevalier de Saint-Louis lors de la Révolution, qu'il embrassa chaudement. Il fut nommé à la Convention, et membre du Comité de salut public avec Robespierre, Barère, Couthon, Saint-Just, Billaud-Varenne, Collot d'Herbois, etc. Il montra une grande exaltation contre les nobles, ce qui lui occasionna plusieurs querelles avec Robespierre, qui, sur les derniers temps, en protégeait un grand nombre.

« Carnot était travailleur, sincère dans tout, mais sans intrigues, et facile à tromper. Il fut employé auprès de Jourdan comme commissaire de la Convention au déblocus de Maubeuge, où il rendit des services ; au Comité de salut public, il dirigea les opérations de la guerre, et il fut utile ; du reste, sans expérience ni habitude de la guerre. Il montra toujours un grand courage moral.

« Après thermidor, lorsque la Convention mit en arrestation tous les membres du Comité de salut public excepté lui, Carnot voulut partager leur sort. Cette conduite fut d'autant plus noble, que l'opinion publique était violemment prononcée contre le Comité. Il fut nommé membre du Directoire après vendémiaire ; mais depuis le 9 thermidor il avait l'âme déchirée par les reproches de l'opinion publique, qui attribuait au Comité tout le sang qui avait coulé sur les échafauds. Il sentit le besoin d'acquérir de l'estime, et en croyant diriger lui-même, il se laissa entraîner par des meneurs du parti de l'étranger. Alors il fut porté aux nues ; mais il ne mérita pas les éloges des ennemis de la patrie ; il se trouva placé dans une fausse position, et succomba en fructidor.

« Après le 18 brumaire, Carnot fut rappelé et mis au ministère de la Guerre par le Premier consul, il eut beaucoup de querelles avec le ministre des Finances et le directeur du Trésor Dufresne, dans lesquelles il est juste de dire qu'il avait toujours tort. Enfin il quitta le ministère, persuadé qu'il ne pourrait plus aller faute d'argent.

« Membre du Tribunat, il parla et vota contre l'Empire ; mais sa conduite toujours droite ne donna point d'ombrage à l'administration. Plus tard, il fut fait inspecteur en chef aux revues, et reçut de l'Empereur une pension de retraite de vingt mille francs.

« Tant que les choses prospérèrent, l'Empereur n'en entendit point parler ; mais après la campagne de Russie, lors des malheurs de la France, Carnot demanda du service : la ville d'Anvers lui fut confiée ; il s'y comporta bien. Au retour de 1815, l'Empereur, après quelque hésitation, le nomma ministre de l'Intérieur, et il n'eut pas lieu de s'en plaindre : il le trouva fidèle, probe, travailleur, et toujours vrai. Nommé membre de la commission du gouvernement provisoire au mois de juin, et peu propre à cette fonction, il y fut joué.

« Le Tourneur de la Manche est né en Normandie ; il avait été officier dans le génie avant la Révolution. On a peine à s'expliquer comment il fut nommé au Directoire ; ce ne peut être que par une de ces bizarreries attachées aux grandes assemblées. Il était de peu d'esprit, de peu d'instruction et d'un petit caractère. Il y avait à la Convention cinq cents députés qui lui étaient préférables ; du reste il était probe et honnête homme : il sortit pauvre du Directoire. »

Le Tourneur se rendit la fable et la risée de Paris. Il vint, dit-on, de son département prendre possession au Directoire, dans un chariot, avec sa gouvernante, ses ustensiles de cuisine, sa basse-cour. Les mauvais plaisants de la capitale l'ajustèrent, et il fut aussitôt noyé. On le faisait revenir du Jardin des Plantes, où il était accouru tout d'abord, et raconter ce qu'il y avait trouvé de rare ; et, comme on lui demandait s'il y avait vu Lacepède, il s'étonnait fort de l'avoir passée, assurant qu'on ne lui avait montré que *la girafe* [1].

« A peine le Directoire fut établi qu'il se compromit à tous les yeux par de grands travers d'esprit, de mœurs et de combinaisons. Ce ne furent que fautes et absurdités ; il se trouva discrédité, perdu, au moment même de son apparition. Les directeurs, étourdis de leur élévation, songèrent à se donner des manières, et coururent après le bon ton. Pour mieux y réussir, chacun des directeurs se composa une petite cour, où fut accueillie la haute classe, jusque-là disgraciée et leur ennemie naturelle ; tandis qu'on en repoussait la masse des anciennes connaissances, celle des camarades, comme trop vulgaire désormais. Tous ceux qui, dans la Révolution, avaient montré plus d'énergie que les membres du Directoire, ou avaient marché avec eux, leur devinrent importuns et furent aussitôt éloignés : le Directoire donna donc à rire à l'un des deux partis, et s'aliéna l'autre. Les cinq petites cours exigeaient d'autant plus de servitude qu'elles étaient subalternes et ridicules ; mais un grand nombre d'hommes ne purent se résoudre à plier devant des formes que ni les cir-

1. On m'a assuré, depuis, qu'une partie de ces quolibets étaient étrangers à Le Tourneur, et ne devaient regarder que Le Tourneux, ministre vers ces temps-là. *(Las Cases.)*

constances récentes, ni la nature du gouvernement, ni le prestige des gouvernants ne pouvaient faire admettre.

« Cependant tout ce que le Directoire fit pour gagner les salons de Paris ne lui réussit pas ; il n'acquit aucune influence sur eux, et le parti des Bourbons gagna du terrain. Lorsque le Directoire s'en aperçut, il revint brusquement en arrière ; mais alors il ne trouva plus les républicains qu'il avait aliénés. Ce furent donc des oscillations perpétuelles qui ressemblaient à des caprices ; on naviguait sans direction, on n'avait aucun but, on n'était pas un. On ne voulait ni terreur ni royalisme ; mais on ne savait pas prendre la route qui devait faire arriver.

« Le Directoire crut alors remédier à ces incertitudes, et éviter ces perpétuelles oscillations, en frappant à la fois les deux partis extrêmes, qu'ils l'eussent mérité ou non : s'il faisait arrêter un royaliste qui avait conspiré ou troublé la tranquillité publique, il faisait au même instant arrêter un républicain, n'eût-il rien fait. Ce système s'appela *la bascule politique*. L'injustice, la fausseté de ce système discrédita le gouvernement ; toutes les âmes se resserrèrent ; ce fut un gouvernement de plomb. Tous les sentiments vrais et généreux furent contre le Directoire.

« Les gens d'affaires, les agioteurs, les intrigants s'emparèrent des ressorts et eurent tout crédit ; les places furent données à des hommes vils, à des protégés ou à des parents ; la corruption s'introduisit dans toutes les branches de l'administration ; les dilapidateurs l'eurent bientôt senti, et purent agir sans crainte. Les affaires étrangères, les armées, les finances, l'intérieur, tout se ressentit d'un système aussi vicieux.

« Un tel état de choses amoncela bientôt un orage politique et l'on marcha à grands pas vers la crise de fructidor.

« A cette époque, la manière du Directoire continuait d'être molle, capricieuse, incertaine ; des émigrés rentrés, des journalistes aux gages de l'étranger, flétrissaient audacieusement les meilleurs patriotes. La rage des ennemis de la gloire nationale irritait, exaspérait les soldats de l'armée d'Italie ; ceux-ci se prononçaient hautement contre eux ; les conseils, de leur côté, ne parlaient plus que prêtres, cloches et émigrés ; ils agissaient en vrais contre-révolutionnaires : aussi tous les officiers de l'armée qui avaient plus ou moins marqué dans les départements, dans les bataillons volontaires, ou même dans les troupes de ligne, se sentant attaqués dans ce qui les touchait de plus près, irritaient encore la colère de leurs soldats ; tous les esprits étaient enflammés.

« Dans une circonstance aussi orageuse, quel parti devait prendre le général de l'armée d'Italie ? Il s'en présentait trois :

« 1° Se ranger du parti dominant dans les conseils ? Mais il était déjà trop tard ; l'armée se prononçait, et les meneurs du parti, les orateurs du conseil, en l'attaquant sans cesse, lui et l'armée, ne lui laissaient plus la possibilité de prendre cette résolution.

« 2° De prendre le parti du Directoire et de la République ? C'était le plus simple, celui du devoir, l'impulsion de l'armée, celui même où l'on se trouvait déjà engagé ; car tous les écrivains restés fidèles à la Révolution s'étaient déclarés d'eux-mêmes les ardents défenseurs et les apologistes zélés de l'armée et de son chef.

« 3° De dominer les deux factions en se présentant franchement dans la lutte comme régulateur de la République ? Mais quelque fort que Napoléon se sentît de l'appui des armées, quelque accrédité qu'il fût en France, il ne pensait pas qu'il fût encore dans l'esprit du temps, ni dans l'opinion publique, de lui permettre une marche aussi audacieuse. Et d'ailleurs, quand ce troisième parti eût été son but secret, il n'eût pu y arriver immédiatement et sans avoir au préalable épousé un des deux partis qui se partageaient en ce moment l'arène politique. Il fallait de nécessité d'abord se ranger ou du côté des conseils, ou du côté du Directoire, lors même qu'on eût voulu former un tiers parti.

« Ainsi, des trois partis à prendre, le troisième, pour son exécution, rentrait dans l'un des deux premiers : depuis le renouvellement des conseils et l'attaque déjà formée par eux contre Napoléon, l'un des deux autres, le premier, lui était absolument interdit. Cette analyse, faisait observer l'Empereur, ressortait tout naturellement d'une profonde méditation sur les circonstances actuelles de la France. Le général n'avait donc rien à faire qu'à laisser aller les événements, et seconder l'impulsion naturelle de ses troupes. De là l'adresse de l'armée d'Italie et le fameux ordre du jour de son général.

« Soldats, je le sais, disait-il, votre cœur est plein d'angoisses sur les malheurs de la patrie ; mais si les menées de l'étranger pouvaient l'emporter, nous volerions du sommet des Alpes avec la rapidité de l'aigle, pour défendre cette cause qui nous a déjà coûté tant de sang. »

« Ces mots décidèrent la question : les soldats, en délire, voulaient tous marcher sur Paris, le contrecoup en retentit aussitôt dans la capitale. Il s'y fit une véritable explosion ; et le Directoire, que chacun croyait perdu, qui l'instant d'auparavant chancelait seul et abandonné, se trouva tout à coup fort de l'opinion publique ; il prit aussitôt l'attitude et la marche d'un parti triomphant, il terrassa à l'instant tous ses ennemis.

« Le général de l'armée d'Italie avait fait porter l'adresse de ses soldats au Directoire par Augereau, parce qu'il était de Paris, et fort prononcé dans les idées du moment.

« Cependant les politiques du temps se demandèrent : Qu'aurait fait Napoléon, si les conseils l'eussent emporté ; si cette faction, qui fut vaincue, avait au contraire culbuté le Directoire ? Dans ce cas, il paraît qu'il était décidé à marcher sur Lyon et Mirbel avec quinze mille hommes. Là se fussent aussitôt ralliés à lui tous les républicains du Midi et de la Bourgogne. Les conseils, victorieux, n'auraient pas été trois ou quatre jours sans se diviser violemment ; car si ses membres étaient uniformes dans leur marche contre le Directoire, on savait qu'ils étaient loin de l'être dans le but ultérieur qu'ils se proposaient. Les meneurs, tels que Pichegru, Imbert-Colomès et autres, vendus à l'étranger, poussaient violemment au royalisme et à la contre-révolution ; tandis que Carnot et autres voulaient des résultats tout à fait contraires. La confusion et l'anarchie n'eussent donc pas manqué d'être aussitôt dans l'État. Alors toutes les classes des citoyens, toutes les factions auraient vu avec plaisir dans Napoléon une ancre de salut, un point de ralliement, seul propre à sauver tout à la fois et de la terreur royale et de la terreur démagogique. Il devait donc arriver facilement à Paris, et s'y trouver naturellement porté à la tête des affaires par le vœu et l'assentiment de tous les partis. La majorité des conseils était forte et positive, à la vérité ; mais c'était uniquement contre les directeurs. Elle devait se diviser à l'infini, sitôt qu'ils seraient renversés.

« Le choix de trois nouveaux directeurs venant à mettre au grand jour la véritable intention des meneurs de la contre-révolution, l'immensité des citoyens, dans leur effroi, allaient se précipiter vers Napoléon déployant l'oriflamme nationale ; car les vrais contre-révolutionnaires étaient, au fait, en petit nombre, et leurs prétentions trop ridicules et trop absurdes. Tout eût plié devant Napoléon, l'eût-on appelé César ou Cromwell. Il marchait avec une religion, un parti dont les idées étaient fixes et populaires ; il était maître de ses soldats, les caisses de l'armée étaient pleines ; il possédait tous les autres moyens propres à s'assurer leur constance et leur fidélité ; et il s'agissait de dire si Napoléon, dans le secret de son cœur, n'aurait pas désiré que les affaires eussent pris cette tournure ? Nous penserions que oui. Que le triomphe de la majorité des conseils fût son désir et son espérance, nous sommes portés à le croire par le fait suivant : c'est que dans le moment de la crise entre les deux factions, un arrêté secret, signé des trois membres composant le parti du Directoire, lui demanda trois millions pour soutenir l'attaque des conseils, et que Napoléon, sous divers prétextes, ne les envoya pas, quoique cela lui fût facile ; et l'on sait qu'il n'est pas dans son caractère d'hésiter pour des mesures d'argent.

« Aussi, quand la lutte fut finie, et que le Directoire triomphant se plut à déclarer tout haut qu'il devait toute son existence à Napoléon, il conserva néanmoins dans le cœur quelques sentiments vagues que Napoléon n'avait embrassé son parti que dans l'espoir de le voir culbuté, et de se mettre à sa place.

« Quoi qu'il en soit, après le 18 fructidor, l'ivresse de l'armée fut au comble, et le triomphe de Napoléon complet. Mais le Directoire, malgré sa reconnaissance apparente, l'entoura dès ce moment de nombreux agents qui épièrent ses pas et cherchèrent à pénétrer ses pensées.

« La position de Napoléon était délicate, quoique sa conduite eût été si régulière et si parfaite, qu'encore même à présent nous n'entretenons que de simples conjectures sur cet objet ; seulement, c'est dans cette délicatesse de position que nous croyons trouver les principales raisons de la conclusion de la paix à Campo-Formio, du refus de demeurer au congrès de Rastadt, et enfin de l'entreprise de l'expédition d'Égypte.

« Comme il arrive toujours en France, aussitôt après le 18 fructidor, le parti vaincu disparut tout à coup, et la majorité du Directoire triompha sans modération. Il devint tout, et réduisit les conseils à rien.

« Napoléon sentit alors la nécessité de la paix, qui, terminant les affaires actuelles, lui donnerait une nouvelle popularité : il avait tout à craindre de la continuation de la guerre ; elle pouvait fournir à ceux qui l'auraient suspecté, des prétextes faciles de lui nuire ; on pouvait vouloir l'exposer dans des situations difficiles, et se servir contre lui du concours des autres généraux.

« Deux des plus célèbres d'alors avaient manifesté des dispositions authentiques dans cette grande affaire de fructidor : c'était Moreau et Hoche.

« Moreau s'était tout à fait montré contre le Directoire ; et, par une conduite pusillanime et répréhensible, il se perdit tout à la fois sous le rapport du devoir et sous celui du point d'honneur.

« Hoche fut en entier pour le Directoire ; cédant à la fougue de son caractère, il fit marcher sur Paris une partie de son armée, manqua son but par trop d'impétuosité. Ses troupes furent contremandées par la puissance des conseils, et lui-même fut obligé de se sauver de Paris dans la crainte de se voir arrêté par ces mêmes conseils.

« Hoche n'avait donc rien fait pour le succès de cette journée ; il y avait même nui par trop de zèle ; mais il avait montré un homme tout dévoué, et la majorité du Directoire pouvait se fier aveuglément à lui, bien que son imprudence eût manqué de le perdre.

« Cette même majorité du Directoire doutait au contraire de Napoléon, qui l'avait fait triompher ; il lui restait toujours que ce général avait pu calculer que le Directoire succomberait sous les conseils, et qu'il pourrait s'élever sur ses ruines.

« Cependant, comment le Directoire pouvait-il arranger cette pensée avec les actes de ce général, qui avait tout mis dans la balance pour le faire triompher ? car il est évident que, sans l'ordre du jour de Napoléon et l'adresse de son armée, le Directoire était perdu.

« Des personnes bien instruites pensent qu'au vrai Napoléon n'avait pas assez calculé son influence personnelle en France, qu'il s'en était laissé imposer par les libelles, et les journaux dirigés contre lui ; qu'il avait cru les mesures qu'il prenait propres, non à faire triompher tout à fait le Directoire, mais juste ce qu'elles devaient être pour devenir lui-même le sauveur et le vrai soutien de la République. Ces personnages ajoutent qu'au moment où les officiers que Napoléon avait à Paris et toute la correspondance de la France lui eurent appris que sa proclamation avait du soir au matin changé tout à fait l'esprit de l'intérieur, alors seulement il s'aperçut qu'il avait trop fait. Nous nous rangerions d'autant plus volontiers à cette opinion, que nous ne saurions comprendre comment Napoléon aurait pensé sérieusement à conserver trois directeurs dont il ne faisait aucun cas. Celui de tous qu'il estimait (Carnot) était du parti opposé, et nous savons qu'il était indigné de la corruption ou de la faiblesse des autres.

« Le nommé Bottot, agent intime de Barras, fut expédié auprès de Napoléon avec la mission secrète de le pénétrer, et de savoir pourquoi il n'avait pas envoyé les trois millions dont le Directoire avait eu tant de besoin.

« Bottot joignit le général français à Passeriano ; il intrigua beaucoup dans les alentours de Napoléon ; mais il trouva chacun très chaud pour le parti qui avait triomphé, et, ayant quelques intérêts à traiter pour lui-même, il finit par avouer, dans quelques conversations intimes, le secret de sa mission et les soupçons vagues du Directoire. Il avait été facilement détrompé par la simplicité de l'entourage du général, la franchise de Napoléon, et surtout l'élan de toute l'armée, et celui de l'Italie entière en sa faveur. Mais le Directoire eût-il eu raison, il n'eût pas été difficile, au milieu de cette atmosphère, avec des prévenances et quelques conversations naïves et simples, d'ôter à Bottot jusqu'au plus petit ombrage. Aussi écrivit-il à Paris que les craintes conçues n'étaient que de véritables chimères, bien moins dangereuses que le mauvais esprit des gens qui voulaient les faire croire. Mais les trois millions, lui disait-on, d'où peut venir ce refus ? – Napoléon avait prouvé que l'ordre envoyé par le Directoire était mystérieux, irrégulier, et qu'environné de fripons qui avaient déjà si notoirement volé le Trésor, il avait dû s'assurer prudemment de la vérité ; qu'il avait aussitôt expédié à Paris son aide de camp de confiance Lavalette, et qu'aussitôt que Lavalette lui eut mandé le véritable état des choses, les trois millions partaient, lorsque la journée se trouva décidée. »

LUNDI 10.

Sur la diplomatie anglaise. Lords Whitworth, Chatham. Castlereagh, Cornwallis, Fox, etc.

Aujourd'hui la suite de la conversation a conduit l'Empereur à dire que rien n'était dangereux et perfide comme les conversations officielles avec les agents diplomatiques anglais. « Les ministres anglais, disait-il, ne présentent jamais une affaire comme de leur nation à une autre nation, mais bien comme d'eux-mêmes à leur propre nation. S'embarrassant peu de ce qu'ont dit ou de ce que disent leurs adversaires, ils présentent hardiment ce qu'ont dit leurs agents diplomatiques, ou ce qu'ils leur font dire, se retranchant sur ce que ces agents ayant un caractère public, étant notariés, ils doivent avoir titre de foi dans leurs rapports. C'est ainsi, faisait-il observer, que les ministres anglais avaient, dans le temps, publié une longue conversation avec moi, Napoléon, sous le nom de lord Whitworth, laquelle était entièrement fausse [1]. »

Cet ambassadeur avait sollicité une audience du Premier consul, et des communications personnelles. Le Premier consul, qui lui-même aimait à traiter directement les affaires, s'y prêta volontiers. « Mais ce fut pour moi, disait l'Empereur, une leçon qui changea ma méthode pour jamais. A compter de cet instant, je ne traitai plus officiellement d'affaires publiques que par l'intermédiaire de mon ministre des Relations extérieures. Celui-là du moins pouvait donner un démenti authentique et formel ; le souverain ne le pouvait pas.

« Il est entièrement faux, continuait l'Empereur, que notre entrevue personnelle ait eu rien qui sortît des bienséances accoutumées. Lord Whitworth lui-même, au sortir de la conférence, se trouvant avec d'autres ambassadeurs, leur dit en avoir été très satisfait, et qu'il ne doutait pas que toutes

---

1. Nous tous qui avons été à Sainte-Hélène, nous tous qui avons vu et avons été pour quelque chose dans les faits allégués au Parlement d'Angleterre par lord Bathurst, nous pouvons affirmer devant Dieu et devant les hommes que les ministres anglais n'ont pas cessé de mériter les justes reproches encourus au temps de lord Whitworth. Nombre d'Anglais, sur les lieux mêmes, en sont demeurés d'accord avec nous, et en ont rougi, ont-ils dit, pour leur pays !!!... *(Las Cases.)*

nos affaires ne se terminassent bien. Or, quel ne fut pas l'étonnement de ces mêmes ambassadeurs lorsqu'ils lurent, à quelque temps de là, dans les papiers anglais, le rapport de lord Whitworth, dans lequel il m'accusait de m'être livré à des emportements extrêmes et inconvenants. Nous avions alors des amis chauds parmi ces ambassadeurs, et quelques-uns furent jusqu'à témoigner leur surprise au diplomate anglais, en lui rappelant que cela ressemblait peu à ce qu'il leur avait dit au sortir de la conférence même. Lord Whitworth escobarda comme il put, mais n'en maintint pas moins les assertions du document officiel.

« Le fait, ajoutait l'Empereur, est que tous les agents politiques anglais sont dans le cas de faire deux rapports sur le même objet : l'un public et faux, pour les archives ministérielles, l'autre confidentiel et vrai, pour les seuls ministres ; et quand la responsabilité de ceux-ci se trouve en jeu, ils produisent le premier, qui, bien que faux, répond à tout et les met à couvert. Et c'est ainsi, disait l'Empereur, que les meilleures institutions deviennent vicieuses quand la morale cesse d'en être la base, et quand les agents ne sont plus conduits que par l'égoïsme, l'orgueil et l'insolence. Le pouvoir absolu n'a pas besoin de mentir ; il se tait. Le gouvernement responsable, obligé de parler, déguise et ment effrontément.

« C'est du reste une chose bien remarquable que dans ma grande lutte avec l'Angleterre son gouvernement ait eu l'art de jeter constamment tant d'odieux sur ma personne et mes actes ; qu'il se soit si impudemment récrié sur mon despotisme, mon égoïsme, mon ambition, ma perfidie, précisément quand lui seul était coupable de tout ce dont il osait m'accuser. Il fallait donc qu'il existât un bien fort préjugé contre moi, et que je fusse réellement bien à craindre, puisqu'on pouvait s'y laisser prendre. Je le conçois de la part des rois et des cabinets, il y allait de leur existence ; mais de la part des peuples !!!

« Les ministres anglais ne cessaient de parler de mes déceptions ; mais pouvait-il être rien de comparable à leur machiavélisme, à leur égoïsme durant tout le temps de bouleversement et les convulsions qu'ils alimentaient eux-mêmes ?

« Ils sacrifièrent la malheureuse Autriche en 1805, uniquement pour échapper à l'invasion dont je les menaçais.

« Ils la sacrifièrent encore en 1809, seulement pour se mettre plus à l'aise sur la péninsule espagnole.

« Ils sacrifièrent la Prusse en 1806, dans l'espoir de recouvrer le Hanovre.

« Ils ne secoururent pas la Russie en 1807, parce qu'ils préféraient aller saisir des colonies lointaines, et qu'ils essayaient de s'emparer de l'Égypte.

« Ils donnèrent le spectacle de l'infâme bombardement de Copenhague, en pleine paix, et du larcin de la flotte danoise par un vrai guet-apens.

« Déjà ils avaient donné un pareil spectacle par la saisie, aussi en pleine paix, de quatre frégates espagnoles chargées de riches trésors ; ce qu'ils avaient opéré en véritable vol de grands chemins.

« Enfin, durant toute la guerre de la péninsule, dont ils cherchent à prolonger la confusion et l'anarchie, on ne les voit s'empresser qu'à trafiquer des besoins et du sang espagnol, en faisant acheter leurs services et leurs fournitures au poids de l'or et des concessions.

« Quand toute l'Europe s'égorge à la faveur de leurs intrigues et de leurs subsides, eux, ne s'occupent à l'écart que de leur propre sûreté, des avantages de leur commerce, de la souveraineté des mers et du monopole du monde. Pour moi, je n'avais jamais rien fait de tout cela et, jusqu'à la malheureuse affaire d'Espagne qui du reste ne vient qu'après celle de Copenhague, je puis dire que ma moralité demeure inattaquable. Mes transactions avaient pu être tranchantes, dictatoriales, mais jamais perfides.

« Et que l'on s'étonne, à présent, que l'on se demande comment il s'est fait qu'en 1814, l'Angleterre ayant été la vraie libératrice de l'Europe, aucun Anglais néanmoins n'ait pu faire un pas sur le continent sans trouver partout les malédictions, la haine, l'exécration !... C'est que tout arbre porte son fruit, que l'on ne recueille que ce que l'on a semé, et que tel devait être le résultat infaillible des méfaits de l'administration anglaise, de la dureté, de l'insolence des ministres à Londres, et de celles de leurs agents par tout le globe.

« Depuis un demi-siècle, les ministères anglais ont toujours été en baissant de considération et d'estime publiques.

Jadis ils étaient disputés par de grands partis nationaux, caractérisés par de grands systèmes distincts ; aujourd'hui ce ne sont plus que les débats d'une même oligarchie, ayant toujours le même but, et dont les membres discordants s'arrangent entre eux, à l'aide de concessions et de compromis : ils ont fait du cabinet de Saint-James une boutique.

« La politique de lord Chatham pouvait avoir ses injustices ; mais il les proclamait du moins avec audace et énergie : elles avaient une certaine grandeur. M. Pitt y a introduit l'astuce et l'hypocrisie ; lord Castlereagh, son soi-disant héritier, y a réuni le comble de toutes les sortes de turpitudes et d'immoralités. Chatham se faisait gloire d'être un *marchand* ; lord Castlereagh, au grand détriment de sa nation, s'est donné la jouissance de faire le *monsieur* ; il a sacrifié son pays pour fraterniser avec les grands du continent, et, dès lors, a joint les vices du salon à la cupidité du comptoir ; la duplicité, la souplesse du courtisan, à la dureté, à l'insolence du parvenu.

« La pauvre Constitution anglaise est gravement compromise aujourd'hui : il y a loin de là aux Fox, aux Sheridan, aux Gray ; à ces grands talents, à ces beaux caractères de l'opposition, que l'oligarchie victorieuse a tant bafoués. »

« Lord Cornwallis, disait l'Empereur, est le premier Anglais qui m'ait donné une sérieuse bonne opinion de sa nation ; puis Fox ; et je pourrais encore ajouter ici, au besoin, l'amiral d'aujourd'hui (Malcolm).

« Cornwallis, disait-il, était dans toute l'étendue du terme un digne, brave et honnête homme. Lors du traité d'Amiens, et l'affaire convenue, il avait promis de signer le lendemain à une certaine heure : quelque empêchement majeur le retint chez lui ; mais il envoya sa parole. Le soir même, un courrier de Londres vint lui interdire certains articles ; il répondit qu'il avait signé, et vint apposer sa signature. Nous nous entendions à merveille ; je lui avais livré un régiment qu'il s'amusait fort à faire manœuvrer. En tout j'en ai conservé un agréable souvenir, et il est certain qu'une demande de lui eût eu plus d'empire sur moi, peut-être, que celle d'un souverain. Sa famille a paru le deviner ; on m'a fait quelquefois des demandes en son nom, elles ont toutes été satisfaites.

« Fox vint en France immédiatement après le traité d'Amiens. Il s'occupait d'une histoire des Stuarts et me fit demander à fouiller dans nos archives diplomatiques.

J'ordonnai que tout fût mis à sa disposition. Je le recevais souvent ; la renommée m'avait entretenu de ses talents ; je reconnus bientôt en lui une belle âme, un bon cœur, des vues larges, généreuses, libérales, un ornement de l'humanité : je l'aimais. Nous causions souvent, et sans nul préjugé, sur une foule d'objets ; quand je voulais l'asticoter, je le ramenais sur la machine infernale ; je lui disais que ses ministres avaient voulu m'assassiner ; il me combattait alors avec chaleur, et finissait toujours en me disant dans son mauvais français : *Premier consul, ôtez-vous donc cela de votre tête.* Mais il n'était pas convaincu sans doute de la bonté de sa cause, et il est à croire qu'il s'escrimait bien plus en défense de l'honneur de son pays, qu'en défense de la moralité des ministres. »

L'Empereur a terminé disant : « Il suffirait d'une demi-douzaine de Fox et de Cornwallis pour faire la fortune morale d'une nation... Avec de telles gens, je me serais toujours entendu ; nous eussions été bientôt d'accord. Non seulement nous aurions eu la paix avec une nation foncièrement très estimable ; mais encore nous aurions fait ensemble de très bonne besogne. »

MARDI 11.

> Histoire de la Convention, *par Lacretelle. Statistique des bœufs de l'île. Calembours. De la statistique en général.*

Aujourd'hui a été un de ces jours affreux de pluie et de vent si communs ici. L'Empereur a profité d'un petit moment sur les trois heures pour aller au jardin. Il m'y a fait appeler ; il venait de lire l'*Histoire de la Convention* par Lacretelle. Ce n'était pas mal écrit sans doute, disait-il ; mais c'était mal digéré, on n'en retenait rien : le tout était une surface plane, sans nulle aspérité qui vous arrêtât. Il ne creusait pas son sujet, il ne rendait pas assez de justice à beaucoup d'acteurs célèbres, il ne faisait pas assez ressortir les crimes de plusieurs autres, etc.

La pluie nous a forcés de rentrer, nous avons marché seuls longtemps dans le salon et la salle à manger.

On nous disait qu'il y avait dans l'île quatre mille bœufs,

et qu'il s'en consommait en ce moment cinq cents dans l'année, dont cent cinquante pour nous, cinquante pour la colonie et trois cents pour les vaisseaux. On ajoutait qu'il fallait quatre ans pour reproduire les bœufs, etc. ; et de là nous faisions nos calculs : on sait combien l'Empereur les aimait.

C'est une grande affaire dans l'île que l'existence de ces bœufs et leur consommation : il ne peut s'en tuer un seul sans l'ordre préalable du gouverneur, et l'un des nôtres racontait, à ce sujet, que, dans une des maisons ou cabanes de l'île, le maître lui avait dit : « On prétend que vous vous plaignez là-haut, et que vous vous trouvez malheureux (il parlait de Longwood) ; mais nous ne le comprenons pas ; car on dit que vous avez du bœuf tous les jours ; nous, nous ne pouvons en avoir que trois ou quatre fois l'année, et encore nous le payons trente ou quarante sous la livre. » L'Empereur, qui riait fort de ce détail, a dit : « Parbleu ! vous auriez pu l'assurer qu'à nous il nous coûtait plus d'une *couronne*[1]. »

Je remarquais plus tard que c'était le seul calembour que j'eusse jusqu'ici entendu de la bouche de l'Empereur, mais celui à qui je parlais me dit alors en avoir recueilli un pareil, et sur le même sujet, à l'île d'Elbe. Un maçon employé aux constructions ordonnées par l'Empereur était tombé et s'était blessé. L'Empereur, cherchant à le rassurer, lui disait que cela ne serait rien. « J'ai fait bien une autre chute que toi, lui disait-il, et pourtant, regarde-moi : je suis debout, je me porte bien. »

L'Empereur s'est arrêté sur la *statistique politique*. Il a beaucoup vanté les progrès et l'utilité de cette science nouvelle, si propre, disait-il, à mettre sur la voie de la vérité, et à asseoir le jugement et les décisions. Il l'appelait *le budget des choses* : et sans budget point de salut, disait-il gaiement.

Alors quelqu'un a cité l'application singulière qu'en avait faite un Anglais ou un Allemand, qui avait eu la patience et le courage d'évaluer le nombre de fois que chaque lettre de l'alphabet se trouvait répétée dans la Bible. Il en a cité une autre application moins triste et non moins singulière : celle d'un vieil Allemand de quatre-vingts ans qui s'était amusé à

---

1. *Couronne*, en anglais, et dans plusieurs langues du continent, veut dire aussi un écu. *(Las Cases.)*

évaluer ce qu'il pouvait bien avoir mangé durant sa vie en bœufs, moutons, volailles, légumes, etc., ce qu'il pouvait avoir bu. Or, cela composait d'immenses troupeaux, d'énormes amoncellements de toute espèce. La place publique ne suffisait plus pour contenir tout ce qu'il avait engouffré. Le minutieux statisticien ne s'en tenait pas là ; il avait la curiosité de rechercher combien de fois il pouvait avoir remangé les mêmes choses. Car, remarquait-il judicieusement, leur transmutation dans sa personne devait avoir nécessairement servi à les reproduire, etc., etc. L'Empereur a beaucoup ri de ce calcul, et surtout de la rotation des allées et des venues des mêmes choses.

MERCREDI 12.

> *Caractères. Bailly, La Fayette, Monge, Grégoire, etc.*
> *Saint-Domingue. Système à suivre.*
> *Dictées sur la Convention.*

Nous avions eu trois jours d'un temps affreux, l'Empereur a profité d'un instant de beau pour monter en calèche. Il venait de lire l'*Histoire de la Constituante* par Rabaut Saint-Étienne. Il portait contre celui-ci à peu près les mêmes plaintes que contre Lacretelle ; il est passé de là à certains caractères : « Bailly, disait-il, avait été bien loin d'être méchant, mais c'était un niais politique. La Fayette en avait été un autre. Sa bonhomie politique devait le rendre constamment dupe des hommes et des choses. Son insurrection des Chambres, au retour de Waterloo, avait tout perdu. Qui avait donc pu lui persuader que je n'arrivais que pour les dissoudre, moi qui n'avais de salut que par elles ? »

Quelqu'un ayant dit comme excuse ou atténuation : « Sire, c'est pourtant le même homme qui, traitant plus tard avec les Alliés, s'est indigné qu'on lui proposât de livrer Votre Majesté, leur demandant avec chaleur si c'était bien au prisonnier d'Olmütz qu'on osait s'adresser. – Mais, monsieur, a repris l'Empereur, vous quittez là un sujet pour en prendre un autre, ou plutôt vous concordez avec ma pensée, loin de la combattre. Je n'ai point attaqué les sentiments ni les intentions de M. de La Fayette, je ne me suis plaint que de ses funestes résultats. »

Puis l'Empereur a continué de la sorte à passer en revue les premiers acteurs du temps ; il s'est fort arrêté sur l'affaire Favras, etc.

« Du reste, concluait l'Empereur, rien n'était plus commun que de rencontrer des hommes de cette époque fort au rebours de la réputation que sembleraient justifier leurs paroles et leurs actes d'alors. On pourrait croire Monge, par exemple, un homme terrible : quand la guerre fut décidée, il monta à la tribune des Jacobins, et déclara qu'il donnait d'avance ses deux filles aux deux premiers soldats qui seraient blessés par l'ennemi ; ce qu'il pouvait faire à toute rigueur pour son compte, disait l'Empereur ; mais il prétendait qu'on y obligeât tout le monde, et voulait qu'on tuât tous les nobles, etc. Or Monge était le plus doux, le plus faible des hommes, et n'aurait pas laissé tuer un poulet s'il eût fallu en faire l'exécution lui-même, ou seulement devant lui. Ce forcené républicain, à ce qu'il croyait, avait pourtant une espèce de culte pour moi, c'était de l'adoration : il m'aimait comme on aime sa maîtresse, etc.

« Autre exemple, disait l'Empereur. Grégoire, si acharné contre le clergé, qu'il voulait ramener à sa simplicité première, eût pu être pris pour un héros d'irréligion ; et Grégoire, quand les révolutionnaires reniaient Dieu et abolissaient la prêtrise, faillit se faire massacrer en montant à la tribune pour y proclamer hautement ses sentiments religieux, et protester qu'il mourrait prêtre. Quand on détruisait les autels dans toutes les églises, Grégoire en élevait un dans sa chambre, et y disait la messe chaque jour. Du reste, ajoutait l'Empereur, le lot de celui-ci est tout trouvé. S'ils le chassent de France, il doit aller se réfugier à Saint-Domingue. L'ami, l'avocat, le panégyriste des nègres, sera un Dieu, un saint parmi eux.

De là, la conversation est passée naturellement à Saint-Domingue. Dans ma jeunesse j'avais vu cette colonie au plus haut point de sa splendeur. L'Empereur m'a questionné beaucoup et s'est informé de tous les détails de cette époque éloignée. Après toutes mes réponses, il a dit : « Je vais bien vous étonner sans doute ; mais je suis persuadé, d'après vos renseignements mêmes, que cette île n'a pas en ce moment perdu d'un tiers, bien sûrement pas d'une moitié, et que, sous peu, elle vaudra tout ce qu'elle a valu. »

Au fait, je n'en serais pas étonné ; les contes absurdes que l'on avait répandus au-dehors, en Europe, sur notre France, devaient nous tenir en garde sur ceux qu'on pourrait bien nous faire touchant Saint-Domingue.

Après la Restauration, disait l'Empereur, le gouvernement français y avait envoyé des émissaires et des propositions qui avaient fait rire les nègres. « Pour moi, ajouta-t-il, à mon retour de l'île d'Elbe, je me fusse accommodé avec eux : j'eusse reconnu leur indépendance, je me fusse contenté de quelques comptoirs, à la manière des côtes d'Afrique, et j'eusse tâché de les rallier à la mère patrie, et d'établir avec eux un commerce de famille, ce qui, je pense, eût été facile à obtenir.

« J'ai à me reprocher une tentative sur cette colonie lors du Consulat. C'était une grande faute que d'avoir voulu la soumettre par la force ; je devais me contenter de la gouverner par l'intermédiaire de Toussaint. La paix n'était pas encore assez établie avec l'Angleterre. Les richesses territoriales que j'eusse acquises en la soumettant n'auraient enrichi que nos ennemis. » L'Empereur avait d'autant plus à se reprocher cette faute, disait-il, qu'il l'avait vue et qu'elle était contre son inclination. Il n'avait fait que céder à l'opinion du Conseil d'État et à celle de ses ministres, entraînés par les criailleries des colons, qui formaient à Paris un gros parti, et qui de plus, ajoutait-il, étaient presque tous royalistes et vendus à la faction anglaise.

L'Empereur assurait que l'armée qui y fut envoyée n'était que de seize mille hommes, et qu'elle était insuffisante. Si l'expédition manqua, ce fut purement par des circonstances accidentelles, comme la fièvre jaune, la mort du général en chef, surtout les fautes qu'il commit, une nouvelle guerre, etc.

« L'arrivée du capitaine-général Leclerc, disait l'Empereur, fut suivie d'un succès complet ; mais il ne sut pas s'en assurer la durée. S'il avait suivi les instructions secrètes que je lui avais dressées moi-même, il eût sauvé bien des malheurs et se fût épargné de grands chagrins. Je lui ordonnais entre autres choses de s'associer les hommes de couleur pour mieux contenir les Noirs ; et aussitôt après la soumission de la colonie, d'envoyer en France tous les généraux et officiers supérieurs noirs à la disposition du ministre de la Guerre, qui les eût employés dans leurs grades respectifs. Cette mesure, qui eût privé la population nègre de ses chefs et de ses meneurs, eût été d'une politique décisive, sans blesser en eux les lois et les règlements militaires. Mais Leclerc fit tout le contraire ; il abattit le parti de couleur et donna sa confiance aux généraux noirs : il arriva ce qui devait arriver, il fut dupé par ceux-ci, se vit assailli d'embarras, et la colonie fut perdue. Il ne voulut pas envoyer en France, dans le principe, Toussaint, qui eût occupé un poste éminent, et à quelque temps de là il se vit contraint à le faire arrêter et à nous l'envoyer prisonnier, ce que la malveillance ne manqua pas de peindre sous les couleurs odieuses de la tyrannie et de la déloyauté, représentant Toussaint comme une innocente victime digne du plus vif intérêt ; et pourtant il était éminemment criminel.

« Toussaint n'était pas un homme sans mérite, bien qu'il ne fût pas ce qu'on a essayé de le peindre dans le temps. Son caractère d'ailleurs prêtait peu, il faut le dire, à inspirer une véritable confiance : il était fin, astucieux ; nous avons eu fort à nous en plaindre ; il eût fallu toujours s'en défier [1].

« Un officier de génie ou d'artillerie, directeur des fortifications de Saint-Domingue (le colonel Vincent), le conduisait en grande partie. Cet officier était venu en France avant l'expédition de Leclerc ; on avait conféré longtemps avec lui ; il avait beaucoup cherché à détourner de l'entreprise ; il en avait peint exactement toutes les difficultés, sans prétendre néanmoins qu'elle fût impossible. » L'Empereur pensait que les Bourbons réussiraient à soumettre Saint-Domingue, s'ils employaient la force ; mais ce n'était pas le résultat des armes qu'il fallait calculer ici, c'était plutôt le résultat du commerce et de la haute politique. Trois ou quatre cents millions de capitaux enlevés de France pour être transportés au loin, un temps indéfini pour en recueillir les avantages, la presque certitude de les voir enlevés par les Anglais, ou les révolutions, etc., voilà ce qu'il y avait à considérer, et l'Empereur terminait, disant : « Le système colonial que nous avons vu est fini pour nous, il l'est pour tout le continent de l'Europe ; nous devons y renoncer et nous rabattre désormais sur la

---

1. Les *Mémoires de Napoléon* présentent des notes de Napoléon sur une histoire de Saint-Domingue, qui renferment des détails précis et curieux sur l'expédition contre cette colonie, les causes qui l'ont fait entreprendre, celles qui l'ont fait échouer, etc. (*Las Cases.*)

libre navigation des mers et l'entière liberté d'un échange universel. »

L'*Histoire de la Convention*, dont on a vu plus haut que Napoléon se montrait si mécontent, lui revenait dans la tête ; il était loin d'être satisfait de Lacretelle. « Beaucoup de phrases, répétait-il, et peu de couleur ; point de résultats : il est académique, et nullement historien. » Il m'a fait appeler mon fils, et a dicté les deux notes suivantes, que je transcris littéralement ici, quelles que puissent être d'ailleurs leurs imperfections ; car il ne les a jamais relues. Mais j'ai pensé que tout ce qui vient de lui est précieux.

PREMIÈRE NOTE

« La Convention, appelée par une loi de l'Assemblée législative pour donner une nouvelle Constitution à la France, décréta la République ; non que les meilleurs esprits ne pensassent dès lors que le système républicain était incompatible avec les mœurs présentes de la France ; mais parce qu'on ne pouvait continuer la monarchie sans prendre pour monarque le duc d'Orléans, qui eût éloigné une grande partie de la nation.

« La Convention décréta, pour la marche des affaires de la République, un pouvoir exécutif composé de cinq ministres.

« Deux partis se disputaient le pouvoir dans la Convention nationale : celui des *Girondins*, composé des hommes qui avaient influencé l'Assemblée législative ; et celui de la *Montagne*, formé par la Commune de Paris, laquelle avait dirigé les journées du 10 août et du 2 septembre, et maîtrisait la population de la capitale.

« Vergniaud, Brissot, Condorcet, Guadet et Roland étaient les chefs des Girondins : Danton, Robespierre, Marat, Collot d'Herbois, Billaud-Varenne, étaient les chefs de la Montagne ; ces deux partis étaient également exaltés sur les principes de la Révolution ; leurs meneurs sortaient des sociétés populaires qu'ils avaient successivement maîtrisées.

« Le parti des Girondins était le plus fort en talents : il était éminemment populaire dans les grandes villes de province, et spécialement à Bordeaux, Montpellier, Marseille, Caen, Lyon.

« Le parti de la Montagne avait plus d'énergie et de passion : il était éminemment populaire dans la capitale et parmi les clubs des départements.

« Le parti des Girondins, qui, dans l'Assemblée législative, avait été le parti le plus chaud de la Révolution, devint, dans la Convention, le parti modéré, parce qu'il se trouvait avoir en présence le parti beaucoup plus fougueux que lui, qui, sous la Législative, se trouvait en dehors de l'Assemblée.

« Les Girondins appelaient leurs adversaires la faction de septembre, et leur reprochaient sans cesse les indignes massacres dont ils s'étaient rendus coupables. Ils accusaient ce parti de ne vouloir point d'assemblée nationale, et de vouloir faire gouverner la France par la Commune de Paris ; mais par là les Girondins ne faisaient précisément qu'exciter contre eux-mêmes les Jacobins de tous les départements.

« De son côté, la Commune de Paris (les Montagnards) appelait les Girondins fédéralistes, les accusant de vouloir établir en France un système fédératif semblable à celui de la Suisse. Elle les accusait encore de chercher à exciter les provinces contre la capitale, et les signalait par là à la haine du peuple de Paris, qui ne pouvait conserver sa splendeur que par l'union et l'unité de tout le territoire. Lorsque les Girondins accusaient les Montagnards des massacres du 2 septembre, ceux-ci reprochaient aux Girondins d'avoir, sous la Législative, imprudemment et sans raison, déclaré la guerre à toute l'Europe.

« Dans la Convention, les Girondins parurent d'abord prendre le dessus ; ils firent mettre en jugement Marat, et ordonnèrent qu'il serait procédé au jugement des journées de septembre. Mais Marat, soutenu par les Jacobins et la Commune de Paris, fut acquitté par le tribunal révolutionnaire, et rentra en triomphe dans le sein de l'Assemblée.

« Le procès du roi avait été une autre pomme de discorde. Les deux partis semblèrent marcher d'accord, et votèrent, il est vrai, pour la mort ; mais la plus grande partie des Girondins vota aussi pour l'appel au peuple ; et ici il est difficile de comprendre la raison de la conduite de ce parti dans cette circonstance. S'il voulait sauver le roi, il en était le maître ; il n'avait qu'à voter pour la déportation, l'exil ou l'ajournement ; mais le condamner à mort, et faire dépendre son sort d'une volonté populaire, était le comble de l'inconséquence et de l'impolitique : c'était, après avoir tué la monarchie, vouloir encore déchirer la France en lambeaux par la guerre civile.

« Dès ce moment se vérifia ce qu'on avait toujours pensé depuis le commencement de la Révolution, que le parti le plus audacieux et le plus exagéré aurait toujours le dessus. Néanmoins les Girondins luttèrent avec courage, et très souvent obtinrent la majorité dans l'Assemblée pendant tous les mois de mars, avril et mai. Mais le parti de la Montagne usa dans cette circonstance du moyen qu'il avait constamment employé : le 31 mai, une insurrection des sections de Paris décida du sort du parti girondin ; vingt-sept furent arrêtés, traduits au tribunal révolutionnaire et condamnés à mort ; soixante-treize furent retenus dans les prisons : dès lors la Montagne triomphante ne connut plus d'obstacles dans la Convention. Mais une partie des membres de la députation de la Gironde s'était réfugiée à Caen, et y arbora l'étendard de l'insurrection. Lyon, Marseille, Bordeaux, Montpellier, plusieurs villes de la Bretagne épousèrent la cause des Girondins, et s'insurgèrent aussi contre la Convention.

« Tous ces efforts isolés ne pouvaient rien contre la capitale ; et la Montagne restait en possession paisible de la tribune nationale. Une circonstance toute particulière contribuait à assurer la prépondérance de Paris ; c'étaient les assignats, alors la seule ressource qui alimentât le Trésor : on ne payait plus aucune imposition.

« Les provinces apprirent l'événement du 31 mai, puis la mort des hommes les plus fameux du parti girondin, et s'en émurent grandement. Les armées ne furent point ébranlées par ces catastrophes ; elles ne participèrent point aux insurrections de quelques provinces ; elles restèrent toutes attachées à la Convention et au parti qui dominait à Paris.

« Lorsque les insurrections partielles de quelques villes, en faveur des Girondins, furent connues, toutes les armées avaient déjà prêté leur serment et fait leur acte d'adhésion à la Montagne ; et puis, pour les Français, Paris était la France. D'ailleurs, les départements d'Alsace, de la Moselle, de la Flandre, de la Franche-Comté, du Dauphiné, où étaient les principales forces de la République, ne partageaient pas l'esprit des villes fédéralistes.

« Le 31 mai priva la France d'hommes d'un grand talent

qui étaient chaudement attachés à la liberté et aux principes de la Révolution. Cette catastrophe put affliger les bons esprits, mais ne dut pas les surprendre. Il était impossible qu'une assemblée qui avait à tirer la France de la situation critique où elle se trouvait, pût marcher avec deux partis acharnés et aussi irréconciliables. Pour que la République pût être sauvée, l'un des deux partis devait nécessairement faire disparaître l'autre ; nul doute que si le parti girondin eût triomphé, il n'eût envoyé ses adversaires à l'échafaud. »

L'Empereur qui avait dicté, comme de coutume, de pure mémoire et sans nulle recherche, soit qu'il fût peu satisfait de la marche qu'il venait de prendre, ou pour toute autre raison, s'est interrompu en cet endroit pour recommencer, a-t-il dit, une nouvelle dictée sur le même sujet.

DEUXIÈME NOTE

« La Convention a commencé en septembre 1792, et a fini en octobre 95. Son règne a duré un peu plus de trois ans : elle montre quatre âges.

« Le premier, depuis son commencement jusqu'au 31 mai 93, époque de la destruction des Girondins.

« Le deuxième jusqu'en mars 94, destruction de la Commune de Paris.

« Le troisième jusqu'en juillet 94, chute de Robespierre.

« Le quatrième jusqu'au 13 vendémiaire (4 octobre 1795), installation du gouvernement du Directoire.

« Son premier âge est de huit mois, son second de dix, son troisième de quatre, son quatrième de quatorze. Total trois ans.

« *Dans son premier âge*, la Convention fut constamment divisée entre le parti de la Montagne et celui de la Gironde.

« Danton, Robespierre, Marat, Collot d'Herbois, Billaud-Varenne, Carnot, Hérault de Séchelles étaient les chefs du parti de la *Montagne*.

« Brissot, Condorcet, Vergniaud, Guadet, Gensonné, Pétion, Lasource, Barbaroux étaient les chefs du parti de la *Gironde*.

« Les deux partis étaient également ennemis des Bourbons et des royalistes.

« Les hommes du premier parti avaient plus d'énergie, ceux du second plus de talent ; tous les deux voulaient la république, les Montagnards pour détruire ce qui avait existé avant la Révolution, hommes et choses ; les Girondins par enivrement de jeunesse. C'était pour eux Athènes et Rome ; elle leur retraçait le souvenir de la belle antiquité.

« Les Montagnards existaient dès l'Assemblée constituante ; ils étaient les énergumènes des clubs si connus sous le nom de Jacobins. Ce furent eux qui formèrent l'insurrection du Champ-de-Mars.

« Pendant la Constituante et la Législative, ce parti se trouvait en dehors de ces assemblées.

« Les Girondins, dans la Législative, qu'ils dominèrent, furent les ennemis de la Constitution de 91 et du roi. Ils ne voulurent point le défendre, et le laissèrent succomber sous les efforts de la Montagne, qui pourtant était aussi leur ennemie. Ce furent les Montagnards qui firent les journées du 20 juin, du 10 août et du 2 septembre ; ils n'avaient alors aucun parti dans l'Assemblée ; mais ils contraignirent les Girondins à se joindre à eux après leur victoire.

« Le premier âge de la Convention offre la lutte des Girondins et des Montagnards ; les Girondins la dominèrent d'abord par la supériorité de leurs talents, de leur éloquence et de leur réputation déjà acquise. Presque tous les présidents furent Girondins ; ils accusaient la Montagne de vouloir détruire l'Assemblée nationale et y substituer une dictature parisienne ; ils l'accusaient du massacre de septembre, etc.

« La Montagne, de son côté, leur reprochait de vouloir une république fédérative comme la Suisse, d'être ennemis de la capitale, et d'avoir, sans raison, mis la République en guerre contre toute l'Europe.

« La Montagne dominait les Jacobins de Paris et la plus grande partie des sociétés populaires de la République ; la Commune de Paris, les sections, le tribunal révolutionnaire, le bas peuple de la capitale, lui étaient dévoués.

« Les Girondins avaient un grand crédit sur la plupart des départements et sur les parties les plus instruites de la nation ; ils avaient plus de partisans dans les hautes classes de la société. Les Girondins, qui avaient occupé le côté gauche de la Législative, et avaient montré tant de violence contre le roi, contre les ministres et contre le côté droit, ou les modérés, ne se trouvaient plus à leur tour ici que le côté droit et le parti modéré de la Convention, opposé à la violente et fougueuse Montagne, qui formait désormais le côté gauche.

« Les Montagnards, suivant le rôle qu'ils avaient adopté sous la Constituante, faisaient fermenter toutes les passions, et demandaient à grands cris la mort du roi. Les Girondins pouvaient le sauver en le défendant ouvertement : ils adoptèrent le singulier système de le condamner, et, après avoir ainsi détruit la monarchie, de vouloir que la sentence fût confirmée par un appel au peuple, c'est-à-dire détruire la France par une épouvantable guerre civile. Cette fausse combinaison les perdit ; Vergniaud, une des colonnes de la Gironde, proclama la sentence de mort du roi.

« La force des Girondins était telle dans l'Assemblée, que plusieurs mois de travail et plusieurs jours d'insurrection furent nécessaires pour que la Convention les abandonnât.

« Ce parti eût dominé la Convention, gouverné la France, écrasé la Montagne, si sa marche eût été plus simple et plus franche ; il fut trop dominé par les métaphysiciens.

« *Le second âge* de la Convention est le règne de la Montagne. Vingt-deux des principaux Girondins périrent sur l'échafaud ou se suicidèrent ; soixante-treize furent mis en arrestation. La Montagne régna sans contradiction ; elle créa le gouvernement révolutionnaire, et la Convention en masse se mit elle-même sous le joug du Comité de salut public et du tribunal révolutionnaire.

« Dans ce second âge, les séances de la Convention ne ressemblèrent plus à celles du premier ; il n'y avait plus de discussion, plus de liberté : c'était le règne des décemvirs. Une partie des députés gouverna les comités de sûreté générale, de finances, etc. Une autre partie fut envoyée par le Comité de salut public aux armées et dans les départements, et devinrent de véritables proconsuls.

« Tous les mois, toutes les semaines, tous les jours, le gouvernement devint plus farouche et plus sanglant ; tout ce qui, dans les classes élevées de la·société, n'a pas émigré, est entassé comme suspect dans les prisons, et conduit à la mort par centaines.

« Après avoir considéré comme suspect tout ce qui était noble, prêtre, négociant, grand propriétaire, les excès du parti se repliant sur lui-même, il domina les Jacobins, la Commune de Paris, maîtrisa la Convention, et la menaça d'une destruction finale ; il prêcha l'athéisme, proscrivit les arts et les sciences et tous les genres de talent : les artistes, les savants furent emprisonnés comme suspects ; on vit le moment où la Bibliothèque nationale, le Jardin des Plantes allaient être incendiés, détruits.

« Robespierre et Danton s'en indignèrent à la fois, et travaillèrent d'accord pour arrêter cette marche effrayante du délire populaire. Alors le capucin Chabot, Bazire, Fabre d'Églantine, Hébert, Chaumette, Vincent et tous leurs confrères périrent sur l'échafaud.

« Pour la première fois, depuis le commencement de la Révolution, le peuple vit conduire à la mort comme ultrarévolutionnaire, et non plus comme ayant voulu arrêter la Révolution. Ce fut un renversement, une véritable révolution dans ses idées.

« Les prisons furent remplies de sans-culottes et de tout ce que la société avait de plus impur. On a remarqué que les prêtres apostats étaient nombreux dans ce parti.

« Le peuple vit sans étonnement et avec joie le supplice de ceux dont il avait suivi jusque-là la direction, et ce sentiment fut une révolution qui échappa à Robespierre et à Danton, ou dont ils ne surent pas profiter.

« *Le troisième âge* présente un spectacle différent des deux premiers : Danton, Robespierre, avaient sans efforts arrêté la Révolution et terminé le pouvoir de la Commune de Paris ; mais ils se divisèrent après le succès.

« Danton, Camille Desmoulins, Hérault de Séchelles, Lacroix, voulurent faire un pas de plus, et mettre un terme aux assassinats du tribunal révolutionnaire. Danton et Lacroix avaient rapporté des richesses de leur mission dans la Belgique. Camille Desmoulins, qui, dès l'origine de la Révolution, s'était titré de procureur général de la lanterne, se trouvait séduit et adouci par une jeune femme. Ils osèrent demander que le coup qui venait d'être porté contre Hébert, ou le reste du parti de Marat, tournât tout à fait au profit de la République entière ; qu'aucun innocent ne fût plus condamné, qu'on mît un terme à la Terreur, qu'on établît un comité de clémence.

« Billaud-Varenne, Collot d'Herbois, qui dominaient au Comité de salut public, et la masse des Jacobins, repoussèrent ces mesures avec indignation et fureur, et Robespierre, après avoir hésité, n'osa point soutenir Danton et le sacrifia. Danton, Camille Desmoulins, Hérault de Séchelles, etc., périrent sur l'échafaud, et y furent traînés par le Comité de salut public tout entier, et par les Jacobins en furie. Le peuple fut consterné, et pour la première fois ne donna aucun signe d'allégresse.

« Cependant ce que Robespierre n'avait pas osé faire, et ce qui lui eût été facile, s'il eût appuyé Danton, il osa tenter de l'opérer seul, après que celui-ci eut péri. Pour mettre un terme à l'athéisme, il fit proclamer l'existence de Dieu, et essaya de réhabiliter les vertus, les sciences et les arts. Alors Billaud-Varenne, Collot d'Herbois, Barère frémirent de voir la fin du gouvernement révolutionnaire ; ils se réunirent à tous les représentants qui, dans leurs missions, avaient fait couler le sang, à tous les nombreux amis que Danton avait dans la Convention, tels que Tallien, Fréron, Legendre ; et lorsque Robespierre osa laisser entrevoir à son tour qu'il fallait que le régime des proconsuls se terminât, qu'il fallait faire justice des hommes impurs qui avaient rendu la Révolution odieuse dans les provinces, il trouva l'échafaud.

« La journée du 9 thermidor fut réellement le triomphe de Collot d'Herbois et de Billaud-Varenne, hommes plus affreux et plus avides de sang que Robespierre ; mais cette victoire n'avait pu se remporter sur les Jacobins et la Commune que par l'appel de tous les citoyens ; de sorte que, pour la masse de la bourgeoisie et du peuple, la mort de Robespierre fut la mort du gouvernement révolutionnaire, et qu'après diverses oscillations, ceux qui voulaient continuer la Terreur, et qui avaient sacrifié Robespierre comme celui-ci avait sacrifié Danton, parce qu'il voulait adoucir et modérer la Révolution, se trouvèrent entraînés, maîtrisés par l'opinion publique.

« Dans les dix derniers mois, Robespierre se plaignait souvent qu'on le rendait odieux en mettant sous son nom tous les massacres qui se commettaient. C'étaient des hommes plus sanguinaires et plus affreux que Robespierre qui le faisaient périr ; mais toute la nation, qui attribuait depuis longtemps tous les assassinats à Robespierre, cria que la journée avait été contre la tyrannie, et cette croyance la fit finir. »

N. B. La dictée se termina ici ; l'Empereur ne fit plus que causer, et comme il n'y est plus revenu, nous demeurons privés du quatrième âge.

JEUDI 13.

Le Moniteur, *etc. Liberté de la presse.*

L'Empereur venait de parcourir beaucoup de *Moniteurs.* « Ces *Moniteurs*, disait-il, si terribles, si à charge à tant de réputations, ne sont constamment utiles et favorables qu'à moi seul. C'est avec les pièces officielles que les gens sages, les vrais talents, écriront l'histoire ; or, ces pièces sont pleines de moi, et ce sont elles que je sollicite et que j'invoque. » Il ajoutait qu'il avait fait du *Moniteur* l'âme et la force de son gouvernement ; son intermédiaire et ses communications avec l'opinion publique du dedans et du dehors. Tous les gouvernements depuis l'ont imité plus ou moins.

« Arrivait-il au-dedans, parmi les hauts fonctionnaires, une faute grave quelconque, aussitôt, disait l'Empereur, trois conseillers d'État établissaient une enquête ; ils me faisaient un rapport, affirmaient les faits, discutaient les principes ; moi, je n'avais plus qu'à écrire au bas : *Envoyé pour faire exécuter les lois de la République ou de l'Empire*, et mon ministère était fini, le résultat public obtenu, l'opinion faisait justice. C'était là le plus redoutable et le plus terrible de mes tribunaux. S'agissait-il, au-dehors, de quelques grandes combinaisons politiques ou de quelques points délicats de diplomatie, les objets étaient indirectement jetés dans le *Moniteur* ; ils attiraient aussitôt l'attention universelle, occupaient toutes les discussions ; c'était le mot d'ordre pour les partisans du gouvernement, en même temps qu'un appel à l'opinion pour tous. On a accusé le *Moniteur* pour ses notes tranchantes, trop virulentes contre l'ennemi ; mais, avant de les condamner, il faudrait mettre en ligne de compte le bien qu'elles peuvent avoir produit ; l'inquiétude parfois dont elles étaient à l'ennemi ; la terreur dont elles frappaient un cabinet incertain ; le coup de fouet qu'elles donnaient à ceux qui marchaient avec nous ; la confiance et l'audace qu'elles inspiraient à nos soldats, etc. »

La conversation est tombée de là sur la liberté de la presse.

L'Empereur nous demandait notre avis. Nous avons bavardé longuement et débité force lieux communs. Les uns étaient contre : rien ne résiste à la liberté de la presse, disaient-ils ; elle est capable de renverser tout gouvernement, de troubler toute société, de détruire toute réputation. Ce n'est que son interdiction qui est dangereuse, disaient les autres : si on la comprime, c'est une mine qui fera explosion ; si on la laisse à elle-même, ce n'est plus qu'un arc débandé qui ne saurait blesser personne. A ceci, l'Empereur disait qu'il était loin d'être convaincu ; mais que ce n'était plus là au demeurant la question ; qu'il était des institutions aujourd'hui, et la liberté de la presse était de ce nombre, sur lesquelles on n'était plus appelé à décider si elles étaient bonnes, mais seulement s'il était possible de les refuser au torrent de l'opinion. Or, il prononçait que l'interdiction dans un gouvernement représentatif était un anachronisme choquant, une véritable folie. Aussi à son retour de l'île d'Elbe, avait-il abandonné la presse à tous ses excès, et il pensait bien qu'ils n'avaient été pour rien dans sa chute nouvelle. Quand on voulut discuter au Conseil, devant lui, les moyens d'en mettre l'autorité à l'abri : « Messieurs, avait-il dit plaisamment, c'est apparemment pour vous autres que vous voulez défendre ou gêner cette liberté ; car, pour moi, désormais je demeure étranger à tout cela. La presse s'est épuisée sur moi en mon absence ; je la défie bien à présent de rien produire de neuf ou de piquant contre moi. »

VENDREDI 14.

> *Guerre et maison d'Espagne. Ferdinand à Valençay.*
> *Fautes dans l'affaire d'Espagne. Historique de ces*
> *événements, etc. Belle lettre de Napoléon à Murat.*

L'Empereur a été malade toute la nuit, il était encore souffrant tout le jour ; il a pris un bain de pieds, et ne s'est pas trouvé en humeur de sortir ; il a dîné seul dans son intérieur, et m'a fait venir vers le soir.

L'Empereur s'est remis en causant ; le sujet a été constamment la guerre d'Espagne : j'en ai déjà mentionné quelque chose plus haut, où l'on a vu que l'Empereur s'y condamne entièrement. Je cherche à répéter le moins possible, aussi je vais inscrire ici seulement ce qui m'a paru neuf.

« Le vieux roi et la reine, disait l'Empereur, étaient, au moment de l'événement[1], l'objet de la haine et du mépris des sujets.

« Le prince des Asturies conspira contre eux, les fit abdiquer et devint aussitôt l'amour, l'espoir de la nation. Toutefois, cette nation était mûre pour de grands changements, et les sollicitait avec force ; j'y étais très populaire ; c'est dans cette situation des esprits que tous ces personnages furent réunis à Bayonne ; le vieux roi me demandant vengeance contre son fils, le jeune prince sollicitant ma protection contre son père et me demandant une femme. Je résolus de profiter de cette occasion unique pour me délivrer de cette branche des Bourbons, continuer dans ma propre dynastie le système de famille de Louis XIV, et enchaîner l'Espagne aux destinées de la France. Ferdinand fut envoyé à Valençay ; le vieux roi, à Compiègne, à Marseille, où il voulut ; et mon frère Joseph fut régner dans Madrid avec une Constitution libérale adoptée par une junte de la nation espagnole, qui était venue la recevoir à Bayonne.

« Il me paraît, continuait-il, que l'Europe et même la France n'ont jamais eu une idée juste de la situation de Ferdinand à Valençay. On se méprend étrangement dans le monde sur le traitement qu'il a éprouvé, et plus encore peut-être sur ses dispositions et ses opinions personnelles relatives à sa situation. Le fait est qu'il était à peine gardé à Valençay, et qu'il n'eût pas voulu s'en échapper. S'il se trama quelques intrigues pour favoriser son évasion, il fut le premier à les dénoncer. Un Irlandais (baron de Colli) pénétra jusqu'à sa personne au nom de George III, lui offrant de l'enlever ; mais, loin d'y accéder, Ferdinand tout aussitôt en donna connaissance à l'autorité.

« Il ne cessait de me demander une femme de ma main. Il m'écrivait spontanément pour me complimenter toutes les fois qu'il m'arrivait quelque chose d'heureux. Il avait donné des proclamations aux Espagnols pour qu'ils se soumissent, il avait reconnu Joseph ; choses qu'on eût pu regarder comme forcées peut-être ; mais il lui demandait son grand cordon :

---

1. 5 mai 1808 : abdication du roi d'Espagne, Charles IV.

il m'offrait don Carlos, son frère, pour commander les régiments espagnols qui allaient en Russie, choses auxquelles il n'était nullement obligé. Enfin il me sollicitait vivement de le laisser venir à ma cour à Paris, et si je ne me suis pas prêté à un spectacle qui eût frappé l'Europe, et lui eût prouvé par là tout l'affermissement de ma puissance, c'est que la gravité des circonstances qui m'appelaient au-dehors et mes fréquentes absences de la capitale ne m'en ont pas laissé l'occasion. »

Vers un commencement d'année, à un lever de l'Empereur, je me trouvais le voisin du chambellan comte d'Arberg, faisant le service à Valençay près des princes d'Espagne. Arrivé à lui, l'Empereur demanda comment se conduisaient ces princes, s'ils étaient sages ; et puis il ajouta : « Vous m'avez apporté une bien jolie lettre : entre nous, c'est vous qui la leur aurez faite ? » D'Arberg l'assura qu'il ignorait même l'objet de son contenu. « Eh bien ! dit l'Empereur, elle est charmante ; un fils n'écrirait pas autrement à son père. »

« Quand les circonstances devinrent difficiles pour nous en Espagne, disait l'Empereur, je proposai plus d'une fois à Ferdinand de s'en retourner, d'aller régner sur son peuple, lui disant que nous nous ferions franchement la guerre, que le sort des armes en déciderait. – Non, répondit le prince, qui semble avoir été bien conseillé, et ne varia jamais de ce système ; des troubles politiques agitent mon pays, je ne manquerais pas de compliquer les affaires ; je pourrais en devenir la victime et porter ma tête sur l'échafaud : je reste ; mais si vous voulez me donner une femme, si vous voulez m'accorder votre protection et l'appui de vos armes, je pars, et je vous serai un allié fidèle.

« Plus tard, lors de nos désastres, et vers la fin de 1813, je me rendis à cette proposition, et le mariage de Ferdinand fut arrêté avec la fille aînée de Joseph ; mais alors les circonstances n'étaient plus les mêmes, et Ferdinand demanda d'ajourner le mariage. – Vous ne pouvez plus m'accorder l'appui de vos armes, disait-il, je ne dois point me donner en ma femme un titre d'exclusion aux yeux de mes peuples. Et il partit dans des intentions de bonne foi, à ce qu'il semble, continuait l'Empereur, car il est demeuré fidèle aux principes de son départ jusqu'aux événements de Fontainebleau. »

Il est hors de doute que, si les affaires de 1814 eussent

tourné différemment, il n'eût accompli, assurait l'Empereur, son mariage avec la fille de Joseph.

L'Empereur, en revenant sur ces événements, disait que les résultats lui donnaient irrévocablement tort ; mais qu'indépendamment de ce tort du destin, il se reprochait aussi des fautes graves dans l'exécution. Une des plus grandes était d'avoir mis de l'importance à détrôner la dynastie des Bourbons, et à maintenir comme base de ce système, pour souverain nouveau, précisément celui qui, par ses qualités et son caractère, devait nécessairement le faire manquer.

Lors de la réunion à Bayonne, l'ancien précepteur de Ferdinand, son principal conseil (Escoiquiz), apercevant tout aussitôt les grands projets de l'Empereur, et défendant la cause de son maître, lui disait : « Vous voulez vous créer un travail d'Hercule, lorsque vous n'avez sous la main qu'un jeu d'enfant. Vous voulez vous délivrer des Bourbons d'Espagne : pourquoi les craindriez-vous ? Ils sont nuls, ils ne sont plus français. Vous n'avez aucunement à les craindre : ils sont tout à fait étrangers à votre nation et à vos mœurs. Vous avez ici Mme de Montmorency et de vos dames nouvelles ; ils ne connaissent pas plus les unes que les autres, elles sont sans différence à leurs yeux, etc., etc. » Malheureusement l'Empereur en décida autrement. Je me suis permis de lui dire que des Espagnols m'avaient assuré que si l'orgueil national avait été épargné, que si la junte espagnole se fût tenue à Madrid au lieu de Bayonne, ou bien encore qu'on eût renvoyé Charles IV et gardé Ferdinand, la révolution eût été populaire, et les affaires auraient pris une autre tournure. L'Empereur n'en doutait pas, et convenait que cette entreprise avait été mal embarquée, que beaucoup de circonstances eussent pu être mieux conduites. « Toutefois, disait-il, Charles IV était usé pour les Espagnols : il eût fallu user de même Ferdinand ; le plan le plus digne de moi, le plus sûr pour mes projets, eût été une espèce de médiation à la manière de celle de la Suisse. J'aurais dû donner une Constitution libérale à la nation espagnole, et charger Ferdinand de la mettre en pratique. S'il l'exécutait de bonne foi, l'Espagne prospérait et se mettait en harmonie avec nos mœurs nouvelles ; le grand but était obtenu, la France acquérait une alliée intime, une addition de puissance vraiment redoutable. Si Ferdinand, au contraire, manquait à ses nouveaux engagements, les

Espagnols eux-mêmes n'eussent pas manqué de le renvoyer, et seraient venus me solliciter de leur donner un maître. Quoi qu'il en soit, terminait l'Empereur, cette malheureuse guerre d'Espagne a été une véritable plaie, la cause première des malheurs de la France. Après mes conférences d'Erfurt avec Alexandre, disait-il, l'Angleterre devait être contrainte à la paix par la force des armes ou par celle de la raison. Elle se trouvait perdue, déconsidérée sur le continent ; son affaire de Copenhague avait révolté tous les esprits, et moi je brillais en ce moment de tous les avantages contraires, quand cette malheureuse affaire d'Espagne est venue tourner subitement l'opinion contre moi et réhabiliter l'Angleterre. Elle a pu dès lors continuer la guerre ; les débouchés de l'Amérique méridionale lui ont été ouverts ; elle s'est fait une armée dans la Péninsule, et de là elle est devenue l'agent victorieux, le nœud redoutable de toutes les intrigues qui ont pu se former sur le continent, etc., c'est ce qui m'a perdu !

« Toutefois on m'assaillit alors de reproches que je ne méritais pas : l'histoire me lavera. On m'accusa dans cette affaire de perfidie, d'embûches et de mauvaise foi, et il n'y avait rien de tout cela. Jamais, quoi qu'on en ait dit, je ne manquai de foi ni ne violai de parole, pas plus contre l'Espagne que contre aucune autre puissance.

« On sera certain un jour que dans les grandes affaires d'Espagne je fus complètement étranger à toutes les intrigues intérieures de sa cour, que je ne manquai de parole ni à Charles IV, ni à Ferdinand VII ; que je ne rompis aucun engagement vis-à-vis du père ni du fils, que je n'employai point de mensonge pour les attirer tous deux à Bayonne ; mais qu'ils y accoururent à l'envi l'un de l'autre. Quand je les vis à mes pieds, que je pus juger par moi-même de toute leur incapacité, je pris en pitié le sort d'un grand peuple, je saisis aux cheveux l'occasion unique que me présentait la fortune pour régénérer l'Espagne, l'enlever à l'Angleterre et l'unir intimement à notre système. Dans ma pensée, c'était poser une des bases fondamentales du repos et de la sécurité de l'Europe. Mais loin d'y employer d'ignobles, de faibles détours, comme on l'a répandu, si j'ai péché c'est, au contraire, par une audacieuse franchise, par un excès d'énergie, Bayonne ne fut pas un guet-apens, mais un immense, un éclatant coup d'État. Quelque peu d'hypocrisie m'eût sauvé, ou bien encore si j'avais voulu seulement abandonner le prince de la Paix à la fureur du peuple ; mais l'idée m'en parut horrible ; il m'eût semblé recueillir le prix du sang ; et puis il est vrai de dire encore que Murat m'a beaucoup gâté tout cela...

« Quoi qu'il en soit, je dédaignai les voies tortueuses et communes, je me trouvais si puissant !... J'osai frapper de trop haut. Je voulus agir comme la Providence qui remédie aux maux des mortels par des moyens à son gré, parfois violents, et sans s'inquiéter d'aucun jugement.

« Toutefois j'embarquai fort mal toute cette affaire, je le confesse ; l'immoralité dut se montrer par trop patente, l'injustice par trop cynique, et le tout demeure fort vilain, puisque j'ai succombé ; car l'attentat ne se présente plus dès lors que dans sa hideuse nudité, privé de tout le grandiose, et des nombreux bienfaits qui remplissaient mon intention. La postérité l'eût préconisé pourtant si j'avais réussi, et avec raison, peut-être, à cause de ses grands et heureux résultats : tel est le sort et le jugement dans les choses d'ici-bas !!!... Mais, je le répète, il n'y eut ni manque de foi, ni perfidie, ni mensonge ; bien plus, il n'y avait nulle occasion pour cela. » Et ici l'Empereur a repris dans son entier et dans son principe tout l'historique de l'affaire d'Espagne, répétant beaucoup de choses déjà dites plus haut.

« Deux partis, disait l'Empereur, divisaient la cour et la famille régnante : l'un était celui du monarque, aveuglément gouverné par son favori, le prince de la Paix, lequel s'était fait le véritable roi. L'autre était celui de l'héritier présomptif, conduit par son précepteur, Escoiquiz, qui aspirait à gouverner. Ces deux partis recherchaient également mon appui, et me faisaient beau jeu ; nul doute que je ne fusse résolu d'en tirer tout l'avantage possible.

« Le favori, pour se maintenir dans son poste, aussi bien que pour se mettre à l'abri de la vengeance du fils (la mort du père arrivant), m'offrait, au nom de Charles IV, de faire de concert la conquête du Portugal, se réservant pour lui la souveraineté des Algarves comme asile.

« D'un autre côté, le prince des Asturies m'écrivait clandestinement, à l'insu de son père, pour me demander une femme de ma main, et implorer ma protection.

« Je conclus avec le premier, et laissai le second sans

réponse. Mes troupes étaient déjà admises dans la Péninsule quand le fils profita d'une émeute pour faire abdiquer son père et régner à sa place.

« On m'a imputé bêtement d'avoir pris part à toutes ces intrigues ; mais j'y étais d'autant plus étranger, que la dernière circonstance surtout dérangeait tous mes projets arrêtés avec le père, et par suite desquels mes troupes se trouvaient déjà au sein de l'Espagne. Les deux partis sentirent bien dès lors que je pouvais et devais être leur arbitre. Le roi détrôné s'adressa donc à moi pour obtenir vengeance ; et le fils y eut recours pour être reconnu. Tous deux s'empressèrent de venir plaider devant moi, également poussés par leurs conseillers respectifs, ceux-là mêmes qui les gouvernaient tout à fait, et qui ne voyaient plus d'autres moyens pour assurer leur propre tête que de se jeter dans mes bras.

« Le prince de la Paix ayant failli être massacré persuada facilement ce voyage à Charles IV et à la reine, qui s'étaient eux-mêmes vus en danger de périr par la multitude.

« De son côté, le précepteur Escoiquiz, le véritable auteur de tous les maux de l'Espagne, alarmé de voir Charles IV protester contre son abdication, ne voyant que l'échafaud si son pupille ne triomphait pas, fut fort ardent à déterminer le jeune roi. Ce chanoine, d'ailleurs très confiant dans ses moyens, ne désespérait pas d'influer de vive voix sur mes déterminations, et de m'amener ainsi à reconnaître Ferdinand, m'offrant, pour son propre compte, de gouverner, disait-il, tout à fait à ma dévotion, aussi bien que pourrait le faire le prince de la Paix au nom de Charles IV. Et il faut convenir, disait l'Empereur, que si j'eusse écouté plusieurs de ses raisons, et suivi quelques-unes de ses idées, je m'en serais beaucoup mieux trouvé.

« Quand je les tins tous réunis à Bayonne, ma politique se trouva posséder bien au-delà de ce qu'elle eût jamais osé prétendre ; il en a été ainsi de plus d'un autre événement de ma vie, dont on a fait honneur à ma politique, et qui n'appartenait qu'au hasard : je n'avais pas combiné, mais je profitais. Ici j'avais le nœud gordien devant moi, je le coupai ; j'offris à Charles IV et à la reine de me céder la couronne d'Espagne, et de vivre paisiblement en France ; ils s'y prêtèrent, je pourrais dire presque volontiers, tant ils étaient ulcérés contre leur fils, et tant eux et leur favori ne recherchaient autre chose désormais que le repos et la sûreté. Le prince des Asturies n'y résista pas extraordinairement ; mais il ne fut employé contre lui ni violence, ni menace ; et si la peur le décida, ce que je crois bien, cela ne dut regarder que lui.

« Voilà, mon cher, en bien peu de mots tout l'historique de l'affaire d'Espagne : quoi qu'on en dise ou qu'on écrive, on en arrivera là ; et vous voyez qu'il ne saurait y avoir occasion pour moi à détour, mensonges, manque de paroles, ou violations d'engagements. Pour m'en rendre coupable, il eût donc fallu vouloir me salir gratuitement ; or, jamais je n'ai montré ce penchant.

« Du reste, dès que j'eus prononcé, la tourbe des intrigants qui fourmille dans toutes les cours, ceux-là mêmes qui avaient été les plus actifs à provoquer les malheurs, cherchèrent aussitôt à faire leur affaire auprès de Joseph, comme ils l'avaient faite auprès de Charles IV et de Ferdinand VII ; mais, soigneusement attentifs à la marche des événements, ils ont tourné plus tard à mesure que les circonstances devenaient difficiles, et que nos désastres approchaient ; si bien que ce sont encore eux qui se trouvent gouverner aujourd'hui Ferdinand ; et, chose effroyable, pour mieux s'asseoir, ils n'ont pas hésité à rejeter l'odieux et le crime des malheurs éprouvés sur la masse des *niais*, qu'ils ont proscrits et qu'ils tiennent dans le bannissement, de ces gens naturellement honnêtes, qui, dans le principe, blâmèrent fort le voyage de Ferdinand, dont plusieurs même s'y opposèrent, puis prêtèrent serment à Joseph, qui leur sembla identifié pour lors au bonheur et au repos de leur patrie, et lui demeurèrent fidèles jusqu'à ce que la grande catastrophe vînt le faire descendre du trône !

« Il serait difficile d'accumuler plus d'effronterie et de turpitude que n'en ont montré tous ces intrigants, principaux acteurs de cette grande scène ; ce qui, pour le dire en passant, atténue la dégradation dont de pareilles vilenies ont chargé la France aux yeux de l'Europe. On voit qu'elles ne lui sont pas exclusives ; les intrigants, les ambitieux, les avides, se trouvent partout, sont les mêmes partout, les individus seuls sont coupables ; les nations ne sauraient être responsables, leur seul tort est de se trouver pour le moment en évidence : malheur à celle qui occupe la scène ! »

N. B. Aujourd'hui l'affaire d'Espagne demeure parfaitement connue, grâce aux écrits des principaux acteurs, le chanoine Escoiquiz, le ministre Cevallos et autres, et surtout l'honnête et respectable M. Llorente, qui, sous la signature anagrammatique de Nellerto, a publié les mémoires du temps, appuyés du recueil de toutes les pièces officielles. Les contradictions adverses des deux premiers, leurs disputes entre eux, les réclamations et les dénégations des contemporains ont réduit leurs écrits à leur juste valeur, en les dépouillant de tout ce qu'il y avait d'erroné, de faux, ou même de falsifié ; il en résulte qu'aux yeux de tout homme impartial et froid, ils concourent tous, même involontairement, à confirmer les assertions justificatives émises plus haut par Napoléon ; non qu'ils ne reproduisent cette différence qu'on doit inévitablement attendre de la diversité des partis et d'intérêts, mais seulement parce qu'il est vrai de dire qu'aucun n'établit avec fondement une accusation positive, qu'il ne présente aucune pièce officielle qui puisse la constater, tandis que toutes celles qui existent attestent et consacrent le contraire.

Ce qu'on peut observer encore dans l'histoire, aujourd'hui bien authentique, de ces affaires, c'est que l'Angleterre elle-même s'y est trouvée tout à fait étrangère, du moins dans le principe, ce qui était loin de la pensée de Napoléon, qui accusa, dans le temps, les Anglais d'être la première cause de toutes les intrigues, et qui les en accusait encore à Sainte-Hélène, tant il était habitué à les trouver au fond de tout ce qui se tramait contre lui.

Au surplus, voici sur cette affaire d'Espagne une lettre de l'Empereur qui y jette plus de jour que ne sauraient le faire des volumes. Elle est admirable : les événements qui ont suivi la rendent un chef-d'œuvre. Elle fait voir la rapidité, le coup d'œil d'aigle avec lequel Napoléon jugeait immédiatement les choses et les personnes.

Malheureusement, elle montre aussi combien l'exécution des subalternes, la plupart du temps, détruisait ou gâtait les plus belles, les plus hautes conceptions, et, sous ce rapport encore, cette lettre demeure bien précieuse pour l'histoire. Sa date la rend prophétique.

29 mars 1808.

« Monsieur le Grand-Duc de Berg,

« Je crains que vous ne me trompiez sur la situation de

l'Espagne, et que vous ne vous trompiez vous-même. L'affaire du 20 mars a singulièrement compliqué les événements. Je reste dans une grande perplexité.

« *Ne croyez pas que vous attaquiez une nation désarmée, et que vous n'ayez que des troupes à montrer pour soumettre l'Espagne*. La révolution du 20 mars prouve qu'il y a de l'énergie chez les Espagnols. Vous avez affaire à un peuple neuf : il a tout le courage et il aura tout l'enthousiasme que l'on rencontre chez les hommes que n'ont point usés les passions politiques.

« L'aristocratie et le clergé sont les maîtres de l'Espagne. S'ils craignent pour leurs privilèges et pour leur existence, ils feront contre nous des levées en masse, qui pourront éterniser la guerre. J'ai des partisans ; si je me présente en conquérant, je n'en aurai plus.

« Le prince de la Paix est détesté, parce qu'on l'accuse d'avoir livré l'Espagne à la France. Voilà le grief qui a servi l'usurpation de Ferdinand. Le parti populaire est le plus faible.

« Le prince des Asturies n'a aucune des qualités qui sont nécessaires au chef d'une nation ; cela n'empêchera pas que, pour nous l'opposer, on en fasse un héros. Je ne veux pas que l'on use de violence envers les personnages de cette famille : il n'est jamais utile de se rendre odieux et d'enflammer les haines. L'Espagne a plus de cent mille hommes sous les armes, c'est plus qu'il ne faut pour soutenir avec avantage une guerre intérieure. Divisés sur plusieurs points, ils peuvent servir de noyau au soulèvement total de la monarchie.

« Je vous présente l'ensemble des obstacles qui sont inévitables ; il en est d'autres que vous sentirez. L'Angleterre ne laissera pas échapper cette occasion de multiplier nos embarras. Elle expédie journellement des avisos aux forces qu'elle tient sur les côtes du Portugal et dans la Méditerranée ; elle fait des enrôlements de *Siciliens* et de *Portugais*.

« La famille royale n'ayant point quitté l'Espagne pour aller s'établir aux Indes, il n'y a qu'une révolution qui puisse changer l'état de ce pays. C'est peut-être celui de l'Europe qui est le moins préparé. Les gens qui voient les vices monstrueux de ce gouvernement et l'anarchie qui a pris la place de l'autorité légale, font le plus petit nombre ; le plus grand nombre profite de ces vices et de cette anarchie.

« Dans l'intérêt de mon empire, je puis faire beaucoup de bien à l'Espagne. Quels sont les meilleurs moyens à prendre ?

« Irai-je à Madrid ? Exercerai-je l'acte d'un grand protectorat, en prononçant entre le père et le fils ? Il me semble difficile de faire régner Charles IV : son gouvernement et son favori sont tellement dépopularisés qu'ils ne se soutiendraient pas trois mois.

« Ferdinand est l'ennemi de la France, c'est pour cela qu'on l'a fait roi. Le placer sur le trône sera servir les factions qui, depuis vingt-cinq ans, veulent l'anéantissement de la France. Une alliance de famille serait un faible lien. *La reine Élisabeth et d'autres princesses* françaises ont péri misérablement lorsque l'on a pu les immoler impunément à d'atroces vengeances. Je pense qu'il ne faut rien précipiter, qu'il convient de prendre conseil des événements qui vont suivre... Il faudra fortifier les corps d'armée qui se tiendront sur les frontières du Portugal et attendre...

« Je n'approuve pas le parti qu'a pris Votre Altesse impériale de s'emparer aussi précipitamment de Madrid. Il fallait tenir l'armée à dix lieues de la capitale. Vous n'aviez pas l'assurance que le peuple et la magistrature allaient reconnaître Ferdinand sans contestation. Le prince de la Paix doit avoir dans les emplois publics des partisans ; il y a d'ailleurs un attachement d'habitude au vieux roi, qui pouvait produire des résultats. Votre entrée à Madrid, en inquiétant les Espagnols, a puissamment servi Ferdinand. J'ai donné ordre à Savary d'aller auprès du nouveau roi voir ce qui se passe. Il se concertera avec Votre Altesse impériale. J'aviserai ultérieurement au parti qui sera à prendre ; en attendant, voici ce que je juge convenable de vous prescrire :

« Vous ne m'engagerez à une entrevue *en Espagne* avec Ferdinand que si vous jugez la situation des choses telle que je doive le reconnaître comme roi d'Espagne. Vous userez de bons procédés envers le roi, la reine et le prince Godoy. Vous exigerez pour eux et vous leur rendrez les mêmes honneurs qu'autrefois. Vous ferez en sorte que les Espagnols ne puissent pas soupçonner le parti que je prendrai. Cela ne vous sera pas difficile : je n'en sais rien moi-même.

« Vous ferez entendre à la noblesse et au clergé que si la France doit intervenir dans les affaires d'Espagne, leurs privilèges et leurs immunités seront respectés. Vous leur direz que l'Empereur désire le perfectionnement des institutions politiques de l'Espagne, pour la mettre en rapport avec l'état de civilisation de l'Europe, pour la soustraire au régime des favoris... Vous direz aux magistrats et aux bourgeois des villes, aux gens éclairés, que l'Espagne a besoin de recréer la machine de son gouvernement, et qu'il lui faut des lois qui garantissent les citoyens de l'arbitraire et des usurpations de la féodalité, des institutions qui raniment l'industrie, l'agriculture et les arts. Vous leur peindrez l'état de tranquillité et d'aisance dont jouit la France, malgré les guerres où elle s'est toujours engagée ; la splendeur de la religion, qui doit son établissement au Concordat que j'ai signé avec le pape. Vous leur démontrerez les avantages qu'ils peuvent tirer d'une régénération politique : l'ordre et la paix dans l'intérieur, la considération et la puissance dans l'extérieur. Tel doit être l'esprit de vos discours et de vos écrits. Ne brusquez aucune démarche ; je puis attendre à Bayonne, je puis passer les Pyrénées, et, me fortifiant vers le Portugal, aller conduire la guerre de ce côté.

« Je songerai à vos intérêts particuliers, n'y songez pas vous-même... Le Portugal restera à ma disposition. Qu'aucun projet personnel ne vous occupe et ne dirige votre conduite : cela me nuirait, et vous nuirait encore plus qu'à moi.

« Vous allez trop vite dans vos instructions du 14 ; la marche que vous prescrivez au général Dupont est trop rapide, à cause de l'événement du 19 mars. Il y a des changements à faire, vous donnerez de nouvelles dispositions, vous recevrez des instructions de mon ministre des Affaires étrangères.

« J'ordonne que la discipline soit maintenue de la manière la plus sévère : point de grâce pour les plus petites fautes. L'on aura pour l'habitant les plus grands égards. L'on respectera principalement les églises et les couvents.

« L'armée évitera toute rencontre, soit avec des corps de l'armée espagnole, soit avec des détachements : il ne faut pas que, d'aucun côté, il soit brûlé une amorce.

« Laissez Solano dépasser Badajoz ; faites-le observer ; donnez vous-même l'indication des marches de mon armée, pour la tenir toujours à une distance de plusieurs lieues des corps espagnols. Si la guerre s'allumait, tout serait perdu.

« C'est à la politique et aux négociations qu'il appartient de décider des destinées de l'Espagne. Je vous recommande d'éviter des explications avec Solano, comme avec les autres généraux et les gouverneurs espagnols.

« Vous m'enverrez deux estafettes par jour. En cas d'événements majeurs, vous m'expédierez des officiers d'ordonnance. Vous me renverrez sur-le-champ le chambellan de T..., qui vous porte cette dépêche ; vous lui remettrez un rapport détaillé.

« Sur ce, je prie Dieu, monsieur le grand-duc de Berg, qu'il vous ait, etc.

« *Signé* : NAPOLÉON. »

SAMEDI 15.

Le temps était magnifique ; nous avons fait notre tour en calèche, durant lequel nous avons aperçu tout près du rivage un gros bâtiment, dont la manœuvre nous a paru singulière. Les marques distinctives nous l'ont fait prendre pour le *Newcastle*, annoncé depuis quelque temps pour venir relever le *Northumberland* ; mais ce n'était qu'un bâtiment de la compagnie.

Dans une partie de la journée, l'Empereur, au travers d'un grand nombre d'objets, en est arrivé à mentionner plusieurs personnes qui viendraient le joindre à Sainte-Hélène, disait-il, si on leur en laissait la liberté, et il s'est mis à analyser les motifs qui les détermineraient. De là il est passé aux motifs de ceux qui se trouvent autour de lui. « Bertrand, disait-il, est désormais identifié avec mon sort : c'est devenu historique. Gourgaud était mon premier officier d'ordonnance : il est mon ouvrage, c'est mon enfant. Montholon est le fils de Sémonville, un beau-frère de Joubert, un enfant de la Révolution et des camps. Vous, mon cher, disait-il au quatrième, vous... » Et après avoir cherché un instant, il a repris : « Mais vous, mon cher, au fait, par quel diable de hasard vous trouvez-vous ici ? – Sire, lui a-t-il répondu, par le bonheur de mon étoile, et pour l'honneur de l'émigration. »

DIMANCHE 16.

> *Effets envoyés d'Angleterre. L'Empereur avait voulu*
> *proscrire le coton en France. Conférences de Tilsitt.*
> *Reine de Prusse, le roi. Empereur Alexandre.*
> *Anecdotes, etc.*

Le temps était tout à fait beau ; l'Empereur est entré vers les dix heures dans ma chambre : je m'habillais, je dictais à mon fils précisément mon journal. L'Empereur y a jeté les yeux quelques instants et n'a rien dit ; il l'a quitté pour saisir quelques dessins commencés : c'était la topographie, à la plume, de quelques-uns des champs de bataille d'Italie, un essai de mon fils et une surprise que nous nous plaisions à ménager à l'Empereur. Nous les avions travaillés jusque-là en secret.

J'ai suivi l'Empereur au jardin ; il y a beaucoup causé sur les objets qu'on venait de nous envoyer d'Angleterre : c'était principalement des meubles ; il a fait ressortir le peu de grâce et la gaucherie de ceux qui étaient chargés de nous les remettre. En nous offrant, fait-il observer, même ce qui nous eût été le plus agréable, ils trouvaient encore moyen de nous offenser ; aussi était-il bien déterminé à n'en pas faire usage, et il avait déjà fait remercier pour deux fusils de chasse qui étaient particulièrement destinés à lui être offerts. L'Empereur a voulu déjeuner en plein air, et nous y a tous fait appeler.

La conversation s'étant trouvée sur la mode et les parures, l'Empereur a dit qu'un moment il avait voulu proscrire l'usage du coton en France, pour mieux soutenir les batistes et les linons de nos villes de la Flandre. L'impératrice Joséphine s'était révoltée ; elle avait poussé les hauts cris : il avait fallu y renoncer.

L'Empereur était très causant, le temps fort doux et assez agréable ; il s'est mis à marcher dans l'espèce d'allée perpendiculaire à la face de la maison. La conversation s'est fixée sur l'époque fameuse de Tilsitt [1]. Voici les détails précieux que j'en ai recueillis :

L'Empereur racontait que si la reine de Prusse était venue au commencement des négociations, elle eût pu influer beaucoup sur leur résultat ; heureusement elle arriva les choses

_____
1. 8 juillet 1807.

assez avancées pour que l'Empereur pût se décider à conclure vingt-quatre heures après. On a pensé que le roi l'en avait empêchée jusque-là par un commencement de jalousie contre un grand personnage ; et cette jalousie, disait l'Empereur, n'était pas, assurait-on, sans quelque léger fondement.

Dès le moment de son arrivée, l'Empereur se rendit chez elle pour lui faire visite. La reine de Prusse, disait-il, avait été très belle, mais elle commençait à perdre de sa première jeunesse.

L'Empereur dit que cette reine le reçut comme Mlle Duchesnois dans Chimène [1], demandant, criant *justice*, renversée en arrière ; en un mot, tout à fait en scène : c'était la véritable tragédie. Il en fut un moment interloqué, et il n'imagina, dit-il, d'autre moyen de se débarrasser qu'en ramenant la chose au ton de la haute comédie, ce qu'il essaya en lui avançant un siège, et la forçant de s'y asseoir ; elle n'en continua pas moins du ton le plus pathétique. « La Prusse s'était aveuglée sur sa puissance, disait-elle ; elle avait osé combattre un héros, s'opposer aux destinées de la France, négliger son heureuse amitié : elle en était bien punie !... La gloire du grand Frédéric, ses souvenirs, son héritage, avaient trop enflé le cœur de la Prusse ; ils causaient sa ruine !... » Elle sollicitait, suppliait, implorait, Magdebourg surtout était l'objet de ses vœux. L'Empereur eut à se tenir le mieux qu'il put ; heureusement le mari arriva. La reine, d'un regard expressif, réprouva ce contretemps, et montra de l'humeur. « En effet, le roi essaya de mettre son mot dans la conversation, gâta toute l'affaire, et je fus délivré », dit l'Empereur.

L'Empereur eut la reine à dîner : elle déploya, disait-il, vis-à-vis de lui tout son esprit, elle en avait beaucoup ; toutes ses manières, elles étaient fort agréables ; toute sa coquetterie, elle n'était pas sans charmes. « Mais j'étais résolu de tenir bon, ajoutait-il. Toutefois il me fallut beaucoup d'attention sur moi-même pour demeurer exempt de toute espèce d'engagement et de toute parole douteuse, d'autant plus que j'étais soigneusement observé, et tout particulièrement par Alexandre. »

Un instant avant de se mettre à table, Napoléon s'étant approché d'une console, y avait pris une très belle rose, qu'il

---

1. Héroïne du *Cid* de Corneille.

présenta à la reine, dont la main exprima d'abord une espèce de refus apprêté ; mais se ravisant aussitôt, elle dit : *Oui, mais au moins avec Magdebourg*. Sur quoi l'Empereur lui répliqua : « Mais... je ferai remarquer à Votre Majesté que c'est moi qui la donne et vous qui allez la recevoir. » Le dîner et tout le reste du temps se passa de la sorte.

La reine était à table entre les deux empereurs, qui firent assaut de galanterie. On s'était placé d'après la bonne oreille d'Alexandre : il en est une dont il entend à peine. Le soir venu, et la reine retirée, l'Empereur, qui n'avait cessé d'être de la plus grande amabilité, mais qui s'était vu pourtant souvent poussé à bout, résolut d'en finir. Il manda M. de Talleyrand et le prince Kourakine, parla de la grosse dent ; et, lâchant, dit-il, les gros mots, fit sentir qu'après tout une femme et la galanterie ne pouvaient ni ne devaient altérer un système conçu pour les destinées d'un grand peuple ; qu'il exigeait que l'on conclût à l'instant, et que l'on signât de suite ; ce qui fut fait comme il l'avait voulu. « Ainsi la conversation de la reine de Prusse, disait-il, avança le traité de huit ou quinze jours. » Le lendemain, la reine se préparait à venir renouveler ses attaques ; elle fut indignée quand elle apprit la signature du traité. Elle pleura beaucoup, et résolut de ne plus voir l'empereur Napoléon. Elle ne voulait pas accepter son second dîner. Alexandre fut obligé d'aller lui-même la décider ; elle jetait les hauts cris, elle prétendait que Napoléon lui avait manqué de parole. Mais Alexandre avait toujours été présent. Il avait été un témoin même dangereux, prêt à témoigner en sa faveur au moindre geste, à la moindre parole échappés à Napoléon. « Il ne vous a rien promis, lui disait-il ; si vous pouvez me prouver le contraire, je m'engage ici à le lui faire tenir d'homme à homme, et il le fera, j'en suis sûr. – Mais il m'a donné à entendre, disait-elle... – Non, disait Alexandre, et vous n'avez rien à lui reprocher. » Enfin, elle vint. Napoléon, qui n'avait plus à se défendre, n'en fut que plus aimable pour elle. Elle joua quelques moments le rôle de coquette offensée ; et le dîner fini, quand elle voulut se retirer, Napoléon la reconduisant, arrivé au milieu de l'escalier, où il s'arrêtait, elle lui serra la main et lui dit avec une espèce de sentiment : « Est-il possible qu'ayant eu le bonheur de voir de si près l'homme du siècle et de l'histoire, il ne me laisse pas la liberté et la satisfaction de pouvoir l'assurer qu'il m'a attachée pour la vie !... – Madame, je suis à plaindre, lui répondit gravement l'Empereur, c'est un effet de ma mauvaise étoile. » Et il prit congé d'elle.

Arrivée à sa voiture, elle s'y jeta en sanglotant, fit appeler Duroc, qu'elle estimait beaucoup, lui renouvela toutes ses plaintes, et lui dit, en montrant le palais : « Voilà une maison où l'on m'a cruellement trompée. »

« La reine de Prusse, disait l'Empereur, avait certainement des moyens, beaucoup d'instruction et une grande habitude ; elle régnait véritablement depuis plus de quinze ans ; aussi, en dépit de mon adresse et de tous mes efforts, se montra-t-elle constamment maîtresse de la conversation, la domina toujours, revint sans cesse à son sujet, peut-être trop, mais, du reste, avec une grande convenance, et sans qu'il fût possible de s'en fâcher ; et il est vrai de dire que l'objet était important pour elle, le temps précieux et court.

« Un des hauts contractants lui répéta plusieurs fois, disait l'Empereur, qu'elle eût dû venir dès le principe, ou pas du tout, lui rappelant que, pour sa part, il avait fait tout son possible pour qu'elle vînt tout de suite. On voulait, disait l'Empereur, qu'il y eût recherché un intérêt personnel ; mais, par contre, le mari avait mis un intérêt tout aussi personnel à s'y opposer. » Napoléon croit bien, en cette circonstance, avoir été très officieux, et s'être montré bon ami.

« Le roi de Prusse m'avait fait demander son audience de congé pour le jour même, disait l'Empereur, et je la reculai de vingt-quatre heures, à la prière secrète d'Alexandre. Le roi de Prusse ne m'a jamais pardonné d'avoir renvoyé ainsi cette audience, tant il lui semblait que la majesté royale se trouvait blessée de mon refus.

« Un autre poids à mon sujet, qu'il n'a jamais pu s'ôter de dessus le cœur, c'était d'avoir violé, disait-il, son territoire d'Anspach, dans notre guerre d'Austerlitz. Dans toutes nos rencontres depuis, quelque grands que fussent les intérêts du moment, il les laissait tous de côté, pour revenir à me prouver que j'avais bien réellement violé son territoire à Anspach. Il avait tort ; mais enfin il en était persuadé, et son ressentiment était celui d'un honnête homme. Toutefois, sa femme s'en dépitait, et lui eût voulu une plus haute politique, etc. »

Napoléon, du reste, se reprochait, disait-il, comme une véritable faute d'avoir reçu en aucune manière le roi de

Prusse à Tilsitt. Sa première détermination avait été de le refuser : il eût alors été tenu à moins de ménagements envers lui, et eût pu lui garder la Silésie ; il en eût enrichi la Saxe, et se fût probablement par là réservé d'autres destinées. Il disait aussi : « J'apprends que les politiques aujourd'hui blâment fort mon traité de Tilsitt : ils ont découvert, depuis mes désastres, que par là j'avais mis l'Europe à la merci des Russes ; mais si j'avais réussi à Moscou, et on sait à combien peu cela a tenu, ils auraient admiré sans doute alors combien j'avais mis, au contraire, par ce traité, les Russes à la merci de l'Europe. J'avais de grandes vues sur les Allemands... Mais j'ai échoué, et, partant, j'ai eu tort : cela est de toute justice... »

Presque tous les jours, à Tilsitt, les deux empereurs et le roi sortaient ensemble à cheval ; mais celui-ci était toujours maladroit ou malheureux, disait Napoléon. Les Prussiens en souffraient visiblement. Napoléon était constamment entre les deux souverains : or le roi pouvait à peine suivre, ou bien heurtait et gênait sans cesse Napoléon. Revenait-on, d'un saut les deux empereurs étaient à terre, et ils se prenaient par la main pour monter ensemble les escaliers. Mais comme Napoléon faisait les honneurs, il n'eût pas voulu rentrer avant d'avoir vu passer le roi ; alors il fallait l'attendre longtemps ; et comme il plut souvent, il en résultait que les deux empereurs se mouillaient à cause du roi, au grand mécontentement de tous les spectateurs.

« Cette maladresse ressortait d'autant plus, disait l'Empereur, qu'Alexandre est plein de grâces, et se trouverait de niveau avec tout ce qu'il y a de plus aimable dans les salons de Paris. Celui-ci se trouvait parfois si fatigué de son compagnon, qu'absorbaient ses chagrins ou toute autre cause, que nous rompions de concert la société, pour nous délivrer plus tôt. On se séparait donc aussitôt après le dîner sous prétexte de quelques affaires chez soi ; mais Alexandre et moi nous nous retrouvions bientôt ensuite pour prendre le thé chez l'un ou chez l'autre, et nous restions alors à causer ensemble jusqu'à minuit et au-delà. »

Alexandre et Napoléon se revirent quelque temps après à Erfurt, et se donnèrent les plus grandes marques d'affection. Alexandre y professa hautement les sentiments d'une amitié tendre et d'une admiration véritable. Ils passèrent ensemble quelques jours dans le charme d'une intimité parfaite et les communications les plus familières de la vie privée. «C'étaient deux jeunes gens de bonne compagnie, disait l'Empereur, dont les plaisirs en commun n'auraient eu rien de caché l'un pour l'autre.»

Napoléon avait fait venir à Erfurt tout ce que notre scène française comptait de plus distingué. Une actrice fort connue, Mlle B..., attira l'attention de son hôte, qui eut un moment la fantaisie de faire sa connaissance. Il demandait à son compagnon s'il ne pouvait y avoir aucun inconvénient. – «Nul, répondit celui-ci ; seulement, ajouta-t-il avec intention, c'est un moyen sûr et rapide pour que vous soyez bientôt connu de tout Paris. Après-demain, jour de poste, partiront les plus petits renseignements, et sous peu il n'y a pas de statuaire à Paris qui ne pût facilement modeler votre personne de la tête aux pieds.» Le danger d'une telle publicité calma sur-le-champ l'ardeur naissante ; car le soupirant, disait Napoléon, se montrait fort circonspect sur cet article, et sans doute, remarquait-il, par la crainte de l'adage connu : Quand le masque tombe, le héros s'évanouit...

Si l'Empereur l'eût voulu, Alexandre, assurait-il, lui eût certainement donné sa sœur en mariage ; sa politique l'y eût déterminé, si même son inclination n'y avait pas été. Il fut saisi en apprenant le mariage avec l'Autriche, et s'écria : «Me voilà renvoyé au fond de mes forêts.» S'il sembla tergiverser d'abord, c'est qu'il lui fallait quelque temps pour prononcer ; sa sœur était bien jeune, et puis il fallait le consentement de sa mère. Le testament de Paul le voulait ainsi ; et l'Impératrice mère était des plus passionnées contre Napoléon. Livrée d'ailleurs à toutes les absurdités, aux contes ridicules qu'on s'était plu à répandre sur sa personne : «Comment, disait-elle, marierais-je ma fille à un homme qui ne peut être le mari de personne ? Un autre homme viendra donc dans le lit de ma fille, si l'on veut en avoir des enfants ? elle n'est pas faite pour cela. – Ma mère, lui disait Alexandre, pouvez-vous bien vous nourrir des libelles de Londres et des lazzis des salons de Paris ? Si c'est là toute la difficulté, s'il n'y a que cela qui vous embarrasse, moi, je vous le cautionne, et beaucoup d'autres pourront vous le cautionner avec moi.»

«Si l'affection d'Alexandre a été sincère pour moi, disait encore l'Empereur, c'est l'intrigue qui me l'a aliéné. Des intermédiaires, M...[1] ou autres, à l'instigation de T...[2], n'ont cessé en temps opportun de lui citer les ridicules dont je l'avais accablé, disaient-ils, l'assurant qu'à Tilsitt et à Erfurt il n'avait pas plus tôt le dos tourné que je m'égayais fort d'ordinaire à son sujet. Alexandre est fort susceptible, ils l'auront facilement aigri. Ce qu'il y a de certain c'est qu'il s'en est plaint amèrement à Vienne lors du Congrès, et pourtant rien n'est plus faux, il me plaisait et je l'aimais. »

Un aide de camp de Napoléon fut envoyé, aussitôt après le traité de Tilsitt, auprès d'Alexandre, à Pétersbourg : il y fut comblé de bons traitements, et ne tarit pas sur les efforts et la galanterie d'Alexandre pour se rendre agréable à son nouvel allié.

Ce même aide de camp devint plus tard ministre de la Police, et en 1814, peu de temps après la Restauration, il fit, assure-t-on, une citation heureuse de sa mission en Russie. Lui étant demandé un jour aux Tuileries, avec une sorte d'abandon tout à fait naïf, par quelqu'un très avant dans la confiance du roi[3] : « A présent que tout est fini, vous pouvez tout dire ; apprenez-nous quel était votre agent à Hartwell » (c'était, comme l'on sait, la demeure de Louis XVIII, en Angleterre). L'interpellé, surpris du peu de goût de la question, répondit avec dignité : « Monsieur le comte, l'Empereur regardait l'asile des rois comme un sanctuaire inviolable ; et nous l'observions. On nous a fait connaître aujourd'hui qu'on n'en agissait pas de même à son égard. Mais vous, Monsieur le comte, vous devriez avoir moins de doute qu'un autre. Quand j'arrivai à Pétersbourg, vous y étiez au nom du roi. L'empereur Alexandre, dans la première chaleur de la réconciliation, me donna connaissance de tout ce qui vous concernait, et demanda si l'on voulait qu'il vous fît sortir de ses États. Je n'avais point d'ordres. J'écrivis pour prendre ceux de l'Empereur. Sa réponse fut, courrier par courrier, qu'il lui suffisait de l'amitié sincère d'Alexandre, que jamais il n'entrerait dans ses autres rapports particuliers ; qu'il n'avait pas de haine personnelle contre les Bourbons ; que, s'il croyait même qu'il leur fût possible de l'accepter, il leur

---

1. Metternich.
2. Talleyrand.
3. Le comte de Blacas.

offrirait un asile en France, un tel château royal qui leur serait agréable. Si vous ignorâtes alors cette lettre, continua le duc de R... [1], faites-la chercher aujourd'hui, vous la trouverez sans doute dans les cartons des relations extérieures. »

LUNDI 17.

> *Arrivée des commissaires étrangers. Étiquette forcée de Napoléon, anecdotes. Conseil d'État ; détails du local ; habitudes. Citations de quelques séances ; digression. Gassendi. Les régiments croates. Ambassadeurs. Bans de la garde nationale. L'Université, etc.*

L'Empereur est sorti de bonne heure. Il a demandé la calèche pour faire un tour avant déjeuner. Au moment de monter, on est venu nous dire que la frégate le *Newcastle* et la frégate l'*Oronte* étaient devant le port, courant des bordées pour entrer. Ces deux bâtiments avaient manqué l'île dans la nuit, et étaient obligés de l'attaquer sous le vent. Ils avaient quitté l'Angleterre le 23 avril, et nous apportaient le bill qui concerne la détention de l'Empereur. La législature anglaise avait converti en loi la détermination des ministres à cet égard. Les commissaires des trois puissances d'Autriche, de France et de Russie, étaient aussi à bord de ces bâtiments.

Dans le courant de la journée, l'Empereur, parlant des formes, des costumes qu'il avait prescrits, de l'étiquette qu'il avait introduite, disait : « Il m'était devenu bien difficile de m'abandonner à moi-même. Je sortais de la foule ; il me fallait, de nécessité, me créer un extérieur, me composer une certaine gravité, en un mot, établir une étiquette, autrement l'on m'eût journellement frappé sur l'épaule. En France, nous sommes naturellement enclins à une familiarité déplacée ; et j'avais à me prémunir surtout contre ceux qui avaient *sauté à pieds joints* sur leur éducation. Nous sommes très facilement courtisans, très obséquieux au début, portés d'abord à la flatterie, à l'adulation ; mais bientôt arrive, si on ne la réprime, une certaine familiarité qu'on porterait aisément jusqu'à l'insolence. On sait que nos rois n'étaient pas exempts de cet inconvénient. » Et l'Empereur a cité une anec-

---

1. Le duc de Raguse, c'est-à-dire Marmont.

dote, sous Louis XV, fort caractéristique : celle de ce courtisan, disait-il, à qui ce prince demanda, à son lever, combien il avait d'enfants. – « Quatre, sire », répondit-il. Le roi ayant eu occasion de lui parler en public deux ou trois fois dans la journée, lui fit précisément toujours la même question : « Un tel, combien avez-vous d'enfants ? » Et toujours l'autre répondit : « Quatre, sire. » Enfin le soir, au jeu, le roi lui ayant demandé encore : « Un tel, combien avez-vous d'enfants ? – Sire, répondit-il cette fois, six. – Comment diable, reprit le roi, mais il me semble que vous m'aviez dit quatre ? – Ma foi, sire, c'est que j'ai craint de vous ennuyer en vous répétant toujours la même chose. »

« Sire, dit alors à l'Empereur l'un de nous, voici une anecdote d'un pays voisin, digne de celle qui vient d'être mentionnée, et qui pourra servir à comparer l'insolence gratuite du courtisan d'un maître absolu, avec l'énergique ressentiment de celui qui n'a rien à redouter de son souverain constitutionnel.

« Quelqu'un de la haute société, à Londres, ayant à se plaindre d'un grand personnage dont il avait été fort maltraité, à je ne sais quel sujet, jura devant ses amis de le lui faire payer ostensiblement. Ayant appris que le grand personnage devait paraître à une fort belle assemblée, il s'y rend lui-même de bonne heure, et se place près de la maîtresse de la maison. Quand le grand personnage vient débiter à cette dame son petit mot de compliment, et qu'il n'a pas encore la face retournée, le mécontent se penche négligemment vers la dame, lui demandant à haute voix quel peut être là son gras ami *(who is your fat friend)*. La dame, qui en devient rouge, le pousse du coude, lui disant tout bas : Taisez-vous donc, ne voyez-vous pas que c'est le prince ? A quoi le monsieur de répondre, d'une voix encore plus élevée : Comment, le prince ?... mais, sur mon honneur, le voilà devenu aussi gras qu'un cochon *(how the prince ?... but, upon my word, he is grown as fat as a pig)*. »

Libre à chacun de deviser sur le mérite relatif des deux insolents : tous deux sont fort blâmables, sans doute ; et si le nôtre présente moins de grossièreté, il faut convenir aussi que son impertinence est tout à fait sans but et purement gratuite.

Dans un autre moment de la journée, l'Empereur a dit

beaucoup de choses sur les séances du Conseil d'État. Je lui en avais cité plusieurs, d'autres nous demeuraient déjà douteuses et effacées : « Eh bien, m'a-t-il ajouté, encore quelque temps, et il en restera à peine vestige dans le souvenir. » Ne pouvant dormir cette nuit, ces paroles me sont revenues, et durant mon insomnie je repassais minutieusement dans mon esprit tout ce que j'avais connu du Conseil d'État : le local de ses séances, les habitudes, les formes, etc., etc., et je ne crois pouvoir mieux employer l'oisiveté de notre solitude de Sainte-Hélène, que de les consigner ici ; j'y joindrai de temps à autre ce qui me reviendra des séances dont j'ai été le témoin, à mesure qu'elles se représenteront à ma mémoire. Il en est pour qui tous ces détails seront de quelque prix.

La salle du Conseil d'État aux Tuileries, lieu ordinaire des séances, était une pièce latérale à la chapelle et de toute sa longueur ; le mur mitoyen présentait plusieurs portes pleines, qui, ouvertes le dimanche, formaient les travées de la chapelle ; c'était une très belle pièce allongée. A l'une de ses extrémités, vers l'intérieur du palais, était une grande et belle porte qui servait de passage à l'Empereur, lorsque, suivi de sa cour, il se rendait le dimanche à sa tribune pour y entendre la messe. Cette porte ne s'ouvrait le reste de la semaine que pour l'Empereur, quand il arrivait à son Conseil d'État. Les membres de ce Conseil n'entraient que par deux petites portes pratiquées à l'extrémité.

Dans toute la longueur de la salle, à droite et à gauche, était établie accidentellement, et pour le temps du Conseil seulement, une longue file de tables assez éloignées du mur pour y admettre un siège et une libre circulation extérieure. Là s'asseyaient hiérarchiquement les conseillers d'État, dont la place d'ailleurs se trouvait désignée par un carton portant leur nom, et renfermant leurs papiers. A l'extrémité de la salle, vers la grande porte d'entrée et transversalement à ces deux files de tables, il en était placé de semblables pour les maîtres des requêtes ; les auditeurs prenaient place sur des tabourets ou des chaises, en arrière des conseillers d'État.

A l'extrémité supérieure de la salle, en face de la grande porte d'entrée, se trouvait la place de l'Empereur, sur une estrade élevée d'une ou deux marches. Là était son fauteuil et une petite table recouverte d'un riche tapis, et garnie de tous les accessoires nécessaires, ainsi qu'en avaient devant eux tous les membres du Conseil : papier, plumes, encre, canifs, etc.

A droite de l'Empereur, mais au-dessous de lui et à notre niveau, le prince archichancelier, sur sa petite table séparée ; à sa gauche, le prince architrésorier, qui y assistait fort rarement ; et enfin, à la gauche encore de celui-ci, M. Locré, rédacteur des procès-verbaux du Conseil.

Quand il venait accidentellement des princes de la famille, ils avaient une pareille table placée sur le même alignement, et selon leur rang hiérarchique. Si c'étaient seulement des ministres, qui tous d'ailleurs avaient faculté de se présenter au Conseil quand bon leur semblait, ceux-ci prenaient place sur les files latérales, en tête des premiers conseillers d'État. Une grande enceinte intérieure restait vide ; elle n'était jamais traversée que par l'Empereur ou les membres du Conseil, quand ils allaient lui prêter serment.

Des huissiers, même pendant les délibérations, parcouraient silencieusement la salle pour le service des membres du Conseil. Chacun de ceux-ci d'ailleurs se levait à son gré, et circulait extérieurement, pour chercher auprès de ses collègues les renseignements particuliers dont il eût pu avoir besoin.

Les pourtours supérieurs de la salle représentaient des peintures allégoriques relatives aux fonctions du Conseil d'État, telles que la Justice, le Commerce, l'Industrie, etc., etc., et enfin, le plafond se trouvait décoré du beau tableau de la bataille d'Austerlitz par Gérard. Ainsi c'était sous un des plus beaux lauriers dont Napoléon ait ennobli la France, qu'il administrait son intérieur.

C'est dans cet endroit que, durant près de dix-huit mois, j'ai joui de la satisfaction inappréciable d'assister régulièrement deux fois la semaine à des séances si précieuses par leur intérêt spécial, et bien plus encore par la présence de l'Empereur, qui n'y manquait jamais, et semblait en être réellement l'âme et la vie. C'est là que je l'ai vu prolonger quelquefois les séances depuis onze heures du matin jusqu'à neuf heures du soir, et montrer à la fin autant de facilité, d'abondance, de fraîcheur d'esprit et de tête qu'en commençant, lorsque nous autres tombions tous de lassitude et de fatigue.

Quand la cour était à Saint-Cloud, c'était là que le Conseil était convoqué ; mais quand la séance y était indiquée de trop bon matin, ou s'annonçait devoir être trop longue, alors il arrivait à l'Empereur de la suspendre, pour qu'on pût prendre quelque nourriture, et il s'élevait alors dans quelques pièces voisines, pour les besoins du Conseil, une certaine quantité de petites tables des plus magnifiquement servies, et surtout comme par enchantement ; car, pour le dire en passant, rien ne saurait donner une juste idée de l'espèce de féerie en toutes choses dont nous avons été les témoins dans les palais impériaux.

L'heure de la séance du Conseil était indiquée chaque fois dans nos lettres de convocation ; en général, c'était pour onze heures.

Quand un nombre suffisant de membres était arrivé, l'archichancelier, qu'on y trouvait toujours le premier, et qui présidait le Conseil en l'absence de l'Empereur, ouvrait la séance, et entamait alors ce qu'on appelait *le petit ordre du jour*, ne contenant que les affaires de simples localités et de pure forme.

Une heure plus tard, d'ordinaire, le tambour, battant au champ dans l'intérieur du palais, nous annonçait l'arrivée de l'Empereur. La grande porte s'ouvrait, on annonçait Sa Majesté : tout le Conseil se levait, et l'Empereur entrait, précédé de son chambellan et de son aide de camp de service, qui lui présentaient son fauteuil, recevaient son chapeau, et demeuraient à la séance en arrière de lui, prêts à recevoir et à exécuter ses ordres.

L'archichancelier présentait alors à l'Empereur *le grand ordre du jour*, contenant la série des objets en délibération. L'Empereur les parcourait, et nommait tout haut l'objet qu'il lui plaisait de déterminer. Le conseiller d'État chargé de ce rapport en faisait lecture, et la délibération commençait.

Chacun pouvait prendre la parole : si plusieurs se présentaient à la fois, l'Empereur en désignait l'ordre : on parlait de sa place et assis ; on ne pouvait pas lire, il fallait improviser. Quand l'Empereur jugeait la discussion, à laquelle d'ailleurs il prenait beaucoup de part lui-même, suffisamment éclaircie, il faisait un résumé toujours lumineux, souvent neuf et piquant, concluait et mettait aux voix.

J'ai dit ailleurs de quelle liberté on jouissait dans ces délibérations. L'ardeur, s'animant par degrés, devenait parfois extrême, et souvent les discussions se prolongeaient outre mesure, surtout lorsque l'Empereur, s'occupant probablement d'autre chose, semblait, par distraction ou autrement, y être devenu étranger ; alors, d'ordinaire il promenait sur la salle un œil incertain, ou mutilait les crayons avec son canif, ou piquait avec ce même canif le tapis de sa table, ou le bras de son fauteuil, ou bien encore usait son crayon ou sa plume à des griffonnages ou à des traits bizarres, qui, à son départ, devenaient l'objet de la convoitise des jeunes gens, qui se les arrachaient ; et il fallait voir alors, si par hasard il y avait tracé quelque nom de pays ou de capitale, les inductions à perte de vue qu'on cherchait à en tirer.

Quelquefois aussi, comme l'Empereur venait au Conseil précisément après avoir mangé, et souvent après de grandes fatigues du matin, il lui arrivait d'arrondir son bras sur la table, d'y poser sa tête et de s'endormir. L'archichancelier se saisissait, dès cet instant, de la délibération, qui allait toujours son train, et que l'Empereur, à son réveil, reprenait au point où elle se trouvait, si même elle n'était terminée et remplacée par une nouvelle. Il arrivait encore très souvent à l'Empereur de demander un verre d'eau et du sucre ; et à cet effet, et pour son usage, il se trouvait toujours sur l'une des tables de la chambre voisine, et hors de toute précaution, tout ce qui était nécessaire.

L'Empereur avait l'habitude, comme l'on sait, de prendre du tabac à chaque instant ; c'était en lui une espèce de manie exercée la plupart du temps par la distraction. Sa tabatière se trouvait bientôt vide, et il n'en continuait pas moins d'y puiser à chaque instant, ou de la porter constamment tout ouverte à son nez, surtout quand il avait lui-même la parole. C'était alors aux chambellans qui s'étaient faits le plus à son service, ou qui y mettaient le plus de recherche, à lui soustraire cette tabatière vide pour y en substituer une pleine ; car il existait une grande émulation de soins, de galanterie parmi les chambellans favorisés du service habituel près de l'Empereur, service extrêmement envié. C'était, du reste, à peu près toujours les mêmes, soit qu'ils s'intriguassent beaucoup pour y demeurer, soit qu'il fût naturellement plus agréable à l'Empereur de voir continuer un service déjà goûté. Au demeurant, c'était le grand-maréchal Duroc qui arrêtait toutes ces dispositions.

Au sujet de ces soins et de cette galanterie, l'un deux, qui s'était aperçu que l'Empereur, allant au théâtre, oubliait parfois sa lorgnette, dont il faisait un grand usage au spectacle, avait imaginé d'en faire faire une toute semblable, et de verres pareils, si bien que la première fois qu'il vit l'Empereur en être privé, il la lui présenta comme la sienne. De retour dans son intérieur, l'Empereur se trouva donc avoir deux lorgnettes, sans qu'on pût lui dire comment. Le lendemain il s'enquit du chambellan dont il l'avait reçue, qui lui répondit simplement que c'en était une en réserve pour son besoin.

L'Empereur ne laissait pas d'être fort sensible à ces soins, innocents en eux-mêmes, l'on pourrait même dire touchants, s'ils ne venaient que du cœur et s'ils n'avaient d'autre guide qu'une véritable affection ; car alors on ne se montrait pas par là un courtisan servile, mais bien un serviteur tendrement dévoué ; d'autant plus que Napoléon, de son côté, bien qu'on en ait voulu dire dans les salons de Paris, était plein de véritables égards pour les personnes de son service. Quand il quittait Paris pour Saint-Cloud, la Malmaison ou autres lieux, en un mot ce qu'on appelait à la cour être à la campagne, il admettait d'ordinaire son service au nombre des réceptions privées qui composaient le soir son cercle familier, et dont la faveur était tenue à si haut prix. Dans ces circonstances encore, il faisait manger avec lui ses chambellans. Aussi, un jour, à Trianon, à table et fort enrhumé du cerveau, il eut besoin d'un mouchoir ; et comme on courait le chercher, le chambellan de service, assis à ses côtés, et parent de Marie-Louise, s'empressa de lui en présenter un dont il avait eu soin de se précautionner, et voulait reprendre l'autre. « Je vous remercie, dit l'Empereur ; mais je ne me pardonnerais pas qu'on pût dire que j'ai laissé M. un tel toucher mon mouchoir sale. » Et il le jeta par terre. Tel était pourtant l'homme que dans nos cercles l'on disait si grossier, si brutal, maltraitant tout son service, et jusqu'aux dames du palais même. Le fait est que l'Empereur, au contraire, était des plus scrupuleusement attachés aux convenances, et fort sensible aux petits soins qu'il recevait, bien qu'il n'en témoignât jamais rien, il est vrai ; c'était manie ou système chez lui ; il fallait savoir le deviner, et l'on s'en apercevait à son œil devenu plus attentif, au son de sa voix plus radouci. Au rebours d'autres, qui accablent d'expressions touchantes qu'ils ne sentent souvent pas, Napoléon semblait s'être fait la loi de contenir ou de déguiser les sensations bienveillantes qu'on lui inspirait. Je crois l'avoir déjà dit ailleurs ; en voici quelques preuves nouvelles qui me reviennent en cet instant : elles seront d'autant plus caractéristiques, qu'elles appartiendront à Longwood même, où Napoléon néanmoins devait avoir plus d'abandon et se tenir moins en garde.

J'étais d'ordinaire assis auprès de mon fils quand l'Empereur lui dictait tout en marchant dans son appartement ; or, il lui arrivait souvent de s'arrêter derrière moi pour voir où en était la dictée. Combien de fois, dans cette situation, il me serrait la tête de ses deux bras. Souvent alors une légère pression me rapprochait d'abord de lui ; mais presque aussitôt réprimant ce mouvement, il ne semblait plus qu'avoir voulu s'accouder sur mes épaules, ou bien encore essayer, comme par jeu, de me faire plier, se récriant alors sur ma force.

A mon fils, qu'il aimait beaucoup, je l'ai vu souvent faire de la main ce qu'on eût pu appeler une caresse ; et comme pour annuler tout aussitôt ce geste, l'accompagner à l'instant de paroles dites d'une voix relevée, approchant fort de la brusquerie. Enfin, je l'ai vu entrant un jour au salon, dans des dispositions de contentement et de distraction, prendre affectueusement la main de Mme Bertrand, l'élever pour la porter à ses lèvres, et s'arrêter subitement par un mouvement qui eût eu de la gaucherie, si Mme Bertrand elle-même n'y eût pourvu en s'empressant, avec cette grâce parfaite qui la caractérise, de baiser elle-même cette main qui lui avait été tendue. Mais me voilà bien loin de mon sujet, je me suis laissé aller au bavardage. Revenons au Conseil d'État.

On nous distribuait, imprimés et à domicile, tous les rapports, les projets d'avis et de décrets que nous devions discuter. Il est tel objet, l'Université, par exemple, qui a subi peut-être vingt rédactions ; d'autres languissaient longtemps dans les cartons, ou finissaient même par disparaître tout à fait sans qu'il en fût donné aucun motif.

Au retour de ma mission en Hollande, et tout nouvellement membre du Conseil d'État, spécialement attaché à la marine, dans tout le feu de mon premier zèle, et fort de mes observations en Hollande, je pris la parole sur la conscription, laquelle se discutait en cet instant. Je demandai qu'il fût permis à tous les conscrits hollandais, vu leur sympathie naturelle, de choisir le service de la marine. Je demandai encore que dans toute la conscription française il fût loisible à chacun de faire le même choix. Je faisais ressortir les inconvénients qu'on évitait par là, et les grands avantages qu'on se procurait. On ne pouvait, disais-je, trop multiplier nos marins. Nos équipages de vaisseaux étaient de vrais régiments ; les mêmes hommes étaient donc tout à la fois matelots et soldats, canonniers et pontonniers ; avec la même solde, on obtenait deux services, etc. Le tout allait fort bien jusque-là ; je me félicitais intérieurement, je touchais à ma conclusion quand le mot eut le malheur de me manquer, l'absence atteignit bientôt jusqu'à l'idée, et me voilà muet, interdit, sans plus savoir ni ce que je voulais, ni même où j'étais. Je parlais là pour la première fois ; j'avais fait une entreprise extraordinaire, celle de surmonter ma timidité naturelle. Un silence profond régnait autour de moi, une multitude d'yeux m'ajustaient ; je crus que j'allais défaillir. Il ne me resta plus qu'à avouer ma souffrance, à dire à l'Empereur que je préférais bien davantage de me trouver à une bataille, et qu'à lui demander enfin la permission d'achever par la lecture de quelques lignes écrites ; mais à partir de là il ne m'est jamais venu l'envie de prendre la parole de nouveau ; j'en ai été guéri pour toujours ; mon éloquence ne s'est jamais répétée. Toutefois, et malgré ma mésaventure, mon peu de parole n'avait pas été perdu pour l'Empereur ; car, à quelques jours de là, l'aide de camp de service, le comte Bertrand, me dit que Sa Majesté jouant au billard, et voyant entrer le ministre de la Marine, l'avait apostrophé sur le sujet, lui disant : « Eh bien ! Las Cases nous a lu au Conseil un très bon mémoire sur la composition des matelots : il est loin d'être de votre avis sur l'âge que vous voulez d'eux, etc. »

Il n'y avait pas de séance présidée par l'Empereur qui ne fût du plus grand intérêt, parce qu'il y parlait toujours, et que tout ce qu'il disait était extrêmement remarquable. J'en sortais toujours enthousiasmé ; mais ce qui me surprenait fort et m'indignait beaucoup, c'était d'entendre le soir répéter dans les salons quelques-unes de ces choses, mais toujours très défigurées et, en général, très malveillantes. D'où pouvait naître une si singulière circonstance ? Était-ce l'infidélité

dans celui qui avait entendu ? était-ce méchanceté chez celui
à qui on l'avait redit ? Toutefois la chose était ainsi.

J'eus plus d'une fois l'envie, dans le temps, d'écrire ce
dont j'avais été le témoin, et j'ai beaucoup regretté depuis
de ne l'avoir pas fait. Je vais transcrire ici quelques souvenirs
épars qui reviennent à ma mémoire.

Un jour, l'Empereur, parlant des droits politiques à accorder à des étrangers d'origine française, disait : « Le plus beau
titre sur la terre est d'être né français ; c'est un titre dispensé
par le ciel, qu'il ne devrait être donné à personne sur la terre
de pouvoir retirer. Pour moi, je voudrais qu'un Français d'origine, fût-il à sa dixième génération d'étranger, se trouvât
encore français s'il le réclamait. Je voudrais, s'il se présentait
sur l'autre rive du Rhin, disant : Je veux être français, que
sa voix fût plus forte que la loi, que les barrières s'abaissas-
sent devant lui, et qu'il rentrât triomphant au sein de la mère
commune. »

Une autre fois, il disait, au sujet de je ne sais quoi :
« L'Assemblée constituante fut bien gauche d'abolir jusqu'à
la noblesse purement titulaire ; ce qui humilia beaucoup de
monde. Moi, je fais mieux, j'ennoblis tous les Français :
chacun peut être fier. »

Une autre fois, et je l'ai peut-être déjà cité ailleurs, il
disait : « Je veux élever la gloire du nom français si haut
qu'il devienne l'envie des nations ; je veux un jour, Dieu
aidant, qu'un Français voyageant en Europe croie se trouver
toujours chez lui. »

Enfin, une autre fois encore, et au sujet d'un projet de
décret dont je ne me rappelle pas quel a été le résultat, mais
qui avait pour objet de déterminer que les rois de la famille
impériale occupant des trônes étrangers laisseraient leurs
titres et leur étiquette de roi à la frontière, pour ne les reprendre qu'en sortant, l'Empereur, répondant à quelques objections et exposant les motifs, dit : « Du reste, je leur réserve
en France un bien plus beau titre encore ; ils y seront plus
que rois, ils seront princes français. »

Je pourrais multiplier à l'infini une foule de citations
pareilles : elles doivent être demeurées dans le souvenir de
tous les membres du Conseil, comme dans le mien. A présent,
l'on s'étonnera peut-être qu'ayant vu si souvent l'Empereur,
qu'en ayant entendu de telles paroles, j'aie dit que je ne le

connaissais pas encore quand je me suis déterminé à le suivre. Ma réponse est que dans les temps dont je parle j'avais à son sujet encore plus d'admiration et d'enthousiasme que de véritable conviction. Nous étions assaillis, dans le palais même, de tant de bruits absurdes sur sa personne et son petit intérieur ; nous avions si peu de communication directe avec lui, qu'à force d'avoir entendu répéter les mêmes choses, il me restait peut-être, à l'insu de moi-même, une espèce de défiance et de doute. On nous le disait si dissimulé, si astucieux, si rusé, qu'il était possible, après tout, qu'il prononçât en public d'aussi magnifiques paroles dans quelque vue particulière et sans les sentir aucunement : il en est tant qui pensent si mal et s'expriment si bien ! Aussi ce n'est qu'ici, à Longwood, et depuis que j'ai appris à le connaître à fond, que je sais combien il était là réellement et naturellement lui-même. Jamais peut-être sur la terre nul n'aima la France et son lustre comme lui ; il n'est pas de sacrifice qui lui eût coûté pour elle. Il l'a prouvé à Châtillon, il l'a prouvé au retour de Waterloo, et il l'exprimait énergiquement quand, sur son roc, il me disait ces paroles mémorables que j'ai déjà citées : « Non, mes véritables souffrances ne sont point ici ! »

Mais voici d'autres sujets, les uns plaisants, d'autres plus graves. Un jour, le conseiller d'État général Gassendi, se trouvant prendre part à la discussion du moment, s'y appuya de la doctrine des économistes ; l'Empereur, qui l'aimait beaucoup à titre d'ancien camarade de l'artillerie, l'arrêtant, lui dit : « Mais, mon cher, qui vous a rendu si savant ? où avez-vous pris de tels principes ? » Gassendi, qui parlait rarement, après s'être défendu de son mieux, se trouvant dans ses derniers retranchements, répondit qu'après tout c'était de lui, Napoléon, qu'il avait pris cette opinion. « Comment ! s'écria l'Empereur avec chaleur, que dites-vous là ? est-ce bien possible ? Comment, de moi, qui ai toujours pensé que, s'il existait une monarchie de granit, il suffirait des idéalités des économistes pour la réduire en poudre ! » Et après quelques autres développements, partie ironiques, partie sérieux, il conclut : « Allons, mon cher, vous vous serez endormi dans vos bureaux, et vous y aurez rêvé tout cela. » Gassendi, qui se fâchait aisément, lui riposta : « Oh ! pour nous endormir dans nos bureaux, sire, c'est une autre affaire ; j'en défierais

bien avec vous ; vous nous y tourmentez trop pour cela. » Et
tout le Conseil de rire, et l'Empereur plus fort que les autres.

Une autre fois, on s'occupait d'organiser les provinces
Illyriennes, acquises depuis peu. La partie de ces provinces
limitrophe des Turcs avait des régiments croates dont l'organisation était toute particulière ; c'étaient de vraies colonies
militaires : elles avaient été imaginées, il y avait plus d'un
siècle, par le grand Eugène, pour servir de barrière contre les
incursions et les brigandages des Turcs, et avaient toujours
depuis fort bien rempli leur destination. La commission chargée de ce travail proposait la dissolution de ces régiments
croates, et les remplaçait par une garde nationale à l'instar
de la nôtre. « Est-on fou ? s'écria l'Empereur à cette lecture ;
des Croates sont-ils des Français, et a-t-on bien compris
l'excellence de l'institution, son utilité, son importance ?
– Sire, répondit celui qui se trouvait dans l'obligation de
défendre le rapport, les Turcs n'oseraient pas aujourd'hui
recommencer leurs excès. – Et pourquoi cela ? – Sire, parce
que Votre Majesté est devenue leur voisin. – Eh bien ? – Sire,
ils auraient trop de respect pour votre puissance. – Ah ! oui,
sire, sire, reprit vertement l'Empereur, des compliments à
présent ! Eh bien, monsieur, allez les porter aux Turcs, qui
vous répondront par des coups de fusil, et vous viendrez
m'en donner des nouvelles. » Et il prononça dès cet instant
que les régiments croates seraient conservés.

Un jour, on nous proposa un projet de décret touchant les
ambassadeurs. Ce projet était fort remarquable ; je ne pense
pas qu'on en ait eu connaissance dans le monde. La froideur
du Conseil à son sujet le fit disparaître, ainsi que beaucoup
d'autres qui ont éprouvé le même sort ; ce qui, pour le dire
en passant, donne une preuve de plus d'une certaine indépendance dans le Conseil, et montre dans l'Empereur plus
de modération qu'on ne lui en croyait.

L'Empereur, qui semblait seul appuyer ce décret et y tenir
beaucoup, dit, dans sa défense, des choses très curieuses. Il
prétendait que les ambassadeurs n'eussent ni prérogatives ni
privilèges qui pussent les mettre à l'abri des lois du pays ;
tout au plus accordait-il qu'ils fussent soumis seulement à
une juridiction plus relevée. « Je ne m'opposerais pas, par
exemple, disait-il, à ce qu'ils ne devinssent justiciables
qu'après une décision préalable d'une réunion des ministres

et des hauts dignitaires de l'Empire ; à ce qu'ils ne fussent jugés que par un tribunal spécial, composé des premiers magistrats et des premiers fonctionnaires de l'État. M'objecteriez-vous que les souverains, se trouvant compromis dans la personne de leurs représentants, ne m'enverraient plus d'ambassadeurs ? Où serait le malheur ? je retirerais les miens, et l'État gagnerait d'immenses salaires fort onéreux, et souvent, au moins, très inutiles. Pourquoi voudrait-on soustraire les ambassadeurs à toute juridiction ? Ils ne doivent être envoyés que pour être agréables, pour entretenir un échange de bienveillance et d'amitié entre les souverains respectifs. S'ils sortent de ces limites, je voudrais qu'ils rentrassent dans la classe de tous, dans le droit commun. Je ne saurais admettre tacitement qu'ils pussent être auprès de moi à titre d'espions à gages ; ou bien alors je suis un sot, et je mérite tout le mal qu'il peut m'en arriver. Seulement il s'agit de s'entendre et de le proclamer d'avance, afin de ne pas tomber dans l'inconvénient de violer ce qu'on est convenu d'appeler jusqu'ici le droit des gens et les habitudes reçues.

« Au plus fort d'une crise célèbre, disait-il, on vint m'avertir qu'un grand personnage venu furtivement de Londres s'était réfugié chez M. de Cobenzl, et s'y croyait à l'abri sous les immunités de cet ambassadeur d'Autriche. Je mandai M. de Cobenzl, pour connaître le fait, et lui déclarer qu'il serait malheureux qu'il en fût ainsi ; car un puéril usage ne serait rien à mes yeux contre le salut d'une nation ; que je n'hésiterais pas à faire saisir le coupable et son receleur privilégié, à les livrer tous deux à un tribunal, et à les faire exécuter : et je l'aurais fait, messieurs, ajouta-t-il fièrement en élevant la voix. On le savait bien, aussi on ne s'y frottait pas. » Ces paroles me parurent terribles alors, mais aujourd'hui que je connais si bien Napoléon, je suis sûr qu'elles étaient prononcées bien moins pour le personnage qu'elles concernaient que pour nous tous qui écoutions.

L'Empereur, longtemps avant son expédition de Russie, un ou deux ans peut-être, avait voulu établir dès lors un classement militaire de la nation. Il fut lu au Conseil d'État jusqu'à quinze ou vingt rédactions de l'organisation des trois bans de la garde nationale en France. Le premier, celui des jeunes gens, était d'aller jusqu'à la frontière ; le second, celui de l'âge mitoyen et des hommes mariés, ne sortait pas du département ; enfin le dernier, celui des hommes âgés, demeurait uniquement à la défense de la ville. L'Empereur qui y tenait beaucoup y revint souvent, et dit de très belles choses extrêmement patriotiques, mais il y eut constamment dans tout le Conseil une défaveur marquée, une opposition sourde et inerte. Les affaires marchaient, et l'Empereur, attiré par d'autres objets, vit échapper ce plan que sa prévoyance calculait sans doute pour notre salut, et qui l'eût été en effet ! Par ce plan, plus de deux millions d'individus se seraient trouvés classés, armés lors des désastres : qui alors eût osé nous aborder ? Dans une de ces séances, l'Empereur eut un mouvement fort chaud, fort remarquable. Un membre (M. Malouet) employait beaucoup de circonlocutions peu favorables à cette organisation. L'Empereur lui adressa sa phrase habituelle : « Parlez hardiment, monsieur, ne mutilez pas votre pensée, dites-la tout entière ; nous sommes ici entre nous. » L'orateur alors déclara que cette mesure alarmait tout le monde, que chacun frémissait de se voir classé, dans la persuasion que, sous le prétexte de la défense intérieure, on ne s'occupait que du moyen de les transporter au-dehors. « Eh bien ! à la bonne heure, dit l'Empereur, je vous comprends à présent. Mais, messieurs, dit-il en s'adressant à tout le Conseil, vous êtes tous pères de famille, jouissant d'une grande fortune, exerçant des emplois importants ; vous devez avoir une immense clientèle ; vous devez être bien gauches ou bien peu soigneux, si, avec tous ces avantages, vous n'exercez pas une grande influence d'opinion. Or, comment se fait-il que vous, qui me connaissez si bien, me laissiez si peu connu ? Et depuis quand m'avez-vous vu employer la ruse et la fraude dans mon système de gouvernement ? Je ne suis point timide, et je n'ai pas l'usage des voies obliques. Si j'ai un défaut, c'est de m'expliquer trop vertement, trop laconiquement peut-être ; je me contente de prononcer, j'ordonne, parce que je m'en repose ensuite, pour les formes et les détails, sur les intermédiaires qui exécutent, et Dieu sait si, sur ce point, j'ai beaucoup à me louer. Si donc j'avais besoin de monde, je le demanderais hardiment au Sénat qui me l'accorderait ; et si je ne l'obtenais de lui, je m'adresserais au peuple même, que vous verriez marcher avec moi. Je vous étonne peut-être, car vous semblez parfois ne pas vous douter du véritable état des choses. Sachez que ma popularité est immense, incalculable ; car, quoi qu'on en veuille dire, partout le peuple m'aime et m'estime ; son gros bon sens l'emporte sur toute la malveillance des salons et la métaphysique des niais. Il me suivrait en opposition de vous tous. Cela vous étonne encore, et pourtant il en serait ainsi ; c'est qu'il ne connaît que moi : c'est par moi qu'il jouit sans crainte de tout ce qu'il a acquis ; c'est par moi qu'il voit ses frères, ses fils, indistinctement avancés, décorés, enrichis ; c'est par moi qu'il voit ses bras facilement et toujours employés, ses sueurs accompagnées de quelques jouissances. Il me trouve toujours sans injustice, sans préférence. Or, il voit, il touche, il comprend tout cela et rien de plus, rien surtout de la métaphysique ; non que je repousse les vrais, les grands principes, le ciel m'en préserve ! On me les voit pratiquer autant que nos circonstances extraordinaires me le permettent ; mais je veux dire que le peuple ne les comprend pas encore, au lieu qu'il me comprend tout à fait, et s'en fie à moi. Croyez donc qu'il fera toujours ce que nous réglerons pour son bien. Ne vous en laissez pas surtout imposer par l'opposition que vous mentionnez : elle n'existe que dans les salons de Paris, nullement dans la nation ; et, dans le projet qui nous occupe en cet instant, je n'ai nulle vue ultérieure au-dehors, je le déclare ; je ne pense qu'à la sûreté, au repos, à la stabilité de la France au-dedans. Poursuivez donc les bans de la garde nationale ; que chaque citoyen connaisse son poste au besoin ; que M. Cambacérès, que voilà, soit dans le cas de prendre son fusil si le danger le requiert, et alors vous aurez vraiment une nation maçonnée à chaux et à sable, capable de défier les siècles et les hommes. Je relèverai, du reste, cette garde nationale à l'égal de la ligne ; les vieux officiers retirés en seront les chefs et les pères ; j'en ferai solliciter les grades à l'égal des faveurs de la cour, etc. »

On doit retrouver tout cela dans les registres de M. Locré, partie au sujet des bans de la garde nationale, partie encore, autant que je puis me le rappeler, au sujet d'une des conscriptions annuelles. Je me souviens aussi qu'il fut particulièrement question, un jour, de l'Université. L'Empereur se fâchait sur le peu de progrès et la mauvaise direction de sa marche. M. de Ségur fut chargé de présenter un rapport à ce sujet, et le fit avec sa franchise et sa loyauté accoutumées. Il abordait franchement la question, trouvait que la création de l'Empereur était mal comprise, mal exécutée ; que la science ne devait y être que secondaire ; que les principes et la doctrine nationale devaient y passer avant tout, et que c'était pourtant ce dont on semblait s'y occuper le moins.

L'Empereur ne se trouvait pas à la séance. Une telle sortie déplut sans doute aux amis du principal intéressé. Nous avions le tort de sacrifier beaucoup à l'esprit de coteries. Ce rapport ne reparut jamais ; on le retira de nos cartons, et l'on y mit même assez d'importance pour le redemander à ceux de nous qui l'avaient emporté chez eux.

Toutefois, à quelque temps de là, les grands dignitaires de l'Université furent mandés à la barre du Conseil. L'Empereur se fâcha, parla de la mauvaise organisation, du mauvais esprit qui semblait présider à cette institution importante ; dit qu'on gâtait toutes ses idées, qu'on n'exécutait jamais bien ses intentions. Le grand maître [1] courba devant l'orage, et n'en continua pas moins son train accoutumé ; et l'Empereur dit qu'à son retour de l'île d'Elbe on l'a assuré que ce même grand maître de l'Université s'était vanté auprès du gouvernement qui succédait d'avoir gêné, dénaturé, autant qu'il avait été en son pouvoir, l'impulsion que Napoléon avait prétendu imprimer aux générations qui s'élevaient.

MARDI 18.

Souvenirs de Waterloo.

L'Empereur m'avait fait appeler dans son cabinet avant le dîner : il était occupé à lire les journaux qui venaient d'arriver de France. « Un soin tout particulier, disaient-ils, semblait en cet instant animer les Bourbons en France : celui de déterrer les morts. Quelques vestiges retrouvés, réels ou supposés, étaient pour eux une grande affaire ; c'était là, avec des créations de moines, les triomphes nouveaux dont ils illustreraient désormais la nation. »

« Il est sûr, ajoutait l'Empereur, qu'ils vont faire tout leur possible pour *encapuciner* cette pauvre France ; ils vont la couvrir de moines et de prêtres, bien plus par hypocrisie que

1. Fontanes.

par ferveur, tant ils sont persuadés et tant il est vrai que le trône et l'autel sont des alliés naturels, indispensables pour enchaîner le peuple et l'abrutir... » Puis il a repris : « O nations ! avec votre sagesse quelles sont pourtant vos destinées ! Vous êtes en masse le jouet des passions et du caprice, comme on pourrait l'être des vents et de la mode... De mon temps on n'a entendu que guerres, batailles, bulletins ; aujourd'hui ce ne sont que prières, cloches et sermons... Toutes mes casernes peuvent se transformer en séminaires, et peut-être une conscription d'abbés remplacera notre conscription de soldats, etc. »

M. de Montholon a fait demander la permission de se présenter. Il lui a appris que Mme de Montholon venait d'accoucher d'une fille, et a sollicité Sa Majesté de vouloir bien lui accorder la faveur d'en être le parrain.

Après dîner, en résumant les papiers déjà lus, l'Empereur remarquait que l'agitation et l'incertitude continuaient à régner en France ; il faisait observer que les derniers papiers anglais s'exprimaient avec la dernière indécence sur la famille royale... Plus tard, un autre article l'a porté à dire : « Les circonstances actuelles, les besoins du moment et une sympathie d'ancienne date concourent extrêmement à favoriser le retour des moines en France : cela doit y être caractéristique comme chez le pape. » Et s'arrêtant sur celui-ci il concluait : « Encore pour lui, du moins, est-ce son affaire spéciale, et qui peut lui redonner une force réelle. Croirait-on bien que, prisonnier à Fontainebleau, et lorsqu'il s'agissait de savoir s'il existerait lui-même, il discutait sérieusement avec moi l'existence des moines, et prétendait m'amener à les rétablir !... C'est bien là de la cour de Rome !... etc. »

C'était aujourd'hui l'anniversaire de la bataille de Waterloo. Le souvenir en a été réveillé par quelqu'un ; il a produit une impression visible sur l'Empereur. « Journée incompréhensible ! a-t-il prononcé avec douleur... Concours de fatalités inouïes !... Grouchy !... Ney !... Derlon !... N'y a-t-il eu que du malheur !... Ah ! pauvre France !... » Et il s'est couvert les yeux de la main. « Et pourtant, disait-il, tout ce qui tenait à l'habileté avait été accompli !... Tout n'a manqué que quand tout avait réussi !... »

Dans un autre moment, il disait sur le même sujet : « Singulière campagne, où, dans moins d'une semaine, j'ai vu trois fois s'échapper de mes mains le triomphe assuré de la France et la fixation de ses destinées.

« Sans la désertion d'un traître [1], j'anéantissais les ennemis en ouvrant la campagne.

« Je les écrasais à Ligny, si ma gauche eût fait son devoir.

« Je les écrasais encore à Waterloo, si ma droite ne m'eût pas manqué.

« ... Singulière défaite, où, malgré la plus horrible catastrophe, la gloire du vaincu n'a point souffert, ni celle du vainqueur augmenté. La mémoire de l'un survivra à sa destruction ; la mémoire de l'autre s'ensevelira peut-être dans son triomphe !... »

MERCREDI 19.

> *Départ du* Northumberland. *Introduction et forme des campagnes d'Italie. Campagne de Russie, par un aide de camp du vice-roi.*

Aujourd'hui, le *Northumberland* est parti pour l'Europe.

Nous avions fait la traversée sur ce vaisseau, nous avions souvent conversé avec tous les officiers, qui nous avaient extrêmement bien traités ; l'équipage nous avait montré beaucoup de bienveillance ; enfin, l'amiral Cockburn même, contre lequel nous avions bien plus d'humeur que de répugnance, et dont les torts au fond ne nous avaient pas blessé le cœur ; soit ces choses réunies, ou toute autre dont je ne me rends pas compte, ou bien peut-être encore cette disposition si forte, si naturelle à s'attacher à ses semblables et à se créer des liens sociaux, toujours est-il certain que nous ne nous trouvâmes pas indifférents à ce départ ; il nous semblait que nous perdions quelque chose.

L'Empereur avait eu une très mauvaise nuit : il a mis les pieds dans l'eau, pour soulager un grand mal de tête.

Il est sorti vers une heure pour se promener dans le jardin, tenant le premier volume d'un ouvrage anglais sur sa vie. Il le parcourait en marchant. L'auteur se donnait pour moins malintentionné que Goldsmith. Il renfermait moins de saletés, il est vrai, mais c'étaient encore les mêmes inventions

1. Bourmont.

ou la même ignorance, les mêmes contes, les mêmes faussetés. Il lisait l'article de son enfance, ou de ses premières années de collège. Tout y était imaginaire et controuvé : ce qui lui fit me dire que j'avais eu bien raison d'insister pour que tous ces objets se trouvassent en tête de la campagne d'Italie, que ce qu'il lisait en ce moment l'y décidait plus que jamais.

Pour comprendre ceci, je dois dire, ce que j'ai toujours négligé de faire, que la campagne d'Italie dictée, les chapitres réglés et finis, l'Empereur s'était montré très incertain sur la manière d'entrer en matière. Il avait varié beaucoup et souvent, tournant autour de trois ou quatre idées qu'il abandonnait et reprenait tour à tour. Quelquefois il voulait commencer par quelques entreprises insignifiantes dont il avait fait partie avant le siège de Toulon ; une expédition manquée sur la Sardaigne ; etc. Quelquefois encore il voulait mettre en tête les premiers commencements de notre Révolution, l'état de l'Europe et les mouvements de nos armées. Je combattais toujours ces idées ; cela devait le mener trop loin, disais-je. Il avait commencé par me dicter le siège de Toulon, et c'était là, soutenais-je constamment, le véritable point de départ, l'ordre naturel ; car ce n'était pas, remarquais-je, une histoire qu'il voulait entreprendre, mais bien des mémoires particuliers. Or, dans ce bel épisode des siècles, il devait, disais-je, apparaître tout à coup sur la scène et sur le premier plan qu'il était destiné à ne jamais plus quitter. C'était à moi, éditeur, à consacrer dans une introduction de ma façon tous les détails des premières années et des temps antérieurs à celui où lui Napoléon prenait la parole. Il goûta enfin cette idée, l'exposa, la débattit un jour à table, et prononça qu'il s'y arrêtait. Voilà l'historique de la forme des campagnes d'Italie, et ce à quoi l'Empereur faisait allusion plus haut.

A trois heures, le gouverneur et le nouvel amiral sir Pultney Malcolm ont été introduits chez l'Empereur, qui, bien qu'il fût souffrant, a été néanmoins très gracieux et fort causant.

Avant et après dîner, l'Empereur a parcouru l'ouvrage d'un ancien aide de camp du vice-roi, sur la campagne de Russie. On le lui avait dit affreux. L'Empereur s'est tellement habitué aux libelles et aux pamphlets que les déclamations ne lui font plus rien. Il ne voit plus dans ces ouvrages que les faits ; et, sous ce point, il ne trouvait pas celui-ci si mauvais qu'on le lui avait dit : « Un historien y prendrait de bonnes choses, disait-il, des faits, et négligerait les déclamations, qui ne sont faites que pour les sots. Or, ici, l'auteur prouve que les Russes eux-mêmes ont brûlé Moscou, Smolensk, etc. ; que nous avons été victorieux dans toutes les affaires. Les faits, dans cet ouvrage, remarquait alors l'Empereur, ont été évidemment rédigés pour être publiés sous mon règne, au temps de ma puissance. Les déclamations ont été intercalées depuis ma chute. L'auteur n'a pas pu gâter le fond de son ouvrage, mais il l'a orné de turpitudes à la façon du jour.

« Quant aux désastres de la retraite, je ne lui ai laissé rien à dire, non plus qu'aux autres libellistes ; mon vingt-neuvième bulletin a été leur désespoir. Ils ont été, dans leur rage, jusqu'à me reprocher d'avoir exagéré. Ils étaient furieux ; je les privais aussi d'un beau sujet ; je leur avais enlevé leur proie. »

Après la citation de cet auteur et de plusieurs autres français, tous dénaturant nos victoires et déclamant contre nous-mêmes, il n'a pu s'empêcher de remarquer qu'il était sans exemple de voir une nation s'acharner ainsi à ruiner sa propre gloire, de voir s'élever de son propre sein les mains occupées à flétrir et à détruire ses trophées. « Mais du milieu d'elle s'élèveront indubitablement aussi, disait-il, des vengeurs. Les temps à venir noteront d'infamie le délire d'aujourd'hui. » Et il s'écriait : « Se peut-il bien que ce soient des Français qui parlent, qui écrivent ainsi ! N'ont-ils donc ni cœur ni entrailles pour la patrie ? Non, ils ne sont point français ; ils parlent notre langue peut-être, ils sont nés sur le même sol que nous ; mais ils n'ont ni notre cœur ni nos sentiments. Ils ne sont point français ! »

VENDREDI 21.

Paroles prophétiques, etc. Lord Holland, etc.
Princesse Charlotte de Galles. Conversation
particulière et personnelle inappréciable pour moi.

L'Empereur marchait dans le jardin ; nous étions tous autour de lui. La conversation est tombée sur la possibilité de se trouver un jour en Europe, de revoir la France. « Mes chers amis, nous a-t-il dit avec un véritable sentiment, avec

une expression impossible à rendre, vous autres vous la rever-
rez ! – Non pas sans vous ! » nous sommes-nous écriés tous.
Cela a conduit à analyser de nouveau les chances probables
de sortir de Sainte-Hélène, et toutes venaient se perdre dans
l'obligation et la nécessité de convenir que ce ne pouvait être
qu'avec l'intermédiaire des Anglais. Et l'Empereur ne voyait
pas trop comment cela pourrait arriver. « L'impression est
faite, disait-il, elle est trop profonde, ils me craindront toujours. M. Pitt le leur a dit : il n'y a point de salut pour vous
avec un homme qui a toute une invasion dans sa seule tête.
– Mais, reprenait quelqu'un, s'il venait à se trouver pourtant
de nouveaux intérêts ; s'il arrivait un ministère vraiment libéral et constitutionnel, n'aurait-i! donc aucun avantage à fixer
par vous, sire, les principes libéraux en France, et à les propager par là sur tout le continent ? – A la bonne heure, disait
l'Empereur, je conçois ceci. – Ce ministère, continuait-on,
n'aurait-il donc aucune garantie dans ces principes libéraux
mêmes et dans vos propres intérêts ? – J'en conviens encore,
disait l'Empereur. Lord Holland, ministre, m'écrivant à
Paris : Si vous faites cela, je serai renversé ; ou la princesse
Charlotte de Galles qui m'eût tiré d'ici, me faisant dire à
Paris : Si vous agissez ainsi, je deviendrai l'horreur, j'aurai
été le fléau de ma nation, seraient des paroles qui m'arrête-
raient court et m'enchaîneraient plus que des armées, etc.

« Et puis, au fait, qu'aurait-on à craindre ? Que je fisse la
guerre ? je suis trop vieux. Que je courusse encore après la
gloire ? je m'en suis gorgé, j'en avais fait litière ; et pour le
dire en passant, c'était une chose que j'avais rendue désormais tout à la fois bien commune et bien difficile. Que je
commençasse des conquêtes ? je n'en fis pas par manie, elles
étaient le résultat d'un grand plan, je dirais bien plus, de la
nécessité : elles furent raisonnables dans leur temps, aujour-
d'hui elles seraient impossibles ; elles étaient exécutables
alors, il serait insensé d'en avoir l'intention à présent ; et
puis, les bouleversements et les malheurs de la pauvre France
ont désormais enfanté assez de difficultés ; il y aurait assez
de gloire à la déblayer, pour n'avoir pas à en rechercher
d'autre. »

Deux de ces messieurs avaient été à la ville voir les nouveaux arrivants et courir après les nouvelles. Leur retour et
leurs récits ont fait au jardin, quelques instants, l'occupation

de l'Empereur. Il est rentré sur les six heures dans son cabinet, où il m'a dit de le suivre. Bientôt après, le hasard a amené une très longue conversation, d'un intérêt et d'un prix inexprimables pour moi. Bien que le sujet m'en soit purement et exclusivement personnel, je n'ai garde de le passer sous silence : les traits caractéristiques relatifs à Napoléon, lesquels s'y rencontrent à chaque instant, seraient mon excuse si j'en avais besoin.

Les nouveaux venus sur le *Newcastle* avaient encore parlé beaucoup de mon *Atlas historique*, ce qui porta l'Empereur à remarquer de nouveau qu'il était inouï le bien que m'avait fait cet ouvrage, et qu'il était inouï aussi qu'il n'en eût pas eu une exacte connaissance.

« Comment ne s'est-il donc trouvé, me disait-il, aucun de vos amis qui m'en ait donné une idée juste ? Je ne l'ai vu qu'à bord du *Northumberland*, et il est connu de toute la terre. Comment n'avez-vous pas demandé à m'en entretenir vous-même ? je vous eusse apprécié, je vous eusse fait une tout autre fortune. J'en avais une idée tellement confuse et tellement subalterne, que peut-être vous était-elle défavorable. Voilà les souverains et leur malheur ; car personne n'avait plus de bonne volonté sans doute que moi. Ceux qui étaient déjà fixés autour de ma personne eussent pu tout, auprès de moi, pour une chose comme la vôtre, parce que c'était un fait que je pouvais juger moi-même, et que je ne demandais pas mieux. A présent que je connais vos cartes, que j'ai une idée juste du classement inappréciable qu'elles présentent, de l'impression ineffaçable qu'elles doivent inculquer aux enfants, quant aux temps, aux distances, aux embranchements, j'aurais voulu créer une espèce d'*École normale* pour cet objet, ou en assurer du moins l'enseignement uniforme. Votre ouvrage, ou certaines parties, *eussent inondé les lycées* ; je lui aurais donné une bien autre célébrité. Je vous le répète, pourquoi ne me l'avez-vous pas fait connaître ? C'est un secret fâcheux à confesser ; mais il faut le dire, mon cher, un peu d'intrigue est indispensable auprès des souverains ; la modestie est presque toujours perdue. Se peut-il que Clarke, Decrès, Montalivet, M. de Montesquiou, ne m'en aient pas parlé d'après vos suggestions, même Barbier, mon bibliothécaire ? car c'est encore une autre vérité à confesser, qu'on réussit quelquefois mieux par la porte du

valet de chambre qu'autrement. Comment Mme de S...[1],
votre amie, ne m'en parlait-elle pas ? Nous avons été si souvent, dans le principe, en voiture ensemble ; elle eût pu faire
alors de vous ce qu'elle eût voulu, en vous peignant à moi
ce que vous êtes. – Oui, sire, répondais-je, mais alors je...
– Je vous entends, alors vous ne le cherchiez pas peut-être ?
– Sire, mon heure n'était pas encore venue. » Alors a suivi
une explication très prolongée sur la manière dont j'étais
arrivé auprès de l'Empereur, les missions qu'il m'avait données, l'opinion qu'il avait prise ; les traits dont, suivant sa
coutume, il m'avait frappé à demeure dans son esprit. Je
demeurais debout, près de la table de travail, dans la seconde
pièce ; l'Empereur allait et venait de toute la longueur des
deux chambres ; le sujet était des plus précieux pour moi ;
et pour bien comprendre mes sensations présentes, il faudrait
se reporter à la toute-puissance de Napoléon, à ce temps où,
bien que près de lui, personne n'eût osé espérer connaître le
fond de sa pensée sur soi, ni supposer qu'on eût jamais la
possibilité de s'en entretenir contradictoirement et confidentiellement avec lui : le bonheur d'une telle circonstance m'eût
paru alors un rêve ; aujourd'hui ce me semblait une véritable
conversation aux Champs-Élysées. – « Je n'avais nulle idée
juste de vous, disait-il, je n'avais aucune connaissance exacte
de ce qui vous concernait. Vous n'avez eu auprès de moi
aucun ami pour vous faire apprécier ; vous l'avez négligé
vous-même. Quelques-uns de ceux sur qui vous auriez pu
compter vous ont même desservi ; je ne connaissais pas votre
ouvrage ; cela eût fait beaucoup. J'ignorais que vous eussiez
été à l'École militaire de Paris comme moi ; c'eût été encore
un titre à mon attention.

« Vous avez été émigré, vous n'auriez jamais eu mon
entière confiance ; je savais que vous aviez été très attaché
aux Bourbons, vous n'auriez jamais été dans les grands
secrets. – Mais, sire, Votre Majesté m'avait admis auprès de
sa personne, elle m'avait fait entrer dans son Conseil d'État,
elle m'avait donné des missions ? – C'est que je m'étais fait
de vous l'idée d'un honnête homme ; je ne suis pas défiant
non plus : sans savoir pourquoi, je vous regardais comme très
pur en fait d'argent. Si vous étiez venu me dire un mot lors

---

1. Mme de Serrant.

de votre affaire de licences avec P... [1], je vous eusse donné raison à l'instant ; mais, je le répète, je ne vous eusse mis dans aucune affaire politique. – Quel danger, sire, n'ai-je donc pas couru quand, à Paris et en Hollande, les Anglais situés vis-à-vis de nous comme nous le sommes aujourd'hui à Sainte-Hélène vis-à-vis d'eux, je n'hésitai pas, vu mes anciens rapports, et en dépit de vos règlements, de faire passer leurs lettres quand je les avais lues, et qu'elles ne me présentaient aucun inconvénient ! De quel danger, d'après vos idées, n'eût pas été pour moi une dénonciation du ministre de la Police à ce sujet ! et pourtant je ne croyais en cela que faire un usage naturel et discrétionnaire des dignités auxquelles m'avait élevé Votre Majesté, de la confiance qu'elle m'avait accordée. J'étais si fort dans ma conscience, si droit dans mes intentions, que je me croyais au-dessus de ces lois, je ne les croyais pas faites pour moi. – Eh bien ! je l'eusse compris, je l'aurais même cru, disait l'Empereur, si vous vous étiez exprimé ainsi ; car personne au monde n'entendait plus facilement raison que moi, et c'est précisément de la sorte que j'aurais voulu être servi ; et pourtant il est certain que vous eussiez été perdu, parce que tout eût parlé contre vous. Voilà la fatalité des circonstances et l'un des malheurs de ma situation. De plus, quand j'avais pris un préjugé, il me demeurait : c'était encore le malheur de ma place et de mes circonstances : pouvais-je faire autrement ? avais-je du temps pour des explications ? Je ne pouvais agir qu'avec des sommaires et des extraits ; j'étais bien sûr que je pouvais me tromper souvent ; mais comment faire ? En est-il beaucoup qui aient mieux fait que moi ?

« – Sire, continuais-je, j'éprouvais un chagrin secret : Votre Majesté ne me disait jamais rien à ses cercles ni à ses levers, elle me passait toujours, et pourtant ne manquait jamais de parler de moi à ma femme quand j'étais absent. J'en étais à douter quelquefois que je fusse bien connu de vous, ou à craindre, surtout dans les derniers temps, que Votre Majesté n'eût quelque chose contre moi. – En aucune manière cela, disait-il ; si je parlais de vous absent, c'est que j'avais pour principe de parler toujours aux femmes de leurs maris en mission. Si je vous passais présent, c'est que je ne

1. Pommereul.

faisais pas assez de cas de vous. Il en était ainsi d'une foule d'autres ; vous étiez pour moi dans la masse, vous étiez placé dans mon esprit d'une façon tout à fait banale. Vous m'approchiez, et vous n'aviez pas su en tirer parti ; vous avez eu des missions, vous n'aviez pas su les faire valoir au retour : c'est un grand tort sur le terrain de la cour que de ne pas savoir se mettre en avant ; vous étiez pour moi sans couleur. Je me rappelle même à présent que j'ai voulu parfois avoir recours à vous. Celui du ministère duquel vous dépendiez en quelque sorte, que vous dites votre ami, qui eût pu vous servir, vous a éloigné ; il m'a maintenu dans mes idées sur votre compte : lui vous connaissait bien, peut-être vous a-t-il craint : on savait que j'allais vite en besogne. – Sire, disais-je à tout cela, ma situation était d'autant plus pénible que, dans le monde, on ne cessait de m'entretenir de la bienveillance de Votre Majesté, et de me prédire une grande fortune. On me nommait, à chaque instant, à toutes sortes de places : c'était la préfecture maritime de Brest, celle de Toulon, d'Anvers, le ministère de l'Intérieur, celui de la Marine ; une place importante dans l'éducation du roi de Rome, etc., etc. – Eh bien, a repris l'Empereur, vous me le rappelez, il y avait quelque fondement dans une partie de ce que vous venez de dire là ; vous étiez, en effet, dans ma pensée pour quelque chose auprès du roi de Rome, et je vous avais destiné, à votre retour de Hollande, à la préfecture maritime de Toulon, ce qui, pour moi, à cette époque, était une espèce de ministère : il y avait vingt-cinq vaisseaux de ligne en rade, et je voulais les accroître encore. Eh bien, c'est votre ami le ministre qui m'en a détourné : vous étiez de la vieille marine, disait-il ; vos préjugés et ceux de la nouvelle devaient vous rendre incompatibles l'un à l'autre. Cela me parut péremptoire, et je n'y pensai plus ; cependant, tel que je vous connais aujourd'hui, vous étiez l'homme qu'il m'eût fallu.

« Je crois bien, en effet, avoir eu encore pour vous d'autres idées ; mais vous avez tout perdu vous-même, je le répète ; vous vous êtes refusé, quand il eût fallu assaillir. Mon cher, faut-il le dire, avec la meilleure volonté de ma part, mes nominations aux emplois tenaient beaucoup de la loterie. Une idée me venait, je destinais ; mais si l'application n'était pas immédiate, cela me passait ; j'avais tant à faire ! Survenait un tiers plus heureux, et il était nanti. Mais reprenez. – Sire,

continuais-je, moi qui ne savais pas un mot de vos bonnes
intentions, j'étais dans une situation véritablement ridicule
au milieu des félicitations nombreuses que je recevais ; je
tâchais de m'en tirer le moins gauchement possible ; mais
plus je faisais d'efforts dans ce sens, plus on l'attribuait à ma
modestie. Je n'avais demandé qu'une chose à Votre Majesté,
maître des requêtes : elle me l'accorda aussitôt. Clarke, à ce
sujet, me reprochait de m'être abaissé ; il fallait demander,
me disait-il, à être conseiller d'État ; vous l'eussiez été tout
de même. — Non, répondait l'Empereur, je ne vous connaissais pas assez, j'eusse pris cela pour une ambition absurde.
— Sire, disais-je, j'avais eu le tact de juger votre opinion. — Eh
bien, avec cela, continuait l'Empereur, c'est bizarre sans
doute, mais Clarke a peut-être eu raison ; la demande de
simple maître des requêtes a pu vous rabaisser dans ma pensée ; c'est-à-dire vous maintenir sur la ligne où je vous avais
fixé ; j'étais bien aise de voir mes chambellans faire quelque
chose, mais maître des requêtes était bien peu. Cependant
c'est singulier, continuait-il, comme la mémoire revient, à
présent que je m'y arrête ; vous aviez des choses isolées qui
m'ont passé rapidement sans qu'on me les rappelât ; si elles
eussent été réunies et bien présentées, elles eussent dû me
donner de vous une tout autre idée. Vous fûtes faire la campagne de Flessingue comme volontaire. Je le sus, et ce qui
n'eût été rien dans tout autre, me frappa dans un émigré qui
quittait son ménage et n'était pas sans fortune. — Sire, j'en
reçus la plus douce récompense au retour, Votre Majesté m'en
parla. — Vous voyez bien, me dit-il ; mais vous avez laissé
noyer cela dans le fleuve d'oubli. Vous m'avez écrit plusieurs
fois ; tout cela me revient à présent peu à peu ; vous m'avez
présenté des combinaisons sur la mer Adriatique qui m'ont
séduit : il s'agissait de maîtriser cette mer et d'y fonder une
flotte à bas prix à l'aide des immenses forêts de la Croatie :
j'envoyai le tout au ministre, qui ne m'en a jamais parlé.
Vous m'avez encore envoyé d'autres choses ? — Sire, peut-
être des idées sur le système de guerre maritime à adopter
contre l'Angleterre, accompagnées d'une carte géographique
à l'appui. — Oui, je m'en souviens ; et la carte a demeuré
plusieurs jours sur mon bureau dans mon cabinet ; je vous ai
même fait demander, mais vous étiez en mission. — Sire, à
peu près dans le même temps, j'eus l'honneur de vous adres-

ser un projet pour transformer le Champ-de-Mars en une
Naumachie[1] qui eût servi d'ornement au palais du roi de
Rome. Je le creusais assez pour recevoir de petites corvettes
qui eussent été construites, équipées, montées, manœuvrées
par l'école de marine que j'établissais à l'École militaire.
Tous les princes de la maison impériale eussent été contraints
d'en faire partie deux ans, quelle qu'eût été d'ailleurs leur
destination ultérieure. Votre Majesté eût porté tous les grands
de l'Empire à en faire autant de quelques-uns de leurs
enfants. Je ne doutais pas que ces circonstances réunies et le
spectacle offert à la capitale n'eussent été des moyens infaillibles de rendre la marine tout à fait populaire et nationale
en France. – Eh bien, je n'ai pas eu connaissance de cela,
disait l'Empereur, sous la pensée duquel tout se magnifiait
immédiatement ; cette idée m'eût plu, je l'eusse fait examiner ; elle pouvait avoir, en effet, d'immenses résultats. De là
il n'y avait plus qu'un pas à vouloir rendre la Seine navigable
ou à tirer un canal de Paris à la mer ; et qu'est-ce que cela
eût eu de trop gigantesque ? Les Romains autrefois, et les
Chinois aujourd'hui, ont fait davantage ; ce n'eût été qu'un
jeu pour l'armée en temps de paix. J'ai eu bien des projets
de la sorte ; mais nos ennemis m'ont enchaîné à la guerre.
De quelle gloire ils m'ont privé !... Allons, continuez. – Sire,
je dois encore avoir fait mettre sous vos yeux des idées sur
le complément des écoles de marine. – Les ai-je adoptées
dans les écoles que j'ai formées ? disait l'Empereur ; étiez-
vous dans mon sens ? – Sire, vos écoles étaient arrêtées, je
n'en proposais que le complément. – A présent, je crois me
rappeler un peu ; n'y avait-il pas quelque chose de trop démo-
cratique ? – Non, sire, je partais du principe que Votre
Majesté avait pourvu au concours exclusif de la classe intermédiaire, et je proposais d'y adjoindre au-dessous toutes les
chances que pouvait présenter le concours des matelots ; et
de placer au-dessus celles que pouvait présenter le concours
des grands de votre cour. – Oui, je me rappelle, disait l'Empereur, qu'il y avait des idées neuves et singulières qui attirèrent
mon attention. J'envoyai encore le tout au ministre, qui l'a
gardé pour lui, ou l'a tourné en ridicule. Il me revient encore

---

1. Dans l'Antiquité romaine, piscine géante qui permettait les représentations de combats navals fictifs.

que dans votre mission en Hollande, dont je me faisais présenter la correspondance, je trouvai l'idée de faire déboucher nos flottilles, de la mer d'Allemagne dans la mer Baltique, à l'aide des canaux qui unissent l'Elbe, l'Oder et la Vistule : cette idée me frappa, elle était dans mon genre ; aussi, à votre retour, en vous revoyant au lever, je dois vous avoir mis sur la voie ; mais vous ne comprîtes pas mes questions, ou vos réponses furent insignifiantes, non positives ; j'en conclus que vous aviez eu peut-être un faiseur, et je passai à votre voisin. Il en était ainsi avec moi, mais, je le répète, je n'avais pas le temps de faire autrement.

« Quand je me rappelle à présent tout cela, j'y trouve pour vous tant de motifs d'attention de ma part, que je m'en étonne et me dis qu'il faut que vous ayez admirablement manœuvré pour vous y refuser, il faut que vous ne l'ayez pas voulu. Ce qu'il y a de bien certain, c'est que ce n'est qu'en cet instant que tout cela me revient, et que lors de notre départ et encore longtemps après, vous ne m'avez jamais représenté, à votre nom et à votre figure près, que quelqu'un de neuf, et sur lequel je ne savais rien : tâchez de comprendre cela, expliquez-le, si vous pouvez ; mais c'est pourtant de la sorte.

« Aussi, pourquoi n'avez-vous pas mieux employé vos amis ? Pourquoi n'êtes-vous pas venu vous-même à moi ? – Sire, tous ceux qui vous approchaient de fort près ne songeaient guère qu'à eux, leur amitié n'allait pas au-delà de la bienveillance : parler, demander pour un autre s'appelait user son crédit, et on le réservait tout entier pour soi ; d'ailleurs, une fois moi-même auprès de votre personne, il ne convenait plus que d'autres vous parlassent pour moi que moi-même ; or, sire, les moments étaient si courts, vos dispositions pour moi si incertaines, il fallait tellement en peu de mots frapper votre esprit, j'étais si peu sûr de me bien faire entendre, je craignais tant de laisser une impression défavorable, de me perdre tout à fait, que je préférais m'en abstenir ; car ce n'était pas tout que d'avoir de l'intrigue, encore fallait-il qu'elle portât son résultat. – Eh bien, disait l'Empereur, vous avez peut-être tout aussi bien fait, vous avez jugé la chose à merveille ; avec ce que je connais de vous à présent, votre réserve, votre timidité, vous vous seriez peut-être, en effet, perdu. Je me rappelle aussi, car tout me revient à présent peu à peu, une circonstance qui vous a peut-être été défavorable.

M. de Montesquiou, en vous proposant pour chambellan, vous donna une très grande fortune ; bientôt après je sus le contraire, non que cela dût vous faire tort, ni qu'il y eût rien de personnel contre vous, mais d'autres qui auraient voulu être chambellans se récrièrent sur ce qu'on ne les avait pas préférés pour leur grande fortune, ou bien encore vous citaient, si on leur objectait qu'ils n'en avaient pas assez. C'est ainsi que cela se passe à la cour.

– Mais c'est donc à dire, continuais-je, sire, qu'avec mon caractère, j'étais destiné à n'être jamais connu de Votre Majesté ? – Si fait, disait l'Empereur, et c'était à peu près obtenu : ne vous avais-je pas renommé chambellan à mon retour ? le nombre en fut très petit ; ne fûtes-vous pas immédiatement conseiller d'État ? c'est que vous étiez de l'ancienne aristocratie, vous aviez été émigré et vous aviez résisté à une grande épreuve, ce devenait un titre immense à mes yeux : de plus, bien des voix à présent vantaient votre conduite ; tôt ou tard nous nous serions connus à fond, etc. »

SAMEDI 22.

> *Arrivée de la bibliothèque. Témoignage d'Hornemann*
> *en faveur du général Bonaparte.*

Le temps était fort mauvais ; sur les trois heures, l'Empereur m'a fait appeler : il était dans le cabinet topographique, entouré de tous ; occupé à déballer des caisses de livres arrivées par le *Newcastle*. L'Empereur y mettait la main lui-même avec une espèce de joie : les hommes se modèlent à leurs circonstances ; leurs jouissances se façonnent à leurs peines. En voyant la collection des *Moniteurs* tant attendue, l'Empereur a ressenti un plaisir extrême, il s'en est saisi et ne l'a plus quittée le reste du jour.

Après dîner, l'Empereur s'est mis à parcourir les relations des voyages en Afrique de Park et d'Hornemann, dont il suivait les traces sur mon *Atlas*. Hornemann et la société africaine de Londres s'étendaient, dans cette relation, sur les services, la générosité du général en chef de l'armée d'Égypte (Bonaparte), qui s'était empressé d'aider à leurs découvertes, etc. Les expressions polies et agréables employées à ce sujet étonnaient et réjouissaient l'Empereur, qui, depuis longtemps, n'est plus habitué à lire son nom, qu'il retrouve cependant partout, qu'entouré d'épithètes toujours outrageantes.

DIMANCHE 23.

> *Sur la mémoire. Commerce. Idées et système de*
> *Napoléon sur divers points d'économie politique.*

Sur les trois heures, je suis allé chez l'Empereur. Dans la première jouissance de ses nouveaux livres, il avait passé toute la nuit à lire et à dicter des notes à Marchand ; il était fort fatigué, ma visite lui a donné du repos, il a fait sa toilette, et nous avons été nous promener dans le jardin.

Pendant le dîner, l'Empereur parlait des immenses lectures de sa jeunesse ; tous les livres qu'il vient de parcourir relatifs à l'Égypte lui font voir qu'il n'avait rien oublié de ce qu'il avait lu ; il n'avait rien ou presque rien à corriger de ce qu'il avait dicté sur l'Égypte ; il y avait ajouté bien des choses qu'il n'avait pas lues, mais qu'il se trouve, par ces livres, avoir devinées justes.

On a parlé de la mémoire : il disait qu'une tête sans mémoire est une place sans garnison ; la sienne était heureuse, elle n'était point générale, absolue ; mais relative, fidèle, et seulement pour ce qui lui était nécessaire. Quelqu'un ayant dit que sa mémoire, à lui, tenait de sa vue, qu'elle devenait confuse par l'éloignement des lieux et des objets, à mesure qu'il changeait de place, l'Empereur a repris que, pour lui, la sienne tenait du cœur, qu'elle conservait le souvenir fidèle de tout ce qui lui avait été cher.

A propos de bonne mémoire et de tendres ressouvenirs, je dois placer ici un mot de l'Empereur qui m'a échappé dans le temps. Racontant un jour à table une de ses affaires en Égypte, il nommait numéro par numéro les huit ou dix demibrigades qui en faisaient partie, sur quoi Mme Bertrand ne put s'empêcher de l'interrompre, demandant comment il était possible, après tant de temps, de se rappeler ainsi tous ces numéros. « Madame, le souvenir d'un amant pour ses anciennes maîtresses » fut la vive réplique de Napoléon.

Après dîner, l'Empereur s'est fait apporter mon *Atlas*, voulant y vérifier le résumé de tout ce qu'il venait de parcourir dans ses livres sur l'Afrique, et il s'est étonné de l'y retrouver si fidèlement.

Il est passé de là au commerce, à ses principes, aux systèmes qu'il a enfantés. L'Empereur a combattu les économistes, dont les principes pouvaient être vrais dans leur énoncé, mais devenaient vicieux dans leur application. La combinaison politique des divers États, continuait-il, rendait ces principes fautifs ; les localités particulières demanderaient à chaque instant des déviations de leur grande uniformité. Les douanes que les économistes blâmaient ne devaient point être un objet de fisc, il est vrai ; mais elles devaient être la garantie et les soutiens d'un peuple ; elles devaient suivre la nature et l'objet du commerce. La Hollande, sans productions, sans manufactures, n'ayant qu'un commerce d'entrepôts et de commission, ne devait connaître ni entraves ni barrière. La France, au contraire, riche en productions, en industrie de toute sorte, devait sans cesse être en garde contre les importations d'une rivale qui lui demeurait encore supérieure ; elle devait l'être contre l'avidité, l'égoïsme, l'indifférence des purs commissionnaires.

« Je n'ai garde, disait l'Empereur, de tomber dans la faute des hommes à systèmes modernes ; de me croire, par moi seul et par mes idées, la sagesse des nations. La vraie sagesse des nations, c'est l'expérience. Et voyez comme raisonnent les économistes : ils nous vantent sans cesse la prospérité de l'Angleterre, et nous la montrent constamment pour modèle. Mais c'est elle dont le système des douanes est le plus lourd, le plus absolu, et ils déclament sans cesse contre les douanes ; ils voudraient nous les interdire. Ils proscrivent aussi les prohibitions ; et l'Angleterre est le pays qui donne l'exemple des prohibitions ; et elles sont, en effet, nécessaires pour certains objets ; elles ne sauraient être suppléées par la force des droits : la contrebande et la fantaisie feraient manquer le but du législateur. Nous demeurons encore en France bien arriérés sur ces matières délicates : elles sont encore étrangères ou confuses pour la masse de la société. Cependant quel pas n'avions-nous pas fait, quelle rectitude d'idées n'avait pas répandue la seule classification graduelle que j'avais consacrée de l'agriculture, de l'industrie et du commerce ! objets si distincts et d'une graduation si réelle et si grande !

« 1° *L'agriculture* ; l'âme, la base première de l'Empire.

« 2° *L'industrie* ; l'aisance, le bonheur de la population.

« 3° *Le commerce extérieur* ; la surabondance, le bon emploi des deux autres.

« L'agriculture n'a cessé de gagner durant tout le cours de la Révolution. Les étrangers la croyaient perdue chez nous. En 1814, les Anglais ont été pourtant contraints de confesser qu'ils avaient peu ou point à nous montrer.

« L'industrie ou les manufactures et le commerce intérieur ont fait sous moi des progrès immenses. L'application de la chimie aux manufactures les a fait avancer à pas de géant. J'ai imprimé un élan qui sera partagé de toute l'Europe.

« Le commerce extérieur, infiniment au-dessous dans ses résultats aux deux autres, leur a été aussi constamment subordonné dans ma pensée. Celui-ci est fait pour les deux autres ; les deux autres ne sont pas faits pour lui. Les intérêts de ces trois bases essentielles sont divergents, souvent opposés. Je les ai constamment servis dans leur rang naturel, mais n'ai jamais pu ni dû les satisfaire à la fois. Le temps fera connaître ce qu'ils me doivent tous, les ressources nationales que je leur ai créées, l'affranchissement des Anglais que j'avais ménagé. Nous avons à présent le secret du traité de commerce de 1783. La France crie encore contre son auteur ; mais les Anglais l'avaient exigé sous peine de recommencer la guerre. Ils voulurent m'en faire autant après le traité d'Amiens ; mais j'étais puissant et haut de cent coudées. Je répondis qu'ils seraient maîtres des hauteurs de Montmartre, que je m'y refuserais encore ; et ces paroles remplirent l'Europe.

« Ils en imposeront aujourd'hui, à moins que la clameur publique, toute la masse de la nation ne les forcent à reculer ; et ce servage, en effet, serait une infamie de plus aux yeux de cette même nation, qui commence à posséder aujourd'hui de vraies lumières sur ses intérêts.

« Quand je pris le gouvernement, les Américains, qui venaient chez nous à l'aide de leur neutralité, nous apportaient les matières brutes, et avaient l'impertinence de repartir à vide pour aller se remplir à Londres des manufactures anglaises. Ils avaient la seconde impertinence de nous faire leurs payements, s'ils en avaient à faire, sur Londres ; de là les grands profits des manufacturiers et des commissaires anglais, entièrement à notre détriment. J'exigeai qu'aucun

Américain ne pût importer aucune valeur, sans exporter aussitôt son exact équivalent ; on jeta les hauts cris parmi nous, j'avais tout perdu, disait-on. Qu'arriva-t-il néanmoins ? C'est que mes ports fermés, en dépit même des Anglais qui donnaient la loi sur les mers, les Américains revinrent se soumettre à mes ordonnances. Que n'eussé-je donc pas obtenu dans une meilleure situation !

« C'est ainsi que j'avais naturalisé au milieu de nous les manufactures de coton, qui comportent :

« 1° *Du coton filé*. Nous ne le filions pas ; les Anglais le fournissaient même comme une espèce de faveur.

« 2° *Le tissu*. Nous ne le faisions point encore ; il nous venait de l'étranger.

« 3° Enfin *l'impression*. C'était notre seul travail. Je voulus acquérir les deux premières branches ; je proposai au Conseil d'État d'en prohiber l'importation ; on y pâlit. Je fis venir Oberkampf ; je causai longtemps avec lui ; j'en obtins que cela occasionnerait une secousse sans doute, mais qu'au bout d'un an ou deux de constance, ce serait une conquête dont nous recueillerions d'immenses avantages. Alors je lançai mon décret en dépit de tous ; ce fut un vrai coup d'État.

« Je me contentai d'abord de prohiber le tissu ; j'arrivai enfin au coton filé, et nous possédons aujourd'hui les trois branches, à l'avantage immense de notre population, au détriment et à la douleur insigne des Anglais : ce qui prouve qu'en administration comme à la guerre, pour réussir il faut souvent mettre du caractère. Si j'avais pu réussir à faire filer le lin comme le coton, et j'avais offert un million pour prix de l'invention, que j'aurais obtenue indubitablement sans nos malheureuses circonstances [1], j'en serais venu à prohiber le coton, si je n'eusse pu le naturaliser sur le continent.

« Je ne m'occupais pas moins d'encourager les soies. Comme empereur et roi d'Italie, je comptais cent vingt millions de rente en récolte de soie.

« Le système des licences était vicieux sans doute ! Dieu me garde de l'avoir posé comme principe. Il était de l'invention des Anglais ; pour moi, ce n'était qu'une ressource du moment. Le système continental lui-même dans son étendue

1. En effet le lin se file aujourd'hui comme le coton. *(Las Cases.)*

et sa rigueur n'était, dans mes opinions, qu'une mesure de guerre et de circonstance.

« La souffrance et l'anéantissement du commerce extérieur, sous mon règne, étaient dans la force des choses, dans les accidents du temps. Un moment de paix l'eût ramené aussitôt à son niveau naturel. »

LUNDI 24.

Artillerie. Son usage. Ses vices. Anciennes écoles.

L'Empereur avait passé les vingt-quatre heures entières, disait-il, dans ses *Moniteurs* sur la Constituante. Il s'en était amusé comme d'un roman. Il y voyait, remarquait-il, poindre les hommes qui ont plus tard joué un si grand rôle. Toutefois il avouait qu'il était nécessaire d'avoir une idée des ressorts extérieurs, autrement ce qu'on lisait sur cette assemblée perdait beaucoup de son intérêt, de sa couleur, demeurait souvent même inintelligible. L'esprit des premiers moments, les premiers intérêts de la Révolution demeuraient entièrement souterrains, etc.

Après dîner, l'Empereur a beaucoup parlé sur l'artillerie. Il eût désiré plus d'uniformité dans les pièces, moins de subdivision. Le général était souvent hors d'état de juger leur meilleur emploi, et rien ne pouvait être supérieur aux avantages de l'uniformité dans tous les instruments et tous les accessoires.

L'Empereur se plaignait qu'en général l'artillerie ne tirait pas assez dans une bataille. Le principe à la guerre était qu'on ne devait pas manquer de munitions : quand elles étaient rares, c'était l'exception ; hors de cela, il fallait toujours tirer. Lui qui avait souvent manqué périr par des boulets perdus, qui savait de quelle importance c'eût été pour le sort de la bataille et de la campagne, il était d'avis de tirer sans cesse, sans calculer les dépenses des boulets. Bien plus, s'il eût voulu, disait-il, fuir le poste du danger, il se serait mis à trois cents toises plutôt qu'à huit cents : à la première distance les boulets passent souvent sur la tête ; à la seconde, il faut que tous tombent quelque part.

Il disait qu'on ne pouvait jamais faire tirer les artilleurs sur les masses d'infanterie, quand ils se trouvaient attaqués eux-mêmes par une batterie opposée. C'était lâcheté naturelle, disait-il gaiement, violent instinct de sa propre conservation. Un artilleur parmi nous se récriait contre une telle assertion. – « C'est pourtant cela, continuait l'Empereur, vous vous mettez aussitôt en garde contre qui vous attaque ; vous cherchez à le détruire, pour qu'il ne vous détruise pas. Vous cessez souvent votre feu, pour qu'il vous laisse tranquille et qu'il retourne aux masses d'infanterie, qui sont pour la bataille d'un bien autre intérêt, etc. »

L'Empereur revenait souvent sur le corps de l'artillerie au temps de son enfance : c'était le meilleur, le mieux composé de l'Europe, disait-il ; c'était un service tout de famille, des chefs entièrement paternels, les plus braves, les plus dignes gens du monde, purs comme de l'or ; trop vieux, parce que la paix avait été longue. Les jeunes gens en riaient parce que le sarcasme et l'ironie étaient la mode du temps ; mais ils les adoraient, et ne faisaient que leur rendre justice [1].

MARDI 25.

Nous avons reçu le troisième et dernier envoi des livres apportés par la frégate. L'Empereur s'est beaucoup fatigué en travaillant lui-même au déballage.

Sur les trois heures, l'Empereur a reçu plusieurs présentations, entre autres l'amiral et sa femme. Il s'est trouvé souffrant, et a dîné dans son intérieur avec le grand-maréchal.

MERCREDI 26.

> *Mes instructions et mes dernières volontés*
> *sur l'impression des Campagnes d'Italie.*
> *Idées de l'Empereur sur le général Drouot.*
> *Sur la bataille de Hohenlinden.*

L'Empereur m'a fait venir avec mon fils, et nous a assigné notre travail dans les *Moniteurs* pour l'accomplissement et la vérification des chapitres de notre Campagne d'Italie.

---

1. Napoléon, dans ses dernières volontés, s'est ressouvenu de ce sentiment, et l'a consacré par un legs en faveur des enfants ou des petits-enfants du baron Duteil, son ancien chef d'artillerie : « Comme souvenir de reconnaissance, écrit-il de sa main, pour les soins que ce brave général prit de nous, lorsque nous étions comme lieutenant et capitaine sous ses ordres. » *(Las Cases.)*

L'Empereur, bien qu'il en eût dit précédemment, n'avait pourtant pas repris son travail, et je me réjouis fort d'une circonstance qui semblait devoir provoquer enfin une ferveur nouvelle.

Il s'agissait de recueillir dans le *Moniteur* tous les rapports, les lettres officielles, de manière à en composer des pièces justificatives. L'Empereur voulait qu'elles fussent classées, et que nous en évaluassions l'étendue, afin qu'il pût calculer d'un trait de plume celle de l'impression, ajoutant de nouveau que tous ces soins étaient désormais les miens ; que je ne travaillais plus là que pour moi. Douces paroles, auxquelles le son de sa voix, l'air de familiarité, toute son expression, donnaient bien plus de prix encore que leur signification !

L'Empereur m'a dit si souvent que cette relation des Campagnes d'Italie porterait mon nom, qu'il me la donnait, qu'elle serait mienne, que je puis bien m'abandonner peut-être au rêve de leur impression future, et tracer ici déjà mes idées à cet égard, afin que mon fils, les recueillant, puisse les suivre, si cet instant arrivait trop tard pour moi.

L'Empereur me donne là un monument précieux, magnifique, national ; ne le compromettons, ne le dégradons pas. Aussi, point de spéculations à son sujet, nul bénéfice détrimental surtout. Et ce n'est pas assez encore ; je veux en outre l'entourer de soins et de détails de sentiments qui lui soient tout particuliers.

Ainsi : 1° Garder la propriété de l'ouvrage : il formera au plus quatre volumes.

2° Faire les frais d'impression, et la soigner soi-même.

3° Rechercher s'il n'y aurait pas moyen que les cartes fussent faites par des officiers de l'armée d'Italie ; l'impression composée et exécutée par des ouvriers sortis de la même armée, ainsi que le libraire, etc., ce concours serait heureux, j'y attacherais le plus grand prix.

4° Comme il n'y a pas un mot dans cette relation qui ne vienne de l'Empereur, que c'est de son entière dictée, ne permettre sous aucun prétexte, la plus légère altération ni correction, etc., à moins que ce ne fût par quelque note qui en donnât le motif ou l'explication.

5° Composer son introduction du résumé de tout ce que j'ai recueilli dans mon journal sur les premières années de l'Empereur, antérieures au commencement de sa relation.

6° Tirer cent exemplaires, sans aucune épargne de frais, et avec tout le luxe possible, pour être vendus, quelle que soit d'ailleurs leur véritable valeur intrinsèque, *mille francs pièce*. On pourra joindre à chacun de ces exemplaires, non pas un fac-similé, mais quelques lignes de l'écriture véritable de Napoléon, dont j'ai une certaine quantité en mes mains.

7° Garder en réserve une seconde centaine d'exemplaires pareils aux précédents, pour être vendus avec le temps, si les premiers sont épuisés, à *cinq cents francs*.

8° Après ces deux cents exemplaires, ne plus tirer que sur du papier le plus commun et aux moindres frais possibles, de manière à pouvoir livrer l'ouvrage à un très bas prix. Tout invalide de l'armée d'Italie le recevra gratis, tout soldat blessé ne le payera que moitié, et tout officier les trois quarts.

9° Traiter avec un libraire anglais, un allemand, un russe, un italien et un espagnol, de manière à leur assurer une traduction antérieure à tous leurs confrères, sans autre rétribution de leur part que l'obligation de prendre cinq cents exemplaires français, ou de s'engager eux-mêmes, s'ils le préféraient, à répandre les cinq cents premiers exemplaires de leur édition avec le texte français en regard.

10° Enfin, si le bénéfice de l'ouvrage le permet, imprimer comme complément et suite de l'ouvrage les rôles de l'armée d'Italie, qu'on pourra se procurer sans doute aux archives de la guerre. Si mon fils venait à avoir d'autres idées, ou qu'on lui en procurât de meilleures, il les joindra à celles-ci, ou leur donnera la préférence si elles la méritent. Un moyen sûr d'en obtenir et de ne pas se tromper à cet égard, serait de s'entourer d'un petit comité de membres de cette armée d'Italie qui eussent le même zèle pour cet ouvrage.

N. B. Cet article, ainsi que plusieurs autres, ne se trouve ici que parce que le *Mémorial* n'est que la répétition fidèle du manuscrit tel qu'il fut composé dans les temps sur les lieux mêmes.

Un critique anonyme, dont, au demeurant, j'ai peu ou point à me plaindre, dans un volume que beaucoup ont pris pour la suite du *Mémorial*, parce qu'il en porte le titre, revient à plusieurs reprises et avec une espèce de malice sur ce qui s'y trouve dit relativement aux Campagnes d'Italie, suggérant

des doutes ou exprimant de la surprise touchant la destination
que je rapporte avoir été si souvent exprimée par Napoléon.
« Comment, se demande-t-il, s'il en était ainsi, l'auteur du
Mémorial n'a-t-il que des fragments de ces Campagnes ? »
Ce critique trouve bien plus naturel que Napoléon les ait
mises dans les mains du général Montholon, comme plus
versé dans les affaires de la guerre, et il conclut par faire
l'observation que, dans tous les cas, le fait demeure en opposition avec la promesse de Napoléon, puisque c'est M. de
Montholon qui publie aujourd'hui ces Campagnes d'Italie.

Mais le critique anonyme, s'il eût lu le *Mémorial* avec
attention, aurait vu que les paroles de Napoléon à cet égard,
répétées si souvent dans ce journal, ne se bornaient pas à des
conversations privées ; mais qu'elles avaient été prononcées
devant tous et même à table, si bien qu'il n'est aucun de
nous, ni même aucun des gens qui ne pût être appelé en
témoignage, et cette circonstance, dès lors, eût dû prendre
aux yeux du critique le caractère de la notoriété. Voilà pour
ses doutes.

Quant à ses diverses objections et à sa surprise, je réponds
qu'en lisant attentivement encore :

1° Il eût trouvé, au 29 décembre 1816, et ailleurs, pourquoi
l'auteur du *Mémorial* ne se trouve posséder que quelques
fragments de la Campagne d'Italie.

2° Il eût lu, de décembre 1817 à mars 1818, que le général
Bertrand, depuis mon retour en Europe, m'écrivait de Longwood pour m'annoncer ces Campagnes dès qu'on pourrait
saisir l'occasion favorable.

3° Il aurait appris dans plusieurs endroits qu'en écrivant
sous la dictée de Napoléon, nous nous en tenions strictement
à ses seules paroles, et qu'il eût trouvé fort mauvais que nous
nous fussions permis aucune altération de notre chef ; dès
lors, l'ignorance de la guerre dans l'un ou l'habileté dans
tout autre serait entièrement étrangère à la chose.

4° Enfin, quant à la contradiction mentionnée par l'anonyme entre le fait et la promesse de Napoléon, je ferai remarquer que plusieurs années s'étaient écoulées depuis qu'on
m'avait arraché d'auprès de Napoléon, que j'étais à deux
mille lieues de lui ; que, sur sa fin, il avait même lieu de
douter que j'existasse encore ; et on comprendra facilement
qu'en cet état de choses, l'absence, le temps et la distance

ont pu créer en lui bien des motifs d'altérer sa résolution première ; d'ailleurs, n'était-il pas le maître d'altérer cette résolution suivant sa simple fantaisie ? et puis, c'est qu'il a adopté dans ses derniers moments une mesure bien plus entière, bien plus complète que celle des publications partielles, mesure de laquelle j'ai été le premier à me féliciter, celle de réunir entre les mains des exécuteurs testamentaires tout ce qu'il avait dicté, avec instruction d'en publier une édition de luxe dédiée à son fils.

Aujourd'hui à dîner, l'Empereur passait encore en revue ses généraux. Il a fait l'éloge de beaucoup d'entre eux ; la plupart n'existent plus. Il élevait au plus haut point les talents et les facultés du général Drouot. Tout est problème dans la vie, disait-il ; ce n'est que par le connu qu'on peut arriver à l'inconnu. Or, il connaissait déjà, remarquait-il, comme certain dans le général Drouot tout ce qui pouvait en faire un grand général. Il avait les raisons suffisantes pour le supposer supérieur à un grand nombre de ses maréchaux. Il n'hésitait pas à le croire capable de commander cent mille hommes. « Et peut-être ne s'en doute-t-il pas, ajoutait-il, ce qui ne serait en lui qu'une qualité de plus. »

Il est revenu sur la bravoure prodigieuse de Murat et de Ney, dont le courage, disait-il, devançait tellement le jugement ! Et voilà l'énigme, concluait-il après quelques développements, de certaines actions dans certaines gens ; l'inégalité entre le caractère et l'esprit : elle explique tout.

La conversation a conduit à la bataille d'Hohenlinden, si célèbre. « C'était, disait l'Empereur, une de ces grandes actions enfantées par le hasard, obtenues sans combinaisons. Moreau, répétait-il alors, n'avait point de création, il n'était pas assez décidé ; aussi valait-il mieux sur la défensive. Hohenlinden avait été une échauffourée ; l'ennemi avait été frappé au milieu même de ses opérations, et vaincu par des troupes qu'il avait lui-même déjà coupées et qu'il devait détruire. Le mérite en était surtout aux soldats et aux généraux des corps partiels qui s'étaient trouvés le plus en péril et avaient combattu en héros. »

Nous disions à l'Empereur, au sujet de sa campagne d'Italie, des victoires rapides et journalières dont elle avait occupé la renommée, qu'il avait dû avoir bien des jouissances.

« Aucune, répliquait-il. – Mais au moins Votre Majesté en a bien procuré au loin ! – Cela se peut ; au loin on ne lisait que le succès, on ignorait la position. Si j'avais eu des jouissances, je me serais reposé ; mais j'avais toujours le péril devant moi, et la victoire du jour était aussitôt oubliée, pour s'occuper de l'obligation d'en emporter une nouvelle le lendemain, etc. »

Hohenlinden, Moreau, me rappellent une opinion bien caractéristique d'un général très distingué (Lamarque). Il avait été attaché à Moreau, s'était trouvé longtemps sous ses ordres, et cherchant à me faire comprendre la différence du faire de ce général avec celui de Napoléon, il disait : « Si leurs deux armées eussent été en présence, et qu'on eût eu quelque temps à se retourner, je me serais mis dans les rangs de Moreau, tant il y aurait eu de régularité, de précision, de calcul : il était impossible de lui être supérieur à cet égard, peut-être même de l'égaler. Mais si les deux armées étaient venues au-devant l'une de l'autre, à la distance de cent lieues, l'Empereur eût escamoté trois, quatre, cinq fois son adversaire avant que celui-ci eût eu le temps de se reconnaître. »

JEUDI 27.

Les rats, vrai fléau pour nous, etc. Impostures
de lord Castlereagh. Héritières françaises.

Nous avons failli n'avoir point de déjeuner ; une irruption de rats, qui avaient débouché de plusieurs points dans la cuisine durant la nuit, avait tout enlevé. Nous en sommes littéralement infestés ; ils sont énormes, méchants et très hardis ; il ne leur fallait que fort peu de temps pour percer nos murs et nos planchers. La seule durée de nos repas leur suffisait pour pénétrer dans le salon, où les attirait le voisinage des mets. Il nous est arrivé plus d'une fois d'avoir à leur donner bataille après le dessert ; et un soir, l'Empereur voulant se retirer, celui de nous qui voulut lui donner son chapeau en fit bondir un des plus gros. Nos palefreniers avaient voulu élever des volailles : ils durent y renoncer, parce que les rats les leur dévoraient toutes. Ils allaient jusqu'à les saisir la nuit, perchées sur les arbres.

Aujourd'hui, l'Empereur traduisait une espèce de revue ou

journal dans lequel il se trouvait que lord Castlereagh, dans une grande assemblée publique, avait prononcé que Napoléon, depuis sa chute même, n'avait pas fait difficulté de dire que tant qu'il eût régné il eût continué de faire la guerre à l'Angleterre, n'ayant jamais eu d'autre but que de la détruire.

L'Empereur n'a pas pu s'empêcher de se sentir aiguillonné par ces paroles. « Il faut, a-t-il dit avec indignation, que lord Castlereagh soit bien familier avec le mensonge, et qu'il compte bien sur la bonhomie de ses auditeurs. Serait-il donc possible que leur bon sens leur permît de croire que j'aurais dit une pareille sottise, lors même qu'elle eût été dans ma pensée ?... »

Plus loin se lisait encore que lord Castlereagh avait dit en plein parlement que si l'armée française était si fort attachée à Napoléon, c'est qu'il faisait une espèce de conscription de toutes les héritières de l'Empire, et qu'il les distribuait ensuite à ses généraux. « Ici, a repris encore l'Empereur, lord Castlereagh se ment de nouveau à lui-même. Il est venu au milieu de nous ; il a vu nos mœurs, nos lois, la vérité ; il doit être sûr qu'une pareille chose était impossible, tout à fait au-dessus de ma puissance. Pour qui prendrait-il donc notre nation ? Les Français étaient incapables de souffrir jamais une telle tyrannie. Sans doute j'ai fait beaucoup de mariages, et j'eusse voulu en faire des milliers d'autres : c'était un des grands moyens d'amalgamer, de fondre en une seule famille des factions inconciliables. Si j'eusse eu plus de temps à moi, je me serais occupé d'étendre ces unions aux provinces réunies, même à la Confédération du Rhin, afin de resserrer davantage ces portions éparses ; mais dans tout cela je n'ai jamais employé que mon influence, jamais mon autorité. Lord Castlereagh n'y regarde pas de si près ; sa politique a besoin de me rendre odieux ; tous les moyens lui sont bons : il ne recule devant aucune calomnie : il se trouve à son aise pour cela ; je suis dans les fers, il a pris tous les moyens de me tenir la bouche fermée, de me rendre impossible toute réplique, et je suis à mille lieues du théâtre ; il est donc bien posté, rien ne le gêne ; mais certes c'est là le comble de l'impudence, de la bassesse, de la lâcheté ! »

Voici, du reste, un exemple qui peut servir de preuve aux assertions émises plus haut par Napoléon ; j'en tiens le récit de la bouche même du premier intéressé : M. d'Aligre avait une fille, héritière immense : il vint à la pensée de l'Empereur de la marier à M. de Caulaincourt, duc de Vicence. L'Empereur l'affectionnait beaucoup, on le regardait comme une espèce de favori ; ses qualités personnelles non moins que ses emplois en faisaient un des premiers personnages de l'Empire. L'Empereur n'imaginait donc pas qu'il pût se présenter le moindre obstacle à cette union. Il mande M. d'Aligre, qui venait souvent à la cour, et lui fait sa demande ; mais M. d'Aligre avait d'autres vues, et s'y refusa. Napoléon le retourna de toutes manières ; M. d'Aligre fut inébranlable. En me le racontant, il me laissait apercevoir qu'il croyait avoir montré beaucoup de courage, et en effet, il en avait tout le mérite ; car il pensait, ainsi que nous tous, qu'il était très dangereux de contrarier les volontés de l'Empereur : il se trompait ainsi que nous ; nous ne le connaissions pas. Je sais aujourd'hui que la justice privée et surtout les droits de famille sont tout-puissants sur lui ; aussi je ne sache pas que M. d'Aligre ait jamais eu à souffrir ou à se plaindre pour son refus.

Après le dîner, l'Empereur a essayé vainement quelques romans de Pigault-Lebrun et autres de même nature ; mais après avoir feuilleté quelques pages de chacun, il les a rejetés tous, disant qu'ils étaient aussi par trop de mauvais goût.

VENDREDI 28.

Détails du gouverneur
sur les dépenses à Longwood, etc.

Vers une heure l'Empereur m'a fait venir avec mon fils. Nous lui avons apporté le premier chapitre des Campagnes d'Italie avec le nouveau travail qui le complète. Il nous a tenus jusqu'à près de dix heures.

Le gouverneur était entré chez le grand-maréchal, et lui avait fait pressentir vaguement des réductions à Longwood. Il avait naïvement exprimé qu'on avait pensé à Londres que la liberté qui nous avait été offerte de revenir en Europe eût diminué de beaucoup l'entourage de l'Empereur. Il avait dit aussi, sans que le grand-maréchal pût bien le comprendre, que si nous avions de la fortune à nous, nous pouvions nous aider de notre argent, et tirer sur nous-mêmes, ainsi que je l'avais déjà fait, faisait-il observer, etc. Il a dit que son gouvernement n'avait entendu donner à l'Empereur qu'une table journalière de quatre personnes au plus, et ne lui permettre qu'un dîner prié par semaine... Quels détails !... Aurait-il eu la pensée d'insinuer que quant à nous nous devions payer pension, et entrer à l'avenir pour quelque chose dans la dépense de la maison ? Qu'on ne le regarde pas comme incroyable ; nous apprenons journellement ici à croire que tout est possible.

Dans un autre moment, l'Empereur, revenant sur une lecture qu'il venait de faire, et où se trouvait l'histoire d'une Irlandaise au sujet de laquelle Goldsmith le maltraitait fort, se rappelait très bien, disait-il, que se rendant à Bayonne au château de Marrach, il vit aux côtés de l'impératrice Joséphine une figure charmante, de la plus grande beauté ; il en fut vivement frappé. On ne fut pas sans s'apercevoir de l'impression qu'elle avait causée. Elle avait été prévue et ménagée à dessein. « Et Dieu sait, dit l'Empereur, pour quelles intentions ! C'était une nouvelle lectrice de l'impératrice Joséphine. Cette jeune personne suivit donc au château de Marrach et elle n'eût pas manqué de faire de grands progrès. Elle occupait déjà véritablement la pensée, quand celui qui avait le secret des postes vint détruire le charme, en m'envoyant directement une lettre adressée à la jeune personne. Cette lettre était de sa mère ou de sa tante, laquelle était irlandaise ; on y stylait la petite personne, on lui traçait le rôle qu'elle devait jouer, on lui recommandait de l'adresse, et on insistait surtout pour qu'elle ne manquât pas de se ménager à propos et à tout prix des traces vivantes qui pussent prolonger sa faveur ou lui réserver de grands rapports d'intérêt. A cette lecture, toute illusion s'évanouit, disait l'Empereur ; la saleté de l'intrigue, la turpitude des détails, le style, la main qui l'avait tracé, mais par-dessus tout encore son titre d'étrangère, amenèrent un dégoût immédiat, et la petite et jolie Irlandaise fut en effet, comme le dit Goldsmith, mise dans une chaise de poste et soudainement acheminée vers Paris. Et voilà que j'apprends, nous disait l'Empereur, qu'un libelliste m'en fait un crime, lorsqu'au fait c'était bien plutôt de ma part une vertu, un acte de continence dont je pourrais me vanter à plus juste titre peut-être que le fameux Scipion ; mais c'est ainsi qu'on écrit l'histoire. »

L'Empereur, après le dîner, dans l'embarras de ce que nous lirions, a dit que puisqu'il était reconnu que nous n'avions pas assez d'esprit pour faire chacun notre conte ou notre histoire, nous devions nous condamner du moins à choisir chacun à notre tour notre lecture du soir ; et il a commencé par indiquer pour son compte le poème de *la Pitié*, de l'abbé Delille. Il a trouvé les vers bien faits, le langage pur, les idées agréables, mais pourtant c'était encore, remarquait-il, sans création et sans chaleur. C'était supérieur de versification à Voltaire, sans doute ; mais bien loin encore de nos autres grands maîtres.

SAMEDI 29.

L'Empereur a déjeuné dans le jardin, et nous y a fait tous appeler. Après déjeuner, il a fait quelques tours de promenade. Il était en gaieté, il nous plaisantait tour à tour. A l'un, c'était sur la beauté et l'élégance de son logement ; à l'autre, sur les sommes que le gouverneur avait payées pour lui, que la belle layette de son enfant allait grossir encore ; à moi, sur le goût que le gouverneur semblait prendre à mes lettres de change, qui le portait à désirer que les autres en fissent autant. Il riait et s'amusait beaucoup de nos récriminations. Le temps, qui a changé subitement, a fait rentrer l'Empereur presque aussitôt.

Après dîner, l'Empereur a lu quelques passages de Milton, traduits par l'abbé Delille. Il en trouvait la versification fort inférieure au poème de *la Pitié* ; et en effet c'était un ouvrage de commande, lui apprit-on, souscrit par un certain nombre d'intéressés, durant l'émigration du poète à Londres.

Pendant toute la promenade en calèche, la conversation a roulé sur nos rois et leurs maîtresses : Mmes de Montespan, de Pompadour, du Barry, etc. On a vivement discuté le principe ; les opinions étaient différentes, et on les a chaudement défendues. L'Empereur s'était amusé à flotter alternativement entre les opinions opposées. Il a fini concluant toutefois en l'honneur de la morale.

DIMANCHE 30.

> *Historique politique de la cour de Londres, durant*
> *notre émigration ; George III ; M. Pitt ; le prince de*
> *Galles. Anecdotes, etc. Les Nassau. Retour*
> *remarquable de Napoléon sur lui-même, etc.*

L'Empereur m'a fait appeler de bonne heure pour déjeuner avec lui ; il était triste, soucieux, peu causant ; les paroles ne venaient pas. Le hasard ayant ramené la citation de Londres et de mon émigration, l'Empereur m'a dit, comme pour fixer un sujet et trouver une distraction : « Mais à Londres, vous devez avoir vu la cour, le roi, le prince de Galles, M. Pitt, M. Fox, et autres grands personnages qui figuraient alors ? Dites-moi ce que vous en savez ? Quelle était l'opinion ? Faites-moi un historique. – Sire, Votre Majesté oublie en ce moment, ou n'a peut-être jamais bien su la position d'un émigré à Londres. Je doute qu'on nous eût reçus à la cour ; le bon vieux George III était plein d'intérêt pour nos malheurs individuels ; mais il répugnait fort à nous avouer politiquement. Et eût-on voulu nous y recevoir, nos moyens ne nous permettaient pas d'y paraître. Je n'ai donc pas été à la cour. Toutefois, j'ai vu la plupart de ceux que mentionne Votre Majesté, et surtout j'en ai entendu beaucoup parler.

« J'ai vu et entendu le roi, de très près, plusieurs fois à la Chambre des pairs ; le prince de Galles, dans les mêmes circonstances et de plus dans les cercles de la capitale. Et puis, il n'en est pas de Londres comme de la France ; on n'y retrouve pas cette immense distance entre la cour et la masse de la nation : le pays est si ramassé, les lumières si générales, l'éducation si rapprochée, l'aisance si commune, la sphère d'activité si rapide, que toute la nation semble être dans le même lieu et sur le même plan, et qu'à la vue de cet ensemble qu'on pourrait dire distingué, on est tenté de se demander *où est le peuple* ; ce qui est en effet la question que l'on prête à Alexandre lors de sa visite à Londres. Il en résulte donc qu'ayant vu beaucoup de monde de toutes les classes, de tous les états, de toutes les opinions, je dois avoir reçu des notions qui nécessairement peuvent fort approcher de la vérité. Malheureusement alors je m'occupais peu d'observer et de recueillir, et je crains bien qu'aujourd'hui, après un si long temps, tous ces objets ne sortent que très confusément de ma mémoire.

« George III était le plus honnête homme de son empire ; ses vertus privées le rendaient pour tous un objet de vénération profonde ; une extrême moralité, un grand respect pour les lois, furent le principal caractère de toute sa vie. Roi à vingt ans, et vivement épris des charmes d'une belle Écossaise des premières familles du pays, on craignait fort qu'il ne voulût l'épouser ; mais il suffit de lui rappeler que c'était contraire à la loi, et il consentit dès cet instant à épouser celle qu'on lui proposait ; ce fut une princesse de Mecklembourg. Dans sa douleur il la trouva fort laide, et elle l'était en effet beaucoup ; néanmoins George III est demeuré toute sa vie un époux exemplaire ; jamais on ne lui a connu la moindre distraction.

« L'avènement de George III a été une véritable révolution politique en Angleterre : les prétendants avaient fini ; la maison de Hanovre se trouvait désormais assise ; les whigs, qui l'avaient placée sur le trône, furent évincés de l'administration : c'étaient des surveillants incommodes dont on n'avait plus besoin ; elle fut ressaisie par les torys[1], ces amis du pouvoir, qui l'ont toujours conservé depuis, au grand détriment des libertés publiques.

« Toutefois le roi personnellement était exempt de passion à cet égard : il aimait sincèrement les lois, la justice, et surtout le bien-être et la prospérité de son pays. Si l'Angleterre a pris un parti si violent contre notre Révolution française, c'est bien moins à George III qu'il faut s'en prendre qu'à M. Pitt, qui en fut le véritable boutefeu. Celui-ci était mû par la haine extrême qu'il portait à la France, héritage de son père le grand Chatham ; et aussi par une vive tendance vers le pouvoir de l'oligarchie. M. Pitt, au moment de notre Révolution, était l'homme de la nation ; il gouvernait l'Angleterre ; il entraîna le roi qu'on gagnait toujours par les faits ; et il faut convenir que les excès et les souillures de notre premier début étaient, sous ce rapport, des armes bien favorables aux dispositions et à l'éloquence de M. Pitt. Sire, il est à croire que

---

1. Les whigs et les torys formaient les deux grands partis anglais : les premiers étaient partisans des droits populaires, les seconds de l'autorité de la couronne.

si l'infortuné George III eût conservé sa raison, Votre Majesté en eût à la fin tiré aussi un grand parti, parce qu'elle lui eût présenté d'autres faits, et qu'il s'y serait rendu. George III avait sa nature et sa mesure de caractère : elle était en harmonie avec ses conceptions intellectuelles ; il voulait savoir, être convaincu. Une fois sa route prise, il était difficile de l'en faire sortir, toutefois ce n'était pas impossible ; son bon sens laissait de grandes ressources.

« Sa maladie, sous ce rapport, a été un fléau pour nous, un fléau pour l'Europe, un fléau pour l'Angleterre même, qui commence à revenir de la haute opinion qu'elle avait conçue de M. Pitt, dont elle ressent aujourd'hui les funestes erreurs.

« Ce fut le premier accès de la maladie du roi qui fixa la réputation de M. Pitt et son crédit. A peine au-dessus de vingt-cinq ans, il osa lutter seul contre la masse de ceux qui abandonnaient le roi, le croyant perdu, contre la masse de ceux qui se hâtaient de proclamer son incapacité pour se saisir du pouvoir sous son jeune successeur. Cette conduite rendit Pitt l'idole de la nation ; c'est la belle époque de sa vie ; et son plus doux triomphe a été, sans contredit, de conduire George III à Saint-Paul, allant rendre grâce à Dieu de sa guérison, au milieu d'un concours immense de peuple ivre de joie et de satisfaction. – Mais, disait l'Empereur, quelle fut la conduite du prince de Galles dans cette circonstance ? – Sire, il faut croire qu'elle fut bonne ; toutefois on parla beaucoup alors d'une caricature très maligne qui représentait un jeune homme fort ressemblant, comme de coutume, s'agitant à plat ventre dans le milieu de la rue ; elle portait pour légende : *Jeune héritier courant ventre à terre féliciter son père sur son retour à la santé.*

« L'on ne doutait pas que M. Pitt n'eût été, en cette occasion, le véritable sauveur du roi, ainsi que le sauveur de la paix publique ; car l'expérience prouva que George III avait la capacité de régner encore, et l'on ne doutait pas que si la régence eût été organisée ainsi que le prétendait l'opposition, cette capacité eût été difficilement reconnue par la suite, et eût sans doute donné lieu à une guerre civile.

« J'ai souvent entendu dire que le dérangement mental de George III n'était pas une folie ordinaire, que son aliénation ne venait pas précisément de l'affection locale du cerveau,

mais bien de l'engorgement des vaisseaux qui y conduisent ;
dérangement produit par une maladie depuis longtemps particulière à cette famille. Son mal, disait-on, était plutôt chez
lui du délire que de la folie. La cause cessant, le prince
retrouvait aussitôt toutes ses facultés, et avec autant de force
que si elles n'avaient subi aucune interruption ; c'est ce qui
explique ses nombreuses rechutes et ses nombreux rétablis-
sements. On en donnait pour preuve la force mentale qui
avait dû lui être nécessaire pour pouvoir, à l'instant de sa
première convalescence, supporter la pompe, le spectacle de
la population de Londres réunie sur son passage et remplis-
sant l'air de ses acclamations.

« Une autre preuve non moins remarquable, c'était, après
une seconde rechute, le calme et le sang-froid avec lesquels
il reçut au spectacle le feu de son assassin en entrant dans
sa loge. Il en fut si peu troublé, qu'il se retourna aussitôt vers
la reine, qui se trouvait encore en dehors, pour lui dire de ne
pas s'effrayer, que ce n'était qu'une fusée qu'on venait de
tirer dans la salle ; et il demeura sans émotion apparente tout
le reste du temps. Certes, tout cela n'annonçait pas une tête
faible. Il est vrai qu'on pourrait opposer à ces choses la
permanence du mal dans ses dernières années, s'il est certain
qu'il n'eut point de longs intervalles lucides.

« George III, ce monarque si honnête homme et si bien
intentionné, a manqué périr plus d'une fois de la main des
assassins ; sa carrière fournit l'exemple de plusieurs tentatives, et je ne crois pas qu'aucun des coupables ait subi la
mort, parce que tous se sont trouvés en démence de fanatisme
religieux ou politique. La dernière tentative, la plus fameuse,
est en 1794, je crois. Le roi arrivait au spectacle, ce qui, dans
ces temps de crise, était une espèce de fête qu'il répétait de
temps à autre, comme pour maintenir l'esprit public. En
entrant dans sa loge, un homme du parterre l'ajuste avec un
pistolet d'arçon, et la balle n'épargna le monarque que parce
qu'il se baissait en cet instant pour saluer le public. Qu'on
juge du tumulte effroyable ! L'homme ne chercha point à
déguiser son forfait ; c'était précisément le fanatique de
Schœnbrunn voulant immoler Votre Majesté, et soutenant
toujours qu'il n'avait eu d'autre but que la paix et le bonheur
de son pays ; le jury le prononça aliéné, et il ne fut condamné
qu'à la réclusion.

« Lors de mon excursion à Londres, en 1814, un hasard singulier m'a mis sous les yeux précisément cet assassin. L'esprit encore tout frais de la mission que Votre Majesté m'avait confiée l'année d'auparavant, concernant les dépôts de mendicité et les maisons de correction, j'eus la fantaisie de visiter ces mêmes établissements en Angleterre. Comme on me montrait Newgate dans le plus grand détail, j'entrai dans une salle où se trouvaient un grand nombre de condamnés jouissant d'une certaine liberté. L'un de ceux qui frappèrent d'abord les regards de mon conducteur se trouva être Hadfield, qu'il me nomma, et dont je me rappelai aussitôt le nom, lui demandant si ce serait l'assassin de George III. C'était lui-même, me dit-il, qui subissait à Newgate la réclusion perpétuelle à laquelle il avait été condamné pour sa folie. Je fis l'observation que, dans le temps, cette folie avait été pour le public, ainsi que cela arrive toujours, un objet de doute et de grande contestation. Il me fut répondu que Hadfield était incontestablement fou, mais seulement par crise ; que sa folie, d'ailleurs, était tellement momentanée, qu'on le laissait passer le jour en ville sur sa parole, et qu'il était le premier à indiquer qu'on fît attention à lui, quand il sentait que son mal allait le reprendre ; et alors mon conducteur l'appela. M'étant hasardé de lui faire quelques questions, il me reconnut aussitôt à mon accent pour Français, et me dit qu'il s'était beaucoup battu contre les nôtres en Flandre. (Il avait été chasseur ou dragon sous le duc d'York.) Il en portait les marques, me disait-il, en montrant plusieurs balafres ; et pourtant, ajoutait-il, il était loin de les haïr, car ils étaient braves et n'avaient point de tort dans cette affaire ; on avait été se mêler de leurs discussions qui ne regardaient qu'eux. Et il commençait à s'animer beaucoup, ce qui porta mon conducteur à me faire signe et à le renvoyer. Il était là sur la corde délicate, me dit le surveillant, et pour peu qu'on l'y eût tenu, il serait devenu furieux.

« Mais je reviens à George III. Le sentiment dominant de ce prince était l'amour du bien public et le bien-être de son pays. Il lui a constamment tout sacrifié : c'est ce qui l'a porté à garder si longtemps M. Pitt, pour lequel il avait conçu une grande répugnance, parce qu'il en était fort maltraité.

« La crise étant des plus grandes pour l'Angleterre, le péril imminent, les talents du Premier ministre supérieurs, celui-ci était donc nécessaire. Abusant de cette circonstance, toute-puissante sur l'esprit du monarque, M. Pitt le gouvernait avec dureté et sans aucun ménagement ; à peine lui laissait-il la disposition de la moindre place. Un emploi venait à vaquer, le roi avait-il à récompenser quelque serviteur particulier, il arrivait toujours trop tard ; M. Pitt venait d'en disposer, et pour le bien de l'État, disait-il, pour le succès du service parlementaire. Si le roi témoignait trop son mécontentement, M. Pitt avait sa phrase toute prête et toujours la même ; il allait se retirer et céder sa place à un autre. Arriva enfin une circonstance très délicate pour la conscience du roi, qui était fort religieux : l'émancipation des catholiques d'Irlande, à laquelle il se refusait avec obstination. M. Pitt insistait vive-ment ; il s'y était engagé, disait-il, et il s'appuya de sa menace ordinaire : pour cette fois le roi le prit au mot ; et, dans sa joie de se voir délivré, il répétait le jour même à plusieurs personnes qu'il venait de se défaire de l'homme qui, depuis vingt ans, lui donnait de la corne dans le ventre. Et il n'est peut-être pas inutile de faire connaître ici comme une singu-larité remarquable, au sujet des mauvais traitements de M. Pitt pour le roi, qu'on a entendu dire à George III que de tous ses ministres, M. Fox, tant accusé de républicanisme, et peut-être avec quelque raison, avait été celui qui, venu à la tête des affaires, lui avait constamment montré le plus d'égards, de déférence, de respect et de condescendance.

« Toutefois tel était sur l'esprit du roi l'ascendant de l'uti-lité publique, qu'en dépit de toute sa répugnance, il reprit M. Pitt au bout d'un an. On crut dans le temps que M. Pitt, en se retirant, avait eu l'adresse d'asseoir au ministère M. Addington, sa créature, afin de s'y replacer bientôt sans obstacle ; mais il a été prouvé plus tard que M. Pitt avait été contraint de recourir lui-même aux intrigues pour renverser son successeur et obtenir son second ministère, qui d'ailleurs fut peu digne de lui : il n'est plein que de désastres qu'il avait du reste tous provoqués. Et c'est le boulet victorieux d'Austerlitz qui le tua dans Londres.

« Le temps sape chaque jour davantage la réputation de M. Pitt, non dans l'éminence de ses talents, mais dans leur funeste application. L'Angleterre gémit des maux dont il l'a accablée, et dont le plus fatal est l'école et les doctrines qu'il lui a léguées. C'est lui qui a introduit la police en Angleterre, qui a familiarisé ce pays avec la force armée, et commencé ce système de délation, d'embûches et de démoralisation de toute espèce, si complètement perfectionné par ses successeurs.

« Sa grande tactique fut d'exciter constamment nos excès sur le continent, et de les montrer ensuite comme un épouvantail à l'Angleterre, qui lui accordait dès lors tout ce qu'il voulait. – Mais vous autres, demandait l'Empereur, que disiez-vous de tout cela ? quelle était l'opinion de l'émigration ? – Sire, répondais-je, nous autres nous voyions tout et toujours dans la même lorgnette ; ce que nous avions dit le premier jour de notre émigration, nous le répétions encore le dernier jour de notre exil. Nous n'avions pas avancé d'un pas ; nous étions devenus, nous demeurions peuple. M. Pitt était notre oracle ; tout ce que disaient lui, Burke, Windham et les plus fougueux de ce côté nous semblait délicieux ; ce qu'objectaient leurs adversaires, abominable. Fox, Sheridan, Gray n'étaient pour nous que d'infâmes Jacobins, jamais nous ne leur avons donné d'autres épithètes. – C'est bien, disait l'Empereur, mais reprenez votre George III.

« – Ce prince vertueux aimait par-dessus tout la vie privée et les soins de la campagne ; il consacrait le temps que lui laissaient les affaires à la culture d'une ferme à peu de milles de Londres ; et il ne retournait guère à la capitale que pour ses levers réguliers ou les conseils extraordinaires que nécessitaient les circonstances, et il retournait aussitôt à ses champs, où il vivait sans faste et en *bon fermier*, disait-il lui-même. Quant aux intrigues, elles demeuraient à la ville autour des ministres et parmi eux.

« George III eut beaucoup de chagrins domestiques. Il eut pour sœur cette Mathilde, reine de Danemark, dont l'histoire est un si malheureux roman ; ses deux frères lui donnèrent beaucoup de contrariétés par leur mariage ; et il n'avait pas lieu d'être content de son fils aîné.

« Les deux frères de George III étaient le duc de Cumberland et le duc de Glocester. J'ai beaucoup connu celui-ci en société très privée : c'était le plus digne, le plus honnête, le plus loyal gentilhomme de l'Angleterre. Tous deux, selon l'esprit de la constitution britannique, n'étaient que d'illustres particuliers totalement étrangers aux affaires. Or, il parvint au roi que l'un d'eux avait épousé ou allait épouser une simple particulière : c'était une grande faute à ses yeux ; il avait fait, lui, un si grand sacrifice pour ne pas la commettre : il s'en fâcha beaucoup ; et comme il envoyait à ce sujet un message au parlement contre celui de ses frères qui s'était rendu coupable, voilà qu'il apprend que l'autre s'est évadé à Calais pour en déclarer autant. C'était une fatalité, une véritable épidémie ; car on répandait aussi de tous côtés que l'héritier même du trône s'était marié secrètement. – Quoi ! dit l'Empereur, le prince de Galles ? – Oui, sire, lui-même : on racontait partout son mariage, qu'on entourait de détails trop peu sûrs pour que je me permette de les hasarder ; mais le fait semblait généralement reconnu. Il est vrai que le prince l'a fait démentir plus tard en parlement par l'organe de l'opposition, et dès lors il faut le croire.

« Toutefois je tiens de la bouche même d'un très proche parent de sa prétendue femme, que la chose était positive. Je lui ai entendu jeter feu et flamme lors du mariage solennel du prince, et menacer de se porter à des excès personnels. Cela pouvait donc demeurer un point contesté, qui prenait la couleur inévitable de l'esprit de parti : les uns soutenaient avec obstination la réalité de ce mariage, tandis que les autres le niaient avec violence. Peut-être pourrait-on concilier cette contradiction en disant que celle que l'on prétendait qu'il avait épousée (Mme Fitz-Herbert) étant catholique, cette circonstance rendait le mariage impossible aux yeux de la loi, et parfaitement nul dans l'héritier de la couronne. Quoi qu'il en soit, j'ai souvent rencontré Mme Fitz-Herbert en société ; sa voiture était aux armes du prince, et sa livrée la livrée du prince. Cette dame était beaucoup plus âgée que lui. Au surplus, belle, aimable, de beaucoup de caractère et d'une fierté peu endurante, ce qui la brouillait souvent avec le prince, et amenait entre eux, disait-on, des scènes de violence fort peu dignes d'un rang aussi élevé. C'est dans une dernière querelle de ce genre, lorsque Mme Fitz-Herbert avait, assurait-on, fait fermer sa porte obstinément au prince, que M. Pitt eut l'adresse de saisir l'occasion favorable pour le faire consentir à épouser la princesse de Brunswick. – Mais arrêtez-vous, me dit l'Empereur, vous allez beaucoup trop vite, vous passez ce qui m'intéresse davantage. Sous quels auspices le prince de Galles entra-t-il dans le monde ? Quelle fut sa nuance politique, son attitude avec l'opposition, etc. ?

– Sire, ce prince se présenta au public avec tous les avantages de la figure, tous ceux du corps et de l'esprit ; il fut accueilli avec un enthousiasme universel ; mais il développa bientôt ces penchants et ces actes qui, dans le milieu du dernier siècle, semblaient former le rôle obligé des grands seigneurs à la mode. Ce furent la fureur du jeu et ses inconvénients ; les excès de la table et le reste ; surtout un entourage en grande partie réprouvé par l'opinion. Alors les cœurs généreux se resserrèrent, les espérances se ternirent, et la portion intermédiaire, qui partout constitue véritablement la nation, et qui en Angleterre, il faut en convenir, présente la population la plus morale de l'Europe, désespéra de son avenir. C'était un adage reçu en Angleterre, répété surtout parmi le peuple, que le prince de Galles ne régnerait jamais ; les diseuses de bonne aventure, les sorciers, disait-on, devaient le lui avoir prédit à lui-même, etc.

« L'opposition, dans les bras de laquelle il s'était jeté, ainsi que cela n'est que trop commun aux héritiers présomptifs ; l'opposition, dont il était l'appui et les espérances, cherchant à s'aveugler ou autrement, se tirait d'affaire, quand on lui exposait tous ces griefs, en répondant qu'il renouvellerait Henri V ; que Henri V avait montré un bien mauvais sujet pour prince de Galles, mais qu'il était devenu le premier roi de la monarchie ; et ils en concluaient que le prince de Galles serait un de leurs plus grands rois. – Mais, disait l'Empereur, est-ce qu'il a pris le parti de la Révolution et défendu nos idées modernes ? – Non, sire, à mesure que la crise des principes allait chez nous en croissant, la décence le forçait de s'éloigner de l'opposition qui en prenait la défense ; il cessait une alliance ostensible, et remplissait le vide de sa vie en s'abandonnant aux plaisirs et à leurs inconvénients ; il était constamment surchargé de dettes, bien que le parlement les eût déjà payées plusieurs fois ; elles l'embarrassaient fort, et compromettaient son caractère et sa popularité. Ce fut dans une de ces gênes extrêmes combinée avec la querelle de Mme Fitz-Herbert, que M. Pitt s'empara du prince, en offrant de faire acquitter encore une fois ses dettes, s'il voulait enfin se rapprocher tout à fait de son père, et consentir à se marier. Il lui fallut en passer par tout ce qu'on voulut, et la main de la princesse de Brunswick fut demandée et obtenue. Mais dans le court intervalle de la négociation, une femme célèbre qui convoitait depuis longtemps de gouverner le prince, trouvant la place vide, s'y établit. On lui prête d'avoir dit qu'elle y visait depuis vingt ans ; car elle était encore beaucoup plus âgée que lui, circonstance qui était comme un goût particulier à la famille : on l'a remarqué aussi dans plusieurs de ses frères. Cette personne fut aussitôt nommée dame d'honneur de la future princesse de Galles ; elle fut même la chercher, et l'amena en Angleterre. Ce fut sous de tels auspices, et sous cette maligne influence, que la nouvelle épouse mit le pied sur le sol britannique. Aussi assure-t-on que cette malheureuse princesse n'eut même pas la douceur de vingt-quatre heures complètes de cet instant privilégié, si significativement appelé par les Anglais la *lune de miel*. Dès le lendemain, les moqueries, les manques d'égards, le mépris demeurèrent son partage.

« Tout ce qu'il y avait de généreux, de moral en Angleterre prit parti pour elle, et jeta les hauts cris. Néanmoins, le plus odieux, il faut en convenir, en retomba sur lady*** [1], qui fut accusée d'avoir ensorcelé le prince. Elle devint l'exécration publique, et toutefois le prince, assurait-on, n'avait même pas pour excuse les prestiges de son aveuglement ; car on prétend qu'à la suite d'un repas très gai, au milieu de ses joyeux compagnons, l'un d'eux fut conduit par la conversation à dire qu'il connaissait la madame de Merteuil de notre roman des *Liaisons dangereuses* [2]. Un grand nombre d'autres s'écrièrent aussitôt qu'ils en connaissaient aussi une. Alors le prince, dit-on, proposa follement que chacun écrivît à part son secret. Tous les billets furent jetés dans un vase, et il en sortit autant de lady*** qu'il y avait de convives ; le prince lui-même n'ayant pas soupçonné une telle unanimité, et n'imaginant pas être reconnu, avait aussi, dit-on, écrit ce nom !!!

« J'ai connu cette lady***, et il faut avouer que sa figure et tout son ensemble répondaient si peu à son âge, qu'il était bien difficile de le deviner. Elle avait tous les charmes de la première jeunesse, rehaussés de toute la grâce des meilleures manières, et je dois dire que dans les cercles où je l'ai vue elle exerçait même une certaine attraction de bienveillance ;

1. Lady Jersey, maîtresse du prince de Galles (futur George IV).
2. Roman de Choderlos de Laclos, paru en 1782.

soit que les mœurs de cet étage disposassent à l'indulgence, soit qu'en effet elle ne méritât pas toutes les malédictions dont on l'accablait dans la rue.

« Une faculté tout à fait privilégiée dans le prince de Galles semble avoir été ce que les Anglais appellent le pouvoir de *la fascination*. Il en est doué au dernier degré : on dirait qu'il suffit de sa volonté pour ramener la multitude et corrompre en quelque sorte l'opinion ; il la reconquiert au moindre pas qu'il fait vers elle. Sa vie est pleine de ces pertes, de ces retours de popularité ; et peut-être est-ce la certitude de cet heureux secret qui l'a porté si souvent à affronter, ainsi qu'on le lui a reproché, cette opinion publique. Ses ennemis ont dit de lui qu'il avait porté cette espèce de courage jusqu'à l'héroïsme. Ils lui ont reproché l'audace avec laquelle, sous la condamnation lui-même d'une vie domestique désordonnée, disaient-ils, il s'était acharné à vouloir trouver dans sa femme ce dont il était le trop coupable exemple ; inconséquence qu'on ne doit attribuer pourtant sans doute qu'aux suggestions funestes de pernicieux conseillers, ennemis de sa gloire et de son repos. Toujours est-il certain qu'on a employé contre la princesse et la corruption la plus basse, et le secours des lois, et toute l'influence de l'héritier du trône ; et tout cela en vain : ce qui, disait-on, faisait le supplice du prince, et le livrait au ridicule ; car on riait de son guignon sans exemple, de ne pouvoir venir à bout de prouver ce que tant d'autres maris payeraient si cher pour tenir secret. La haine s'accrut à chaque nouvelle défaite, et les tourments de la victime avec elle. On la réduisit à une espèce d'exil à quelques milles de Londres ; on la priva de sa fille ; on l'outragea à la vue des souverains alliés venus à Londres. Toutefois les expressions manifestées par la multitude étaient là pour la venger ; et il fallut en venir à lui faire quitter l'Angleterre, ce qu'on obtint d'elle-même à l'aide des insinuations perfides, peut-être, de quelques prétendus amis. »

Ici l'Empereur m'a interrompu de nouveau, disant que j'omettais encore un point trop essentiel. Quand et comment le prince était-il arrivé au pouvoir royal ? Comment s'était-il arrangé avec l'opposition ? Qu'avait-il fait de ses anciens amis ? – « Sire, ai-je dit, ici finissent mes véritables informations. Il a été un temps où la crise politique a porté Votre Majesté à couper toute communication entre l'Angleterre et la France. Les journaux ne nous parvenaient plus ; les lettres nous étaient interdites ; les deux peuples n'avaient plus rien de commun. Il existe donc en moi une véritable lacune que je craindrais de ne remplir que par de vrais barbouillages. Toutefois je crois avoir compris qu'après des chutes et des rechutes du vieux roi, tous les partis s'accordèrent enfin à remettre au prince de Galles la régence, avec le plein exercice de l'autorité souveraine. Alors arriva cette époque tant attendue de changements et d'espérances. Le ciel s'ouvrait enfin pour cette opposition si longtemps panégyriste du prince ; pour ces anciens amis qui, dès l'enfance, semblaient avoir uni leurs destinées à la sienne. Mais, à la grande surprise de tous et par je ne sais quelle rouerie, dit-on, de lord Castlereagh, rien ne fut changé. Ces anciens ministres, si longtemps l'objet de la réprobation du prince, demeurèrent, et ces amis si chers, si tendres, si longtemps flattés, n'arrivèrent point !

« L'opposition jeta les hauts cris : mais on lui répondit plaisamment que quand le méchant prince de Galles était devenu un grand roi, son premier acte avait été de repousser son entourage. Cela pouvait être gai, mais nullement applicable ; car les plus beaux caractères de l'empire se trouvaient à la tête de cette opposition, et ils étaient loin d'être des Falstaff[1] ou autres bouffons et autres mauvais sujets de la sorte ; aussi montrèrent-ils dès cet instant pour le prince un éloignement absolu : les uns ne voulurent plus le voir ; d'autres refusèrent ses invitations ou repoussèrent les avances qui leur étaient faites. On en cite un pourtant qui, par la suite, se laissa aller, dit-on, à accepter du prince un dîner privé. Celui-ci recourant à ses moyens de séduction constamment victorieux, essaya de lui prouver, avec sa grâce accoutumée, qu'il n'avait pas pu agir différemment, et demanda de lui dire enfin ce dont ses anciens amis pouvaient l'accuser avec justice. Le convive, le cœur encore gros, profita de l'occasion et lui récapitula sans ménagement tous ses torts ; et le tout avec une telle chaleur que la princesse Charlotte, qui se trouvait à table et penchait peut-être en secret pour l'opinion du convive, se mit à fondre en larmes. Cette scène étant parvenue

---

1. Personnage comique de la pièce *les Joyeuses Commères de Windsor*, de Shakespeare.

le lendemain à lord Byron, il la consacra dans des vers qui firent quelque bruit.

« Pleure, fille des rois, y était-il dit, pleure les fautes de ton père ! Puisse chacune de tes larmes effacer un de ses torts ! Puisse surtout le peuple d'Angleterre, pressentant dans ta douleur son heureux avenir, payer d'un sourire chacun de tes pleurs [1] !

« En 1814, lors de ma course à Londres, j'ai eu l'honneur d'être présenté au prince de Galles à Carlton-House. – Et que diable alliez-vous faire là ? m'a dit l'Empereur. – Votre Majesté a certainement bien raison ; mais j'y fus conduit par une espèce de point d'honneur ; je crus ne pouvoir faire autrement : beaucoup de Français étaient en cet instant à Londres ; j'étais le seul qui eût approché Votre Majesté, porté ses couleurs, suivi la ligne qu'on semblait réprouver en cet instant. Quelqu'un m'ayant dit que les autres ne souffriraient certainement pas ma présentation, cela me décida. Nous fûmes, en effet, vingt-deux Français présentés à la fois à un des grands levers du prince, et je dois dire que je ne vis jamais plus de grâce dans les manières, plus de charmes dans l'expression et plus d'harmonie dans tout l'ensemble ; je crus apercevoir le beau idéal du bon ton. Je conçus tout le pouvoir, toute la vérité de cette magie d'enchantement que j'avais entendu si souvent lui attribuer ; et encore en ce moment, sire, en me retraçant cette belle figure où je croyais lire

---

1. Depuis mon retour en Europe je me suis procuré ces vers en original. Si ma traduction présente quelque différence, c'est qu'à Sainte-Hélène je citais de mémoire. Les voici :

> Weep, daughter of a royal line,
> A sire's disgrace, a realm's decay ;
> Ah, happy ! if each tear of thine
> Could wash a father's fault away !
> Weep, for thy tears are virtue's tears,
> Auspicious to these suffering isles ;
> And be each drop in future years
> Repaid thee by thy people's smiles ! *(March 1812.)*

(Note de Las Cases.) – Voici la traduction mot à mot : « Pleure, fille d'une lignée royale, / Le déshonneur d'un père, la décadence de son royaume ; / Ah ! heureux ! si chacune de tes larmes / Pouvait seulement laver une faute de ton père ! / Pleure, parce que tes larmes sont des larmes de vertu, / Propices à ces îles de souffrance, / Et puisse chaque larme, dans les siècles futurs, / Être récompensée par les sourires de ton peuple ! »

l'élévation d'âme, l'appréciation, le désir de la gloire, je suis à me demander comment Votre Majesté se trouve ici ; comment des ministres atroces ont pu le faire condescendre à se déclarer le geôlier, le... ! – Mon cher, m'a dit l'Empereur, c'est que peut-être vous n'êtes pas physionomiste ; vous avez pris l'auréole de la coquetterie pour celle de la grandeur, l'occupation de plaire pour l'amour de la gloire ; et puis l'amour de la gloire n'est pas précisément sur la figure ; il se trouve au fond du cœur, et vous ne l'avez pas fouillé[1].

« Et ne me traduisiez-vous pas l'autre jour, a continué alors l'Empereur, je ne sais quel papier ou quel ouvrage où il était dit que le prince régent avait fait un grand étalage d'intérêt et de sympathie en faveur des derniers Stuarts ; qu'il a mis le plus haut prix à obtenir ce qui leur avait appartenu, ce qu'ils avaient laissé ; qu'il parlait d'élever un monument au dernier d'entre eux ? Il y a là-dedans, a ajouté l'Empereur, encore bien plus de calcul que de magnanimité ; c'est qu'il est soigneux d'affirmer et de consacrer leur extinction. Là commence, se dit-il, sa légitimité, sa sécurité ; il a raison. Si de mon temps et dans les circonstances où les ministres anglais avaient plongé l'Angleterre, il se fût trouvé encore quelque jeune Stuart, brave, entreprenant, capable, à la hauteur du siècle, il eût été débarqué en Irlande, escorté des doctrines modernes, et l'on eût vu sans doute le spectacle des Stuarts régénérés chassant à leur tour les Brunswick dégénérés. L'Angleterre aussi eût eu son vingt mars. Et ce que c'est pourtant qu'un trône et tous ses poisons ; à peine y est-on assis qu'on en ressent la contagion. Ces Brunswick, amenés par les idées libérales, élevés par la volonté du peuple, sont à peine assis qu'ils ne cherchent que l'arbitraire et la toute-puissance ; il leur faut absolument rouler dans l'ornière qui a fait culbuter leurs devanciers ; et cela, parce qu'ils sont devenus rois !... Et l'on dirait que c'est la marche inévitable ! Cette belle tige des Nassau[2], par exemple, ces

1. Depuis ces paroles, la grande victime a succombé !... Moi, son serviteur, j'ai vu commencer ses tortures ; d'autres m'ont transmis les angoisses de sa longue agonie !!!... Elle a expiré !!!... Et l'on n'a cessé de frapper constamment au nom du prince ! Aussi l'immortelle victime a-t-elle laissé de ses propres mains ces mots terribles : *Je lègue l'opprobre de ma mort à la maison régnante d'Angleterre !... (Las Cases.)*
2. Maison régnante de Hollande.

patrons en Europe d'une noble indépendance, eux dont le libéralisme devrait être dans le sang et jusque dans la moelle de leurs os ; ces Nassau enfin, qui ne seront qu'à la queue par leur territoire, et qui pourraient se placer à la tête par leurs doctrines, on vient à les asseoir sur un trône ; eh bien ! vous les verrez infailliblement ne s'occuper que de se rendre ce qu'on appelle aujourd'hui légitimes ; en prendre les principes, la marche, les travers, etc. Eh ! mon cher, moi-même, après tout, ne m'a-t-on pas fait le même reproche ? et peut-être n'est-ce pas sans quelque apparence de raison, car enfin peut-être bien des nuances se seront dérobées à moi-même. J'ai pourtant déclaré, dans une circonstance solennelle, qu'à mes yeux la souveraineté n'était point dans le titre, ni le trône dans son appareil. On m'a reproché qu'à peine au pouvoir j'avais exercé le despotisme, l'arbitraire ; mais c'est la dictature qu'il fallait dire, et les circonstances m'absoudront assez. Ce qu'on m'a reproché encore, c'est de m'être laissé enivrer par mon alliance avec la maison d'Autriche, de m'être cru bien plus véritablement souverain après mon mariage ; en un mot, de m'être cru, dès cet instant, Alexandre devenu le fils d'un dieu ! Mais tout cela était-il bien juste ? Ai-je donc prêté véritablement à de tels travers ? Il m'arrivait une femme jeune, belle, agréable ; ne m'était-il donc pas permis d'en témoigner quelque joie ? Ne pouvais-je donc, sans encourir le blâme, lui consacrer quelques instants ? Ne m'était-il donc pas permis, à moi aussi, de me livrer à quelques moments de bonheur ? Eût-on donc voulu qu'à la façon de votre prince de Galles, j'eusse maltraité ma femme dès la première nuit ? Ou bien encore, attendait-on que j'eusse fait voler sa tête, à la façon de ce sultan, pour échapper aux reproches de la multitude ? Non, ma seule faute dans cette alliance a été vraiment d'y avoir apporté un cœur trop bourgeois... J'avais si souvent répété que le cœur d'un homme d'État ne devait être que dans sa tête !... Malheureusement ici le mien était demeuré à sa place pour les sentiments de famille ; et ce mariage m'a perdu, parce que je croyais surtout à la religion, à la piété, à la morale, à l'honneur de François. Je l'estimais essentiellement !... Il m'a cruellement trompé !... Je veux bien qu'on l'ait trompé à son tour ; aussi je lui pardonne... Mais l'histoire l'épargnera-t-elle ? Si toutefois... »

Et Napoléon a gardé le silence quelques instants, la tête appuyée sur une de ses mains. Puis se réveillant : « Quel roman pourtant que ma vie !!!... » a-t-il dit en se levant. « Mais ouvrez ma porte et marchons. » Et nous avons parcouru quelque temps les diverses pièces adjacentes.

RÉSUMÉ DES TROIS MOIS,
AVRIL, MAI ET JUIN.

J'ai déjà fait observer qu'il m'était impossible, dans un recueil comme le mien, de maintenir en quoi que ce soit l'unité d'intérêt et de but ; or, je vais essayer d'y ramener en retraçant ici en bien peu de mots et sans interruption les aggravations dont on a frappé l'Empereur pendant ces trois mois ; les mauvais traitements qu'on a multipliés, la détérioration visible de sa santé, l'ensemble de ses habitudes et les principaux objets de sa conversation ; en un mot, le bulletin physique et moral de sa personne. Dans cette courte période :

1° Un nouveau gouverneur arrive, et il se trouve que c'est un homme à vues fort étroites ou très méchant ; un caporal avec sa consigne, et non un général avec ses instructions.

2° On exige de chacun des captifs une déclaration comme quoi il se soumet d'avance à toutes les restrictions qu'on pourrait imposer à Napoléon ; le tout dans l'espoir de les détacher de sa personne.

3° On nous communique officiellement la convention des souverains alliés, qui, sans autre forme de procès, proclament et consacrent l'ostracisme, l'emprisonnement de Napoléon.

4° Nous recevons le bill du parlement d'Angleterre, qui convertissait en loi l'acte oppressif des ministres anglais sur la personne de Napoléon.

5° Enfin, des commissaires viennent, au nom de leurs monarques, surveiller les chaînes et contempler les souffrances de la victime : ainsi, notre horizon se rembrunit de plus en plus, les chaînes se raccourcissent, toute espérance d'amélioration future nous échappe, et le plus sinistre avenir seul demeure.

L'arrivée du nouveau gouverneur est le signal de grandes misères. C'est pour la personne de l'Empereur le commencement d'un supplice nouveau ; chaque jour il reçoit un coup d'épingle.

Le premier pas de sir Hudson Lowe est *une insulte* ; une de ses premières paroles, *une barbarie* ; un de ses premiers actes, *une méchanceté*.

Bientôt il ne semble plus avoir d'autre occupation, n'avoir reçu d'autre emploi que de nous tourmenter et de nous faire souffrir sous toutes les formes, sur tous les objets, de toutes les manières.

L'Empereur, qui s'était promis d'abord de s'en tenir au plus complet stoïcisme, s'en émeut néanmoins et s'en exprime fortement. Les conversations sont chaudes, la brèche s'ouvre, chaque jour va l'agrandir.

La santé de l'Empereur s'altère visiblement, et nous le voyons changer à vue d'œil. Contre sa nature, il se sent incommodé très souvent ; une fois il garde sa chambre jusqu'à six jours de suite sans sortir du tout ; une mélancolie secrète qui se déguise à tous les yeux, peut-être aux siens propres, un mal concentré, commencent à le saisir ; il rétrécit chaque jour le cercle déjà si resserré de son mouvement et de ses distractions ; il renonce au cheval ; il n'invite plus d'Anglais à dîner ; il abandonne même son travail régulier ; ses dictées, auxquelles jusque-là il avait semblé trouver quelques charmes, ne vont plus : le dégoût l'avait saisi, il ne se trouvait pas le courage, me disait-il parfois, de s'y remettre. La plupart de ses journées se passent à parcourir des livres dans sa chambre, ou en conversations avec nous, publiques ou privées ; et le soir il nous lit lui-même, après son dîner, quelques pièces de théâtre de nos grands maîtres, ou toute autre production amenée par le hasard ou les caprices du moment.

Toutefois la sérénité de son âme, son égalité de caractère n'éprouvent par ces circonstances nulle altération vis-à-vis de nous ; au contraire, nous n'en semblons que plus resserrés en famille ; il est plus à nous, et nous lui appartenons davantage ; ses conversations présentent plus d'abandon, d'épanchement et d'intérêt.

Il me faisait venir à présent très souvent dans sa chambre pour causer, et ses conversations privées le conduisaient parfois à des sujets très importants, tels que la guerre de Russie, celle d'Espagne, les conférences de Tilsitt et d'Erfurt, qu'on rencontre dans cette période de mon recueil. Et ici je dois faire ou répéter quelques observations que je prie ceux qui me liront de ne pas perdre de vue durant tout le cours de cet ouvrage : elles serviront à prévenir quelques reproches ou objections qu'on serait tenté d'élever sur le manque d'ordre, l'insuffisance et le peu de fini d'objets aussi essentiels. C'est que, si je ne l'ai déjà dit, en conversation publique ou privée avec l'Empereur, je ne me suis jamais permis aucune observation ou demande d'éclaircissements, lors même qu'ils m'ont semblé les plus nécessaires ; je me sentais cette réserve commandée :

1° Par le respect et la bienséance ;

2° Par la crainte d'interrompre une conversation constamment précieuse ;

3° Par l'espoir de prendre la vérité, pour ainsi dire, au vol, et de la saisir de la sorte plus naturellement ;

4° Par la persuasion d'être à demeure maintenant et pour toujours auprès de l'Empereur ; la certitude par là qu'avec le temps j'entendrais mentionner de nouveau les mêmes objets qui se redresseraient et se compléteraient d'eux-mêmes ;

5° Parce que l'Empereur devait, avec le temps, voir lui-même mon journal, et que je ne doutais pas qu'encouragé par ce qu'il y trouverait déjà sur ces divers objets, il ne les convertît en dictées régulières ; je ne les ai pas eues, et par là de quels morceaux nous demeurons privés !

6° Enfin, et ceci a été un de mes grands motifs, c'est que l'Empereur, arrivé parfois dans le cours de longues conversations tout à fait familières à des objets de la plus haute importance, ne racontait pas néanmoins pour m'apprendre, mais le plus souvent par désœuvrement, seulement pour causer ; et l'on eût pu dire par forme de rabâchage, s'il était permis d'appliquer une telle expression à une telle personne et à de tels objets. Il s'en entretenait avec moi comme si j'eusse dû les connaître aussi bien que lui-même.

Or j'étais tout à fait étranger à ses grands projets, à ses hautes conceptions, circonstance d'ailleurs que je me suis convaincu plus tard ici m'être commune avec la plupart de ceux qui, lors de sa puissance, l'approchaient davantage, voire même ses ministres ; aussi lui arrivait-il quelquefois, soit que ma figure exprimât trop l'étonnement, soit que revenant à lui, et sachant bien ce qu'il en était, de me dire : « Mais cela est peut-être neuf pour vous ? » à quoi je n'avais rien de mieux à répondre, pour être vrai, que : « Oui, sire, et tout à fait, pour la plus grande partie. » Qu'eût-ce donc été si, dans ces occasions inappréciables, j'eusse été gauchement l'interrompre pour lui faire apercevoir que j'avais de la peine à le suivre ou à l'entendre ? je n'eusse pas manqué de le dégoûter de causer, et moi j'aurais perdu beaucoup. Je le laissais donc aller, quelque désir que j'eusse eu parfois de m'éclaircir. Ce que j'en saisissais une première fois me semblait déjà du plus haut prix. L'Empereur se répétait souvent, je le savais : alors j'en apprendrai davantage avec le temps, me disais-je, et je ne désespérais pas d'arriver de la sorte à être assez maître de la matière pour oser me permettre, par la suite, de la raisonner tant soit peu avec lui ; ce que sa bonté pour moi, dans les derniers temps, eût daigné trouver convenable ; je lui eusse même été agréable, j'en suis sûr, en ce que cela eût réveillé ses idées et fourni un aliment nouveau à sa conversation. Malheureusement mon enlèvement subit et imprévu d'auprès de sa personne m'a laissé avec les seuls détails que j'avais recueillis jusque-là ; et à la douleur d'avoir été enlevé à des soins pieux qui étaient devenus mon bonheur, se joindront désormais d'éternels regrets d'avoir, par ma trop grande circonspection peut-être, perdu pour l'histoire une occasion unique qui ne peut se renouveler jamais.

J'ai été bien aise d'entrer minutieusement ici dans ces détails, afin qu'on comprît comment j'ai obtenu une portion de mes récits, et qu'en me lisant on pût se répondre à soi-même pourquoi des objets aussi importants demeurent aussi imparfaits.

Toutefois, si l'historien n'y trouve pas la trace lumineuse qu'il recherche et qu'il aurait cru devoir y trouver, du moins y rencontrera-t-il une foule d'étincelles propres à le mettre inévitablement sur la voie ; circonstance spéciale qui me servira à caractériser moi-même mon propre recueil, en disant qu'il y a de *tout* et qu'il n'y a *rien* ; qu'il n'y a rien, mais qu'il y a de tout ; et en disant qu'il n'y a *rien*, je me trompe assurément, car on y rencontrera une foule de traits sur les qualités privées, les dispositions naturelles, le cœur et l'âme de l'homme extraordinaire auquel cet ouvrage est consacré ; si bien qu'il deviendra impossible à tout homme de bonne foi et recherchant la vérité de n'être pas à même de se fixer sur son caractère. Or, je prie de se rappeler que tel a été mon unique but, le seul que j'aie annoncé.

Table du Mémorial

CHAPITRE PREMIER
Abdication de l'Empereur et son départ de France

JUIN 1815

JUILLET 1815

CHAPITRE QUATRIÈME
Fragments de la campagne d'Italie

TREIZE VENDÉMIAIRE

CHAPITRE CINQUIÈME

CHAPITRE SIXIÈME
Fragments de la campagne d'Italie
(suite)

BATAILLE DE CASTIGLIONE

BATAILLE D'ARCOLE

CHAPITRE SEPTIÈME

MAI 1816

CHAPITRE HUITIÈME
Fragments de la campagne d'Italie
(suite deuxième)

BATAILLE DU TAGLIAMENTO

çaise et d'entrer en négociation. Le général français se dispose à l'y forcer, p. 707.
Plan de campagne de l'armée française pour marcher sur Vienne, p. 708.
Passage de la Piave, 13 mars, p. 711.
Bataille du Tagliamento, 16 mars, p. 714.
Plan de retraite du prince Charles, p. 715.
Combat de Gradisca, prise de Laybach et de Trieste, p. 716.
Entrée en Allemagne, passage de la Drave, prise de Clagenfurt, 29 mars, p. 717.
Affaires du Tyrol, p. 719.
Résumé, p. 720.

AFFAIRES DE VENISE

Description de Venise, p. 720.
Opinion dans le Sénat : la première est celle des amis de l'Autriche, la deuxième des vieux sénateurs, la troisième des amis de la France, p. 724.
Conduite des provéditeurs Mocenigo, Foscarelli, Bataglia, p. 727.
Factions à Brescia, Bergame, Vérone, p. 729.
Difficulté attachée aux affaires de Venise, p. 730.
Conférence avec Pezzaro, p. 732.
Insurrection de Venise ; massacre des Français à Vérone, p. 735.
L'aide de camp Junot au Sénat de Venise, p. 737.
Les troupes françaises entrent à Venise. Révolution de cette ville, p. 742.
Révolution dans toute la terre ferme, p. 742.

FRAGMENTS DE LÉOBEN

Opérations de Joubert dans le Tyrol, p. 743.
Napoléon écrit au prince Charles, p. 745.
Les préliminaires furent signés à Léoben, p. 747.

RETOUR DE RADSTADT

Retour de Radstadt à Paris, p. 750.
Jalousie du Directoire, p. 751.
Premier incident qui détermine le Directoire à abandonner les principes de politique posés à Campo-Formio, p. 752.
Second incident, p. 753.
Troisième incident, p. 755.
Retard de l'expédition d'Égypte, p. 756.
L'intérieur de la République est menacé d'une crise, p. 757.
Cérémonie du 21 janvier, p. 758.

CHAPITRE NEUVIÈME

JUIN 1816

TABLE GÉNÉRALE

Table du tome I

Table du tome II

COMPOSITION : I.G.S CHARENTE-PHOTOGRAVURE À L'ISLE-D'ESPAGNAC
IMPRESSION : MAURY-EUROLIVRES À MANCHECOURT (LOIRET)
DÉPÔT LÉGAL : OCTOBRE 1999 – N° 35797–2 (03/02/99548)

Collection Points